AKIRA TORIYAMA

TORIYAMA SHORTS

WONDER ISLAND
DRAGON BOY
GO! GO! ACKMAN!

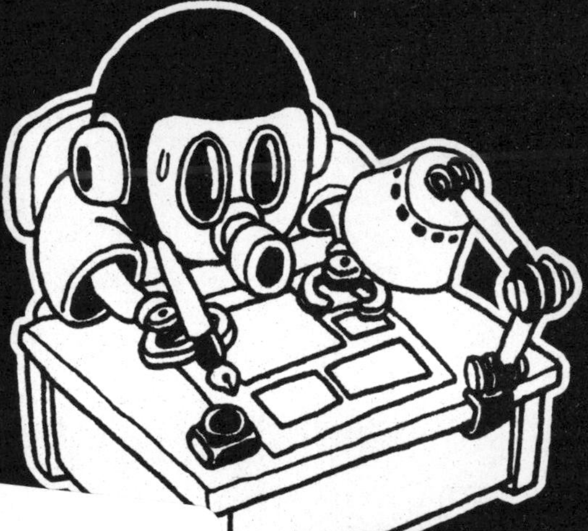

CARLSEN MANGA!

WONDER ISLAND

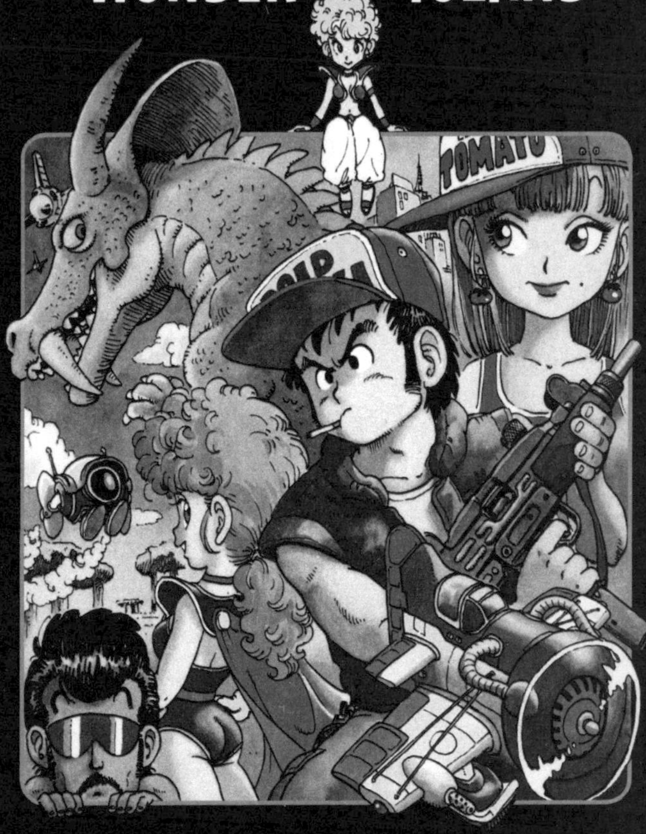

INHALT

WONDER ISLAND 3
WONDER ISLAND 2 19
GIRLIE-COP TOMATO 35
POLA & ROID 50
MAD MATIC 96
CHOBIT 142
CHOBIT 2 188

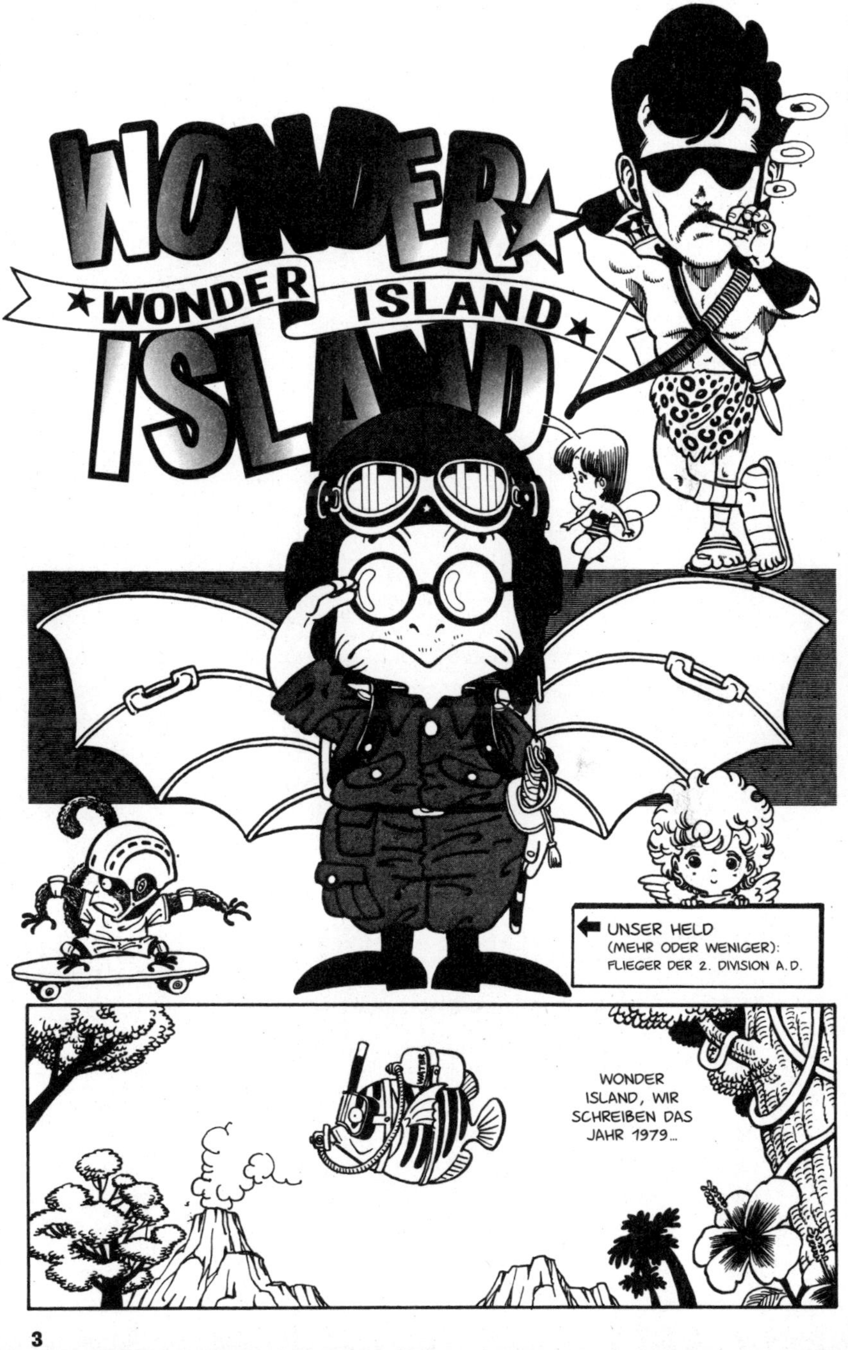
WONDER ISLAND
★ WONDER ISLAND ★
UNSER HELD
(MEHR ODER WENIGER):
FLIEGER DER 2. DIVISION A.D.
WONDER ISLAND, WIR SCHREIBEN DAS JAHR 1979...

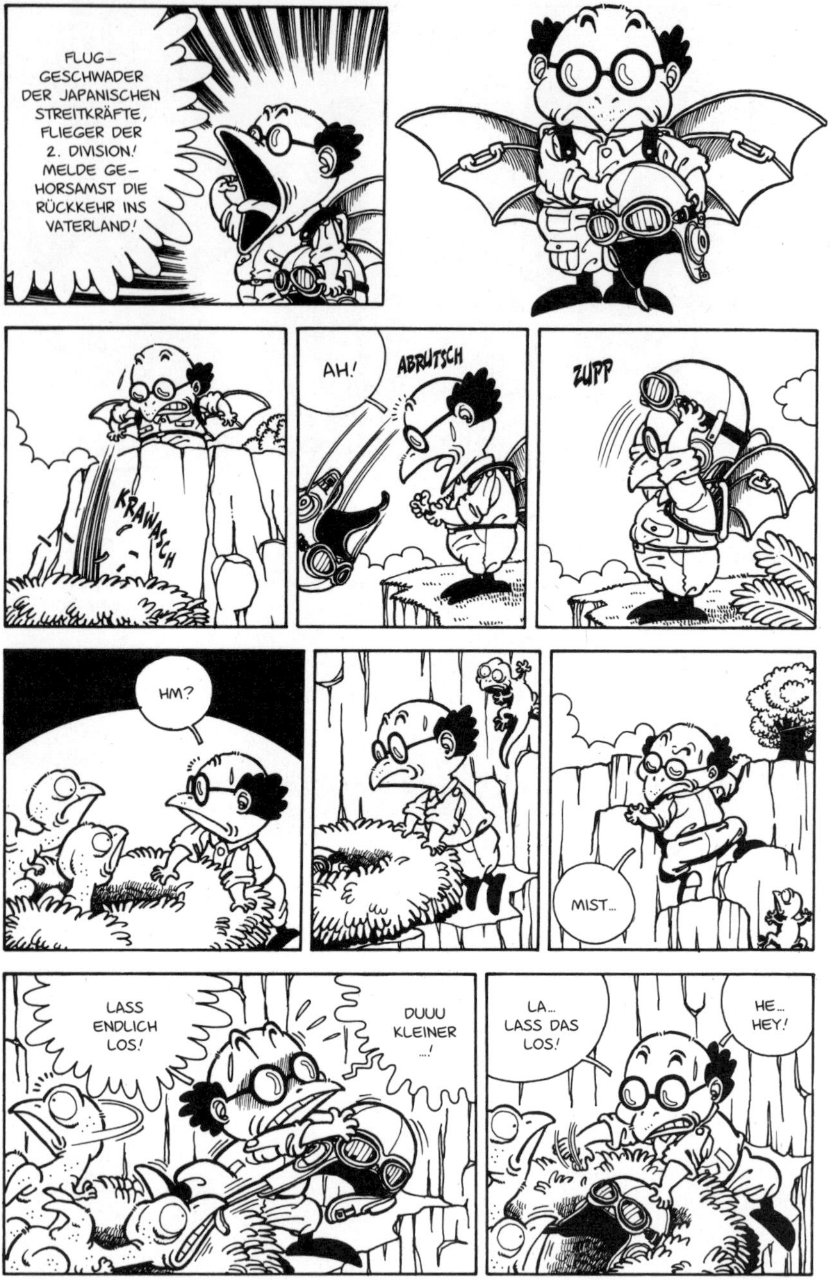

FLUG-GESCHWADER DER JAPANISCHEN STREITKRÄFTE, FLIEGER DER 2. DIVISION! MELDE GEHORSAMST DIE RÜCKKEHR INS VATERLAND!
KRAWASCH
AH!
ABRUTSCH
ZUPP
HM?
MIST...
LASS ENDLICH LOS!
DUUU KLEINER ...!
LA... LASS DAS LOS!
HE... HEY!

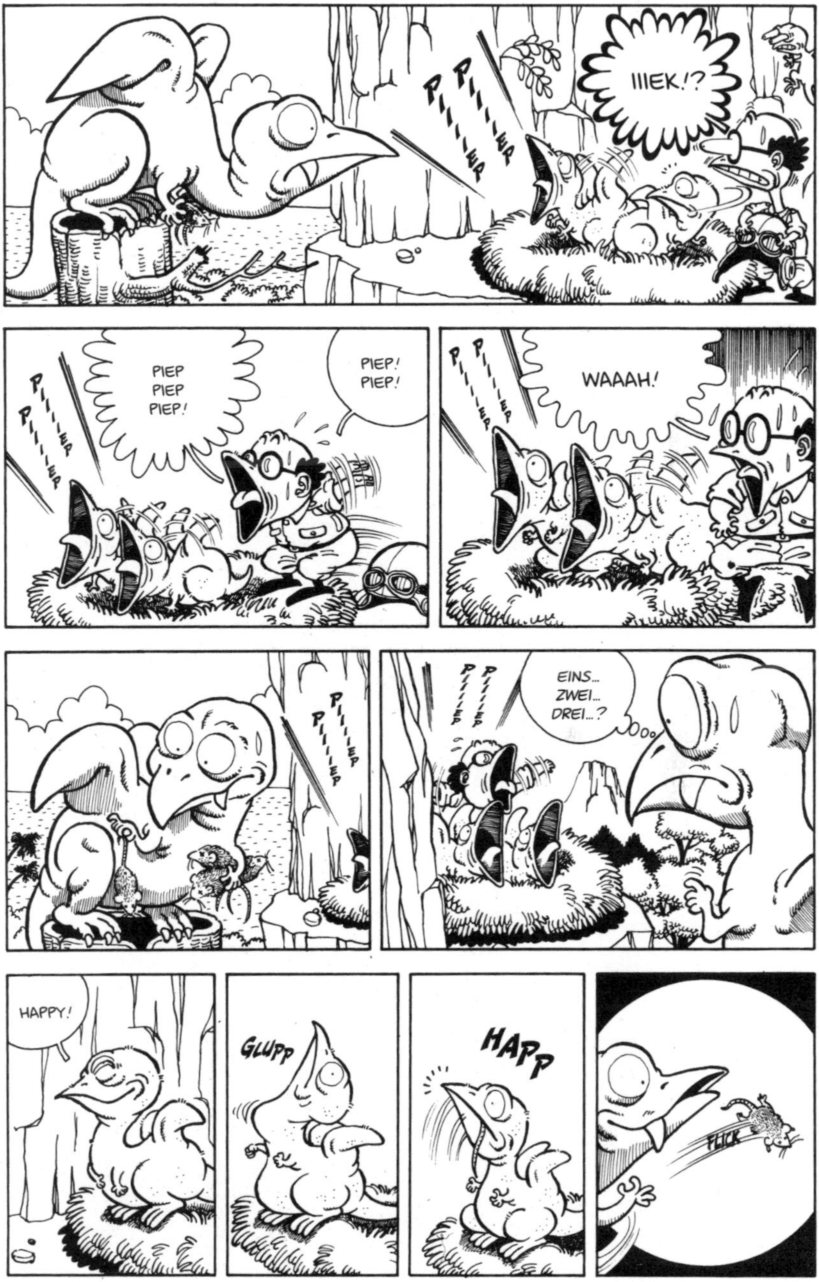
PIIIIEP PIIIIEP
IIIEK!?
PIIIIEP PIIIIEP
PIEP PIEP PIEP!
PIEP! PIEP!
PIIIIEP PIIIIEP
WAAAH!
PIIIIEP PIIIIEP
PIIIIEP PIIIIEP
EINS... ZWEI... DREI...?
HAPPY!
GLUPP
HAPP
FLICK

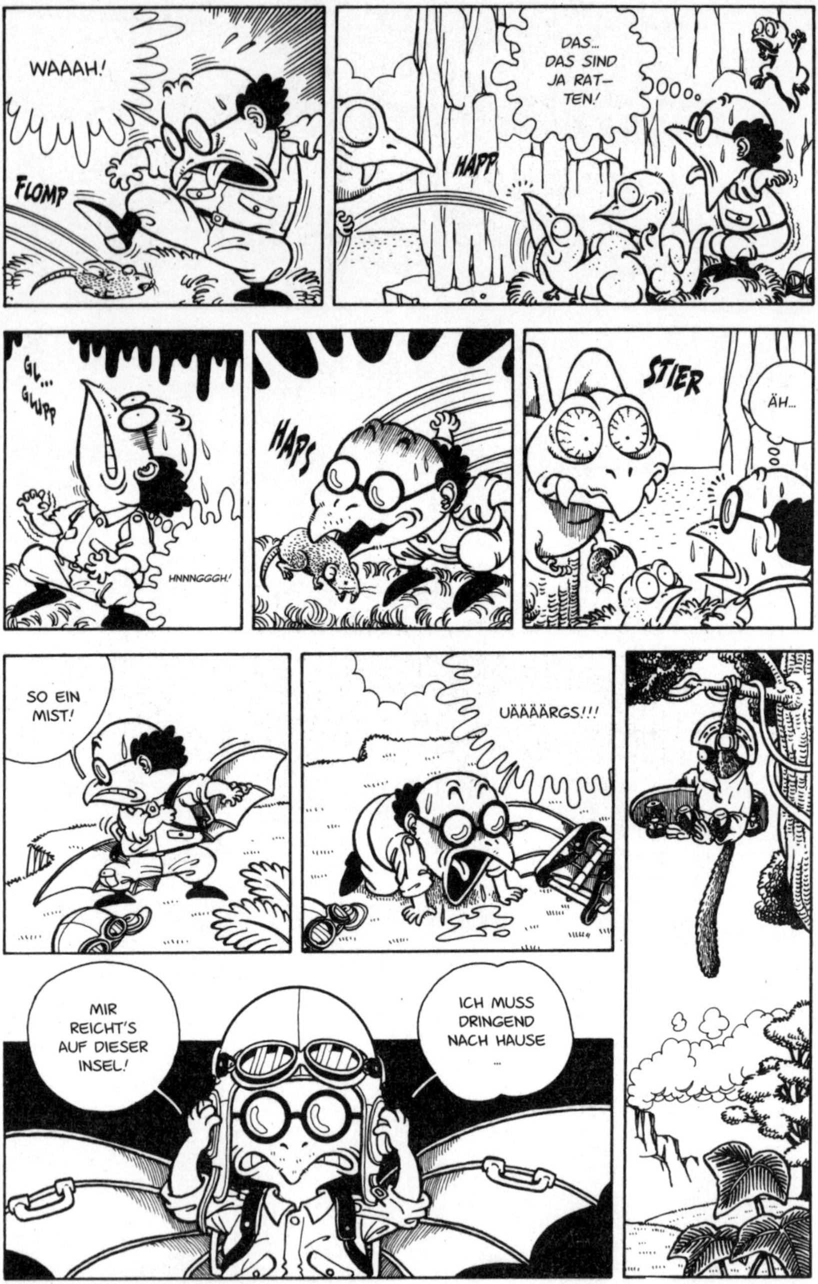

WAAAH!
FLOMP
DAS... DAS SIND JA RATTEN!
HAPP
OOOo
GL... GLUPP
HNNNGGGH!
HAPS
STIER
ÄH...
SO EIN MIST!
UÄÄÄÄRGS!!!
MIR REICHT'S AUF DIESER INSEL!
ICH MUSS DRINGEND NACH HAUSE ...

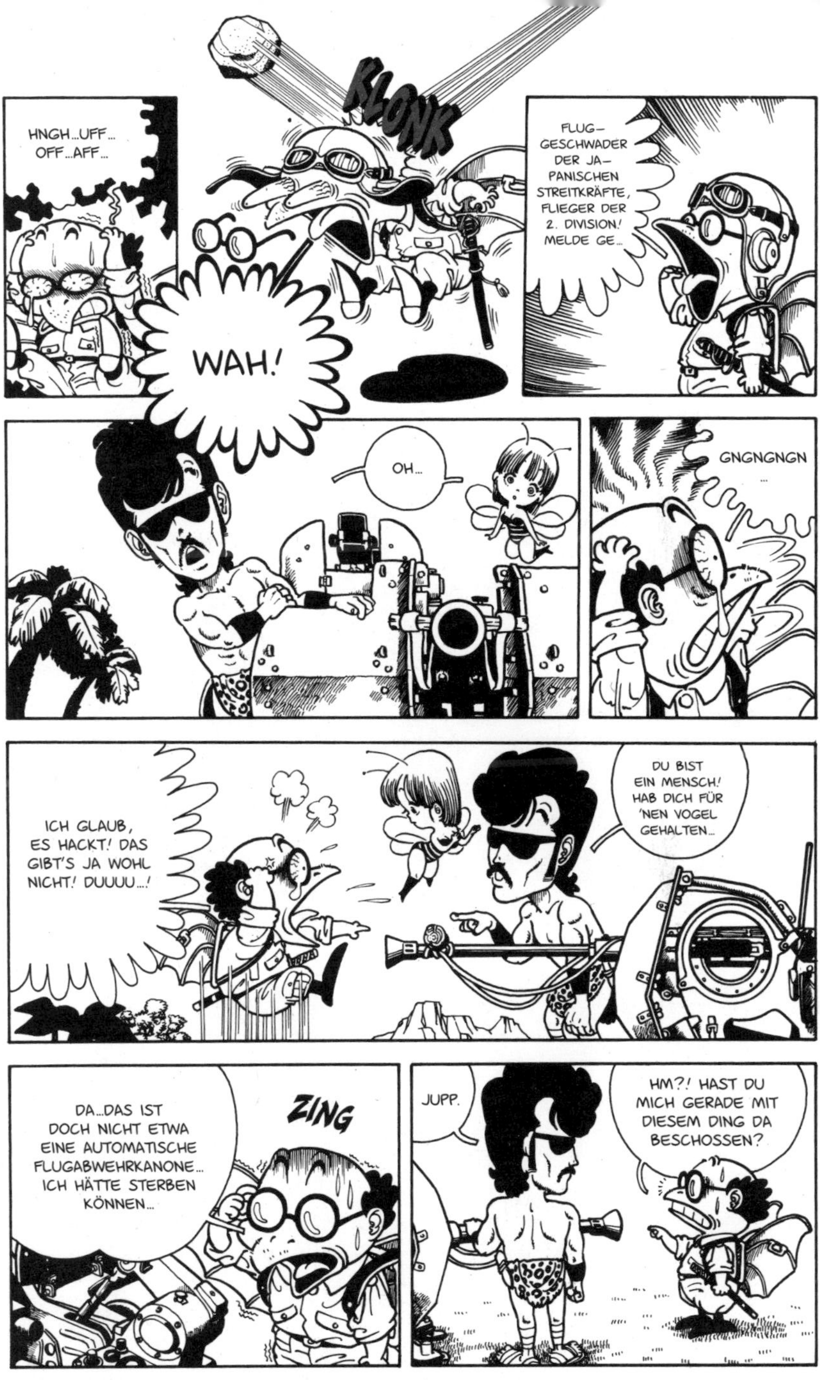
HNGH...UFF... OFF...AFF...
KLONK
WAH!
FLUG-GESCHWADER DER JAPANISCHEN STREITKRÄFTE, FLIEGER DER 2. DIVISION! MELDE GE...
OH...
GNGNGNGN ...
ICH GLAUB, ES HACKT! DAS GIBT'S JA WOHL NICHT! DUUUU...!
DU BIST EIN MENSCH! HAB DICH FÜR 'NEN VOGEL GEHALTEN...
DA...DAS IST DOCH NICHT ETWA EINE AUTOMATISCHE FLUGABWEHRKANONE... ICH HÄTTE STERBEN KÖNNEN...
ZING
HM?! HAST DU MICH GERADE MIT DIESEM DING DA BESCHOSSEN?
JUPP.

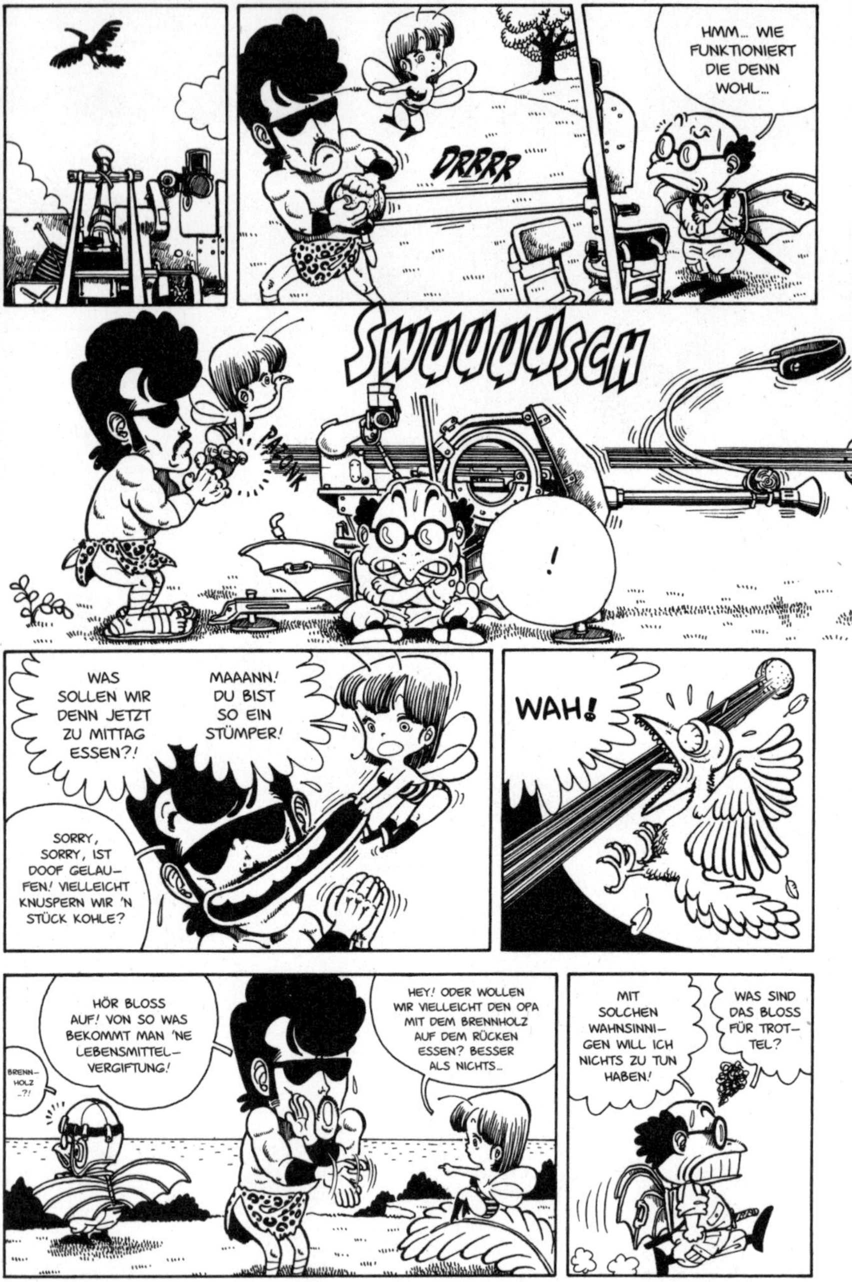
HMM... WIE FUNKTIONIERT DIE DENN WOHL...
DRRRR
SWUUUUSCH
!
WAS SOLLEN WIR DENN JETZT ZU MITTAG ESSEN?!
MAAANN! DU BIST SO EIN STÜMPER!
SORRY, SORRY, IST DOOF GELAUFEN! VIELLEICHT KNUSPERN WIR 'N STÜCK KOHLE?
WAH!
HÖR BLOSS AUF! VON SO WAS BEKOMMT MAN 'NE LEBENSMITTELVERGIFTUNG!
BRENNHOLZ ...?!
HEY! ODER WOLLEN WIR VIELLEICHT DEN OPA MIT DEM BRENNHOLZ AUF DEM RÜCKEN ESSEN? BESSER ALS NICHTS...
MIT SOLCHEN WAHNSINNIGEN WILL ICH NICHTS ZU TUN HABEN!
WAS SIND DAS BLOSS FÜR TROTTEL?

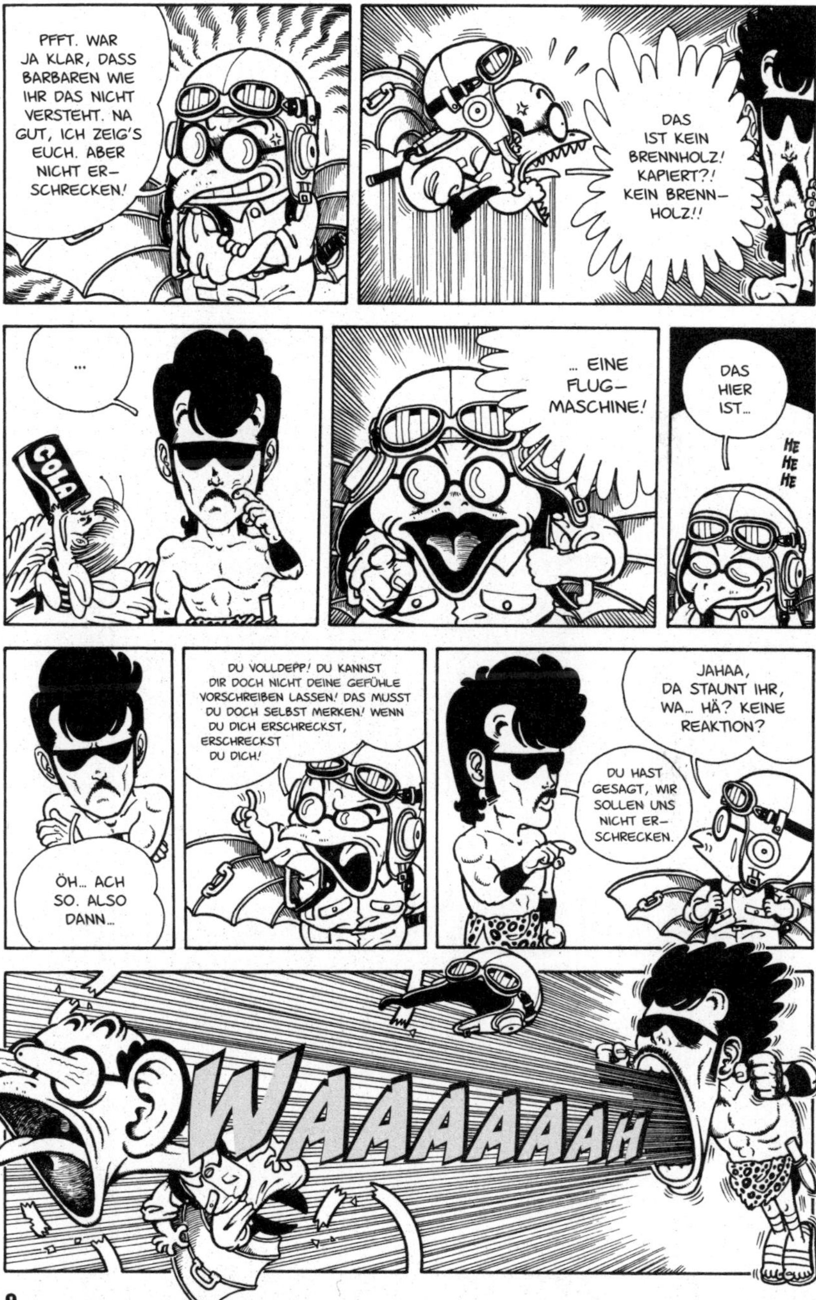
DAS IST KEIN BRENNHOLZ! KAPIERT?! KEIN BRENNHOLZ!!
PFFT. WAR JA KLAR, DASS BARBAREN WIE IHR DAS NICHT VERSTEHT. NA GUT, ICH ZEIG'S EUCH. ABER NICHT ER-SCHRECKEN!
DAS HIER IST...
HE HE HE
... EINE FLUG-MASCHINE!
...
COLA
JAHAA, DA STAUNT IHR, WA... HÄ? KEINE REAKTION?
DU HAST GESAGT, WIR SOLLEN UNS NICHT ER-SCHRECKEN.
DU VOLLDEPP! DU KANNST DIR DOCH NICHT DEINE GEFÜHLE VORSCHREIBEN LASSEN! DAS MUSST DU DOCH SELBST MERKEN! WENN DU DICH ERSCHRECKST, ERSCHRECKST DU DICH!
ÖH... ACH SO. ALSO DANN...
WAAAAAAAH

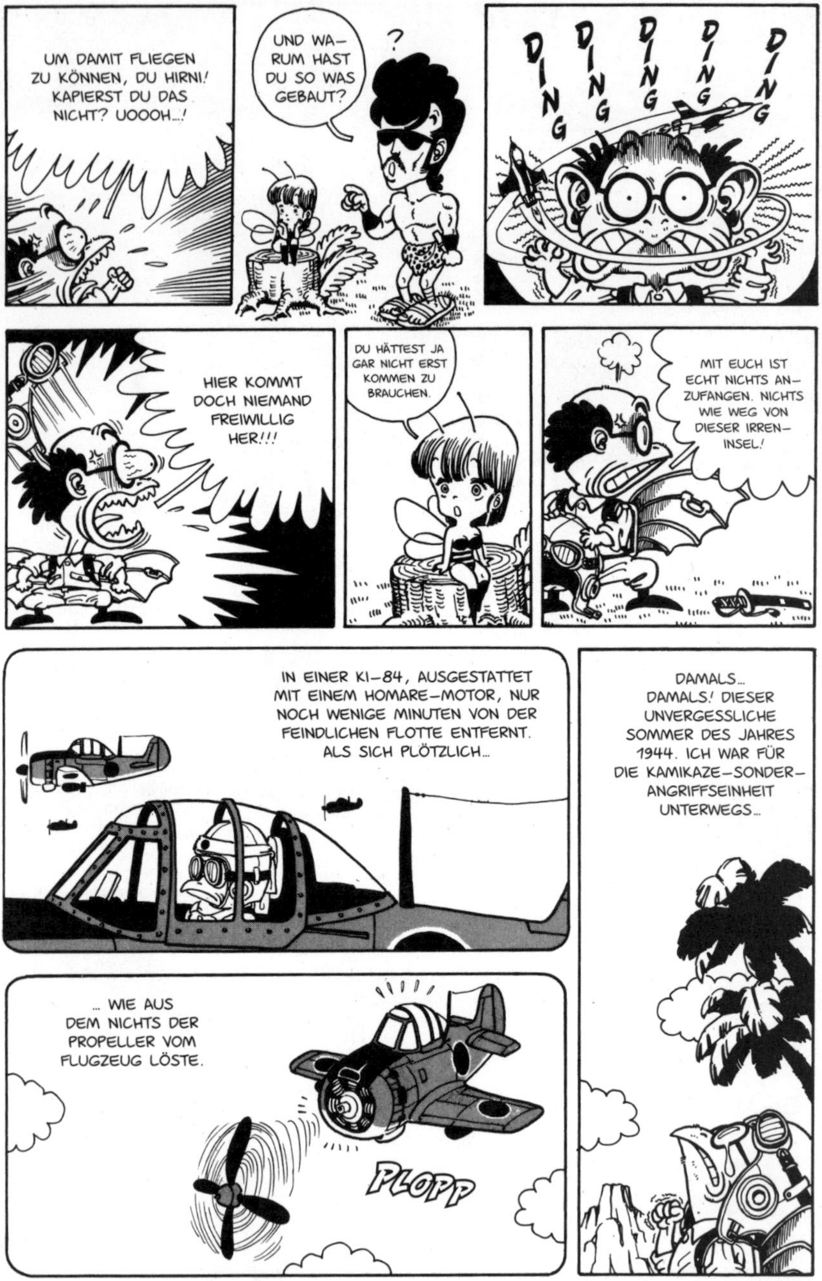

UM DAMIT FLIEGEN ZU KÖNNEN, DU HIRNI! KAPIERST DU DAS NICHT? UOOOH...!
UND WARUM HAST DU SO WAS GEBAUT?
?
DING DING DING DING DING
HIER KOMMT DOCH NIEMAND FREIWILLIG HER!!!
DU HÄTTEST JA GAR NICHT ERST KOMMEN ZU BRAUCHEN.
MIT EUCH IST ECHT NICHTS ANZUFANGEN. NICHTS WIE WEG VON DIESER IRREN-INSEL!
DAMALS... DAMALS! DIESER UNVERGESSLICHE SOMMER DES JAHRES 1944. ICH WAR FÜR DIE KAMIKAZE-SONDERANGRIFFSEINHEIT UNTERWEGS...
IN EINER KI-84, AUSGESTATTET MIT EINEM HOMARE-MOTOR, NUR NOCH WENIGE MINUTEN VON DER FEINDLICHEN FLOTTE ENTFERNT. ALS SICH PLÖTZLICH...
... WIE AUS DEM NICHTS DER PROPELLER VOM FLUGZEUG LÖSTE.
PLOPP

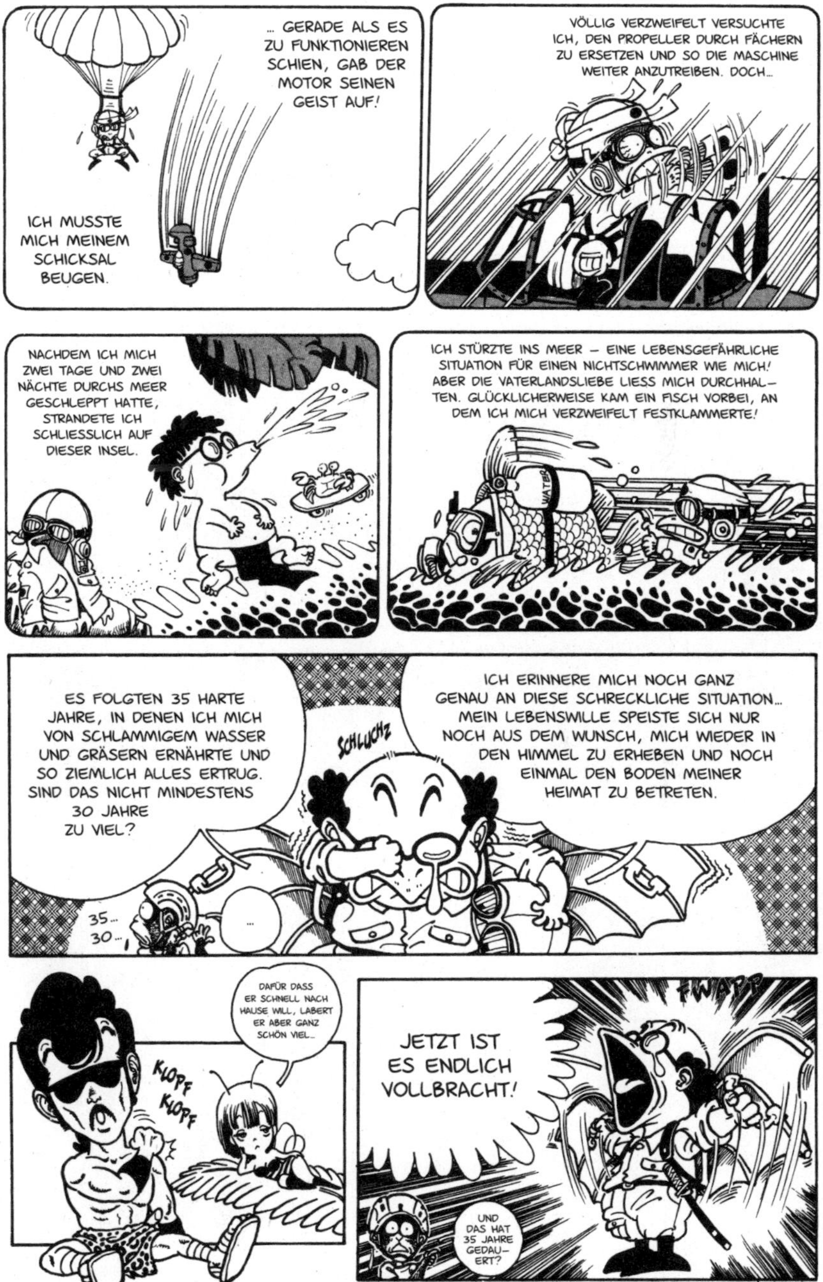

... GERADE ALS ES ZU FUNKTIONIEREN SCHIEN, GAB DER MOTOR SEINEN GEIST AUF!
ICH MUSSTE MICH MEINEM SCHICKSAL BEUGEN.
VÖLLIG VERZWEIFELT VERSUCHTE ICH, DEN PROPELLER DURCH FÄCHERN ZU ERSETZEN UND SO DIE MASCHINE WEITER ANZUTREIBEN. DOCH...
ICH STÜRZTE INS MEER – EINE LEBENSGEFÄHRLICHE SITUATION FÜR EINEN NICHTSCHWIMMER WIE MICH! ABER DIE VATERLANDSLIEBE LIESS MICH DURCHHALTEN. GLÜCKLICHERWEISE KAM EIN FISCH VORBEI, AN DEM ICH MICH VERZWEIFELT FESTKLAMMERTE!
WATER
NACHDEM ICH MICH ZWEI TAGE UND ZWEI NÄCHTE DURCHS MEER GESCHLEPPT HATTE, STRANDETE ICH SCHLIESSLICH AUF DIESER INSEL.
ICH ERINNERE MICH NOCH GANZ GENAU AN DIESE SCHRECKLICHE SITUATION... MEIN LEBENSWILLE SPEISTE SICH NUR NOCH AUS DEM WUNSCH, MICH WIEDER IN DEN HIMMEL ZU ERHEBEN UND NOCH EINMAL DEN BODEN MEINER HEIMAT ZU BETRETEN.
SCHLUCHZ
ES FOLGTEN 35 HARTE JAHRE, IN DENEN ICH MICH VON SCHLAMMIGEM WASSER UND GRÄSERN ERNÄHRTE UND SO ZIEMLICH ALLES ERTRUG. SIND DAS NICHT MINDESTENS 30 JAHRE ZU VIEL?
...
35... 30...
FWAPP
JETZT IST ES ENDLICH VOLLBRACHT!
UND DAS HAT 35 JAHRE GEDAUERT?
DAFÜR DASS ER SCHNELL NACH HAUSE WILL, LABERT ER ABER GANZ SCHÖN VIEL...
KLOPF KLOPF

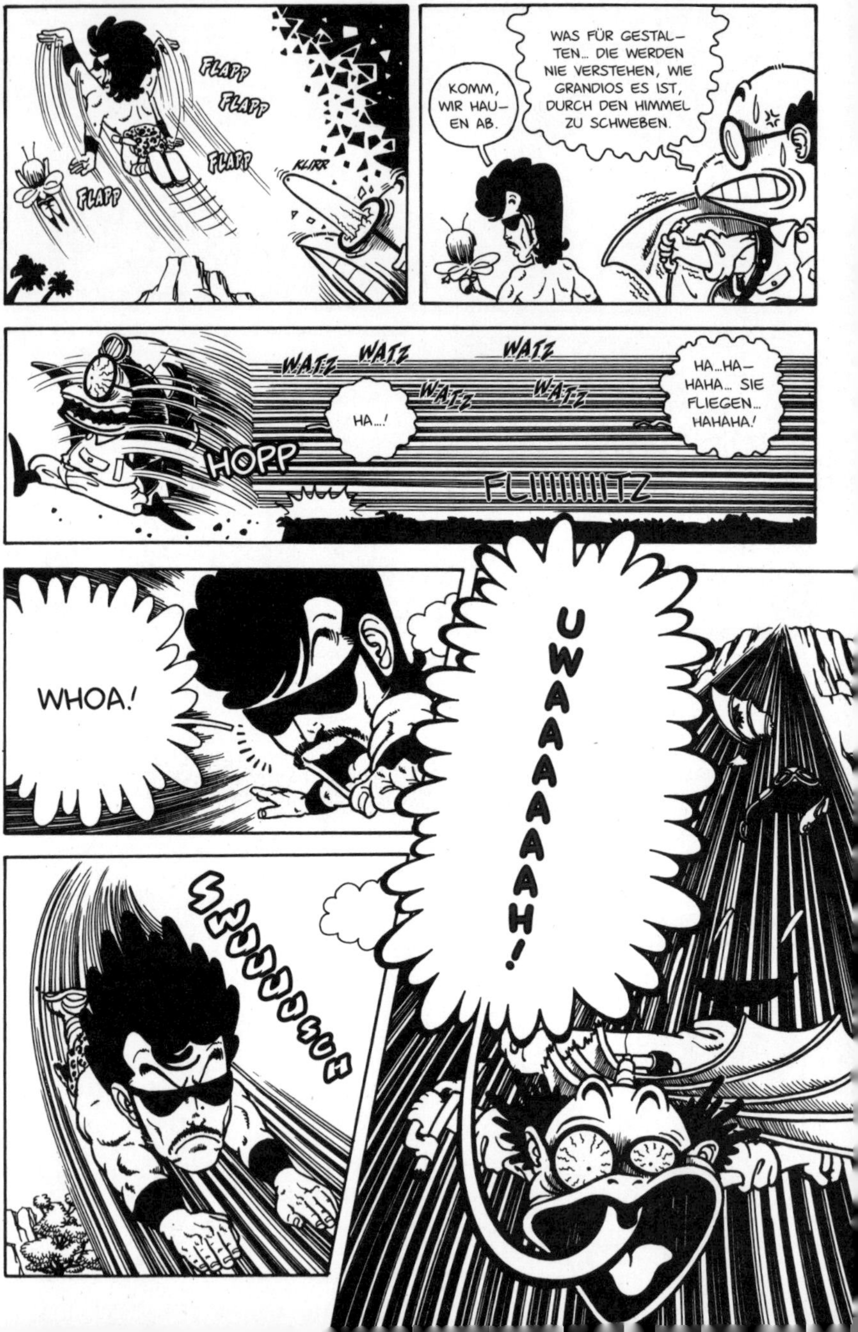

FLAPP
FLAPP
FLAPP
FLAPP
KLIRR
KOMM, WIR HAU- EN AB.
WAS FÜR GESTAL- TEN... DIE WERDEN NIE VERSTEHEN, WIE GRANDIOS ES IST, DURCH DEN HIMMEL ZU SCHWEBEN.
HA...HA- HAHA... SIE FLIEGEN... HAHAHA!
WATZ
WATZ
WATZ
WATZ
WATZ
HA...!
HOPP
FLIIIIIIIITZ
UWAAAAAAAAAH!
WHOA!
SWUUUUSCH

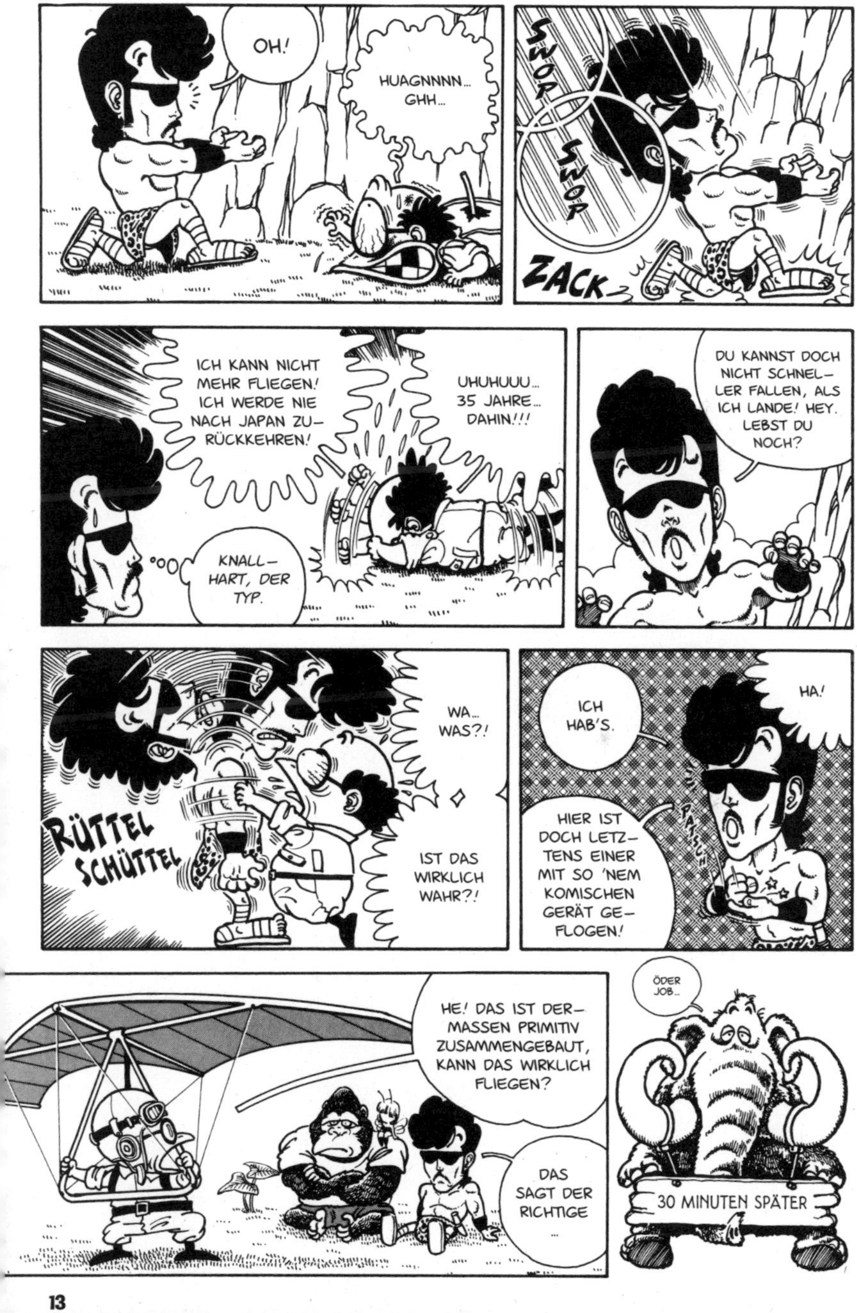
OH!
HUAGNNNN... GHH...
SWOP
SWOP
ZACK
ICH KANN NICHT MEHR FLIEGEN! ICH WERDE NIE NACH JAPAN ZURÜCKKEHREN!
UHUHUUU... 35 JAHRE... DAHIN!!!
KNALLHART, DER TYP.
DU KANNST DOCH NICHT SCHNELLER FALLEN, ALS ICH LANDE! HEY. LEBST DU NOCH?
RÜTTEL SCHÜTTEL
WA... WAS?!
IST DAS WIRKLICH WAHR?!
HA!
ICH HAB'S.
PATSCH
HIER IST DOCH LETZTENS EINER MIT SO 'NEM KOMISCHEN GERÄT GEFLOGEN!
ÖDER JOB...
30 MINUTEN SPÄTER
HE! DAS IST DERMASSEN PRIMITIV ZUSAMMENGEBAUT, KANN DAS WIRKLICH FLIEGEN?
DAS SAGT DER RICHTIGE ...

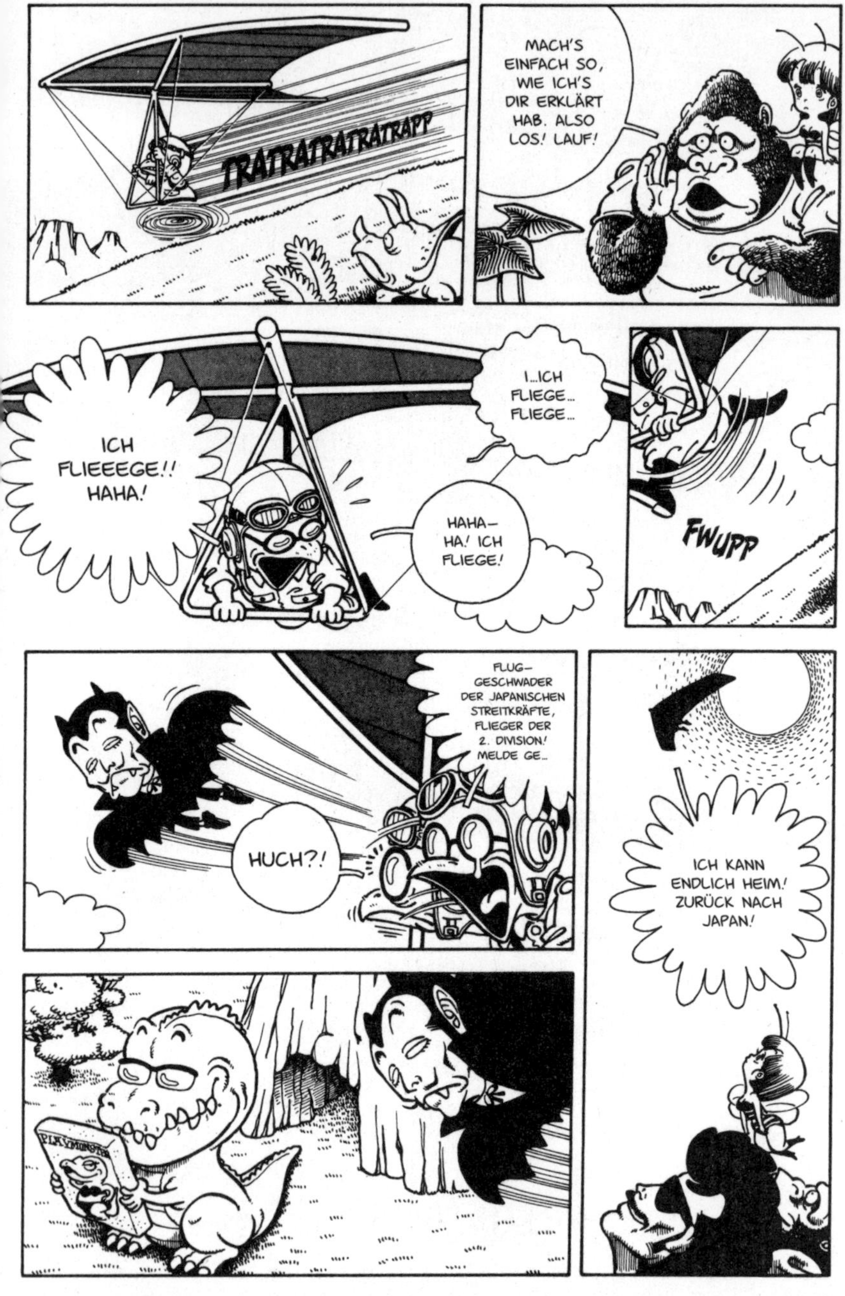
MACH'S EINFACH SO, WIE ICH'S DIR ERKLÄRT HAB. ALSO LOS! LAUF!
TRATRATRATRATRAPP
FWUPP
I...ICH FLIEGE... FLIEGE...
HAHA-HA! ICH FLIEGE!
ICH FLIEEEGE!! HAHA!
ICH KANN ENDLICH HEIM! ZURÜCK NACH JAPAN!
FLUG-GESCHWADER DER JAPANISCHEN STREITKRÄFTE, FLIEGER DER 2. DIVISION! MELDE GE...
HUCH?!

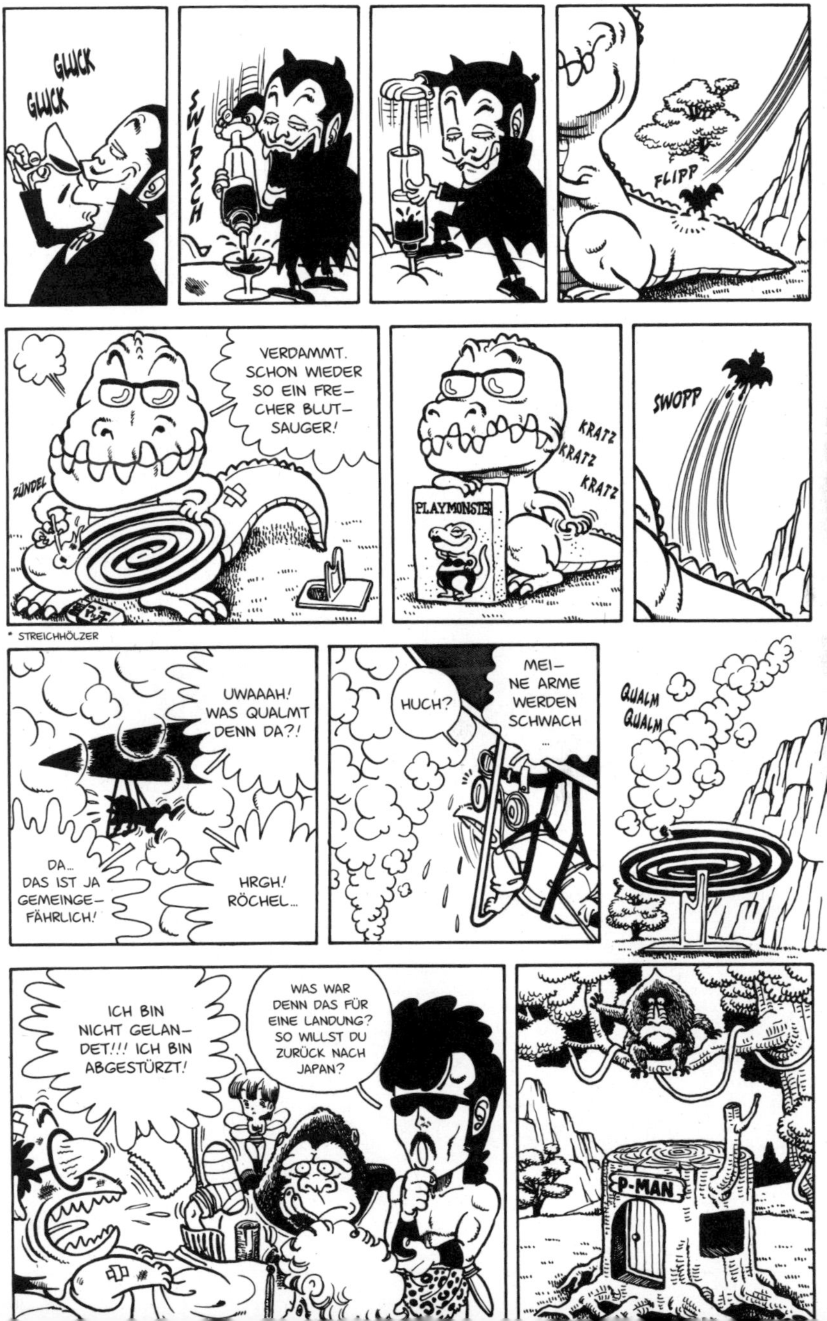

* STREICHHÖLZER

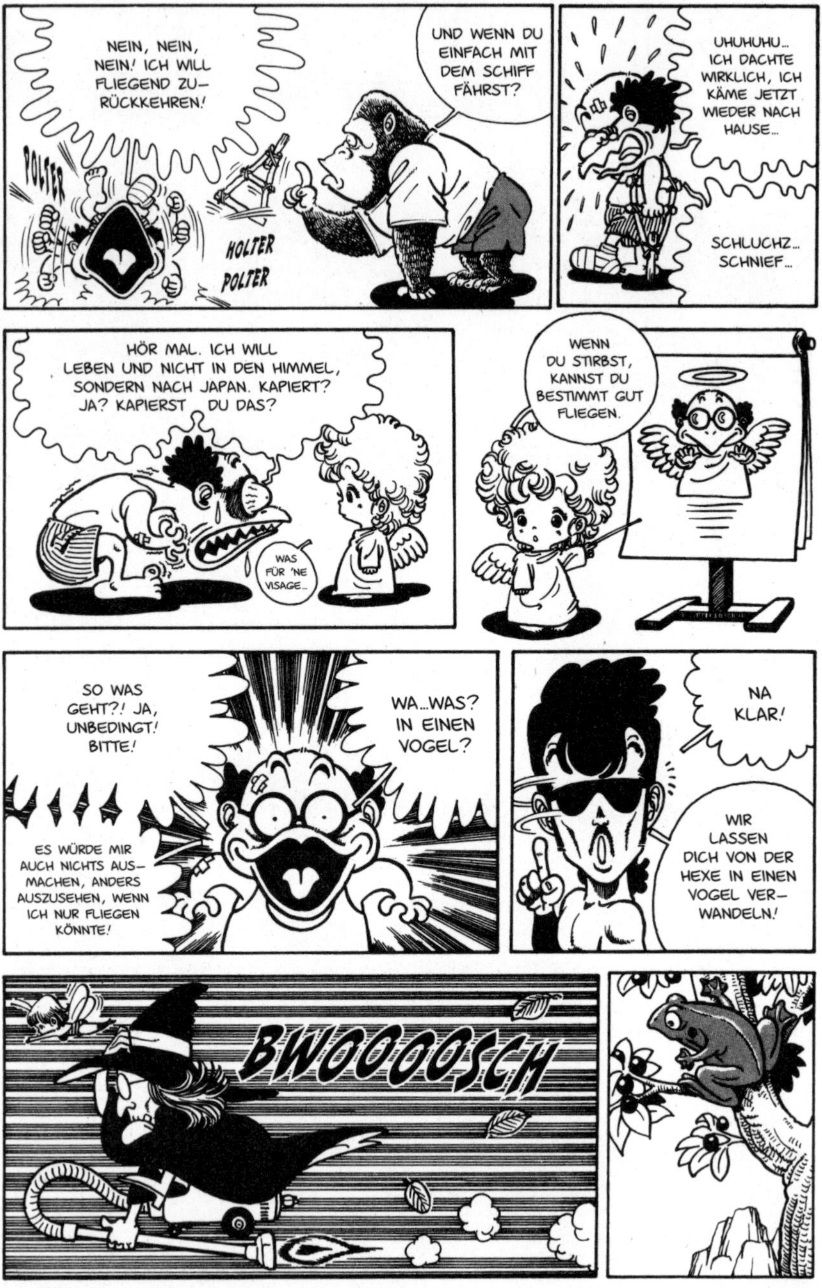
NEIN, NEIN, NEIN! ICH WILL FLIEGEND ZURÜCKKEHREN!
POLTER
HOLTER POLTER
UND WENN DU EINFACH MIT DEM SCHIFF FÄHRST?
UHUHUHU... ICH DACHTE WIRKLICH, ICH KÄME JETZT WIEDER NACH HAUSE...
SCHLUCHZ... SCHNIEF...
HÖR MAL. ICH WILL LEBEN UND NICHT IN DEN HIMMEL, SONDERN NACH JAPAN. KAPIERT? JA? KAPIERST DU DAS?
WAS FÜR 'NE VISAGE...
WENN DU STIRBST, KANNST DU BESTIMMT GUT FLIEGEN.
SO WAS GEHT?! JA, UNBEDINGT! BITTE!
ES WÜRDE MIR AUCH NICHTS AUSMACHEN, ANDERS AUSZUSEHEN, WENN ICH NUR FLIEGEN KÖNNTE!
WA...WAS? IN EINEN VOGEL?
NA KLAR!
WIR LASSEN DICH VON DER HEXE IN EINEN VOGEL VERWANDELN!
BWOOOOOSCH

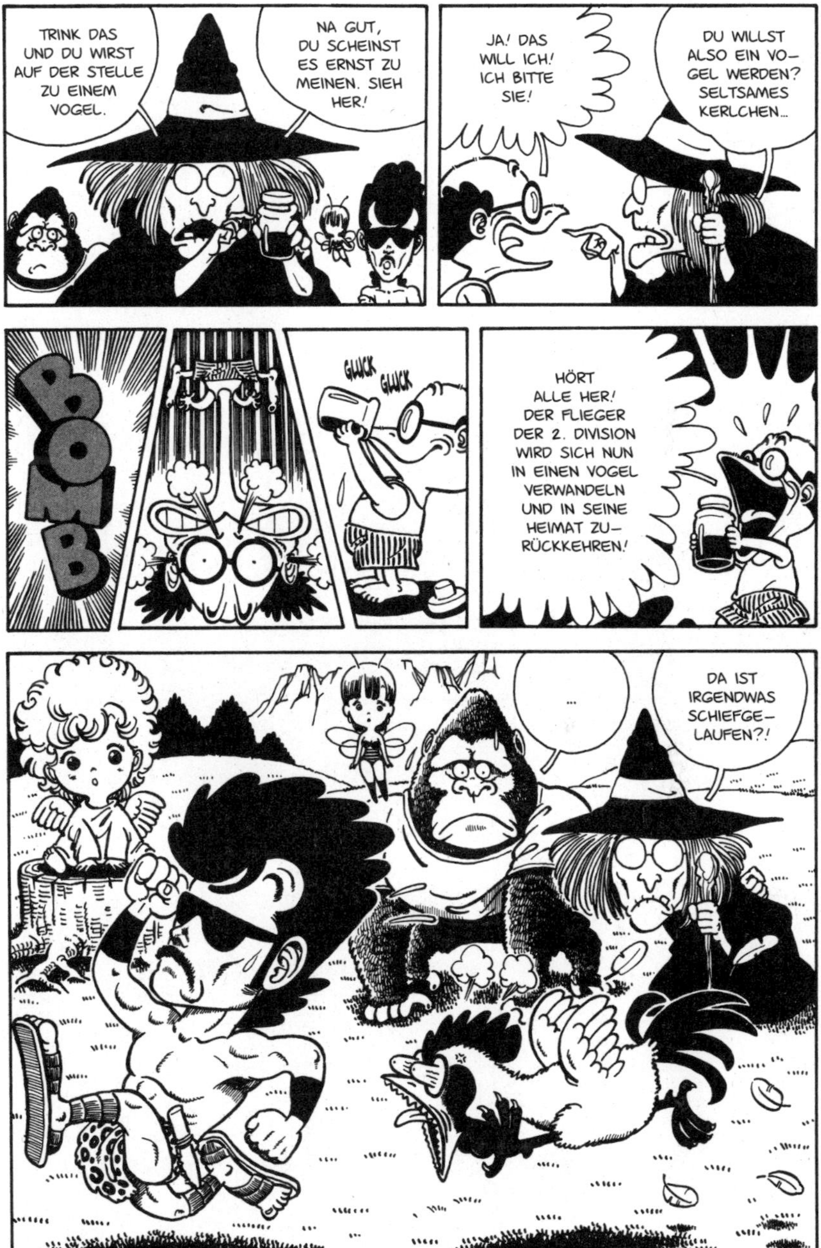

WONDER ISLAND – ENDE

ERSCHIENEN 1978 IN AUSGABE 52 DES WEEKLY SHONEN JUMP

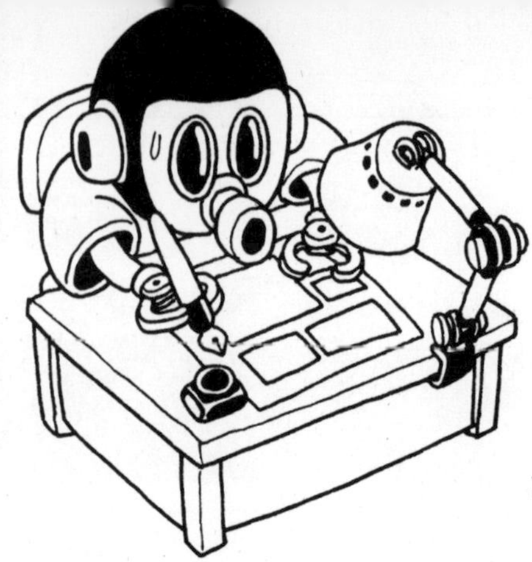

– DAS WAREN NOCH ZEITEN –

MAKING-OF

1. WÄHREND DER ARBEIT AN »WONDER ISLAND«

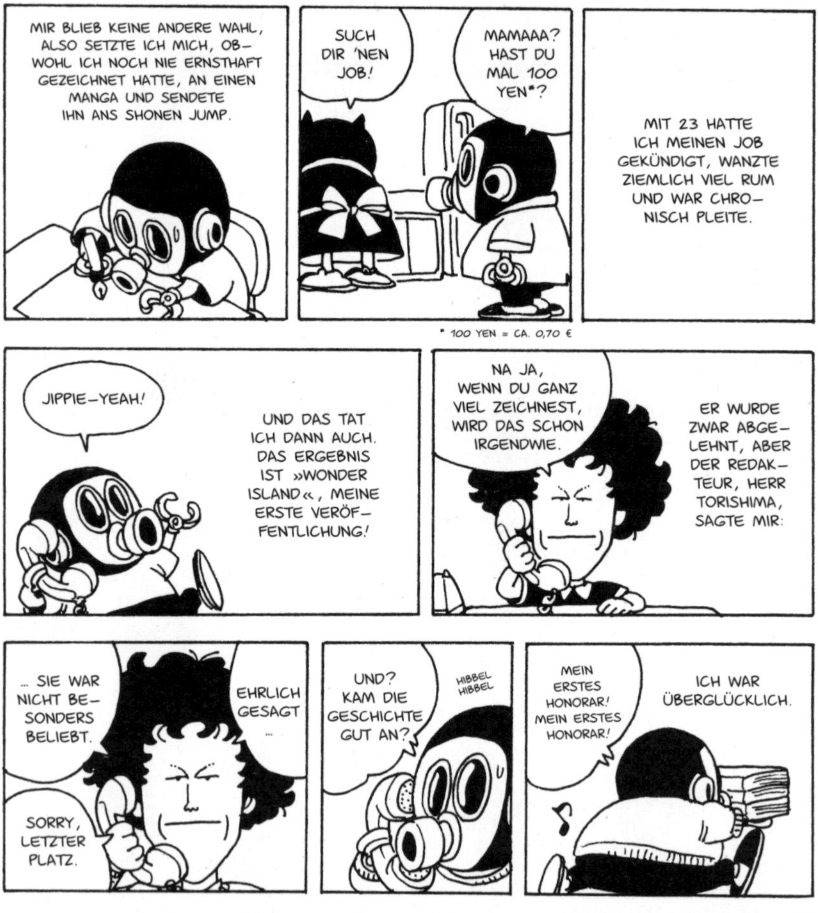

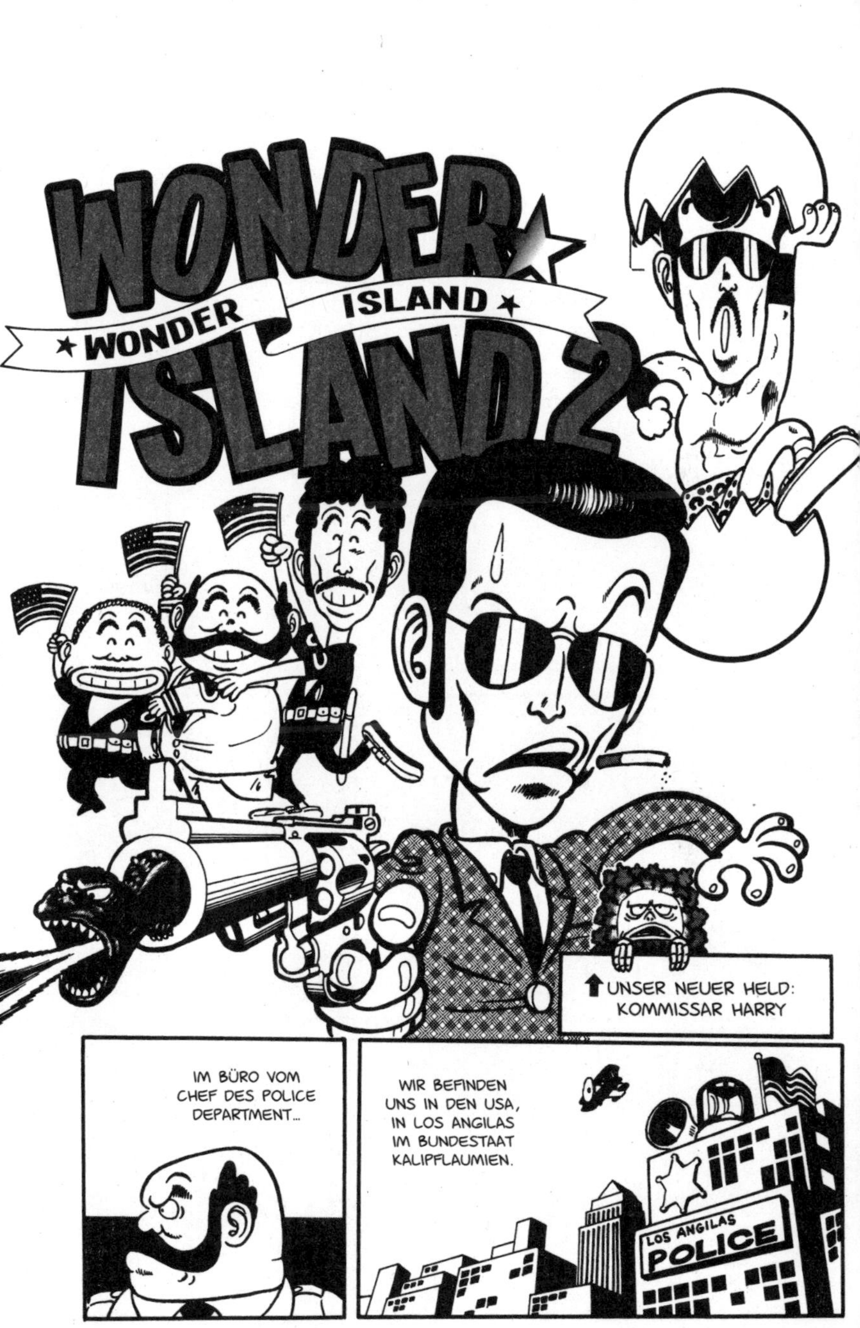
WONDER ISLAND 2
WONDER ISLAND
UNSER NEUER HELD: KOMMISSAR HARRY
IM BÜRO VOM CHEF DES POLICE DEPARTMENT...
WIR BEFINDEN UNS IN DEN USA, IN LOS ANGILAS IM BUNDESTAAT KALIPFLAUMIEN.
LOS ANGILAS POLICE

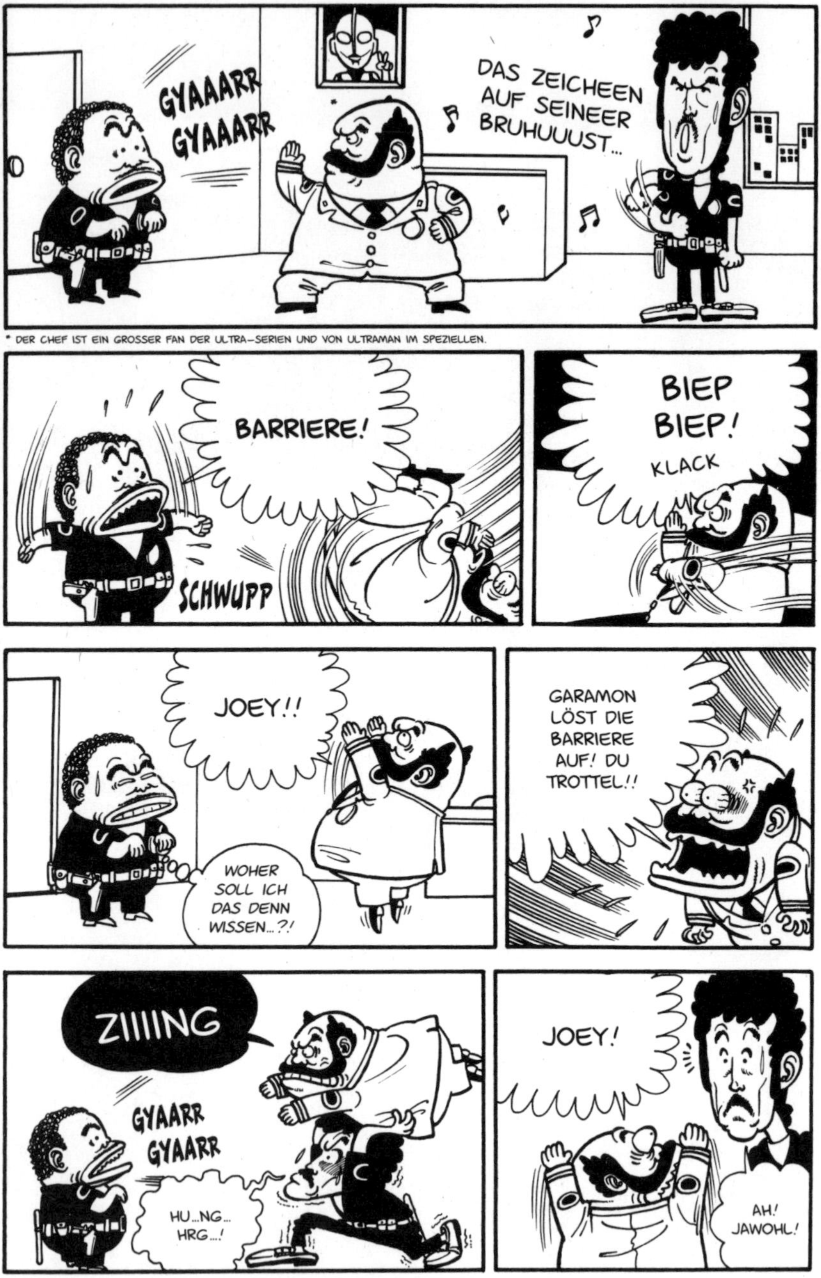

* DER CHEF IST EIN GROSSER FAN DER ULTRA-SERIEN UND VON ULTRAMAN IM SPEZIELLEN.

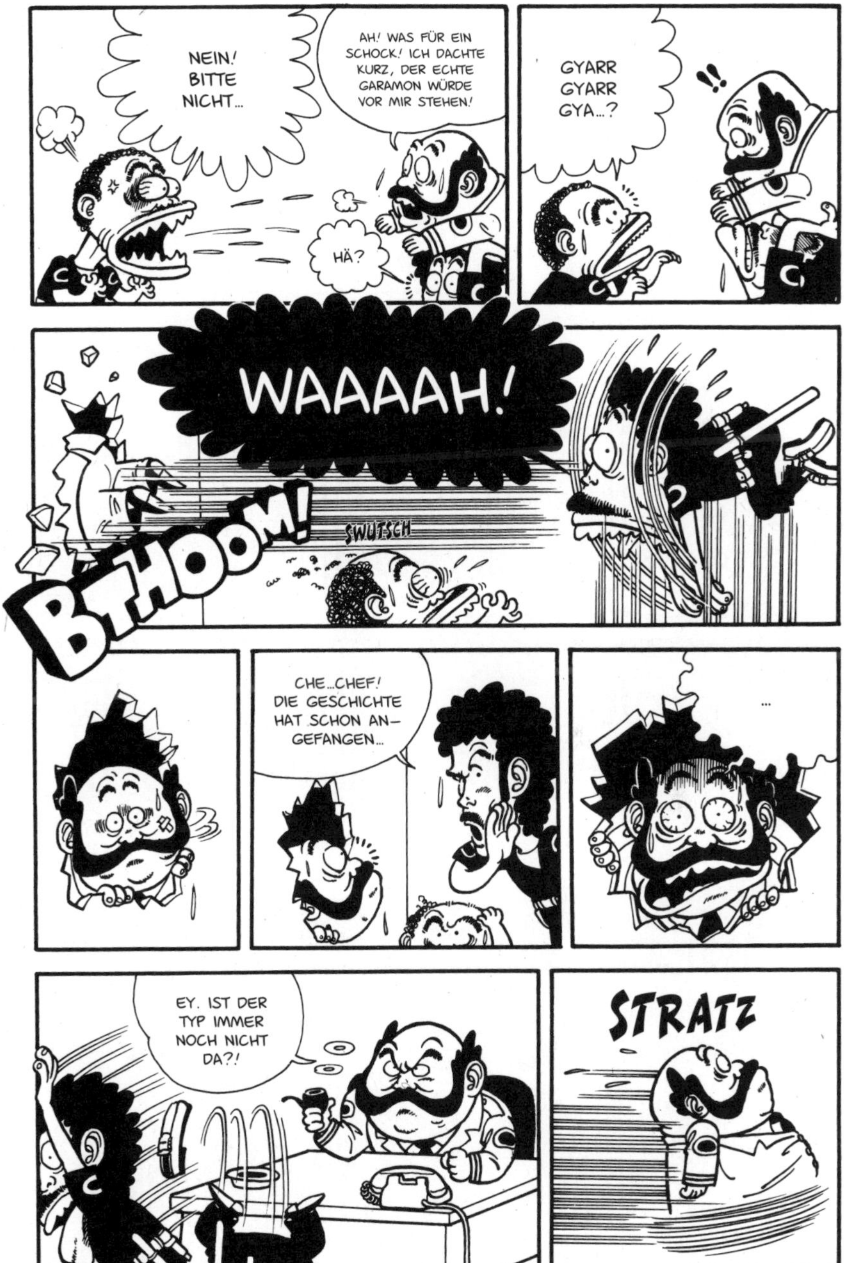
NEIN! BITTE NICHT...
AH! WAS FÜR EIN SCHOCK! ICH DACHTE KURZ, DER ECHTE GARAMON WÜRDE VOR MIR STEHEN!
HÄ?
GYARR GYARR GYA...?
!!
WAAAAH!
BTHOOM!
SWUTSCH
CHE...CHEF! DIE GESCHICHTE HAT SCHON ANGEFANGEN...
...
EY. IST DER TYP IMMER NOCH NICHT DA?!
STRATZ

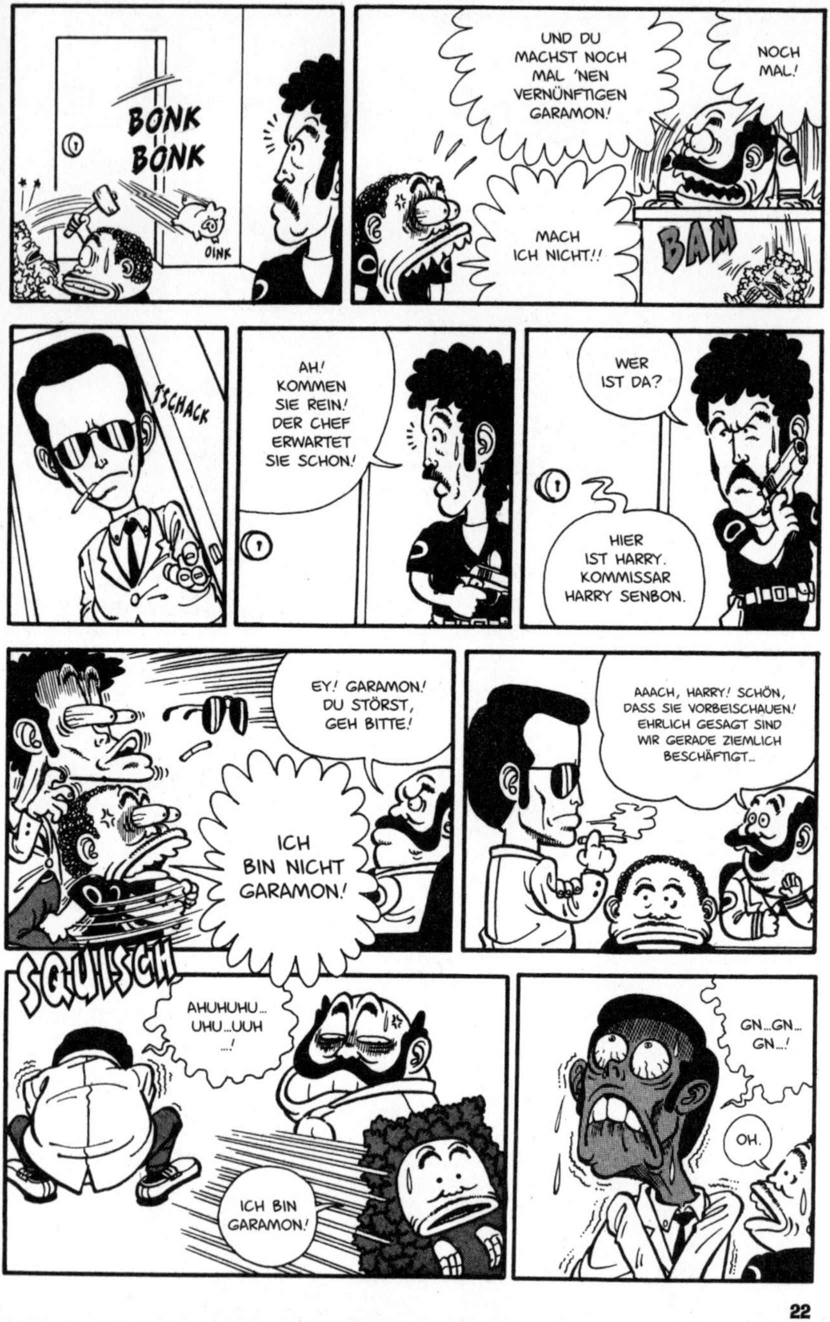
UND DU MACHST NOCH MAL 'NEN VERNÜNFTIGEN GARAMON!
MACH ICH NICHT!!
BAM
NOCH MAL!
BONK BONK
OINK
WER IST DA?
HIER IST HARRY. KOMMISSAR HARRY SENBON.
AH! KOMMEN SIE REIN! DER CHEF ERWARTET SIE SCHON!
TSCHACK
AAACH, HARRY! SCHÖN, DASS SIE VORBEISCHAUEN! EHRLICH GESAGT SIND WIR GERADE ZIEMLICH BESCHÄFTIGT...
EY! GARAMON! DU STÖRST, GEH BITTE!
ICH BIN NICHT GARAMON!
SQUISCH
GN...GN... GN...!
OH.
AHUHUHU... UHU...UUH ...!
ICH BIN GARAMON!

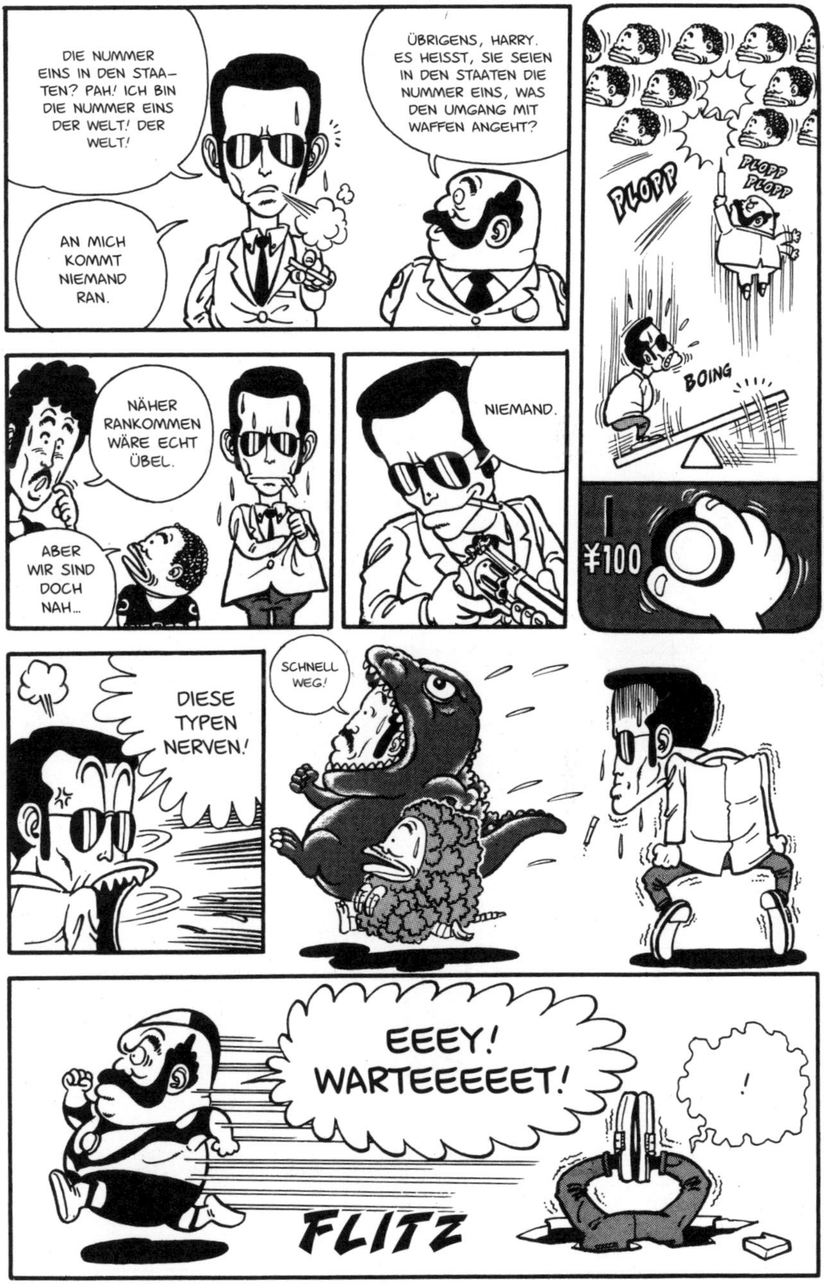
ÜBRIGENS, HARRY. ES HEISST, SIE SEIEN IN DEN STAATEN DIE NUMMER EINS, WAS DEN UMGANG MIT WAFFEN ANGEHT?
DIE NUMMER EINS IN DEN STAATEN? PAH! ICH BIN DIE NUMMER EINS DER WELT! DER WELT!
AN MICH KOMMT NIEMAND RAN.
PLOPP
PLOPP PLOPP
BOING
¥100
NIEMAND.
NÄHER RANKOMMEN WÄRE ECHT ÜBEL.
ABER WIR SIND DOCH NAH...
SCHNELL WEG!
DIESE TYPEN NERVEN!
EEEY! WARTEEEEEET!
!
FLITZ

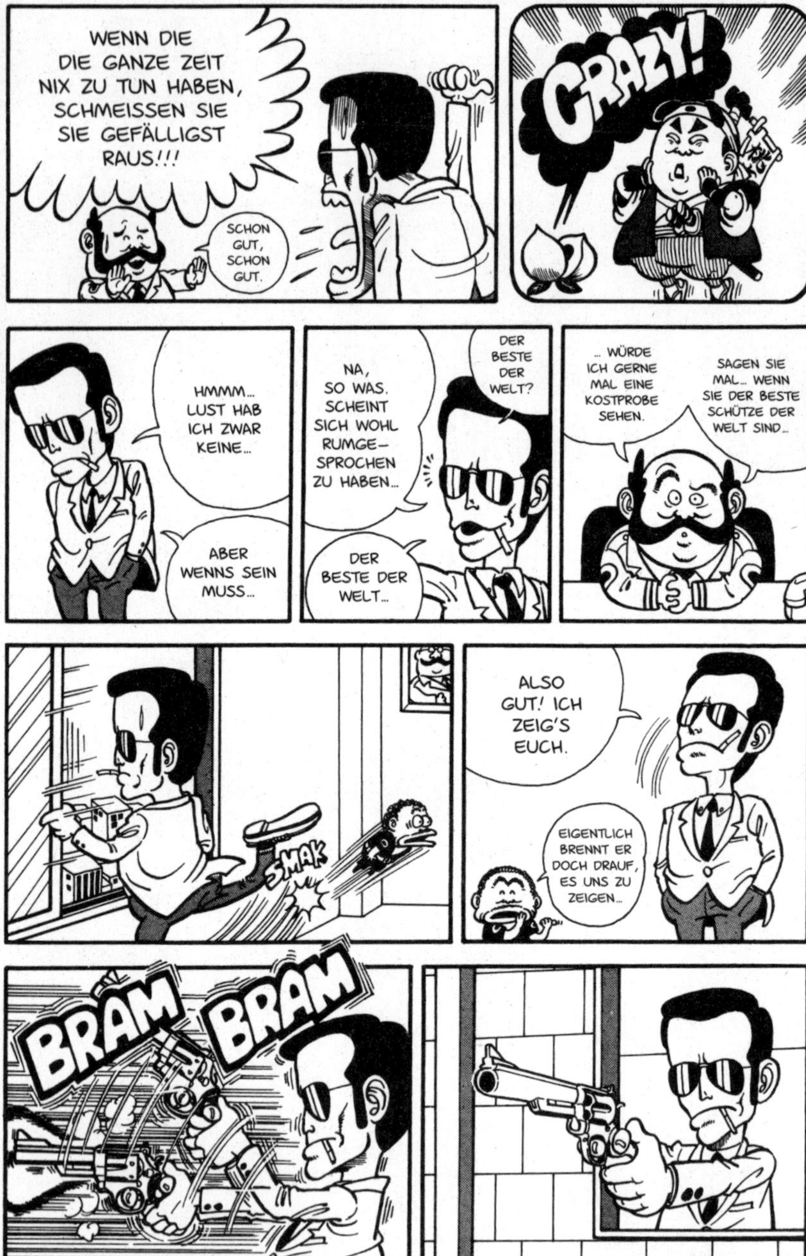
CRAZY!
WENN DIE DIE GANZE ZEIT NIX ZU TUN HABEN, SCHMEISSEN SIE SIE GEFÄLLIGST RAUS!!!
SCHON GUT, SCHON GUT.
SAGEN SIE MAL... WENN SIE DER BESTE SCHÜTZE DER WELT SIND...
... WÜRDE ICH GERNE MAL EINE KOSTPROBE SEHEN.
DER BESTE DER WELT?
NA, SO WAS. SCHEINT SICH WOHL RUMGE-SPROCHEN ZU HABEN...
DER BESTE DER WELT...
HMMM... LUST HAB ICH ZWAR KEINE...
ABER WENNS SEIN MUSS...
ALSO GUT! ICH ZEIG'S EUCH.
EIGENTLICH BRENNT ER DOCH DRAUF, ES UNS ZU ZEIGEN...
SMAK
BRAM
BRAM

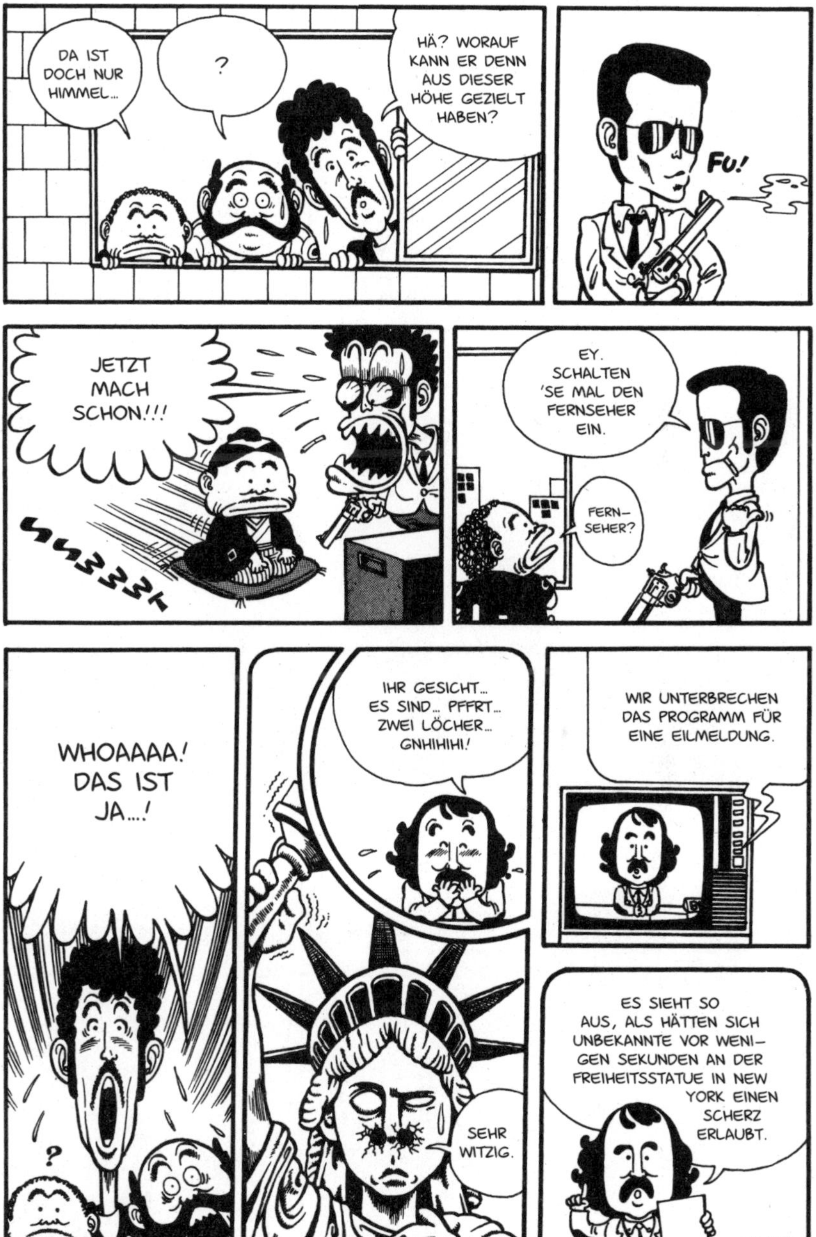
DA IST DOCH NUR HIMMEL...
?
HÄ? WORAUF KANN ER DENN AUS DIESER HÖHE GEZIELT HABEN?
FU!
JETZT MACH SCHON!!!
EY. SCHALTEN 'SE MAL DEN FERNSEHER EIN.
FERN-SEHER?
WHOAAAA! DAS IST JA...!
?
IHR GESICHT... ES SIND... PFFRT... ZWEI LÖCHER... GNHIHIHI!
SEHR WITZIG.
WIR UNTERBRECHEN DAS PROGRAMM FÜR EINE EILMELDUNG.
ES SIEHT SO AUS, ALS HÄTTEN SICH UNBEKANNTE VOR WENIGEN SEKUNDEN AN DER FREIHEITSSTATUE IN NEW YORK EINEN SCHERZ ERLAUBT.
BUM

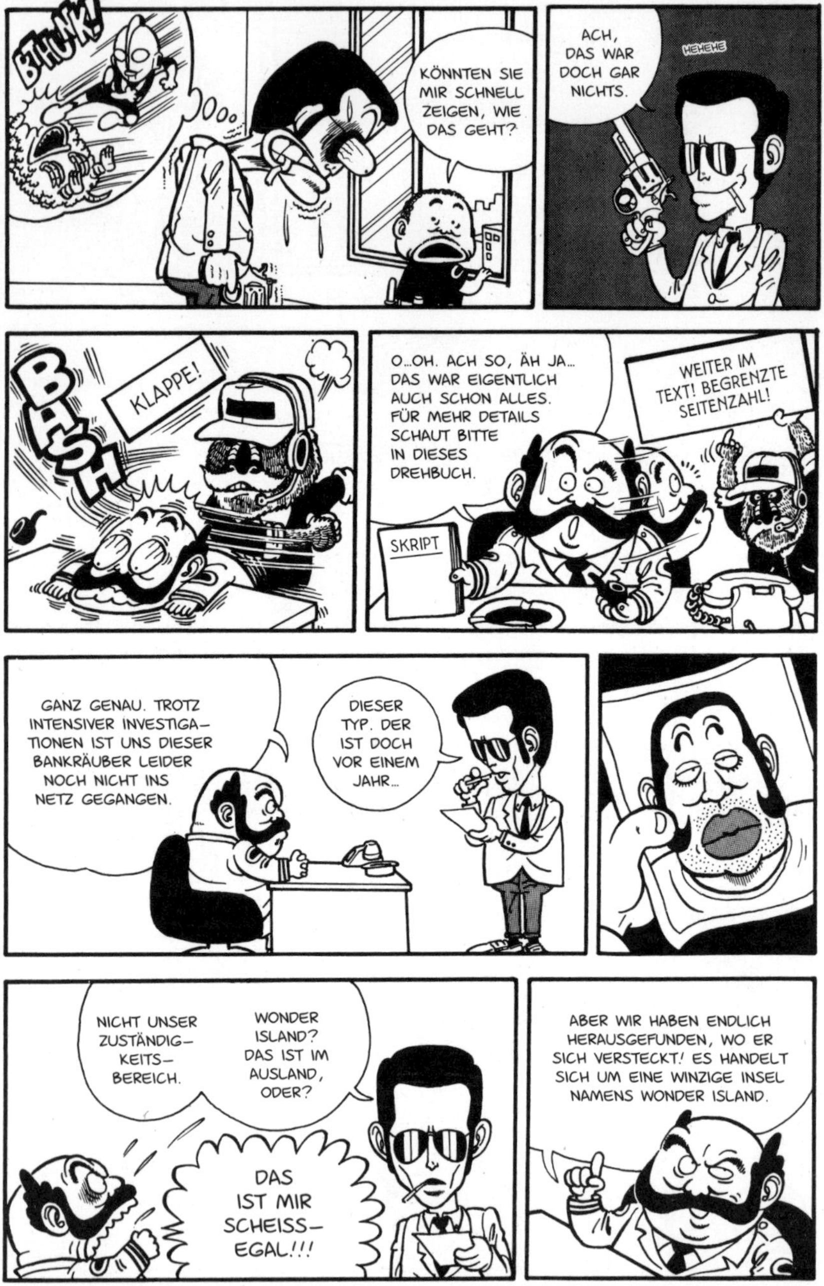

HEHEHE
ACH, DAS WAR DOCH GAR NICHTS.
KÖNNTEN SIE MIR SCHNELL ZEIGEN, WIE DAS GEHT?
BTHUNK!
O...OH. ACH SO, ÄH JA... DAS WAR EIGENTLICH AUCH SCHON ALLES. FÜR MEHR DETAILS SCHAUT BITTE IN DIESES DREHBUCH.
WEITER IM TEXT! BEGRENZTE SEITENZAHL!
SKRIPT
KLAPPE!
BASH
DIESER TYP. DER IST DOCH VOR EINEM JAHR...
GANZ GENAU. TROTZ INTENSIVER INVESTIGA-TIONEN IST UNS DIESER BANKRÄUBER LEIDER NOCH NICHT INS NETZ GEGANGEN.
ABER WIR HABEN ENDLICH HERAUSGEFUNDEN, WO ER SICH VERSTECKT! ES HANDELT SICH UM EINE WINZIGE INSEL NAMENS WONDER ISLAND.
WONDER ISLAND? DAS IST IM AUSLAND, ODER?
NICHT UNSER ZUSTÄNDIG-KEITS-BEREICH.
DAS IST MIR SCHEISS-EGAL!!!

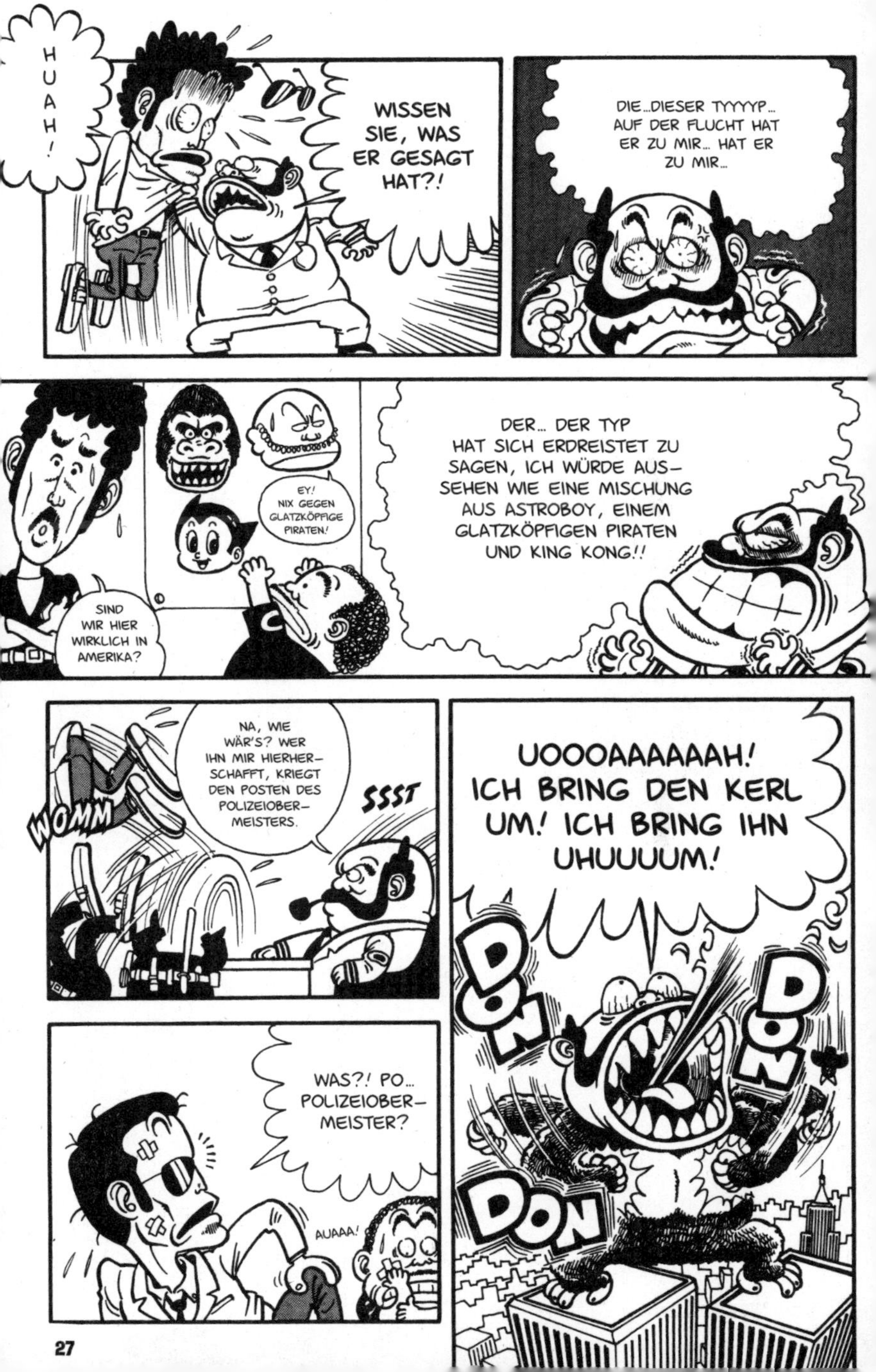
HUAH!
WISSEN SIE, WAS ER GESAGT HAT?!
DIE...DIESER TYYYYP... AUF DER FLUCHT HAT ER ZU MIR... HAT ER ZU MIR...
DER... DER TYP HAT SICH ERDREISTET ZU SAGEN, ICH WÜRDE AUS-SEHEN WIE EINE MISCHUNG AUS ASTROBOY, EINEM GLATZKÖPFIGEN PIRATEN UND KING KONG!!
EY! NIX GEGEN GLATZKÖPFIGE PIRATEN!
SIND WIR HIER WIRKLICH IN AMERIKA?
UOOOAAAAAAAH! ICH BRING DEN KERL UM! ICH BRING IHN UHUUUUM!
DON
DON
DON
NA, WIE WÄR'S? WER IHN MIR HIERHER-SCHAFFT, KRIEGT DEN POSTEN DES POLIZEIOBER-MEISTERS.
SSST
WOMM
WAS?! PO... POLIZEIOBER-MEISTER?
AUAAA!

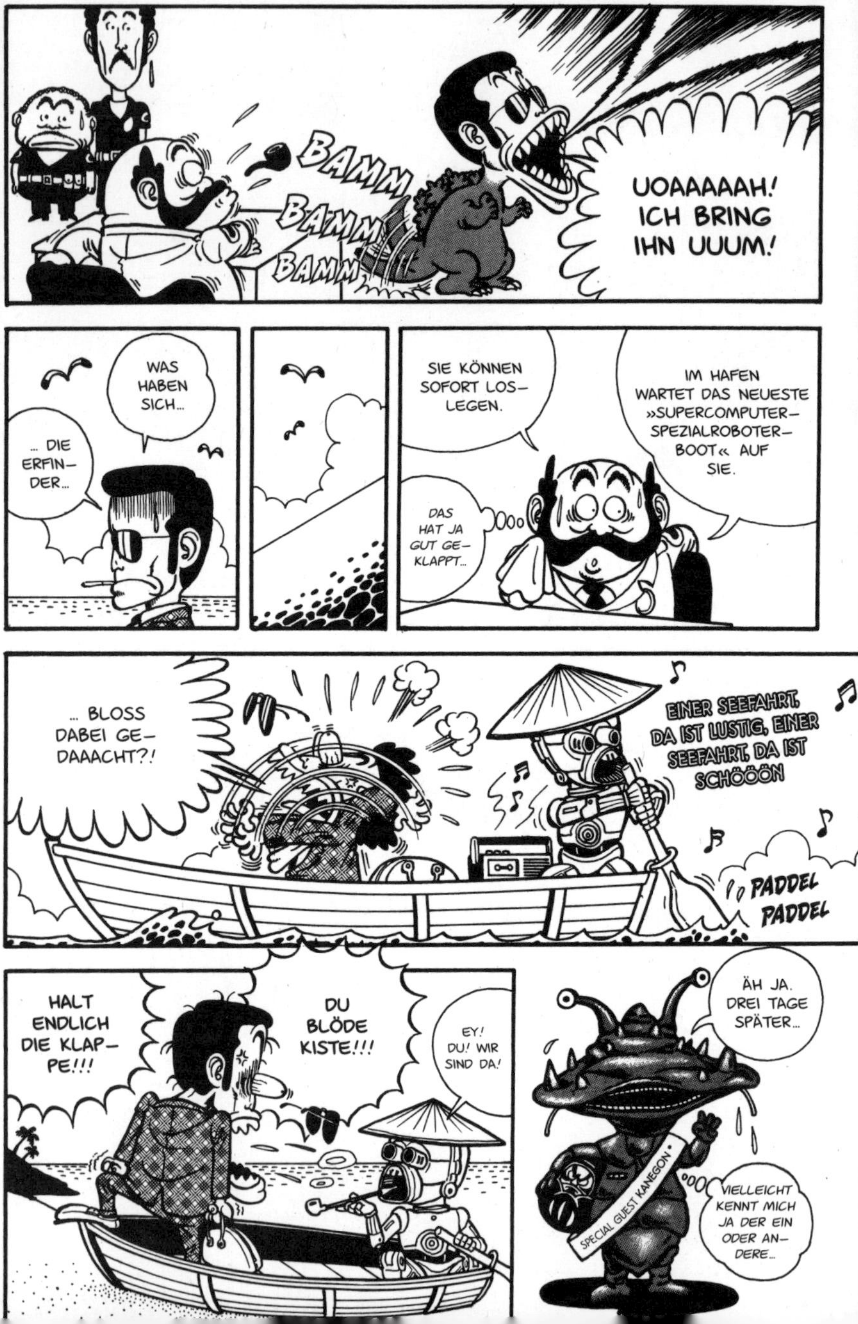

BAMM
BAMM
BAMM
UOAAAAAH! ICH BRING IHN UUUM!
WAS HABEN SICH...
... DIE ERFINDER...
SIE KÖNNEN SOFORT LOS-LEGEN.
IM HAFEN WARTET DAS NEUESTE »SUPERCOMPUTER-SPEZIALROBOTER-BOOT« AUF SIE.
DAS HAT JA GUT GE-KLAPPT...
... BLOSS DABEI GE-DAAACHT?!
EINER SEEFAHRT, DA IST LUSTIG, EINER SEEFAHRT, DA IST SCHÖÖÖN
PADDEL PADDEL
HALT ENDLICH DIE KLAP-PE!!!
DU BLÖDE KISTE!!!
EY! DU! WIR SIND DA!
ÄH JA. DREI TAGE SPÄTER...
SPECIAL GUEST KANEGON
VIELLEICHT KENNT MICH JA DER EIN ODER AN-DERE...

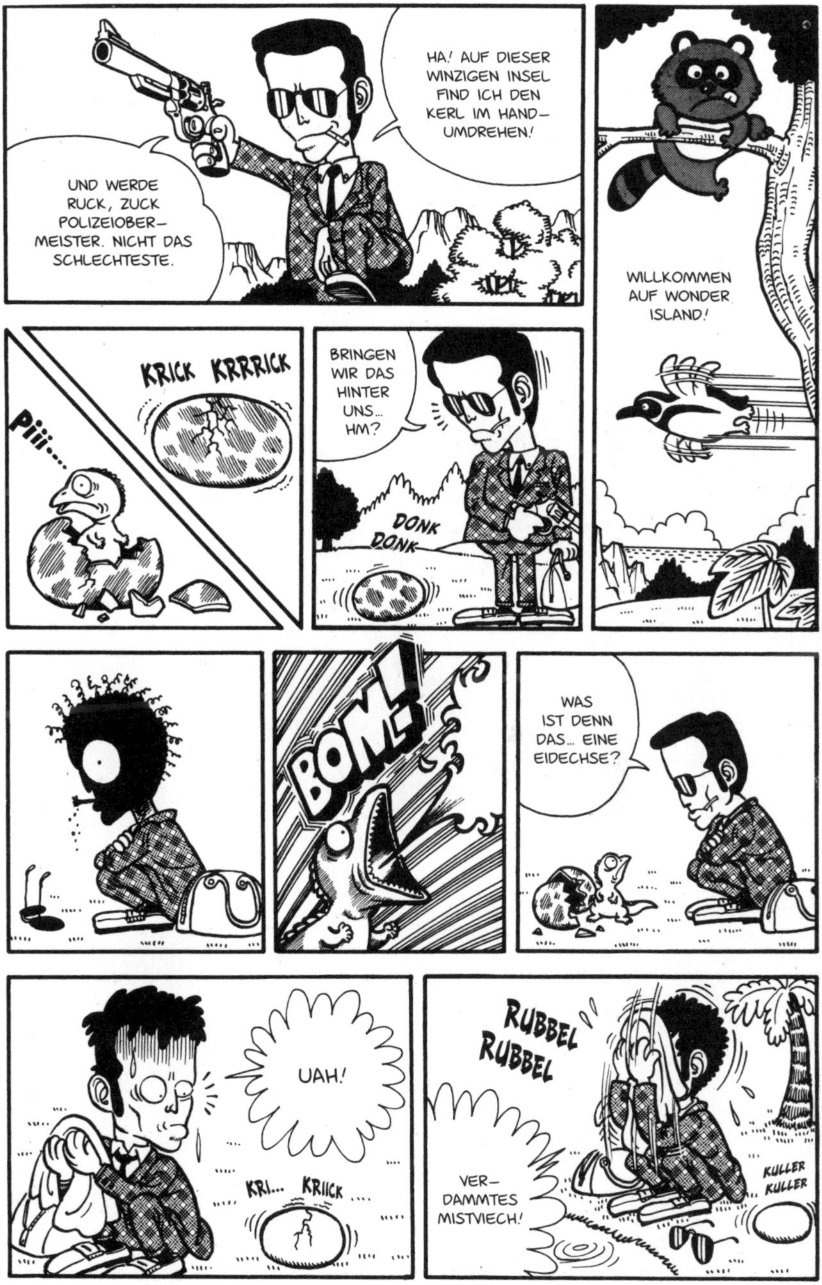
HA! AUF DIESER WINZIGEN INSEL FIND ICH DEN KERL IM HAND-UMDREHEN!
UND WERDE RUCK, ZUCK POLIZEIOBER-MEISTER. NICHT DAS SCHLECHTESTE.
WILLKOMMEN AUF WONDER ISLAND!
KRICK KRRRICK
Piii....
BRINGEN WIR DAS HINTER UNS... HM?
DONK DONK
BOM!
WAS IST DENN DAS... EINE EIDECHSE?
UAH!
KRI... KRIICK
RUBBEL RUBBEL
VER-DAMMTES MISTVIECH!
KULLER KULLER

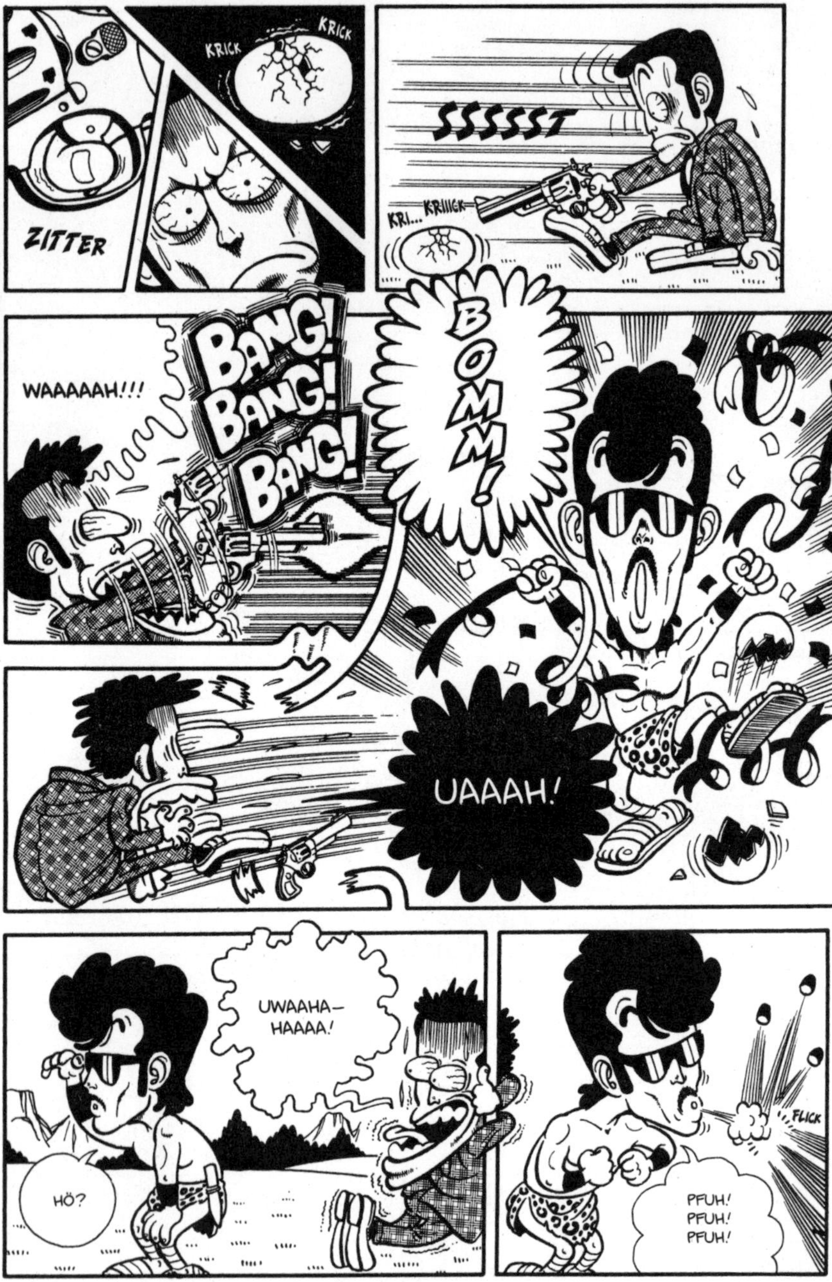
ZITTER
KRICK
KRICK
SSSSST
KRI...
KRIIICK
WAAAAAH!!!
BANG!
BANG!
BANG!
BOMM!
UAAAH!
UWAAHA-
HAAAA!
HÖ?
FLICK
PFUH!
PFUH!
PFUH!

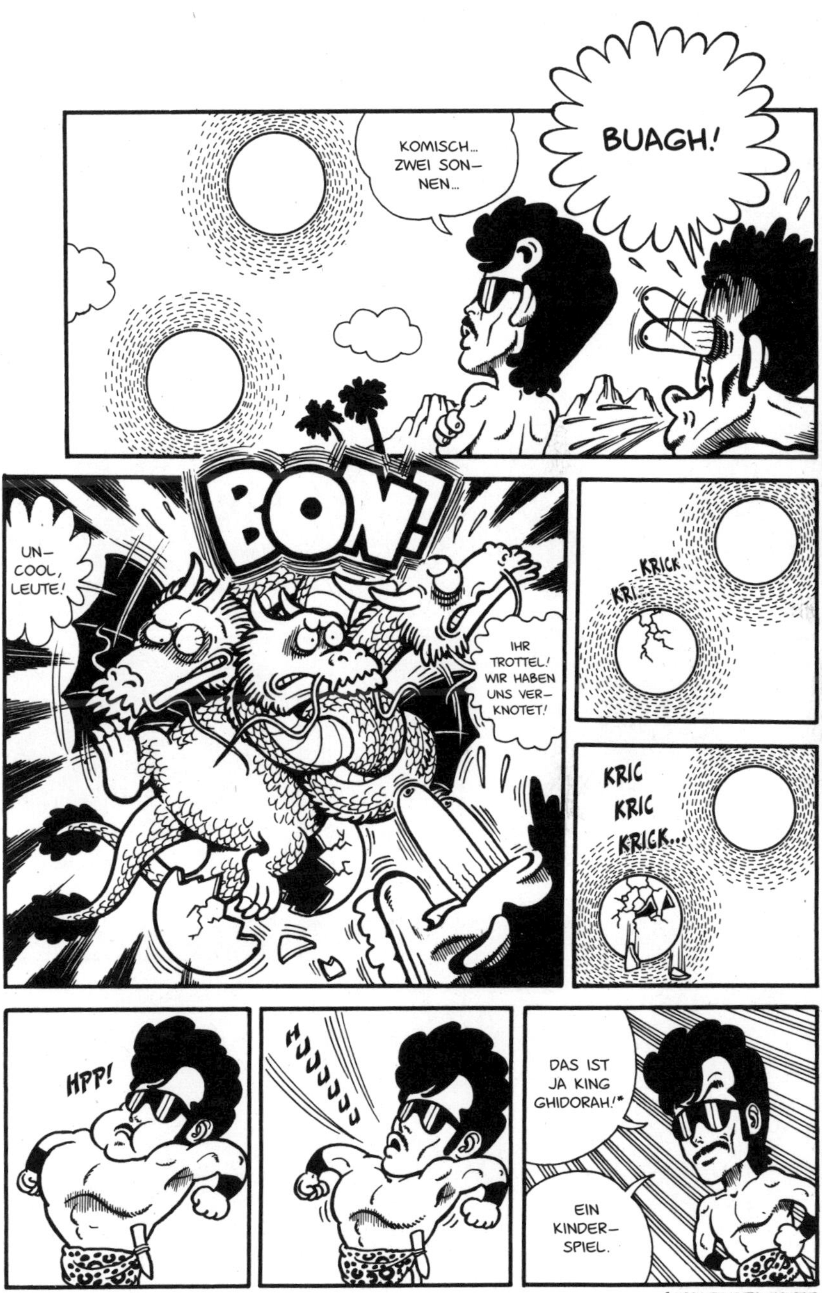

* NOCH EIN ULTRA-MONSTER

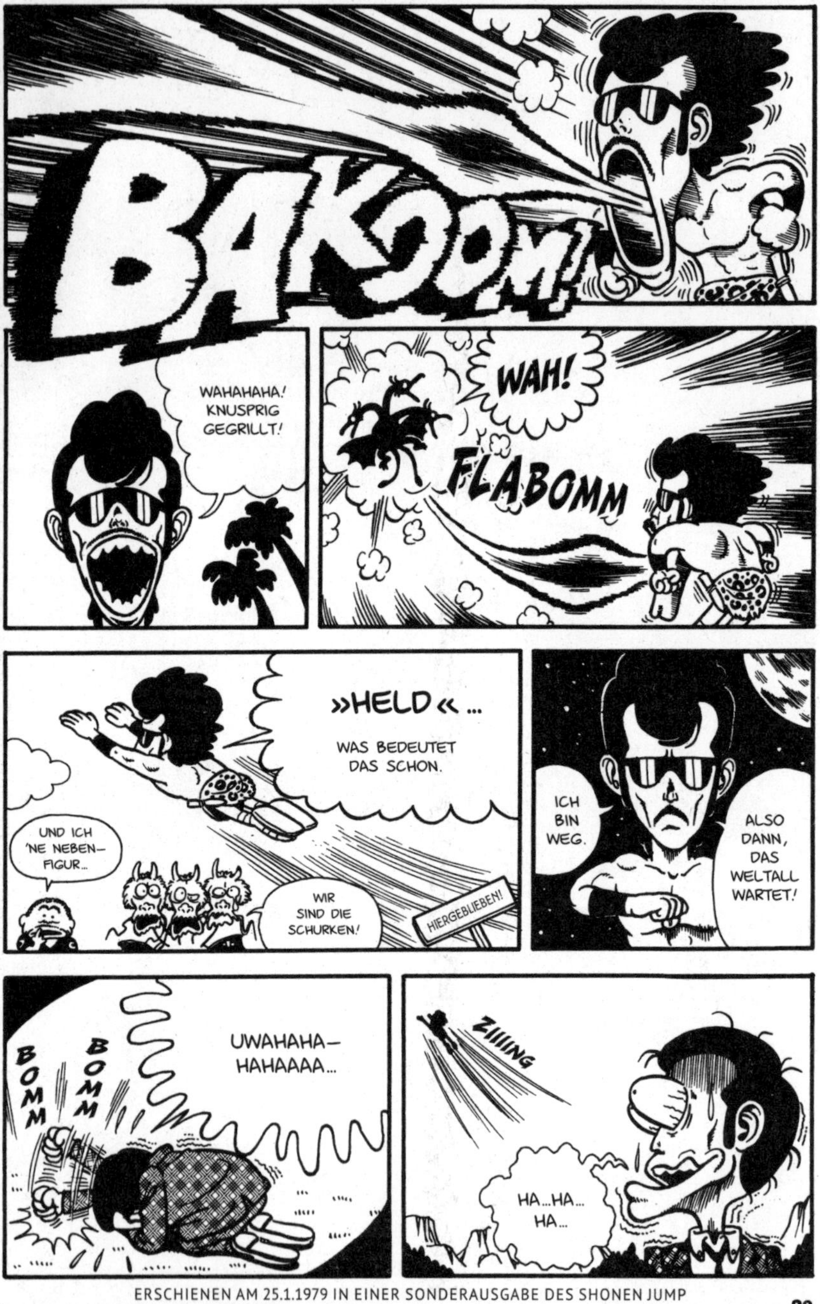

ERSCHIENEN AM 25.1.1979 IN EINER SONDERAUSGABE DES SHONEN JUMP

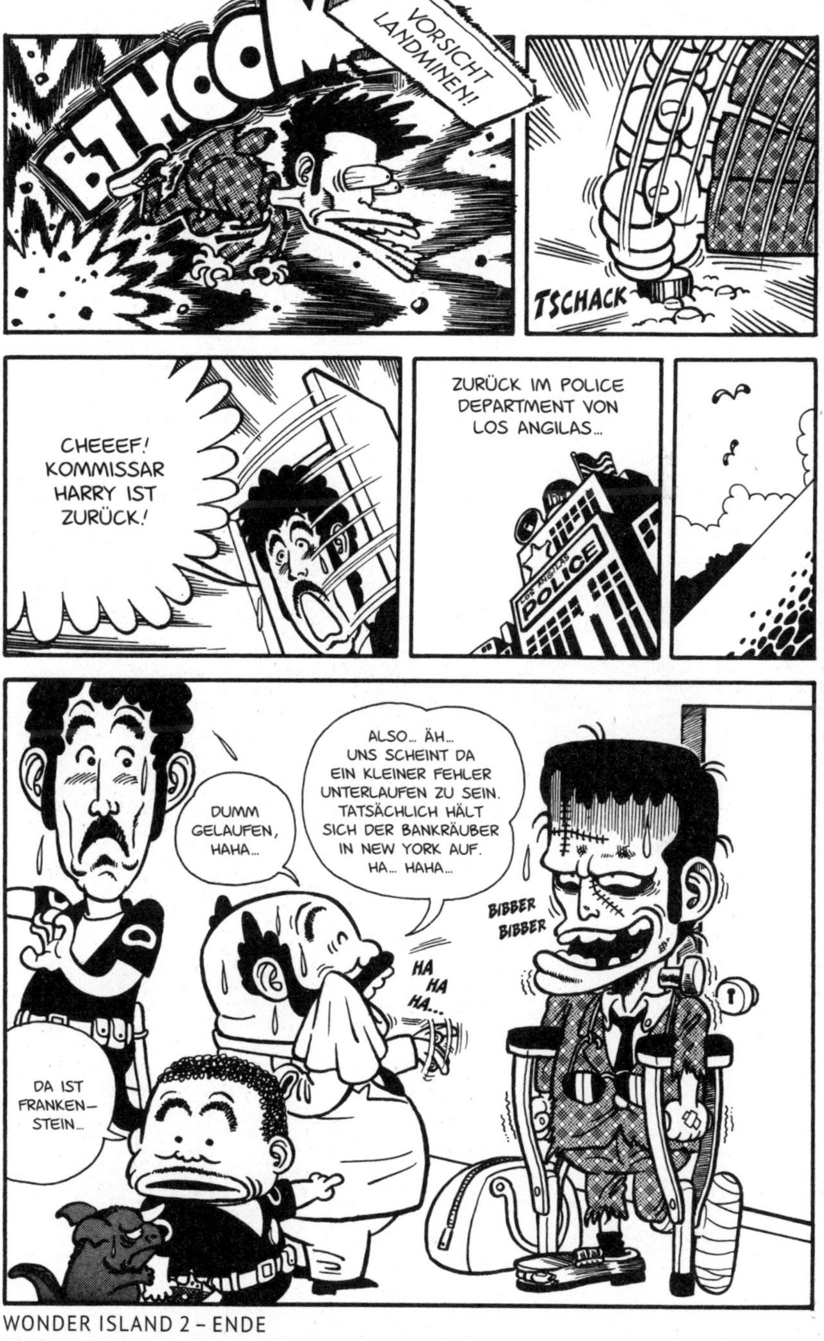

WONDER ISLAND 2 – ENDE

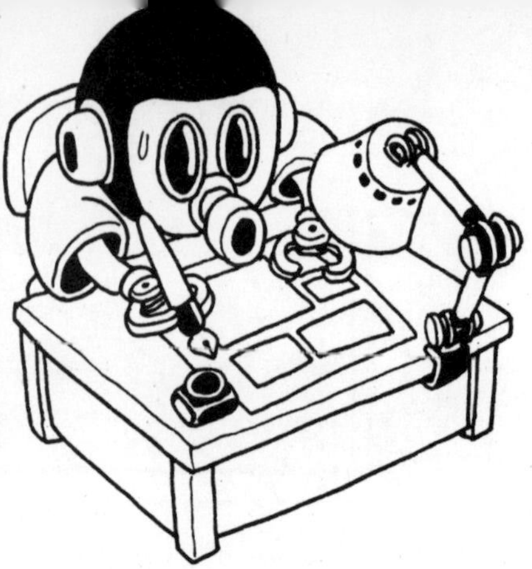

– DAS WAREN NOCH ZEITEN –

MAKING-OF

2. WÄHREND DER ARBEIT AN »WONDER ISLAND 2« UND »GIRLIE-COP TOMATO«

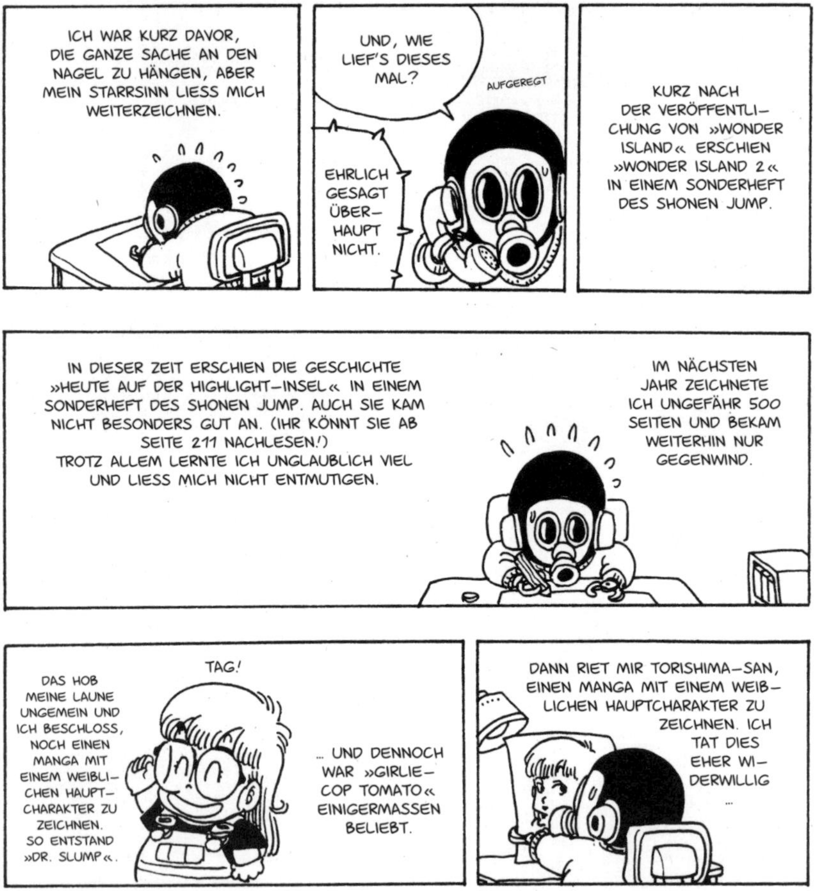

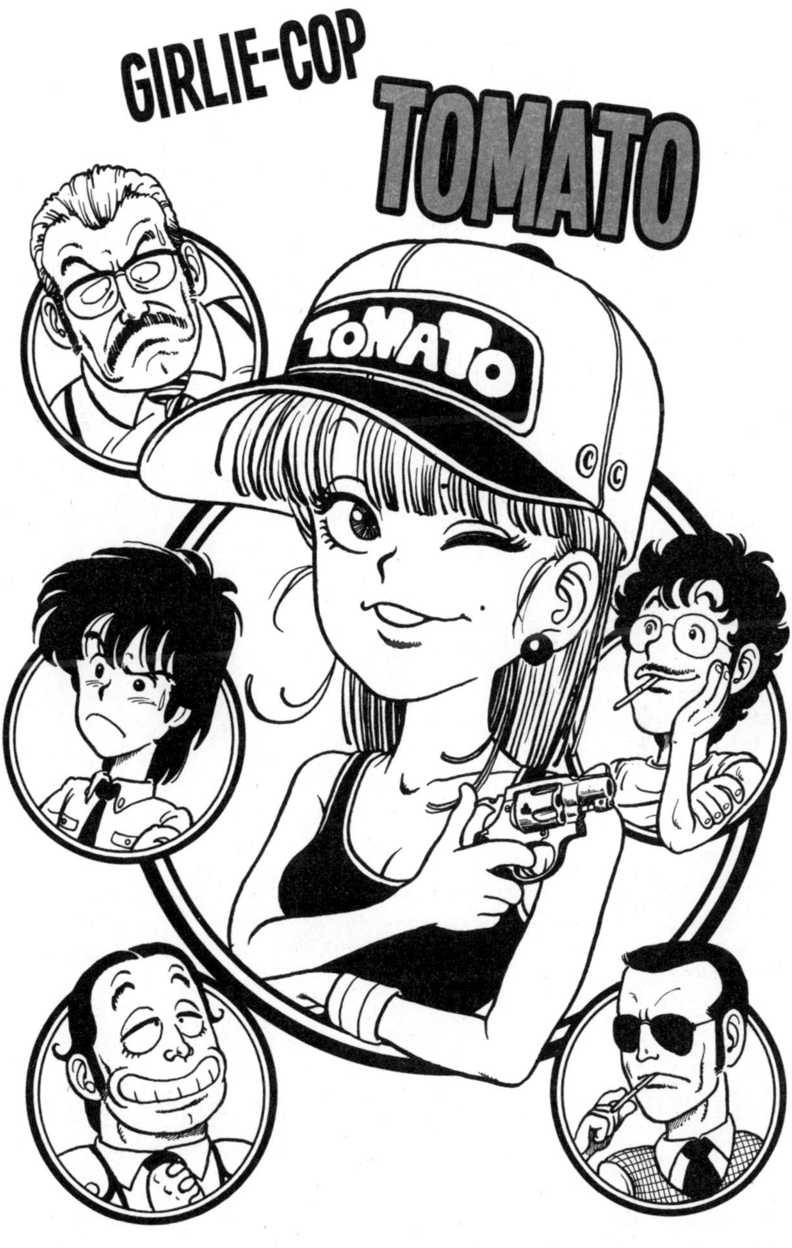
GIRLIE-COP
TOMATO
TOMATO

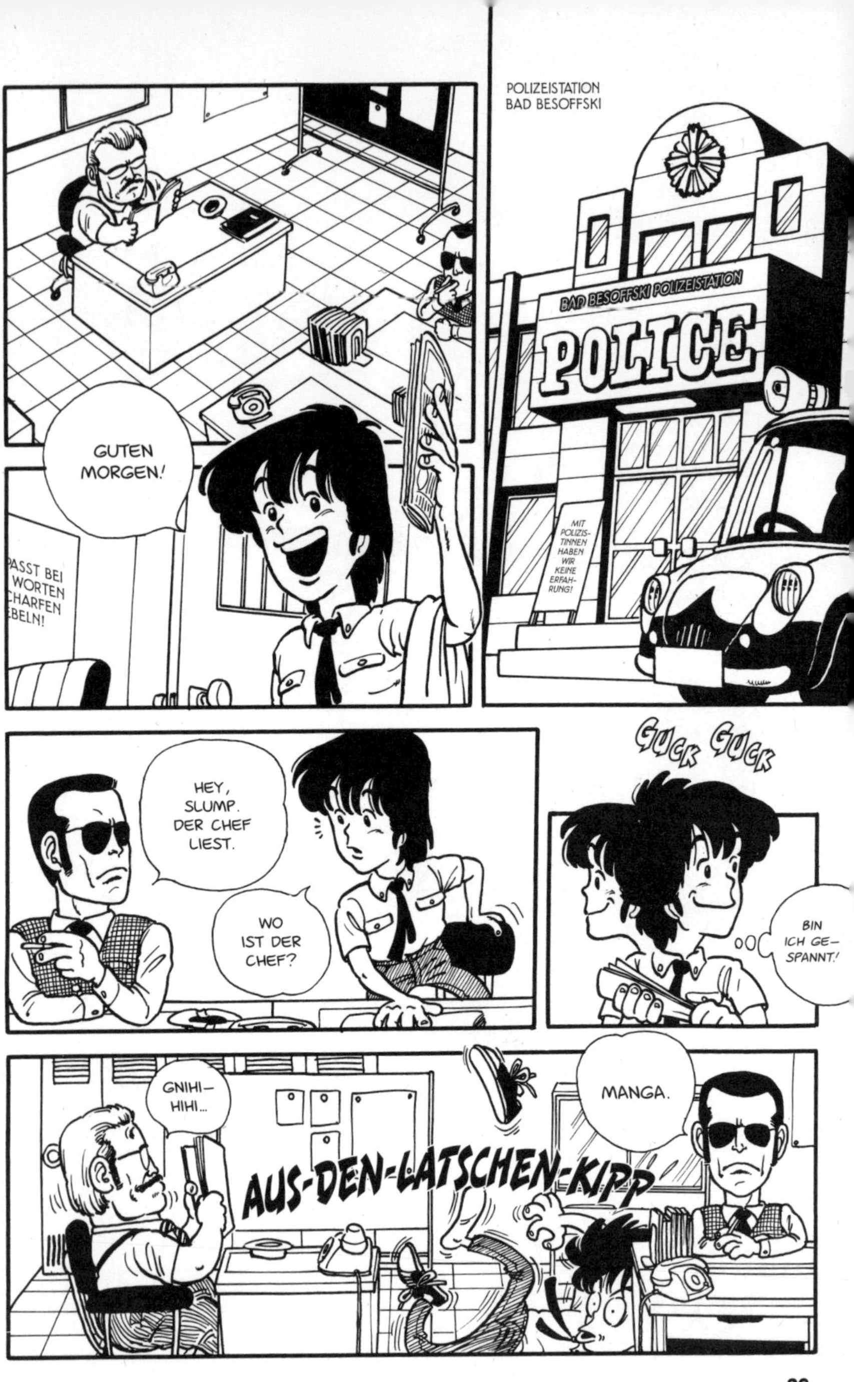
POLIZEISTATION
BAD BESOFFSKI
BAD BESOFFSKI POLIZEISTATION
POLICE
MIT POLIZIS-TINNEN HABEN WIR KEINE ERFAH-RUNG!
GUTEN MORGEN!
PASST BEI WORTEN CHARFEN EBELN!
GUCK GUCK
BIN ICH GE-SPANNT!
HEY, SLUMP. DER CHEF LIEST.
WO IST DER CHEF?
MANGA.
GNIHI-HIHI...
AUS-DEN-LATSCHEN-KIPP

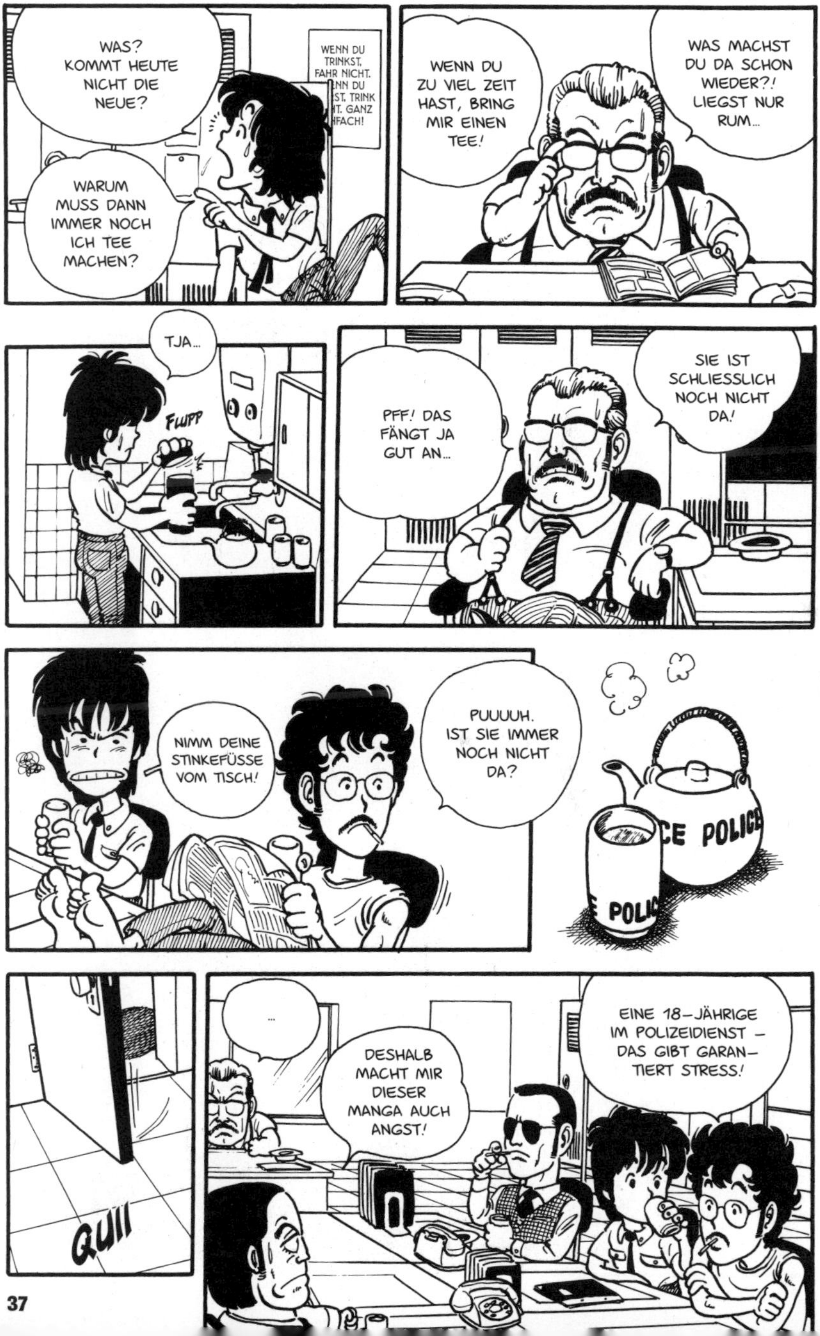
WAS MACHST DU DA SCHON WIEDER?! LIEGST NUR RUM...
WENN DU ZU VIEL ZEIT HAST, BRING MIR EINEN TEE!
WAS? KOMMT HEUTE NICHT DIE NEUE?
WARUM MUSS DANN IMMER NOCH ICH TEE MACHEN?
WENN DU TRINKST, FAHR NICHT.
SIE IST SCHLIESSLICH NOCH NICHT DA!
PFF! DAS FÄNGT JA GUT AN...
TJA...
FLUPP
POLICE
PUUUUH. IST SIE IMMER NOCH NICHT DA?
NIMM DEINE STINKEFÜSSE VOM TISCH!
EINE 18-JÄHRIGE IM POLIZEIDIENST – DAS GIBT GARANTIERT STRESS!
...
DESHALB MACHT MIR DIESER MANGA AUCH ANGST!
QUIII

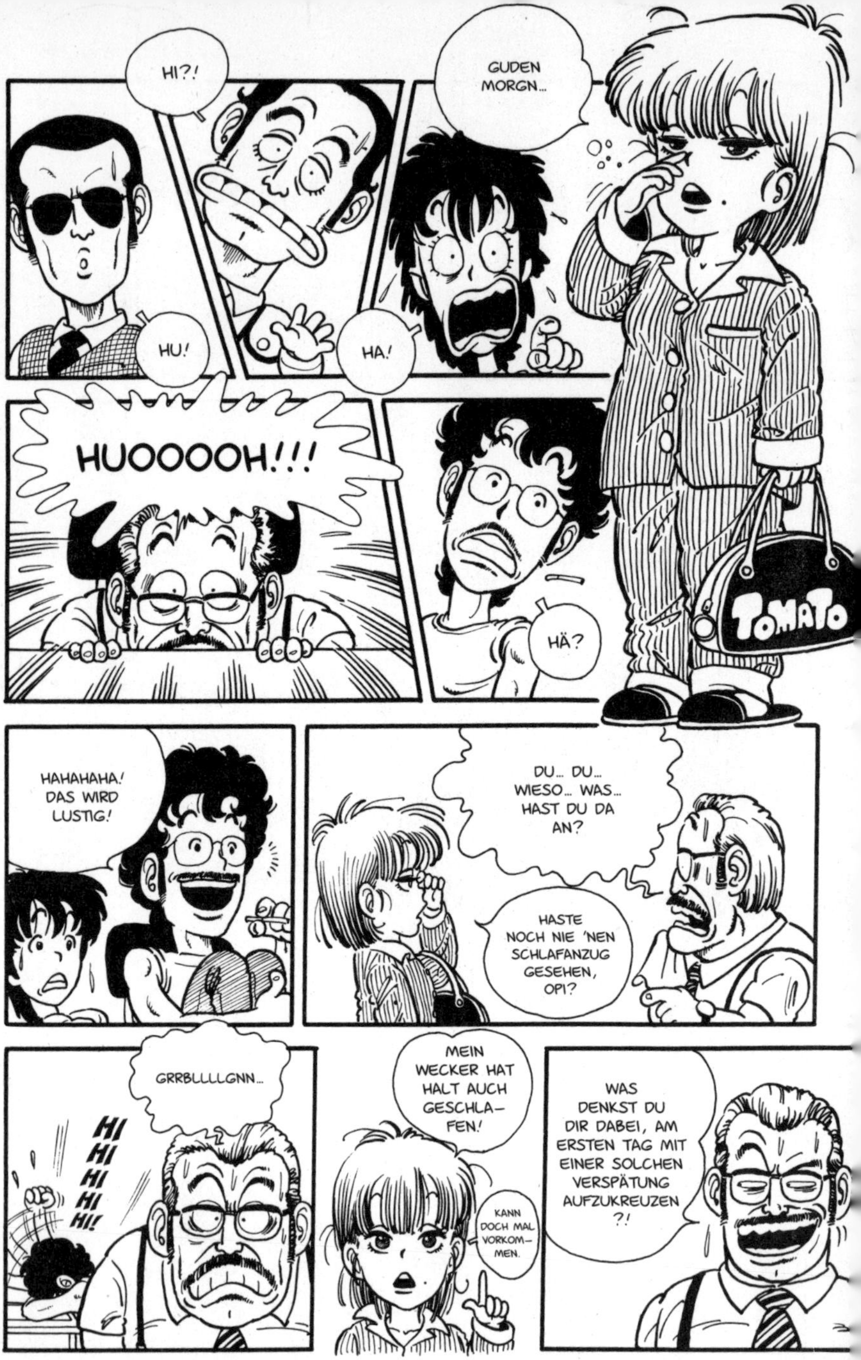
GUDEN MORGN...
HI?!
HU!
HA!
HUOOOOH!!!
HÄ?
DU... DU... WIESO... WAS... HAST DU DA AN?
HASTE NOCH NIE 'NEN SCHLAFANZUG GESEHEN, OPI?
HAHAHAHA! DAS WIRD LUSTIG!
TOMATO
WAS DENKST DU DIR DABEI, AM ERSTEN TAG MIT EINER SOLCHEN VERSPÄTUNG AUFZUKREUZEN?!
MEIN WECKER HAT HALT AUCH GESCHLA-FEN!
KANN DOCH MAL VORKOM-MEN.
GRRBLLLLGNN...
HI HI HI HI HI!

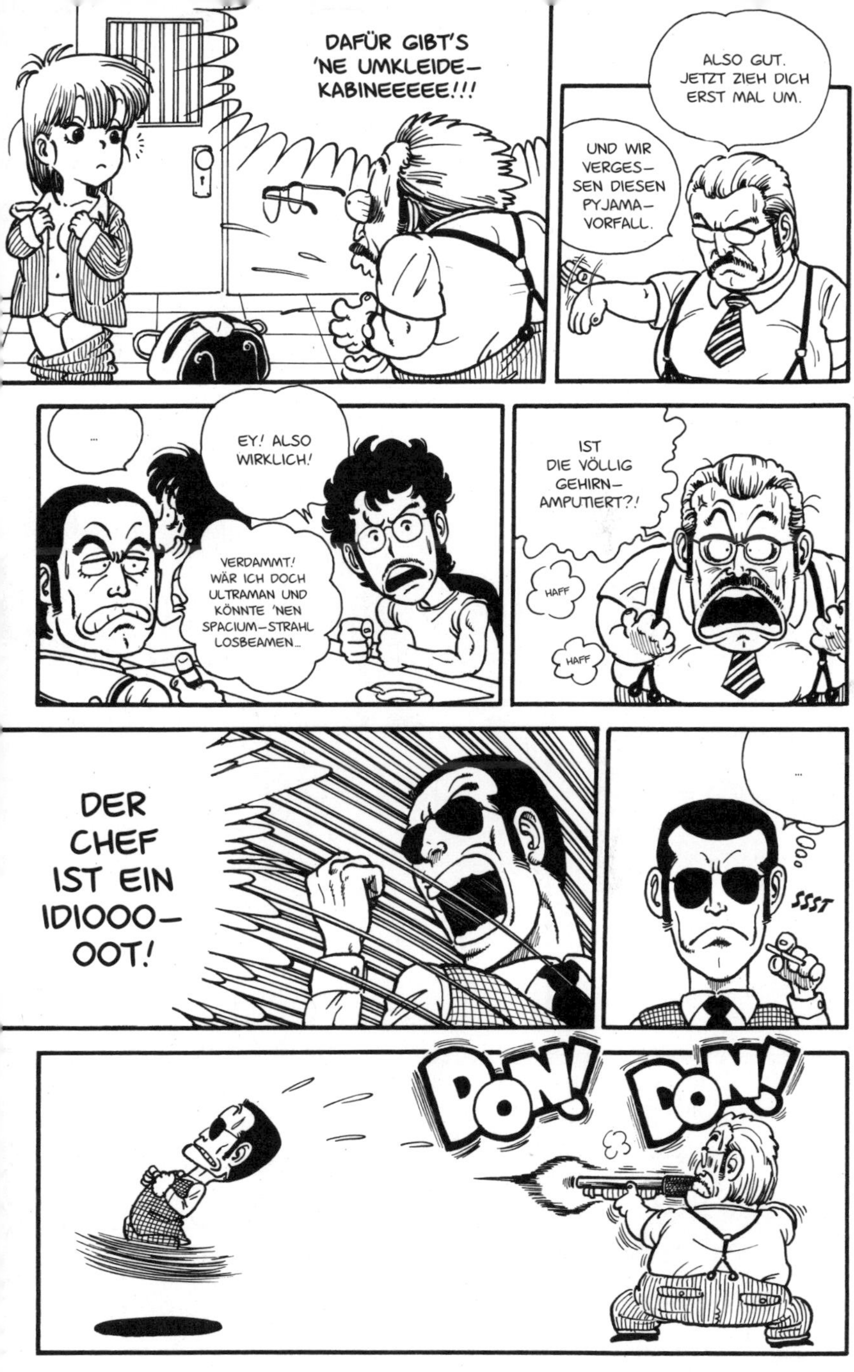
DAFÜR GIBT'S 'NE UMKLEIDE-KABINEEEEE!!!
ALSO GUT. JETZT ZIEH DICH ERST MAL UM.
UND WIR VERGES-SEN DIESEN PYJAMA-VORFALL.
...
EY! ALSO WIRKLICH!
VERDAMMT! WÄR ICH DOCH ULTRAMAN UND KÖNNTE 'NEN SPACIUM-STRAHL LOSBEAMEN...
IST DIE VÖLLIG GEHIRN-AMPUTIERT?!
HAFF
HAFF
DER CHEF IST EIN IDIOOO-OOT!
...
SSST
DON! DON!

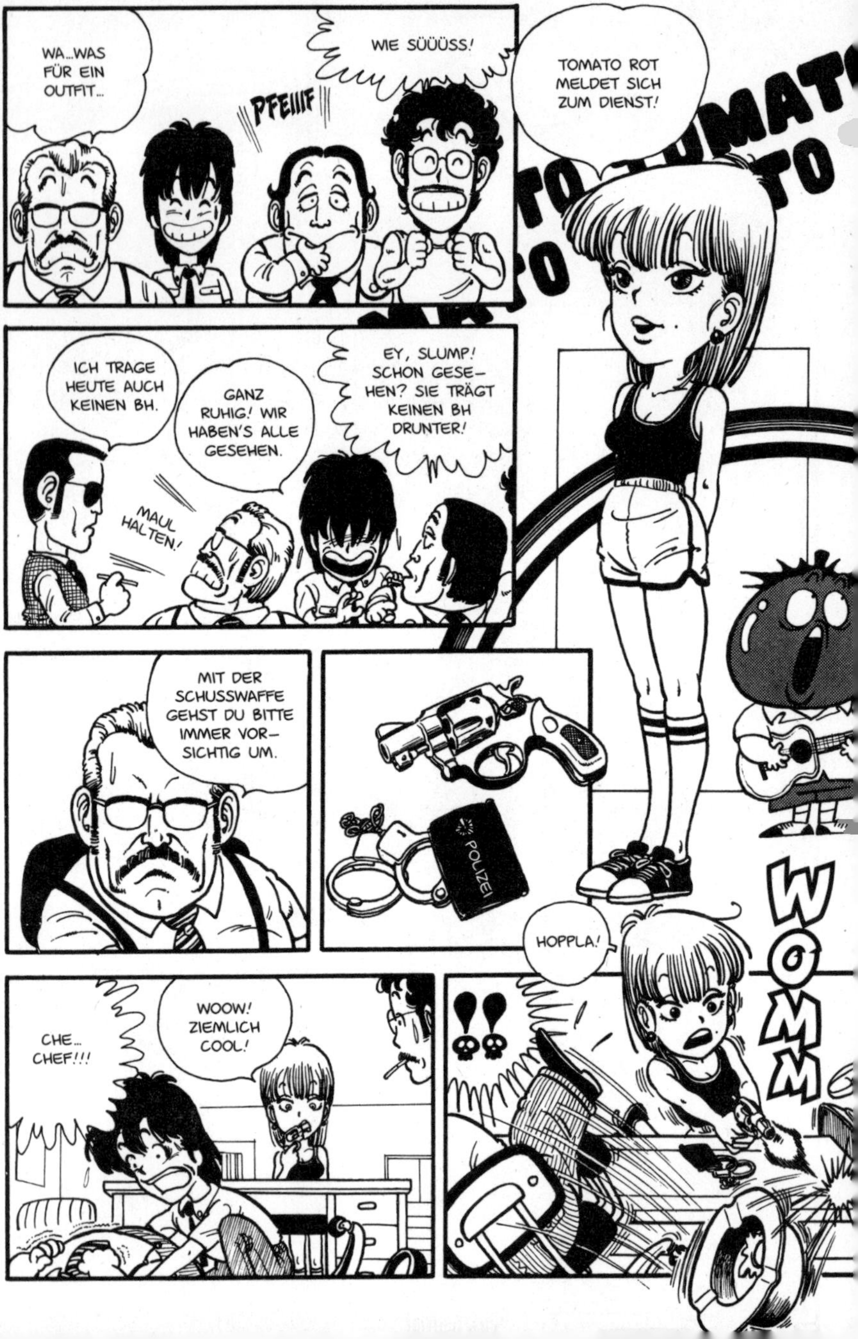

WA...WAS FÜR EIN OUTFIT...
WIE SÜÜÜSS!
PFEIIIF
TOMATO ROT MELDET SICH ZUM DIENST!
ICH TRAGE HEUTE AUCH KEINEN BH.
GANZ RUHIG! WIR HABEN'S ALLE GESEHEN.
EY, SLUMP! SCHON GESE-HEN? SIE TRÄGT KEINEN BH DRUNTER!
MAUL HALTEN!
MIT DER SCHUSSWAFFE GEHST DU BITTE IMMER VOR-SICHTIG UM.
POLIZEI
CHE... CHEF!!!
WOOW! ZIEMLICH COOL!
HOPPLA!
WOMM

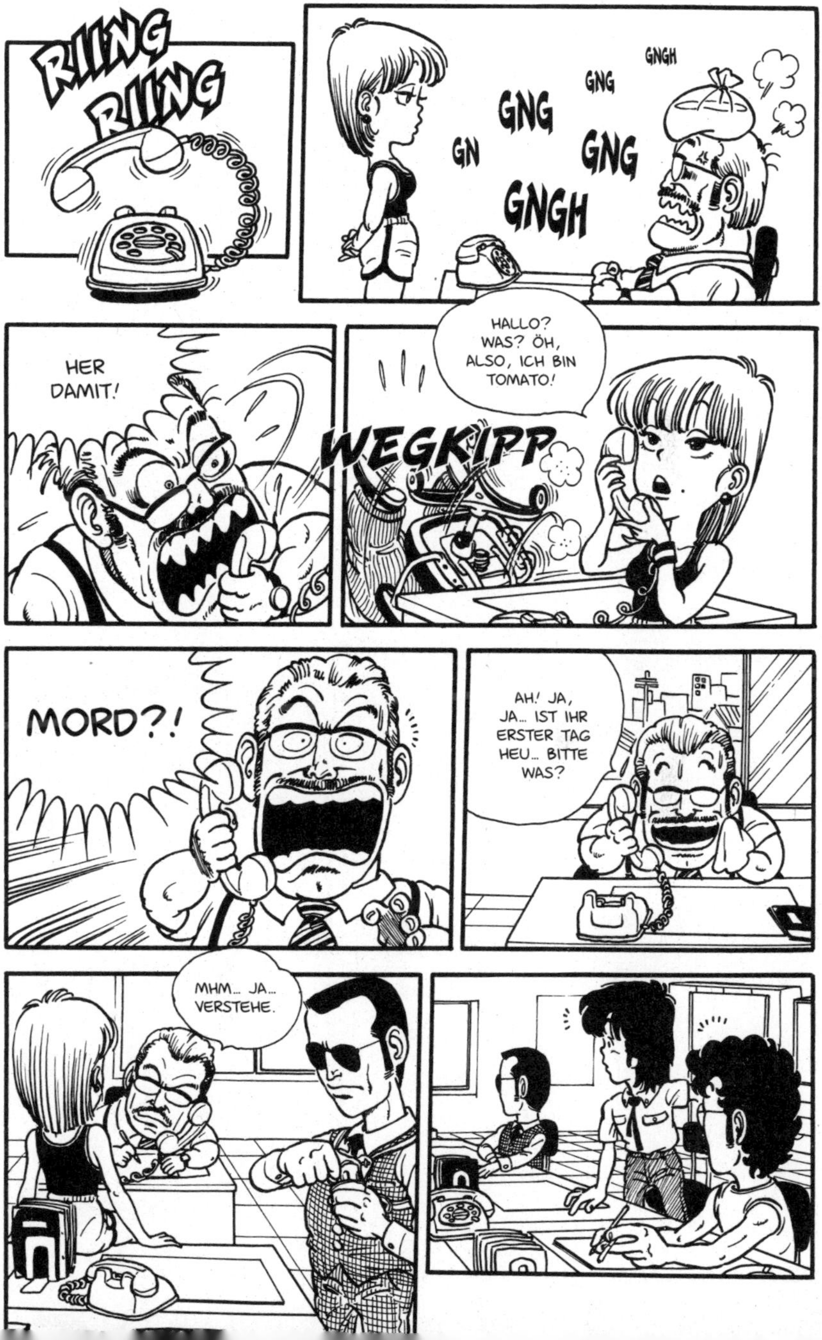

RIING RIING
GN
GNG
GNG
GNG
GNGH
GNGH
HER DAMIT!
HALLO? WAS? ÖH, ALSO, ICH BIN TOMATO!
WEGKIPP
MORD?!
AH! JA, JA… IST IHR ERSTER TAG HEU… BITTE WAS?
MHM… JA… VERSTEHE.

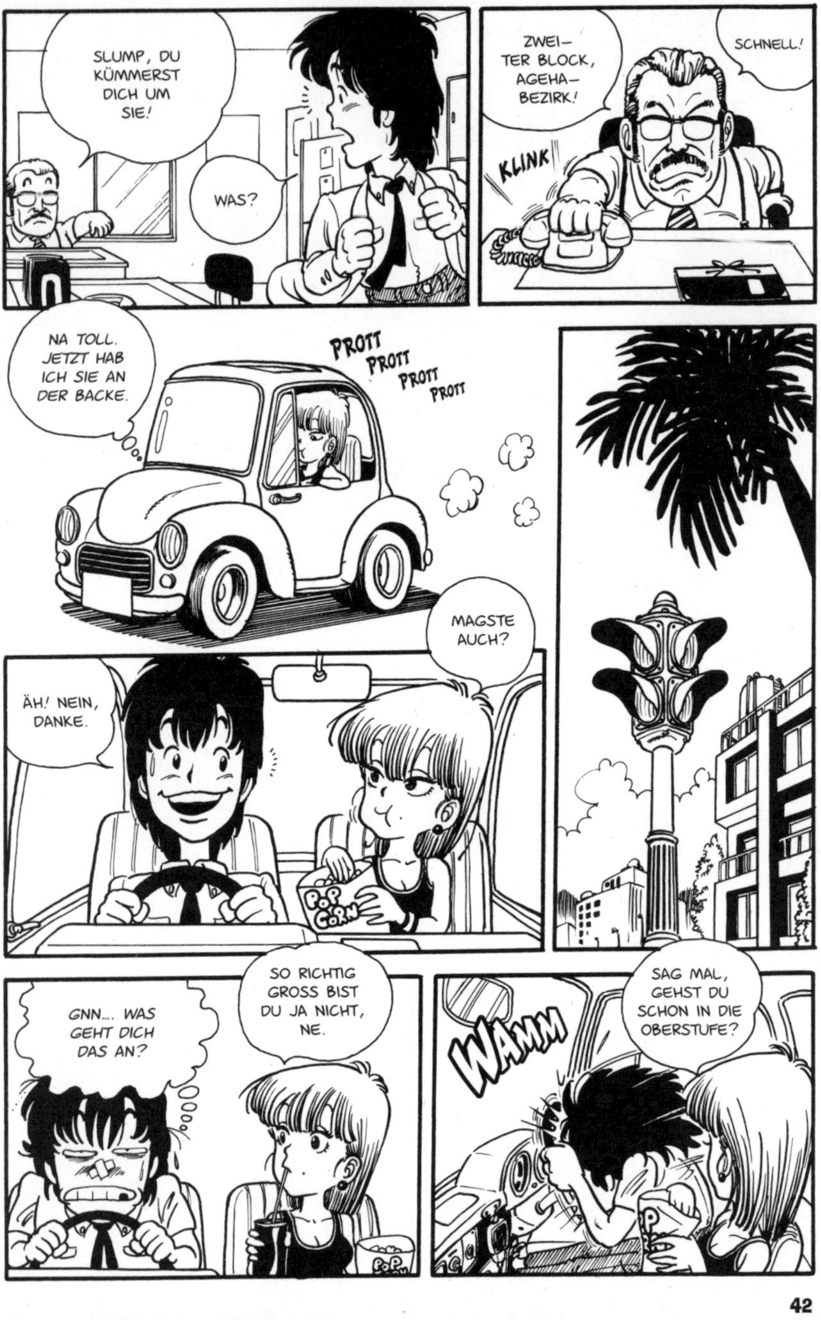

SLUMP, DU KÜMMERST DICH UM SIE!
WAS?
ZWEI-TER BLOCK, AGEHA-BEZIRK!
SCHNELL!
KLINK
NA TOLL. JETZT HAB ICH SIE AN DER BACKE.
PROTT PROTT PROTT PROTT
MAGSTE AUCH?
ÄH! NEIN, DANKE.
POP CORN
GNN.... WAS GEHT DICH DAS AN?
SO RICHTIG GROSS BIST DU JA NICHT, NE.
SAG MAL, GEHST DU SCHON IN DIE OBERSTUFE?
WAMM

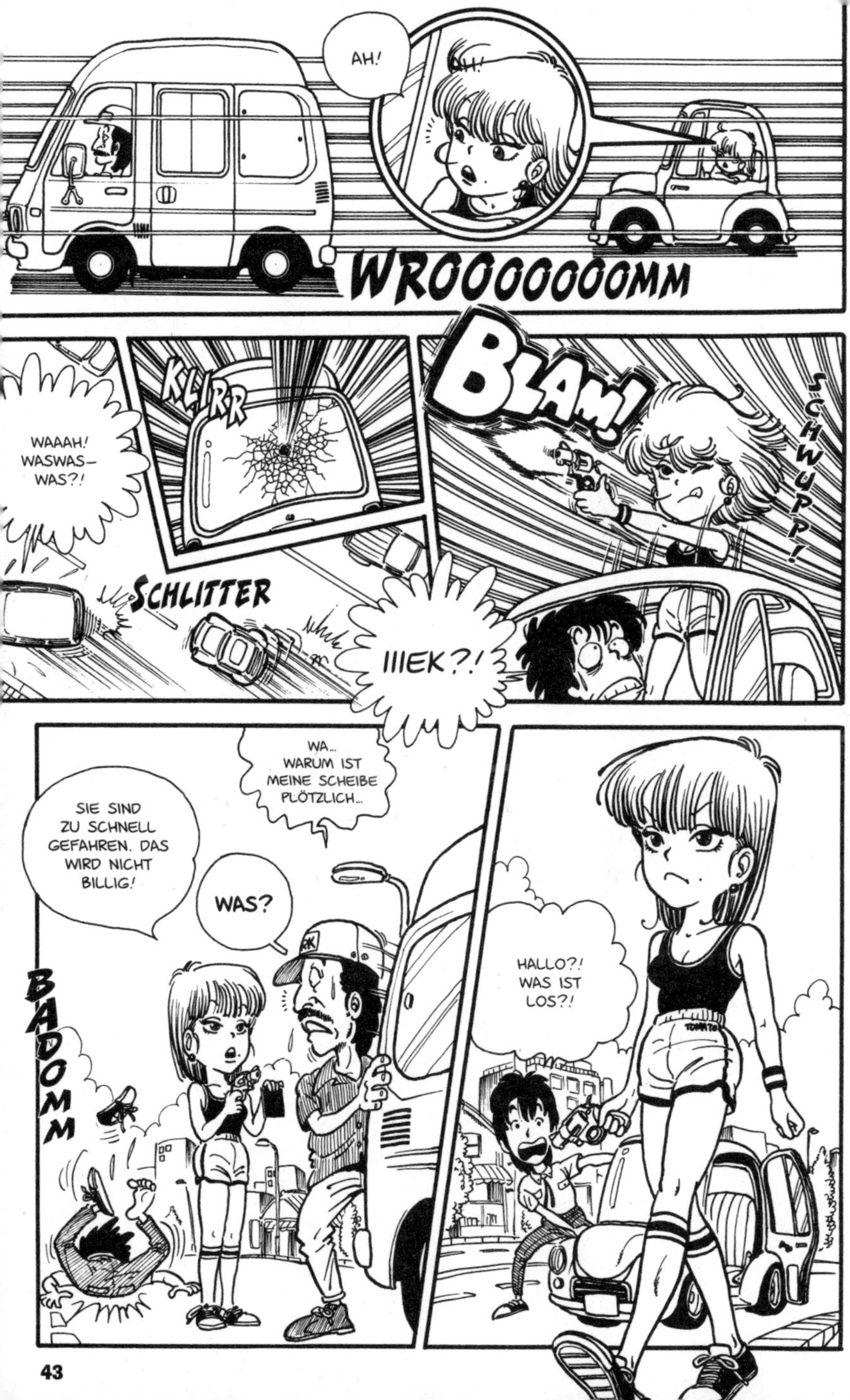

AH!
WROOOOOOOMM
WAAAH! WASWAS-WAS?!
KLIRR
SCHLITTER
BLAM!
SCHWUPP!
IIIEK?!
WA... WARUM IST MEINE SCHEIBE PLÖTZLICH...
SIE SIND ZU SCHNELL GEFAHREN. DAS WIRD NICHT BILLIG!
WAS?
BADOMM
HALLO?! WAS IST LOS?!

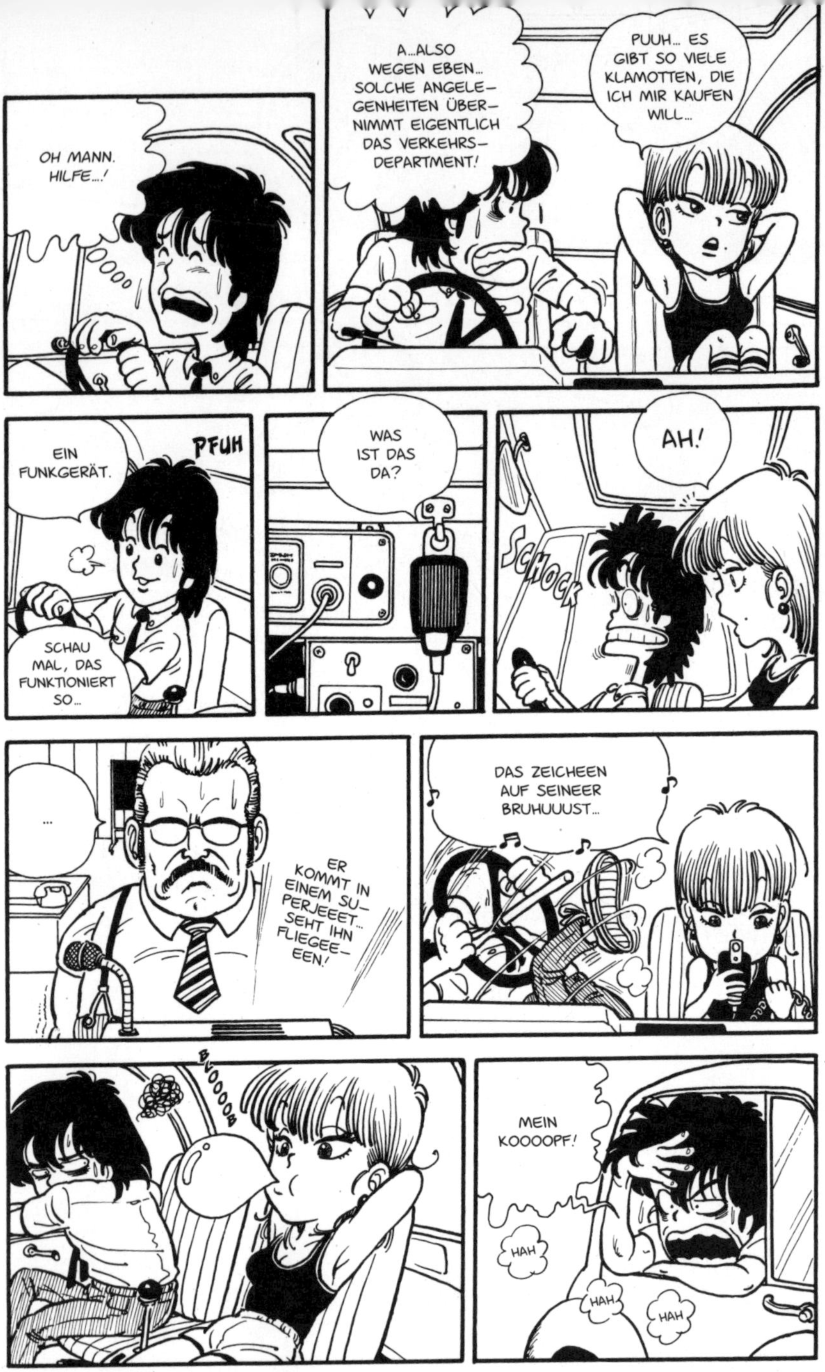
PUUH… ES GIBT SO VIELE KLAMOTTEN, DIE ICH MIR KAUFEN WILL…
A…ALSO WEGEN EBEN… SOLCHE ANGELE-GENHEITEN ÜBER-NIMMT EIGENTLICH DAS VERKEHRS-DEPARTMENT!
OH MANN. HILFE…!
AH!
SCHOCK
WAS IST DAS DA?
EIN FUNKGERÄT.
PFUH
SCHAU MAL, DAS FUNKTIONIERT SO…
DAS ZEICHEEN AUF SEINEER BRUHUUUST…
…
ER KOMMT IN EINEM SU-PERJEEET… SEHT IHN FLIEGEE-EEN!
MEIN KOOOOPF!
HAH
HAH
HAH
BUOOOOB

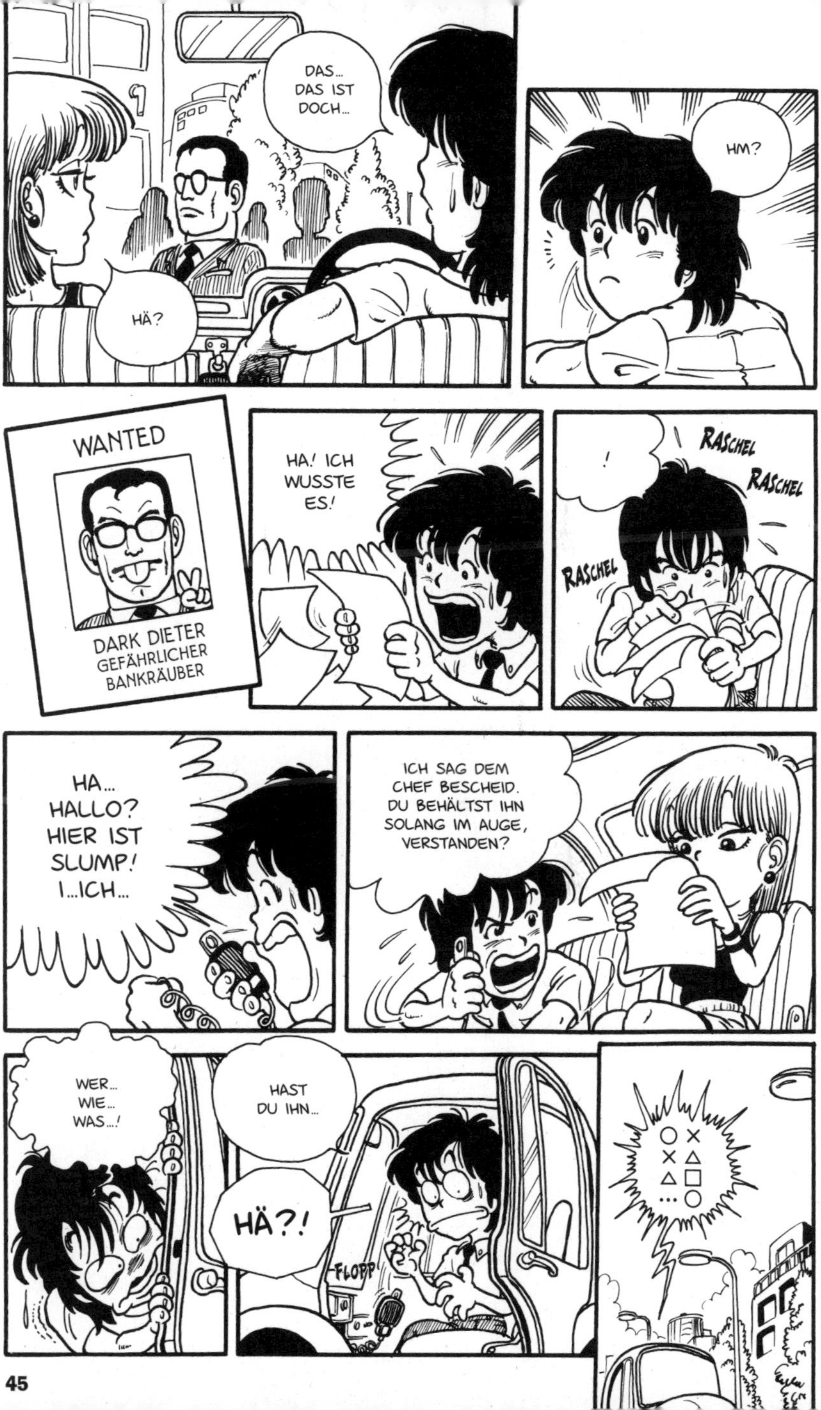
DAS... DAS IST DOCH...
HÄ?
HM?
WANTED
DARK DIETER
GEFÄHRLICHER BANKRÄUBER
HA! ICH WUSSTE ES!
!
RASCHEL
RASCHEL
RASCHEL
HA... HALLO? HIER IST SLUMP! I...ICH...
ICH SAG DEM CHEF BESCHEID. DU BEHÄLTST IHN SOLANG IM AUGE, VERSTANDEN?
WER... WIE... WAS...!
HAST DU IHN...
HÄ?!
FLOPP

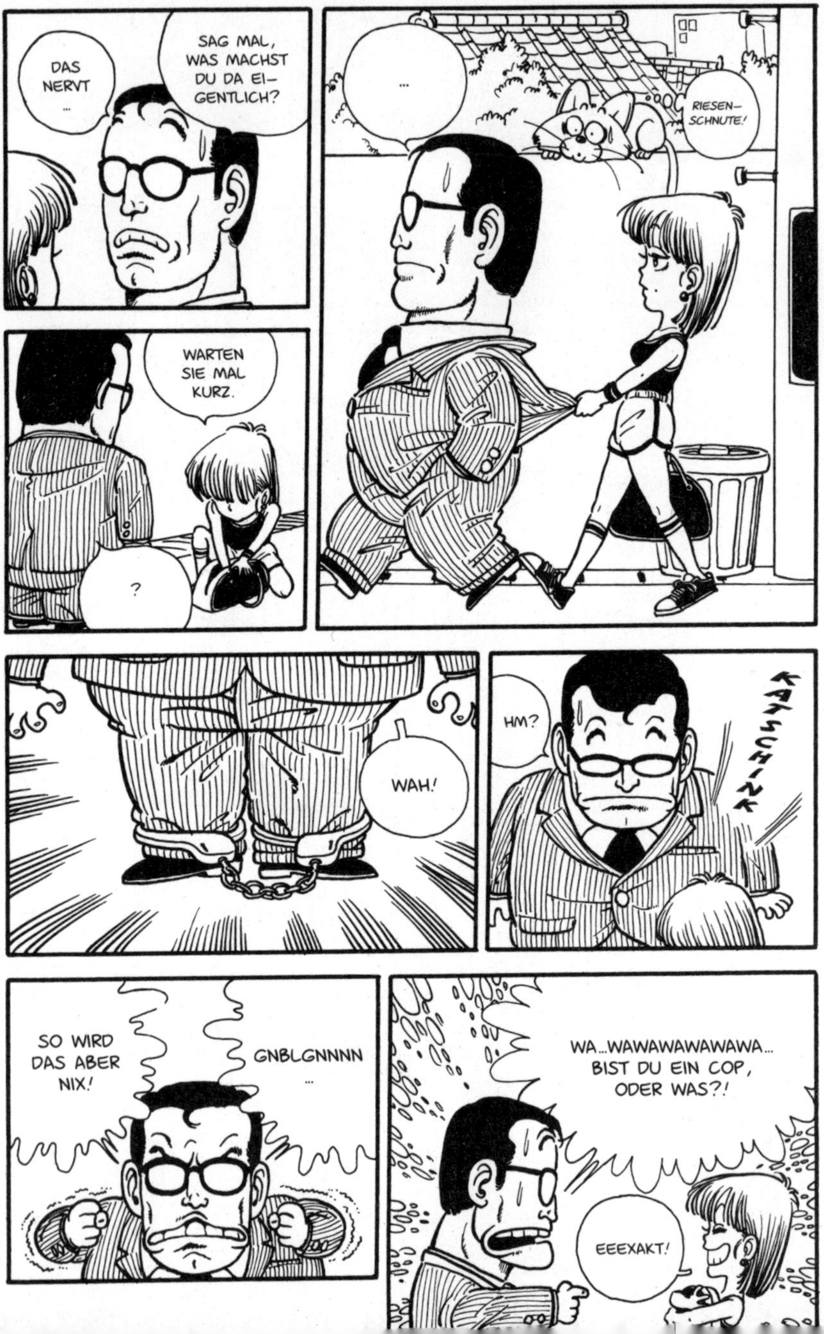

SAG MAL, WAS MACHST DU DA EI-GENTLICH?
DAS NERVT ...
...
RIESEN-SCHNUTE!
WARTEN SIE MAL KURZ.
?
KATSCHINK
HM?
WAH!
WA...WAWAWAWAWAWA... BIST DU EIN COP, ODER WAS?!
EEEXAKT!
GNBLGNNNN ...
SO WIRD DAS ABER NIX!

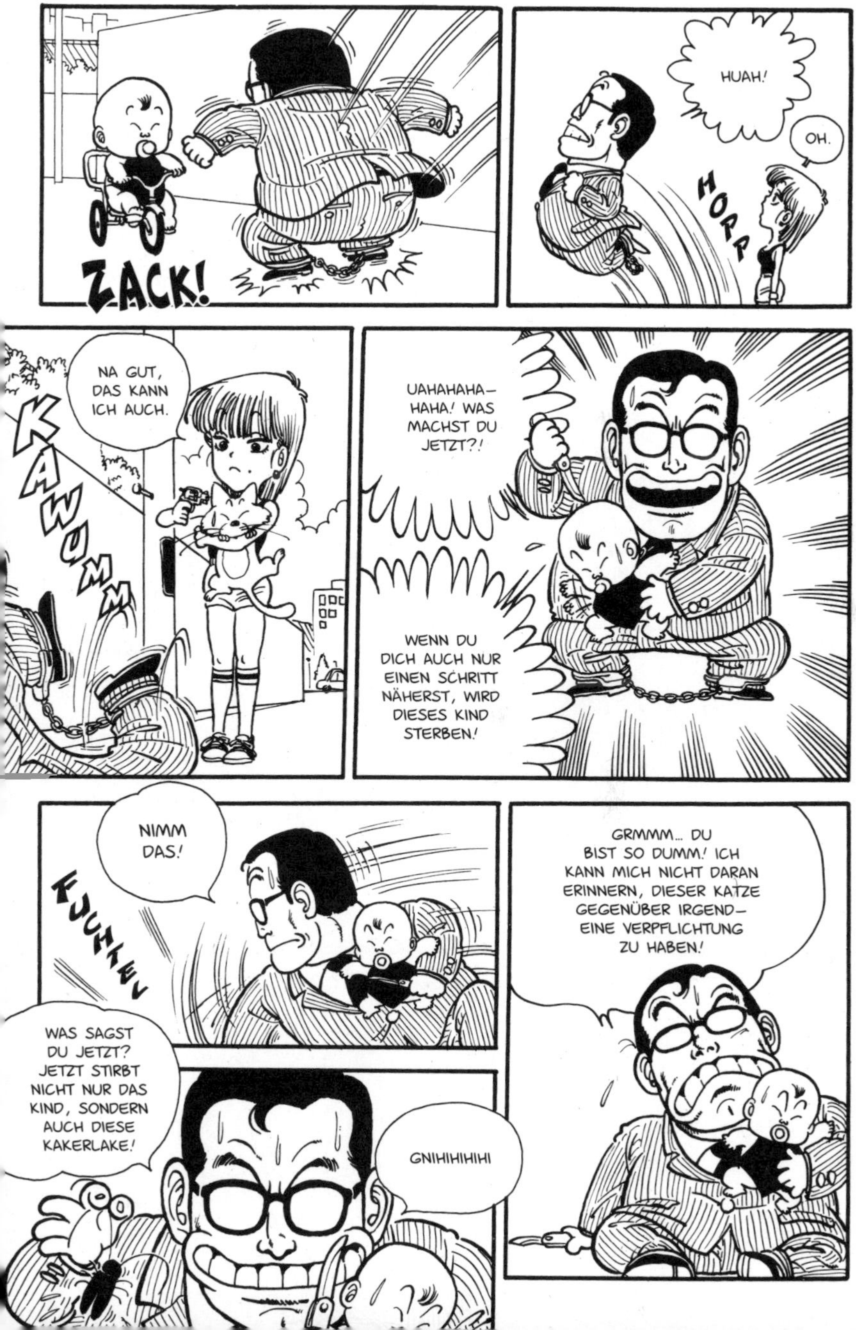
HUAH!
OH.
HOPP
ZACK!
UAHAHAHA-HAHA! WAS MACHST DU JETZT?!
WENN DU DICH AUCH NUR EINEN SCHRITT NÄHERST, WIRD DIESES KIND STERBEN!
NA GUT, DAS KANN ICH AUCH.
KAWUMM
GRMMM... DU BIST SO DUMM! ICH KANN MICH NICHT DARAN ERINNERN, DIESER KATZE GEGENÜBER IRGEND-EINE VERPFLICHTUNG ZU HABEN!
NIMM DAS!
WAS SAGST DU JETZT? JETZT STIRBT NICHT NUR DAS KIND, SONDERN AUCH DIESE KAKERLAKE!
GNIHIHIHIHI

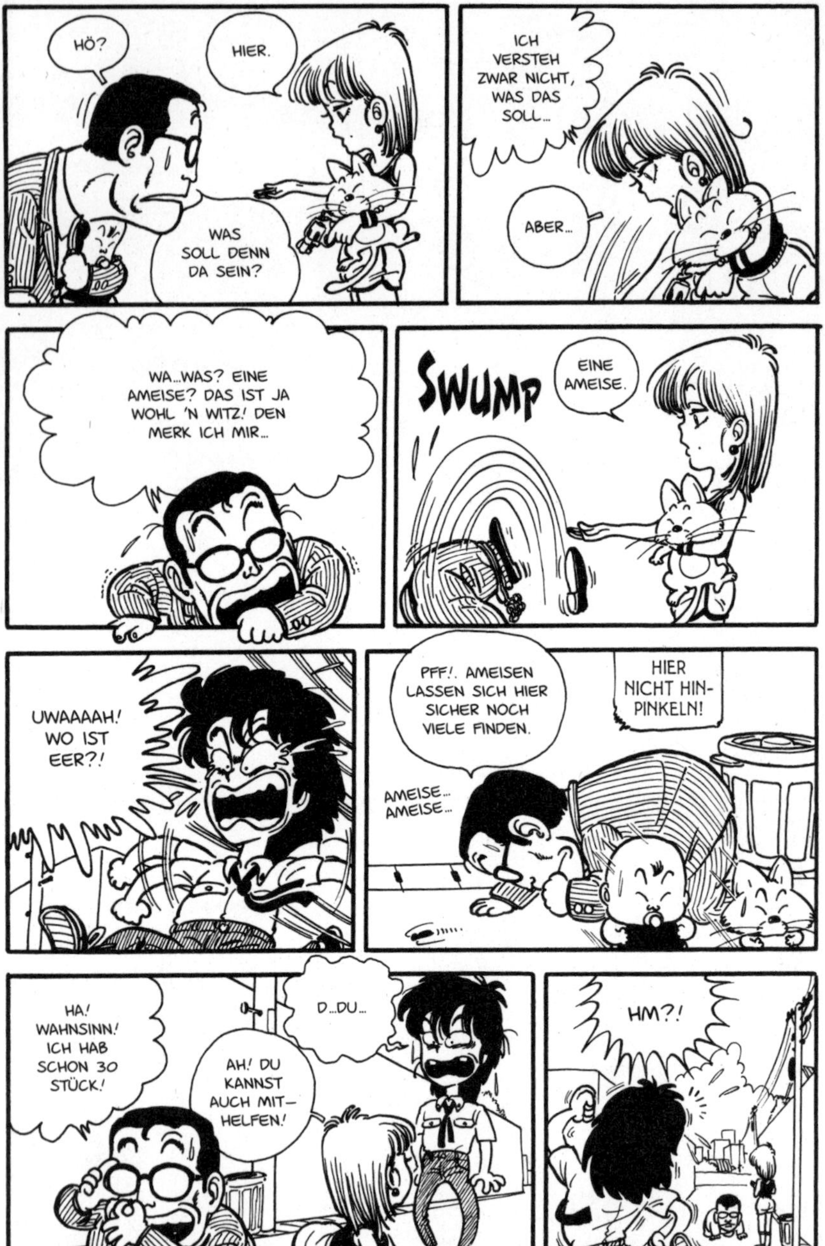

ERSCHIENEN AM 15.8.1979 IN EINER SONDERAUSGABE DES SHONEN JUMP

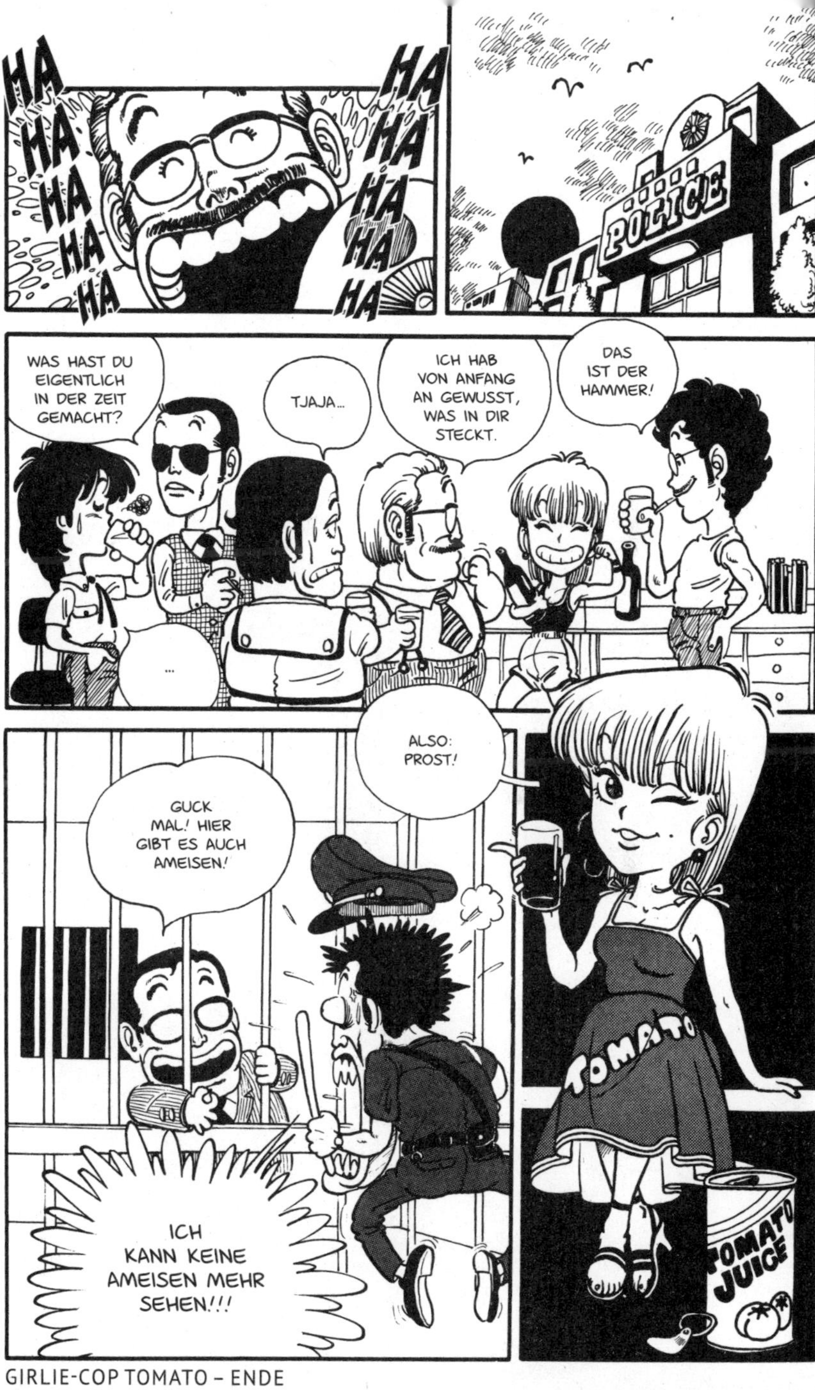

GIRLIE-COP TOMATO – ENDE

POLA & ROID

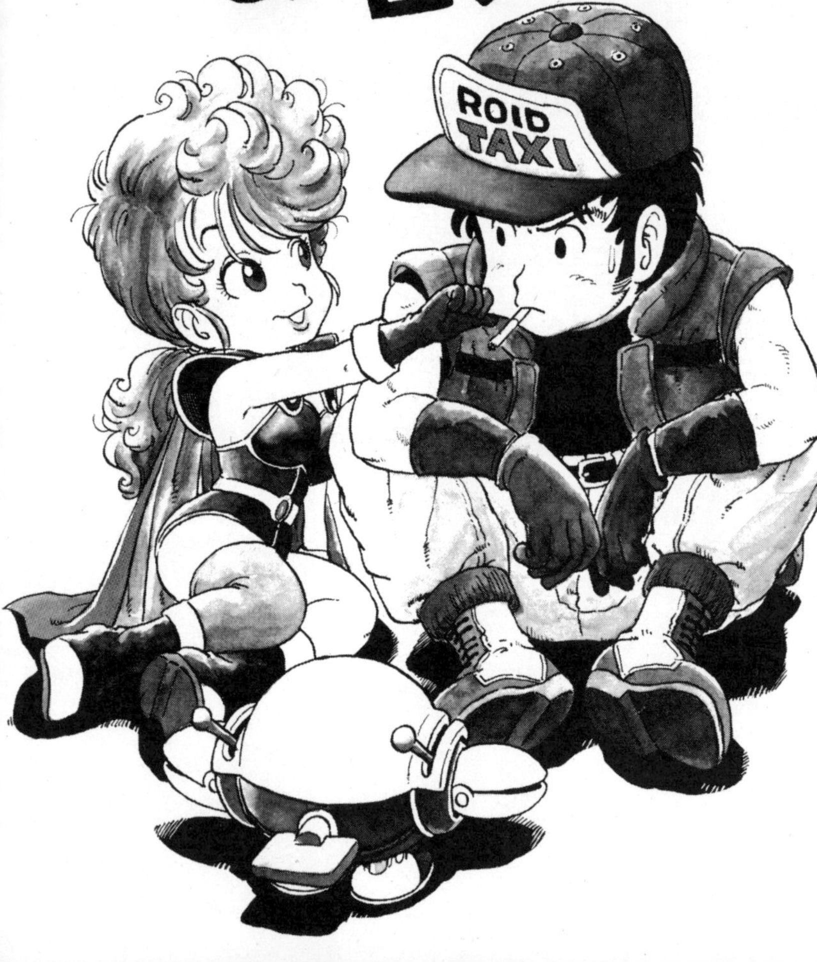

ES WAR EINMAL EIN JUNGER MANN NAMENS ROID, DER AUF DEM VON MENSCHENHAND ERSCHAFFENEN PLANETEN YAKANDAGAYA ALS TAXIFAHRER ARBEITETE…

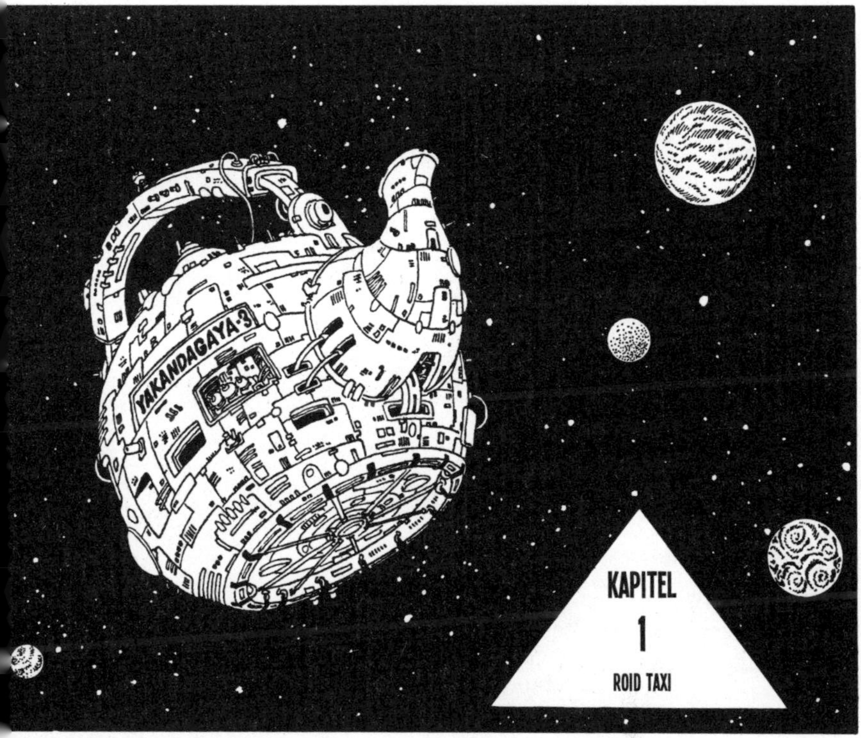

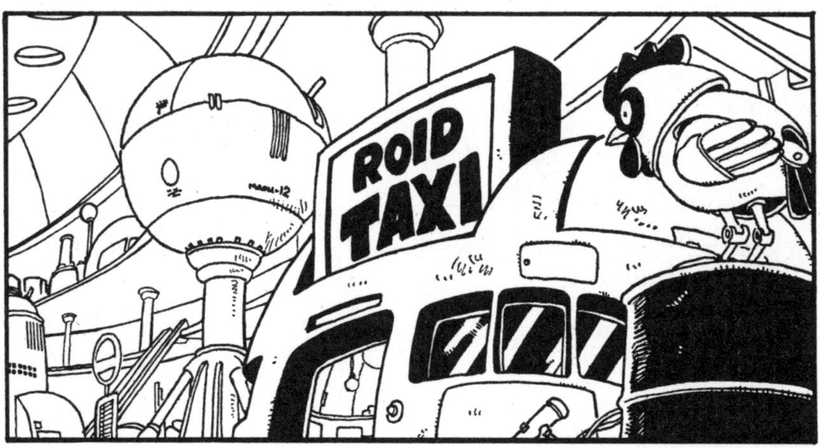

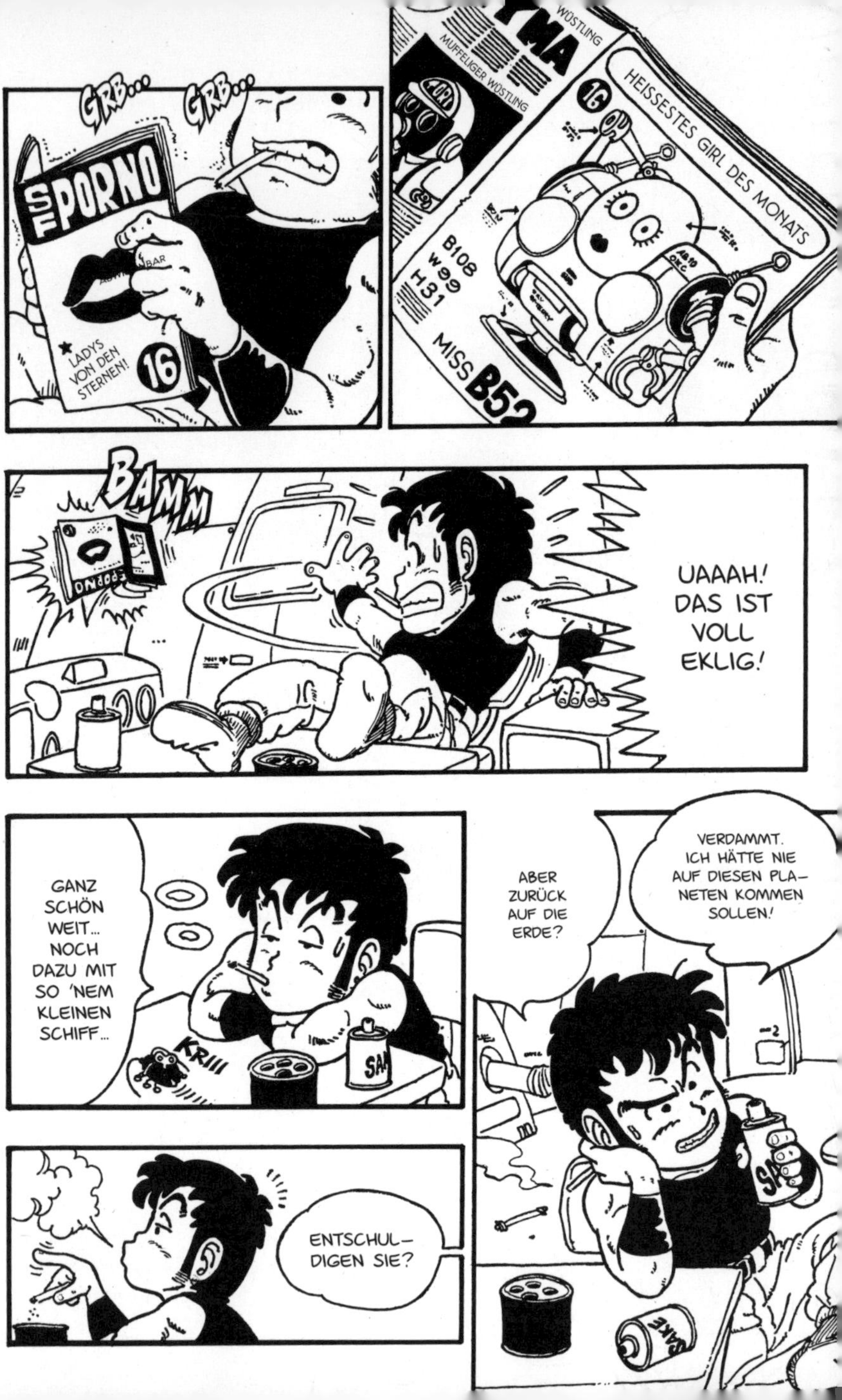
WÜSTLING
MUFFELIGER WÜSTLING
16
HEISSESTES GIRL DES MONATS
B108
W99
H31
MISS B52
GRB...
GRB...
SF PORNO
LADYS VON DEN STERNEN!
16
BAMM
UAAAH! DAS IST VOLL EKLIG!
VERDAMMT. ICH HÄTTE NIE AUF DIESEN PLA-NETEN KOMMEN SOLLEN!
ABER ZURÜCK AUF DIE ERDE?
GANZ SCHÖN WEIT... NOCH DAZU MIT SO 'NEM KLEINEN SCHIFF...
KRIII
ENTSCHUL-DIGEN SIE?
SAKE

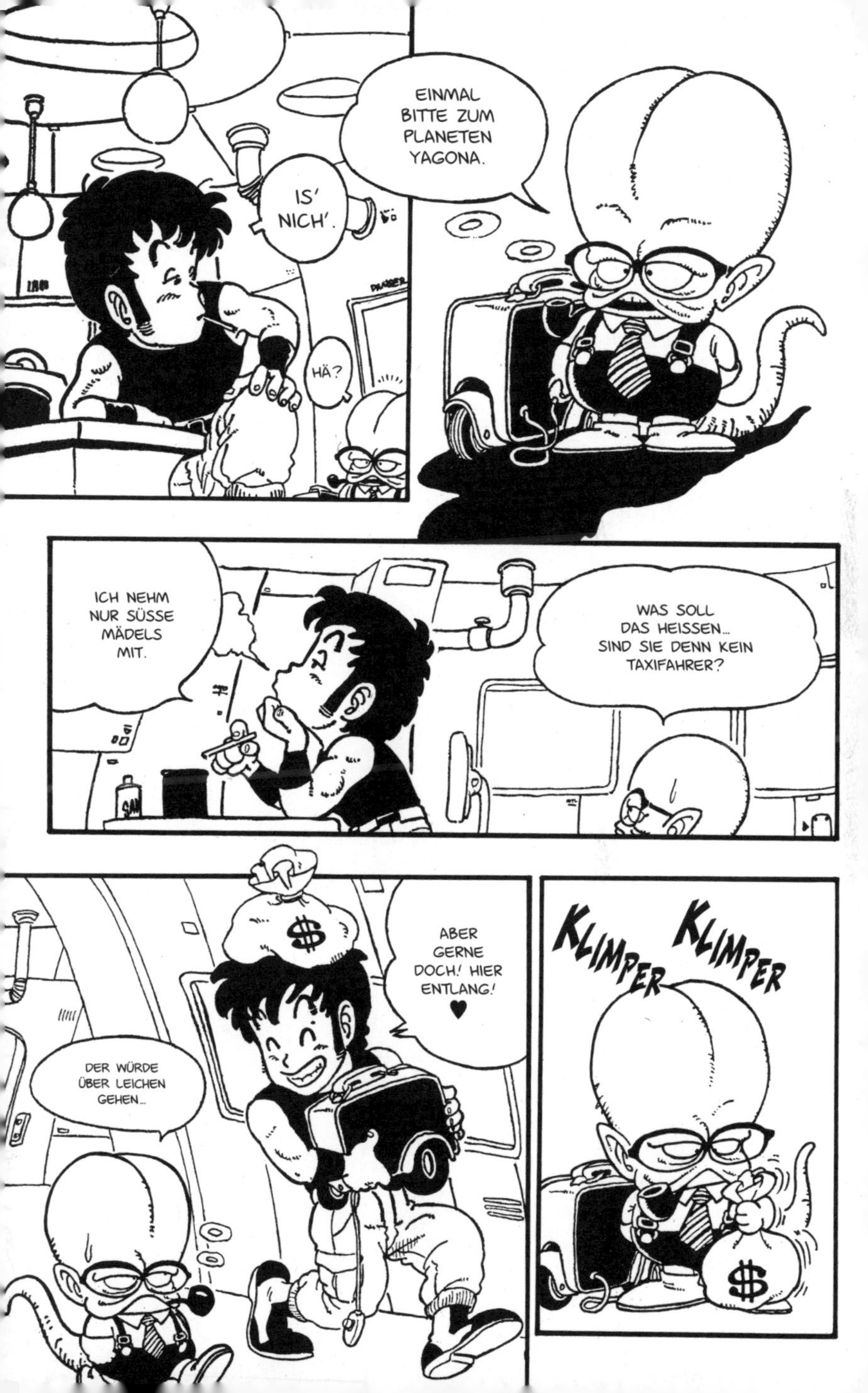
EINMAL BITTE ZUM PLANETEN YAGONA.
IS' NICH'.
HÄ?
ICH NEHM NUR SÜSSE MÄDELS MIT.
WAS SOLL DAS HEISSEN... SIND SIE DENN KEIN TAXIFAHRER?
ABER GERNE DOCH! HIER ENTLANG! ♥
DER WÜRDE ÜBER LEICHEN GEHEN...
KLIMPER KLIMPER

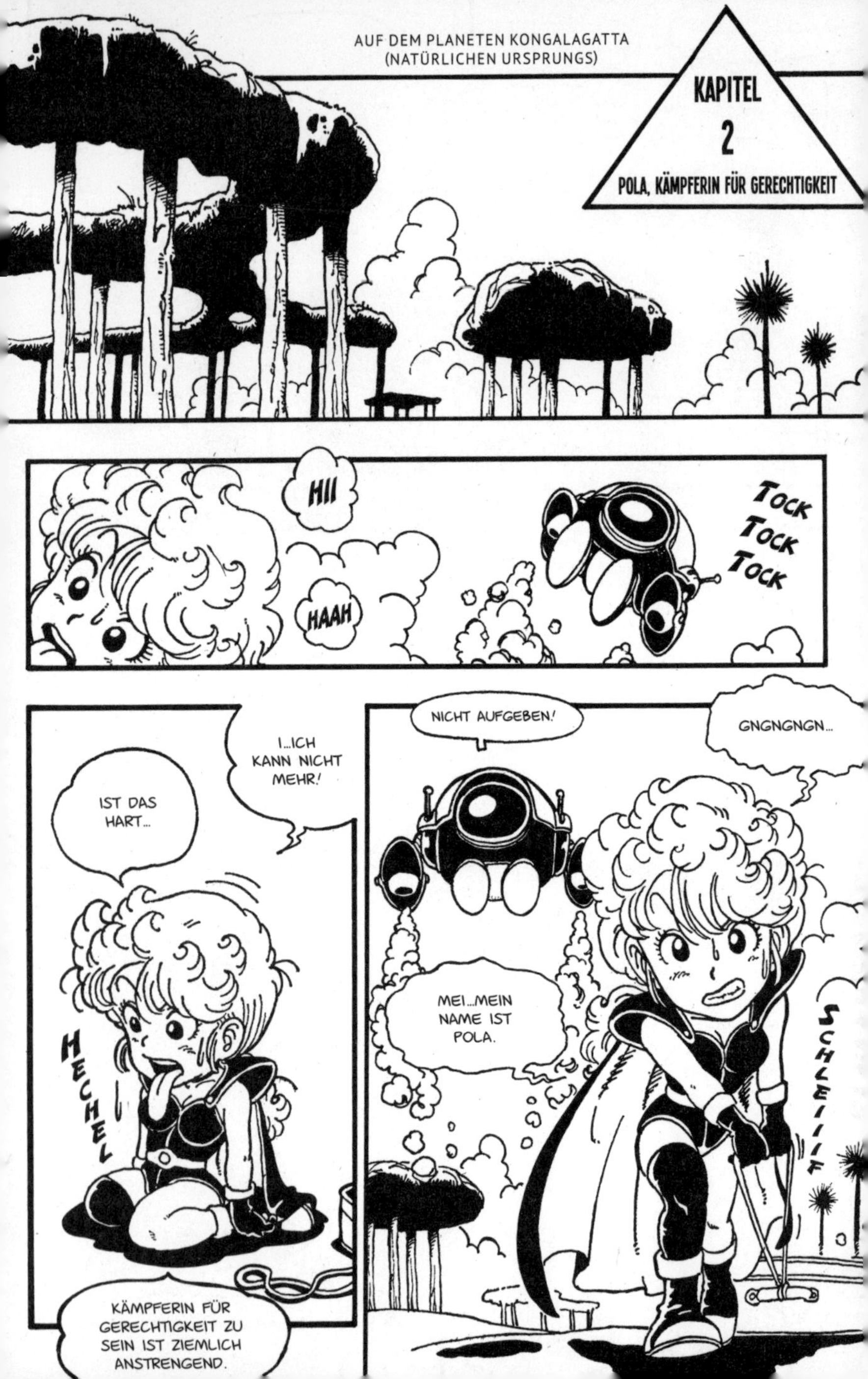

AUF DEM PLANETEN KONGALAGATTA
(NATÜRLICHEN URSPRUNGS)
KAPITEL 2
POLA, KÄMPFERIN FÜR GERECHTIGKEIT
HII
HAAH
TOCK TOCK TOCK
IST DAS HART...
I...ICH KANN NICHT MEHR!
HECHEL
KÄMPFERIN FÜR GERECHTIGKEIT ZU SEIN IST ZIEMLICH ANSTRENGEND.
NICHT AUFGEBEN!
GNGNGNGN...
MEI...MEIN NAME IST POLA.
SCHLEIIIIF

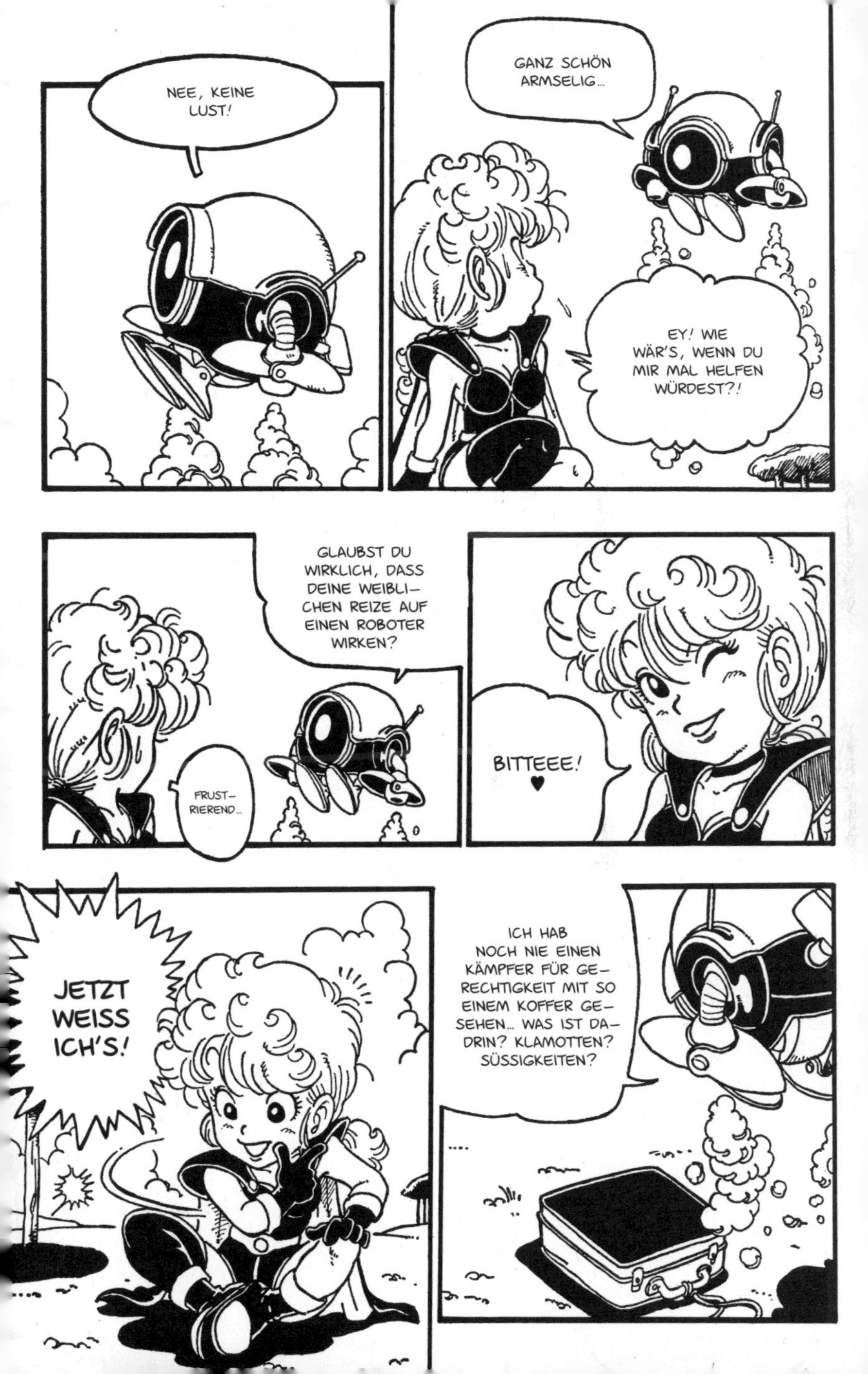
NEE, KEINE LUST!
GANZ SCHÖN ARMSELIG...
EY! WIE WÄR'S, WENN DU MIR MAL HELFEN WÜRDEST?!
GLAUBST DU WIRKLICH, DASS DEINE WEIBLI-CHEN REIZE AUF EINEN ROBOTER WIRKEN?
FRUST-RIEREND...
BITTEEE! ♥
JETZT WEISS ICH'S!
ICH HAB NOCH NIE EINEN KÄMPFER FÜR GE-RECHTIGKEIT MIT SO EINEM KOFFER GE-SEHEN... WAS IST DA-DRIN? KLAMOTTEN? SÜSSIGKEITEN?

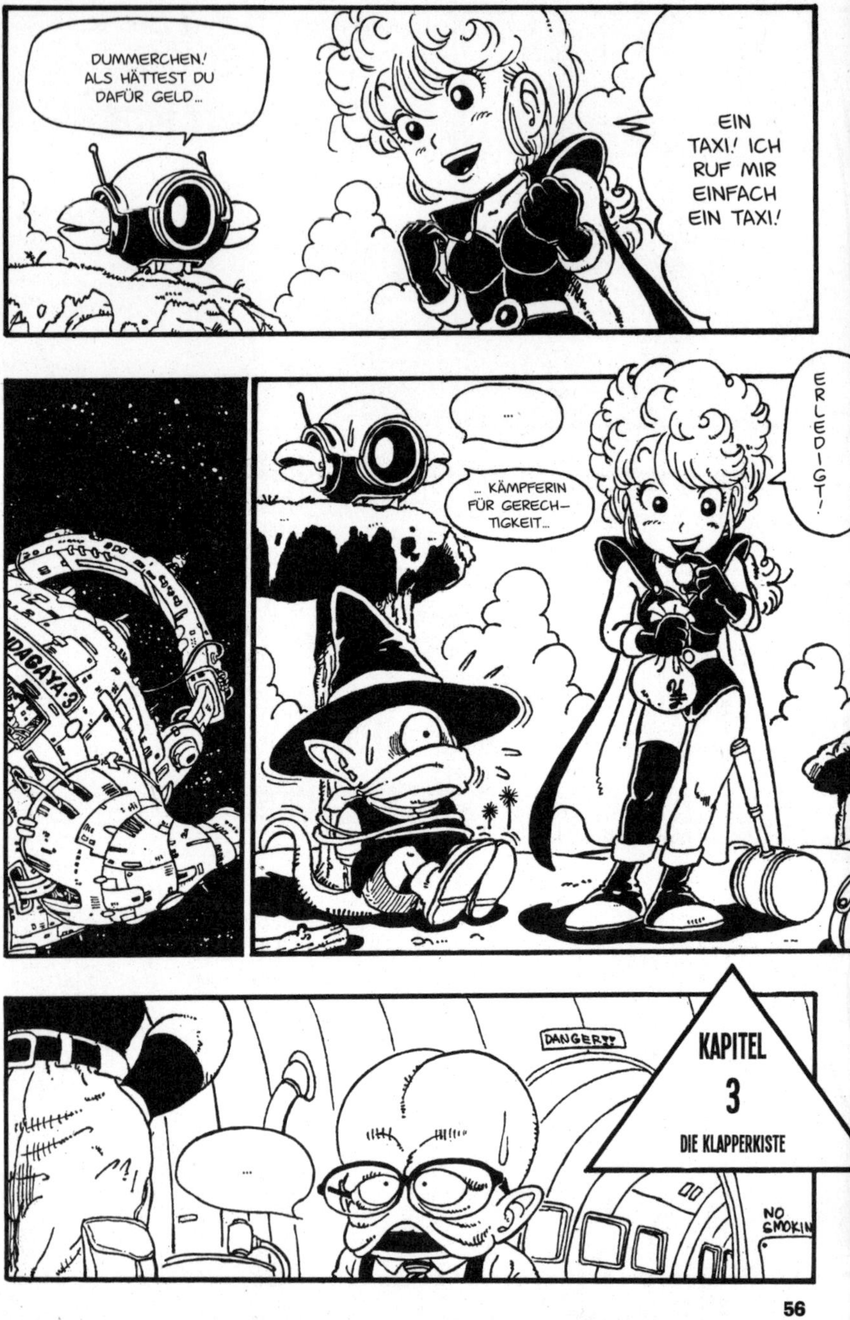
EIN TAXI! ICH RUF MIR EINFACH EIN TAXI!
DUMMERCHEN! ALS HÄTTEST DU DAFÜR GELD...
ERLEDIGT!
... KÄMPFERIN FÜR GERECHTIGKEIT...
...
KAPITEL 3
DIE KLAPPERKISTE
NO SMOKIN
DANGER!!
...
?!

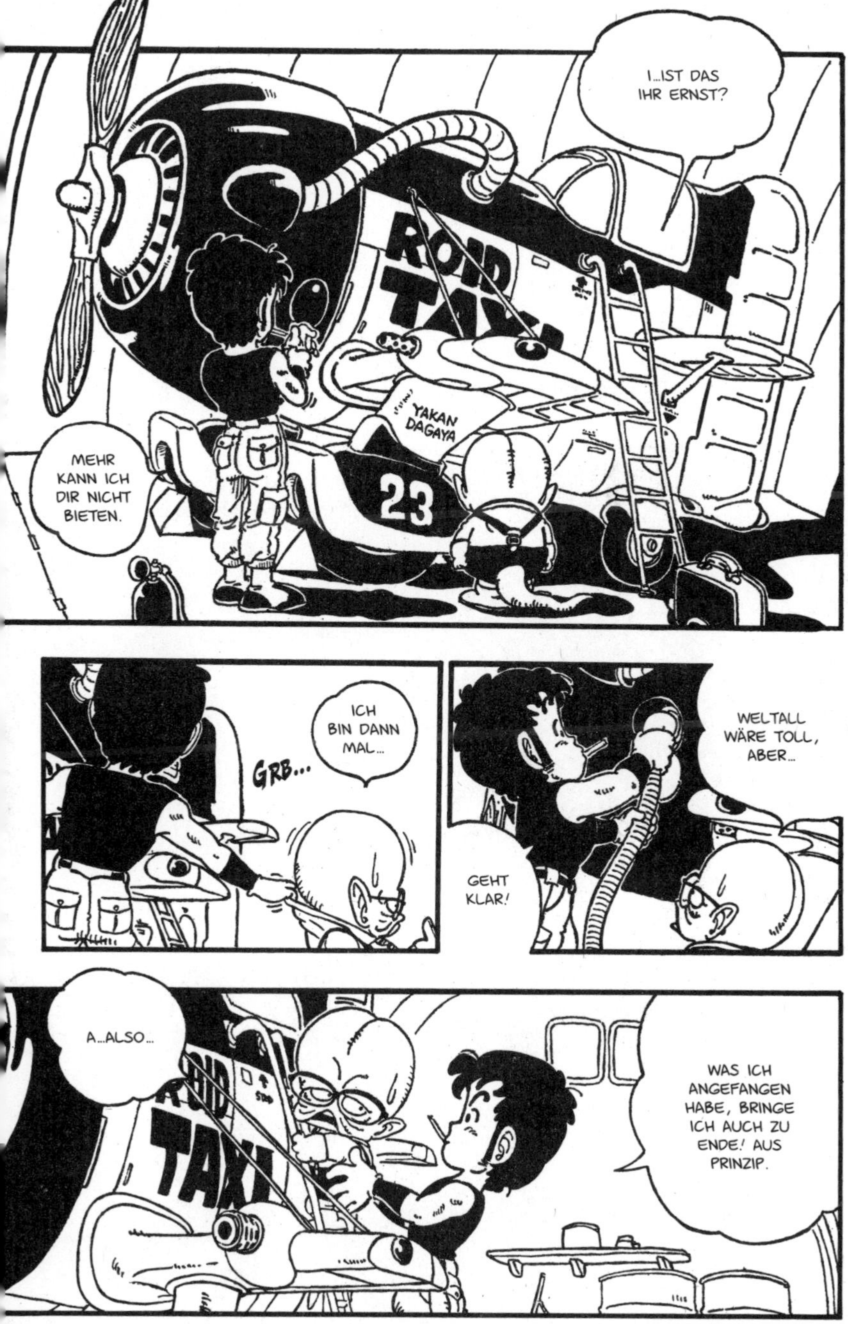
I…IST DAS IHR ERNST?
MEHR KANN ICH DIR NICHT BIETEN.
ROID TAXI
YAKAN DAGAYA
23
WELTALL WÄRE TOLL, ABER…
GEHT KLAR!
ICH BIN DANN MAL…
GRB…
WAS ICH ANGEFANGEN HABE, BRINGE ICH AUCH ZU ENDE! AUS PRINZIP.
A…ALSO…
ROID TAXI

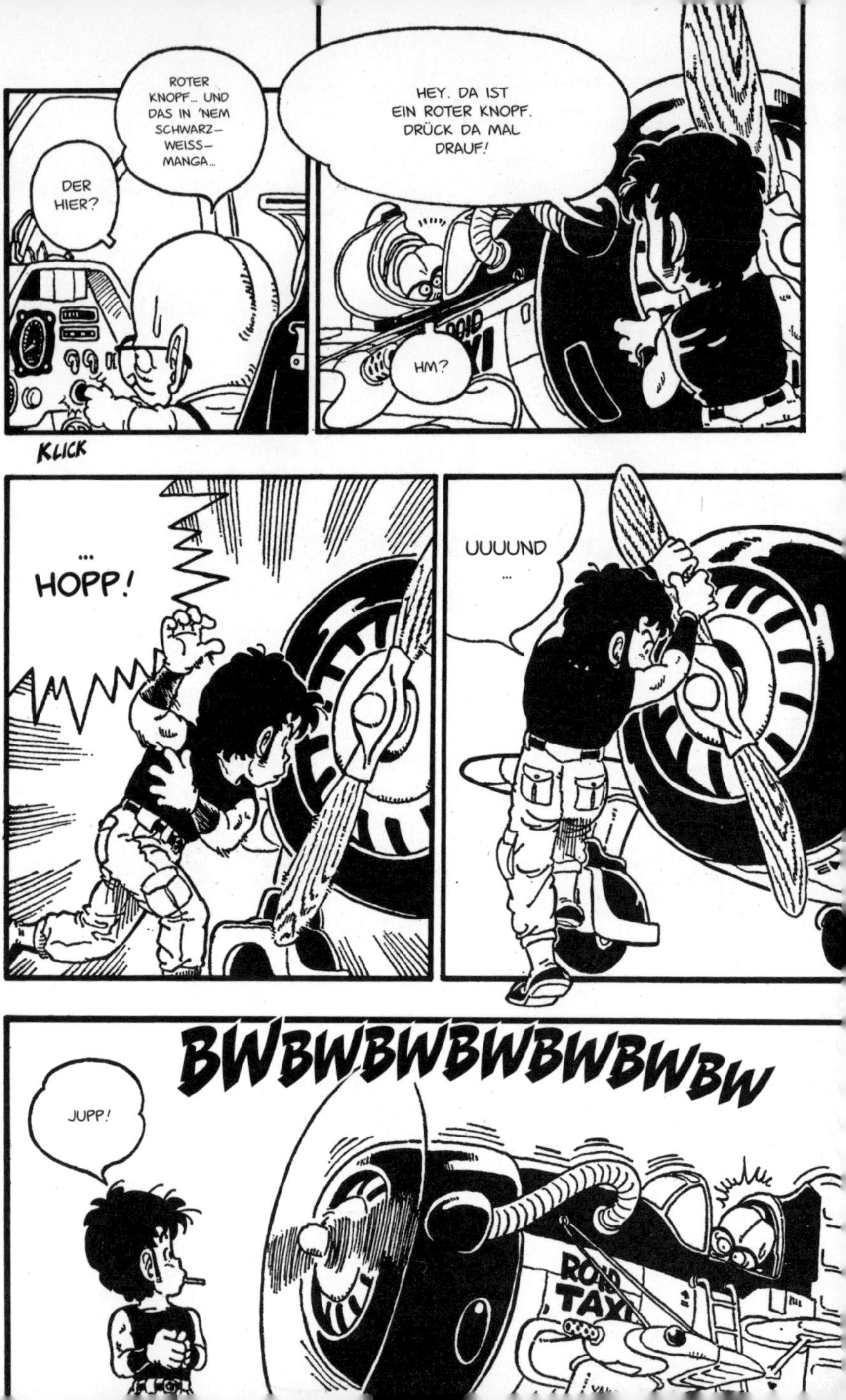
HEY. DA IST EIN ROTER KNOPF. DRÜCK DA MAL DRAUF!
HM?
DER HIER?
ROTER KNOPF... UND DAS IN 'NEM SCHWARZ-WEISS-MANGA...
KLICK
UUUUND ...
... HOPP!
BWBWBWBWBWBWBWBW
JUPP!

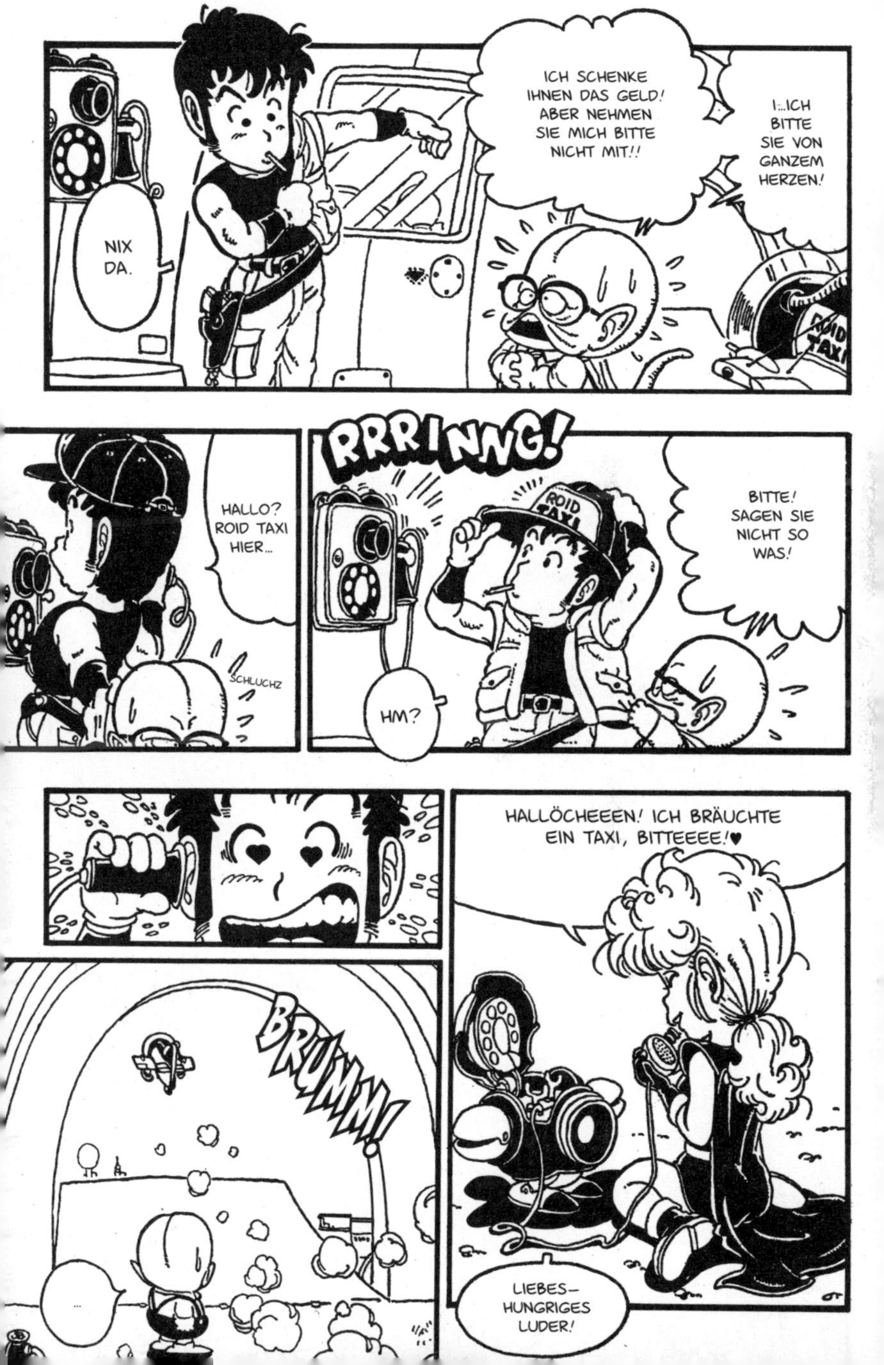
I...ICH BITTE SIE VON GANZEM HERZEN!
ICH SCHENKE IHNEN DAS GELD! ABER NEHMEN SIE MICH BITTE NICHT MIT!!
NIX DA.
BITTE! SAGEN SIE NICHT SO WAS!
RRRINNG!
HM?
HALLO? ROID TAXI HIER...
SCHLUCHZ
HALLÖCHEEEN! ICH BRÄUCHTE EIN TAXI, BITTEEEE!♥
LIEBES-HUNGRIGES LUDER!
BRUMM!
...

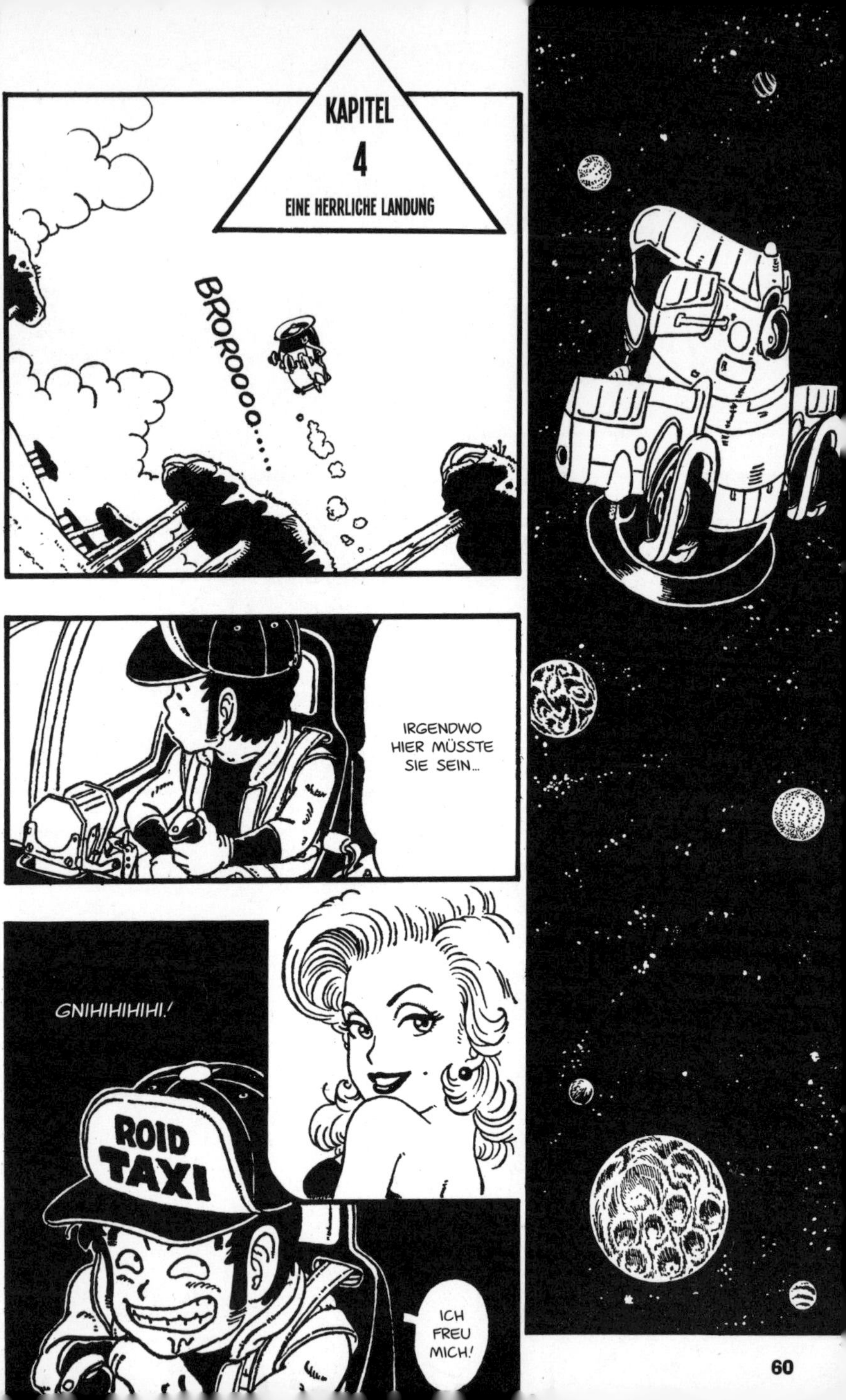
KAPITEL
4
EINE HERRLICHE LANDUNG
BROROOOO.....
IRGENDWO HIER MÜSSTE SIE SEIN...
GNIHIHIHIHI!
ROID TAXI
ICH FREU MICH!

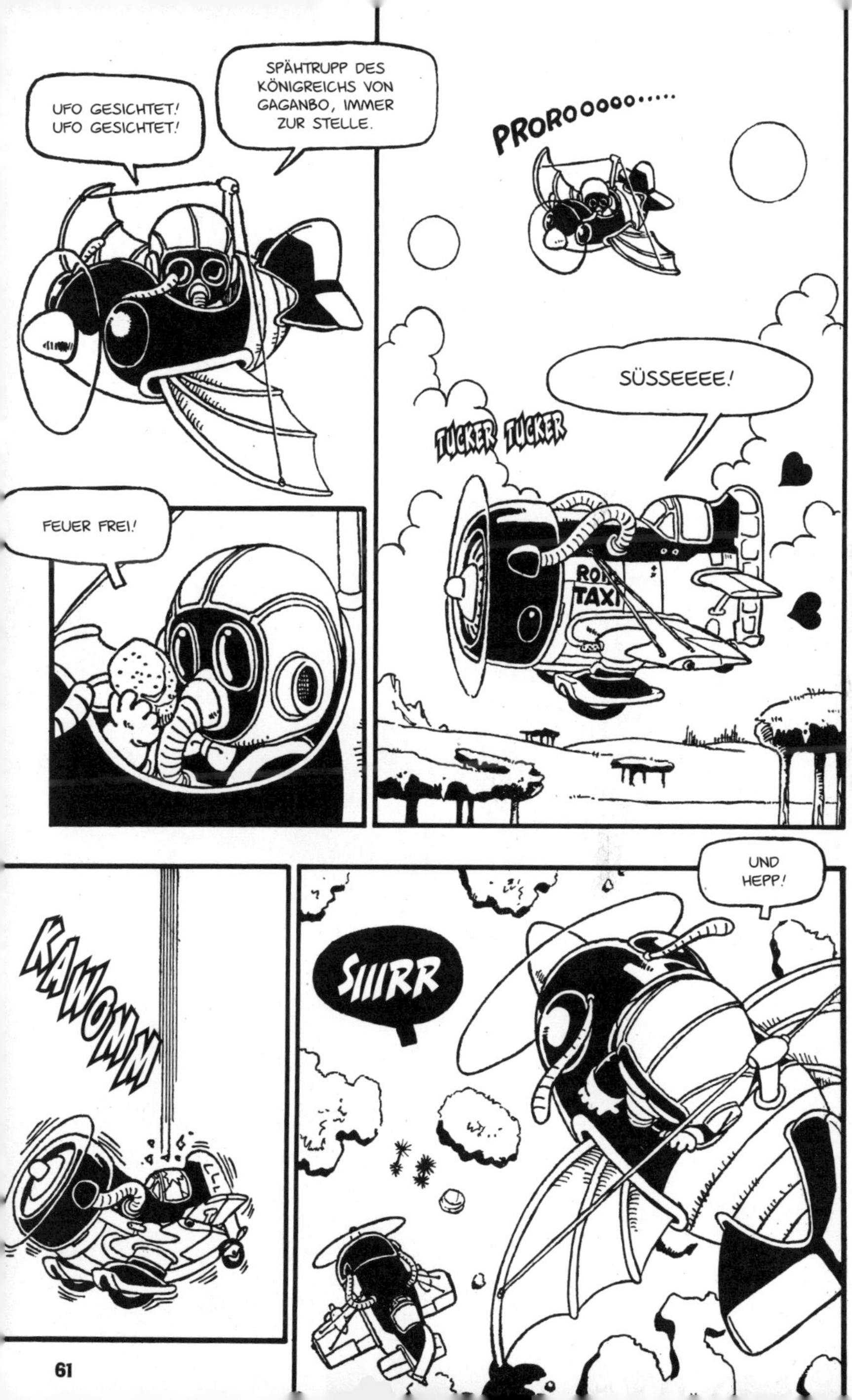
UFO GESICHTET! UFO GESICHTET!
SPÄHTRUPP DES KÖNIGREICHS VON GAGANBO, IMMER ZUR STELLE.
PRORoooo.....
SÜSSEEEE!
TUCKER TUCKER
ROT TAXI
FEUER FREI!
KAWOMM
UND HEPP!
SIIIRR

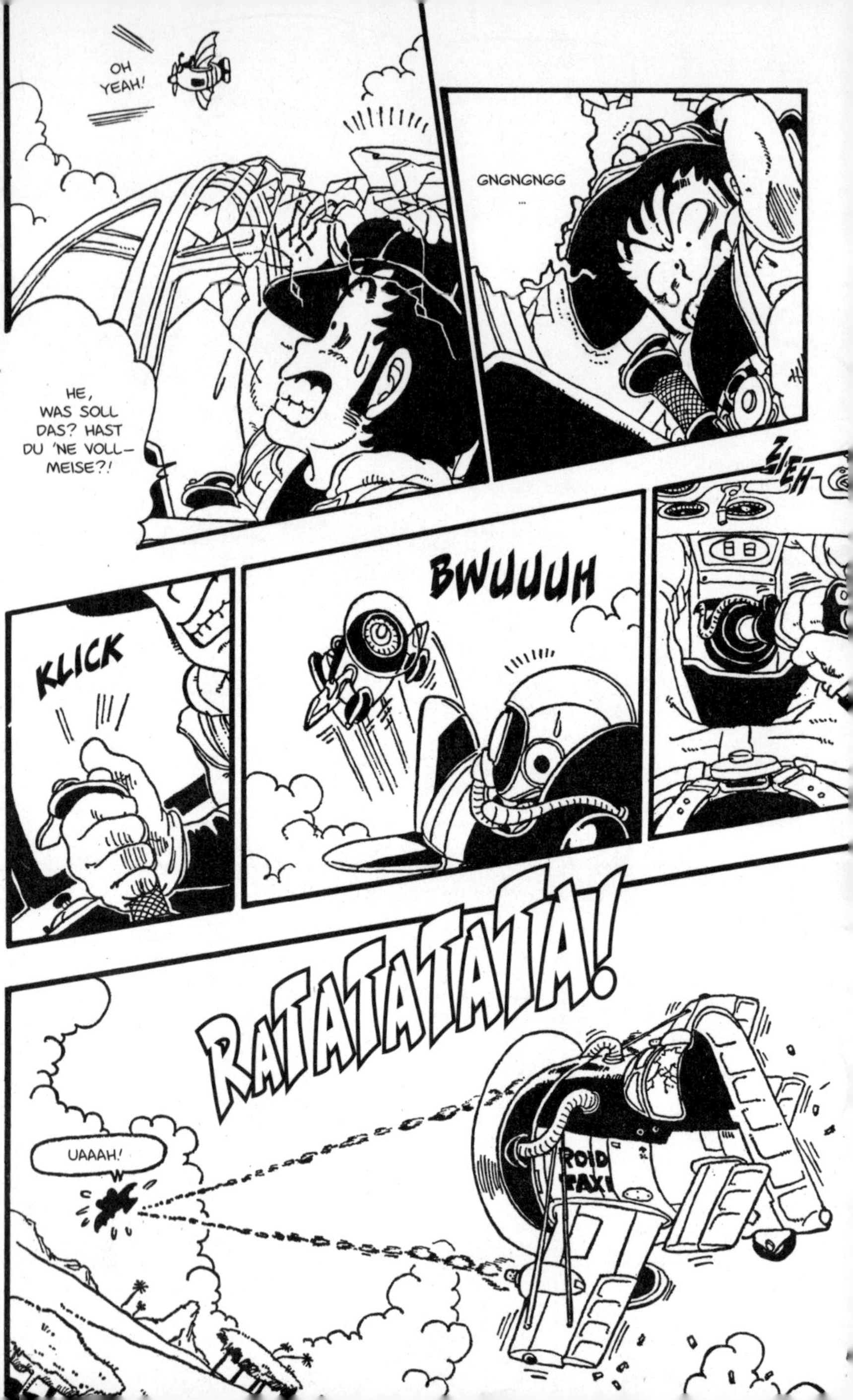
OH YEAH!
GNGNGNGG ...
HE, WAS SOLL DAS? HAST DU 'NE VOLL-MEISE?!
ZIEH
BWUUUH
KLICK
RATATATATA!
UAAAH!
ROID TAXI

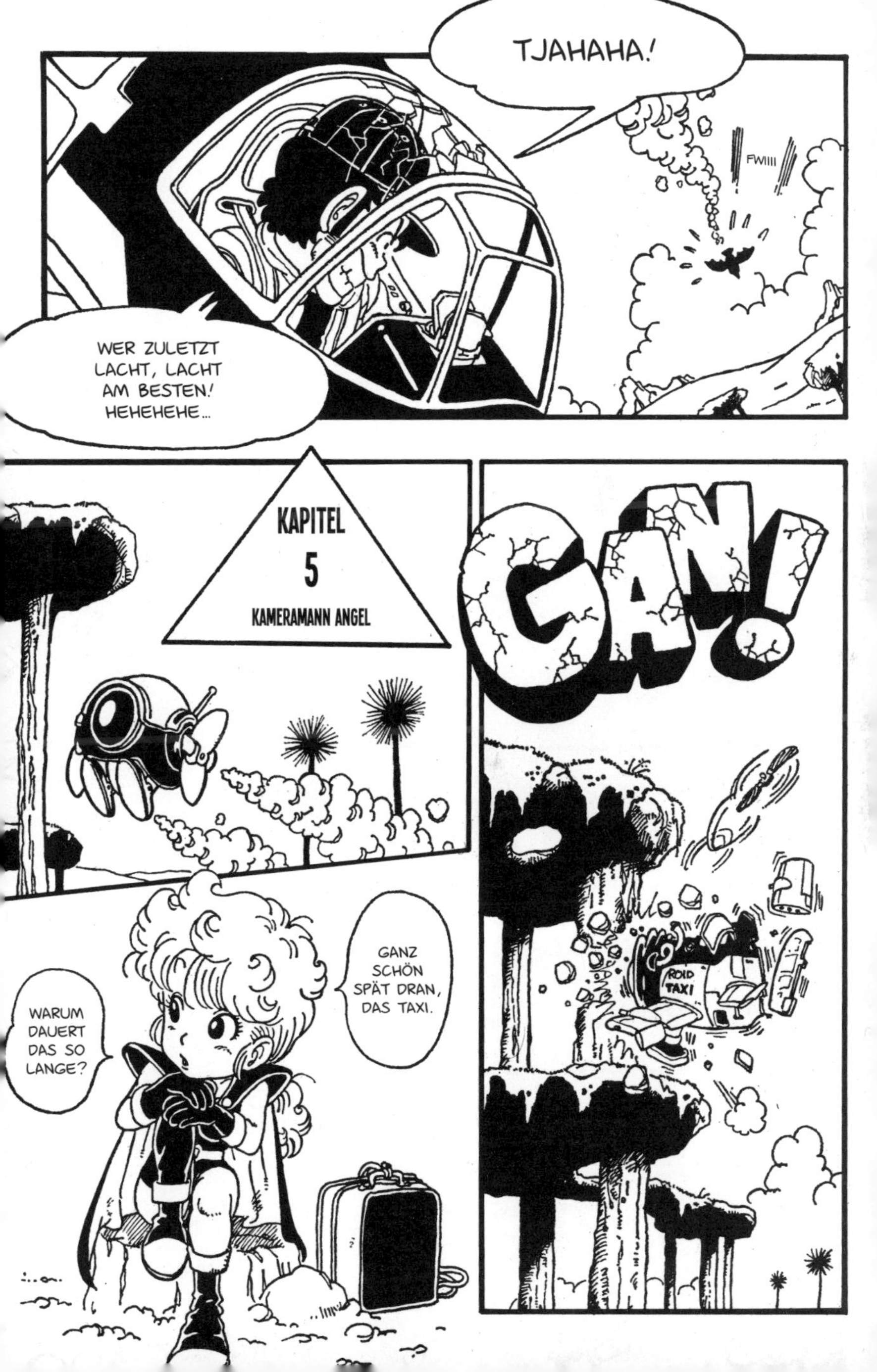
TJAHAHA!
FWIIII
WER ZULETZT LACHT, LACHT AM BESTEN! HEHEHEHE...
KAPITEL 5
KAMERAMANN ANGEL
GAN!
ROID TAXI
GANZ SCHÖN SPÄT DRAN, DAS TAXI.
WARUM DAUERT DAS SO LANGE?

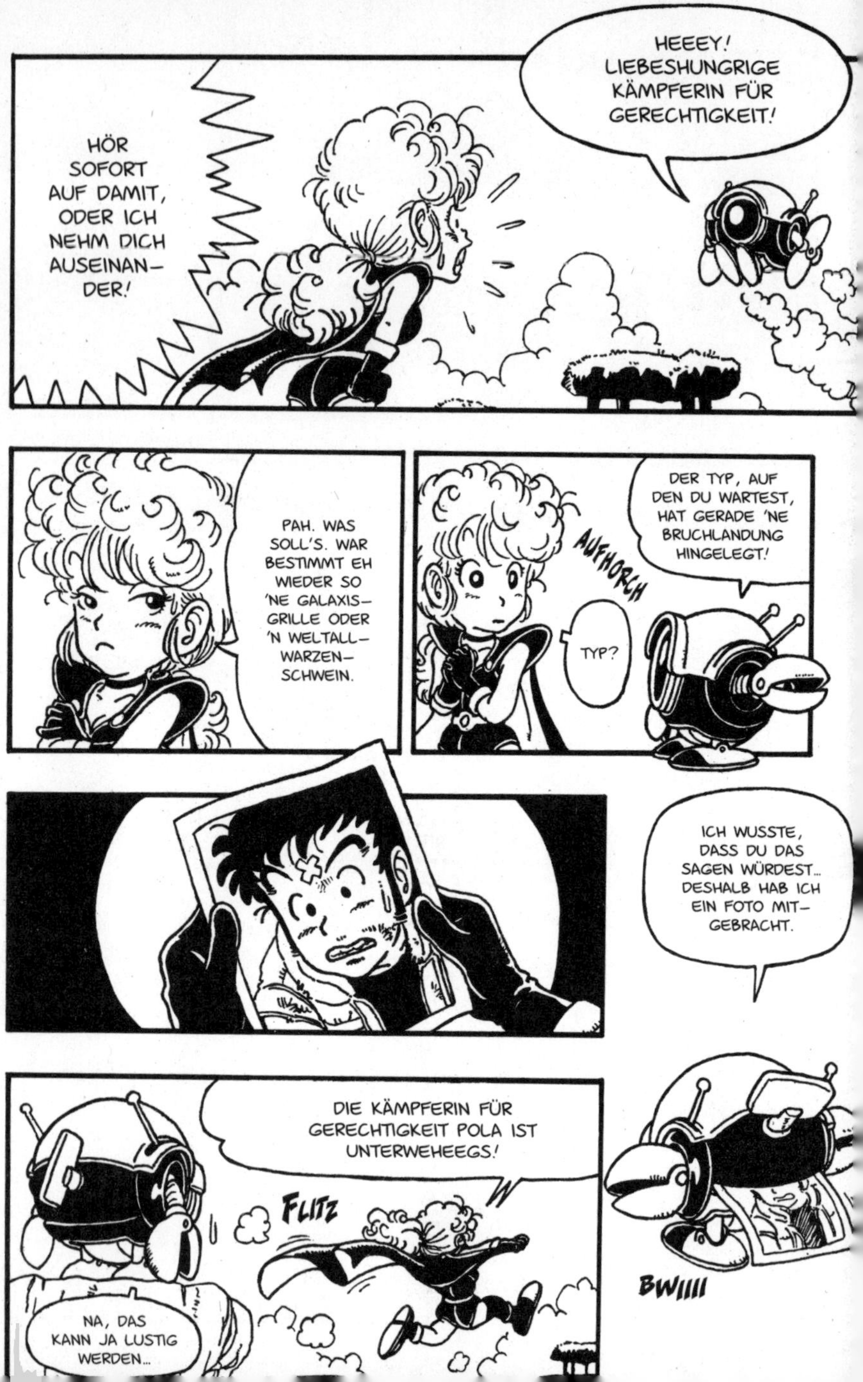
HEEEY! LIEBESHUNGRIGE KÄMPFERIN FÜR GERECHTIGKEIT!
HÖR SOFORT AUF DAMIT, ODER ICH NEHM DICH AUSEINANDER!
DER TYP, AUF DEN DU WARTEST, HAT GERADE 'NE BRUCHLANDUNG HINGELEGT!
AUFHORCH
TYP?
PAH. WAS SOLL'S. WAR BESTIMMT EH WIEDER SO 'NE GALAXISGRILLE ODER 'N WELTALLWARZENSCHWEIN.
ICH WUSSTE, DASS DU DAS SAGEN WÜRDEST... DESHALB HAB ICH EIN FOTO MITGEBRACHT.
BWIIII
DIE KÄMPFERIN FÜR GERECHTIGKEIT POLA IST UNTERWEHEEGS!
FLITZ
NA, DAS KANN JA LUSTIG WERDEN...

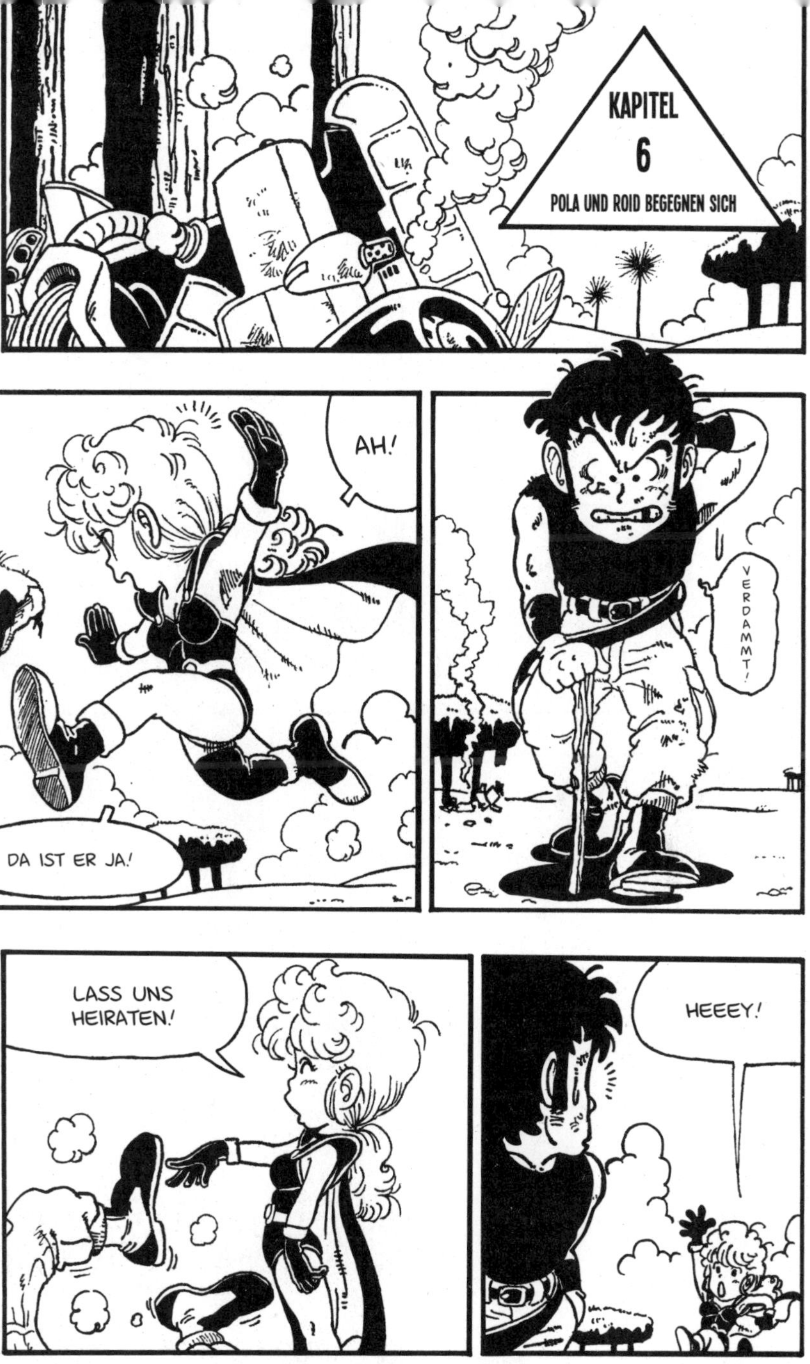
KAPITEL
6
POLA UND ROID BEGEGNEN SICH
VERDAMMT!
AH!
DA IST ER JA!
HEEEY!
LASS UNS HEIRATEN!

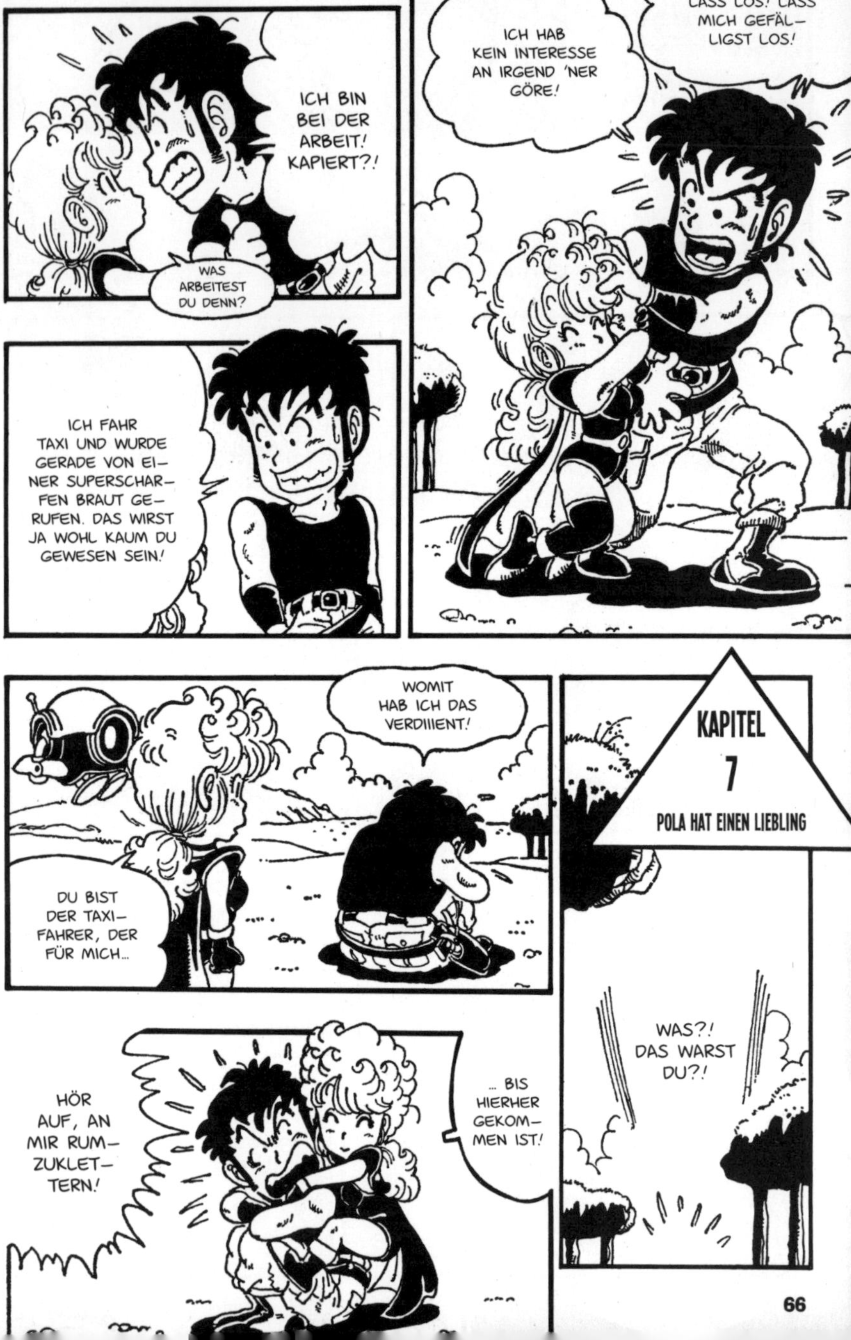
ICH BIN BEI DER ARBEIT! KAPIERT?!
WAS ARBEITEST DU DENN?
ICH FAHR TAXI UND WURDE GERADE VON EINER SUPERSCHARFEN BRAUT GERUFEN. DAS WIRST JA WOHL KAUM DU GEWESEN SEIN!
ICH HAB KEIN INTERESSE AN IRGEND 'NER GÖRE!
HE...HEY! LASS LOS! LASS MICH GEFÄLLIGST LOS!
DU BIST DER TAXIFAHRER, DER FÜR MICH...
... BIS HIERHER GEKOMMEN IST!
WAS?! DAS WARST DU?!
HÖR AUF, AN MIR RUMZUKLETTERN!
WOMIT HAB ICH DAS VERDIIIENT!
KAPITEL 7
POLA HAT EINEN LIEBLING

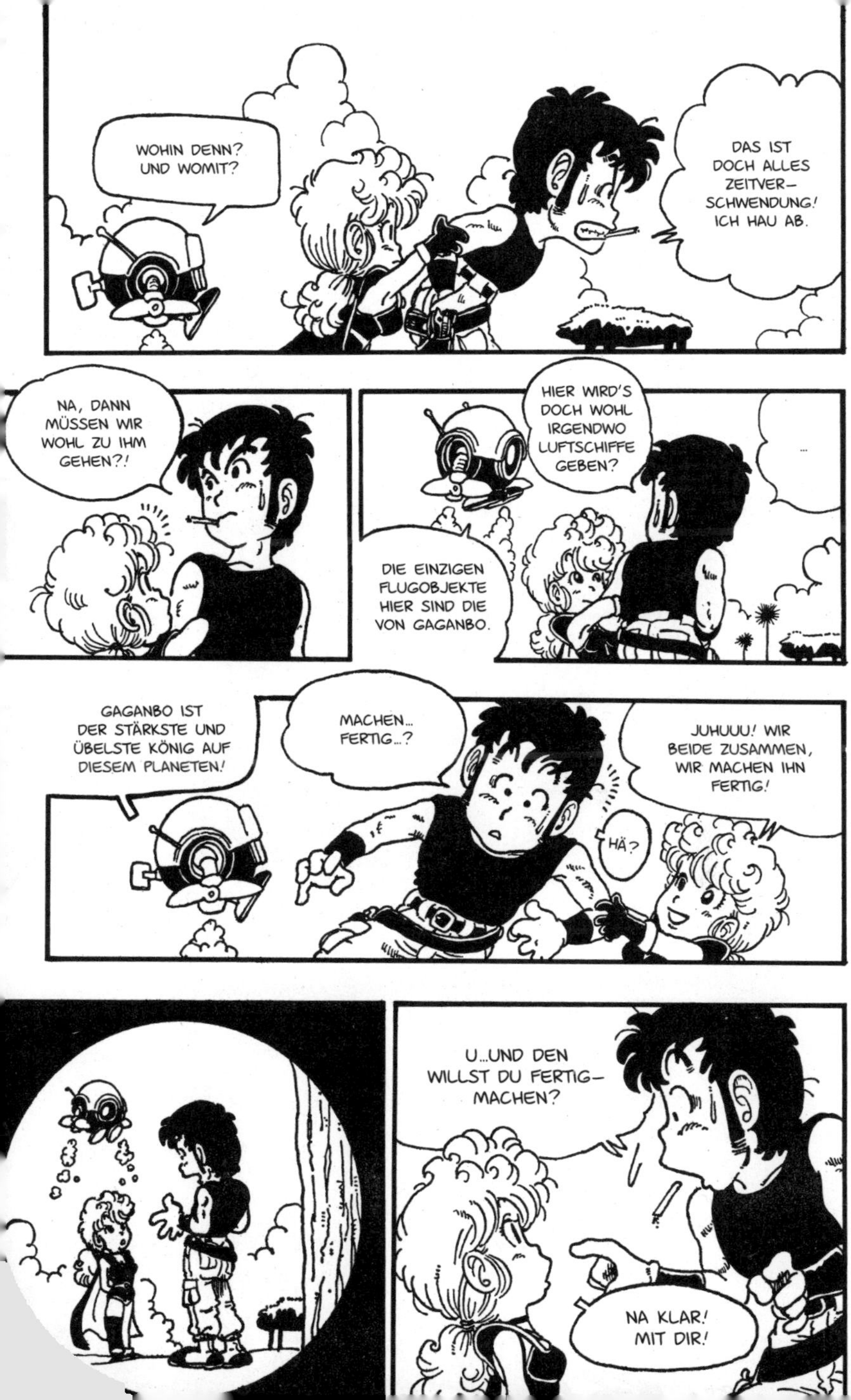
WOHIN DENN? UND WOMIT?
DAS IST DOCH ALLES ZEITVER-SCHWENDUNG! ICH HAU AB.
NA, DANN MÜSSEN WIR WOHL ZU IHM GEHEN?!
HIER WIRD'S DOCH WOHL IRGENDWO LUFTSCHIFFE GEBEN?
...
DIE EINZIGEN FLUGOBJEKTE HIER SIND DIE VON GAGANBO.
GAGANBO IST DER STÄRKSTE UND ÜBELSTE KÖNIG AUF DIESEM PLANETEN!
MACHEN... FERTIG...?
JUHUUU! WIR BEIDE ZUSAMMEN, WIR MACHEN IHN FERTIG!
HÄ?
U...UND DEN WILLST DU FERTIG-MACHEN?
NA KLAR! MIT DIR!

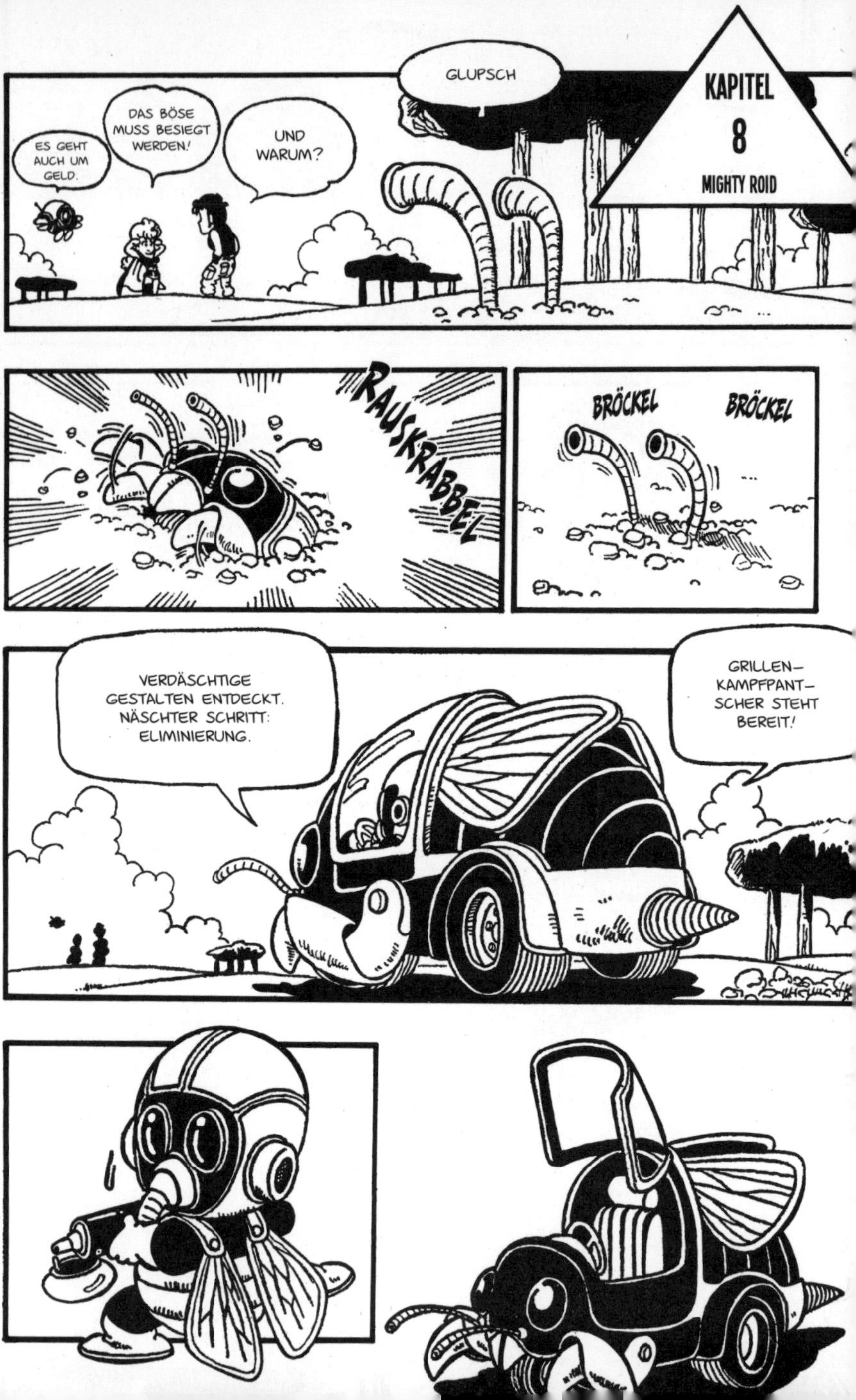

KAPITEL
8
MIGHTY ROID
GLUPSCH
UND WARUM?
DAS BÖSE MUSS BESIEGT WERDEN!
ES GEHT AUCH UM GELD.
RAUSKRABBEL
BRÖCKEL
BRÖCKEL
GRILLEN-KAMPFPANT-SCHER STEHT BEREIT!
VERDÄSCHTIGE GESTALTEN ENTDECKT. NÄSCHTER SCHRITT: ELIMINIERUNG.

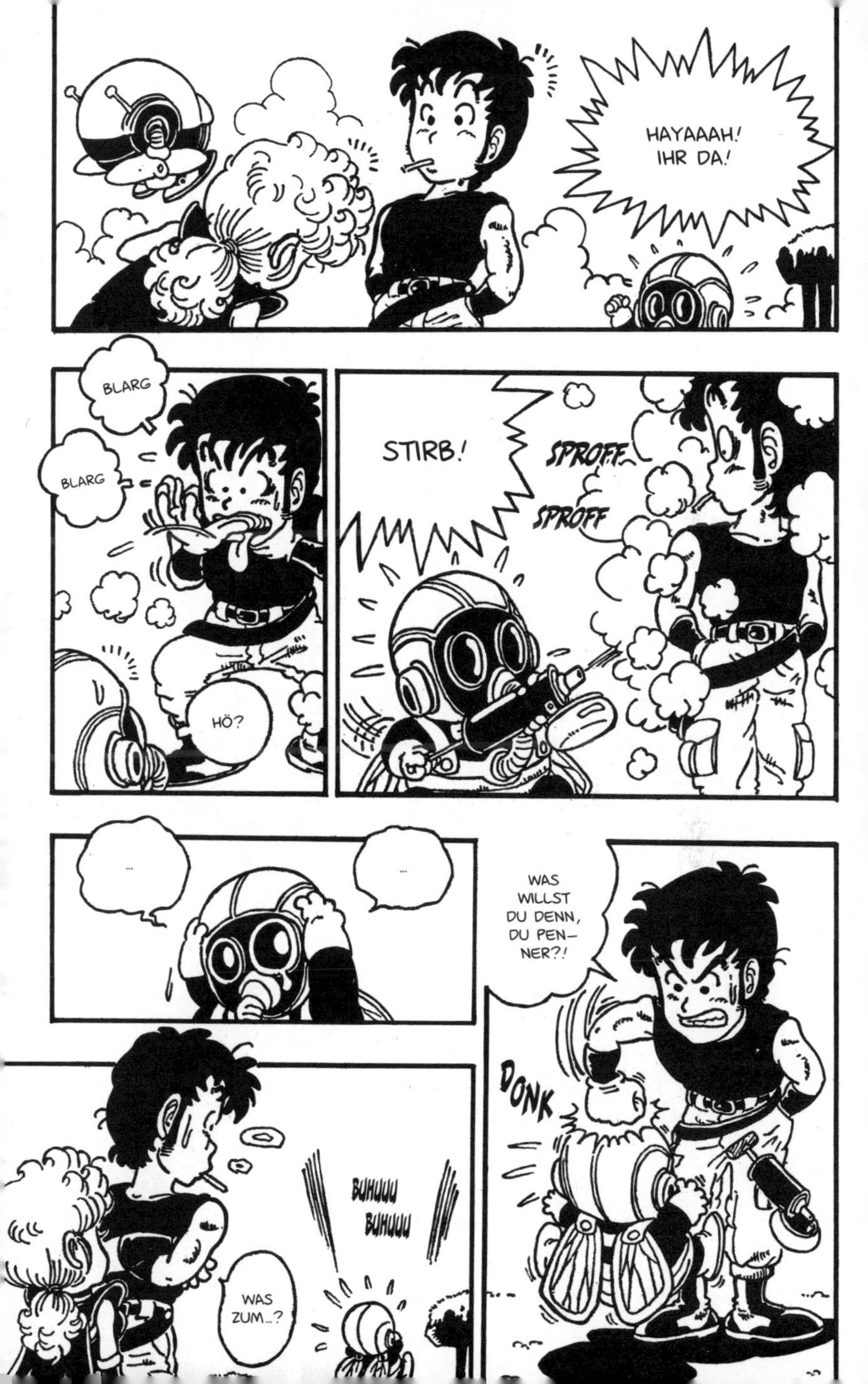

HAYAAAH! IHR DA!
STIRB!
SPROFF
SPROFF
BLARG
BLARG
HÖ?
WAS WILLST DU DENN, DU PEN-NER?!
DONK
...
...
BUHUUU
BUHUUU
WAS ZUM...?

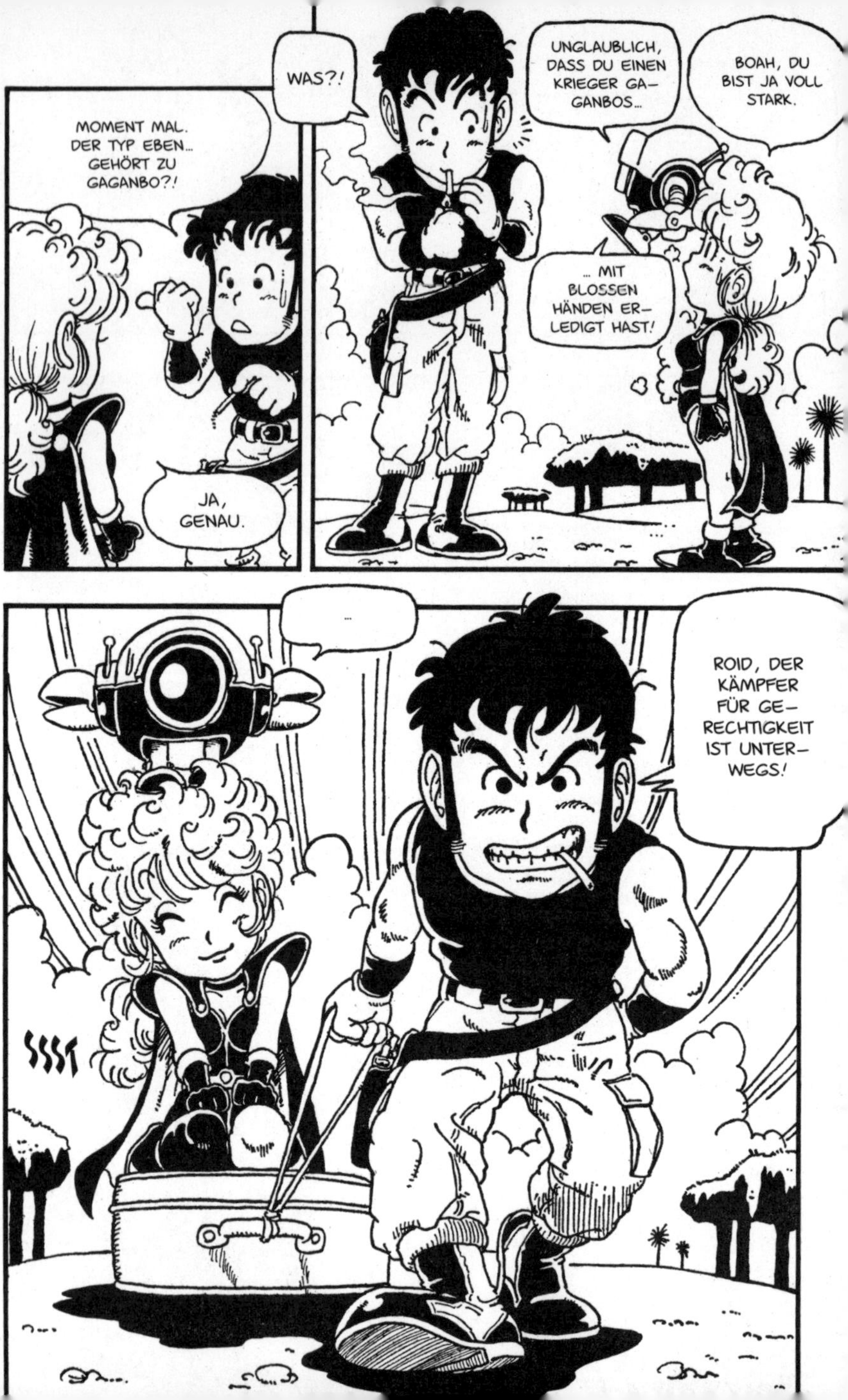

BOAH, DU BIST JA VOLL STARK.
UNGLAUBLICH, DASS DU EINEN KRIEGER GA-GANBOS...
... MIT BLOSSEN HÄNDEN ER-LEDIGT HAST!
WAS?!
MOMENT MAL. DER TYP EBEN... GEHÖRT ZU GAGANBO?!
JA, GENAU.
ROID, DER KÄMPFER FÜR GE-RECHTIGKEIT IST UNTER-WEGS!
...
SSST

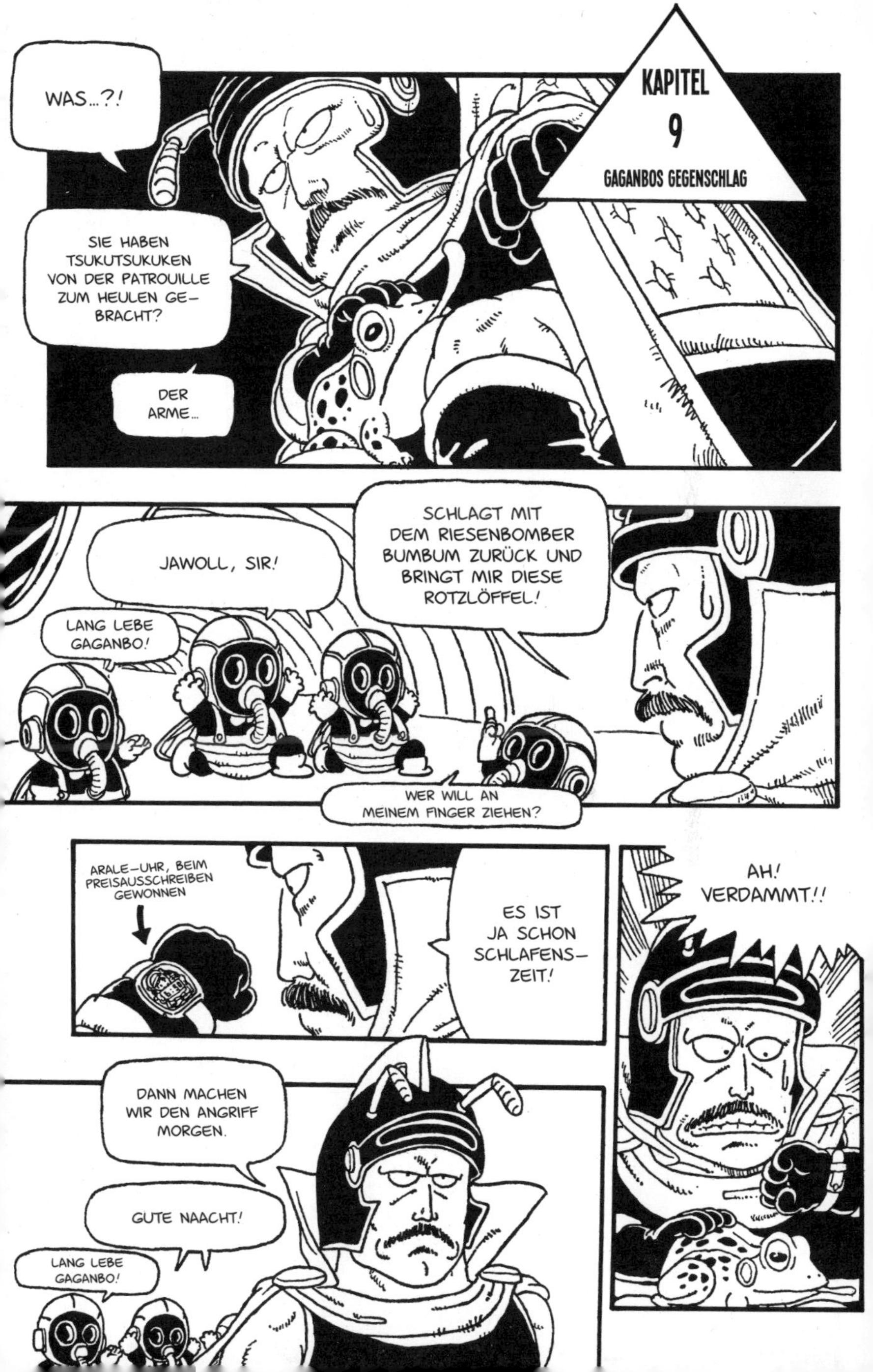
KAPITEL
9
GAGANBOS GEGENSCHLAG
WAS...?!
SIE HABEN TSUKUTSUKUKEN VON DER PATROUILLE ZUM HEULEN GEBRACHT?
DER ARME...
SCHLAGT MIT DEM RIESENBOMBER BUMBUM ZURÜCK UND BRINGT MIR DIESE ROTZLÖFFEL!
JAWOLL, SIR!
LANG LEBE GAGANBO!
WER WILL AN MEINEM FINGER ZIEHEN?
AH! VERDAMMT!!
ES IST JA SCHON SCHLAFENSZEIT!
ARALE-UHR, BEIM PREISAUSSCHREIBEN GEWONNEN
DANN MACHEN WIR DEN ANGRIFF MORGEN.
GUTE NAACHT!
LANG LEBE GAGANBO!

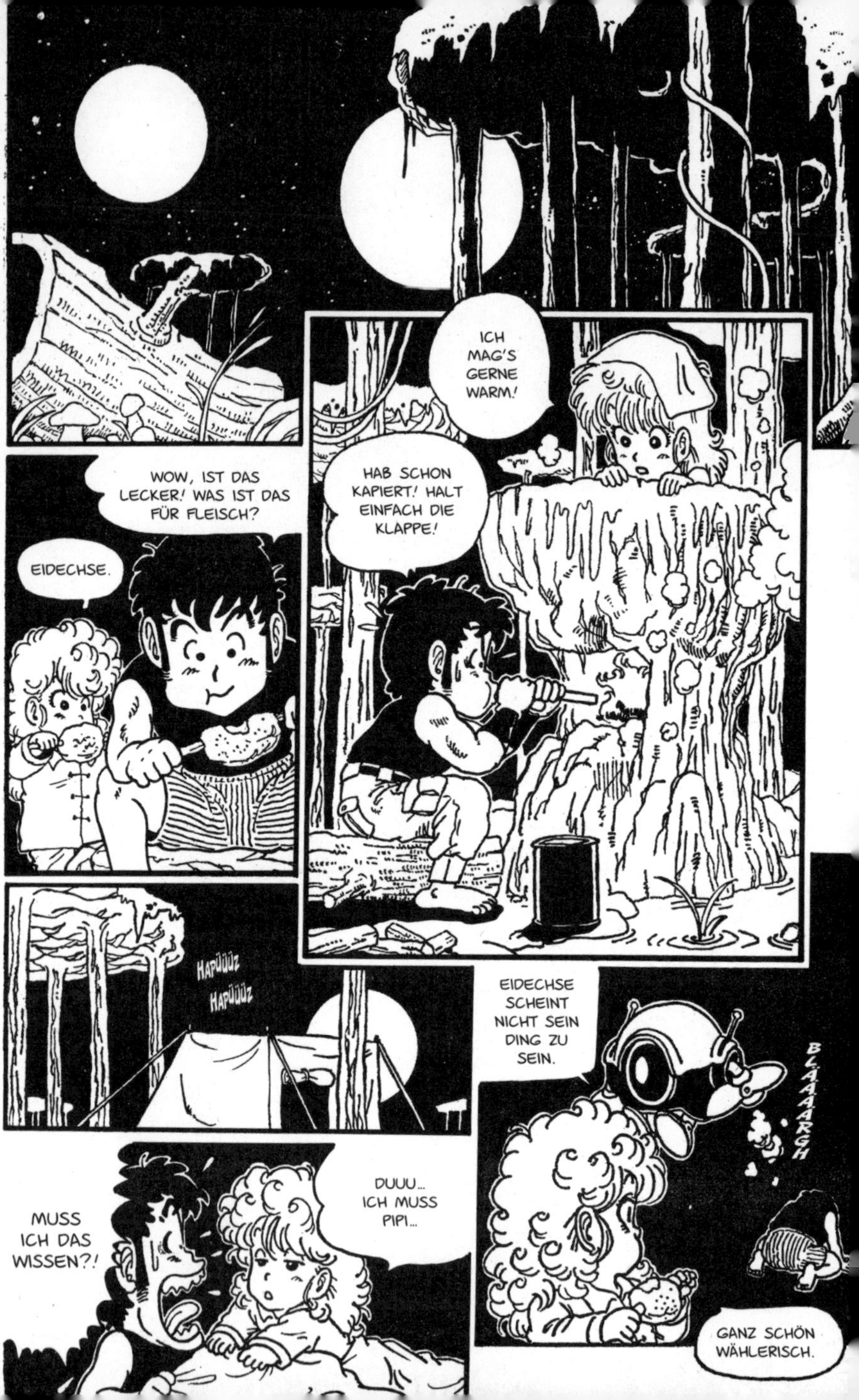

ICH MAG'S GERNE WARM!
HAB SCHON KAPIERT! HALT EINFACH DIE KLAPPE!
WOW, IST DAS LECKER! WAS IST DAS FÜR FLEISCH?
EIDECHSE.
EIDECHSE SCHEINT NICHT SEIN DING ZU SEIN.
BLÄÄÄÄRGH
GANZ SCHÖN WÄHLERISCH.
HAPÜÜÜZ
HAPÜÜÜZ
DUUU... ICH MUSS PIPI...
MUSS ICH DAS WISSEN?!

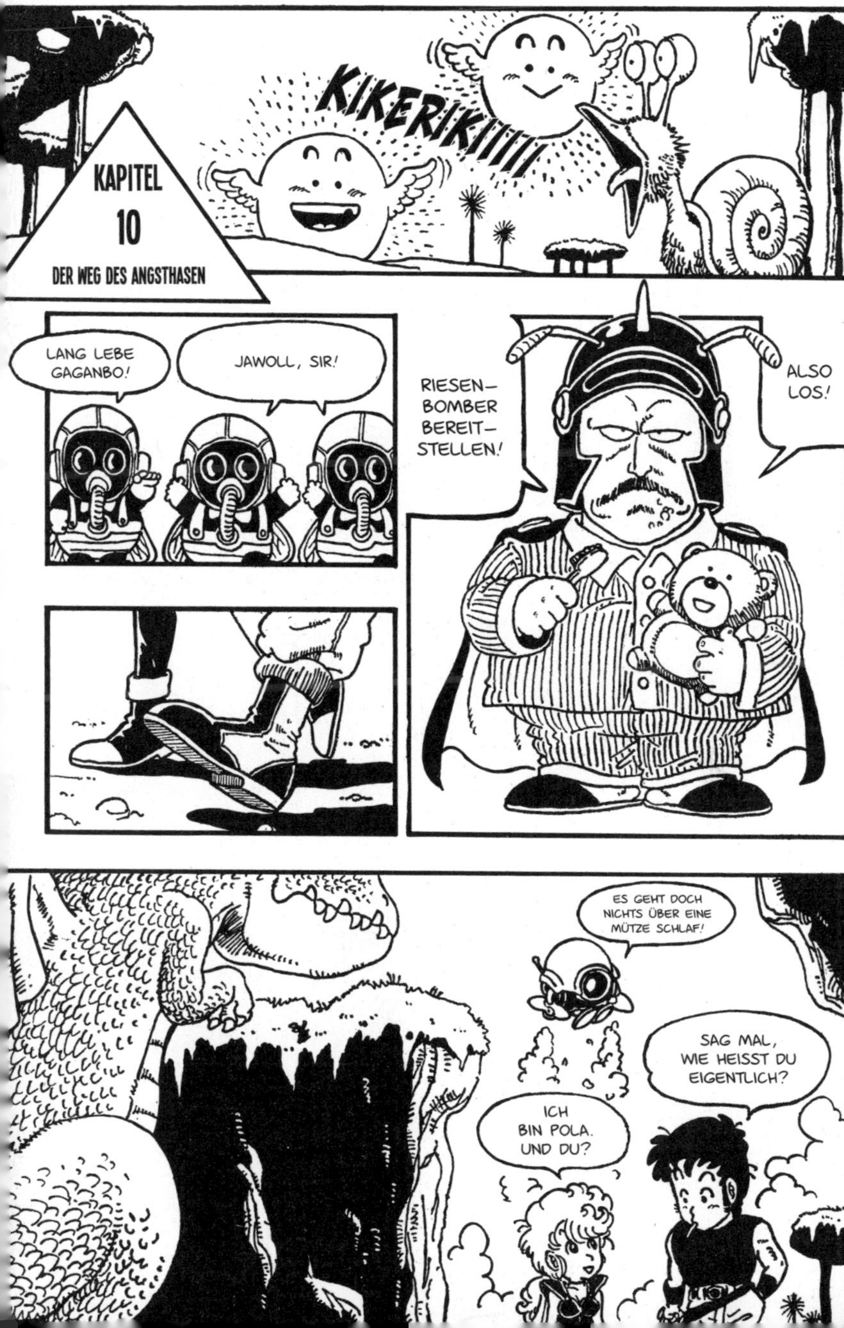
KIKERIKIIIIII
KAPITEL
10
DER WEG DES ANGSTHASEN
LANG LEBE GAGANBO!
JAWOLL, SIR!
RIESEN-BOMBER BEREIT-STELLEN!
ALSO LOS!
ES GEHT DOCH NICHTS ÜBER EINE MÜTZE SCHLAF!
SAG MAL, WIE HEISST DU EIGENTLICH?
ICH BIN POLA. UND DU?

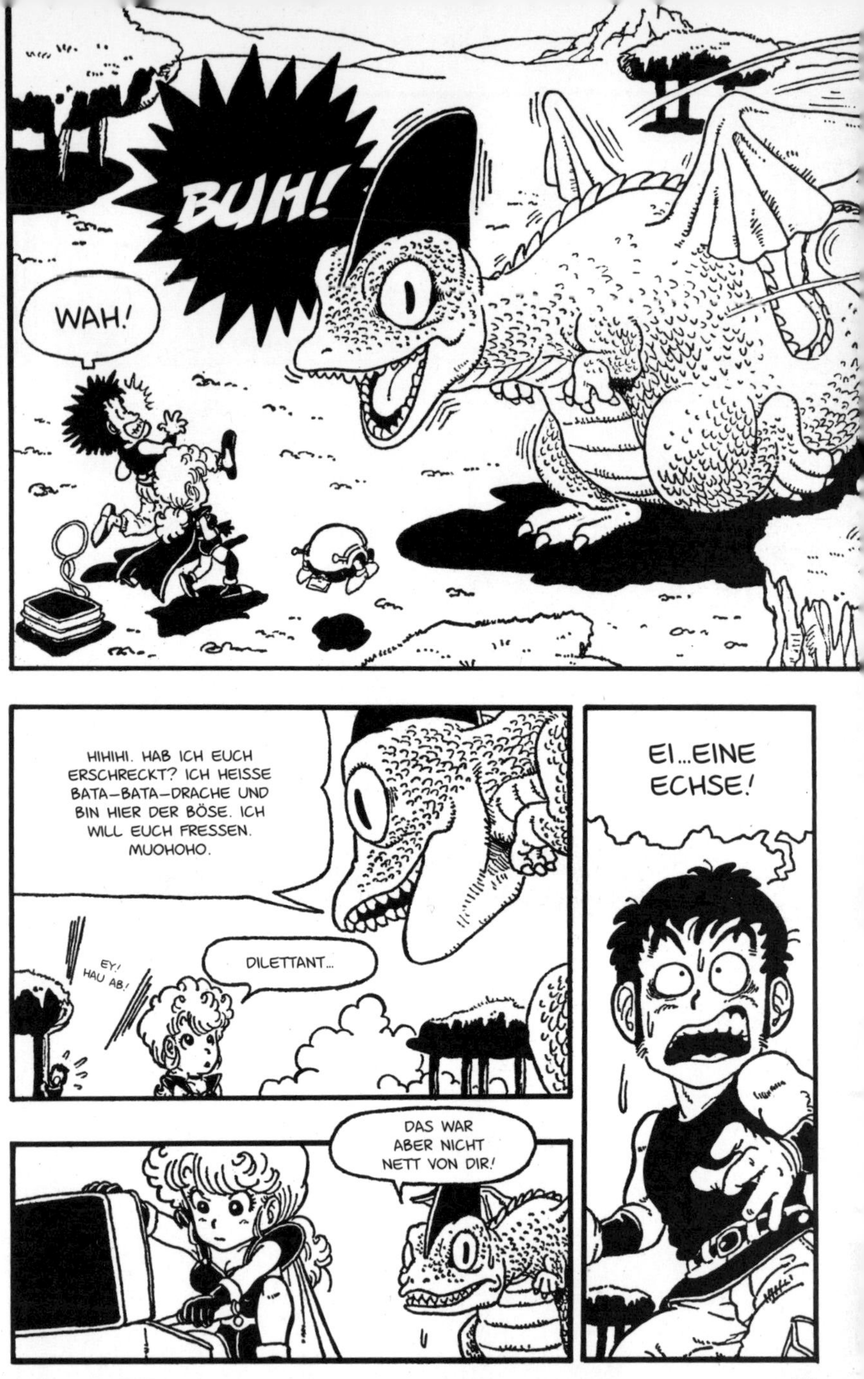
BUH!
WAH!
HIHIHI. HAB ICH EUCH ERSCHRECKT? ICH HEISSE BATA-BATA-DRACHE UND BIN HIER DER BÖSE. ICH WILL EUCH FRESSEN. MUOHOHO.
EY! HAU AB!
DILETTANT...
EI...EINE ECHSE!
DAS WAR ABER NICHT NETT VON DIR!

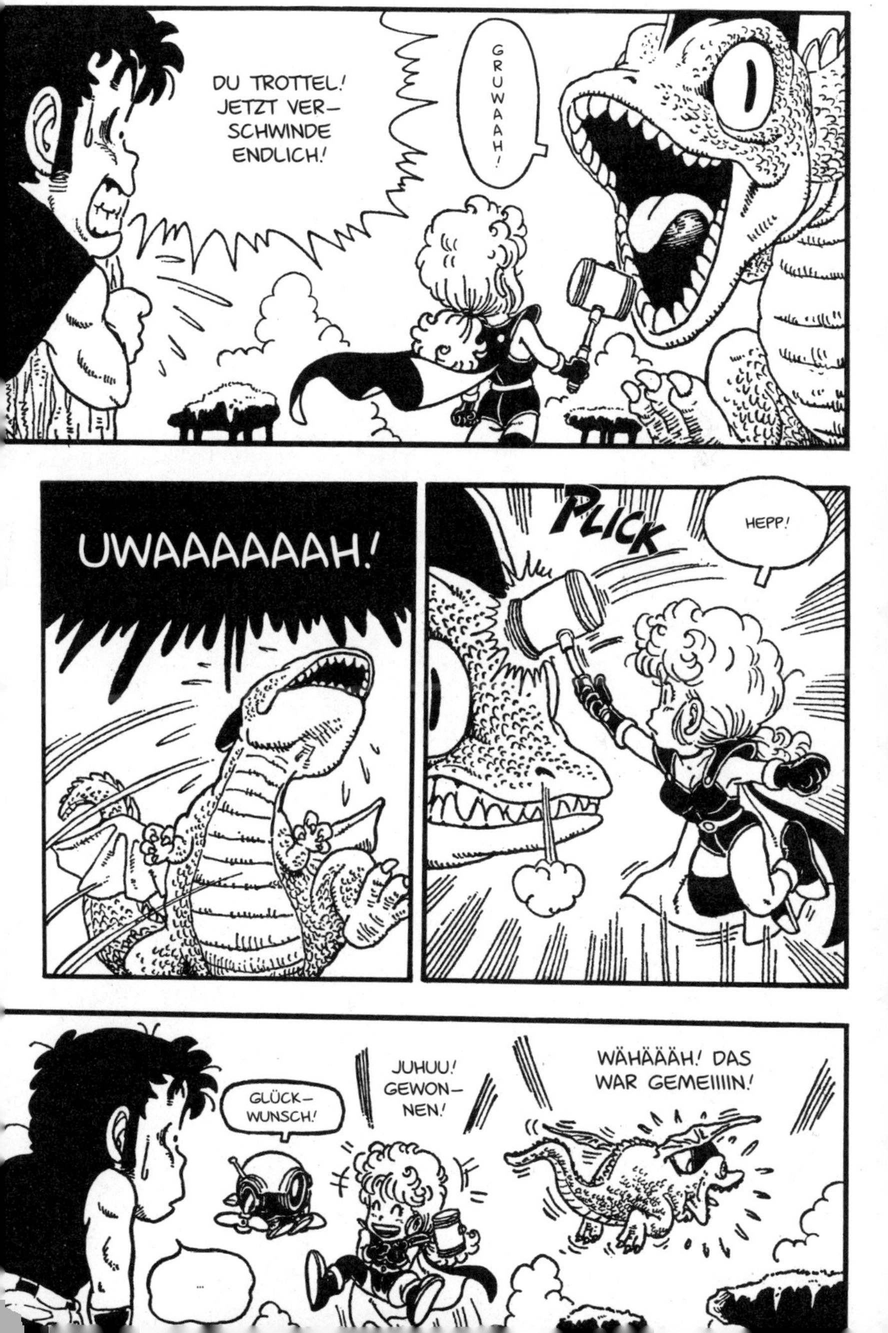
DU TROTTEL! JETZT VER-SCHWINDE ENDLICH!
GRUWAAH!
UWAAAAAAH!
PLICK
HEPP!
GLÜCK-WUNSCH!
JUHUU! GEWON-NEN!
WÄHÄÄÄH! DAS WAR GEMEIIIIN!
...

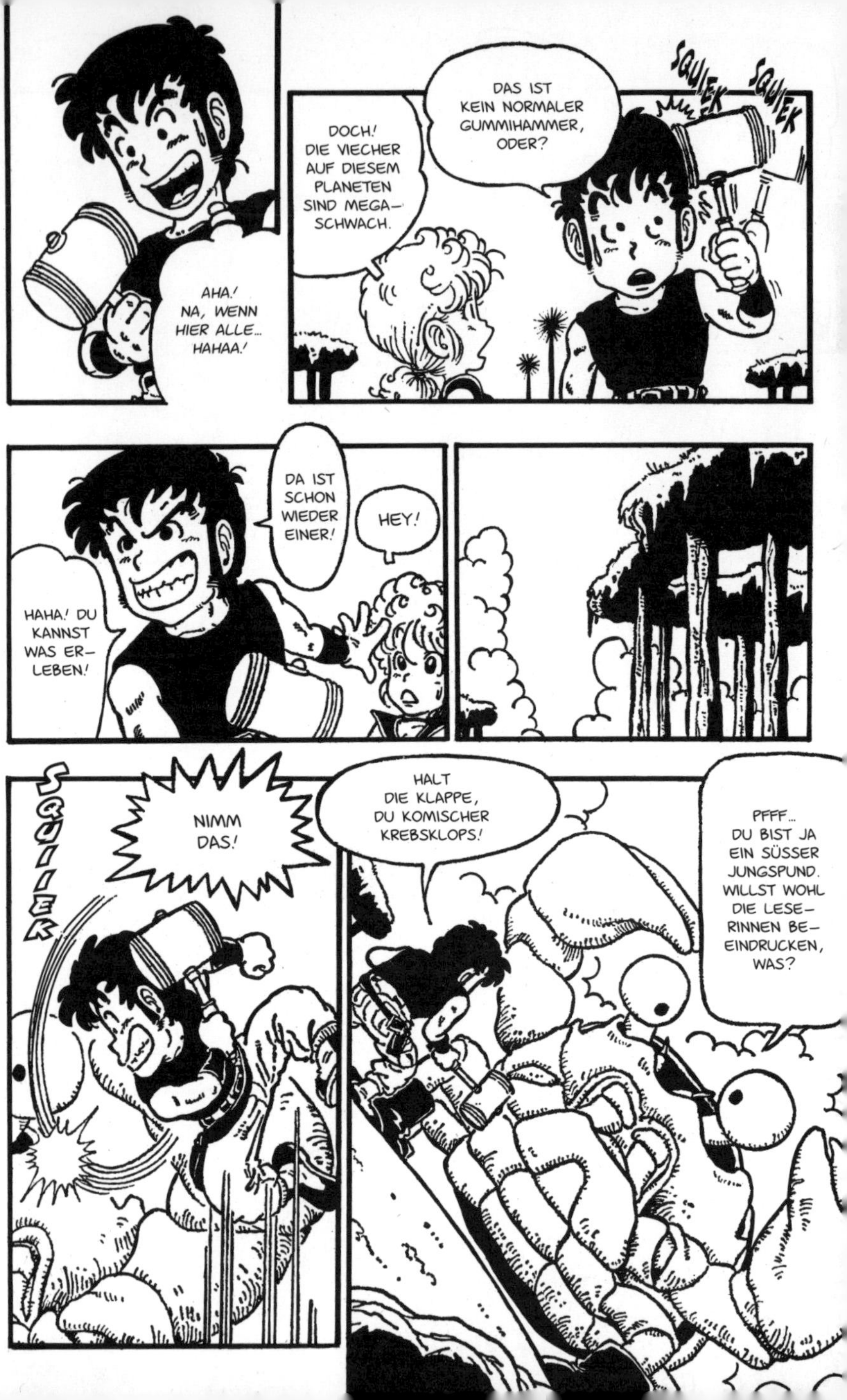
AHA! NA, WENN HIER ALLE... HAHAA!
DAS IST KEIN NORMALER GUMMIHAMMER, ODER?
SQUIEK SQUIEK
DOCH! DIE VIECHER AUF DIESEM PLANETEN SIND MEGA-SCHWACH.
DA IST SCHON WIEDER EINER!
HEY!
HAHA! DU KANNST WAS ER-LEBEN!
SQUIIEK
NIMM DAS!
HALT DIE KLAPPE, DU KOMISCHER KREBSKLOPS!
PFFF... DU BIST JA EIN SÜSSER JUNGSPUND. WILLST WOHL DIE LESE-RINNEN BE-EINDRUCKEN, WAS?

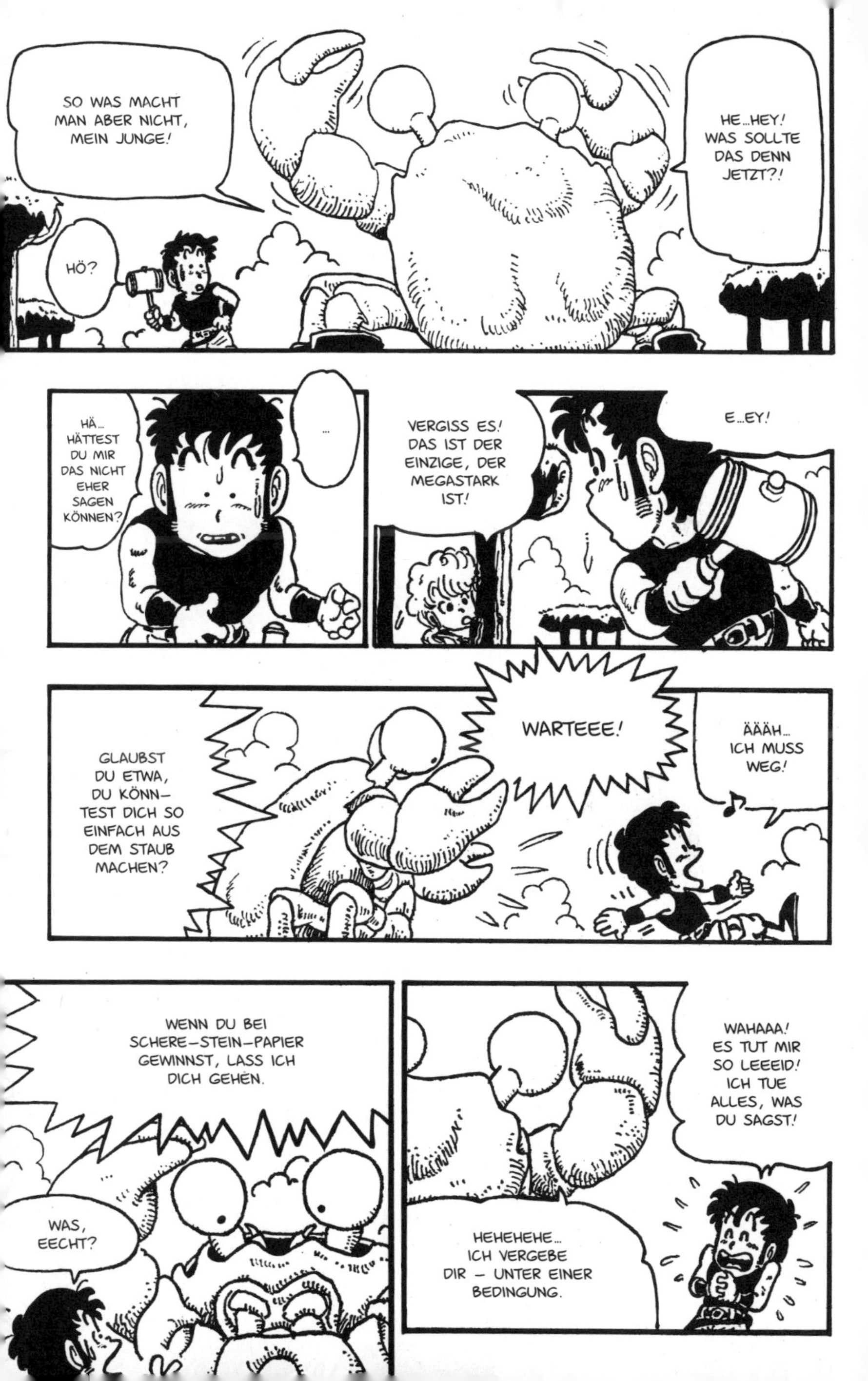
SO WAS MACHT MAN ABER NICHT, MEIN JUNGE!
HE...HEY! WAS SOLLTE DAS DENN JETZT?!
HÖ?
HÄ... HÄTTEST DU MIR DAS NICHT EHER SAGEN KÖNNEN?
...
VERGISS ES! DAS IST DER EINZIGE, DER MEGASTARK IST!
E...EY!
ÄÄÄH... ICH MUSS WEG!
WARTEEE!
GLAUBST DU ETWA, DU KÖNN-TEST DICH SO EINFACH AUS DEM STAUB MACHEN?
WENN DU BEI SCHERE-STEIN-PAPIER GEWINNST, LASS ICH DICH GEHEN.
...
WAS, EECHT?
WAHAAA! ES TUT MIR SO LEEEID! ICH TUE ALLES, WAS DU SAGST!
HEHEHEHE... ICH VERGEBE DIR – UNTER EINER BEDINGUNG.

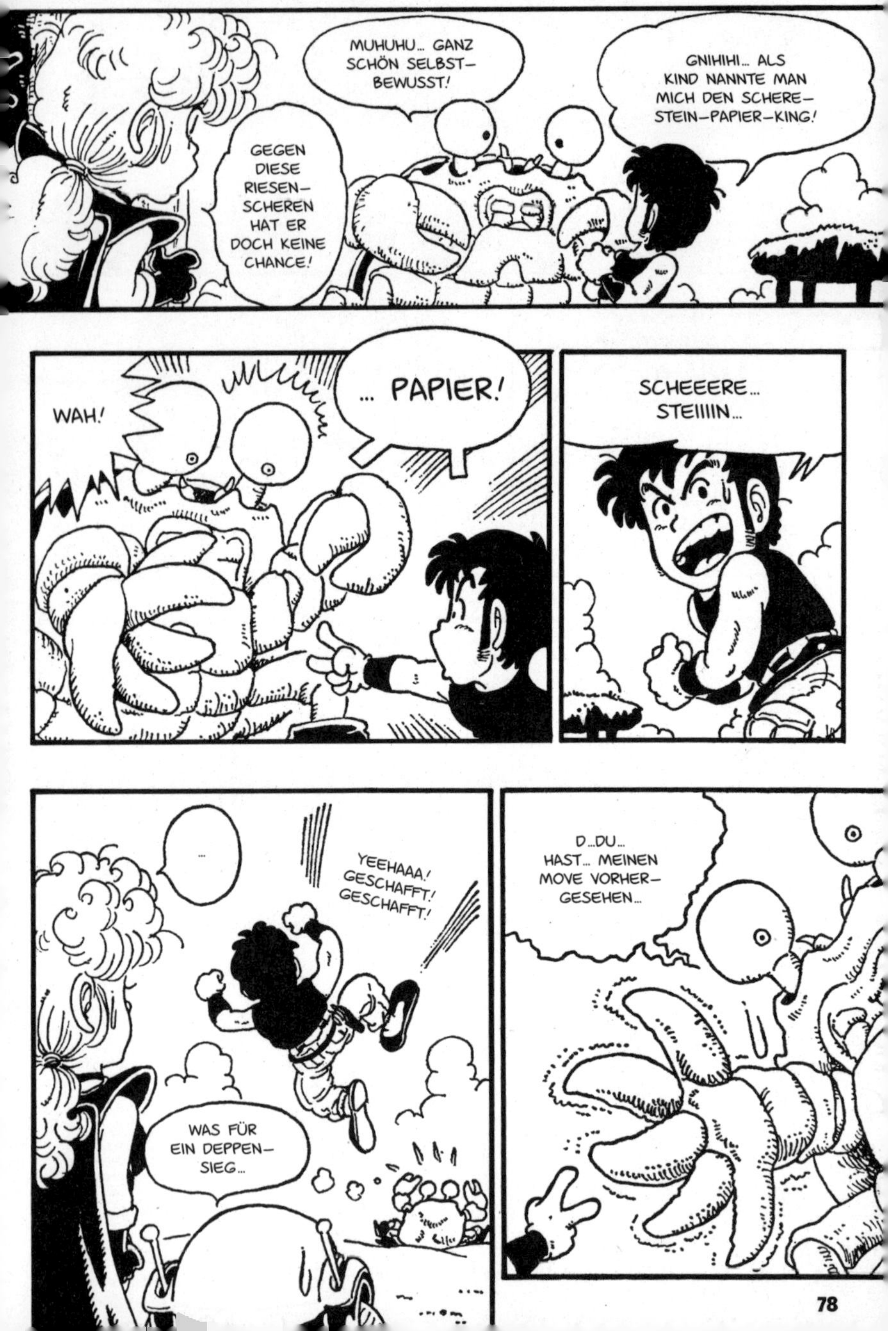
GNIHIHI... ALS KIND NANNTE MAN MICH DEN SCHERE-STEIN-PAPIER-KING!
MUHUHU... GANZ SCHÖN SELBSTBEWUSST!
GEGEN DIESE RIESENSCHEREN HAT ER DOCH KEINE CHANCE!
SCHEEERE... STEIIIIN...
... PAPIER!
WAH!
D...DU... HAST... MEINEN MOVE VORHERGESEHEN...
YEEHAAA! GESCHAFFT! GESCHAFFT!
...
WAS FÜR EIN DEPPENSIEG...

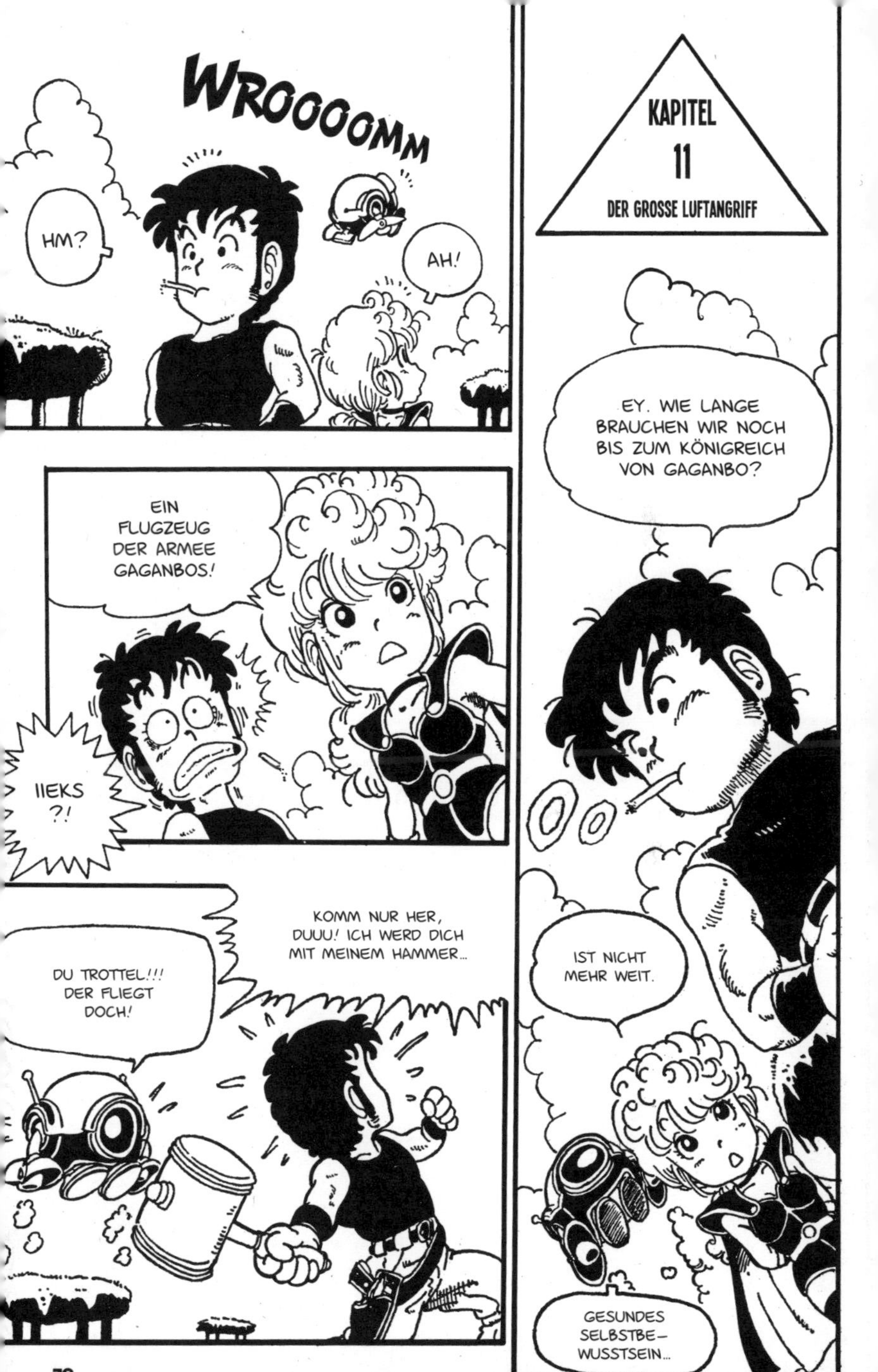
KAPITEL
11
DER GROSSE LUFTANGRIFF
EY. WIE LANGE BRAUCHEN WIR NOCH BIS ZUM KÖNIGREICH VON GAGANBO?
IST NICHT MEHR WEIT.
GESUNDES SELBSTBE- WUSSTSEIN...
WROOOOOMM
HM?
AH!
EIN FLUGZEUG DER ARMEE GAGANBOS!
IIEKS ?!
KOMM NUR HER, DUUU! ICH WERD DICH MIT MEINEM HAMMER...
DU TROTTEL!!! DER FLIEGT DOCH!

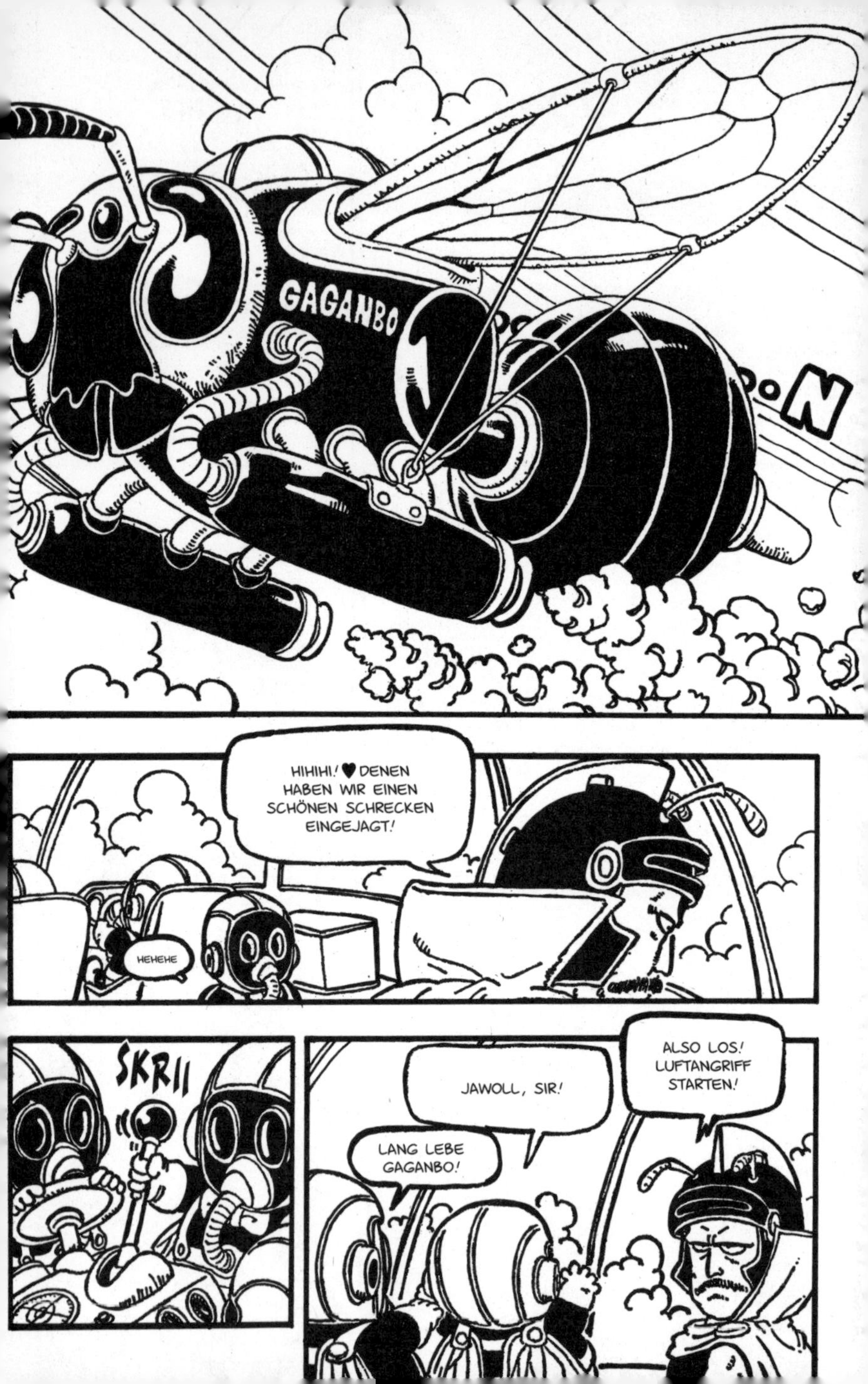
GAGANBO
HIHIHI! ♥ DENEN HABEN WIR EINEN SCHÖNEN SCHRECKEN EINGEJAGT!
HEHEHE
ALSO LOS! LUFTANGRIFF STARTEN!
JAWOLL, SIR!
LANG LEBE GAGANBO!
SKRII

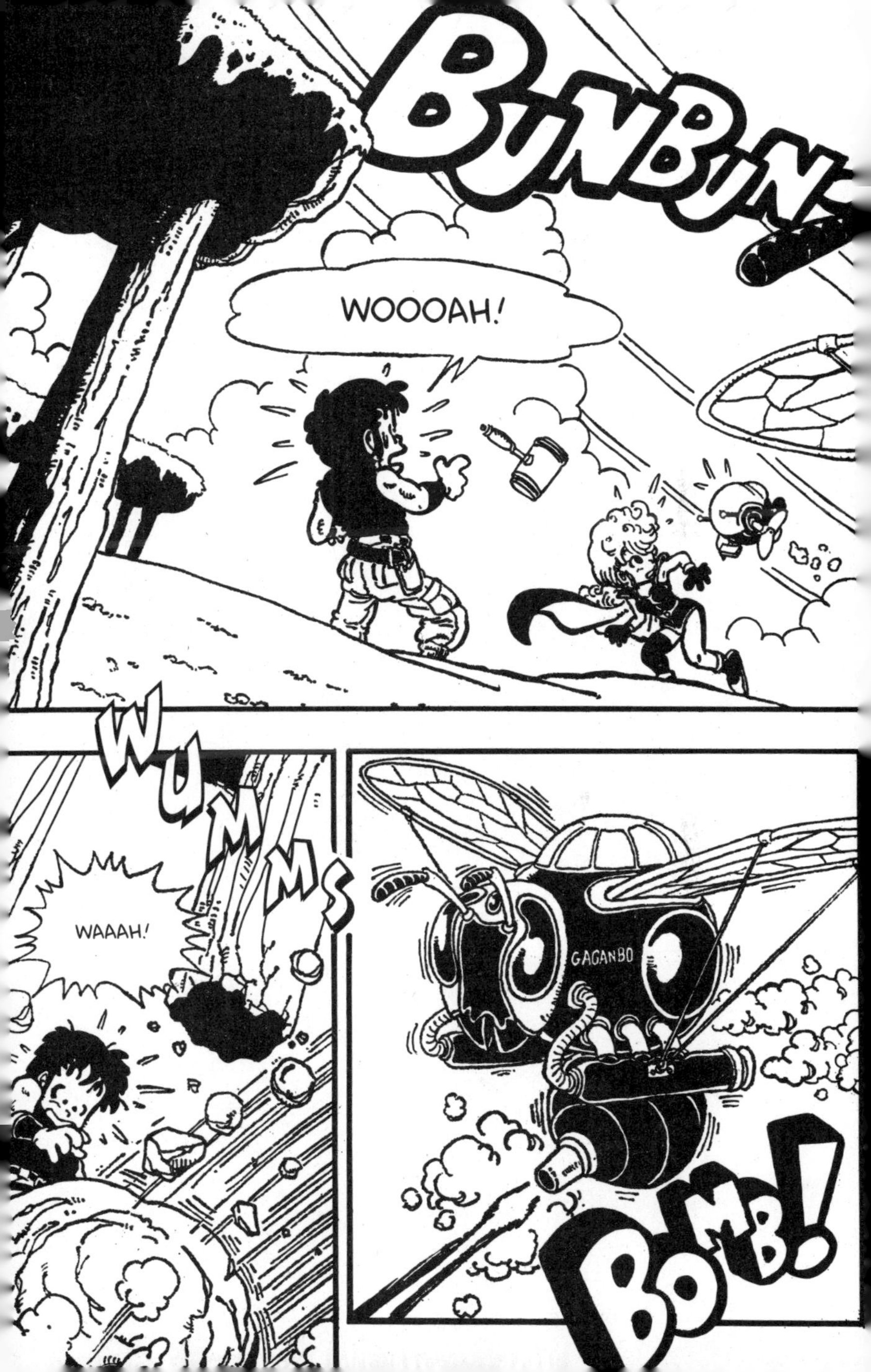
BUNBUN
WOOOAH!
WUMMS
WAAAH!
GAGANBO
BOMB!

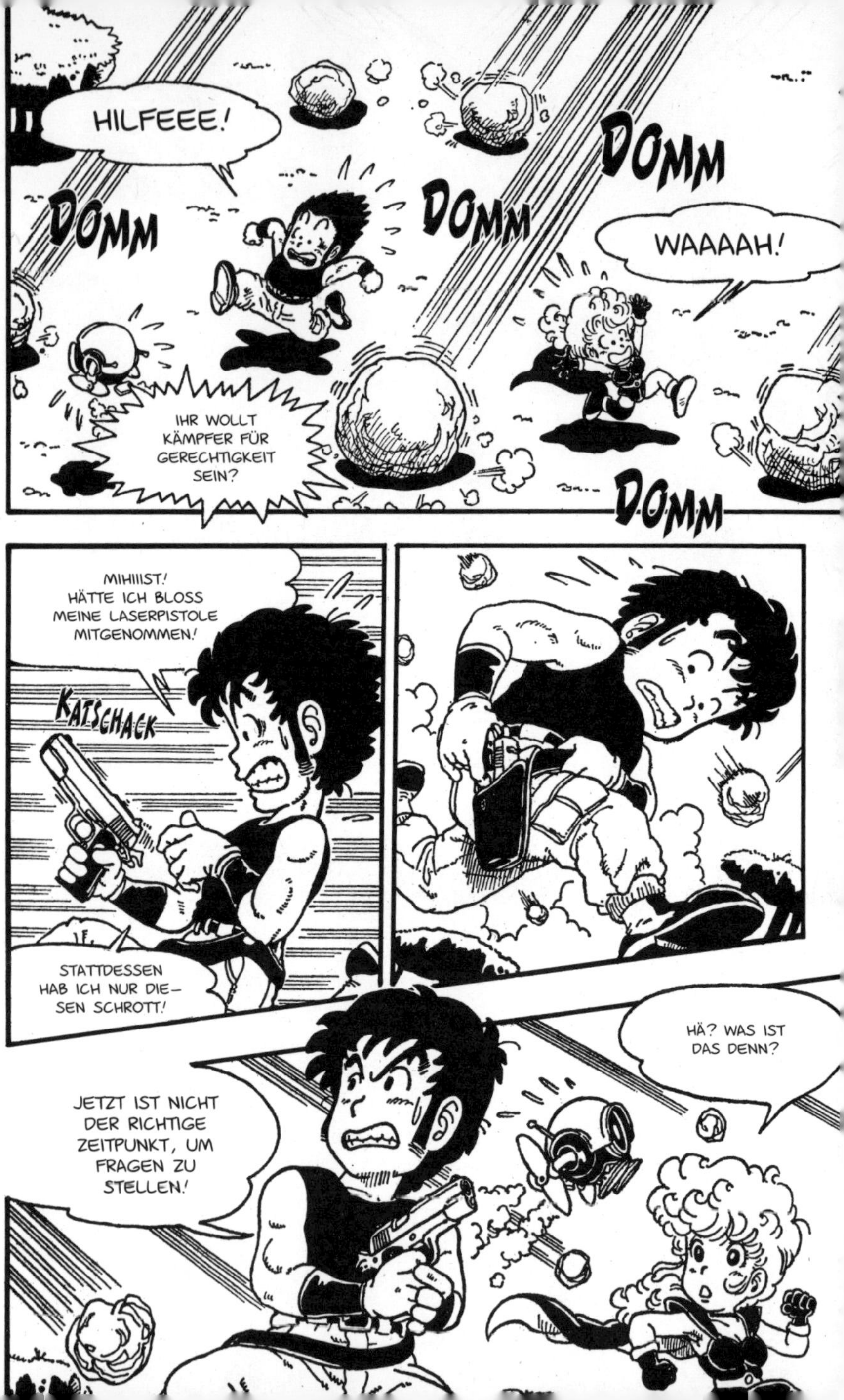

DOMM
WAAAAH!
DOMM
HILFEEE!
DOMM
IHR WOLLT KÄMPFER FÜR GERECHTIGKEIT SEIN?
DOMM
MIHIIIST! HÄTTE ICH BLOSS MEINE LASERPISTOLE MITGENOMMEN!
KATSCHACK
STATTDESSEN HAB ICH NUR DIE- SEN SCHROTT!
HÄ? WAS IST DAS DENN?
JETZT IST NICHT DER RICHTIGE ZEITPUNKT, UM FRAGEN ZU STELLEN!

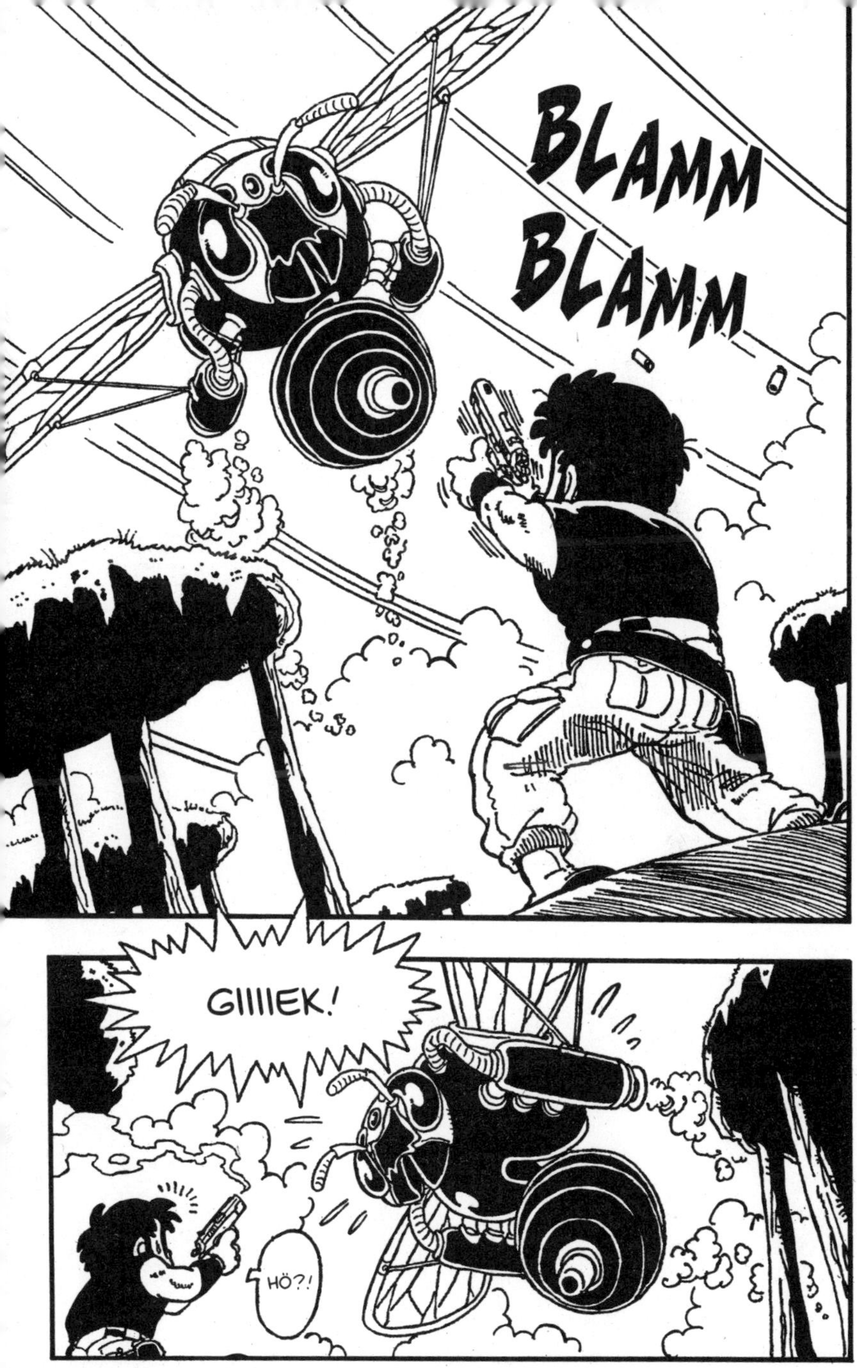
BLAMM
BLAMM
GIIIIEK!
HÖ?!

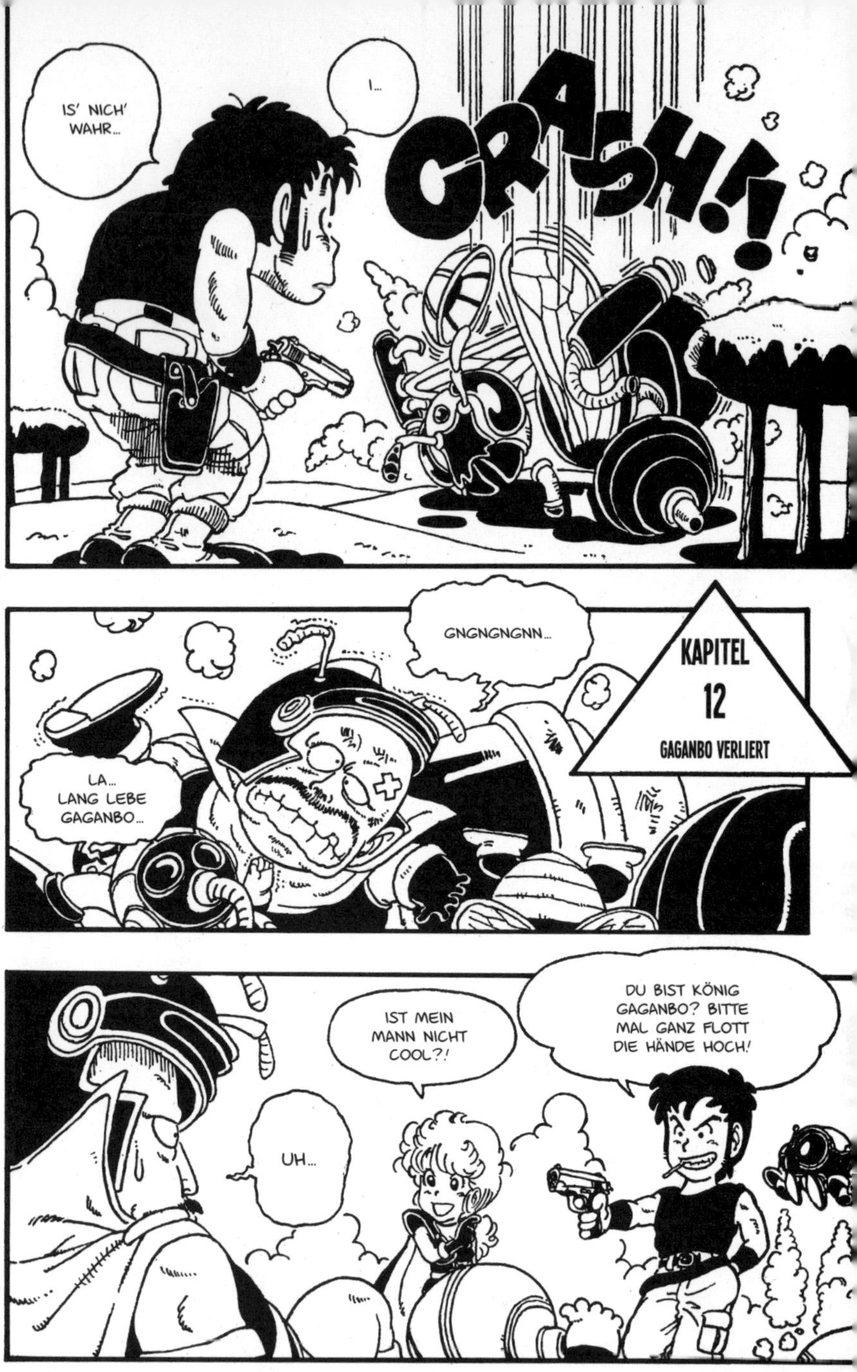
CRASH!!
I...
IS' NICH' WAHR...
KAPITEL 12
GAGANBO VERLIERT
GNGNGNGNN...
LA... LANG LEBE GAGANBO...
DU BIST KÖNIG GAGANBO? BITTE MAL GANZ FLOTT DIE HÄNDE HOCH!
IST MEIN MANN NICHT COOL?!
UH...

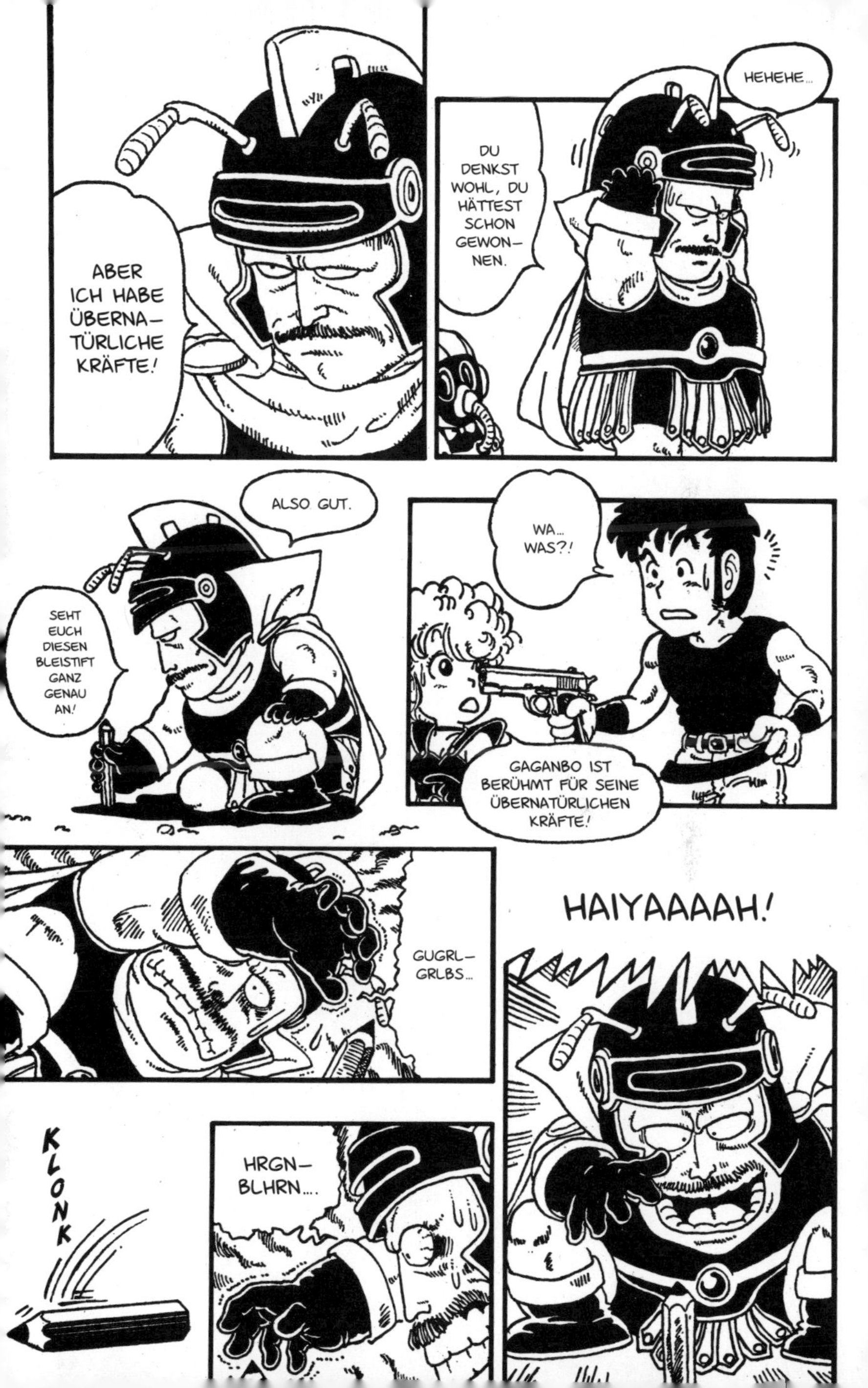
ABER ICH HABE ÜBERNATÜRLICHE KRÄFTE!
HEHEHE...
DU DENKST WOHL, DU HÄTTEST SCHON GEWONNEN.
ALSO GUT.
SEHT EUCH DIESEN BLEISTIFT GANZ GENAU AN!
WA... WAS?!
GAGANBO IST BERÜHMT FÜR SEINE ÜBERNATÜRLICHEN KRÄFTE!
HAIYAAAAH!
GUGRL-GRLBS...
HRGN-BLHRN....
KLONK

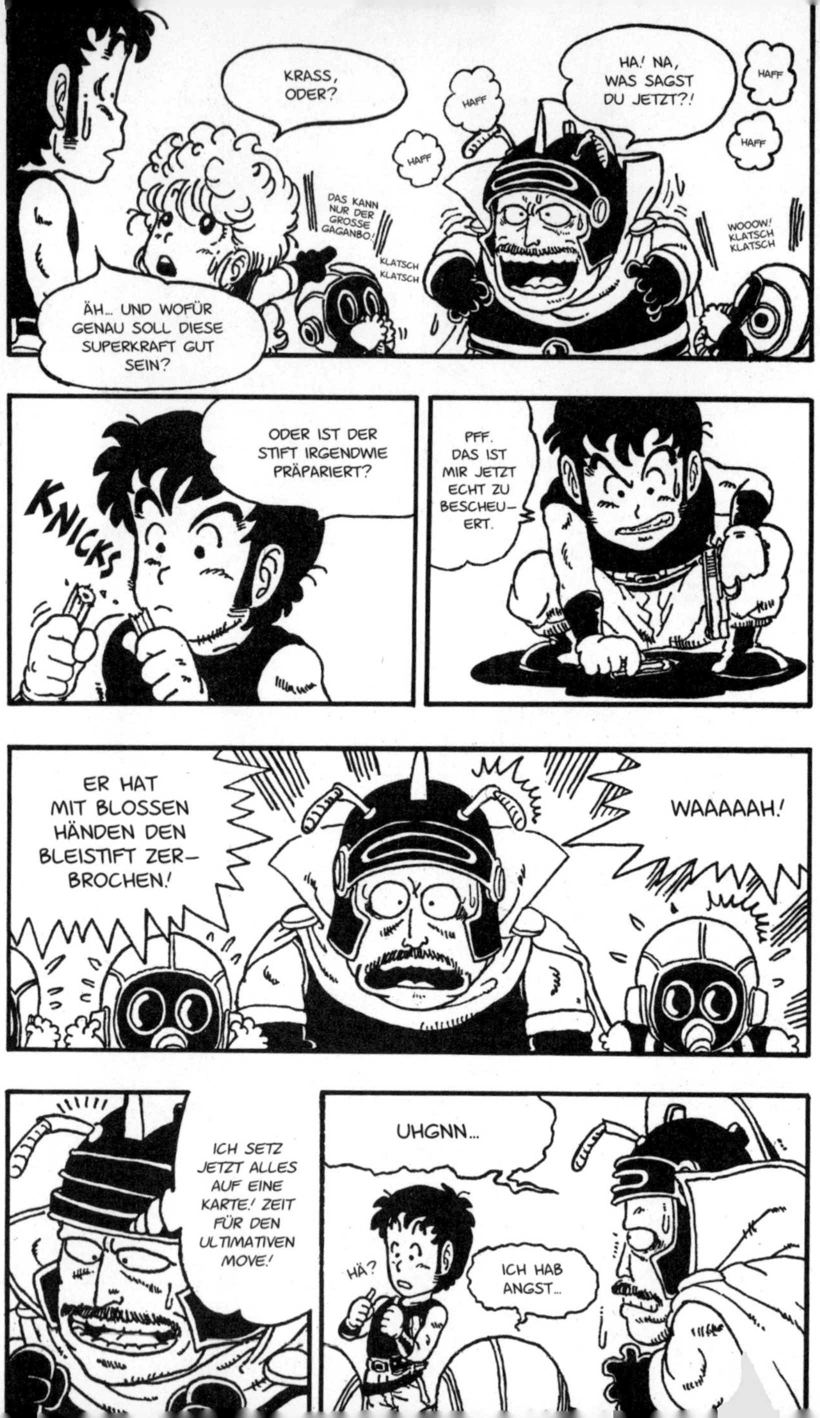
HA! NA, WAS SAGST DU JETZT?!
HAFF
HAFF
HAFF
HAFF
WOOOW! KLATSCH KLATSCH
KLATSCH KLATSCH
DAS KANN NUR DER GROSSE GAGANBO!
KRASS, ODER?
ÄH... UND WOFÜR GENAU SOLL DIESE SUPERKRAFT GUT SEIN?
PFF. DAS IST MIR JETZT ECHT ZU BESCHEU-ERT.
ODER IST DER STIFT IRGENDWIE PRÄPARIERT?
KNICKS
WAAAAAH!
ER HAT MIT BLOSSEN HÄNDEN DEN BLEISTIFT ZER-BROCHEN!
UHGNN...
ICH HAB ANGST...
HÄ?
ICH SETZ JETZT ALLES AUF EINE KARTE! ZEIT FÜR DEN ULTIMATIVEN MOVE!

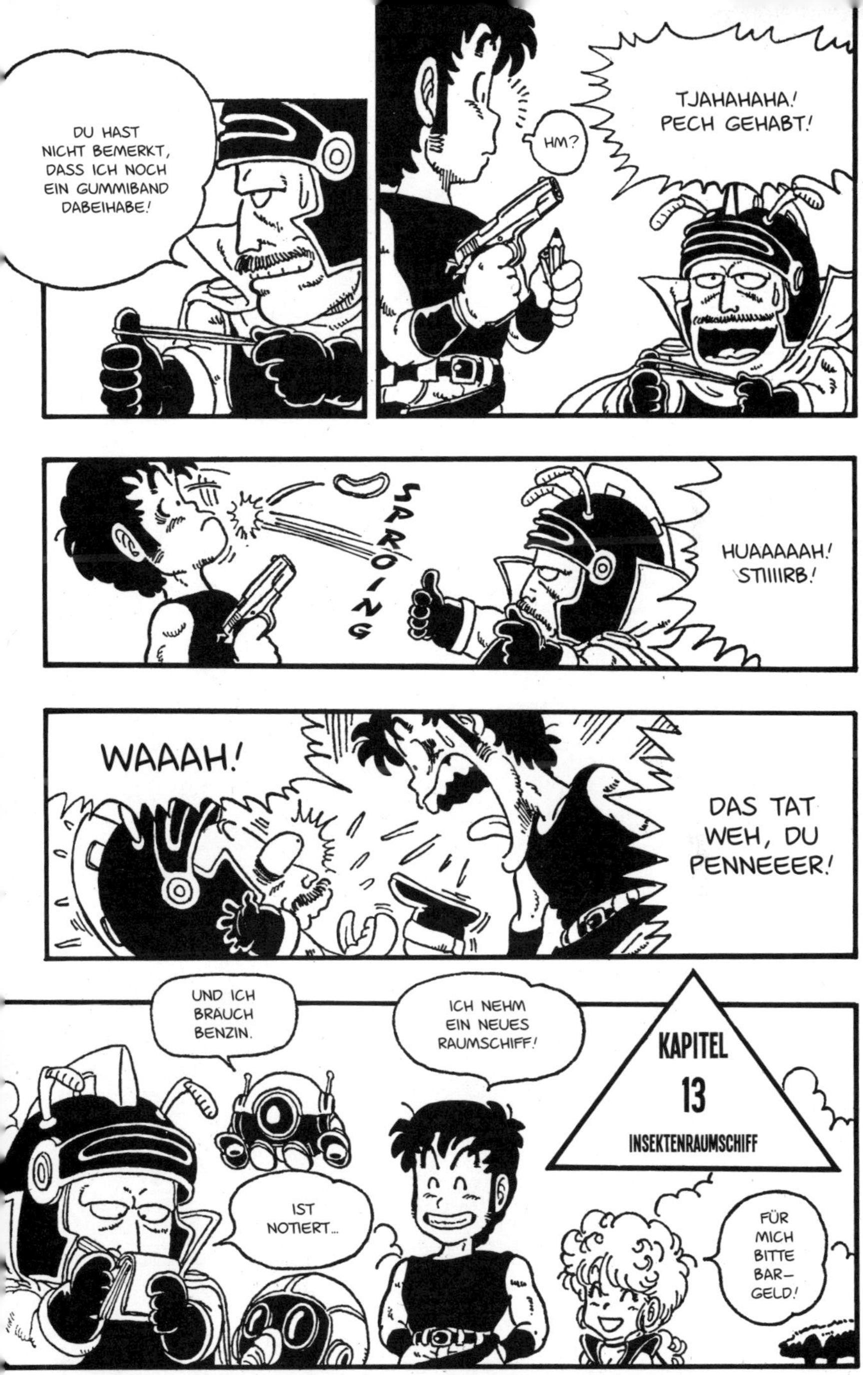
TJAHAHAHA! PECH GEHABT!
HM?
DU HAST NICHT BEMERKT, DASS ICH NOCH EIN GUMMIBAND DABEIHABE!
HUAAAAAH! STIIIIRB!
SPROING
DAS TAT WEH, DU PENNEEER!
WAAAH!
KAPITEL 13
INSEKTENRAUMSCHIFF
ICH NEHM EIN NEUES RAUMSCHIFF!
UND ICH BRAUCH BENZIN.
FÜR MICH BITTE BAR-GELD!
IST NOTIERT...

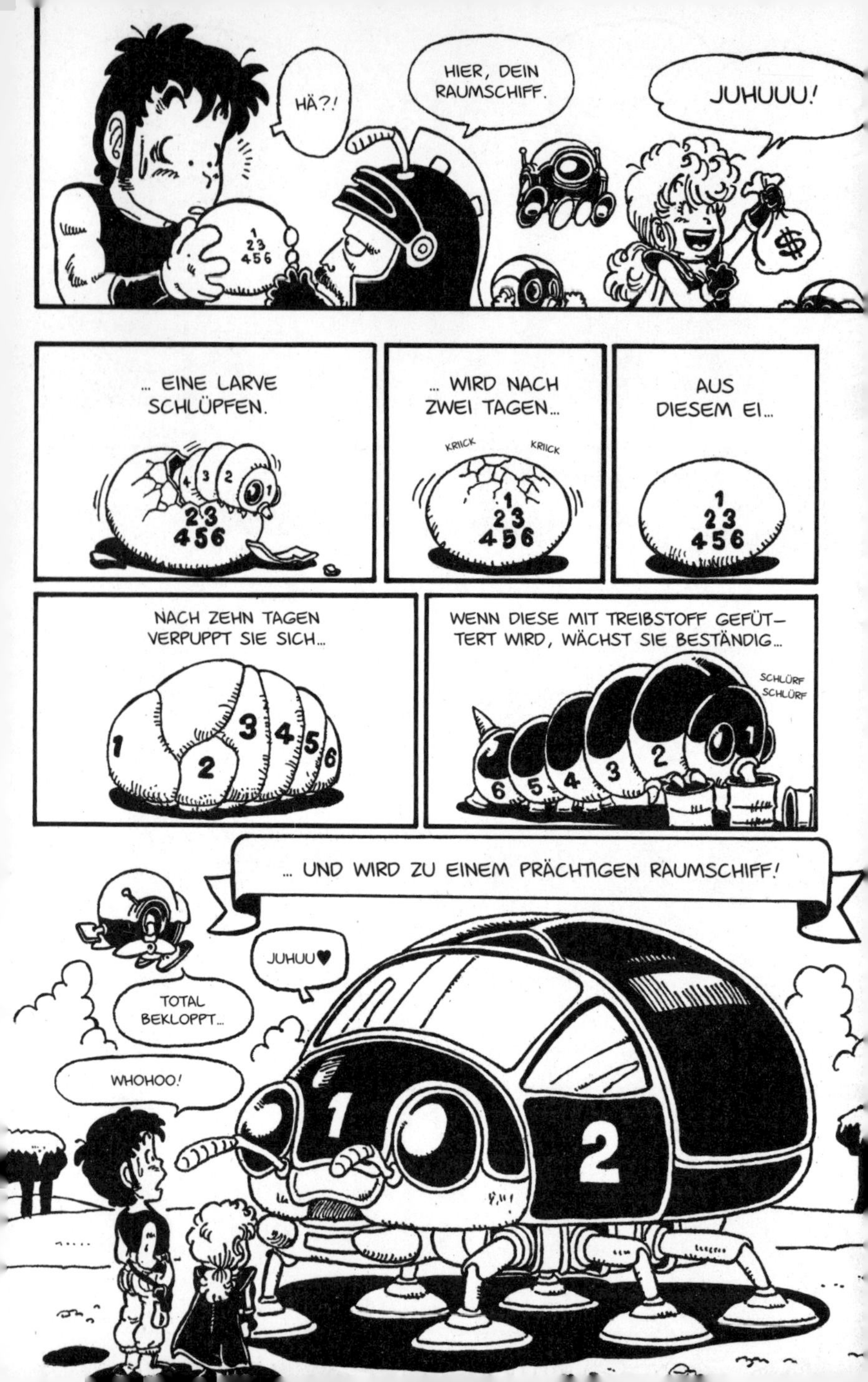
JUHUUU!
HIER, DEIN RAUMSCHIFF.
HÄ?!
AUS DIESEM EI...
... WIRD NACH ZWEI TAGEN...
KRIICK
KRIICK
... EINE LARVE SCHLÜPFEN.
WENN DIESE MIT TREIBSTOFF GEFÜTTERT WIRD, WÄCHST SIE BESTÄNDIG...
SCHLÜRF SCHLÜRF
NACH ZEHN TAGEN VERPUPPT SIE SICH...
... UND WIRD ZU EINEM PRÄCHTIGEN RAUMSCHIFF!
JUHUU♥
TOTAL BEKLOPPT...
WHOHOO!

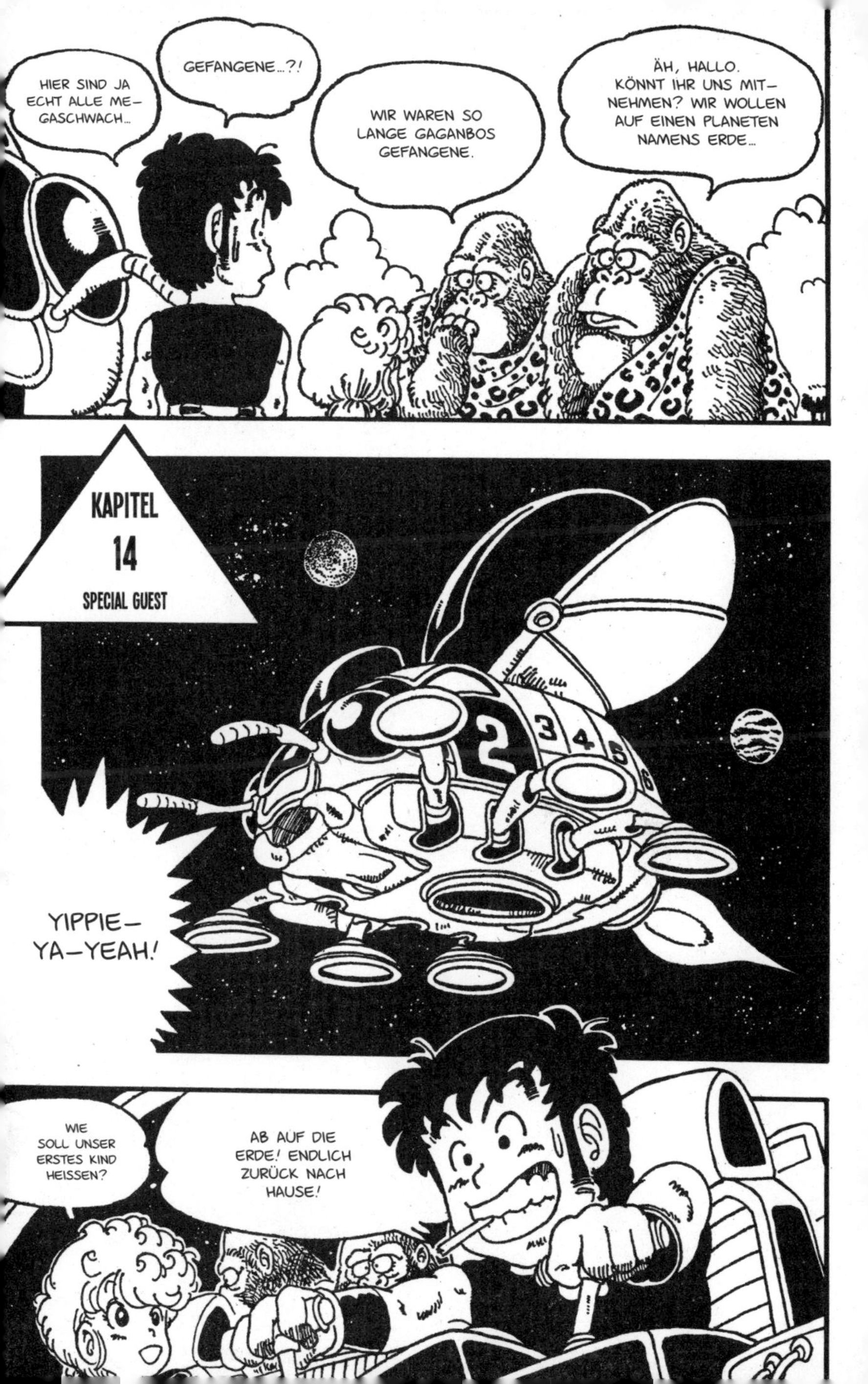
ÄH, HALLO. KÖNNT IHR UNS MIT-NEHMEN? WIR WOLLEN AUF EINEN PLANETEN NAMENS ERDE...
WIR WAREN SO LANGE GAGANBOS GEFANGENE.
GEFANGENE...?!
HIER SIND JA ECHT ALLE ME-GASCHWACH...
KAPITEL 14
SPECIAL GUEST
YIPPIE-YA-YEAH!
AB AUF DIE ERDE! ENDLICH ZURÜCK NACH HAUSE!
WIE SOLL UNSER ERSTES KIND HEISSEN?

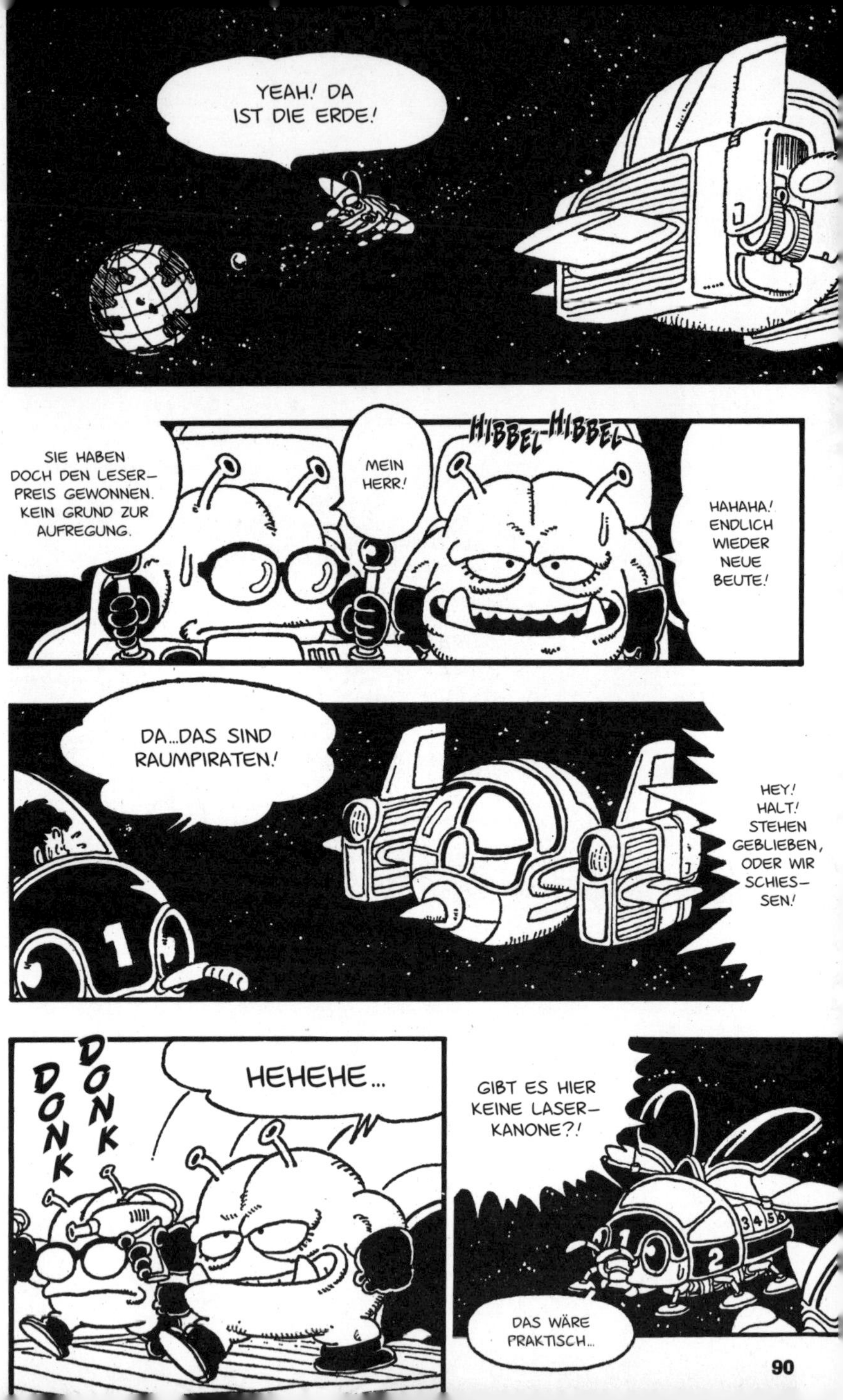
YEAH! DA IST DIE ERDE!
HIBBEL-HIBBEL
HAHAHA! ENDLICH WIEDER NEUE BEUTE!
MEIN HERR!
SIE HABEN DOCH DEN LESER-PREIS GEWONNEN. KEIN GRUND ZUR AUFREGUNG.
HEY! HALT! STEHEN GEBLIEBEN, ODER WIR SCHIES-SEN!
DA...DAS SIND RAUMPIRATEN!
GIBT ES HIER KEINE LASER-KANONE?!
DAS WÄRE PRAKTISCH...
HEHEHE...
DONK DONK

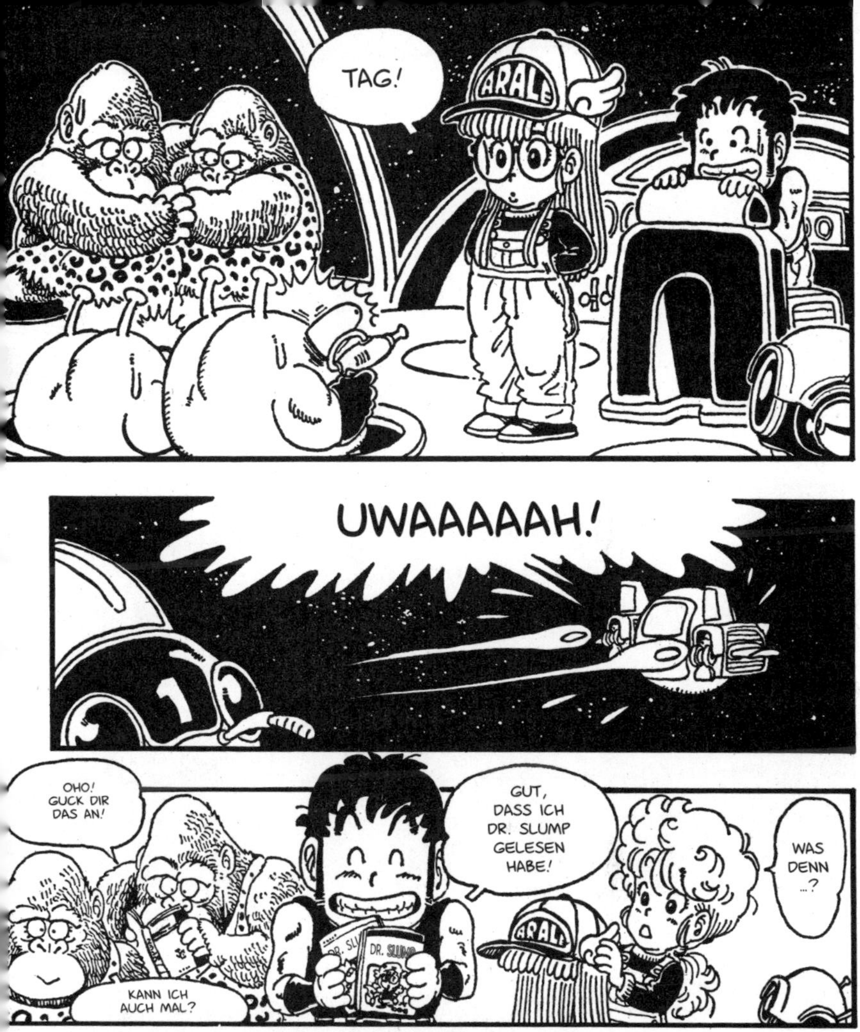

LIEBE LESER, FÜR DEN ERNSTFALL SOLLTET IHR IMMER EINEN VORRAT AN MANGA BEI EUCH HABEN!

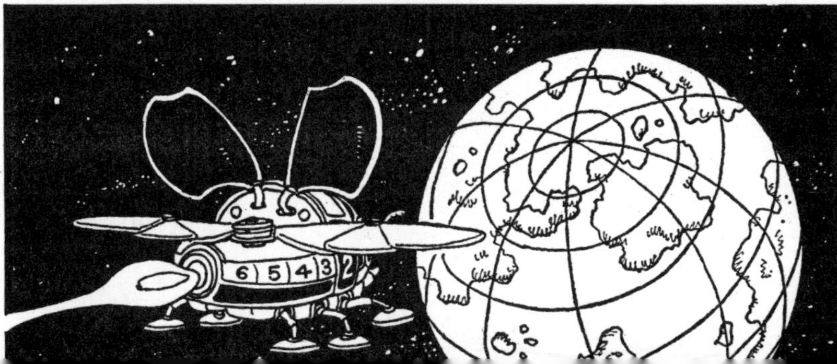

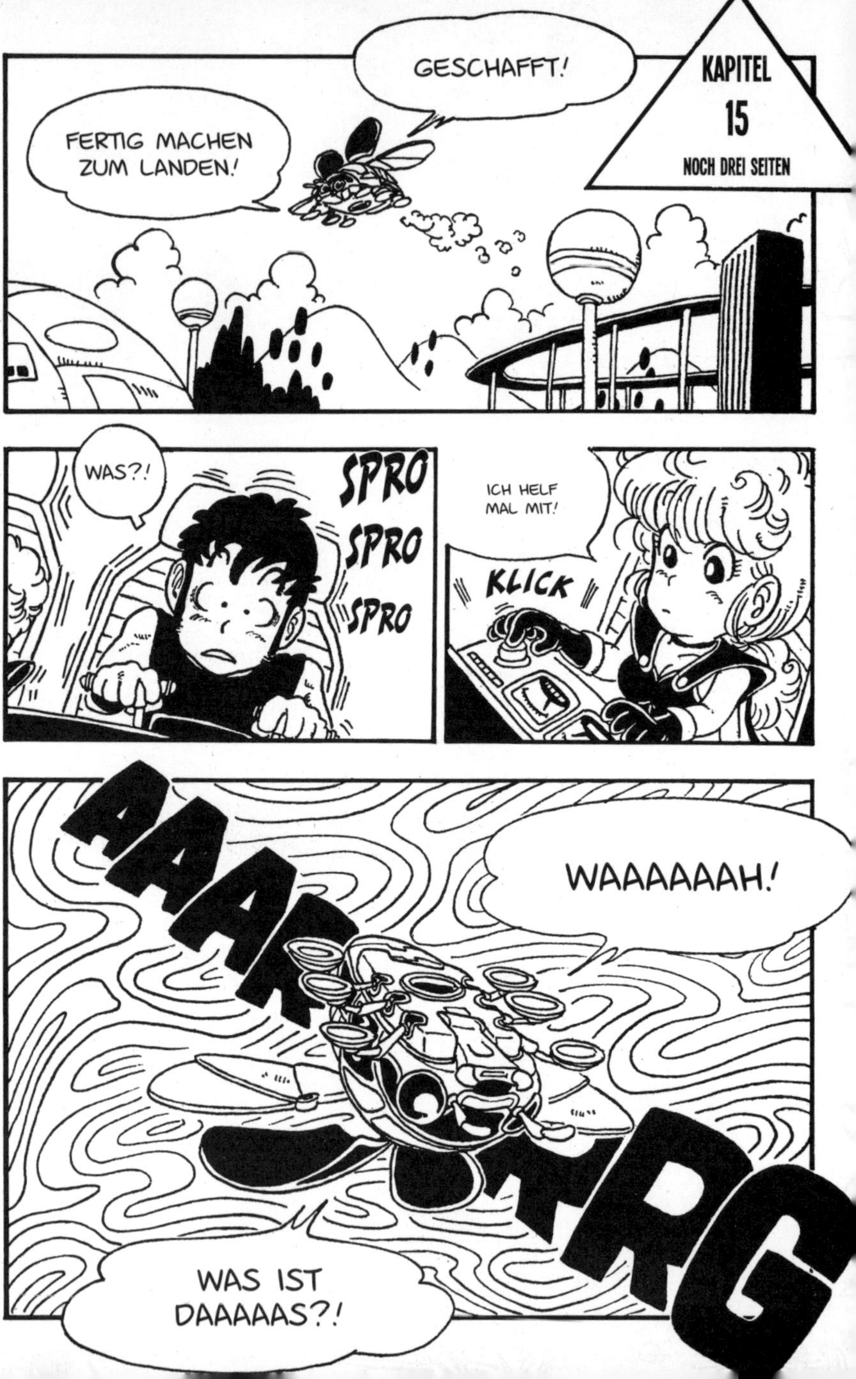
KAPITEL
15
NOCH DREI SEITEN
GESCHAFFT!
FERTIG MACHEN ZUM LANDEN!
ICH HELF MAL MIT!
KLICK
SPRO SPRO SPRO
WAS?!
WAAAAAAH!
AAARRG
WAS IST DAAAAAS?!

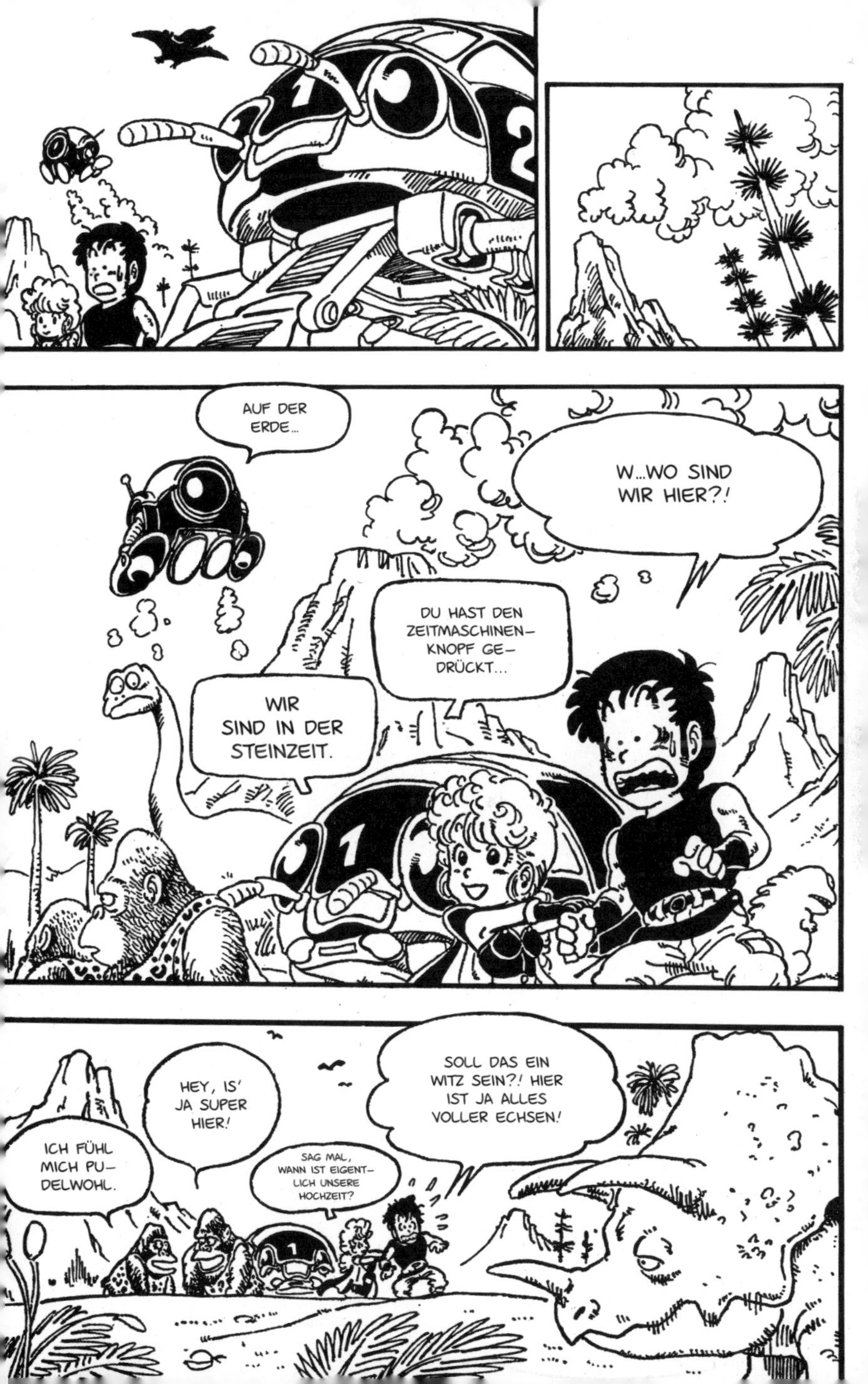
AUF DER ERDE...
W...WO SIND WIR HIER?!
DU HAST DEN ZEITMASCHINEN-KNOPF GE-DRÜCKT...
WIR SIND IN DER STEINZEIT.
SOLL DAS EIN WITZ SEIN?! HIER IST JA ALLES VOLLER ECHSEN!
HEY, IS' JA SUPER HIER!
SAG MAL, WANN IST EIGENT-LICH UNSERE HOCHZEIT?
ICH FÜHL MICH PU-DELWOHL.

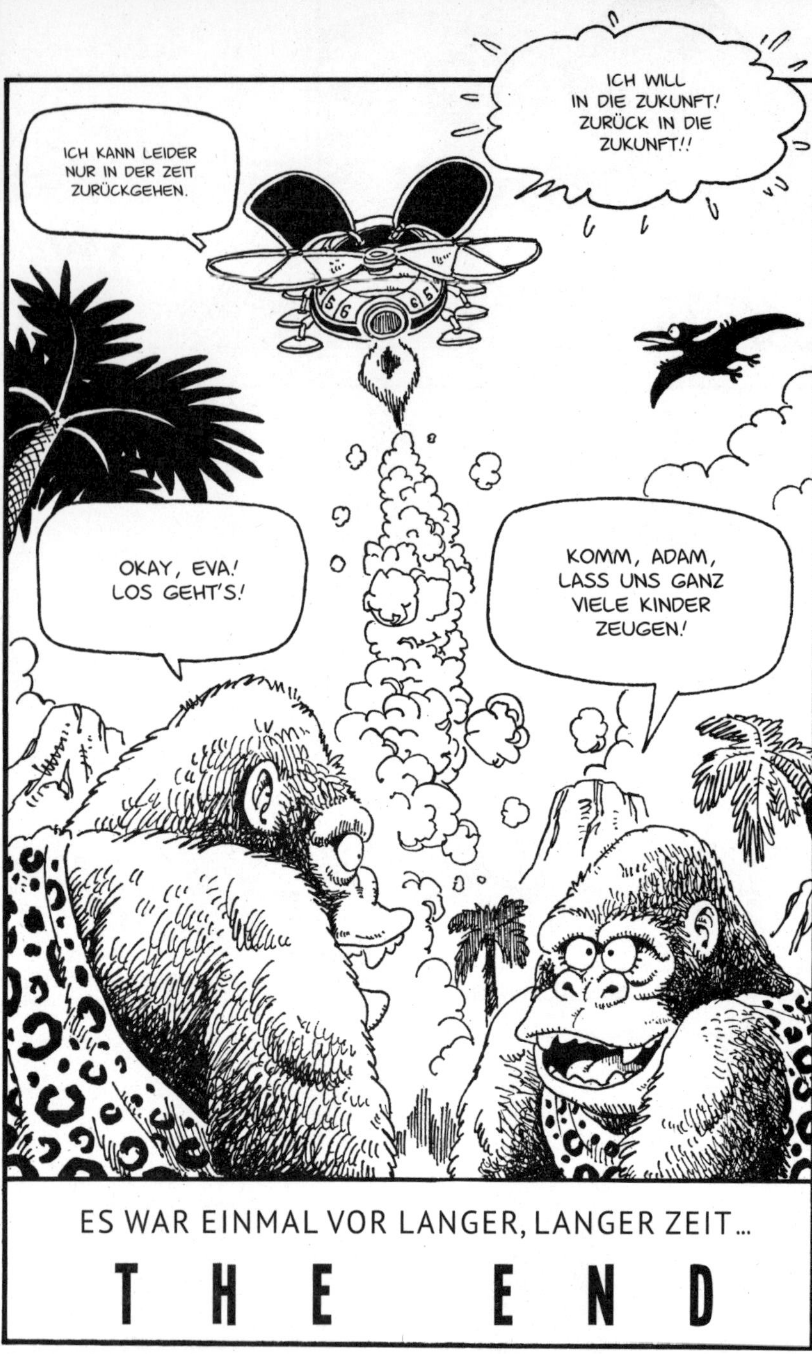

ES WAR EINMAL VOR LANGER, LANGER ZEIT …

THE END

ERSCHIENEN 1981 IN AUSGABE 17 DES SHONEN JUMP

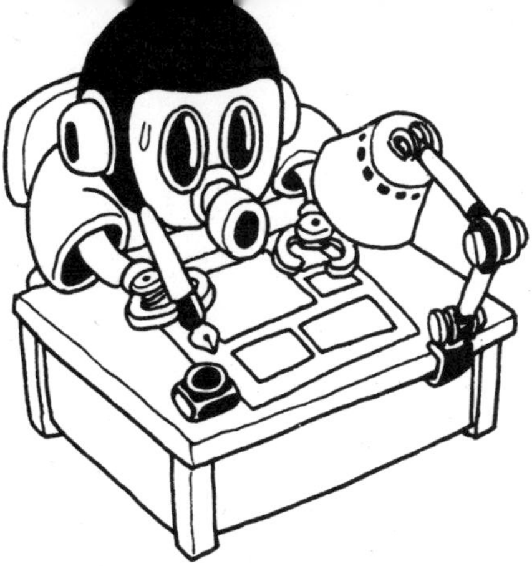

– DAS WAREN NOCH ZEITEN –

MAKING-OF

3. WÄHREND DER ARBEIT AN »POLA & ROID«

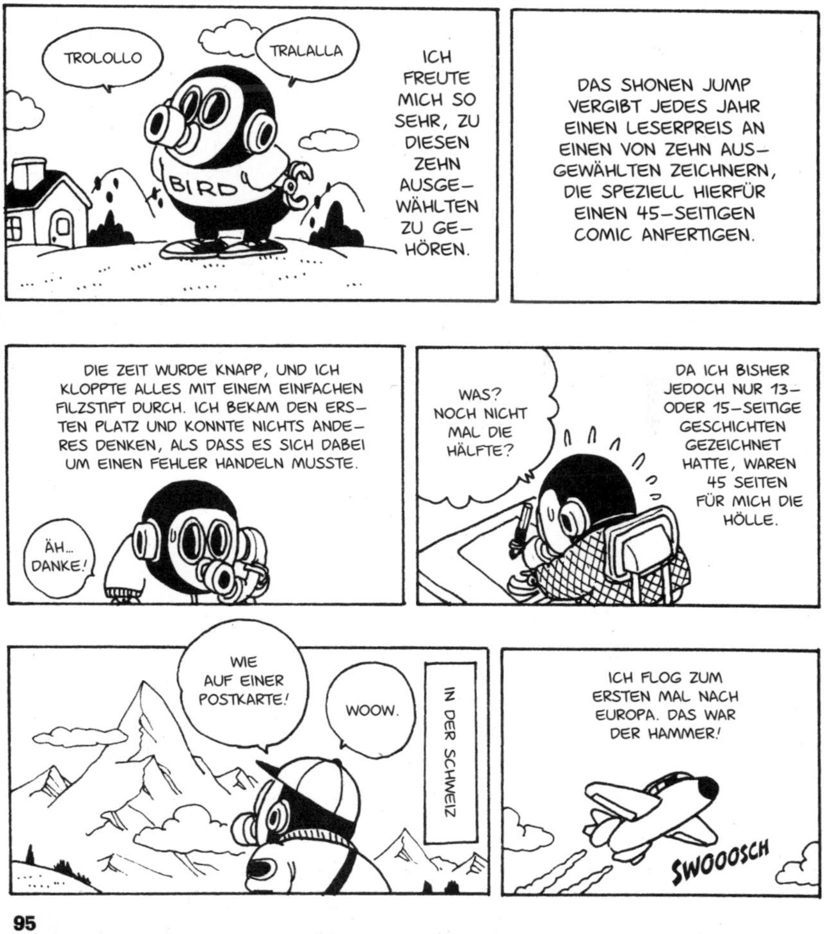

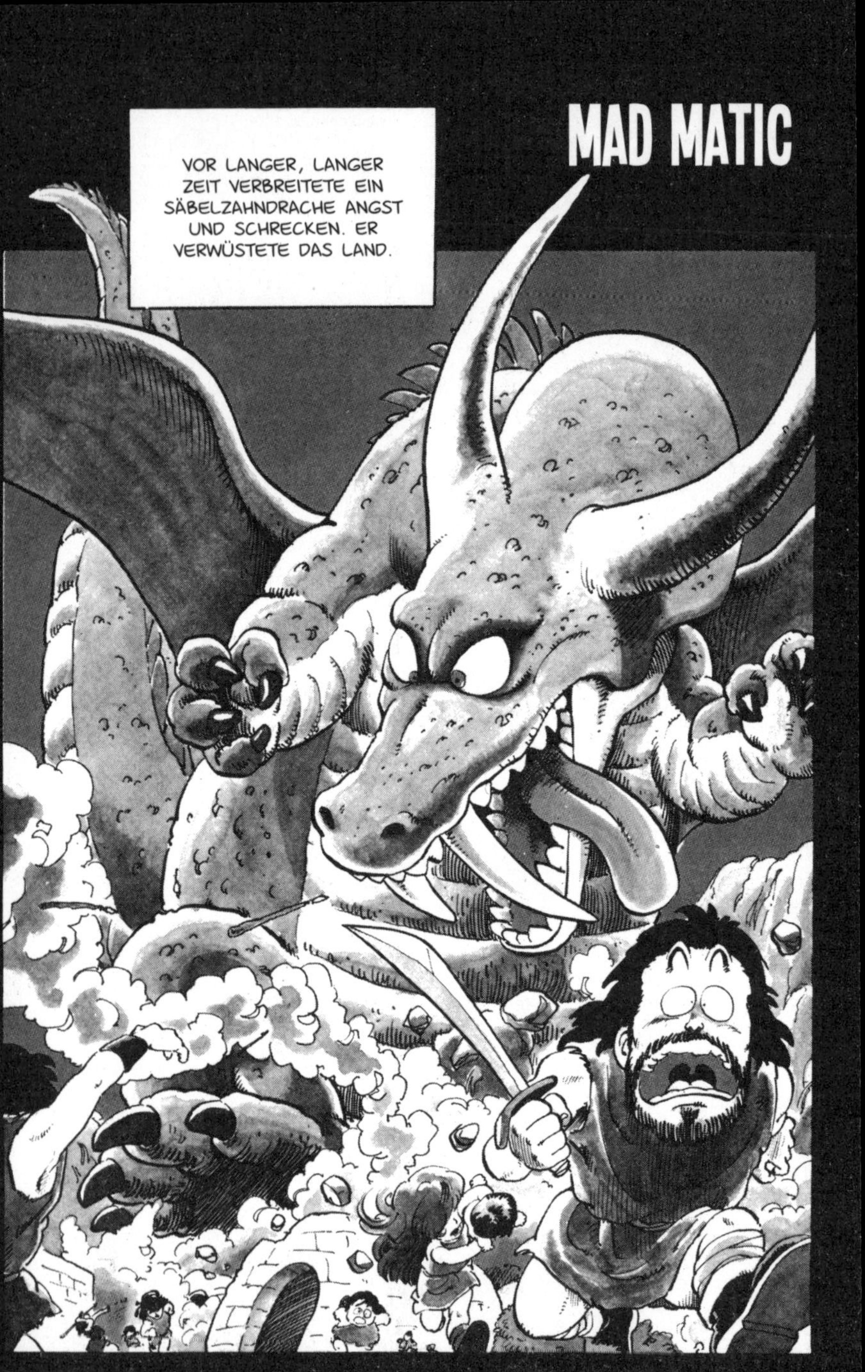
MAD MATIC
VOR LANGER, LANGER ZEIT VERBREITETE EIN SÄBELZAHNDRACHE ANGST UND SCHRECKEN. ER VERWÜSTETE DAS LAND.

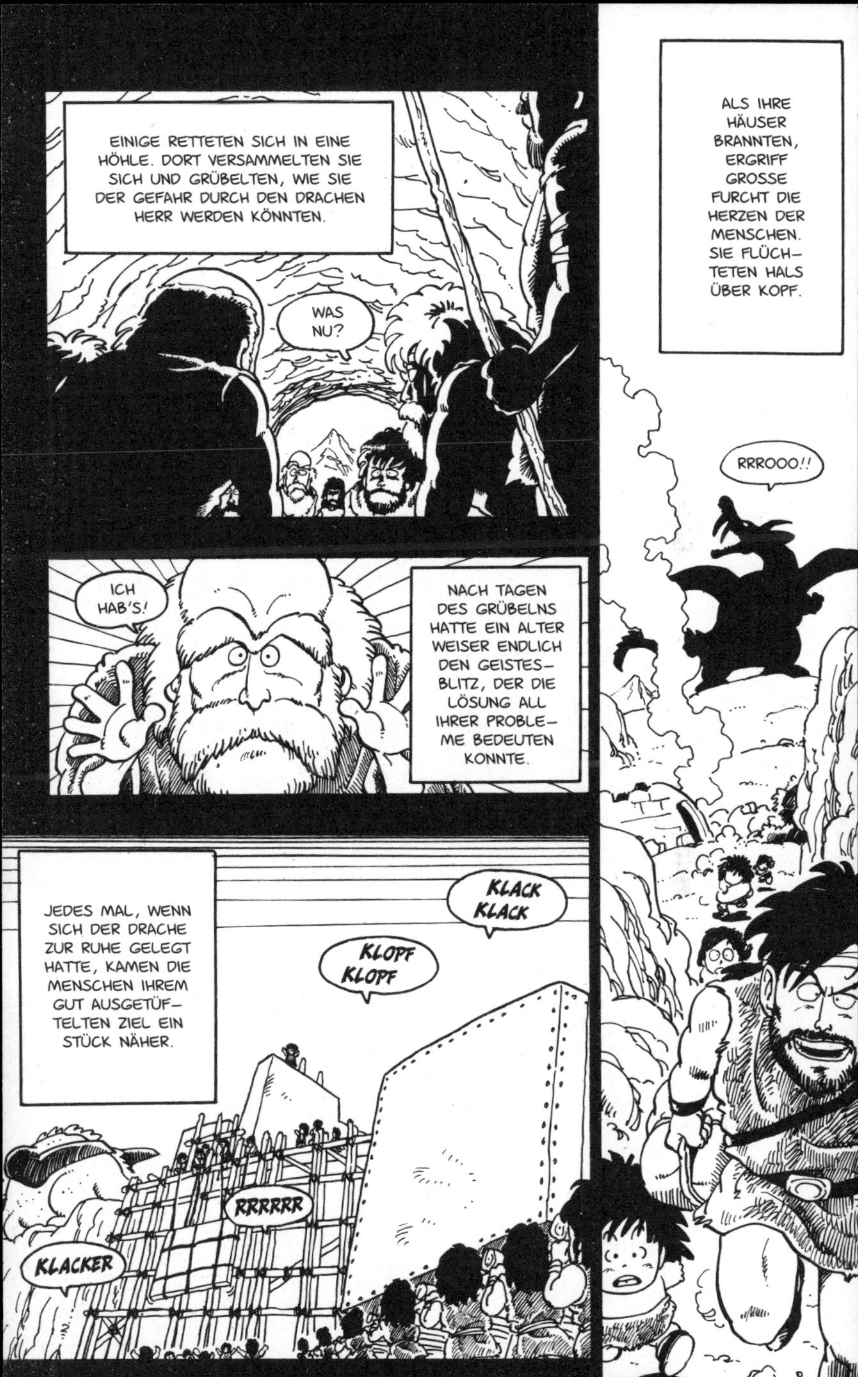
ALS IHRE HÄUSER BRANNTEN, ERGRIFF GROSSE FURCHT DIE HERZEN DER MENSCHEN. SIE FLÜCHTETEN HALS ÜBER KOPF.
RRROOO!!
EINIGE RETTETEN SICH IN EINE HÖHLE. DORT VERSAMMELTEN SIE SICH UND GRÜBELTEN, WIE SIE DER GEFAHR DURCH DEN DRACHEN HERR WERDEN KÖNNTEN.
WAS NU?
NACH TAGEN DES GRÜBELNS HATTE EIN ALTER WEISER ENDLICH DEN GEISTESBLITZ, DER DIE LÖSUNG ALL IHRER PROBLEME BEDEUTEN KONNTE.
ICH HAB'S!
JEDES MAL, WENN SICH DER DRACHE ZUR RUHE GELEGT HATTE, KAMEN DIE MENSCHEN IHREM GUT AUSGETÜFTELTEN ZIEL EIN STÜCK NÄHER.
KLACK KLACK
KLOPF KLOPF
RRRRRR
KLACKER

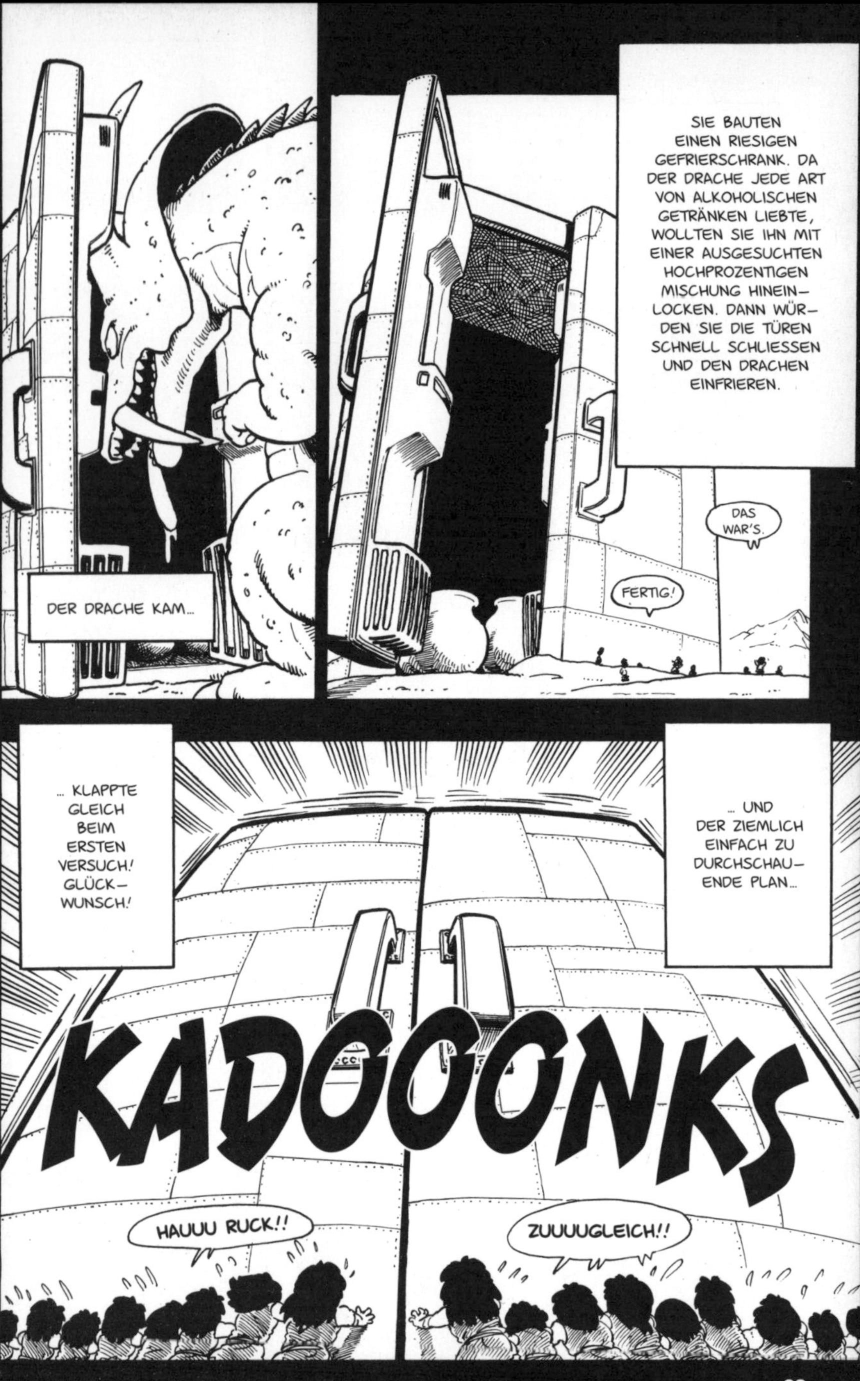
SIE BAUTEN EINEN RIESIGEN GEFRIERSCHRANK. DA DER DRACHE JEDE ART VON ALKOHOLISCHEN GETRÄNKEN LIEBTE, WOLLTEN SIE IHN MIT EINER AUSGESUCHTEN HOCHPROZENTIGEN MISCHUNG HINEIN-LOCKEN. DANN WÜR-DEN SIE DIE TÜREN SCHNELL SCHLIESSEN UND DEN DRACHEN EINFRIEREN.
DER DRACHE KAM...
DAS WAR'S.
FERTIG!
... UND DER ZIEMLICH EINFACH ZU DURCHSCHAU-ENDE PLAN...
... KLAPPTE GLEICH BEIM ERSTEN VERSUCH! GLÜCK-WUNSCH!
KADOOONKS
ZUUUUGLEICH!!
HAUUU RUCK!!

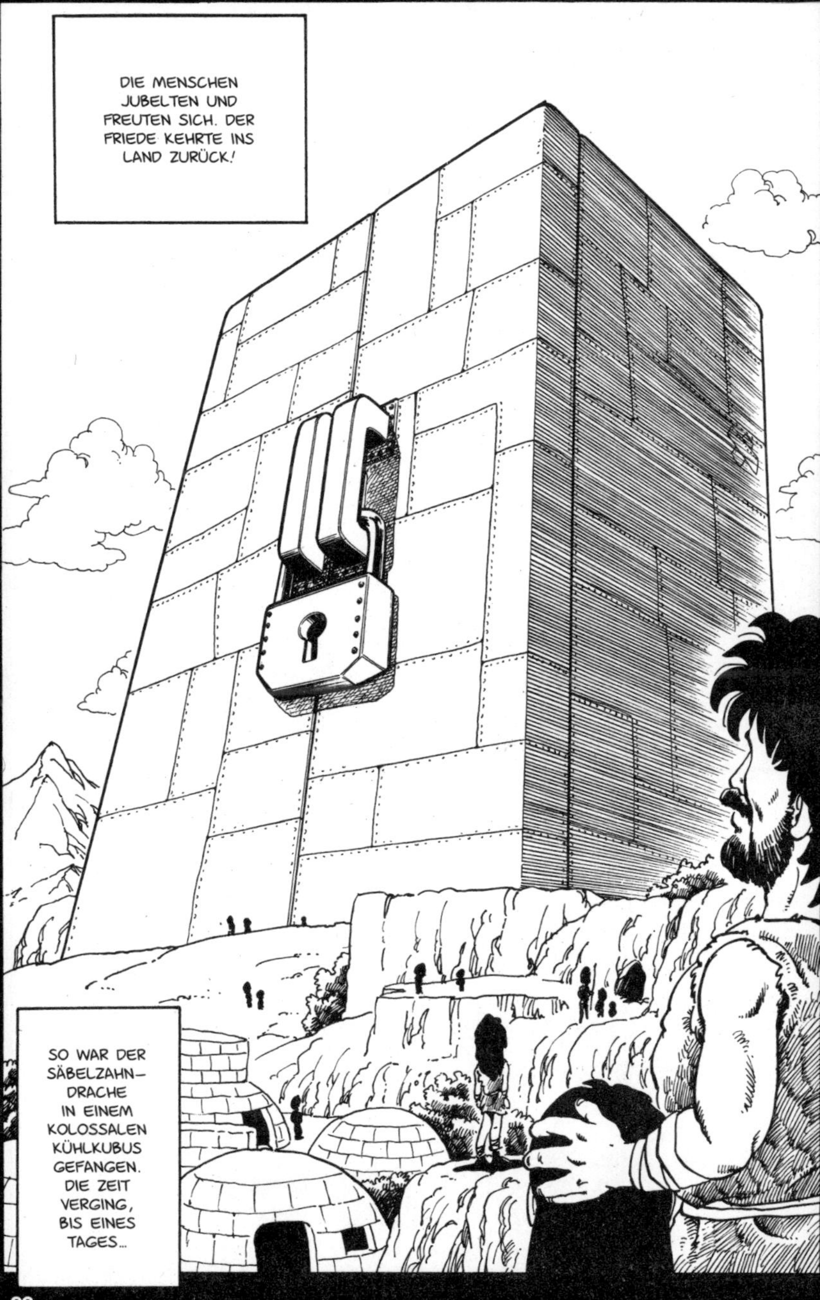
DIE MENSCHEN JUBELTEN UND FREUTEN SICH. DER FRIEDE KEHRTE INS LAND ZURÜCK!
SO WAR DER SÄBELZAHN-DRACHE IN EINEM KOLOSSALEN KÜHLKUBUS GEFANGEN. DIE ZEIT VERGING, BIS EINES TAGES...

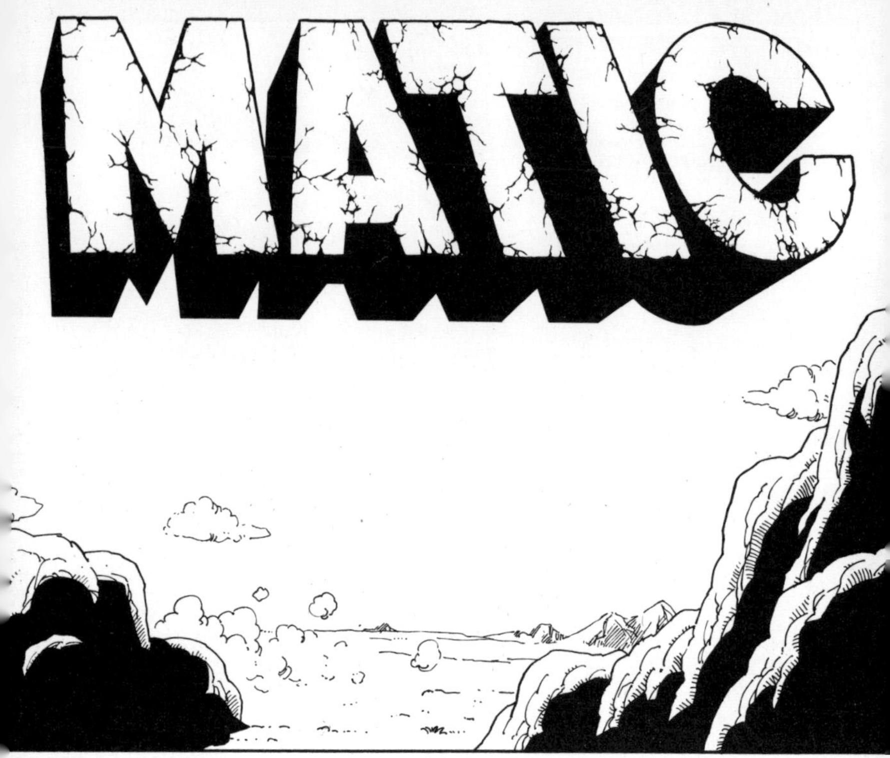
MATIC

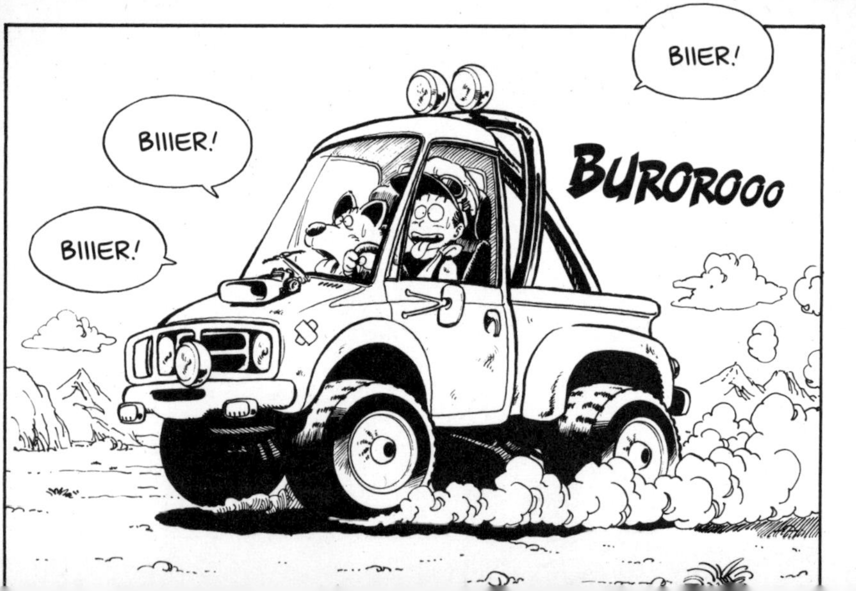
BIIER!
BIIIER!
BIIIER!
BUROROOO

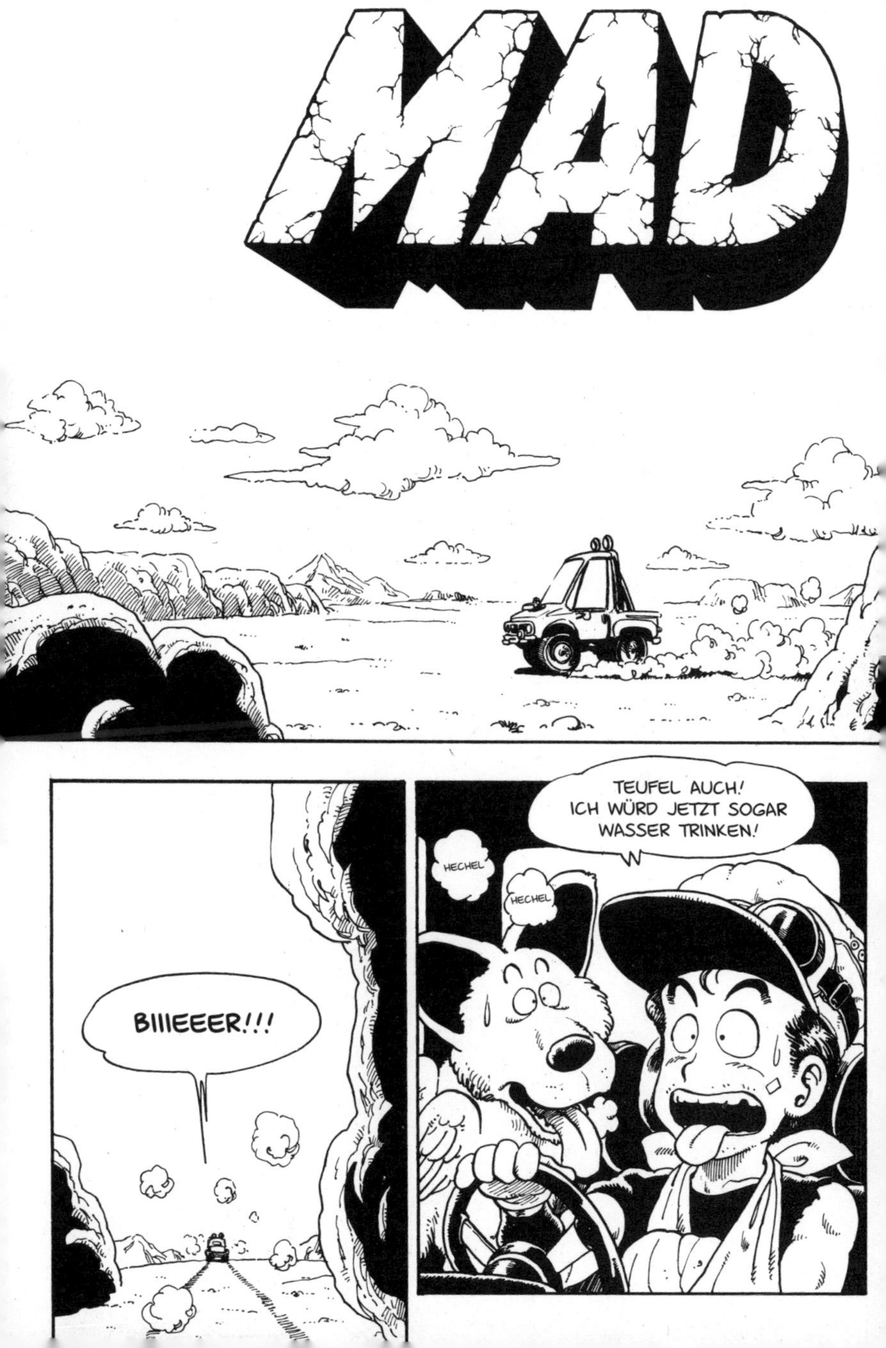
MAD
BIIIEEER!!!
TEUFEL AUCH! ICH WÜRD JETZT SOGAR WASSER TRINKEN!
HECHEL
HECHEL

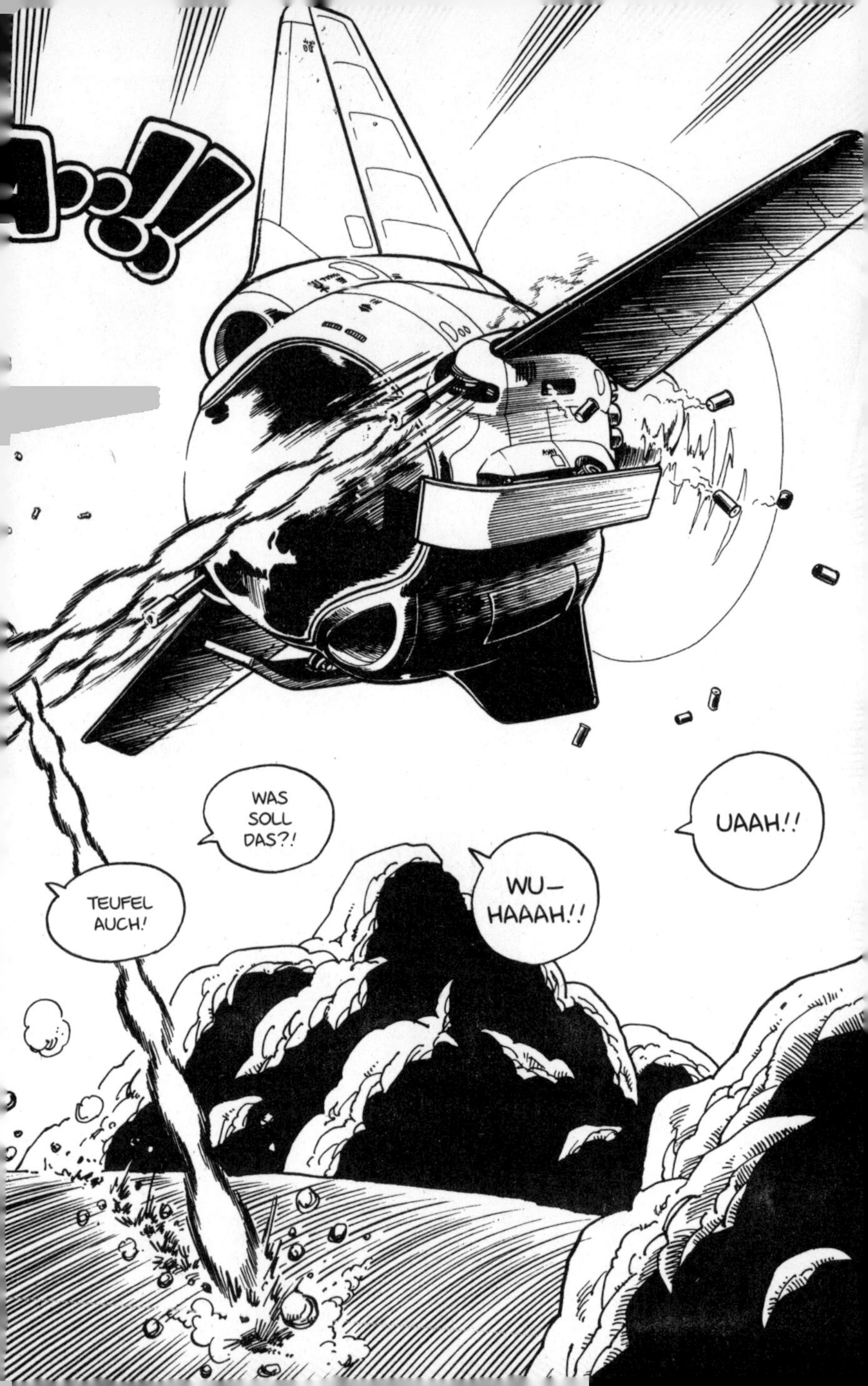
UAAH!!
WU-HAAAH!!
WAS SOLL DAS?!
TEUFEL AUCH!

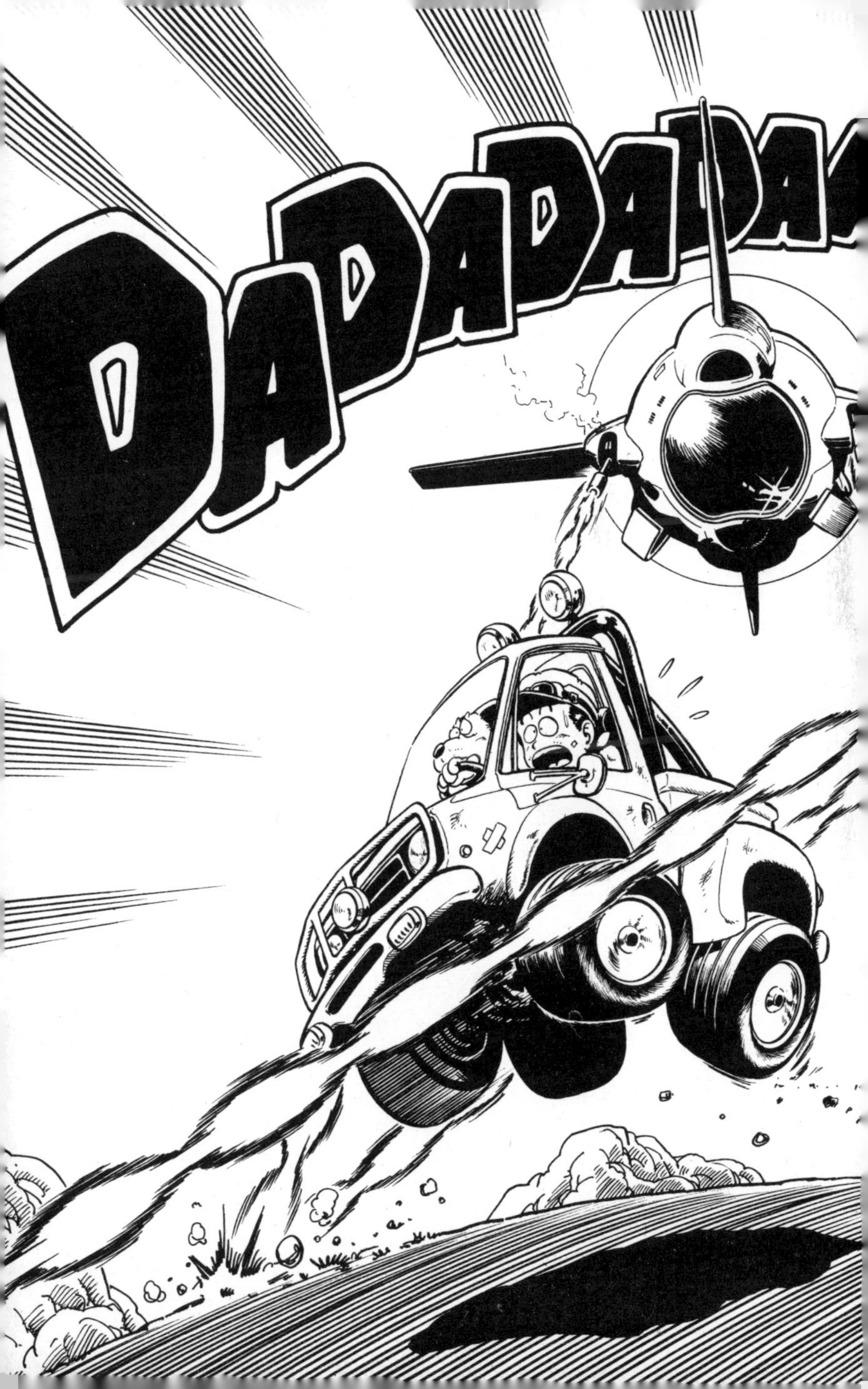
DADADADA

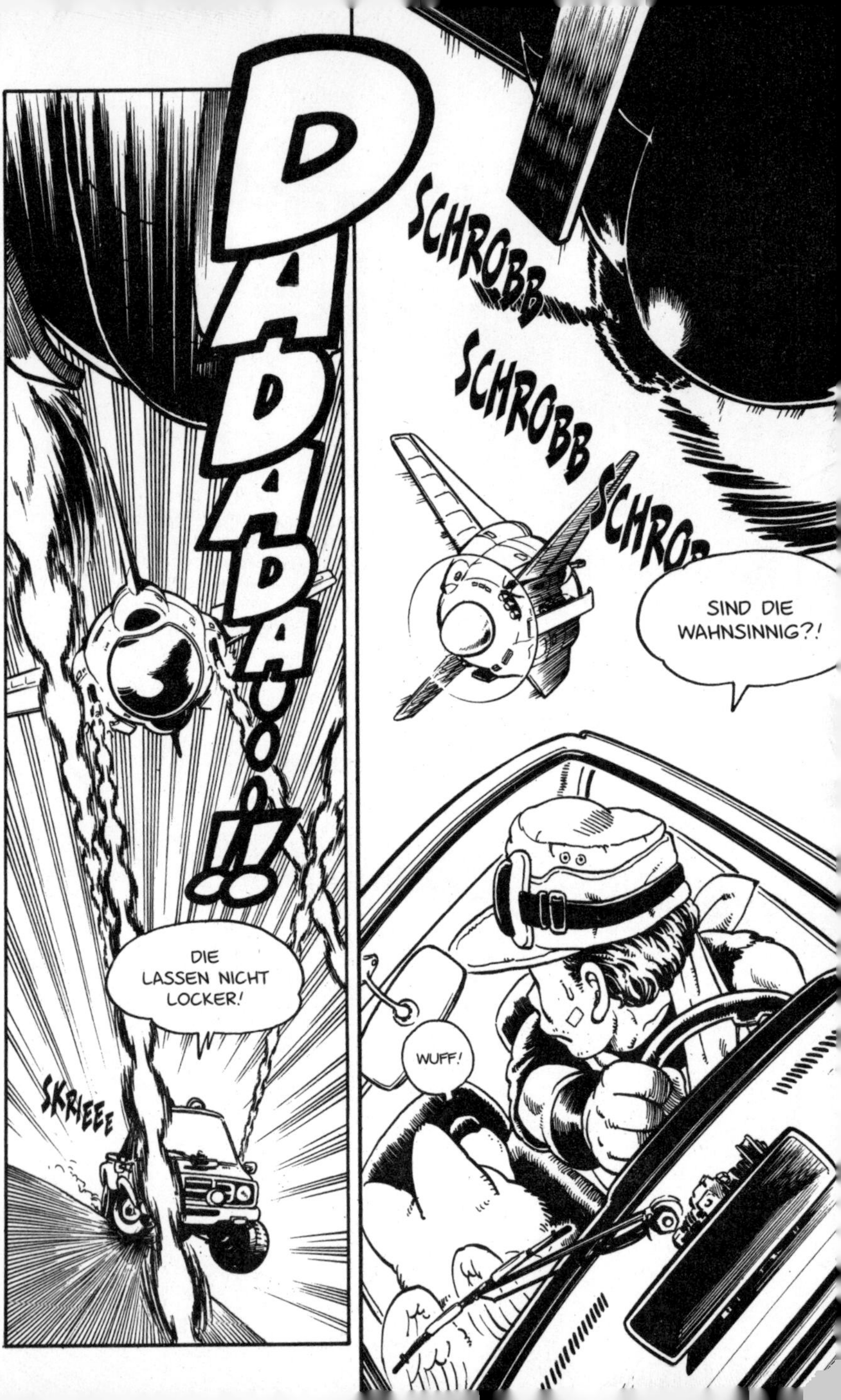
DADADADA...!!
DIE LASSEN NICHT LOCKER!
SKRIEEE
SCHROBB
SCHROBB
SCHRO
SIND DIE WAHNSINNIG?!
WUFF!

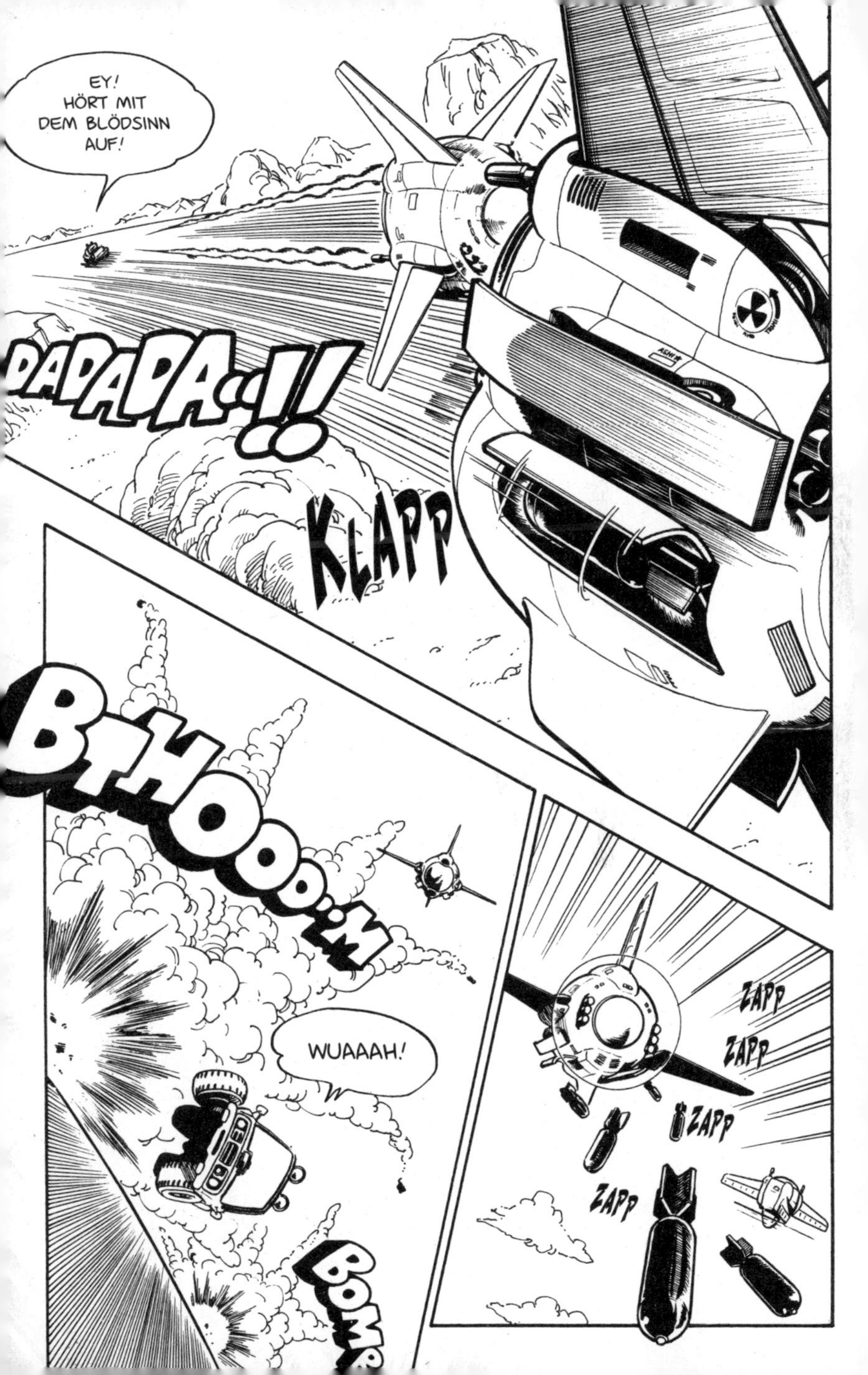

EY!
HÖRT MIT
DEM BLÖDSINN
AUF!
DADADA..!!
KLAPP
BHOOO..M
WUAAAH!
ZAPP
ZAPP
ZAPP
ZAPP

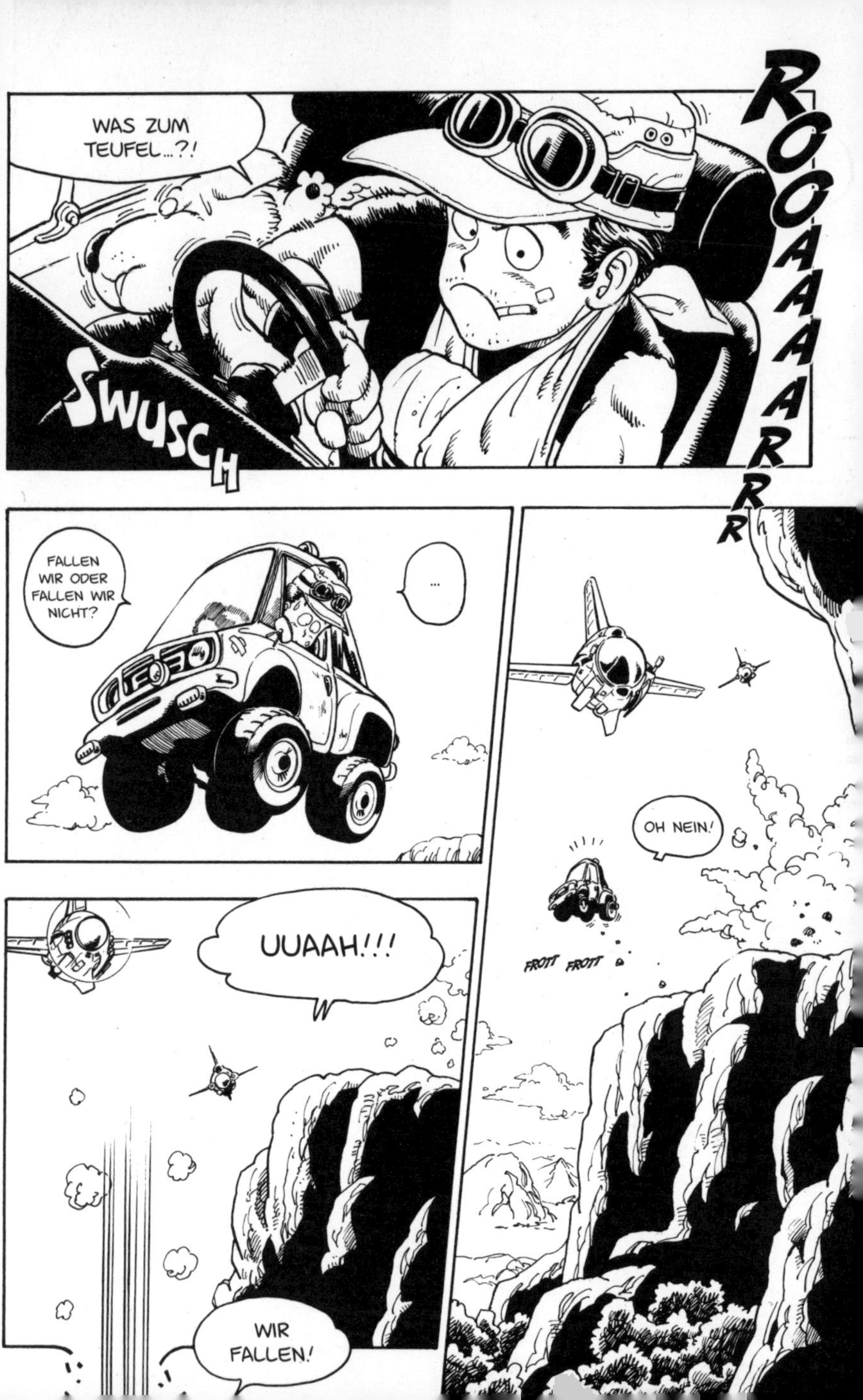
WAS ZUM TEUFEL...?!
ROOOAAAAARRRR
SWUSCH
FALLEN WIR ODER FALLEN WIR NICHT?
...
OH NEIN!
FROTT FROTT
UUAAH!!!
WIR FALLEN!

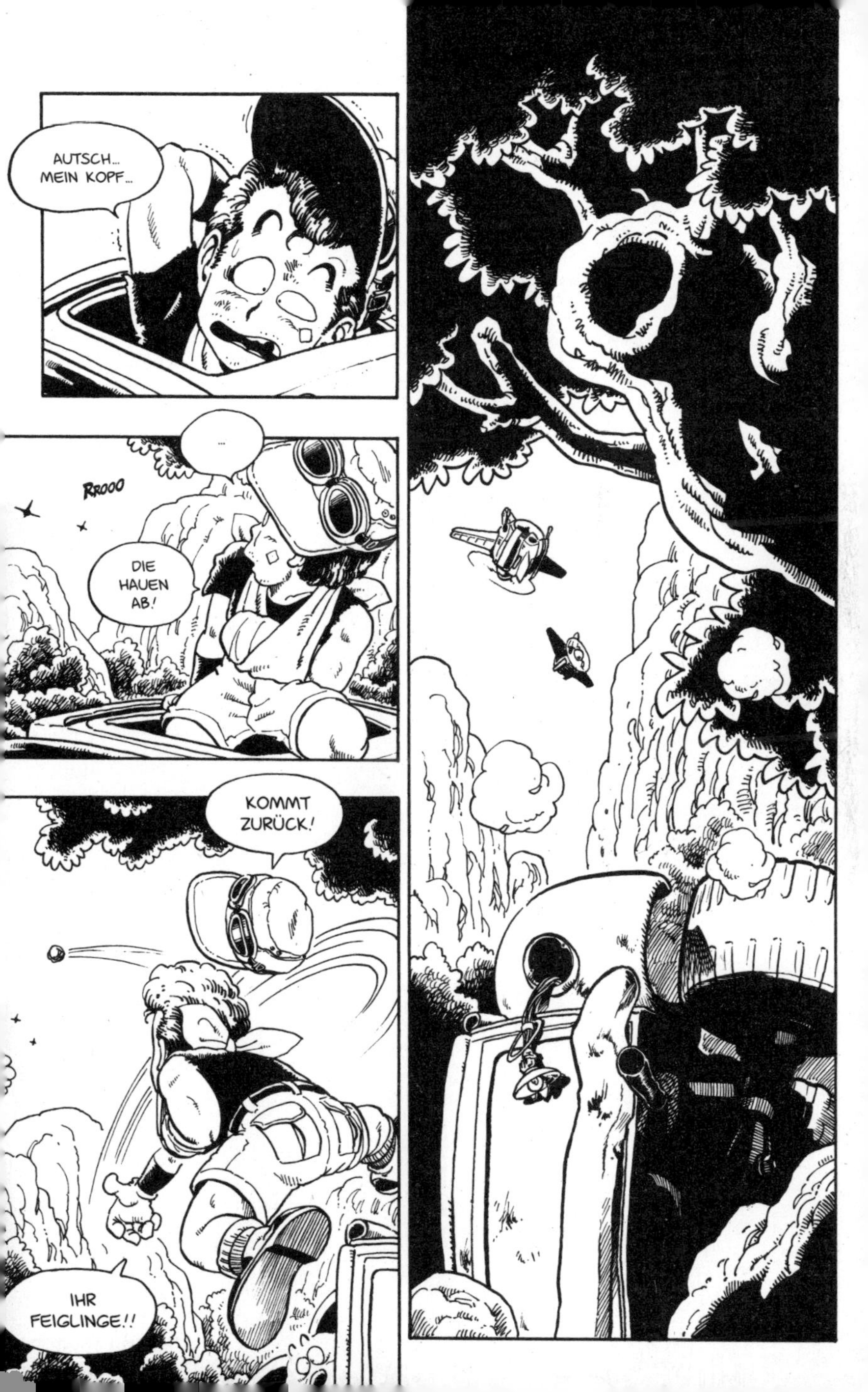
AUTSCH... MEIN KOPF...
...
RROOO
DIE HAUEN AB!
KOMMT ZURÜCK!
IHR FEIGLINGE!!

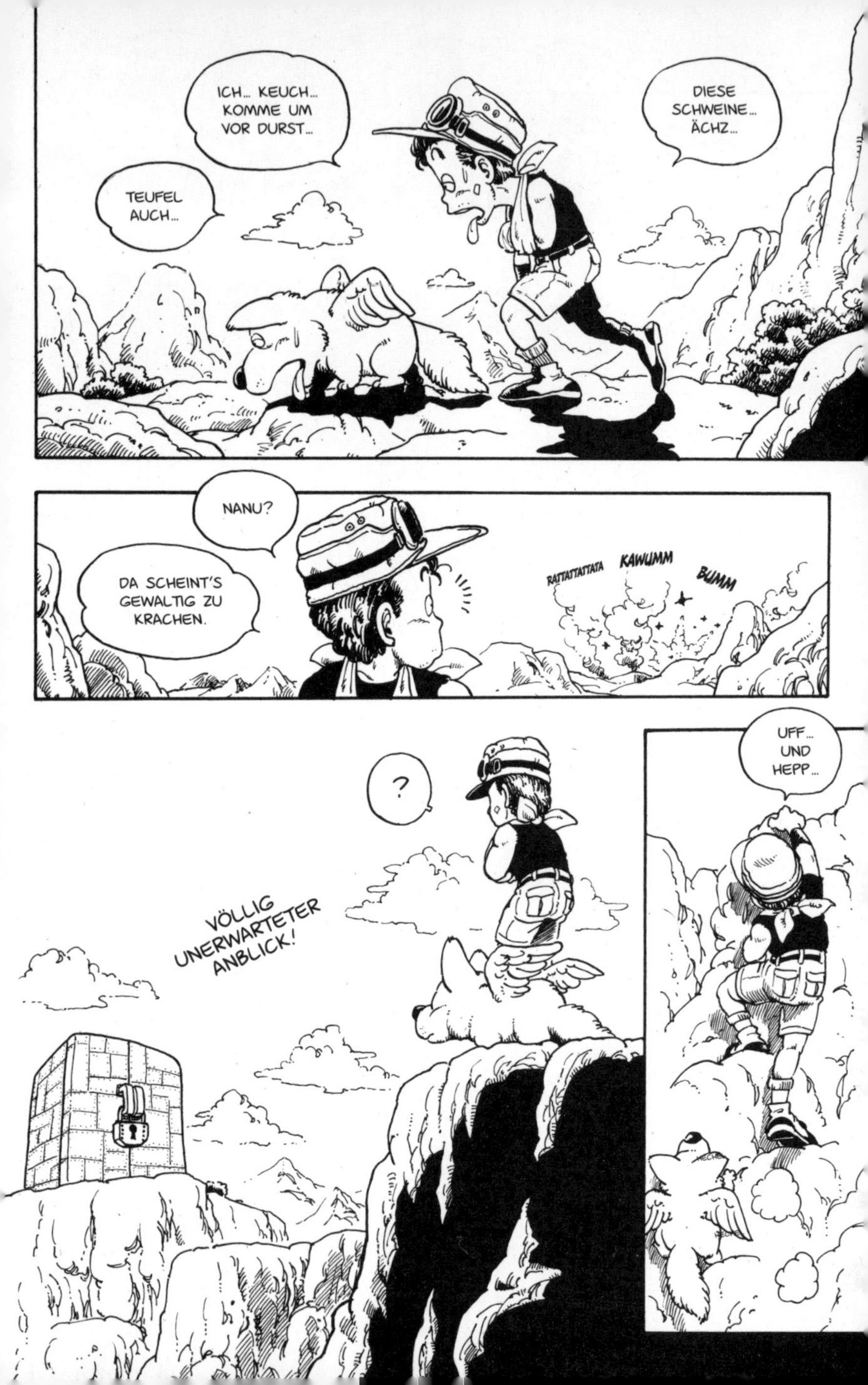
DIESE SCHWEINE... ÄCHZ...
ICH... KEUCH... KOMME UM VOR DURST...
TEUFEL AUCH...
BUMM
KAWUMM
RATTATTATTATA
NANU?
DA SCHEINT'S GEWALTIG ZU KRACHEN.
UFF... UND HEPP...
?
VÖLLIG UNERWARTETER ANBLICK!

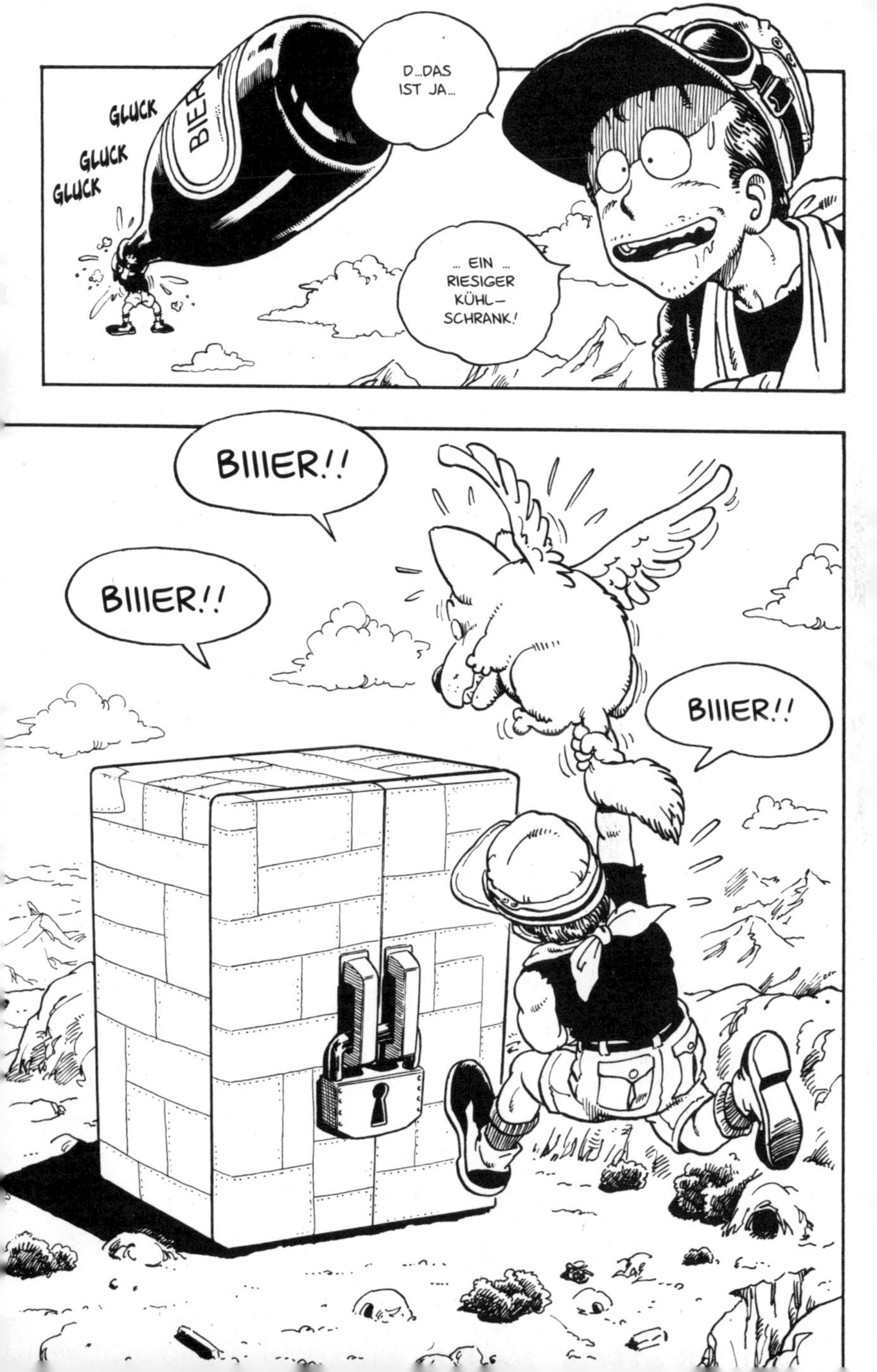
D...DAS IST JA...
BIER
GLUCK
GLUCK
GLUCK
... EIN ... RIESIGER KÜHL-SCHRANK!
BIIIER!!
BIIIER!!
BIIIER!!

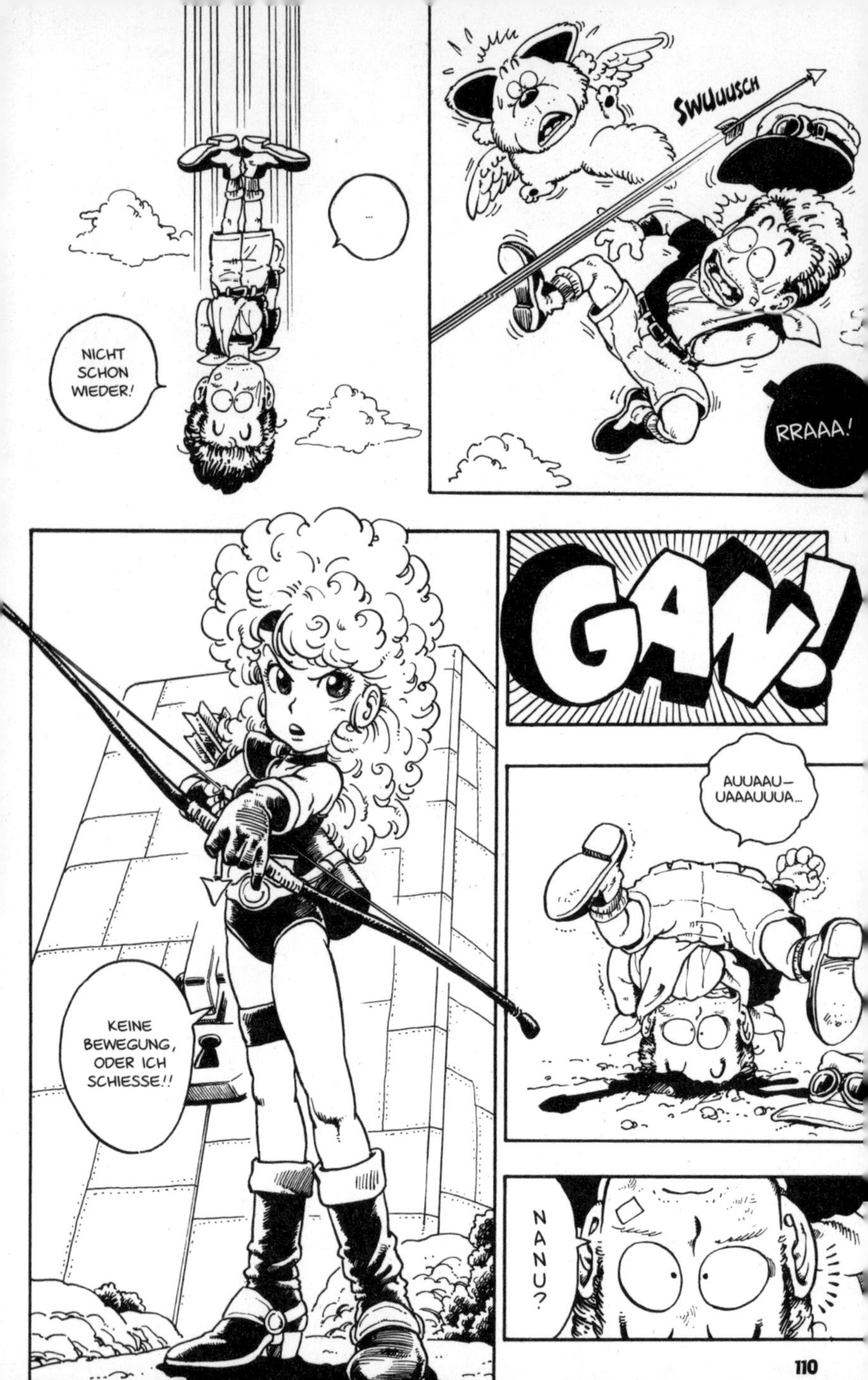
SWUUUSCH
RRAAA!
...
NICHT SCHON WIEDER!
GAN!
AUUAAU-UAAAUUUA...
NANU?
KEINE BEWEGUNG, ODER ICH SCHIESSE!!

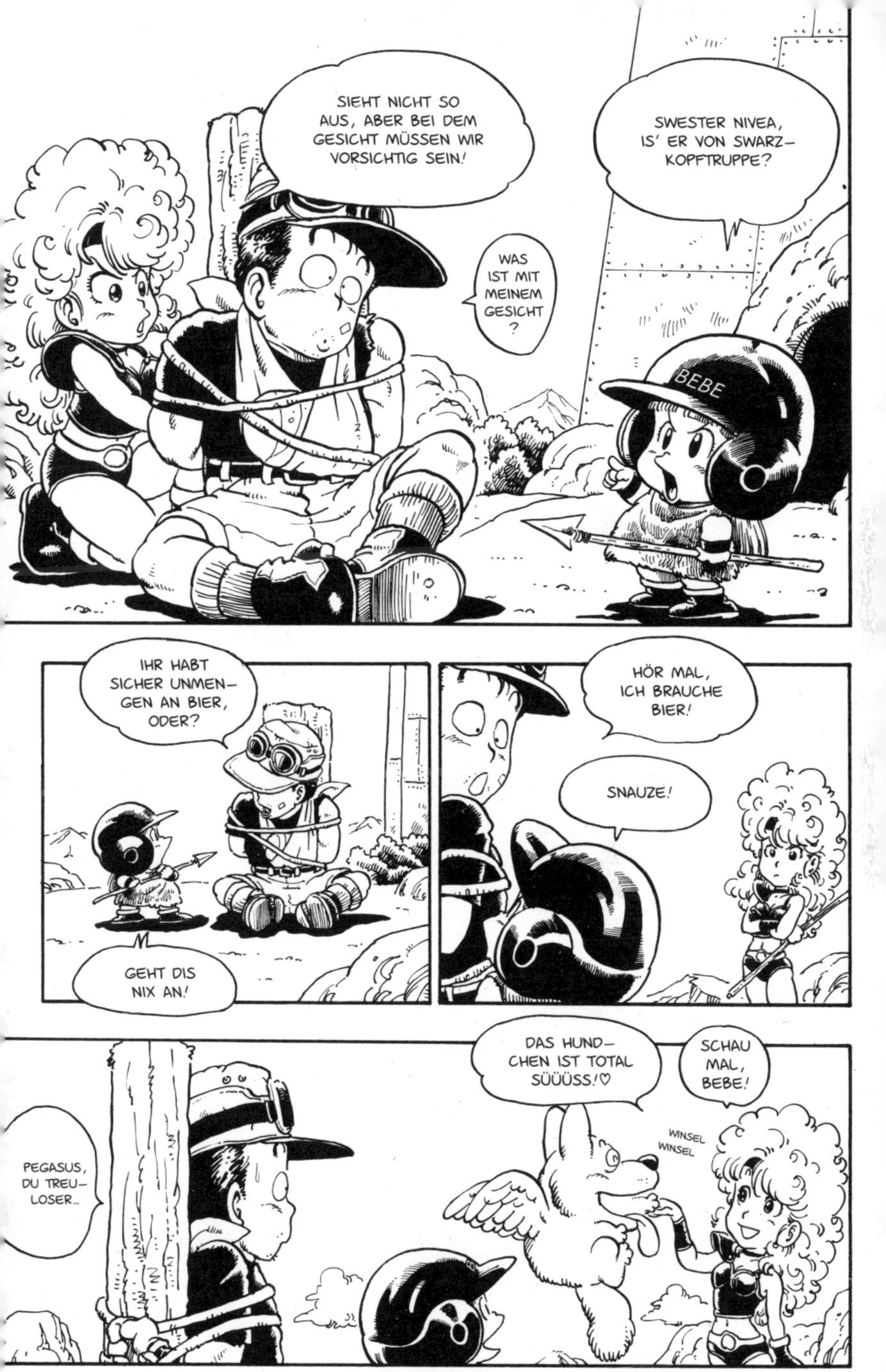
SWESTER NIVEA, IS' ER VON SWARZ-KOPFTRUPPE?
SIEHT NICHT SO AUS, ABER BEI DEM GESICHT MÜSSEN WIR VORSICHTIG SEIN!
WAS IST MIT MEINEM GESICHT?
HÖR MAL, ICH BRAUCHE BIER!
SNAUZE!
IHR HABT SICHER UNMEN-GEN AN BIER, ODER?
GEHT DIS NIX AN!
SCHAU MAL, BEBE!
DAS HUND-CHEN IST TOTAL SÜÜÜSS!♡
WINSEL WINSEL
PEGASUS, DU TREU-LOSER...

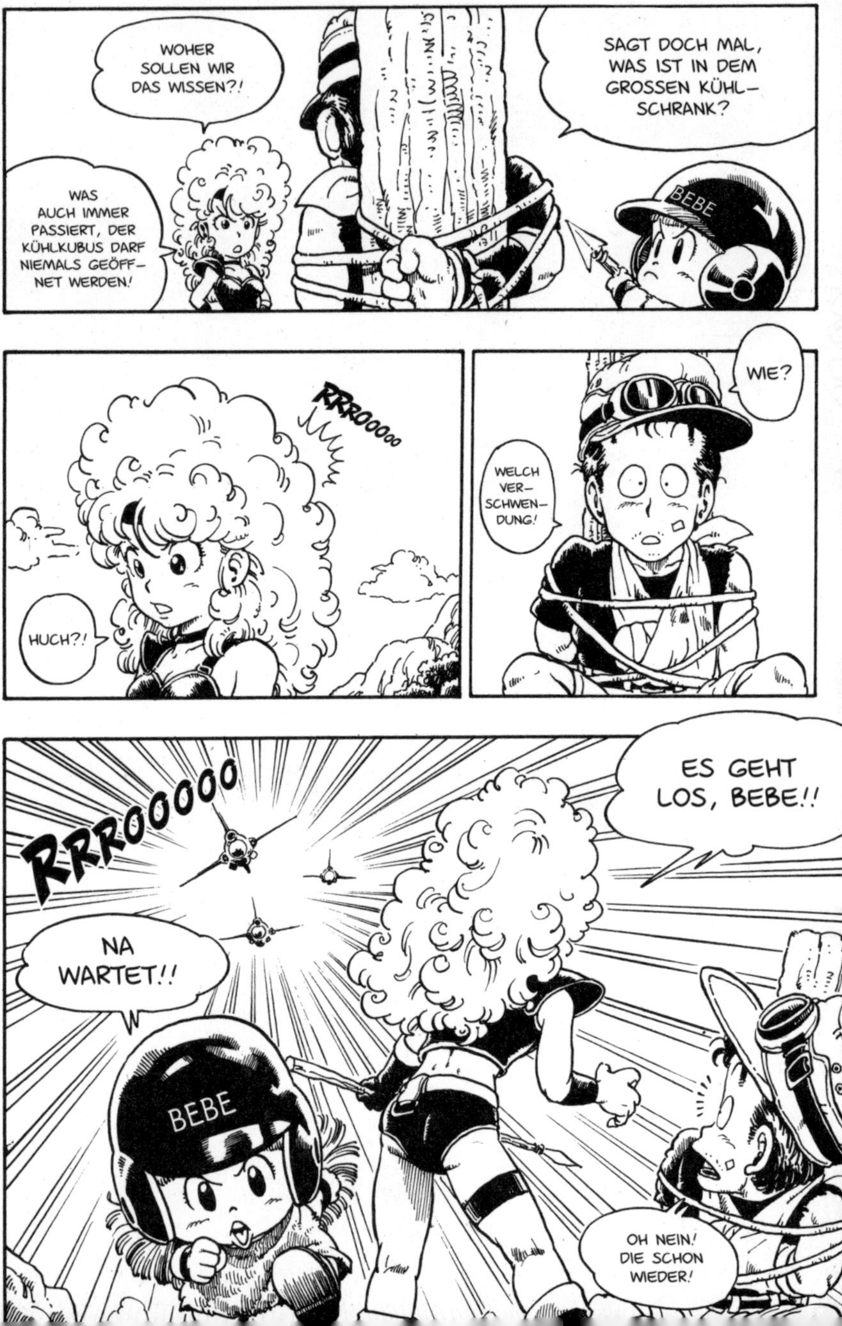
SAGT DOCH MAL, WAS IST IN DEM GROSSEN KÜHL-SCHRANK?
BEBE
WOHER SOLLEN WIR DAS WISSEN?!
WAS AUCH IMMER PASSIERT, DER KÜHLKUBUS DARF NIEMALS GEÖFF-NET WERDEN!
WIE?
WELCH VER-SCHWEN-DUNG!
RRROOOOO
HUCH?!
ES GEHT LOS, BEBE!!
RRROOOOO
NA WARTET!!
BEBE
OH NEIN! DIE SCHON WIEDER!

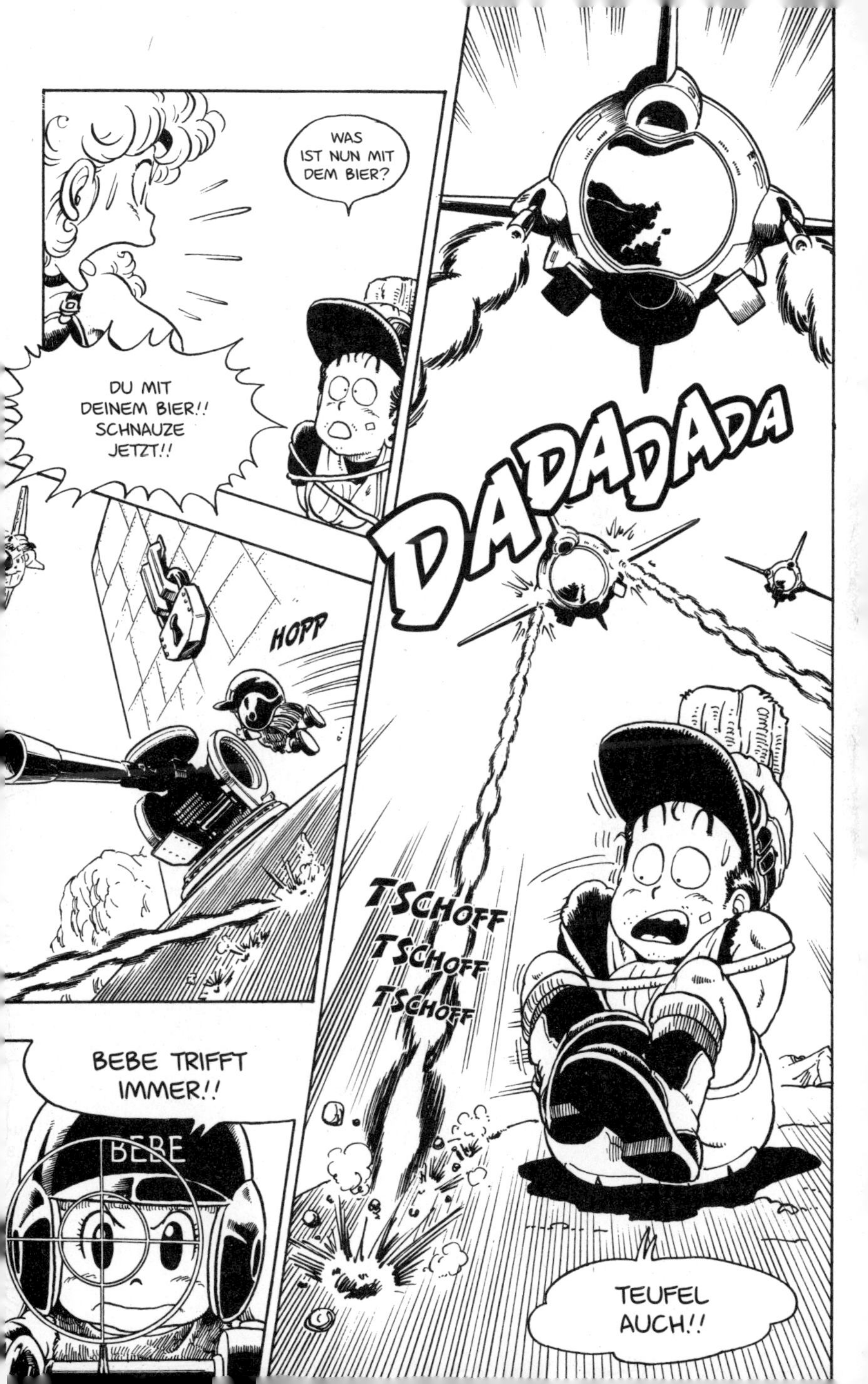
WAS IST NUN MIT DEM BIER?
DU MIT DEINEM BIER!! SCHNAUZE JETZT!!
DADADADA
HOPP
TSCHOFF TSCHOFF TSCHOFF
BEBE TRIFFT IMMER!!
BEBE
TEUFEL AUCH!!

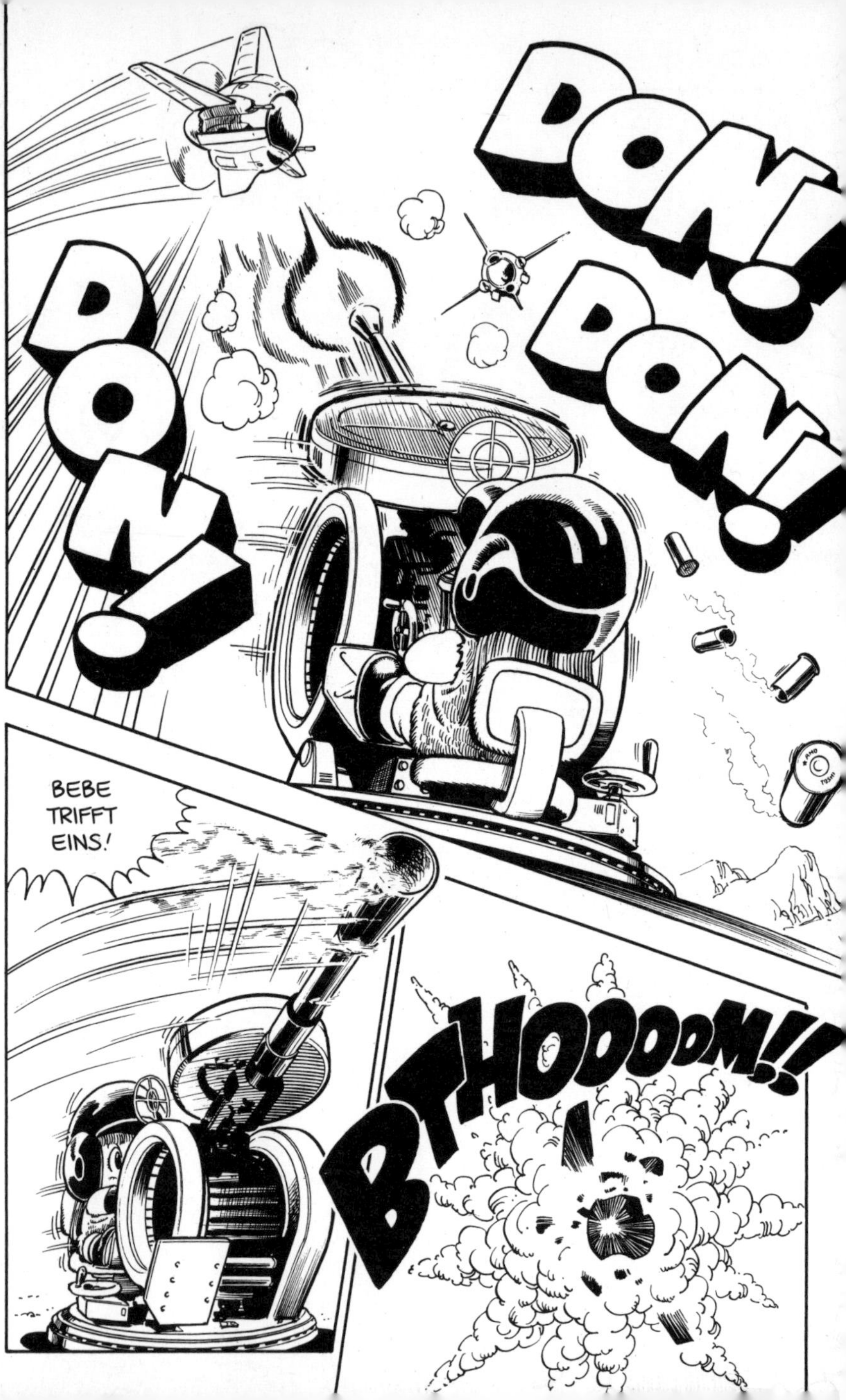
DON! DON!
DON!
DON!
BEBE TRIFFT EINS!
BTHOOOOM!!

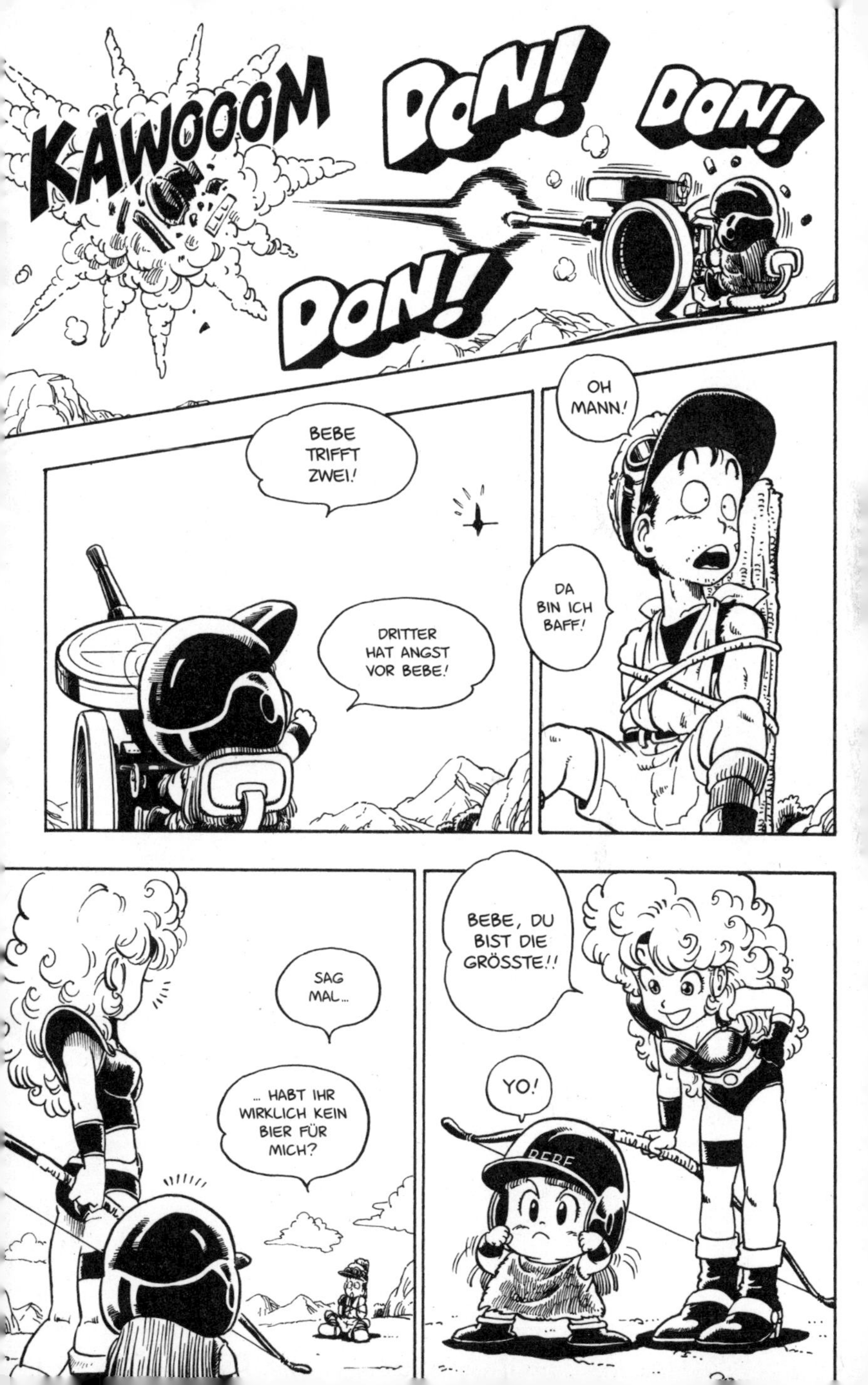
KAWOOOM
DON! DON!
DON!
BEBE TRIFFT ZWEI!
DRITTER HAT ANGST VOR BEBE!
OH MANN!
DA BIN ICH BAFF!
SAG MAL...
... HABT IHR WIRKLICH KEIN BIER FÜR MICH?
BEBE, DU BIST DIE GRÖSSTE!!
YO!

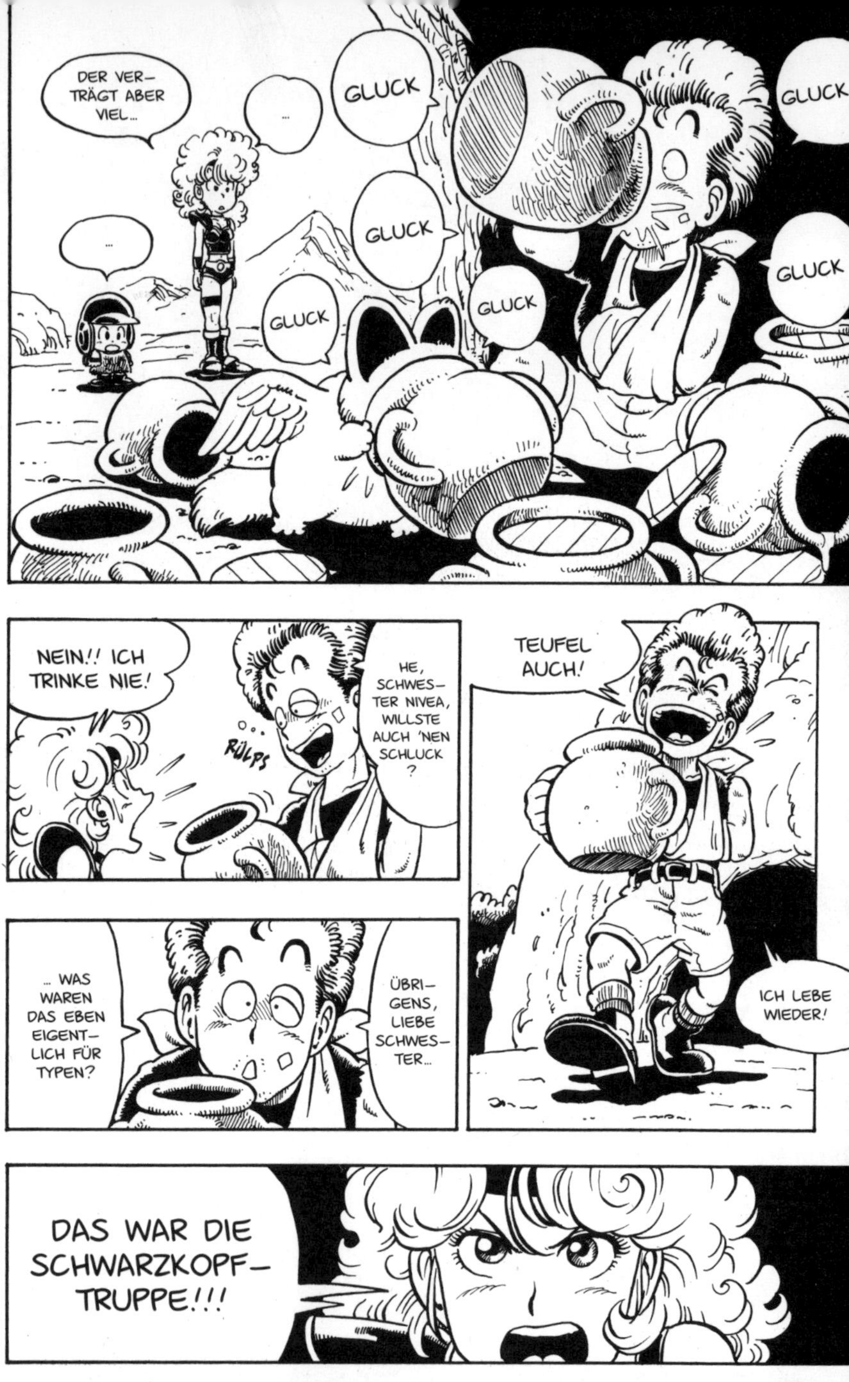
GLUCK
GLUCK
GLUCK
GLUCK
GLUCK
GLUCK
...
...
DER VERTRÄGT ABER VIEL...
TEUFEL AUCH!
ICH LEBE WIEDER!
HE, SCHWESTER NIVEA, WILLSTE AUCH 'NEN SCHLUCK?
RÜLPS
NEIN!! ICH TRINKE NIE!
ÜBRIGENS, LIEBE SCHWESTER...
... WAS WAREN DAS EBEN EIGENTLICH FÜR TYPEN?
DAS WAR DIE SCHWARZKOPF-TRUPPE!!!

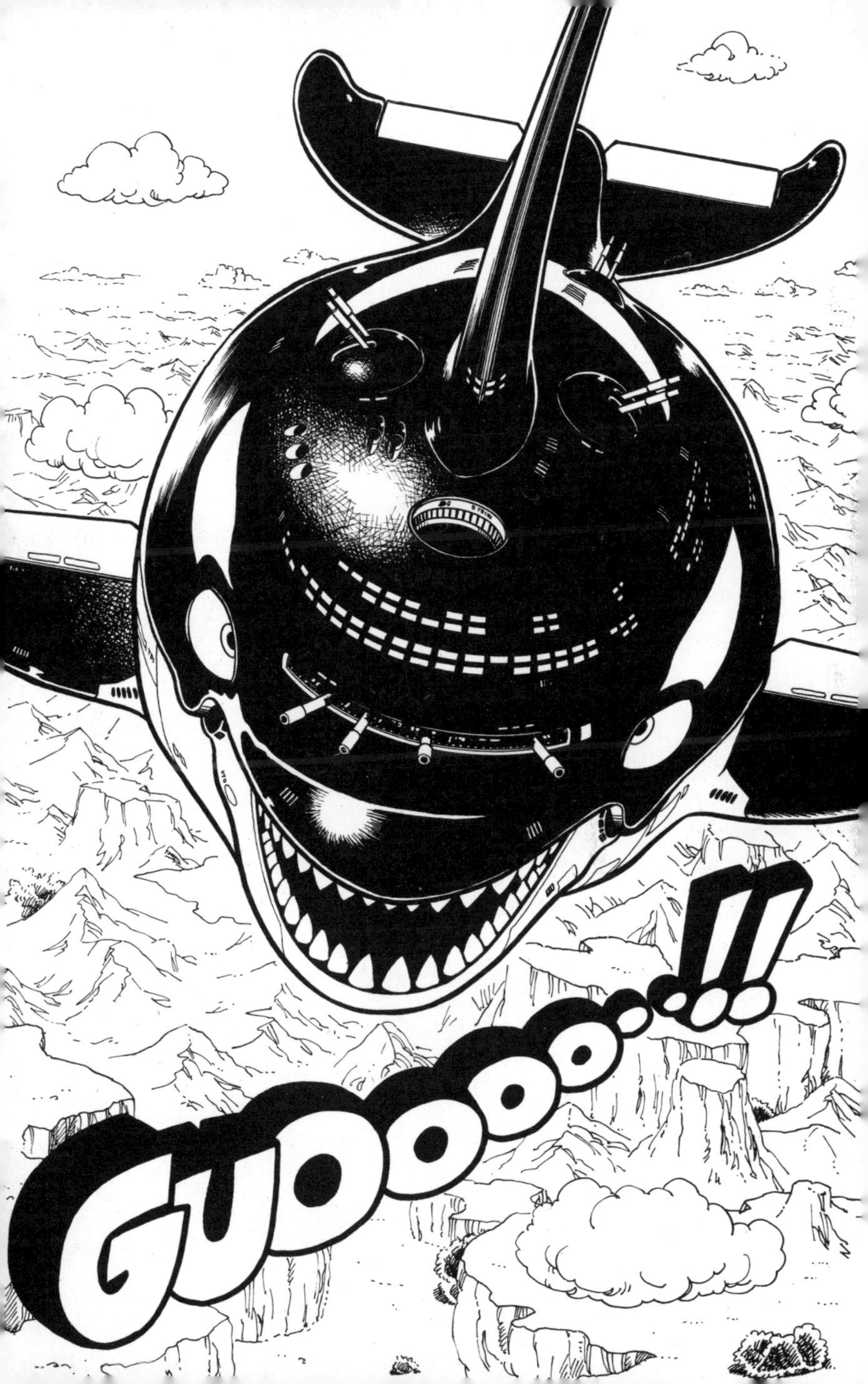
GUOOOO...!!

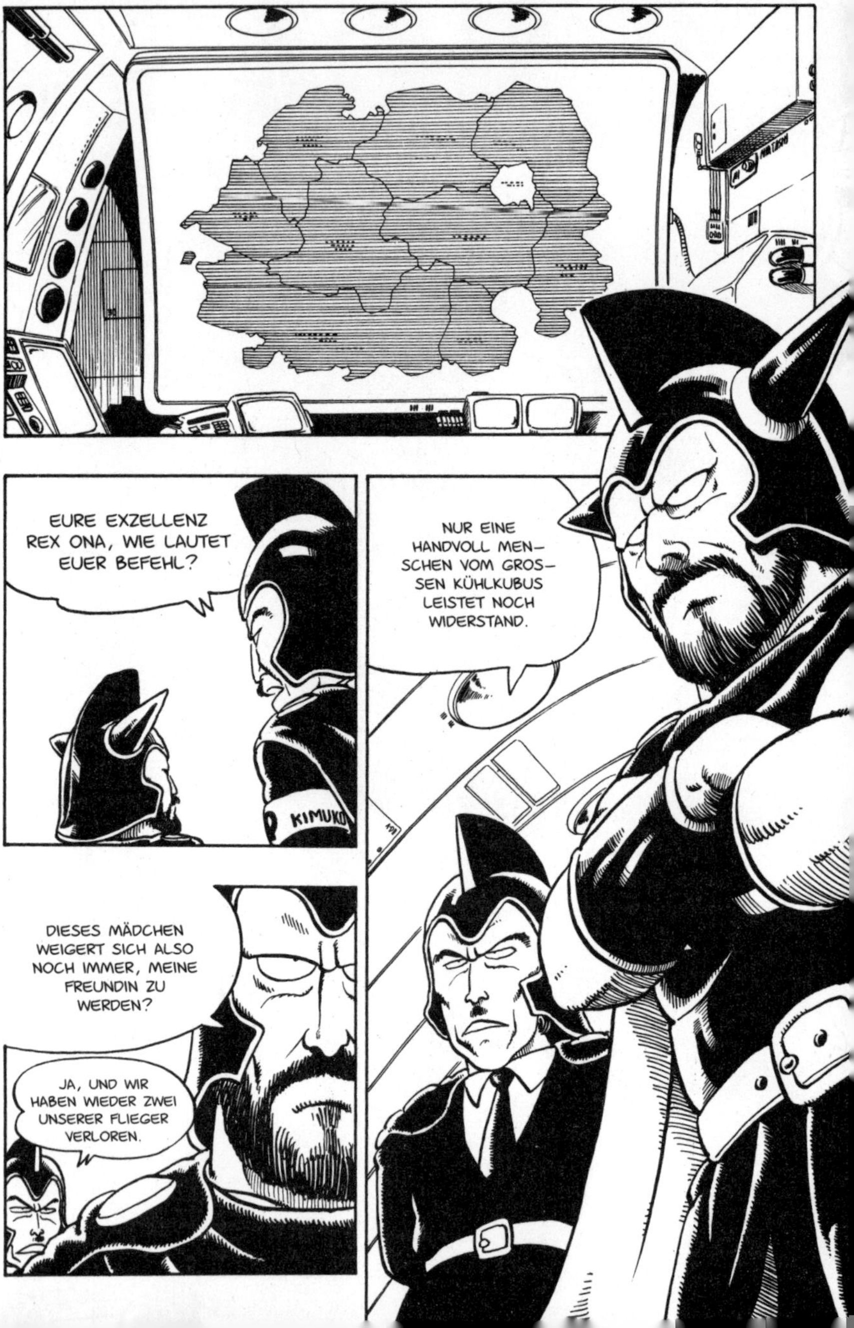
EURE EXZELLENZ REX ONA, WIE LAUTET EUER BEFEHL?
NUR EINE HANDVOLL MENSCHEN VOM GROSSEN KÜHLKUBUS LEISTET NOCH WIDERSTAND.
KIMUKO
DIESES MÄDCHEN WEIGERT SICH ALSO NOCH IMMER, MEINE FREUNDIN ZU WERDEN?
JA, UND WIR HABEN WIEDER ZWEI UNSERER FLIEGER VERLOREN.

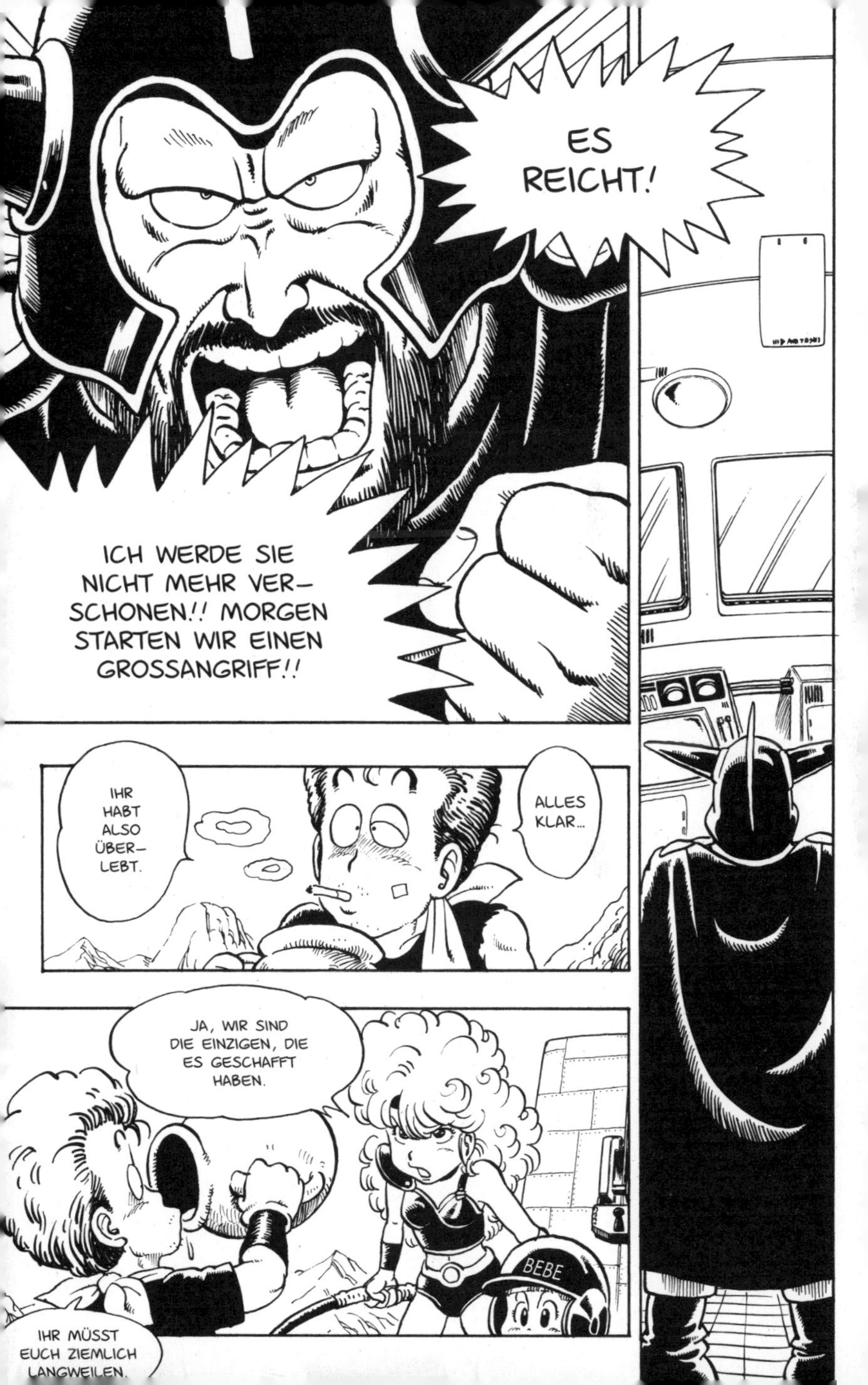
ES REICHT!
ICH WERDE SIE NICHT MEHR VER-SCHONEN!! MORGEN STARTEN WIR EINEN GROSSANGRIFF!!
ALLES KLAR...
IHR HABT ALSO ÜBER-LEBT.
JA, WIR SIND DIE EINZIGEN, DIE ES GESCHAFFT HABEN.
IHR MÜSST EUCH ZIEMLICH LANGWEILEN.
BEBE

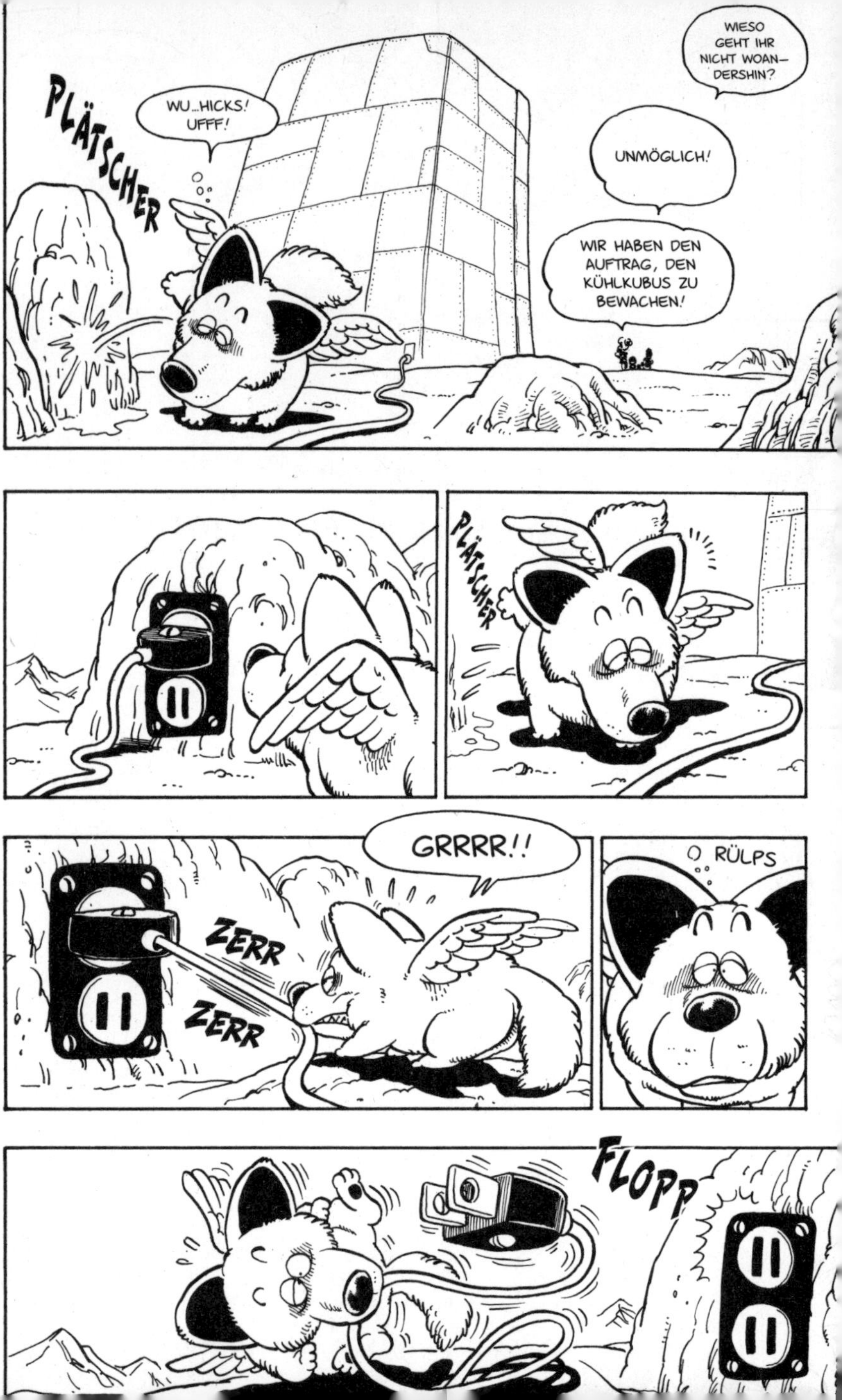
WIESO GEHT IHR NICHT WOAN-DERSHIN?
UNMÖGLICH!
WIR HABEN DEN AUFTRAG, DEN KÜHLKUBUS ZU BEWACHEN!
PLÄTSCHER
WU...HICKS! UFFF!
PLÄTSCHER
GRRRR!!
ZERR
ZERR
RÜLPS
FLOPP

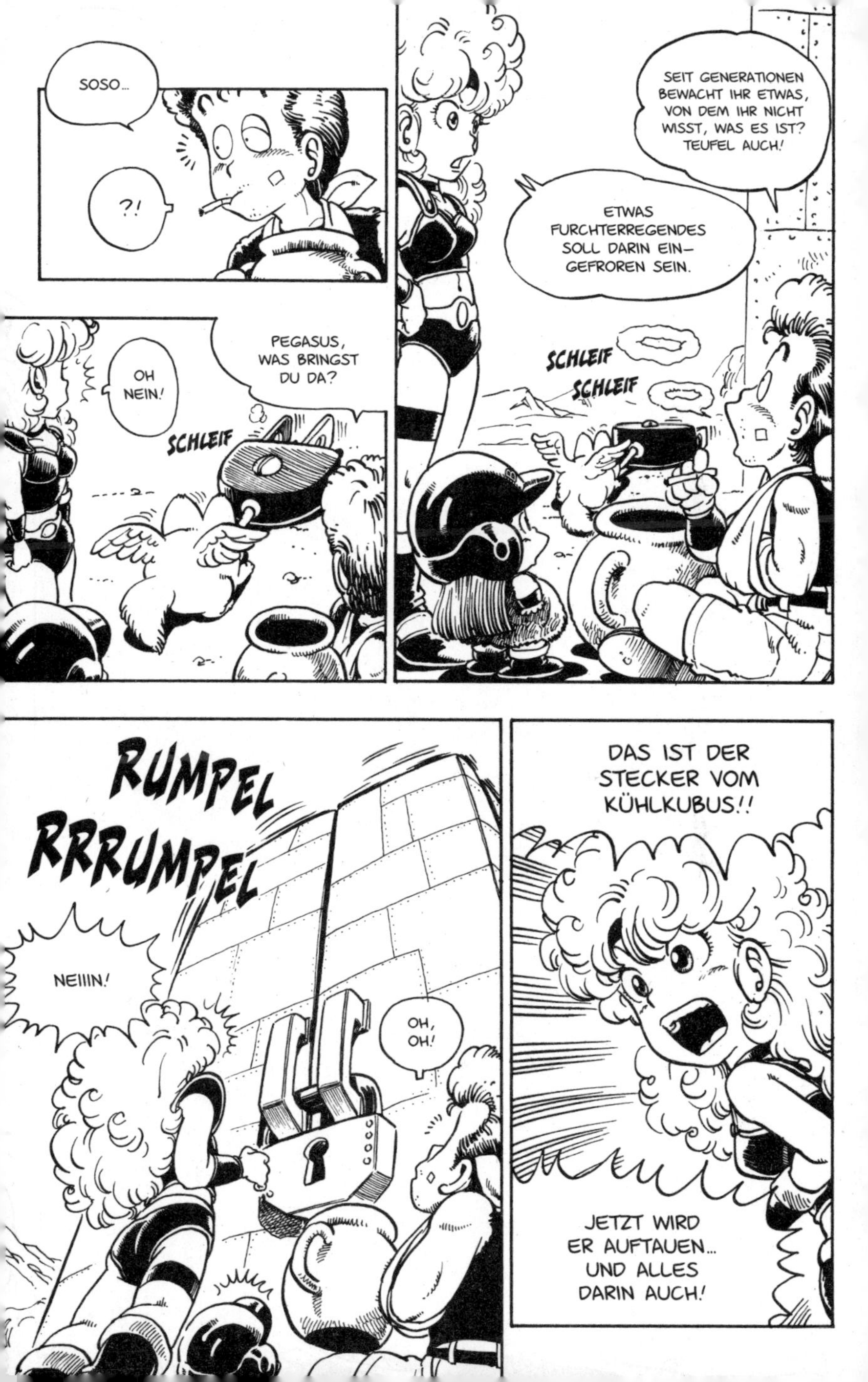
SEIT GENERATIONEN BEWACHT IHR ETWAS, VON DEM IHR NICHT WISST, WAS ES IST? TEUFEL AUCH!
ETWAS FURCHTERREGENDES SOLL DARIN EIN-GEFROREN SEIN.
SCHLEIF
SCHLEIF
SOSO...
?!
PEGASUS, WAS BRINGST DU DA?
OH NEIN!
SCHLEIF
DAS IST DER STECKER VOM KÜHLKUBUS!!
JETZT WIRD ER AUFTAUEN... UND ALLES DARIN AUCH!
RUMPEL
RRRUMPEL
NEIIIN!
OH, OH!

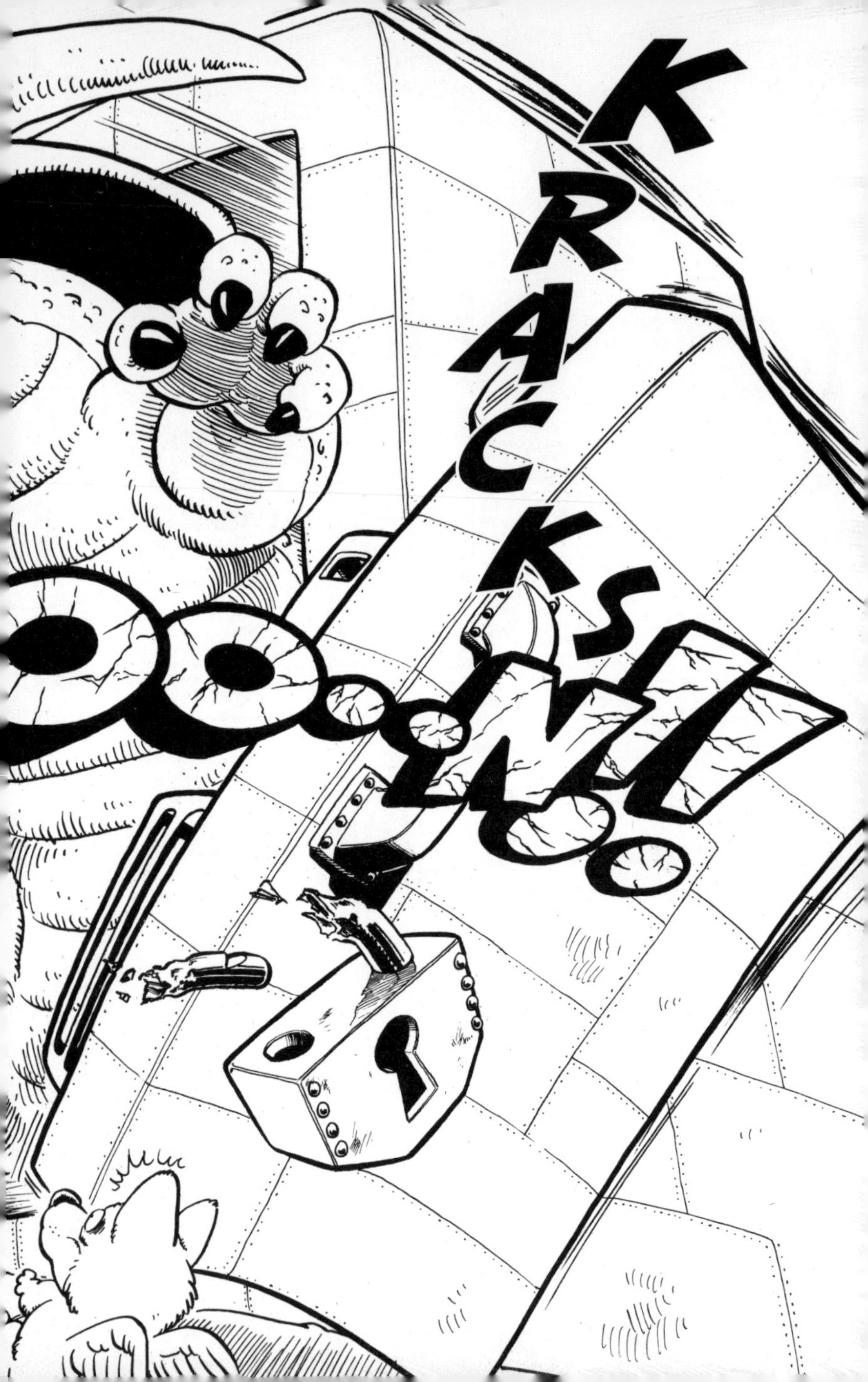
KRACKS
OO...NO!!

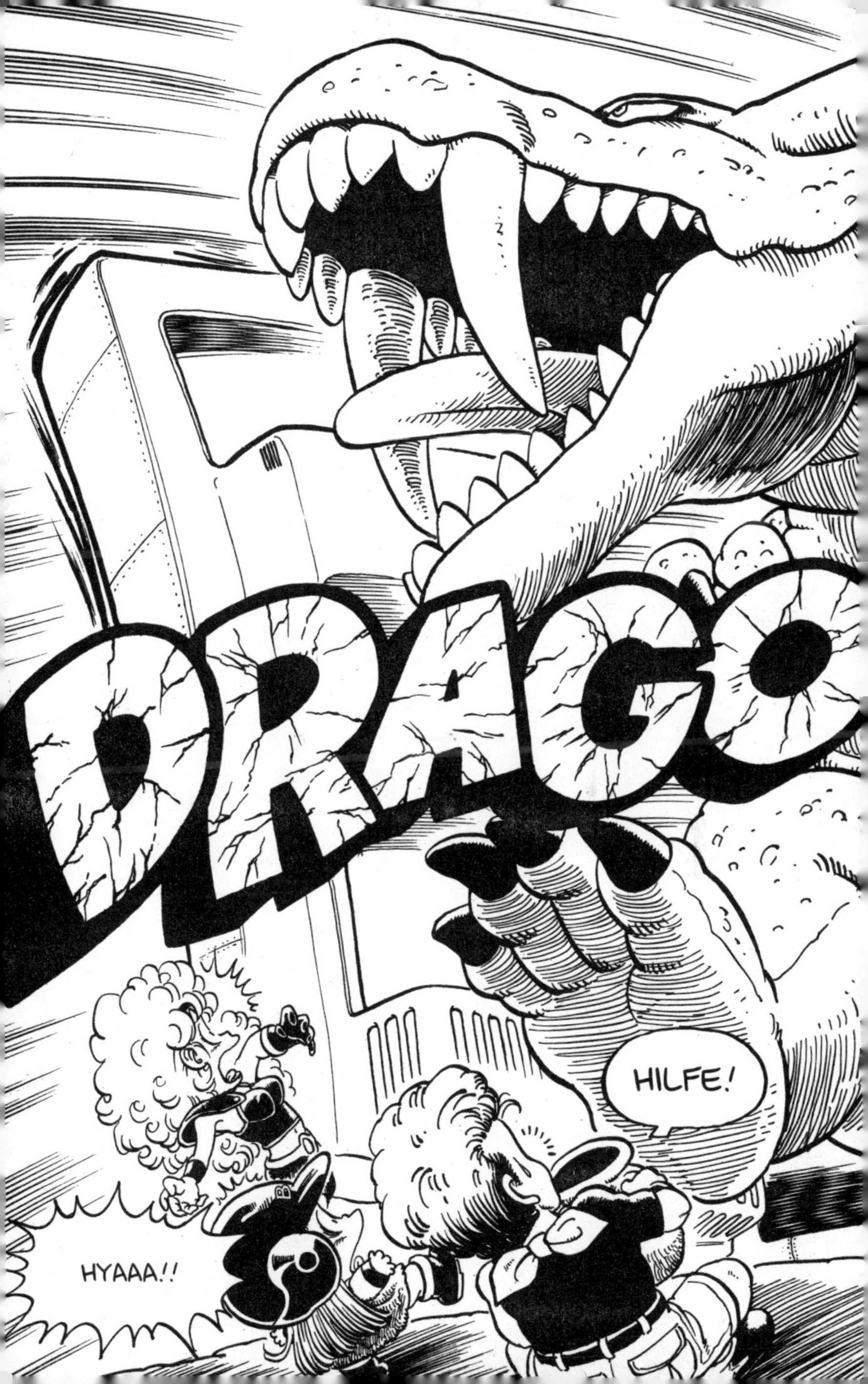
DRAGO
HILFE!
HYAAA!!

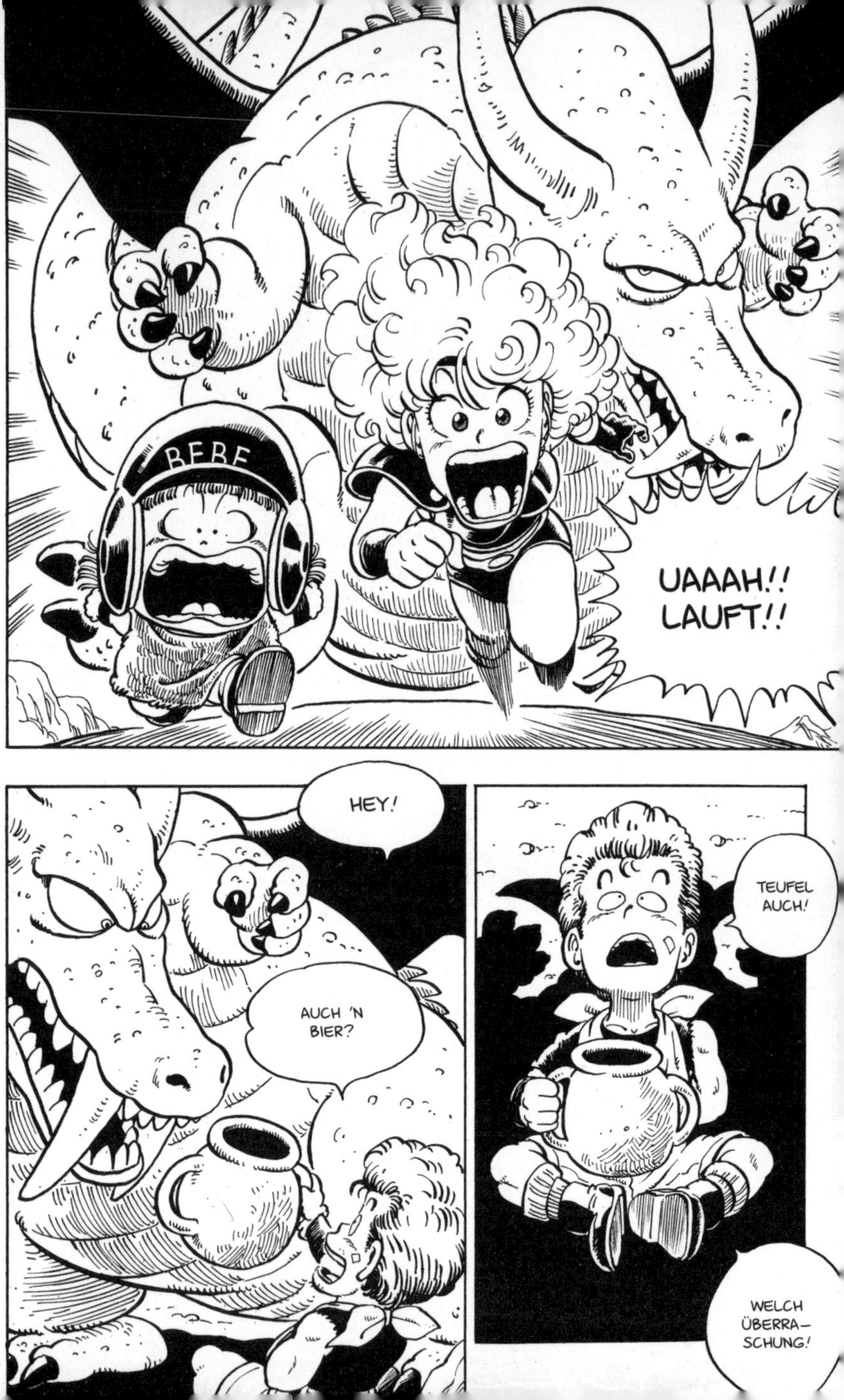
BEBE
UAAAH!!
LAUFT!!
HEY!
AUCH 'N
BIER?
TEUFEL
AUCH!
WELCH
ÜBERRA-
SCHUNG!

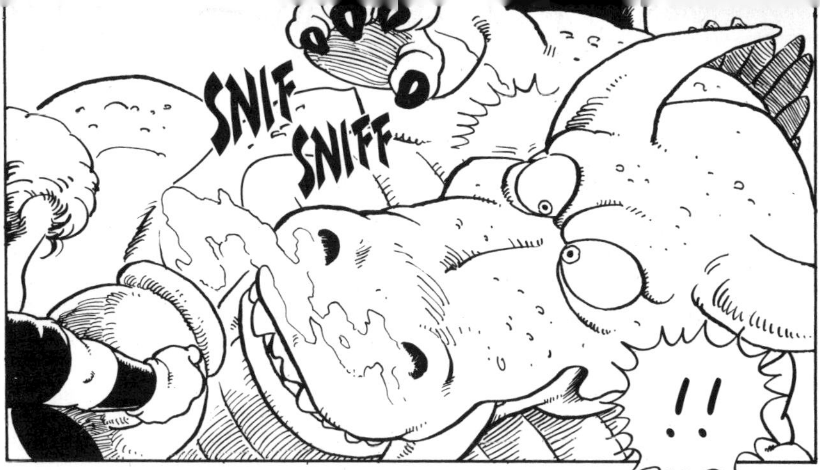
SNIFF
SNIFF
!!

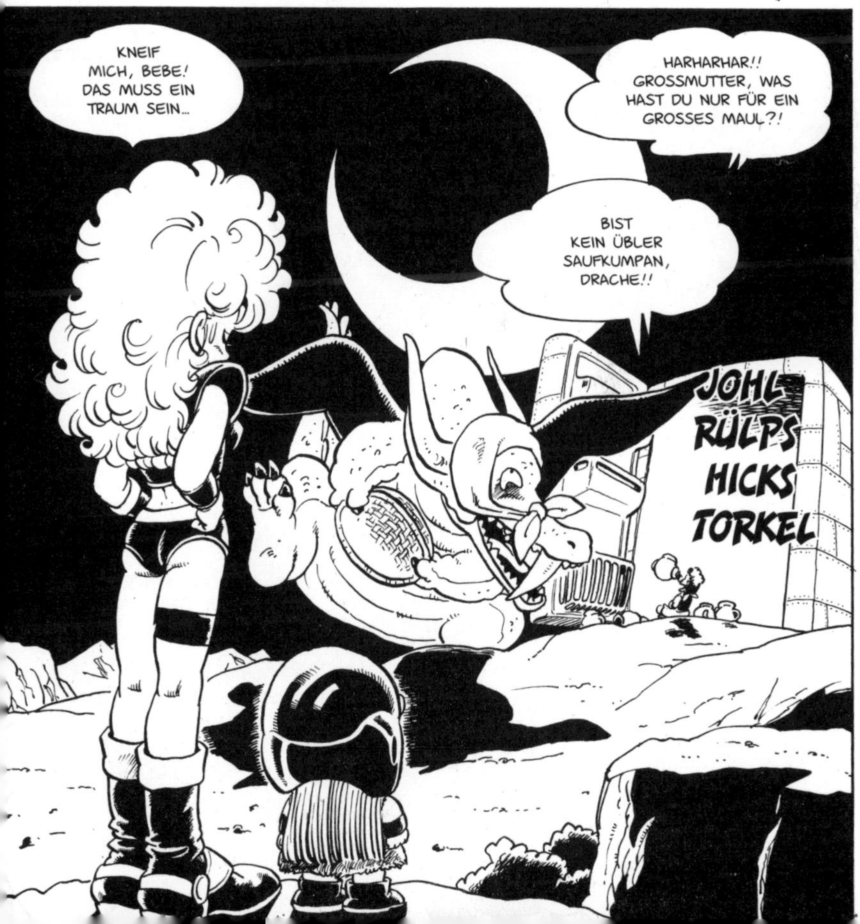
KNEIF MICH, BEBE! DAS MUSS EIN TRAUM SEIN...
HARHARHAR!! GROSSMUTTER, WAS HAST DU NUR FÜR EIN GROSSES MAUL?!
BIST KEIN ÜBLER SAUFKUMPAN, DRACHE!!
JOHL
RÜLPS
HICKS
TORKEL

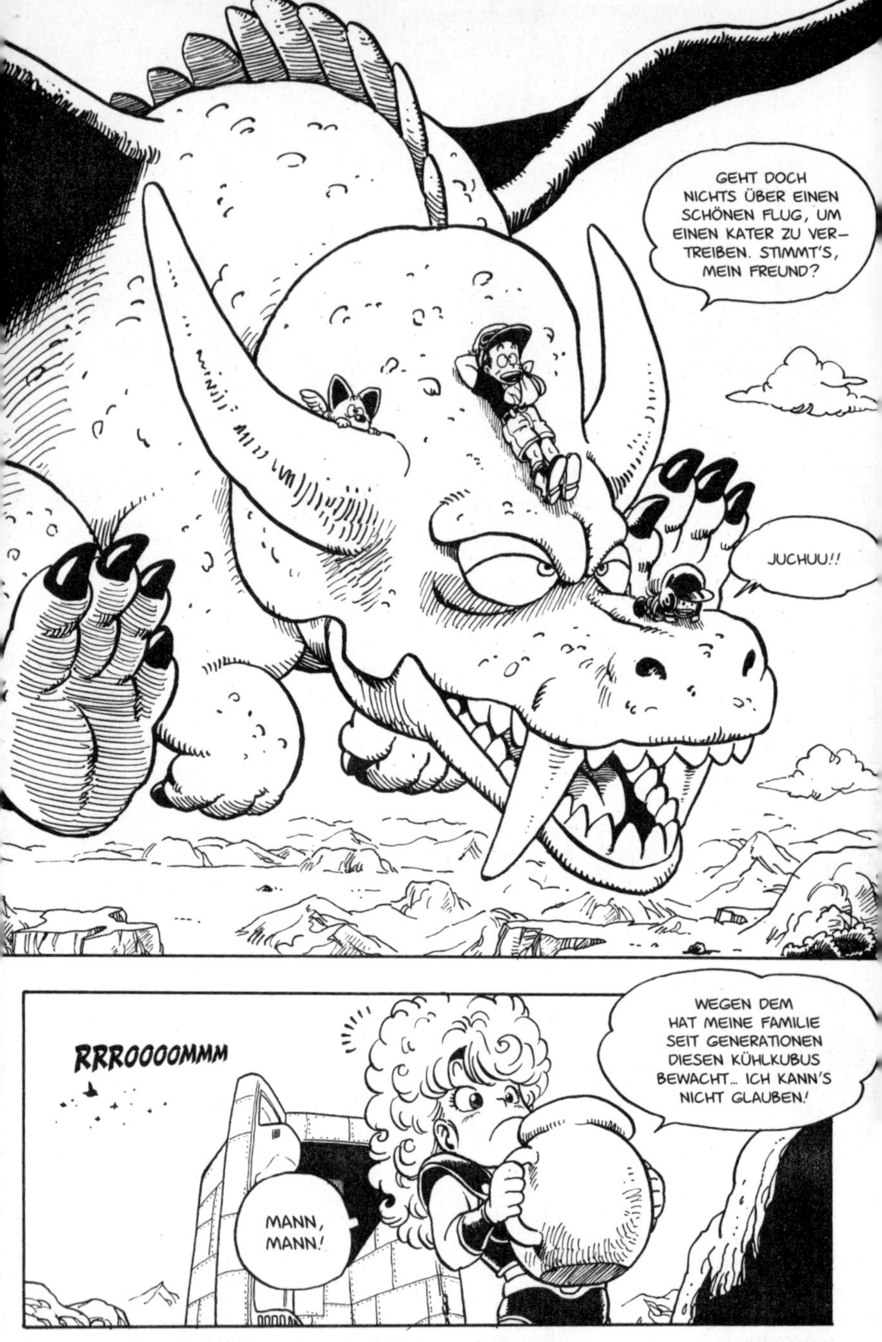
GEHT DOCH NICHTS ÜBER EINEN SCHÖNEN FLUG, UM EINEN KATER ZU VERTREIBEN. STIMMT'S, MEIN FREUND?
JUCHUU!!
WEGEN DEM HAT MEINE FAMILIE SEIT GENERATIONEN DIESEN KÜHLKUBUS BEWACHT… ICH KANN'S NICHT GLAUBEN!
RRROOOOMMM
MANN, MANN!

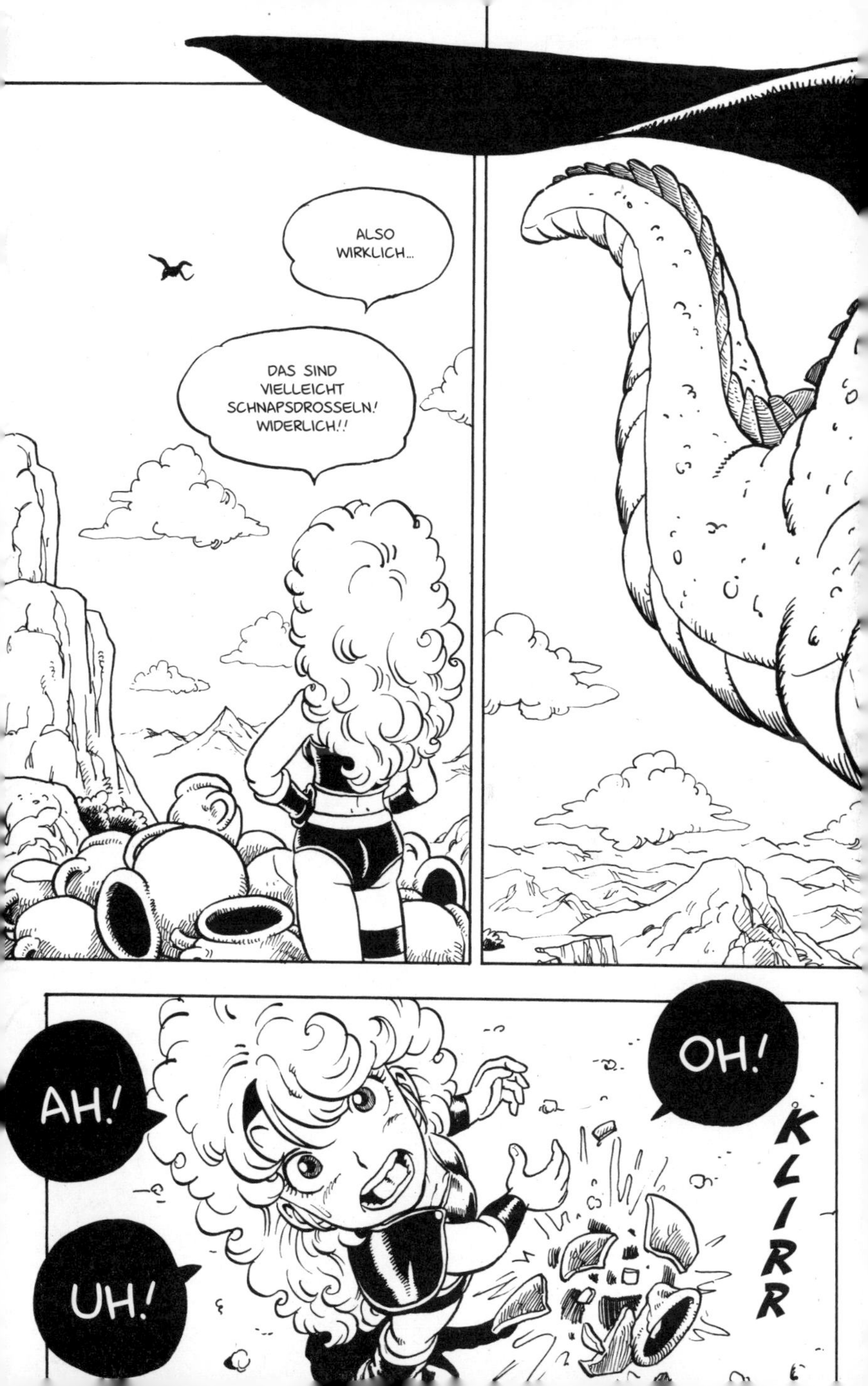
ALSO WIRKLICH...
DAS SIND VIELLEICHT SCHNAPSDROSSELN! WIDERLICH!!
OH!
KLIRR
AH!
UH!

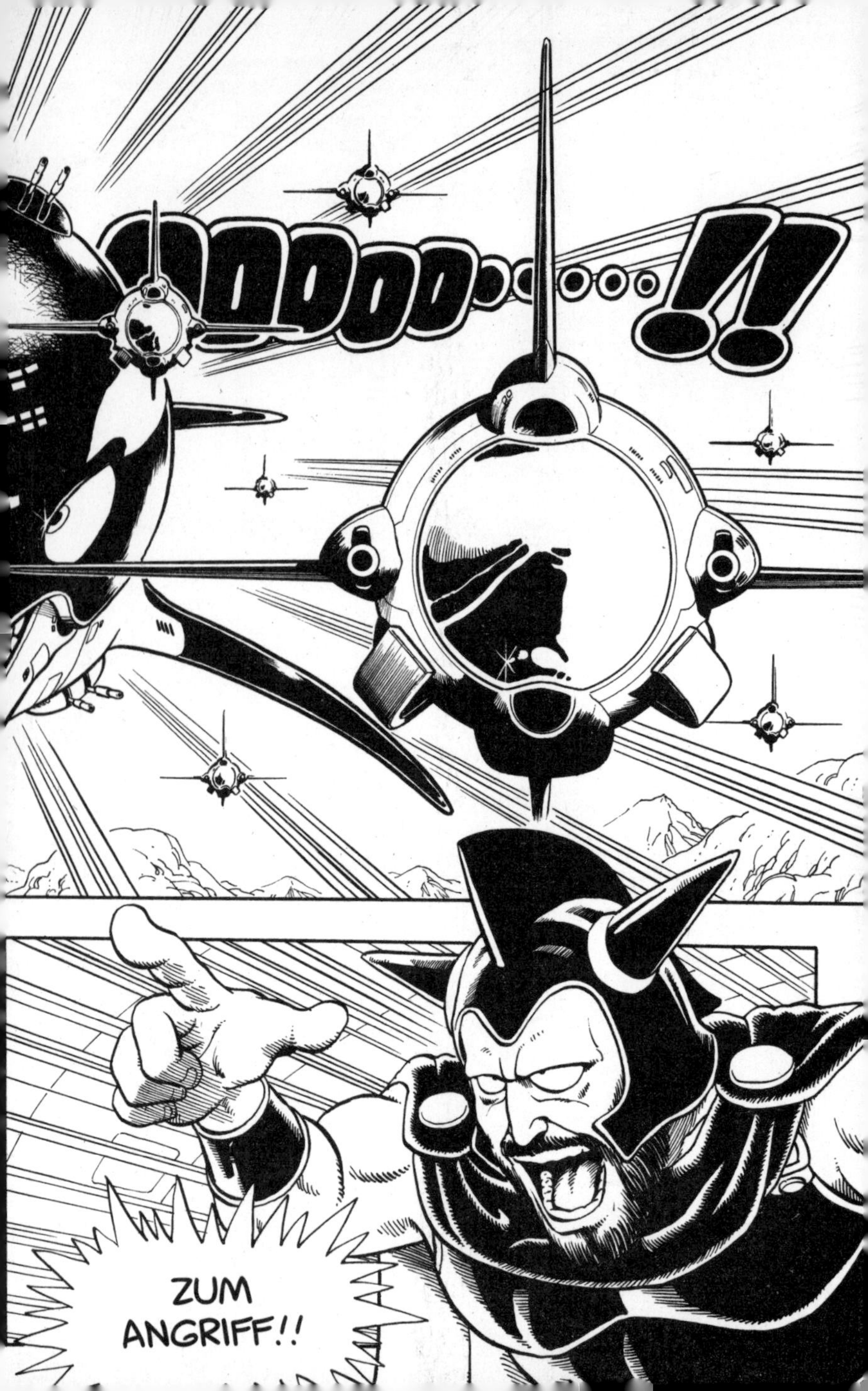
DOOOOO.......!!
ZUM ANGRIFF!!

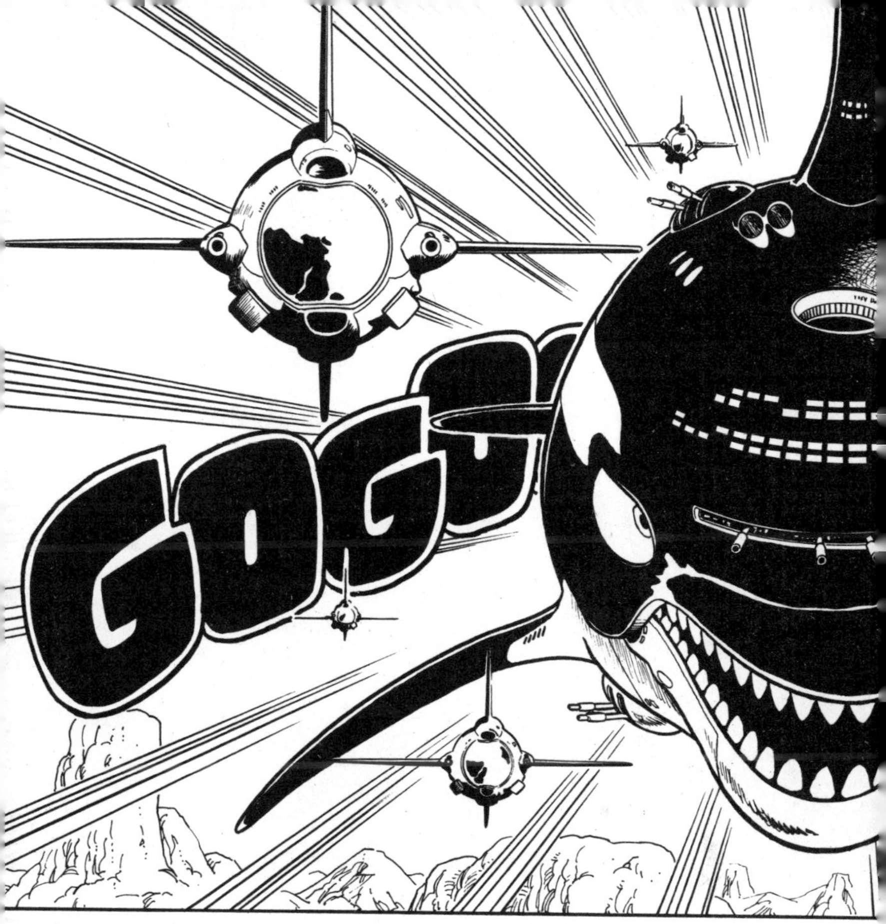
GOG

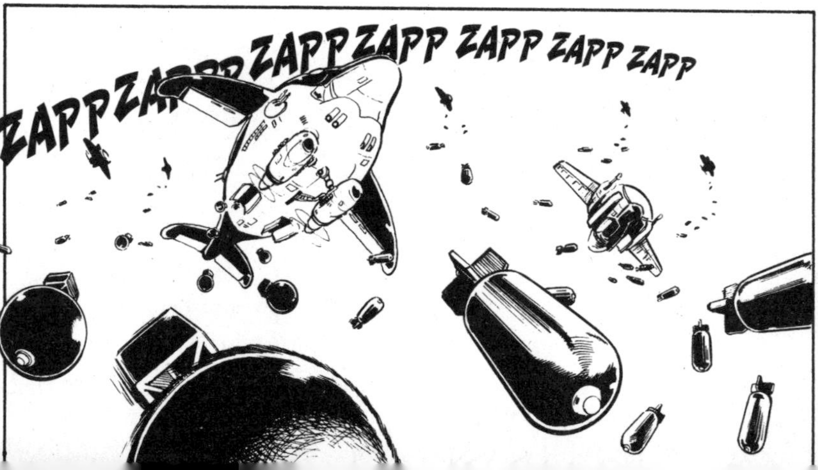
ZAPP ZAPP ZAPP ZAPP ZAPP ZAPP ZAPP

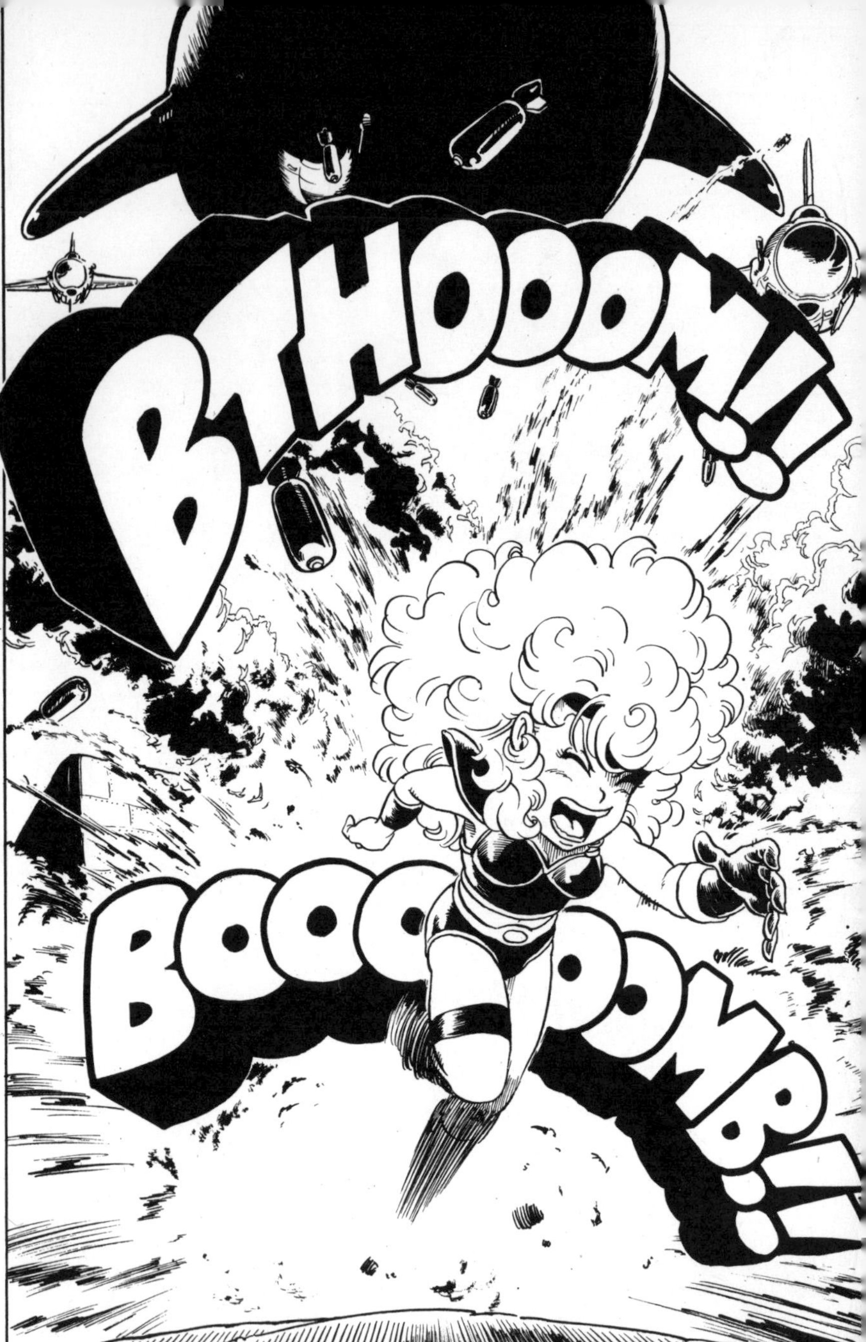
BTHOOOM!!
BOOOOOOMB!!

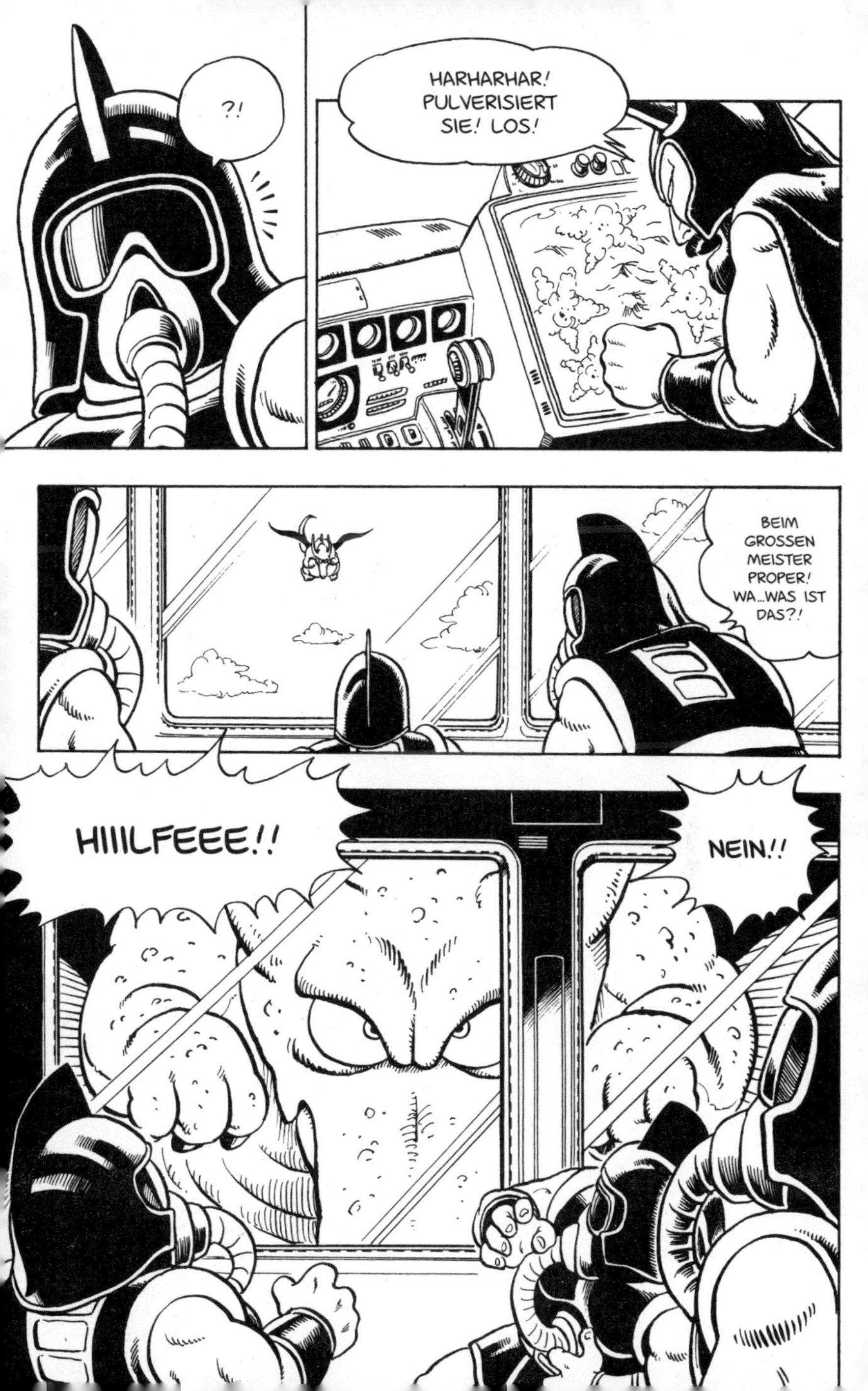
?!
HARHARHAR! PULVERISIERT SIE! LOS!
BEIM GROSSEN MEISTER PROPER! WA...WAS IST DAS?!
HIIILFEEE!!
NEIN!!

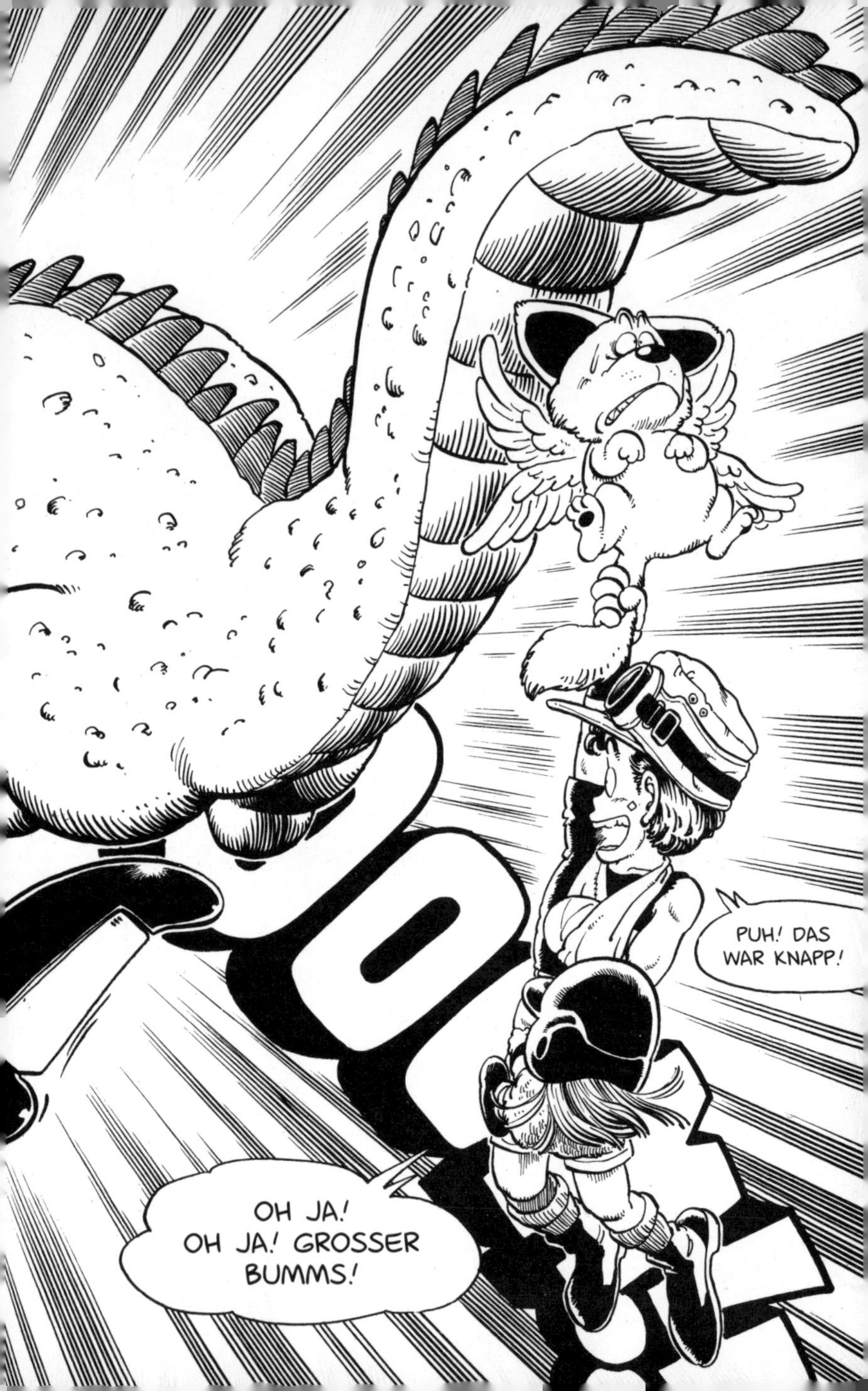
PUH! DAS WAR KNAPP!
OH JA! OH JA! GROSSER BUMMS!

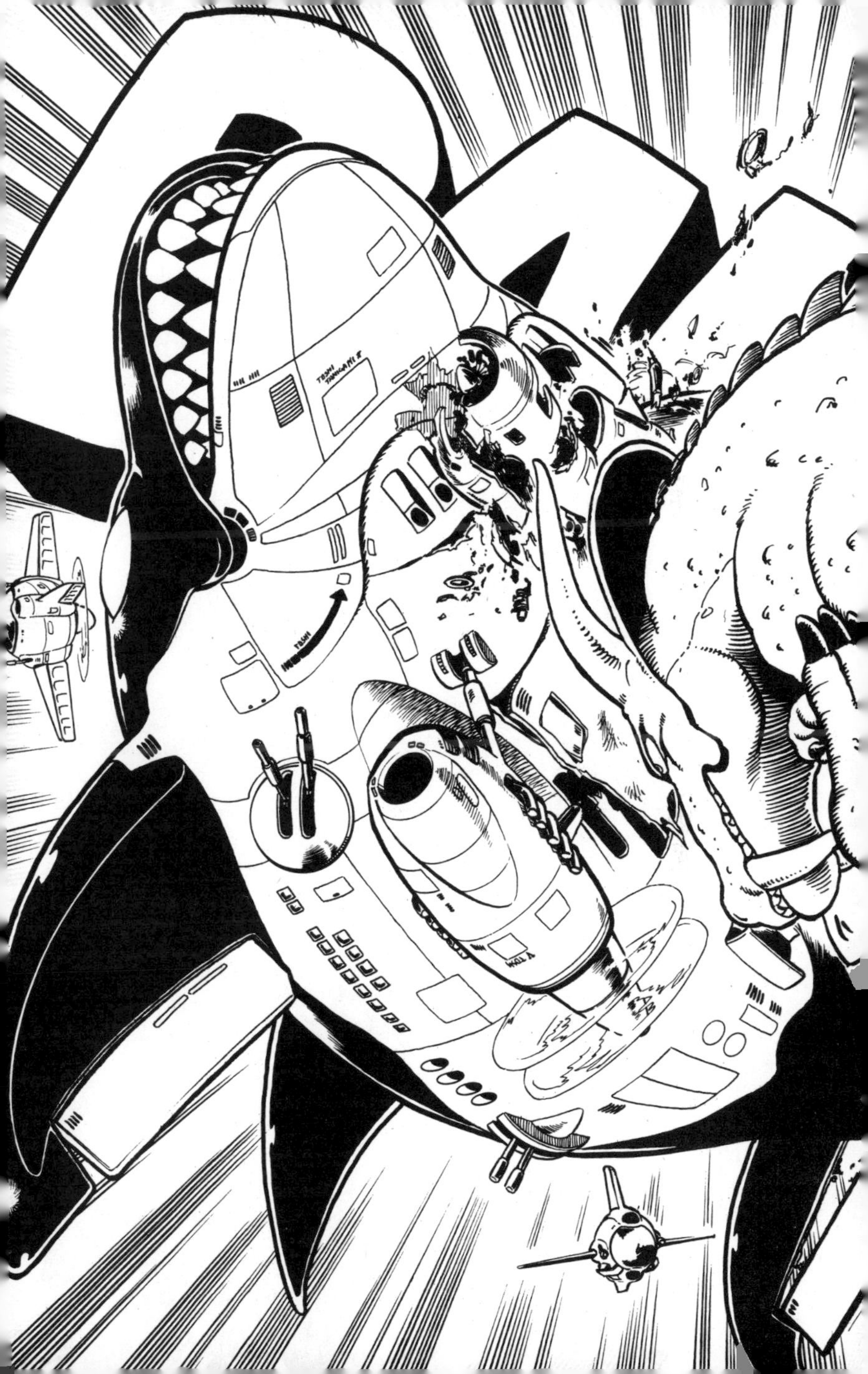

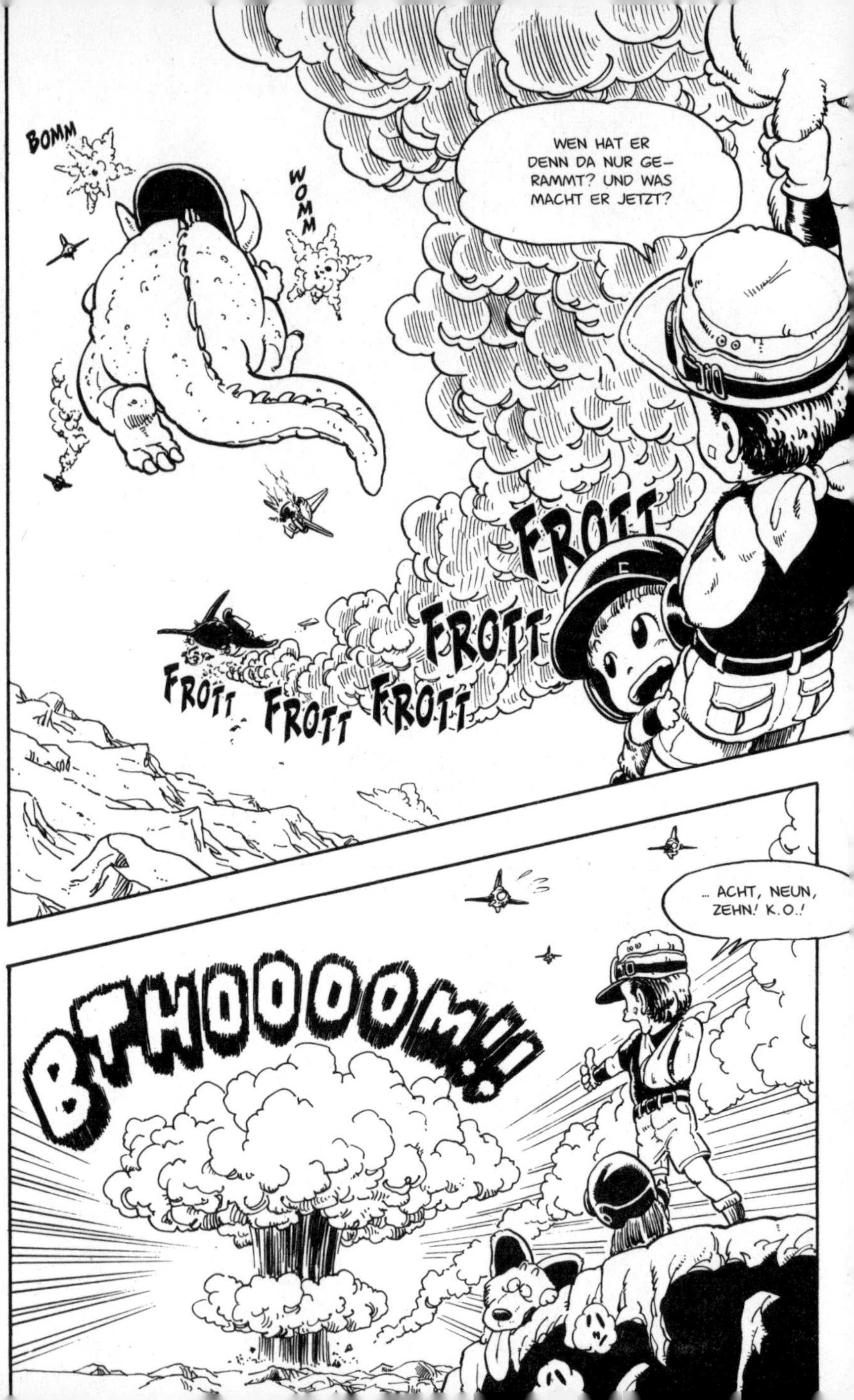
BOMM
WOMM
WEN HAT ER DENN DA NUR GE-RAMMT? UND WAS MACHT ER JETZT?
FROTT
FROTT
FROTT
FROTT
FROTT
... ACHT, NEUN, ZEHN! K.O.!
BTHOOOOOM!!

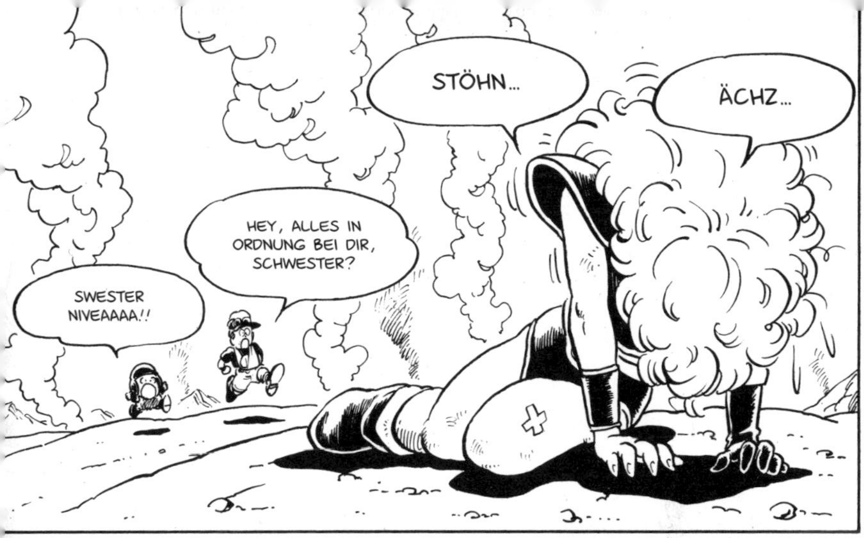
ÄCHZ...
STÖHN...
HEY, ALLES IN ORDNUNG BEI DIR, SCHWESTER?
SWESTER NIVEAAAA!!

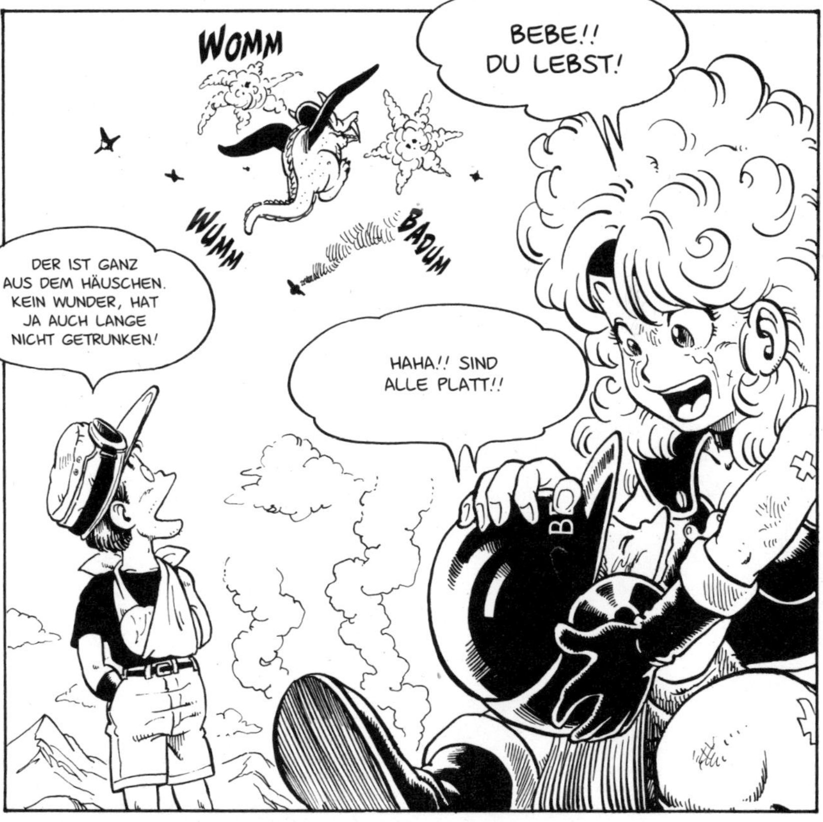
BEBE!! DU LEBST!
WOMM
WUMM
BADUM
HAHA!! SIND ALLE PLATT!!
DER IST GANZ AUS DEM HÄUSCHEN. KEIN WUNDER, HAT JA AUCH LANGE NICHT GETRUNKEN!

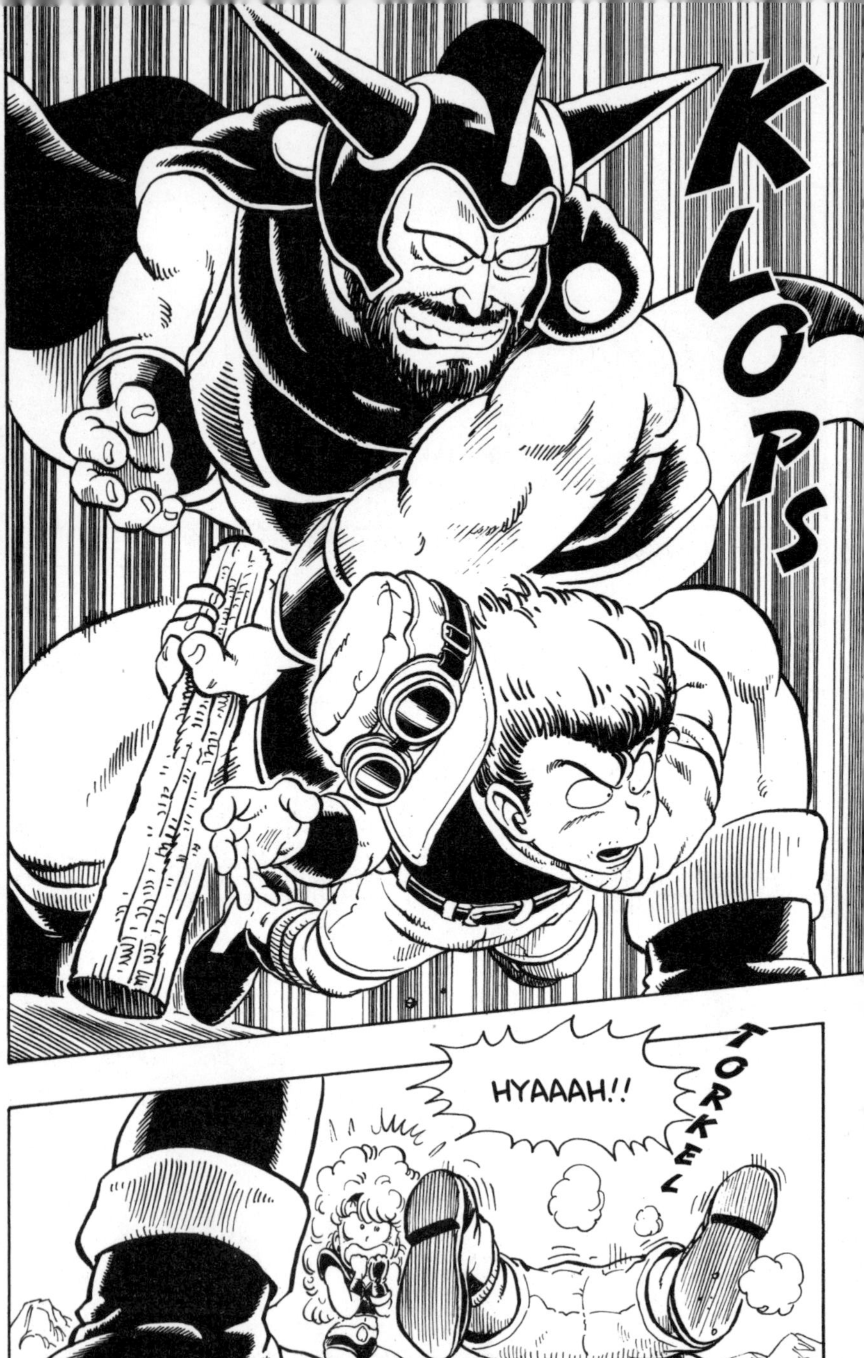

KLOPS
HYAAAH!!
TORKEL

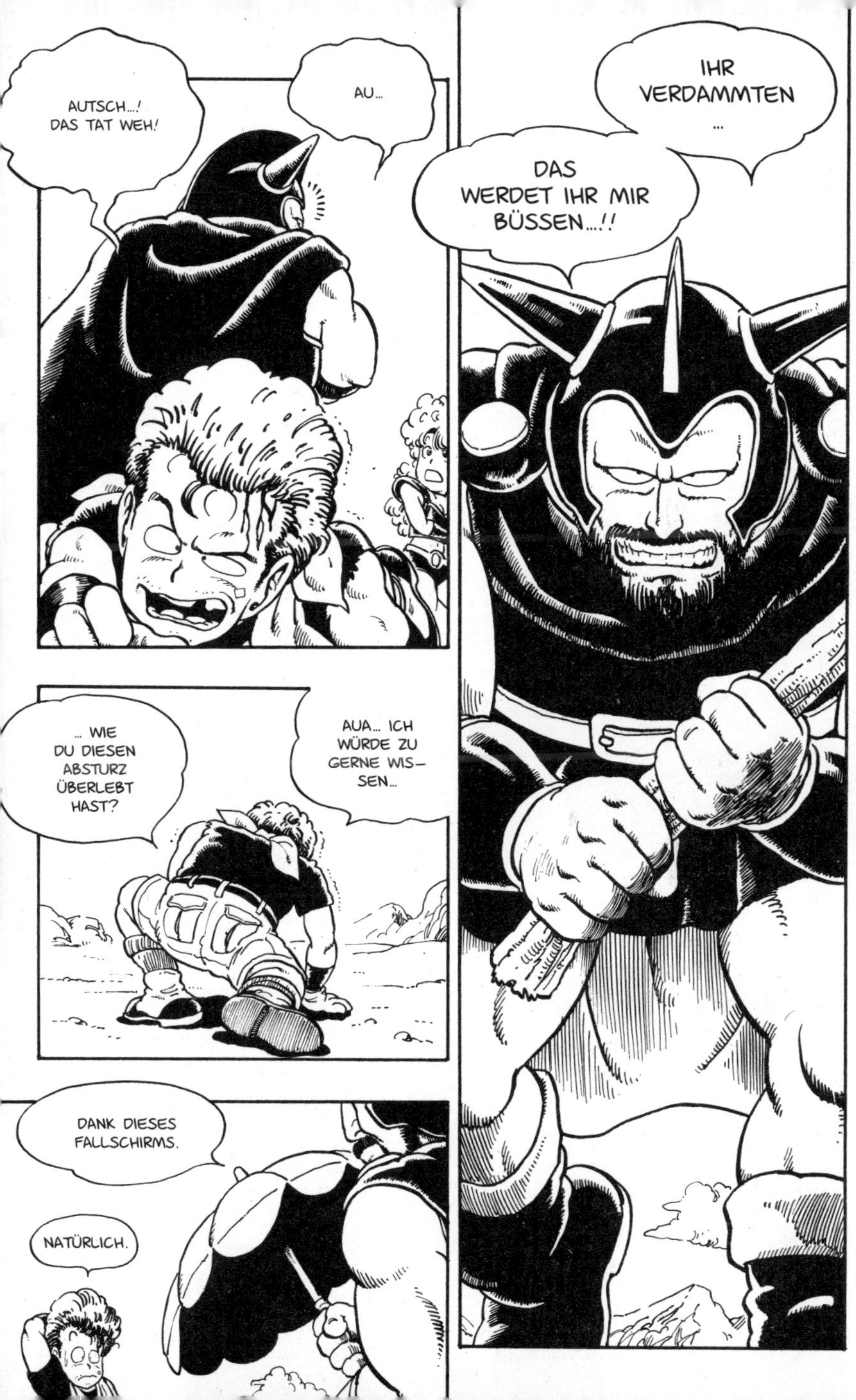
IHR VERDAMMTEN ...
DAS WERDET IHR MIR BÜSSEN...!!
AU...
AUTSCH...! DAS TAT WEH!
AUA... ICH WÜRDE ZU GERNE WIS-SEN...
... WIE DU DIESEN ABSTURZ ÜBERLEBT HAST?
DANK DIESES FALLSCHIRMS.
NATÜRLICH.

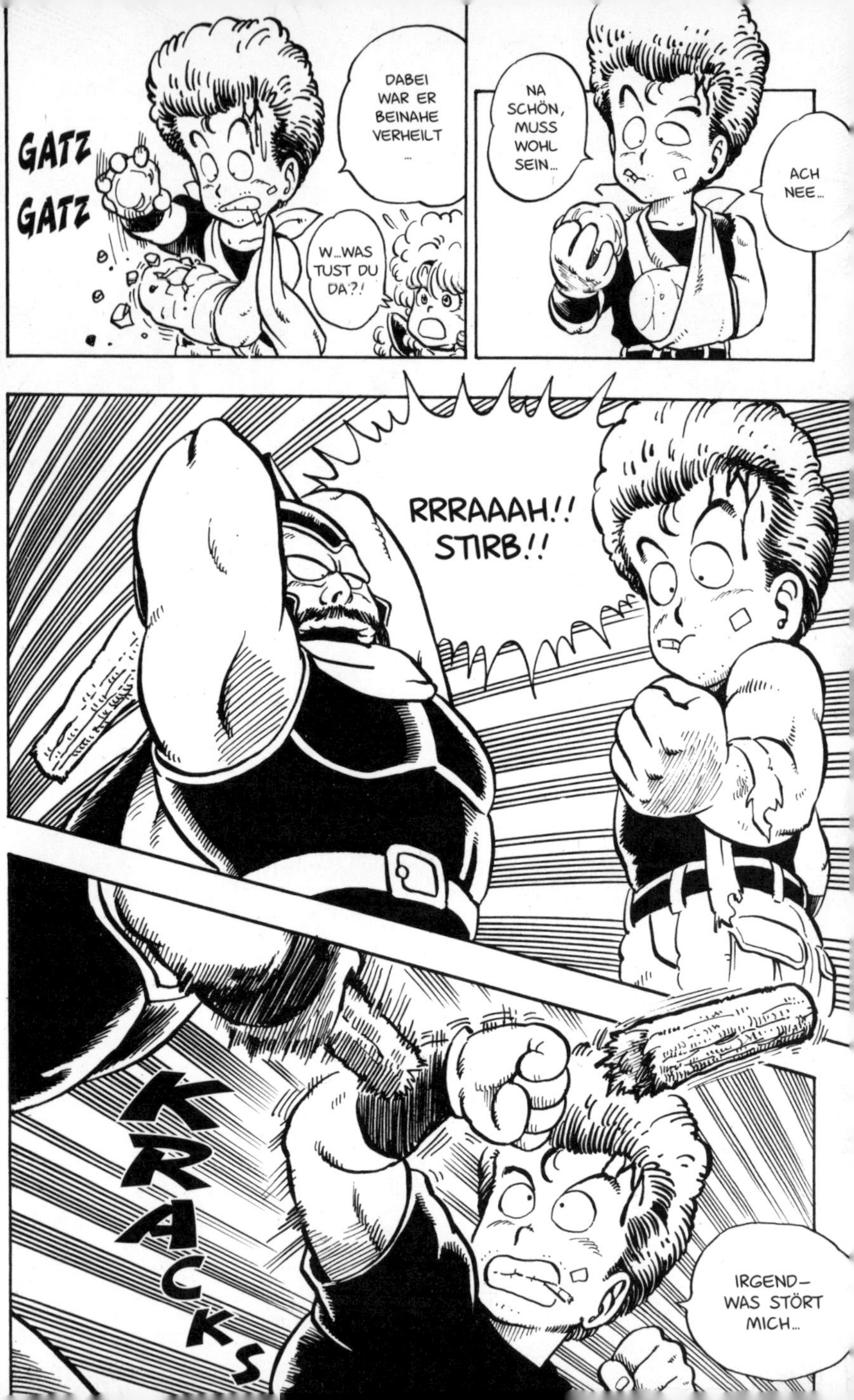
GATZ GATZ
DABEI WAR ER BEINAHE VERHEILT ...
W...WAS TUST DU DA?!
NA SCHÖN, MUSS WOHL SEIN...
ACH NEE...
RRRAAAH!! STIRB!!
KRACKS
IRGEND-WAS STÖRT MICH...

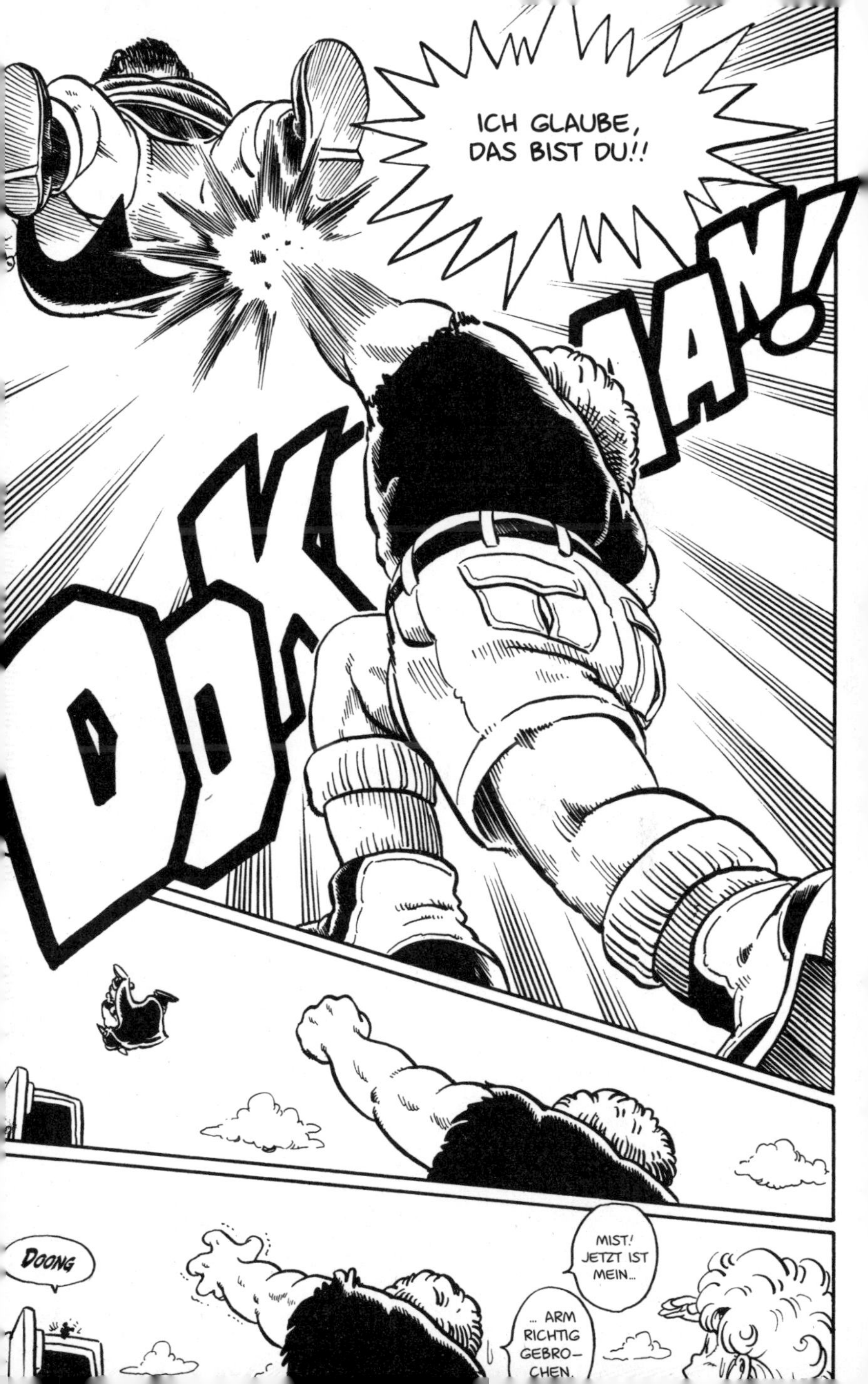

ICH GLAUBE, DAS BIST DU!!
DOKAAN!
MIST! JETZT IST MEIN...
... ARM RICHTIG GEBRO-CHEN.
DOONG

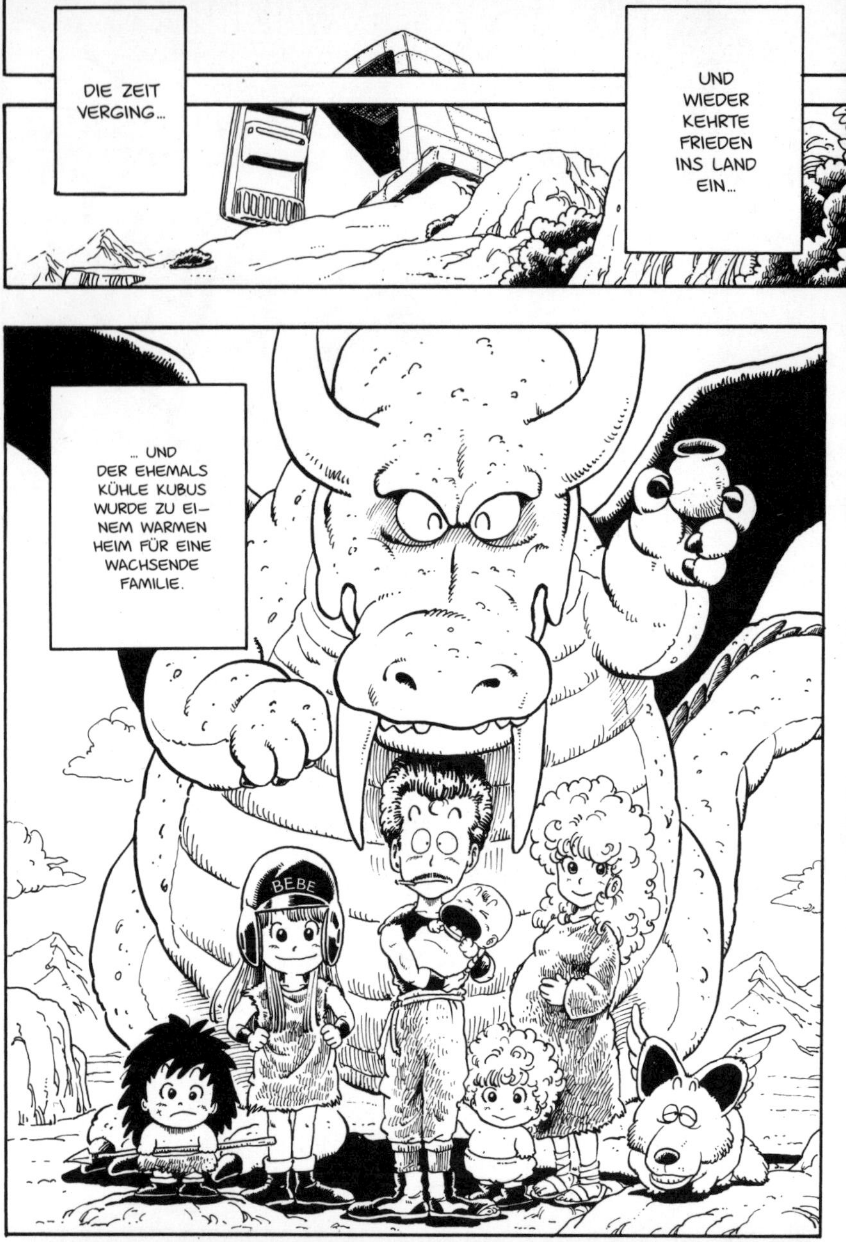

ENDE

ERSCHIENEN 1982 IN AUSGABE 12 DES WEEKLY SHONEN JUMP

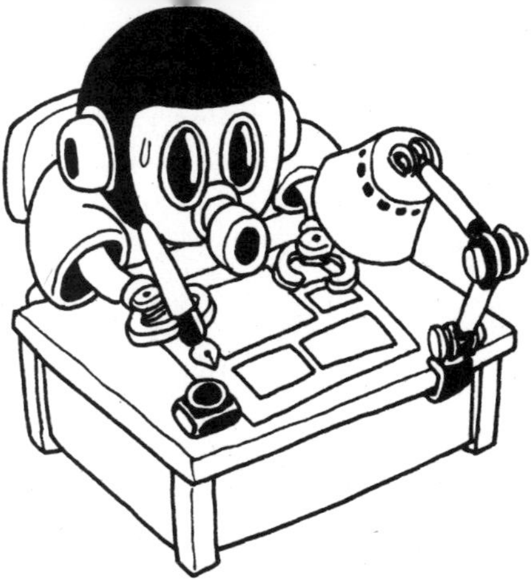

– DAS WAREN NOCH ZEITEN –

MAKING-OF

4. WÄHREND DER ARBEIT AN »MAD MATIC« 1982

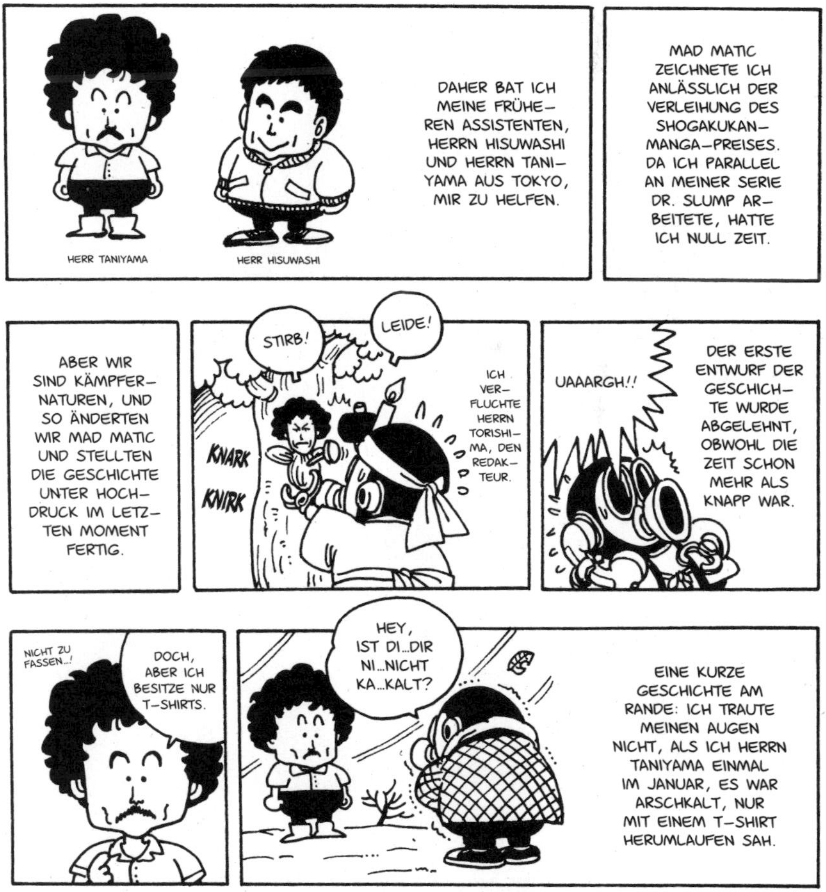

CHOBIT

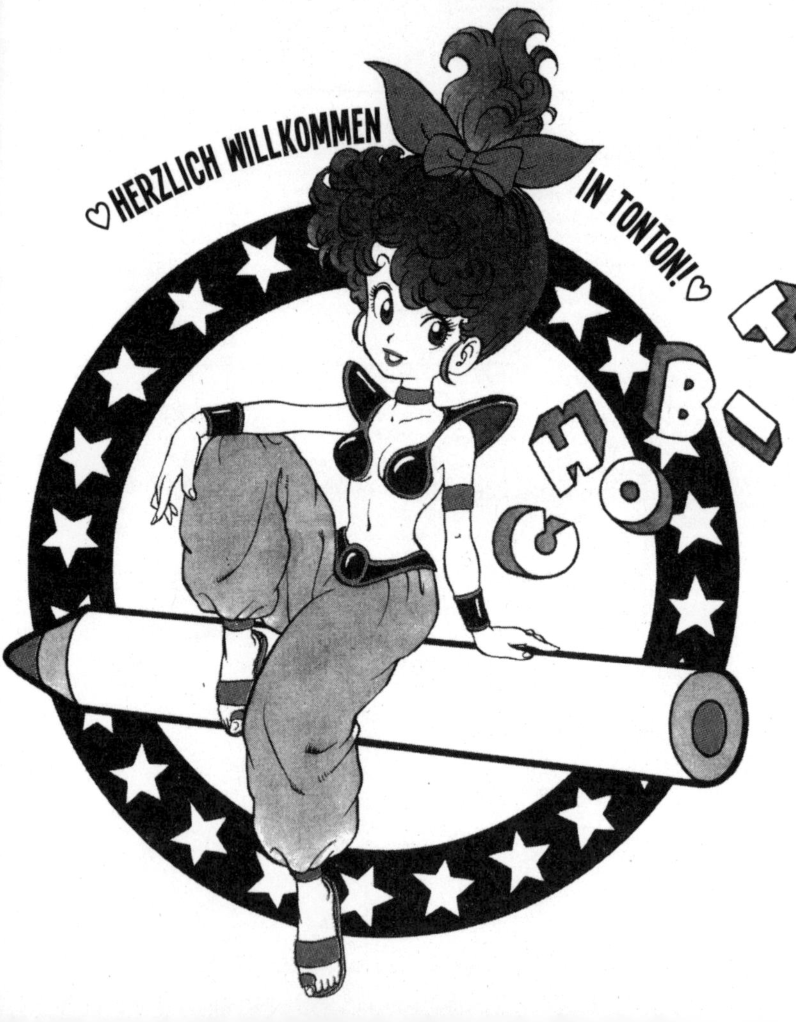

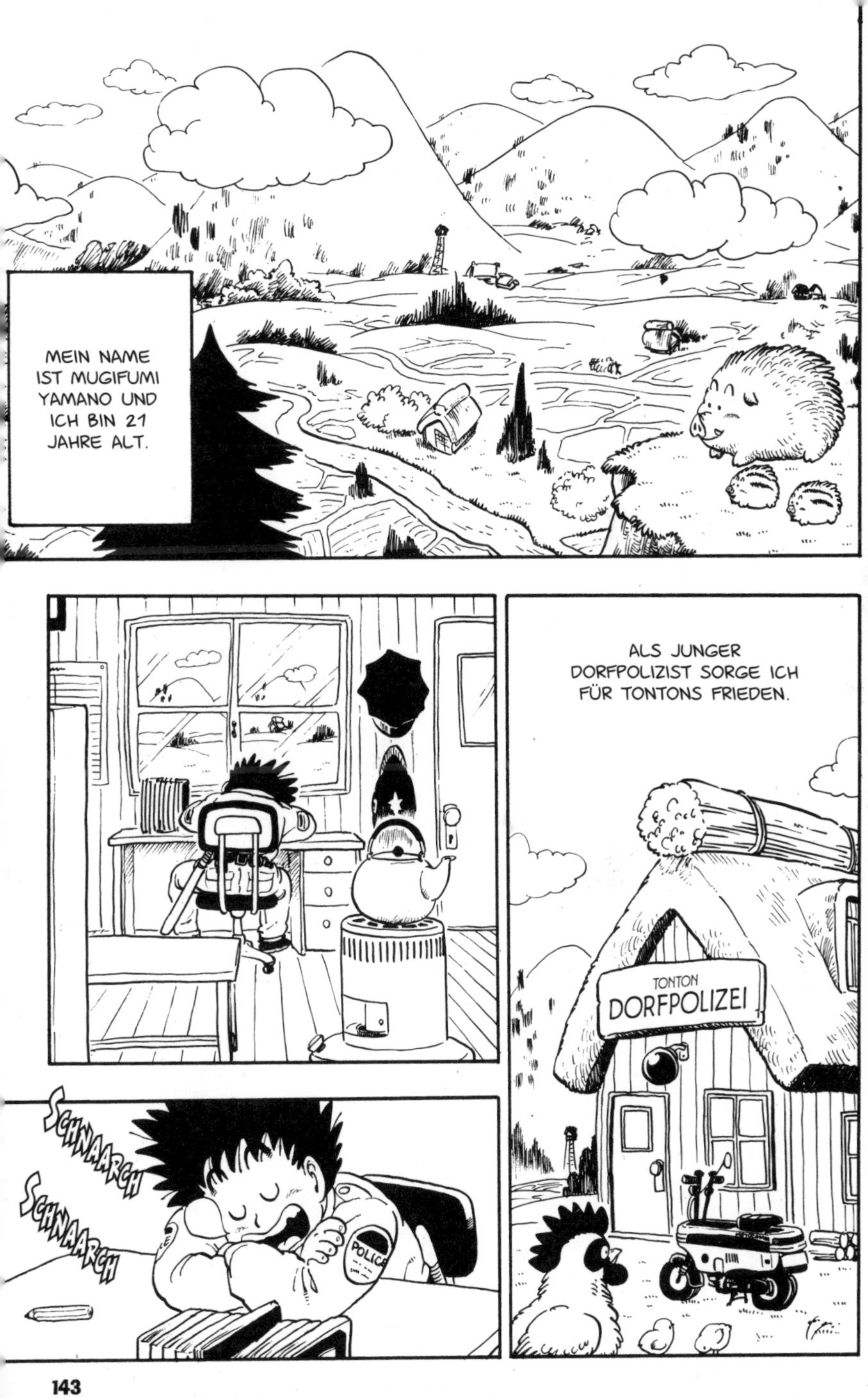
MEIN NAME IST MUGIFUMI YAMANO UND ICH BIN 21 JAHRE ALT.
ALS JUNGER DORFPOLIZIST SORGE ICH FÜR TONTONS FRIEDEN.
TONTON DORFPOLIZEI
SCHNAARCH
SCHNAARCH
POLICE

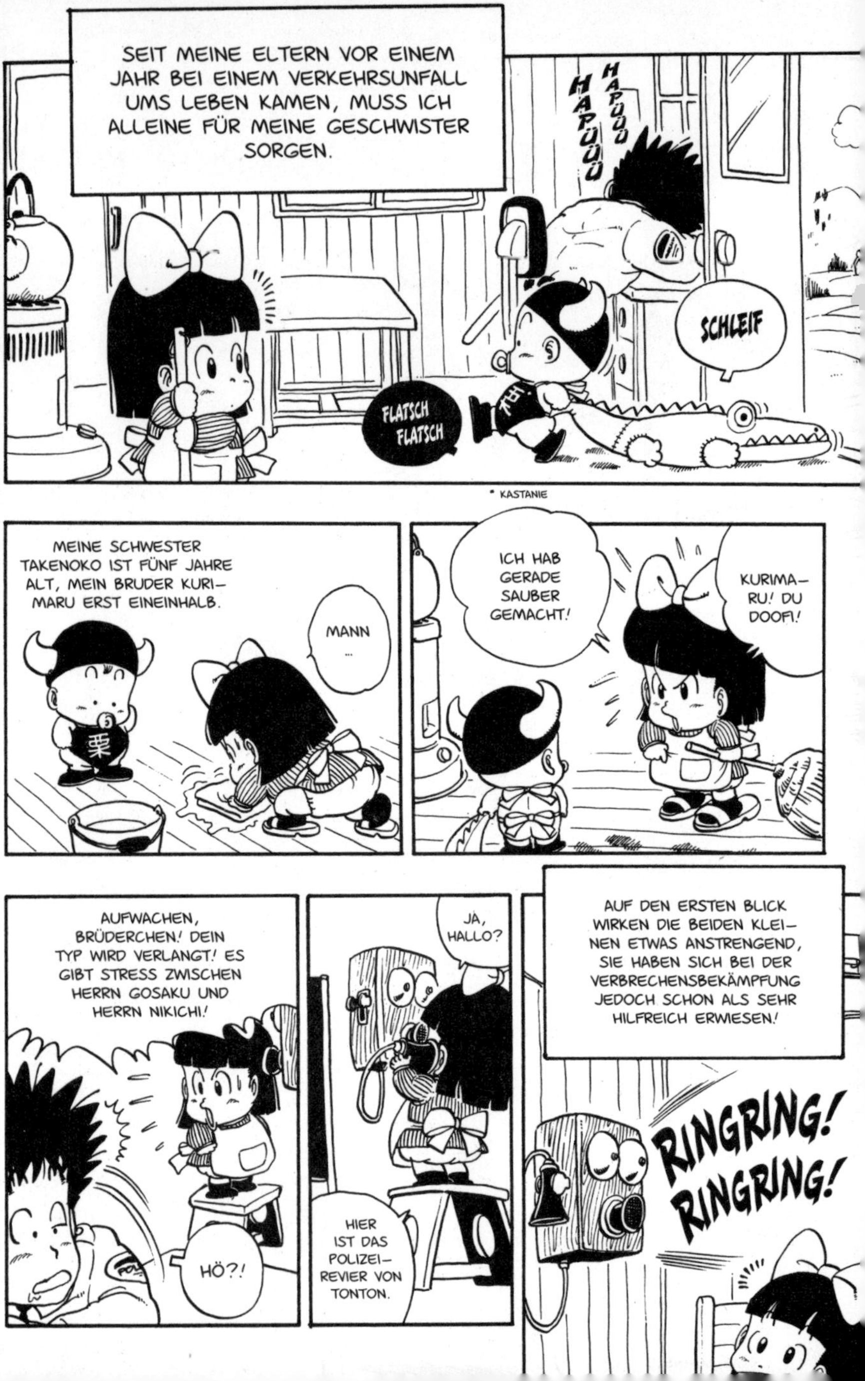
SEIT MEINE ELTERN VOR EINEM JAHR BEI EINEM VERKEHRSUNFALL UMS LEBEN KAMEN, MUSS ICH ALLEINE FÜR MEINE GESCHWISTER SORGEN.
HAPÜÜÜ
HAPÜÜÜ
SCHLEIF
FLATSCH FLATSCH
* KASTANIE
MEINE SCHWESTER TAKENOKO IST FÜNF JAHRE ALT, MEIN BRUDER KURI-MARU ERST EINEINHALB.
MANN ...
KURIMA-RU! DU DOOF!
ICH HAB GERADE SAUBER GEMACHT!
AUF DEN ERSTEN BLICK WIRKEN DIE BEIDEN KLEI-NEN ETWAS ANSTRENGEND, SIE HABEN SICH BEI DER VERBRECHENSBEKÄMPFUNG JEDOCH SCHON ALS SEHR HILFREICH ERWIESEN!
RINGRING! RINGRING!
JA, HALLO?
HIER IST DAS POLIZEI-REVIER VON TONTON.
AUFWACHEN, BRÜDERCHEN! DEIN TYP WIRD VERLANGT! ES GIBT STRESS ZWISCHEN HERRN GOSAKU UND HERRN NIKICHI!
HÖ?!

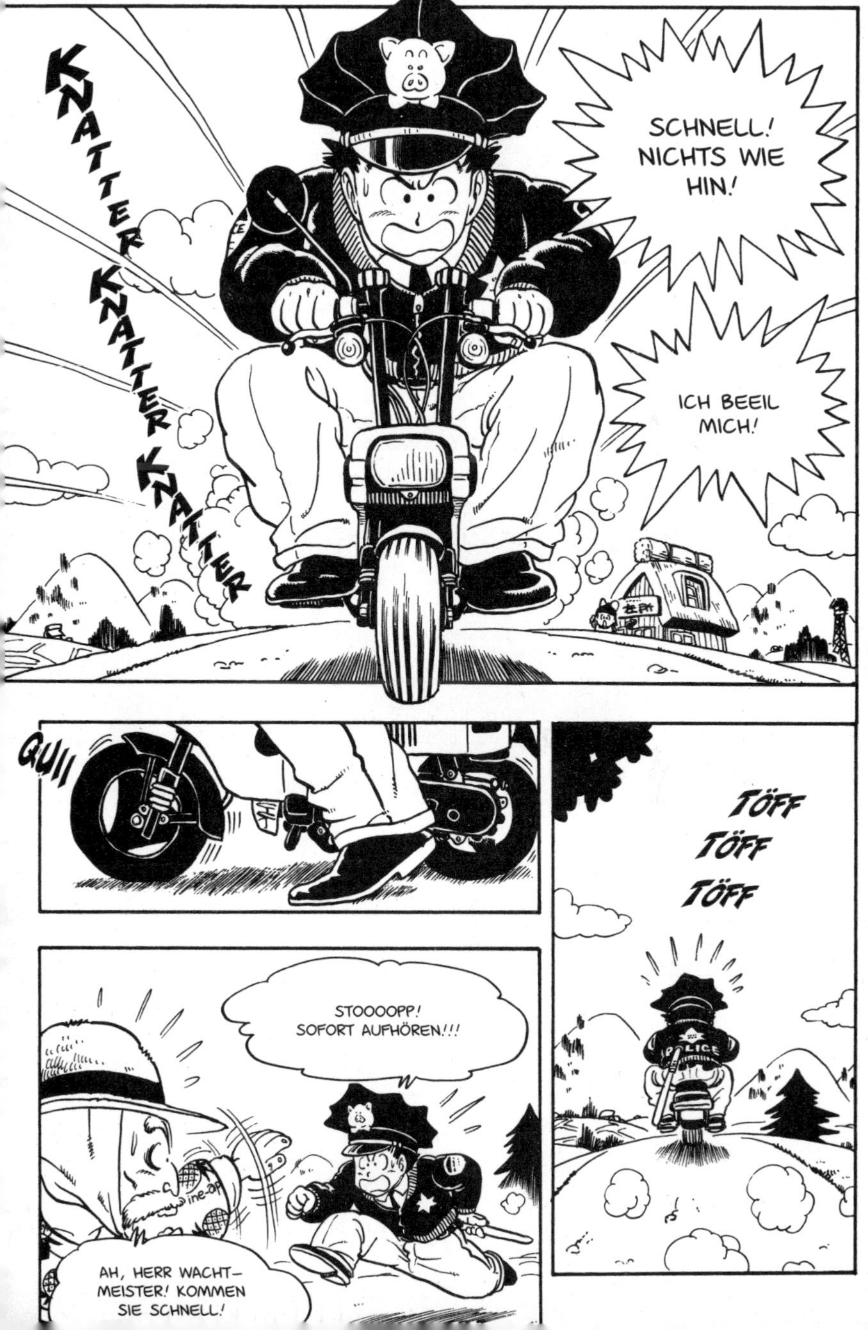
SCHNELL! NICHTS WIE HIN!
KNATTER KNATTER KNATTER
ICH BEEIL MICH!
TÖFF TÖFF TÖFF
QUIII
STOOOOPP! SOFORT AUFHÖREN!!!
AH, HERR WACHT-MEISTER! KOMMEN SIE SCHNELL!

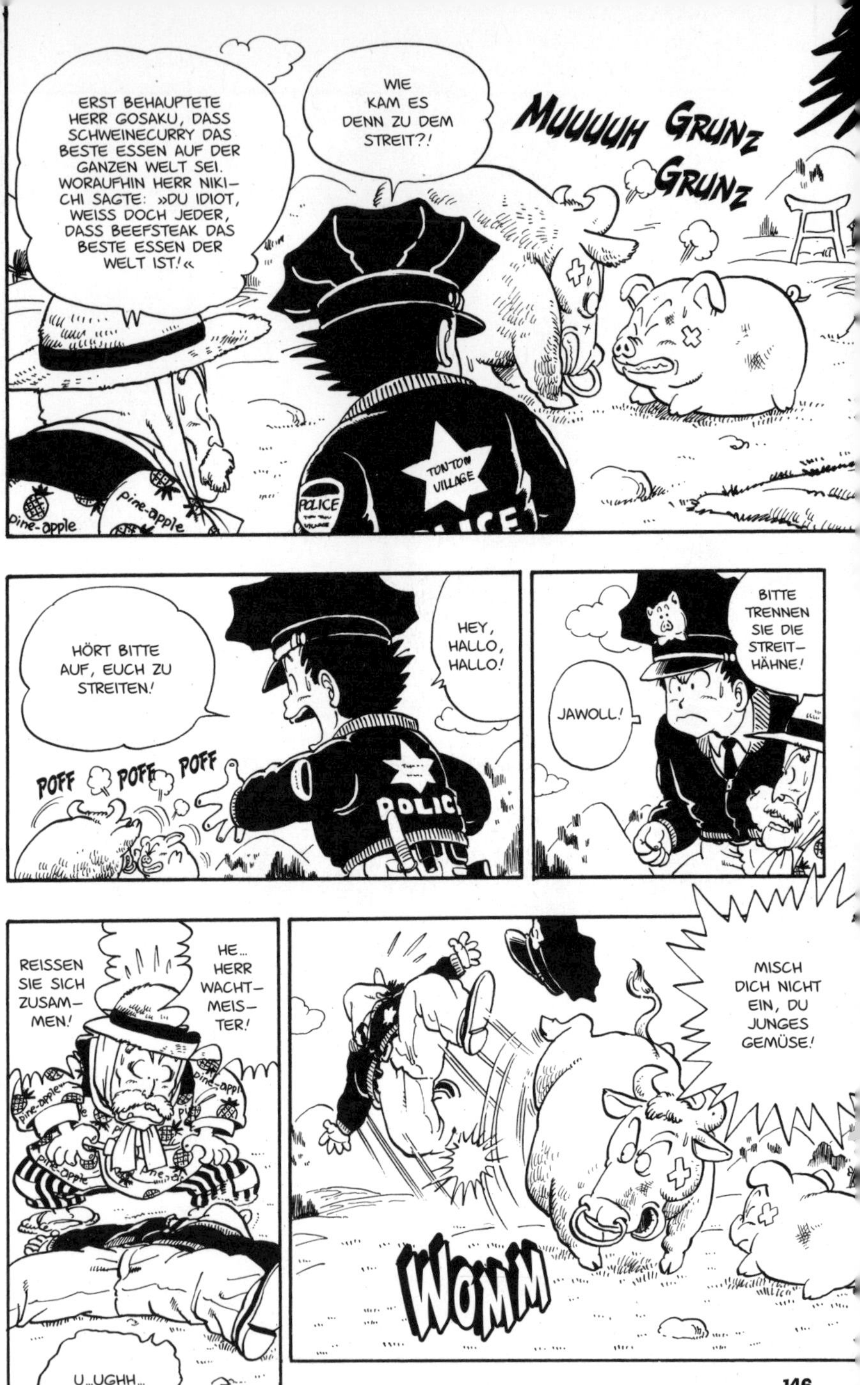
WIE KAM ES DENN ZU DEM STREIT?!
ERST BEHAUPTETE HERR GOSAKU, DASS SCHWEINECURRY DAS BESTE ESSEN AUF DER GANZEN WELT SEI. WORAUFHIN HERR NIKI-CHI SAGTE: »DU IDIOT, WEISS DOCH JEDER, DASS BEEFSTEAK DAS BESTE ESSEN DER WELT IST!«
MUUUUH GRUNZ GRUNZ
TONTON VILLAGE
POLICE
pine-apple
HEY, HALLO, HALLO!
HÖRT BITTE AUF, EUCH ZU STREITEN!
POFF POFF POFF
POLICE
BITTE TRENNEN SIE DIE STREIT-HÄHNE!
JAWOLL!
MISCH DICH NICHT EIN, DU JUNGES GEMÜSE!
WOMM
HE… HERR WACHT-MEIS-TER!
REISSEN SIE SICH ZUSAM-MEN!
pine-apple
U…UGHH…

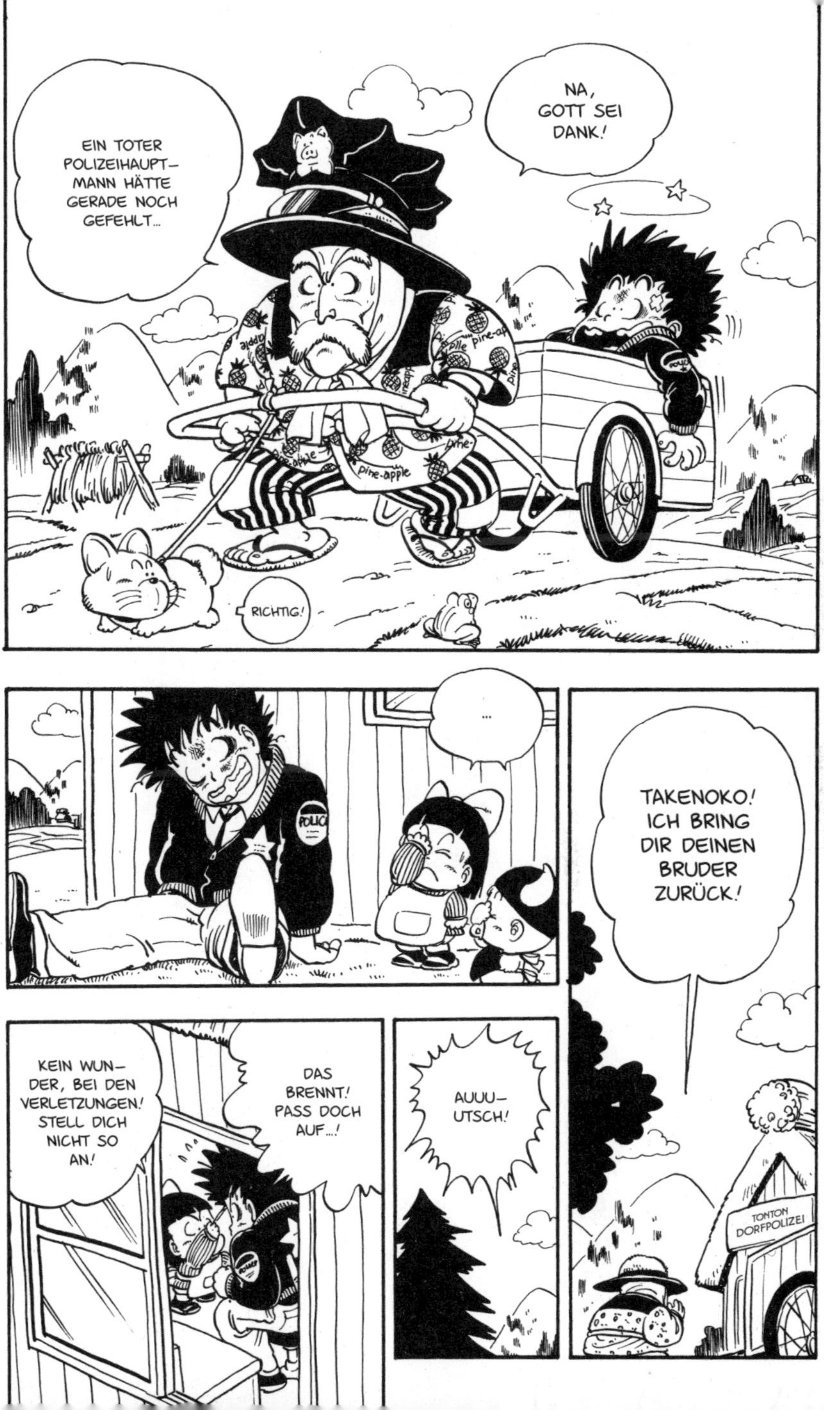
NA, GOTT SEI DANK!
EIN TOTER POLIZEIHAUPT-MANN HÄTTE GERADE NOCH GEFEHLT...
RICHTIG!
TAKENOKO! ICH BRING DIR DEINEN BRUDER ZURÜCK!
TONTON DORFPOLIZEI
...
AUUU-UTSCH!
DAS BRENNT! PASS DOCH AUF...!
KEIN WUN-DER, BEI DEN VERLETZUNGEN! STELL DICH NICHT SO AN!

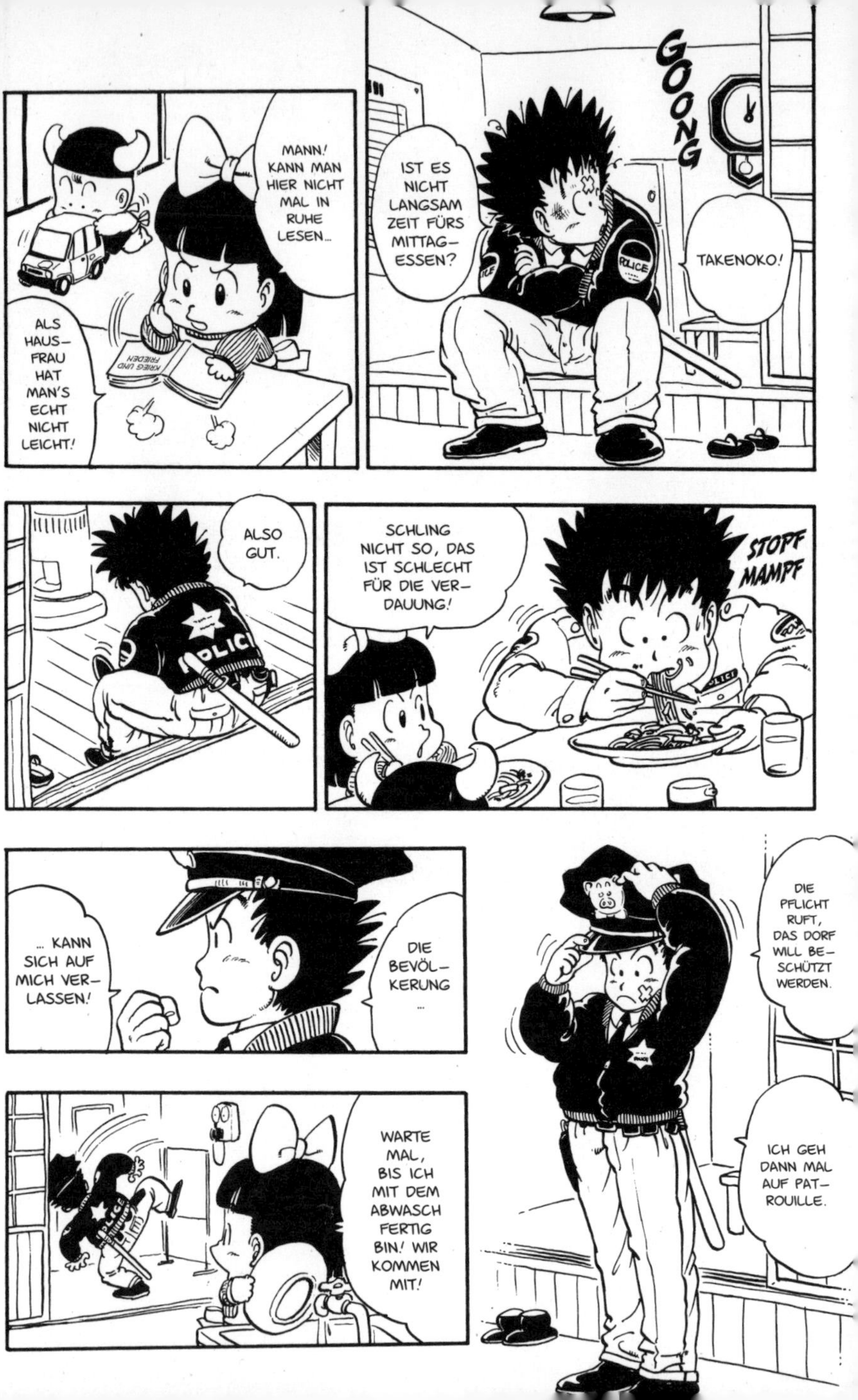
GOOONG
TAKENOKO!
IST ES NICHT LANGSAM ZEIT FÜRS MITTAG-ESSEN?
MANN! KANN MAN HIER NICHT MAL IN RUHE LESEN...
KRIEG UND FRIEDEN
ALS HAUS-FRAU HAT MAN'S ECHT NICHT LEICHT!
STOPF MAMPF
SCHLING NICHT SO, DAS IST SCHLECHT FÜR DIE VER-DAUUNG!
ALSO GUT.
DIE PFLICHT RUFT, DAS DORF WILL BE-SCHÜTZT WERDEN.
ICH GEH DANN MAL AUF PAT-ROUILLE.
DIE BEVÖL-KERUNG ...
... KANN SICH AUF MICH VER-LASSEN!
WARTE MAL, BIS ICH MIT DEM ABWASCH FERTIG BIN! WIR KOMMEN MIT!

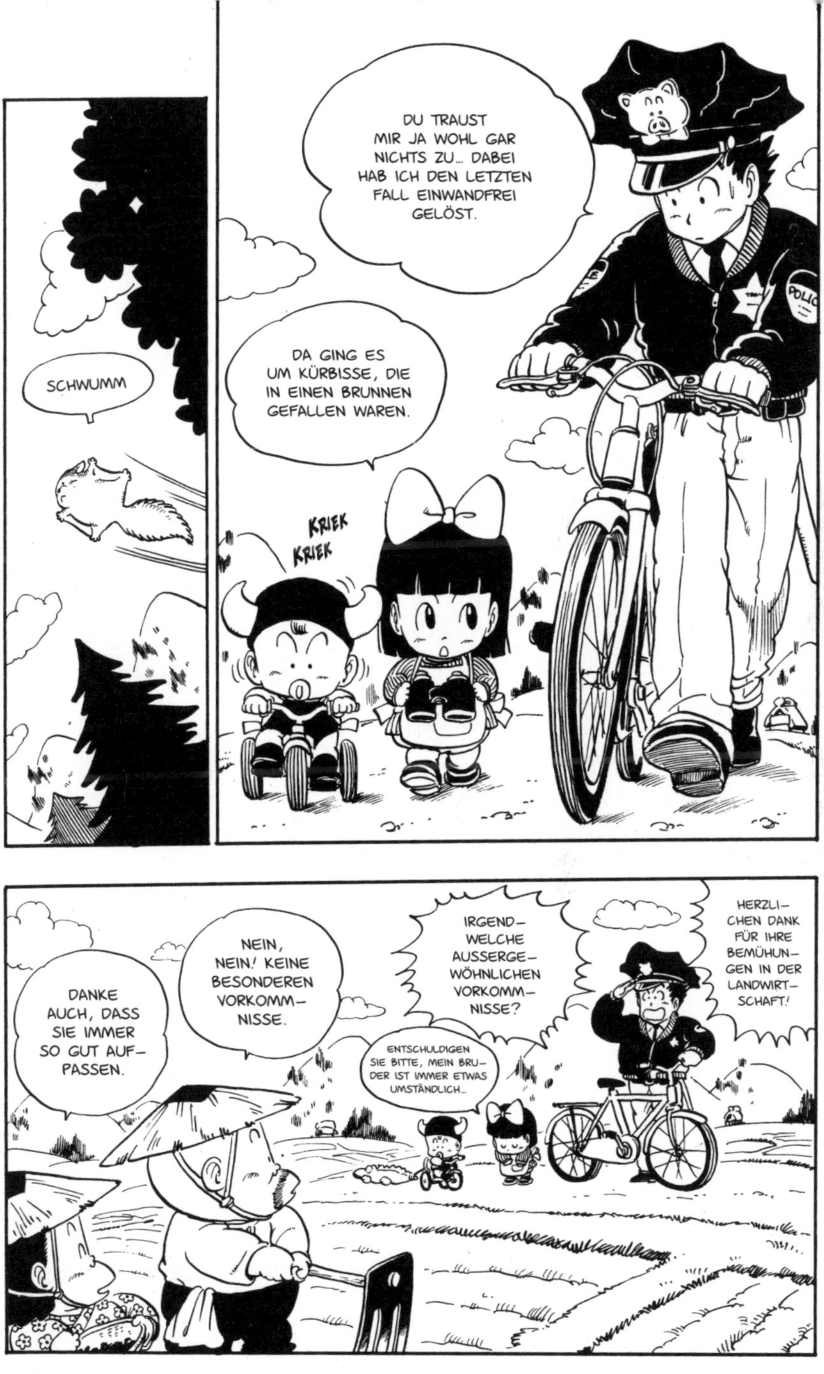

DU TRAUST MIR JA WOHL GAR NICHTS ZU... DABEI HAB ICH DEN LETZTEN FALL EINWANDFREI GELÖST.
DA GING ES UM KÜRBISSE, DIE IN EINEN BRUNNEN GEFALLEN WAREN.
KRIEK KRIEK
SCHWUMM
HERZLICHEN DANK FÜR IHRE BEMÜHUNGEN IN DER LANDWIRTSCHAFT!
IRGENDWELCHE AUSSERGEWÖHNLICHEN VORKOMMNISSE?
ENTSCHULDIGEN SIE BITTE, MEIN BRUDER IST IMMER ETWAS UMSTÄNDLICH...
NEIN, NEIN! KEINE BESONDEREN VORKOMMNISSE.
DANKE AUCH, DASS SIE IMMER SO GUT AUFPASSEN.

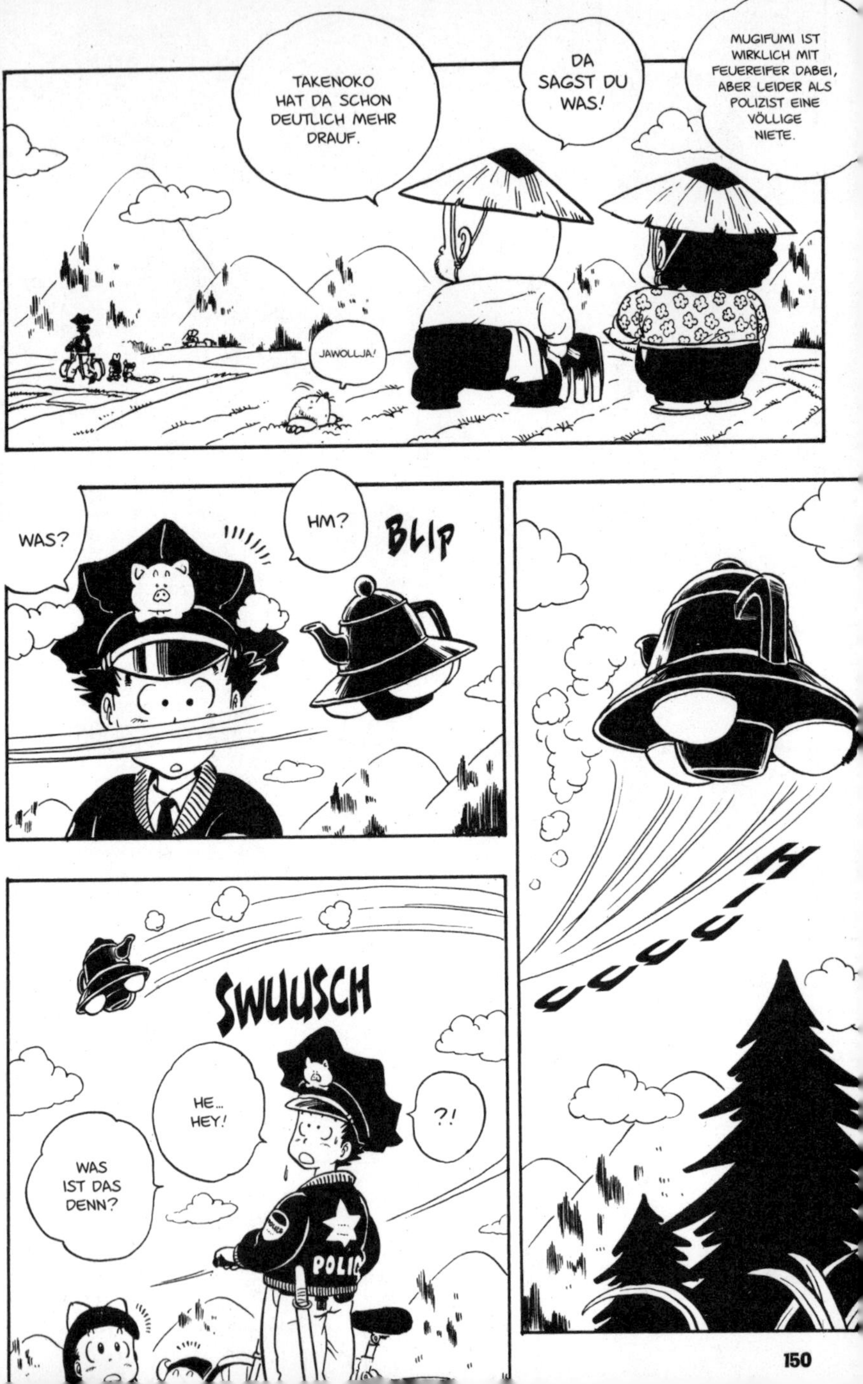
MUGIFUMI IST WIRKLICH MIT FEUEREIFER DABEI, ABER LEIDER ALS POLIZIST EINE VÖLLIGE NIETE.
DA SAGST DU WAS!
TAKENOKO HAT DA SCHON DEUTLICH MEHR DRAUF.
JAWOLLJA!
HM?
WAS?
BLIP
SWUUSCH
?!
HE... HEY!
WAS IST DAS DENN?

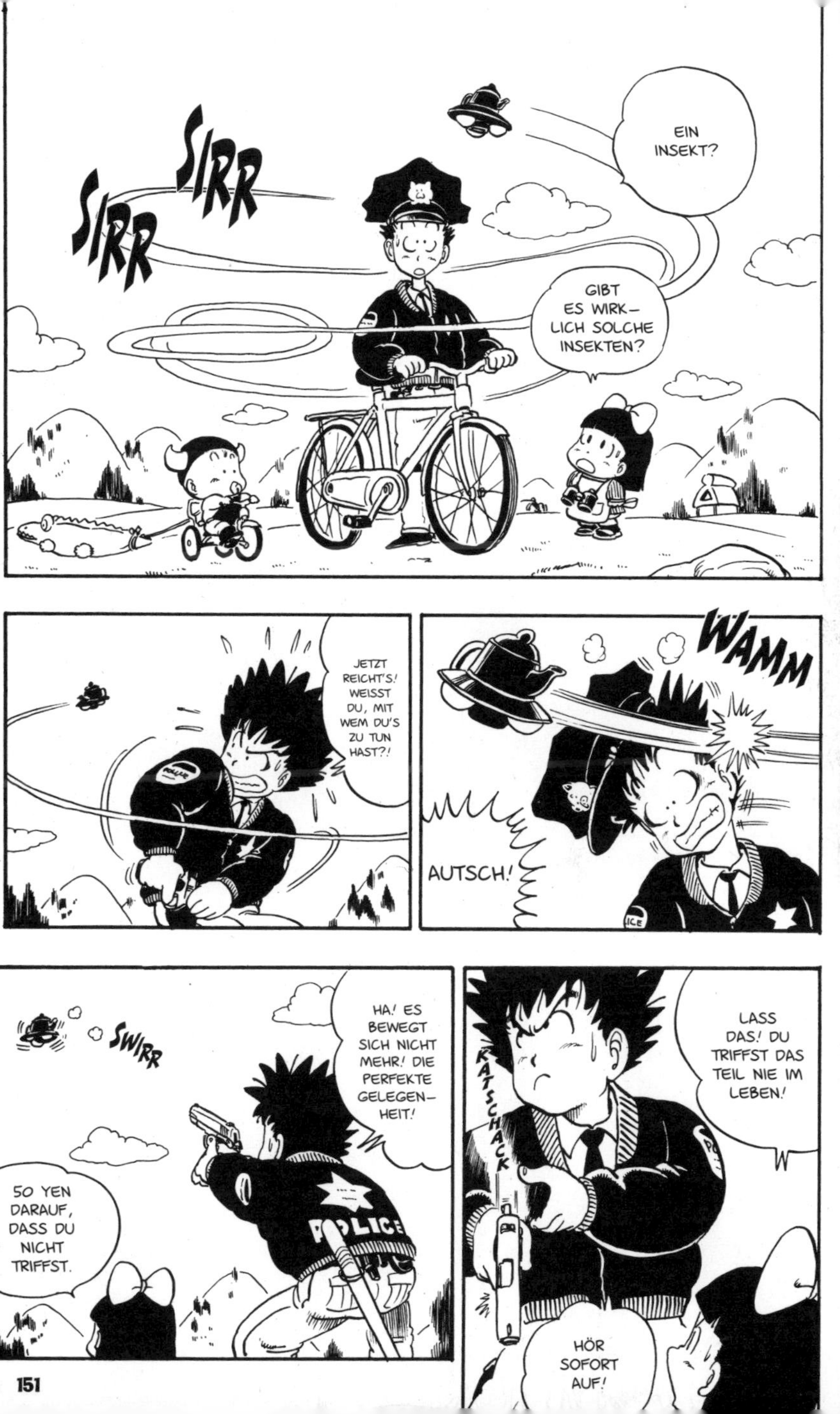
SIRR
SIRR
EIN INSEKT?
GIBT ES WIRK-LICH SOLCHE INSEKTEN?
JETZT REICHT'S! WEISST DU, MIT WEM DU'S ZU TUN HAST?!
WAMM
AUTSCH!
SWIRR
HA! ES BEWEGT SICH NICHT MEHR! DIE PERFEKTE GELEGEN-HEIT!
50 YEN DARAUF, DASS DU NICHT TRIFFST.
KATSCHACK
LASS DAS! DU TRIFFST DAS TEIL NIE IM LEBEN!
HÖR SOFORT AUF!

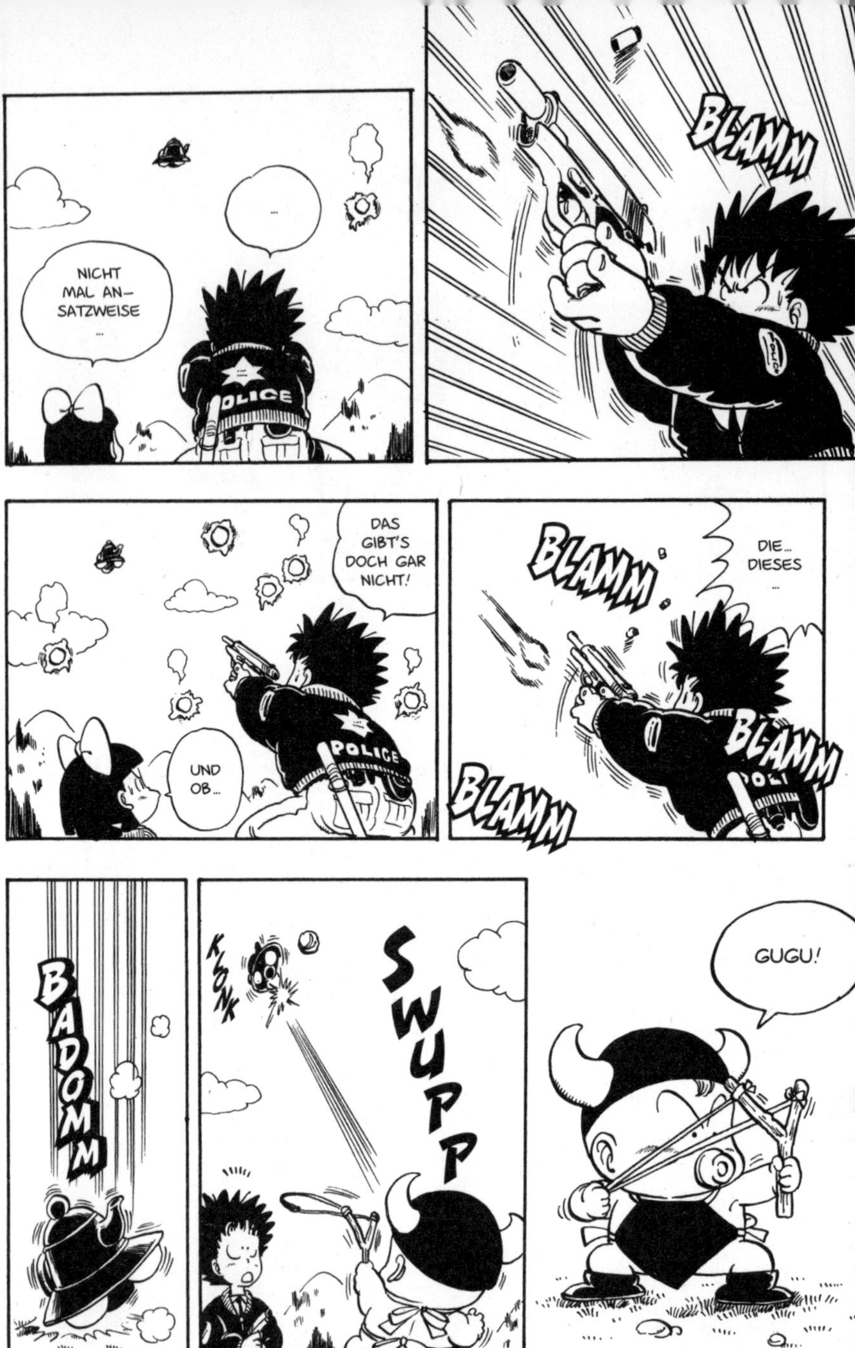
BLAMM
...
NICHT MAL AN-SATZWEISE ...
BLAMM
DIE... DIESES ...
BLAMM
BLAMM
DAS GIBT'S DOCH GAR NICHT!
UND OB ...
GUGU!
SWUPP
KLONK
BADOMM

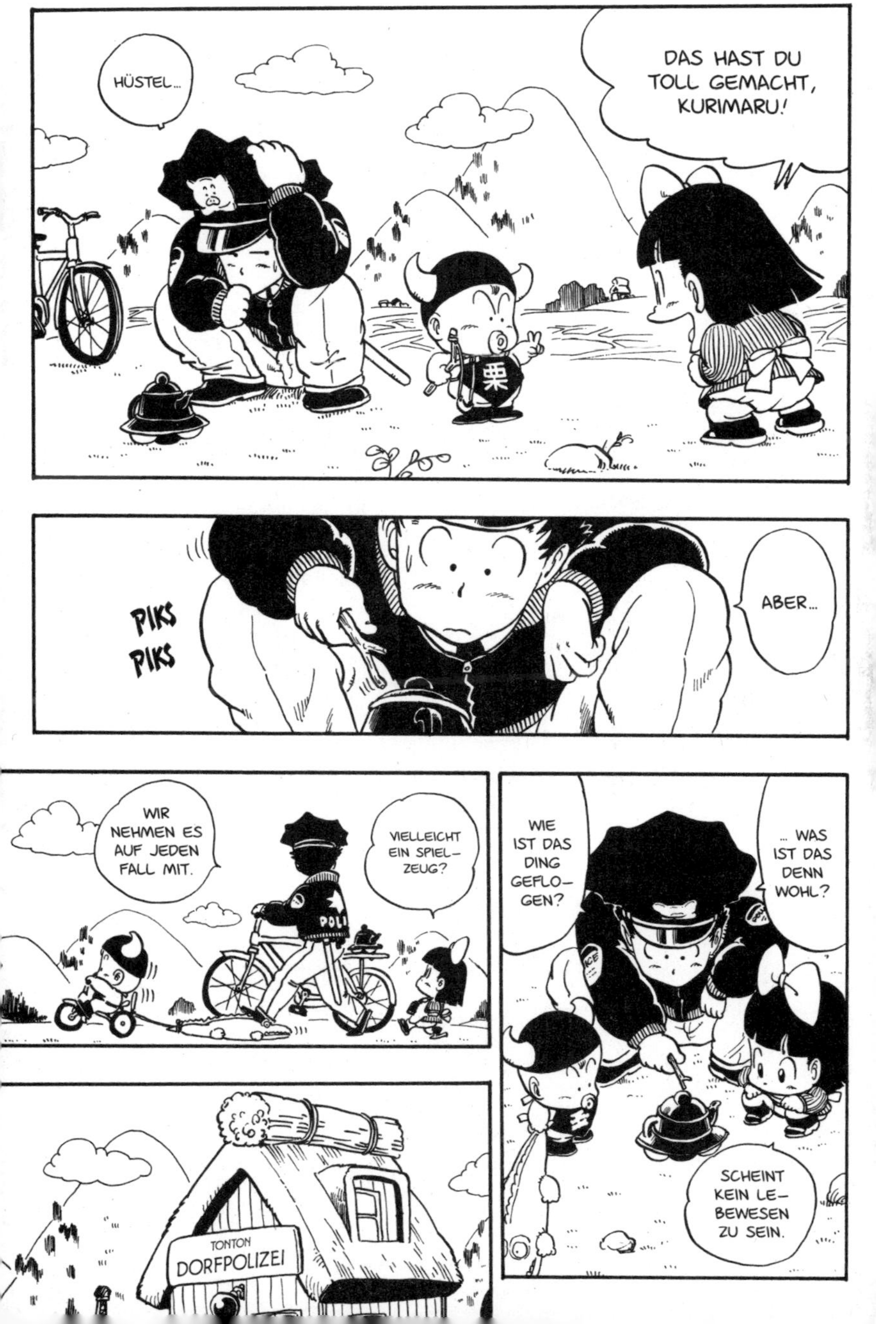
DAS HAST DU TOLL GEMACHT, KURIMARU!
HÜSTEL...
ABER...
PIKS PIKS
... WAS IST DAS DENN WOHL?
WIE IST DAS DING GEFLO-GEN?
SCHEINT KEIN LE-BEWESEN ZU SEIN.
VIELLEICHT EIN SPIEL-ZEUG?
WIR NEHMEN ES AUF JEDEN FALL MIT.
POLI
TONTON DORFPOLIZEI

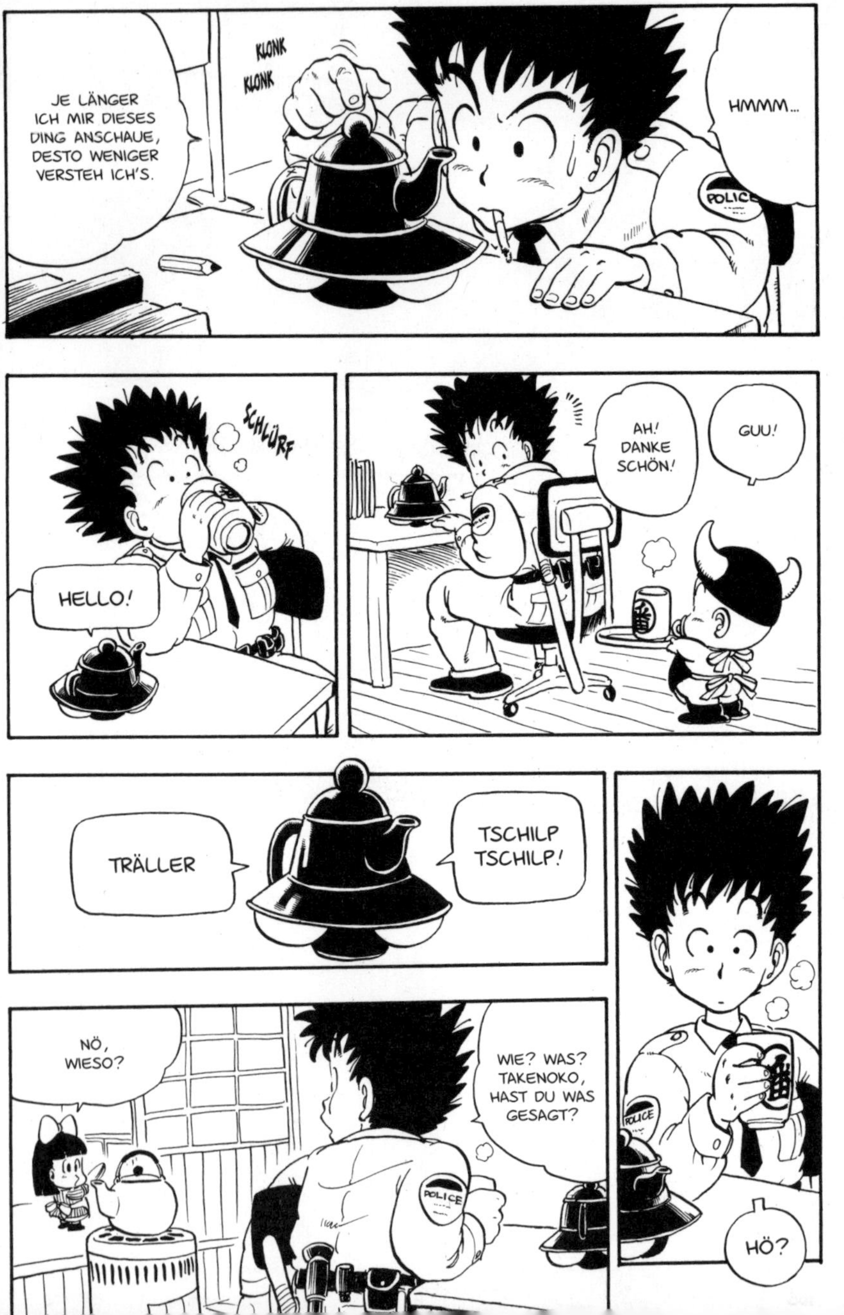
HMMM...
KLONK
KLONK
JE LÄNGER ICH MIR DIESES DING ANSCHAUE, DESTO WENIGER VERSTEH ICH'S.
GUU!
AH! DANKE SCHÖN!
SCHLÜRF
HELLO!
TSCHILP TSCHILP!
TRÄLLER
HÖ?
WIE? WAS? TAKENOKO, HAST DU WAS GESAGT?
NÖ, WIESO?

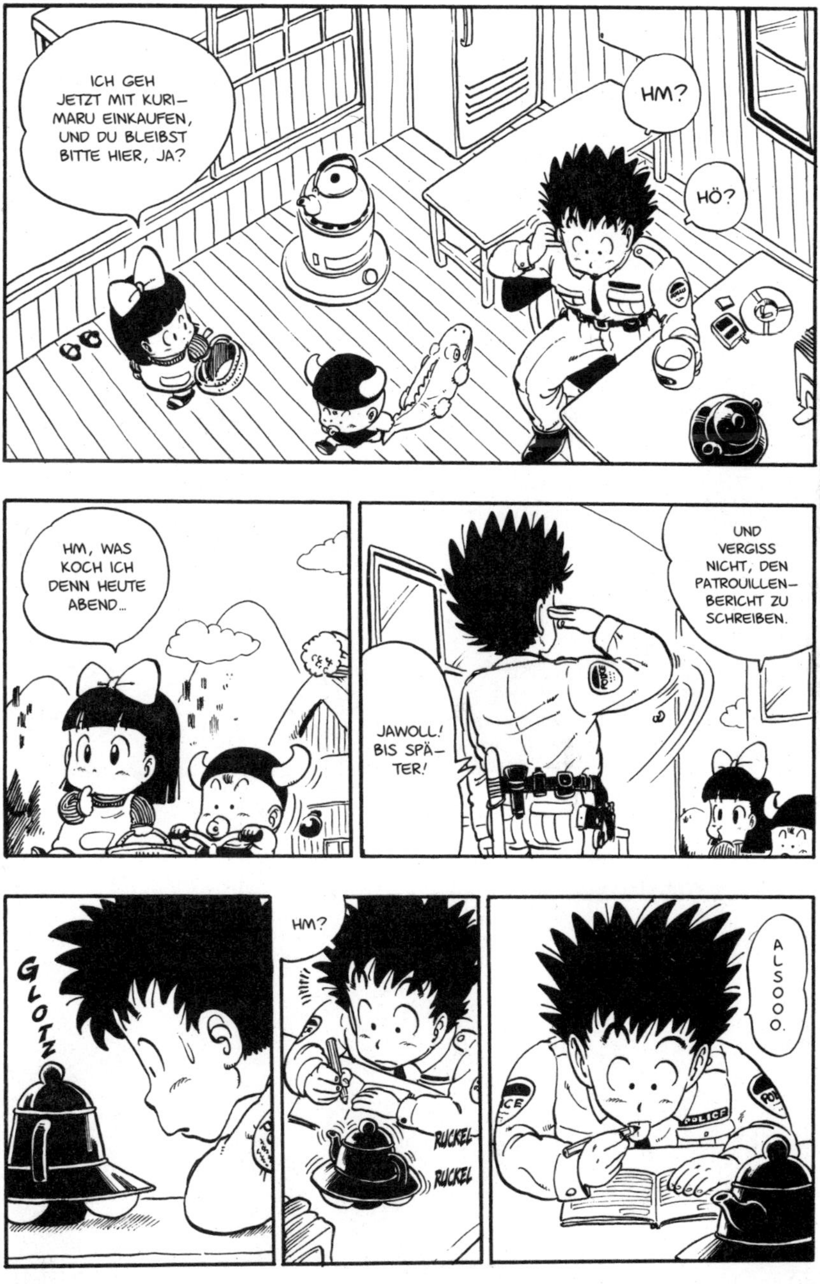
ICH GEH JETZT MIT KURI-MARU EINKAUFEN, UND DU BLEIBST BITTE HIER, JA?
HM?
HÖ?
HM, WAS KOCH ICH DENN HEUTE ABEND...
UND VERGISS NICHT, DEN PATROUILLEN-BERICHT ZU SCHREIBEN.
JAWOLL! BIS SPÄ-TER!
GLOTZ
HM?
RUCKEL
RUCKEL
ALSOOO.

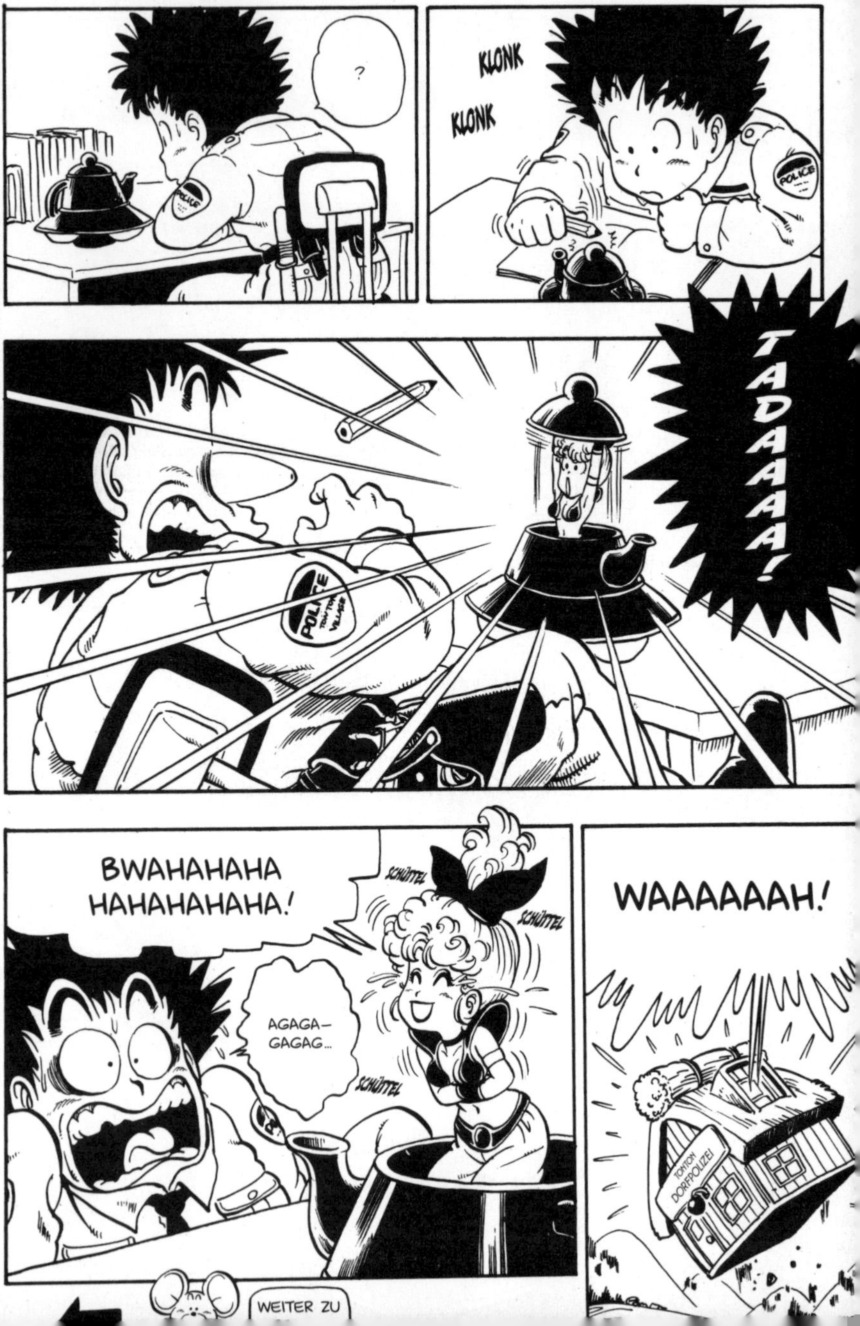
?
KLONK
KLONK
TADAAAAA!
BWAHAHAHA HAHAHAHAHA!
SCHÜTTEL
SCHÜTTEL
AGAGA-GAGAG...
SCHÜTTEL
WAAAAAAH!
TOMTON DORFPOLIZEI
WEITER ZU

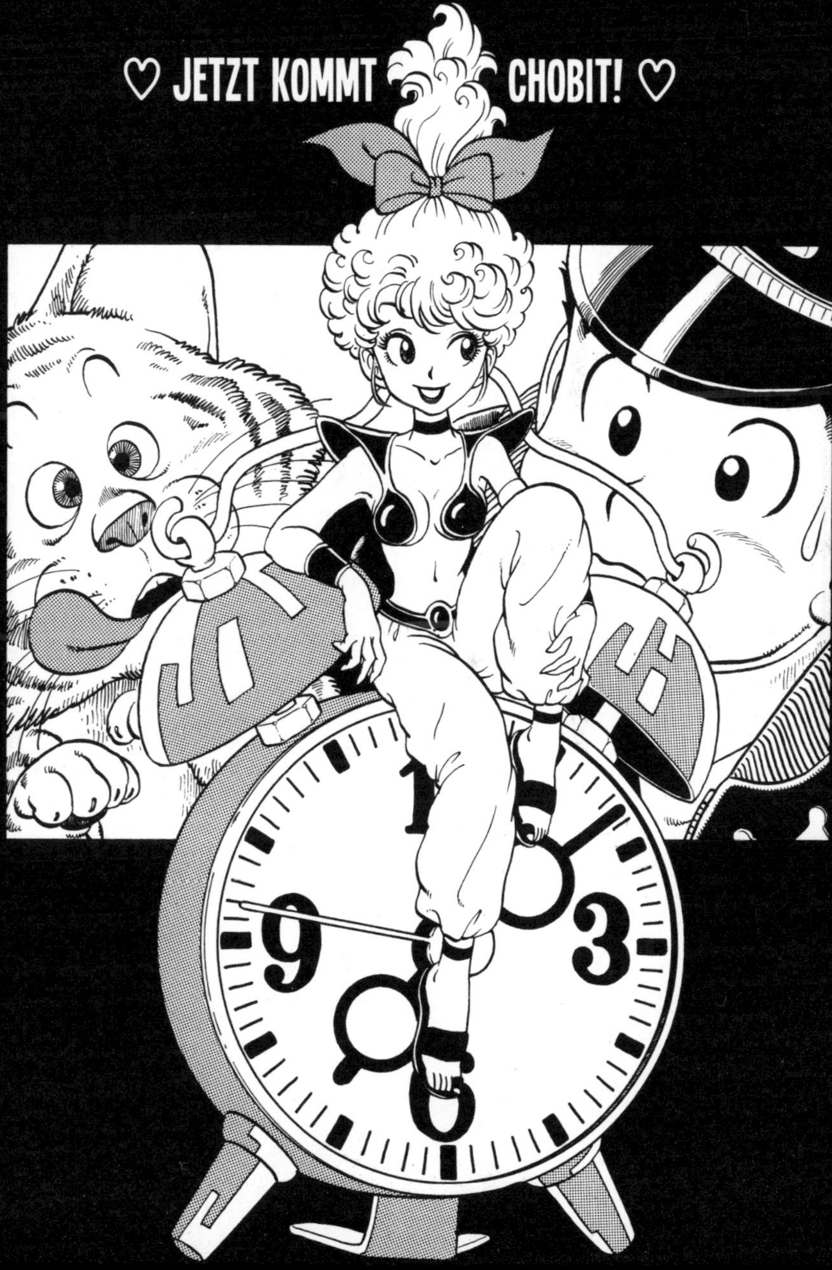
♡ JETZT KOMMT CHOBIT! ♡

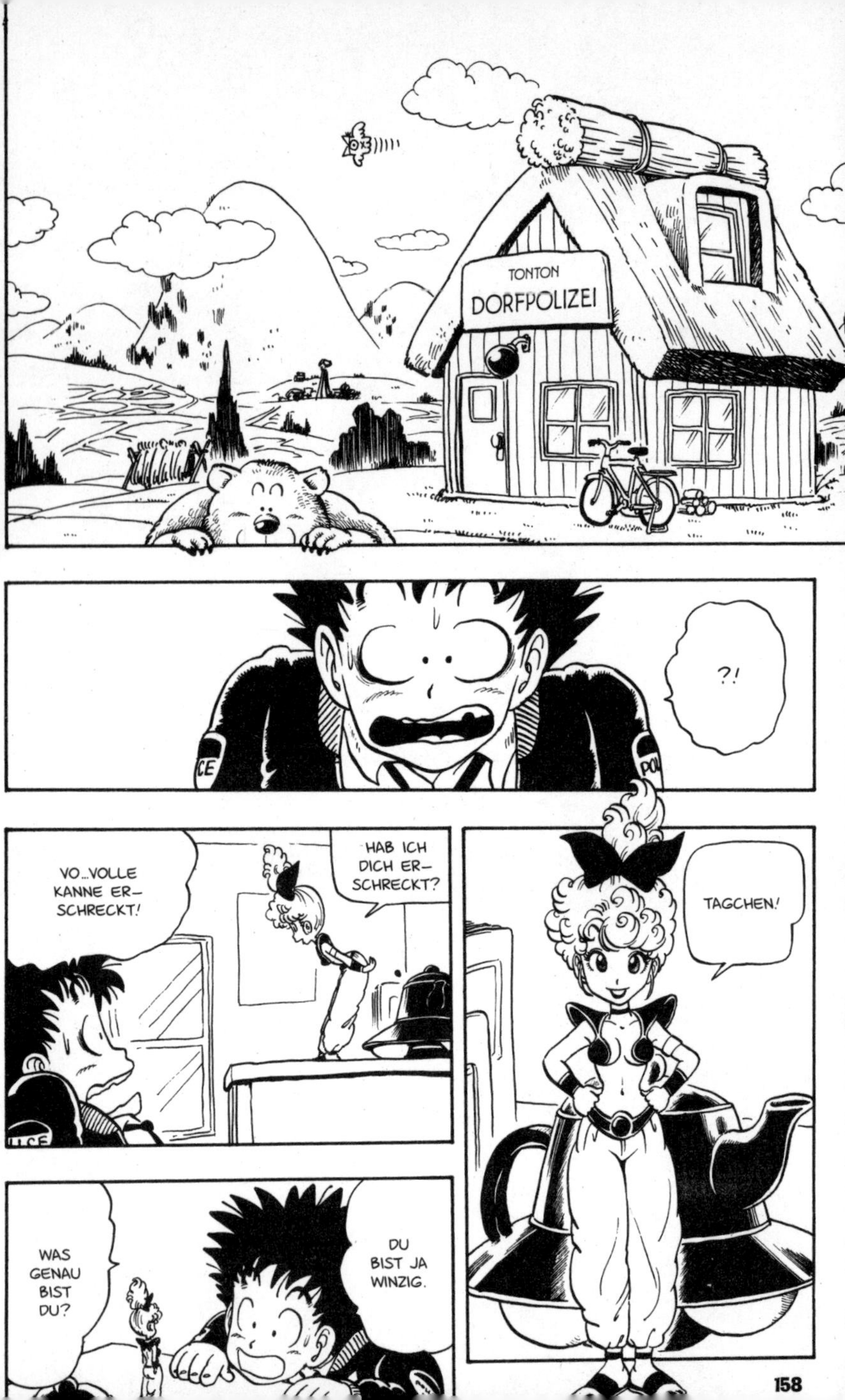
TONTON
DORFPOLIZEI
?!
TAGCHEN!
HAB ICH DICH ER-SCHRECKT?
VO...VOLLE KANNE ER-SCHRECKT!
DU BIST JA WINZIG.
WAS GENAU BIST DU?

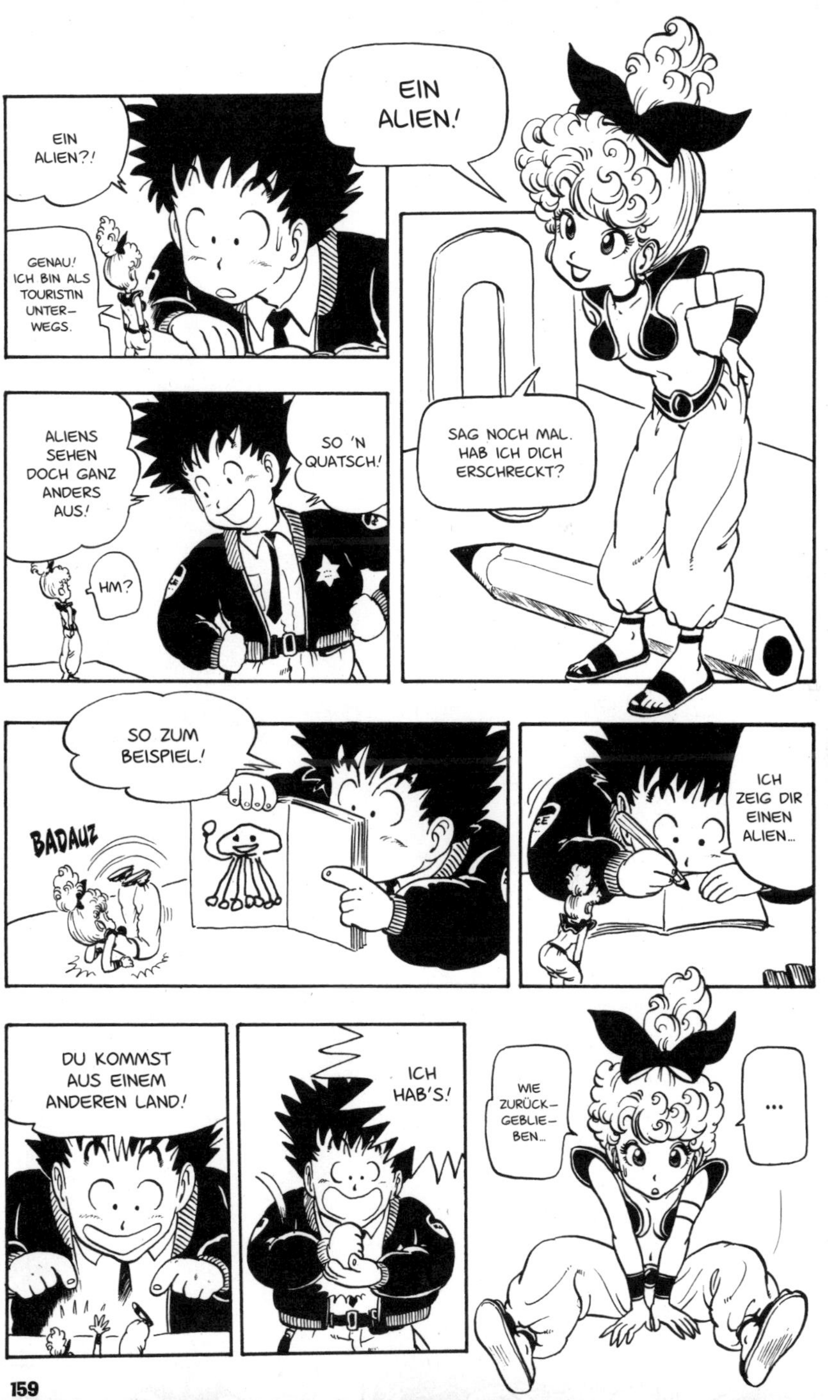
EIN ALIEN!
SAG NOCH MAL. HAB ICH DICH ERSCHRECKT?
EIN ALIEN?!
GENAU! ICH BIN ALS TOURISTIN UNTER-WEGS.
SO 'N QUATSCH!
ALIENS SEHEN DOCH GANZ ANDERS AUS!
HM?
ICH ZEIG DIR EINEN ALIEN...
SO ZUM BEISPIEL!
BADAUZ
...
WIE ZURÜCK-GEBLIE-BEN...
ICH HAB'S!
DU KOMMST AUS EINEM ANDEREN LAND!

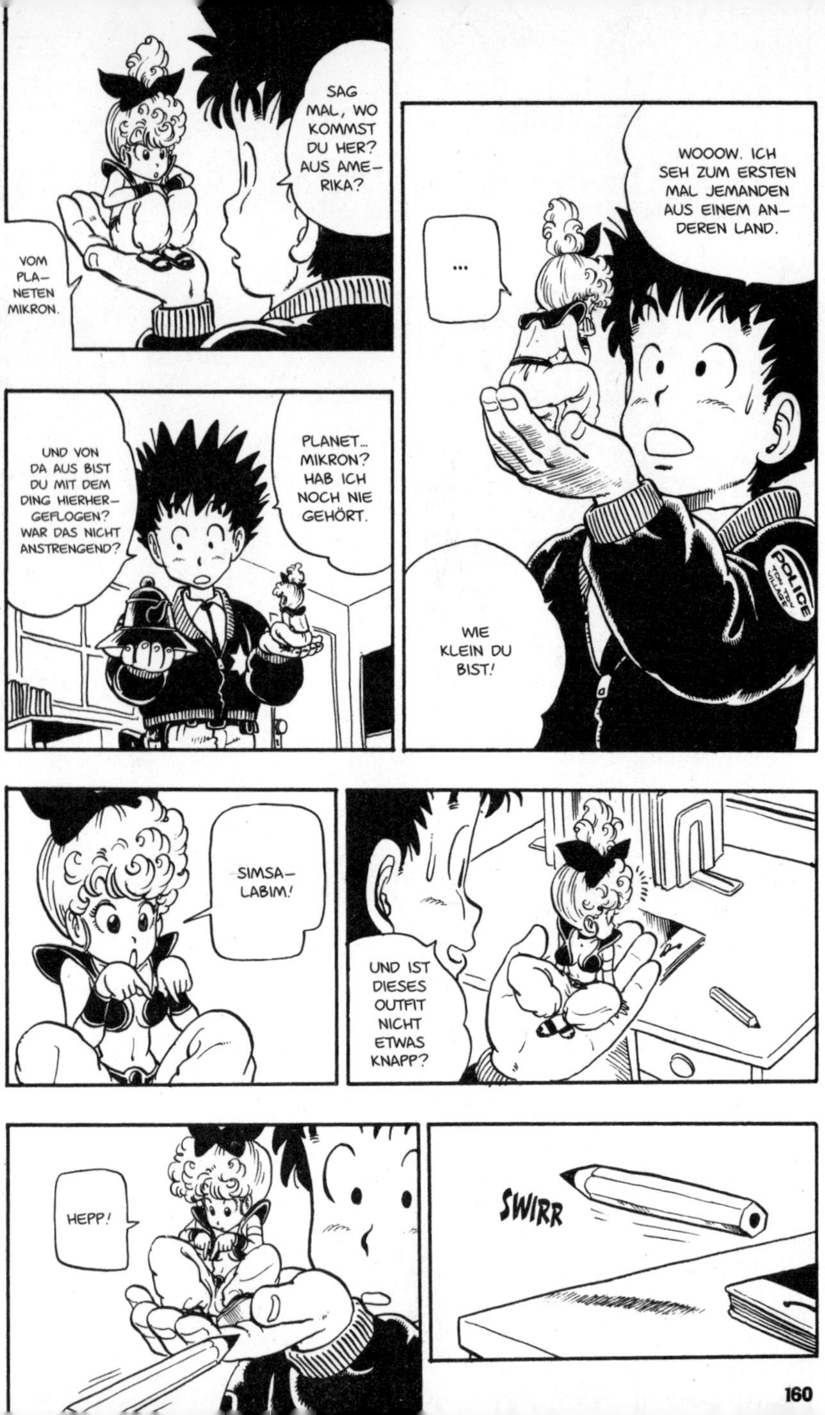
WOOOW. ICH SEH ZUM ERSTEN MAL JEMANDEN AUS EINEM ANDEREN LAND.
...
WIE KLEIN DU BIST!
SAG MAL, WO KOMMST DU HER? AUS AMERIKA?
VOM PLANETEN MIKRON.
PLANET... MIKRON? HAB ICH NOCH NIE GEHÖRT.
UND VON DA AUS BIST DU MIT DEM DING HIERHERGEFLOGEN? WAR DAS NICHT ANSTRENGEND?
UND IST DIESES OUTFIT NICHT ETWAS KNAPP?
SIMSALABIM!
SWIRR
HEPP!

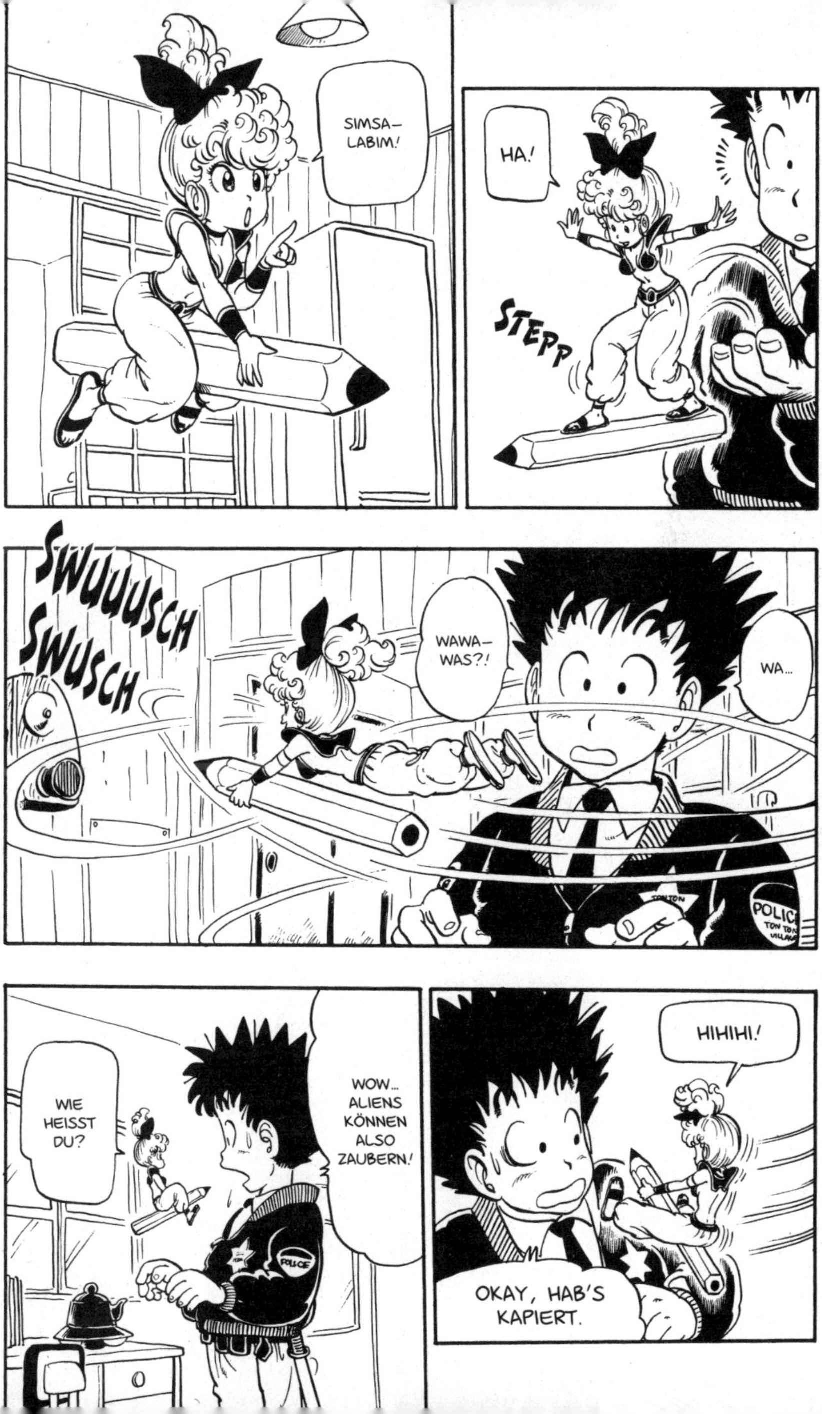
HA!
STEPP
SIMSA-LABIM!
WA...
WAWA-WAS?!
SWUUUSCH
SWUSCH
HIHIHI!
OKAY, HAB'S KAPIERT.
WOW... ALIENS KÖNNEN ALSO ZAUBERN!
WIE HEISST DU?

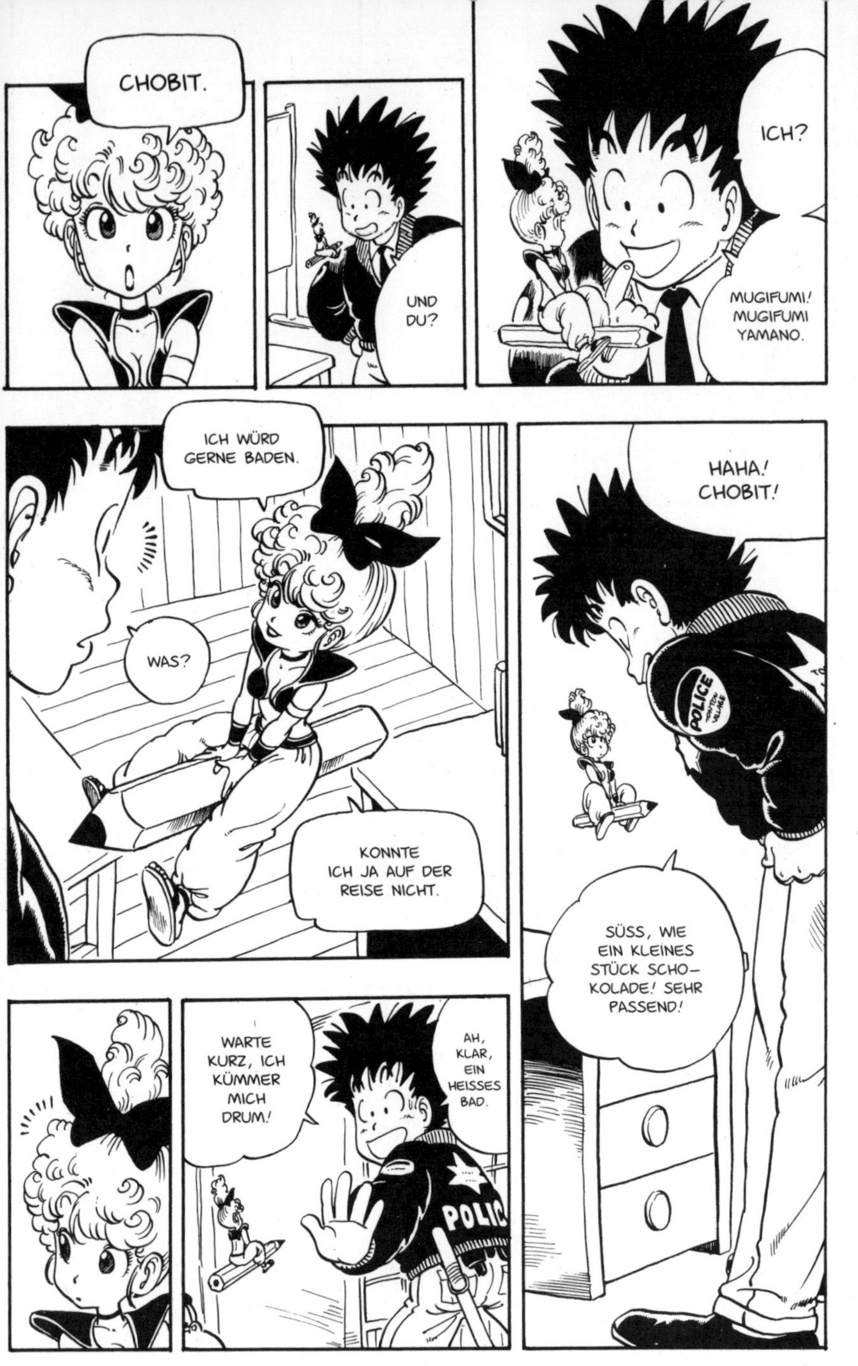
ICH?
MUGIFUMI! MUGIFUMI YAMANO.
UND DU?
CHOBIT.
HAHA! CHOBIT!
SÜSS, WIE EIN KLEINES STÜCK SCHO-KOLADE! SEHR PASSEND!
ICH WÜRD GERNE BADEN.
WAS?
KONNTE ICH JA AUF DER REISE NICHT.
AH, KLAR, EIN HEISSES BAD.
WARTE KURZ, ICH KÜMMER MICH DRUM!
POLICE

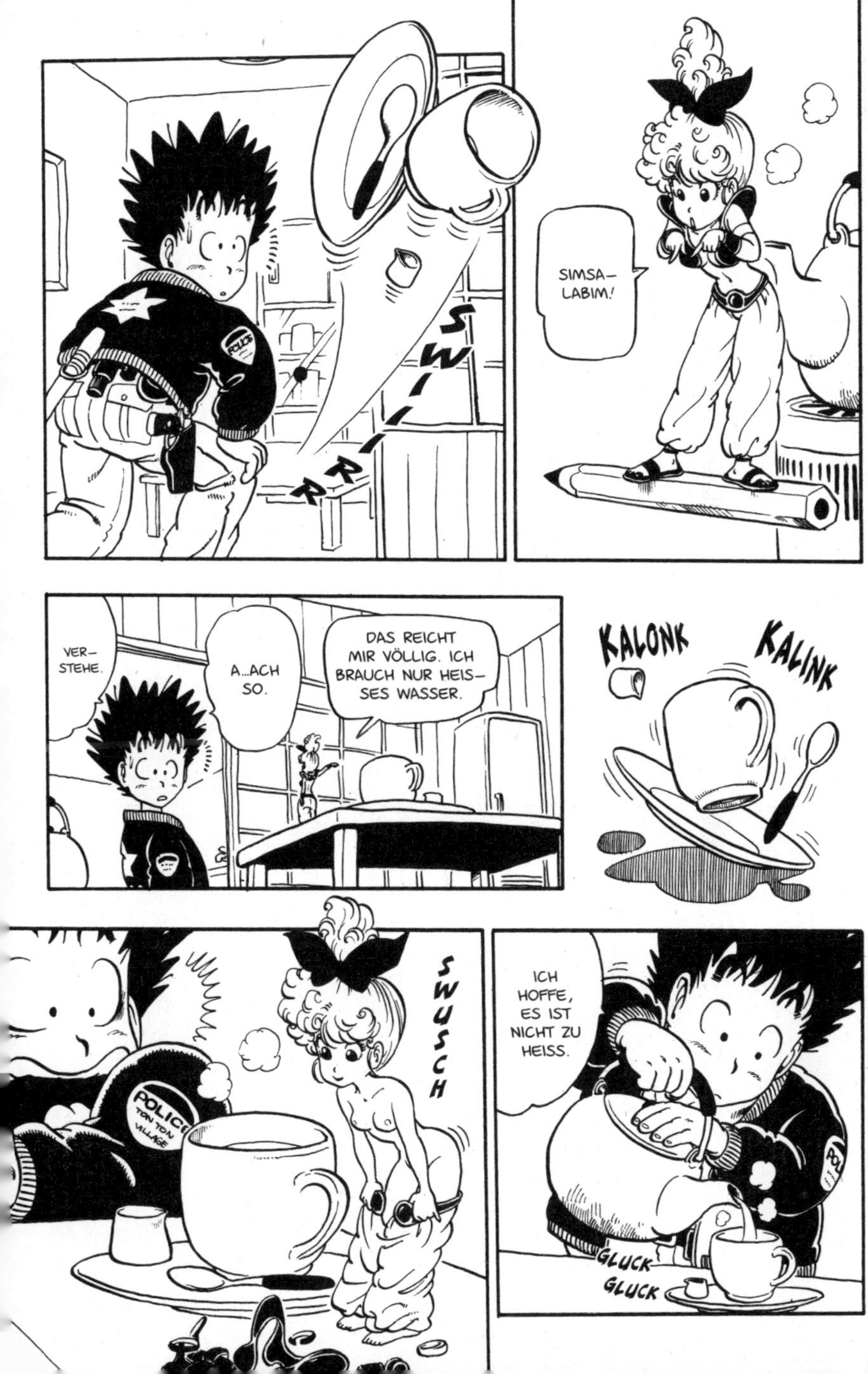
SIMSA-
LABIM!
SWIIIIRR
KALONK
KALINK
DAS REICHT MIR VÖLLIG. ICH BRAUCH NUR HEISSES WASSER.
A...ACH SO.
VERSTEHE.
ICH HOFFE, ES IST NICHT ZU HEISS.
GLUCK GLUCK
SWUSCH
POLICE TON TON VILLAGE

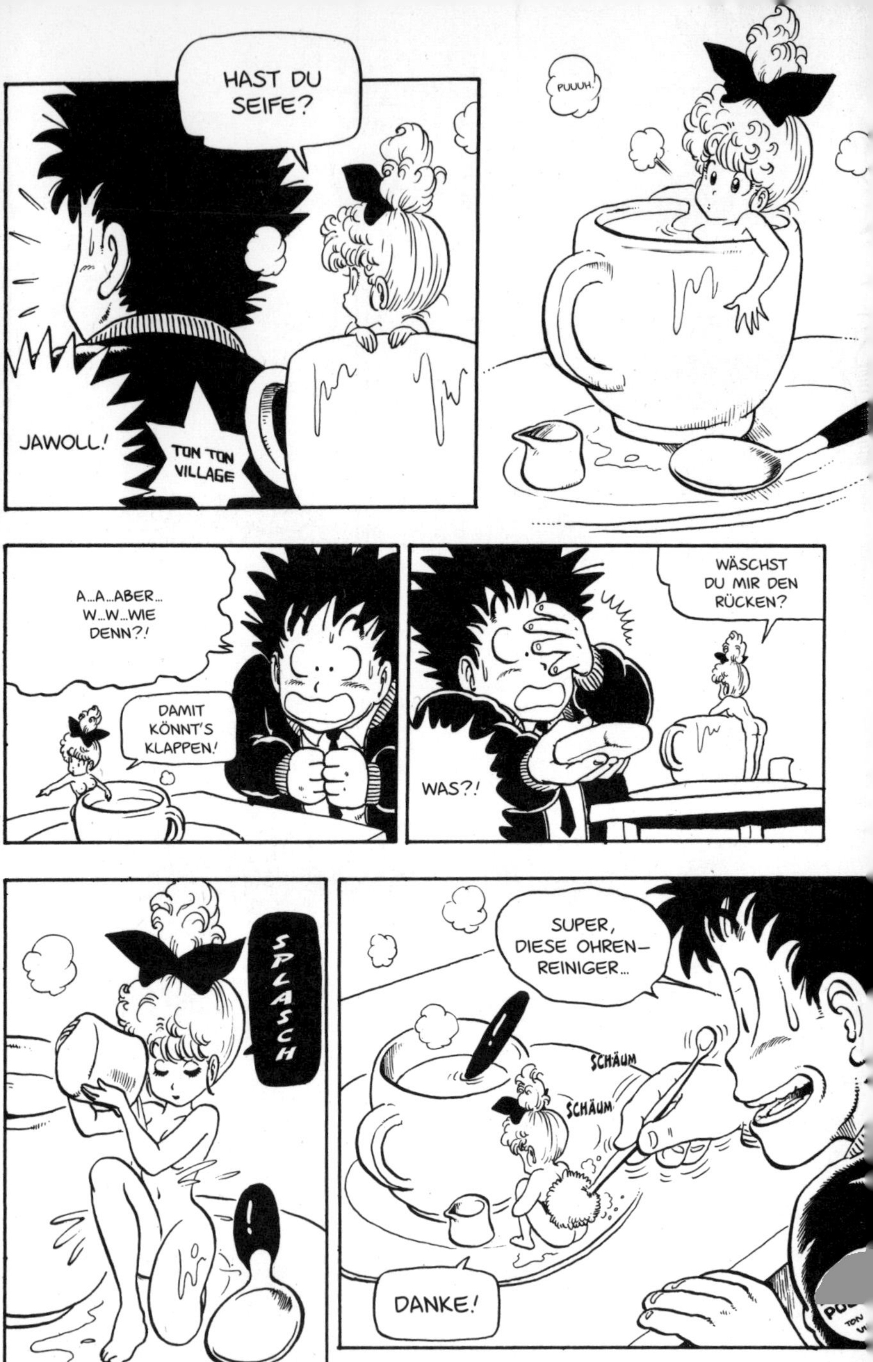
PUUUH.
HAST DU SEIFE?
JAWOLL!
TON TON VILLAGE
WÄSCHST DU MIR DEN RÜCKEN?
WAS?!
A...A...ABER... W...W...WIE DENN?!
DAMIT KÖNNT'S KLAPPEN!
SUPER, DIESE OHREN-REINIGER...
SCHÄUM
SCHÄUM
DANKE!
SPLASCH

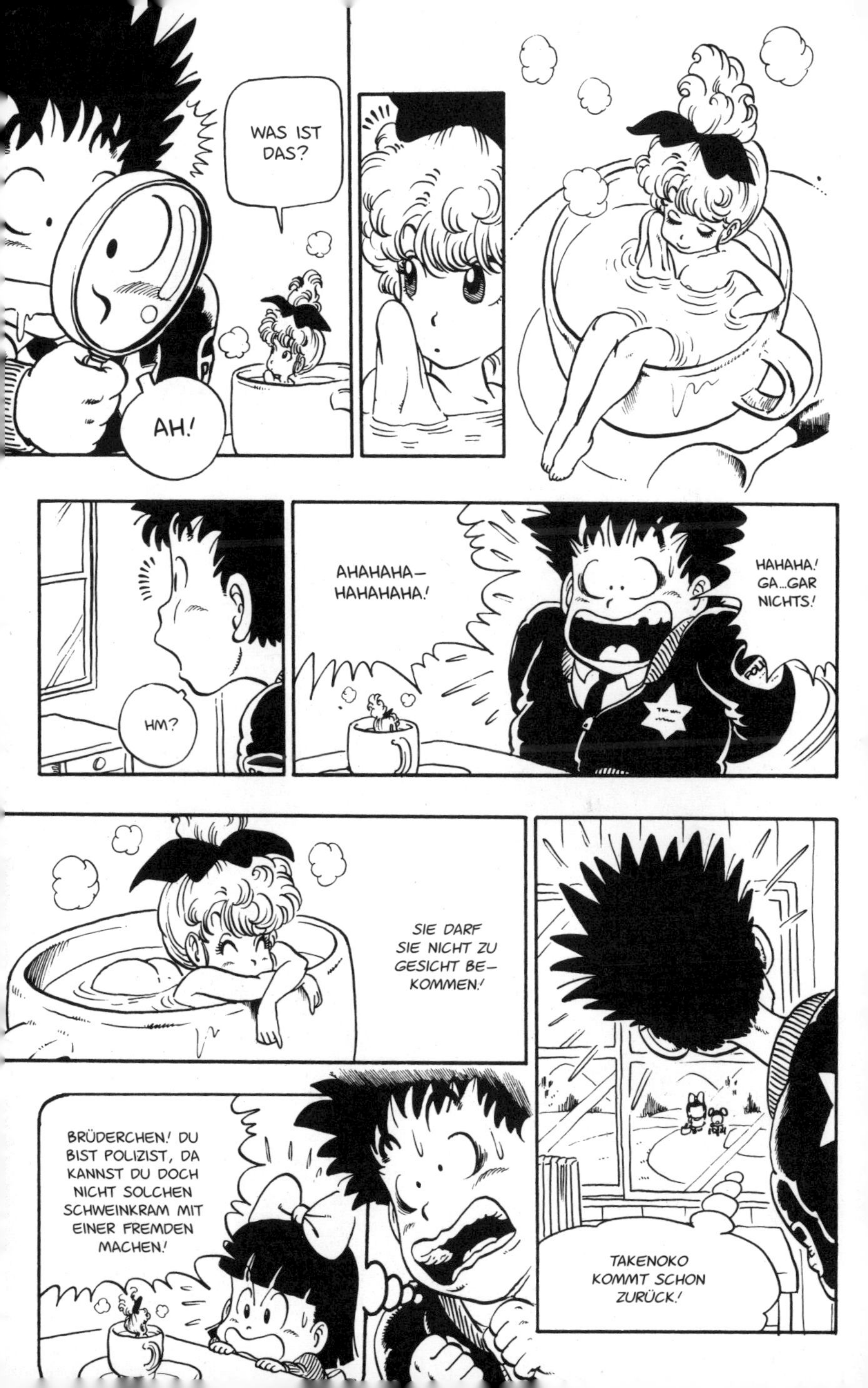

WAS IST DAS?
AH!
HM?
AHAHAHA-HAHAHAHA!
HAHAHA! GA...GAR NICHTS!
SIE DARF SIE NICHT ZU GESICHT BE-KOMMEN!
TAKENOKO KOMMT SCHON ZURÜCK!
BRÜDERCHEN! DU BIST POLIZIST, DA KANNST DU DOCH NICHT SOLCHEN SCHWEINKRAM MIT EINER FREMDEN MACHEN!

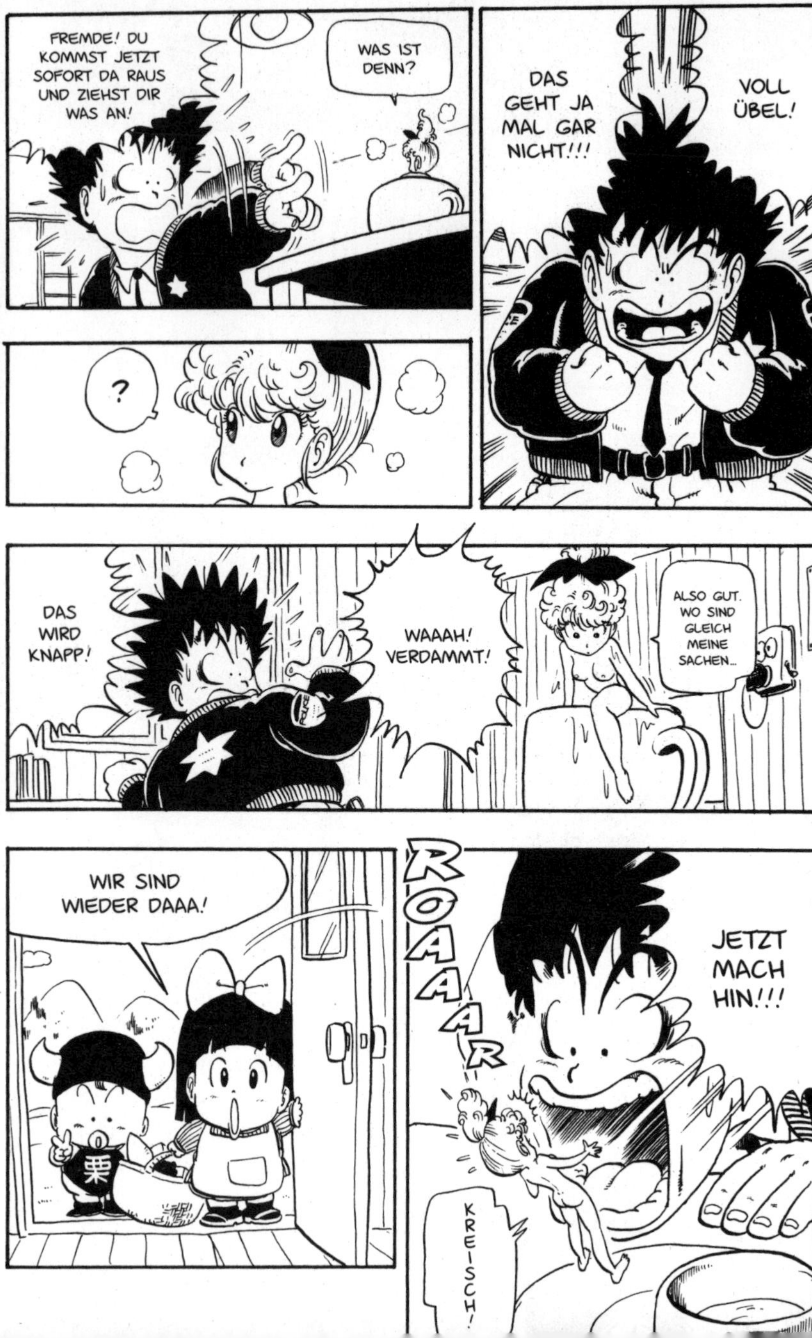

FREMDE! DU KOMMST JETZT SOFORT DA RAUS UND ZIEHST DIR WAS AN!
WAS IST DENN?
DAS GEHT JA MAL GAR NICHT!!!
VOLL ÜBEL!
?
DAS WIRD KNAPP!
WAAAH! VERDAMMT!
ALSO GUT. WO SIND GLEICH MEINE SACHEN...
WIR SIND WIEDER DAAA!
ROAAAAR!!
JETZT MACH HIN!!!
KREISCH!

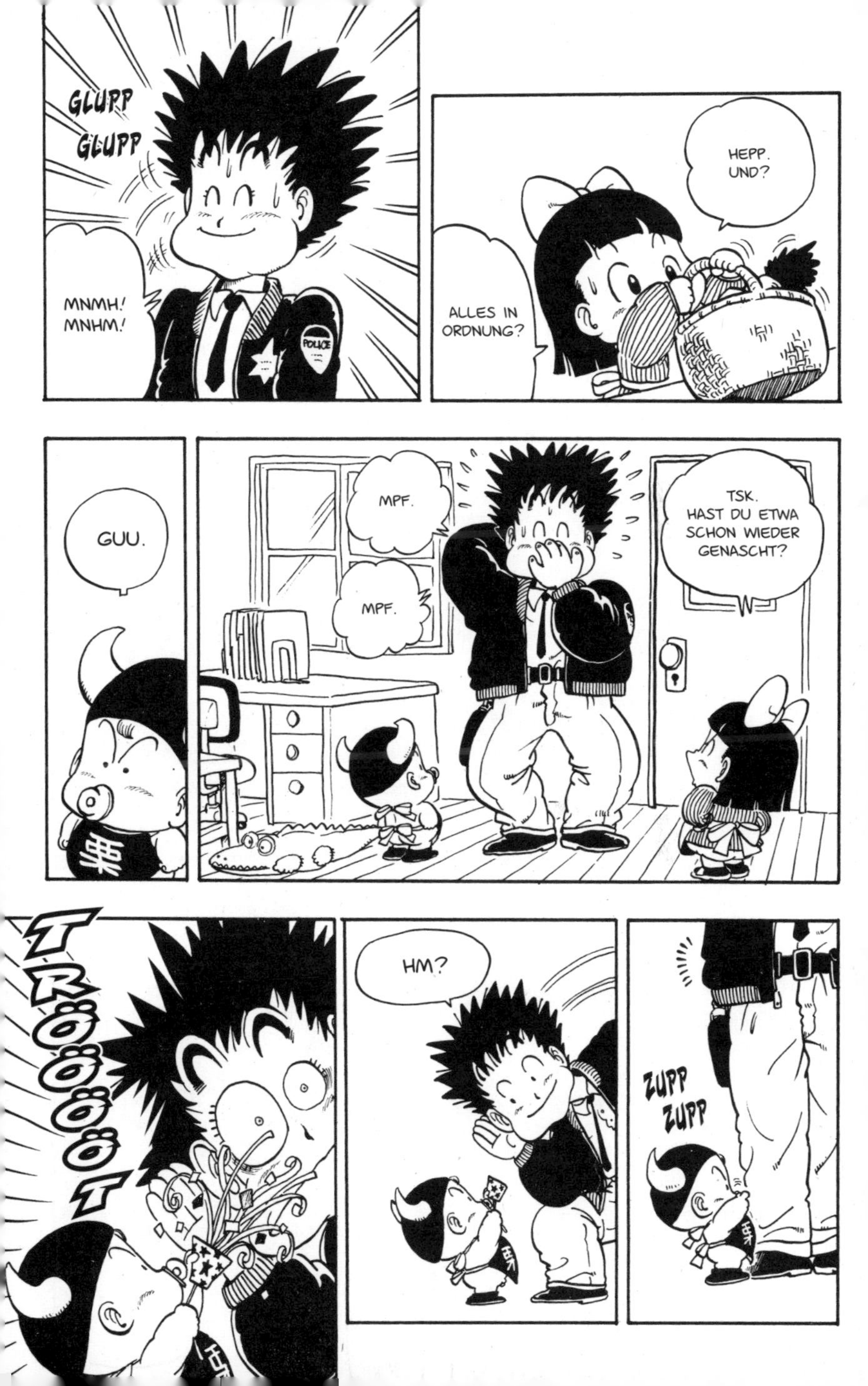
HEPP. UND?
ALLES IN ORDNUNG?
GLUPP GLUPP
MNMH! MNHM!
TSK. HAST DU ETWA SCHON WIEDER GENASCHT?
MPF.
MPF.
GUU.
ZUPP ZUPP
HM?
TRÖÖÖÖT

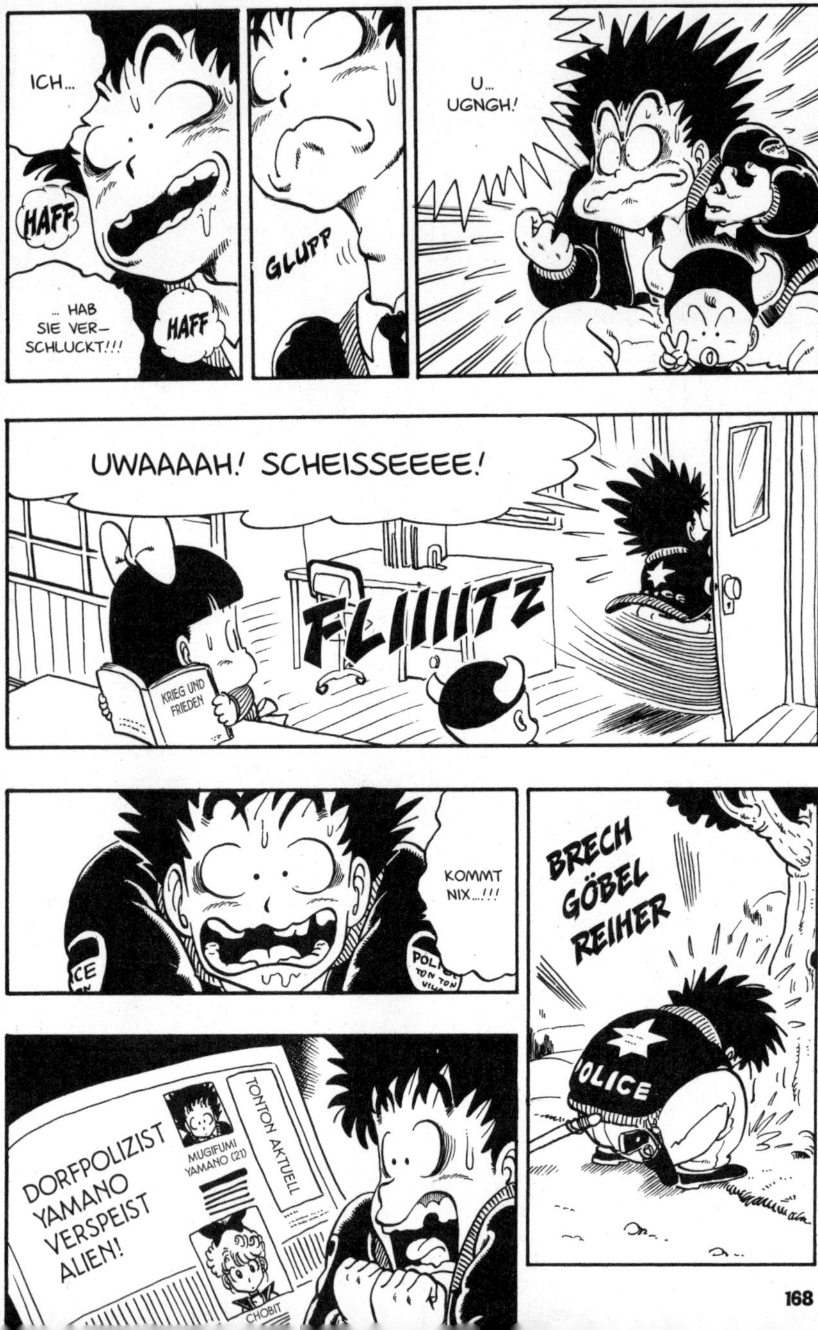
ICH...
HAFF
... HAB SIE VERSCHLUCKT!!!
HAFF
GLUPP
U... UGNGH!
UWAAAAH! SCHEISSEEEE!
FLIIIITZ
KRIEG UND FRIEDEN
KOMMT NIX...!!!
POLICE
BRECH GÖBEL REIHER
POLICE
DORFPOLIZIST YAMANO VERSPEIST ALIEN!
MUGIFUMI YAMANO (21)
TONTON AKTUELL
CHOBIT

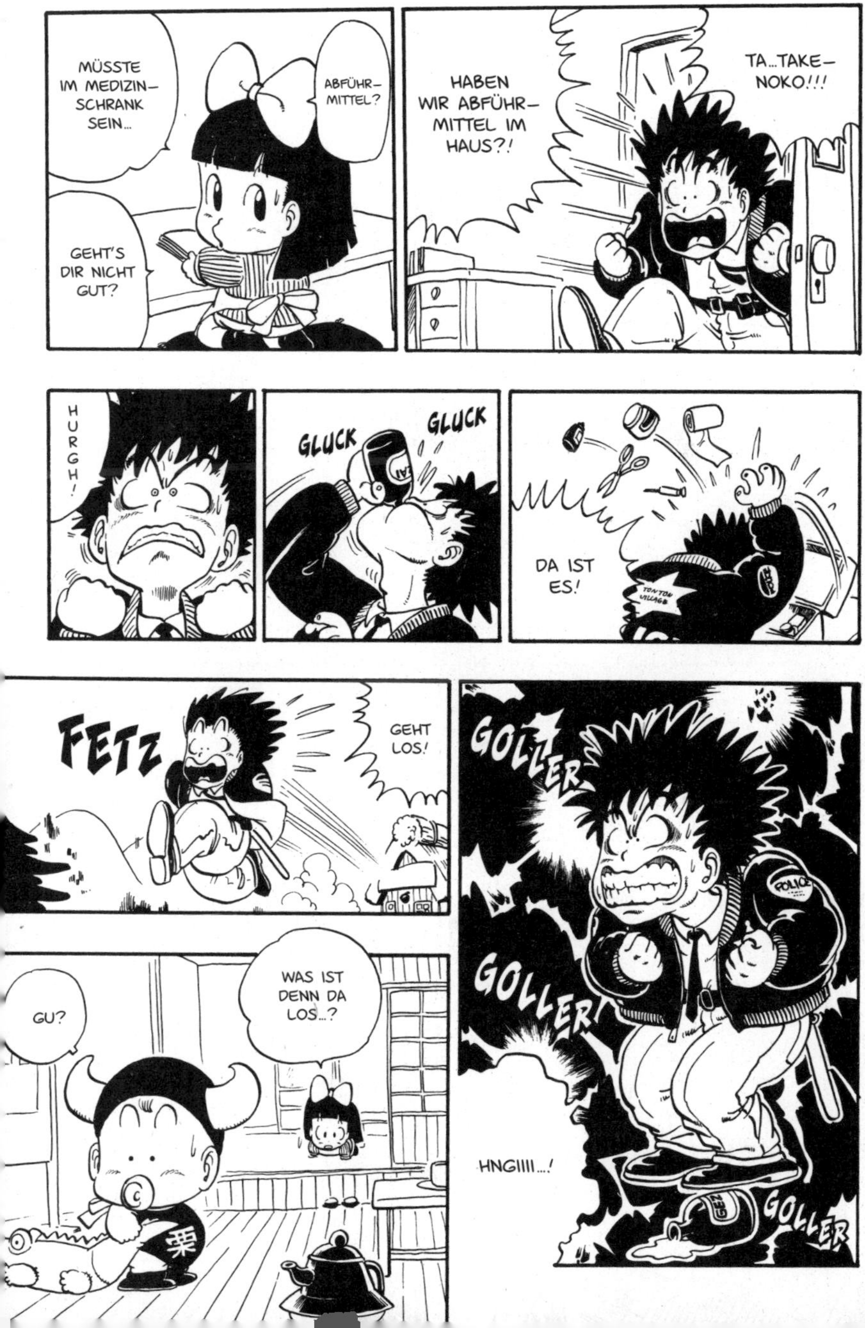

TA...TAKE-
NOKO!!!
HABEN
WIR ABFÜHR-
MITTEL IM
HAUS?!
ABFÜHR-
MITTEL?
MÜSSTE
IM MEDIZIN-
SCHRANK
SEIN...
GEHT'S
DIR NICHT
GUT?
DA IST
ES!
GLUCK
GLUCK
HURGH!
GOLLER
GOLLER
HNGIIII...!
GOLLER
GEHT
LOS!
FETZ
WAS IST
DENN DA
LOS...?
GU?

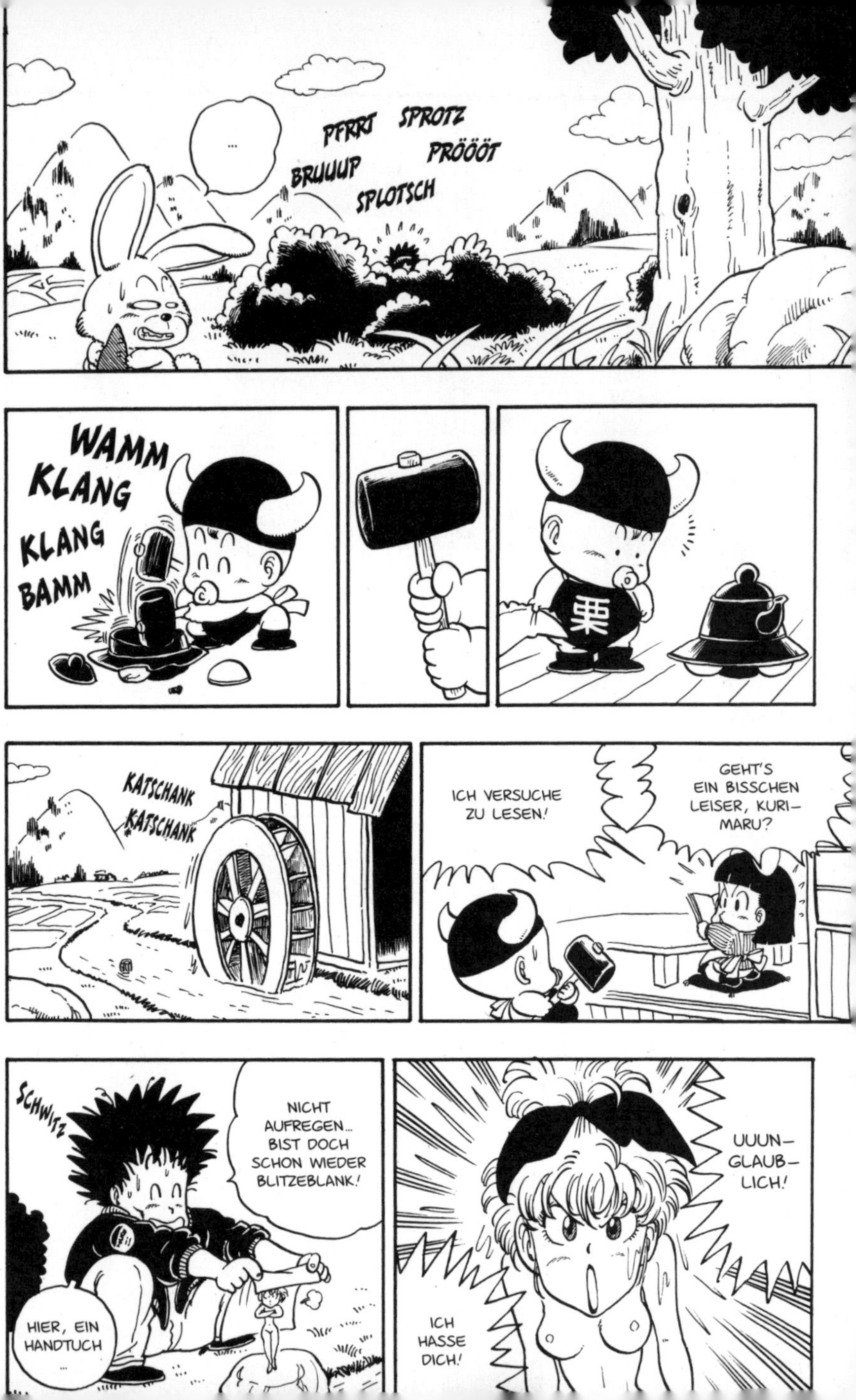
...
PFRRT
SPROTZ
BRUUUP
PRÖÖÖT
SPLOTSCH
WAMM
KLANG
KLANG
BAMM
KATSCHANK
KATSCHANK
GEHT'S EIN BISSCHEN LEISER, KURI-MARU?
ICH VERSUCHE ZU LESEN!
SCHWITZ
NICHT AUFREGEN... BIST DOCH SCHON WIEDER BLITZEBLANK!
HIER, EIN HANDTUCH ...
UUUN-GLAUB-LICH!
ICH HASSE DICH!

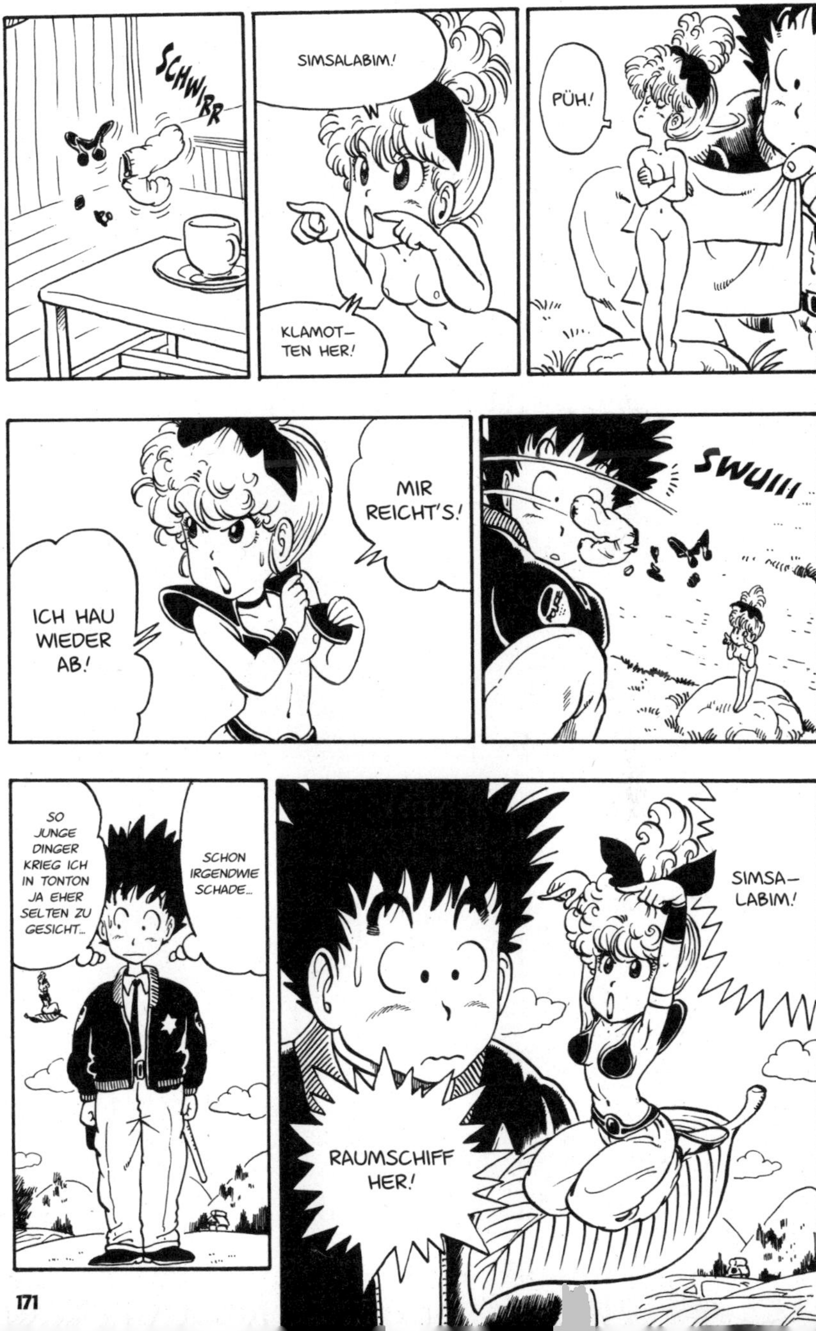
SCHWIRR
SIMSALABIM!
KLAMOTTEN HER!
PÜH!
MIR REICHT'S!
ICH HAU WIEDER AB!
SWUIII
SO JUNGE DINGER KRIEG ICH IN TONTON JA EHER SELTEN ZU GESICHT...
SCHON IRGENDWIE SCHADE...
SIMSALABIM!
RAUMSCHIFF HER!

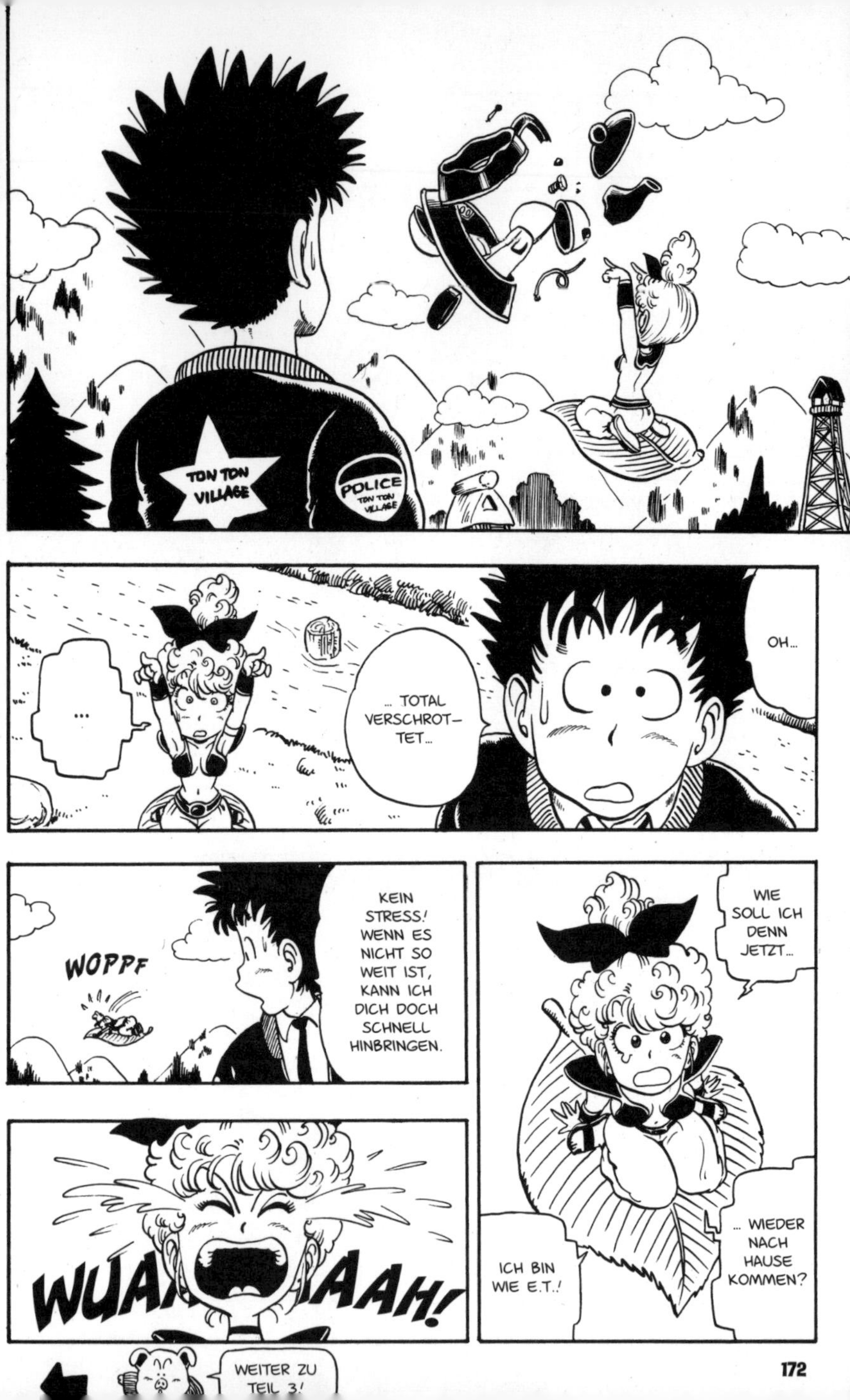
TON TON VILLAGE
POLICE TON TON VILLAGE
OH...
... TOTAL VERSCHROTTET...
...
WIE SOLL ICH DENN JETZT...
... WIEDER NACH HAUSE KOMMEN?
ICH BIN WIE E.T.!
KEIN STRESS! WENN ES NICHT SO WEIT IST, KANN ICH DICH DOCH SCHNELL HINBRINGEN.
WOPPF
WUA
AAH!
WEITER ZU TEIL 3!

♡ ICH KANN NICHT MEHR ZURÜCK. ♡

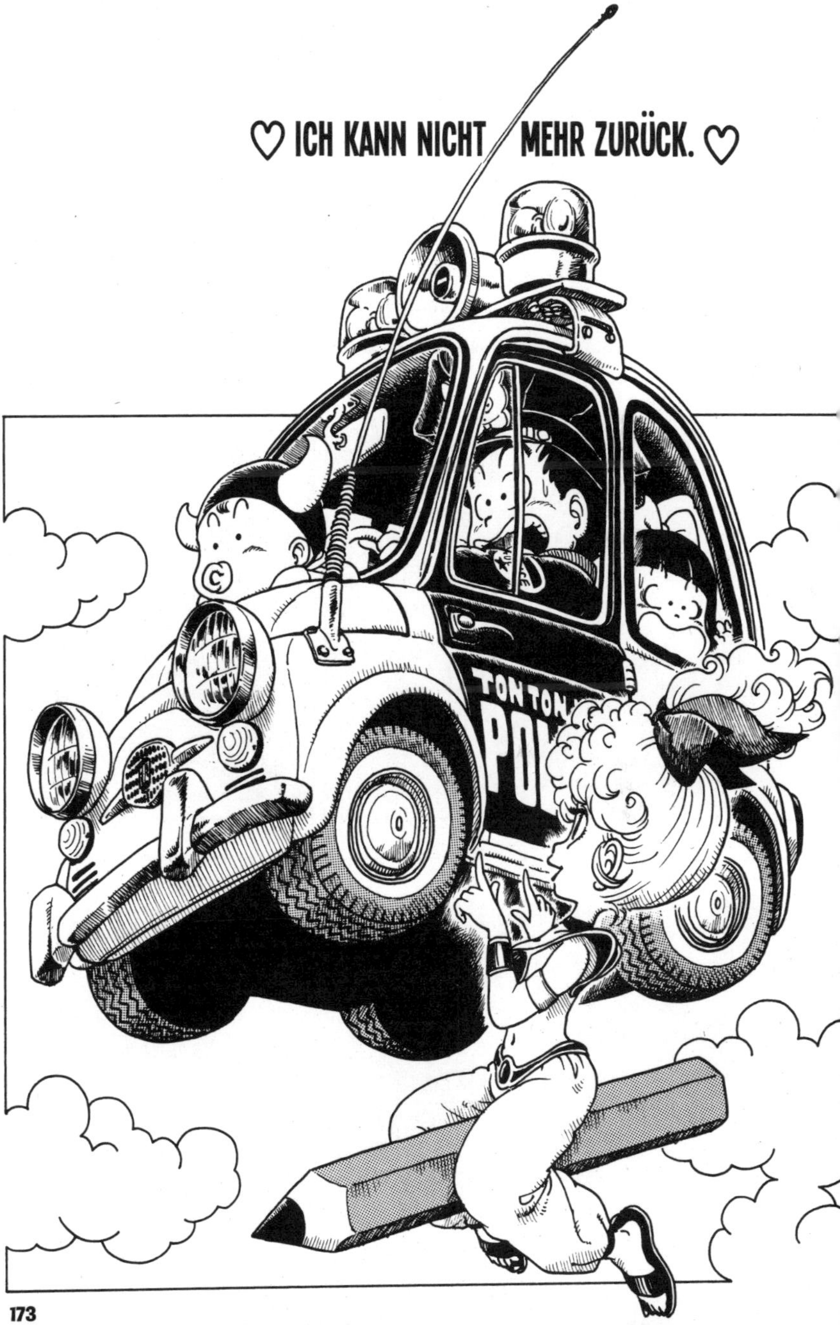

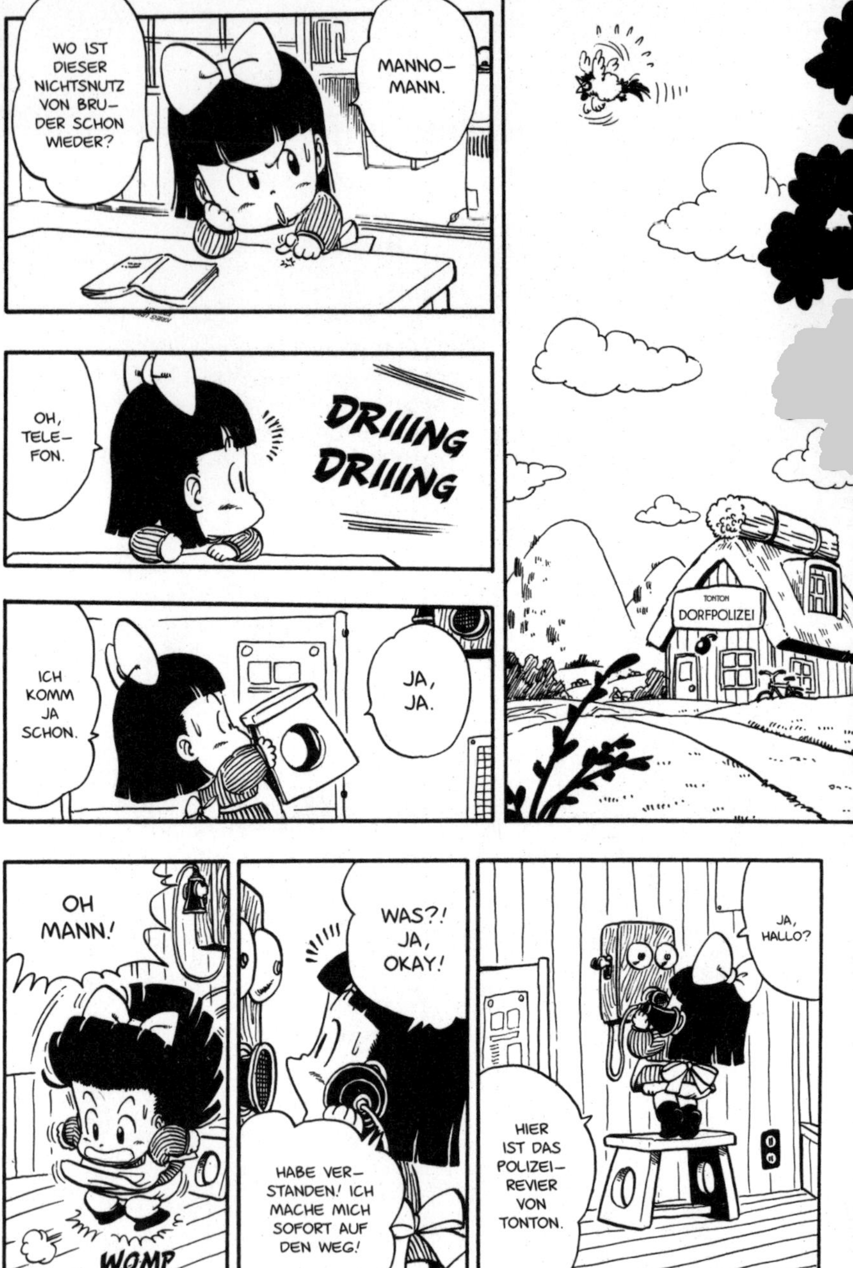
TONTON
DORFPOLIZEI
MANNO-MANN.
WO IST DIESER NICHTSNUTZ VON BRUDER SCHON WIEDER?
DRIIING DRIIING
OH, TELEFON.
JA, JA.
ICH KOMM JA SCHON.
JA, HALLO?
HIER IST DAS POLIZEIREVIER VON TONTON.
WAS?! JA, OKAY!
HABE VERSTANDEN! ICH MACHE MICH SOFORT AUF DEN WEG!
OH MANN!
WOMP

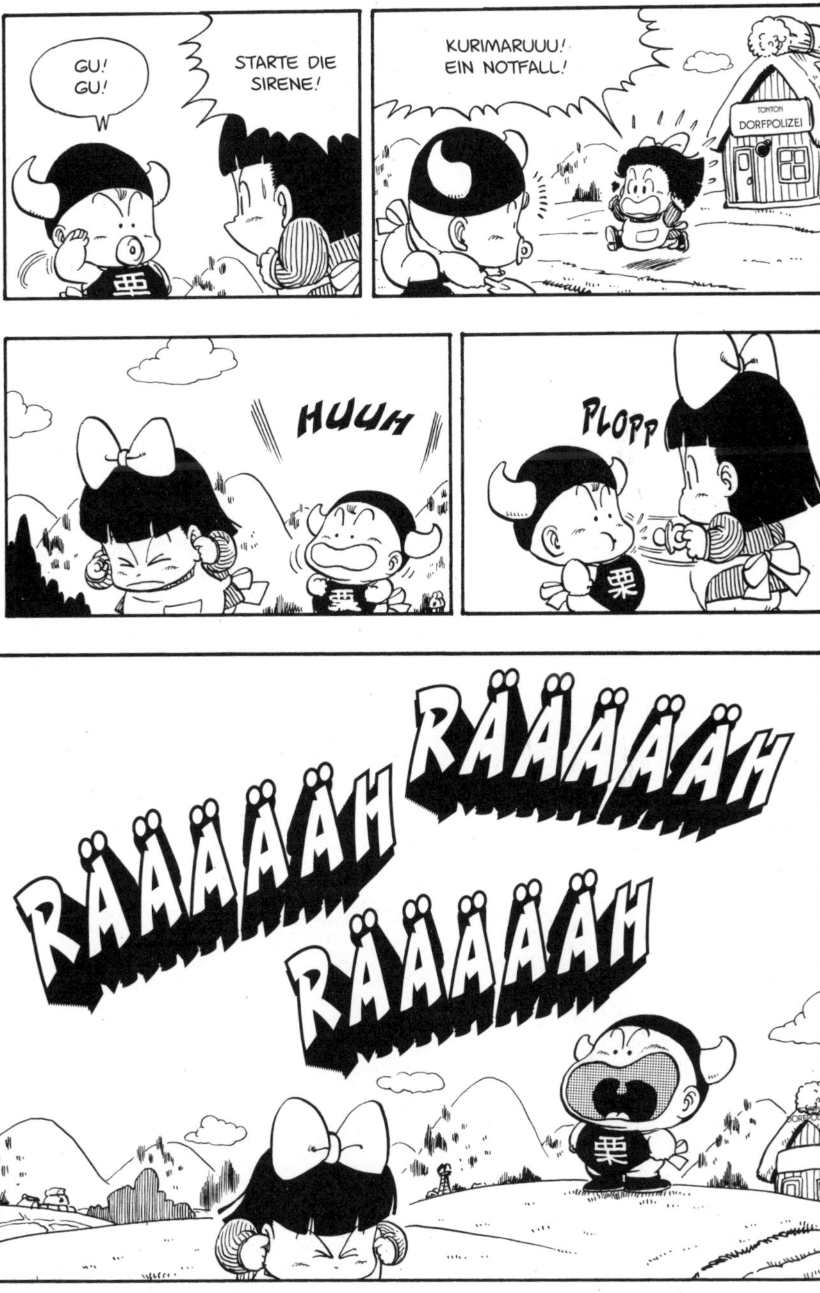
STARTE DIE SIRENE!
GU! GU!
KURIMARUUU! EIN NOTFALL!
TONTON
DORFPOLIZEI
HUUH
PLOPP
RÄÄÄÄÄH
RÄÄÄÄÄH
RÄÄÄÄÄH

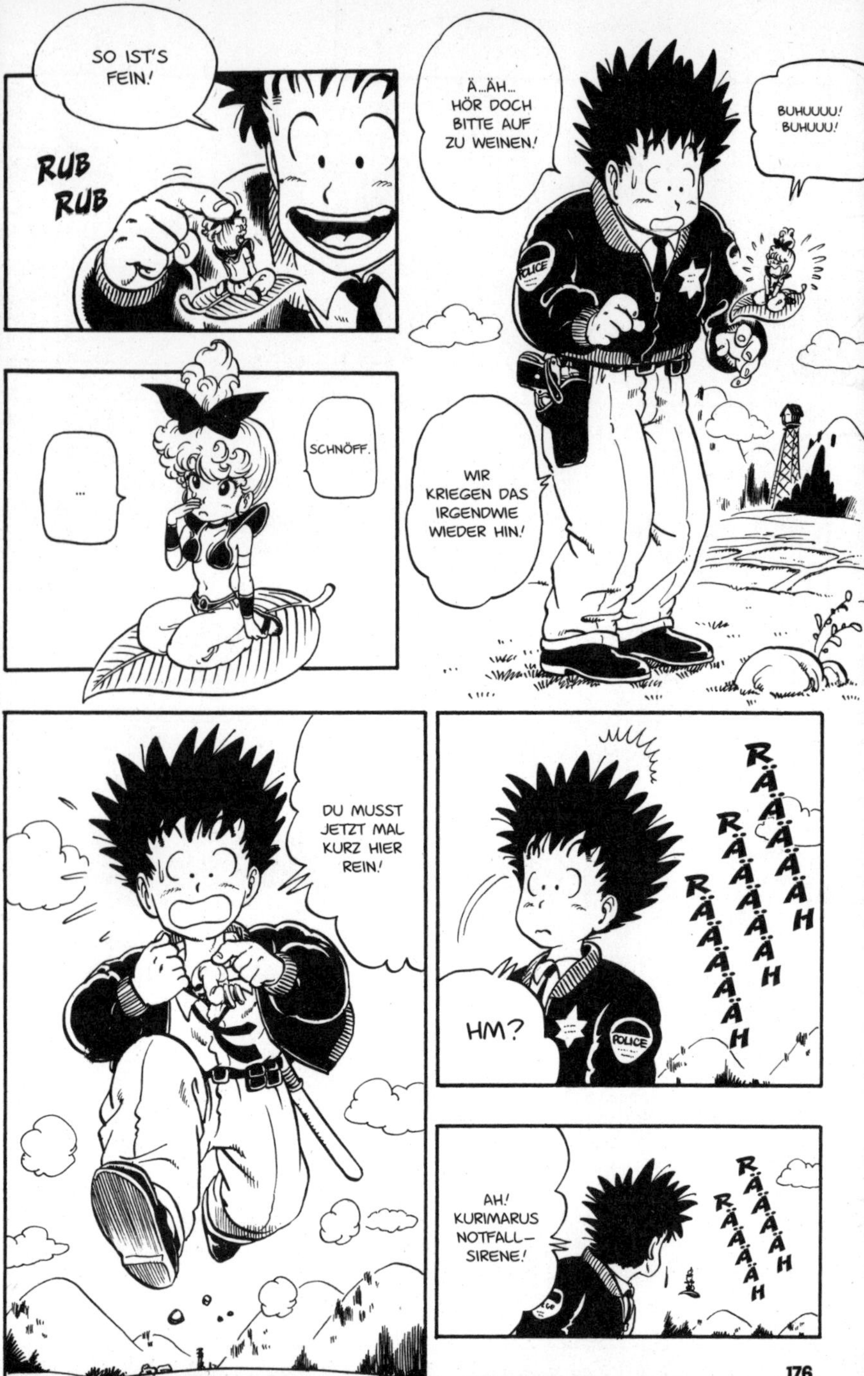

Ä…ÄH… HÖR DOCH BITTE AUF ZU WEINEN!
BUHUUUU! BUHUUU!
WIR KRIEGEN DAS IRGENDWIE WIEDER HIN!
SO IST'S FEIN!
RUB RUB
SCHNÖFF.
…
RÄÄÄÄÄH
RÄÄÄÄÄÄH
RÄÄÄÄÄÄH
HM?
RÄÄÄÄH
RÄÄÄÄH
AH! KURIMARUS NOTFALL-SIRENE!
DU MUSST JETZT MAL KURZ HIER REIN!

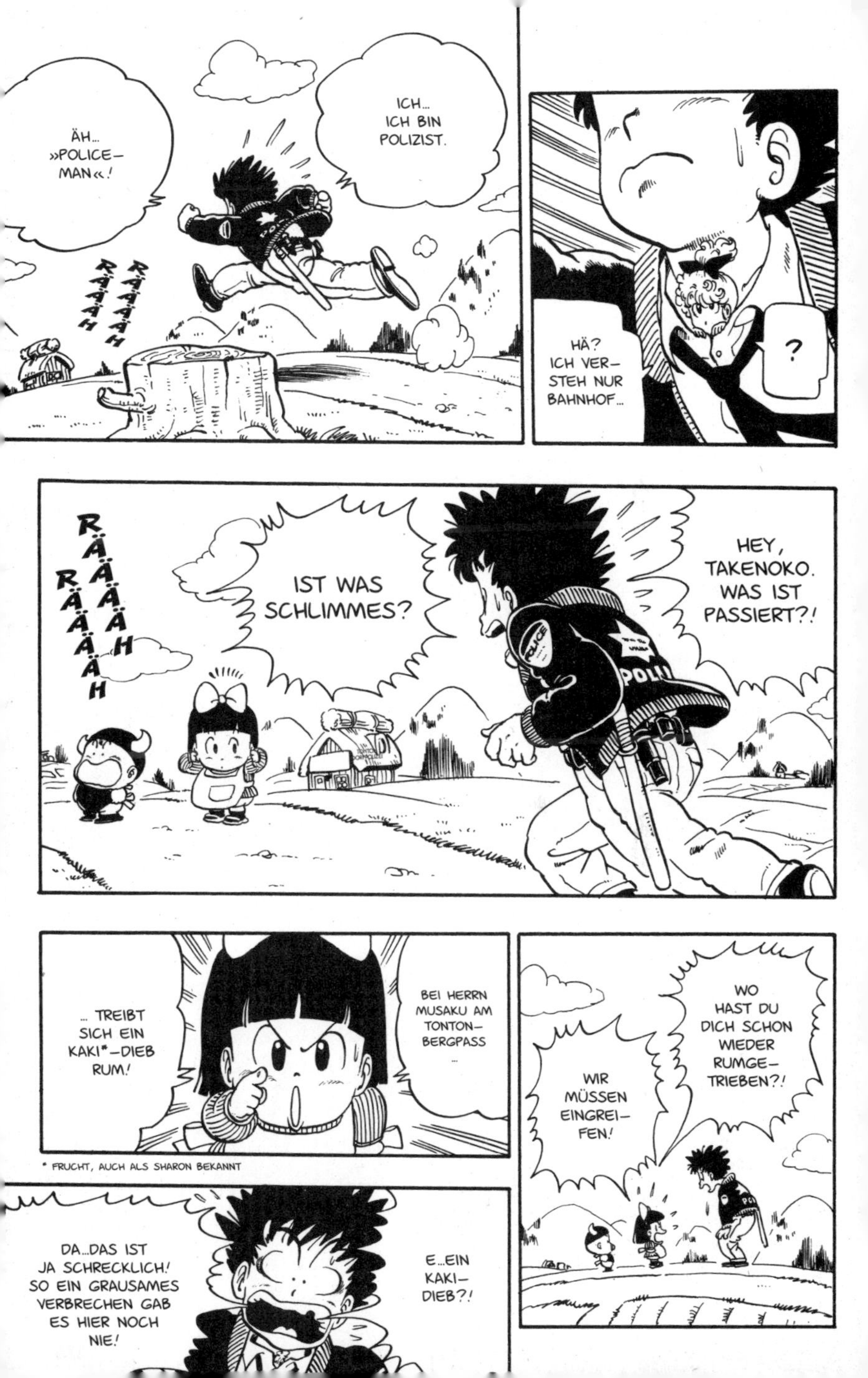

* FRUCHT, AUCH ALS SHARON BEKANNT

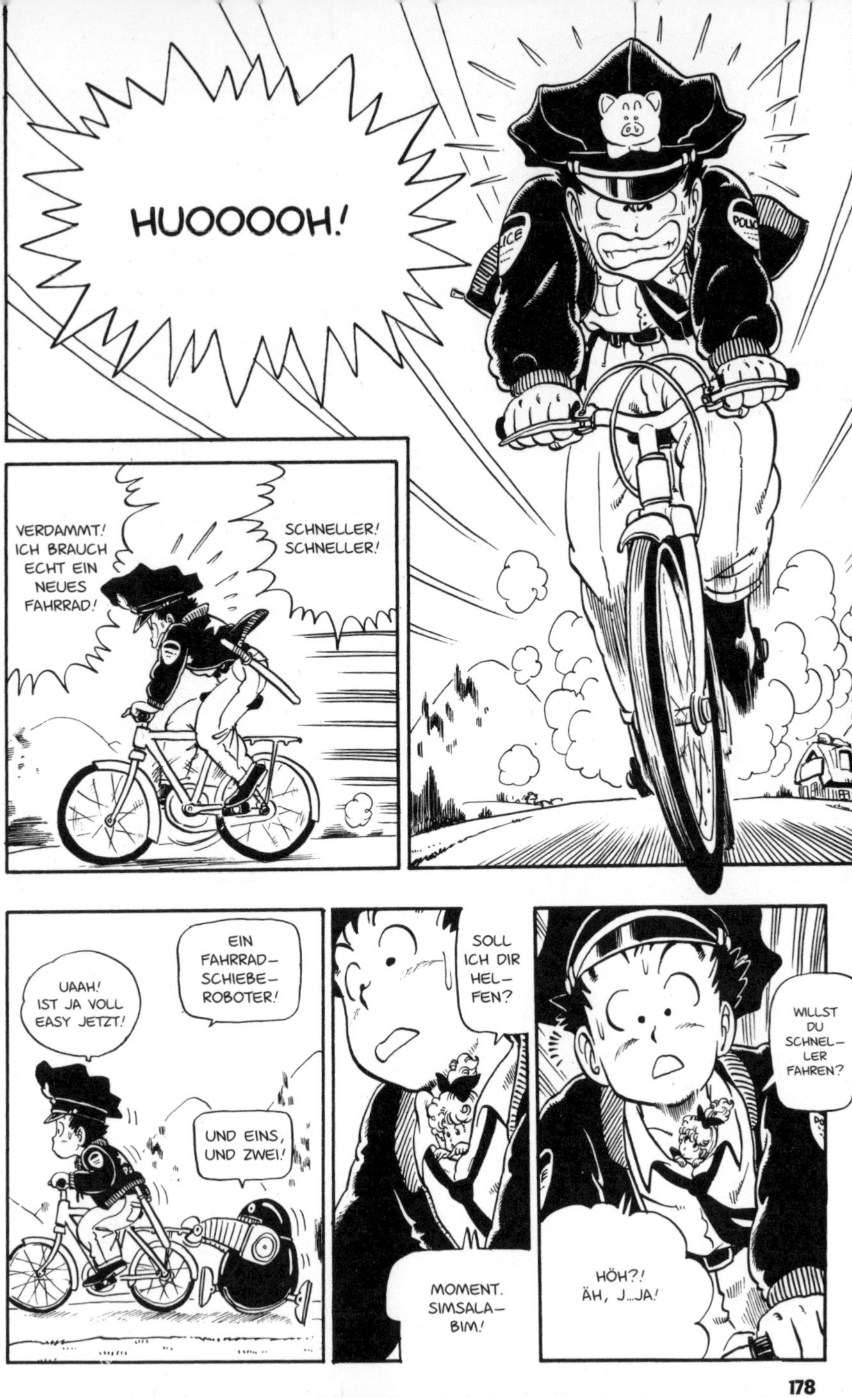
HUOOOOH!
SCHNELLER! SCHNELLER!
VERDAMMT! ICH BRAUCH ECHT EIN NEUES FAHRRAD!
WILLST DU SCHNEL-LER FAHREN?
HÖH?! ÄH, J...JA!
SOLL ICH DIR HEL-FEN?
MOMENT. SIMSALA-BIM!
EIN FAHRRAD-SCHIEBE-ROBOTER!
UAAH! IST JA VOLL EASY JETZT!
UND EINS, UND ZWEI!

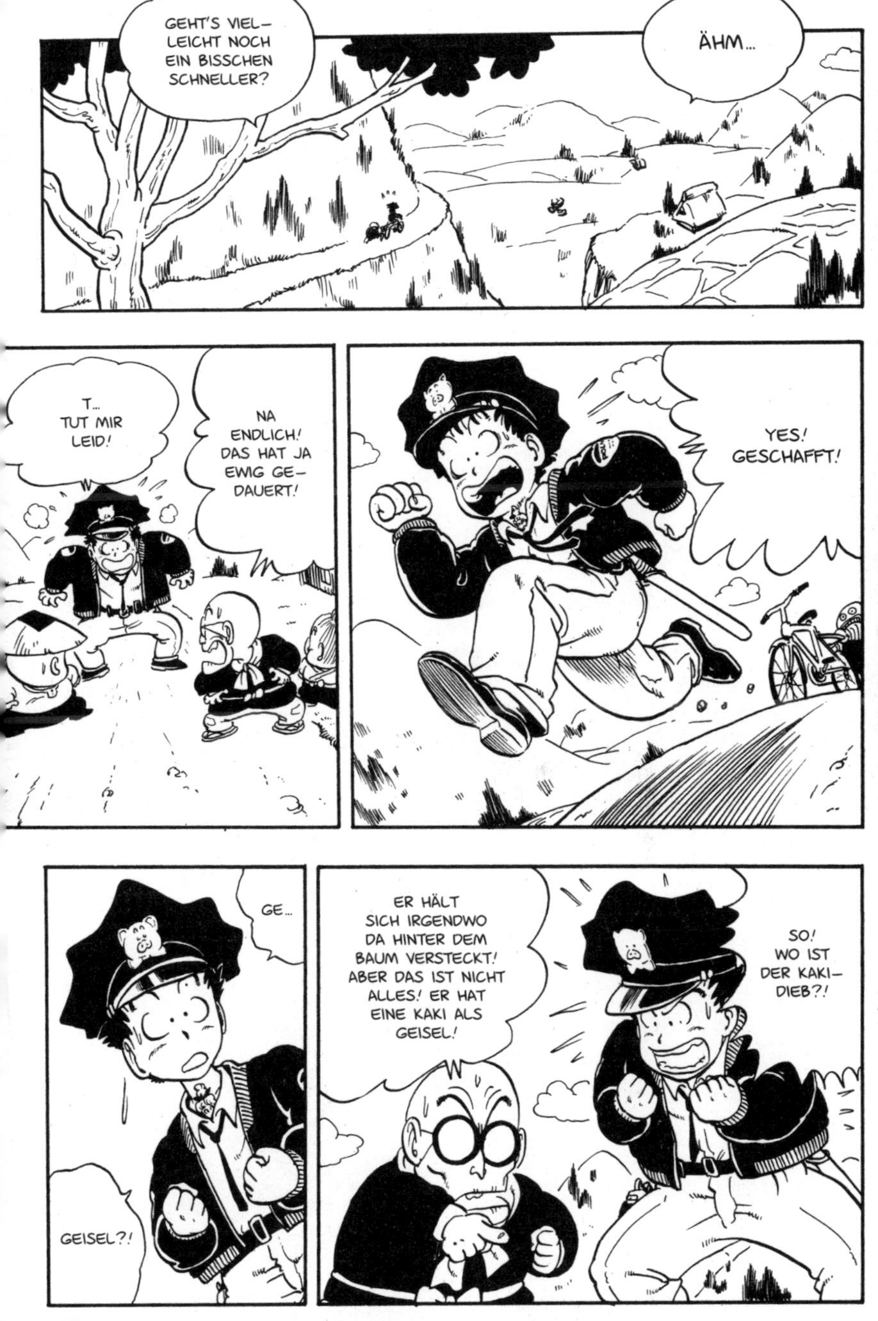
GEHT'S VIEL-LEICHT NOCH EIN BISSCHEN SCHNELLER?
ÄHM...
T... TUT MIR LEID!
NA ENDLICH! DAS HAT JA EWIG GE-DAUERT!
YES! GESCHAFFT!
GE...
GEISEL?!
ER HÄLT SICH IRGENDWO DA HINTER DEM BAUM VERSTECKT! ABER DAS IST NICHT ALLES! ER HAT EINE KAKI ALS GEISEL!
SO! WO IST DER KAKI-DIEB?!

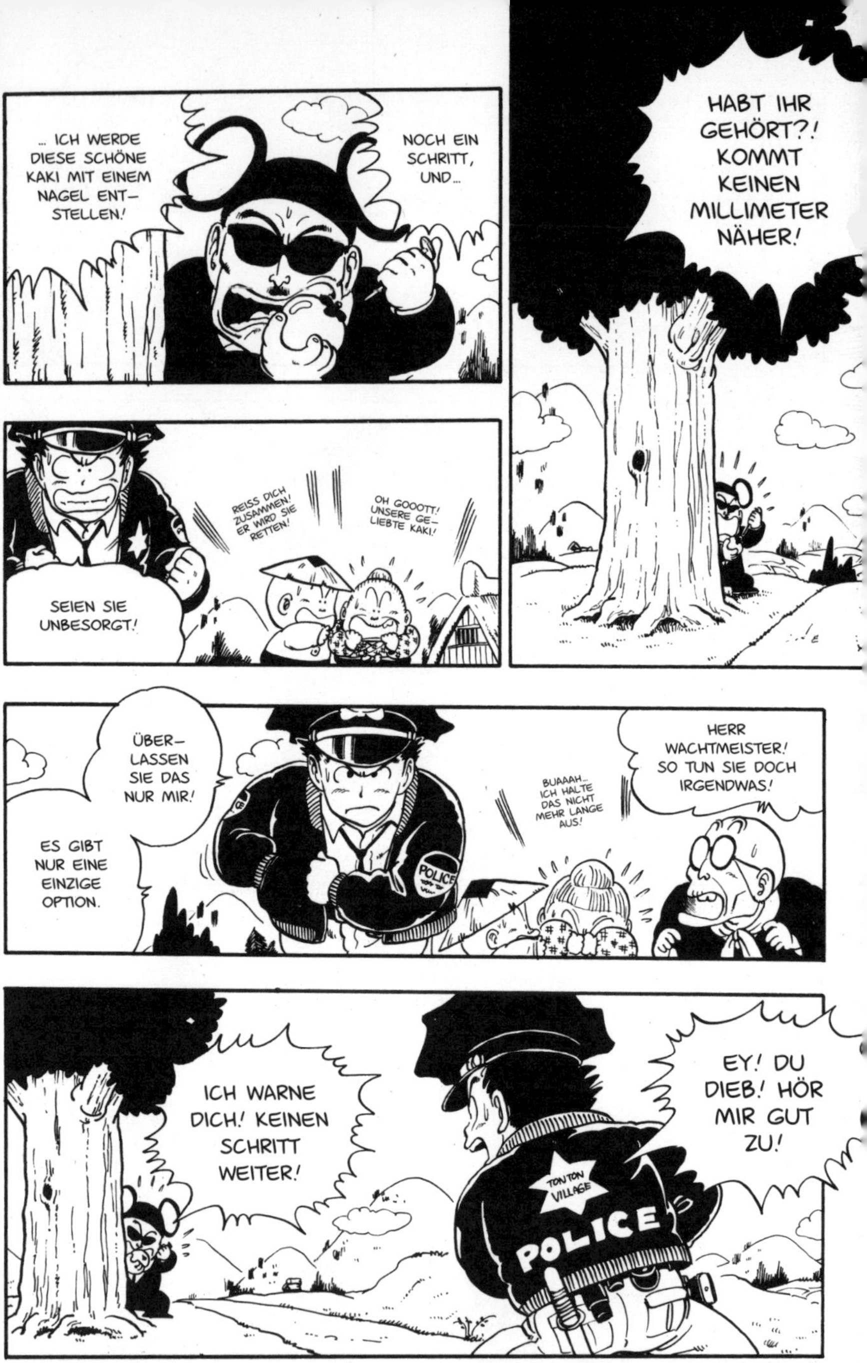
HABT IHR GEHÖRT?! KOMMT KEINEN MILLIMETER NÄHER!
NOCH EIN SCHRITT, UND...
... ICH WERDE DIESE SCHÖNE KAKI MIT EINEM NAGEL ENT-STELLEN!
OH GOOOTT! UNSERE GE-LIEBTE KAKI!
REISS DICH ZUSAMMEN! ER WIRD SIE RETTEN!
SEIEN SIE UNBESORGT!
HERR WACHTMEISTER! SO TUN SIE DOCH IRGENDWAS!
BUAAAH... ICH HALTE DAS NICHT MEHR LANGE AUS!
POLICE
ÜBER-LASSEN SIE DAS NUR MIR!
ES GIBT NUR EINE EINZIGE OPTION.
EY! DU DIEB! HÖR MIR GUT ZU!
TON TON VILLAGE
POLICE
ICH WARNE DICH! KEINEN SCHRITT WEITER!

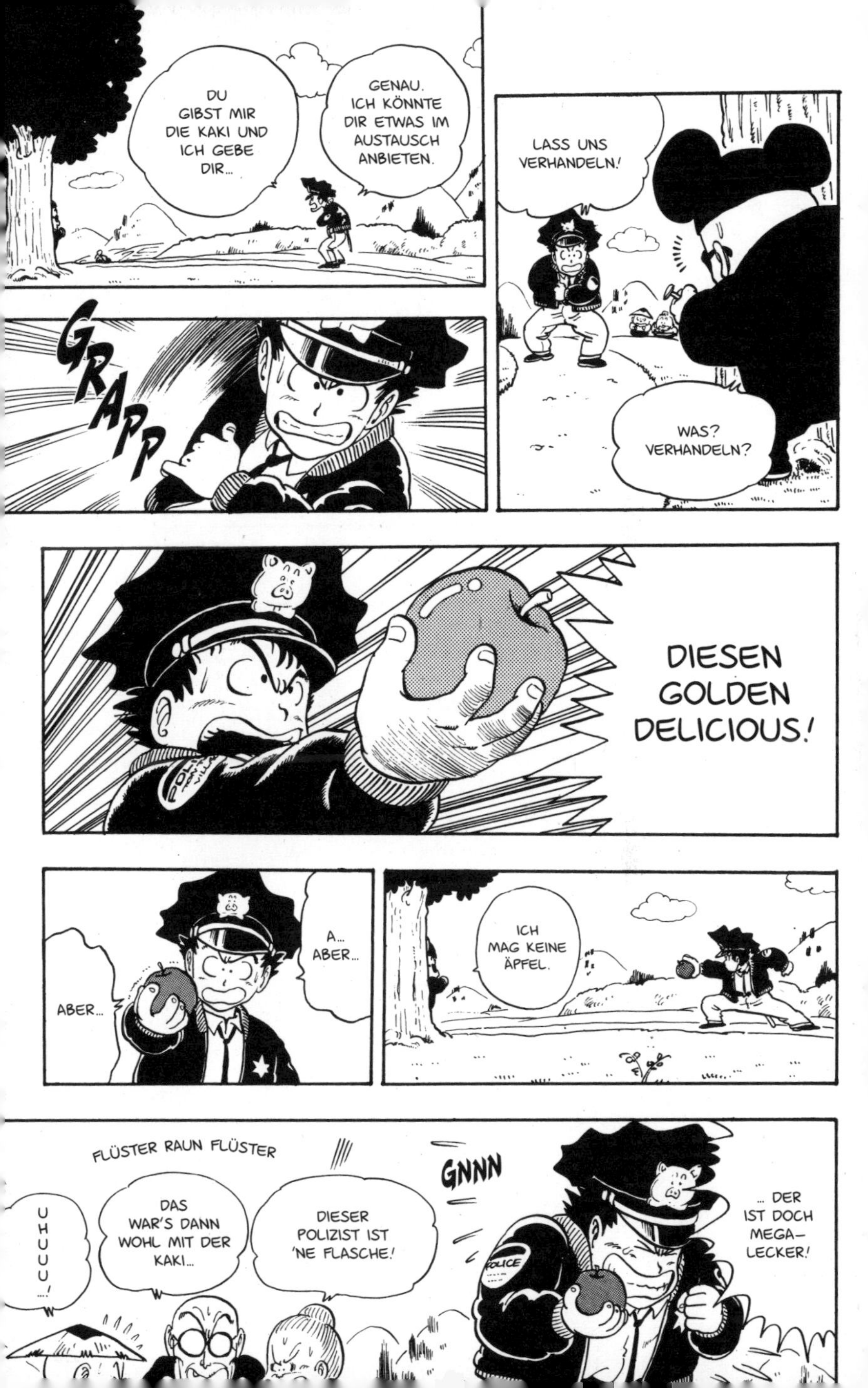
DU GIBST MIR DIE KAKI UND ICH GEBE DIR...
GENAU. ICH KÖNNTE DIR ETWAS IM AUSTAUSCH ANBIETEN.
LASS UNS VERHANDELN!
WAS? VERHANDELN?
GRAPP
DIESEN GOLDEN DELICIOUS!
A... ABER...
ABER...
ICH MAG KEINE ÄPFEL.
FLÜSTER RAUN FLÜSTER
UHUUU...!
DAS WAR'S DANN WOHL MIT DER KAKI...
DIESER POLIZIST IST 'NE FLASCHE!
GNNN
... DER IST DOCH MEGA-LECKER!

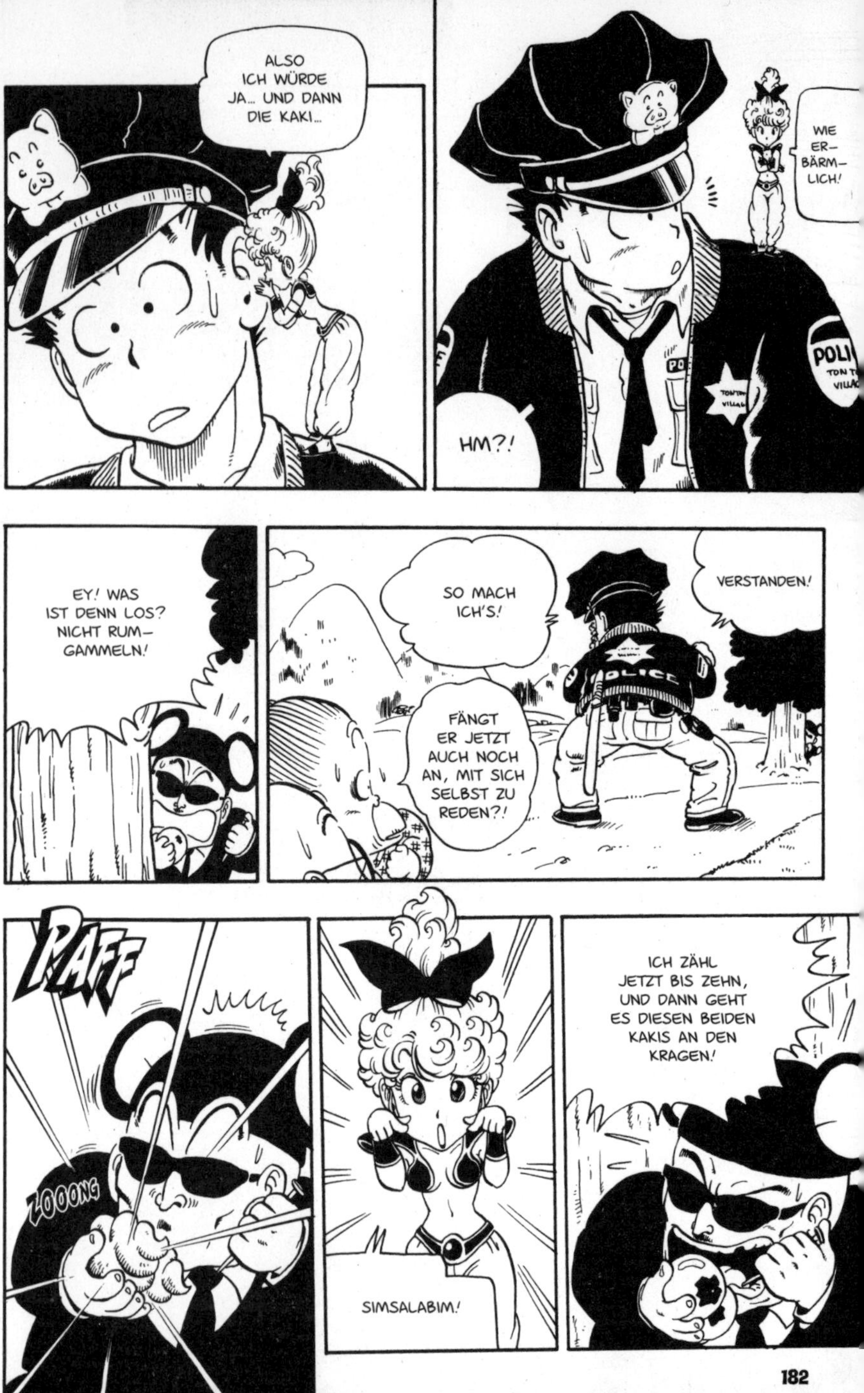
WIE ERBÄRMLICH!
HM?!
ALSO ICH WÜRDE JA... UND DANN DIE KAKI...
VERSTANDEN!
SO MACH ICH'S!
FÄNGT ER JETZT AUCH NOCH AN, MIT SICH SELBST ZU REDEN?!
EY! WAS IST DENN LOS? NICHT RUMGAMMELN!
ICH ZÄHL JETZT BIS ZEHN, UND DANN GEHT ES DIESEN BEIDEN KAKIS AN DEN KRAGEN!
SIMSALABIM!
PAFF
ZOOONG

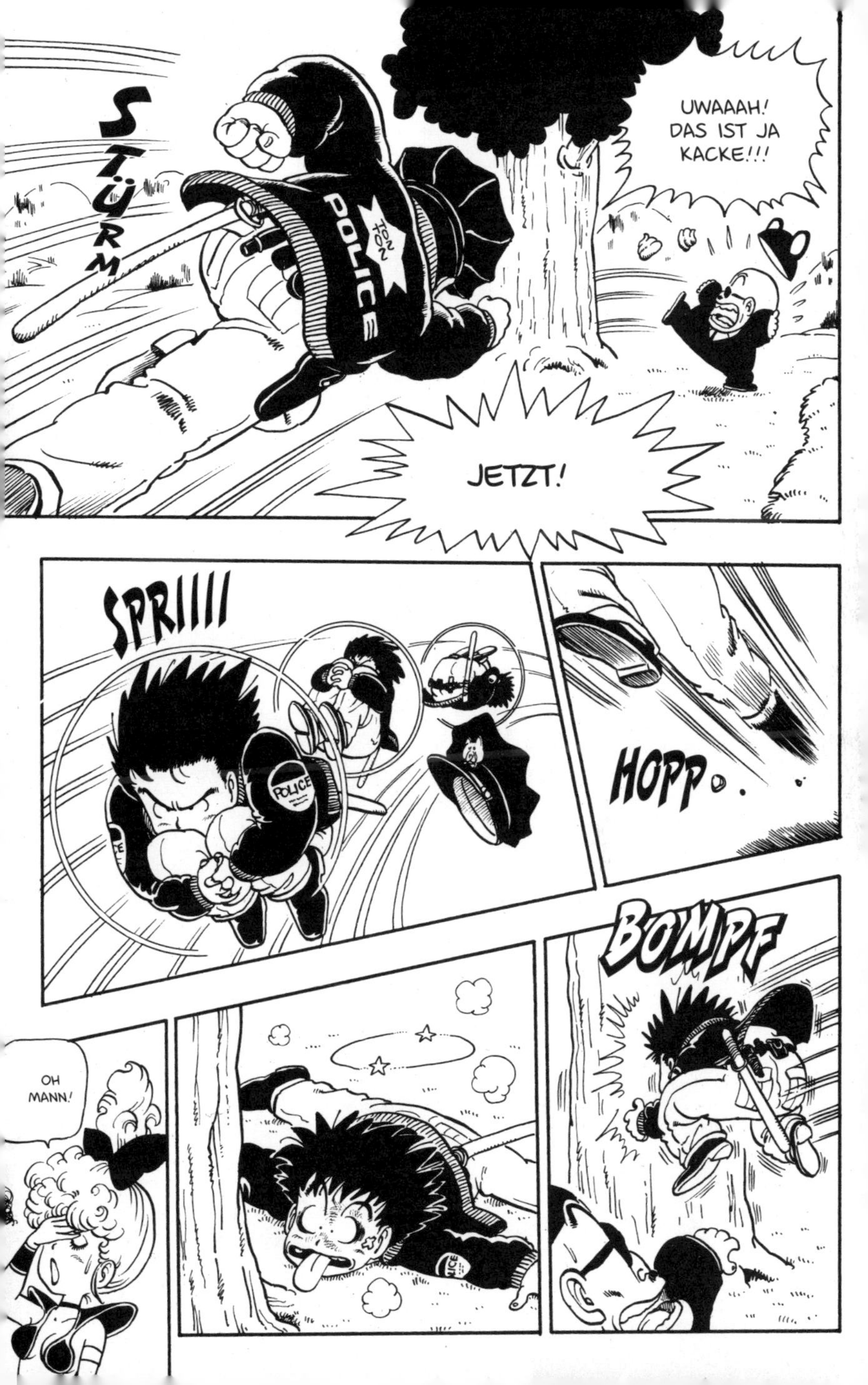

UWAAAH! DAS IST JA KACKE!!!
STÜRM
JETZT!
HOPP
SPRIIII
BOMPF
OH MANN!

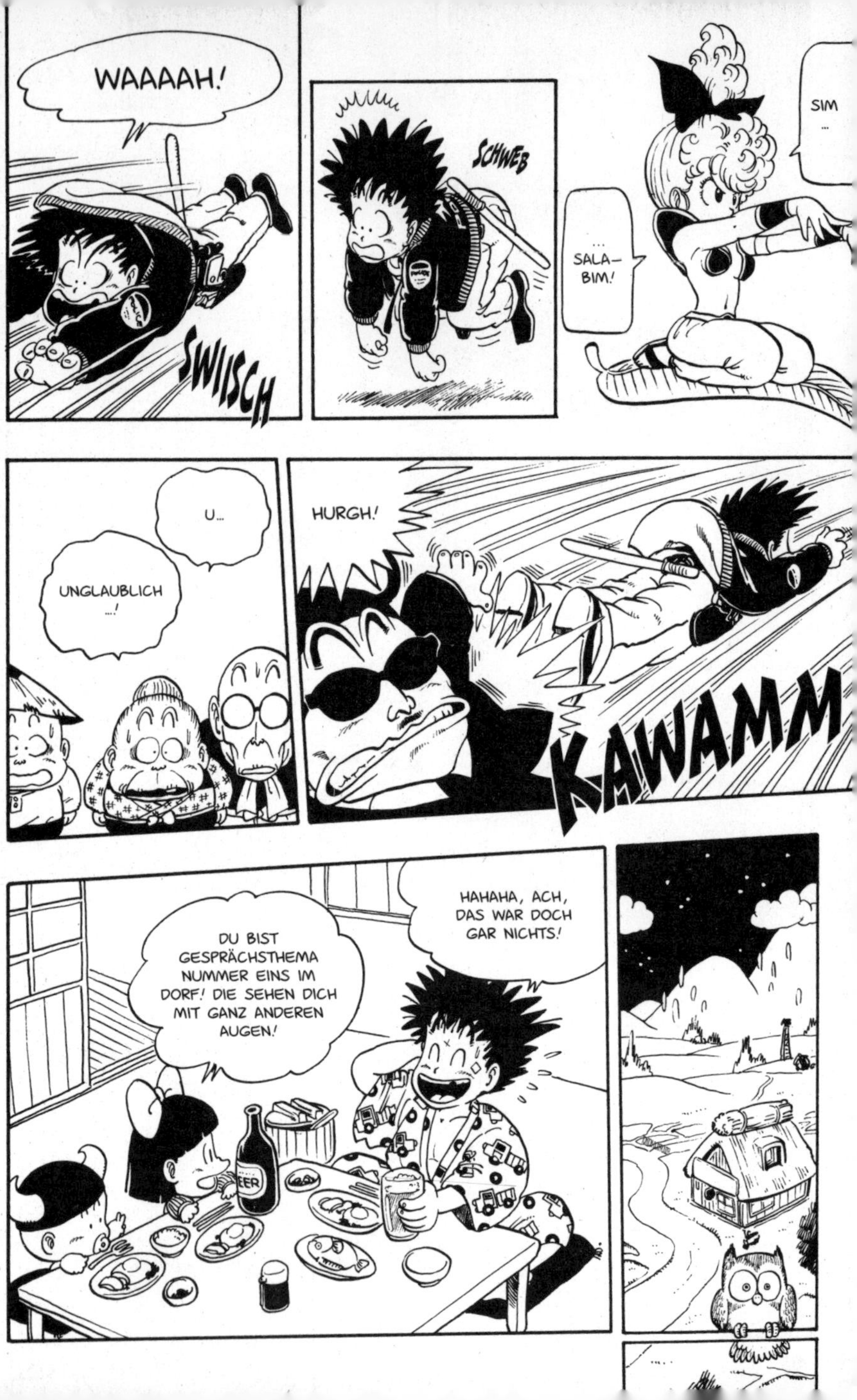
SIM ...
... SALA-BIM!
SCHWEB
WAAAAH!
SWIISCH
HURGH!
KAWAMM
U...
UNGLAUBLICH ...!
DU BIST GESPRÄCHSTHEMA NUMMER EINS IM DORF! DIE SEHEN DICH MIT GANZ ANDEREN AUGEN!
HAHAHA, ACH, DAS WAR DOCH GAR NICHTS!
...

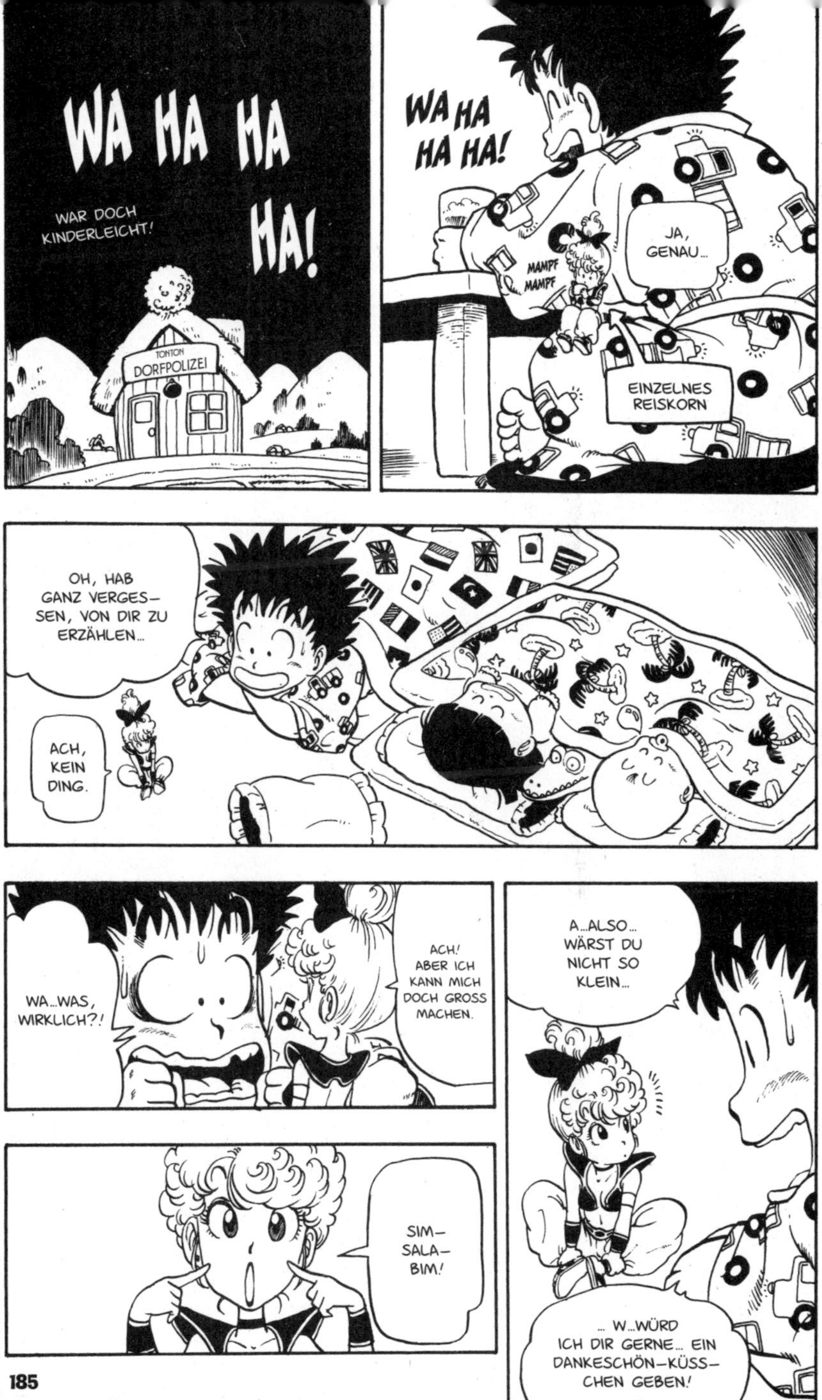
WA HA HA HA!
JA, GENAU...
MAMPF MAMPF
EINZELNES REISKORN
WA HA HA HA HA!
WAR DOCH KINDERLEICHT!
TONTON DORFPOLIZEI
OH, HAB GANZ VERGES-SEN, VON DIR ZU ERZÄHLEN...
ACH, KEIN DING.
A...ALSO... WÄRST DU NICHT SO KLEIN...
... W...WÜRD ICH DIR GERNE... EIN DANKESCHÖN-KÜSS-CHEN GEBEN!
ACH! ABER ICH KANN MICH DOCH GROSS MACHEN.
WA...WAS, WIRKLICH?!
SIM-SALA-BIM!

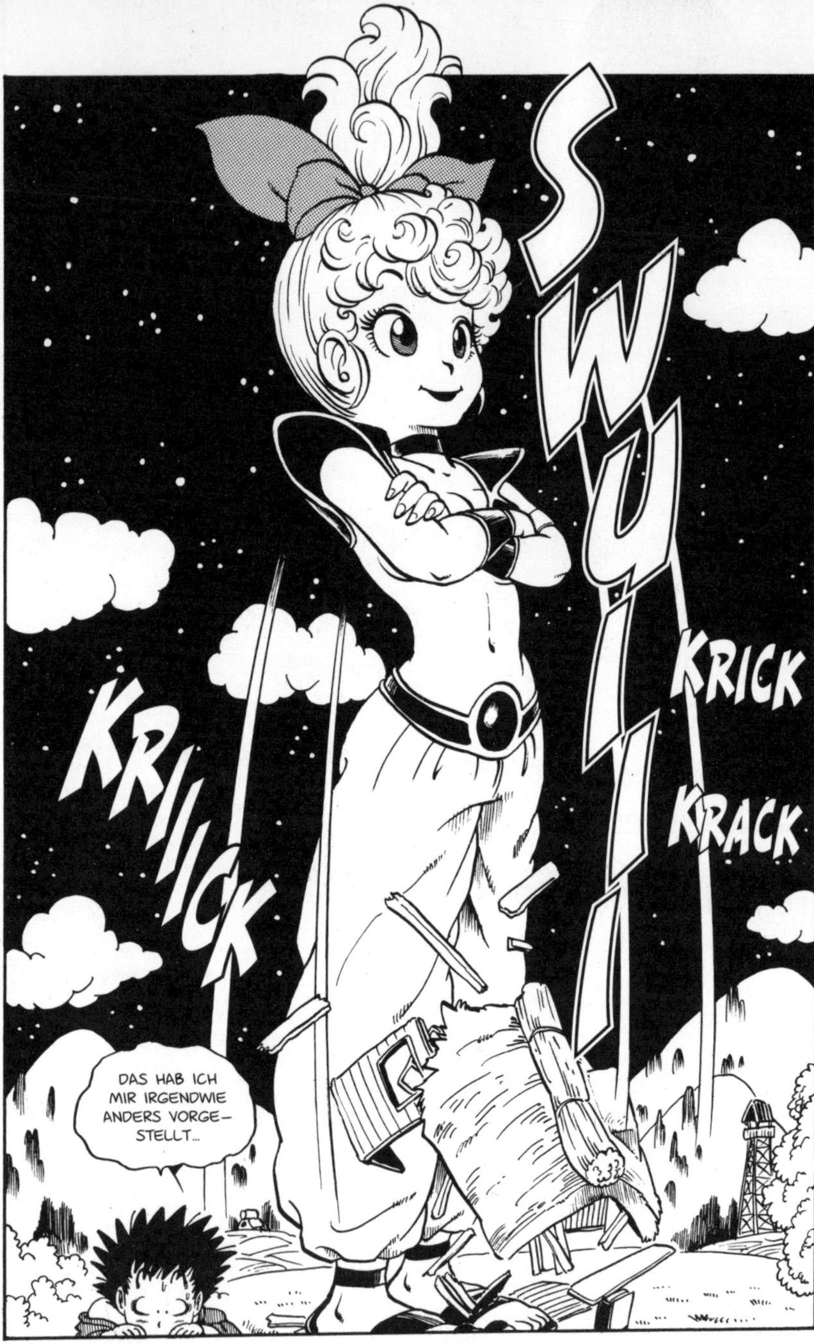

CHOBIT – ENDE

ERSCHIENEN 1983 IN AUSGABE 10 DES WEEKLY SHONEN JUMP

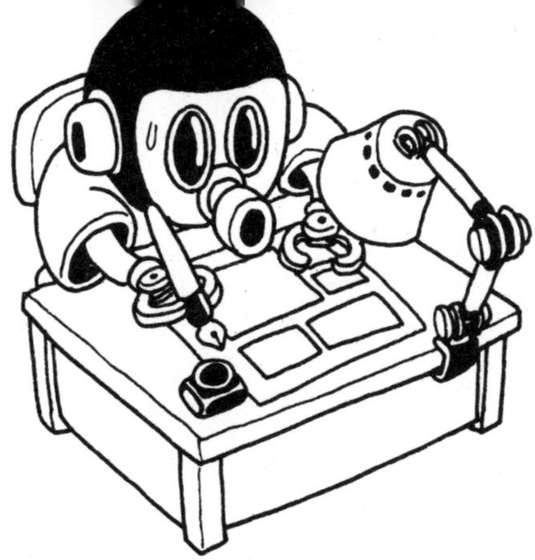

– DAS WAREN NOCH ZEITEN –

MAKING-OF

5. WÄHREND DER ARBEIT AN »CHOBIT« UND »CHOBIT 2«

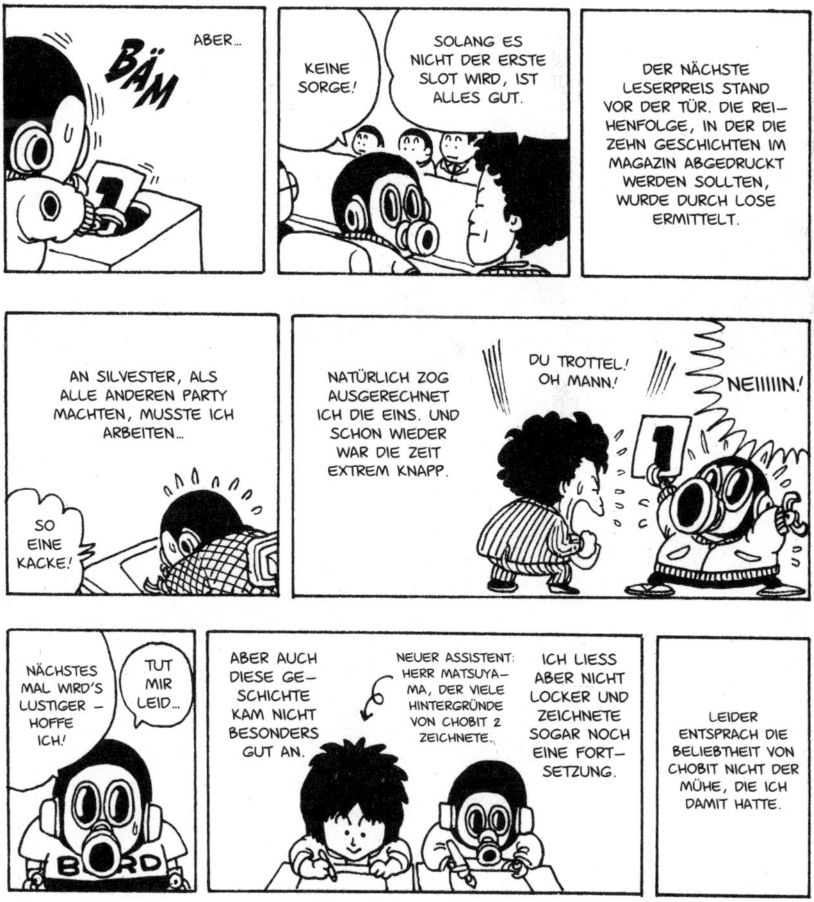

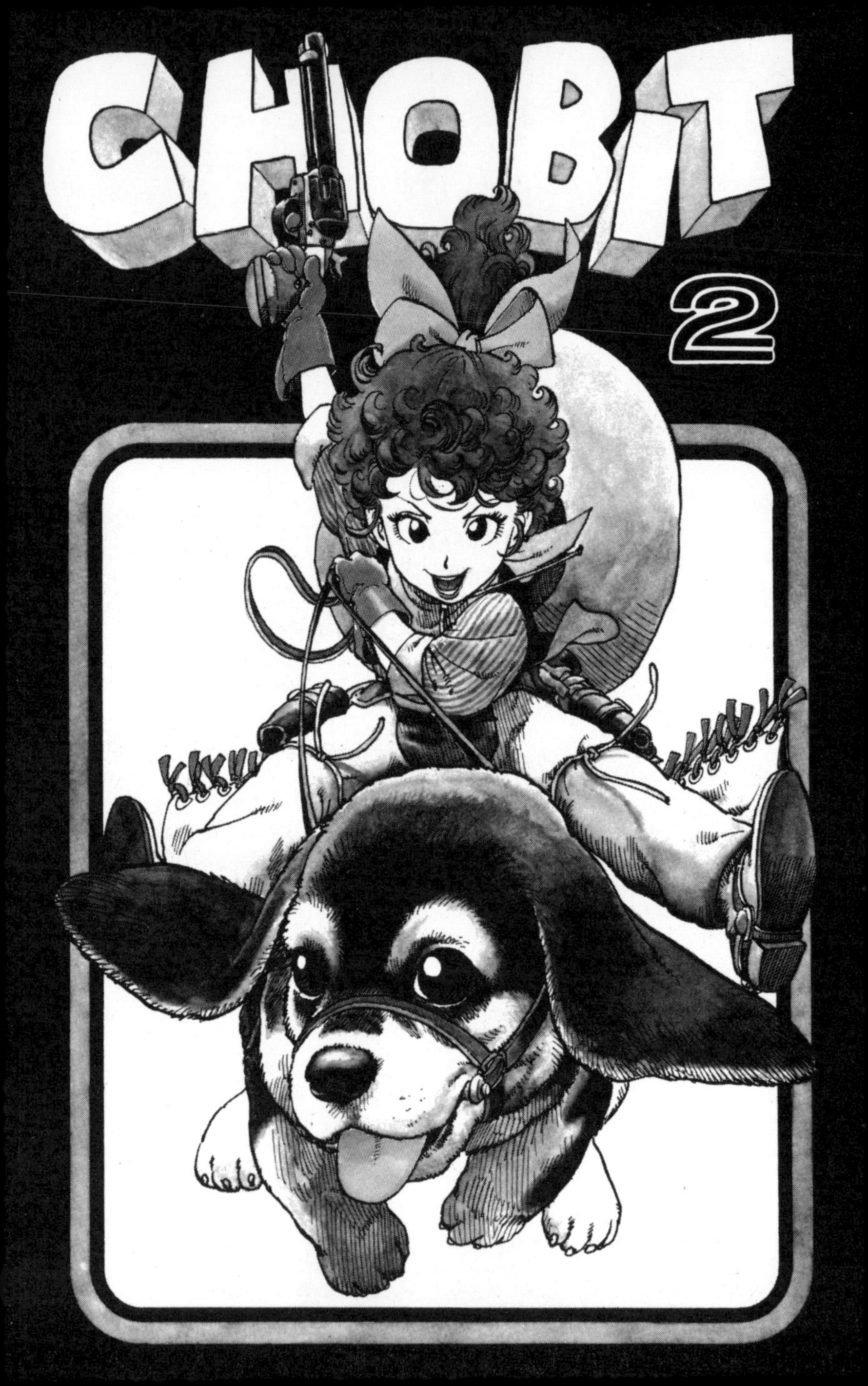
CHOBIT
2

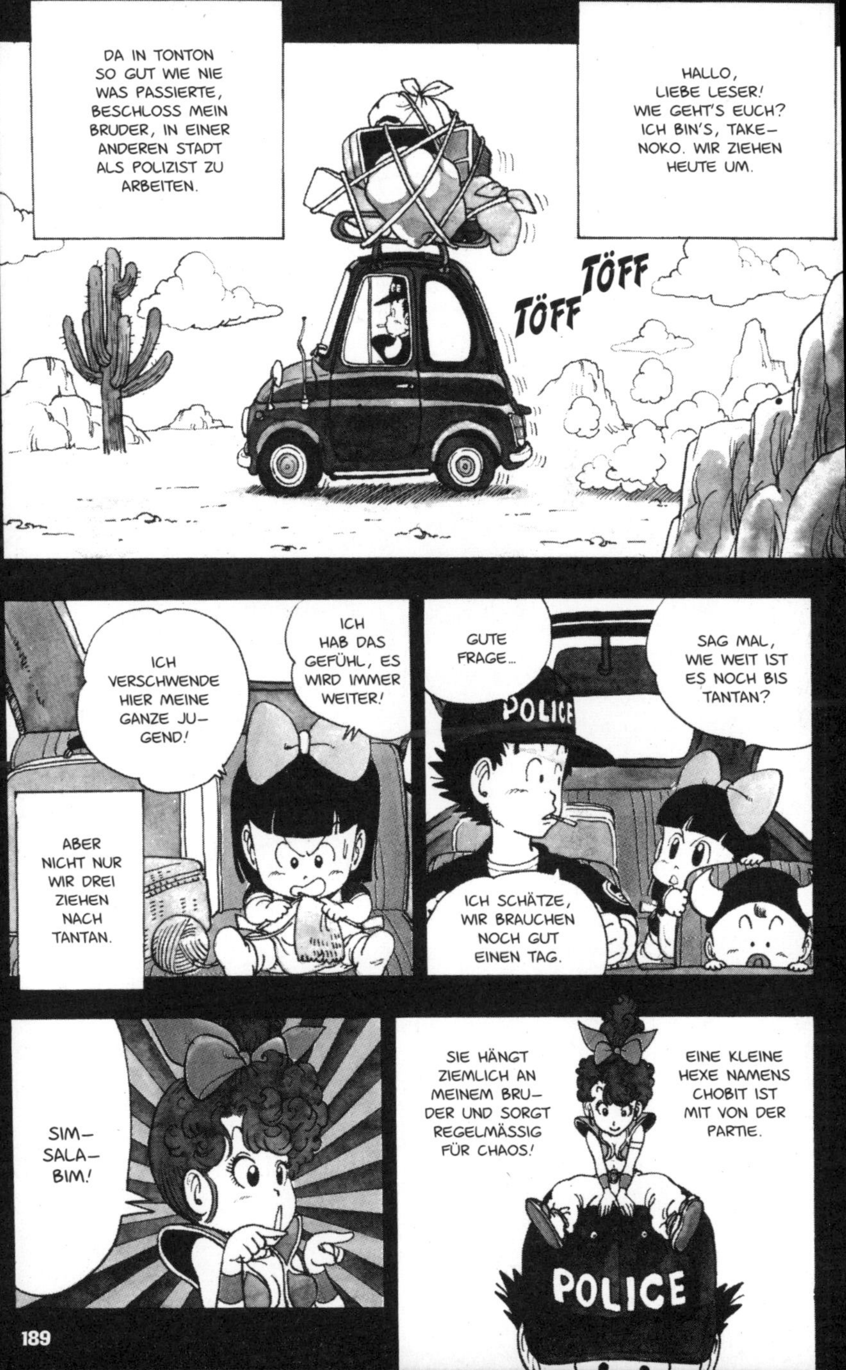

HALLO, LIEBE LESER! WIE GEHT'S EUCH? ICH BIN'S, TAKE-NOKO. WIR ZIEHEN HEUTE UM.
DA IN TONTON SO GUT WIE NIE WAS PASSIERTE, BESCHLOSS MEIN BRUDER, IN EINER ANDEREN STADT ALS POLIZIST ZU ARBEITEN.
TÖFF TÖFF
SAG MAL, WIE WEIT IST ES NOCH BIS TANTAN?
GUTE FRAGE...
POLICE
ICH SCHÄTZE, WIR BRAUCHEN NOCH GUT EINEN TAG.
ICH HAB DAS GEFÜHL, ES WIRD IMMER WEITER!
ICH VERSCHWENDE HIER MEINE GANZE JU-GEND!
ABER NICHT NUR WIR DREI ZIEHEN NACH TANTAN.
EINE KLEINE HEXE NAMENS CHOBIT IST MIT VON DER PARTIE.
SIE HÄNGT ZIEMLICH AN MEINEM BRU-DER UND SORGT REGELMÄSSIG FÜR CHAOS!
POLICE
SIM-SALA-BIM!

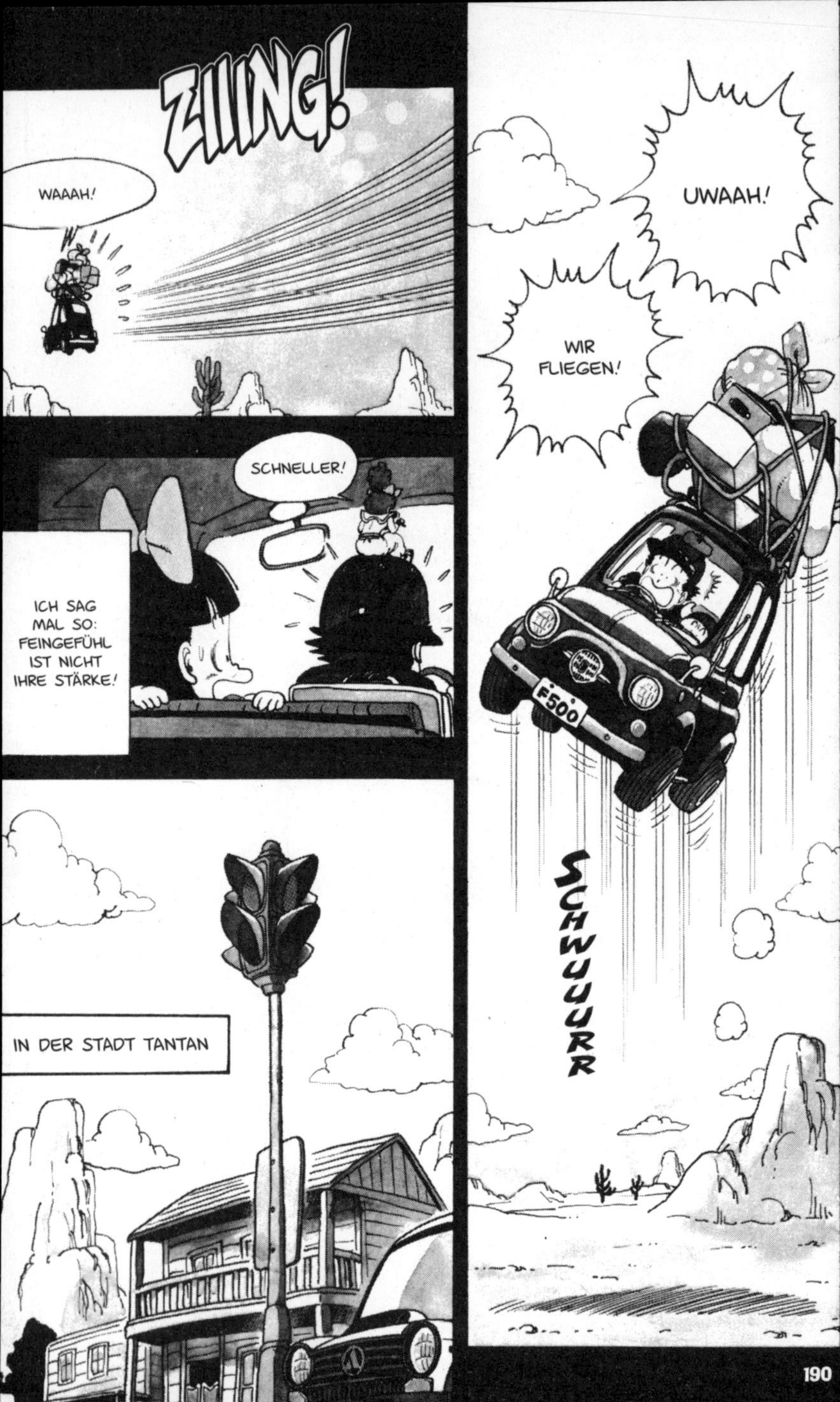
UWAAH!
WIR FLIEGEN!
SCHWUUURR
ZIIING!
WAAAH!
SCHNELLER!
ICH SAG MAL SO: FEINGEFÜHL IST NICHT IHRE STÄRKE!
IN DER STADT TANTAN
F500

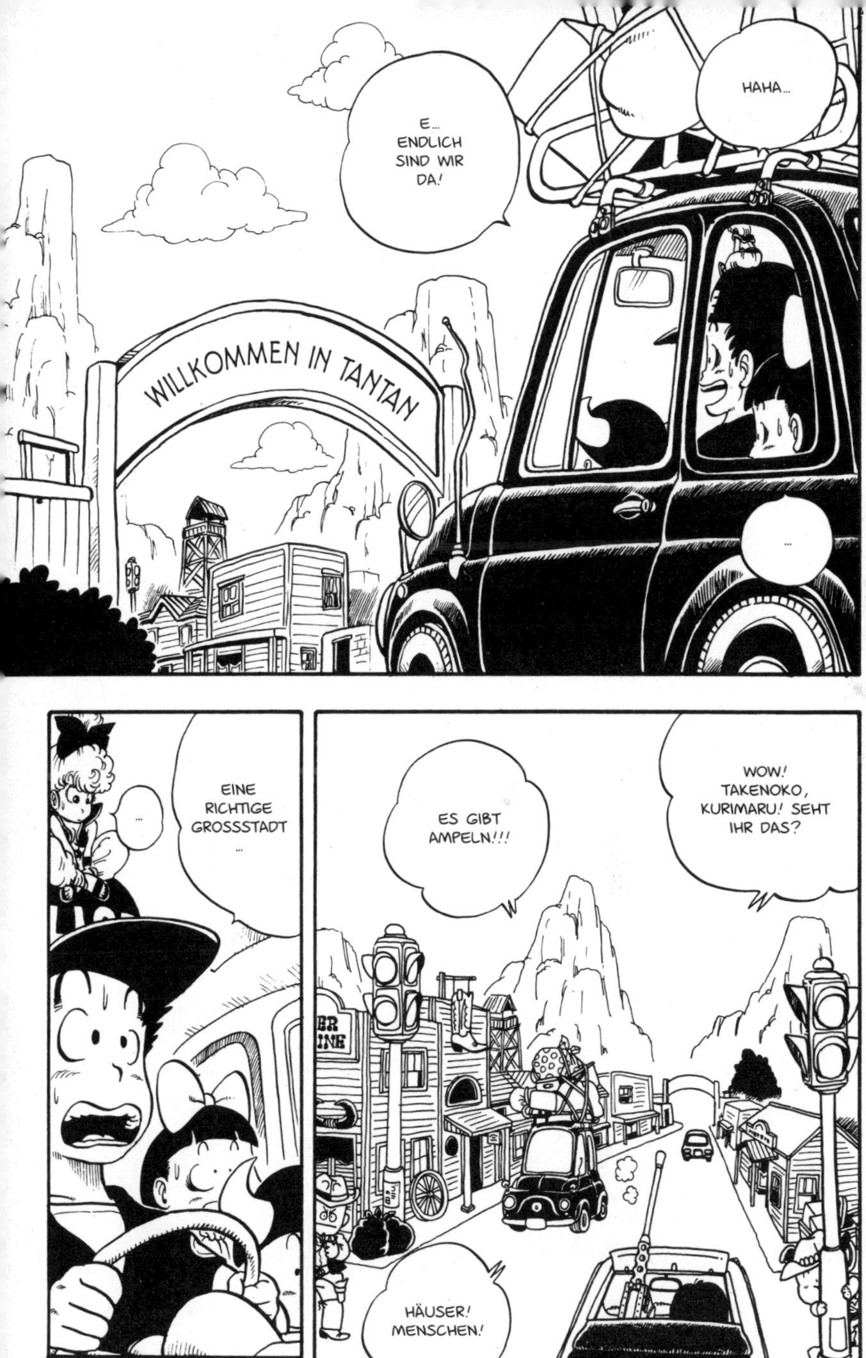
HAHA...
E... ENDLICH SIND WIR DA!
WILLKOMMEN IN TANTAN
...
WOW! TAKENOKO, KURIMARU! SEHT IHR DAS?
ES GIBT AMPELN!!!
HÄUSER! MENSCHEN!
EINE RICHTIGE GROSSSTADT ...
...

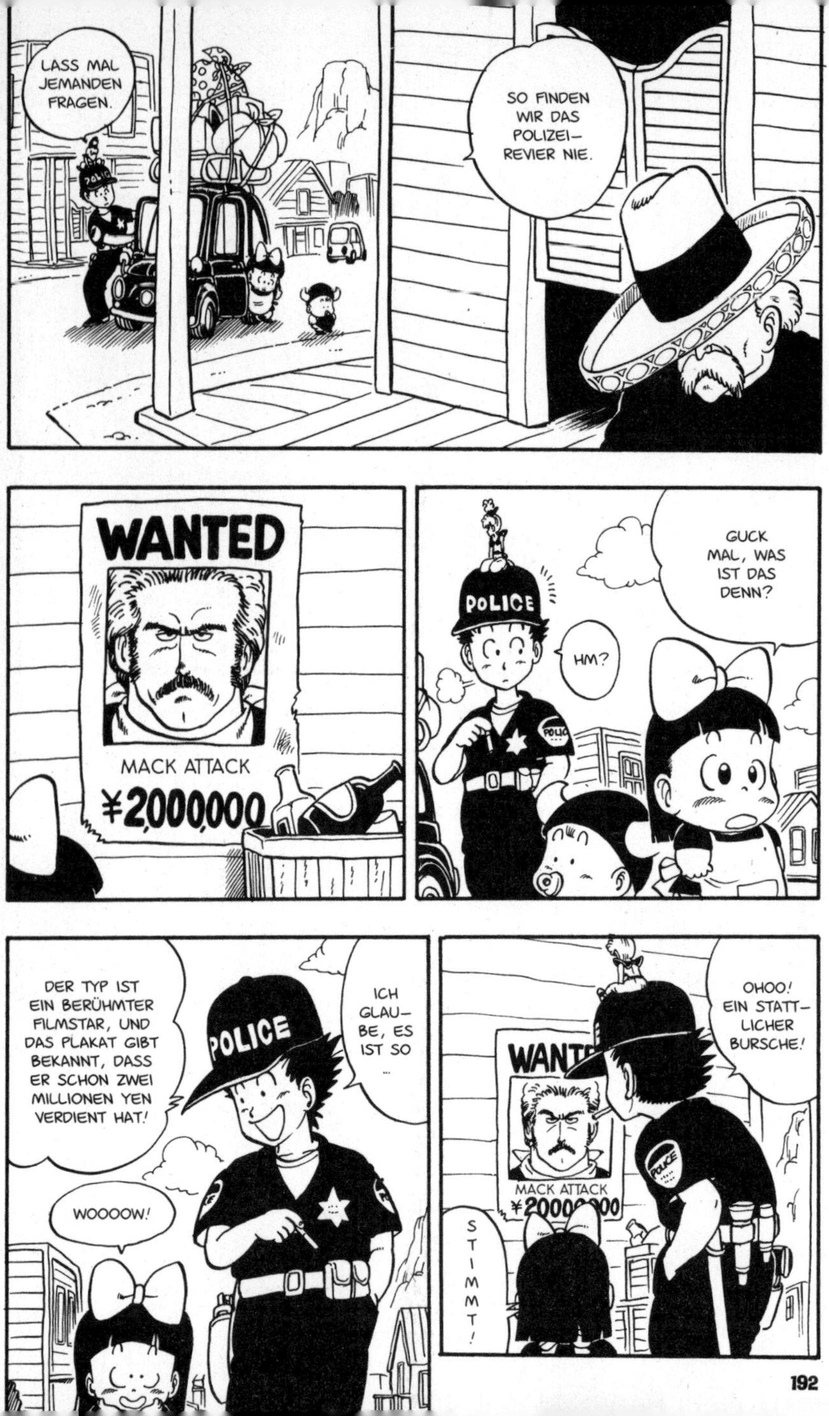
LASS MAL JEMANDEN FRAGEN.
SO FINDEN WIR DAS POLIZEI-REVIER NIE.
WANTED
MACK ATTACK
¥2,000,000
POLICE
GUCK MAL, WAS IST DAS DENN?
HM?
POLICE
ICH GLAU-BE, ES IST SO ...
DER TYP IST EIN BERÜHMTER FILMSTAR, UND DAS PLAKAT GIBT BEKANNT, DASS ER SCHON ZWEI MILLIONEN YEN VERDIENT HAT!
WOOOOW!
OHOO! EIN STATT-LICHER BURSCHE!
MACK ATTACK
STIMMT!

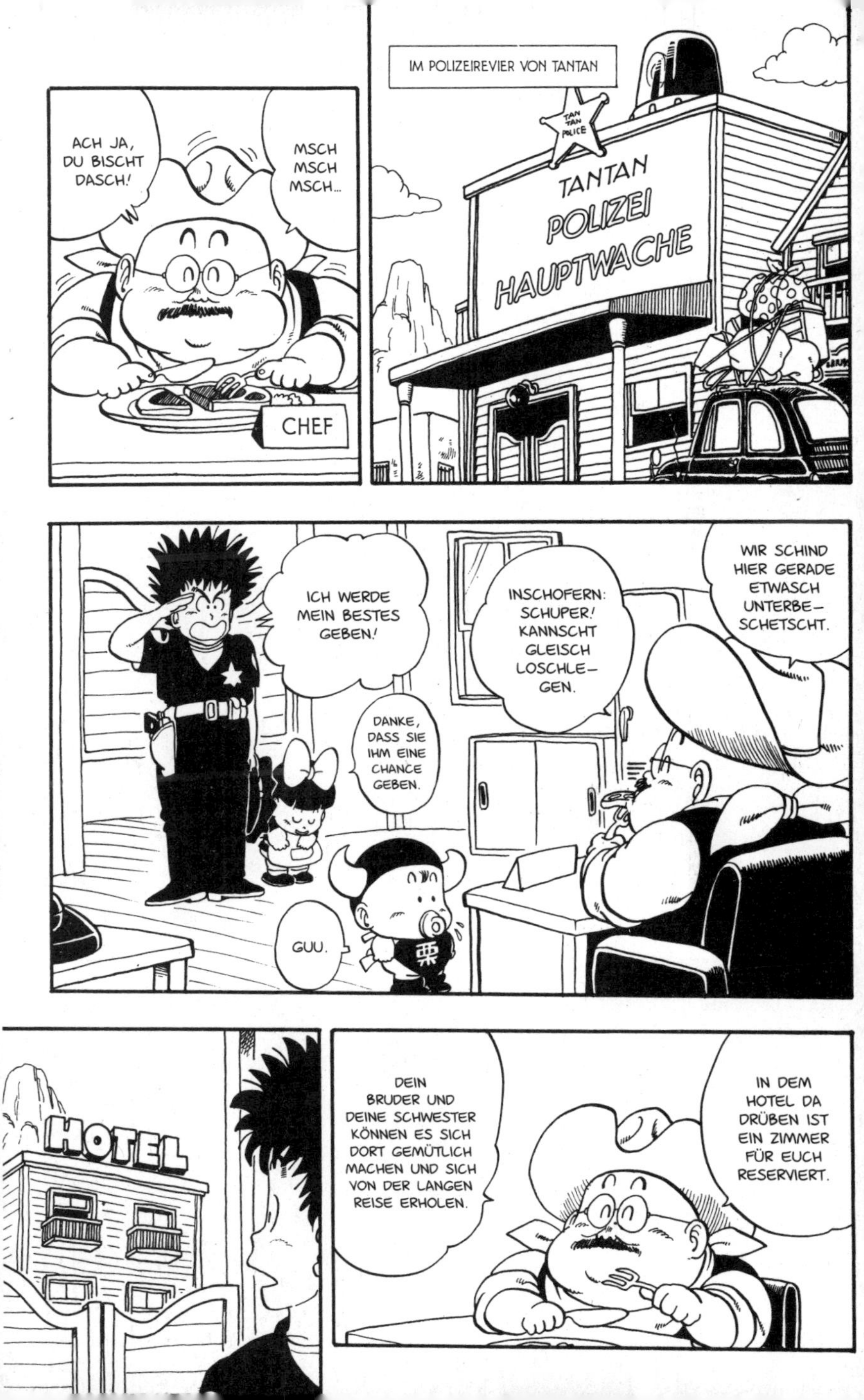
IM POLIZEIREVIER VON TANTAN
TAN TAN POLICE
TANTAN POLIZEI HAUPTWACHE
MSCH MSCH MSCH...
ACH JA, DU BISCHT DASCH!
CHEF
WIR SCHIND HIER GERADE ETWASCH UNTERBE-SCHETSCHT.
INSCHOFERN: SCHUPER! KANNSCHT GLEISCH LOSCHLE-GEN.
ICH WERDE MEIN BESTES GEBEN!
DANKE, DASS SIE IHM EINE CHANCE GEBEN.
GUU.
IN DEM HOTEL DA DRÜBEN IST EIN ZIMMER FÜR EUCH RESERVIERT.
DEIN BRUDER UND DEINE SCHWESTER KÖNNEN ES SICH DORT GEMÜTLICH MACHEN UND SICH VON DER LANGEN REISE ERHOLEN.
HOTEL

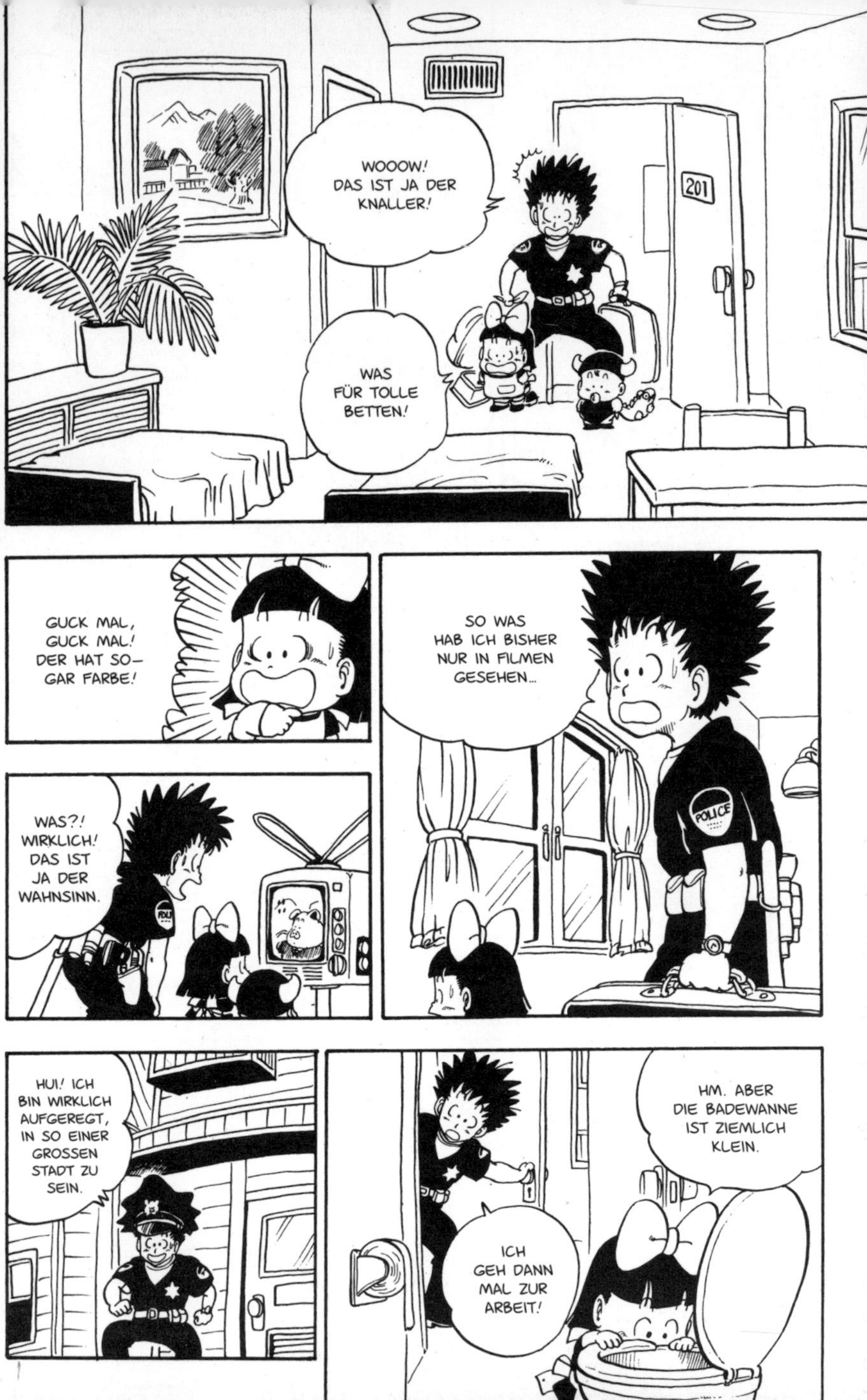
WOOOW! DAS IST JA DER KNALLER!
WAS FÜR TOLLE BETTEN!
201
SO WAS HAB ICH BISHER NUR IN FILMEN GESEHEN...
GUCK MAL, GUCK MAL! DER HAT SO-GAR FARBE!
WAS?! WIRKLICH! DAS IST JA DER WAHNSINN.
POLICE
HM. ABER DIE BADEWANNE IST ZIEMLICH KLEIN.
ICH GEH DANN MAL ZUR ARBEIT!
HUI! ICH BIN WIRKLICH AUFGEREGT, IN SO EINER GROSSEN STADT ZU SEIN.

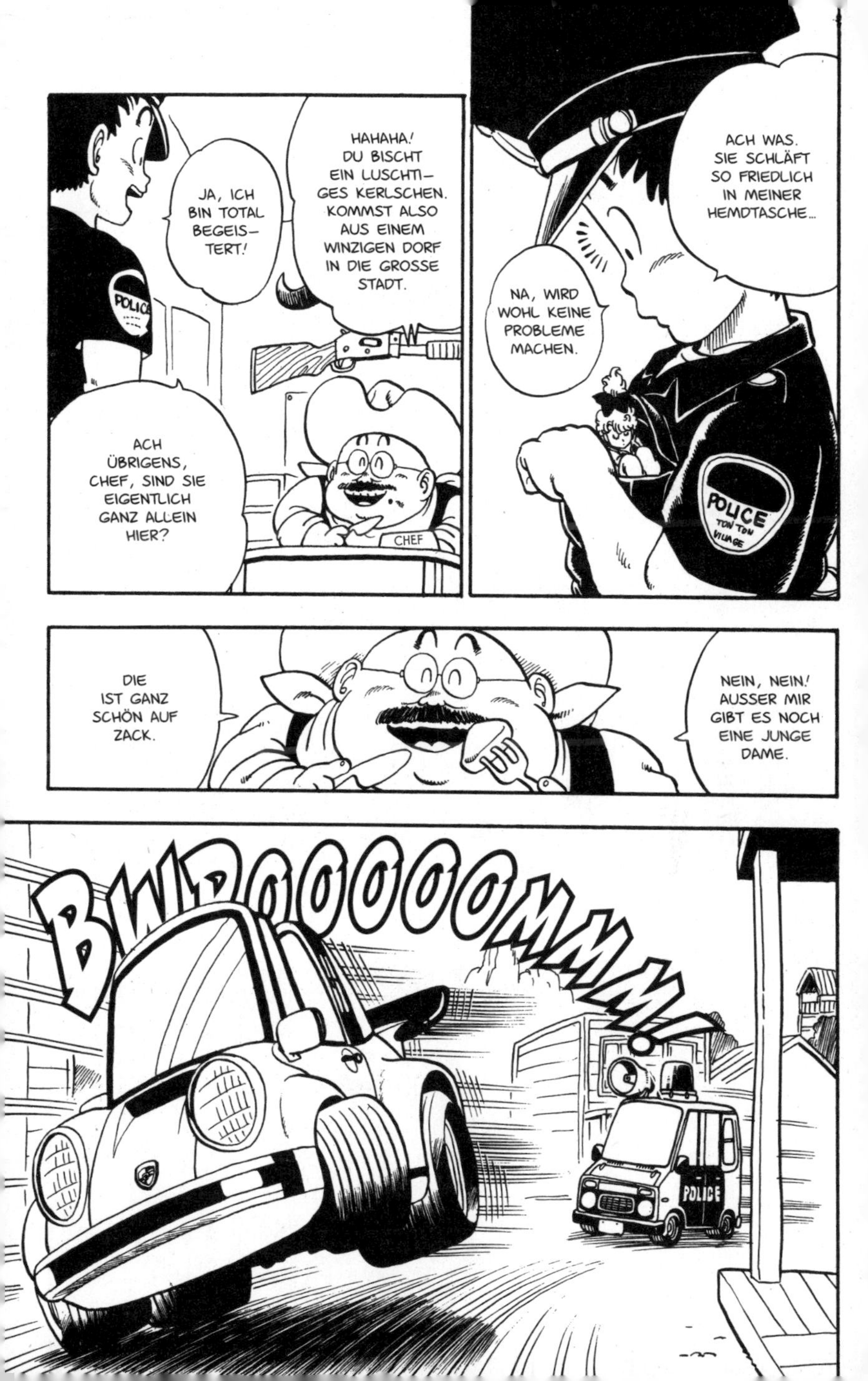
ACH WAS. SIE SCHLÄFT SO FRIEDLICH IN MEINER HEMDTASCHE...
NA, WIRD WOHL KEINE PROBLEME MACHEN.
POLICE TON TON VILLAGE
HAHAHA! DU BISCHT EIN LUSCHTI-GES KERLSCHEN. KOMMST ALSO AUS EINEM WINZIGEN DORF IN DIE GROSSE STADT.
JA, ICH BIN TOTAL BEGEIS-TERT!
POLICE
CHEF
ACH ÜBRIGENS, CHEF, SIND SIE EIGENTLICH GANZ ALLEIN HIER?
NEIN, NEIN! AUSSER MIR GIBT ES NOCH EINE JUNGE DAME.
DIE IST GANZ SCHÖN AUF ZACK.
BWOOOOOOMMM!
POLICE

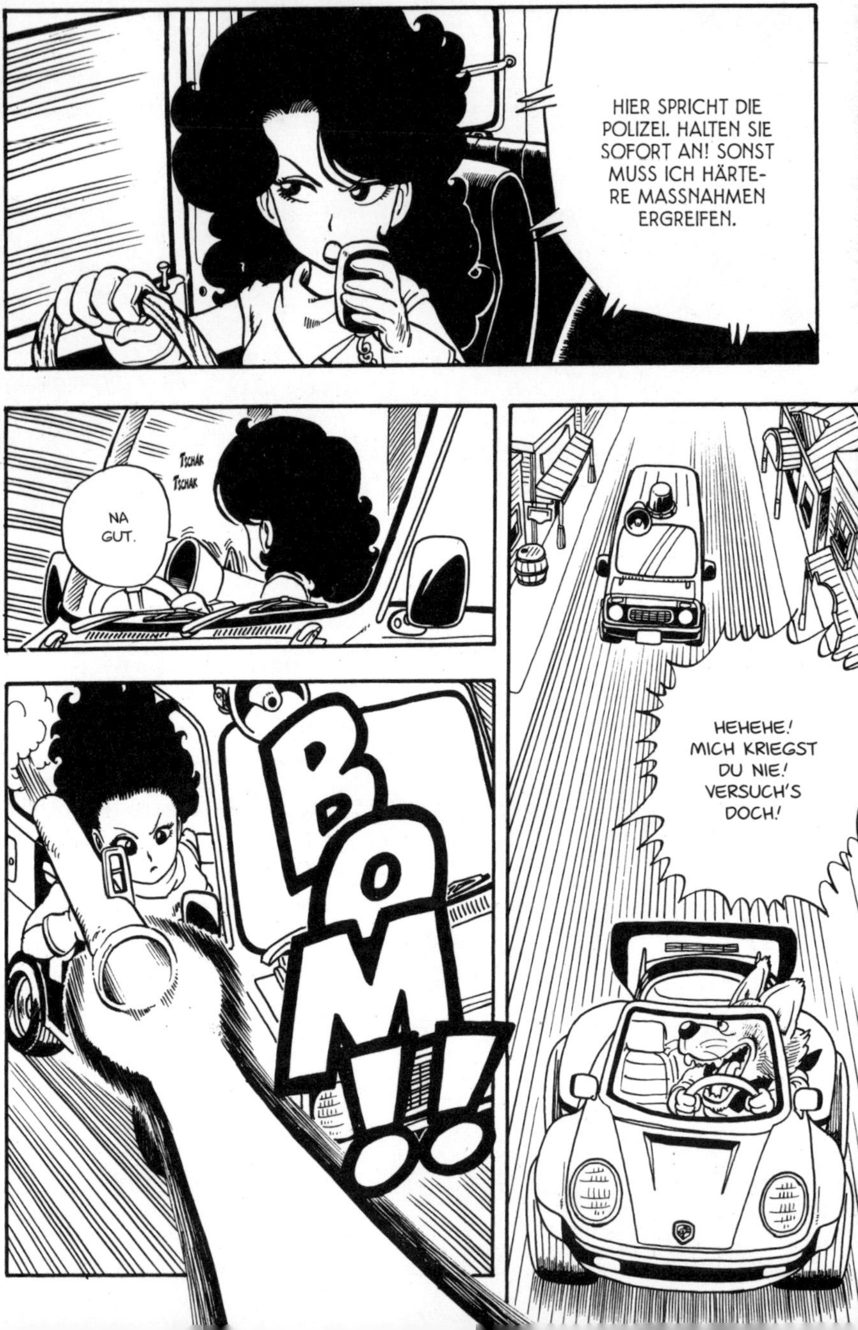
HIER SPRICHT DIE POLIZEI. HALTEN SIE SOFORT AN! SONST MUSS ICH HÄRTERE MASSNAHMEN ERGREIFEN.
TSCHAK TSCHAK
NA GUT.
HEHEHE! MICH KRIEGST DU NIE! VERSUCH'S DOCH!
BOM!!

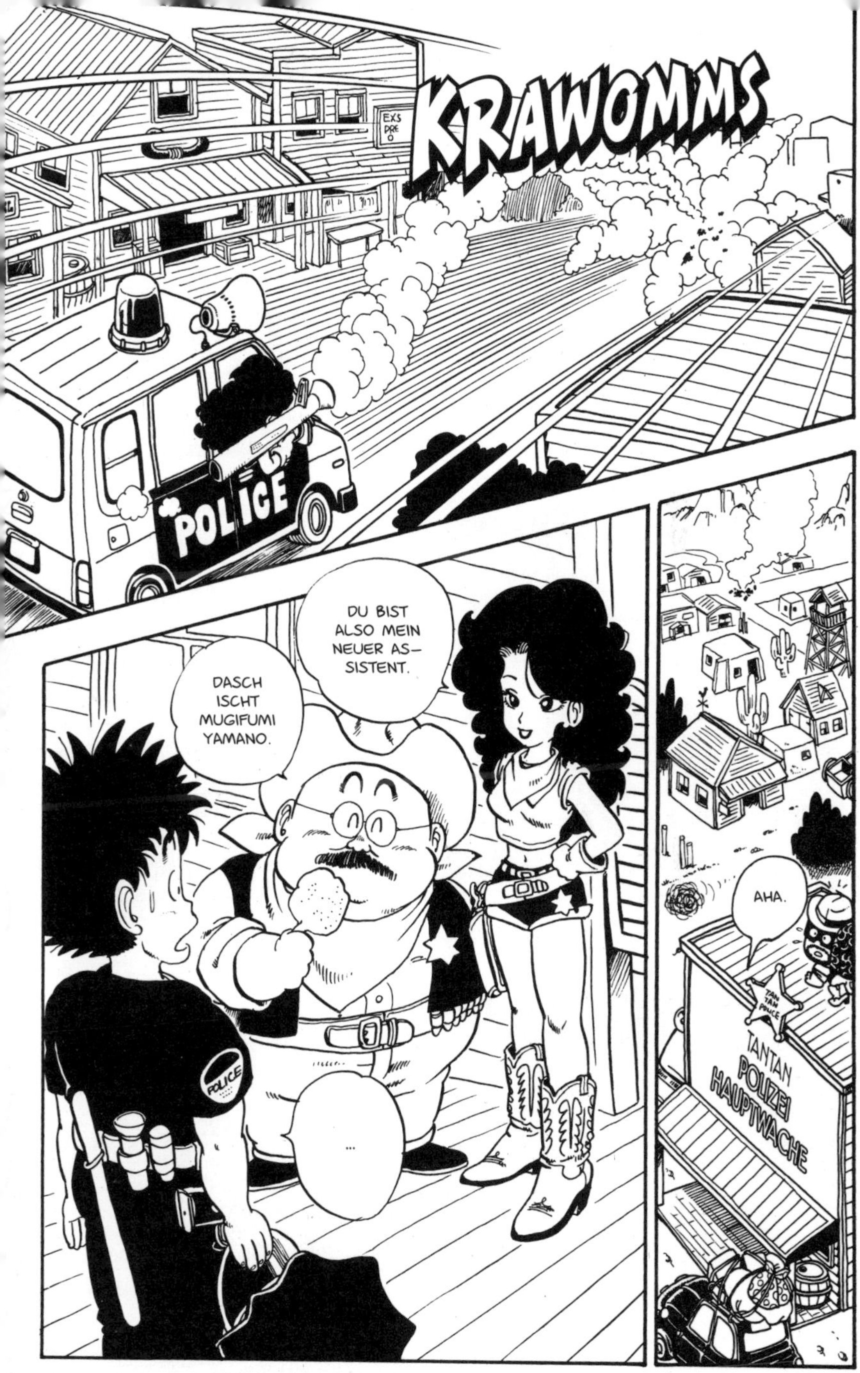
KRAWOMMS
POLICE
DASCH ISCHT MUGIFUMI YAMANO.
DU BIST ALSO MEIN NEUER AS-SISTENT.
...
AHA.
TANTAN POLIZEI HAUPTWACHE

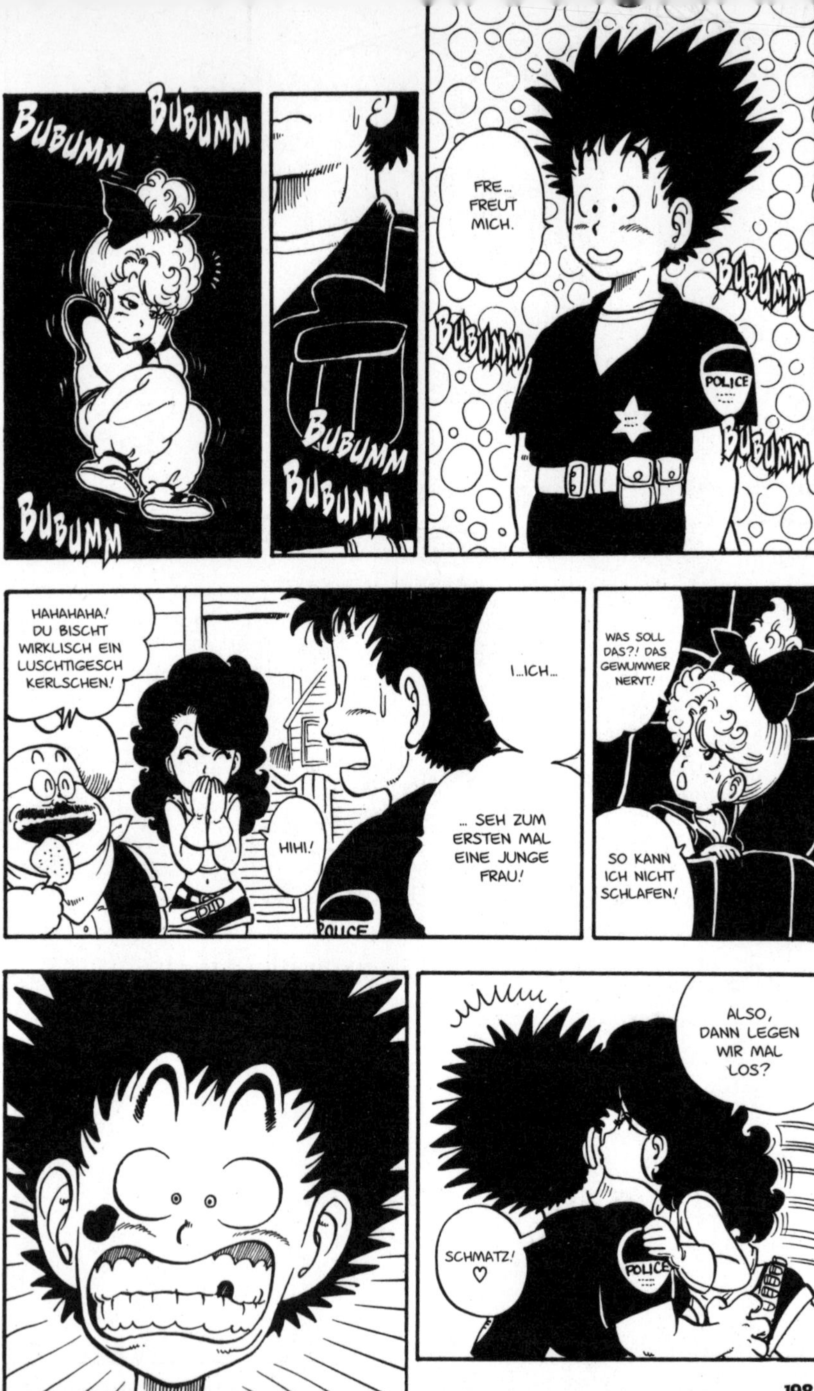
BUBUMM
BUBUMM
BUBUMM
BUBUMM
BUBUMM
FRE... FREUT MICH.
BUBUMM
BUBUMM
BUBUMM
HAHAHAHA! DU BISCHT WIRKLISCH EIN LUSCHTIGESCH KERLSCHEN!
HIHI!
I...ICH...
... SEH ZUM ERSTEN MAL EINE JUNGE FRAU!
WAS SOLL DAS?! DAS GEWUMMER NERVT!
SO KANN ICH NICHT SCHLAFEN!
ALSO, DANN LEGEN WIR MAL LOS?
SCHMATZ! ♡

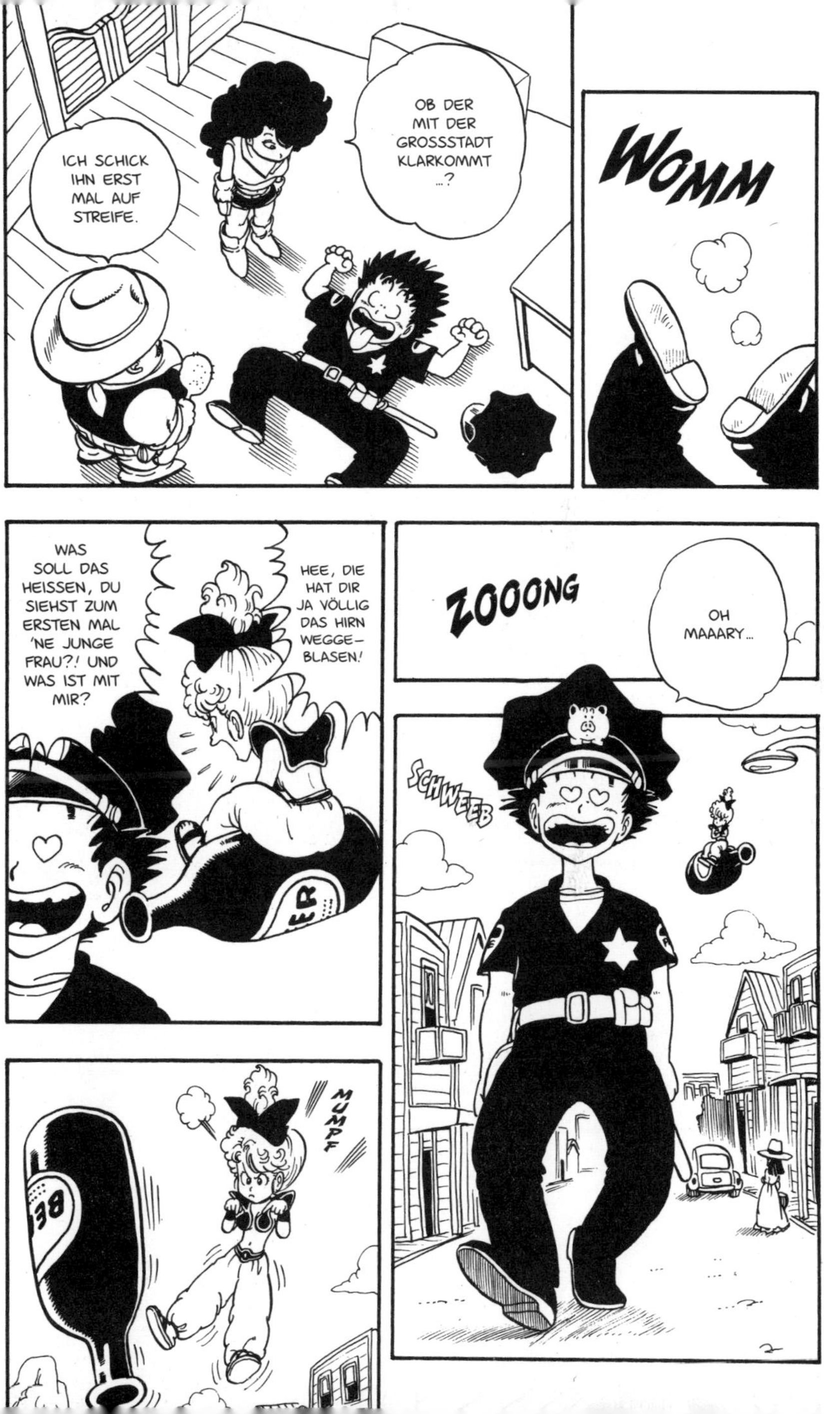
ICH SCHICK IHN ERST MAL AUF STREIFE.
OB DER MIT DER GROSSSTADT KLARKOMMT ...?
WOMM
WAS SOLL DAS HEISSEN, DU SIEHST ZUM ERSTEN MAL 'NE JUNGE FRAU?! UND WAS IST MIT MIR?
HEE, DIE HAT DIR JA VÖLLIG DAS HIRN WEGGE-BLASEN!
ZOOONG
OH MAAARY...
SCHWEEB
MUMPF

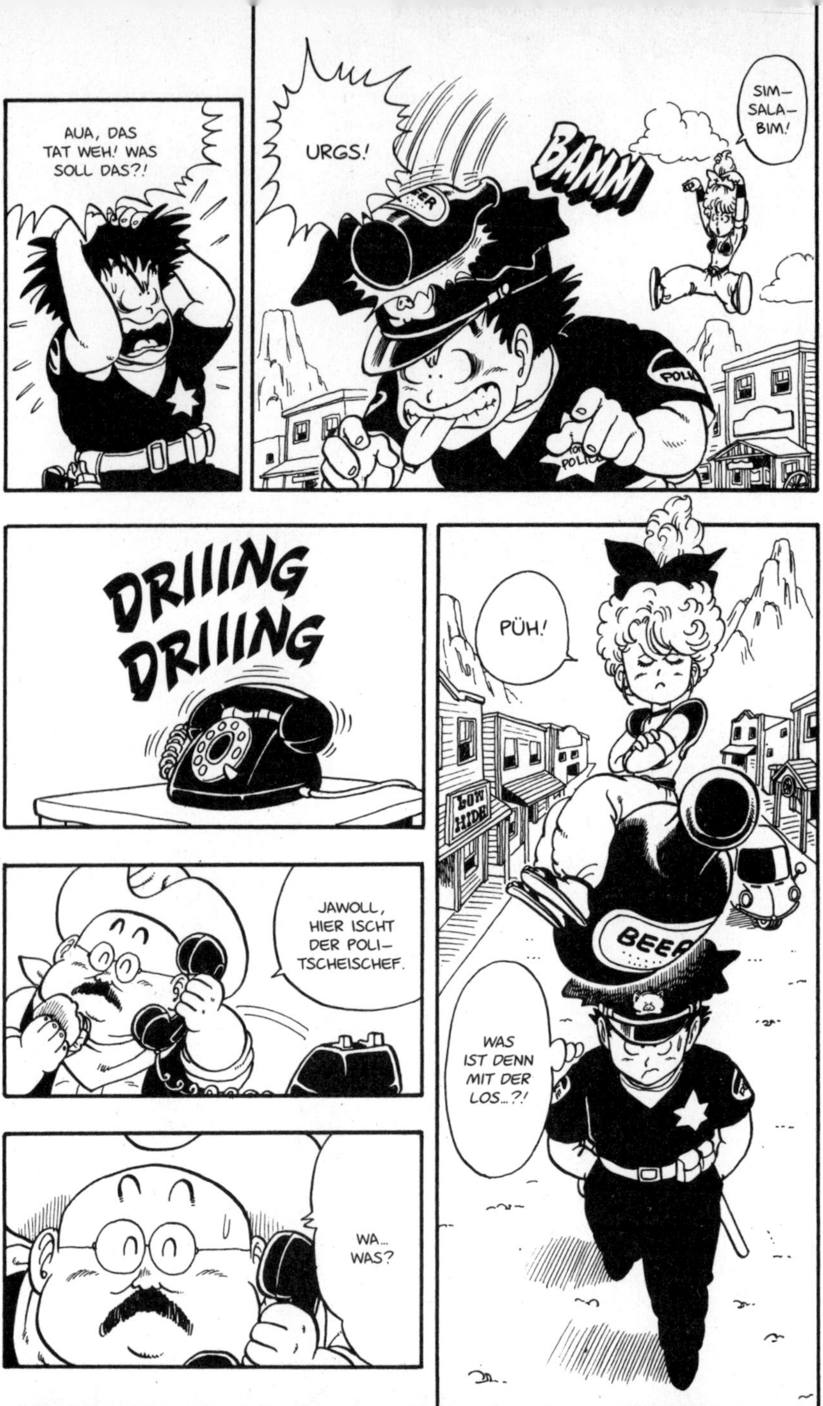

SIM-
SALA-
BIM!
BAMM
URGS!
AUA, DAS
TAT WEH! WAS
SOLL DAS?!
PÜH!
DRIIING
DRIIING
WAS
IST DENN
MIT DER
LOS…?!
JAWOLL,
HIER ISCHT
DER POLI-
TSCHEISCHEF.
WA…
WAS?

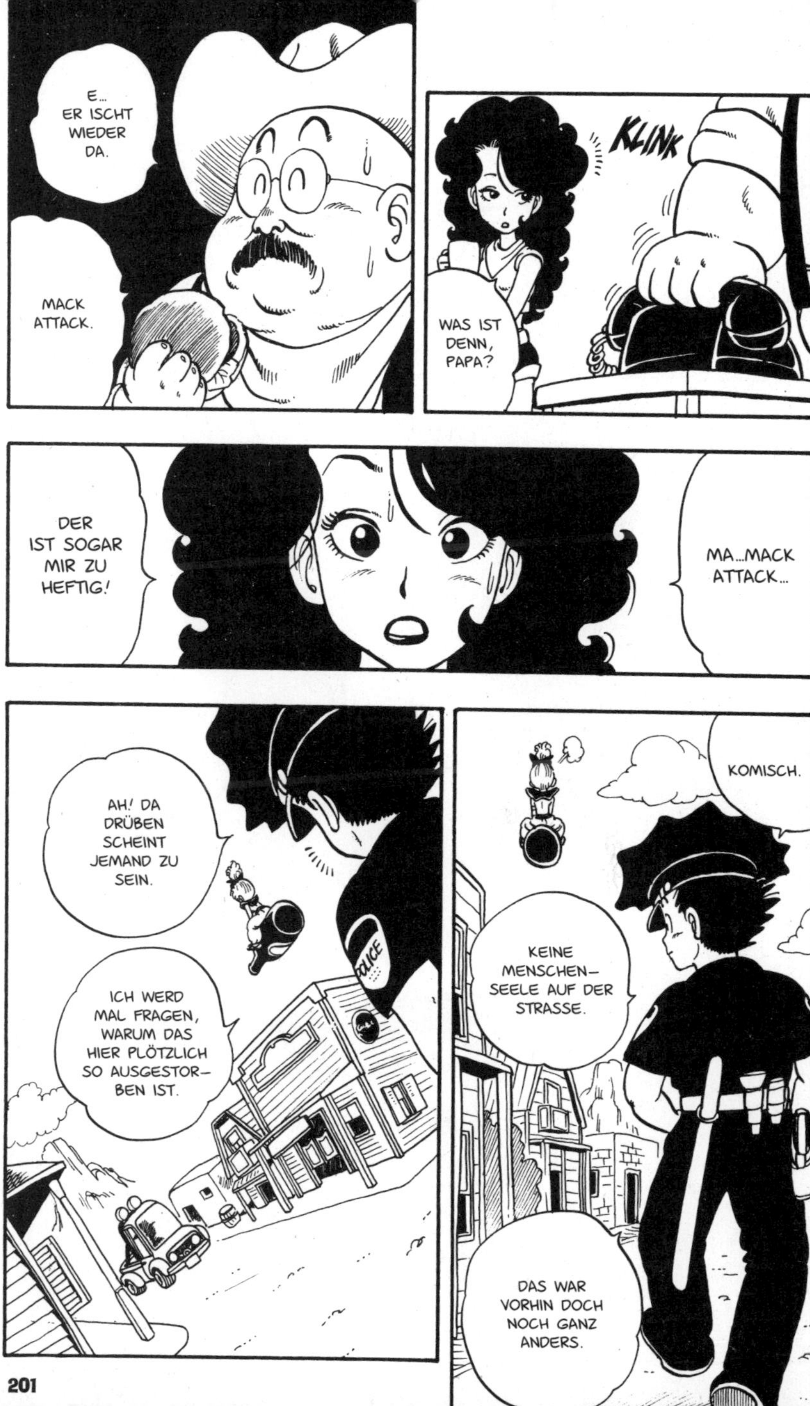
KLINK
WAS IST DENN, PAPA?
E... ER ISCHT WIEDER DA.
MACK ATTACK.
MA...MACK ATTACK...
DER IST SOGAR MIR ZU HEFTIG!
KOMISCH.
KEINE MENSCHEN-SEELE AUF DER STRASSE.
DAS WAR VORHIN DOCH NOCH GANZ ANDERS.
AH! DA DRÜBEN SCHEINT JEMAND ZU SEIN.
ICH WERD MAL FRAGEN, WARUM DAS HIER PLÖTZLICH SO AUSGESTOR-BEN IST.
POLICE

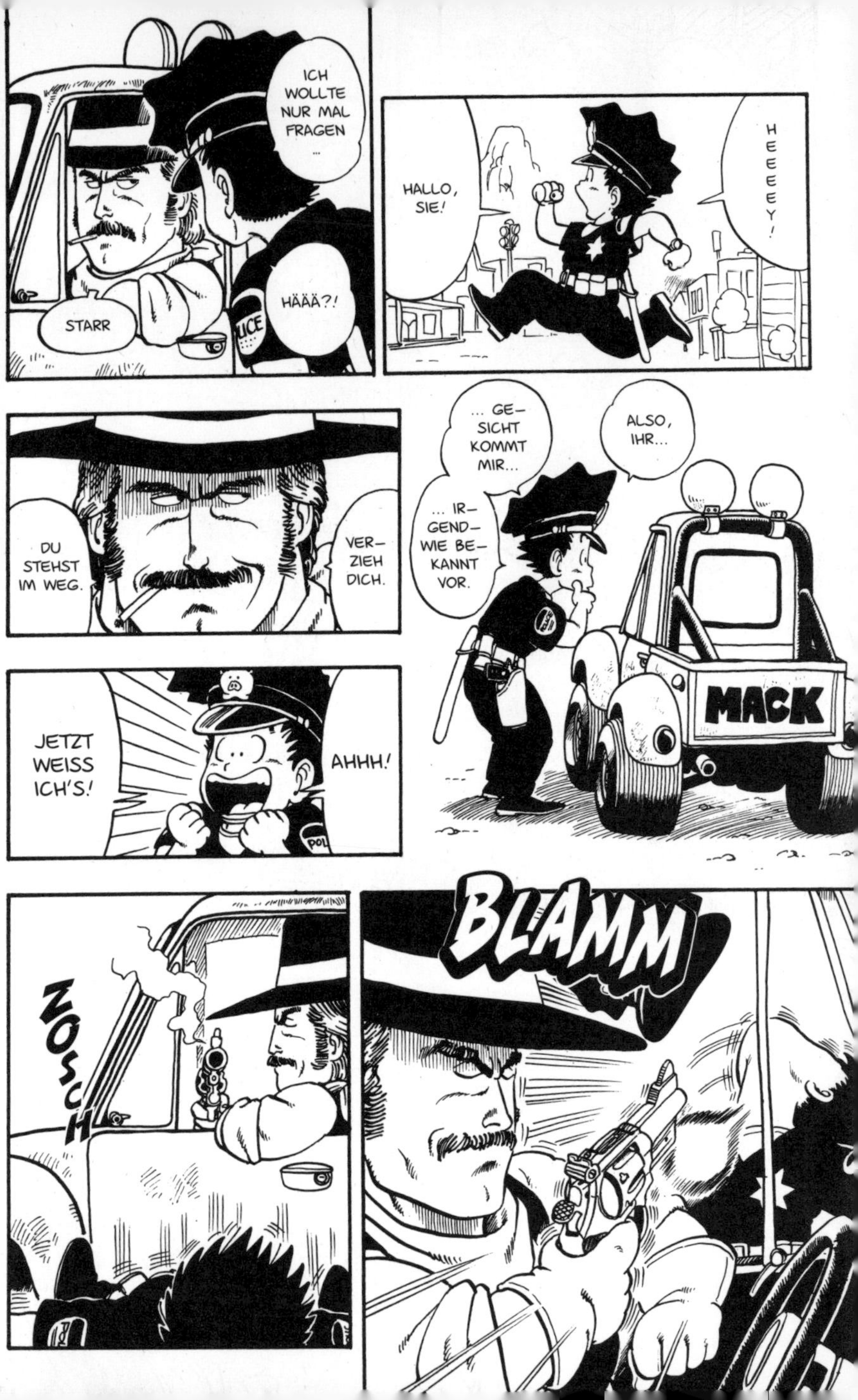
HEEEEY!
HALLO, SIE!
ICH WOLLTE NUR MAL FRAGEN ...
STARR
HÄÄÄ?!
ALSO, IHR...
... GE-SICHT KOMMT MIR...
... IR-GEND-WIE BE-KANNT VOR.
MACK
VER-ZIEH DICH.
DU STEHST IM WEG.
AHHH!
JETZT WEISS ICH'S!
BLAMM
WOSCH

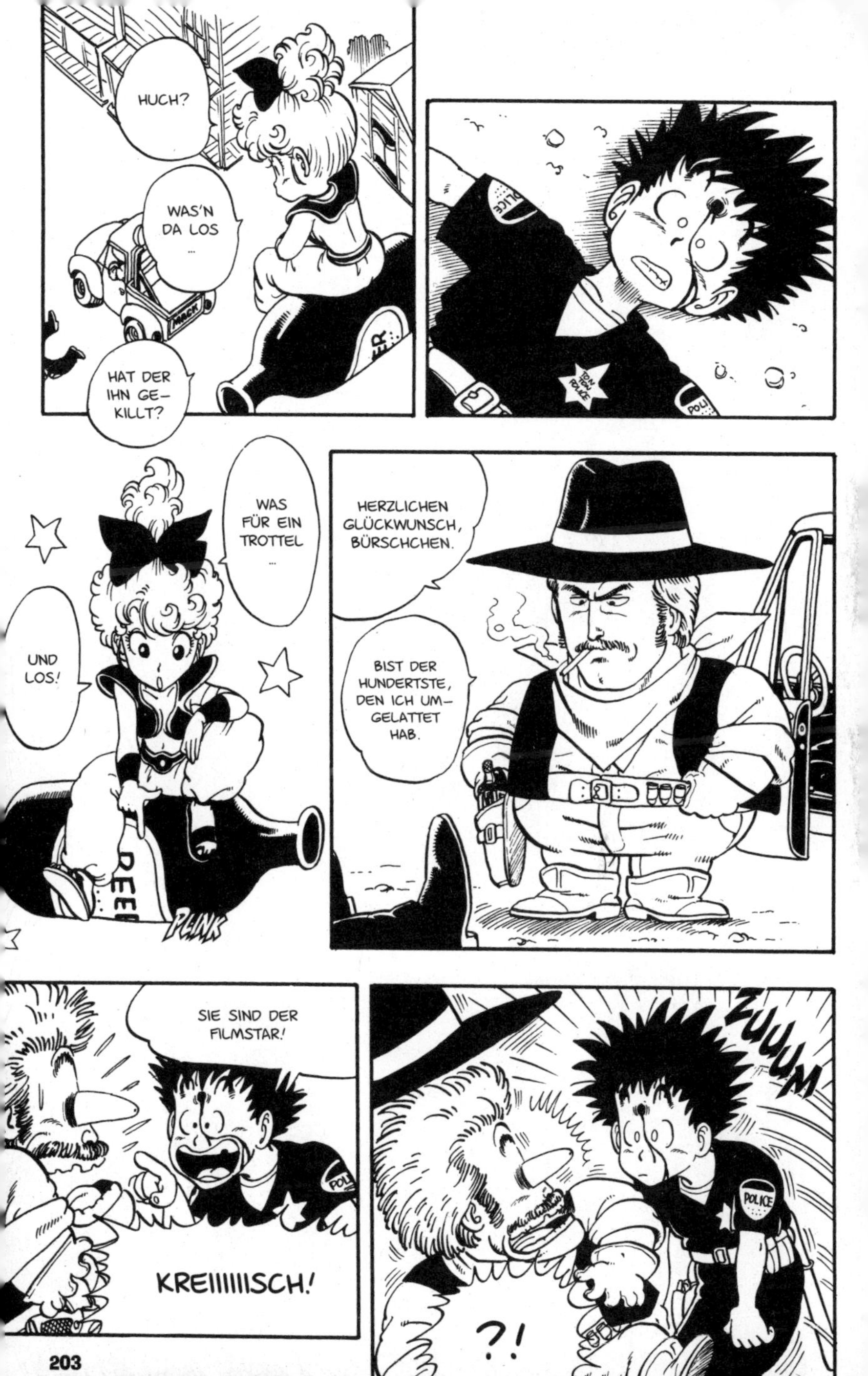
HUCH?
WAS'N DA LOS ...
HAT DER IHN GE-KILLT?
UND LOS!
WAS FÜR EIN TROTTEL ...
HERZLICHEN GLÜCKWUNSCH, BÜRSCHCHEN.
BIST DER HUNDERTSTE, DEN ICH UM-GELATTET HAB.
PLINK
SIE SIND DER FILMSTAR!
KREIIIIIISCH!
WUUUM
?!

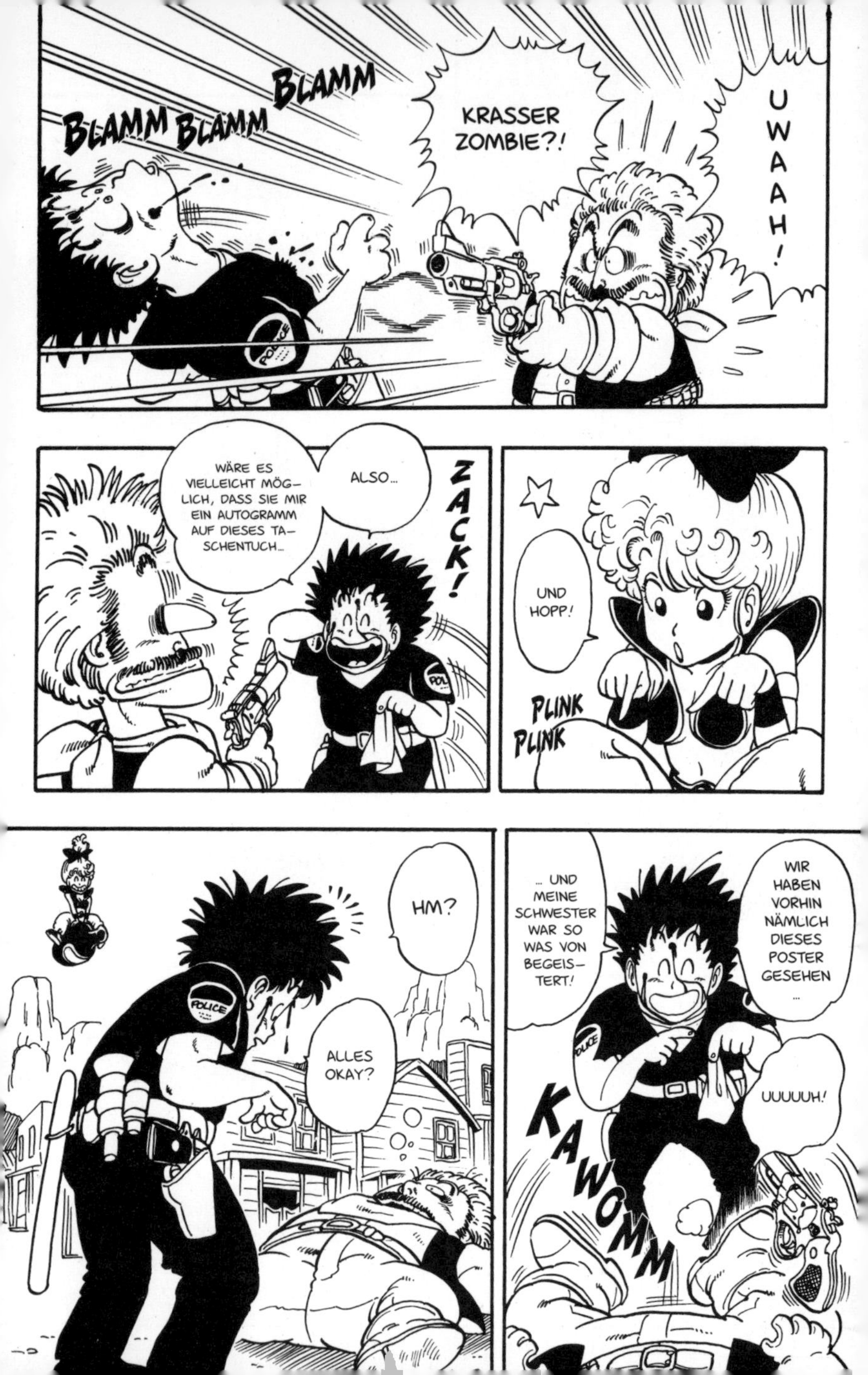
UWAAAH!
KRASSER ZOMBIE?!
BLAMM BLAMM
BLAMM
UND HOPP!
PLINK PLINK
ZACK!
ALSO...
WÄRE ES VIELLEICHT MÖG-LICH, DASS SIE MIR EIN AUTOGRAMM AUF DIESES TA-SCHENTUCH...
WIR HABEN VORHIN NÄMLICH DIESES POSTER GESEHEN ...
... UND MEINE SCHWESTER WAR SO WAS VON BEGEIS-TERT!
UUUUUH!
KAWOMM
HM?
ALLES OKAY?

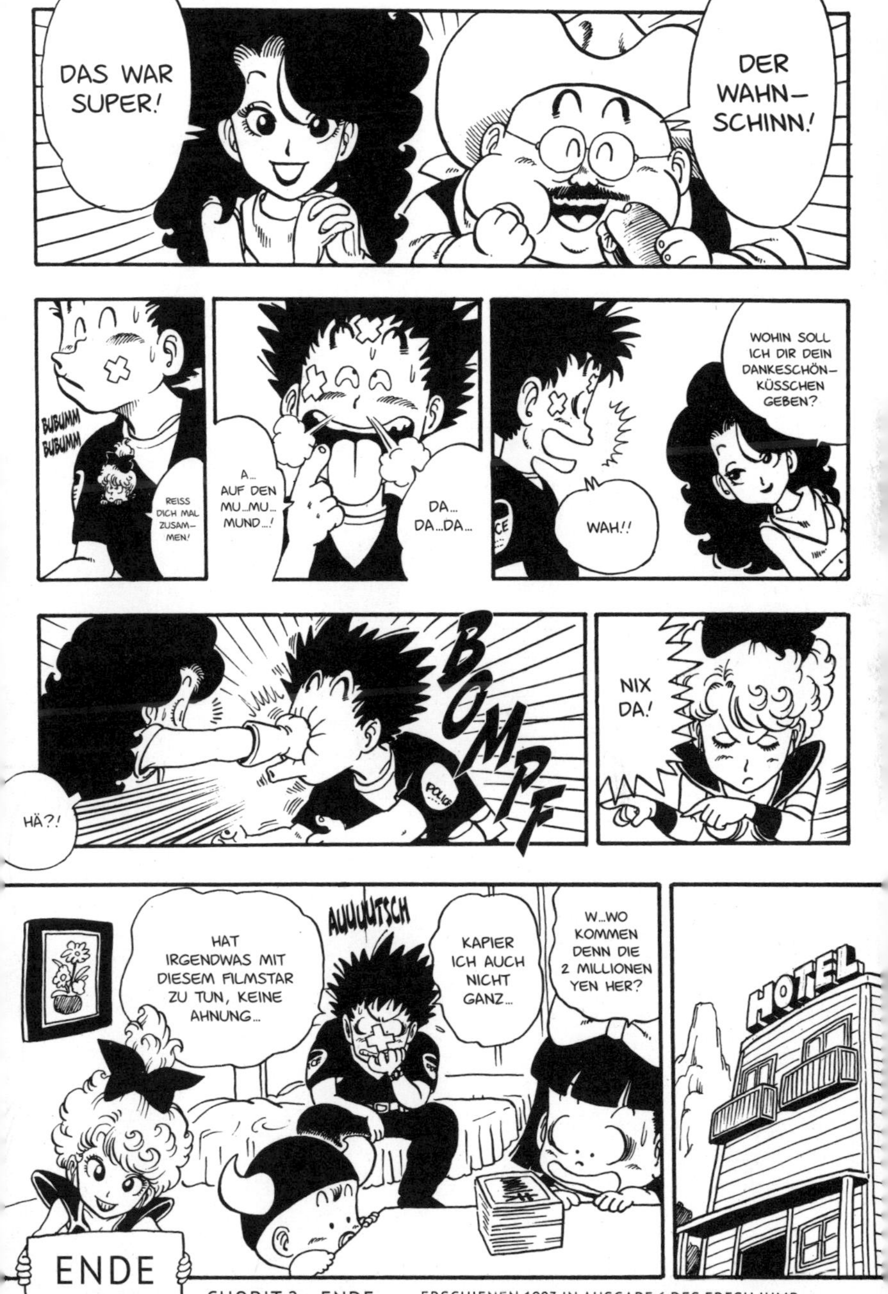

CHOBIT 2 – ENDE

ERSCHIENEN 1983 IN AUSGABE 6 DES FRESH JUMP

DRAGON BOY

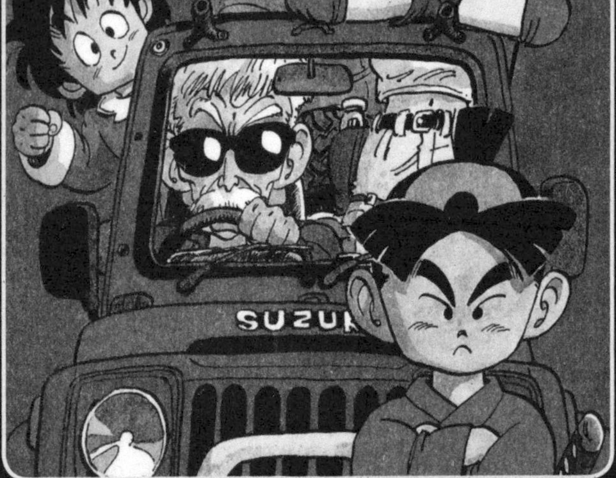

INHALT

HEUTE AUF DER HIGHLIGHT-INSEL 207
ESCAPE.......................................223
PINK 228
DRAGON BOY TEIL 1 259
DRAGON BOY TEIL 2 275
TONGPOOS GROSSES ABENTEUER 297
MISTER HO....................................343
KENNOSUKE-SAMA...............................369
DER BÜRGERMEISTER 387

HEUTE AUF DER HIGHLIGHT-INSEL

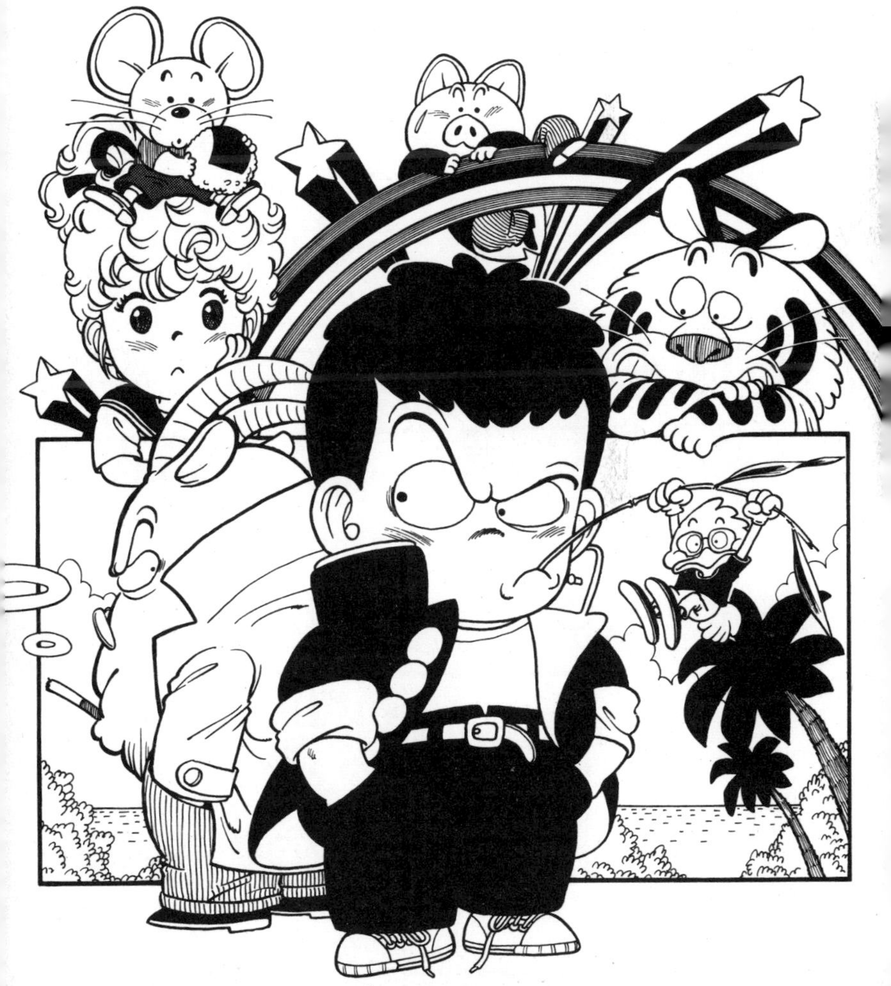

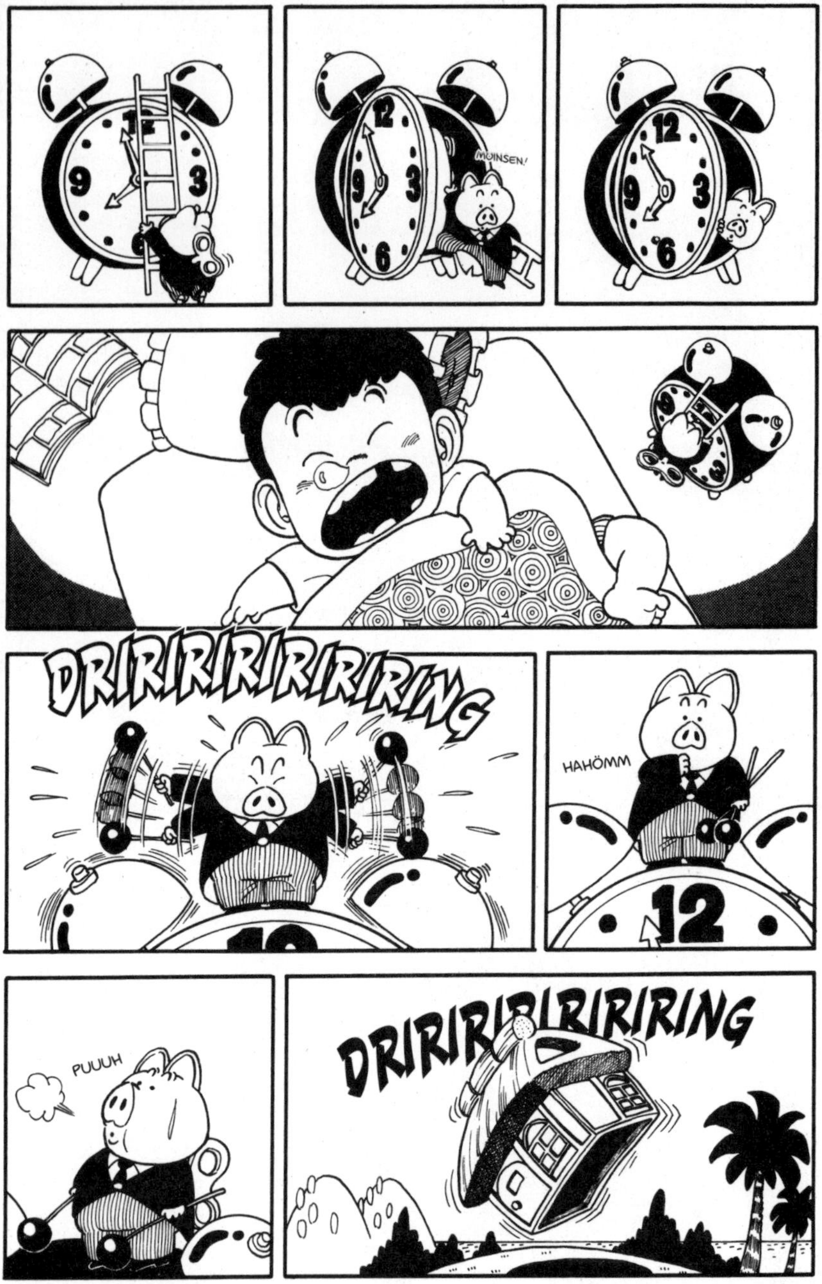
MOINSEN!
DRIRIRIRIRIRIRIRING
HAHÖMM
PUUUH
DRIRIRIRIRIRIRING

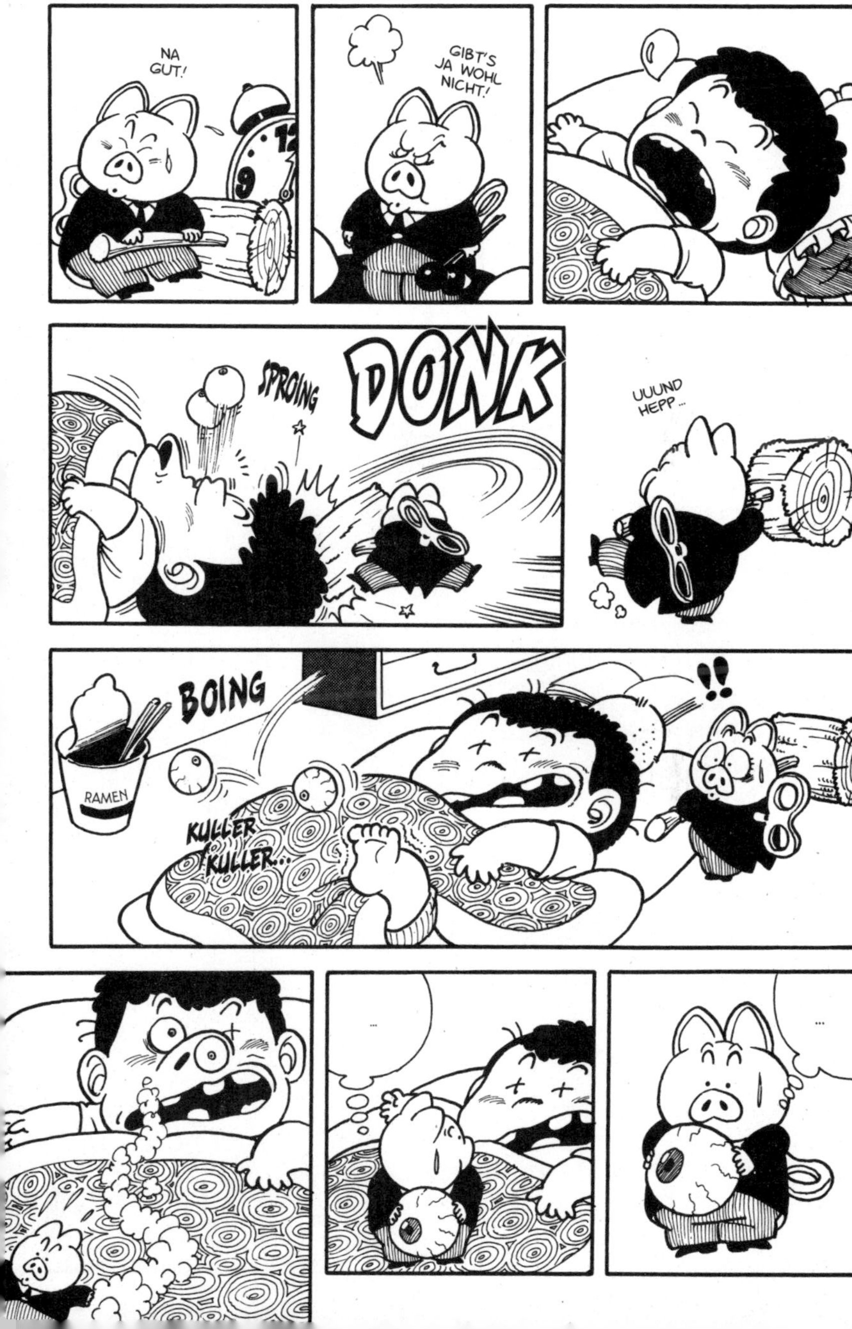
NA
GUT!
GIBT'S
JA WOHL
NICHT!
DONK
SPROING
UUUND
HEPP ...
BOING
RAMEN
KULLER
KULLER...
...
...

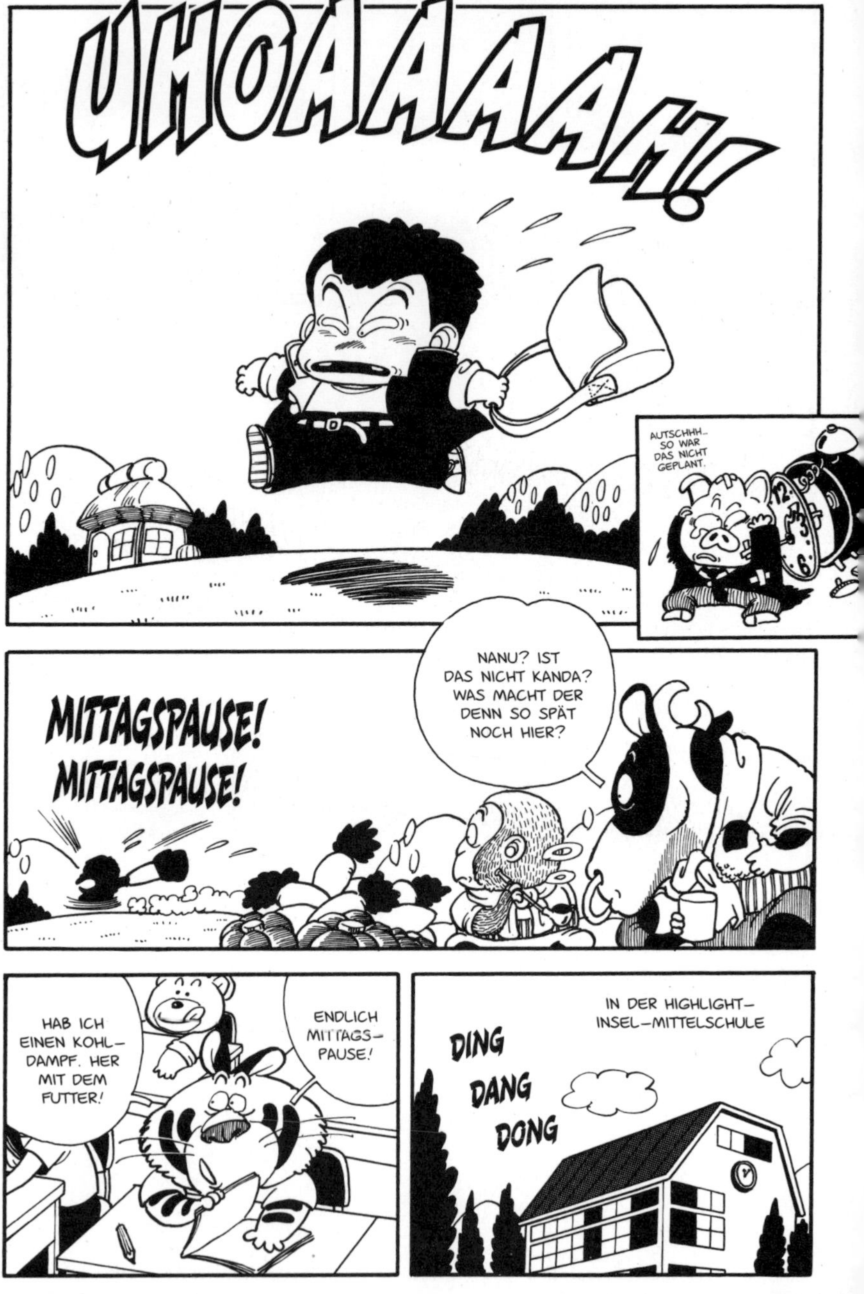
UHOAAAAAH!
AUTSCHHH... SO WAR DAS NICHT GEPLANT.
NANU? IST DAS NICHT KANDA? WAS MACHT DER DENN SO SPÄT NOCH HIER?
MITTAGSPAUSE! MITTAGSPAUSE!
IN DER HIGHLIGHT-INSEL-MITTELSCHULE
DING DANG DONG
ENDLICH MITTAGS-PAUSE!
HAB ICH EINEN KOHL-DAMPF. HER MIT DEM FUTTER!

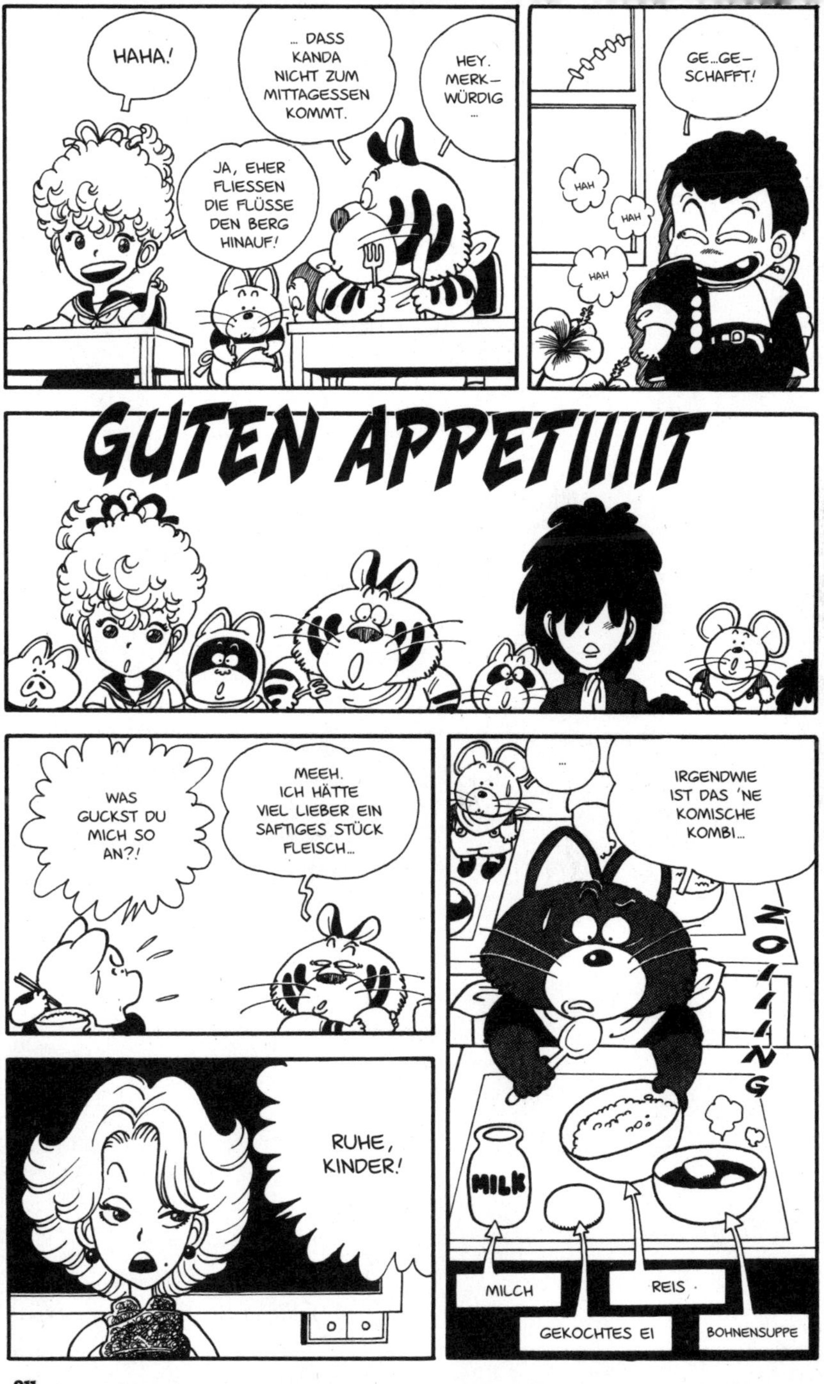
HAHA!
... DASS KANDA NICHT ZUM MITTAGESSEN KOMMT.
HEY. MERKWÜRDIG ...
JA, EHER FLIESSEN DIE FLÜSSE DEN BERG HINAUF!
GE...GESCHAFFT!
HAH
HAH
HAH
GUTEN APPETIIIIIT
WAS GUCKST DU MICH SO AN?!
MEEH. ICH HÄTTE VIEL LIEBER EIN SAFTIGES STÜCK FLEISCH...
...
IRGENDWIE IST DAS 'NE KOMISCHE KOMBI...
ZOIIIING
RUHE, KINDER!
MILK
MILCH
GEKOCHTES EI
REIS
BOHNENSUPPE

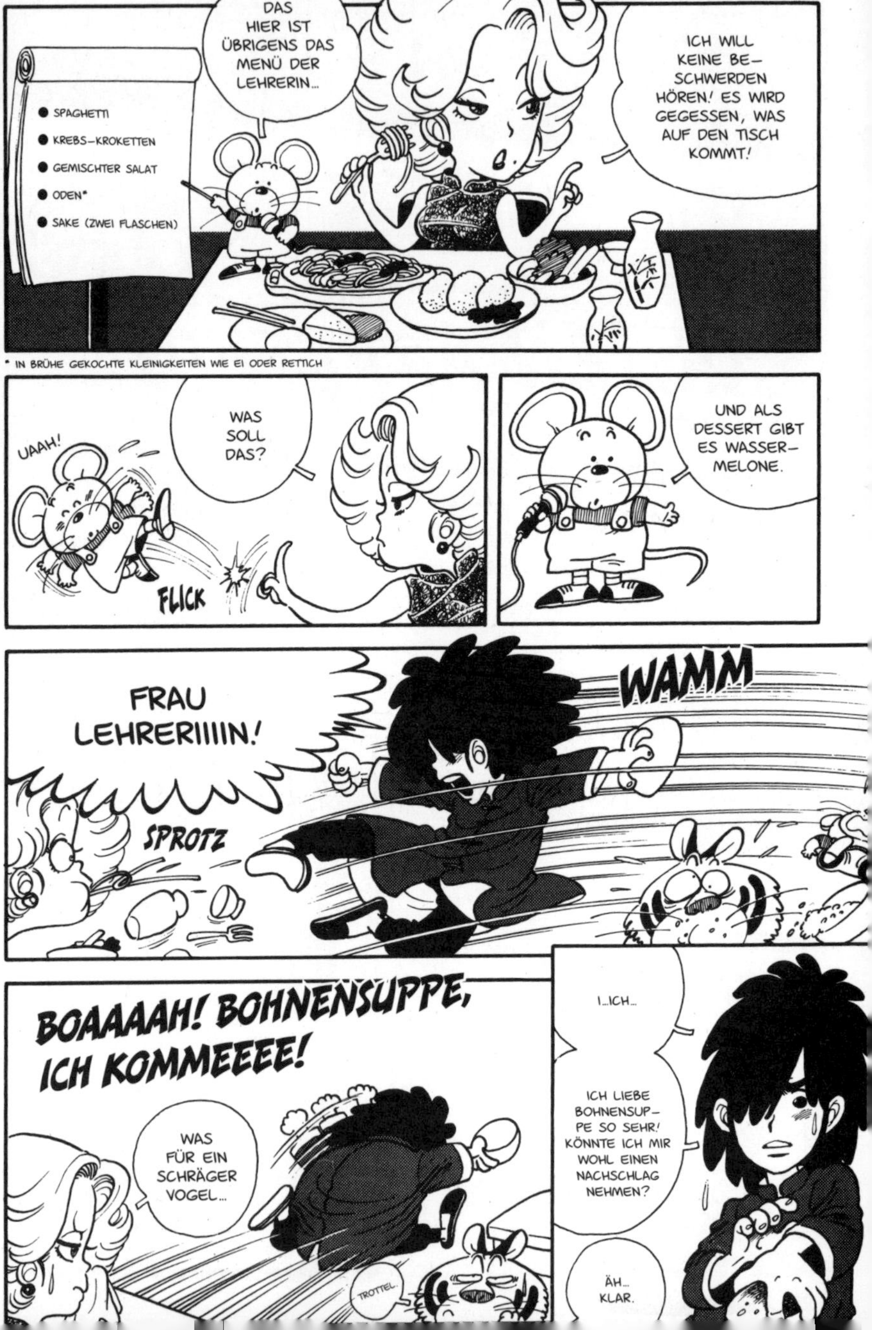
DAS HIER IST ÜBRIGENS DAS MENÜ DER LEHRERIN...
SPAGHETTI
KREBS-KROKETTEN
GEMISCHTER SALAT
ODEN*
SAKE (ZWEI FLASCHEN)
ICH WILL KEINE BE-SCHWERDEN HÖREN! ES WIRD GEGESSEN, WAS AUF DEN TISCH KOMMT!
* IN BRÜHE GEKOCHTE KLEINIGKEITEN WIE EI ODER RETTICH
WAS SOLL DAS?
UAAH!
FLICK
UND ALS DESSERT GIBT ES WASSER-MELONE.
FRAU LEHRERIIIIN!
WAMM
SPROTZ
I...ICH...
ICH LIEBE BOHNENSUP-PE SO SEHR! KÖNNTE ICH MIR WOHL EINEN NACHSCHLAG NEHMEN?
ÄH... KLAR.
BOAAAAH! BOHNENSUPPE, ICH KOMMEEEE!
WAS FÜR EIN SCHRÄGER VOGEL...
TROTTEL.

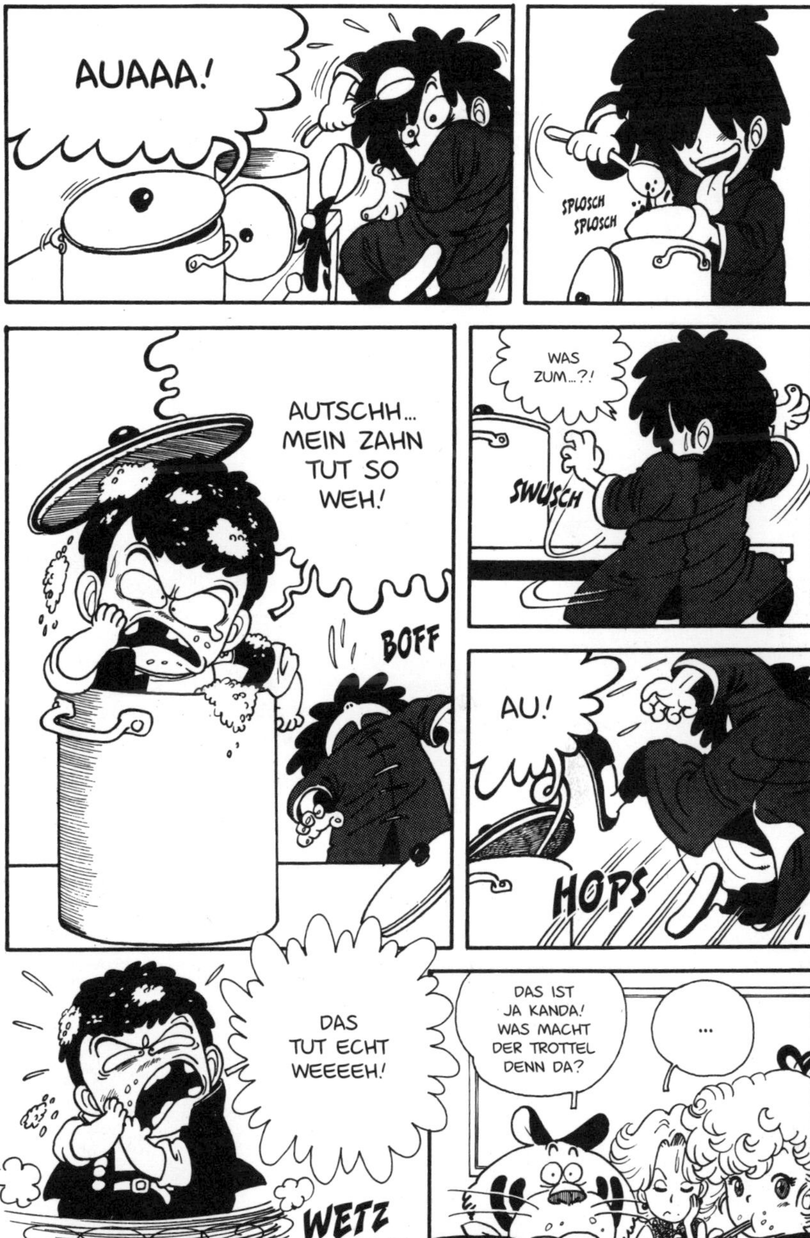
SPLOSCH SPLOSCH
AUAAA!
WAS ZUM...?!
SWUSCH
AU!
HOPS
AUTSCHH... MEIN ZAHN TUT SO WEH!
BOFF
DAS IST JA KANDA! WAS MACHT DER TROTTEL DENN DA?
...
DAS TUT ECHT WEEEEH!
WETZ WETZ

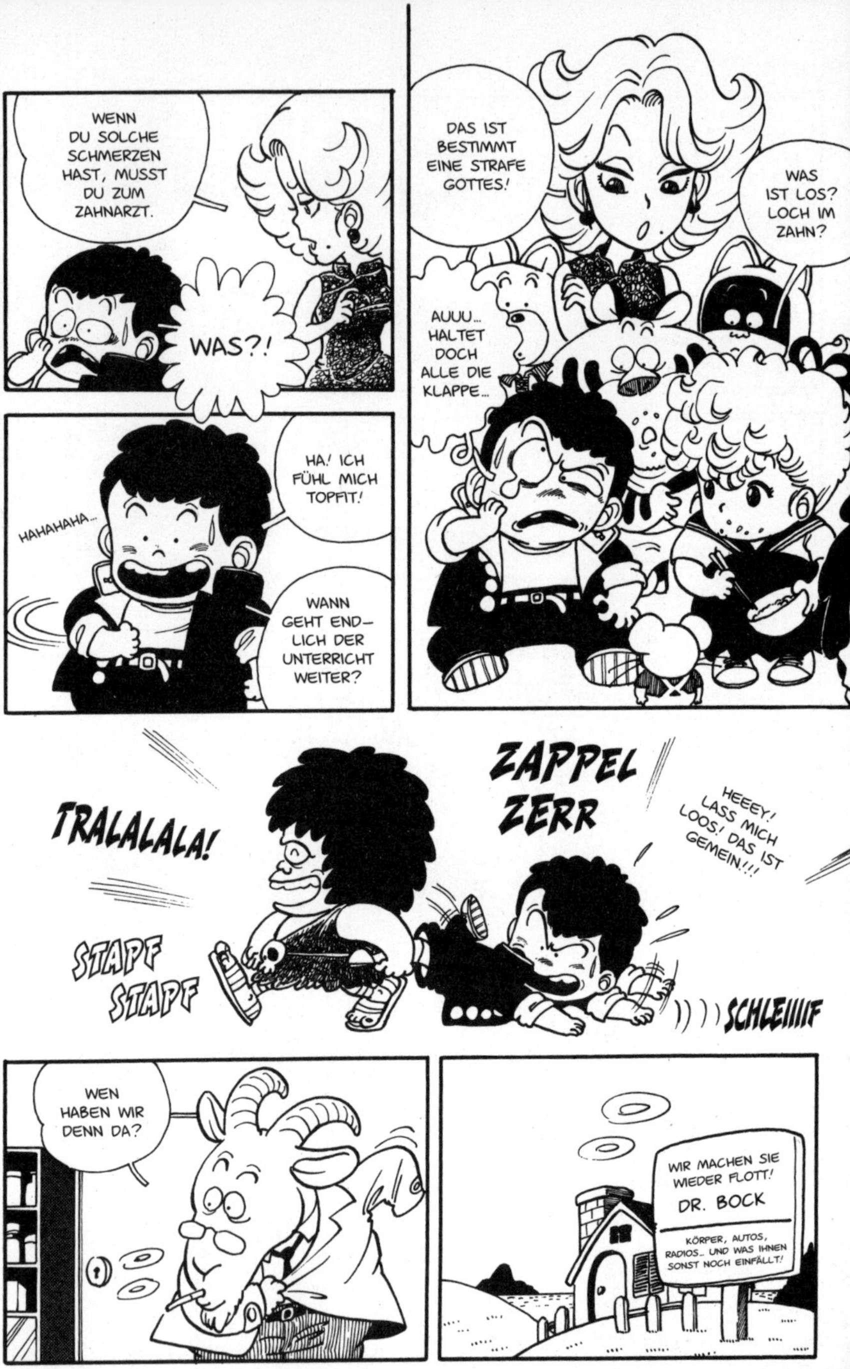

DAS IST BESTIMMT EINE STRAFE GOTTES!
WAS IST LOS? LOCH IM ZAHN?
AUUU... HALTET DOCH ALLE DIE KLAPPE...
WENN DU SOLCHE SCHMERZEN HAST, MUSST DU ZUM ZAHNARZT.
WAS?!
HA! ICH FÜHL MICH TOPFIT!
WANN GEHT END-LICH DER UNTERRICHT WEITER?
HAHAHAHA...
ZAPPEL
ZERR
HEEEY! LASS MICH LOOS! DAS IST GEMEIN!!!
TRALALALA!
STAPF
STAPF
SCHLEIIIIF
WIR MACHEN SIE WIEDER FLOTT!
DR. BOCK
KÖRPER, AUTOS, RADIOS... UND WAS IHNEN SONST NOCH EINFÄLLT!
WEN HABEN WIR DENN DA?

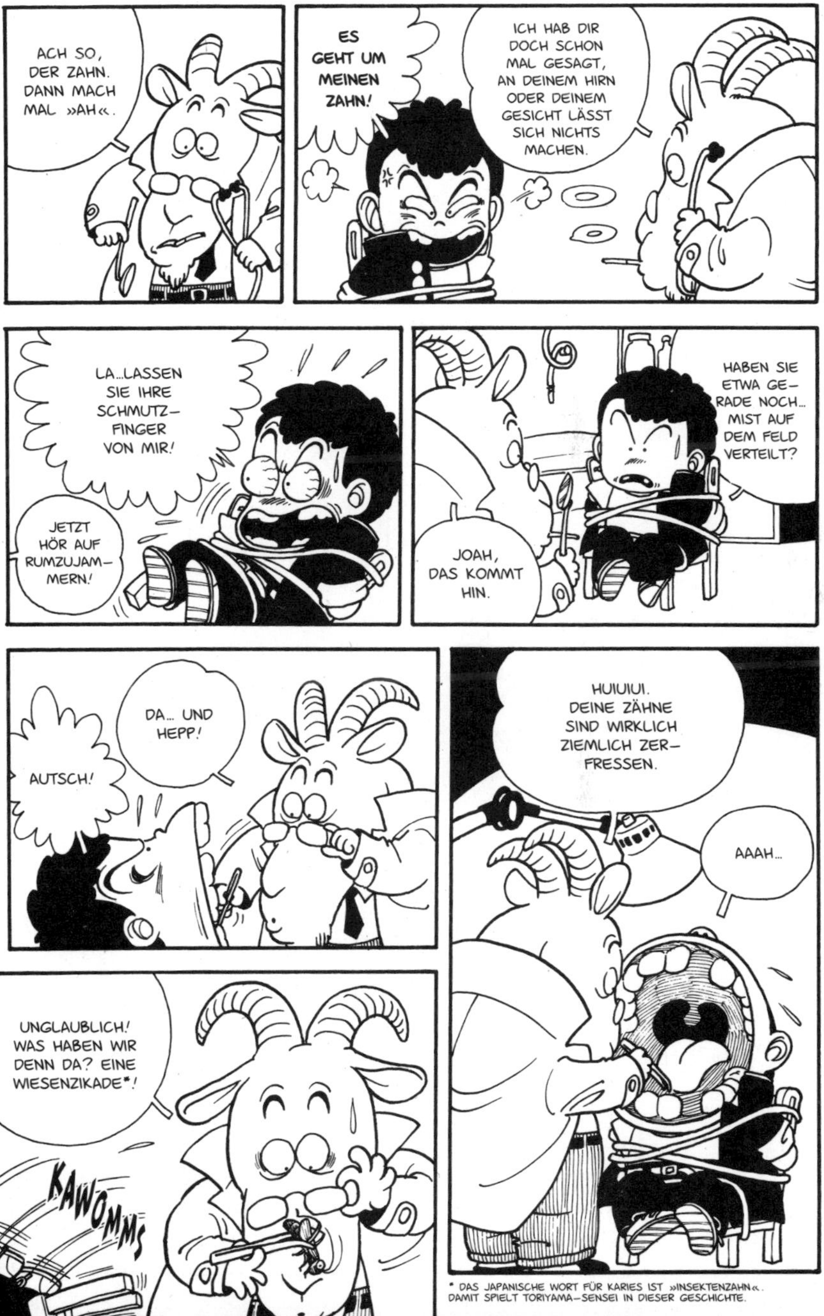

* DAS JAPANISCHE WORT FÜR KARIES IST »INSEKTENZAHN«. DAMIT SPIELT TORIYAMA-SENSEI IN DIESER GESCHICHTE.

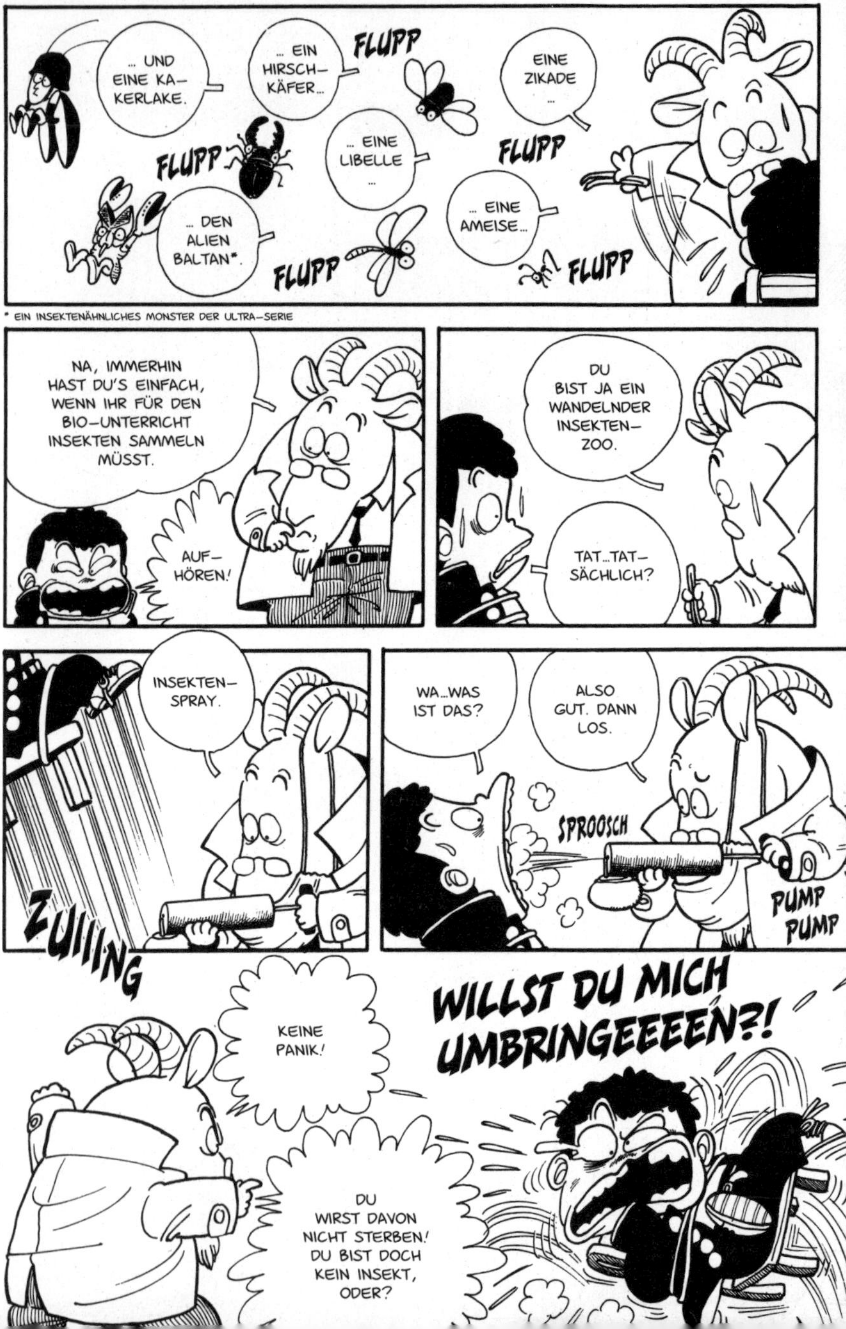

* EIN INSEKTENÄHNLICHES MONSTER DER ULTRA-SERIE

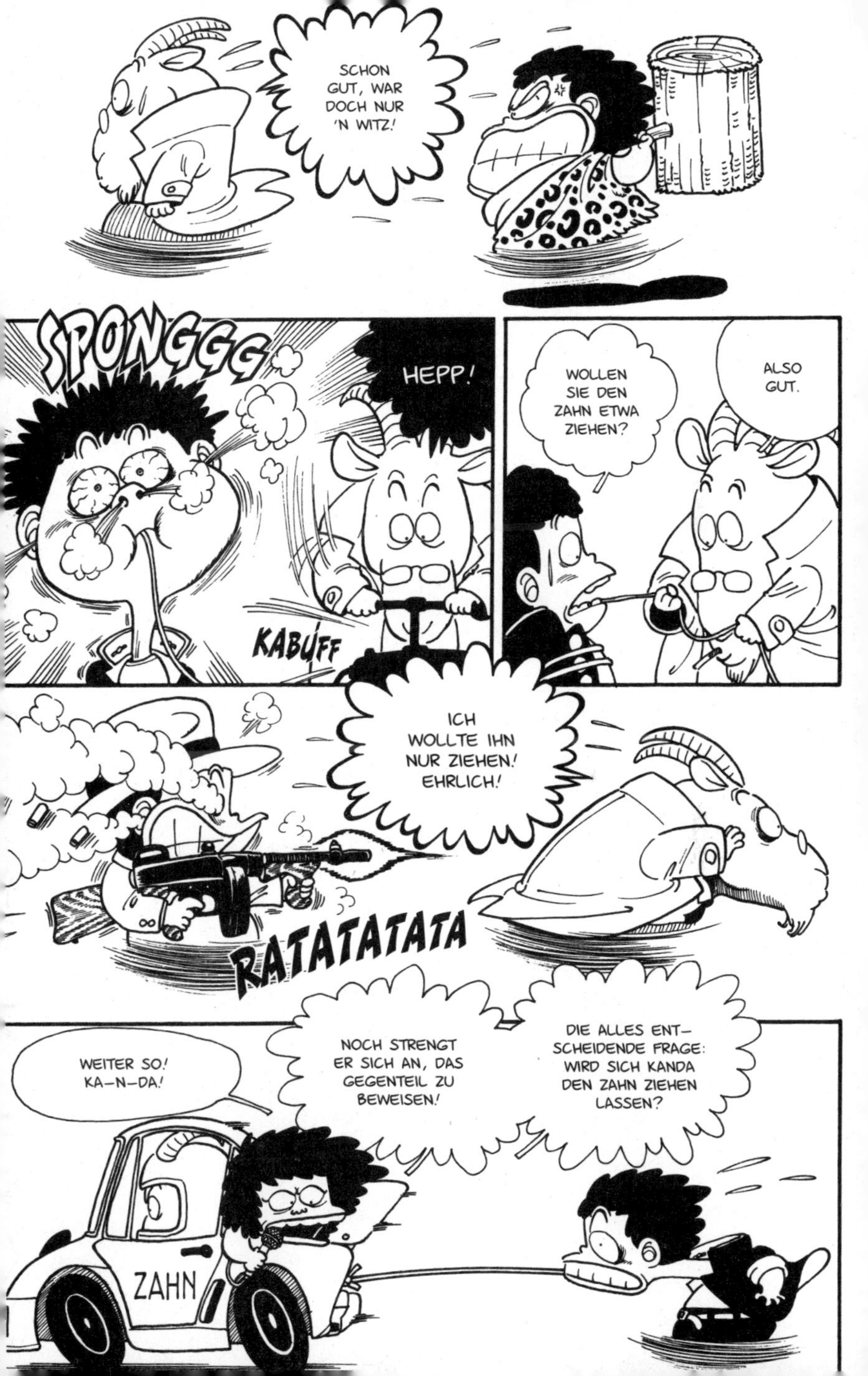
SCHON GUT, WAR DOCH NUR 'N WITZ!
SPONGGG
HEPP!
KABUFF
ALSO GUT.
WOLLEN SIE DEN ZAHN ETWA ZIEHEN?
ICH WOLLTE IHN NUR ZIEHEN! EHRLICH!
RATATATATA
DIE ALLES ENT-SCHEIDENDE FRAGE: WIRD SICH KANDA DEN ZAHN ZIEHEN LASSEN?
NOCH STRENGT ER SICH AN, DAS GEGENTEIL ZU BEWEISEN!
WEITER SO! KA-N-DA!
ZAHN

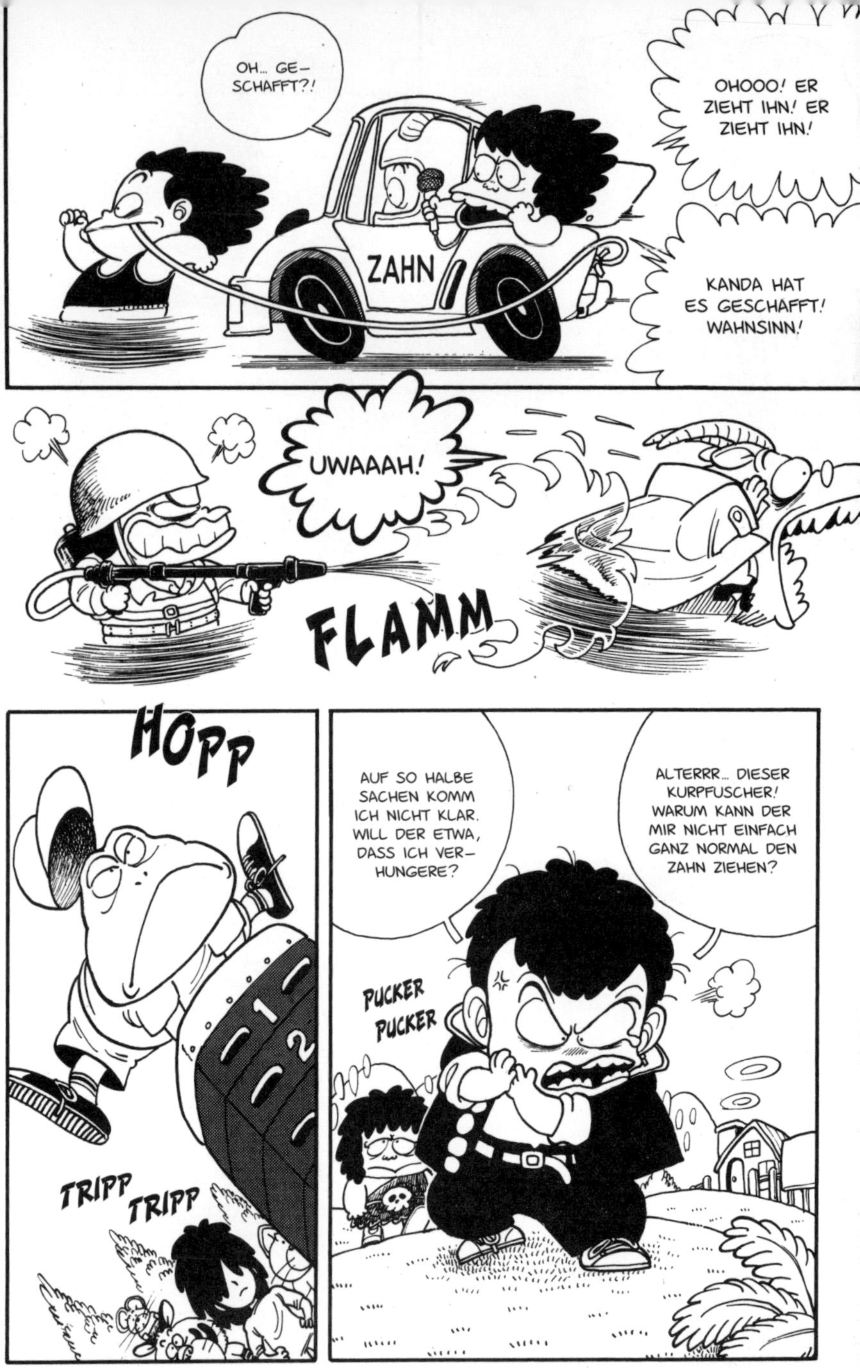
OHOOO! ER ZIEHT IHN! ER ZIEHT IHN!
KANDA HAT ES GESCHAFFT! WAHNSINN!
OH... GE-SCHAFFT?!
ZAHN
UWAAAH!
FLAMM
ALTERRR... DIESER KURPFUSCHER! WARUM KANN DER MIR NICHT EINFACH GANZ NORMAL DEN ZAHN ZIEHEN?
AUF SO HALBE SACHEN KOMM ICH NICHT KLAR. WILL DER ETWA, DASS ICH VER-HUNGERE?
PUCKER PUCKER
HOPP
TRIPP TRIPP

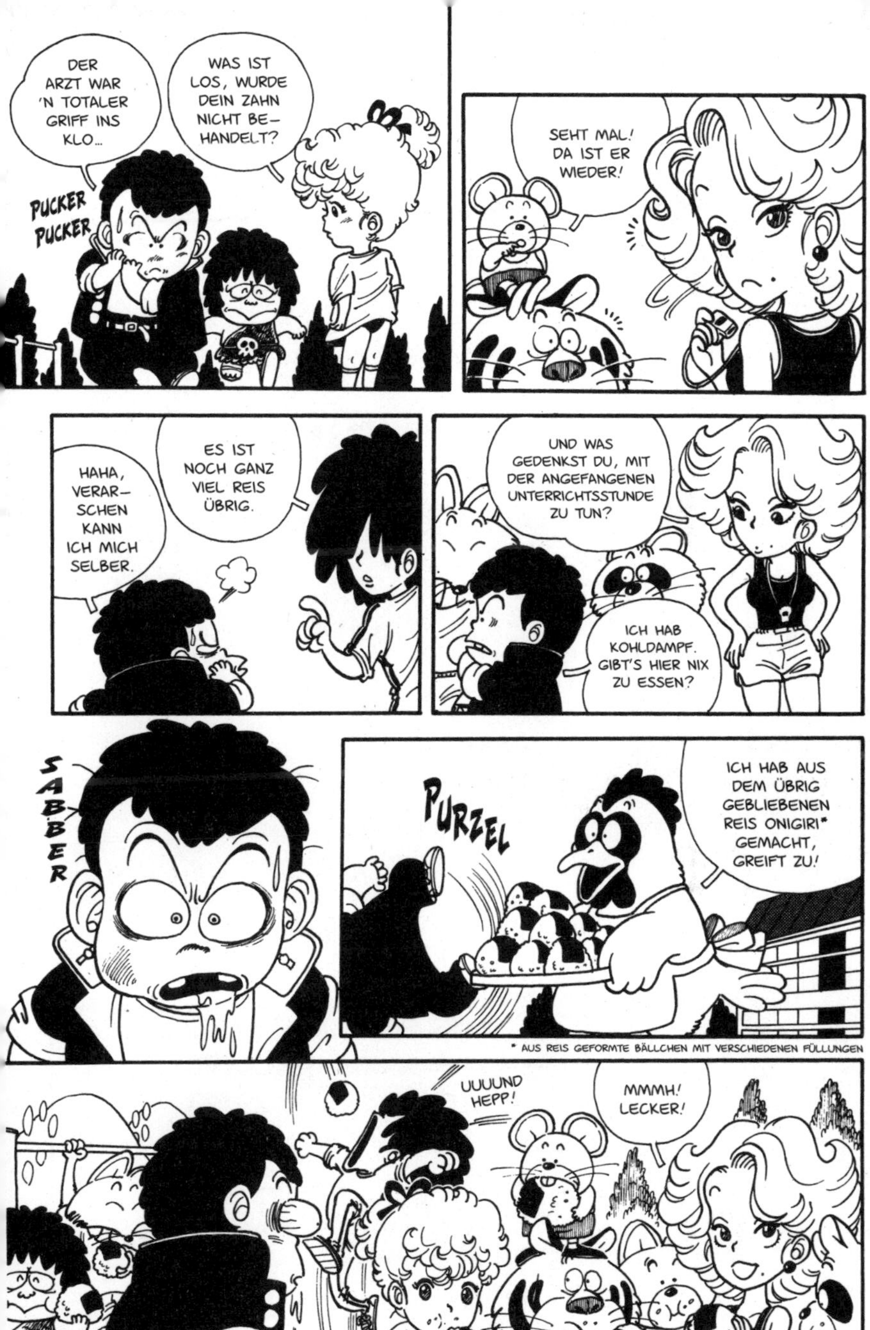

* AUS REIS GEFORMTE BÄLLCHEN MIT VERSCHIEDENEN FÜLLUNGEN

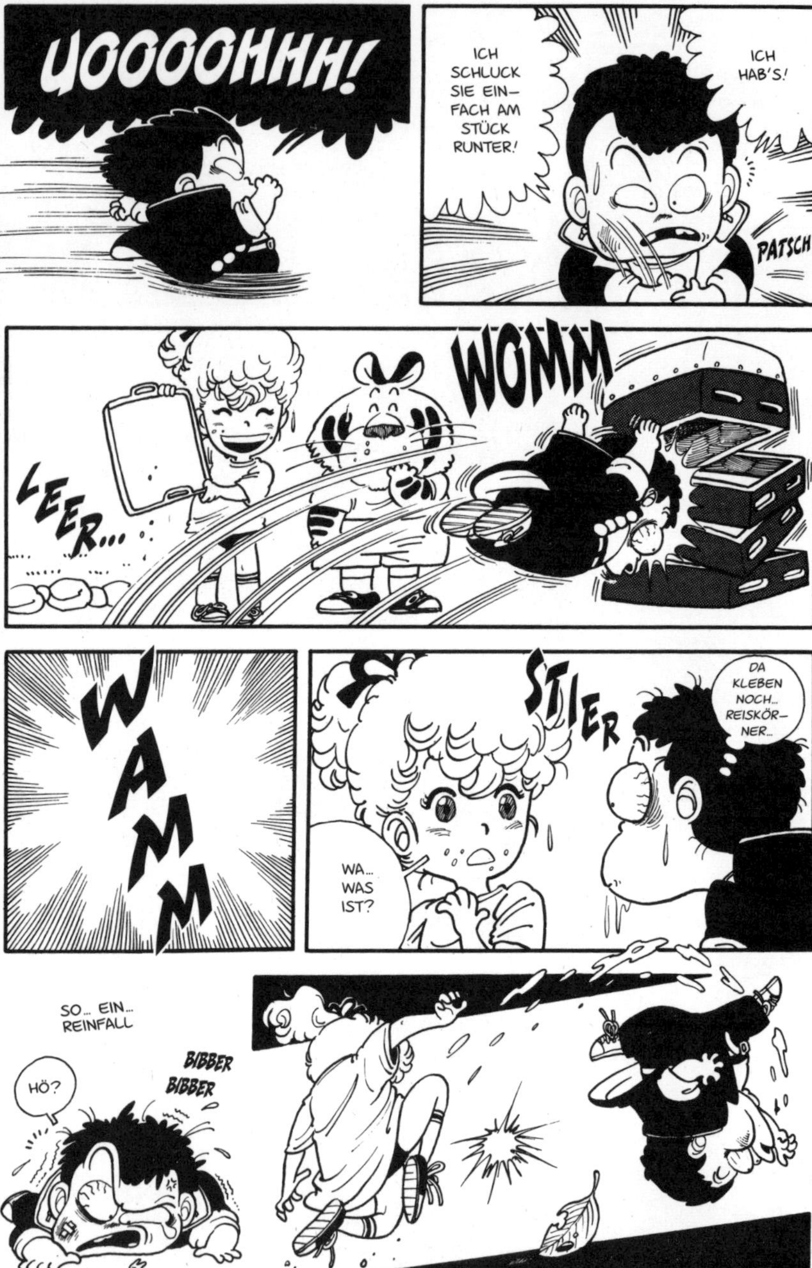
UOOOOHHH!
ICH HAB'S!
ICH SCHLUCK SIE EIN-FACH AM STÜCK RUNTER!
PATSCH
WOMM
LEER...
WAMM
STIER
DA KLEBEN NOCH... REISKÖR-NER...
WA... WAS IST?
SO... EIN... REINFALL
BIBBER
BIBBER
HÖ?

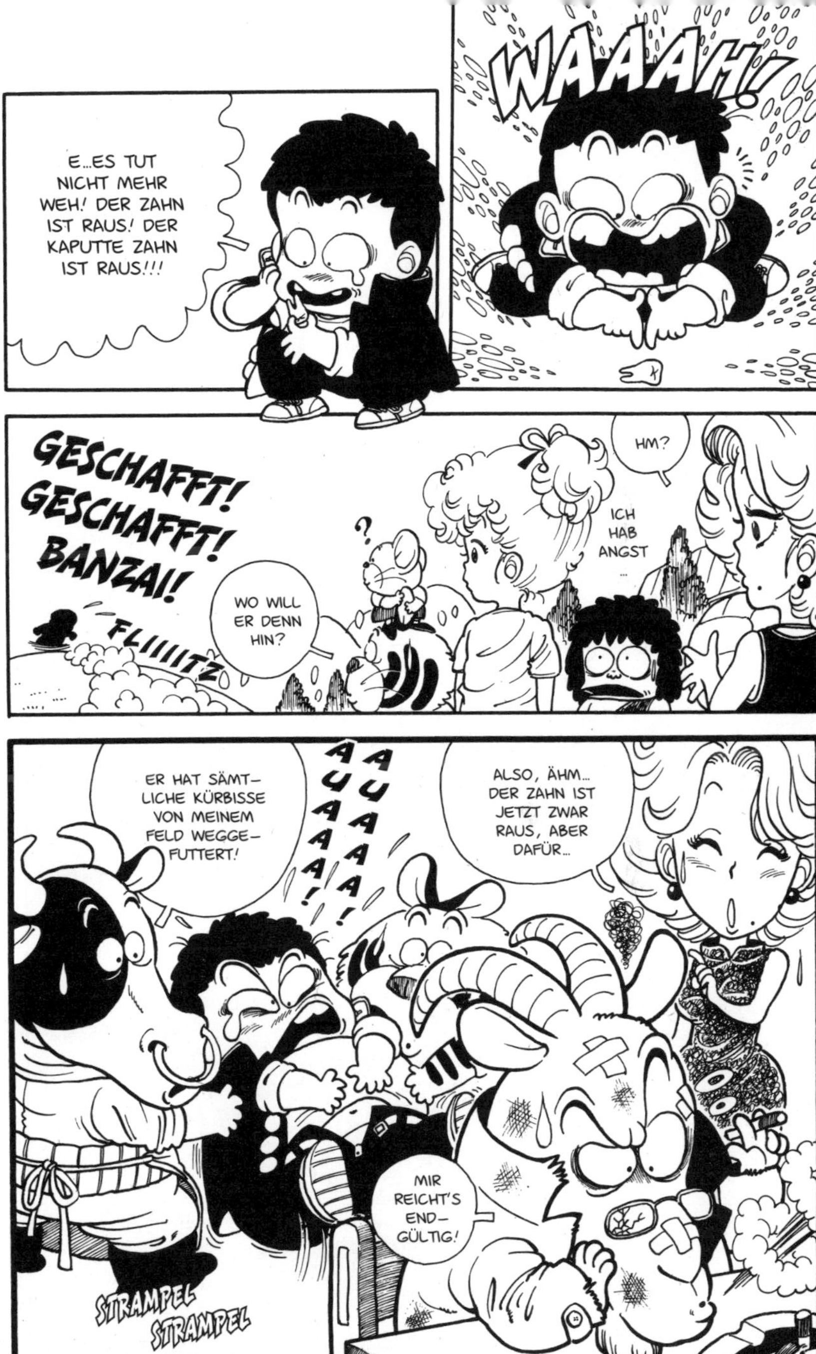

HEUTE AUF DER HIGHLIGHT-INSEL – ENDE

ERSCHIENEN IM MAGAZIN
SHONEN JUMP VOM 20.04.1979

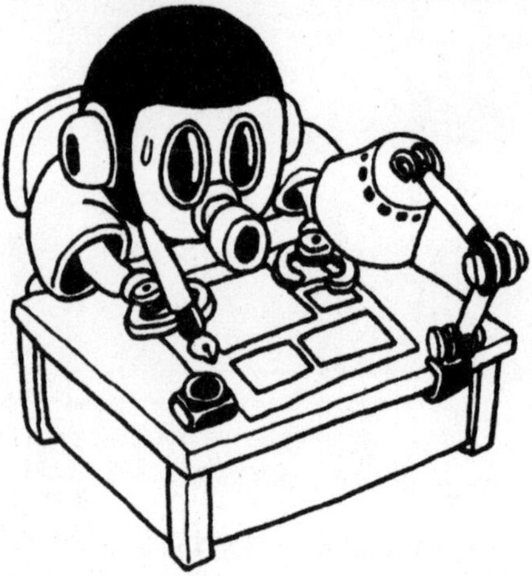

SO WURDE ICH MANGAKA

TEIL 1

SCHON BEVOR ICH IN DIE SCHULE KAM, LIEBTE ICH ES, ZU ZEICHNEN – UND DAS OBWOHL ICH EIN ECHTES KRAWALLKIND WAR. MEINE BESONDERE VORLIEBE GALT TIEREN UND FAHRZEUGEN. EIN SCHLÜSSELMOMENT WAR, ALS ICH EINES TAGES DEN DISNEY-FILM »101 DALMATINER« SAH. SEINE BILDER BEEINDRUCKTEN MICH SO SEHR, DASS ICH NICHTS ANDERES MEHR WOLLTE, ALS AUCH SO WUNDERSCHÖN ZEICHNEN ZU KÖNNEN! VON DA AN GAB ES FÜR DEN KLEINEN TORIYAMA KEIN HALTEN MEHR.

FORTSETZUNG AUF SEITE 274

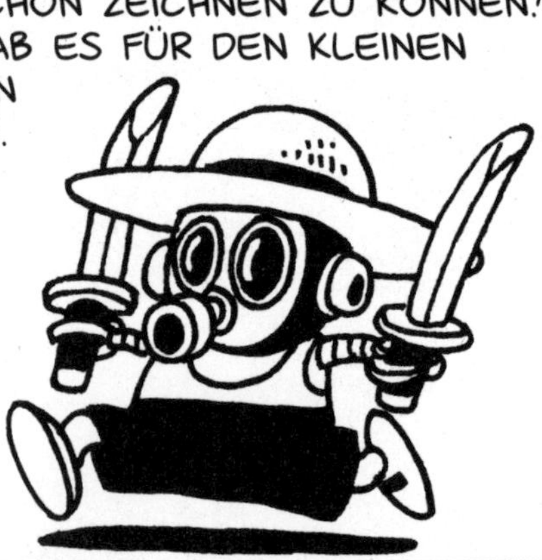

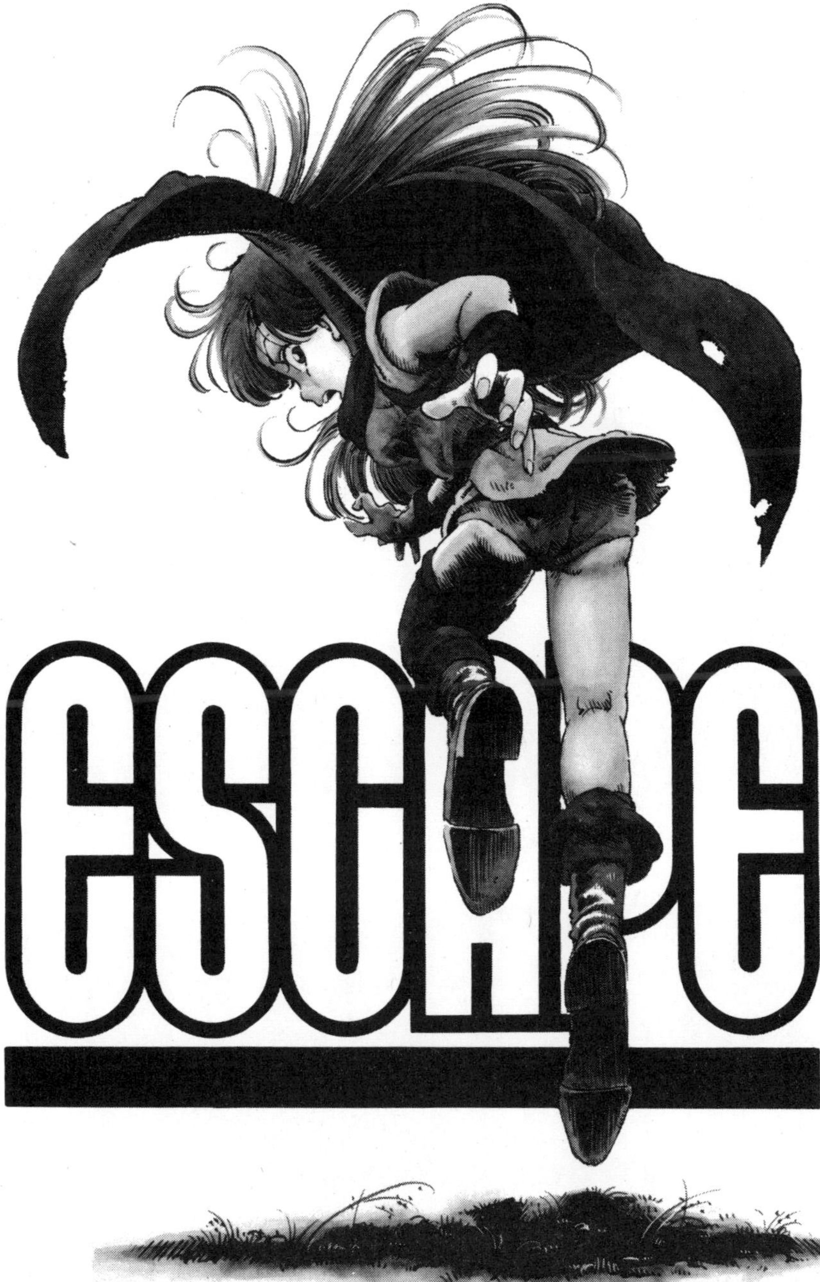
ESCAPE

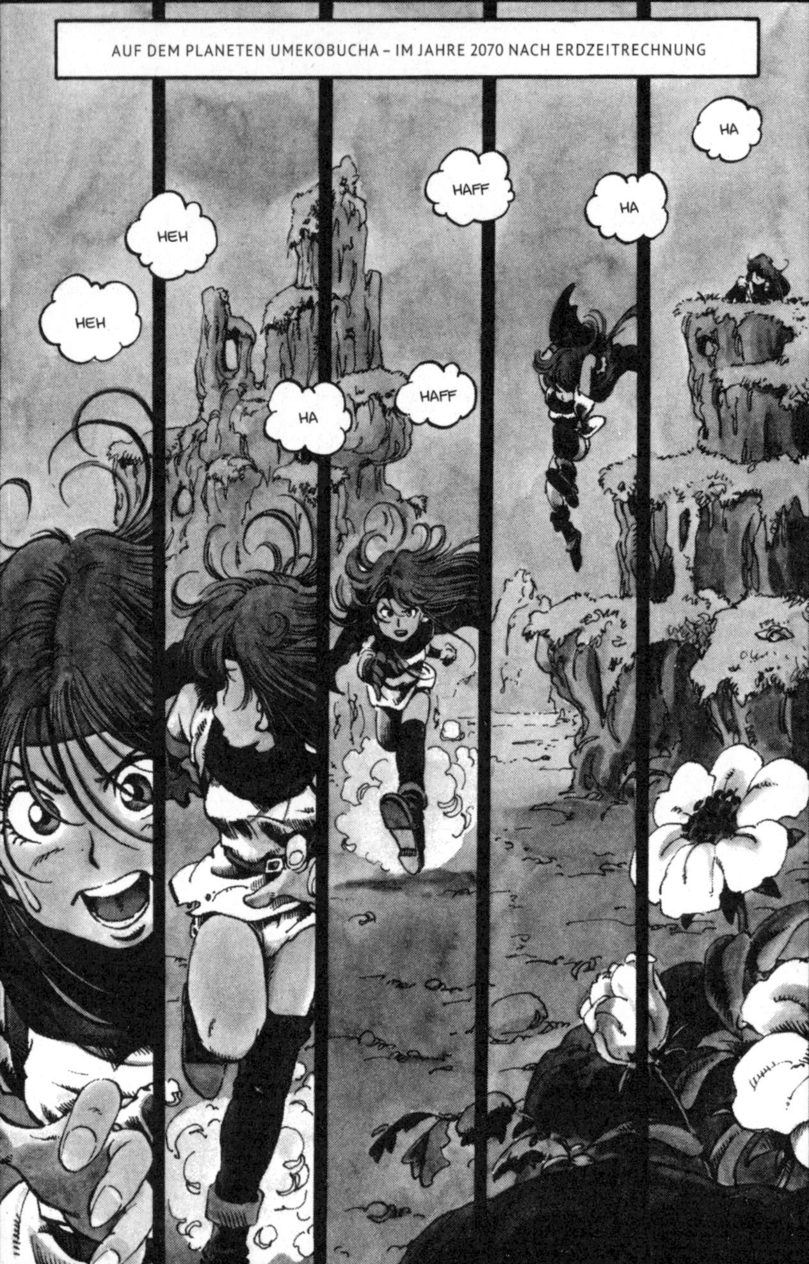
AUF DEM PLANETEN UMEKOBUCHA – IM JAHRE 2070 NACH ERDZEITRECHNUNG
HA
HA
HAFF
HAFF
HA
HEH
HEH

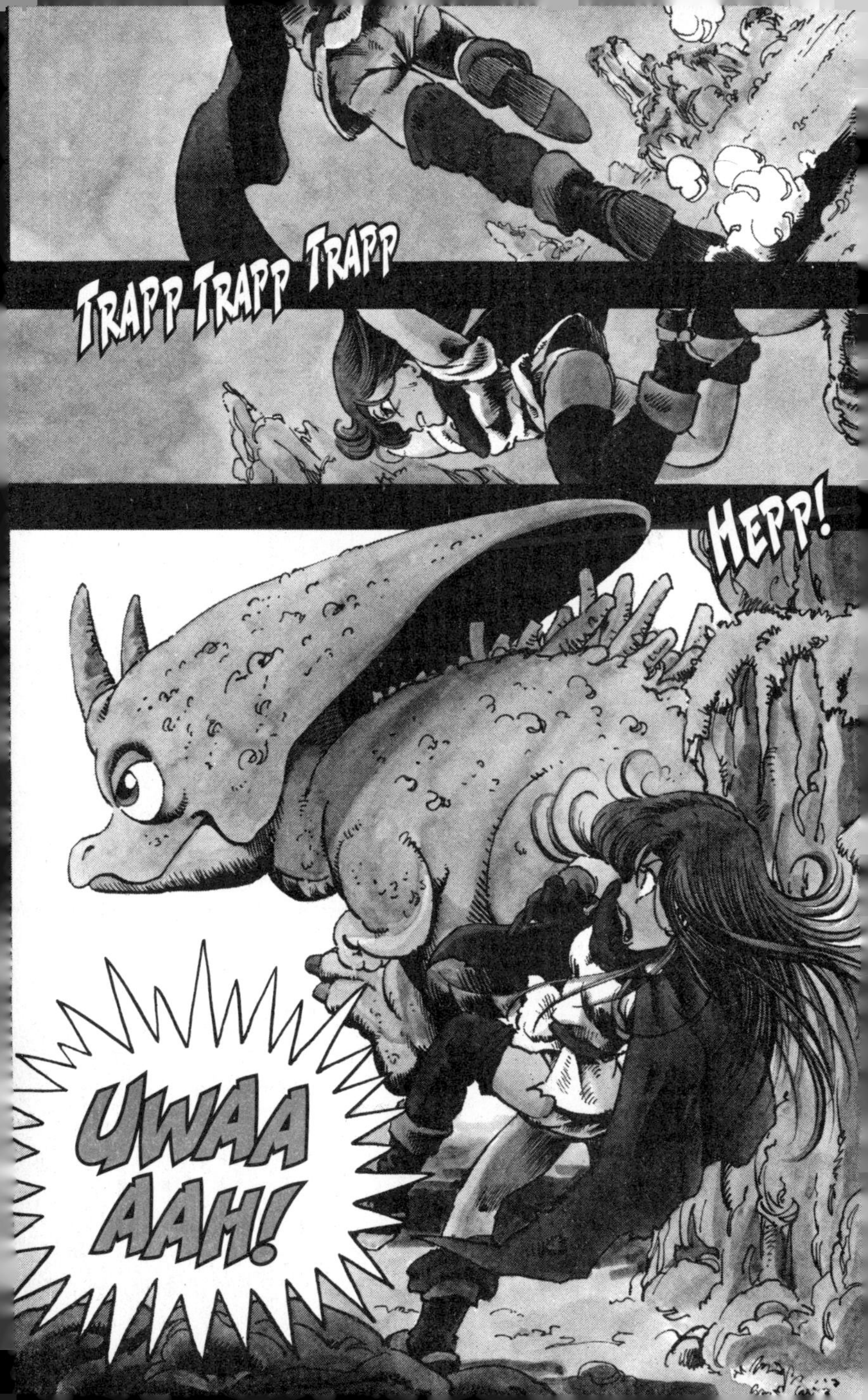
Trapp Trapp Trapp
Hepp!
Uwaa
aah!

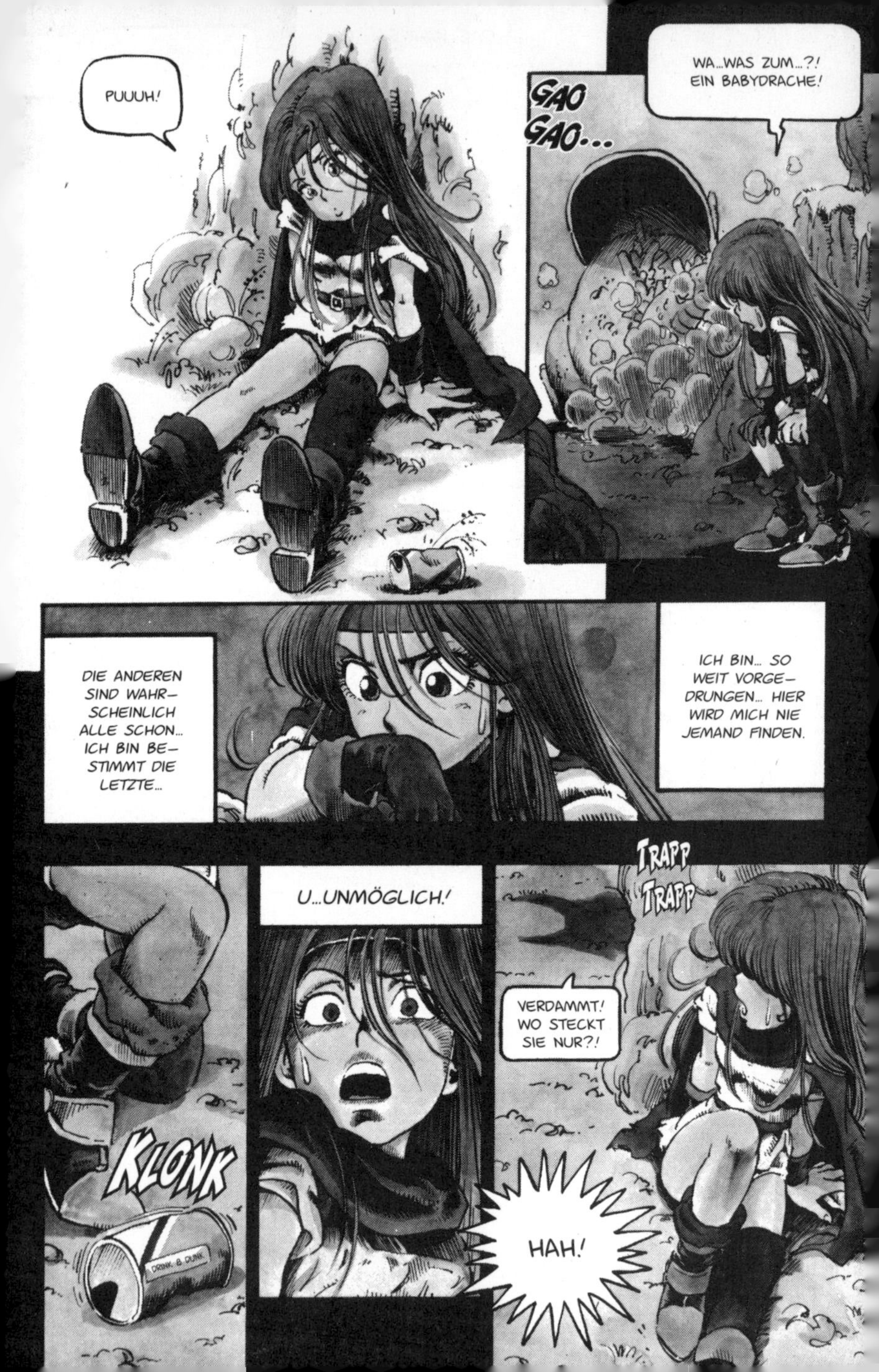
PUUUH!
GAO GAO...
WA...WAS ZUM...?! EIN BABYDRACHE!
DIE ANDEREN SIND WAHR-SCHEINLICH ALLE SCHON... ICH BIN BE-STIMMT DIE LETZTE...
ICH BIN... SO WEIT VORGE-DRUNGEN... HIER WIRD MICH NIE JEMAND FINDEN.
KLONK
DRINK & DUNK
U...UNMÖGLICH!
HAH!
TRAPP TRAPP
VERDAMMT! WO STECKT SIE NUR?!

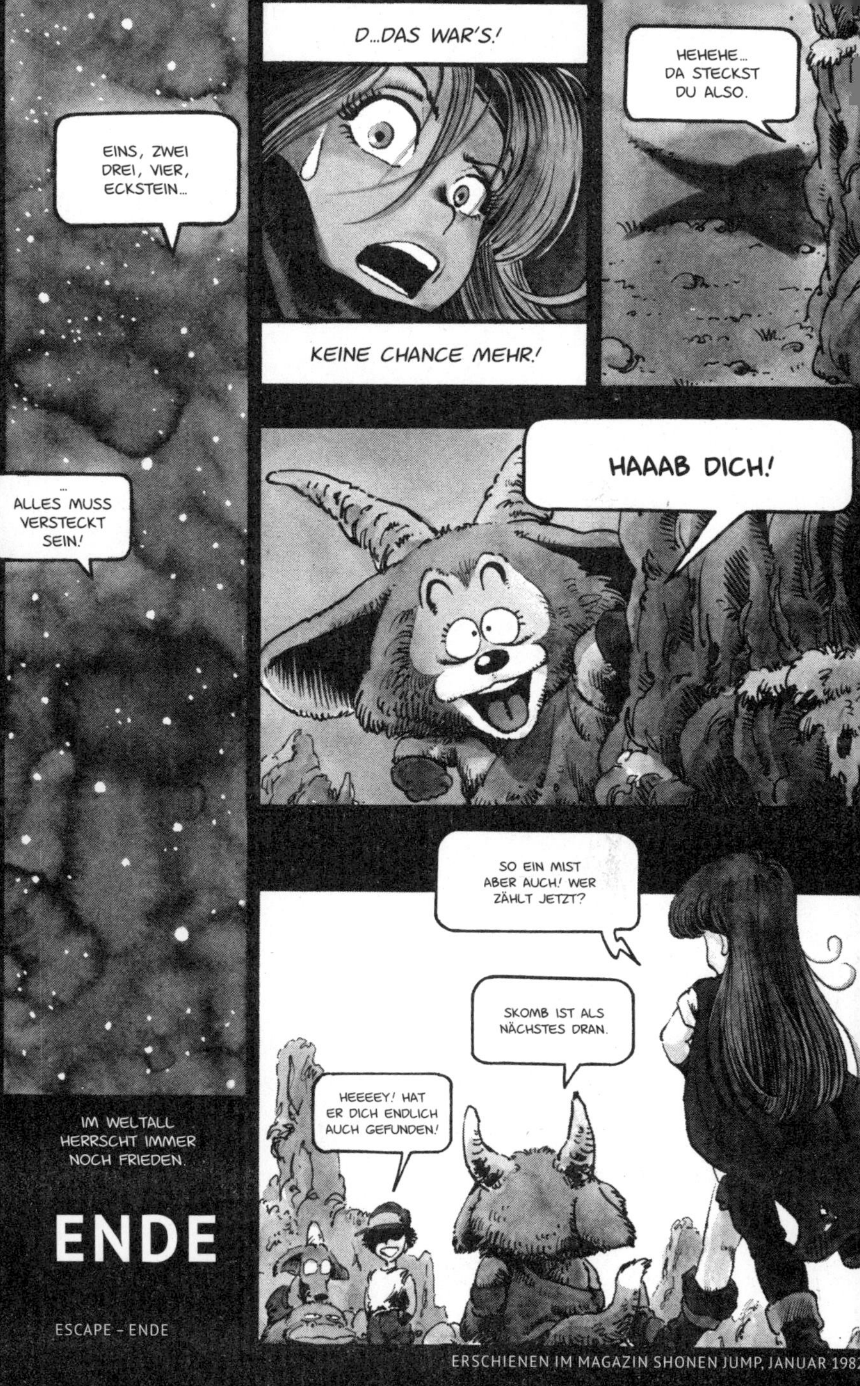

ENDE

ESCAPE – ENDE

ERSCHIENEN IM MAGAZIN SHONEN JUMP, JANUAR 198

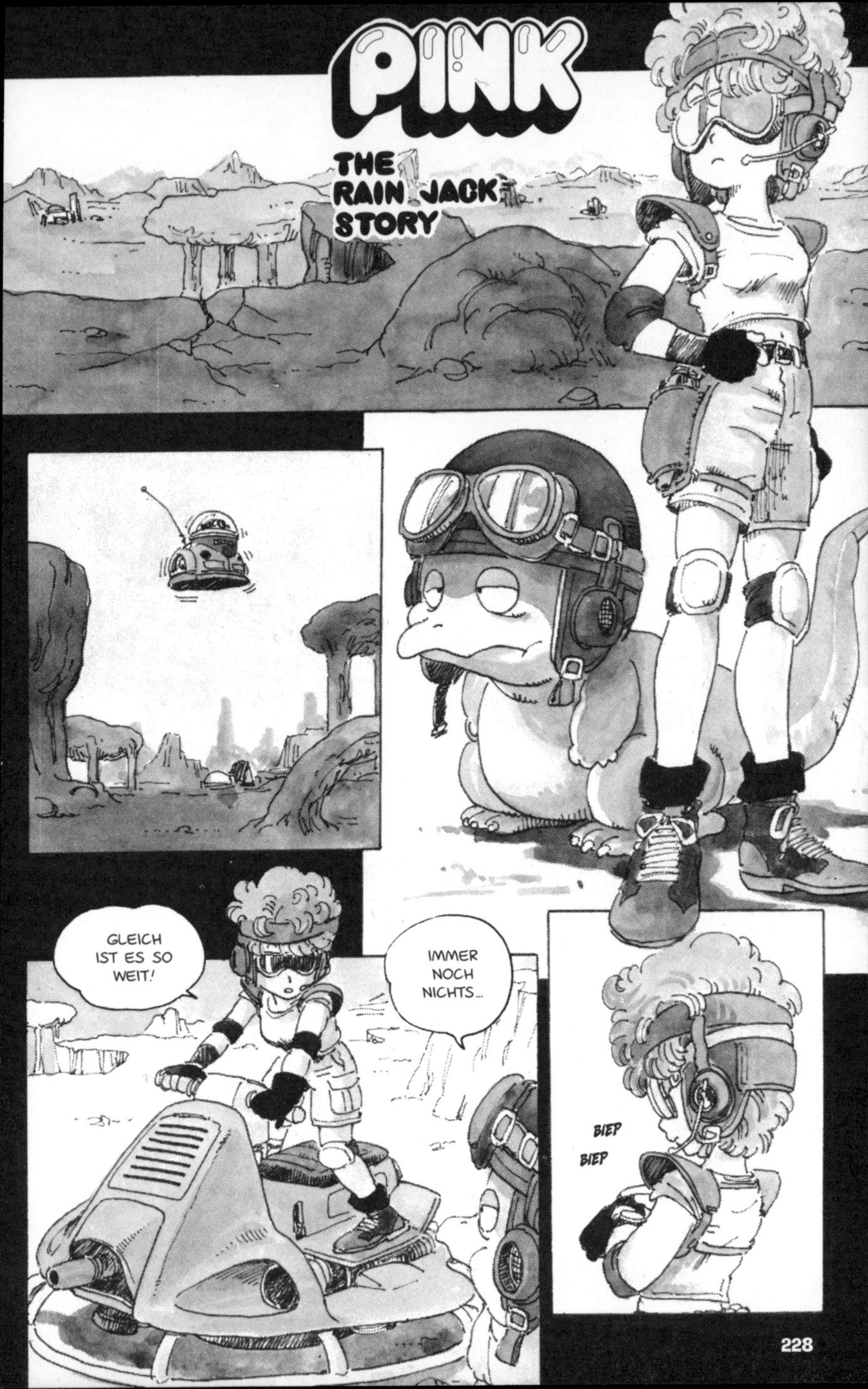
PINK
THE RAIN JACK STORY
GLEICH IST ES SO WEIT!
IMMER NOCH NICHTS...
BIEP
BIEP

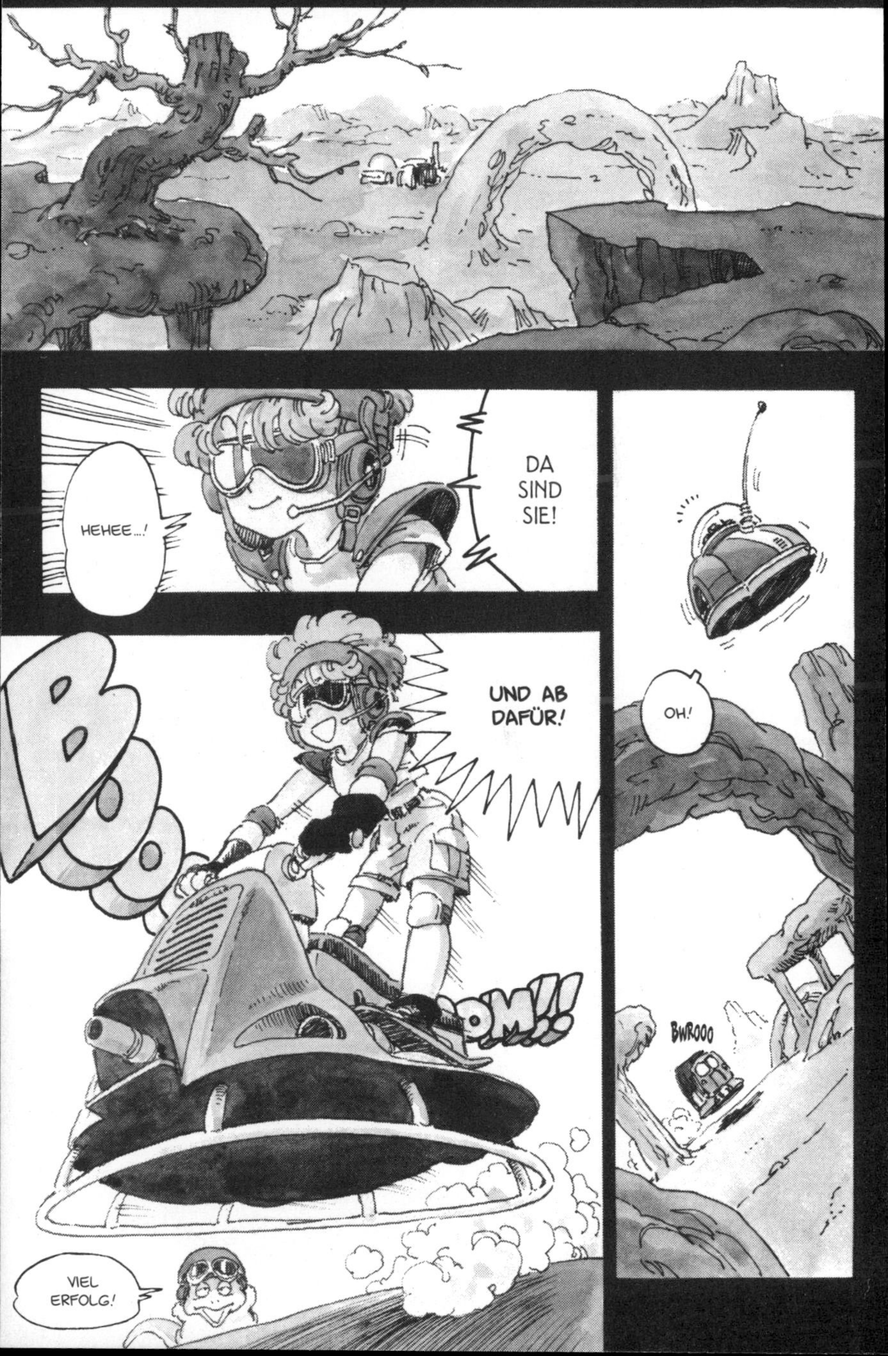
DA SIND SIE!
HEHEE...!
OH!
UND AB DAFÜR!
BOOO
OM!!
BWROOO
VIEL ERFOLG!

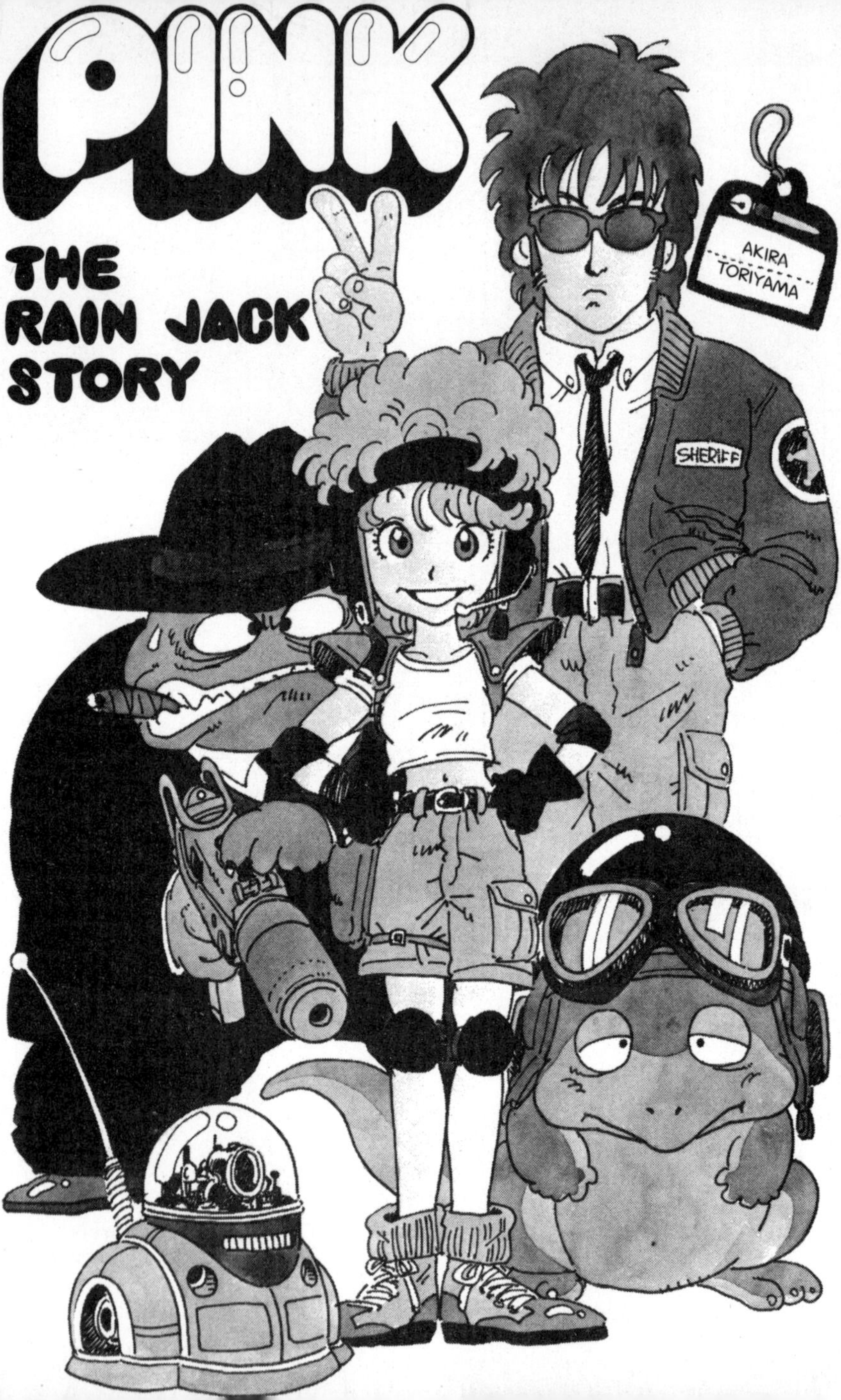
PINK
THE RAIN JACK STORY
AKIRA TORIYAMA
SHERIFF

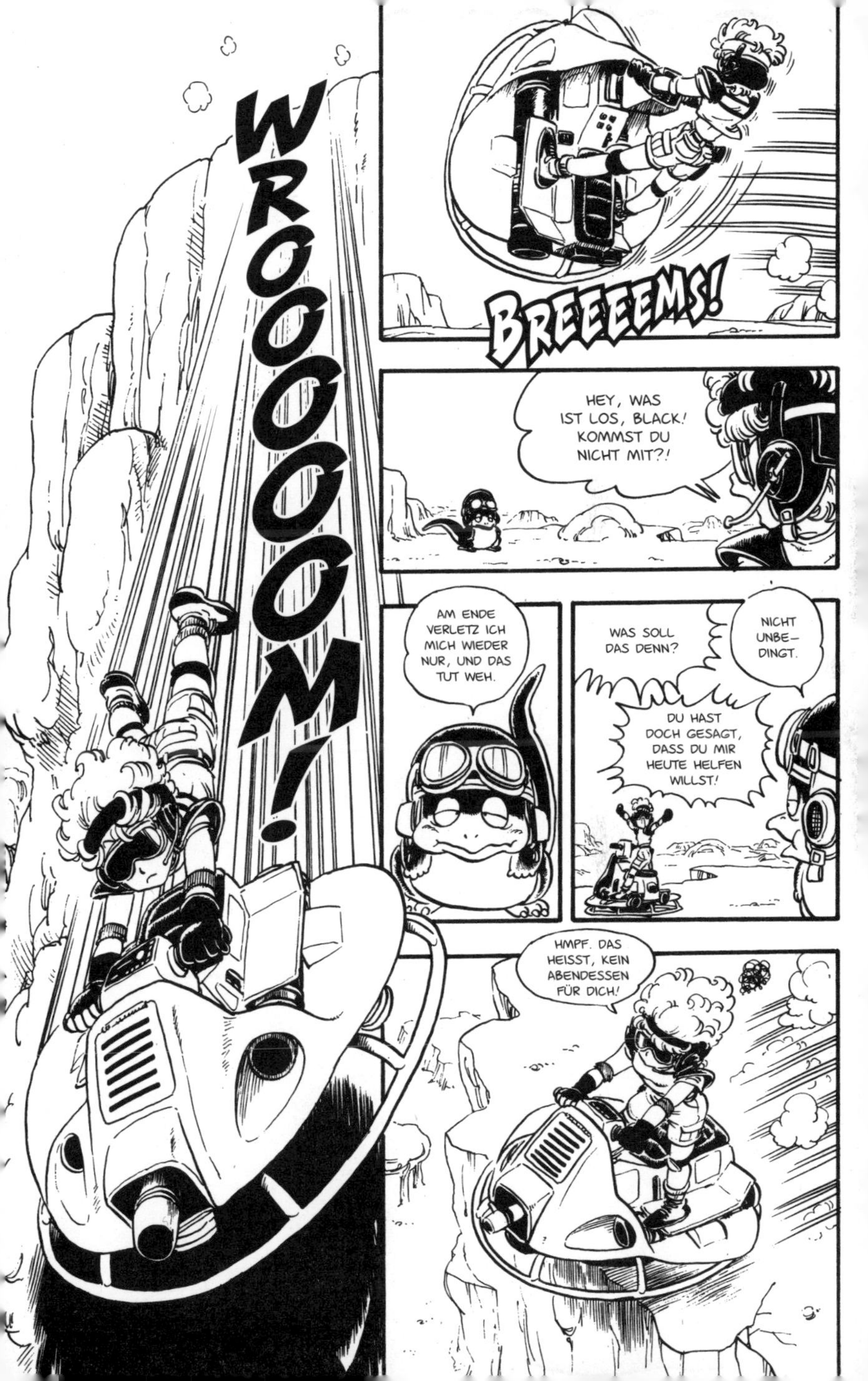
BREEEEMS!
HEY, WAS IST LOS, BLACK! KOMMST DU NICHT MIT?!
NICHT UNBE-DINGT.
WAS SOLL DAS DENN?
DU HAST DOCH GESAGT, DASS DU MIR HEUTE HELFEN WILLST!
AM ENDE VERLETZ ICH MICH WIEDER NUR, UND DAS TUT WEH.
HMPF. DAS HEISST, KEIN ABENDESSEN FÜR DICH!
WROOOOOOM!

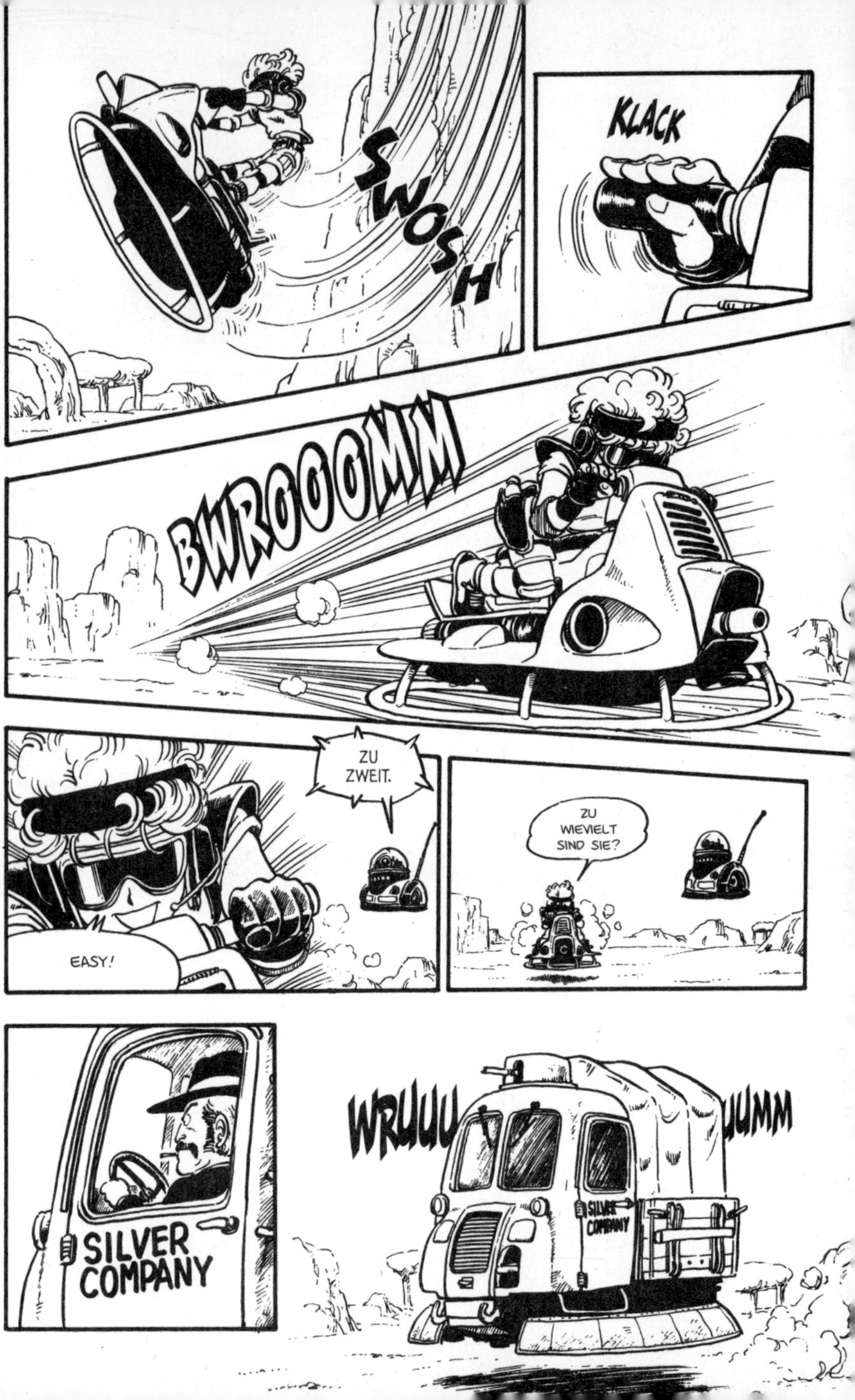
SWOSH
KLACK
BWROOOMM
ZU ZWEIT.
EASY!
ZU WIEVIELT SIND SIE?
SILVER COMPANY
WRUUU
UUMM
SILVER COMPANY

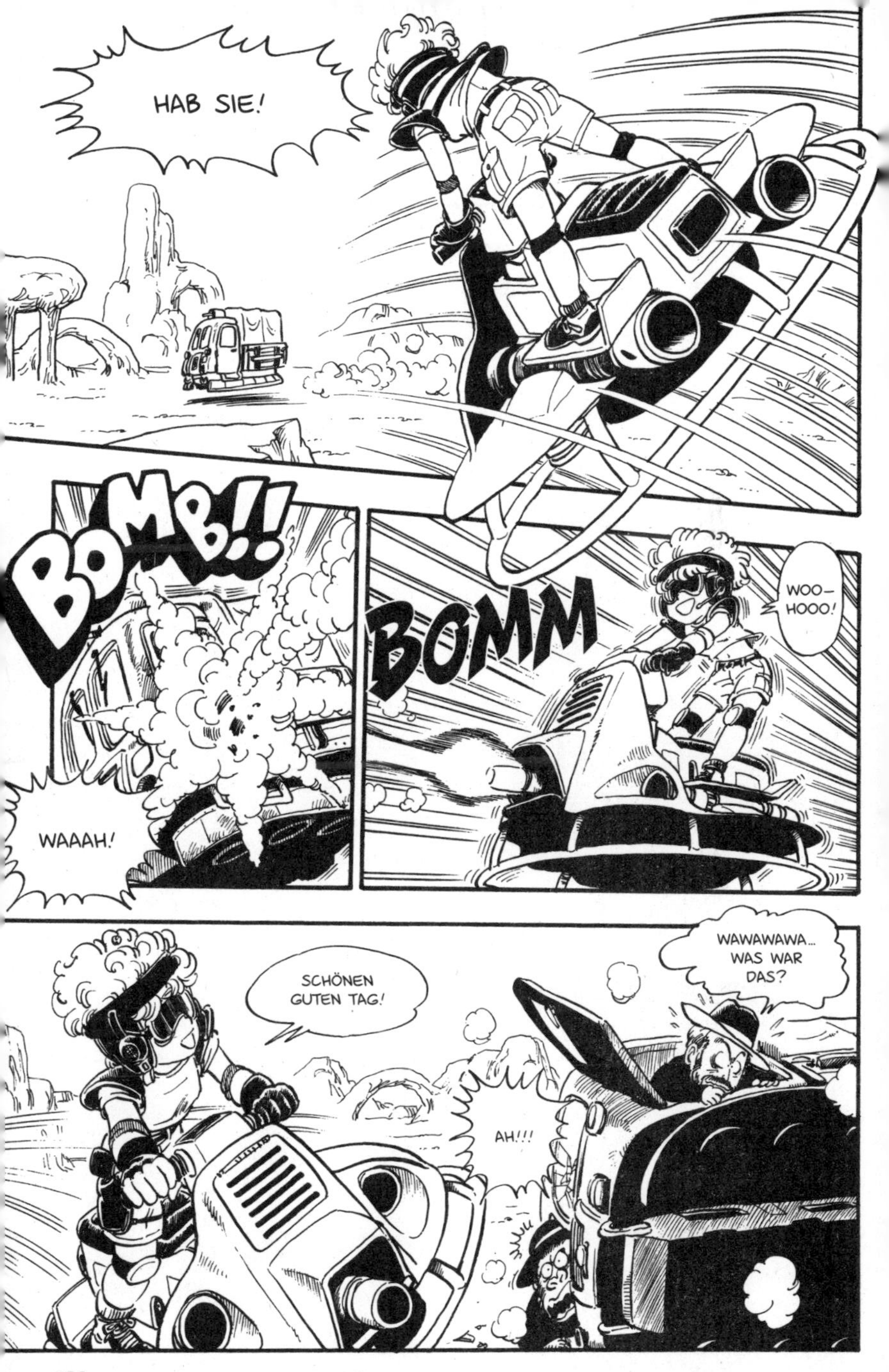
HAB SIE!
BOMB!!
WAAAH!
BOMM
WOO-
HOOO!
SCHÖNEN
GUTEN TAG!
WAWAWAWA...
WAS WAR
DAS?
AH!!!

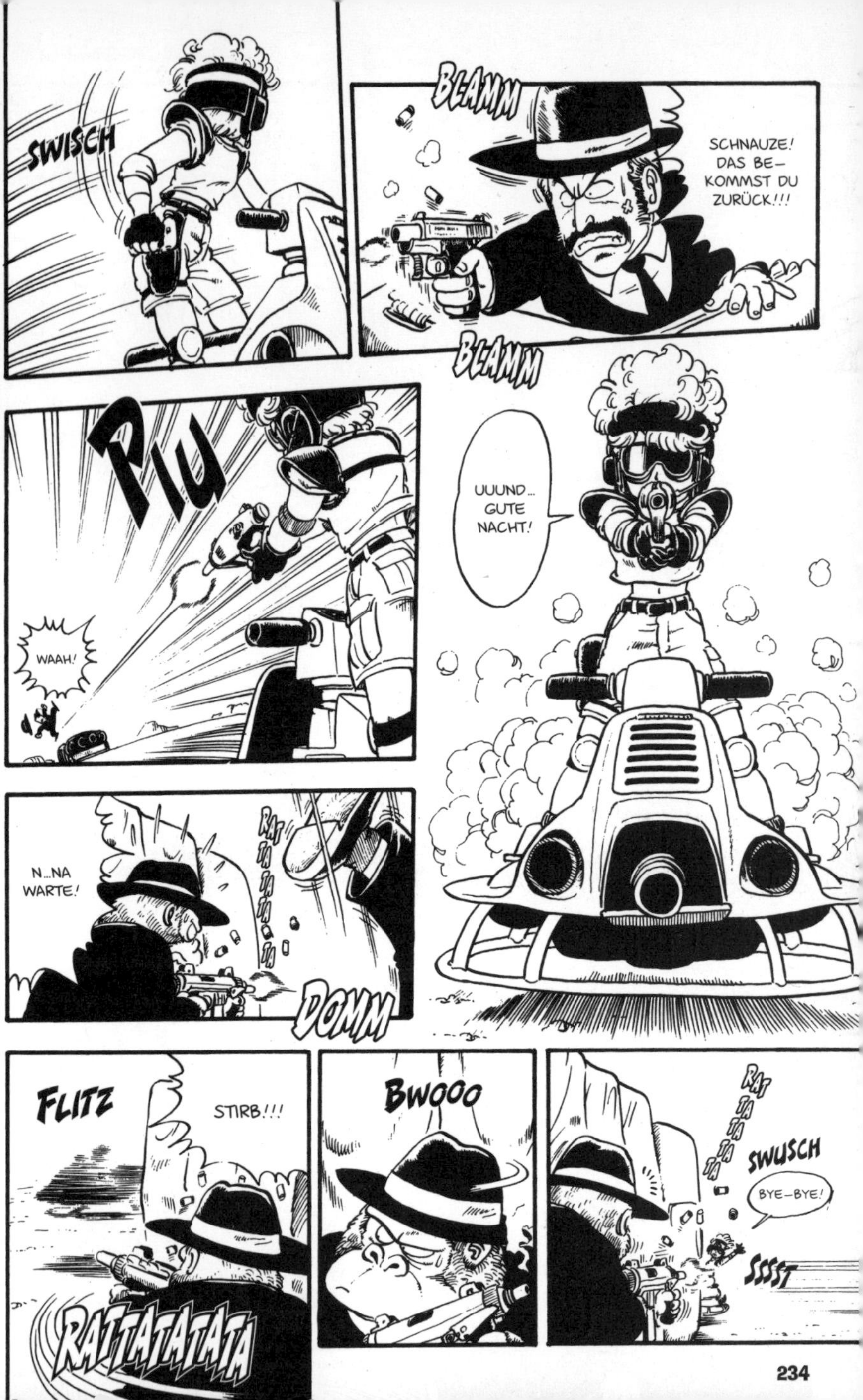

SWISCH
BLAMM
SCHNAUZE! DAS BEKOMMST DU ZURÜCK!!!
BLAMM
UUUND... GUTE NACHT!
PIU
WAAH!
N...NA WARTE!
RATTATATATATA
DOMM
SWUSCH
BYE-BYE!
RATTATATATA
SSSST
BWOOO
FLITZ
STIRB!!!
RATTATATATA

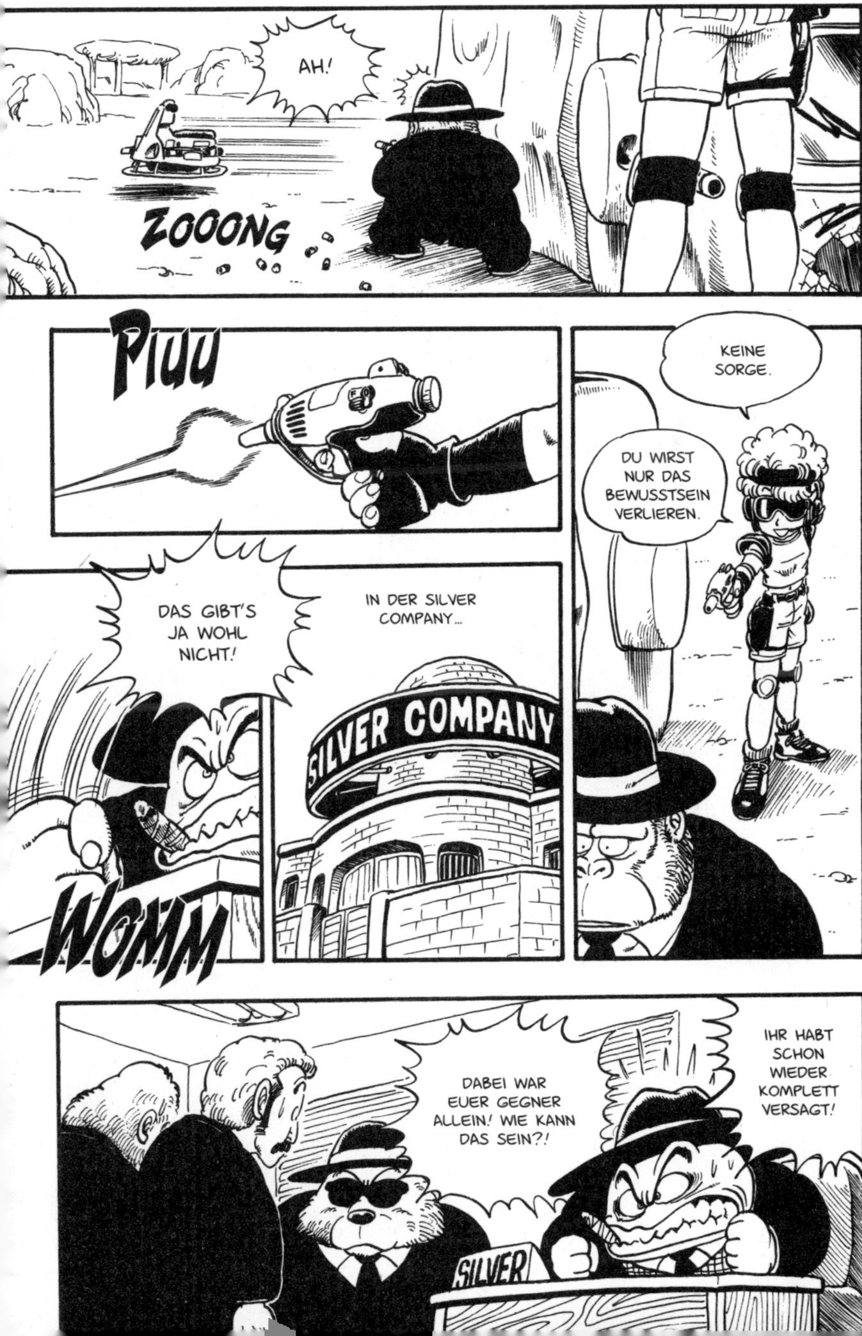
AH!
ZOOONG
KEINE SORGE.
DU WIRST NUR DAS BEWUSSTSEIN VERLIEREN.
Piuu
IN DER SILVER COMPANY...
SILVER COMPANY
DAS GIBT'S JA WOHL NICHT!
WOMM
IHR HABT SCHON WIEDER KOMPLETT VERSAGT!
DABEI WAR EUER GEGNER ALLEIN! WIE KANN DAS SEIN?!
SILVER

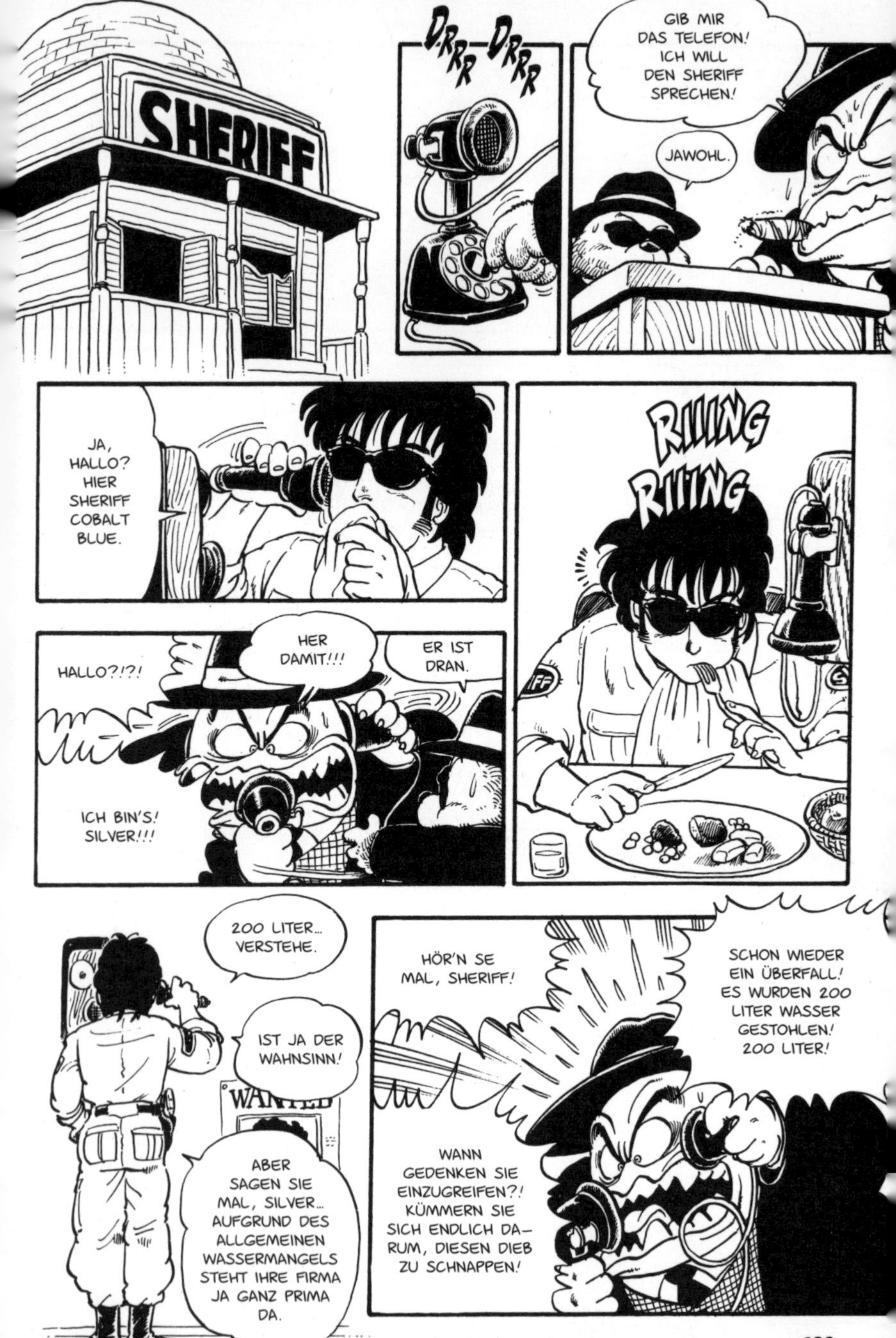
GIB MIR DAS TELEFON! ICH WILL DEN SHERIFF SPRECHEN!
JAWOHL.
D-RRR D-RRR
SHERIFF
RIIING RIIING
JA, HALLO? HIER SHERIFF COBALT BLUE.
ER IST DRAN.
HER DAMIT!!!
HALLO?!?!
ICH BIN'S! SILVER!!!
SCHON WIEDER EIN ÜBERFALL! ES WURDEN 200 LITER WASSER GESTOHLEN! 200 LITER!
HÖR'N SE MAL, SHERIFF!
WANN GEDENKEN SIE EINZUGREIFEN?! KÜMMERN SIE SICH ENDLICH DA-RUM, DIESEN DIEB ZU SCHNAPPEN!
200 LITER... VERSTEHE.
IST JA DER WAHNSINN!
ABER SAGEN SIE MAL, SILVER... AUFGRUND DES ALLGEMEINEN WASSERMANGELS STEHT IHRE FIRMA JA GANZ PRIMA DA.

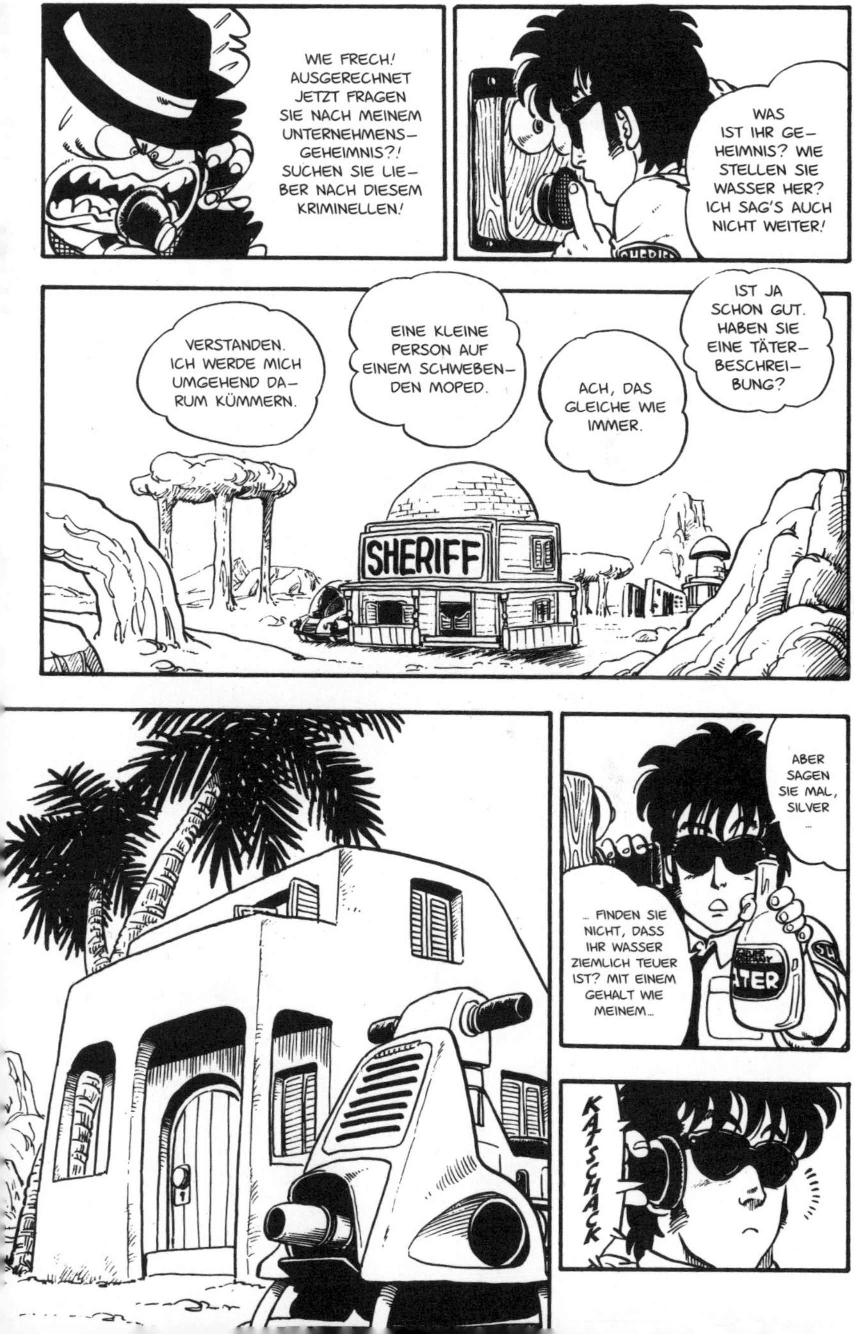

WIE FRECH! AUSGERECHNET JETZT FRAGEN SIE NACH MEINEM UNTERNEHMENSGEHEIMNIS?! SUCHEN SIE LIEBER NACH DIESEM KRIMINELLEN!
WAS IST IHR GEHEIMNIS? WIE STELLEN SIE WASSER HER? ICH SAG'S AUCH NICHT WEITER!
IST JA SCHON GUT. HABEN SIE EINE TÄTERBESCHREIBUNG?
ACH, DAS GLEICHE WIE IMMER.
EINE KLEINE PERSON AUF EINEM SCHWEBENDEN MOPED.
VERSTANDEN. ICH WERDE MICH UMGEHEND DARUM KÜMMERN.
SHERIFF
ABER SAGEN SIE MAL, SILVER ...
... FINDEN SIE NICHT, DASS IHR WASSER ZIEMLICH TEUER IST? MIT EINEM GEHALT WIE MEINEM...
KATSCHACK

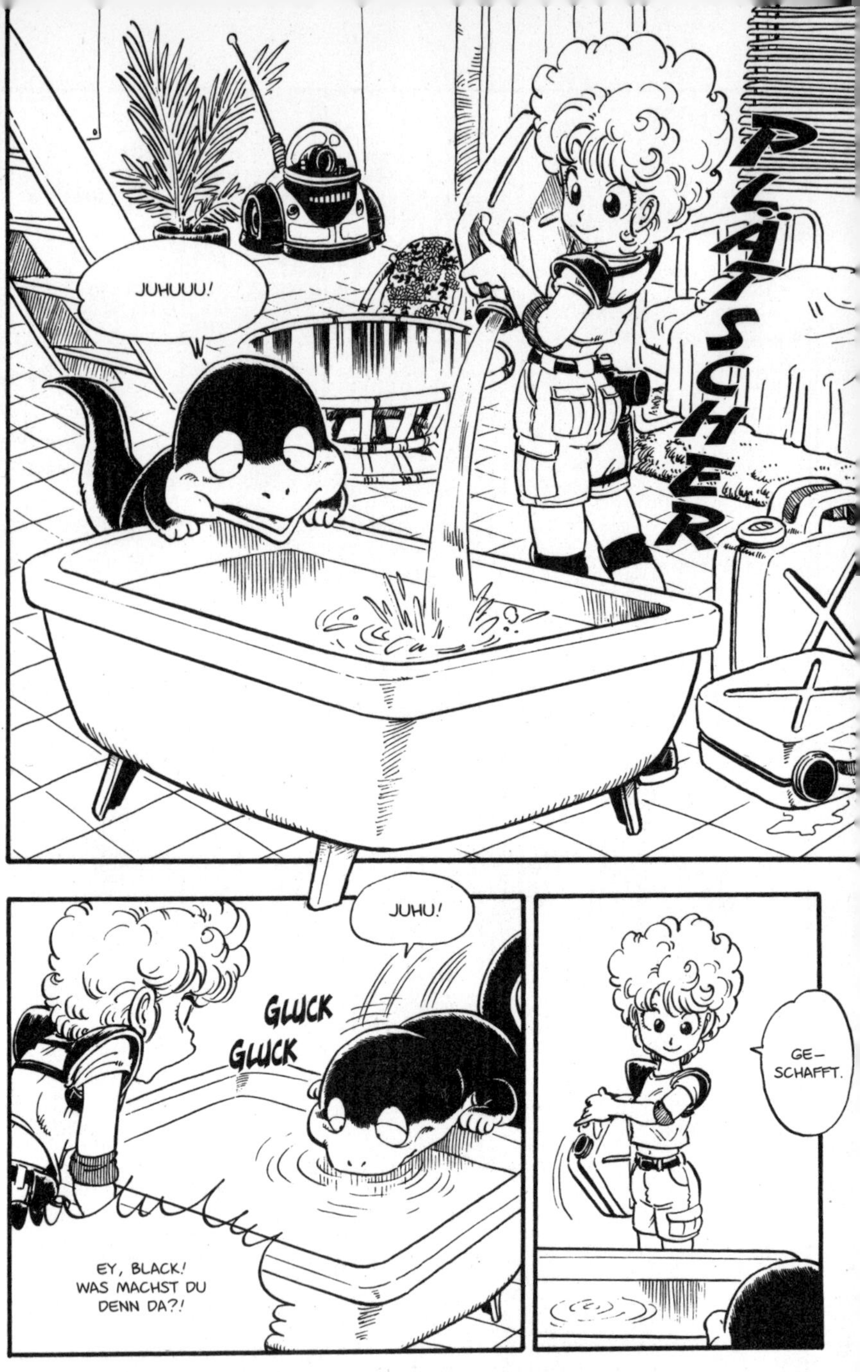
PLÄTSCHER
JUHUUU!
JUHU!
GLUCK
GLUCK
EY, BLACK! WAS MACHST DU DENN DA?!
GE-SCHAFFT.

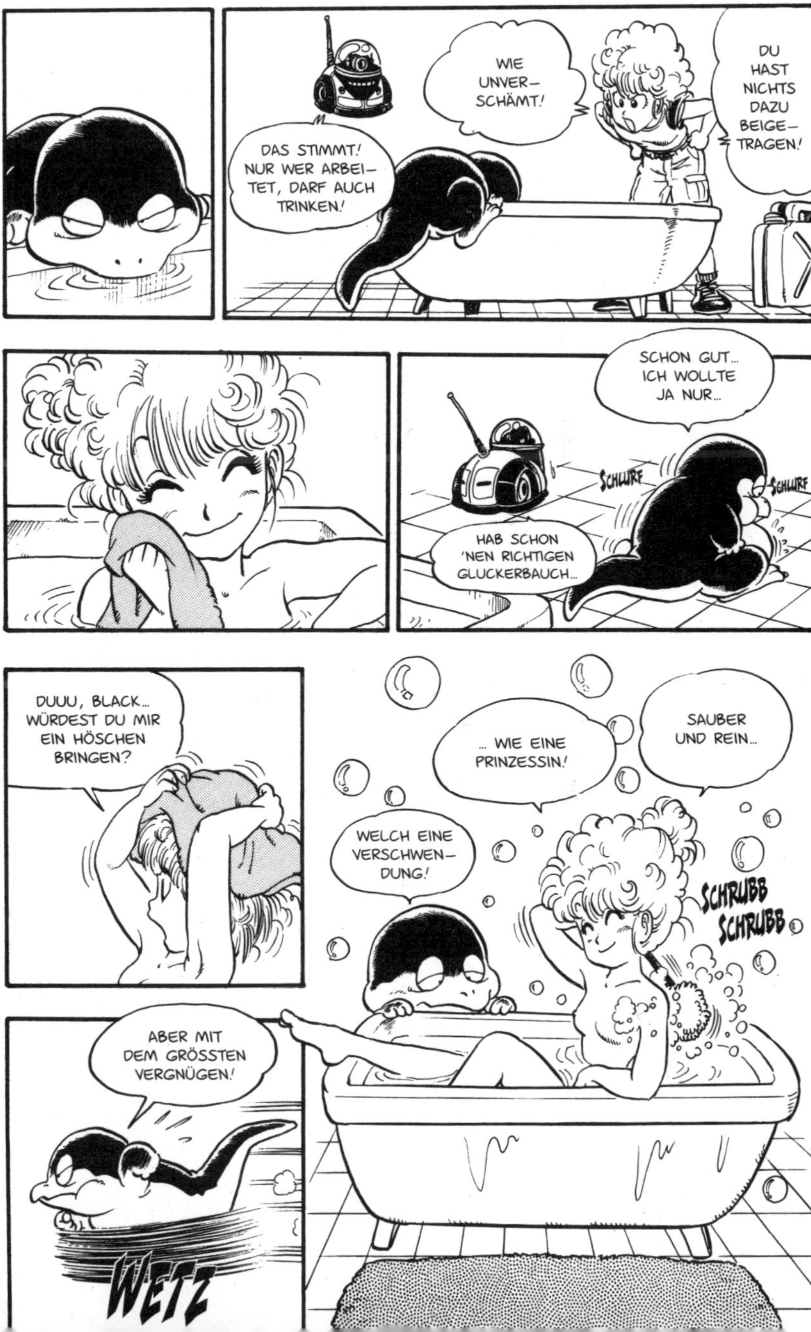
DAS STIMMT! NUR WER ARBEITET, DARF AUCH TRINKEN!
WIE UNVERSCHÄMT!
DU HAST NICHTS DAZU BEIGETRAGEN!
SCHON GUT... ICH WOLLTE JA NUR...
SCHLURF
SCHLURF
HAB SCHON 'NEN RICHTIGEN GLUCKERBAUCH...
DUUU, BLACK... WÜRDEST DU MIR EIN HÖSCHEN BRINGEN?
SAUBER UND REIN...
... WIE EINE PRINZESSIN!
WELCH EINE VERSCHWENDUNG!
SCHRUBB SCHRUBB
ABER MIT DEM GRÖSSTEN VERGNÜGEN!
WETZ

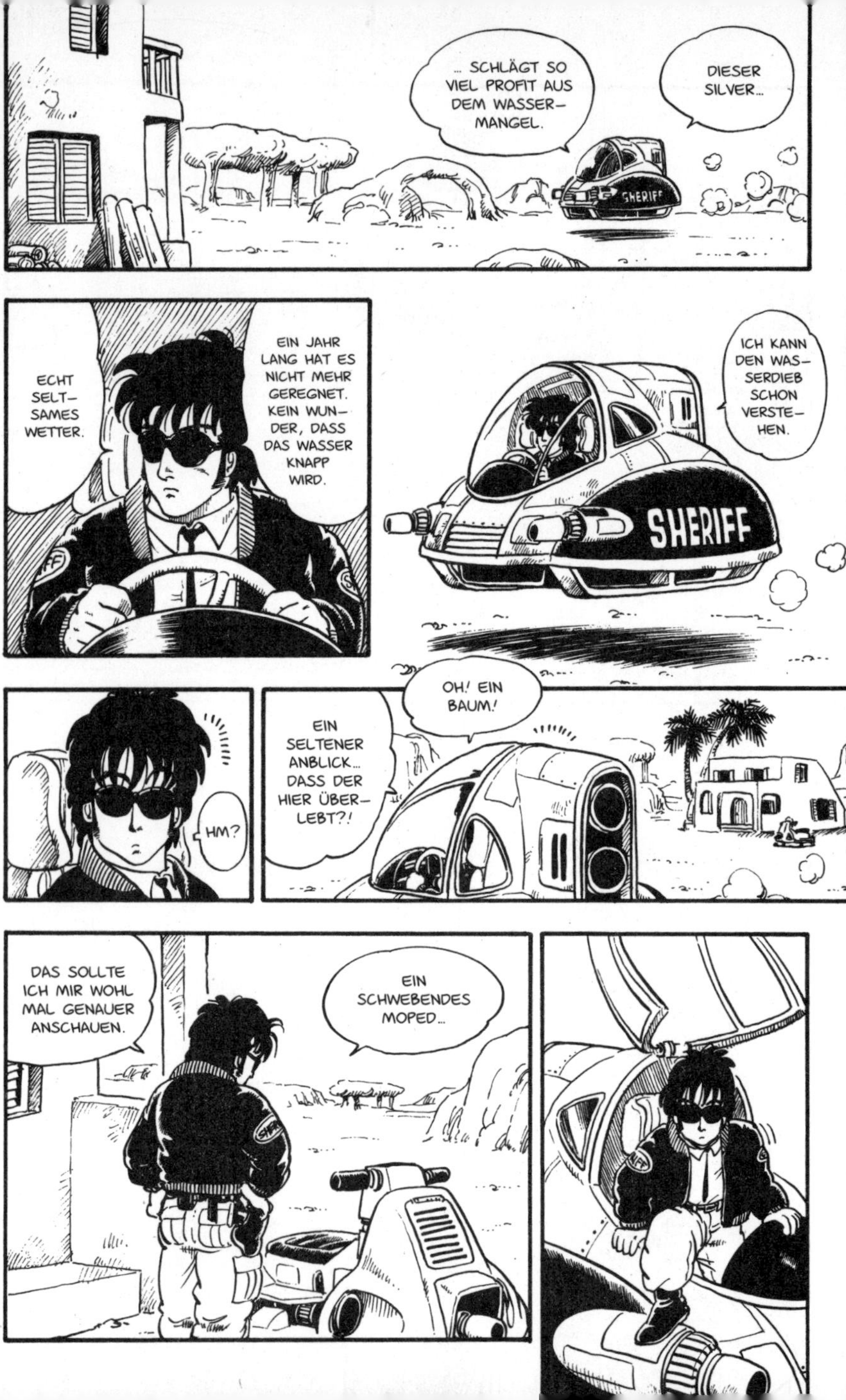
... SCHLÄGT SO VIEL PROFIT AUS DEM WASSER-MANGEL.
DIESER SILVER...
SHERIFF
ECHT SELT-SAMES WETTER.
EIN JAHR LANG HAT ES NICHT MEHR GEREGNET. KEIN WUN-DER, DASS DAS WASSER KNAPP WIRD.
ICH KANN DEN WAS-SERDIEB SCHON VERSTE-HEN.
SHERIFF
HM?
OH! EIN BAUM!
EIN SELTENER ANBLICK... DASS DER HIER ÜBER-LEBT?!
DAS SOLLTE ICH MIR WOHL MAL GENAUER ANSCHAUEN.
EIN SCHWEBENDES MOPED...

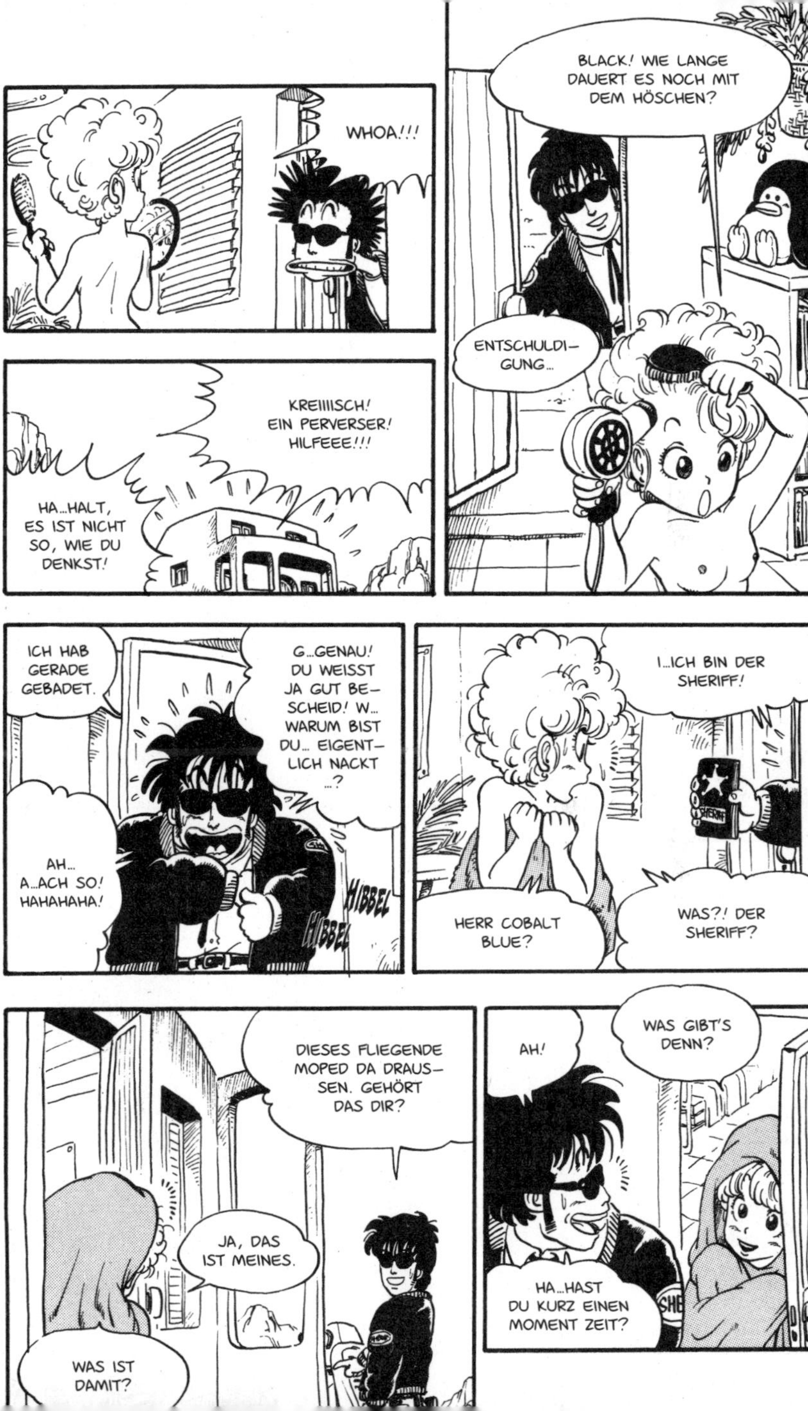

BLACK! WIE LANGE DAUERT ES NOCH MIT DEM HÖSCHEN?
ENTSCHULDI-GUNG...
WHOA!!!
KREIIIISCH! EIN PERVERSER! HILFEEE!!!
HA...HALT, ES IST NICHT SO, WIE DU DENKST!
I...ICH BIN DER SHERIFF!
SHERIFF
WAS?! DER SHERIFF?
HERR COBALT BLUE?
G...GENAU! DU WEISST JA GUT BE-SCHEID! W... WARUM BIST DU... EIGENT-LICH NACKT ...?
ICH HAB GERADE GEBADET.
AH... A...ACH SO! HAHAHAHA!
HIBBEL
HIBBEL
WAS GIBT'S DENN?
AH!
HA...HAST DU KURZ EINEN MOMENT ZEIT?
DIESES FLIEGENDE MOPED DA DRAUS-SEN. GEHÖRT DAS DIR?
JA, DAS IST MEINES.
WAS IST DAMIT?

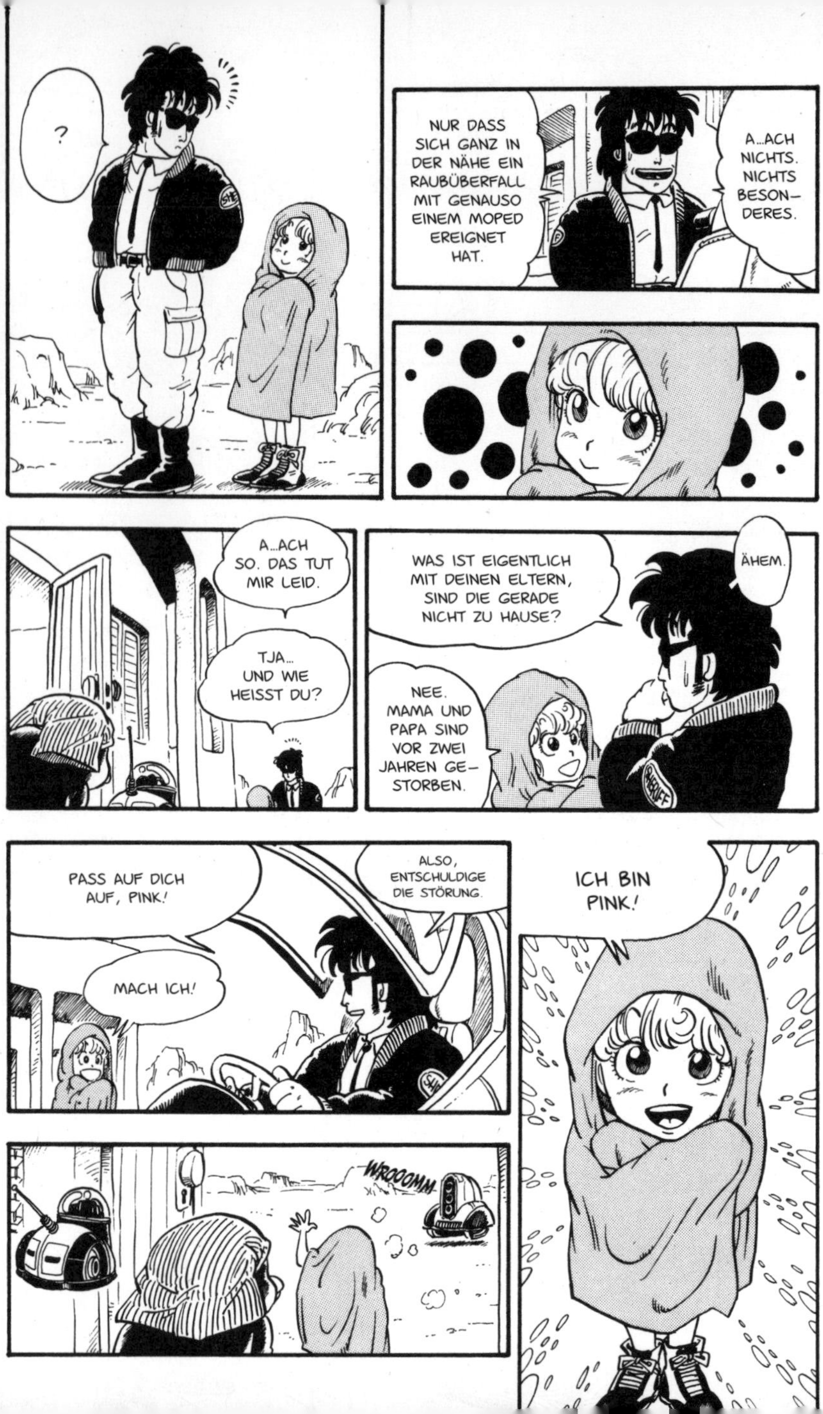
A...ACH NICHTS. NICHTS BESONDERES.
NUR DASS SICH GANZ IN DER NÄHE EIN RAUBÜBERFALL MIT GENAUSO EINEM MOPED EREIGNET HAT.
?
ÄHEM.
WAS IST EIGENTLICH MIT DEINEN ELTERN, SIND DIE GERADE NICHT ZU HAUSE?
NEE. MAMA UND PAPA SIND VOR ZWEI JAHREN GESTORBEN.
A...ACH SO. DAS TUT MIR LEID.
TJA... UND WIE HEISST DU?
ICH BIN PINK!
ALSO, ENTSCHULDIGE DIE STÖRUNG.
PASS AUF DICH AUF, PINK!
MACH ICH!
WROOOMM

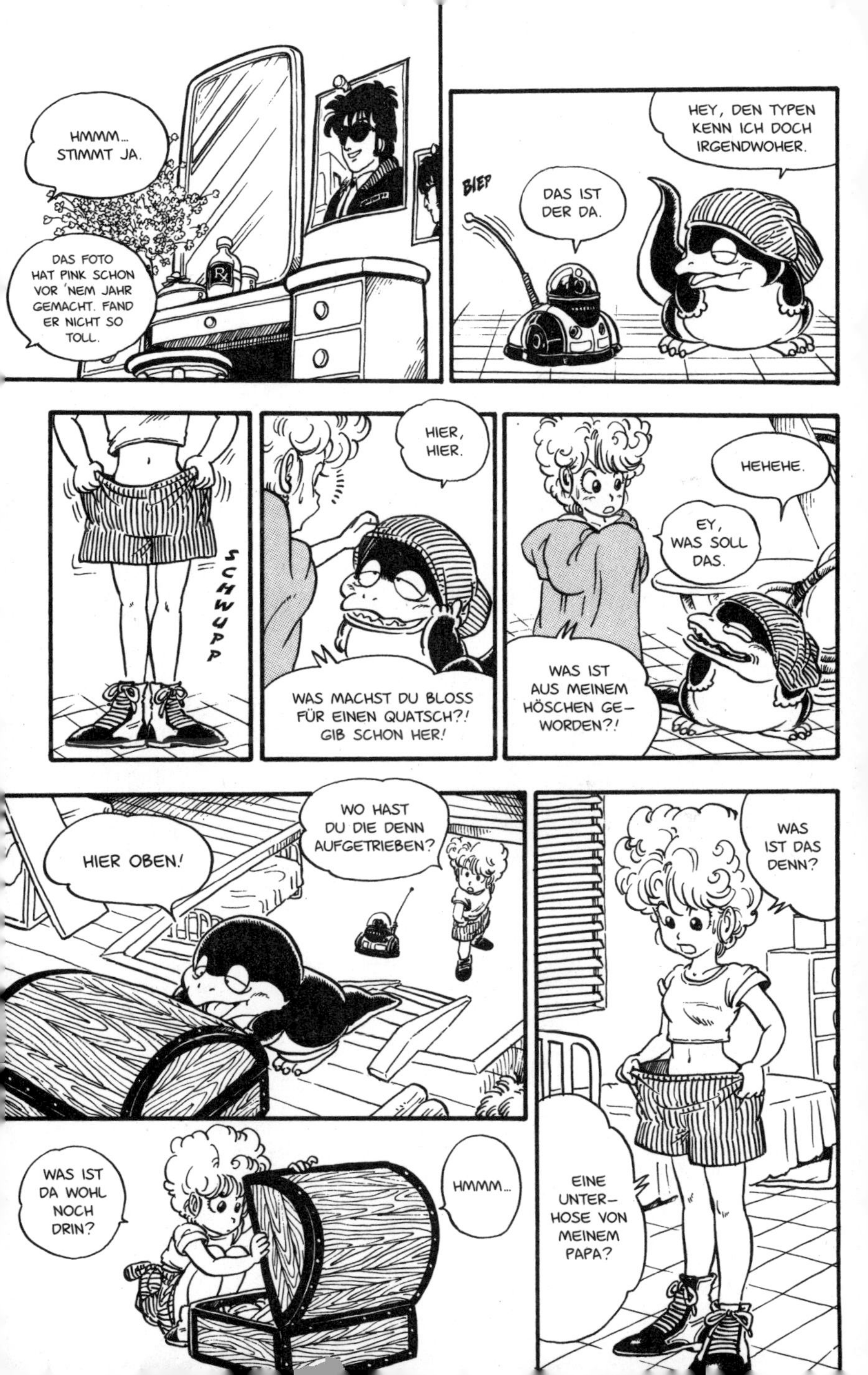
HMMM... STIMMT JA.
DAS FOTO HAT PINK SCHON VOR 'NEM JAHR GEMACHT. FAND ER NICHT SO TOLL.
HEY, DEN TYPEN KENN ICH DOCH IRGENDWOHER.
BIEP
DAS IST DER DA.
SCHWUPP
HIER, HIER.
WAS MACHST DU BLOSS FÜR EINEN QUATSCH?! GIB SCHON HER!
HEHEHE.
EY, WAS SOLL DAS.
WAS IST AUS MEINEM HÖSCHEN GE-WORDEN?!
WO HAST DU DIE DENN AUFGETRIEBEN?
HIER OBEN!
WAS IST DAS DENN?
EINE UNTER-HOSE VON MEINEM PAPA?
HMMM...
WAS IST DA WOHL NOCH DRIN?

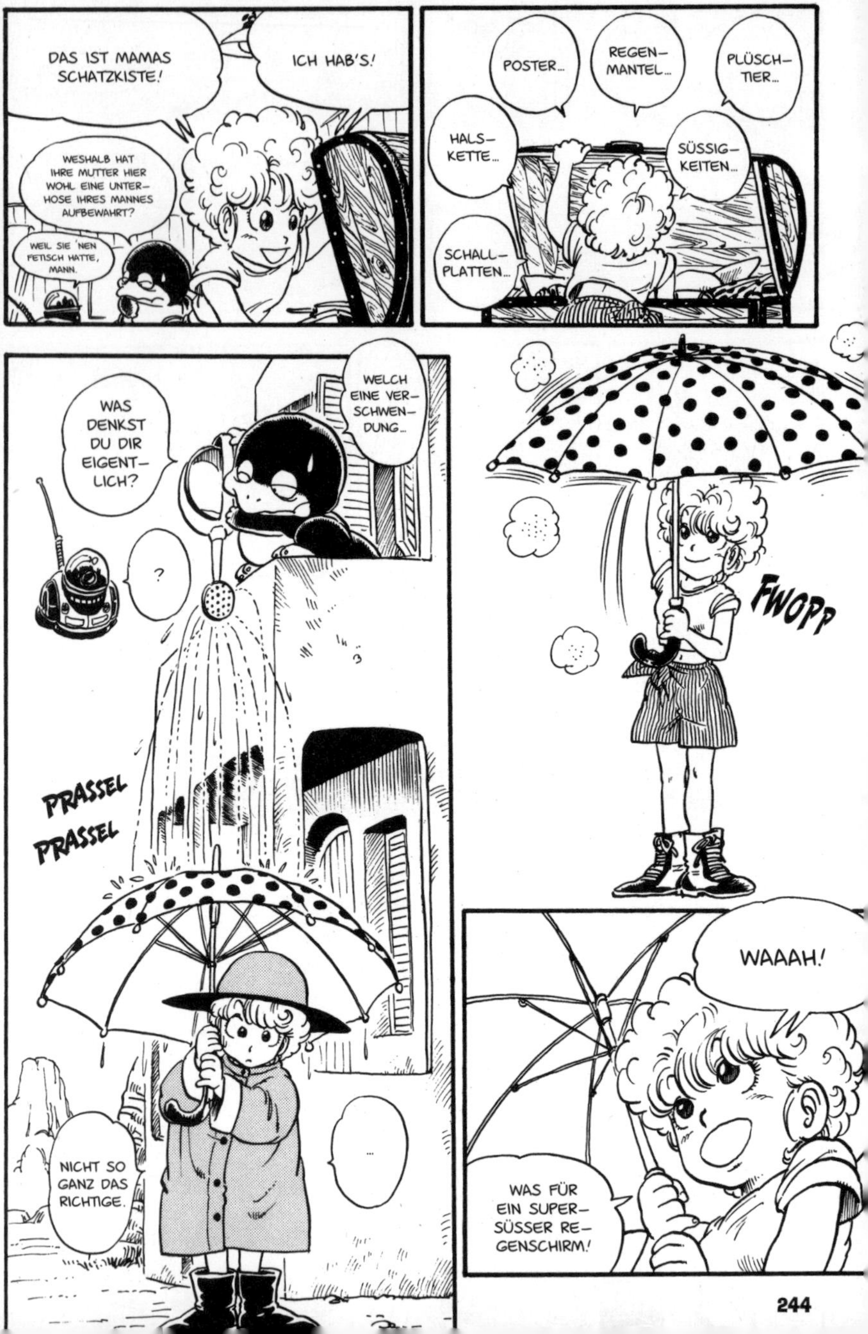
DAS IST MAMAS SCHATZKISTE!
ICH HAB'S!
WESHALB HAT IHRE MUTTER HIER WOHL EINE UNTERHOSE IHRES MANNES AUFBEWAHRT?
WEIL SIE 'NEN FETISCH HATTE, MANN.
POSTER...
REGENMANTEL...
PLÜSCHTIER...
HALSKETTE...
SÜSSIGKEITEN...
SCHALLPLATTEN...
WAS DENKST DU DIR EIGENTLICH?
WELCH EINE VERSCHWENDUNG...
?
PRASSEL PRASSEL
NICHT SO GANZ DAS RICHTIGE.
...
FWOPP
WAAAH!
WAS FÜR EIN SUPERSÜSSER REGENSCHIRM!

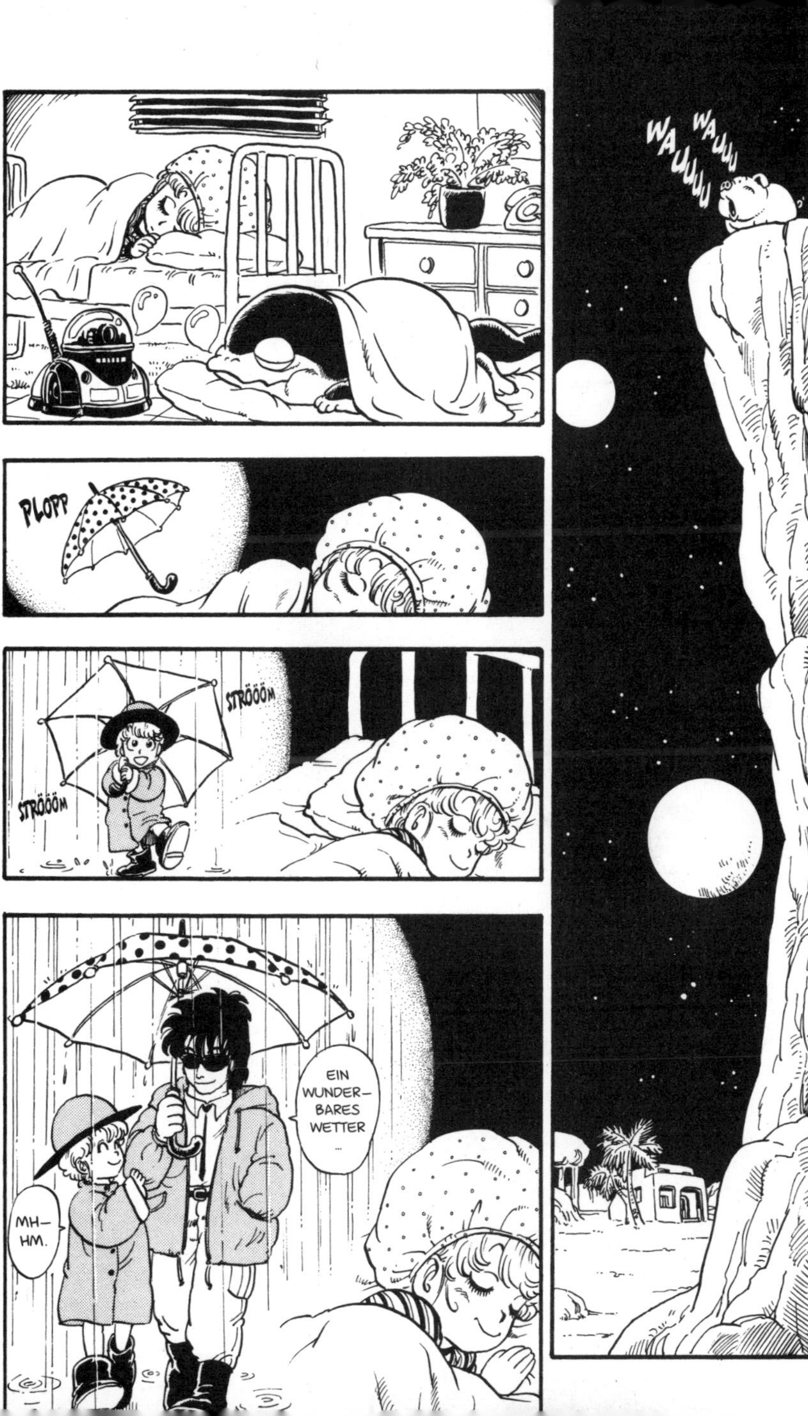
WAUUUU
WAUUU
PLOPP
STRÖÖÖM
STRÖÖÖM
EIN WUNDER-BARES WETTER ...
MH-HM.

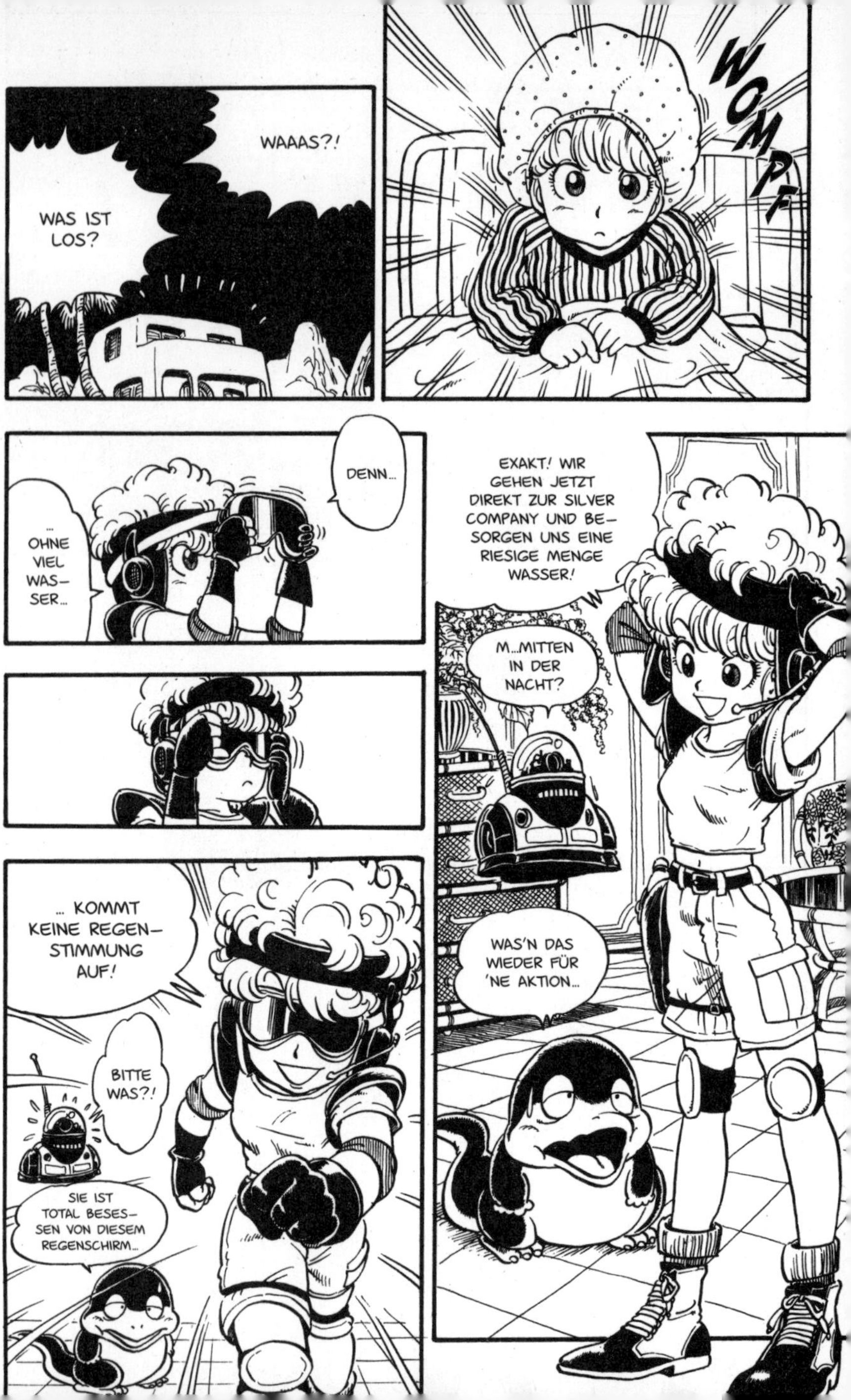
WOMPF
WAAAS?!
WAS IST LOS?
EXAKT! WIR GEHEN JETZT DIREKT ZUR SILVER COMPANY UND BE-SORGEN UNS EINE RIESIGE MENGE WASSER!
M...MITTEN IN DER NACHT?
WAS'N DAS WIEDER FÜR 'NE AKTION...
DENN...
... OHNE VIEL WAS-SER...
... KOMMT KEINE REGEN-STIMMUNG AUF!
BITTE WAS?!
SIE IST TOTAL BESES-SEN VON DIESEM REGENSCHIRM...

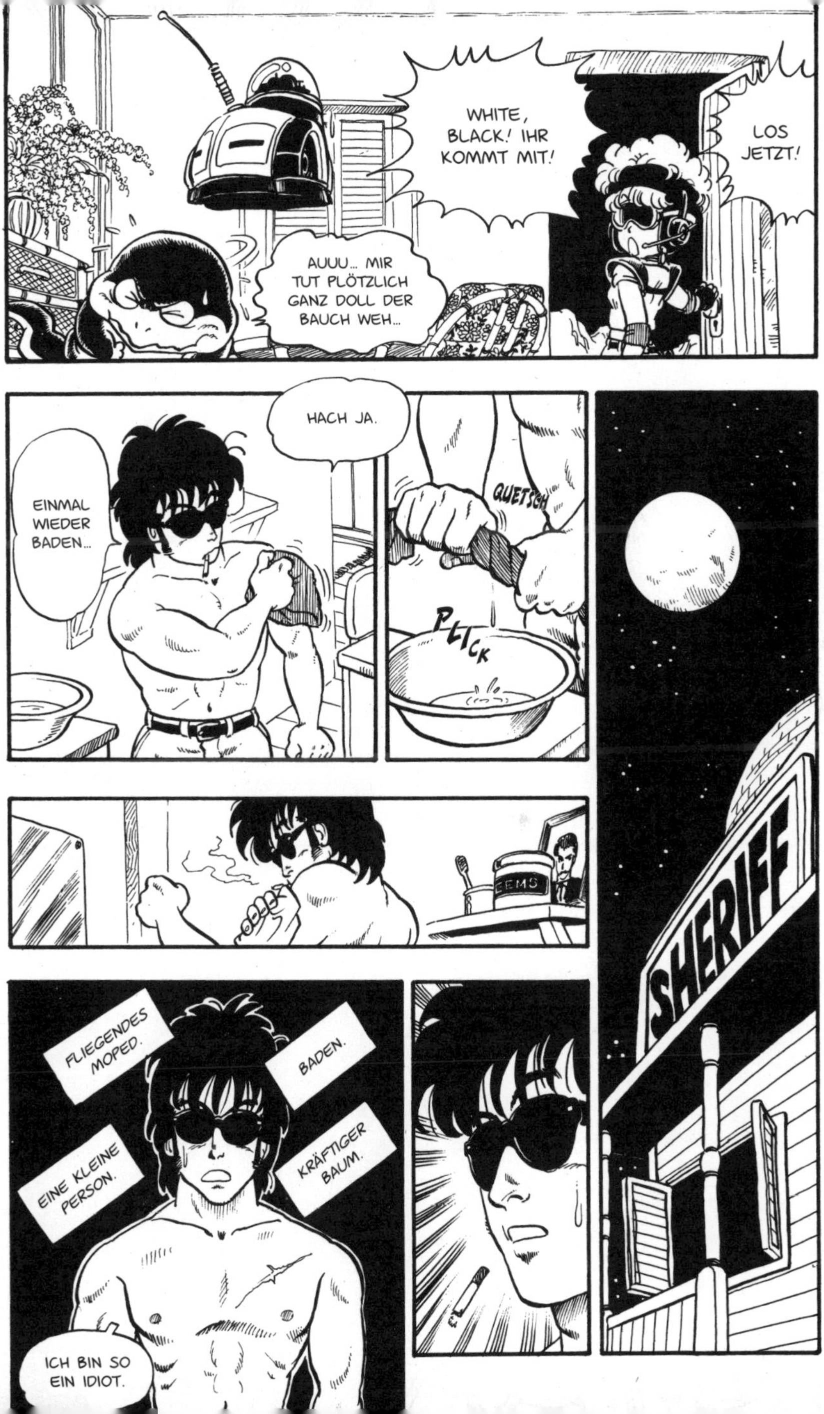
WHITE, BLACK! IHR KOMMT MIT!
LOS JETZT!
AUUU... MIR TUT PLÖTZLICH GANZ DOLL DER BAUCH WEH...
EINMAL WIEDER BADEN...
HACH JA.
QUETSCH
PLICK
SHERIFF
FLIEGENDES MOPED.
BADEN.
EINE KLEINE PERSON.
KRÄFTIGER BAUM.
ICH BIN SO EIN IDIOT.

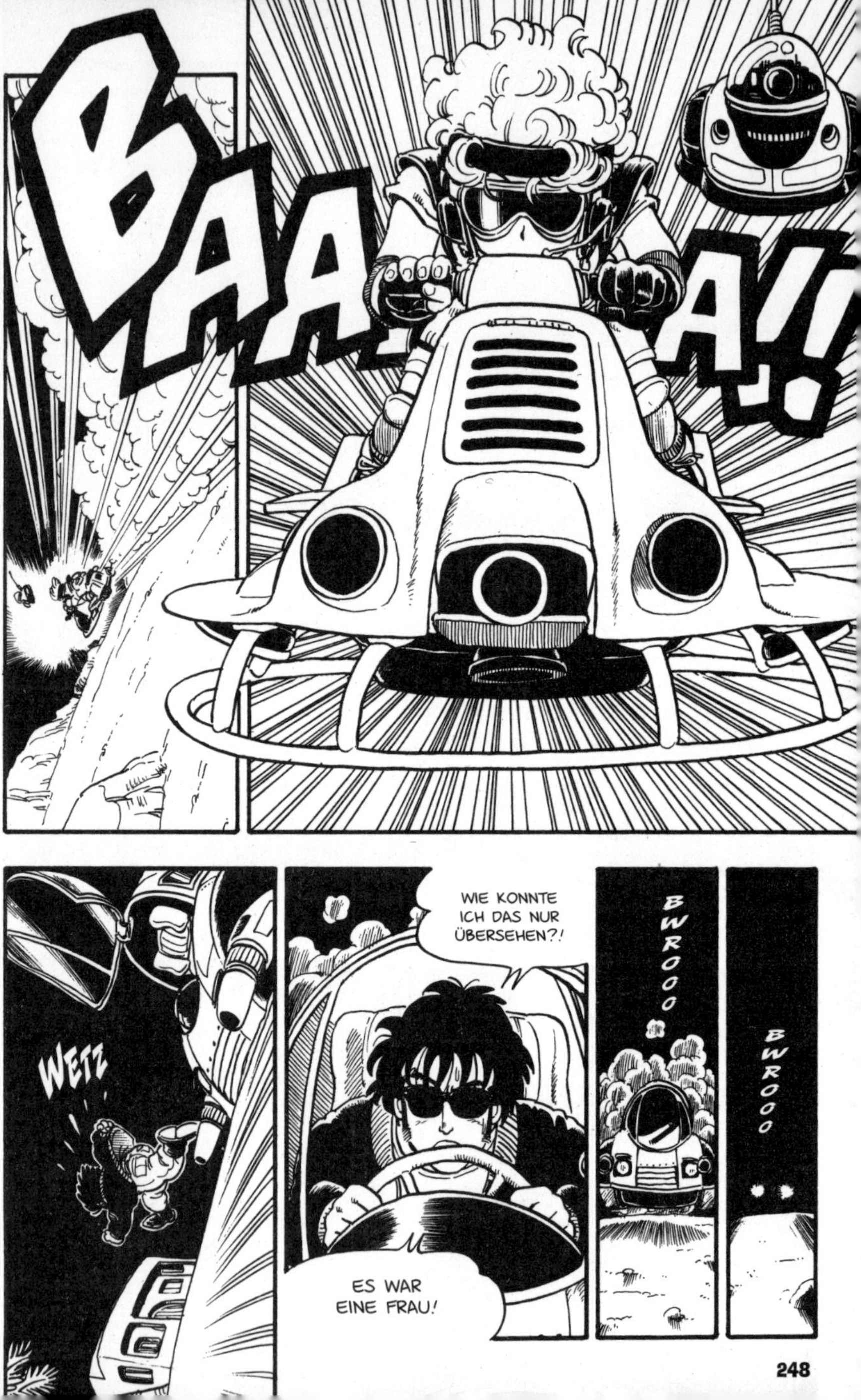
BAAAA!!
WETZ
WIE KONNTE ICH DAS NUR ÜBERSEHEN?!
ES WAR EINE FRAU!
BWROOO
BWROOO

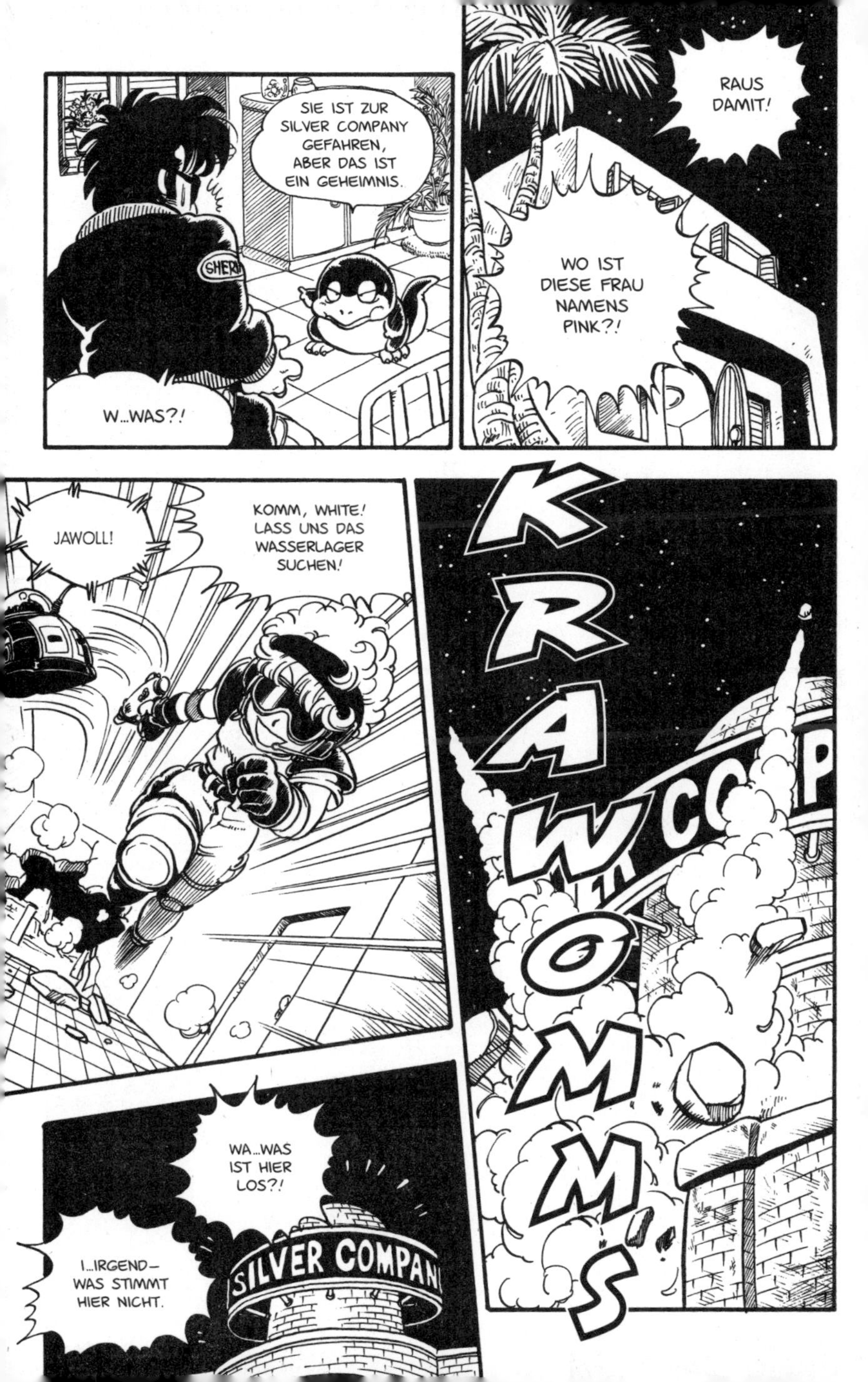
SIE IST ZUR SILVER COMPANY GEFAHREN, ABER DAS IST EIN GEHEIMNIS.
W...WAS?!
RAUS DAMIT!
WO IST DIESE FRAU NAMENS PINK?!
KOMM, WHITE! LASS UNS DAS WASSERLAGER SUCHEN!
JAWOLL!
KRAWOMMMS
WA...WAS IST HIER LOS?!
I...IRGEND-WAS STIMMT HIER NICHT.
SILVER COMPAN

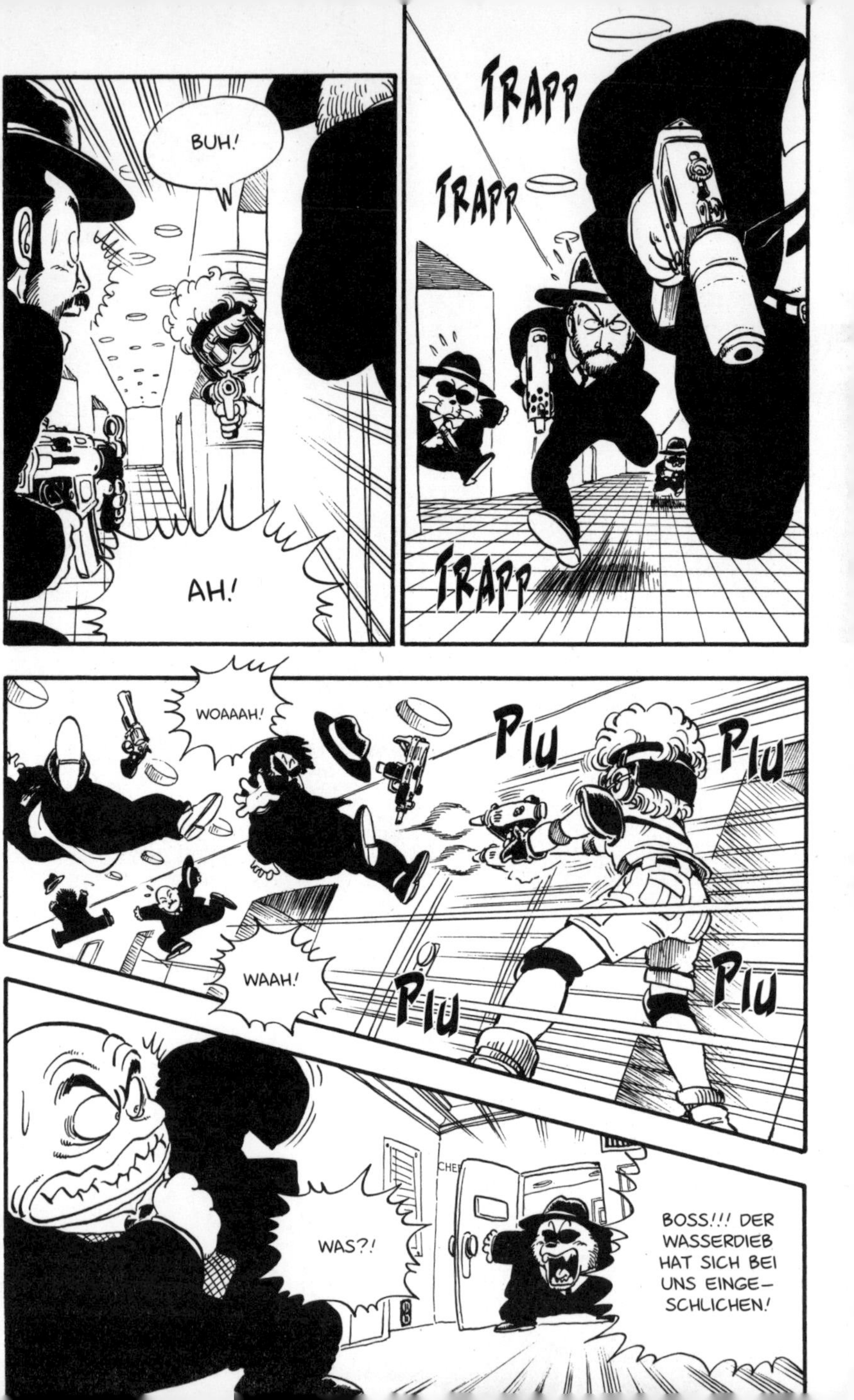

TRAPP
TRAPP
TRAPP
BUH!
AH!
PLU
PLU
WOAAAH!
PLU
PLU
WAAH!
CHEF
BOSS!!! DER WASSERDIEB HAT SICH BEI UNS EINGE-SCHLICHEN!
WAS?!

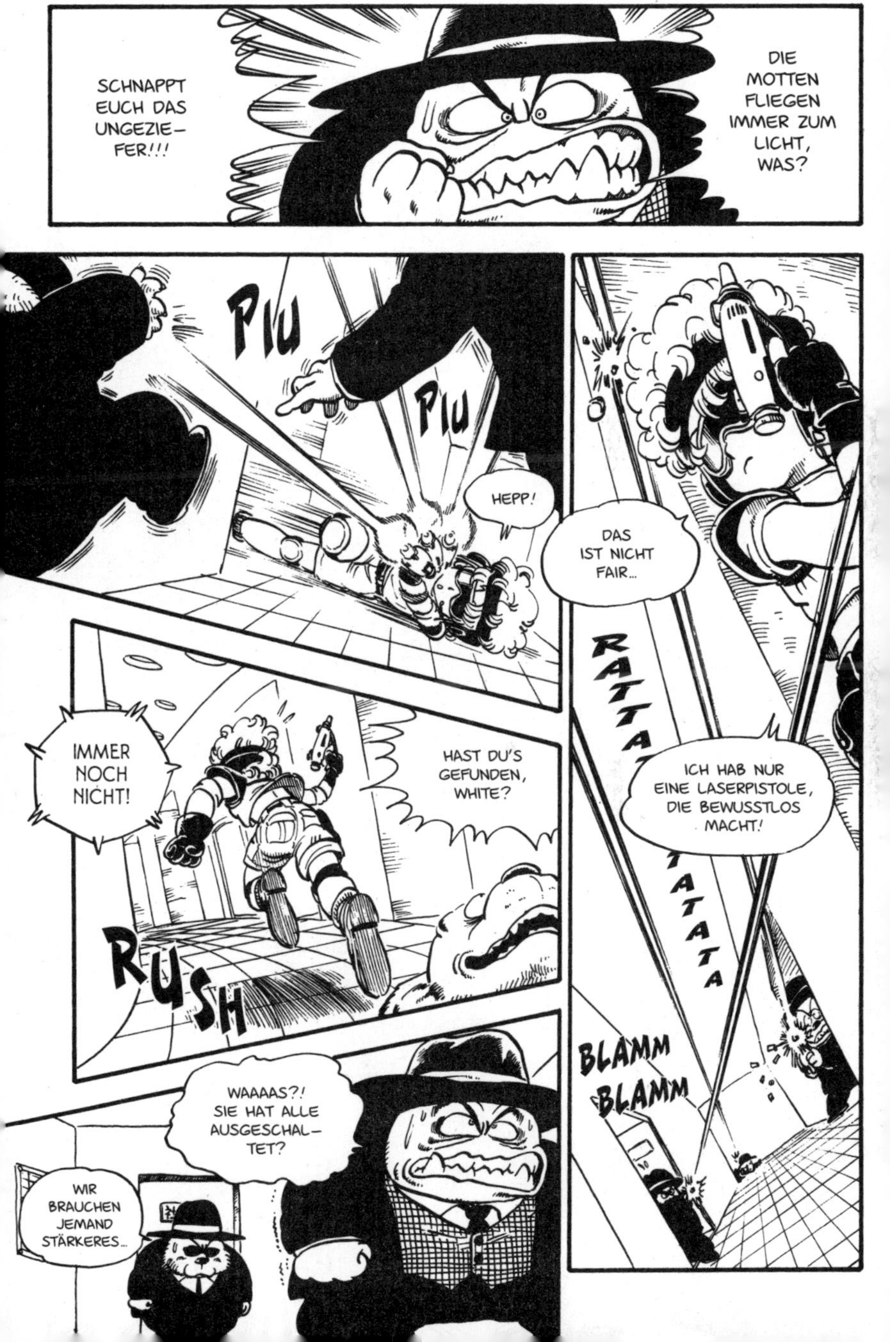
DIE MOTTEN FLIEGEN IMMER ZUM LICHT, WAS?
SCHNAPPT EUCH DAS UNGEZIE-FER!!!
PIU
PIU
HEPP!
DAS IST NICHT FAIR...
ICH HAB NUR EINE LASERPISTOLE, DIE BEWUSSTLOS MACHT!
RATTATATATATA
BLAMM BLAMM
HAST DU'S GEFUNDEN, WHITE?
IMMER NOCH NICHT!
RUSH
WAAAAS?! SIE HAT ALLE AUSGESCHAL-TET?
WIR BRAUCHEN JEMAND STÄRKERES...

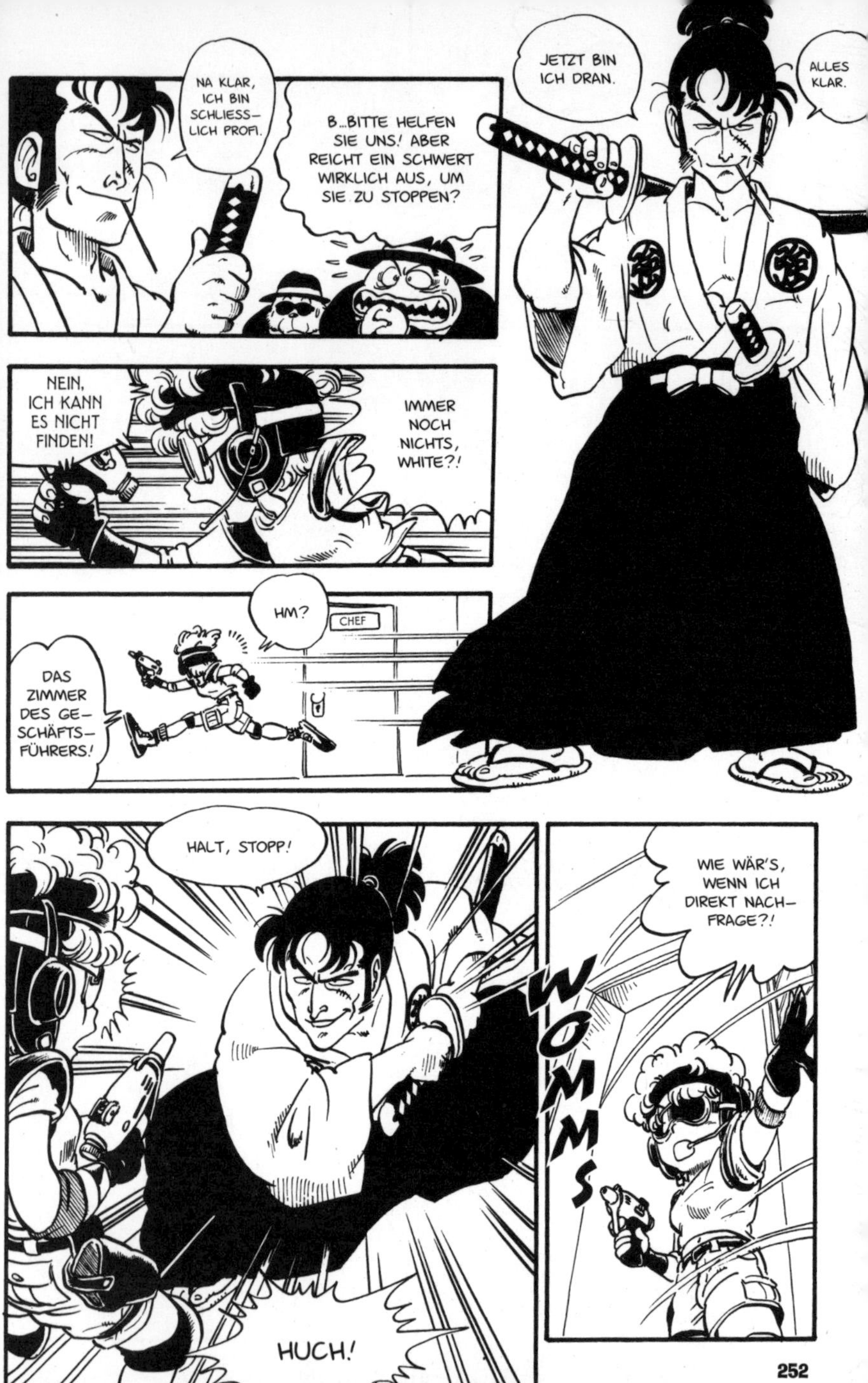
ALLES KLAR.
JETZT BIN ICH DRAN.
B...BITTE HELFEN SIE UNS! ABER REICHT EIN SCHWERT WIRKLICH AUS, UM SIE ZU STOPPEN?
NA KLAR, ICH BIN SCHLIESS-LICH PROFI.
IMMER NOCH NICHTS, WHITE?!
NEIN, ICH KANN ES NICHT FINDEN!
HM?
CHEF
DAS ZIMMER DES GE-SCHÄFTS-FÜHRERS!
WIE WÄR'S, WENN ICH DIREKT NACH-FRAGE?!
WOMMS
HALT, STOPP!
HUCH!

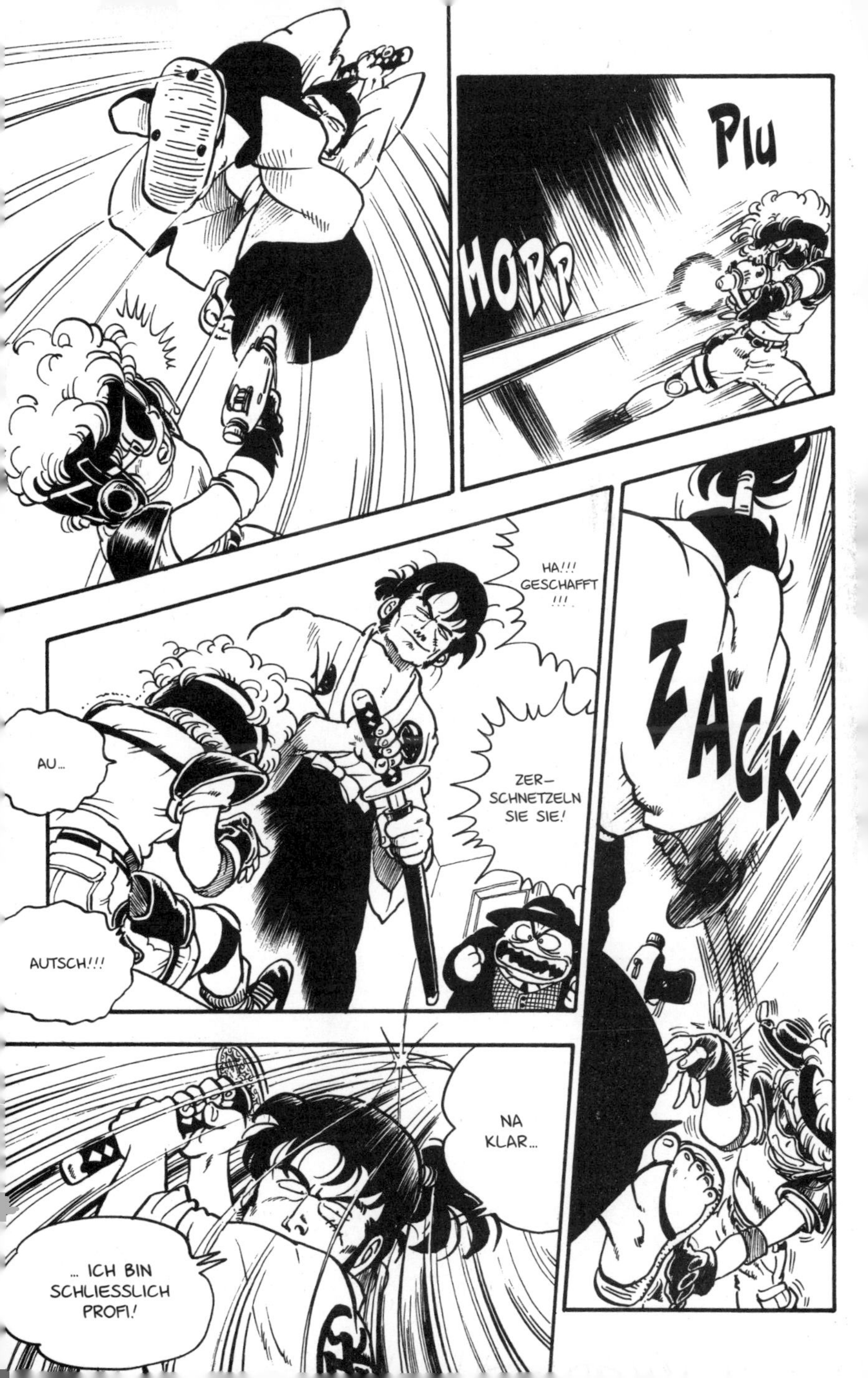

PLU
HOPP
ZACK
HA!!!
GESCHAFFT
!!!
ZER-
SCHNETZELN
SIE SIE!
AU...
AUTSCH!!!
NA
KLAR...
... ICH BIN
SCHLIESSLICH
PROFI!

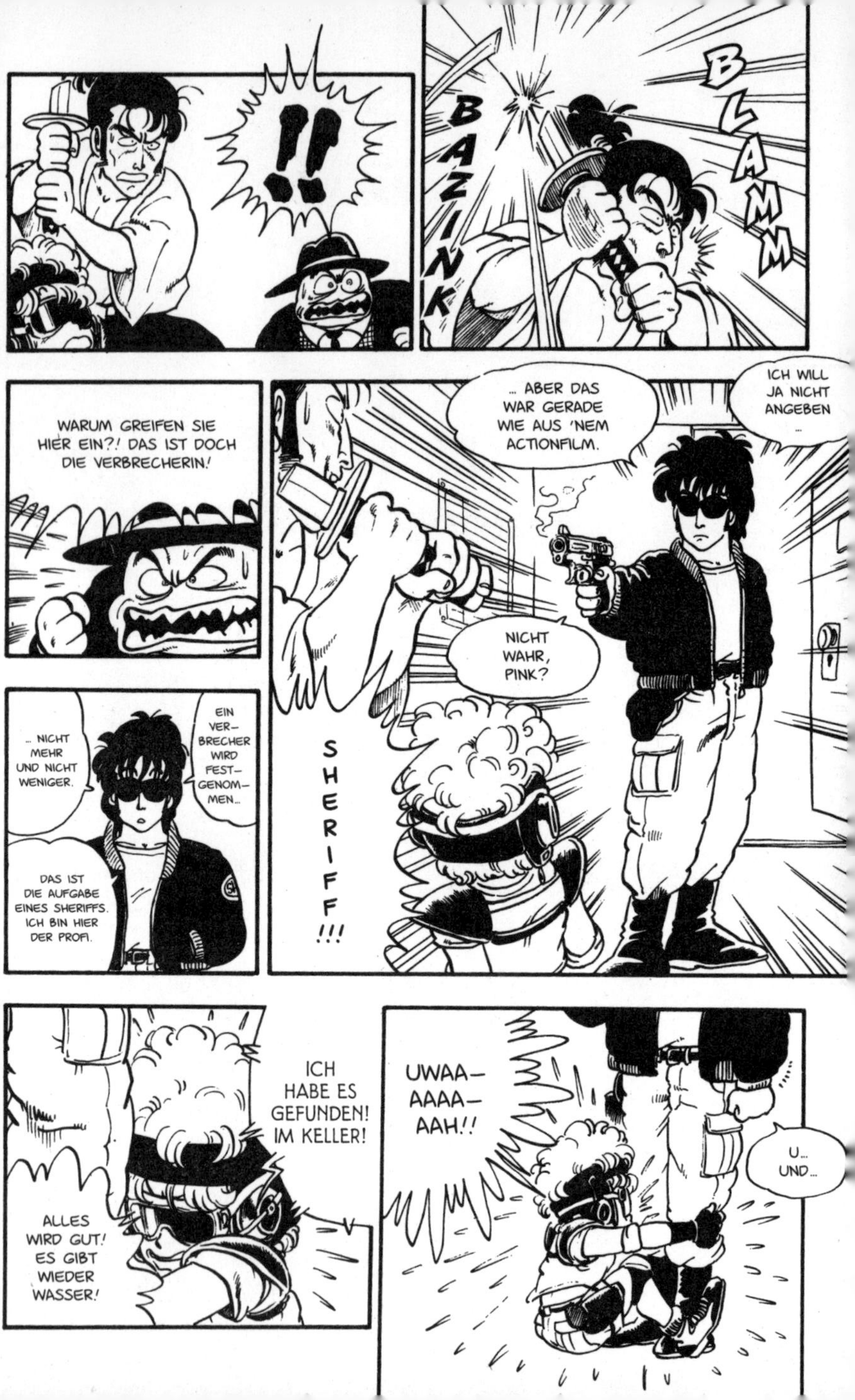
BAZINK
BLAMM
!!
ICH WILL JA NICHT ANGEBEN ...
... ABER DAS WAR GERADE WIE AUS 'NEM ACTIONFILM.
NICHT WAHR, PINK?
SHERIFF!!!
WARUM GREIFEN SIE HIER EIN?! DAS IST DOCH DIE VERBRECHERIN!
EIN VERBRECHER WIRD FESTGENOMMEN...
... NICHT MEHR UND NICHT WENIGER.
DAS IST DIE AUFGABE EINES SHERIFFS. ICH BIN HIER DER PROFI.
UWAA-AAAA-AAH!!
U... UND...
ICH HABE ES GEFUNDEN! IM KELLER!
ALLES WIRD GUT! ES GIBT WIEDER WASSER!

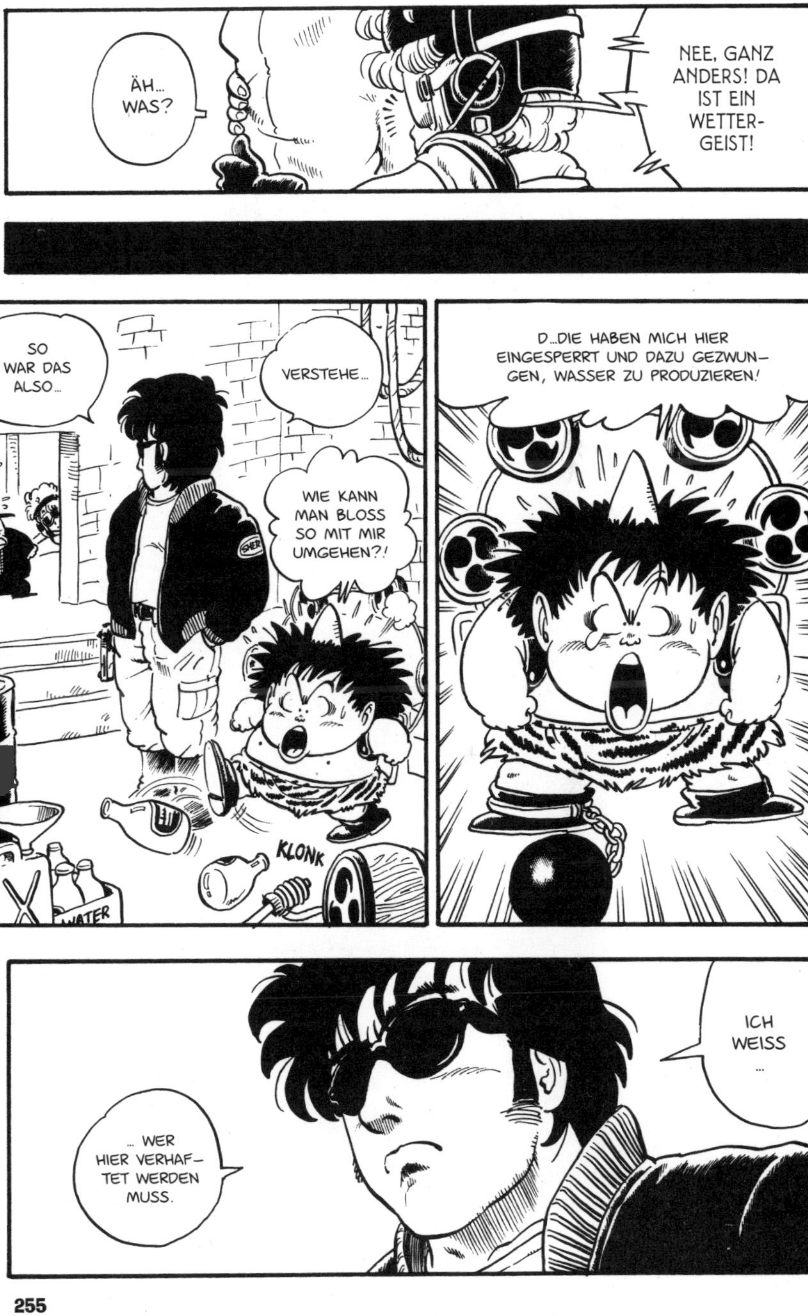
NEE, GANZ ANDERS! DA IST EIN WETTER-GEIST!
ÄH... WAS?
D...DIE HABEN MICH HIER EINGESPERRT UND DAZU GEZWUNGEN, WASSER ZU PRODUZIEREN!
WIE KANN MAN BLOSS SO MIT MIR UMGEHEN?!
VERSTEHE...
SO WAR DAS ALSO...
GULP
KLONK
WATER
ICH WEISS ...
... WER HIER VERHAFTET WERDEN MUSS.

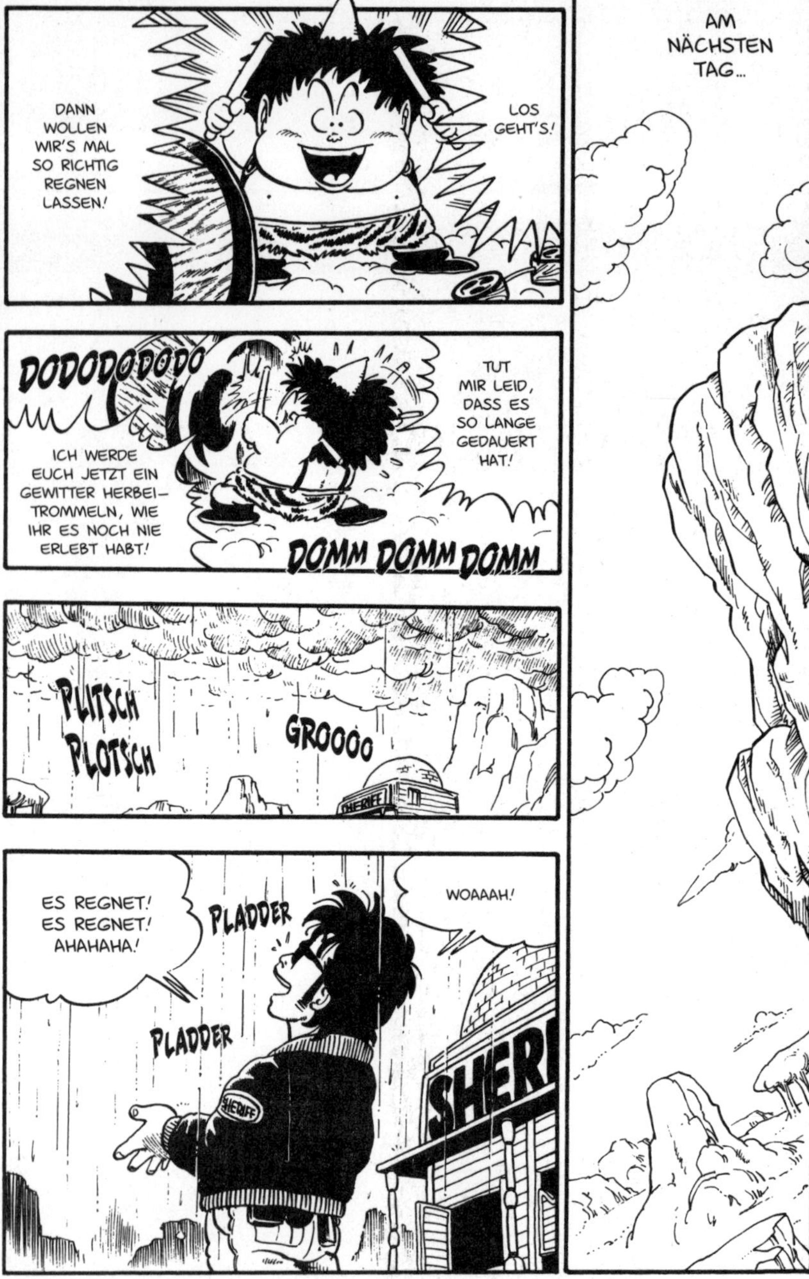

AM NÄCHSTEN TAG...
DANN WOLLEN WIR'S MAL SO RICHTIG REGNEN LASSEN!
LOS GEHT'S!
DODODODODO
TUT MIR LEID, DASS ES SO LANGE GEDAUERT HAT!
ICH WERDE EUCH JETZT EIN GEWITTER HERBEI-TROMMELN, WIE IHR ES NOCH NIE ERLEBT HABT!
DOMM DOMM DOMM
PLITSCH PLOTSCH
GROOOO
SHERIFF
WOAAAH!
ES REGNET! ES REGNET! AHAHAHA!
PLADDER
PLADDER
SHERIFF

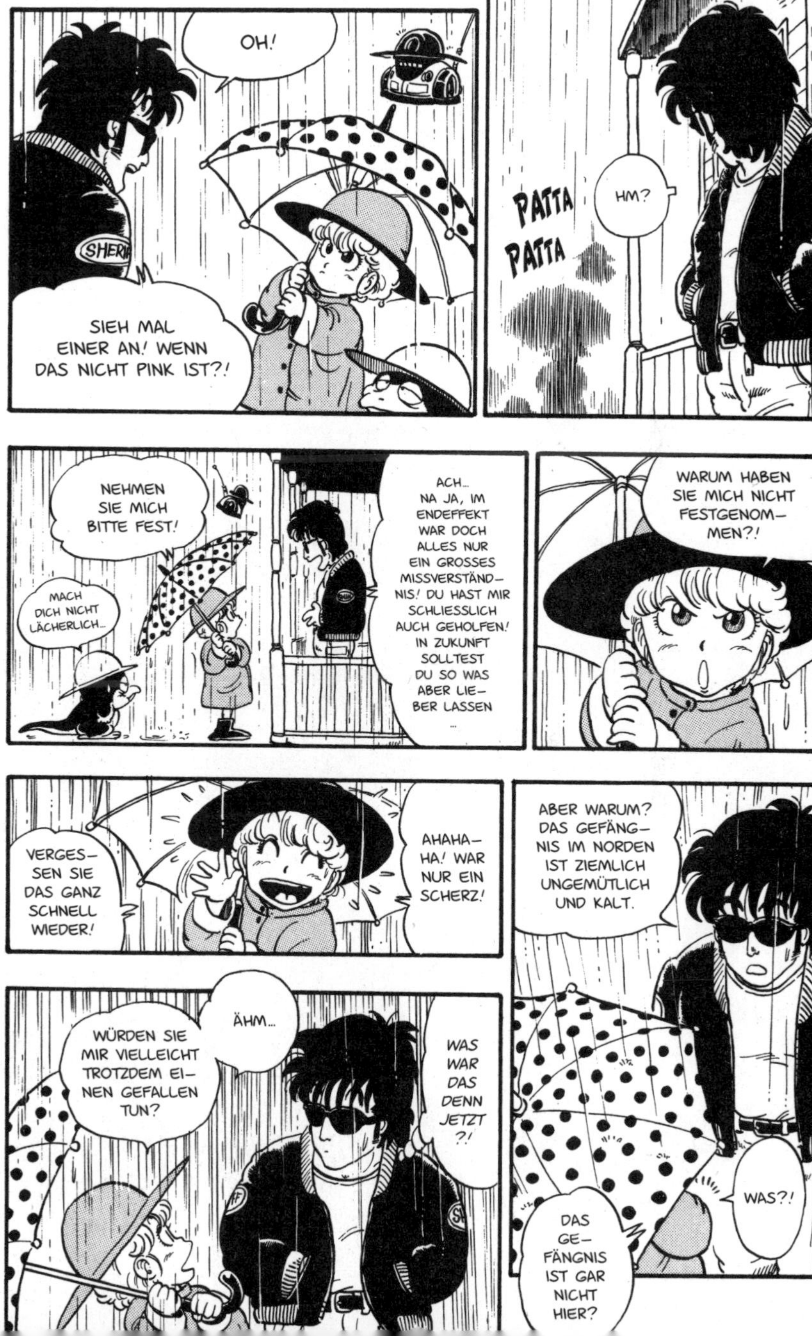
PATTA
PATTA
HM?
OH!
SIEH MAL EINER AN! WENN DAS NICHT PINK IST?!
WARUM HABEN SIE MICH NICHT FESTGENOM-MEN?!
NEHMEN SIE MICH BITTE FEST!
MACH DICH NICHT LÄCHERLICH...
ACH... NA JA, IM ENDEFFEKT WAR DOCH ALLES NUR EIN GROSSES MISSVERSTÄND-NIS! DU HAST MIR SCHLIESSLICH AUCH GEHOLFEN! IN ZUKUNFT SOLLTEST DU SO WAS ABER LIE-BER LASSEN ...
ABER WARUM? DAS GEFÄNG-NIS IM NORDEN IST ZIEMLICH UNGEMÜTLICH UND KALT.
WAS?!
DAS GE-FÄNGNIS IST GAR NICHT HIER?
AHAHA-HA! WAR NUR EIN SCHERZ!
VERGES-SEN SIE DAS GANZ SCHNELL WIEDER!
WAS WAR DAS DENN JETZT ?!
ÄHM...
WÜRDEN SIE MIR VIELLEICHT TROTZDEM EI-NEN GEFALLEN TUN?

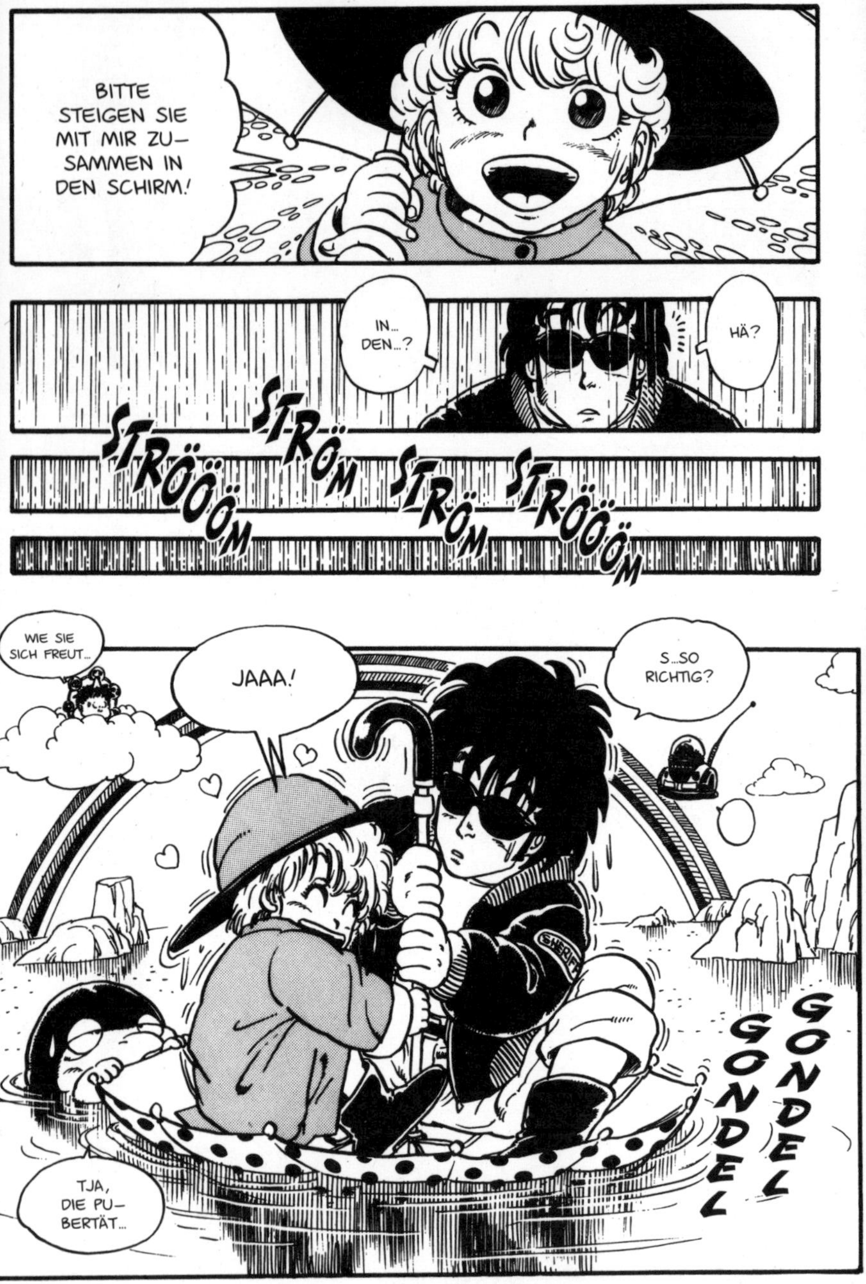

PINK – ENDE

ERSCHIENEN IM MAGAZIN FRESH JUMP, DEZEMBER 1982

DRAGON BOY

TEIL 1

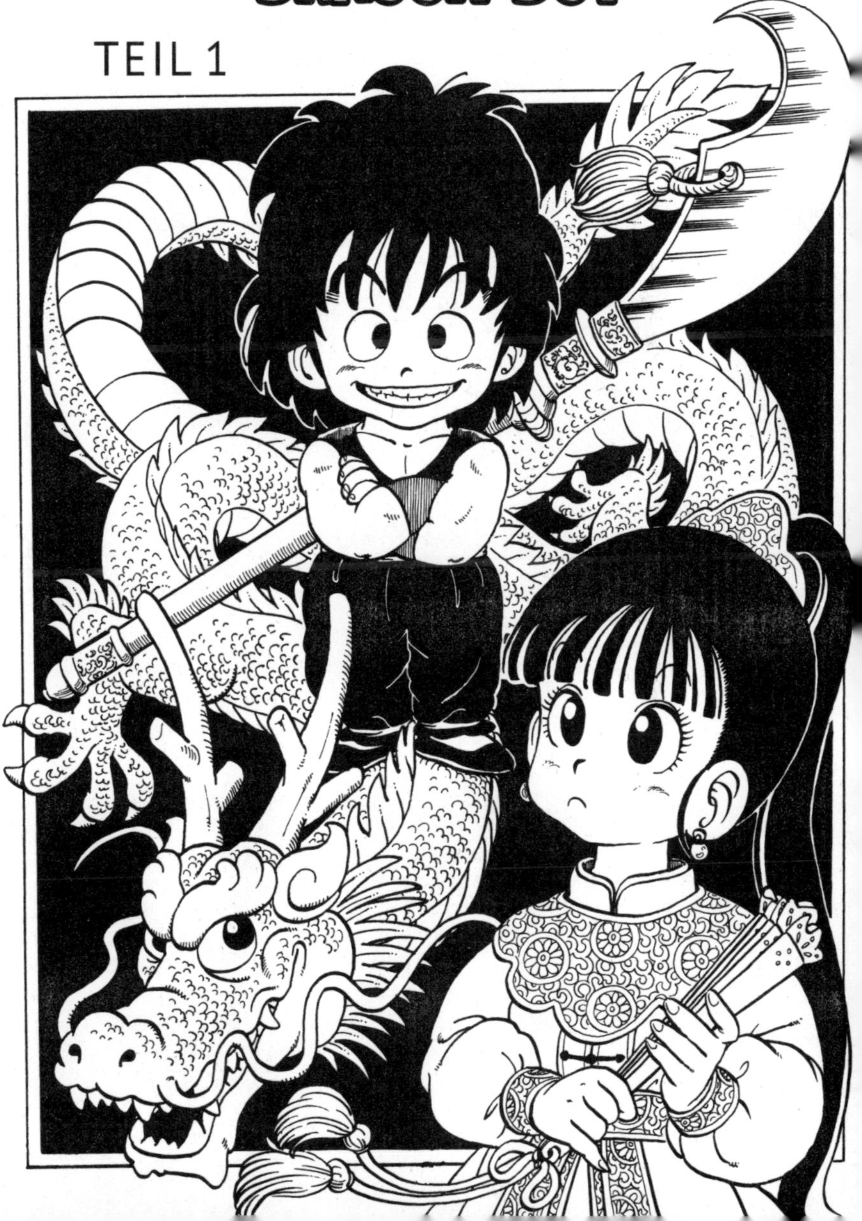

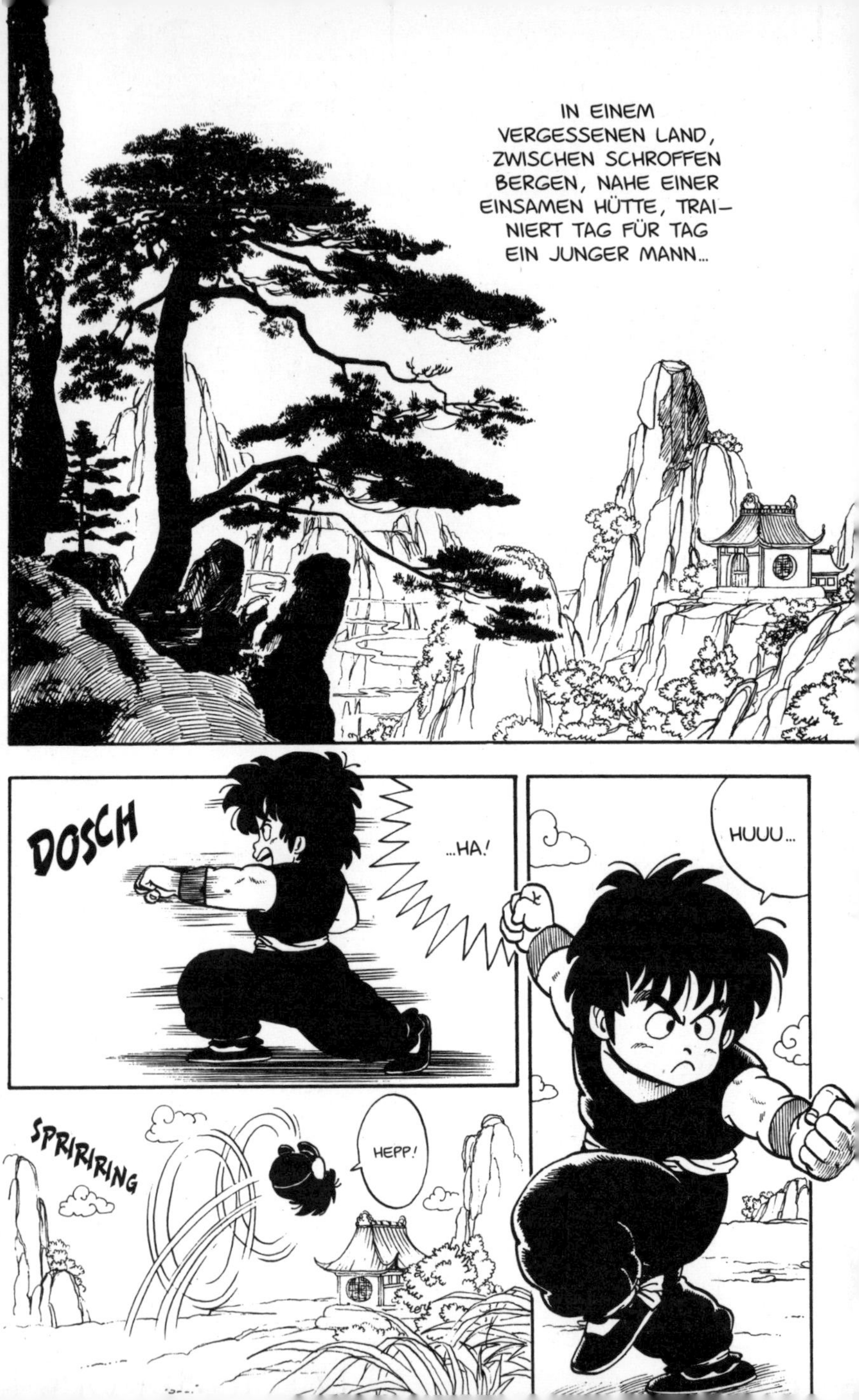
IN EINEM VERGESSENEN LAND, ZWISCHEN SCHROFFEN BERGEN, NAHE EINER EINSAMEN HÜTTE, TRAI- NIERT TAG FÜR TAG EIN JUNGER MANN...
HUUU...
...HA!
DOSCH
HEPP!
SPRIRIRING

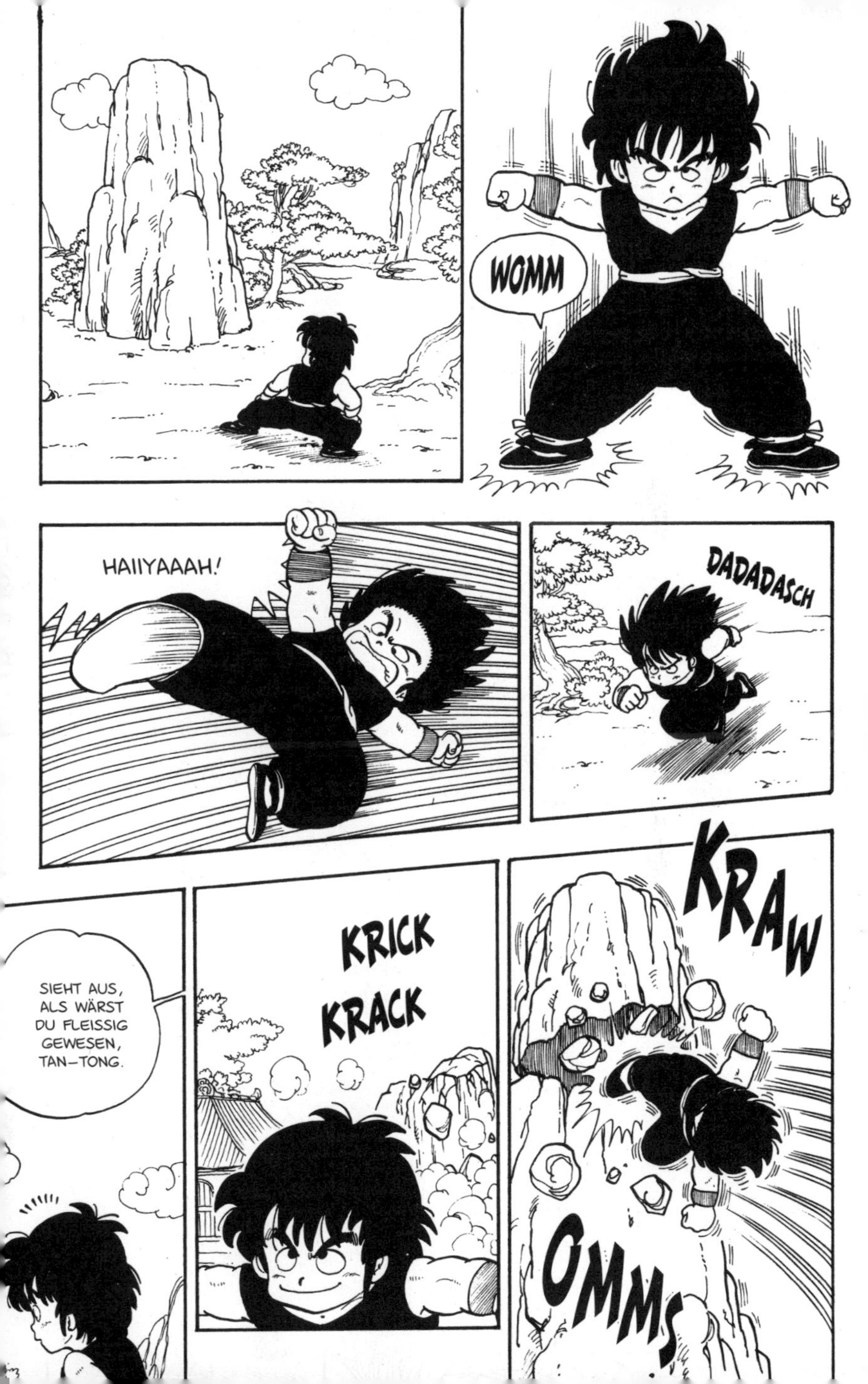
WOMM
DADADASCH
HAIIYAAAH!
KRAW
OMMS
KRICK
KRACK
SIEHT AUS, ALS WÄRST DU FLEISSIG GEWESEN, TAN-TONG.

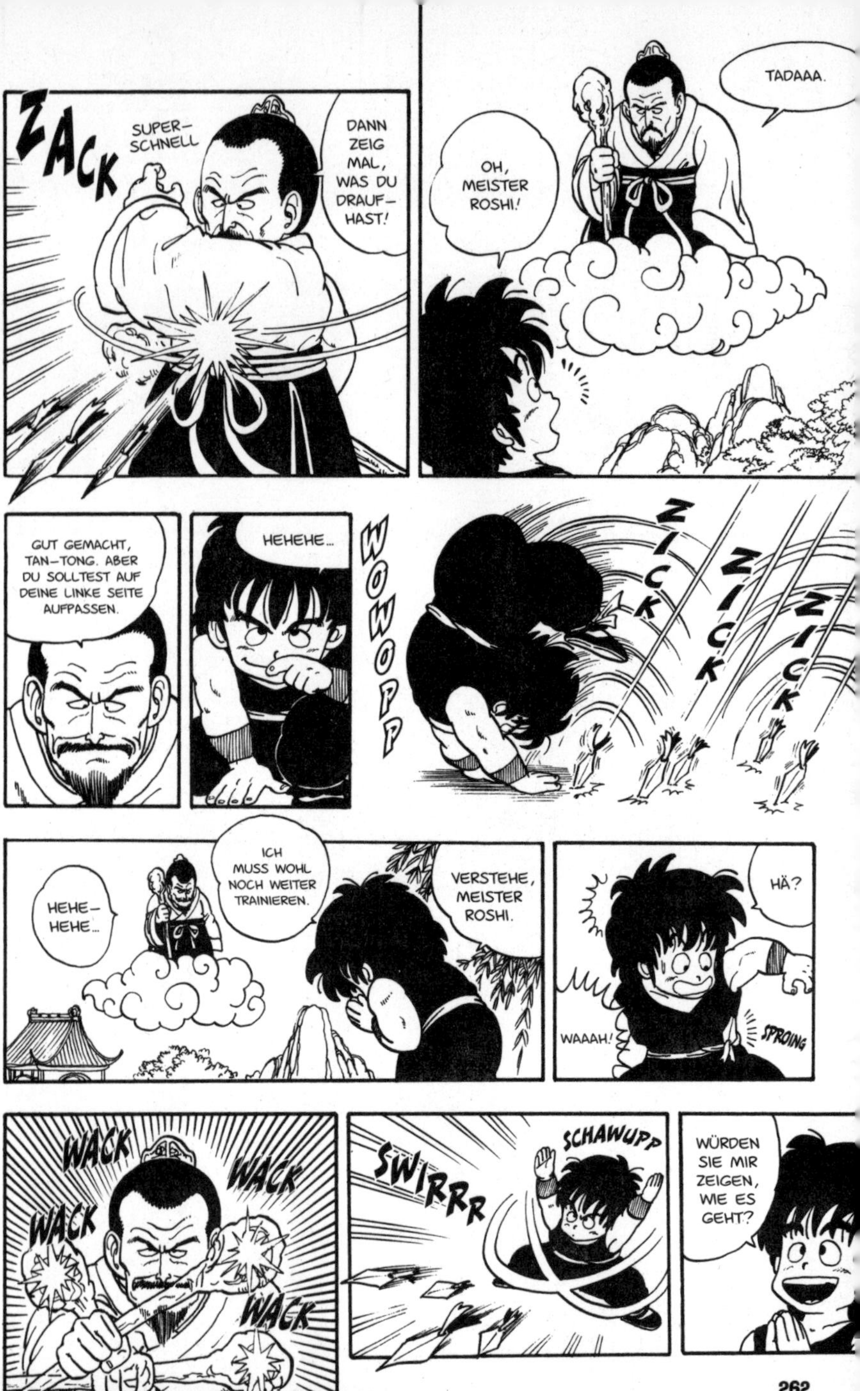
TADAAA.
OH, MEISTER ROSHI!
DANN ZEIG MAL, WAS DU DRAUFHAST!
SUPER-SCHNELL
ZACK
ZICK
ZICK
ZICK
WOWOPP
HEHEHE...
GUT GEMACHT, TAN-TONG. ABER DU SOLLTEST AUF DEINE LINKE SEITE AUFPASSEN.
HÄ?
WAAAH!
SPROING
VERSTEHE, MEISTER ROSHI.
ICH MUSS WOHL NOCH WEITER TRAINIEREN.
HEHE-HEHE...
WÜRDEN SIE MIR ZEIGEN, WIE ES GEHT?
SCHAWUPP
SWIRRRR
WACK
WACK
WACK
WACK

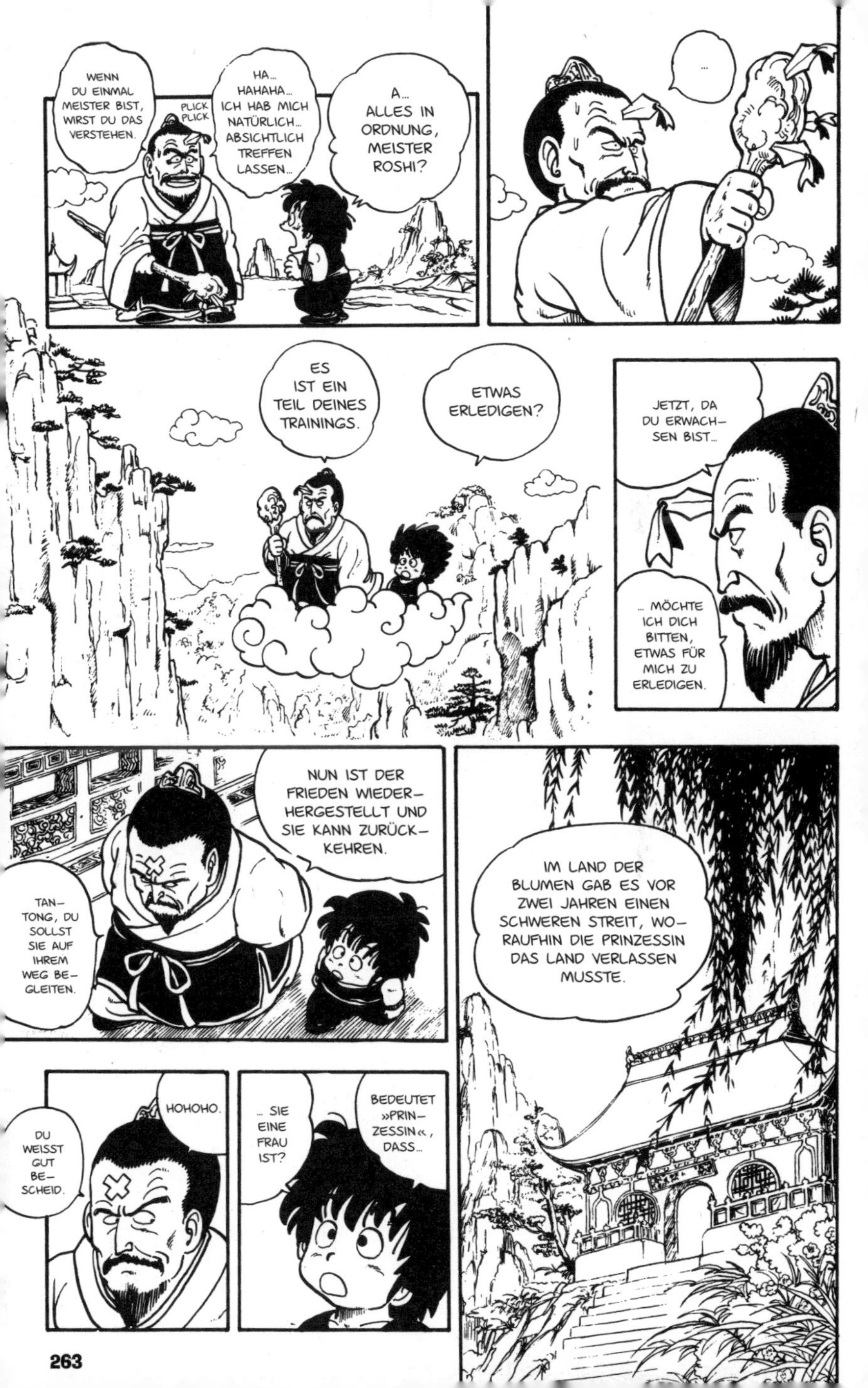
WENN DU EINMAL MEISTER BIST, WIRST DU DAS VERSTEHEN.
PLICK PLICK
HA... HAHAHA... ICH HAB MICH NATÜRLICH... ABSICHTLICH TREFFEN LASSEN...
A... ALLES IN ORDNUNG, MEISTER ROSHI?
...
JETZT, DA DU ERWACHSEN BIST...
... MÖCHTE ICH DICH BITTEN, ETWAS FÜR MICH ZU ERLEDIGEN.
ETWAS ERLEDIGEN?
ES IST EIN TEIL DEINES TRAININGS.
IM LAND DER BLUMEN GAB ES VOR ZWEI JAHREN EINEN SCHWEREN STREIT, WORAUFHIN DIE PRINZESSIN DAS LAND VERLASSEN MUSSTE.
NUN IST DER FRIEDEN WIEDERHERGESTELLT UND SIE KANN ZURÜCKKEHREN.
TAN-TONG, DU SOLLST SIE AUF IHREM WEG BEGLEITEN.
BEDEUTET »PRINZESSIN«, DASS...
... SIE EINE FRAU IST?
HOHOHO.
DU WEISST GUT BESCHEID.

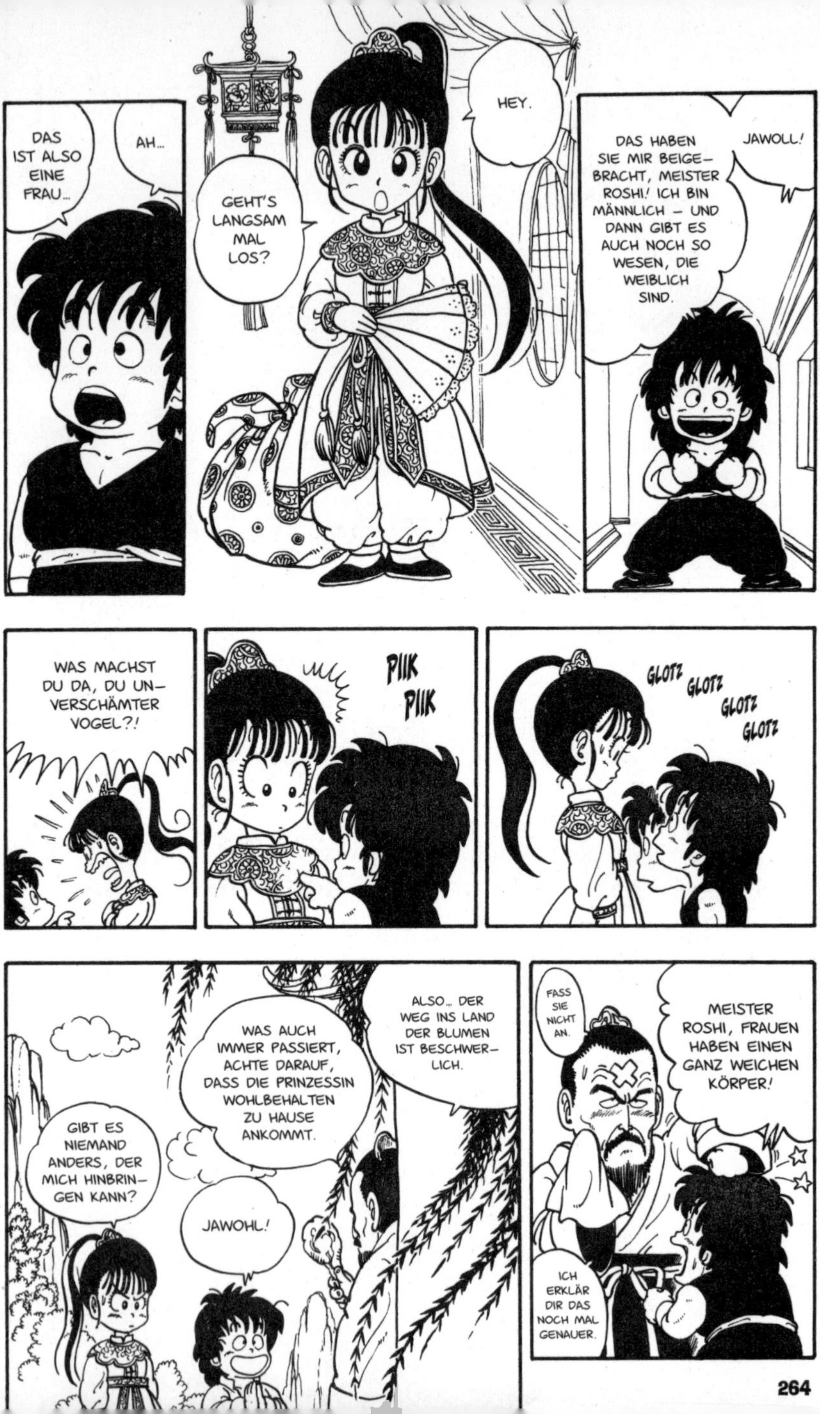
JAWOLL!
DAS HABEN SIE MIR BEIGE-BRACHT, MEISTER ROSHI! ICH BIN MÄNNLICH – UND DANN GIBT ES AUCH NOCH SO WESEN, DIE WEIBLICH SIND.
HEY.
GEHT'S LANGSAM MAL LOS?
AH...
DAS IST ALSO EINE FRAU...
GLOTZ GLOTZ GLOTZ GLOTZ
PIIK PIIK
WAS MACHST DU DA, DU UN-VERSCHÄMTER VOGEL?!
MEISTER ROSHI, FRAUEN HABEN EINEN GANZ WEICHEN KÖRPER!
FASS SIE NICHT AN.
ICH ERKLÄR DIR DAS NOCH MAL GENAUER.
ALSO... DER WEG INS LAND DER BLUMEN IST BESCHWER-LICH.
WAS AUCH IMMER PASSIERT, ACHTE DARAUF, DASS DIE PRINZESSIN WOHLBEHALTEN ZU HAUSE ANKOMMT.
JAWOHL!
GIBT ES NIEMAND ANDERS, DER MICH HINBRIN-GEN KANN?

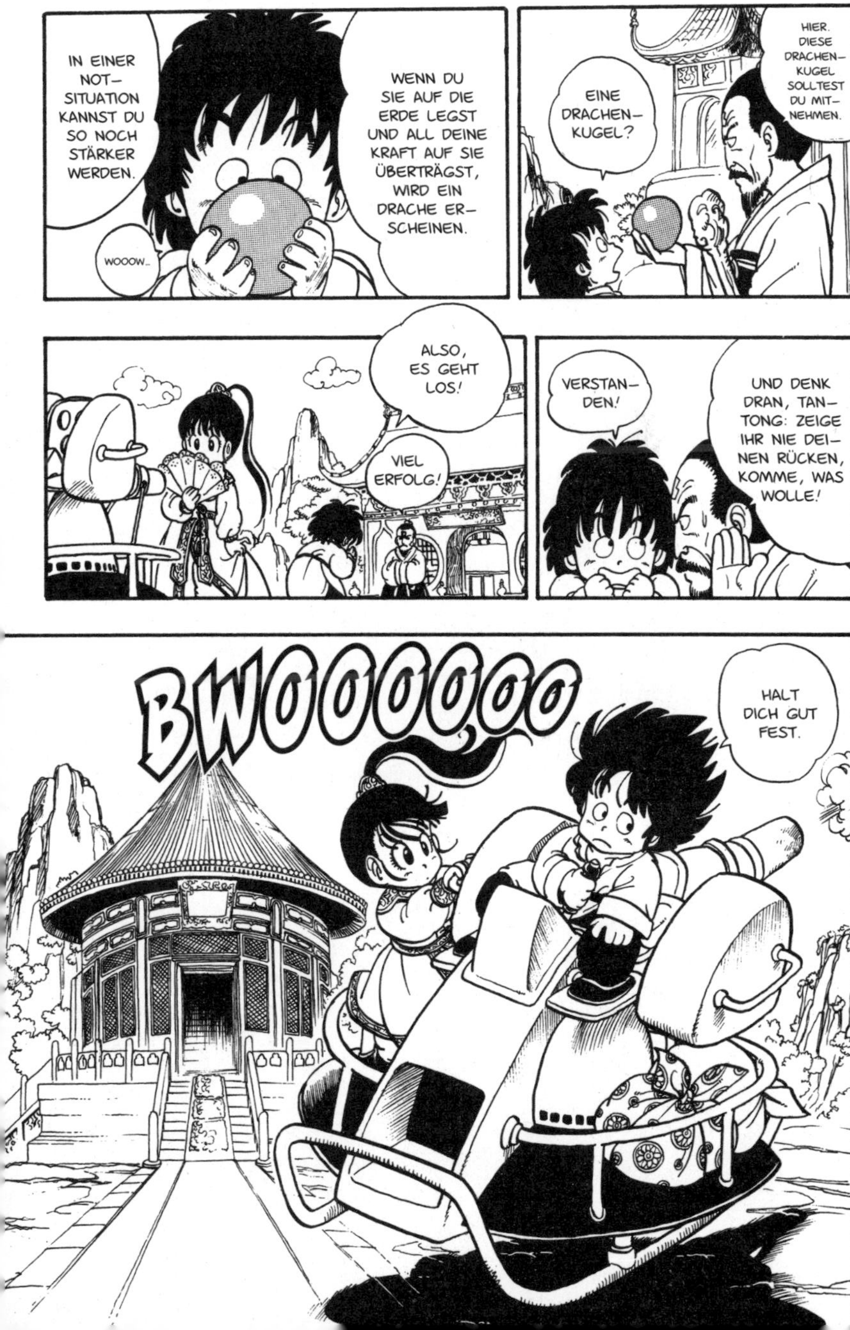
HIER. DIESE DRACHEN-KUGEL SOLLTEST DU MIT-NEHMEN.
EINE DRACHEN-KUGEL?
WENN DU SIE AUF DIE ERDE LEGST UND ALL DEINE KRAFT AUF SIE ÜBERTRÄGST, WIRD EIN DRACHE ER-SCHEINEN.
IN EINER NOT-SITUATION KANNST DU SO NOCH STÄRKER WERDEN.
WOOOW...
UND DENK DRAN, TAN-TONG: ZEIGE IHR NIE DEI-NEN RÜCKEN, KOMME, WAS WOLLE!
VERSTAN-DEN!
ALSO, ES GEHT LOS!
VIEL ERFOLG!
BWOOOOOO
HALT DICH GUT FEST.

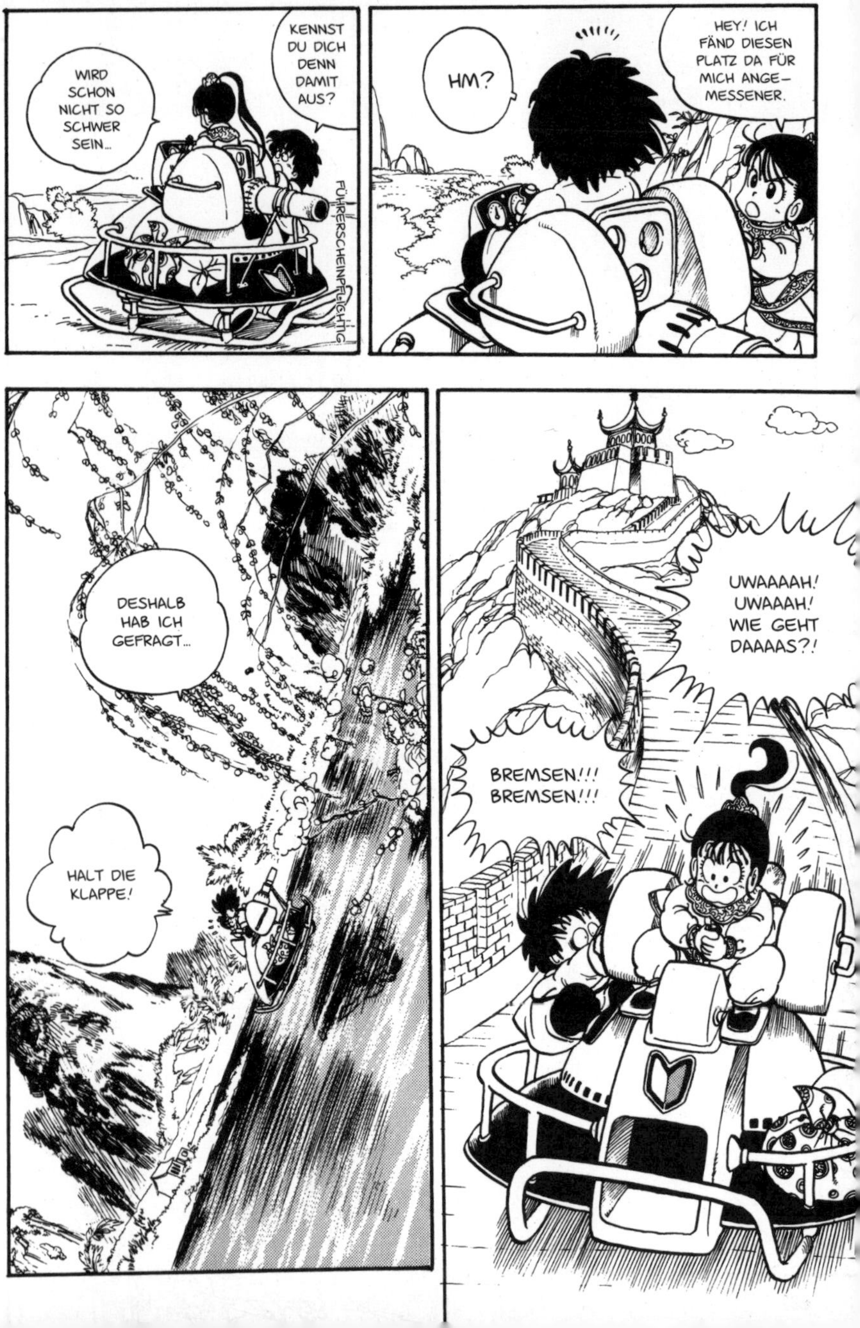
WIRD SCHON NICHT SO SCHWER SEIN...
KENNST DU DICH DENN DAMIT AUS?
FÜHRERSCHEINFLÜCHTIG
HM?
HEY! ICH FÄND DIESEN PLATZ DA FÜR MICH ANGE-MESSENER.
DESHALB HAB ICH GEFRAGT...
HALT DIE KLAPPE!
UWAAAAH! UWAAAH! WIE GEHT DAAAAS?!
BREMSEN!!! BREMSEN!!!

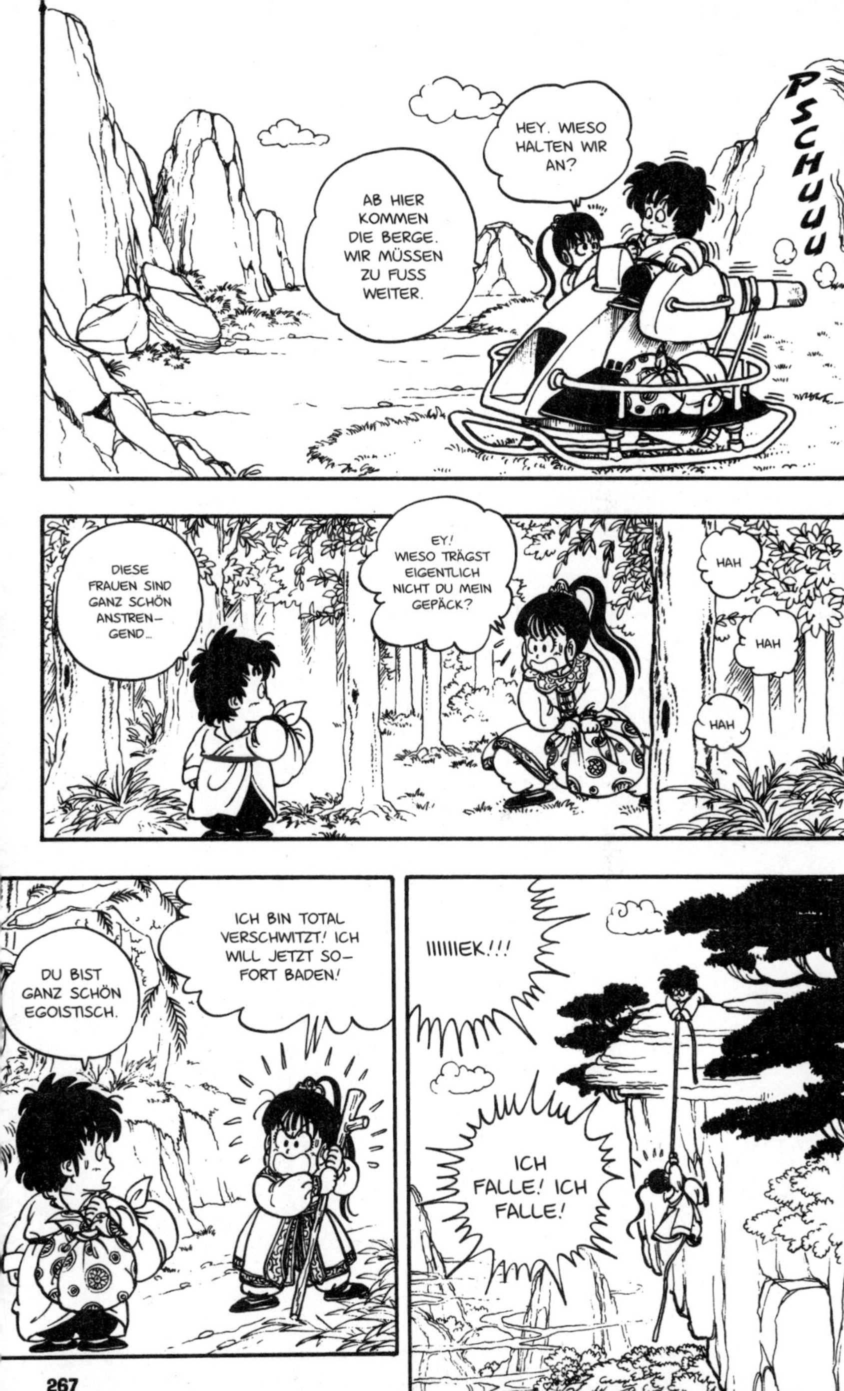
PSCHUUU
HEY. WIESO HALTEN WIR AN?
AB HIER KOMMEN DIE BERGE. WIR MÜSSEN ZU FUSS WEITER.
HAH
HAH
HAH
EY! WIESO TRÄGST EIGENTLICH NICHT DU MEIN GEPÄCK?
DIESE FRAUEN SIND GANZ SCHÖN ANSTREN-GEND...
ICH BIN TOTAL VERSCHWITZT! ICH WILL JETZT SO-FORT BADEN!
DU BIST GANZ SCHÖN EGOISTISCH.
IIIIIIEK!!!
ICH FALLE! ICH FALLE!

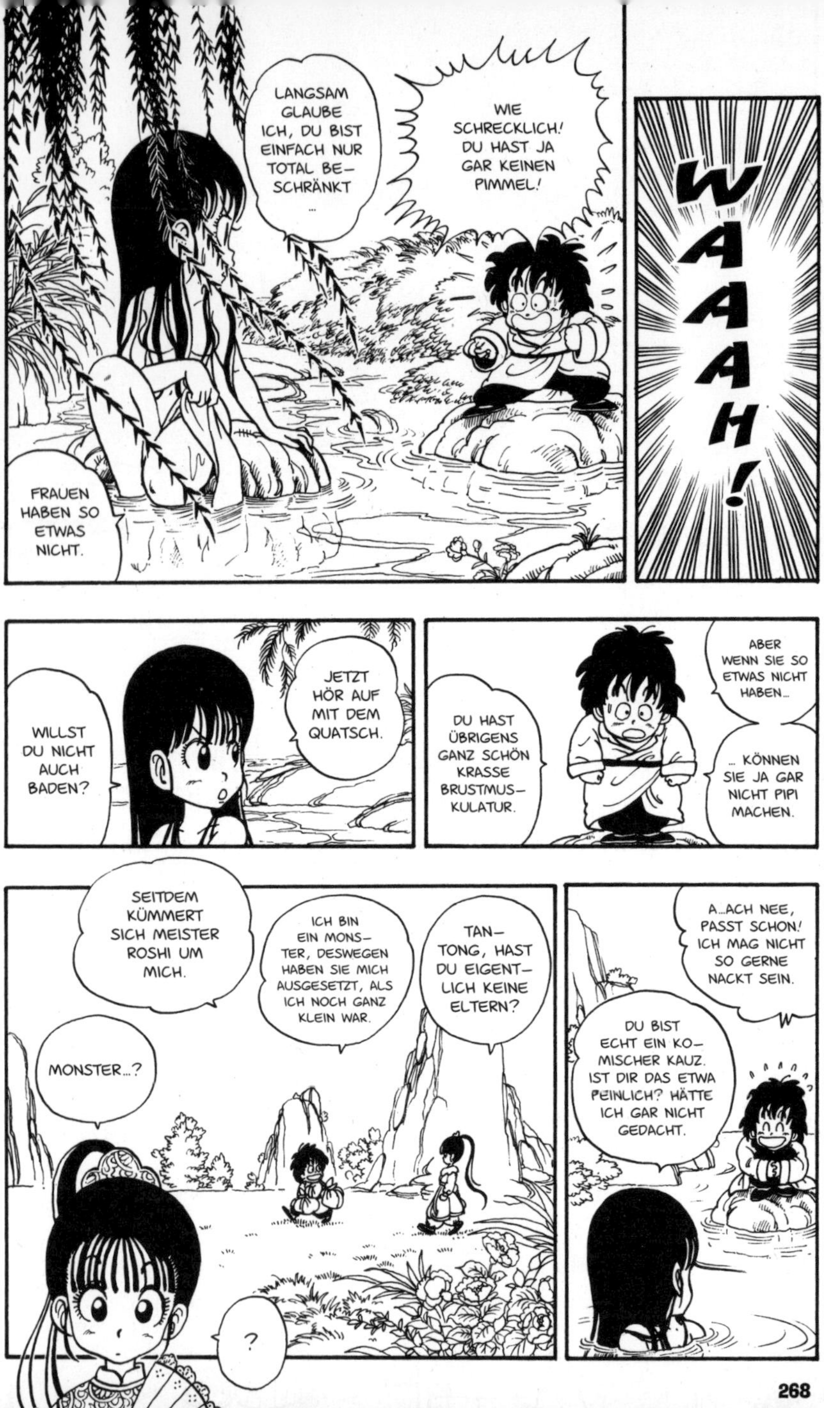
WAAAH!
WIE SCHRECKLICH! DU HAST JA GAR KEINEN PIMMEL!
FRAUEN HABEN SO ETWAS NICHT.
LANGSAM GLAUBE ICH, DU BIST EINFACH NUR TOTAL BE-SCHRÄNKT …
ABER WENN SIE SO ETWAS NICHT HABEN…
… KÖNNEN SIE JA GAR NICHT PIPI MACHEN.
DU HAST ÜBRIGENS GANZ SCHÖN KRASSE BRUSTMUS-KULATUR.
JETZT HÖR AUF MIT DEM QUATSCH.
WILLST DU NICHT AUCH BADEN?
A…ACH NEE, PASST SCHON! ICH MAG NICHT SO GERNE NACKT SEIN.
DU BIST ECHT EIN KO-MISCHER KAUZ. IST DIR DAS ETWA PEINLICH? HÄTTE ICH GAR NICHT GEDACHT.
TAN-TONG, HAST DU EIGENT-LICH KEINE ELTERN?
ICH BIN EIN MONS-TER, DESWEGEN HABEN SIE MICH AUSGESETZT, ALS ICH NOCH GANZ KLEIN WAR.
SEITDEM KÜMMERT SICH MEISTER ROSHI UM MICH.
MONSTER…?
?

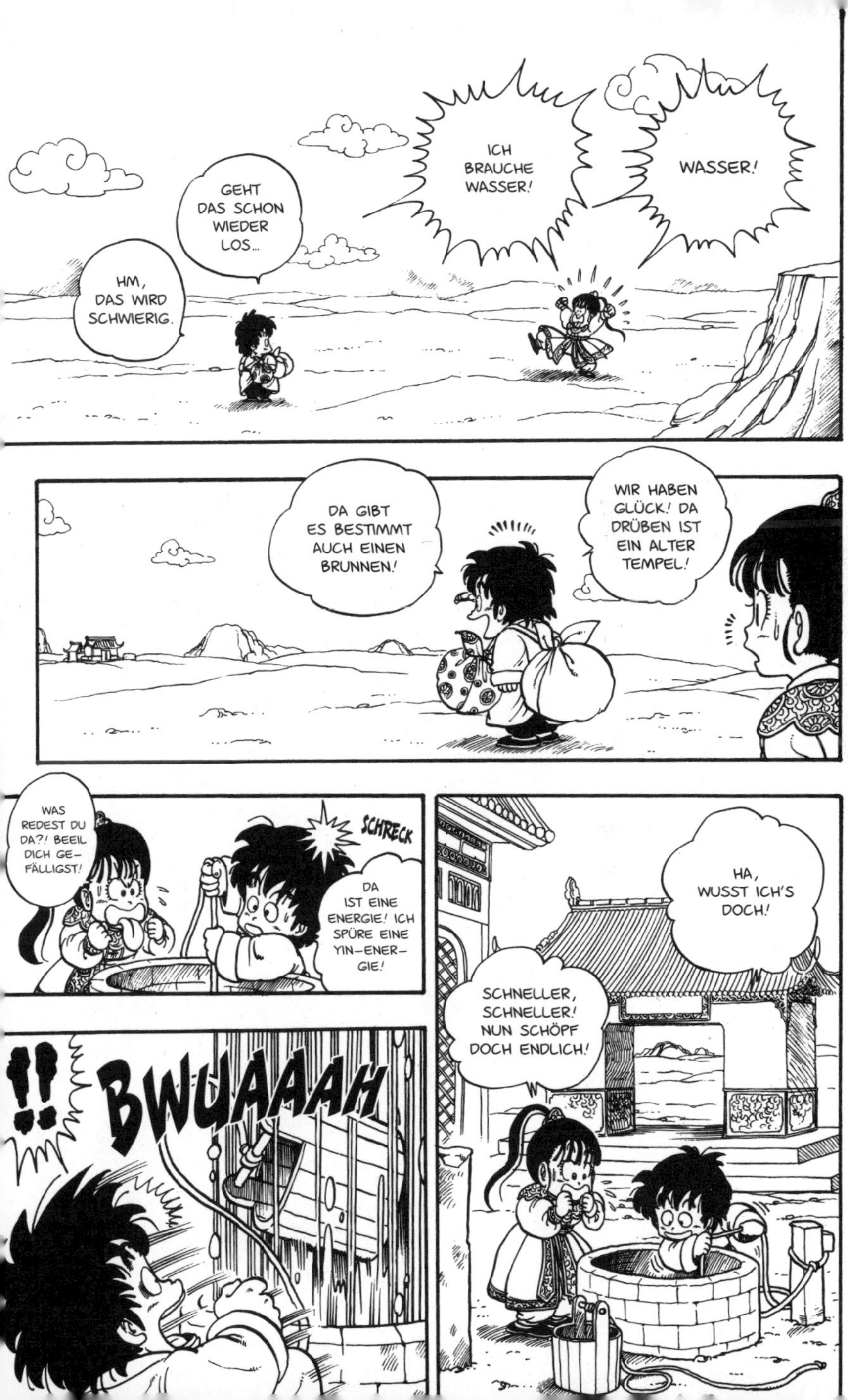
ICH BRAUCHE WASSER!
WASSER!
GEHT DAS SCHON WIEDER LOS...
HM, DAS WIRD SCHWIERIG.
WIR HABEN GLÜCK! DA DRÜBEN IST EIN ALTER TEMPEL!
DA GIBT ES BESTIMMT AUCH EINEN BRUNNEN!
HA, WUSST ICH'S DOCH!
SCHNELLER, SCHNELLER! NUN SCHÖPF DOCH ENDLICH!
SCHRECK
DA IST EINE ENERGIE! ICH SPÜRE EINE YIN-ENERGIE!
WAS REDEST DU DA?! BEEIL DICH GEFÄLLIGST!
BWUAAAH
!!

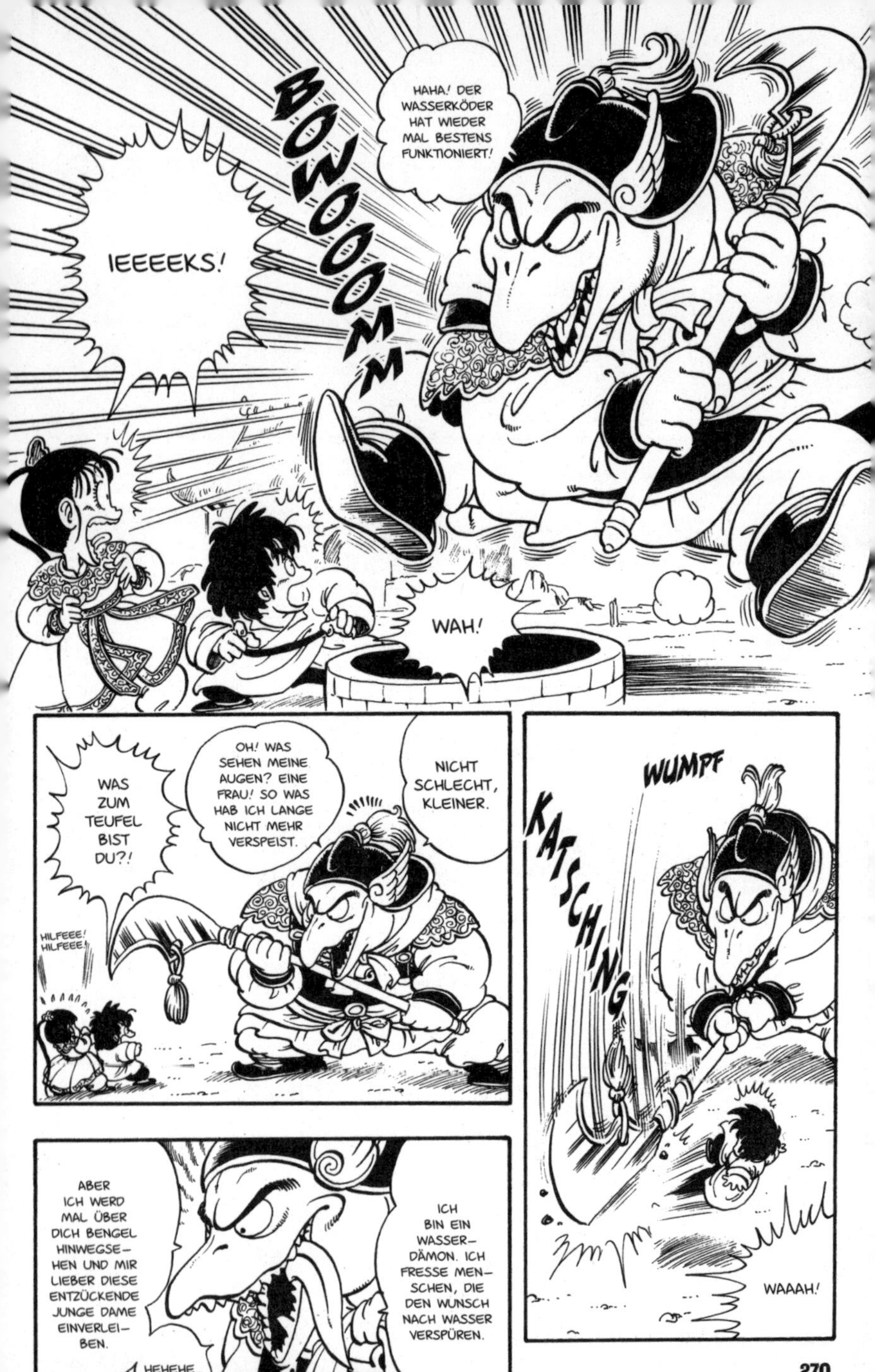
HAHA! DER WASSERKÖDER HAT WIEDER MAL BESTENS FUNKTIONIERT!
BOWOOOOMM
IEEEEKS!
WAH!
NICHT SCHLECHT, KLEINER.
OH! WAS SEHEN MEINE AUGEN? EINE FRAU! SO WAS HAB ICH LANGE NICHT MEHR VERSPEIST.
WAS ZUM TEUFEL BIST DU?!
HILFEEE! HILFEEE!
WUMPF
KATSCHING
WAAAH!
ICH BIN EIN WASSER-DÄMON. ICH FRESSE MEN-SCHEN, DIE DEN WUNSCH NACH WASSER VERSPÜREN.
ABER ICH WERD MAL ÜBER DICH BENGEL HINWEGSE-HEN UND MIR LIEBER DIESE ENTZÜCKENDE JUNGE DAME EINVERLEI-BEN.
HEHEHE...

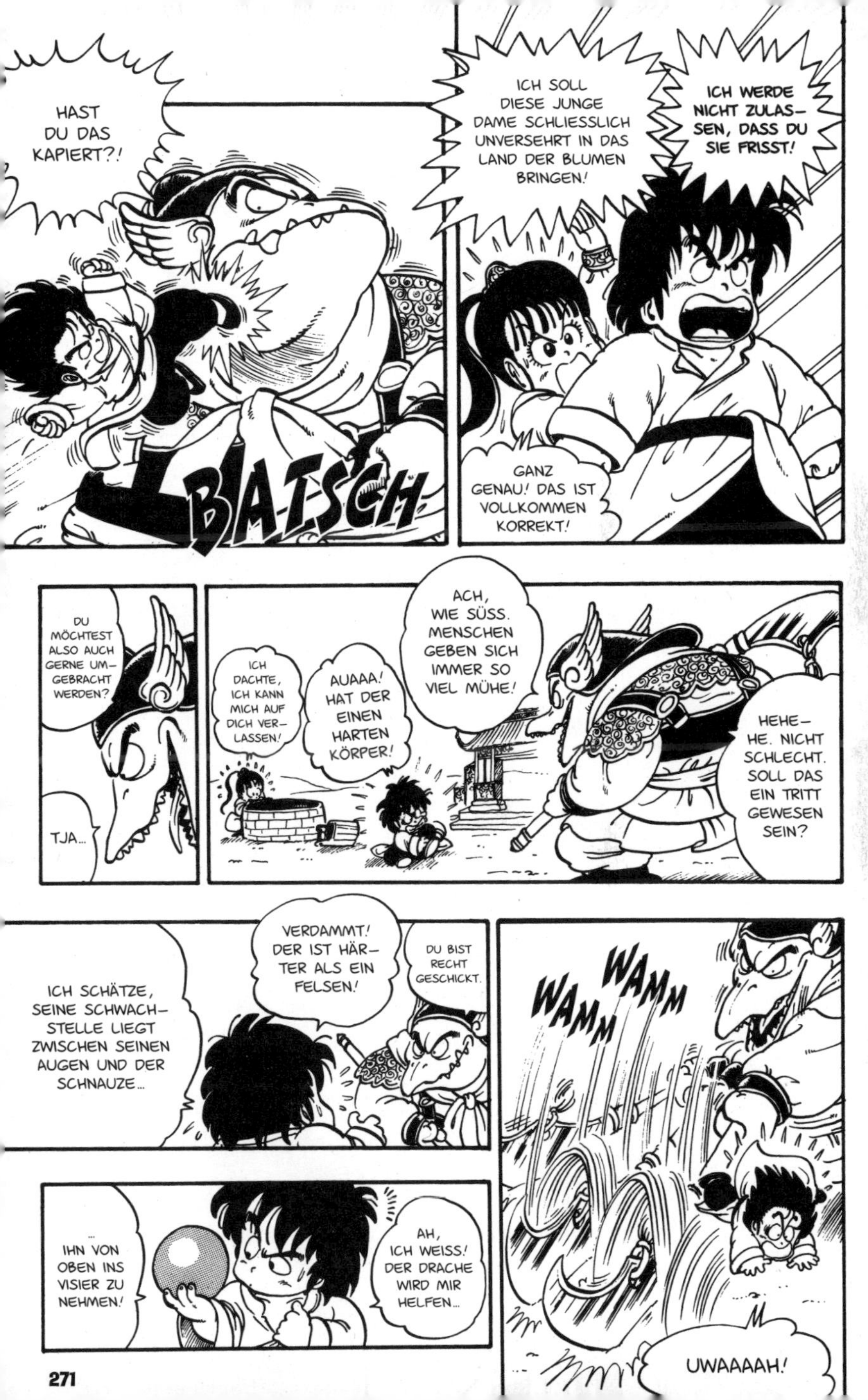
ICH WERDE NICHT ZULASSEN, DASS DU SIE FRISST!
ICH SOLL DIESE JUNGE DAME SCHLIESSLICH UNVERSEHRT IN DAS LAND DER BLUMEN BRINGEN!
GANZ GENAU! DAS IST VOLLKOMMEN KORREKT!
HAST DU DAS KAPIERT?!
BATSCH
HEHEHE. NICHT SCHLECHT. SOLL DAS EIN TRITT GEWESEN SEIN?
ACH, WIE SÜSS. MENSCHEN GEBEN SICH IMMER SO VIEL MÜHE!
AUAAA! HAT DER EINEN HARTEN KÖRPER!
ICH DACHTE, ICH KANN MICH AUF DICH VERLASSEN!
TJA...
DU MÖCHTEST ALSO AUCH GERNE UMGEBRACHT WERDEN?
WAMM WAMM
UWAAAAH!
VERDAMMT! DER IST HÄRTER ALS EIN FELSEN!
DU BIST RECHT GESCHICKT.
ICH SCHÄTZE, SEINE SCHWACHSTELLE LIEGT ZWISCHEN SEINEN AUGEN UND DER SCHNAUZE...
AH, ICH WEISS! DER DRACHE WIRD MIR HELFEN...
... IHN VON OBEN INS VISIER ZU NEHMEN!

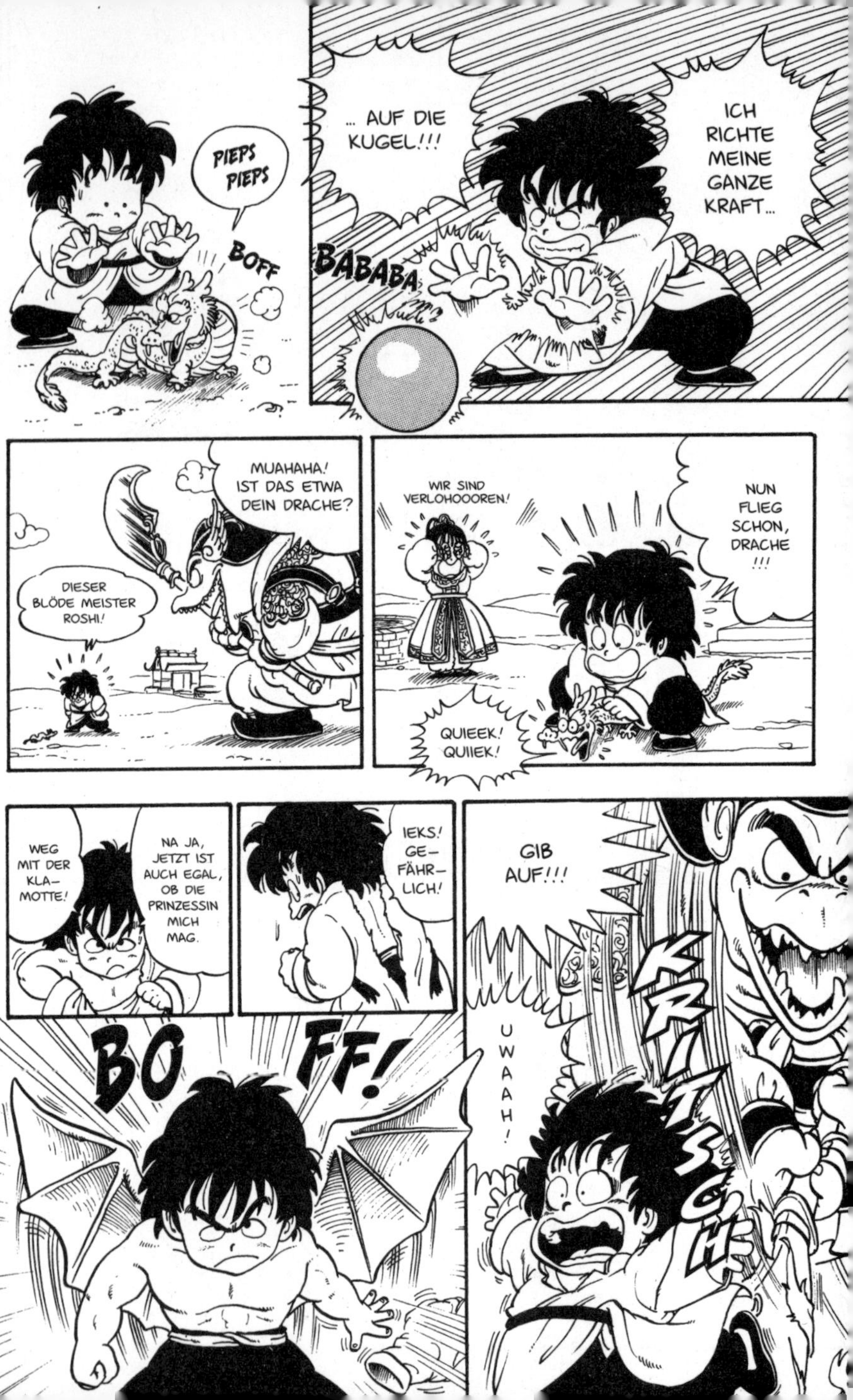
ICH RICHTE MEINE GANZE KRAFT...
... AUF DIE KUGEL!!!
BABABA
PIEPS PIEPS
BOFF
NUN FLIEG SCHON, DRACHE!!!
WIR SIND VERLOHOOOREN!
QUIEEK! QUIIEK!
MUAHAHA! IST DAS ETWA DEIN DRACHE?
DIESER BLÖDE MEISTER ROSHI!
GIB AUF!!!
KRITSCH
UWAAH!
IEKS! GE-FÄHR-LICH!
NA JA, JETZT IST AUCH EGAL, OB DIE PRINZESSIN MICH MAG.
WEG MIT DER KLA-MOTTE!
BOFF!

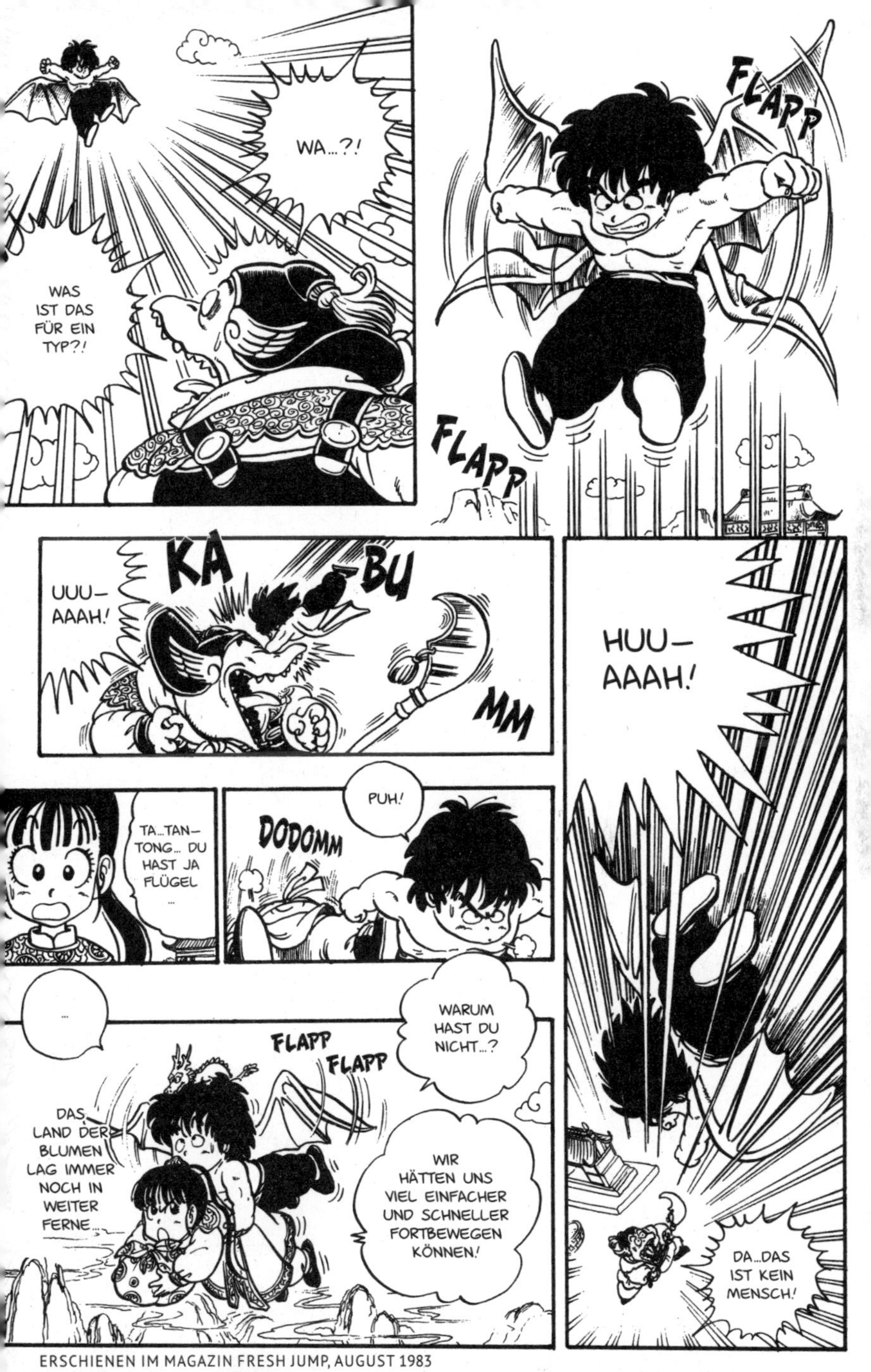

ERSCHIENEN IM MAGAZIN FRESH JUMP, AUGUST 1983

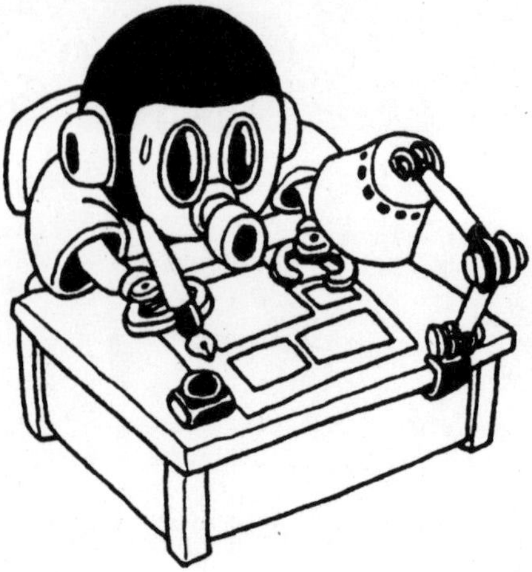

SO WURDE ICH MANGAKA

TEIL 2

IN DER GRUNDSCHULE WAR ICH EIN ZIEMLICHER ROTZLÖFFEL UND HATTE NUR UNFUG IM KOPF. VON FRÜH BIS SPÄT MACHTE ICH UNSINN – AUSSER WENN ICH ZU HAUSE ZEICHNETE. EINES TAGES WAR ICH BEI EINER FREUNDIN ZU BESUCH (ICH WAR DAMALS NUR ZU MÄDCHEN NETT) UND ENTDECKTE DORT DIE MANGA IHRES ÄLTEREN BRUDERS. ICH WAR TOTAL GEFLASHT. DIESER ZUSTAND WAR ANNÄHERND MIT DEM ZU VERGLEICHEN, ALS ICH DAS ERSTE MAL BEI EINEM FREUND FERNGESEHEN HATTE, UND ER SETZT SICH BIS HEUTE FORT.

FORTSETZUNG
AUF SEITE 296

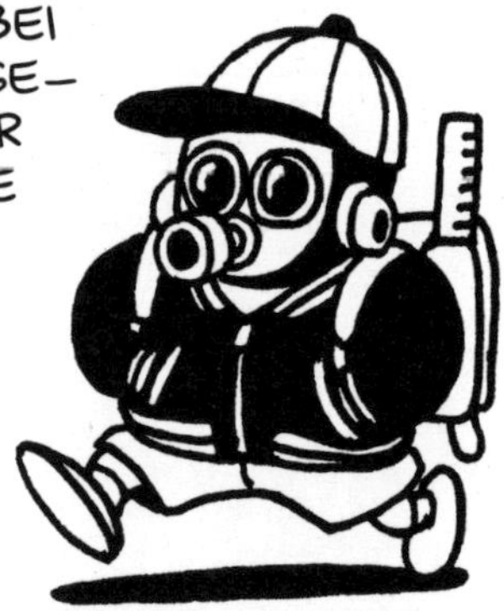

DRAGON BOY

TEIL 2

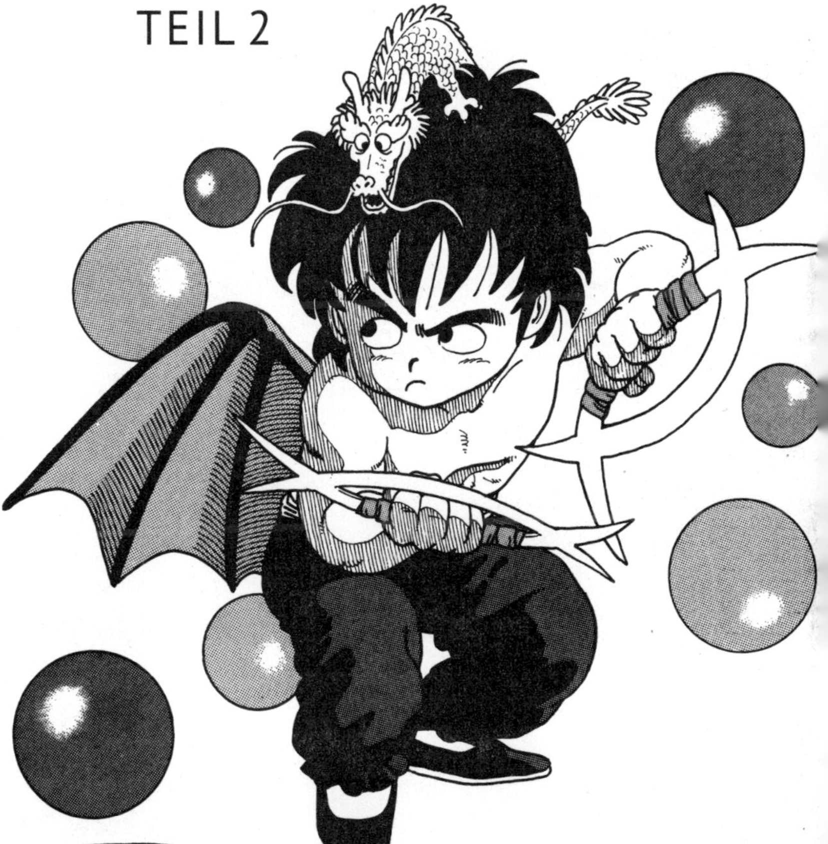

TAGEIN, TAGAUS TRAINIERTE TAN-TONG, DER JUNGE MIT DEN RÄTSELHAFTEN DRACHENFLÜGELN AUF DEM RÜCKEN, IN DEN BERGEN KUNG-FU. DOCH DANN ERHIELT ER EINEN BESONDEREN AUFTRAG VON SEINEM MEISTER. ER SOLL EINE PRINZESSIN AUS DEM EXIL WIEDER IN IHRE HEIMAT, DAS LAND DER BLUMEN, BRINGEN. GEMEINSAM MIT EINEM KLEINEN DRACHEN, DER SICH IN EINER KUGEL VERBARG, HABEN DIE BEIDEN NOCH EINEN LANGEN, BESCHWERLICHEN WEG VOR SICH...

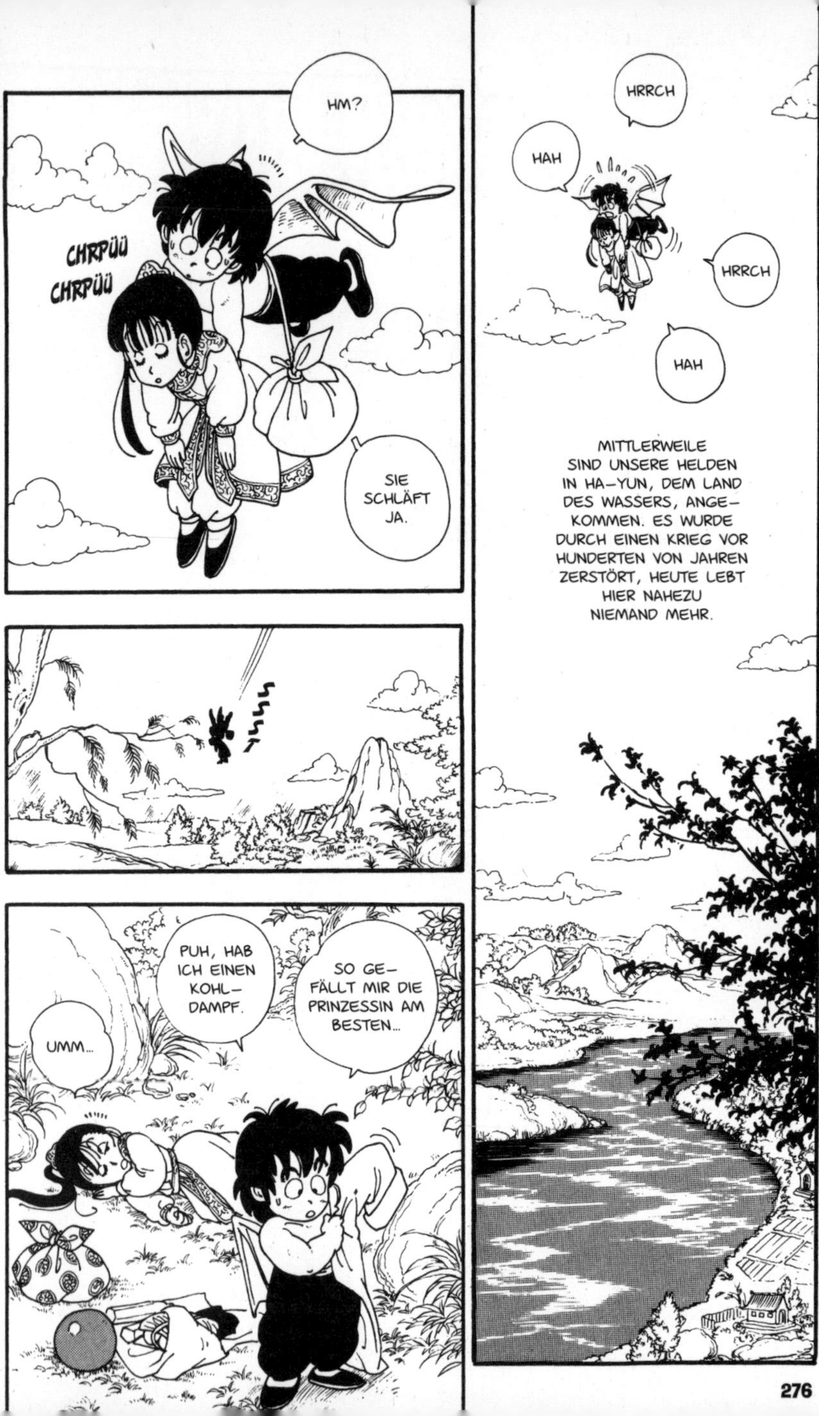
HRRCH
HAH
HRRCH
HAH
MITTLERWEILE SIND UNSERE HELDEN IN HA-YUN, DEM LAND DES WASSERS, ANGE-KOMMEN. ES WURDE DURCH EINEN KRIEG VOR HUNDERTEN VON JAHREN ZERSTÖRT, HEUTE LEBT HIER NAHEZU NIEMAND MEHR.
HM?
CHRPÜÜ CHRPÜÜ
SIE SCHLÄFT JA.
SO GE-FÄLLT MIR DIE PRINZESSIN AM BESTEN...
PUH, HAB ICH EINEN KOHL-DAMPF.
UMM...

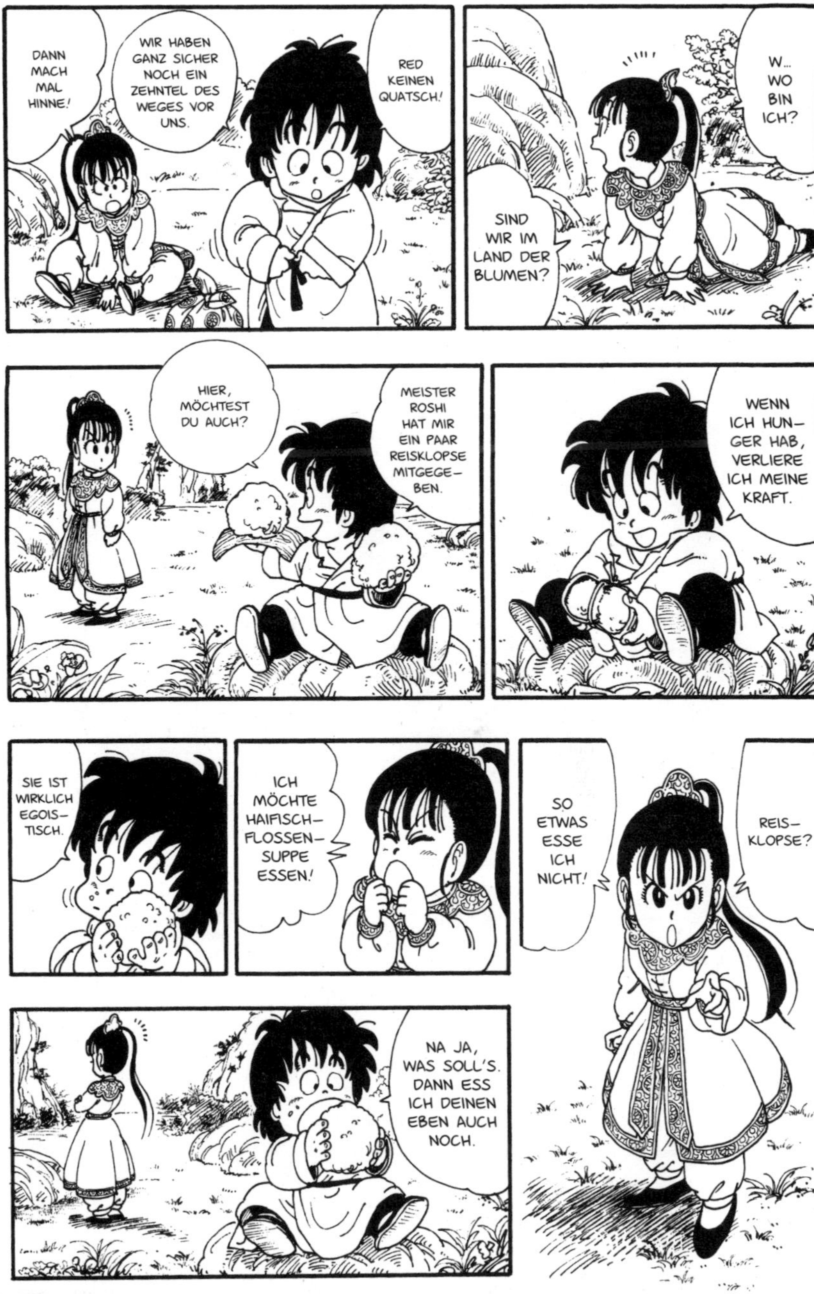
W... WO BIN ICH?
SIND WIR IM LAND DER BLUMEN?
RED KEINEN QUATSCH!
WIR HABEN GANZ SICHER NOCH EIN ZEHNTEL DES WEGES VOR UNS.
DANN MACH MAL HINNE!
WENN ICH HUN-GER HAB, VERLIERE ICH MEINE KRAFT.
MEISTER ROSHI HAT MIR EIN PAAR REISKLOPSE MITGEGE-BEN.
HIER, MÖCHTEST DU AUCH?
REIS-KLOPSE?
SO ETWAS ESSE ICH NICHT!
ICH MÖCHTE HAIFISCH-FLOSSEN-SUPPE ESSEN!
SIE IST WIRKLICH EGOIS-TISCH.
NA JA, WAS SOLL'S. DANN ESS ICH DEINEN EBEN AUCH NOCH.

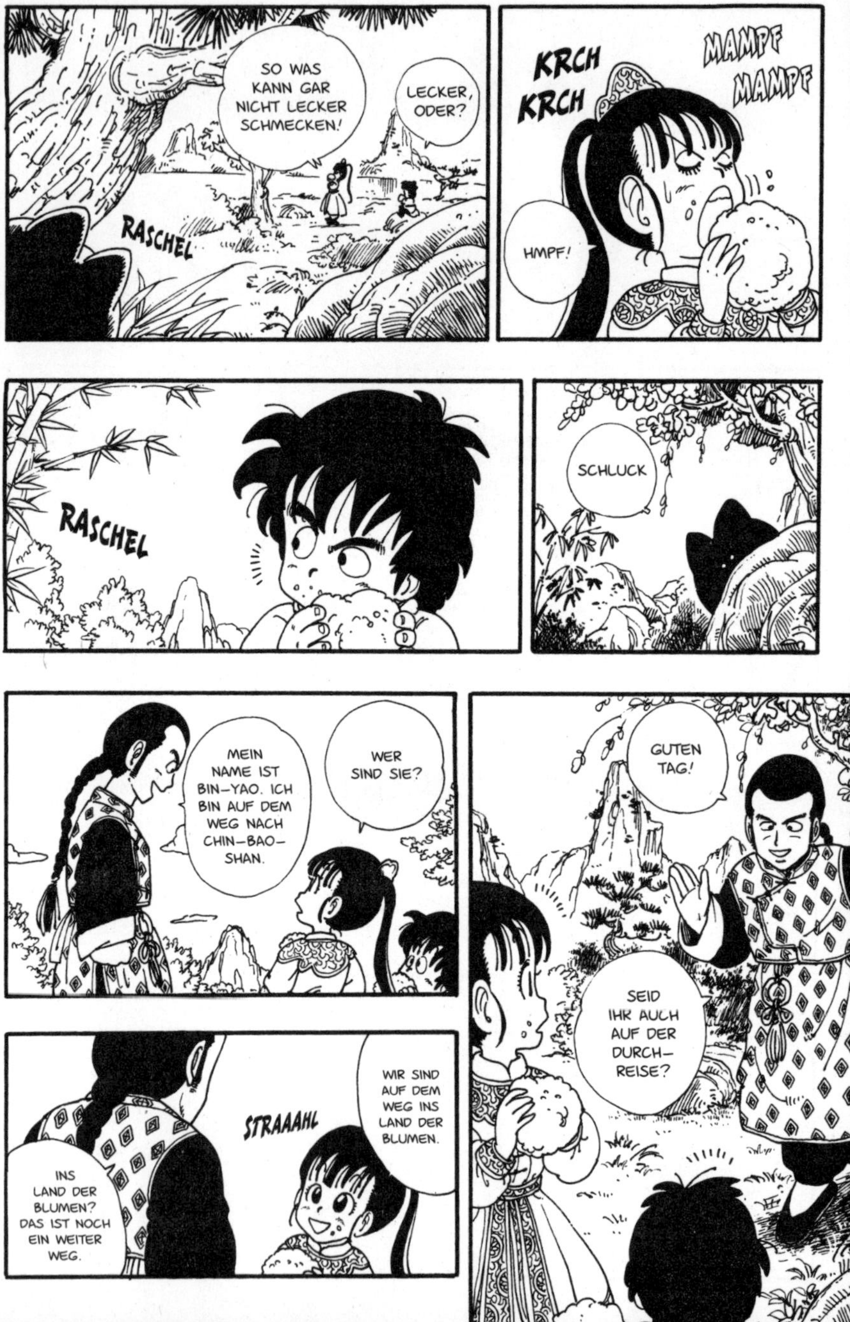
MAMPF MAMPF
KRCH KRCH
HMPF!
LECKER, ODER?
SO WAS KANN GAR NICHT LECKER SCHMECKEN!
RASCHEL
SCHLUCK
RASCHEL
GUTEN TAG!
SEID IHR AUCH AUF DER DURCH-REISE?
WER SIND SIE?
MEIN NAME IST BIN-YAO. ICH BIN AUF DEM WEG NACH CHIN-BAO-SHAN.
WIR SIND AUF DEM WEG INS LAND DER BLUMEN.
STRAAAHL
INS LAND DER BLUMEN? DAS IST NOCH EIN WEITER WEG.

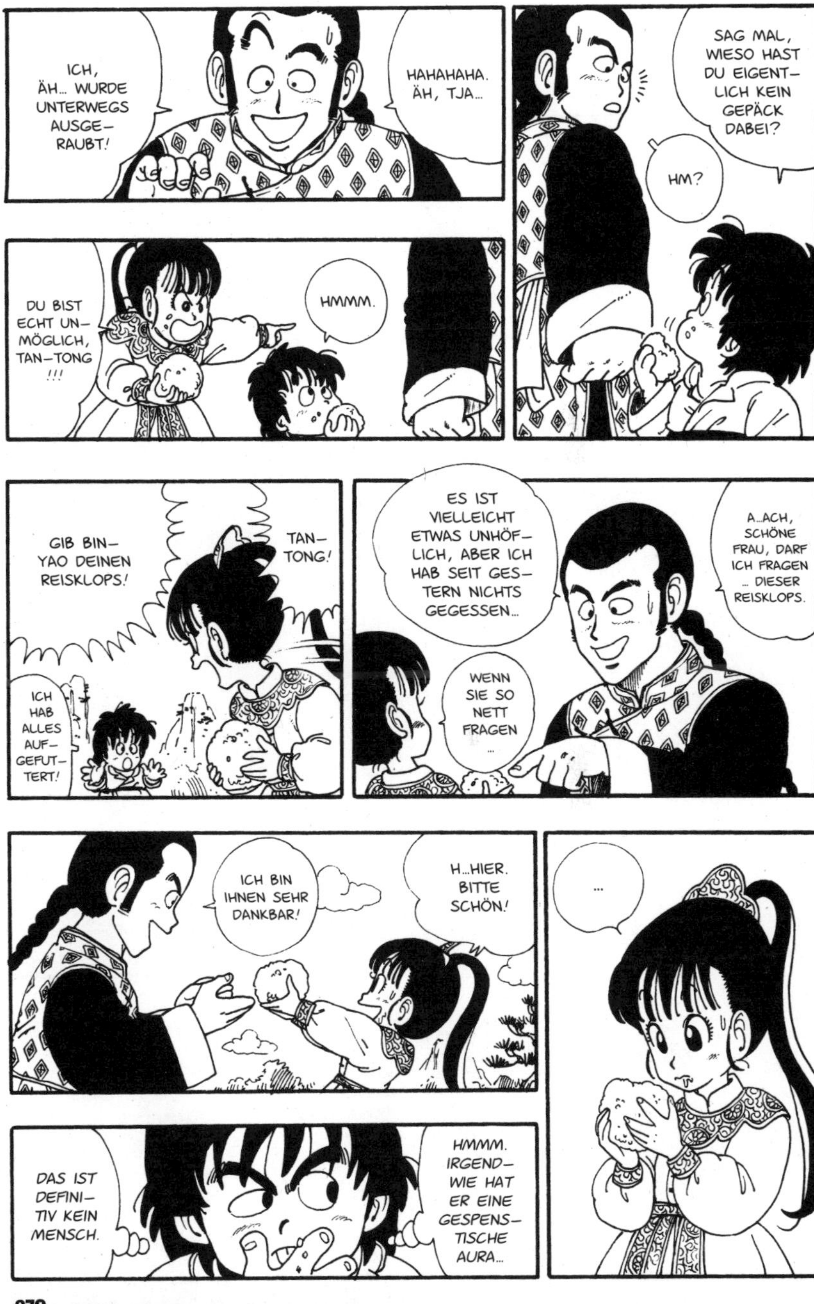
ICH, ÄH... WURDE UNTERWEGS AUSGE-RAUBT!
HAHAHAHA. ÄH, TJA...
SAG MAL, WIESO HAST DU EIGENT-LICH KEIN GEPÄCK DABEI?
HM?
DU BIST ECHT UN-MÖGLICH, TAN-TONG !!!
HMMM.
TAN-TONG!
GIB BIN-YAO DEINEN REISKLOPS!
ICH HAB ALLES AUF-GEFUT-TERT!
ES IST VIELLEICHT ETWAS UNHÖF-LICH, ABER ICH HAB SEIT GES-TERN NICHTS GEGESSEN...
A...ACH, SCHÖNE FRAU, DARF ICH FRAGEN ... DIESER REISKLOPS.
WENN SIE SO NETT FRAGEN ...
ICH BIN IHNEN SEHR DANKBAR!
H...HIER. BITTE SCHÖN!
...
DAS IST DEFINI-TIV KEIN MENSCH.
HMMM. IRGEND-WIE HAT ER EINE GESPENS-TISCHE AURA...

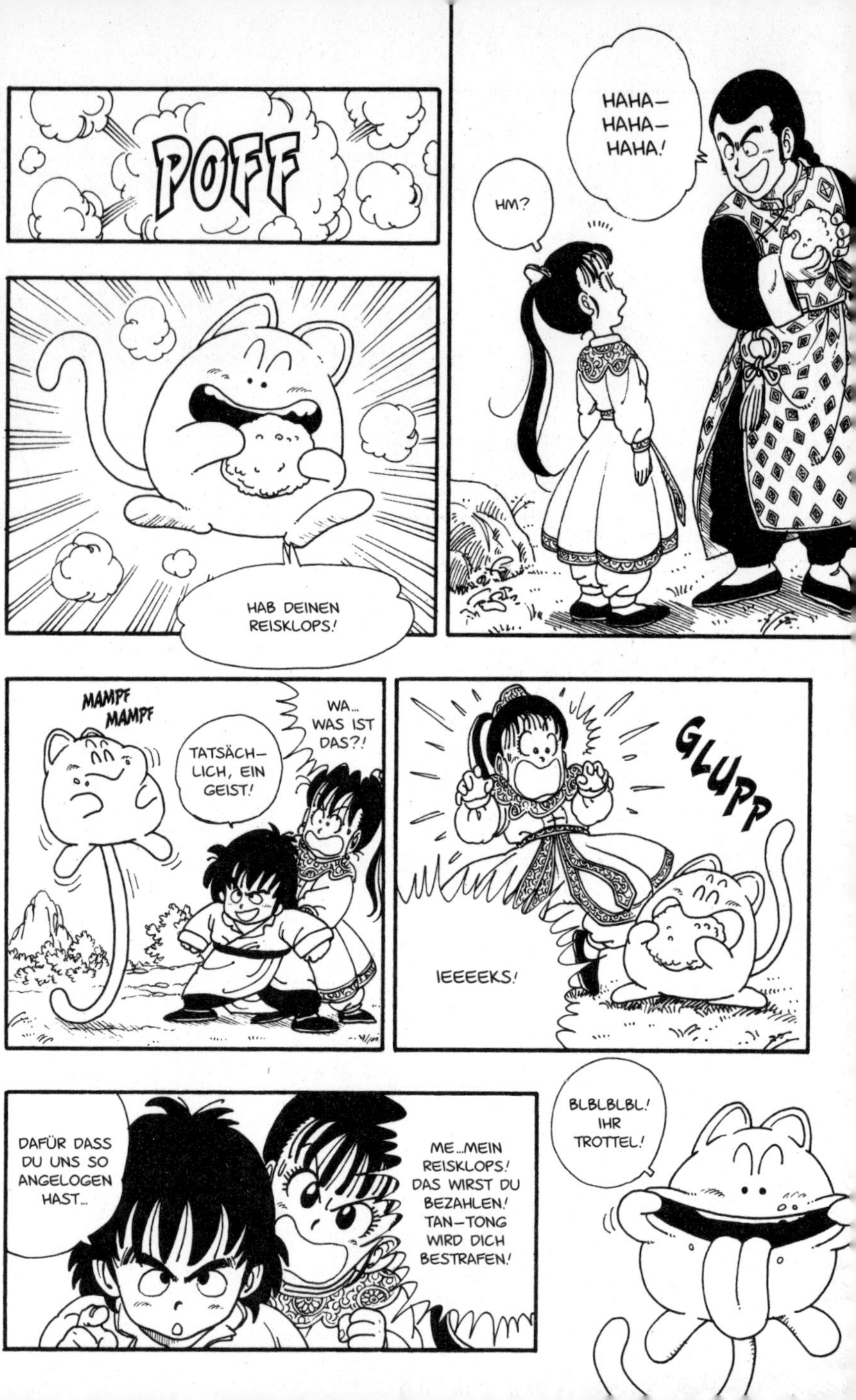
HAHA-
HAHA-
HAHA!
HM?
POFF
HAB DEINEN REISKLOPS!
GLUPP
IEEEEKS!
WA... WAS IST DAS?!
TATSÄCH-LICH, EIN GEIST!
MAMPF MAMPF
BLBLBLBL! IHR TROTTEL!
ME...MEIN REISKLOPS! DAS WIRST DU BEZAHLEN! TAN-TONG WIRD DICH BESTRAFEN!
DAFÜR DASS DU UNS SO ANGELOGEN HAST...

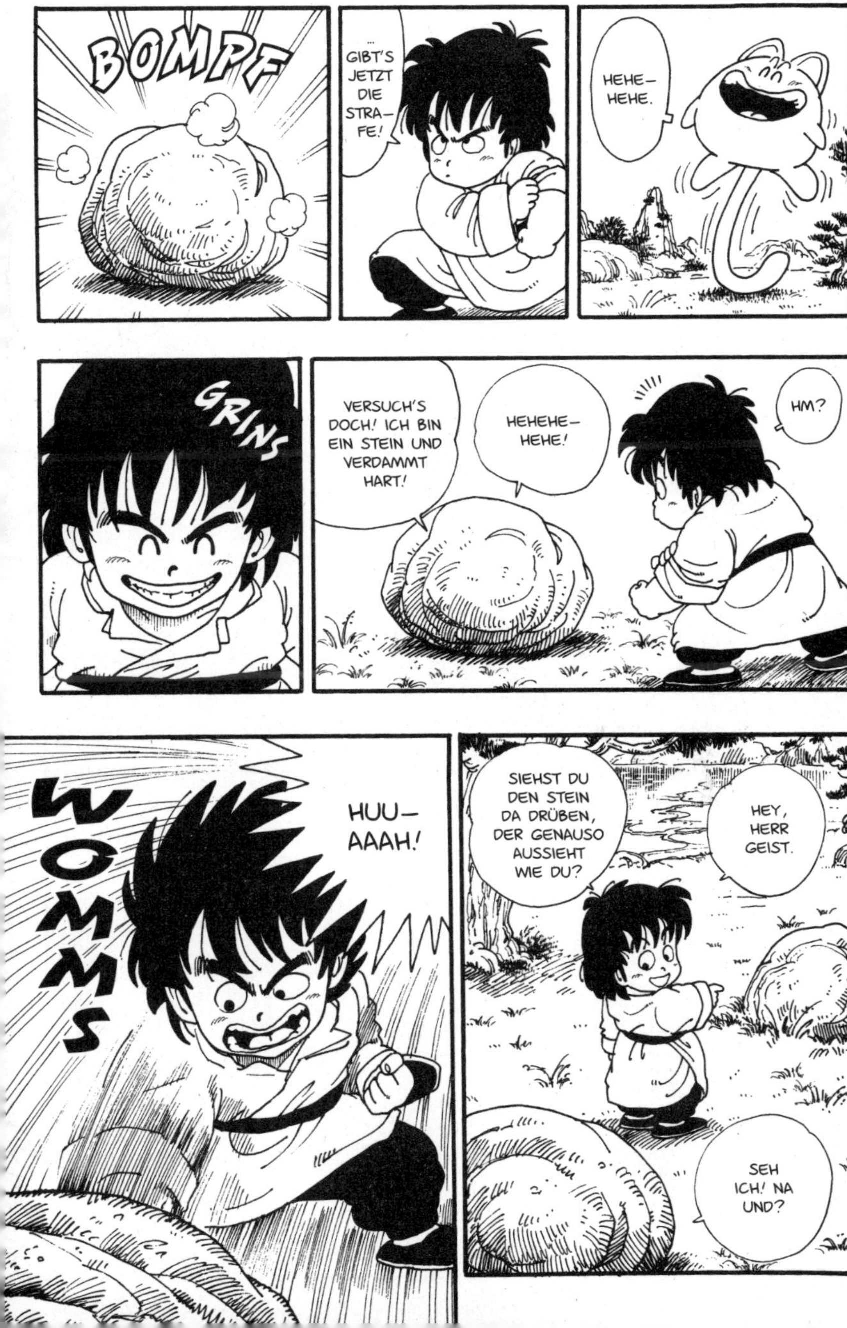
HEHE-
HEHE.
... GIBT'S JETZT DIE STRAFE!
BOMPF
HM?
HEHEHE-
HEHE!
VERSUCH'S DOCH! ICH BIN EIN STEIN UND VERDAMMT HART!
GRINS
HEY, HERR GEIST.
SIEHST DU DEN STEIN DA DRÜBEN, DER GENAUSO AUSSIEHT WIE DU?
SEH ICH! NA UND?
HUU-
AAAH!
WOMMS

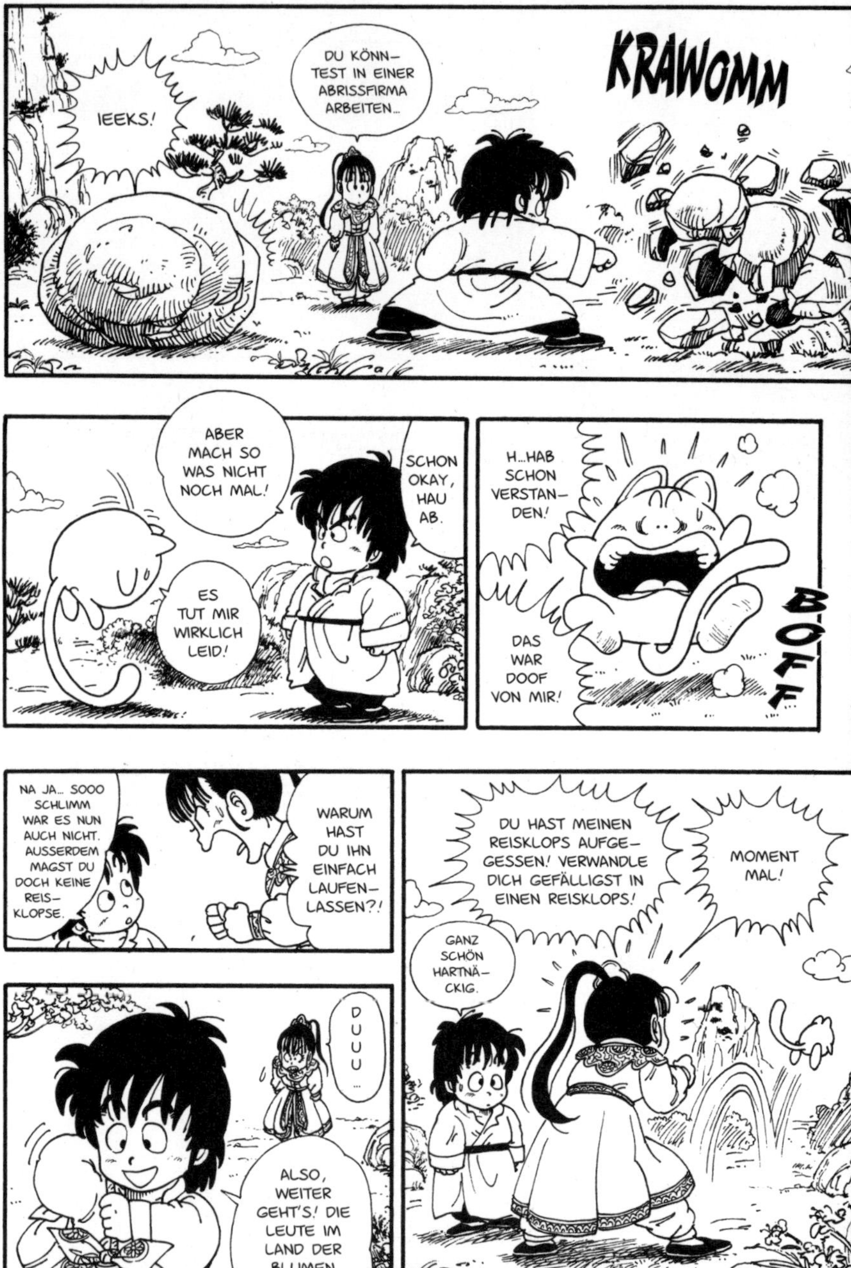
KRAWOMM
DU KÖNN-TEST IN EINER ABRISSFIRMA ARBEITEN...
IEEKS!
H...HAB SCHON VERSTAN-DEN!
DAS WAR DOOF VON MIR!
BOFF
SCHON OKAY, HAU AB.
ABER MACH SO WAS NICHT NOCH MAL!
ES TUT MIR WIRKLICH LEID!
MOMENT MAL!
DU HAST MEINEN REISKLOPS AUFGE-GESSEN! VERWANDLE DICH GEFÄLLIGST IN EINEN REISKLOPS!
GANZ SCHÖN HARTNÄ-CKIG.
WARUM HAST DU IHN EINFACH LAUFEN-LASSEN?!
NA JA... SOOO SCHLIMM WAR ES NUN AUCH NICHT. AUSSERDEM MAGST DU DOCH KEINE REIS-KLOPSE.
DUUU...
ALSO, WEITER GEHT'S! DIE LEUTE IM LAND DER BLUMEN WARTEN SCHON!

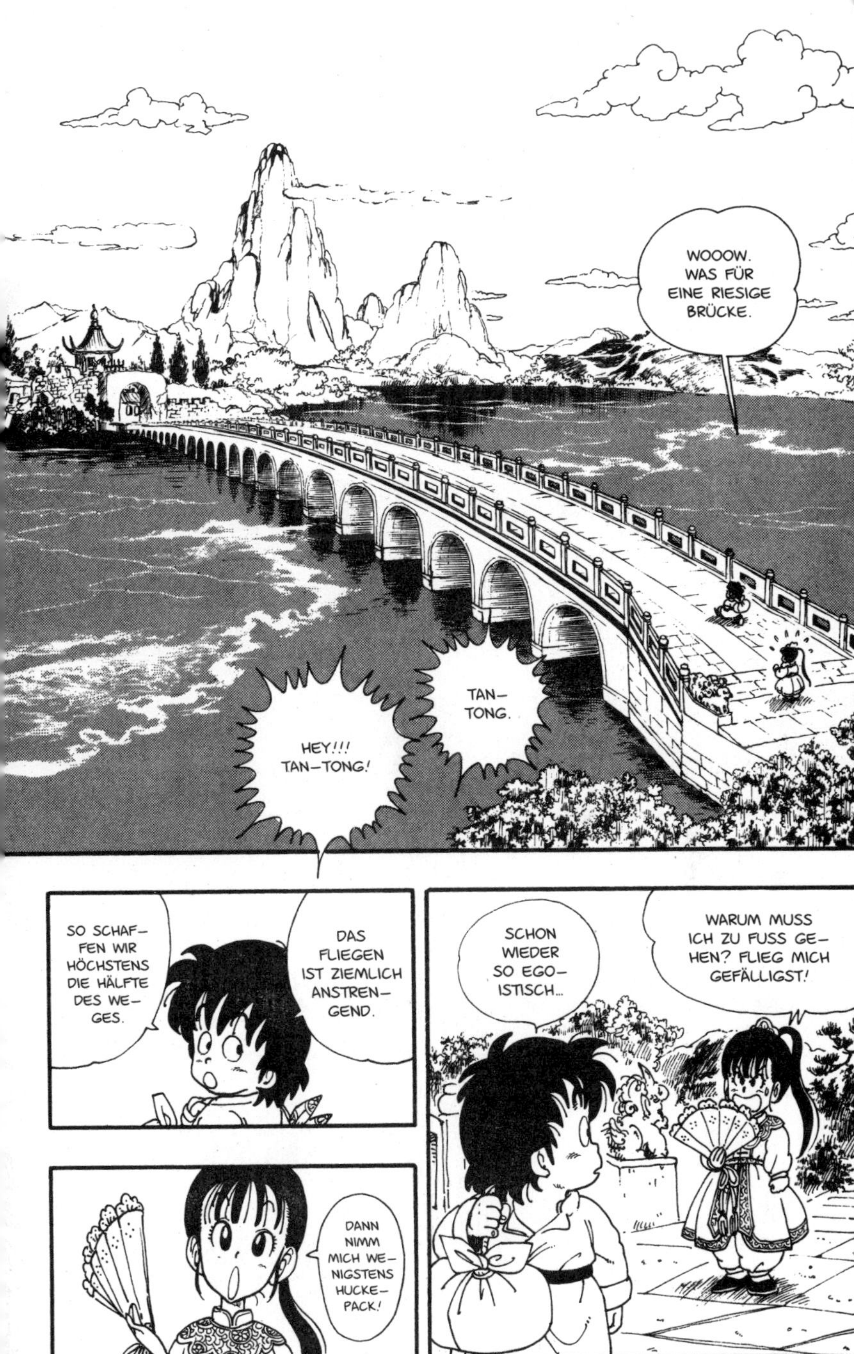
WOOOW. WAS FÜR EINE RIESIGE BRÜCKE.
TAN-TONG.
HEY!!! TAN-TONG!
WARUM MUSS ICH ZU FUSS GEHEN? FLIEG MICH GEFÄLLIGST!
SCHON WIEDER SO EGOISTISCH...
DAS FLIEGEN IST ZIEMLICH ANSTRENGEND.
SO SCHAFFEN WIR HÖCHSTENS DIE HÄLFTE DES WEGES.
DANN NIMM MICH WENIGSTENS HUCKEPACK!

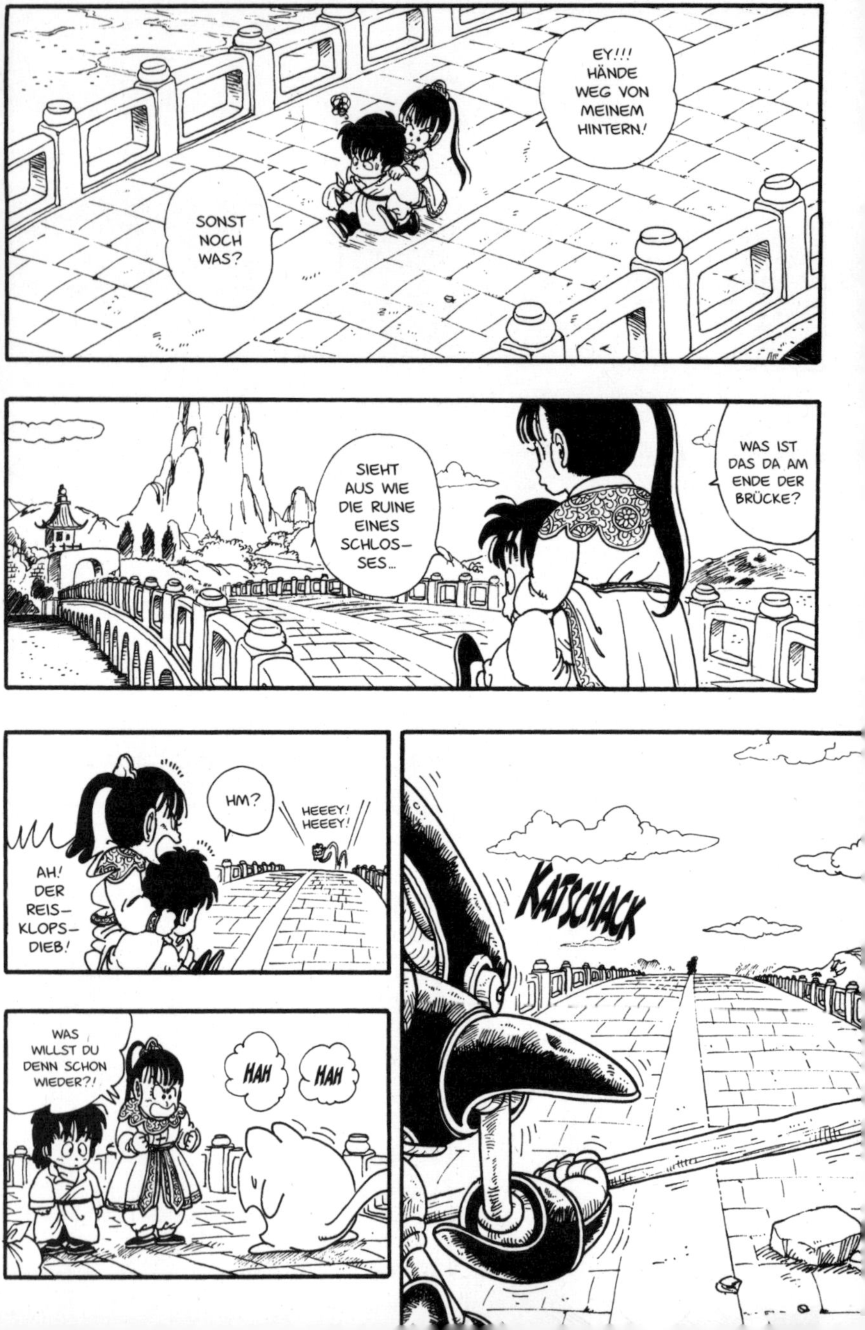

EY!!! HÄNDE WEG VON MEINEM HINTERN!
SONST NOCH WAS?
WAS IST DAS DA AM ENDE DER BRÜCKE?
SIEHT AUS WIE DIE RUINE EINES SCHLOS-SES...
HM?
HEEEY! HEEEY!
AH! DER REIS-KLOPS-DIEB!
KATSCHACK
WAS WILLST DU DENN SCHON WIEDER?!
HAH
HAH

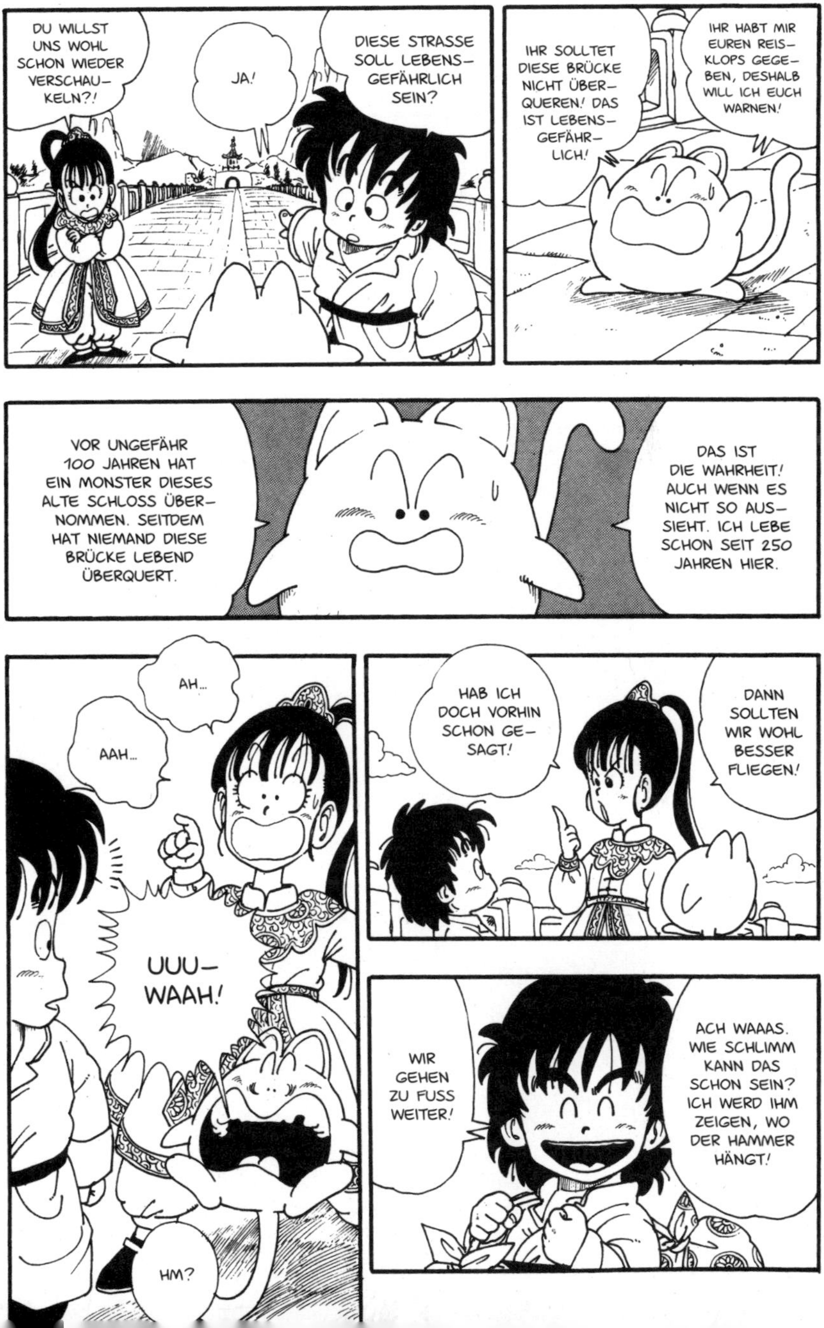
DU WILLST UNS WOHL SCHON WIEDER VERSCHAU-KELN?!
JA!
DIESE STRASSE SOLL LEBENS-GEFÄHRLICH SEIN?
IHR SOLLTET DIESE BRÜCKE NICHT ÜBER-QUEREN! DAS IST LEBENS-GEFÄHR-LICH!
IHR HABT MIR EUREN REIS-KLOPS GEGE-BEN, DESHALB WILL ICH EUCH WARNEN!
VOR UNGEFÄHR 100 JAHREN HAT EIN MONSTER DIESES ALTE SCHLOSS ÜBER-NOMMEN. SEITDEM HAT NIEMAND DIESE BRÜCKE LEBEND ÜBERQUERT.
DAS IST DIE WAHRHEIT! AUCH WENN ES NICHT SO AUS-SIEHT. ICH LEBE SCHON SEIT 250 JAHREN HIER.
AH...
AAH...
UUU-WAAH!
HM?
HAB ICH DOCH VORHIN SCHON GE-SAGT!
DANN SOLLTEN WIR WOHL BESSER FLIEGEN!
ACH WAAAS. WIE SCHLIMM KANN DAS SCHON SEIN? ICH WERD IHM ZEIGEN, WO DER HAMMER HÄNGT!
WIR GEHEN ZU FUSS WEITER!

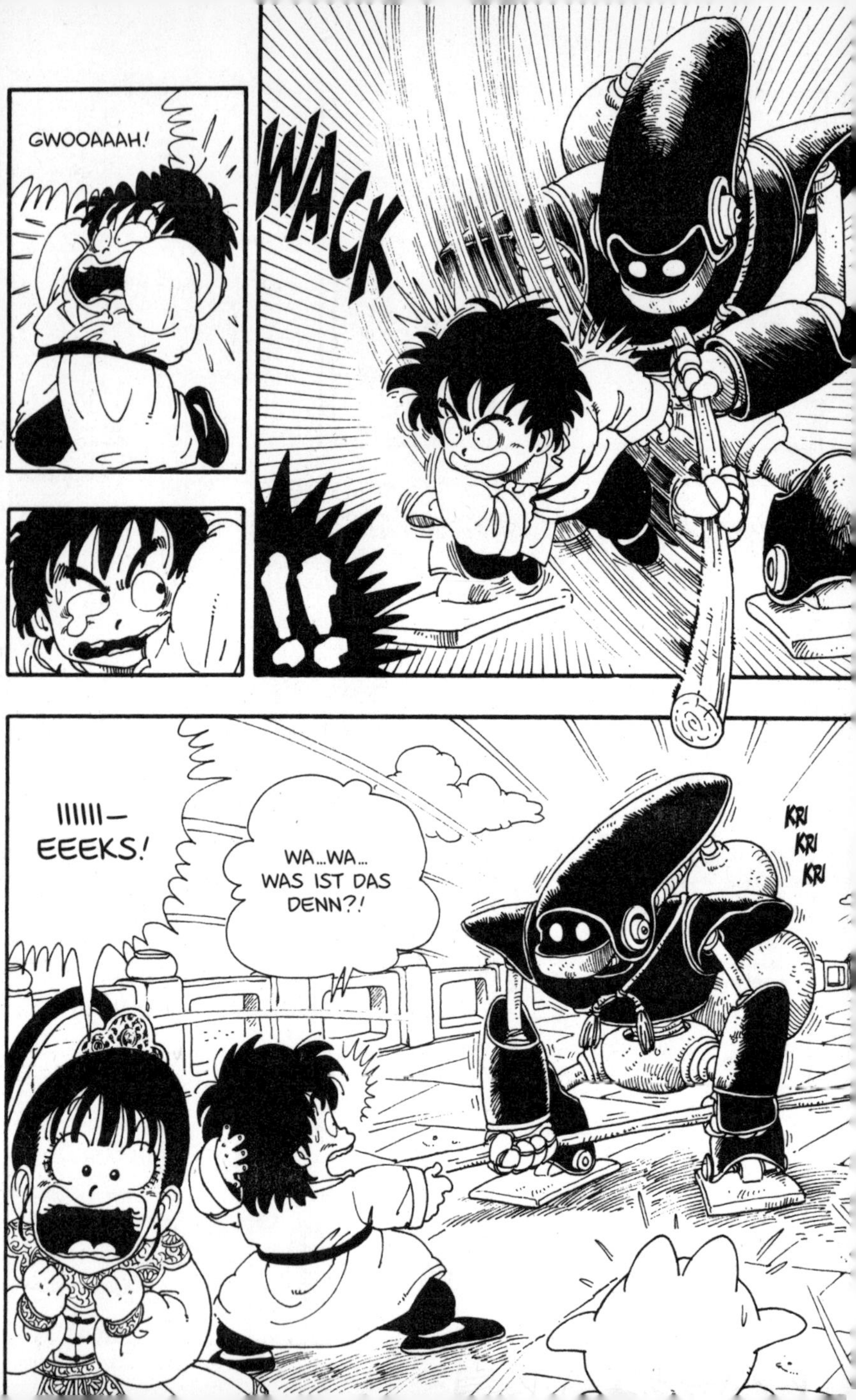
WACK
GWOOAAAH!
IIIIII—
EEEKS!
WA...WA...
WAS IST DAS
DENN?!
KRI
KRI
KRI

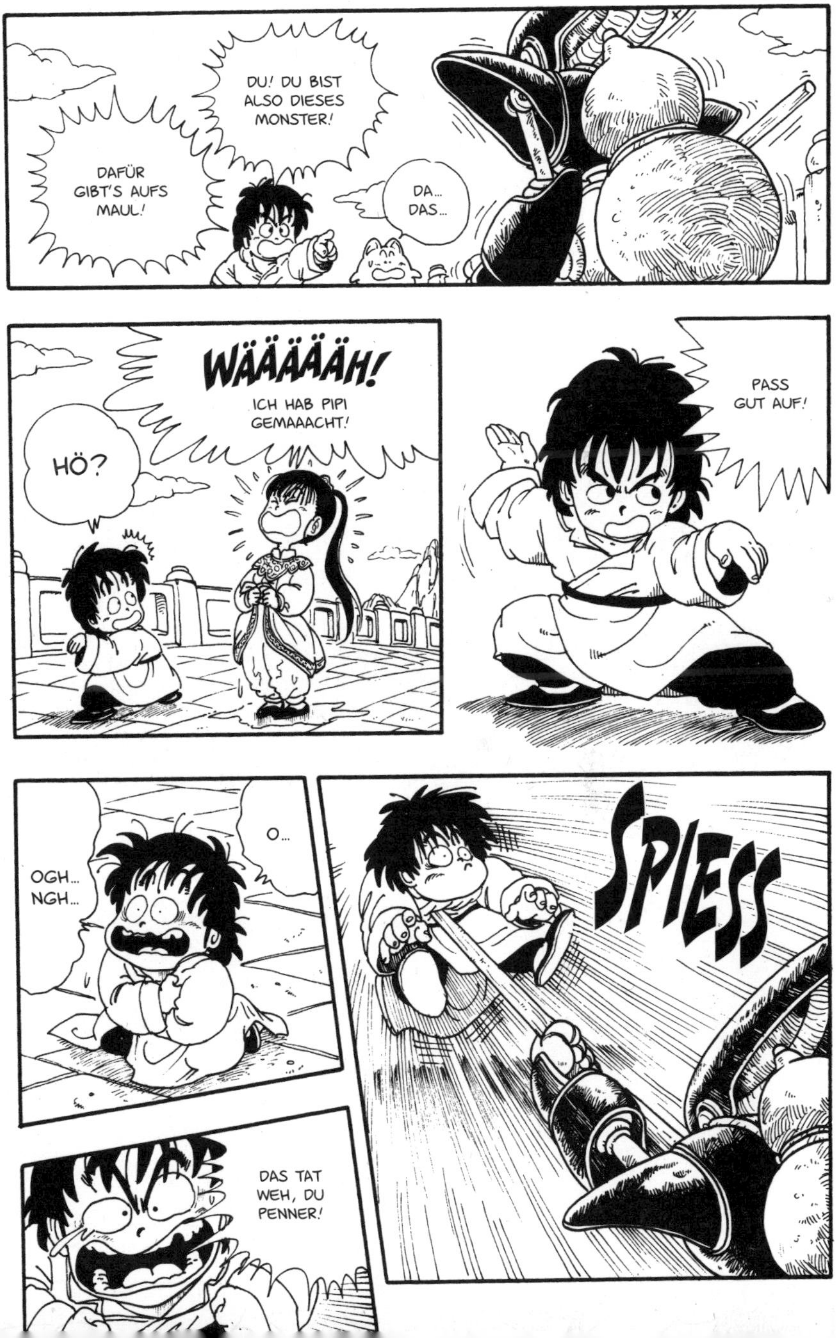
DA... DAS...
DU! DU BIST ALSO DIESES MONSTER!
DAFÜR GIBT'S AUFS MAUL!
PASS GUT AUF!
WÄÄÄÄÄH!
ICH HAB PIPI GEMAAACHT!
HÖ?
SPIESS
O...
OGH... NGH...
DAS TAT WEH, DU PENNER!

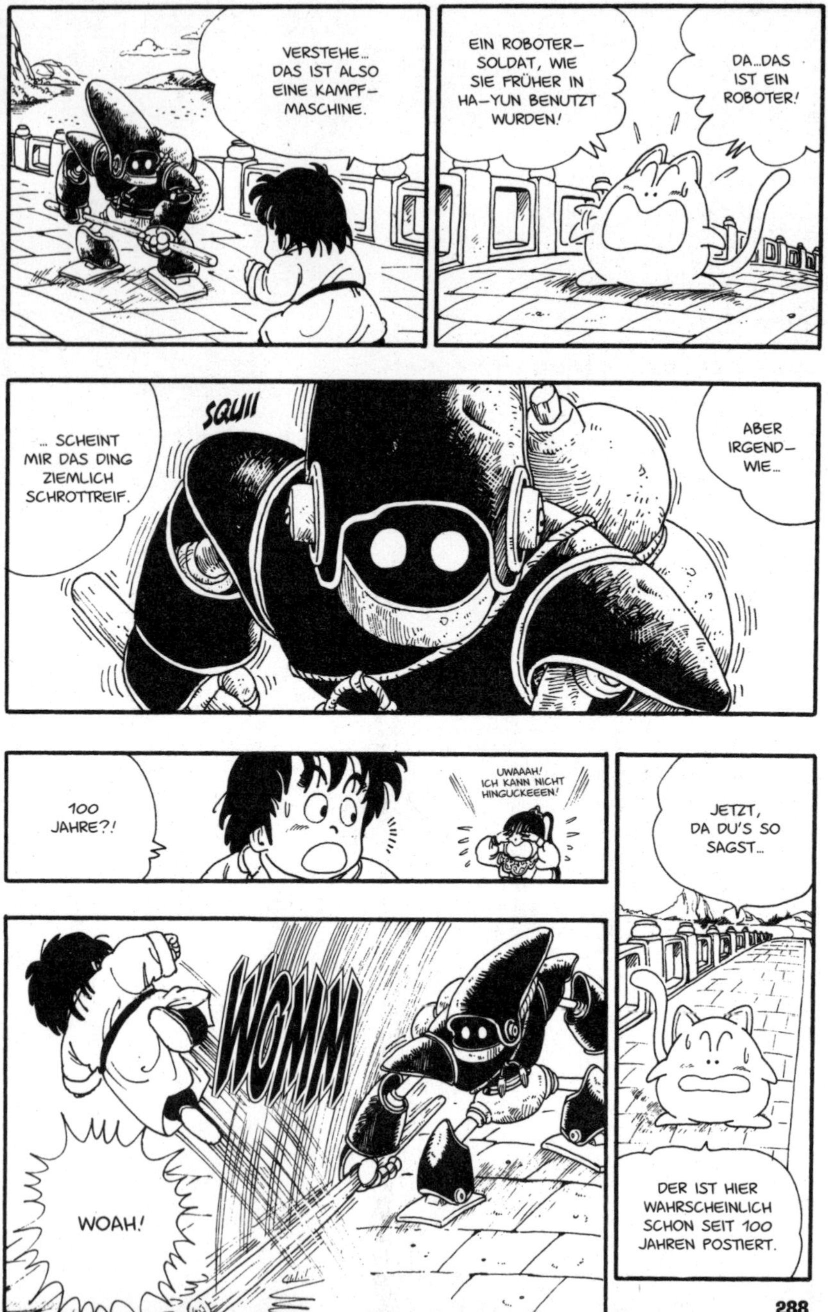
DA...DAS IST EIN ROBOTER!
EIN ROBOTER-SOLDAT, WIE SIE FRÜHER IN HA-YUN BENUTZT WURDEN!
VERSTEHE... DAS IST ALSO EINE KAMPF-MASCHINE.
ABER IRGEND-WIE...
SQUII
... SCHEINT MIR DAS DING ZIEMLICH SCHROTTREIF.
JETZT, DA DU'S SO SAGST...
DER IST HIER WAHRSCHEINLICH SCHON SEIT 100 JAHREN POSTIERT.
UWAAAH! ICH KANN NICHT HINGUCKEEEN!
100 JAHRE?!
WOMM
WOAH!

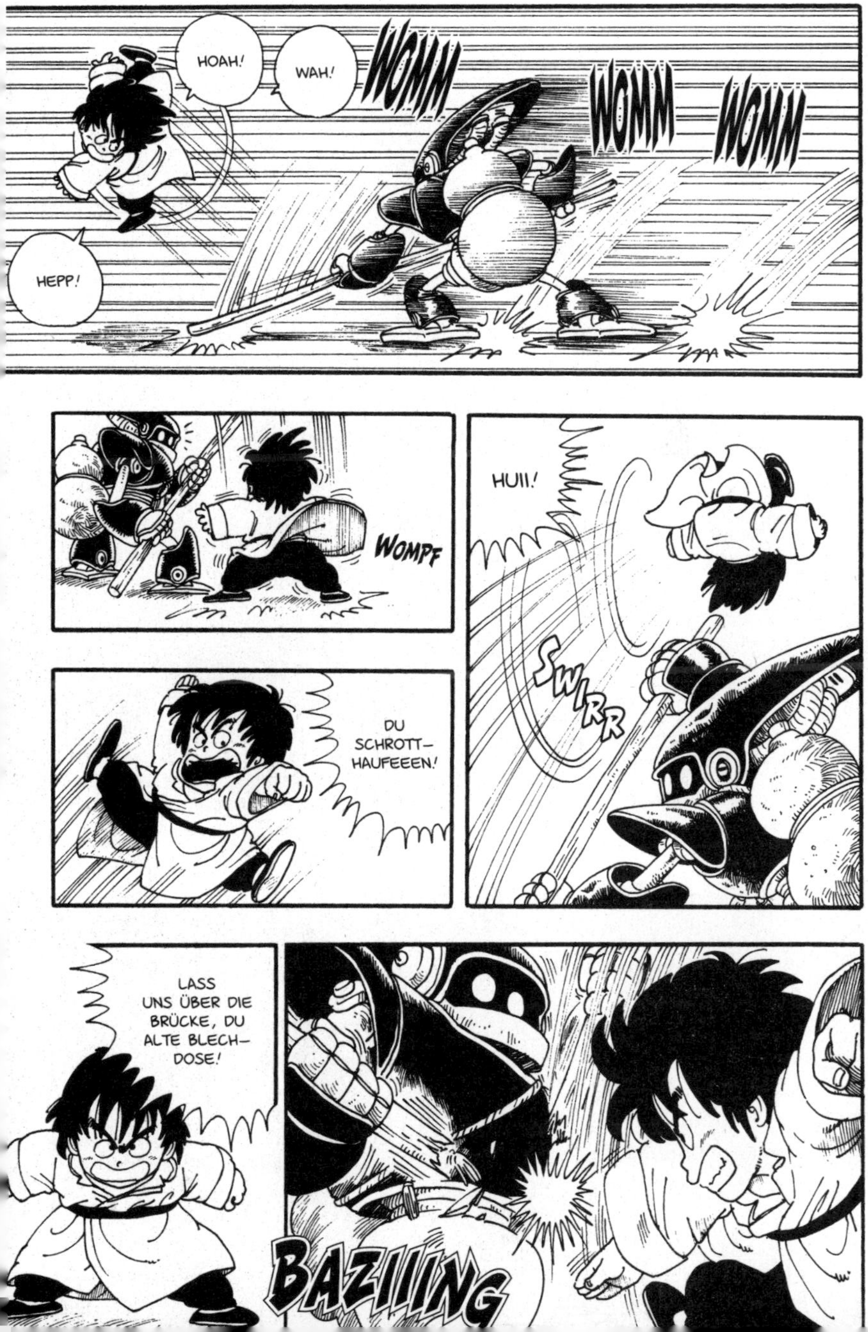
WOMM
WOMM
WOMM
WAH!
HOAH!
HEPP!
HUII!
SWIRR
WOMPF
DU SCHROTT-HAUFEEEN!
BAZIIING
LASS UNS ÜBER DIE BRÜCKE, DU ALTE BLECH-DOSE!

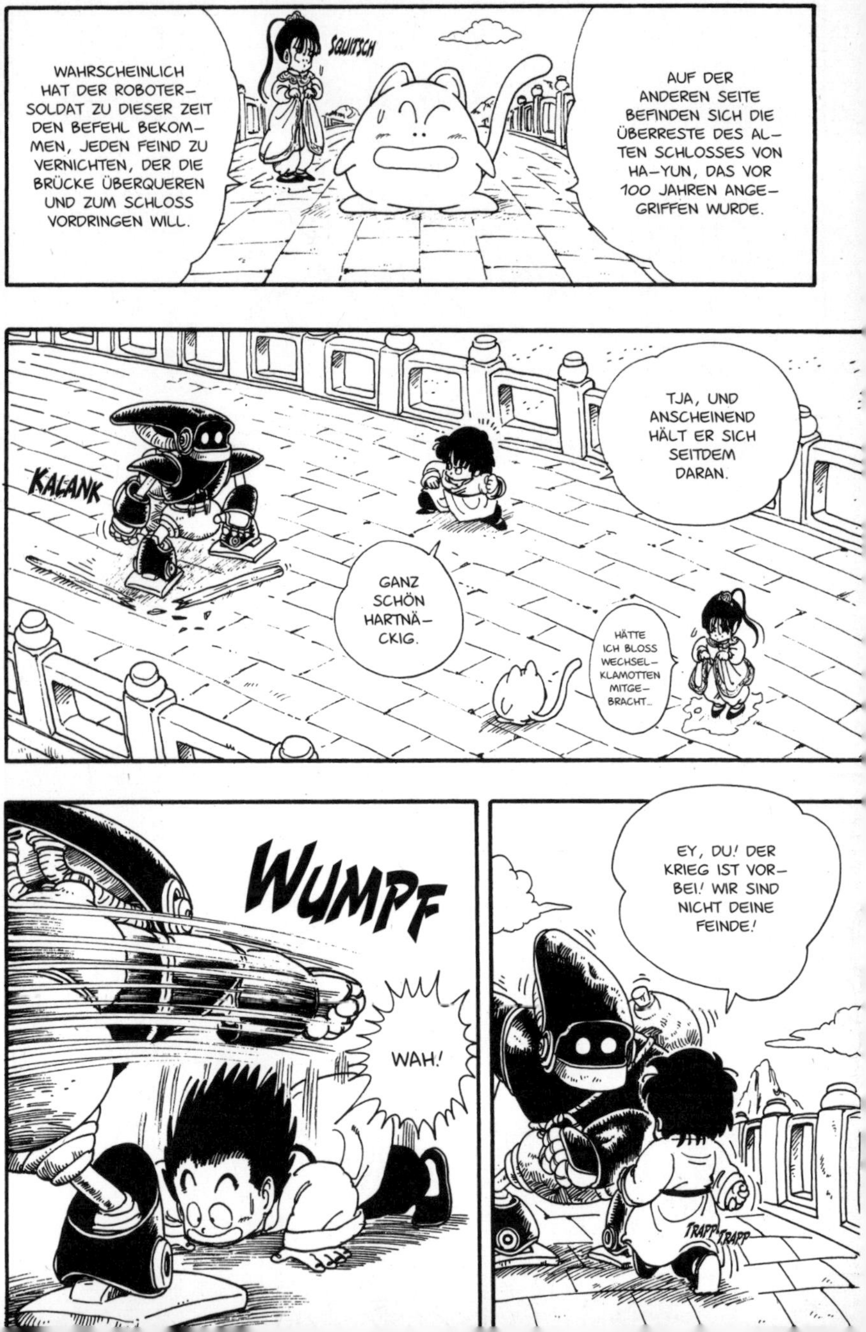
WAHRSCHEINLICH HAT DER ROBOTER-SOLDAT ZU DIESER ZEIT DEN BEFEHL BEKOMMEN, JEDEN FEIND ZU VERNICHTEN, DER DIE BRÜCKE ÜBERQUEREN UND ZUM SCHLOSS VORDRINGEN WILL.
SQUITSCH
AUF DER ANDEREN SEITE BEFINDEN SICH DIE ÜBERRESTE DES ALTEN SCHLOSSES VON HA-YUN, DAS VOR 100 JAHREN ANGEGRIFFEN WURDE.
KALANK
TJA, UND ANSCHEINEND HÄLT ER SICH SEITDEM DARAN.
GANZ SCHÖN HARTNÄCKIG.
HÄTTE ICH BLOSS WECHSEL-KLAMOTTEN MITGEBRACHT...
WUMPF
WAH!
EY, DU! DER KRIEG IST VORBEI! WIR SIND NICHT DEINE FEINDE!
TRAPP TRAPP

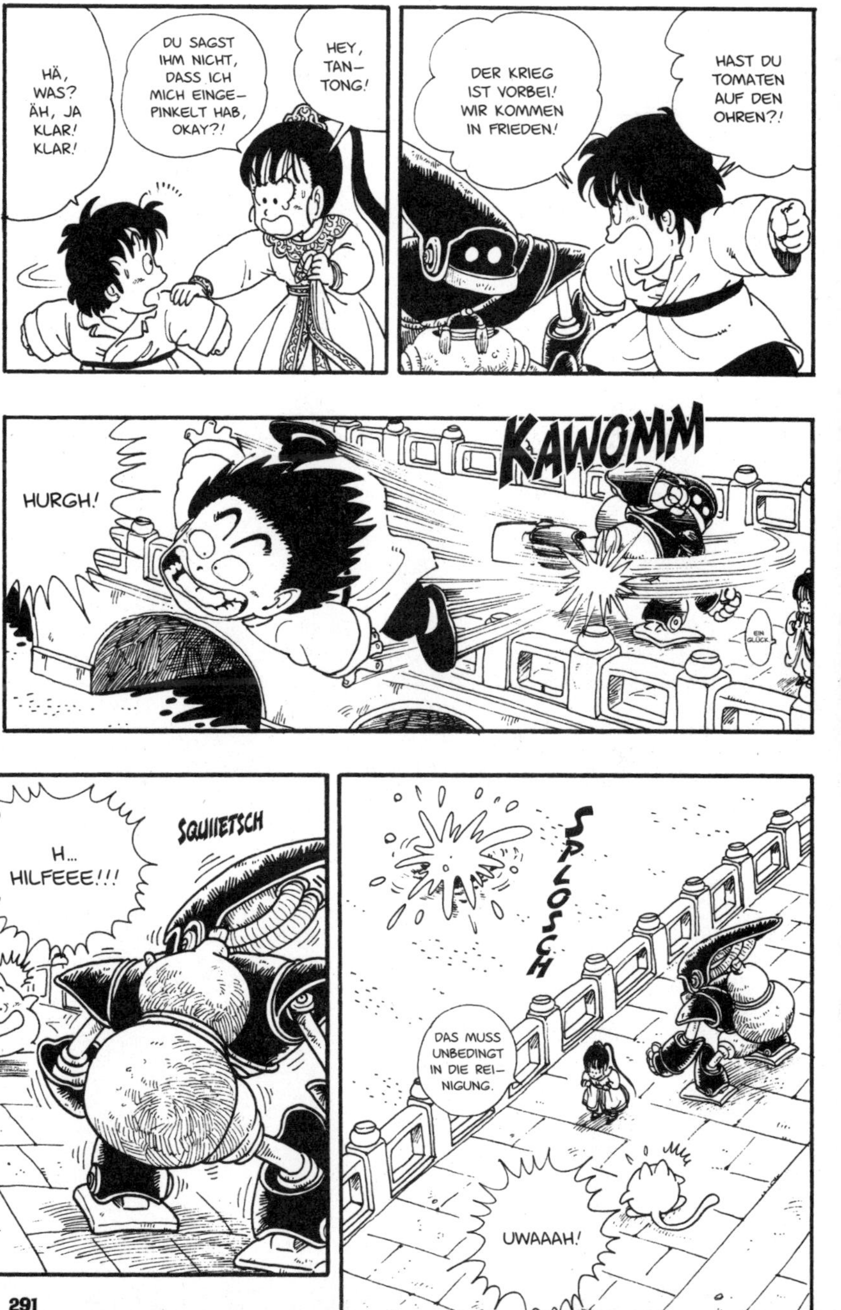
HAST DU TOMATEN AUF DEN OHREN?!
DER KRIEG IST VORBEI! WIR KOMMEN IN FRIEDEN!
HEY, TAN-TONG!
DU SAGST IHM NICHT, DASS ICH MICH EINGE-PINKELT HAB, OKAY?!
HÄ, WAS? ÄH, JA KLAR! KLAR!
KAWOMM
HURGH!
EIN GLÜCK.
SPLOSCH
DAS MUSS UNBEDINGT IN DIE REI-NIGUNG.
UWAAAH!
SQUIIETSCH
H... HILFEEE!!!

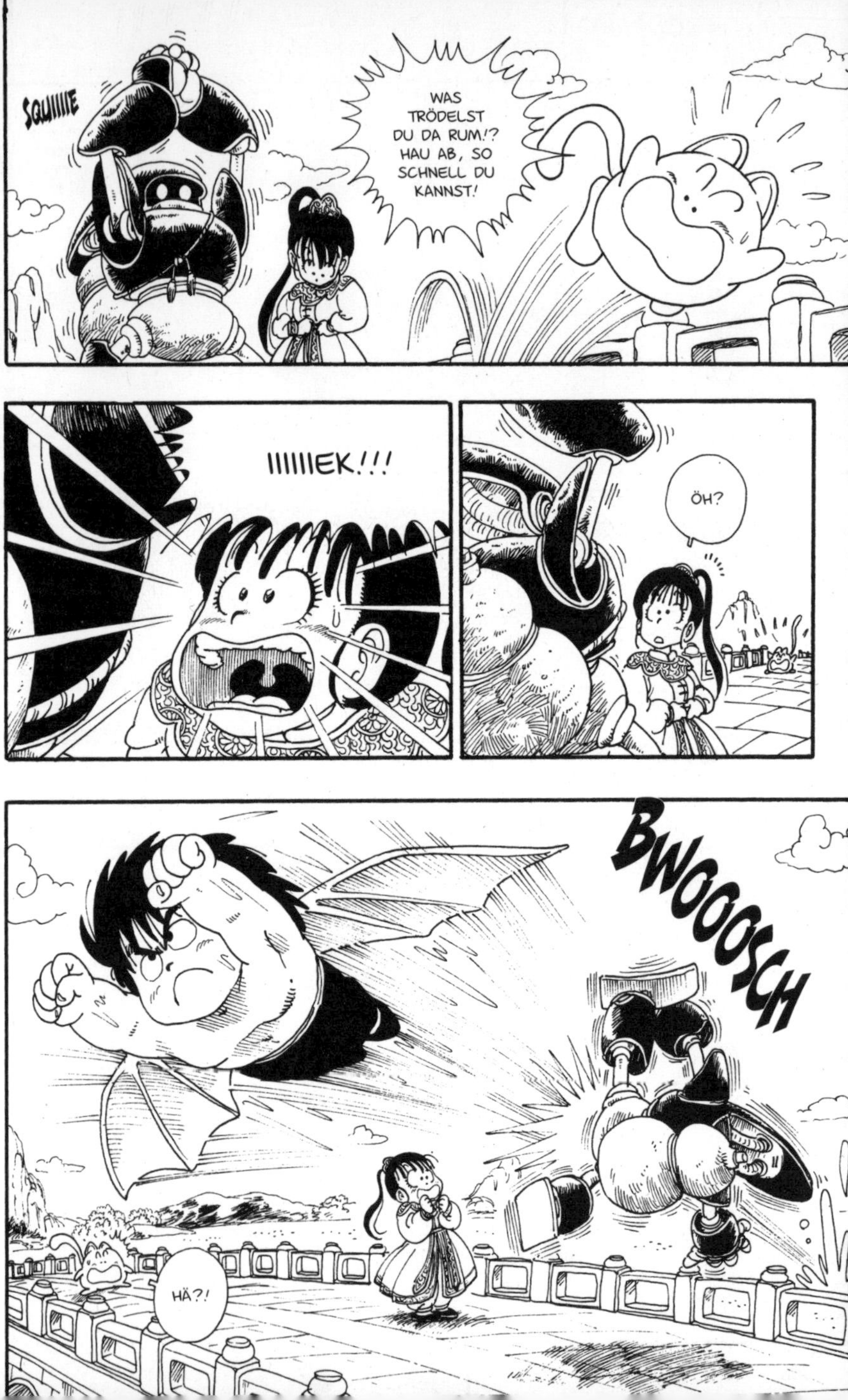
WAS TRÖDELST DU DA RUM!? HAU AB, SO SCHNELL DU KANNST!
SQUIIIIE
ÖH?
IIIIIIEK!!!
BWOOOSCH
HÄ?!

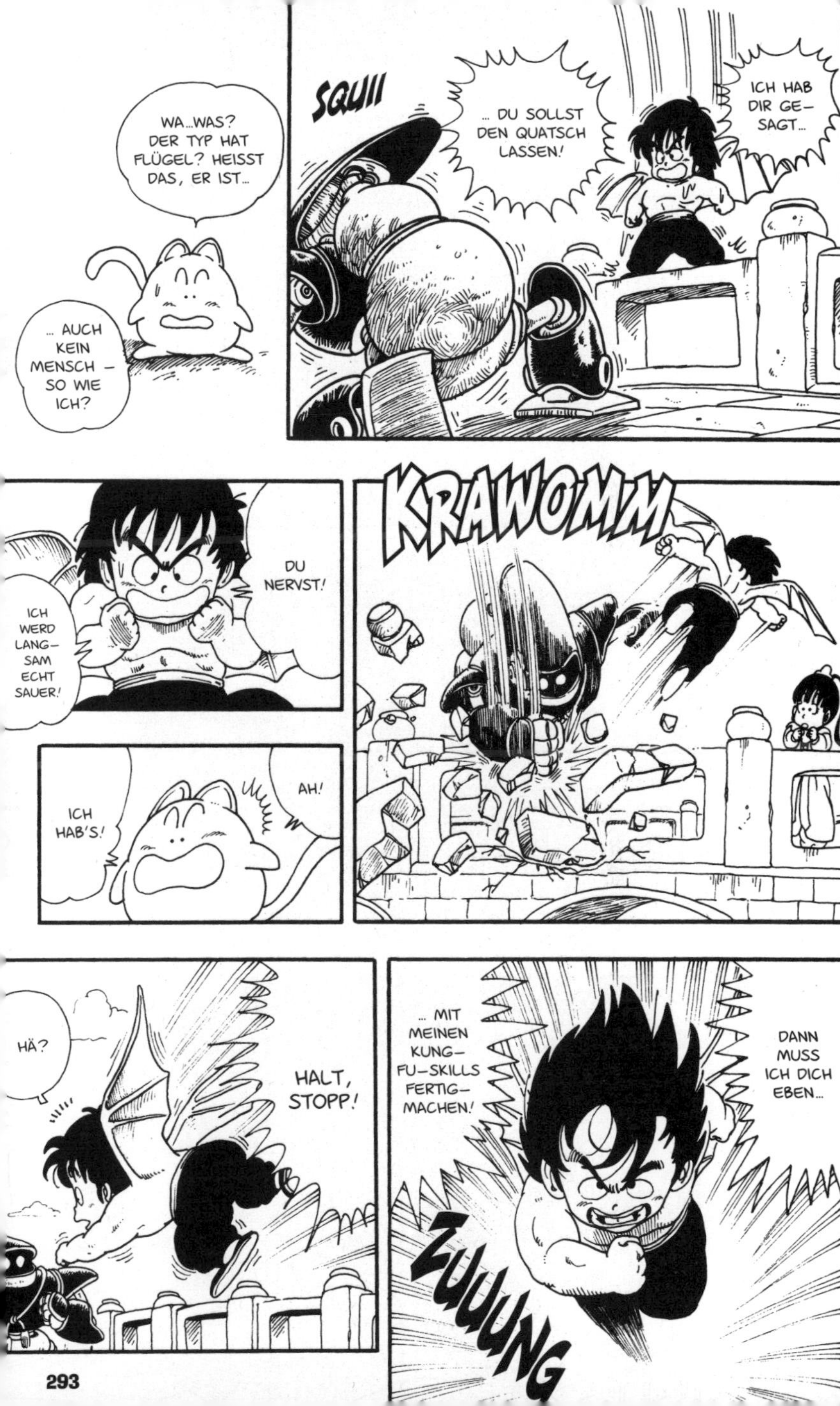
ICH HAB DIR GE-SAGT...
... DU SOLLST DEN QUATSCH LASSEN!
SQUIII
WA...WAS? DER TYP HAT FLÜGEL? HEISST DAS, ER IST...
... AUCH KEIN MENSCH – SO WIE ICH?
KRAWOMM
DU NERVST!
ICH WERD LANG-SAM ECHT SAUER!
AH!
ICH HAB'S!
DANN MUSS ICH DICH EBEN...
... MIT MEINEN KUNG-FU-SKILLS FERTIG-MACHEN!
ZUUUNG
HALT, STOPP!
HÄ?

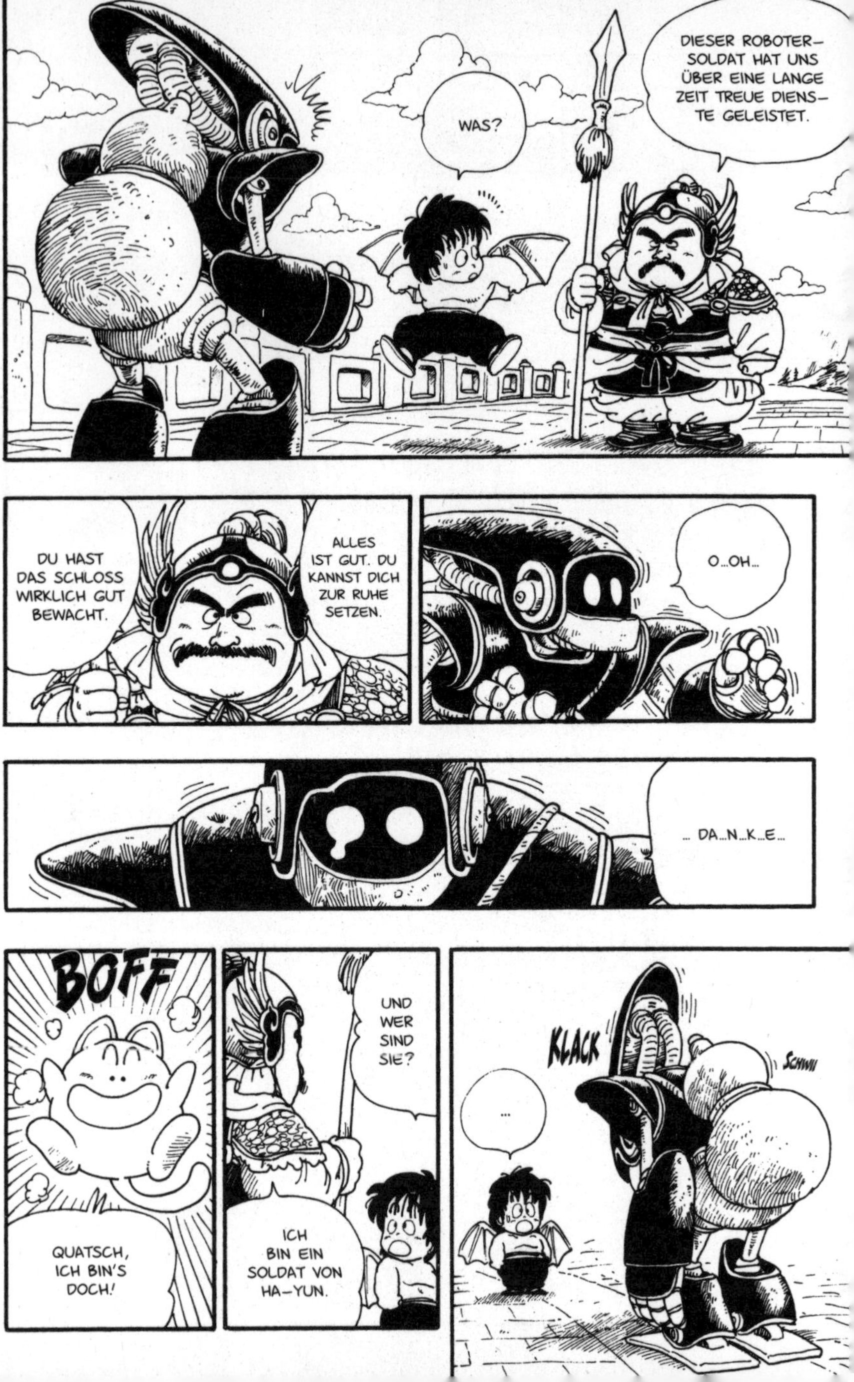
WAS?
DIESER ROBOTER-SOLDAT HAT UNS ÜBER EINE LANGE ZEIT TREUE DIENSTE GELEISTET.
DU HAST DAS SCHLOSS WIRKLICH GUT BEWACHT.
ALLES IST GUT. DU KANNST DICH ZUR RUHE SETZEN.
O...OH...
... DA...N...K...E...
BOFF
QUATSCH, ICH BIN'S DOCH!
UND WER SIND SIE?
ICH BIN EIN SOLDAT VON HA-YUN.
KLACK
SCHWII
...

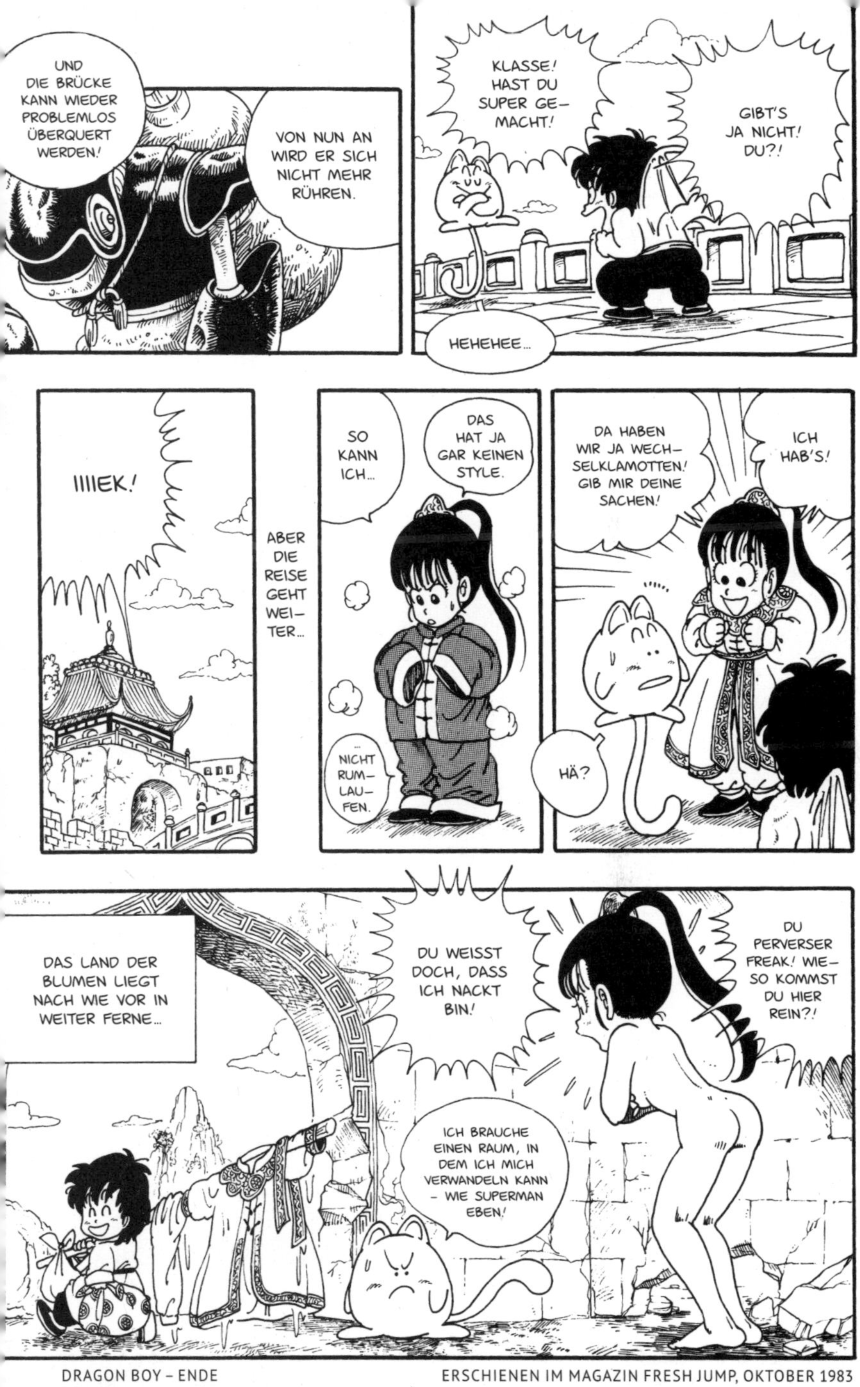

DRAGON BOY – ENDE

ERSCHIENEN IM MAGAZIN FRESH JUMP, OKTOBER 1983

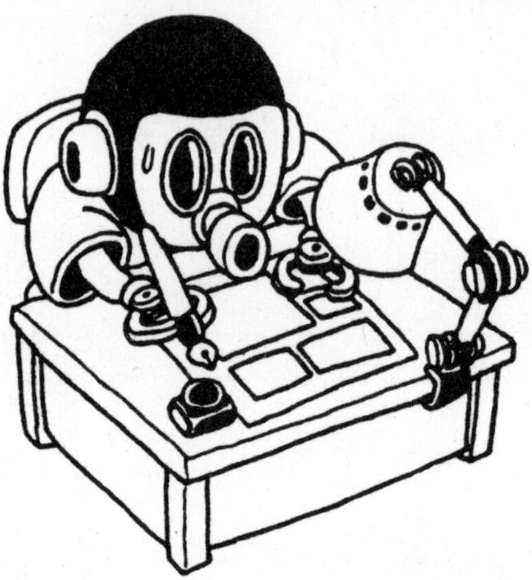

SO WURDE ICH MANGAKA

TEIL 3

NACHDEM ICH MICH IN DER GRUNDSCHULZEIT VOLL AUF MANGA GESTÜRZT HATTE, VERLOR ICH IN DER MITTELSCHULE* DAS INTERESSE DARAN, FILME UND FERNSEHEN WURDEN MIR IMMER WICHTIGER. NACH WIE VOR KRITZELTE ICH JEDOCH ALLE MEINE SCHULBÜCHER UND BLÖCKE MIT KLEINEN BILDCHEN VOLL. ALLES IN ALLEM WAR ES EINE RICHTIG COOLE ZEIT. NUR WENIGE MEINER KUMPELS MUSSTEN ZUR NACHHILFE, WIR LEBTEN IN DEN TAG HINEIN UND TRIEBEN UNS DRAUSSEN RUM. UND TROTZDEM IST AUS UNS ALLEN WAS GEWORDEN!

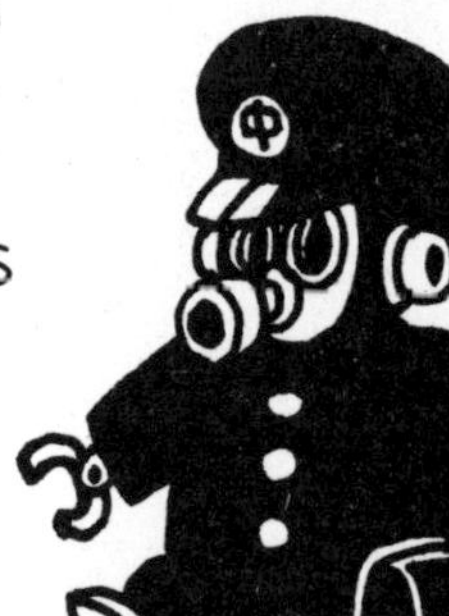

FORTSETZUNG AUF SEITE 342

* DIE MITTELSCHULE GEHT IN JAPAN VON DER 7. BIS ZUR 9. KLASSE.

TONGPOOS GROSSES ABENTEUER

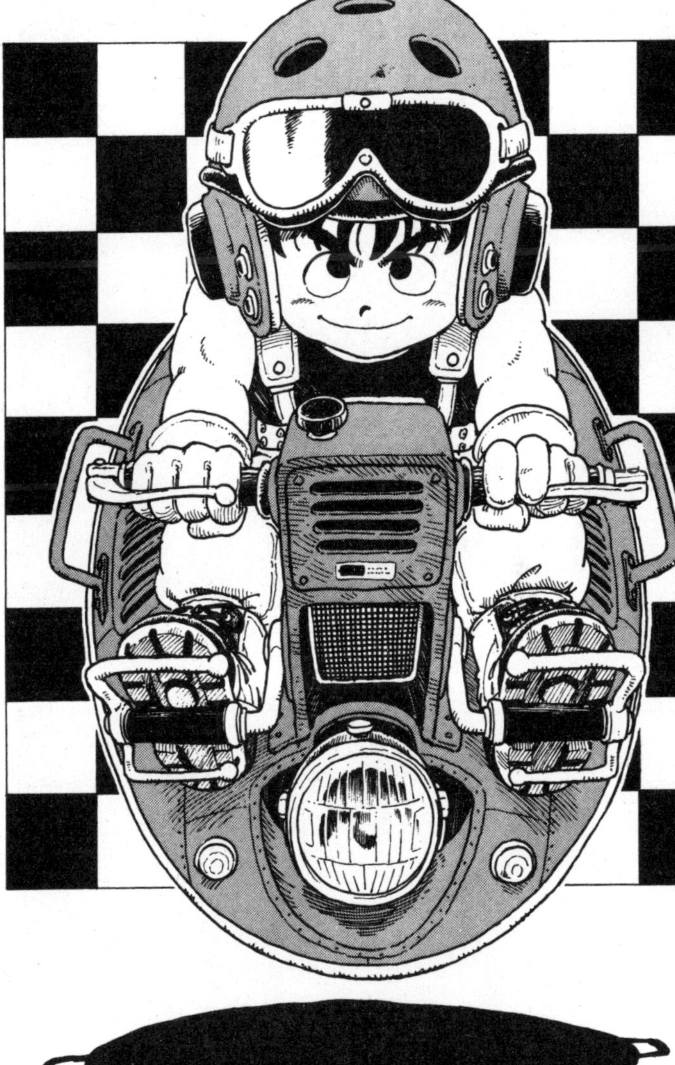

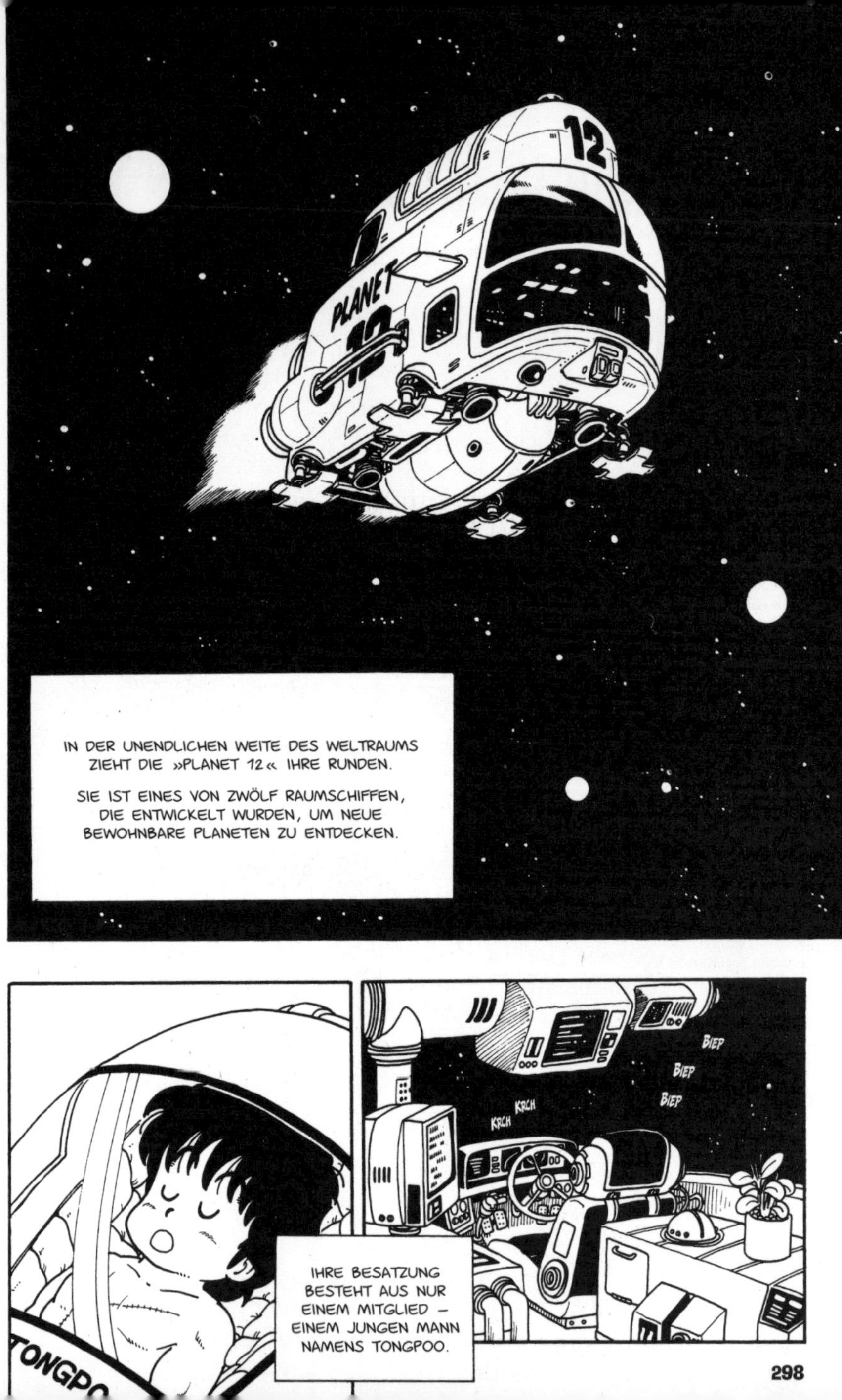

12
PLANET 12
IN DER UNENDLICHEN WEITE DES WELTRAUMS ZIEHT DIE »PLANET 12« IHRE RUNDEN.
SIE IST EINES VON ZWÖLF RAUMSCHIFFEN, DIE ENTWICKELT WURDEN, UM NEUE BEWOHNBARE PLANETEN ZU ENTDECKEN.
BIEP
BIEP
BIEP
KRCH
KRCH
IHRE BESATZUNG BESTEHT AUS NUR EINEM MITGLIED – EINEM JUNGEN MANN NAMENS TONGPOO.
TONGPO

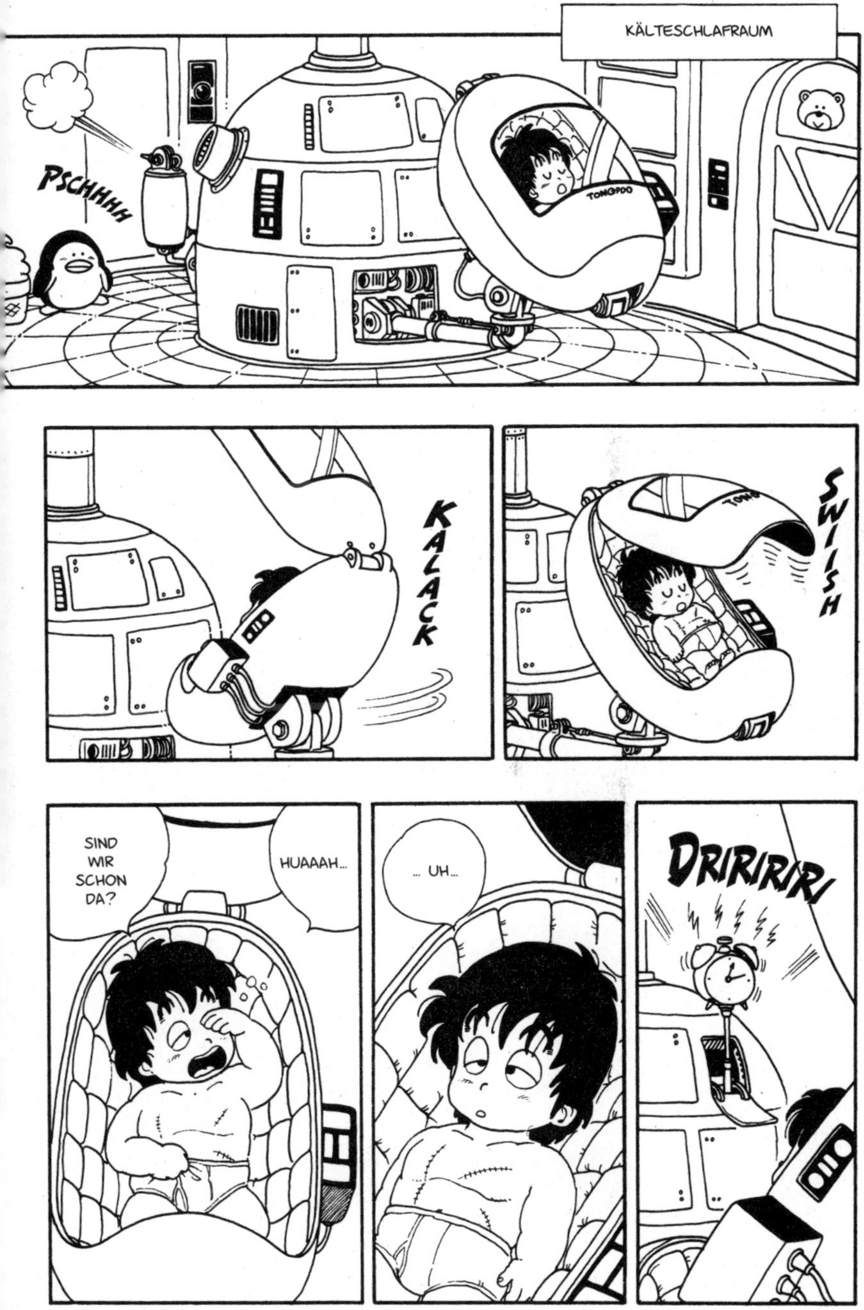
KÄLTESCHLAFRAUM
PSCHHHH
TONGPOO
KALACK
SWISH
SIND WIR SCHON DA?
HUAAAH...
... UH...
DRIRIRIRI

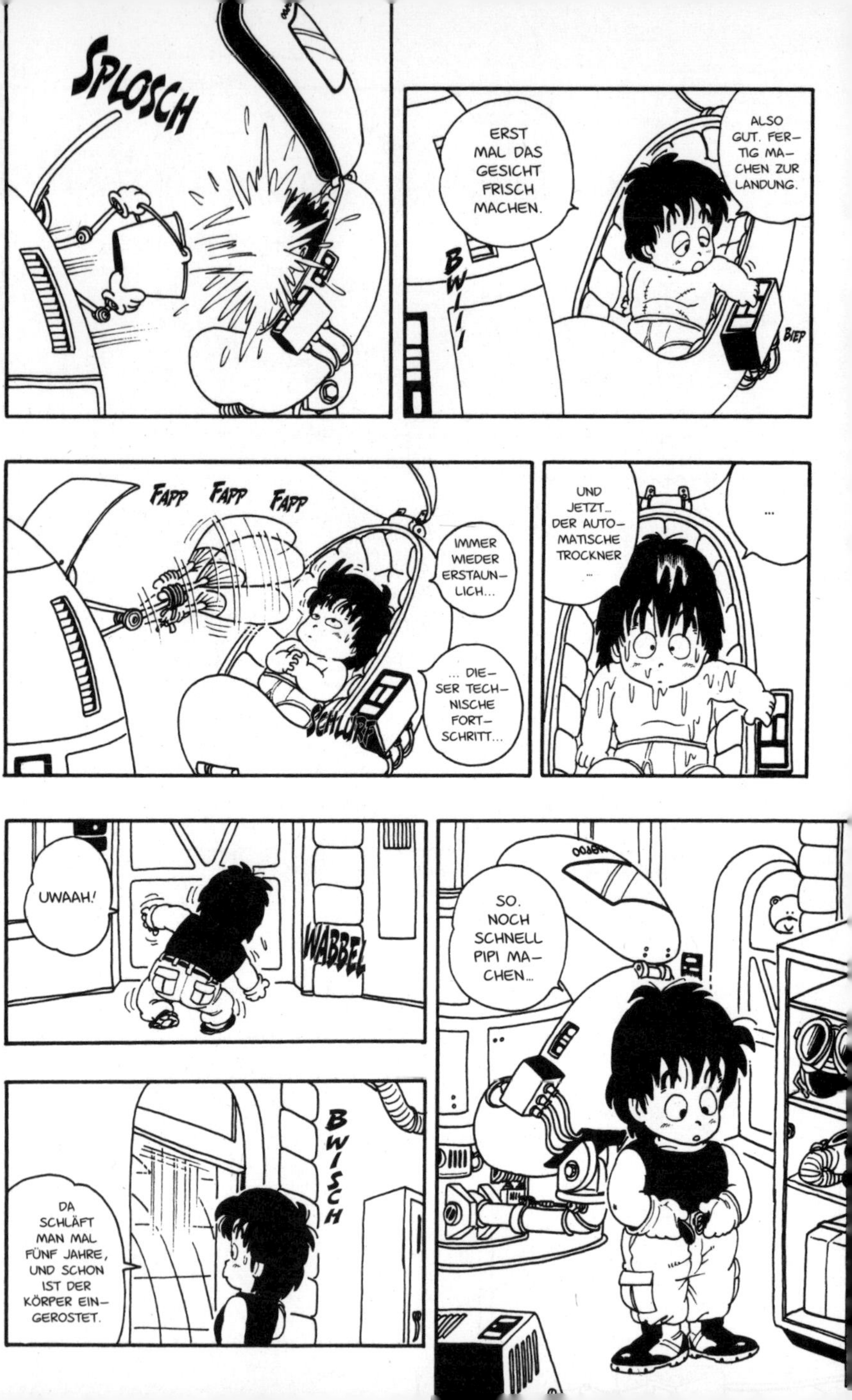
ALSO GUT. FERTIG MACHEN ZUR LANDUNG.
ERST MAL DAS GESICHT FRISCH MACHEN.
BWIII
BIEP
SPLOSCH
UND JETZT... DER AUTOMATISCHE TROCKNER ...
...
IMMER WIEDER ERSTAUNLICH...
... DIESER TECHNISCHE FORTSCHRITT...
FAPP FAPP FAPP
SCHLURF
SO. NOCH SCHNELL PIPI MACHEN...
UWAAH!
WABBEL
BWISCH
DA SCHLÄFT MAN MAL FÜNF JAHRE, UND SCHON IST DER KÖRPER EINGEROSTET.

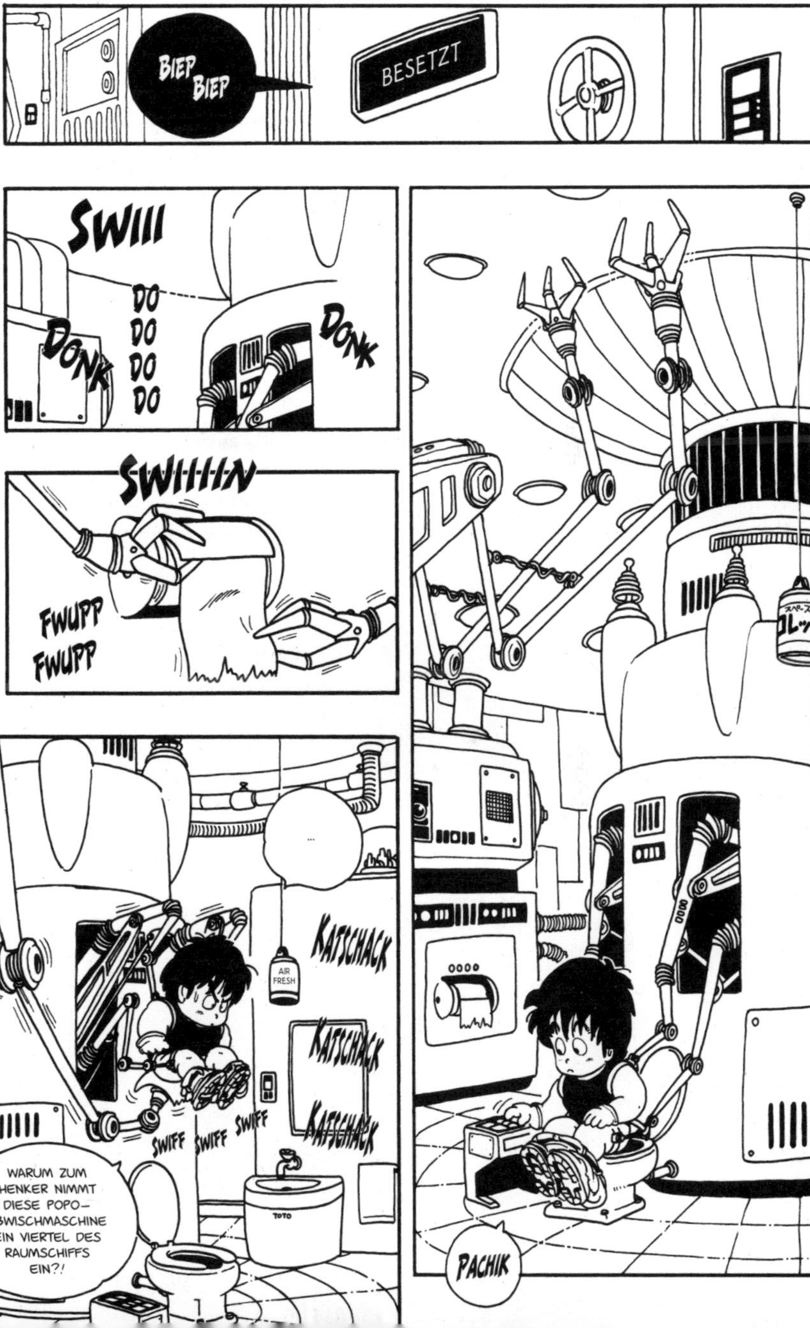
BIEP BIEP
BESETZT
SWIII
DO DO DO DO
DONK
DONK
SWIIIIN
FWUPP FWUPP
...
AIR FRESH
KATSCHACK
KATSCHACK
KATSCHACK
SWIFF SWIFF SWIFF
TOTO
WARUM ZUM HENKER NIMMT DIESE POPO-ABWISCHMASCHINE EIN VIERTEL DES RAUMSCHIFFS EIN?!
PACHIK

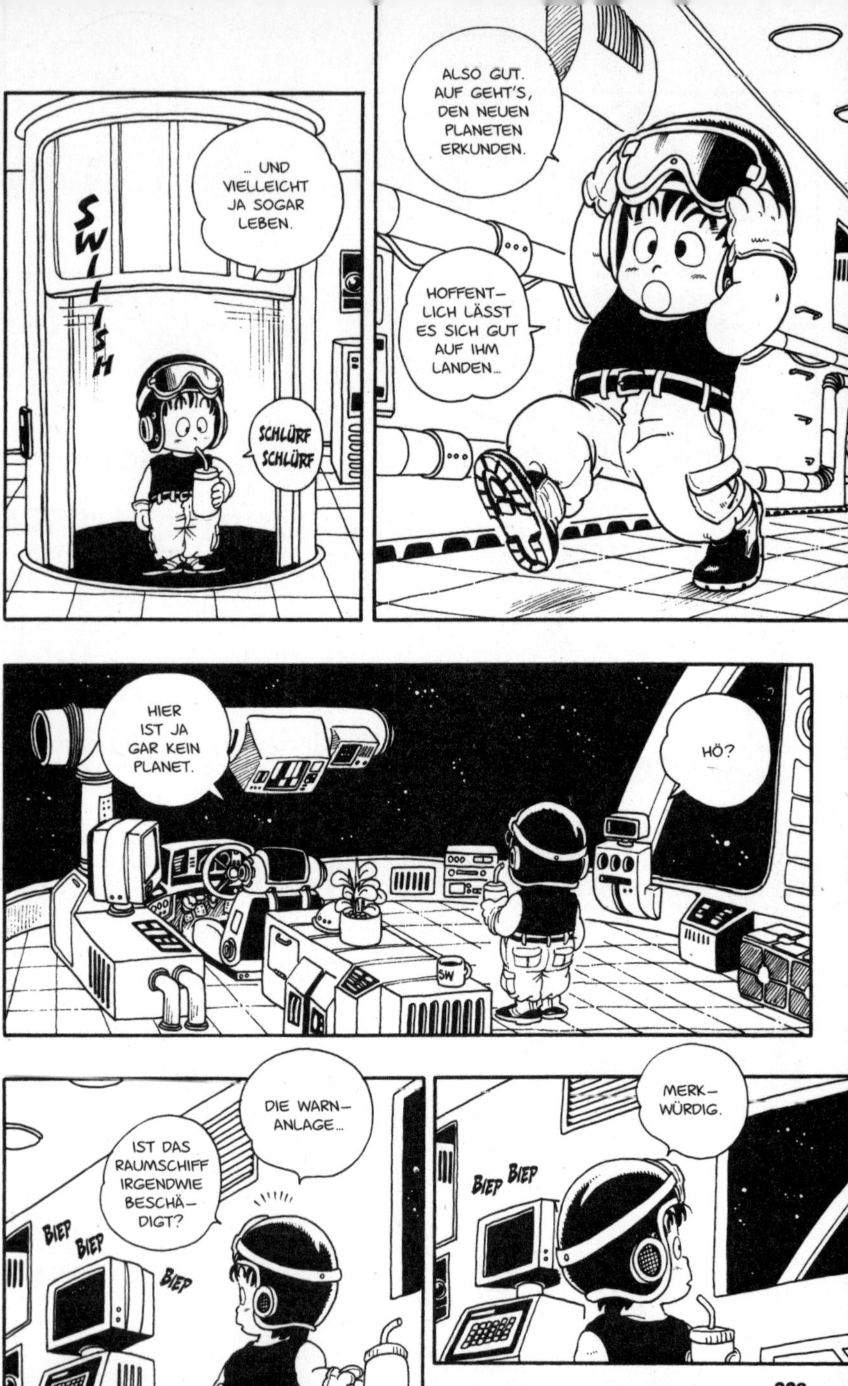
ALSO GUT. AUF GEHT'S, DEN NEUEN PLANETEN ERKUNDEN.
HOFFENT-LICH LÄSST ES SICH GUT AUF IHM LANDEN...
... UND VIELLEICHT JA SOGAR LEBEN.
SWIISH
SCHLÜRF SCHLÜRF
HÖ?
HIER IST JA GAR KEIN PLANET.
MERK-WÜRDIG.
BIEP BIEP
DIE WARN-ANLAGE...
IST DAS RAUMSCHIFF IRGENDWIE BESCHÄ-DIGT?
BIEP BIEP BIEP

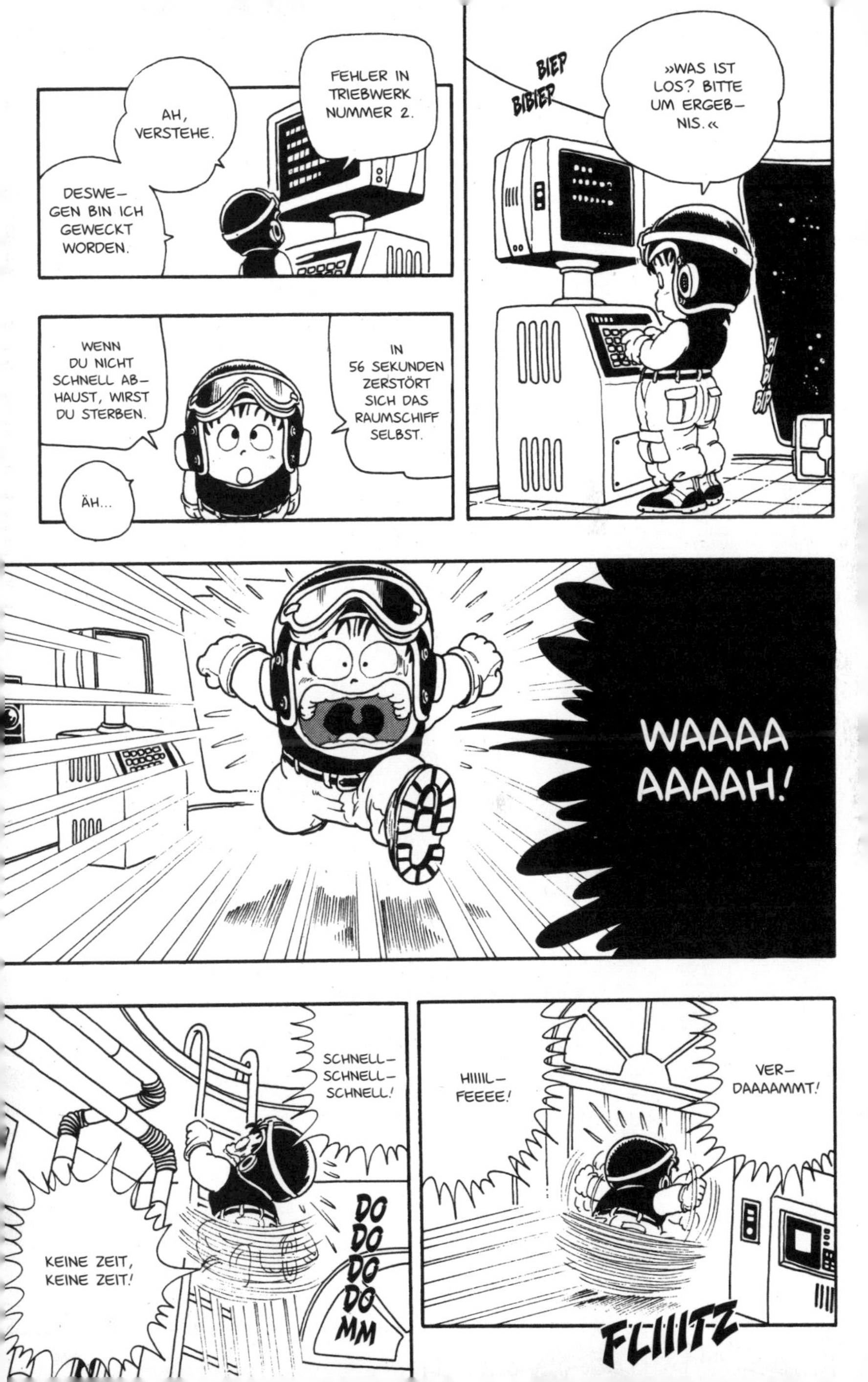
BIEP BIBIEP
»WAS IST LOS? BITTE UM ERGEBNIS.«
BI BI BIP
FEHLER IN TRIEBWERK NUMMER 2.
AH, VERSTEHE.
DESWEGEN BIN ICH GEWECKT WORDEN.
IN 56 SEKUNDEN ZERSTÖRT SICH DAS RAUMSCHIFF SELBST.
WENN DU NICHT SCHNELL ABHAUST, WIRST DU STERBEN.
ÄH...
WAAAA AAAAH!
VERDAAAAMMT!
HIIIL-FEEEE!
FLIIITZ
SCHNELL-SCHNELL-SCHNELL!
KEINE ZEIT, KEINE ZEIT!
DODODODOMM

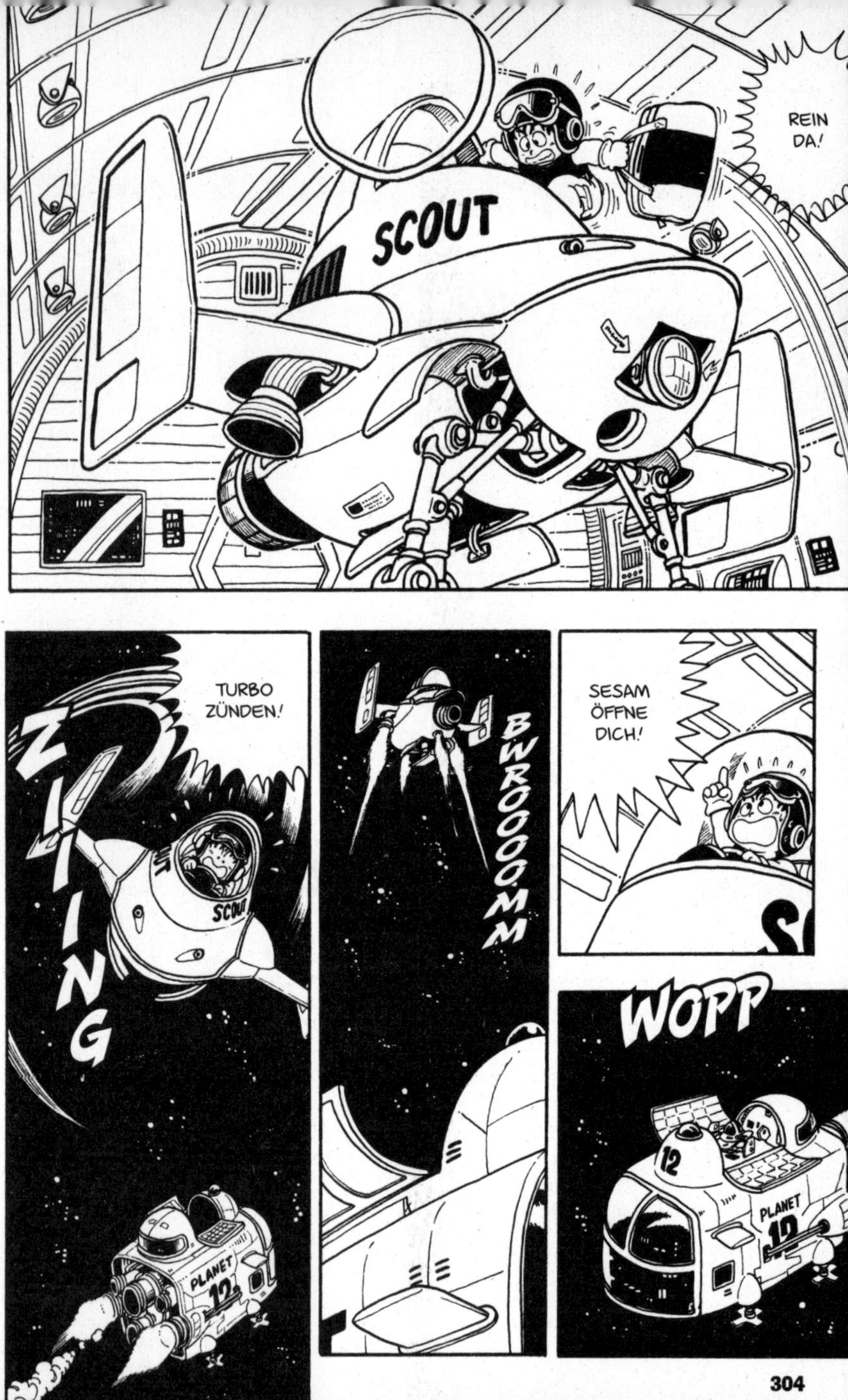
REIN DA!
SCOUT
SESAM ÖFFNE DICH!
WOPP
PLANET 12
BWROOOOOMM
TURBO ZÜNDEN!
ZIIING
SCOUT
PLANET 12

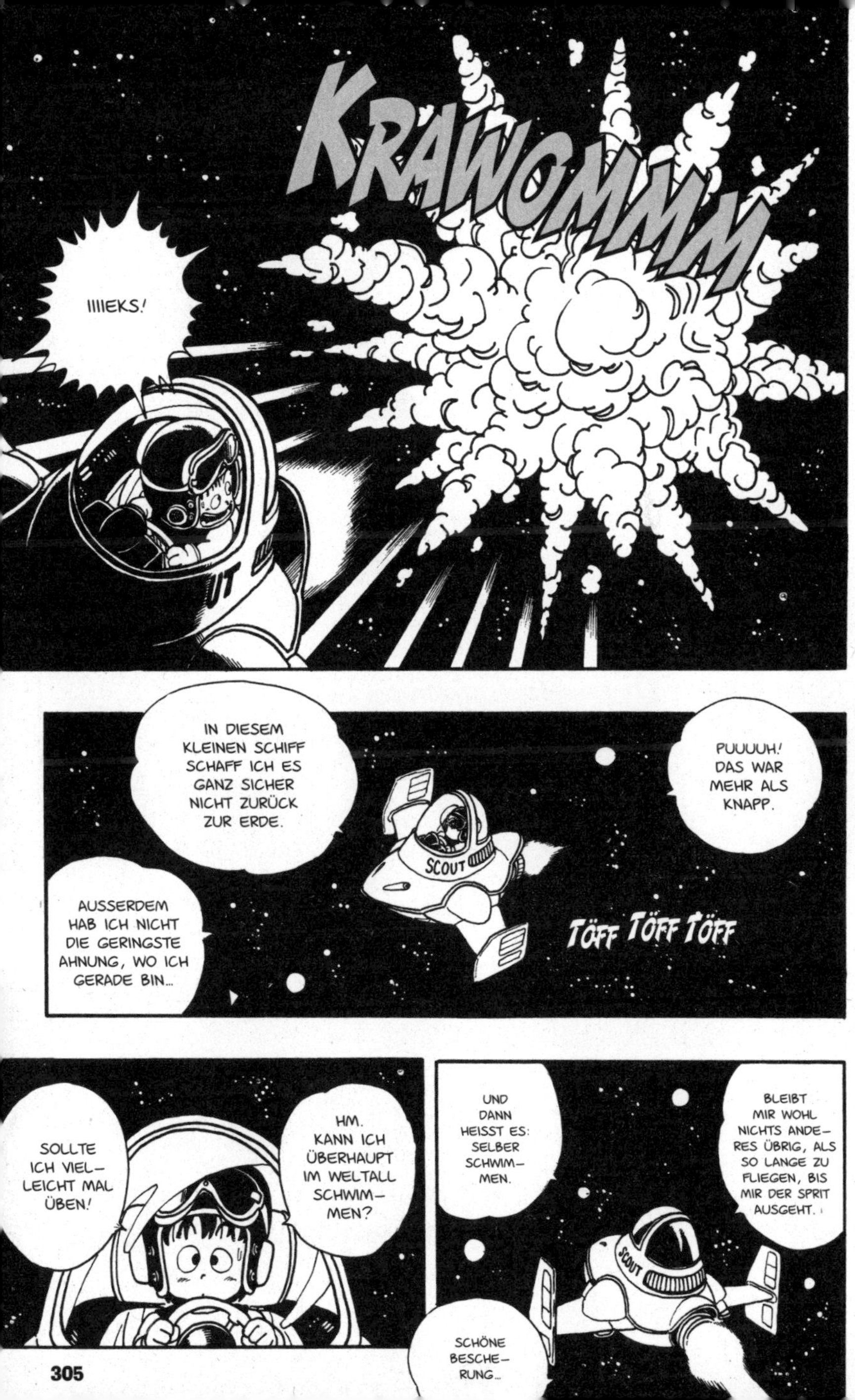
KRAWOMMM
IIIIEKS!
PUUUUH! DAS WAR MEHR ALS KNAPP.
IN DIESEM KLEINEN SCHIFF SCHAFF ICH ES GANZ SICHER NICHT ZURÜCK ZUR ERDE.
AUSSERDEM HAB ICH NICHT DIE GERINGSTE AHNUNG, WO ICH GERADE BIN...
TÖFF TÖFF TÖFF
BLEIBT MIR WOHL NICHTS ANDE-RES ÜBRIG, ALS SO LANGE ZU FLIEGEN, BIS MIR DER SPRIT AUSGEHT.
UND DANN HEISST ES: SELBER SCHWIM-MEN.
SCHÖNE BESCHE-RUNG...
HM. KANN ICH ÜBERHAUPT IM WELTALL SCHWIM-MEN?
SOLLTE ICH VIEL-LEICHT MAL ÜBEN!
SCOUT

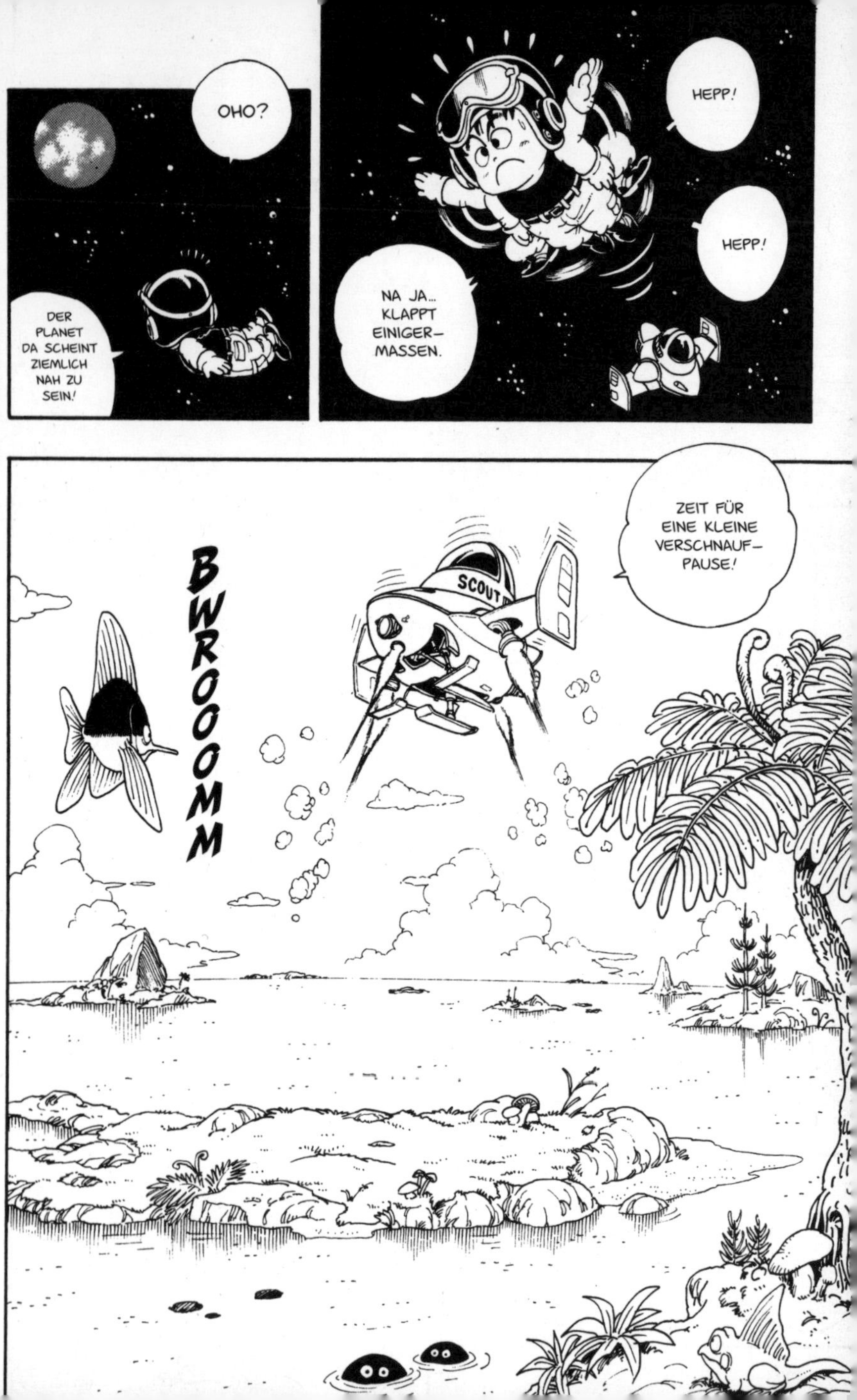
OHO?
DER PLANET DA SCHEINT ZIEMLICH NAH ZU SEIN!
HEPP!
HEPP!
NA JA... KLAPPT EINIGER-MASSEN.
ZEIT FÜR EINE KLEINE VERSCHNAUF-PAUSE!
SCOUT
BWROOOMM

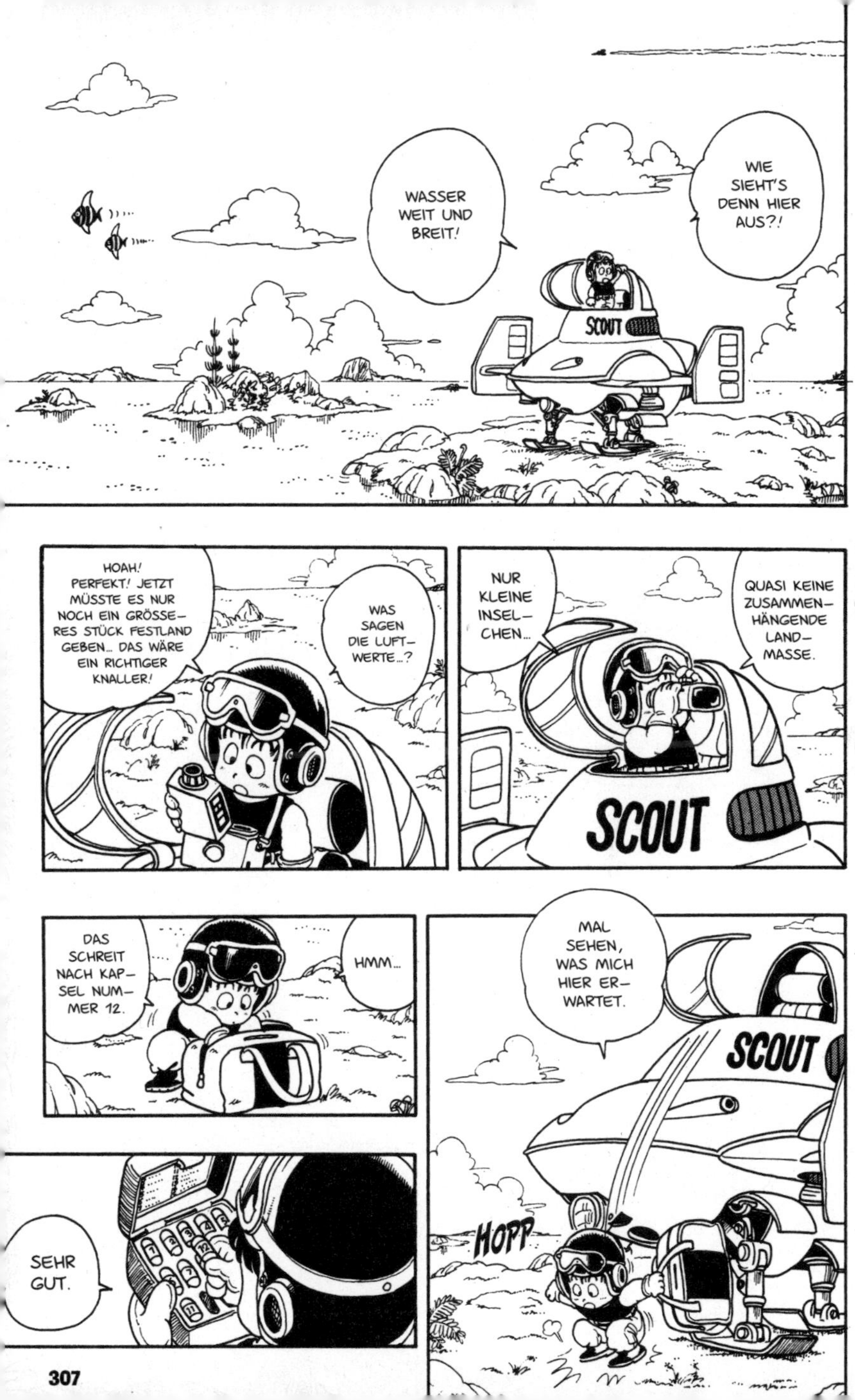
WIE SIEHT'S DENN HIER AUS?!
WASSER WEIT UND BREIT!
QUASI KEINE ZUSAMMENHÄNGENDE LANDMASSE.
NUR KLEINE INSELCHEN...
WAS SAGEN DIE LUFTWERTE...?
HOAH! PERFEKT! JETZT MÜSSTE ES NUR NOCH EIN GRÖSSERES STÜCK FESTLAND GEBEN... DAS WÄRE EIN RICHTIGER KNALLER!
HMM...
DAS SCHREIT NACH KAPSEL NUMMER 12.
SEHR GUT.
MAL SEHEN, WAS MICH HIER ERWARTET.
HOPP

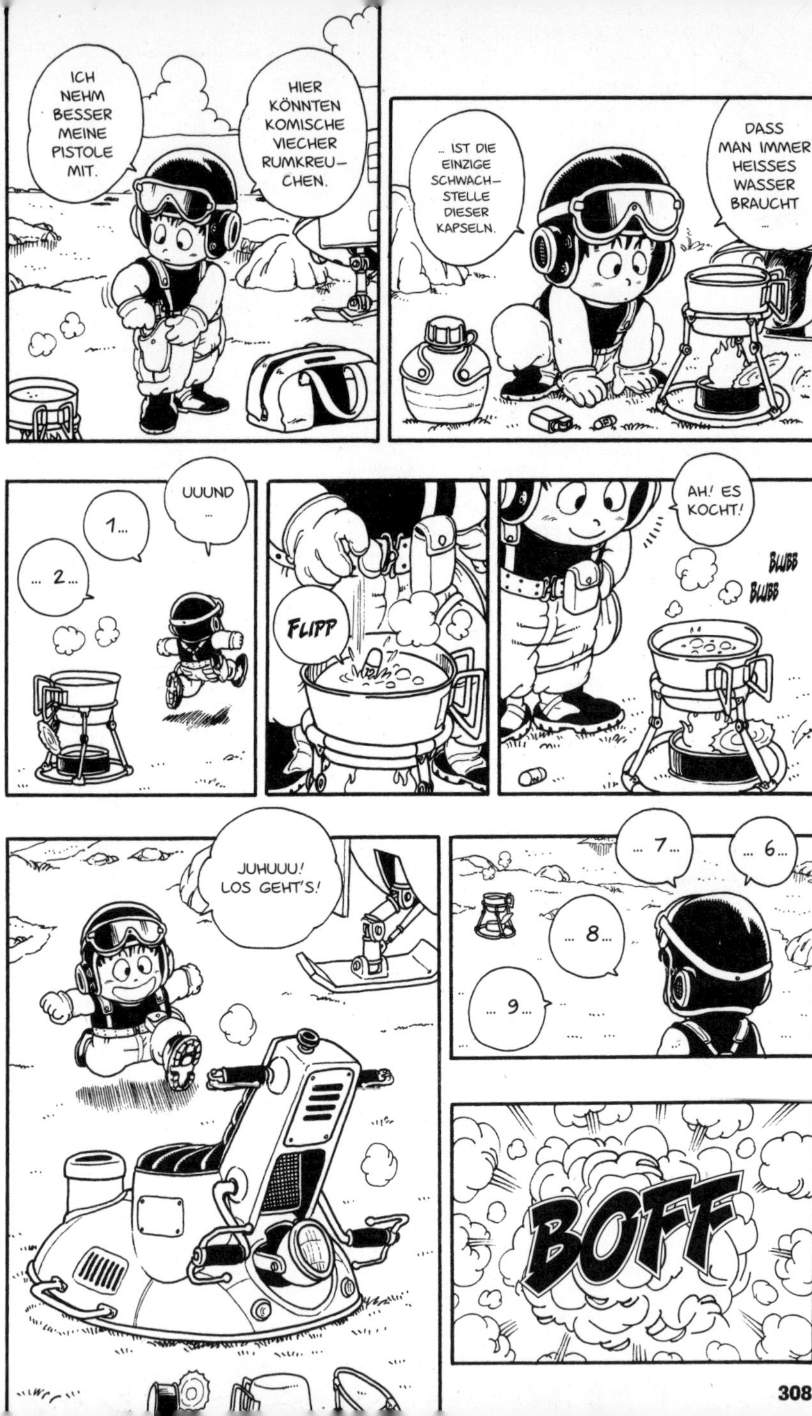
DASS MAN IMMER HEISSES WASSER BRAUCHT ...
... IST DIE EINZIGE SCHWACH-STELLE DIESER KAPSELN.
HIER KÖNNTEN KOMISCHE VIECHER RUMKREU-CHEN.
ICH NEHM BESSER MEINE PISTOLE MIT.
AH! ES KOCHT!
BLUBB
BLUBB
FLIPP
UUUND ...
1...
... 2...
... 6...
... 7...
... 8...
... 9...
BOFF
JUHUUU! LOS GEHT'S!

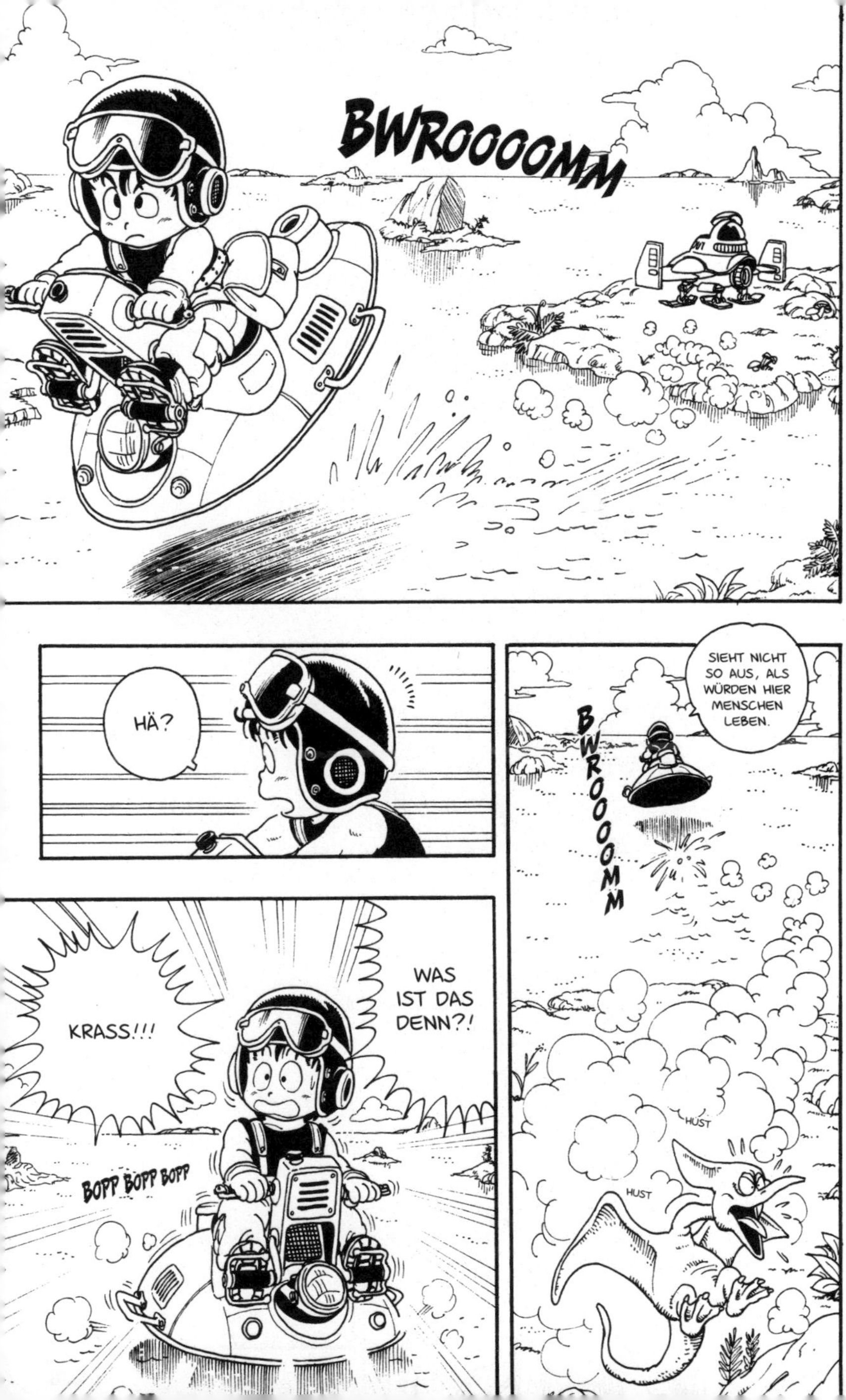
BWROOOOMM
HÄ?
SIEHT NICHT SO AUS, ALS WÜRDEN HIER MENSCHEN LEBEN.
BWROOOOMM
WAS IST DAS DENN?!
KRASS!!!
BOPP BOPP BOPP
HUST
HUST

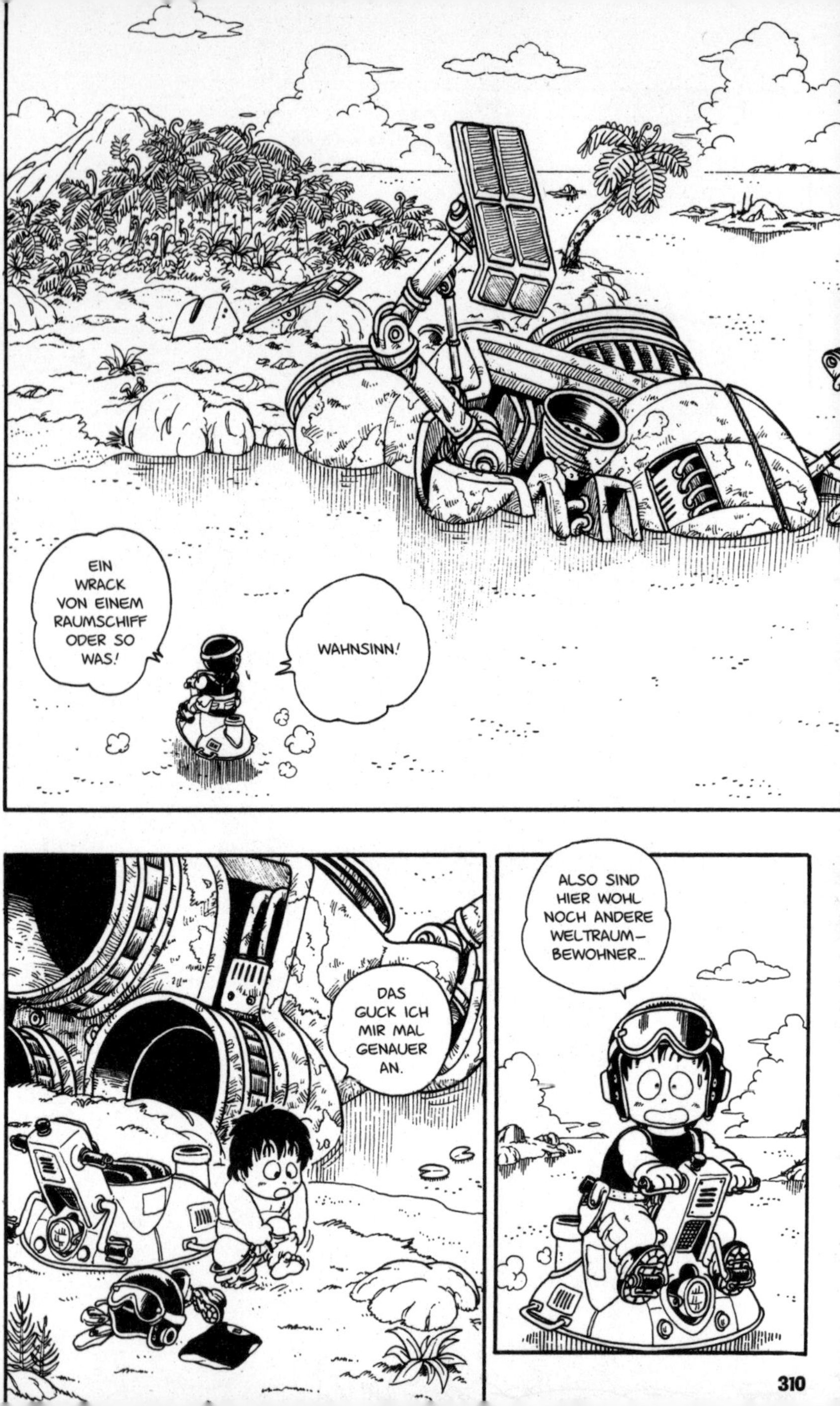
WAHNSINN!
EIN WRACK VON EINEM RAUMSCHIFF ODER SO WAS!
ALSO SIND HIER WOHL NOCH ANDERE WELTRAUM-BEWOHNER...
DAS GUCK ICH MIR MAL GENAUER AN.

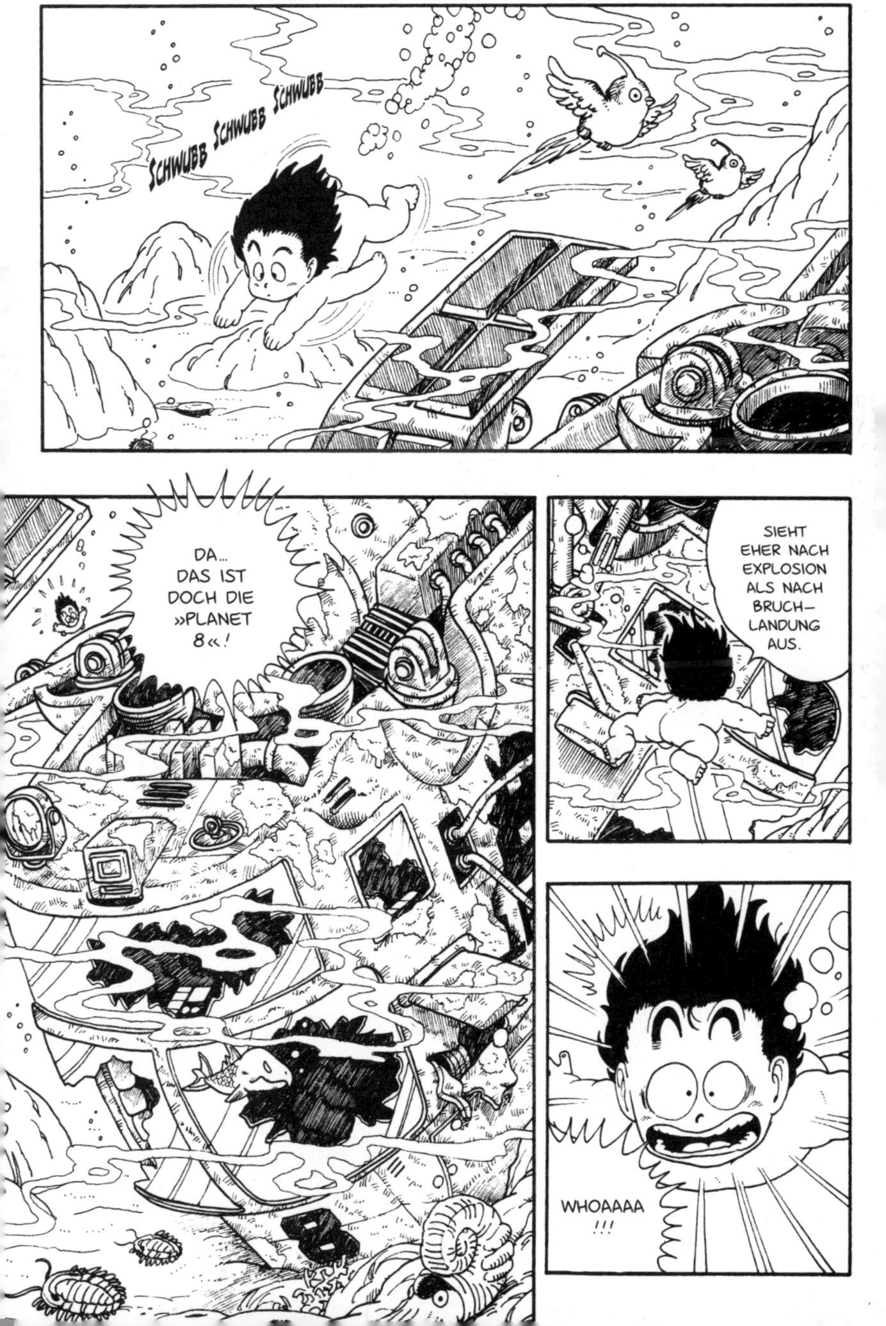
SCHWUBB SCHWUBB SCHWUBB
DA… DAS IST DOCH DIE »PLANET 8«!
SIEHT EHER NACH EXPLOSION ALS NACH BRUCH-LANDUNG AUS.
WHOAAAA !!!

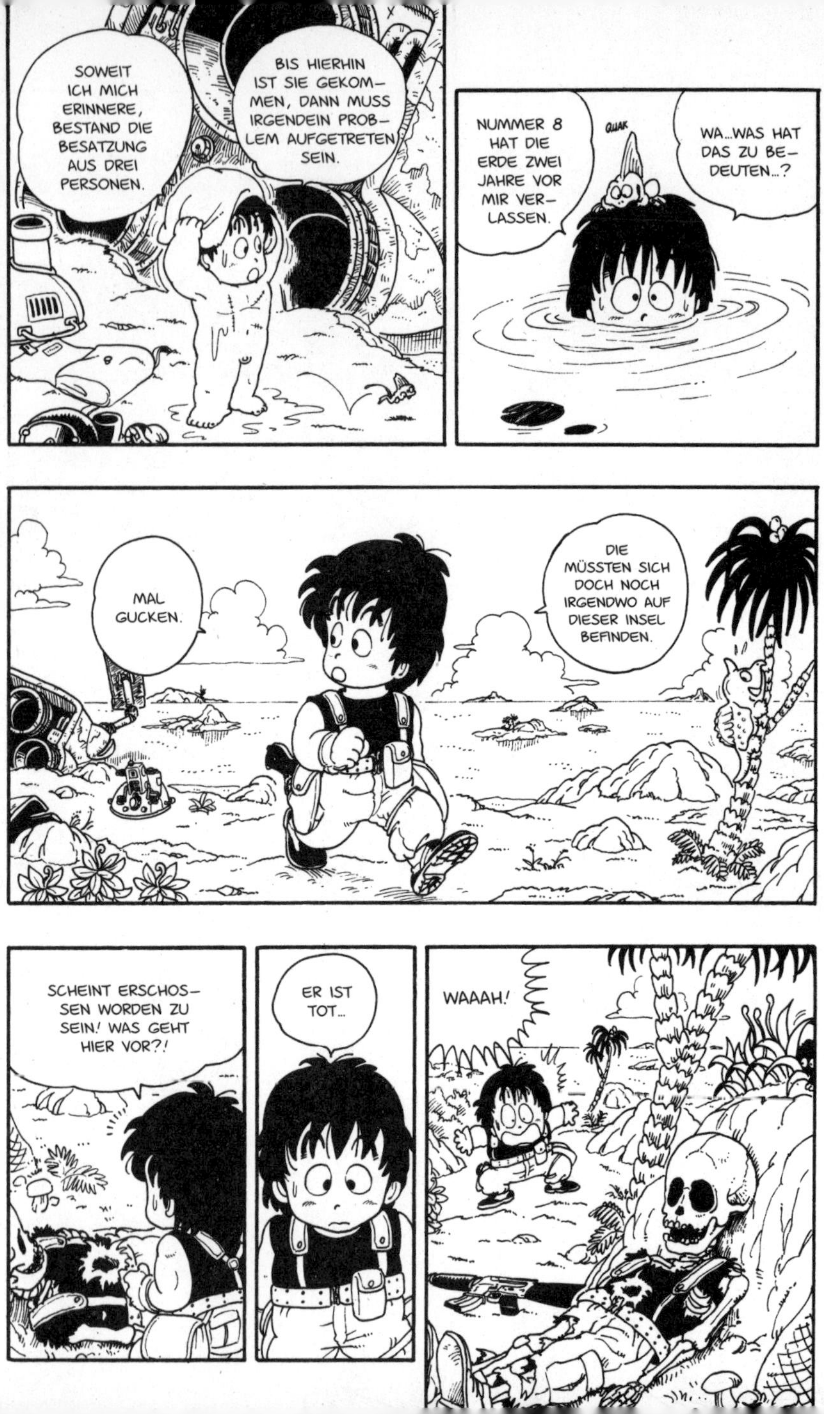
NUMMER 8 HAT DIE ERDE ZWEI JAHRE VOR MIR VERLASSEN.
QUAK
WA...WAS HAT DAS ZU BEDEUTEN...?
BIS HIERHIN IST SIE GEKOMMEN, DANN MUSS IRGENDEIN PROBLEM AUFGETRETEN SEIN.
SOWEIT ICH MICH ERINNERE, BESTAND DIE BESATZUNG AUS DREI PERSONEN.
DIE MÜSSTEN SICH DOCH NOCH IRGENDWO AUF DIESER INSEL BEFINDEN.
MAL GUCKEN.
WAAAH!
ER IST TOT...
SCHEINT ERSCHOSSEN WORDEN ZU SEIN! WAS GEHT HIER VOR?!

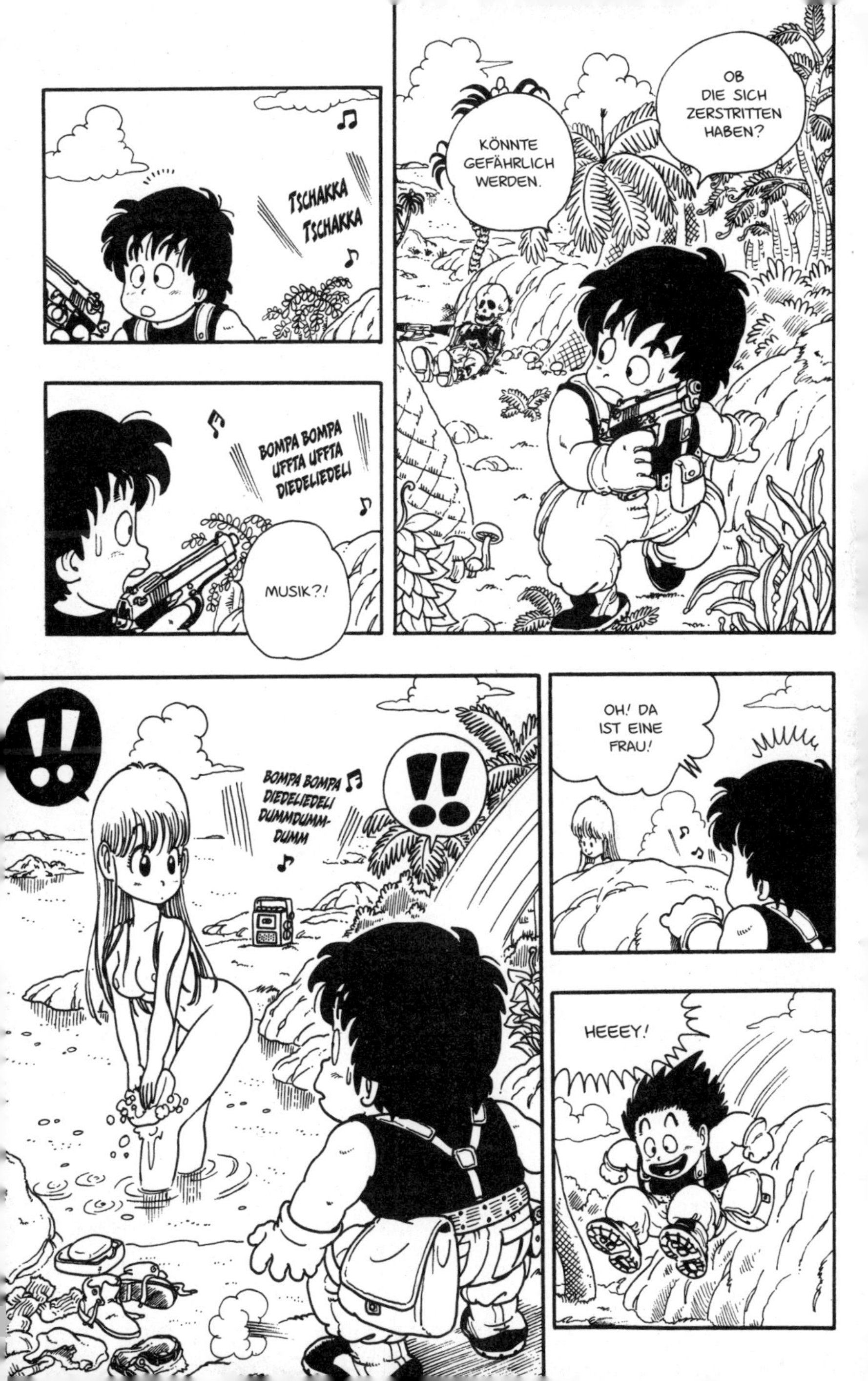
OB DIE SICH ZERSTRITTEN HABEN?
KÖNNTE GEFÄHRLICH WERDEN.
TSCHAKKA TSCHAKKA
BOMPA BOMPA UFFTA UFFTA DIEDELIEDELI
MUSIK?!
BOMPA BOMPA DIEDELIEDELI DUMMDUMM-DUMM
OH! DA IST EINE FRAU!
HEEEY!

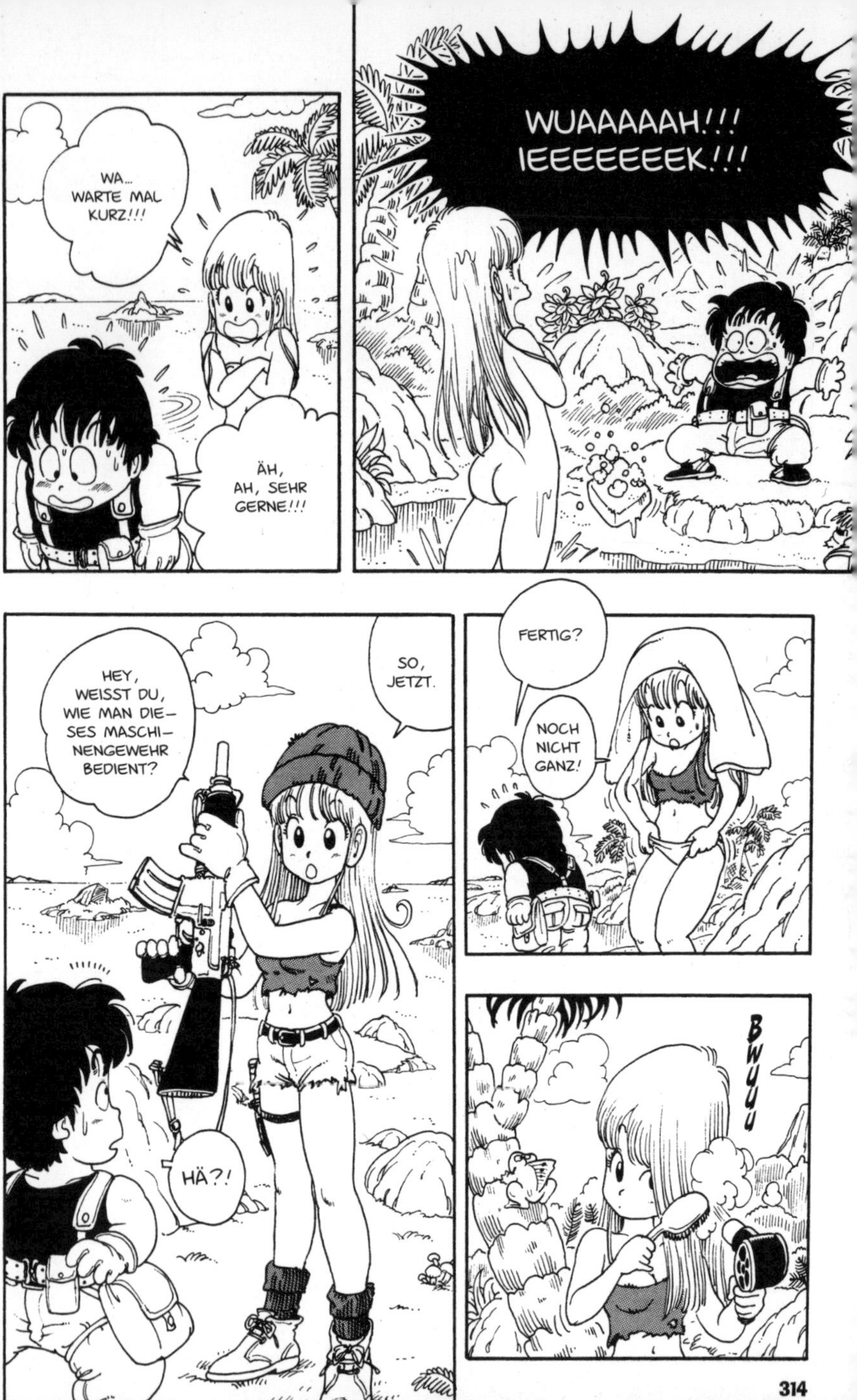
WUAAAAAH!!!
IEEEEEEEK!!!
WA... WARTE MAL KURZ!!!
ÄH, AH, SEHR GERNE!!!
FERTIG?
NOCH NICHT GANZ!
BWUUU
SO, JETZT.
HEY, WEISST DU, WIE MAN DIESES MASCHINENGEWEHR BEDIENT?
HÄ?!

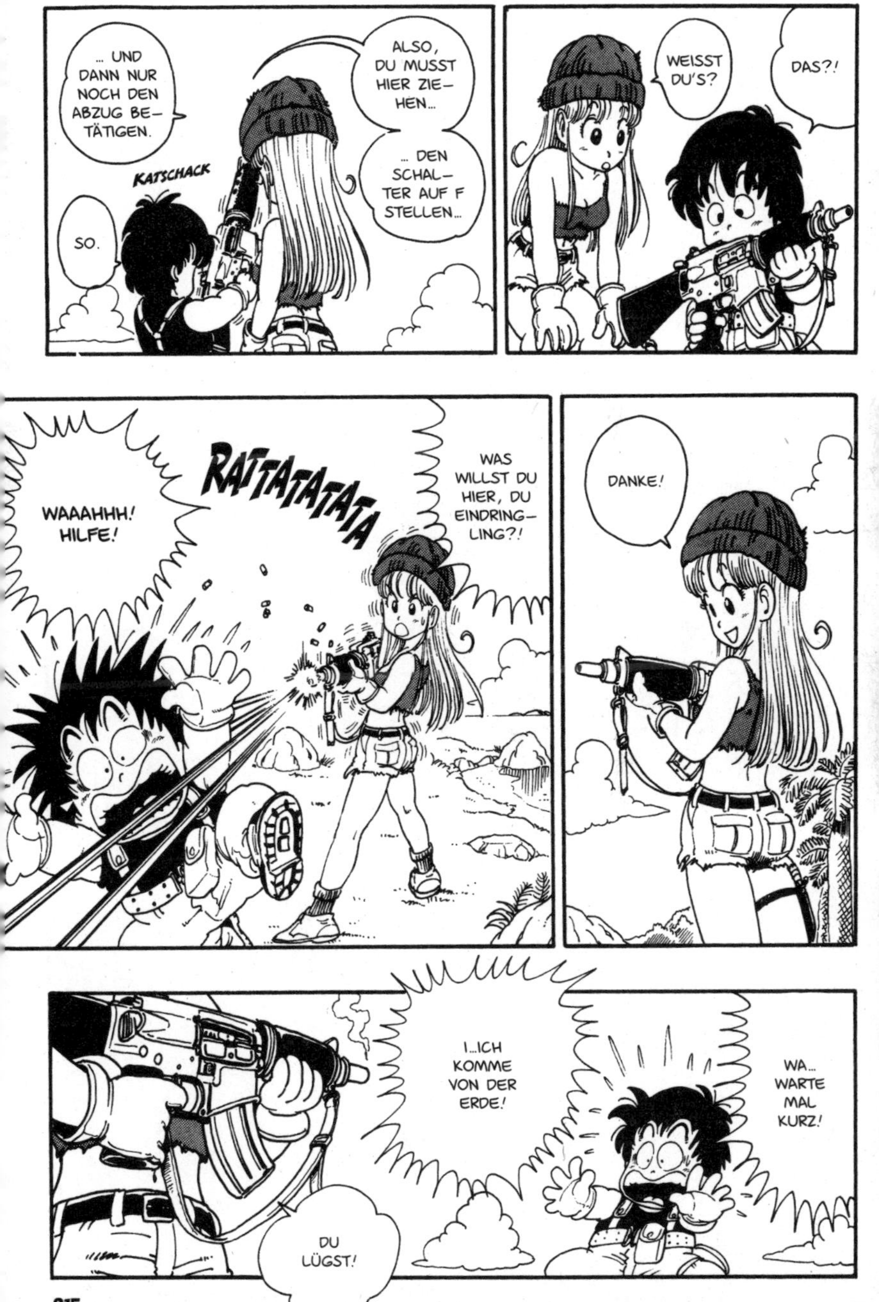
... UND DANN NUR NOCH DEN ABZUG BETÄTIGEN.
ALSO, DU MUSST HIER ZIEHEN...
... DEN SCHALTER AUF F STELLEN...
KATSCHACK
SO.
DAS?!
WEISST DU'S?
DANKE!
WAS WILLST DU HIER, DU EINDRINGLING?!
RATTATATATATA
WAAAHHH! HILFE!
WA... WARTE MAL KURZ!
I...ICH KOMME VON DER ERDE!
DU LÜGST!

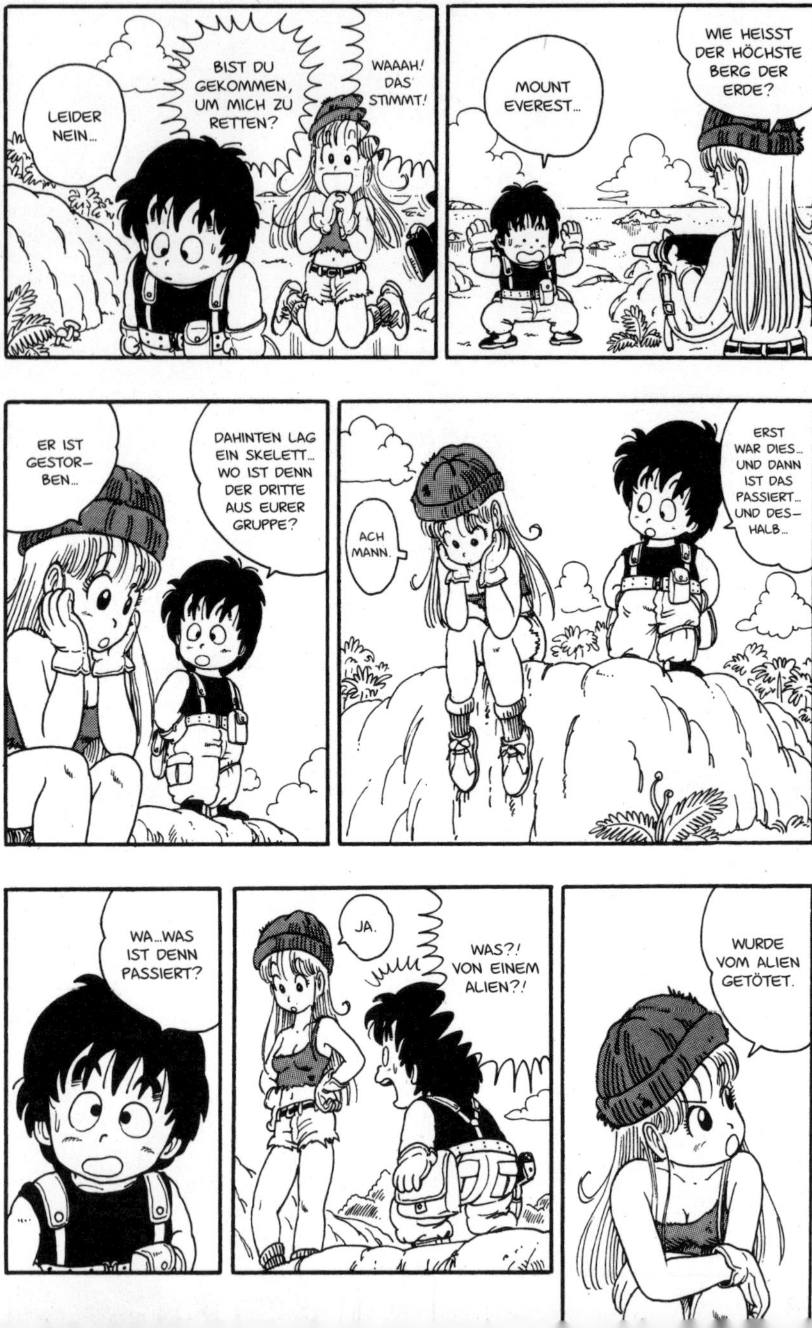

WIE HEISST DER HÖCHSTE BERG DER ERDE?
MOUNT EVEREST...
WAAAH! DAS STIMMT!
BIST DU GEKOMMEN, UM MICH ZU RETTEN?
LEIDER NEIN...
ERST WAR DIES... UND DANN IST DAS PASSIERT... UND DESHALB...
ACH MANN.
DAHINTEN LAG EIN SKELETT... WO IST DENN DER DRITTE AUS EURER GRUPPE?
ER IST GESTORBEN...
WURDE VOM ALIEN GETÖTET.
WAS?! VON EINEM ALIEN?!
JA.
WA...WAS IST DENN PASSIERT?

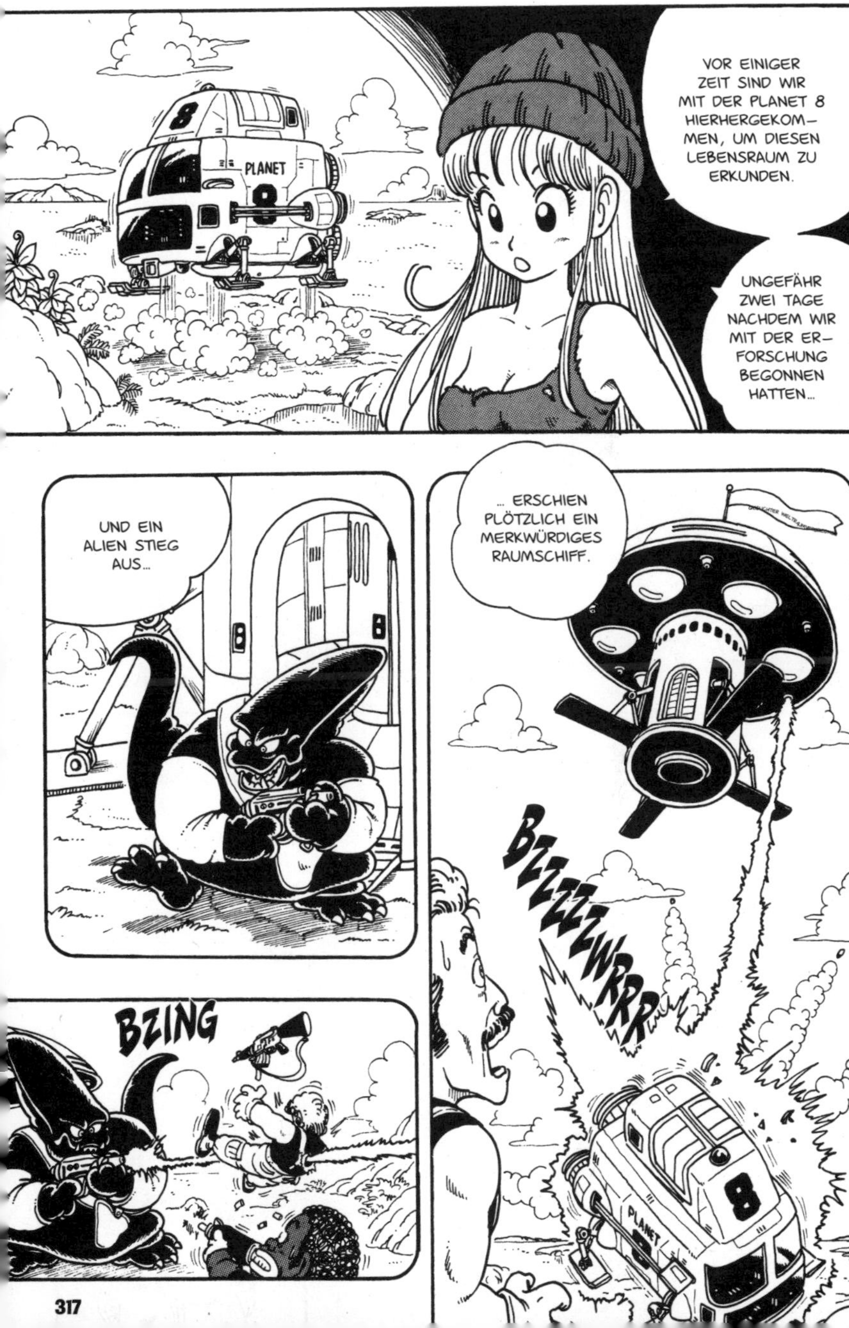
VOR EINIGER ZEIT SIND WIR MIT DER PLANET 8 HIERHERGEKOMMEN, UM DIESEN LEBENSRAUM ZU ERKUNDEN.
UNGEFÄHR ZWEI TAGE NACHDEM WIR MIT DER ERFORSCHUNG BEGONNEN HATTEN...
... ERSCHIEN PLÖTZLICH EIN MERKWÜRDIGES RAUMSCHIFF.
BZZZZZWRRRR
UND EIN ALIEN STIEG AUS...
BZING

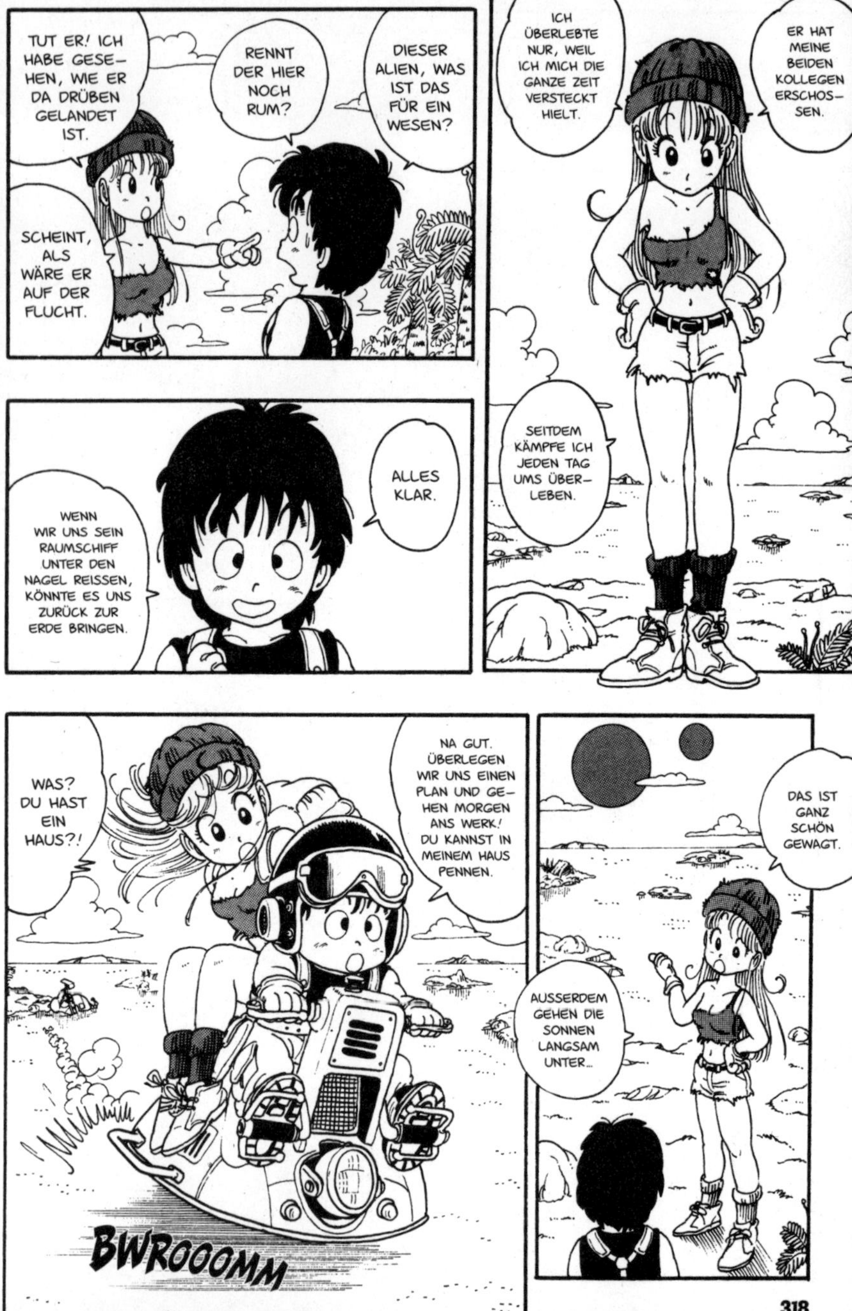
ER HAT MEINE BEIDEN KOLLEGEN ERSCHOSSEN.
ICH ÜBERLEBTE NUR, WEIL ICH MICH DIE GANZE ZEIT VERSTECKT HIELT.
SEITDEM KÄMPFE ICH JEDEN TAG UMS ÜBERLEBEN.
DIESER ALIEN, WAS IST DAS FÜR EIN WESEN?
RENNT DER HIER NOCH RUM?
TUT ER! ICH HABE GESEHEN, WIE ER DA DRÜBEN GELANDET IST.
SCHEINT, ALS WÄRE ER AUF DER FLUCHT.
ALLES KLAR.
WENN WIR UNS SEIN RAUMSCHIFF UNTER DEN NAGEL REISSEN, KÖNNTE ES UNS ZURÜCK ZUR ERDE BRINGEN.
DAS IST GANZ SCHÖN GEWAGT.
AUSSERDEM GEHEN DIE SONNEN LANGSAM UNTER...
NA GUT. ÜBERLEGEN WIR UNS EINEN PLAN UND GEHEN MORGEN ANS WERK! DU KANNST IN MEINEM HAUS PENNEN.
WAS? DU HAST EIN HAUS?!
BWROOOMM

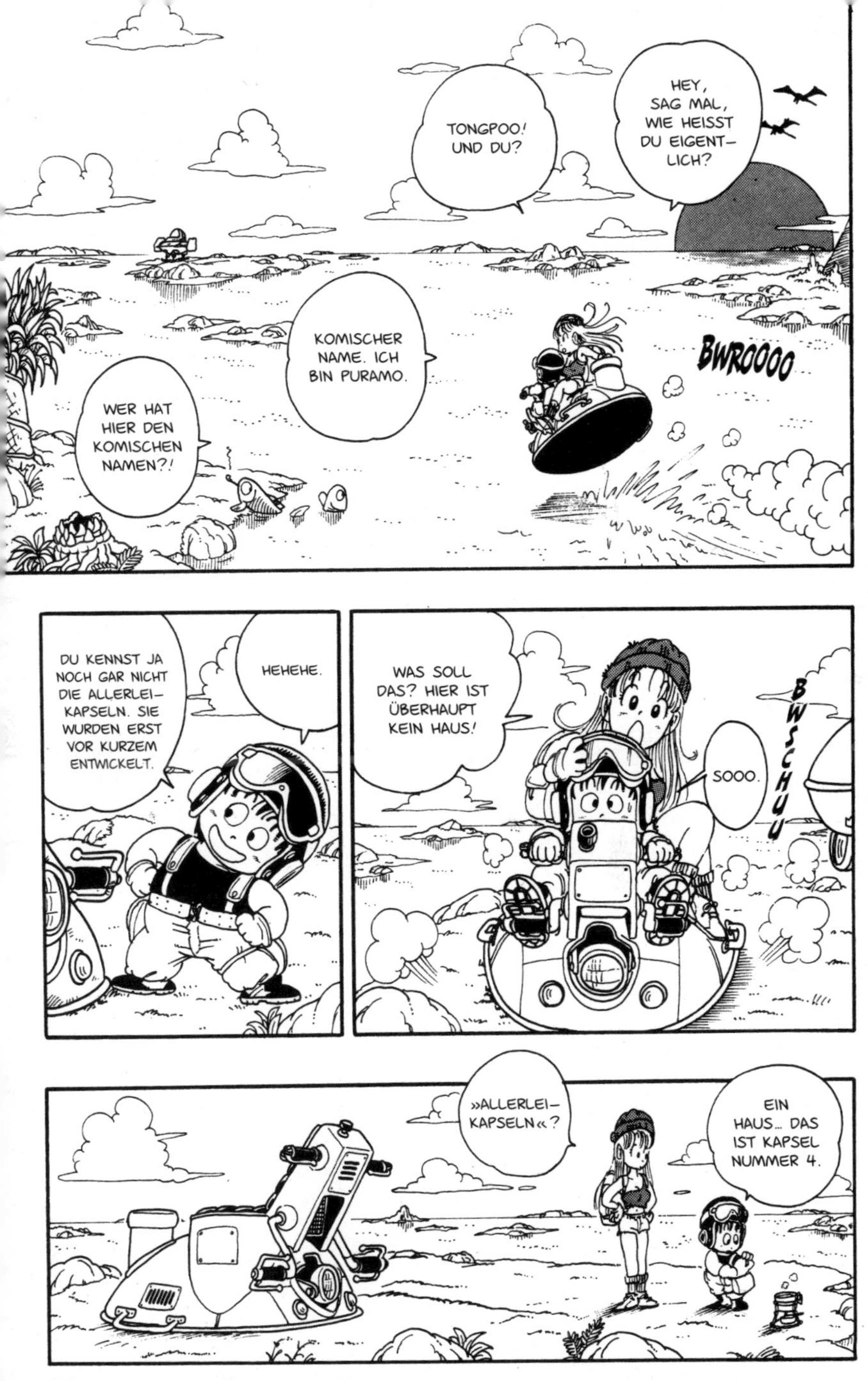
HEY, SAG MAL, WIE HEISST DU EIGENTLICH?
TONGPOO! UND DU?
BWROOOO
KOMISCHER NAME. ICH BIN PURAMO.
WER HAT HIER DEN KOMISCHEN NAMEN?!
BWSCHUU
SOOO.
WAS SOLL DAS? HIER IST ÜBERHAUPT KEIN HAUS!
HEHEHE.
DU KENNST JA NOCH GAR NICHT DIE ALLERLEI-KAPSELN. SIE WURDEN ERST VOR KURZEM ENTWICKELT.
EIN HAUS... DAS IST KAPSEL NUMMER 4.
»ALLERLEI-KAPSELN«?

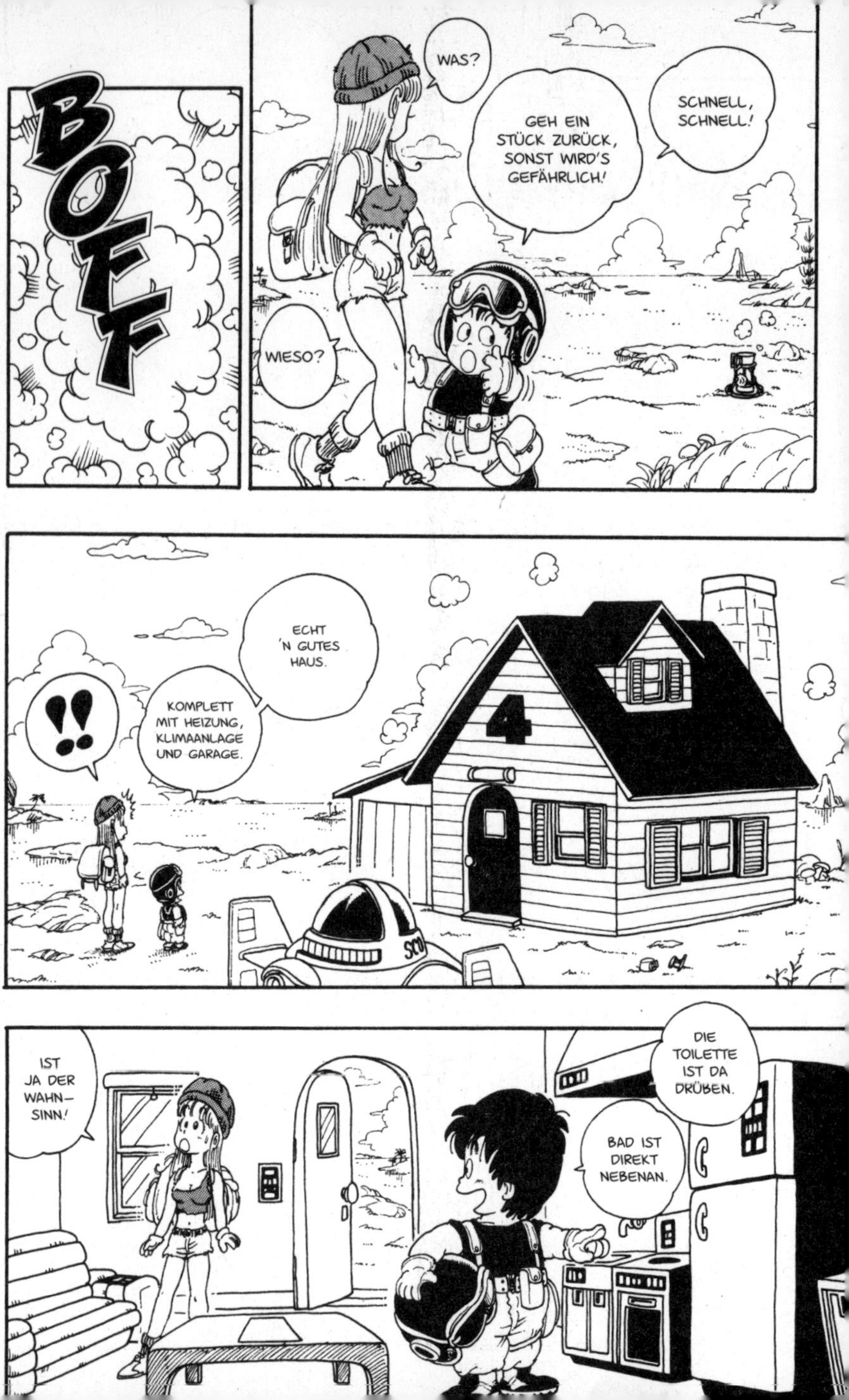
SCHNELL, SCHNELL!
WAS?
GEH EIN STÜCK ZURÜCK, SONST WIRD'S GEFÄHRLICH!
WIESO?
BOFF
ECHT 'N GUTES HAUS.
KOMPLETT MIT HEIZUNG, KLIMAANLAGE UND GARAGE.
!!
DIE TOILETTE IST DA DRÜBEN.
BAD IST DIREKT NEBENAN.
IST JA DER WAHNSINN!

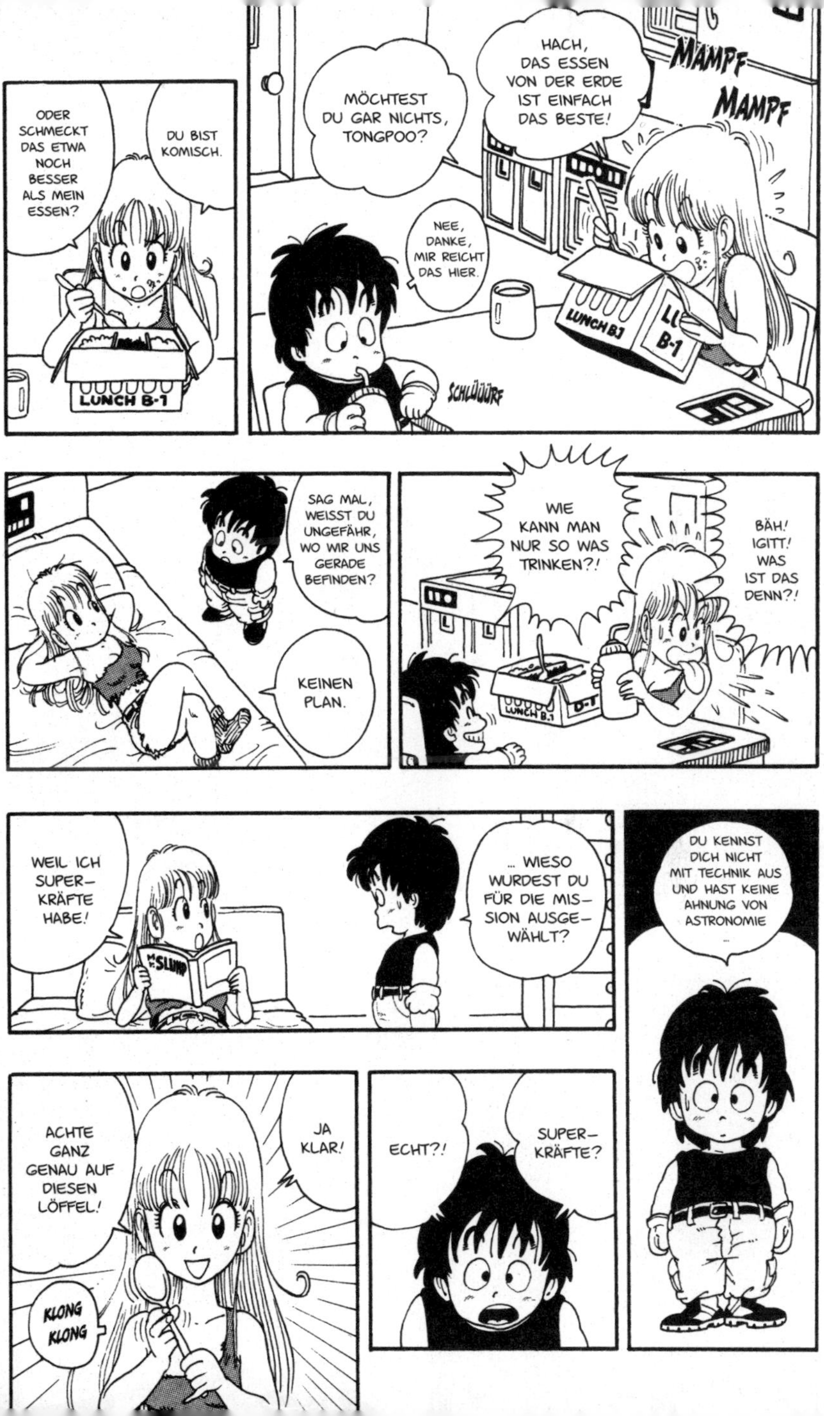
MAMPF MAMPF
HACH, DAS ESSEN VON DER ERDE IST EINFACH DAS BESTE!
MÖCHTEST DU GAR NICHTS, TONGPOO?
NEE, DANKE, MIR REICHT DAS HIER.
SCHLÜÜÜRF
LUNCH B-1
DU BIST KOMISCH.
ODER SCHMECKT DAS ETWA NOCH BESSER ALS MEIN ESSEN?
LUNCH B-1
BÄH! IGITT! WAS IST DAS DENN?!
WIE KANN MAN NUR SO WAS TRINKEN?!
LUNCH B-1
SAG MAL, WEISST DU UNGEFÄHR, WO WIR UNS GERADE BEFINDEN?
KEINEN PLAN.
DU KENNST DICH NICHT MIT TECHNIK AUS UND HAST KEINE AHNUNG VON ASTRONOMIE ...
... WIESO WURDEST DU FÜR DIE MISSION AUSGEWÄHLT?
WEIL ICH SUPERKRÄFTE HABE!
SLUMP
SUPERKRÄFTE?
ECHT?!
JA KLAR!
ACHTE GANZ GENAU AUF DIESEN LÖFFEL!
KLONG KLONG

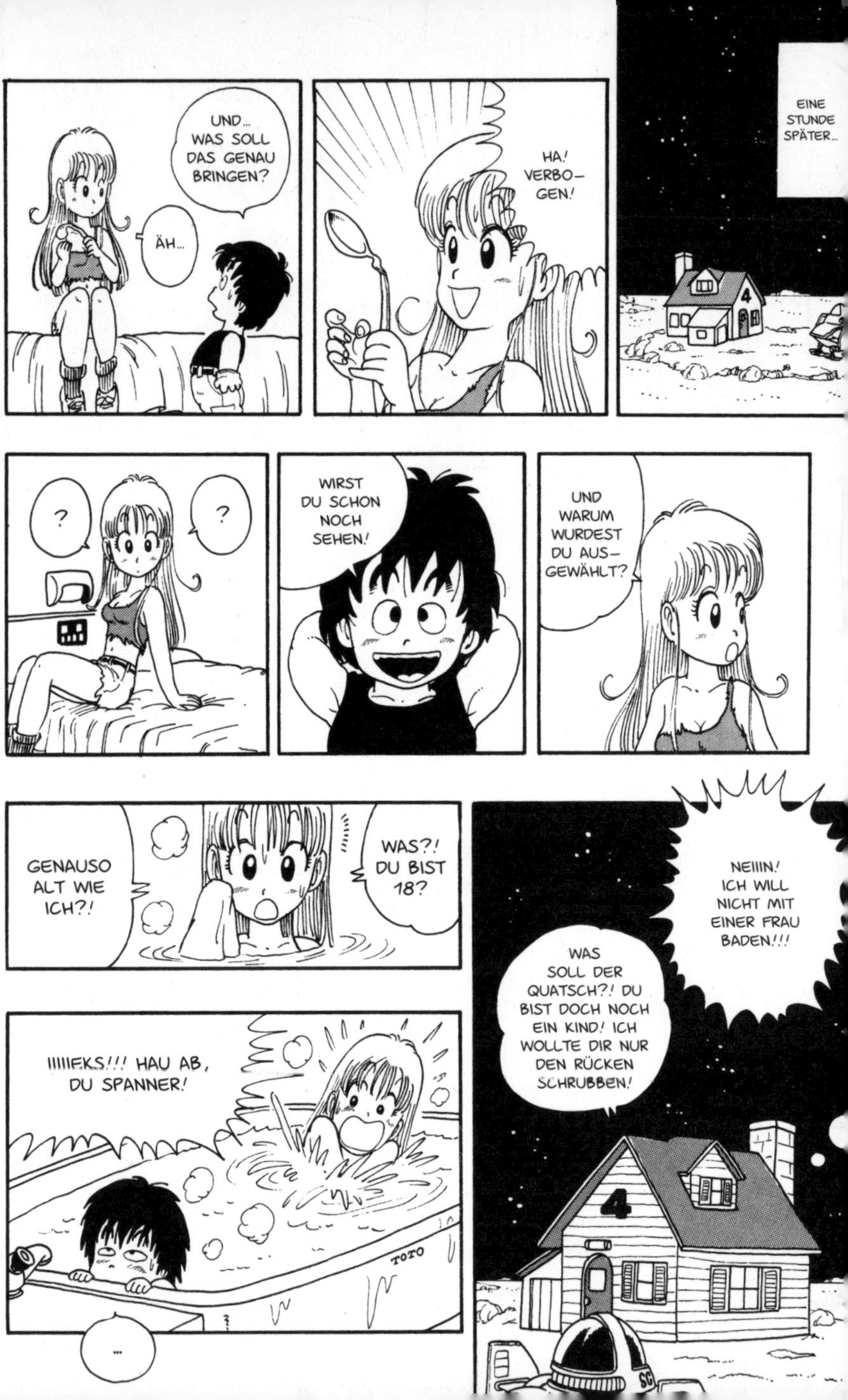
EINE STUNDE SPÄTER...
HA! VERBOGEN!
UND... WAS SOLL DAS GENAU BRINGEN?
ÄH...
UND WARUM WURDEST DU AUSGEWÄHLT?
WIRST DU SCHON NOCH SEHEN!
?
?
NEIIIN! ICH WILL NICHT MIT EINER FRAU BADEN!!!
WAS SOLL DER QUATSCH?! DU BIST DOCH NOCH EIN KIND! ICH WOLLTE DIR NUR DEN RÜCKEN SCHRUBBEN!
WAS?! DU BIST 18?
GENAUSO ALT WIE ICH?!
IIIIIEKS!!! HAU AB, DU SPANNER!
TOTO
...

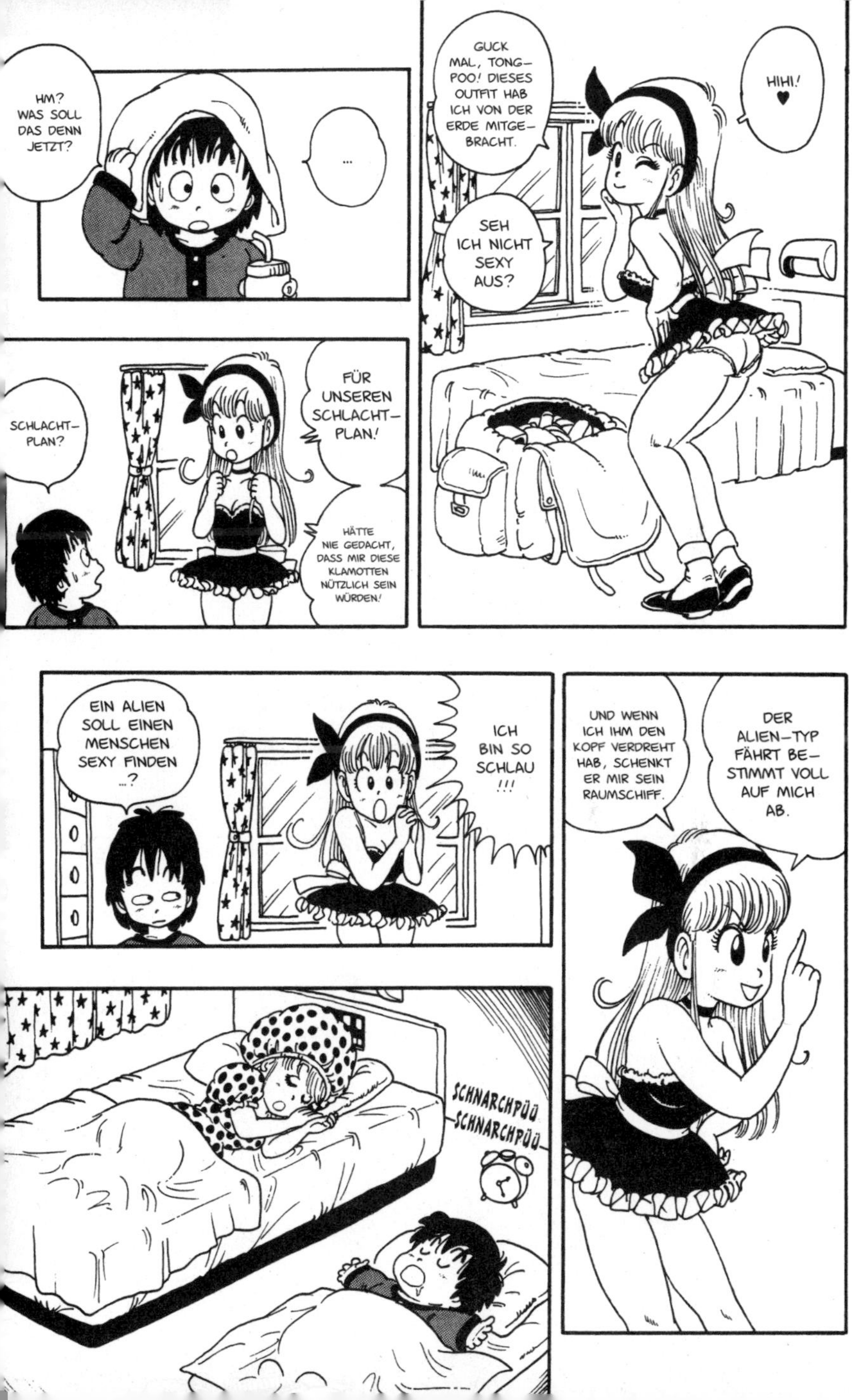
GUCK MAL, TONG-POO! DIESES OUTFIT HAB ICH VON DER ERDE MITGE-BRACHT.
SEH ICH NICHT SEXY AUS?
HIHI! ♥
...
HM? WAS SOLL DAS DENN JETZT?
FÜR UNSEREN SCHLACHT-PLAN!
HÄTTE NIE GEDACHT, DASS MIR DIESE KLAMOTTEN NÜTZLICH SEIN WÜRDEN!
SCHLACHT-PLAN?
DER ALIEN-TYP FÄHRT BE-STIMMT VOLL AUF MICH AB.
UND WENN ICH IHM DEN KOPF VERDREHT HAB, SCHENKT ER MIR SEIN RAUMSCHIFF.
ICH BIN SO SCHLAU !!!
EIN ALIEN SOLL EINEN MENSCHEN SEXY FINDEN ...?
SCHNARCHPÜÜ
SCHNARCHPÜÜ

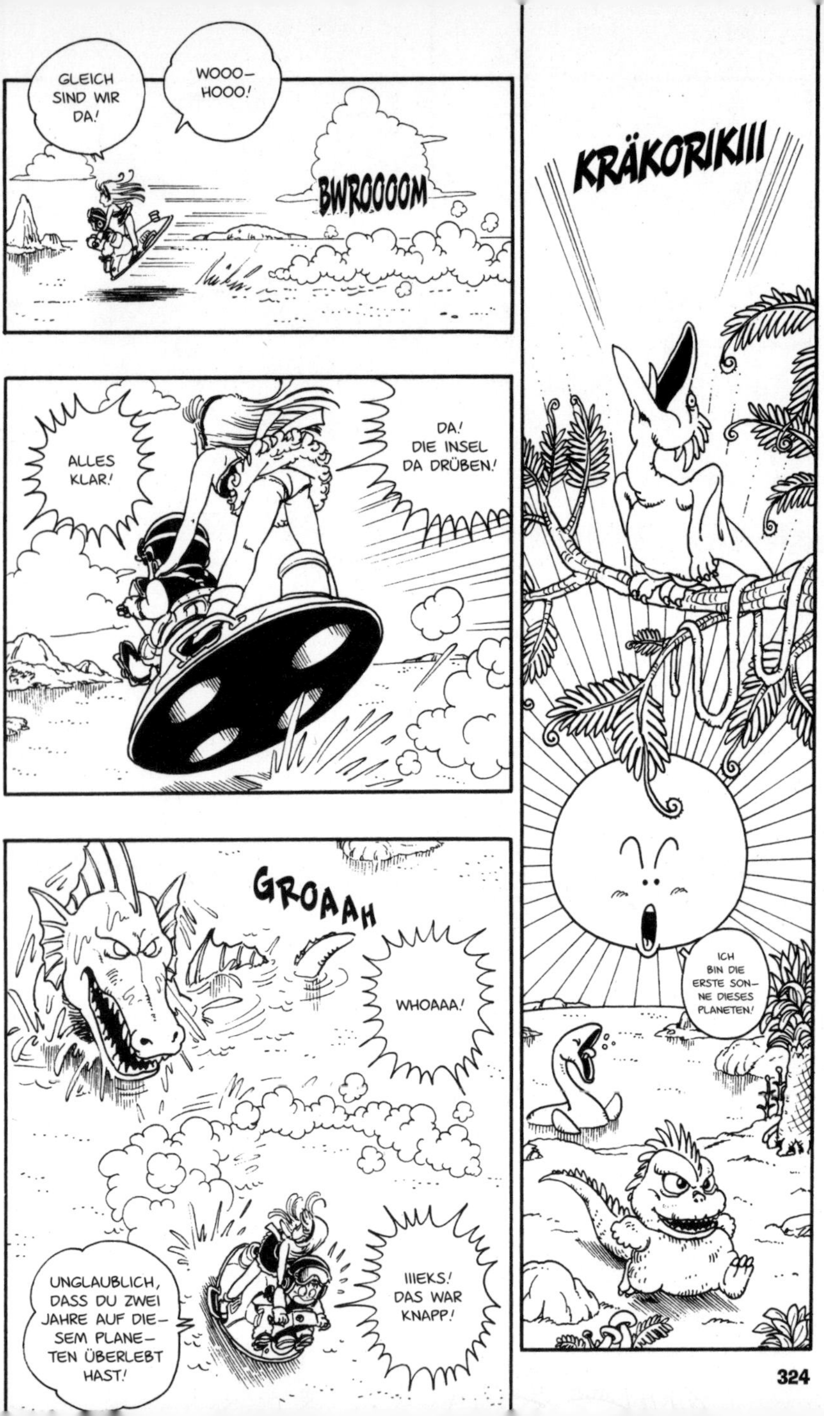
WOOO-HOOO!
GLEICH SIND WIR DA!
BWROOOOM
KRÄKORIKIII
DA! DIE INSEL DA DRÜBEN!
ALLES KLAR!
ICH BIN DIE ERSTE SONNE DIESES PLANETEN!
GROAAH
WHOAAA!
IIIEKS! DAS WAR KNAPP!
UNGLAUBLICH, DASS DU ZWEI JAHRE AUF DIESEM PLANETEN ÜBERLEBT HAST!

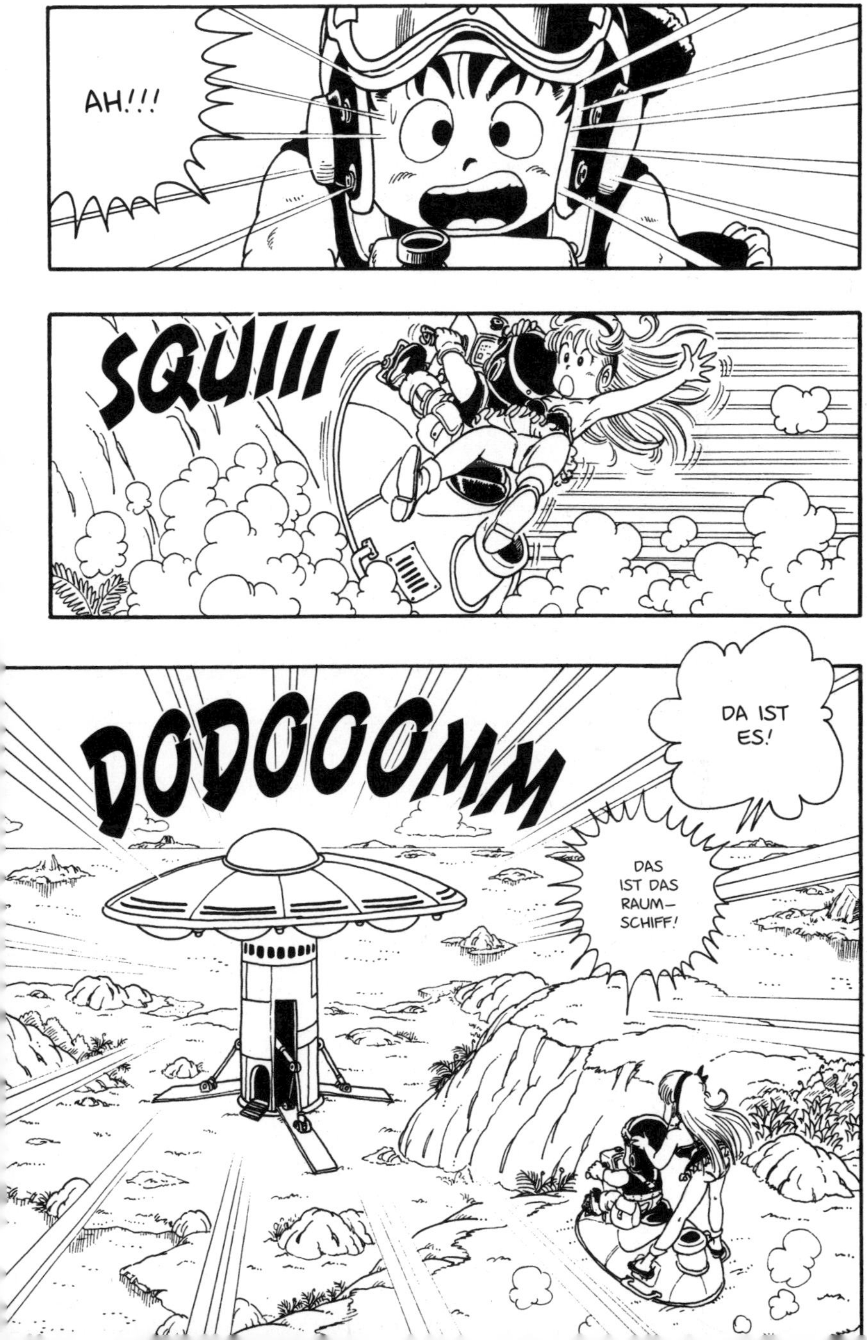
AH!!!
SQUIII
DODOOOMM
DA IST ES!
DAS IST DAS RAUM-SCHIFF!

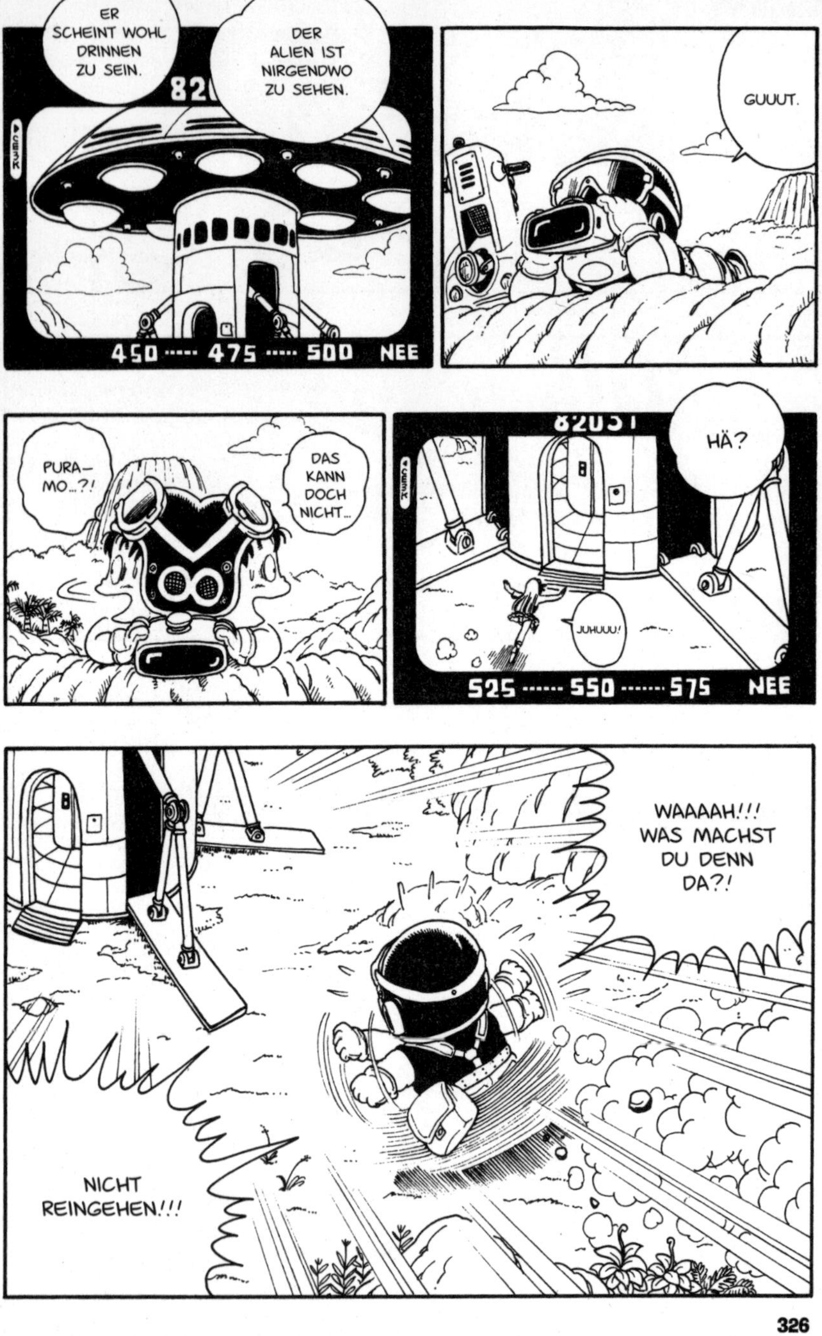
ER SCHEINT WOHL DRINNEN ZU SEIN.
DER ALIEN IST NIRGENDWO ZU SEHEN.
450 ····· 475 ····· 500 NEE
GUUUT.
PURA-MO...?!
DAS KANN DOCH NICHT...
HÄ?
JUHUUU!
525 ······· 550 ······· 575 NEE
WAAAAH!!! WAS MACHST DU DENN DA?!
NICHT REINGEHEN!!!

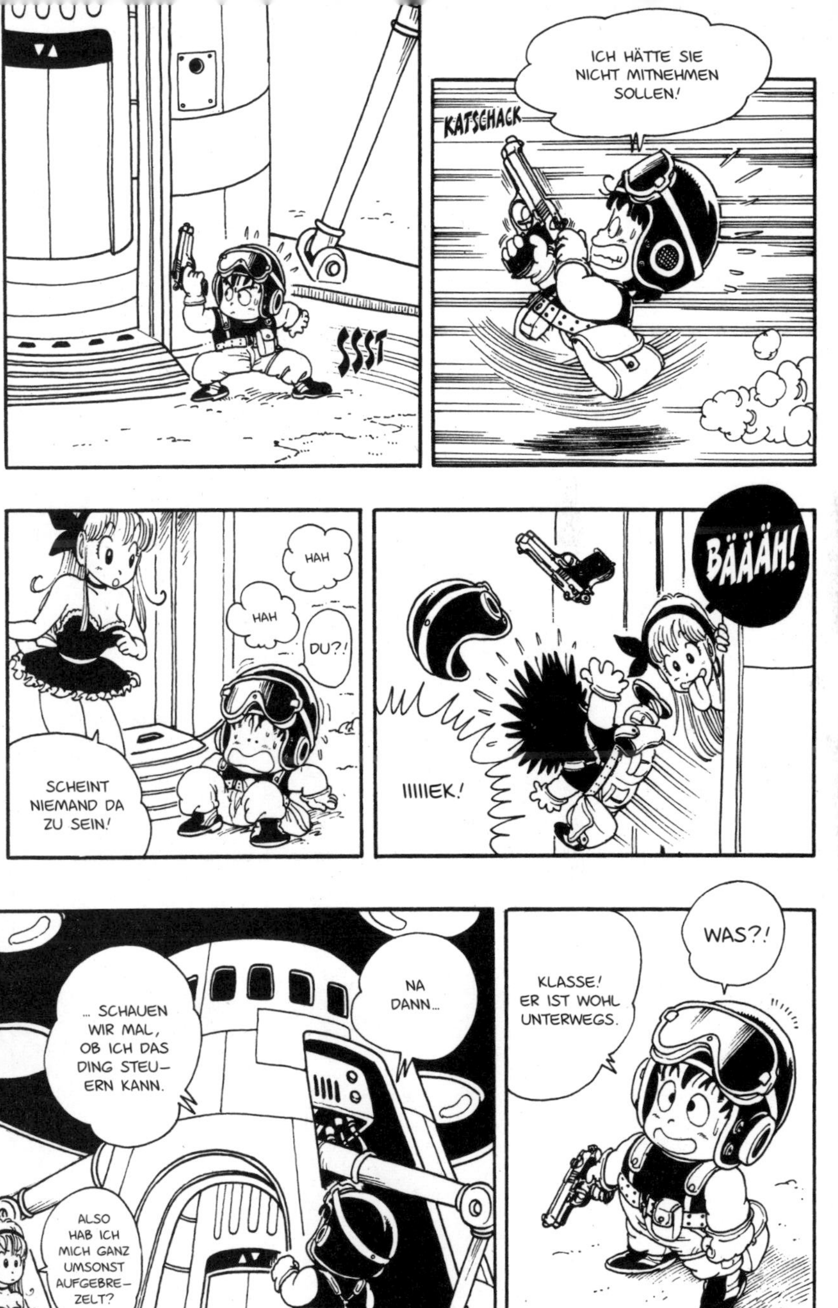
ICH HÄTTE SIE NICHT MITNEHMEN SOLLEN!
KATSCHACK
SSST
BÄÄÄH!
IIIIIEK!
HAH
HAH
DU?!
SCHEINT NIEMAND DA ZU SEIN!
WAS?!
KLASSE! ER IST WOHL UNTERWEGS.
NA DANN...
... SCHAUEN WIR MAL, OB ICH DAS DING STEU-ERN KANN.
ALSO HAB ICH MICH GANZ UMSONST AUFGEBRE-ZELT?

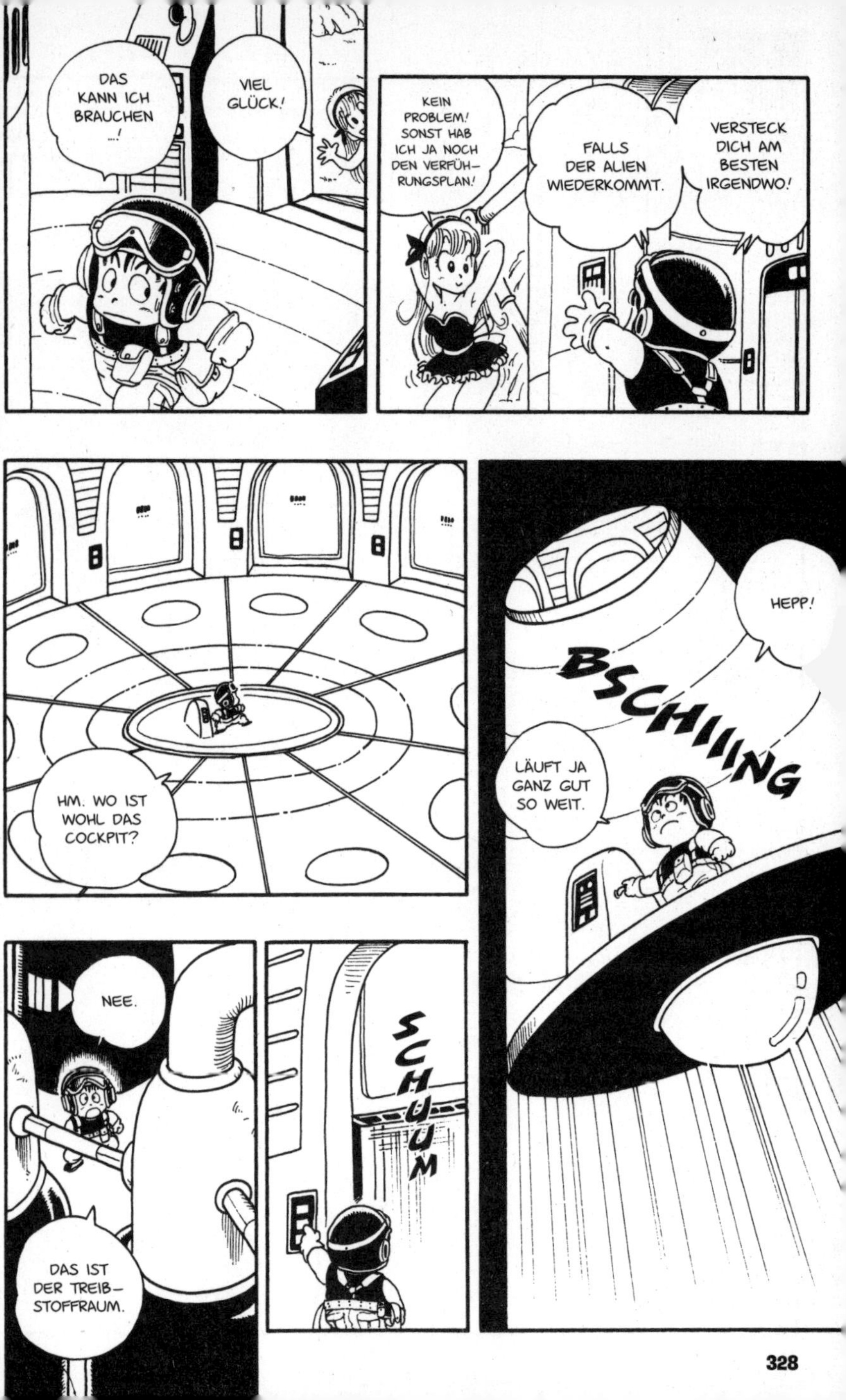
VERSTECK DICH AM BESTEN IRGENDWO!
FALLS DER ALIEN WIEDERKOMMT.
KEIN PROBLEM! SONST HAB ICH JA NOCH DEN VERFÜHRUNGSPLAN!
VIEL GLÜCK!
DAS KANN ICH BRAUCHEN ...!
HEPP!
BSCHIIING
LÄUFT JA GANZ GUT SO WEIT.
HM. WO IST WOHL DAS COCKPIT?
SCHUUUM
NEE.
DAS IST DER TREIBSTOFFRAUM.

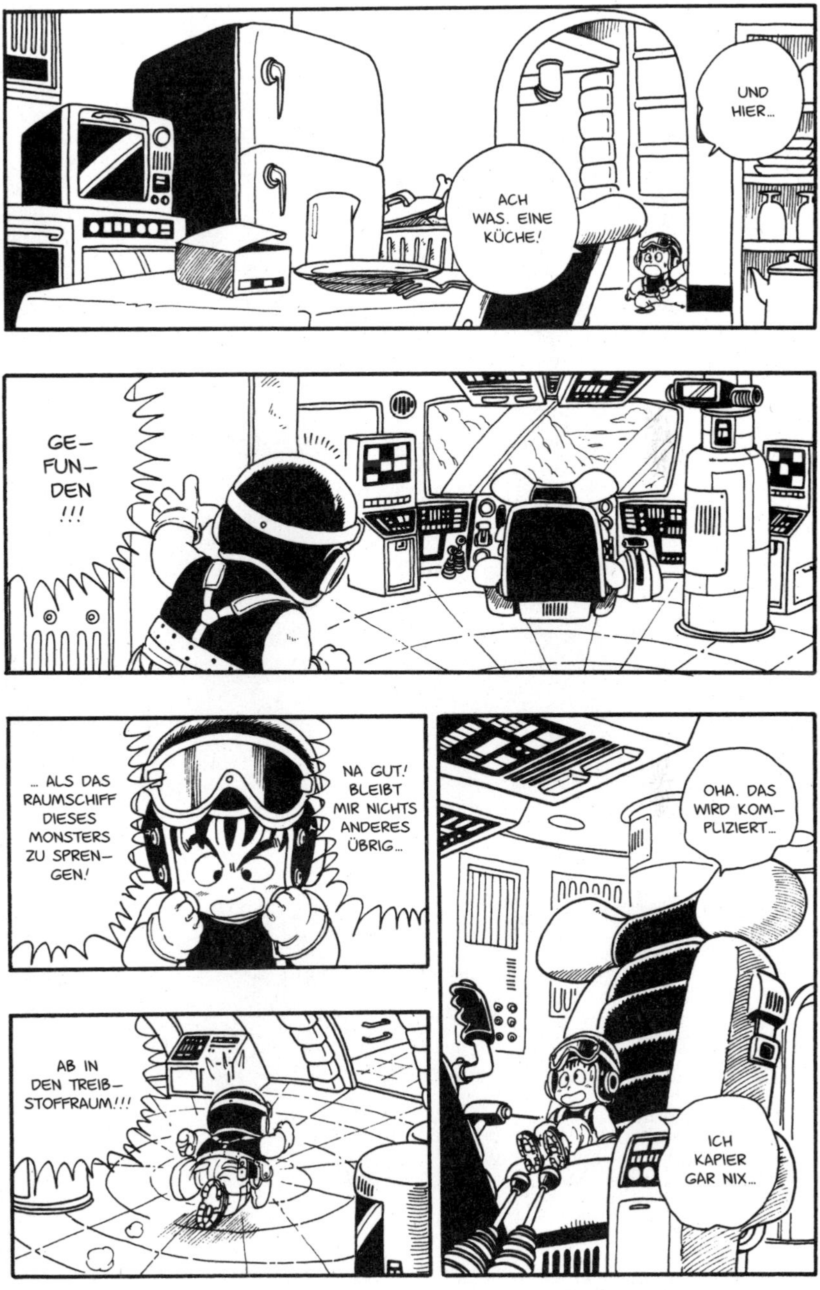
UND HIER...
ACH WAS. EINE KÜCHE!
GE-FUN-DEN !!!
NA GUT! BLEIBT MIR NICHTS ANDERES ÜBRIG...
... ALS DAS RAUMSCHIFF DIESES MONSTERS ZU SPREN-GEN!
AB IN DEN TREIB-STOFFRAUM!!!
OHA. DAS WIRD KOM-PLIZIERT...
ICH KAPIER GAR NIX...

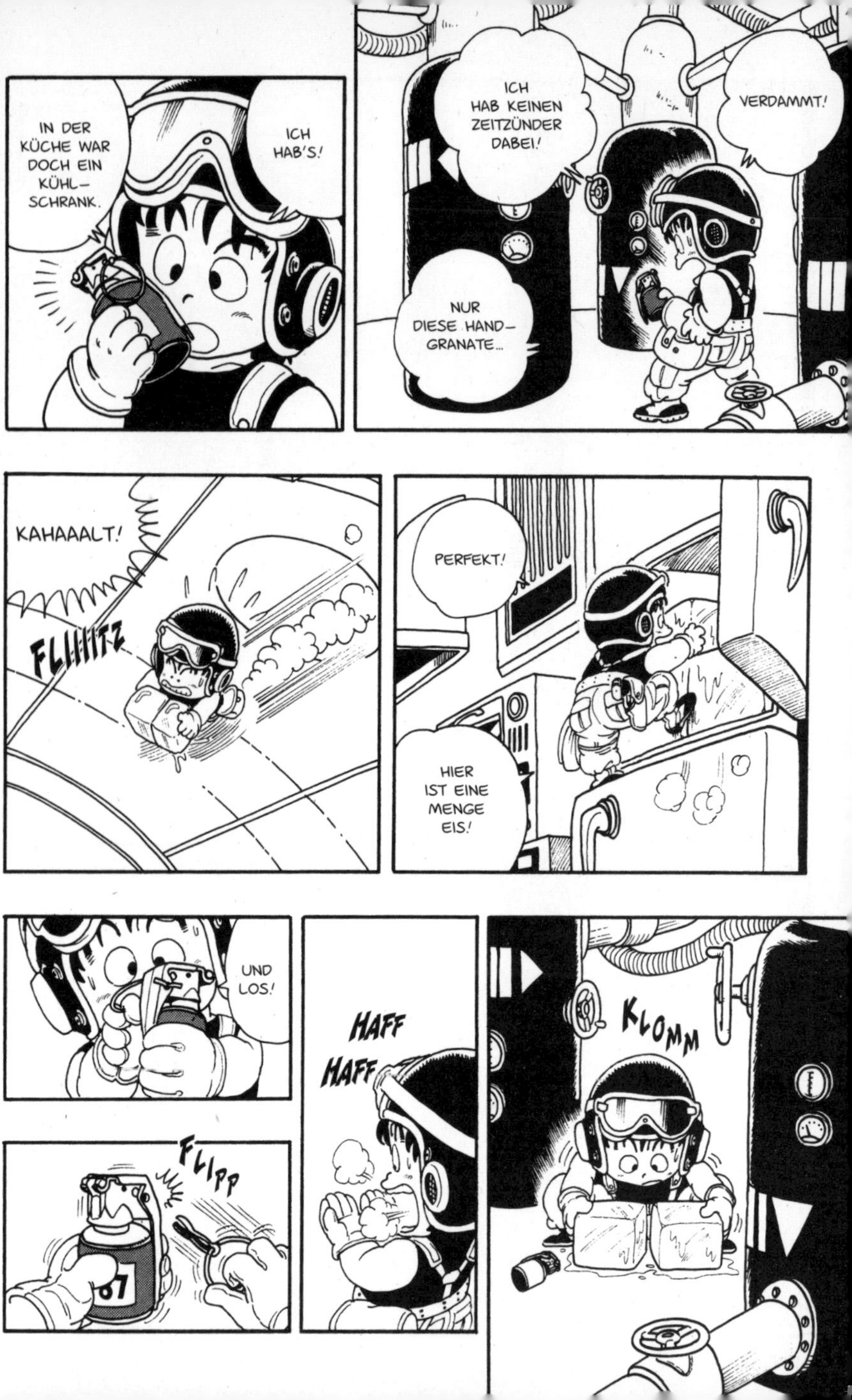
ICH HAB KEINEN ZEITZÜNDER DABEI!
NUR DIESE HAND-GRANATE...
VERDAMMT!
IN DER KÜCHE WAR DOCH EIN KÜHL-SCHRANK.
ICH HAB'S!
PERFEKT!
HIER IST EINE MENGE EIS!
KAHAAALT!
FLIIIITZ
UND LOS!
FLIPP
HAFF HAFF
KLOMM

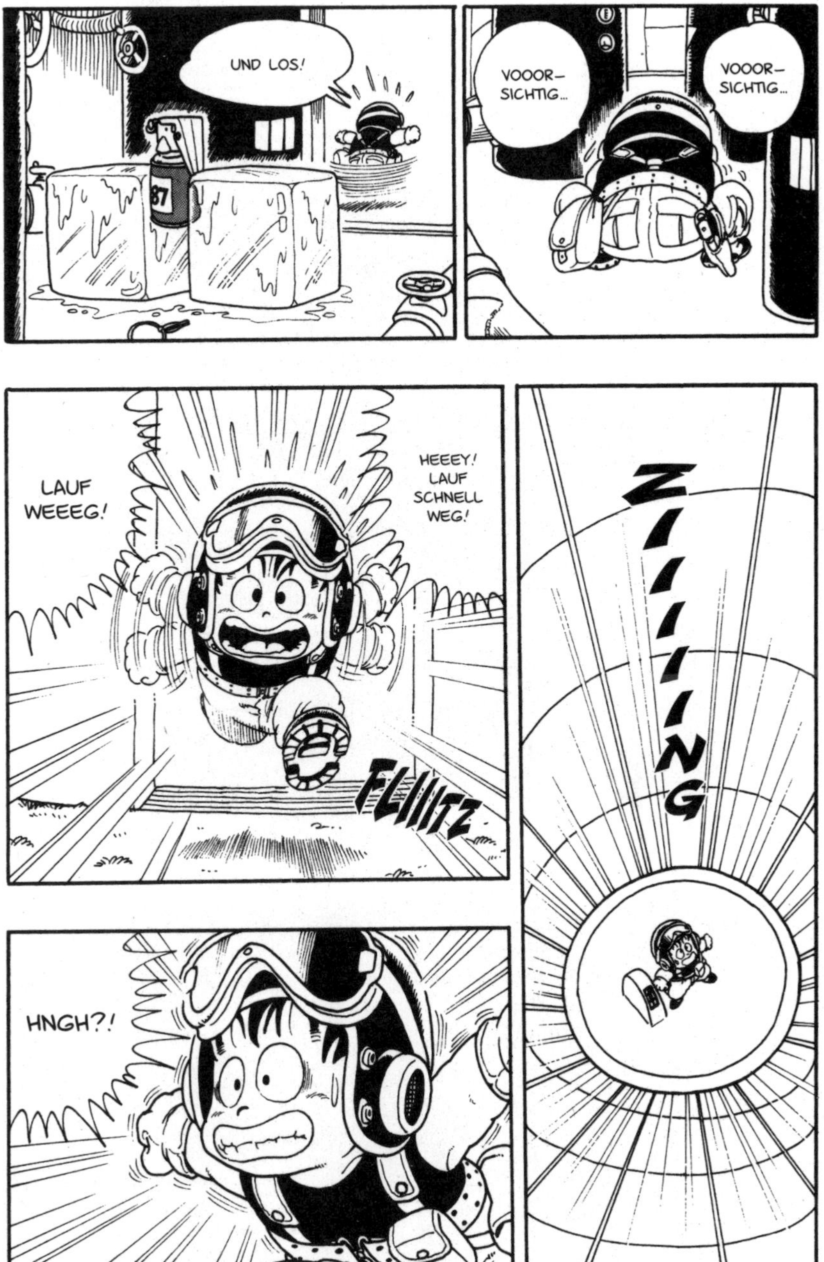
UND LOS!
VOOOR-
SICHTIG...
VOOOR-
SICHTIG...
HEEEY! LAUF SCHNELL WEG!
LAUF WEEEG!
FLIIITZ
ZIIIIING
HNGH?!

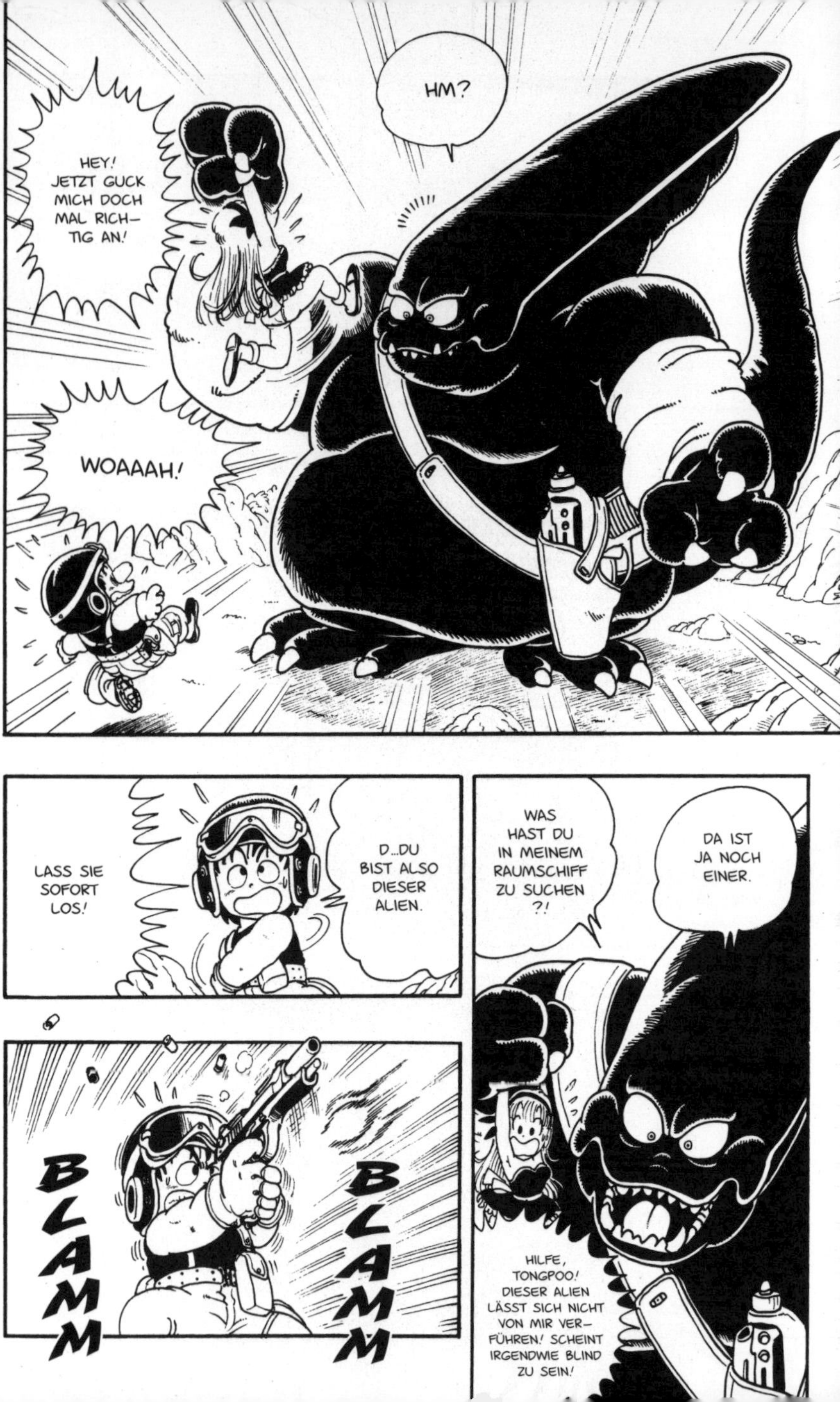
HM?
HEY! JETZT GUCK MICH DOCH MAL RICH-TIG AN!
WOAAAH!
DA IST JA NOCH EINER.
WAS HAST DU IN MEINEM RAUMSCHIFF ZU SUCHEN ?!
D...DU BIST ALSO DIESER ALIEN.
LASS SIE SOFORT LOS!
HILFE, TONGPOO! DIESER ALIEN LÄSST SICH NICHT VON MIR VER-FÜHREN! SCHEINT IRGENDWIE BLIND ZU SEIN!
BLAMM
BLAMM

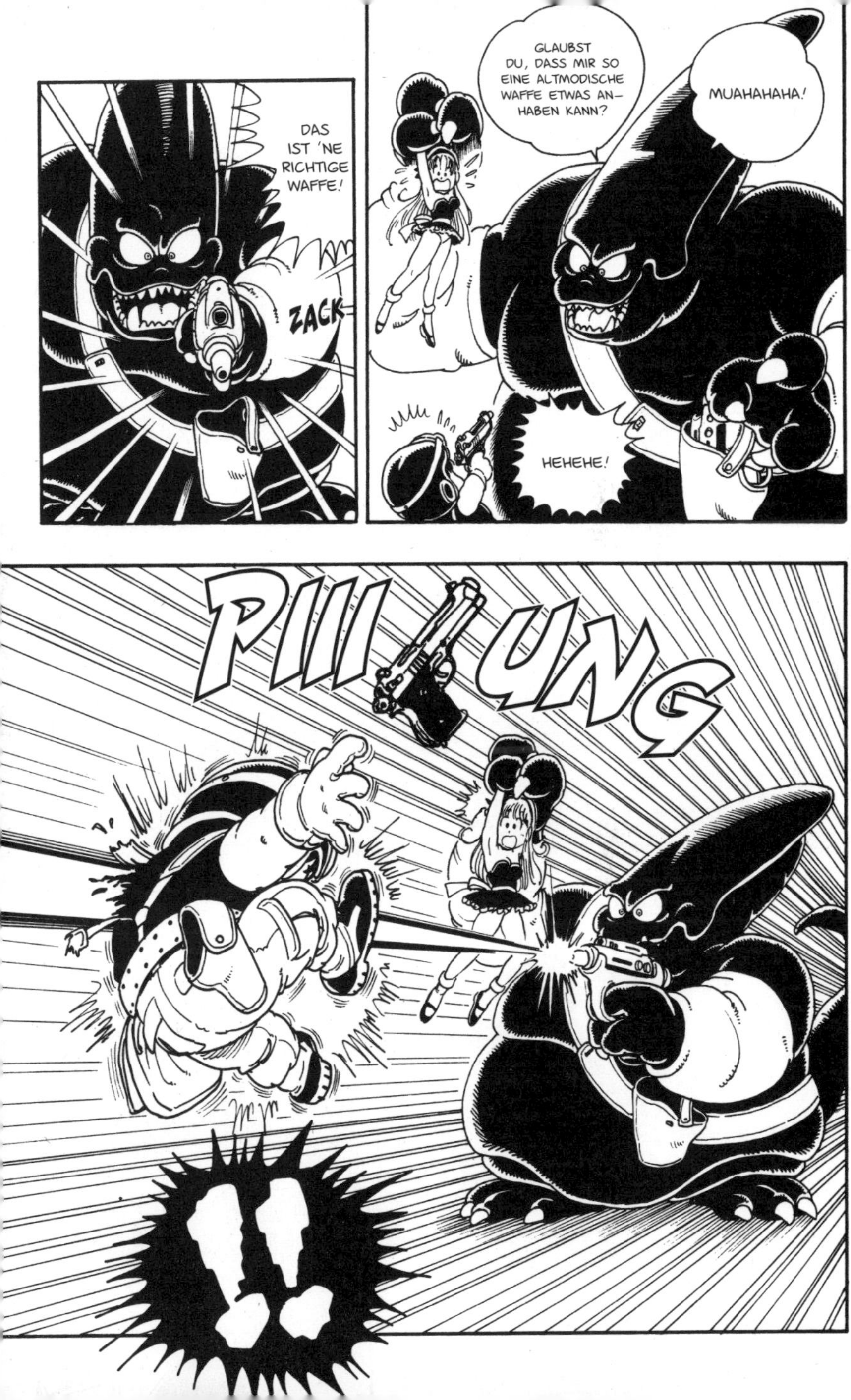

DAS IST 'NE RICHTIGE WAFFE!
ZACK
MUAHAHAHA!
GLAUBST DU, DASS MIR SO EINE ALTMODISCHE WAFFE ETWAS AN-HABEN KANN?
HEHEHE!
PIIIUNG
!!

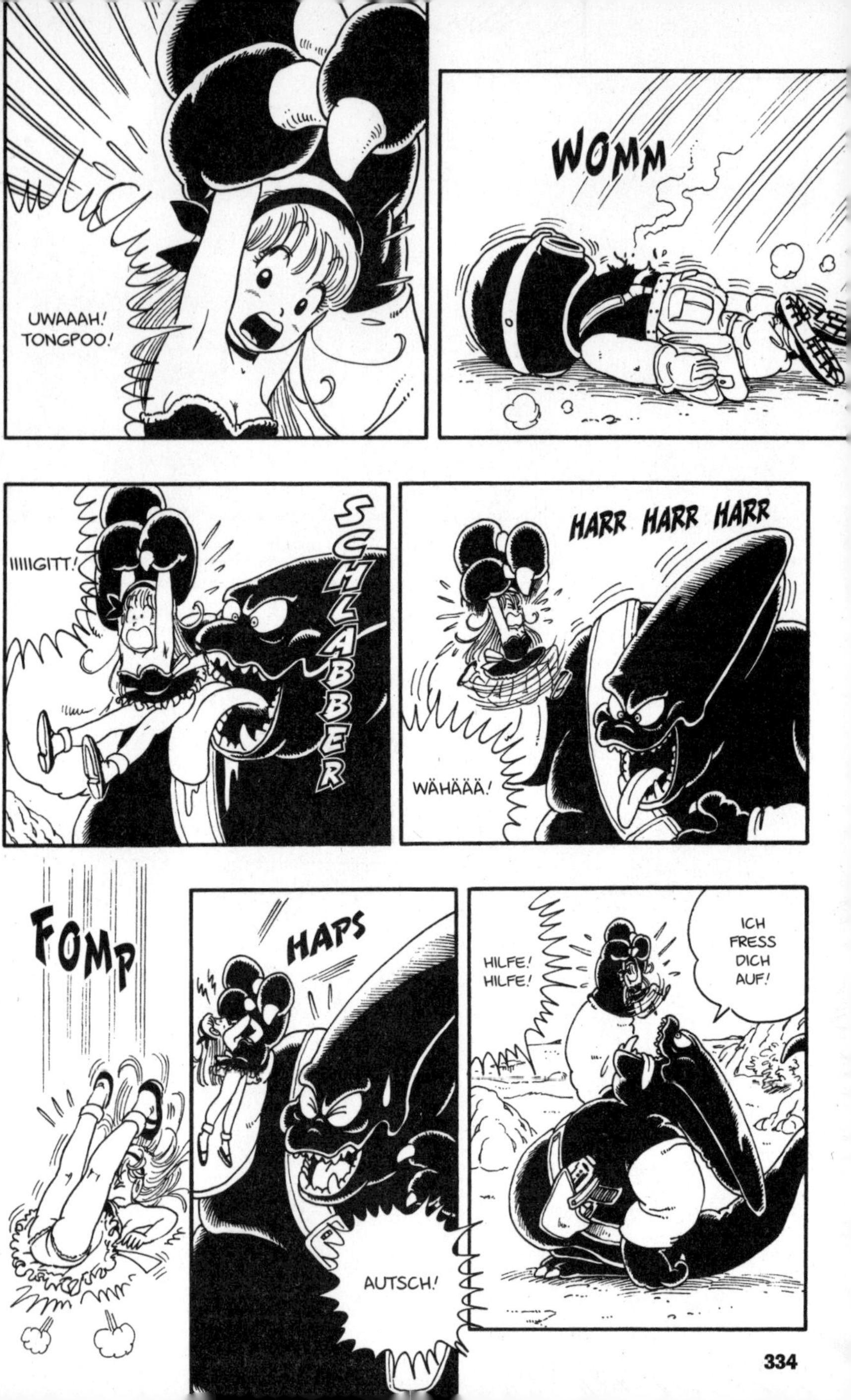
WOMM
UWAAAH! TONGPOO!
HARR HARR HARR
WÄHÄÄÄ!
SCHLABBER
IIIIIGITT!
ICH FRESS DICH AUF!
HILFE! HILFE!
HAPS
AUTSCH!
FOMP

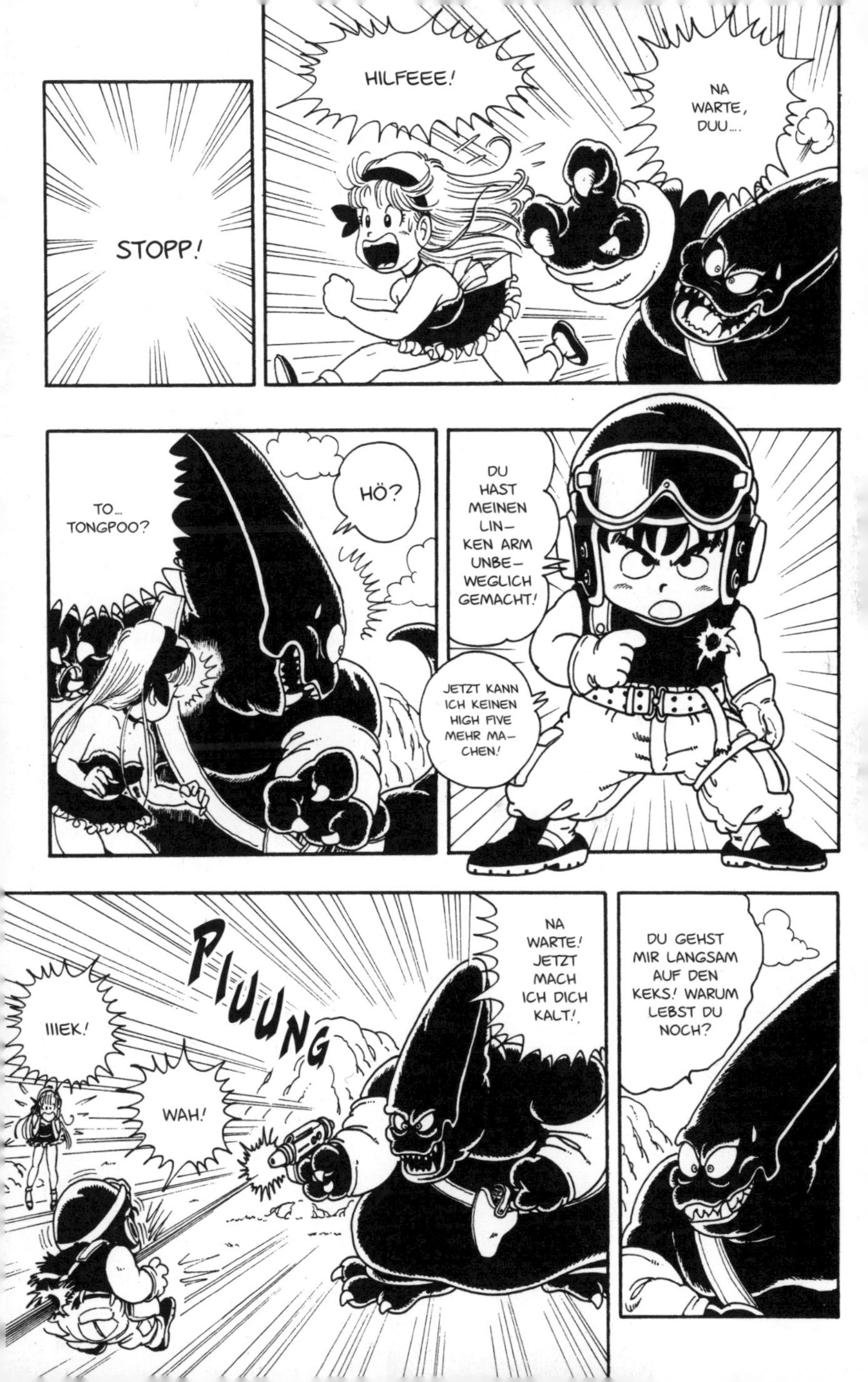
STOPP!
HILFEEE!
NA WARTE, DUU....
TO... TONGPOO?
HÖ?
DU HAST MEINEN LINKEN ARM UNBEWEGLICH GEMACHT!
JETZT KANN ICH KEINEN HIGH FIVE MEHR MACHEN!
IIIEK!
PIUUNG
WAH!
NA WARTE! JETZT MACH ICH DICH KALT!
DU GEHST MIR LANGSAM AUF DEN KEKS! WARUM LEBST DU NOCH?

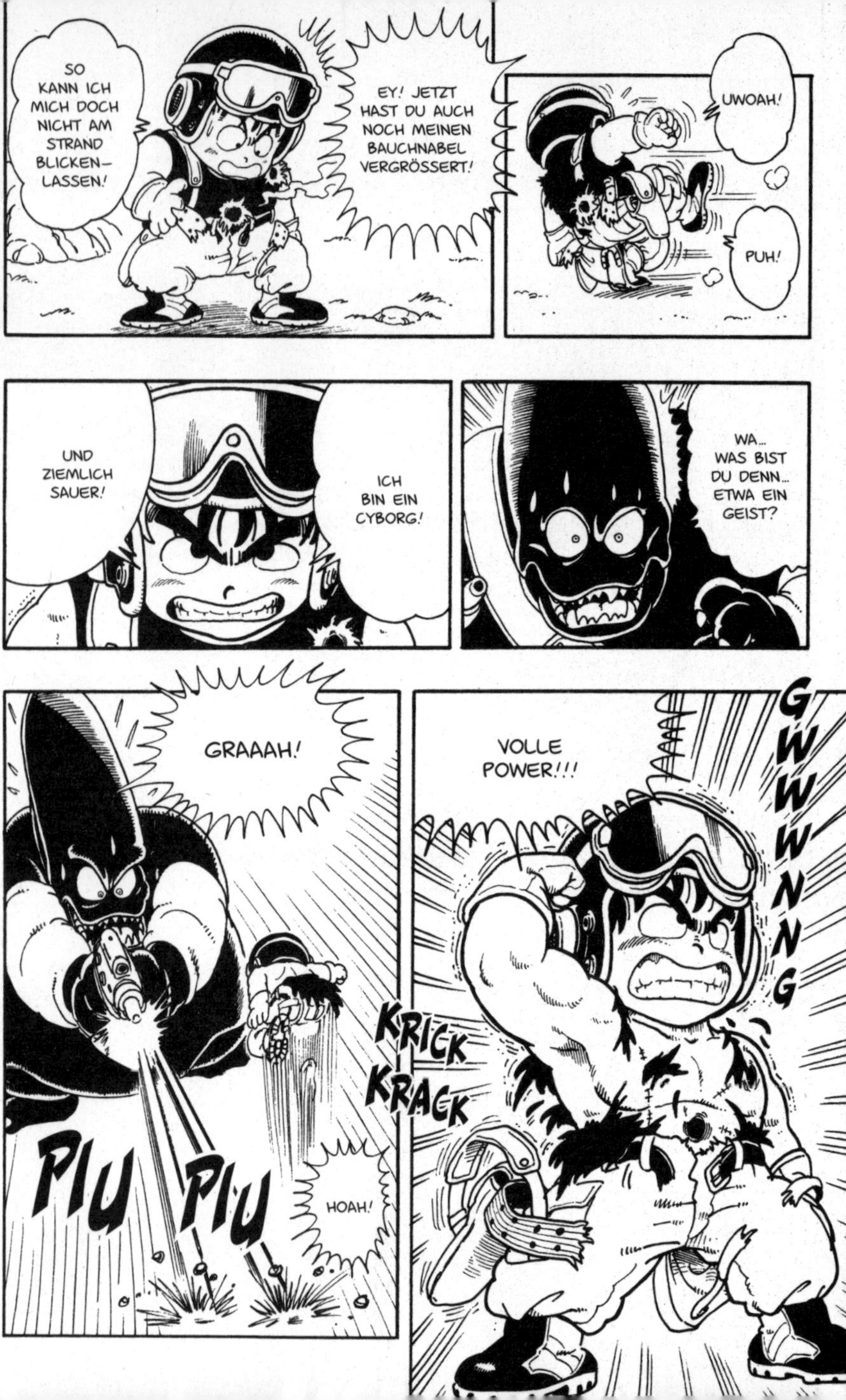
UWOAH!
PUH!
EY! JETZT HAST DU AUCH NOCH MEINEN BAUCHNABEL VERGRÖSSERT!
SO KANN ICH MICH DOCH NICHT AM STRAND BLICKEN-LASSEN!
WA... WAS BIST DU DENN... ETWA EIN GEIST?
ICH BIN EIN CYBORG!
UND ZIEMLICH SAUER!
VOLLE POWER!!!
GWWWNNG
KRICK KRACK
GRAAAH!
PIU PIU
HOAH!

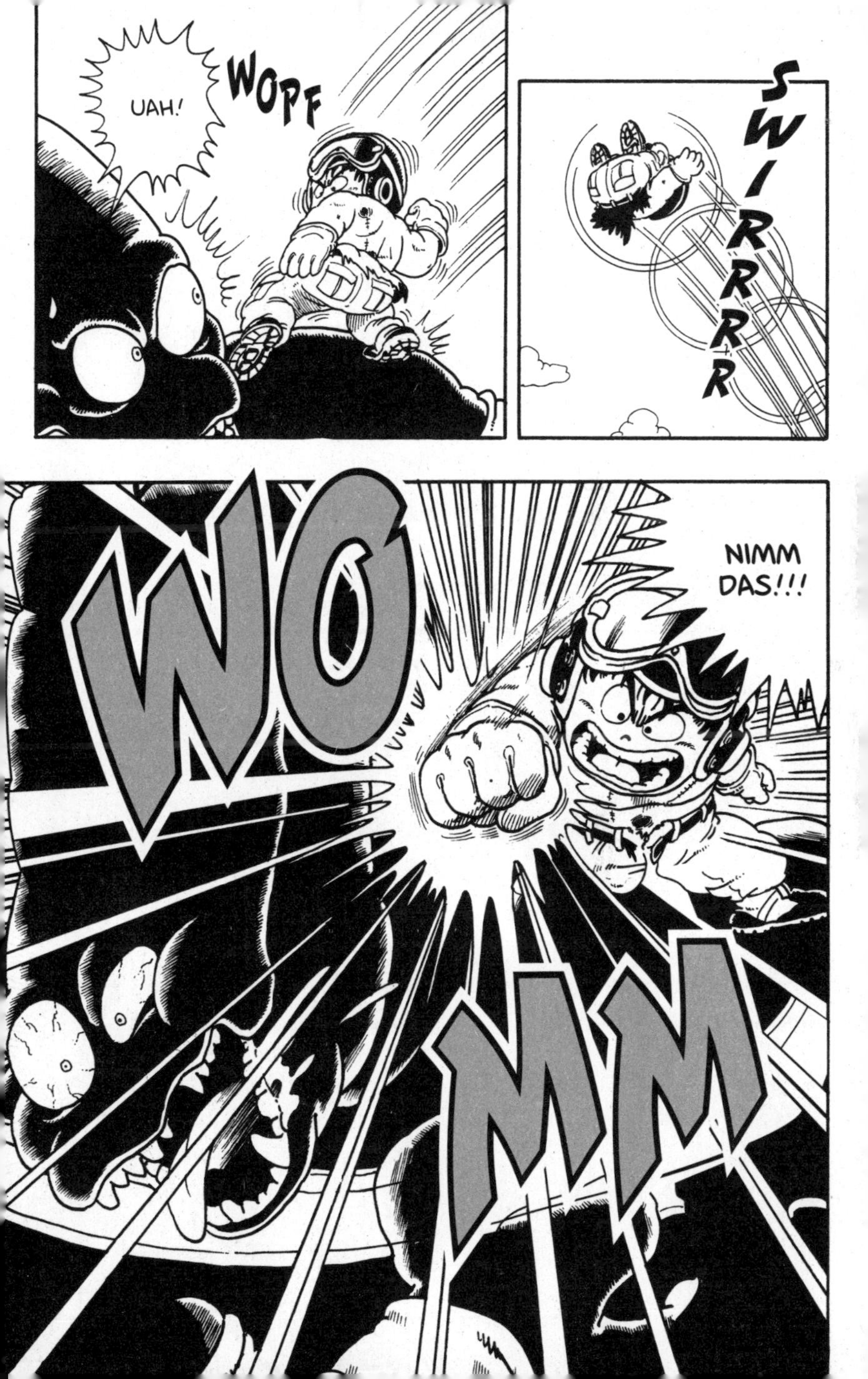
UAH!
WOPF
SWIRRRR
NIMM DAS!!!
WOMM

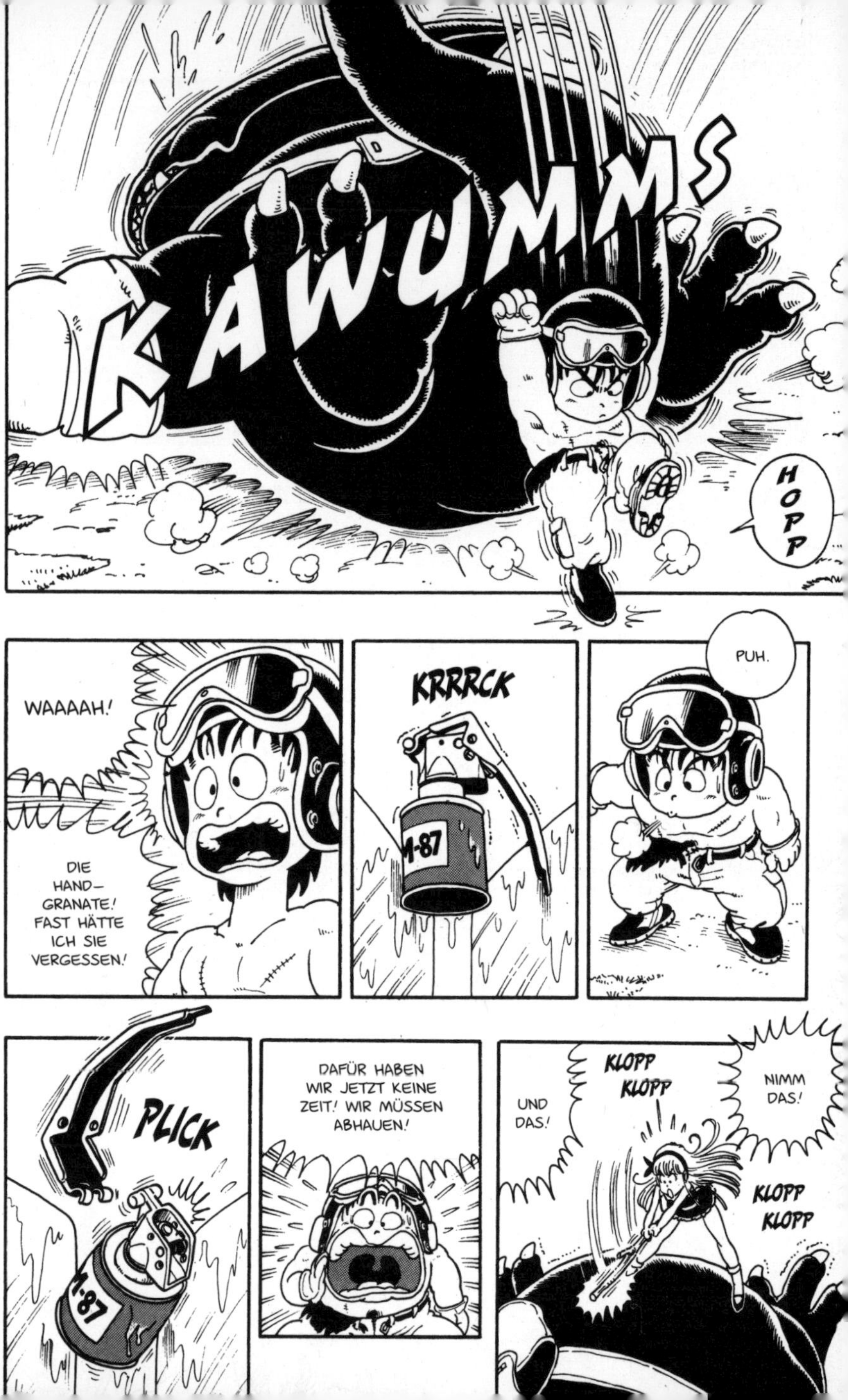
KAWUMMS
HOPP
WAAAAH!
DIE HAND-GRANATE! FAST HÄTTE ICH SIE VERGESSEN!
KRRRCK
PUH.
PLICK
DAFÜR HABEN WIR JETZT KEINE ZEIT! WIR MÜSSEN ABHAUEN!
UND DAS!
KLOPP KLOPP
NIMM DAS!
KLOPP KLOPP

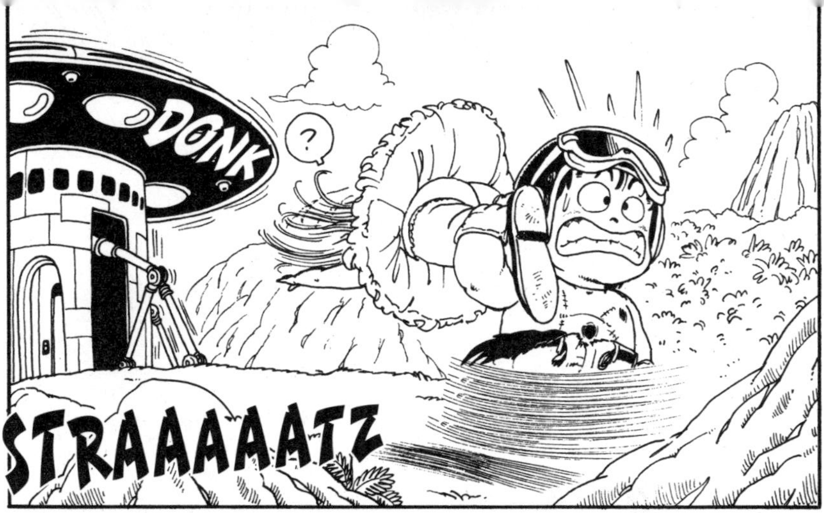
DONK
?
STRAAAAATZ

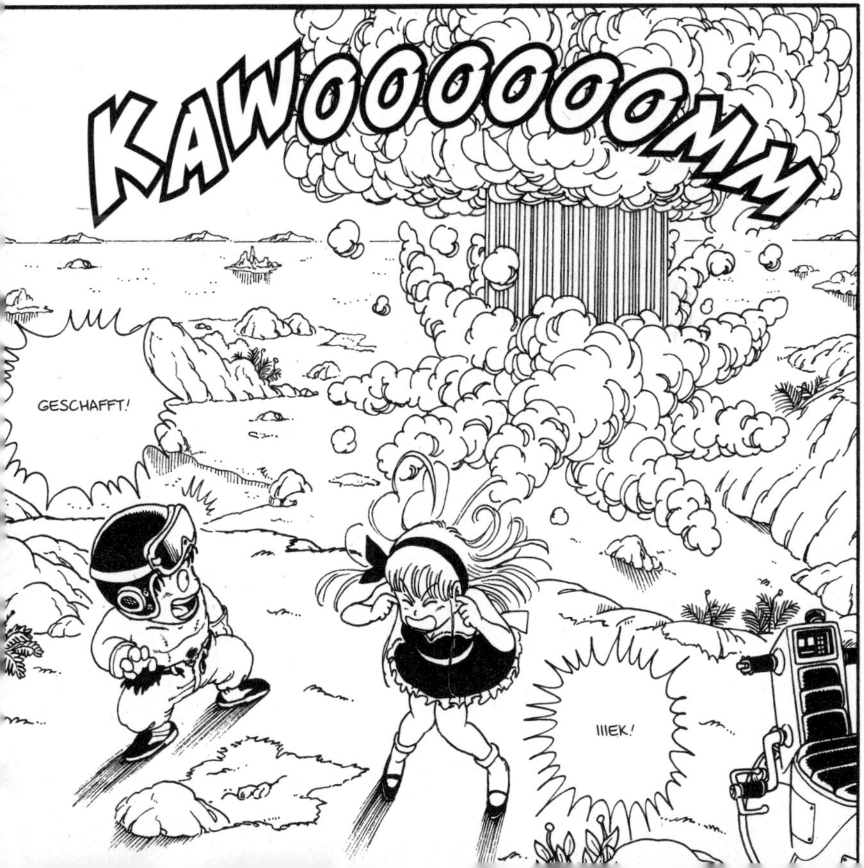
KAWOOOOOOOMM
GESCHAFFT!
IIIEK!

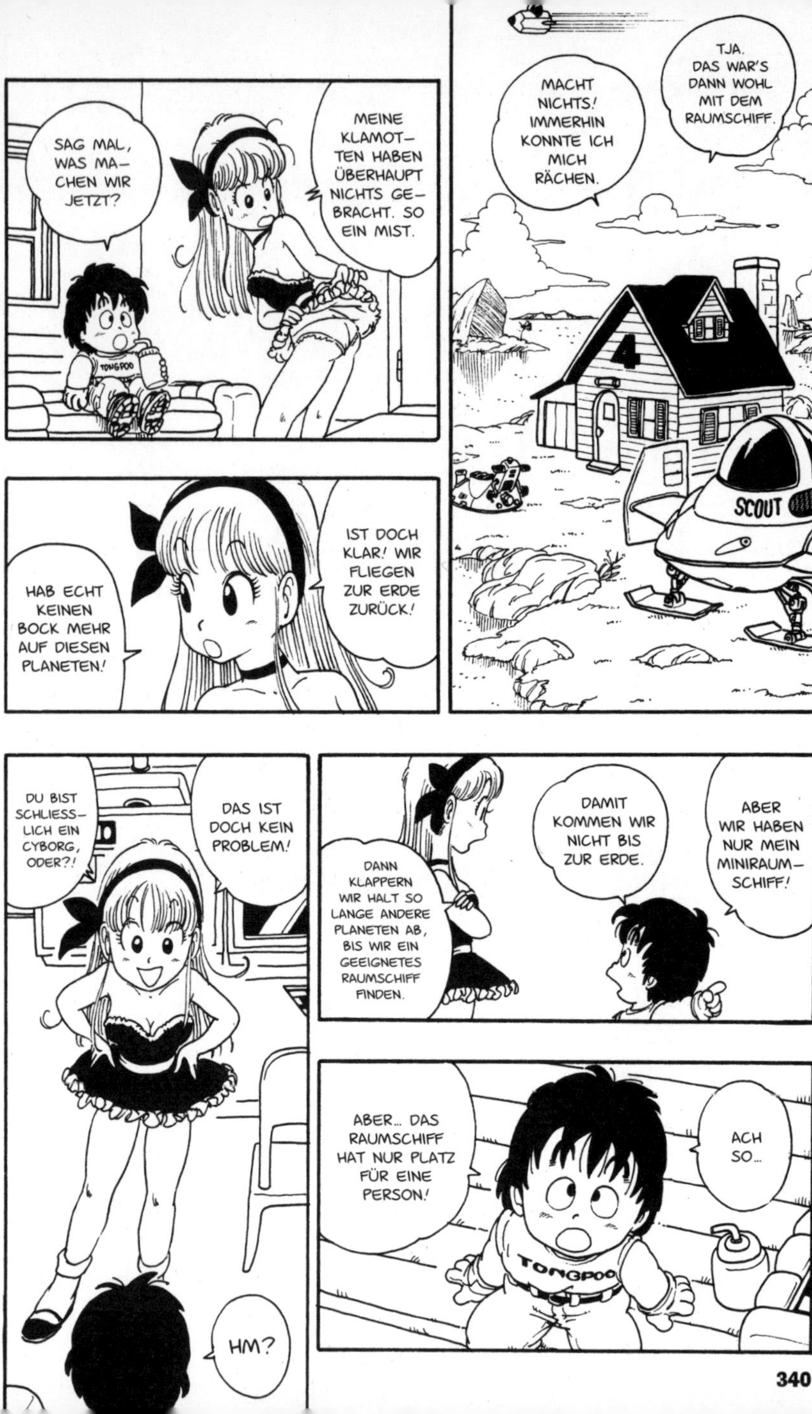
TJA. DAS WAR'S DANN WOHL MIT DEM RAUMSCHIFF.
MACHT NICHTS! IMMERHIN KONNTE ICH MICH RÄCHEN.
MEINE KLAMOTTEN HABEN ÜBERHAUPT NICHTS GEBRACHT. SO EIN MIST.
SAG MAL, WAS MACHEN WIR JETZT?
TONGPOO
SCOUT
4
IST DOCH KLAR! WIR FLIEGEN ZUR ERDE ZURÜCK!
HAB ECHT KEINEN BOCK MEHR AUF DIESEN PLANETEN!
ABER WIR HABEN NUR MEIN MINIRAUMSCHIFF!
DAMIT KOMMEN WIR NICHT BIS ZUR ERDE.
DANN KLAPPERN WIR HALT SO LANGE ANDERE PLANETEN AB, BIS WIR EIN GEEIGNETES RAUMSCHIFF FINDEN.
ACH SO...
ABER... DAS RAUMSCHIFF HAT NUR PLATZ FÜR EINE PERSON!
TONGPOO
DAS IST DOCH KEIN PROBLEM!
DU BIST SCHLIESSLICH EIN CYBORG, ODER?!
HM?

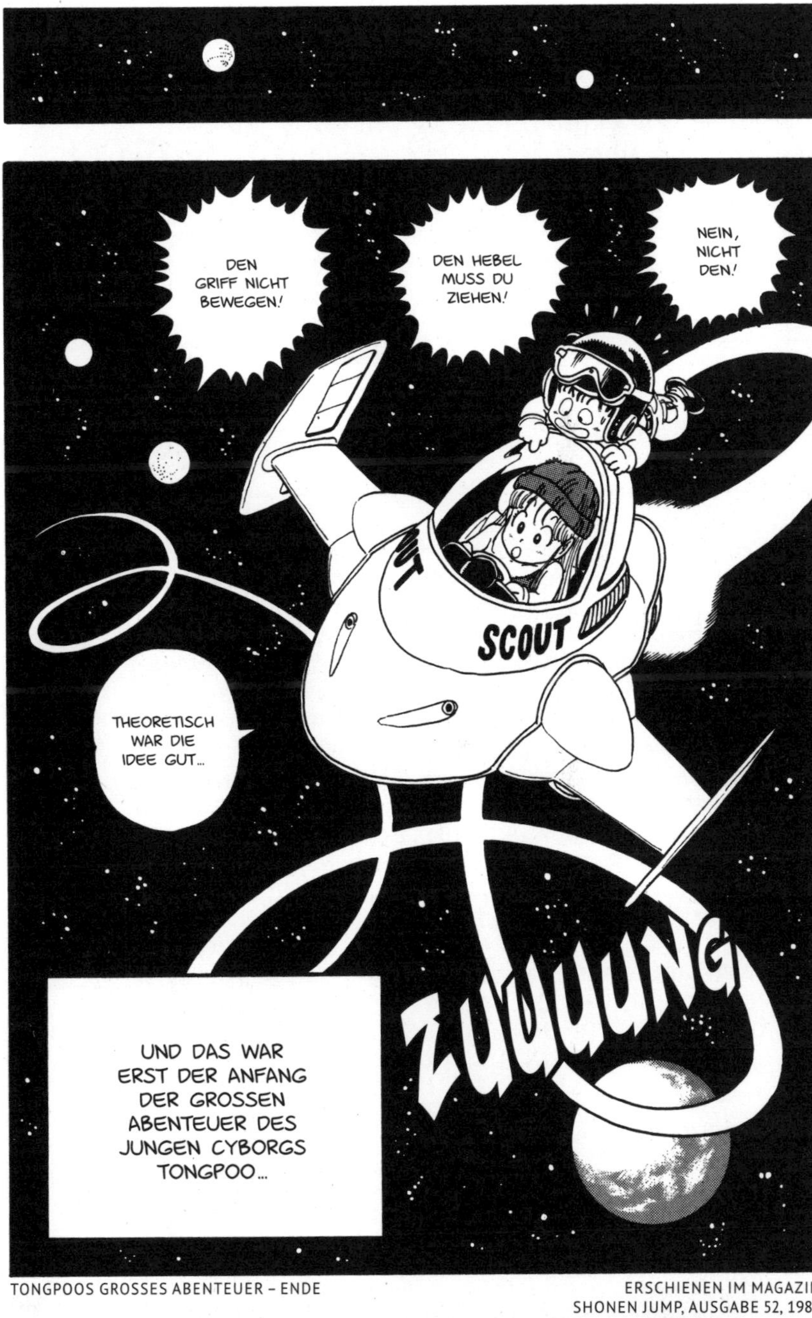

TONGPOOS GROSSES ABENTEUER – ENDE

ERSCHIENEN IM MAGAZIN
SHONEN JUMP, AUSGABE 52, 1983

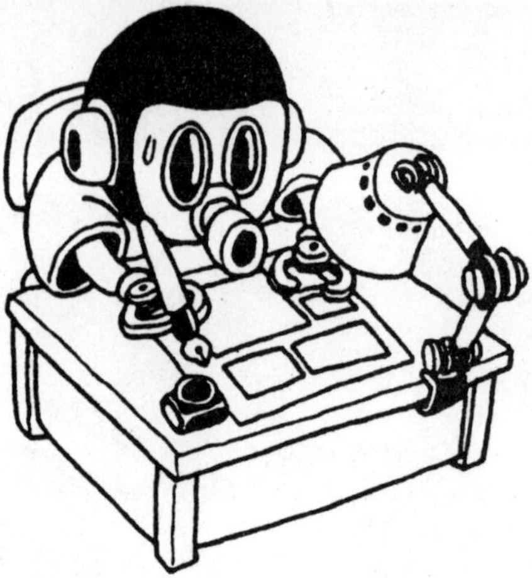

SO WURDE ICH MANGAKA

TEIL 4

WEIL MICH DAS ZEICHNEN NICHT MEHR LOSLIESS, GING ICH AUF EINE HIGHSCHOOL MIT DEM SCHWERPUNKT DESIGN. ABER NOCH LIEBER ALS ZEICHNEN MOCHTE ICH RUMHÄNGEN! AUF DEM NACHHAUSEWEG VON DER SCHULE KEHRTE ICH ENTWEDER IN IRGENDWELCHE LÄDEN ODER RAMEN*-BUDEN EIN, SPIELTE MIT KUMPELS BOWLING ODER BILLARD. MANGA HABE ICH ZU DIESER ZEIT EIGENTLICH GAR NICHT MEHR GELESEN, NUR GANZ GELEGENTLICH MAL EINEN GEZEICHNET. NACH DEM ABI HATTE ICH DANN ZWEI MÖGLICHKEITEN: ENTWEDER ZUR UNI GEHEN ODER EINEN JOB SUCHEN. MEINE ELTERN WAREN DAVON ZWAR GAR NICHT BEGEISTERT, ABER FÜR MICH WAR KLAR: ICH SUCH MIR EINEN JOB. AUF LERNEN HATTE ICH ABSOLUT KEINEN BOCK MEHR UND BEI MEINEM TALENT MUSSTE DARAUS DOCH LOCKER WAS WERDEN! GANZ SCHÖN NAIV, GEB ICH ZU.

FORTSETZUNG AUF SEITE 368

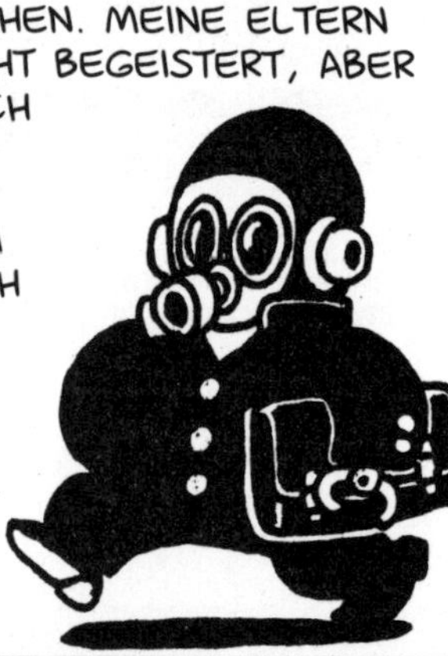

* JAPANISCHE NUDELSUPPE

MISTER HO

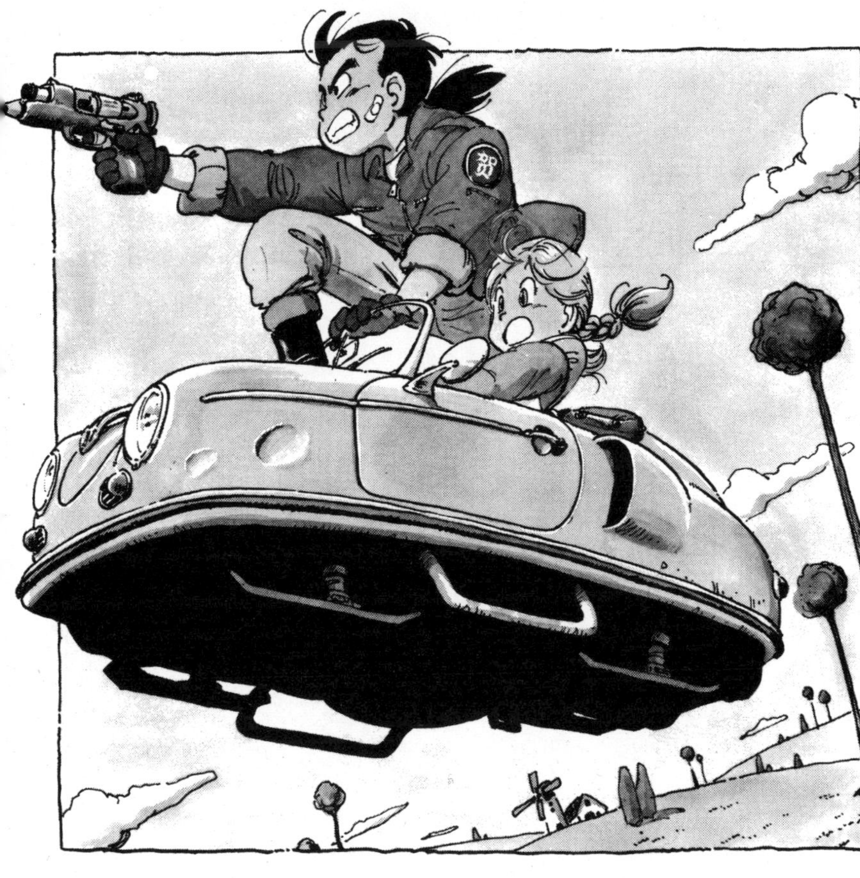

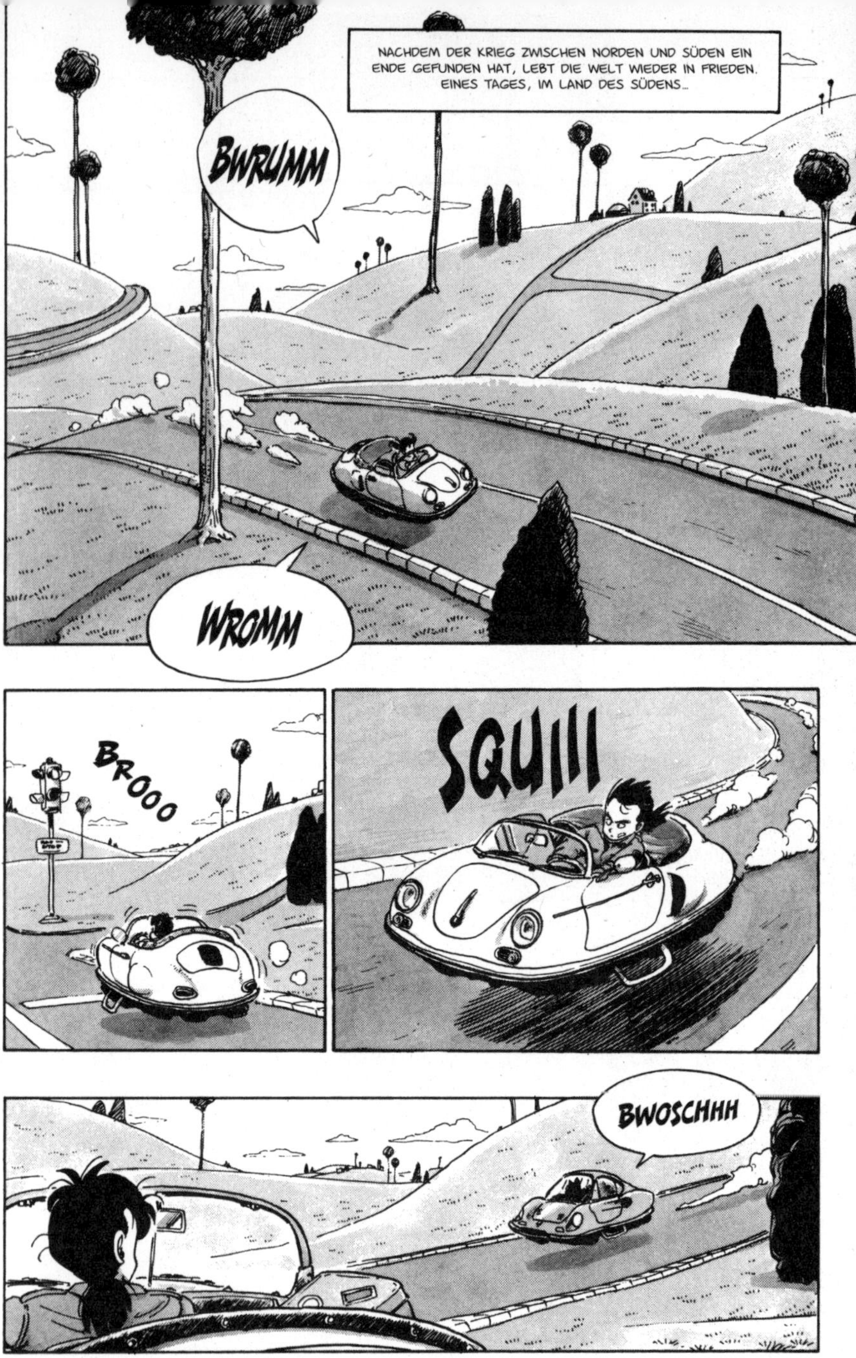
NACHDEM DER KRIEG ZWISCHEN NORDEN UND SÜDEN EIN ENDE GEFUNDEN HAT, LEBT DIE WELT WIEDER IN FRIEDEN. EINES TAGES, IM LAND DES SÜDENS…
BWRUMM
WROMM
SQUIII
BROOO
BWOSCHHH

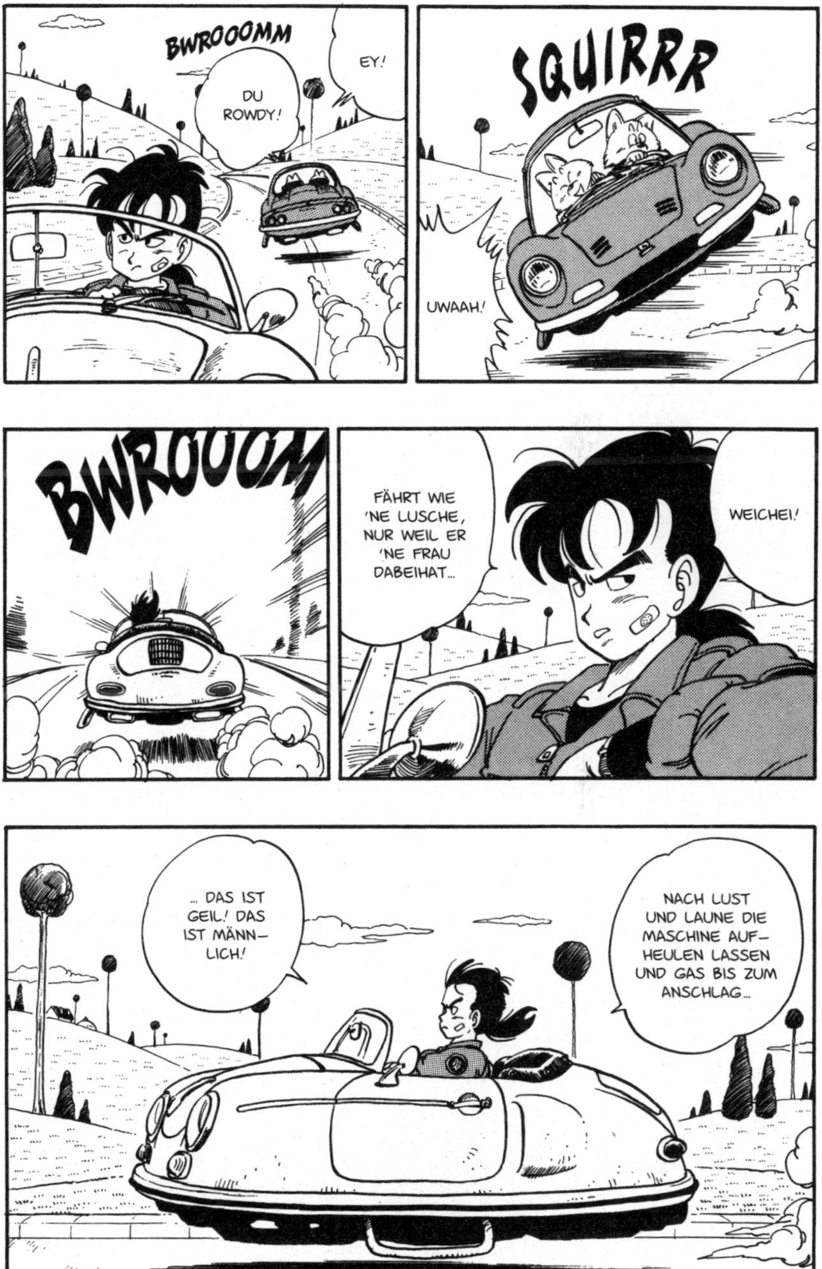
SQUIRRR
UWAAH!
BWROOOMM
EY!
DU ROWDY!
WEICHEI!
FÄHRT WIE 'NE LUSCHE, NUR WEIL ER 'NE FRAU DABEIHAT...
BWROOOOM
NACH LUST UND LAUNE DIE MASCHINE AUF-HEULEN LASSEN UND GAS BIS ZUM ANSCHLAG...
... DAS IST GEIL! DAS IST MÄNN-LICH!

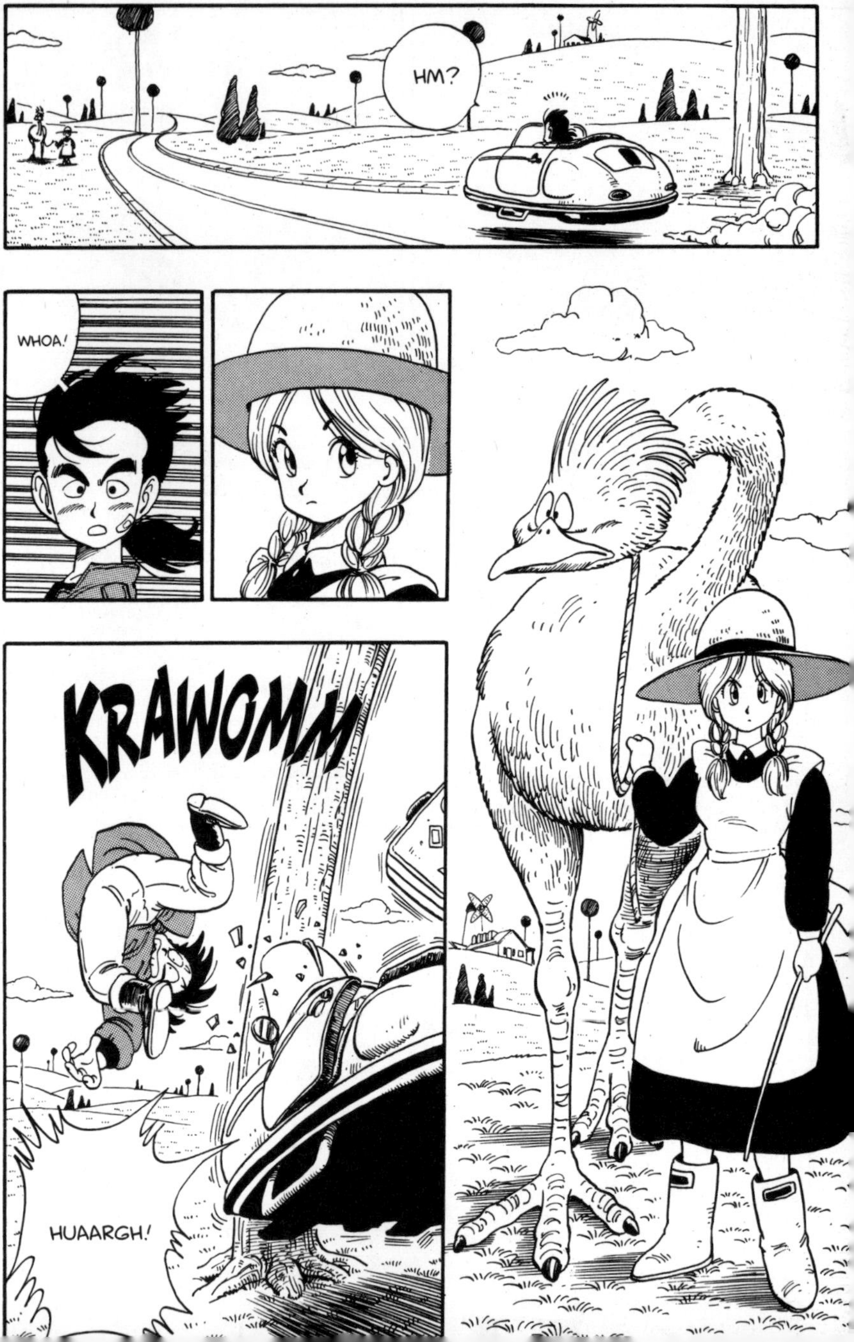
HM?
WHOA!
KRAWOMM
HUAARGH!

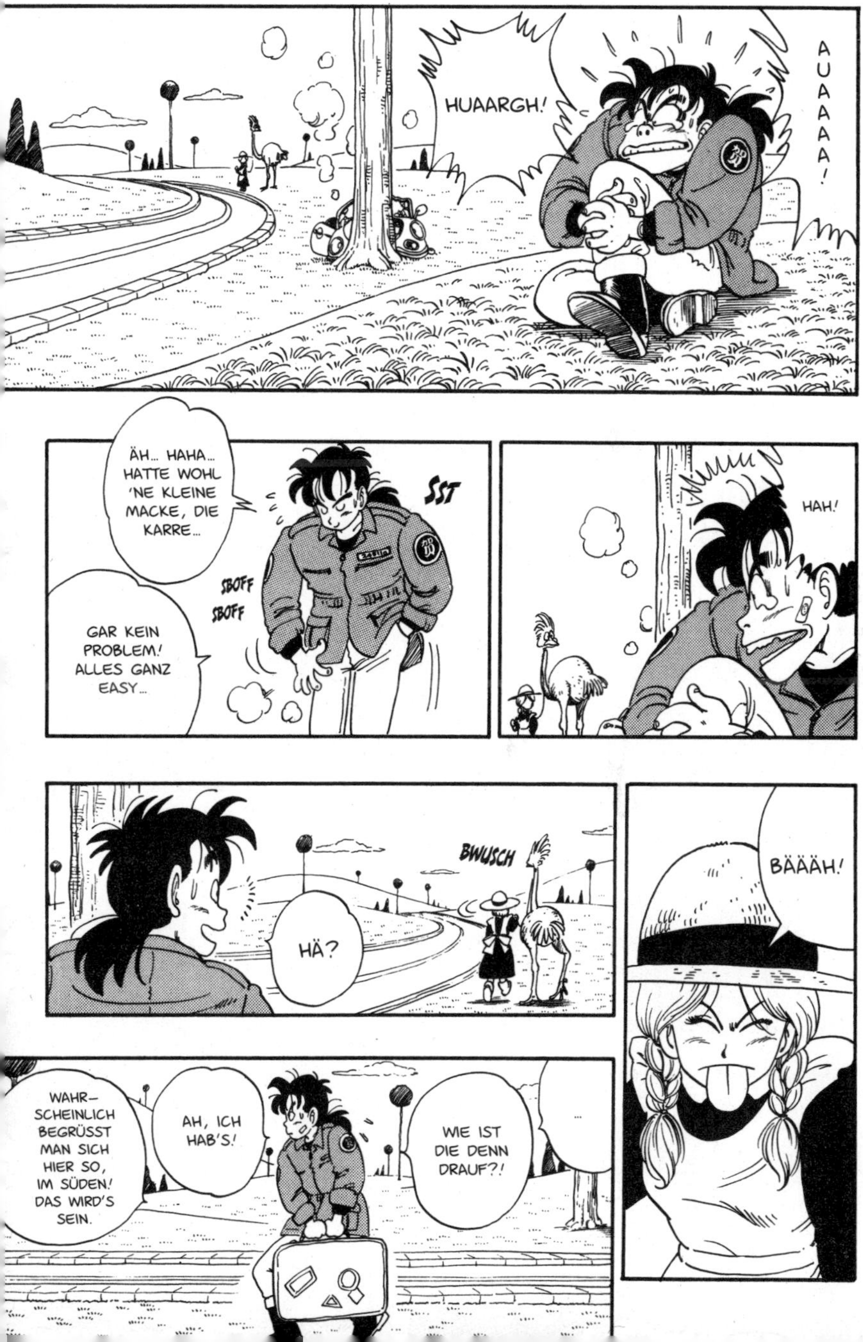
HUAARGH!
AUAAAAA!
ÄH... HAHA... HATTE WOHL 'NE KLEINE MACKE, DIE KARRE...
SST
SBOFF SBOFF
GAR KEIN PROBLEM! ALLES GANZ EASY...
HAH!
BWUSCH
HÄ?
BÄÄÄH!
WIE IST DIE DENN DRAUF?!
AH, ICH HAB'S!
WAHR-SCHEINLICH BEGRÜSST MAN SICH HIER SO, IM SÜDEN! DAS WIRD'S SEIN.

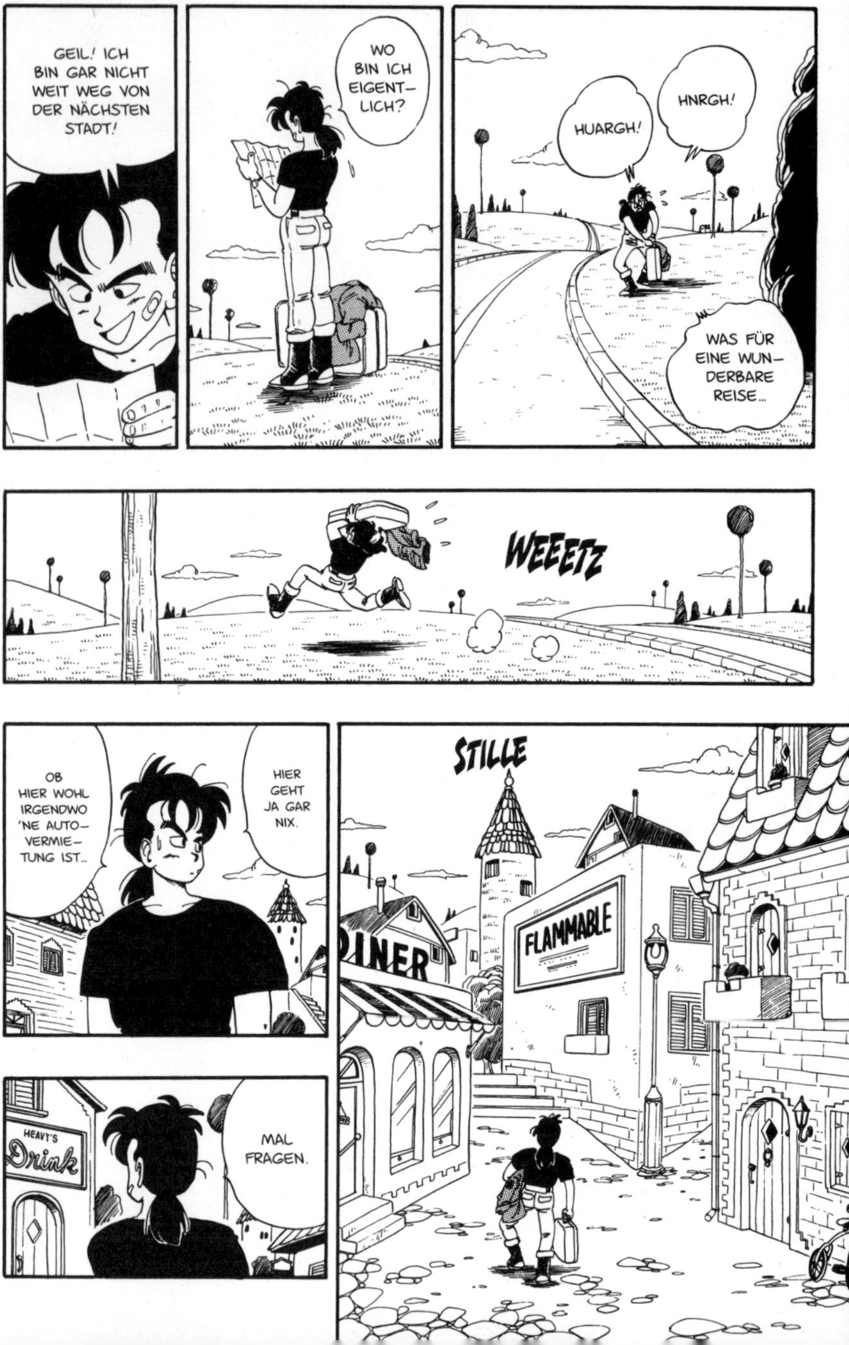
GEIL! ICH BIN GAR NICHT WEIT WEG VON DER NÄCHSTEN STADT!
WO BIN ICH EIGENT-LICH?
HNRGH!
HUARGH!
WAS FÜR EINE WUN-DERBARE REISE...
WEEETZ
HIER GEHT JA GAR NIX.
OB HIER WOHL IRGENDWO 'NE AUTO-VERMIE-TUNG IST...
STILLE
DINER
FLAMMABLE
HEAVY'S
Drink
MAL FRAGEN.

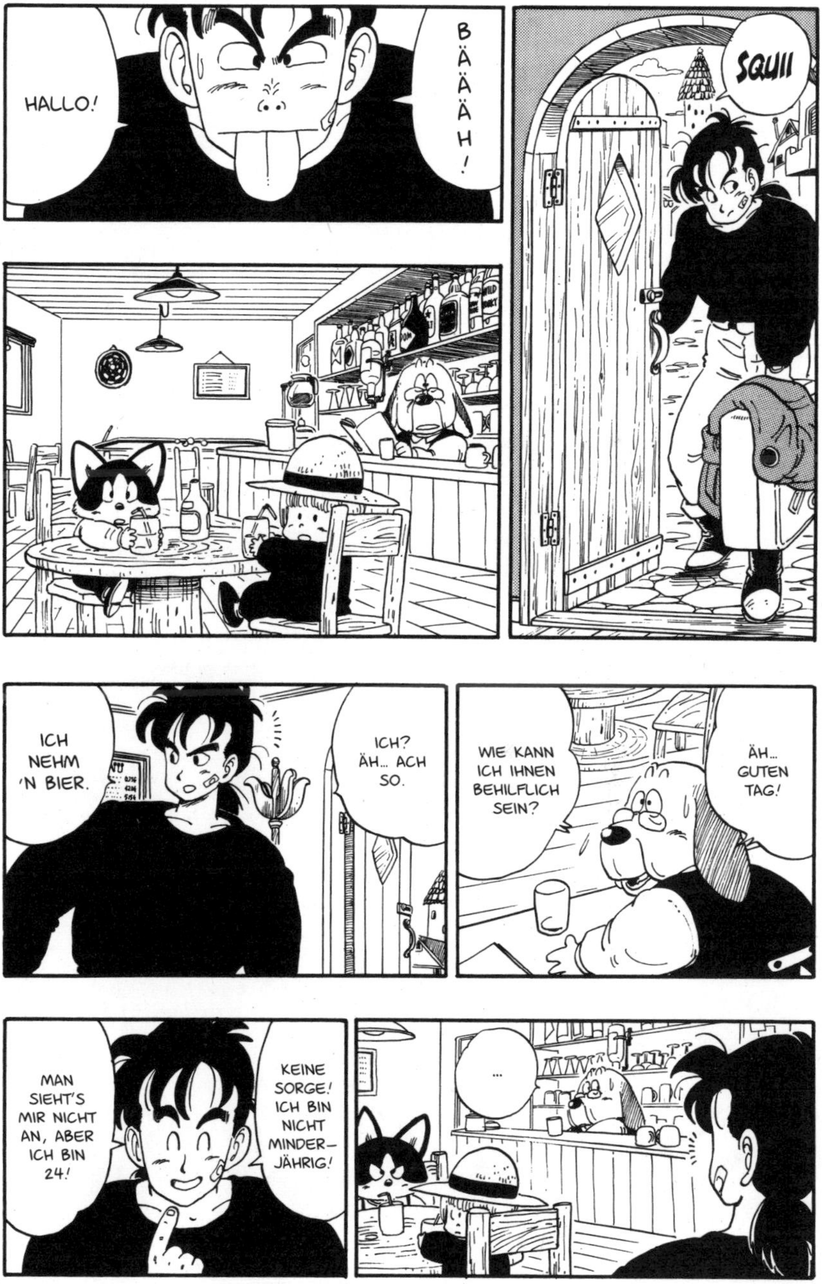

SQUII
BÄÄÄH!
HALLO!
ÄH... GUTEN TAG!
WIE KANN ICH IHNEN BEHILFLICH SEIN?
ICH? ÄH... ACH SO.
ICH NEHM 'N BIER.
...
KEINE SORGE! ICH BIN NICHT MINDER-JÄHRIG!
MAN SIEHT'S MIR NICHT AN, ABER ICH BIN 24!

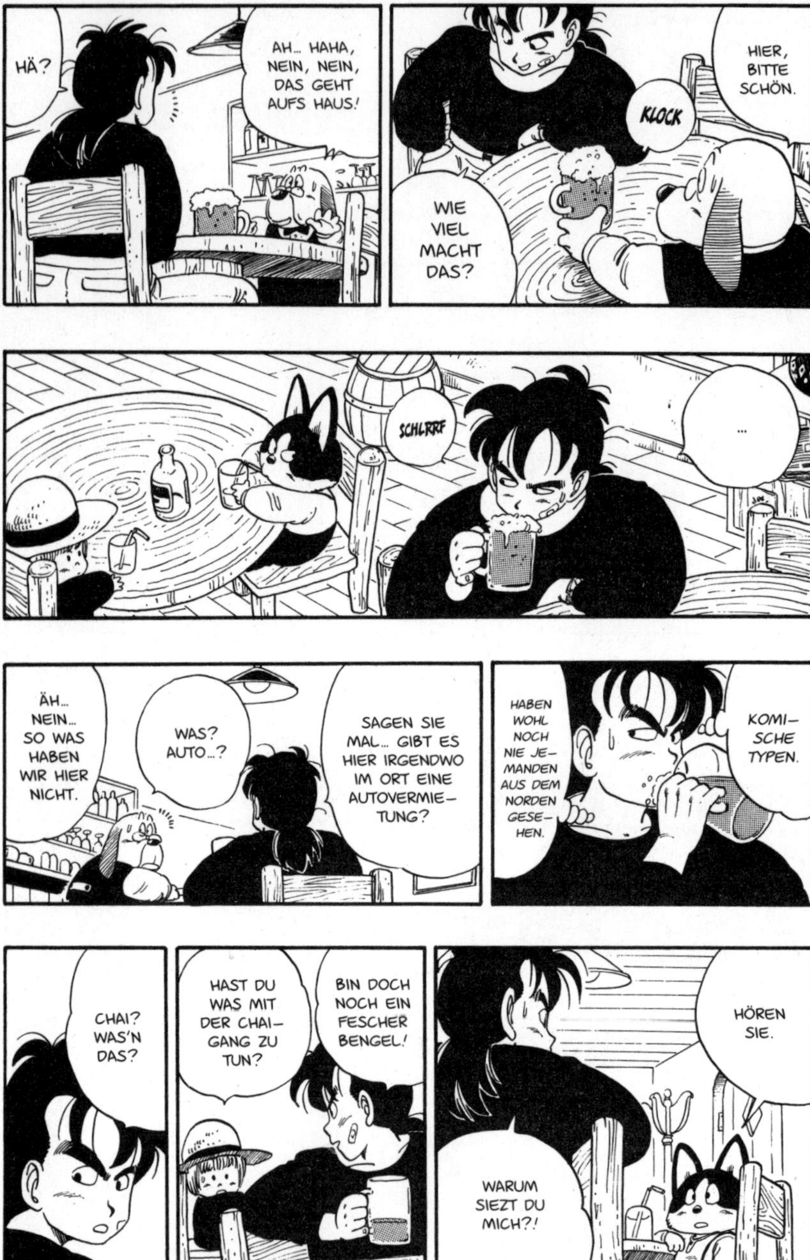
HIER, BITTE SCHÖN.
KLOCK
WIE VIEL MACHT DAS?
AH… HAHA, NEIN, NEIN, DAS GEHT AUFS HAUS!
HÄ?
…
SCHLRRF
KOMI-SCHE TYPEN.
HABEN WOHL NOCH NIE JE-MANDEN AUS DEM NORDEN GESE-HEN.
SAGEN SIE MAL… GIBT ES HIER IRGENDWO IM ORT EINE AUTOVERMIE-TUNG?
WAS? AUTO…?
ÄH… NEIN… SO WAS HABEN WIR HIER NICHT.
HÖREN SIE.
WARUM SIEZT DU MICH?!
BIN DOCH NOCH EIN FESCHER BENGEL!
HAST DU WAS MIT DER CHAI-GANG ZU TUN?
CHAI? WAS'N DAS?

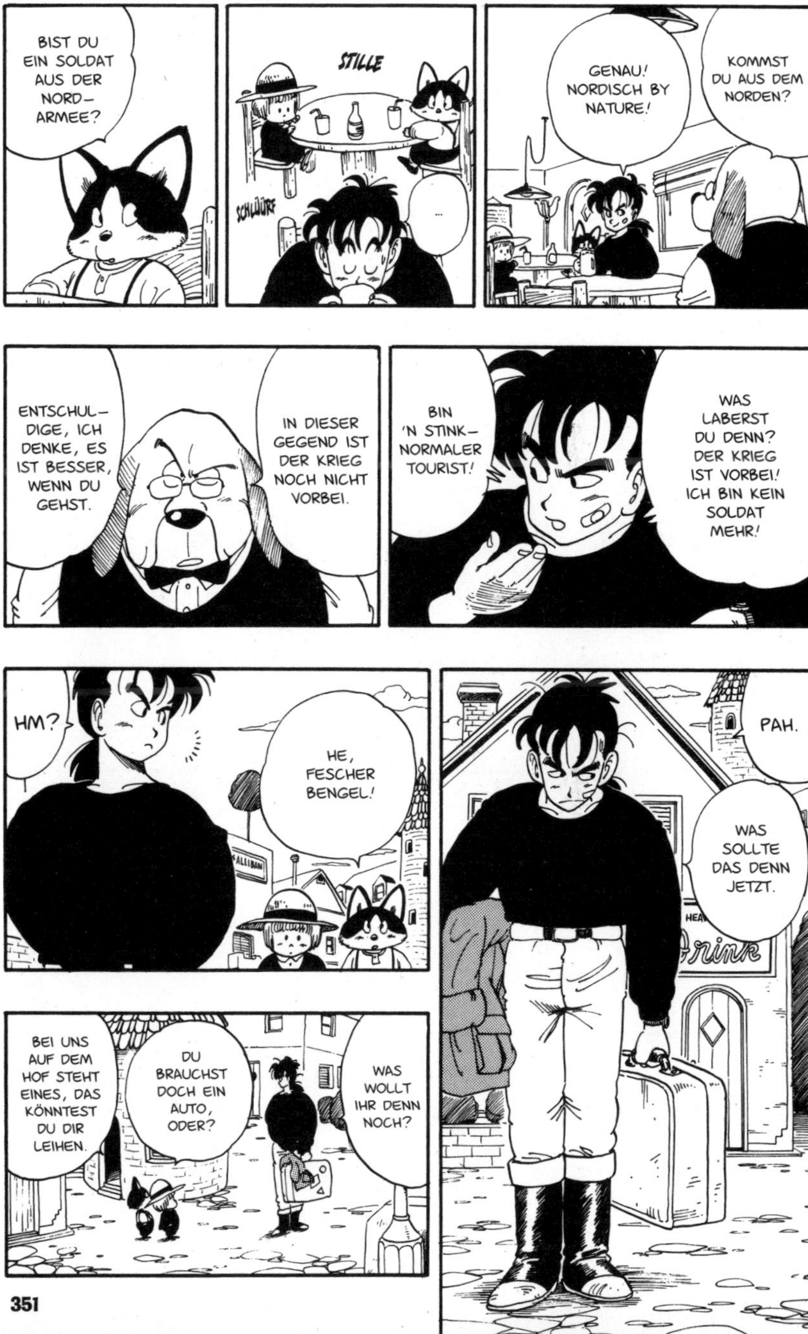

KOMMST DU AUS DEM NORDEN?
GENAU! NORDISCH BY NATURE!
STILLE
SCHLÜÜRF
...
BIST DU EIN SOLDAT AUS DER NORD-ARMEE?
WAS LABERST DU DENN? DER KRIEG IST VORBEI! ICH BIN KEIN SOLDAT MEHR!
BIN 'N STINK-NORMALER TOURIST!
IN DIESER GEGEND IST DER KRIEG NOCH NICHT VORBEI.
ENTSCHUL-DIGE, ICH DENKE, ES IST BESSER, WENN DU GEHST.
PAH.
WAS SOLLTE DAS DENN JETZT.
HE, FESCHER BENGEL!
HM?
WAS WOLLT IHR DENN NOCH?
DU BRAUCHST DOCH EIN AUTO, ODER?
BEI UNS AUF DEM HOF STEHT EINES, DAS KÖNNTEST DU DIR LEIHEN.

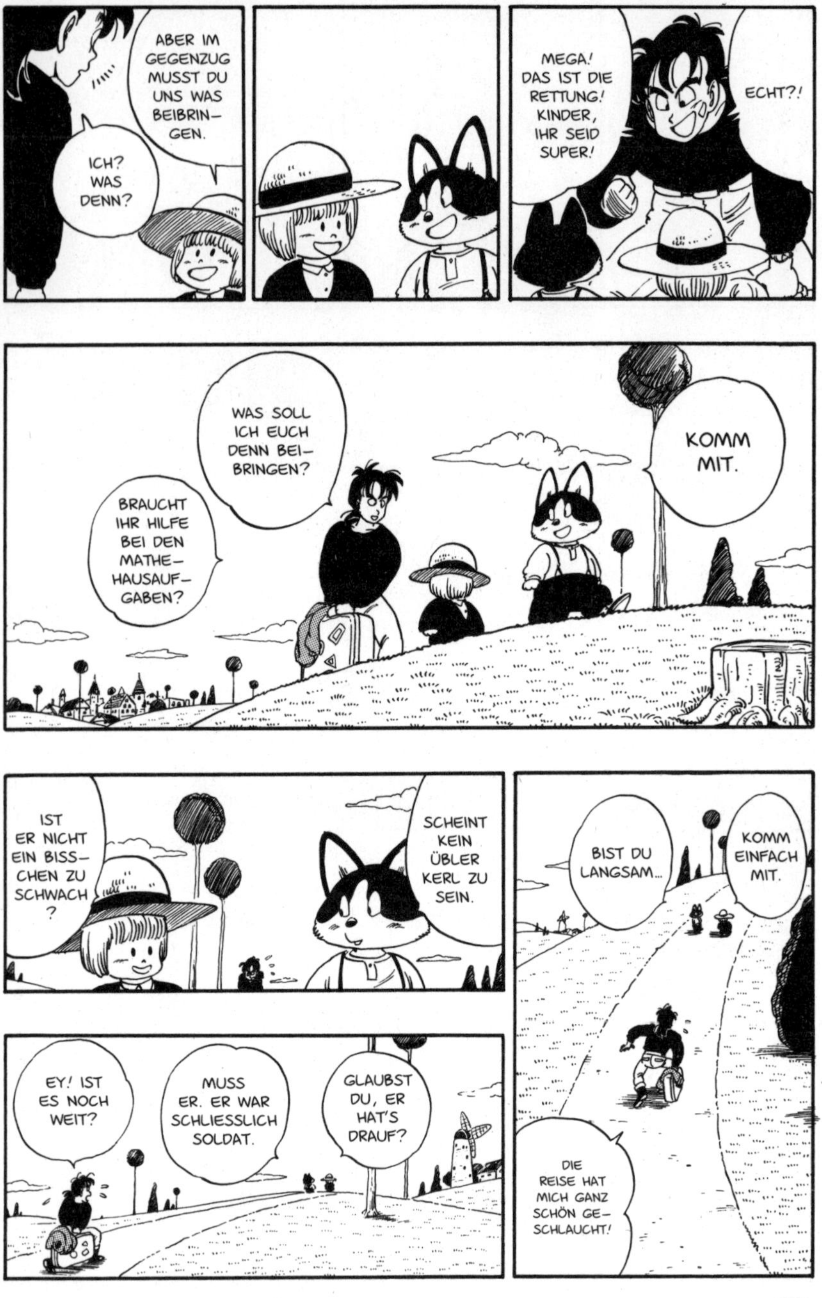
ECHT?!
MEGA! DAS IST DIE RETTUNG! KINDER, IHR SEID SUPER!
ABER IM GEGENZUG MUSST DU UNS WAS BEIBRIN-GEN.
ICH? WAS DENN?
WAS SOLL ICH EUCH DENN BEI-BRINGEN?
BRAUCHT IHR HILFE BEI DEN MATHE-HAUSAUF-GABEN?
KOMM MIT.
KOMM EINFACH MIT.
BIST DU LANGSAM...
DIE REISE HAT MICH GANZ SCHÖN GE-SCHLAUCHT!
SCHEINT KEIN ÜBLER KERL ZU SEIN.
IST ER NICHT EIN BISS-CHEN ZU SCHWACH?
GLAUBST DU, ER HAT'S DRAUF?
MUSS ER. ER WAR SCHLIESSLICH SOLDAT.
EY! IST ES NOCH WEIT?

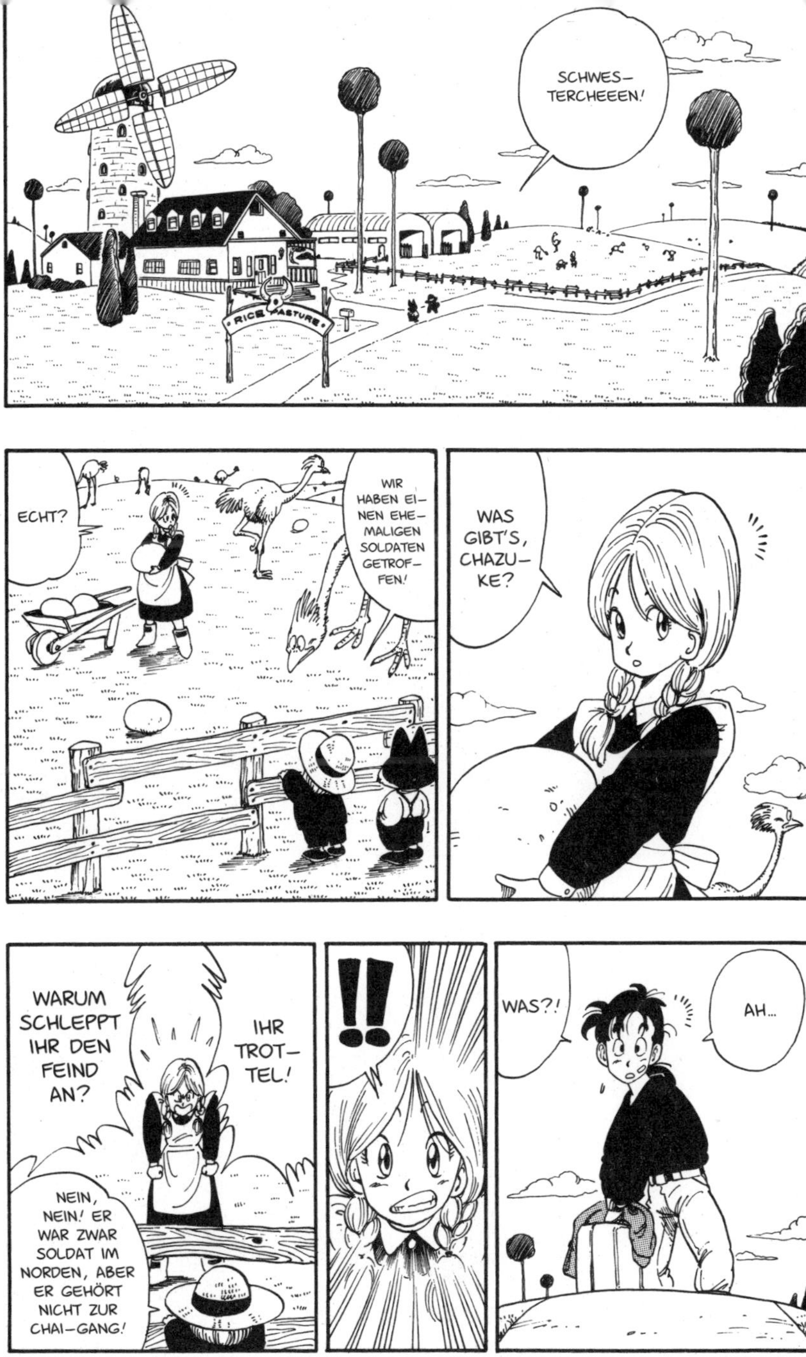
SCHWES-TERCHEEEN!
RICE PASTURE
WAS GIBT'S, CHAZU-KE?
WIR HABEN EI-NEN EHE-MALIGEN SOLDATEN GETROF-FEN!
ECHT?
AH...
WAS?!
!!
IHR TROT-TEL!
WARUM SCHLEPPT IHR DEN FEIND AN?
NEIN, NEIN! ER WAR ZWAR SOLDAT IM NORDEN, ABER ER GEHÖRT NICHT ZUR CHAI-GANG!

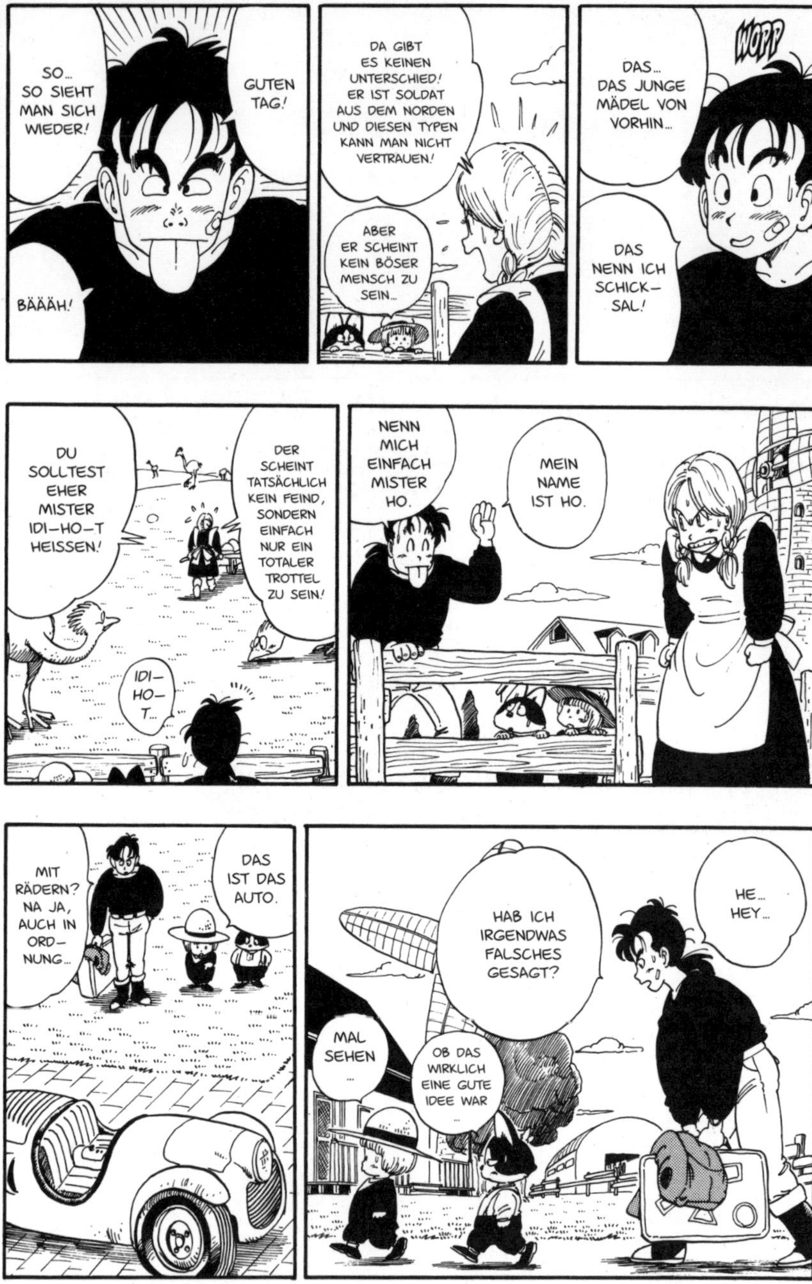
WOPP
DAS... DAS JUNGE MÄDEL VON VORHIN...
DAS NENN ICH SCHICK-SAL!
DA GIBT ES KEINEN UNTERSCHIED! ER IST SOLDAT AUS DEM NORDEN UND DIESEN TYPEN KANN MAN NICHT VERTRAUEN!
ABER ER SCHEINT KEIN BÖSER MENSCH ZU SEIN...
GUTEN TAG!
SO... SO SIEHT MAN SICH WIEDER!
BÄÄÄH!
MEIN NAME IST HO.
NENN MICH EINFACH MISTER HO.
DER SCHEINT TATSÄCHLICH KEIN FEIND, SONDERN EINFACH NUR EIN TOTALER TROTTEL ZU SEIN!
DU SOLLTEST EHER MISTER IDI-HO-T HEISSEN!
IDI-HO-T...
HE... HEY...
HAB ICH IRGENDWAS FALSCHES GESAGT?
OB DAS WIRKLICH EINE GUTE IDEE WAR ...
MAL SEHEN ...
DAS IST DAS AUTO.
MIT RÄDERN? NA JA, AUCH IN ORD-NUNG...

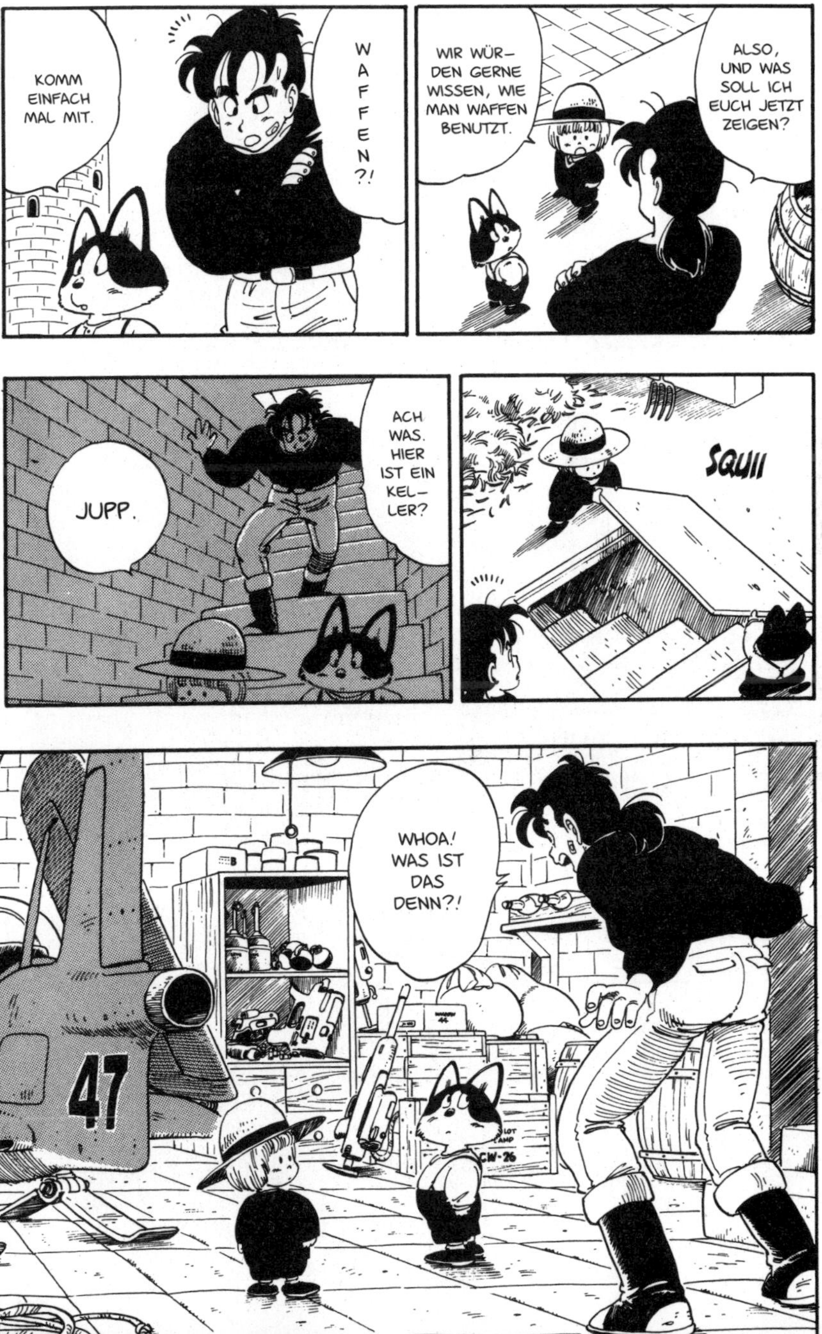
ALSO, UND WAS SOLL ICH EUCH JETZT ZEIGEN?
WIR WÜRDEN GERNE WISSEN, WIE MAN WAFFEN BENUTZT.
WAFFEN?!
KOMM EINFACH MAL MIT.
SQUII
ACH WAS. HIER IST EIN KELLER?
JUPP.
WHOA! WAS IST DAS DENN?!
47

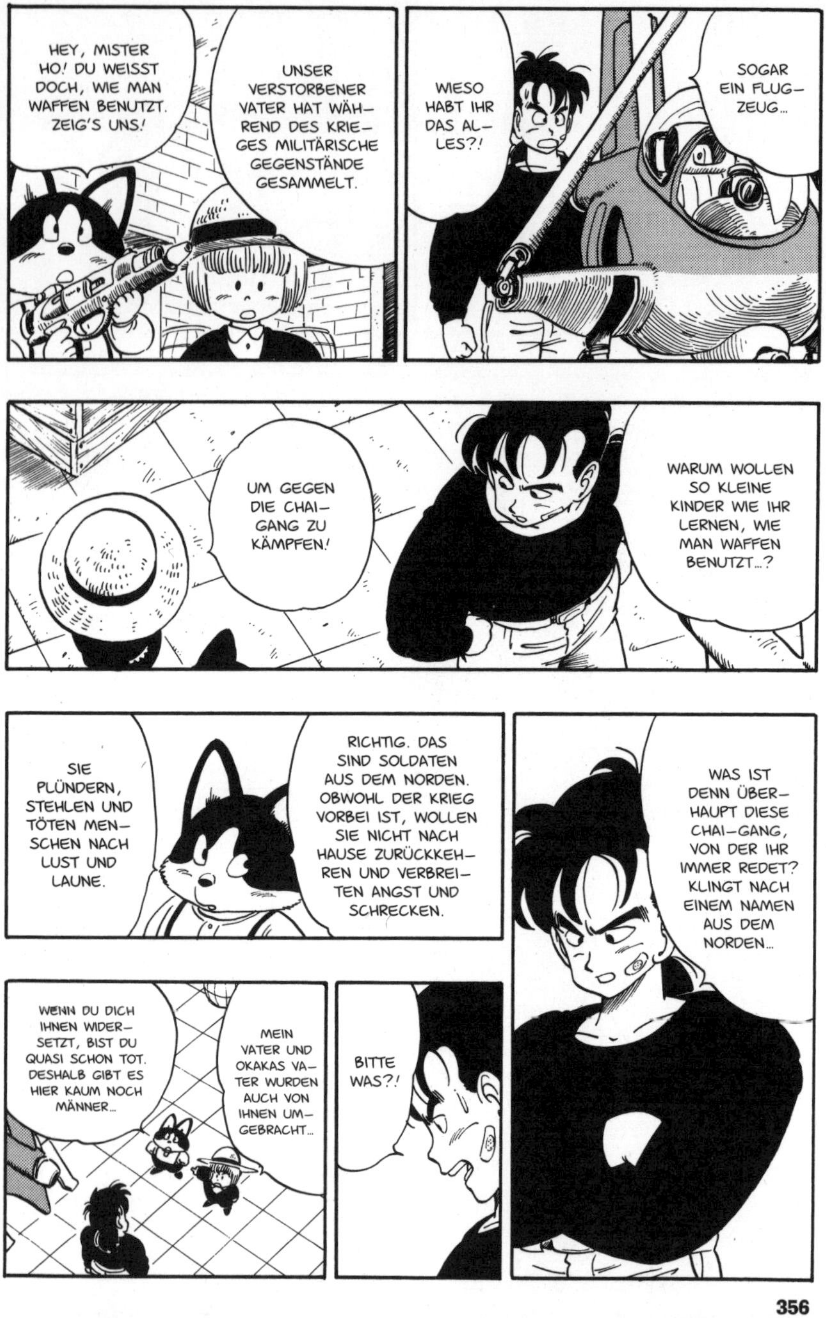
HEY, MISTER HO! DU WEISST DOCH, WIE MAN WAFFEN BENUTZT. ZEIG'S UNS!
UNSER VERSTORBENER VATER HAT WÄHREND DES KRIEGES MILITÄRISCHE GEGENSTÄNDE GESAMMELT.
WIESO HABT IHR DAS ALLES?!
SOGAR EIN FLUGZEUG…
UM GEGEN DIE CHAI-GANG ZU KÄMPFEN!
WARUM WOLLEN SO KLEINE KINDER WIE IHR LERNEN, WIE MAN WAFFEN BENUTZT…?
SIE PLÜNDERN, STEHLEN UND TÖTEN MENSCHEN NACH LUST UND LAUNE.
RICHTIG. DAS SIND SOLDATEN AUS DEM NORDEN. OBWOHL DER KRIEG VORBEI IST, WOLLEN SIE NICHT NACH HAUSE ZURÜCKKEHREN UND VERBREITEN ANGST UND SCHRECKEN.
WAS IST DENN ÜBERHAUPT DIESE CHAI-GANG, VON DER IHR IMMER REDET? KLINGT NACH EINEM NAMEN AUS DEM NORDEN…
WENN DU DICH IHNEN WIDERSETZT, BIST DU QUASI SCHON TOT. DESHALB GIBT ES HIER KAUM NOCH MÄNNER…
MEIN VATER UND OKAKAS VATER WURDEN AUCH VON IHNEN UMGEBRACHT…
BITTE WAS?!

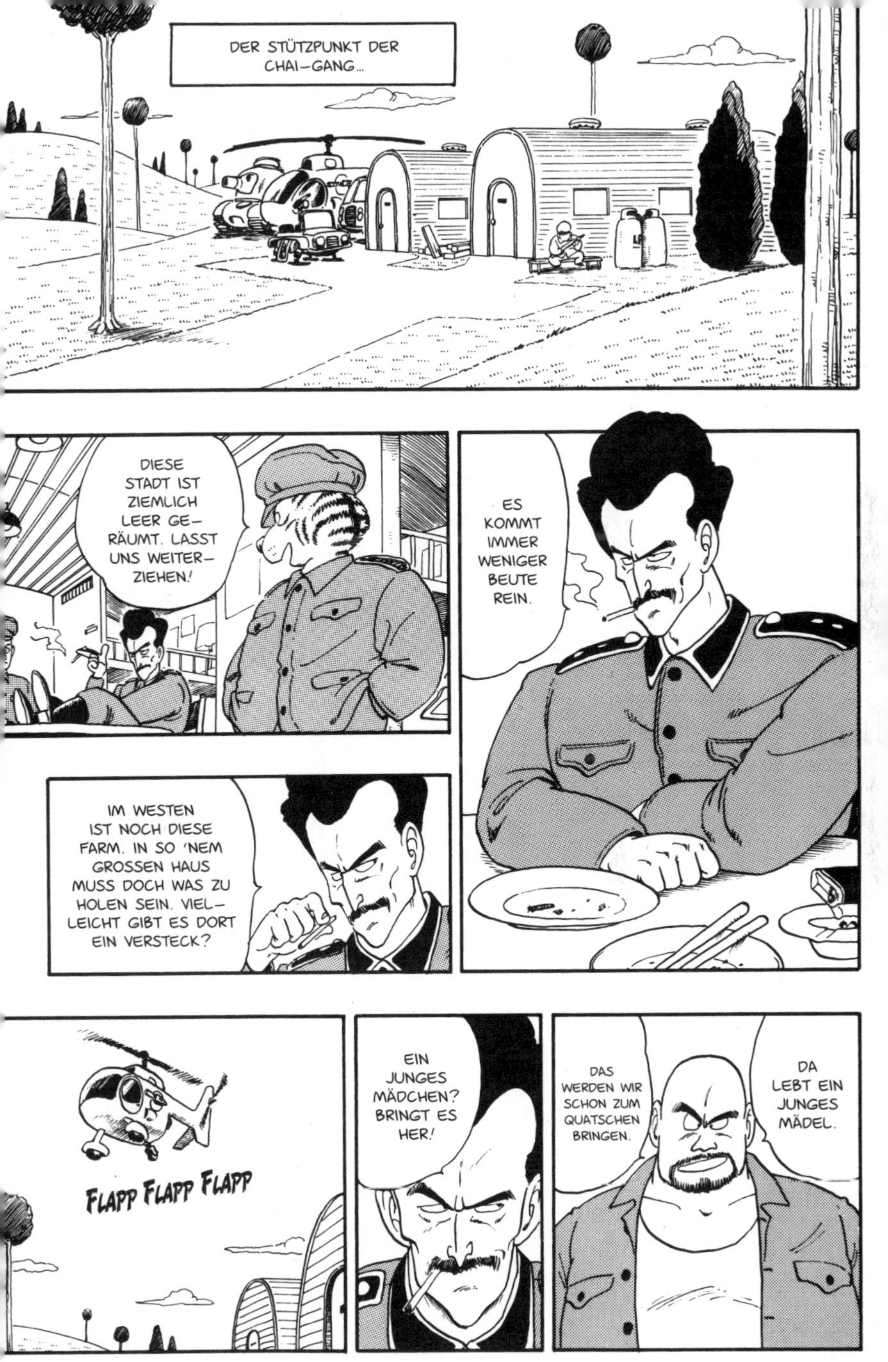
DER STÜTZPUNKT DER CHAI-GANG...
ES KOMMT IMMER WENIGER BEUTE REIN.
DIESE STADT IST ZIEMLICH LEER GE-RÄUMT. LASST UNS WEITER-ZIEHEN!
IM WESTEN IST NOCH DIESE FARM. IN SO 'NEM GROSSEN HAUS MUSS DOCH WAS ZU HOLEN SEIN. VIEL-LEICHT GIBT ES DORT EIN VERSTECK?
DA LEBT EIN JUNGES MÄDEL.
DAS WERDEN WIR SCHON ZUM QUATSCHEN BRINGEN.
EIN JUNGES MÄDCHEN? BRINGT ES HER!
FLAPP FLAPP FLAPP

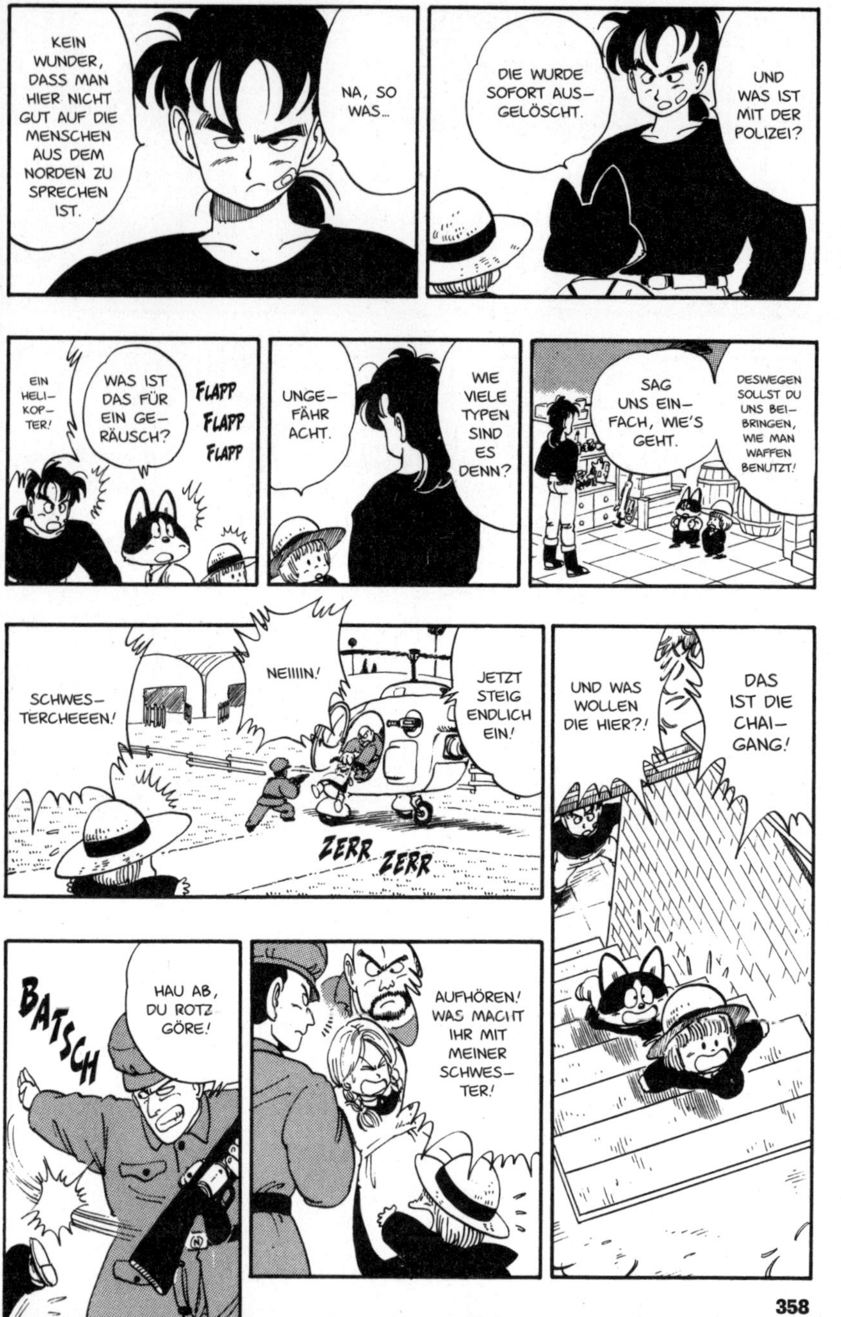
UND WAS IST MIT DER POLIZEI?
DIE WURDE SOFORT AUSGELÖSCHT.
NA, SO WAS...
KEIN WUNDER, DASS MAN HIER NICHT GUT AUF DIE MENSCHEN AUS DEM NORDEN ZU SPRECHEN IST.
DESWEGEN SOLLST DU UNS BEIBRINGEN, WIE MAN WAFFEN BENUTZT!
SAG UNS EINFACH, WIE'S GEHT.
WIE VIELE TYPEN SIND ES DENN?
UNGEFÄHR ACHT.
WAS IST DAS FÜR EIN GERÄUSCH?
FLAPP FLAPP FLAPP
EIN HELIKOPTER!
DAS IST DIE CHAI-GANG!
UND WAS WOLLEN DIE HIER?!
JETZT STEIG ENDLICH EIN!
NEIIIIN!
SCHWESTERCHEEEEN!
ZERR ZERR
AUFHÖREN! WAS MACHT IHR MIT MEINER SCHWESTER!
HAU AB, DU ROTZGÖRE!
BATSCH

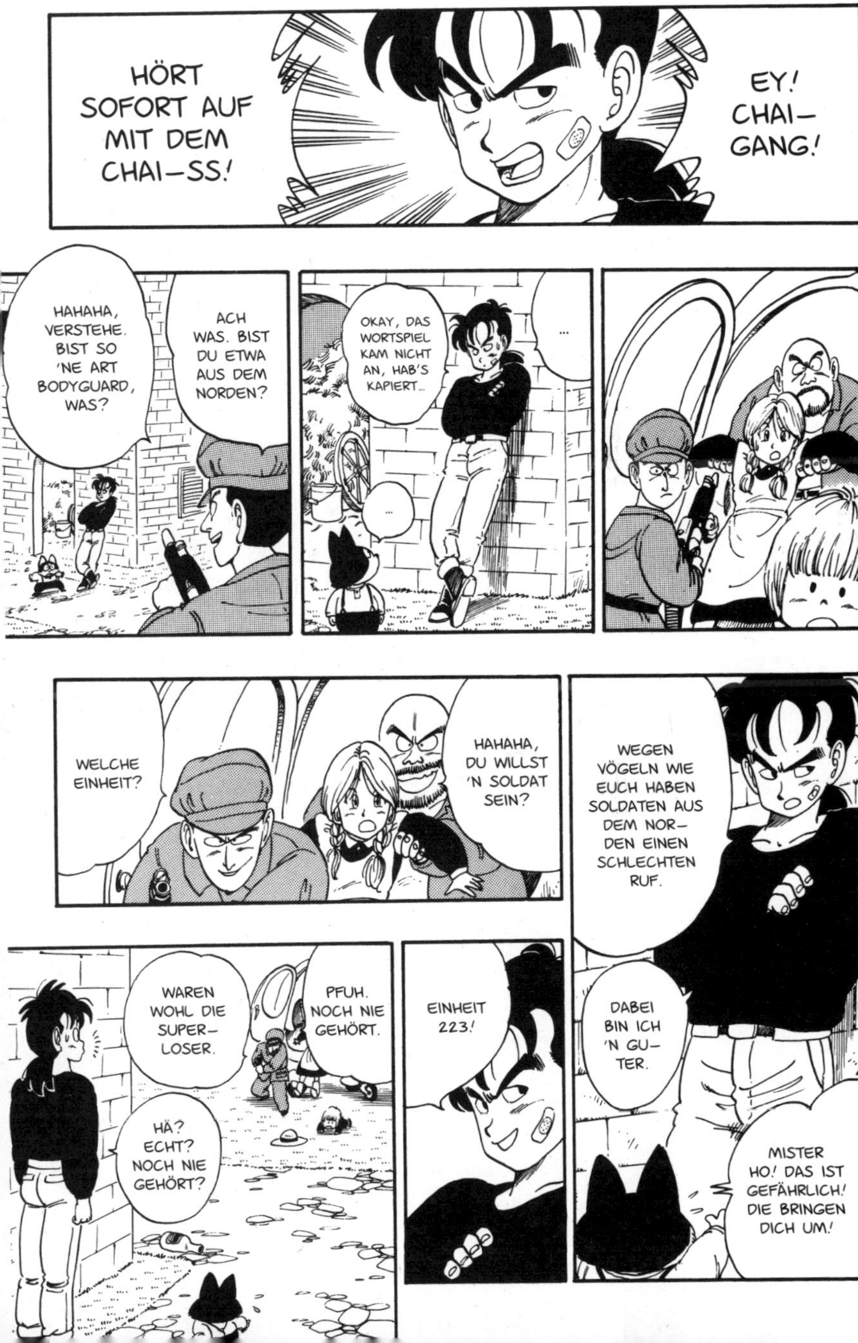
EY! CHAI-GANG!
HÖRT SOFORT AUF MIT DEM CHAI-SS!
...
OKAY, DAS WORTSPIEL KAM NICHT AN, HAB'S KAPIERT...
...
ACH WAS. BIST DU ETWA AUS DEM NORDEN?
HAHAHA, VERSTEHE. BIST SO 'NE ART BODYGUARD, WAS?
WEGEN VÖGELN WIE EUCH HABEN SOLDATEN AUS DEM NORDEN EINEN SCHLECHTEN RUF.
DABEI BIN ICH 'N GUTER.
HAHAHA, DU WILLST 'N SOLDAT SEIN?
WELCHE EINHEIT?
MISTER HO! DAS IST GEFÄHRLICH! DIE BRINGEN DICH UM!
EINHEIT 223!
PFUH. NOCH NIE GEHÖRT.
WAREN WOHL DIE SUPER-LOSER.
HÄ? ECHT? NOCH NIE GEHÖRT?

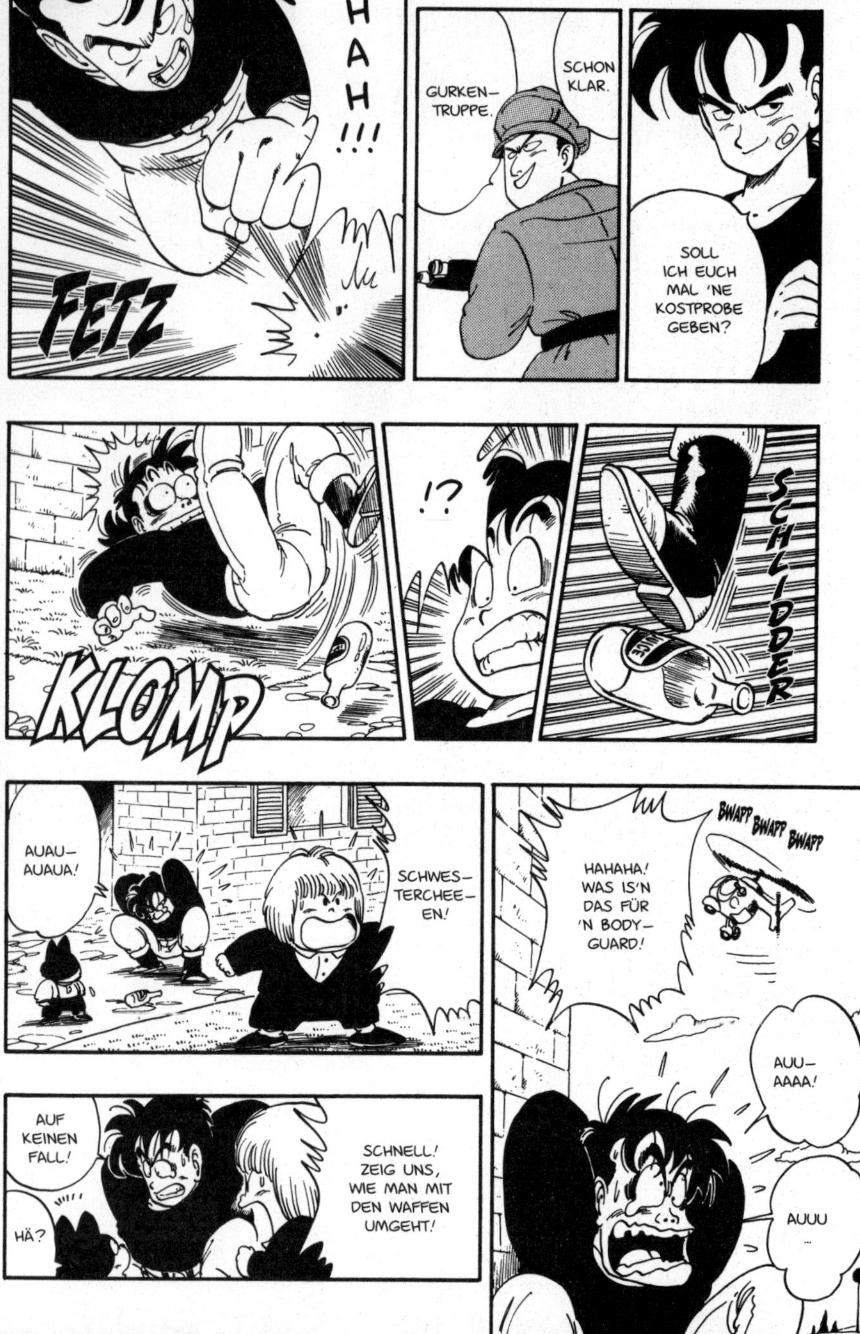
SOLL ICH EUCH MAL 'NE KOSTPROBE GEBEN?
SCHON KLAR.
GURKEN-TRUPPE.
HAH!!!
FETZ
SCHLIDDER
!?
KLOMP
BWAPP BWAPP BWAPP
HAHAHA! WAS IS'N DAS FÜR 'N BODY-GUARD!
AUU-AAAA!
AUUU ...
SCHWES-TERCHEEE-EN!
AUAU-AUAUA!
SCHNELL! ZEIG UNS, WIE MAN MIT DEN WAFFEN UMGEHT!
AUF KEINEN FALL!
HÄ?

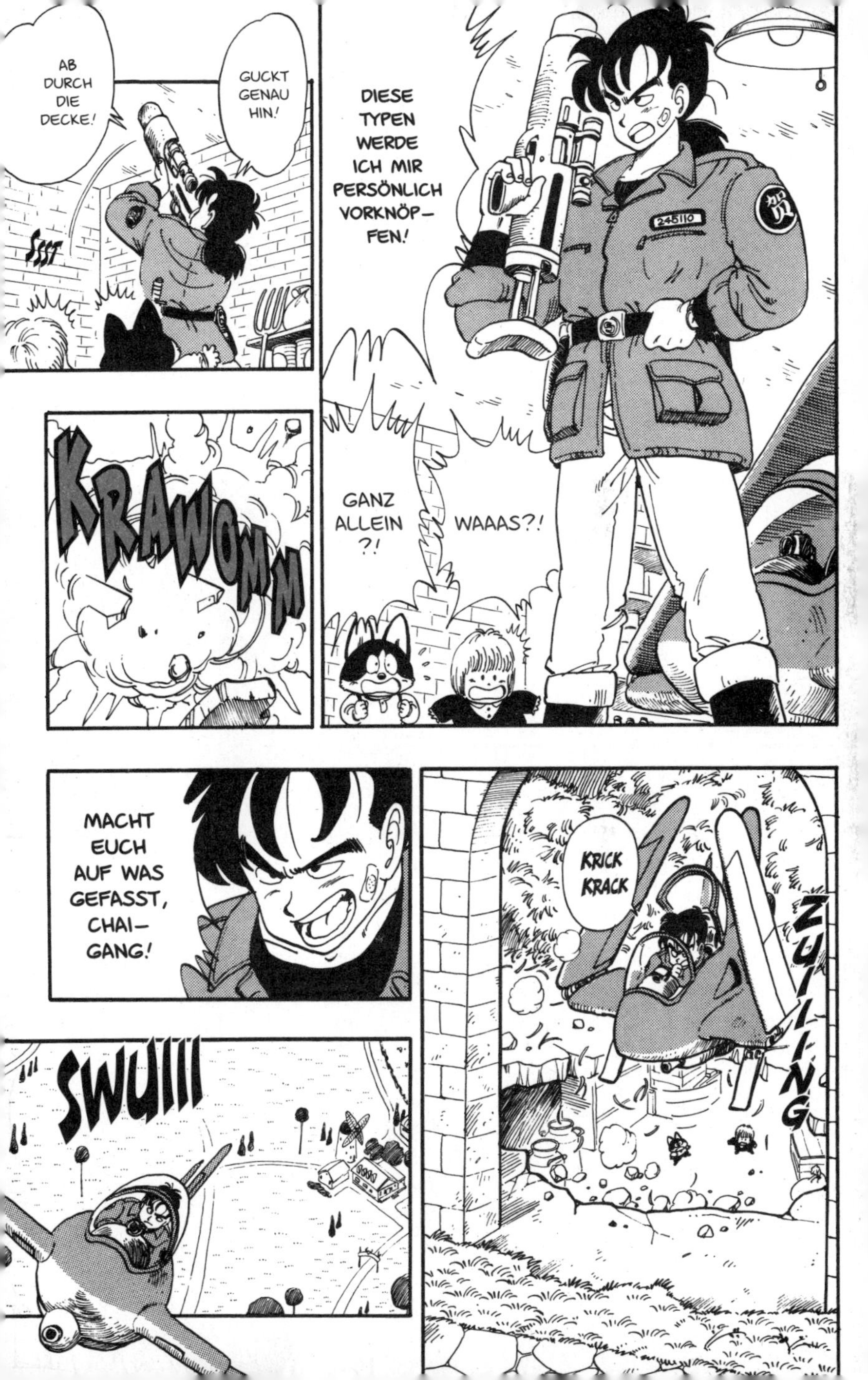
DIESE TYPEN WERDE ICH MIR PERSÖNLICH VORKNÖP-FEN!
GUCKT GENAU HIN!
AB DURCH DIE DECKE!
SSST
KRAWOMM
WAAAS?!
GANZ ALLEIN?!
MACHT EUCH AUF WAS GEFASST, CHAI-GANG!
KRICK KRACK
ZUIIING
SWUIII

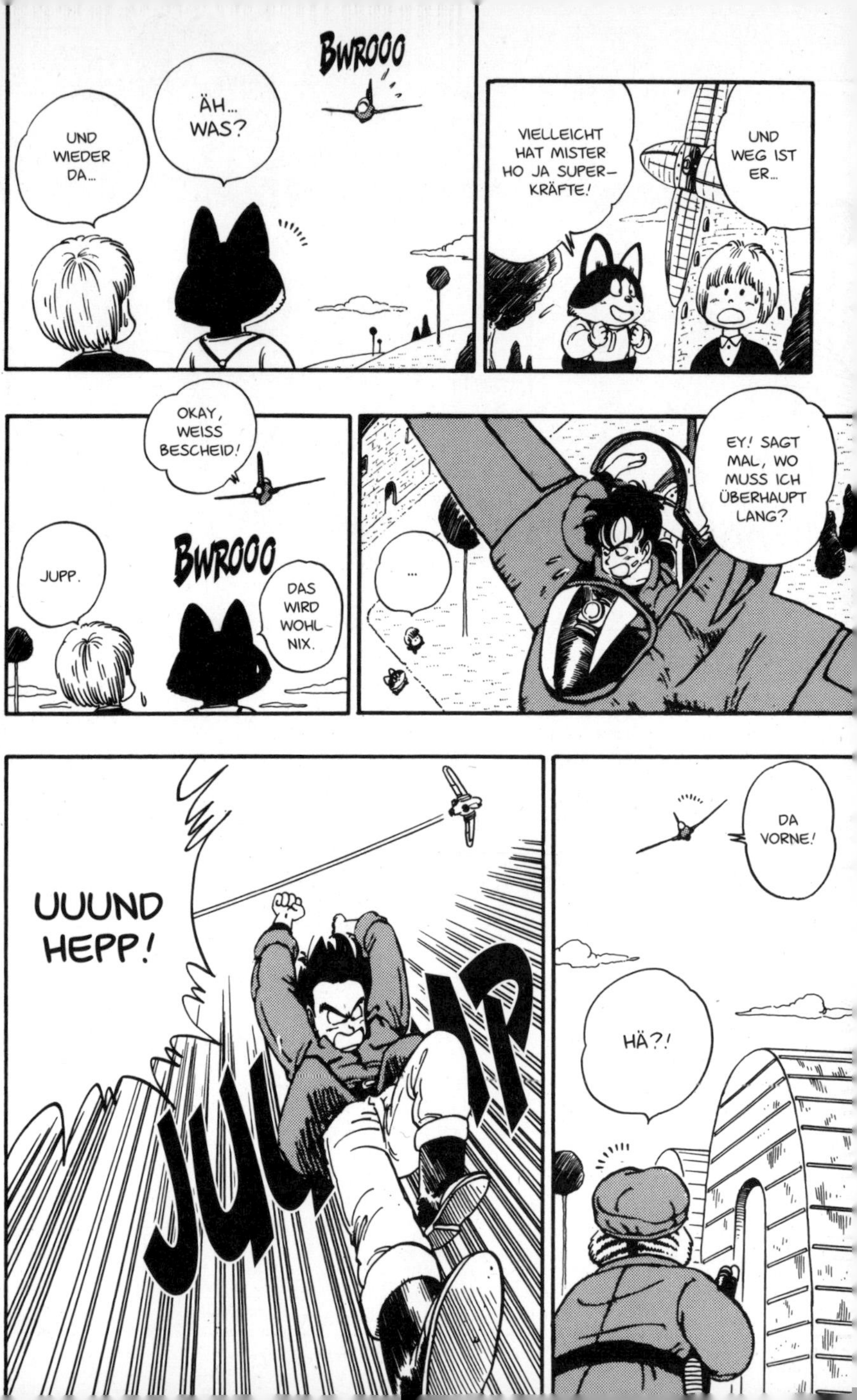
BWROOO
ÄH... WAS?
UND WIEDER DA...
UND WEG IST ER...
VIELLEICHT HAT MISTER HO JA SUPER-KRÄFTE!
EY! SAGT MAL, WO MUSS ICH ÜBERHAUPT LANG?
...
OKAY, WEISS BESCHEID!
BWROOO
JUPP.
DAS WIRD WOHL NIX.
DA VORNE!
HÄ?!
UUUND HEPP!

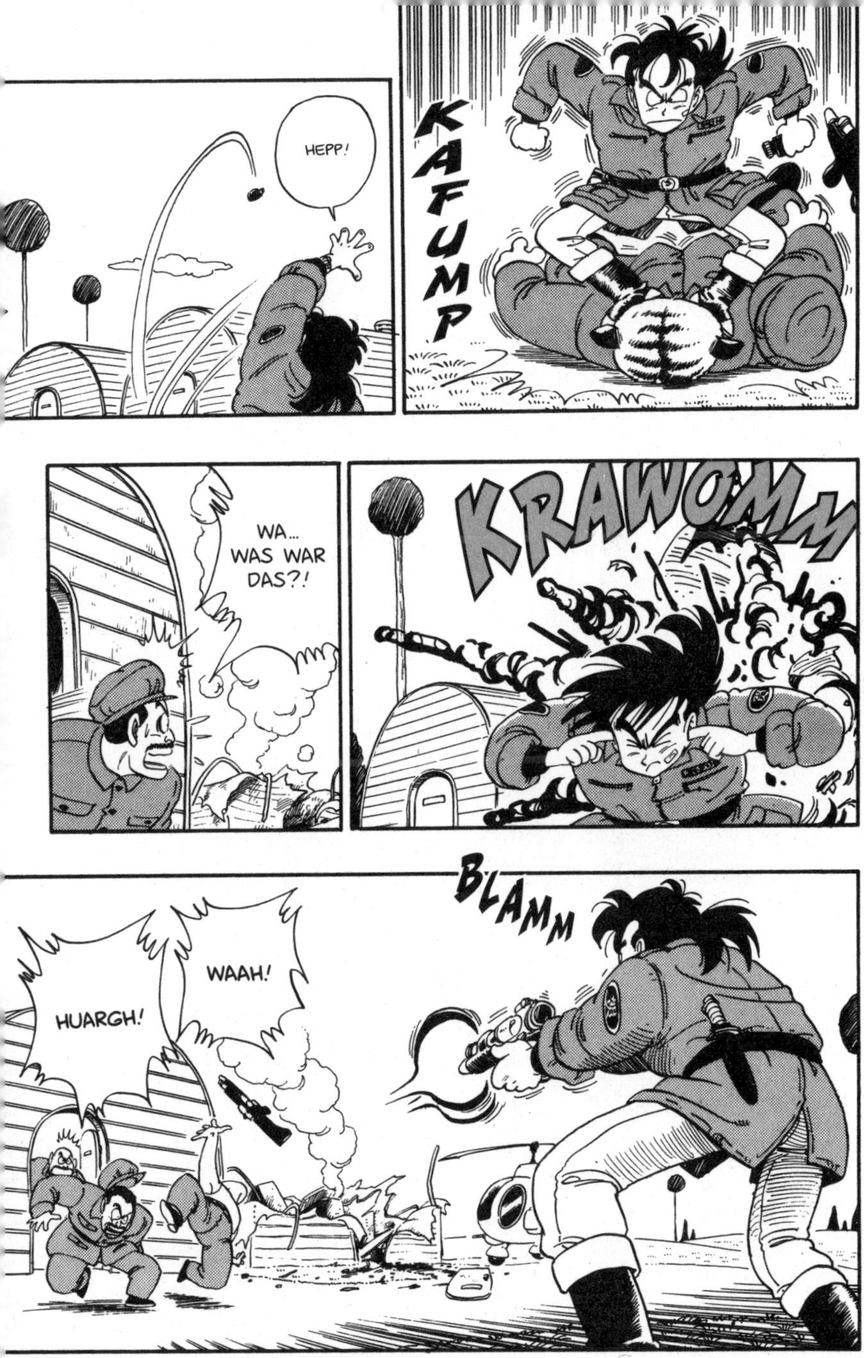
KAFUMP
HEPP!
KRAWOMM
WA...
WAS WAR
DAS?!
BLAMM
WAAH!
HUARGH!

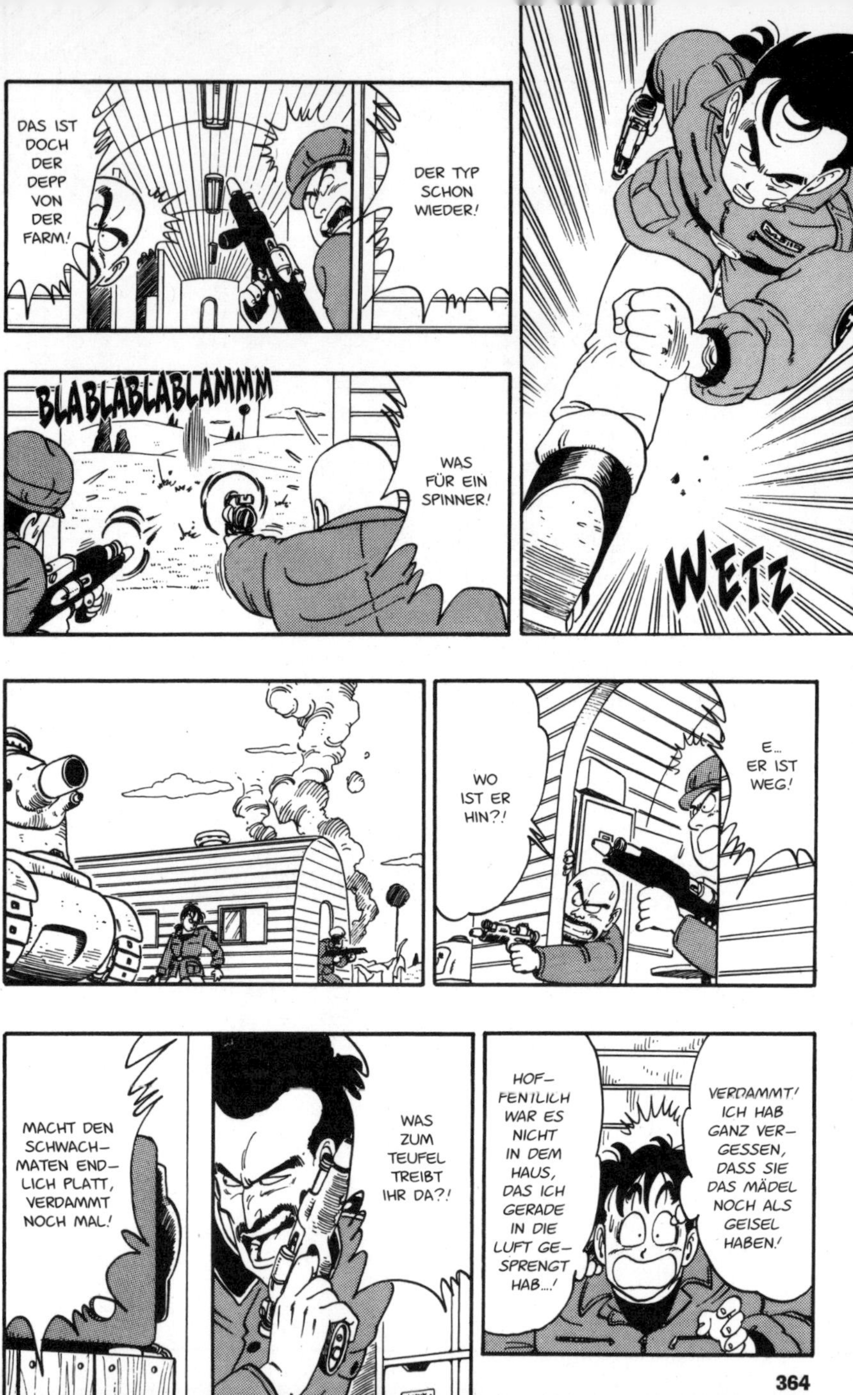
WETZ
DER TYP SCHON WIEDER!
DAS IST DOCH DER DEPP VON DER FARM!
BLABLABLABLAMMM
WAS FÜR EIN SPINNER!
E... ER IST WEG!
WO IST ER HIN?!
VERDAMMT! ICH HAB GANZ VER-GESSEN, DASS SIE DAS MÄDEL NOCH ALS GEISEL HABEN!
HOF-FENTLICH WAR ES NICHT IN DEM HAUS, DAS ICH GERADE IN DIE LUFT GE-SPRENGT HAB...!
WAS ZUM TEUFEL TREIBT IHR DA?!
MACHT DEN SCHWACH-MATEN END-LICH PLATT, VERDAMMT NOCH MAL!

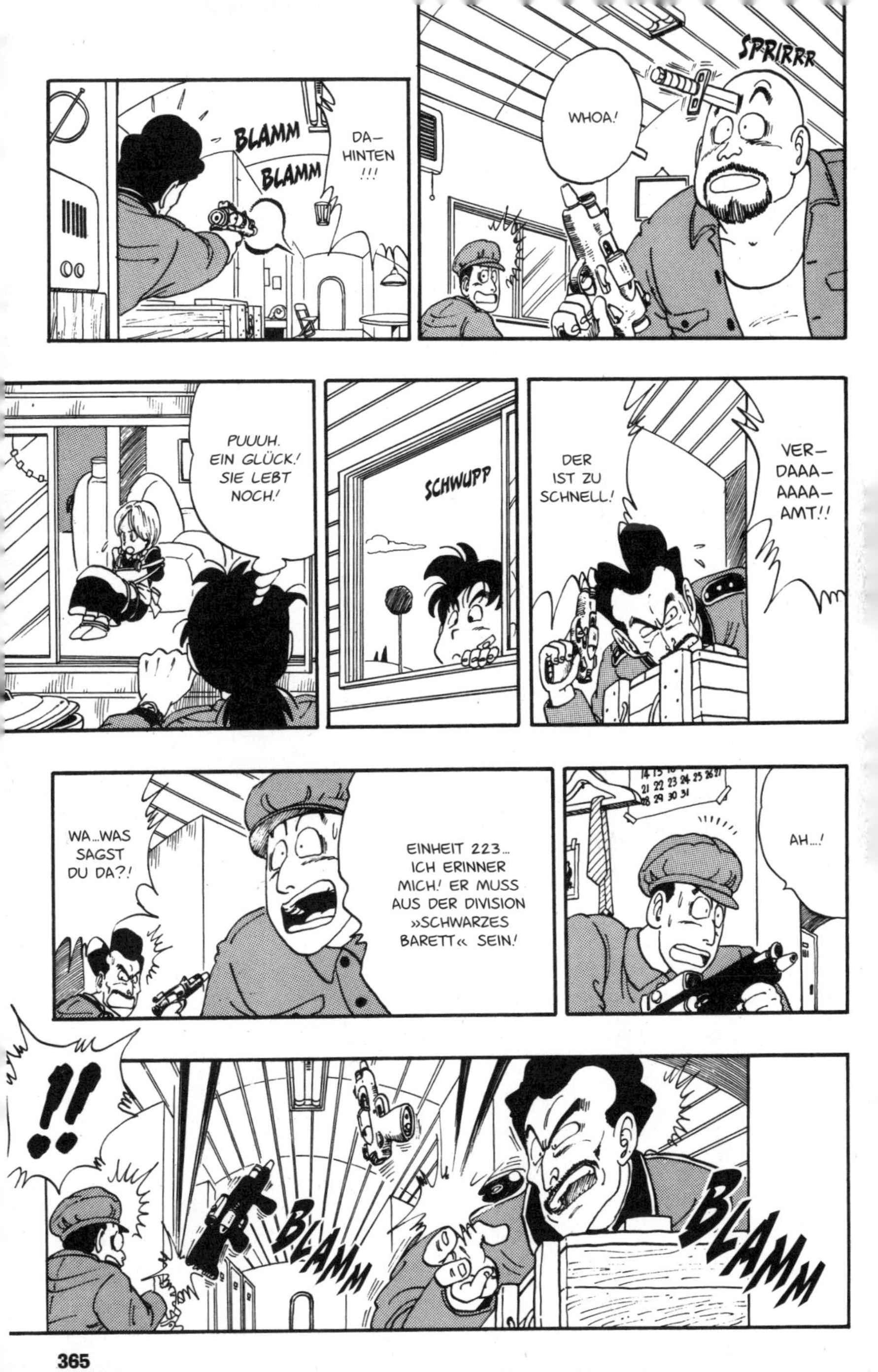
SPRIRRR
WHOA!
BLAMM
BLAMM
DA-HINTEN!!!
VER-DAAA-AAAA-AMT!!
DER IST ZU SCHNELL!
SCHWUPP
PUUUH. EIN GLÜCK! SIE LEBT NOCH!
AH...!
EINHEIT 223... ICH ERINNER MICH! ER MUSS AUS DER DIVISION »SCHWARZES BARETT« SEIN!
WA...WAS SAGST DU DA?!
BLAMM
BLAMM
!!

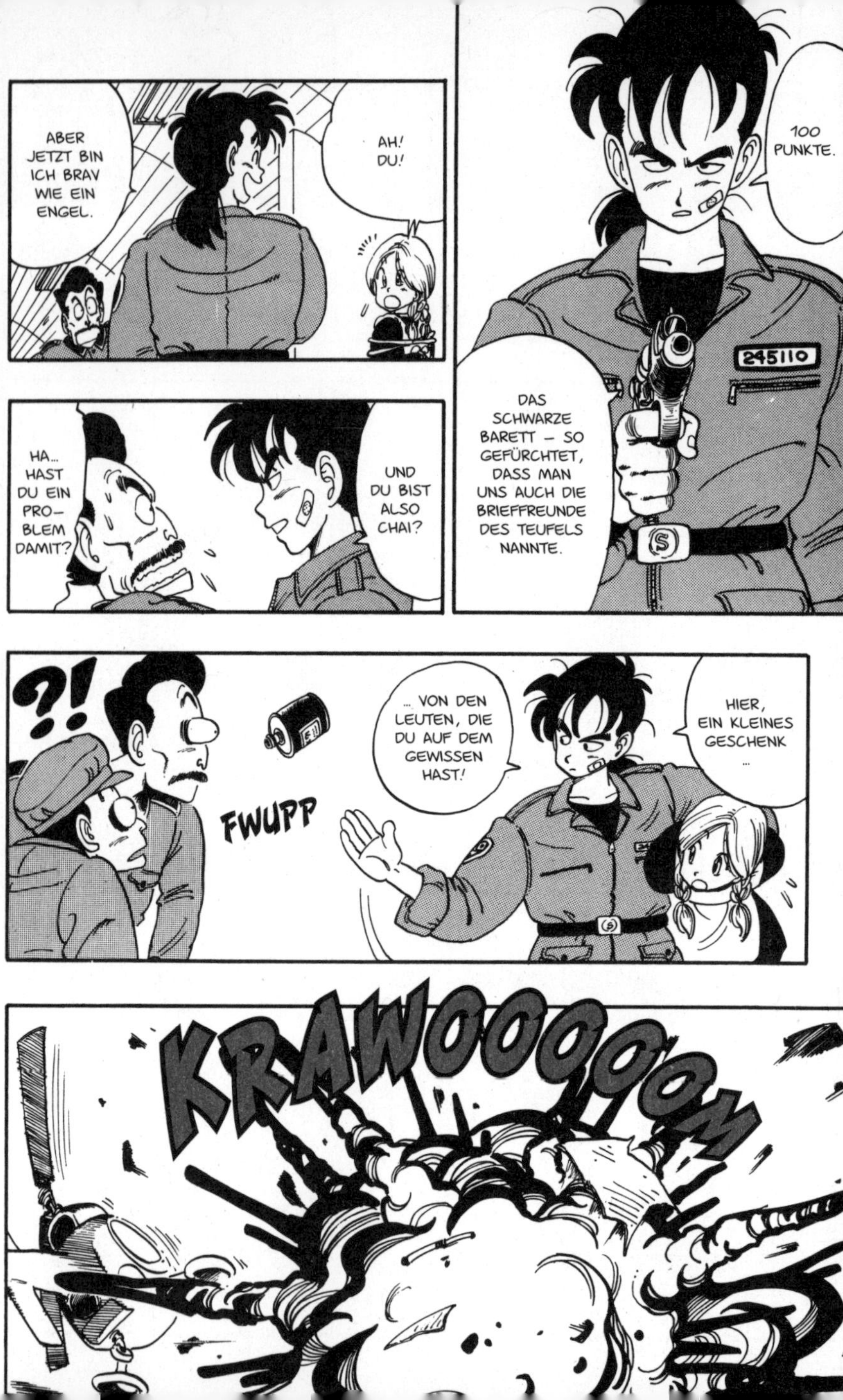

100 PUNKTE.
DAS SCHWARZE BARETT – SO GEFÜRCHTET, DASS MAN UNS AUCH DIE BRIEFFREUNDE DES TEUFELS NANNTE.
245110
AH! DU!
ABER JETZT BIN ICH BRAV WIE EIN ENGEL.
UND DU BIST ALSO CHAI?
HA... HAST DU EIN PRO-BLEM DAMIT?
HIER, EIN KLEINES GESCHENK ...
... VON DEN LEUTEN, DIE DU AUF DEM GEWISSEN HAST!
FWUPP
?!
KRAWOOOOOOM

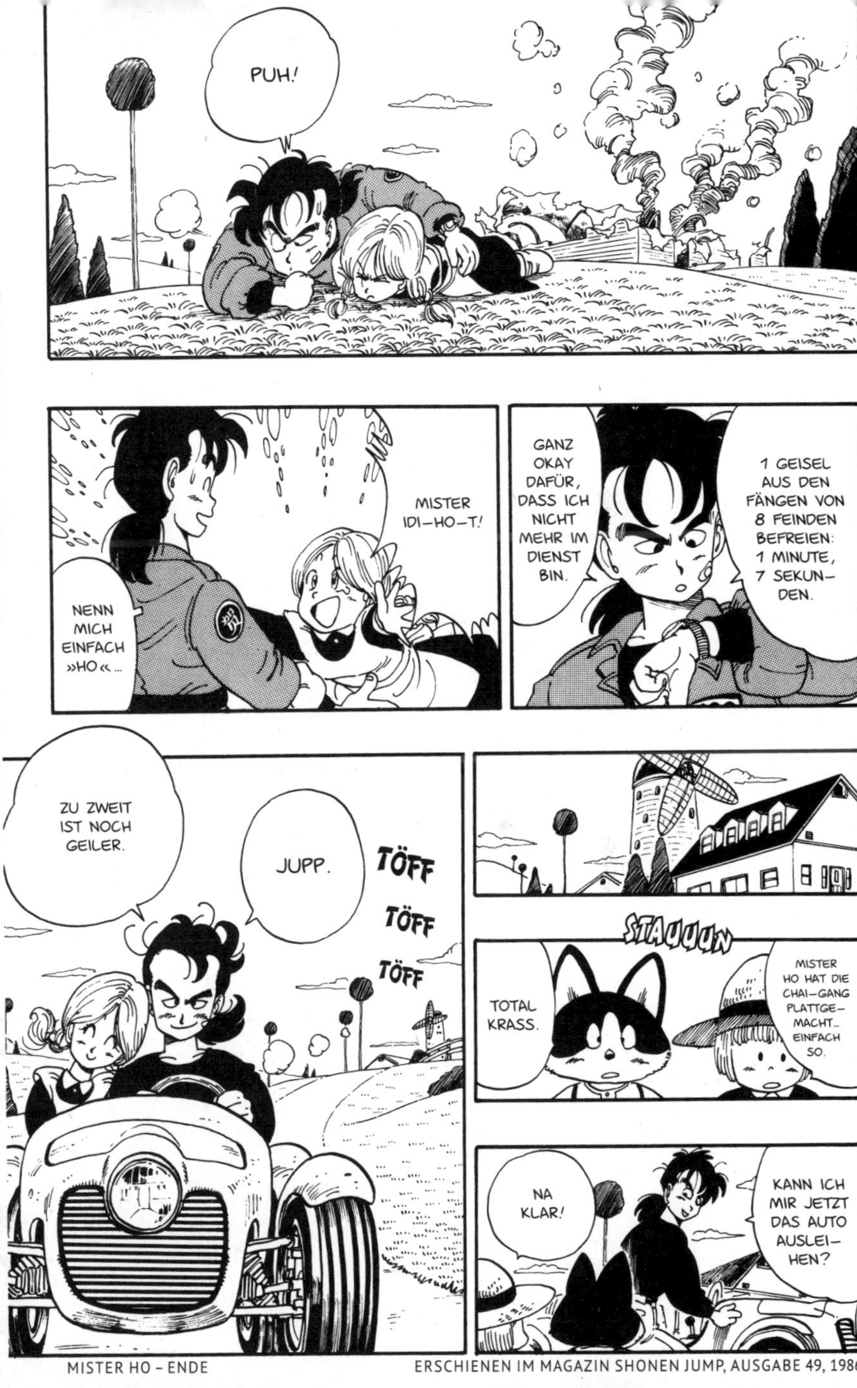

MISTER HO – ENDE

ERSCHIENEN IM MAGAZIN SHONEN JUMP, AUSGABE 49, 1986

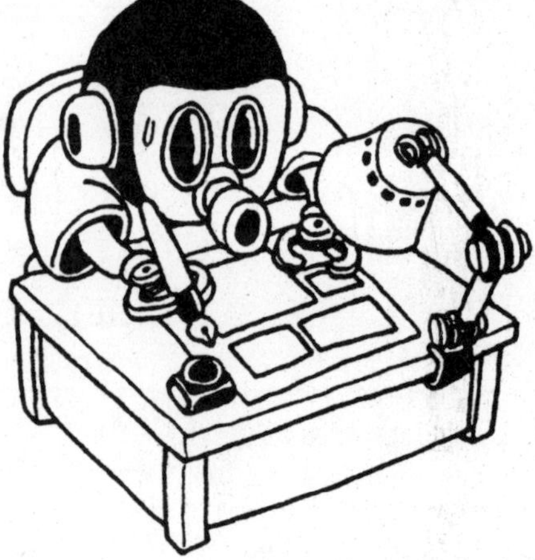

SO WURDE ICH MANGAKA

TEIL 5

SCHLIESSLICH FING ICH IN EINER FIRMA AN, DIE ETWAS MIT DESIGN ZU TUN HATTE. DA ICH RECHT GESCHICKT WAR, BEKAM ICH NACH UND NACH IMMER BESSERE AUFGABEN. DOCH LEIDER WAR ICH EIN TOTALER MORGENMUFFEL UND VERPENNTE STÄNDIG. AUSSERDEM WURDE, DA ES SICH UM EINE RECHT ANGESEHENE FIRMA HANDELTE, SEHR AUF DIE KLEIDUNG GEACHTET, UND ICH KASSIERTE EINIGE EINLÄUFE WEGEN MEINER ZIEMLICH ABGERISSENEN KLAMOTTEN. KURZUM: ICH HATTE EIN PROBLEM. NACH ZWEIEINHALB JAHREN WAR ES DANN SO WEIT UND ICH VERLIESS DIE FIRMA. RÜCKBLICKEND BETRACHTET WAR DIESE ARBEIT TROTZDEM NÜTZLICH FÜR MICH UND EINE GUTE ERFAHRUNG, GESELLSCHAFTLICHE STRUKTUREN KENNENZULERNEN. WÄRE ICH DIREKT NACH DER SCHULE MANGAKA GEWORDEN, HÄTTE ICH MICH NUR SCHWER IN BESTIMMTE SITUATIONEN EINFÜHLEN KÖNNEN.

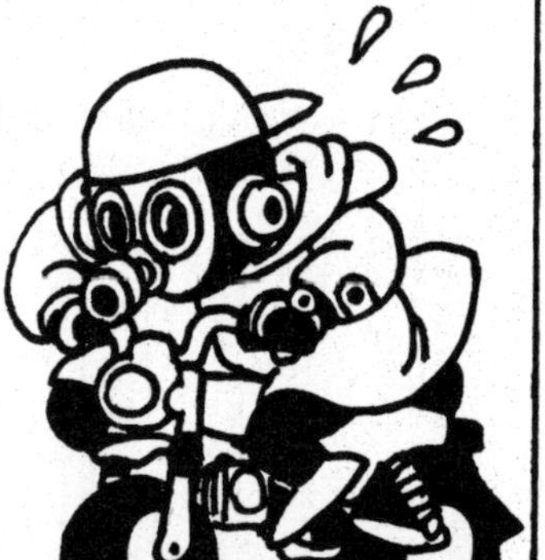

FORTSETZUNG AUF SEITE 386

KENNOSUKE-SAMA

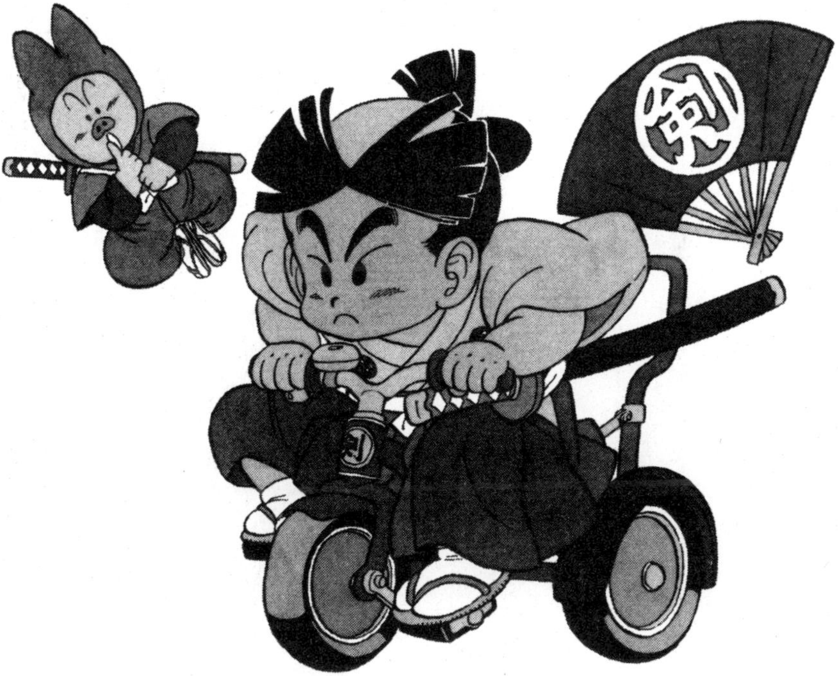

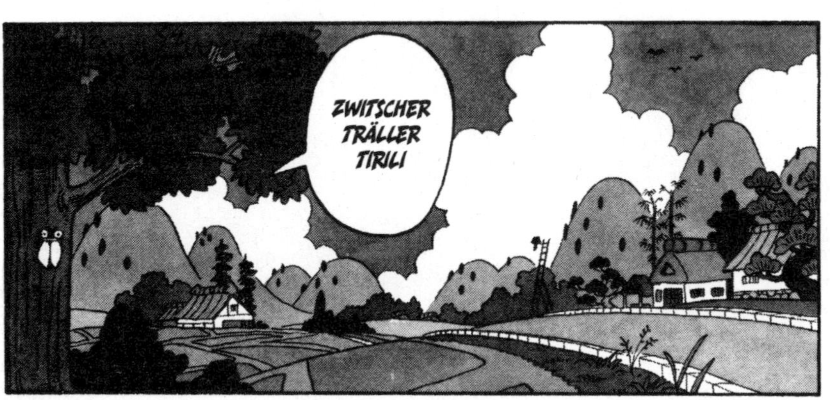

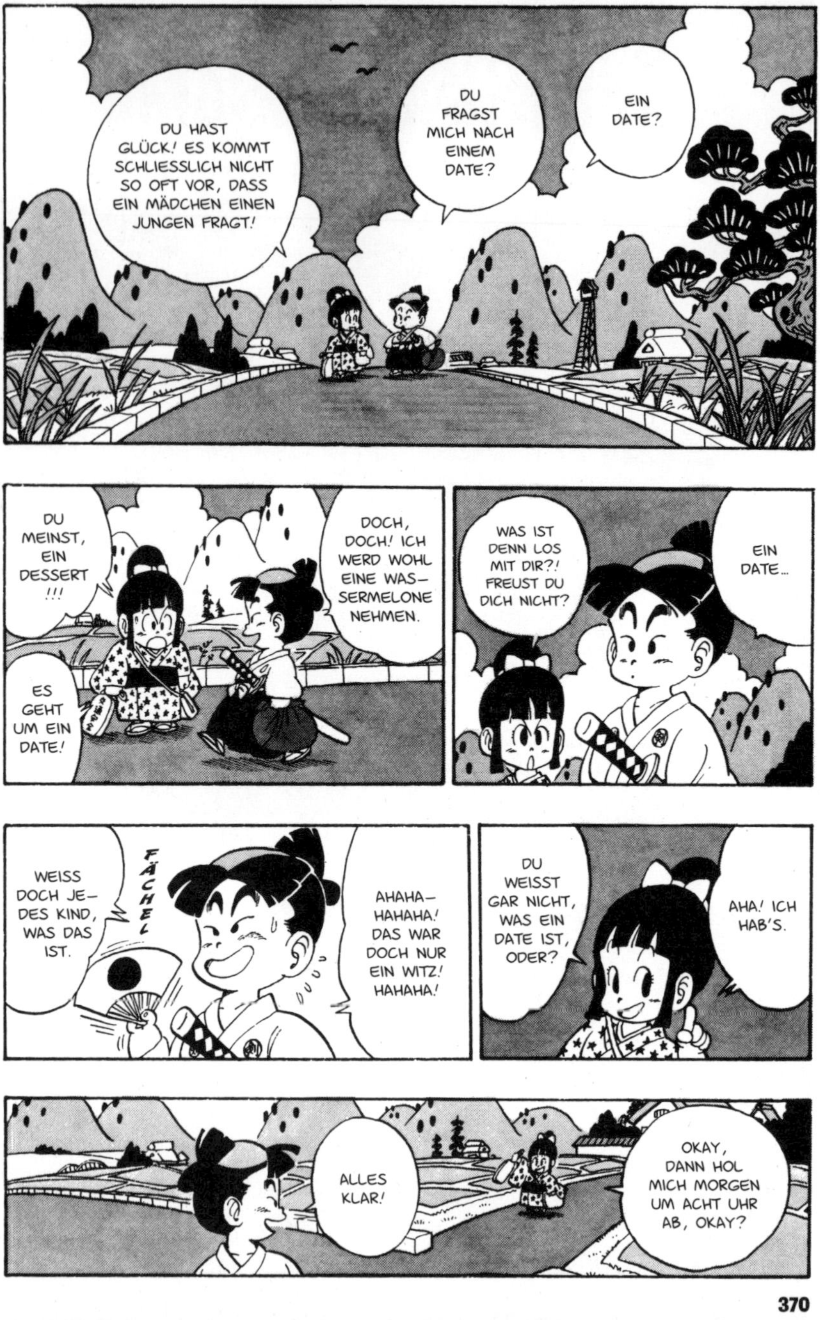
EIN DATE?
DU FRAGST MICH NACH EINEM DATE?
DU HAST GLÜCK! ES KOMMT SCHLIESSLICH NICHT SO OFT VOR, DASS EIN MÄDCHEN EINEN JUNGEN FRAGT!
EIN DATE...
WAS IST DENN LOS MIT DIR?! FREUST DU DICH NICHT?
DOCH, DOCH! ICH WERD WOHL EINE WASSERMELONE NEHMEN.
DU MEINST, EIN DESSERT !!!
ES GEHT UM EIN DATE!
AHA! ICH HAB'S.
DU WEISST GAR NICHT, WAS EIN DATE IST, ODER?
AHAHA-HAHAHA! DAS WAR DOCH NUR EIN WITZ! HAHAHA!
FÄCHEL
WEISS DOCH JEDES KIND, WAS DAS IST.
OKAY, DANN HOL MICH MORGEN UM ACHT UHR AB, OKAY?
ALLES KLAR!

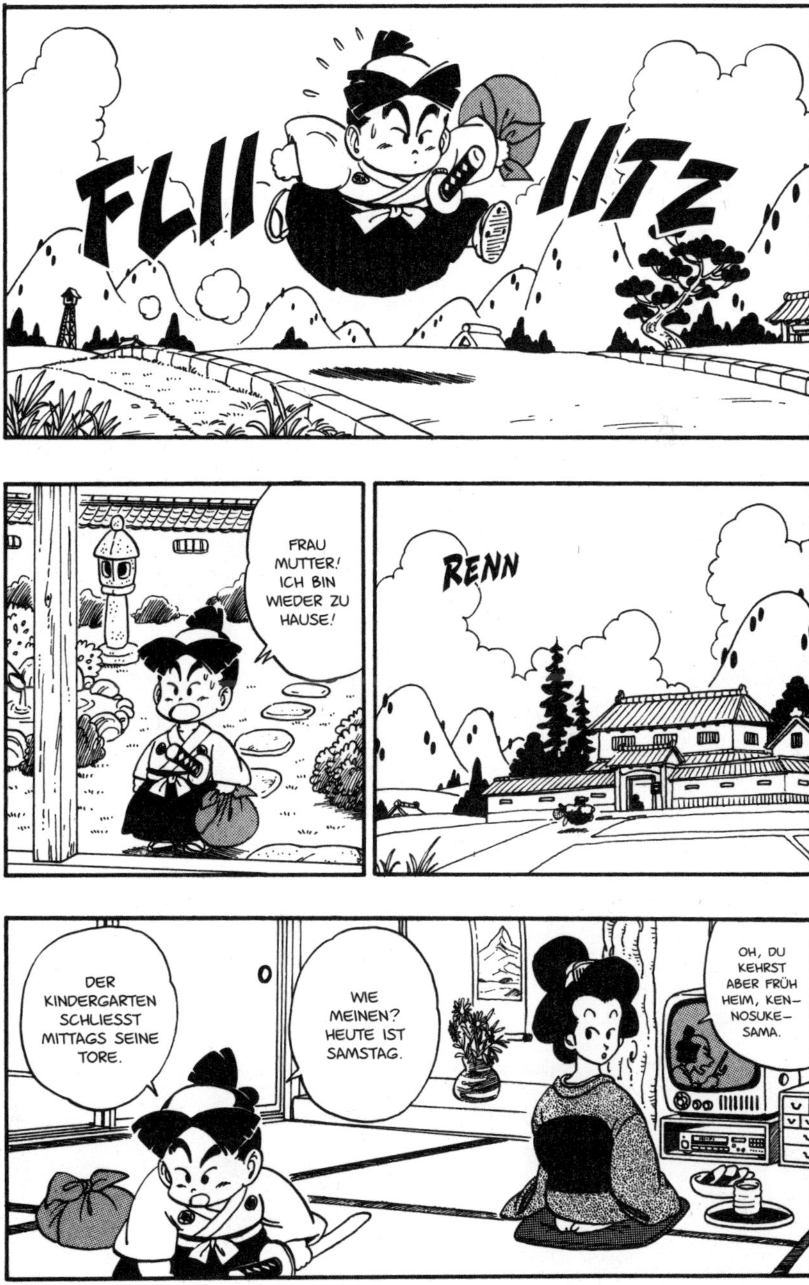
FLII IITZ
RENN
FRAU MUTTER! ICH BIN WIEDER ZU HAUSE!
OH, DU KEHRST ABER FRÜH HEIM, KEN-NOSUKE-SAMA.
WIE MEINEN? HEUTE IST SAMSTAG.
DER KINDERGARTEN SCHLIESST MITTAGS SEINE TORE.

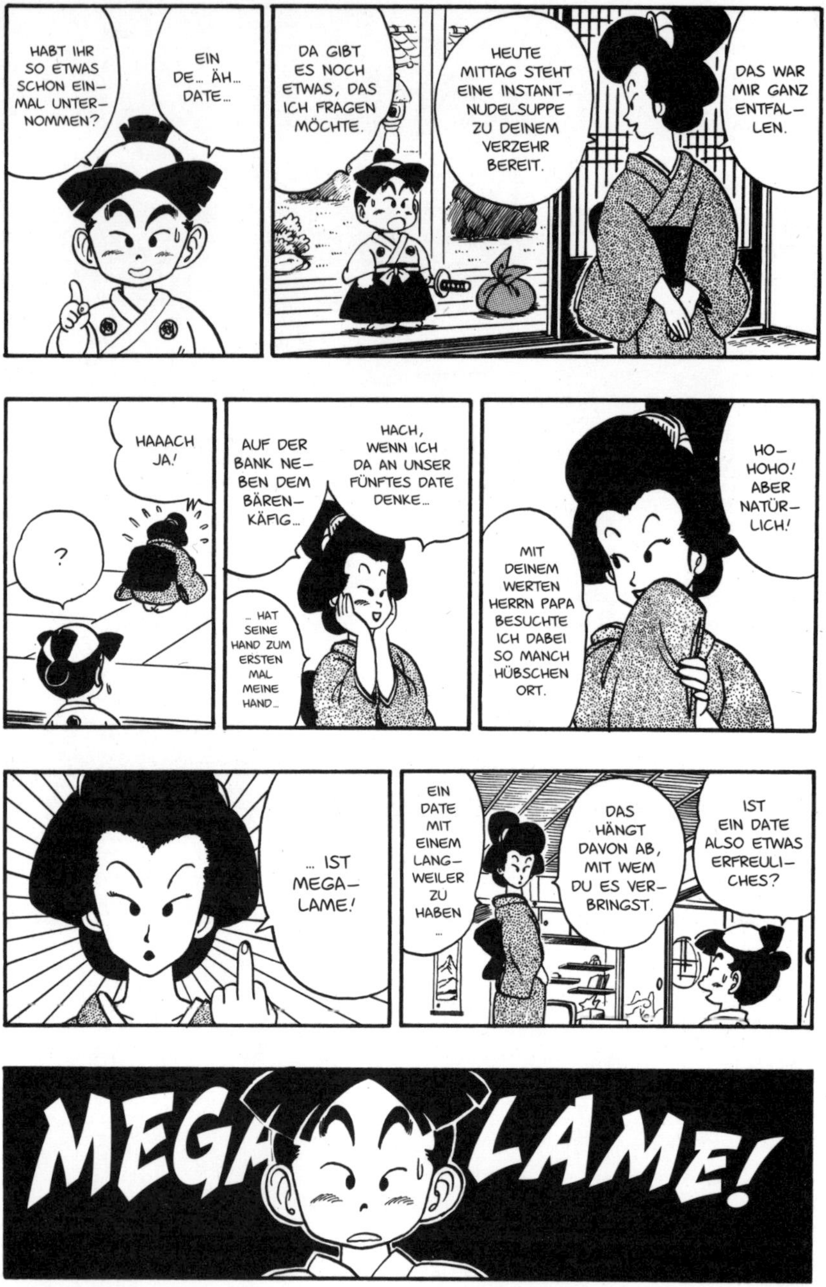
DAS WAR MIR GANZ ENTFALLEN.
HEUTE MITTAG STEHT EINE INSTANT-NUDELSUPPE ZU DEINEM VERZEHR BEREIT.
DA GIBT ES NOCH ETWAS, DAS ICH FRAGEN MÖCHTE.
EIN DE... ÄH... DATE...
HABT IHR SO ETWAS SCHON EINMAL UNTERNOMMEN?
HO-HOHO! ABER NATÜRLICH!
MIT DEINEM WERTEN HERRN PAPA BESUCHTE ICH DABEI SO MANCH HÜBSCHEN ORT.
HACH, WENN ICH DA AN UNSER FÜNFTES DATE DENKE...
AUF DER BANK NEBEN DEM BÄRENKÄFIG...
... HAT SEINE HAND ZUM ERSTEN MAL MEINE HAND...
HAAACH JA!
?
IST EIN DATE ALSO ETWAS ERFREULICHES?
DAS HÄNGT DAVON AB, MIT WEM DU ES VERBRINGST.
EIN DATE MIT EINEM LANGWEILER ZU HABEN ...
... IST MEGA-LAME!
MEGA LAME!

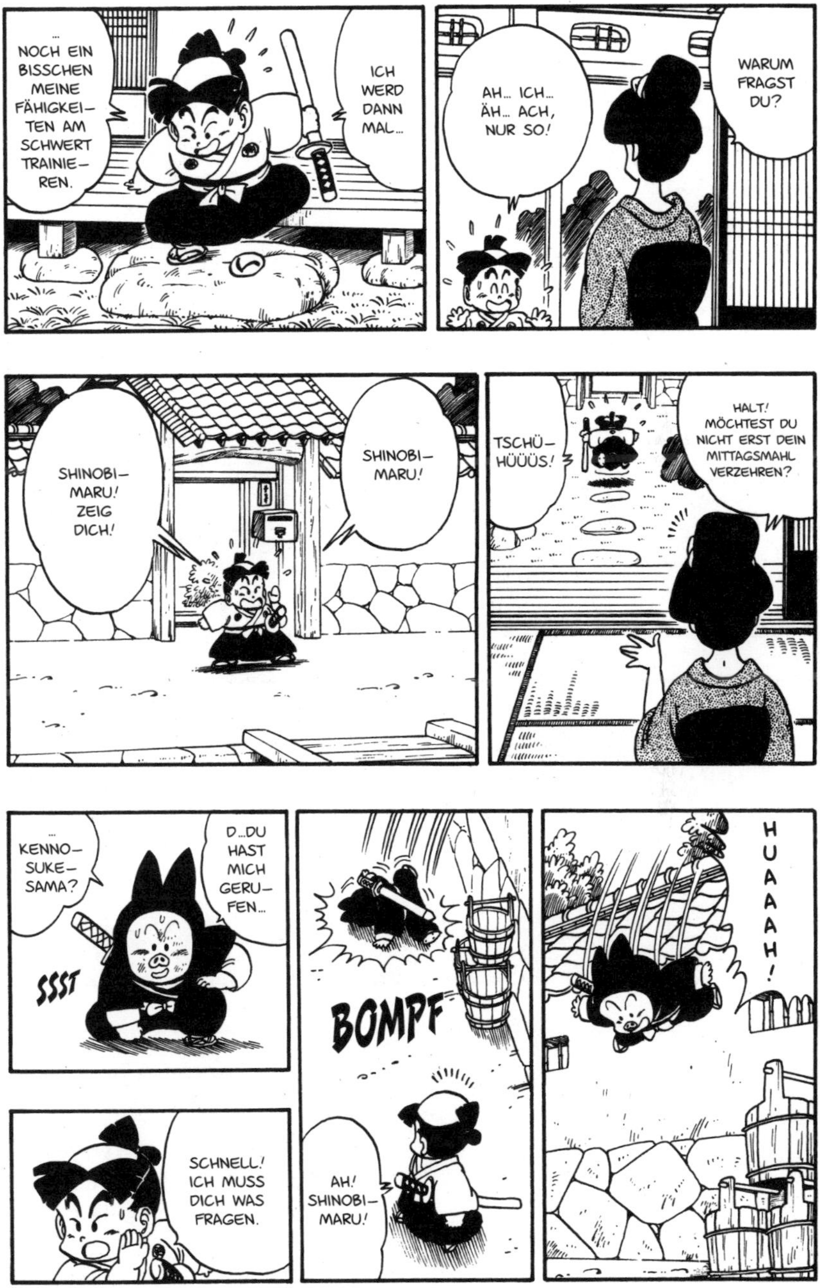
... NOCH EIN BISSCHEN MEINE FÄHIGKEITEN AM SCHWERT TRAINIEREN.
ICH WERD DANN MAL...
AH... ICH... ÄH... ACH, NUR SO!
WARUM FRAGST DU?
SHINOBIMARU! ZEIG DICH!
SHINOBIMARU!
TSCHÜHÜÜÜS!
HALT! MÖCHTEST DU NICHT ERST DEIN MITTAGSMAHL VERZEHREN?
HUAAAAH!
BOMPF
AH! SHINOBIMARU!
... KENNOSUKE-SAMA?
D..DU HAST MICH GERUFEN...
SSSST
SCHNELL! ICH MUSS DICH WAS FRAGEN.

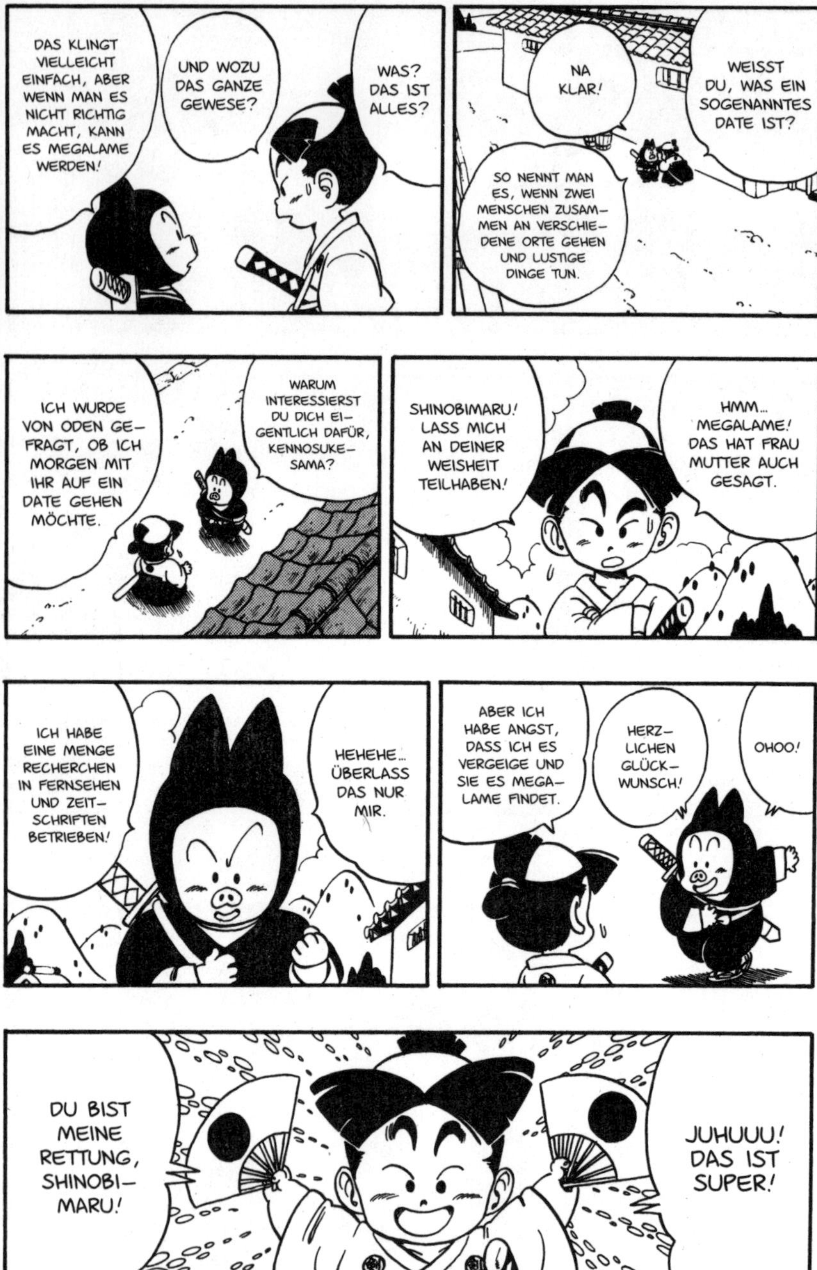
WEISST DU, WAS EIN SOGENANNTES DATE IST?
NA KLAR!
SO NENNT MAN ES, WENN ZWEI MENSCHEN ZUSAMMEN AN VERSCHIEDENE ORTE GEHEN UND LUSTIGE DINGE TUN.
WAS? DAS IST ALLES?
UND WOZU DAS GANZE GEWESE?
DAS KLINGT VIELLEICHT EINFACH, ABER WENN MAN ES NICHT RICHTIG MACHT, KANN ES MEGALAME WERDEN!
HMM... MEGALAME! DAS HAT FRAU MUTTER AUCH GESAGT.
SHINOBIMARU! LASS MICH AN DEINER WEISHEIT TEILHABEN!
WARUM INTERESSIERST DU DICH EIGENTLICH DAFÜR, KENNOSUKE-SAMA?
ICH WURDE VON ODEN GEFRAGT, OB ICH MORGEN MIT IHR AUF EIN DATE GEHEN MÖCHTE.
OHOO!
HERZLICHEN GLÜCKWUNSCH!
ABER ICH HABE ANGST, DASS ICH ES VERGEIGE UND SIE ES MEGALAME FINDET.
HEHEHE... ÜBERLASS DAS NUR MIR.
ICH HABE EINE MENGE RECHERCHEN IN FERNSEHEN UND ZEITSCHRIFTEN BETRIEBEN!
JUHUUU! DAS IST SUPER!
DU BIST MEINE RETTUNG, SHINOBIMARU!

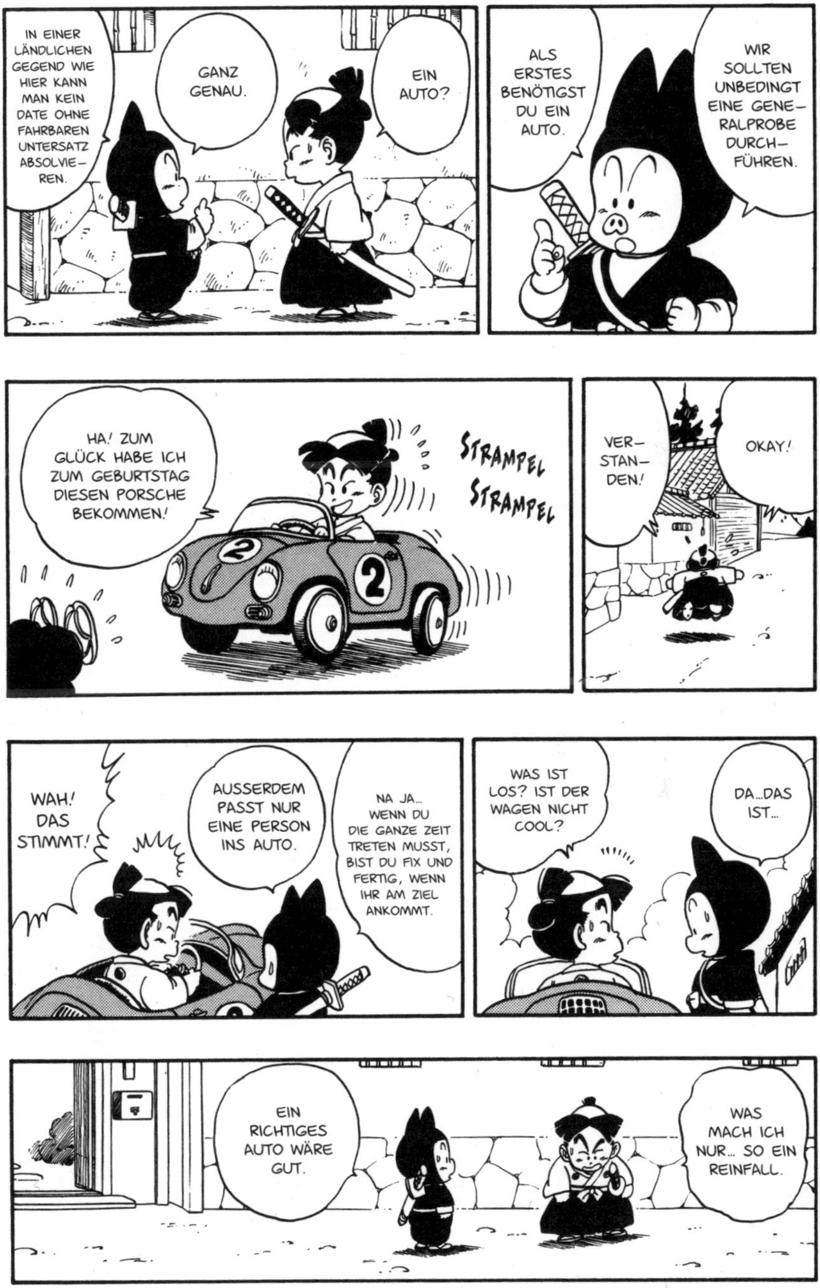
WIR SOLLTEN UNBEDINGT EINE GENERALPROBE DURCHFÜHREN.
ALS ERSTES BENÖTIGST DU EIN AUTO.
EIN AUTO?
GANZ GENAU.
IN EINER LÄNDLICHEN GEGEND WIE HIER KANN MAN KEIN DATE OHNE FAHRBAREN UNTERSATZ ABSOLVIEREN.
OKAY!
VERSTANDEN!
STRAMPEL STRAMPEL
HA! ZUM GLÜCK HABE ICH ZUM GEBURTSTAG DIESEN PORSCHE BEKOMMEN!
DA...DAS IST...
WAS IST LOS? IST DER WAGEN NICHT COOL?
NA JA... WENN DU DIE GANZE ZEIT TRETEN MUSST, BIST DU FIX UND FERTIG, WENN IHR AM ZIEL ANKOMMT.
AUSSERDEM PASST NUR EINE PERSON INS AUTO.
WAH! DAS STIMMT!
WAS MACH ICH NUR... SO EIN REINFALL.
EIN RICHTIGES AUTO WÄRE GUT.

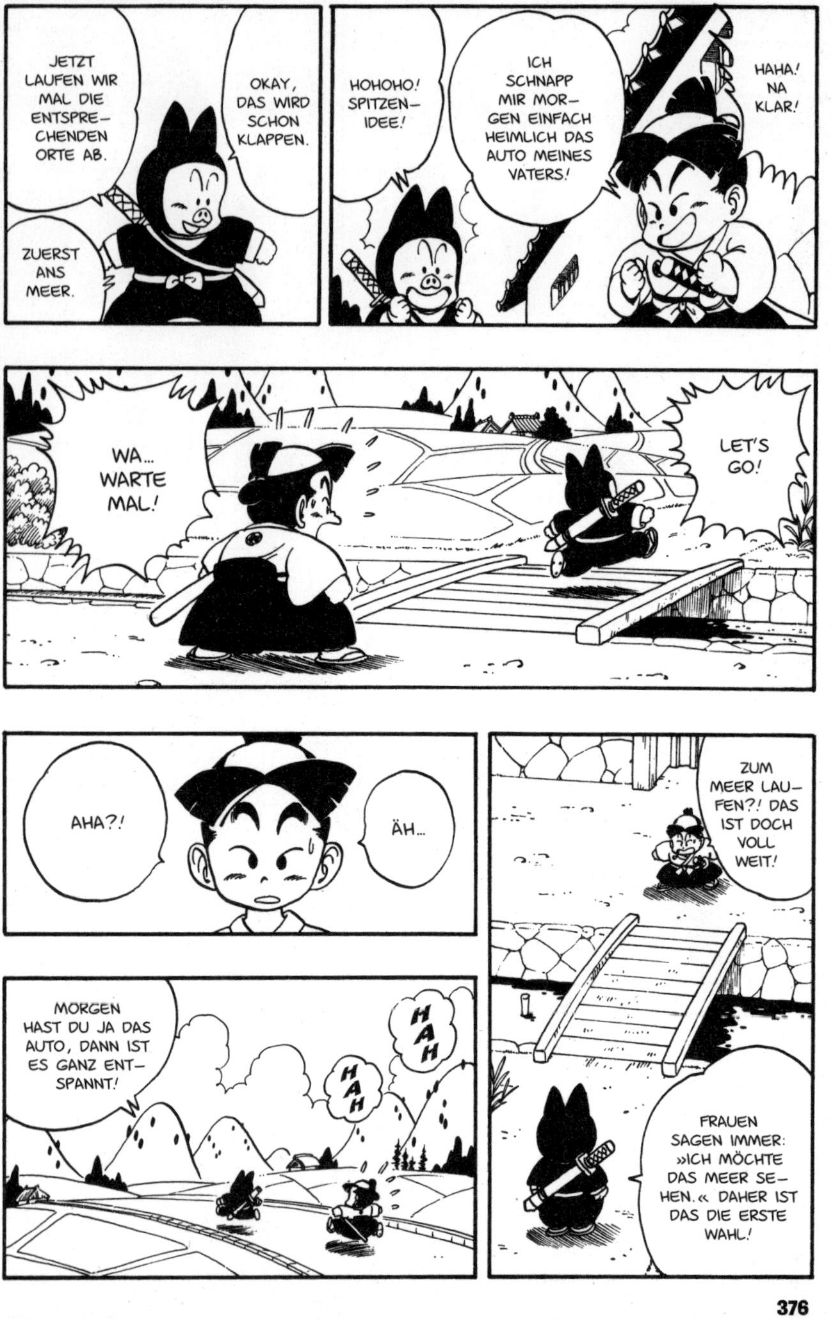
HAHA! NA KLAR!
ICH SCHNAPP MIR MORGEN EINFACH HEIMLICH DAS AUTO MEINES VATERS!
HOHOHO! SPITZENIDEE!
OKAY, DAS WIRD SCHON KLAPPEN.
JETZT LAUFEN WIR MAL DIE ENTSPRECHENDEN ORTE AB.
ZUERST ANS MEER.
LET'S GO!
WA... WARTE MAL!
ZUM MEER LAUFEN?! DAS IST DOCH VOLL WEIT!
FRAUEN SAGEN IMMER: »ICH MÖCHTE DAS MEER SEHEN.« DAHER IST DAS DIE ERSTE WAHL!
ÄH...
AHA?!
HAH
HAH
MORGEN HAST DU JA DAS AUTO, DANN IST ES GANZ ENTSPANNT!

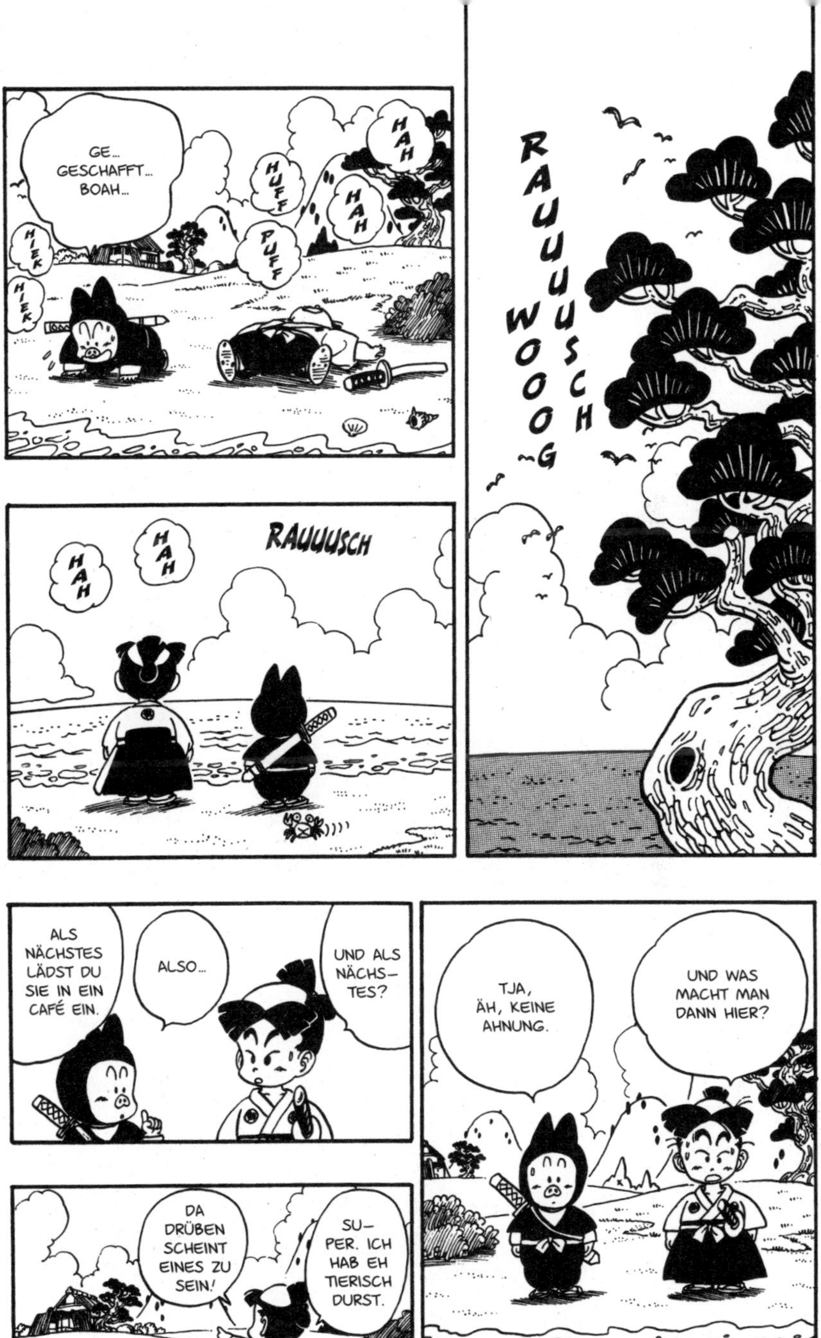
RAUUUUUSCH
WOOOOG
GE...
GESCHAFFT...
BOAH...
HAH
HAH
HUFF
PUFF
HIEK
HIEK
RAUUUSCH
HAH
HAH
UND WAS MACHT MAN DANN HIER?
TJA, ÄH, KEINE AHNUNG.
UND ALS NÄCHS-TES?
ALSO...
ALS NÄCHSTES LÄDST DU SIE IN EIN CAFÉ EIN.
SU-PER. ICH HAB EH TIERISCH DURST.
DA DRÜBEN SCHEINT EINES ZU SEIN!

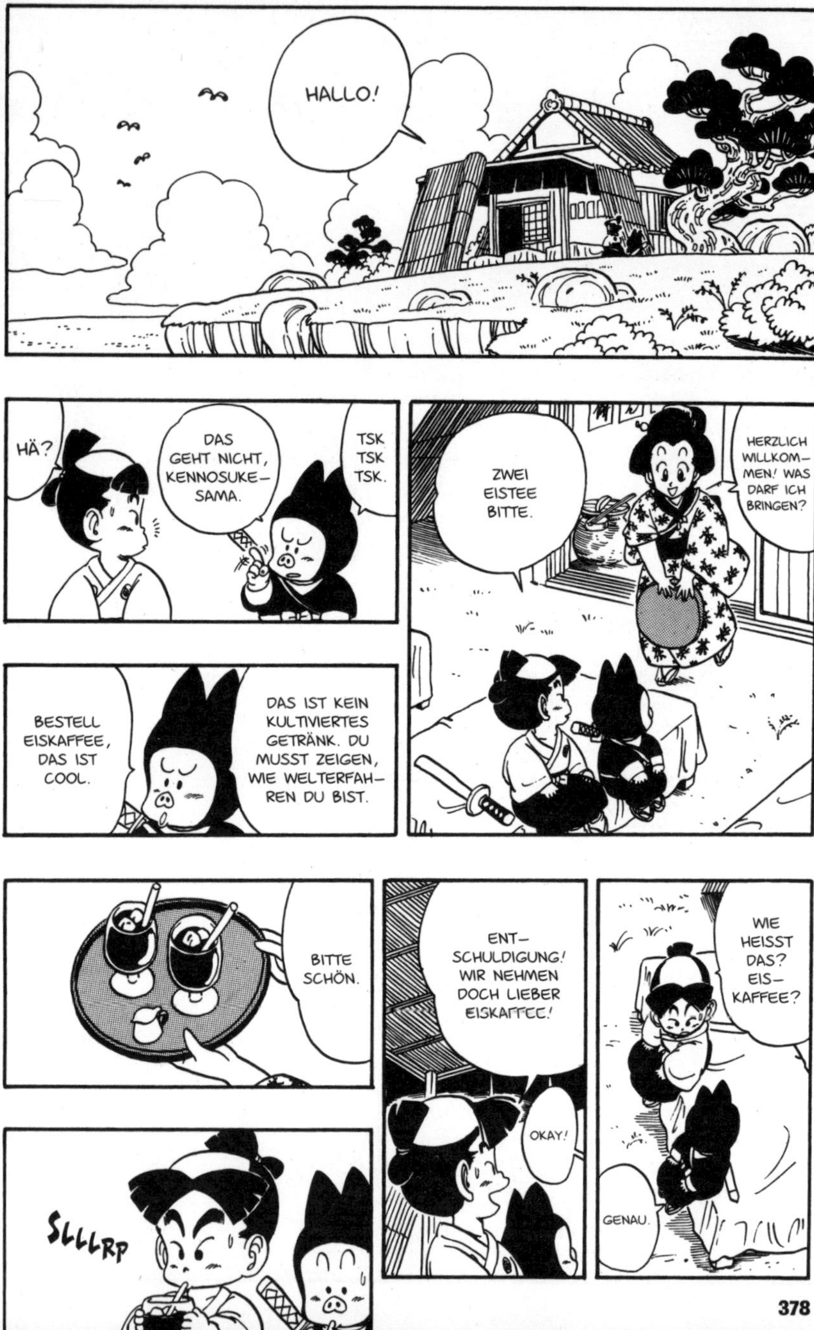
HALLO!
HERZLICH WILLKOMMEN! WAS DARF ICH BRINGEN?
ZWEI EISTEE BITTE.
TSK TSK TSK.
DAS GEHT NICHT, KENNOSUKE-SAMA.
HÄ?
DAS IST KEIN KULTIVIERTES GETRÄNK. DU MUSST ZEIGEN, WIE WELTERFAHREN DU BIST.
BESTELL EISKAFFEE, DAS IST COOL.
WIE HEISST DAS? EIS-KAFFEE?
GENAU.
ENT-SCHULDIGUNG! WIR NEHMEN DOCH LIEBER EISKAFFEE!
OKAY!
BITTE SCHÖN.
SLLLRP

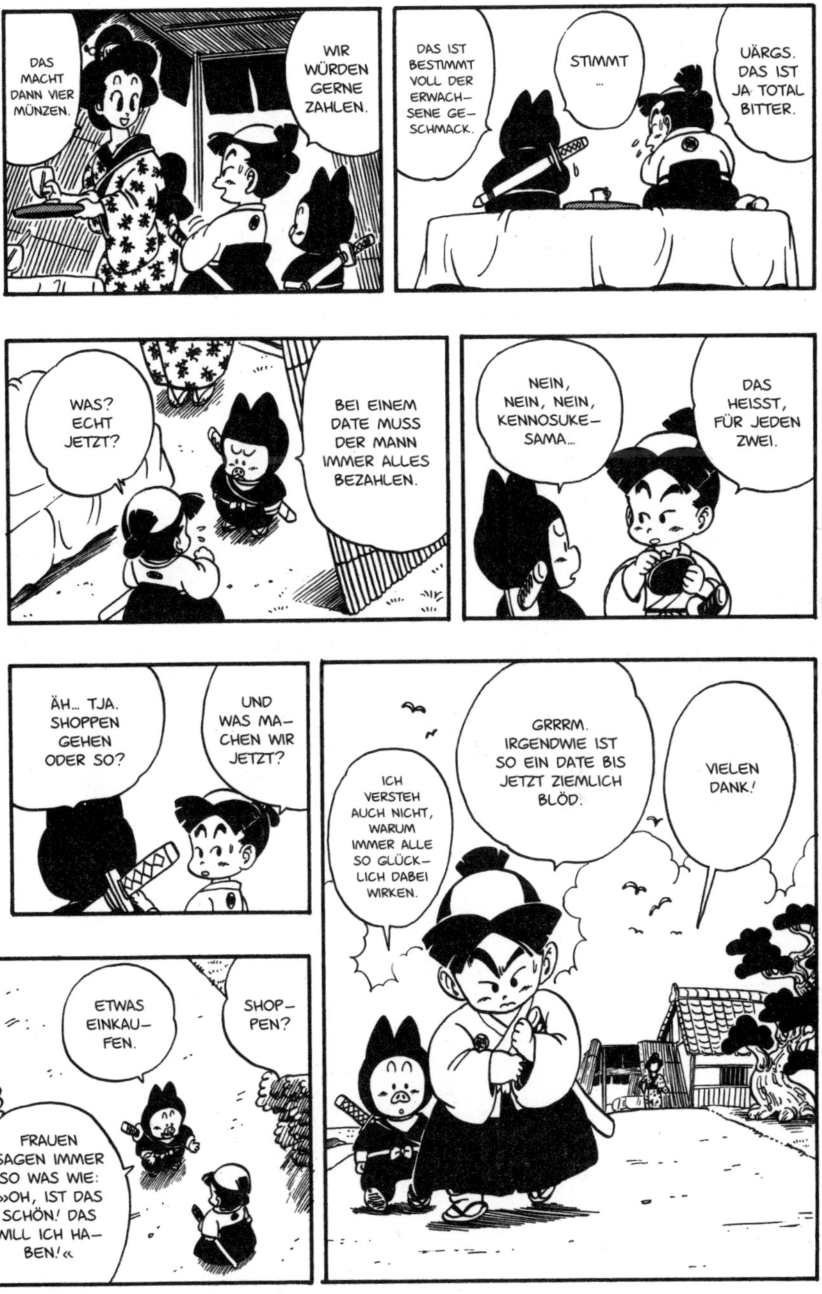
UÄRGS. DAS IST JA TOTAL BITTER.
STIMMT …
DAS IST BESTIMMT VOLL DER ERWACH-SENE GE-SCHMACK.
WIR WÜRDEN GERNE ZAHLEN.
DAS MACHT DANN VIER MÜNZEN.
DAS HEISST, FÜR JEDEN ZWEI.
NEIN, NEIN, NEIN, KENNOSUKE-SAMA…
BEI EINEM DATE MUSS DER MANN IMMER ALLES BEZAHLEN.
WAS? ECHT JETZT?
VIELEN DANK!
GRRRM. IRGENDWIE IST SO EIN DATE BIS JETZT ZIEMLICH BLÖD.
ICH VERSTEH AUCH NICHT, WARUM IMMER ALLE SO GLÜCK-LICH DABEI WIRKEN.
UND WAS MA-CHEN WIR JETZT?
ÄH… TJA. SHOPPEN GEHEN ODER SO?
SHOP-PEN?
ETWAS EINKAU-FEN.
FRAUEN SAGEN IMMER SO WAS WIE: »OH, IST DAS SCHÖN! DAS WILL ICH HA-BEN!«

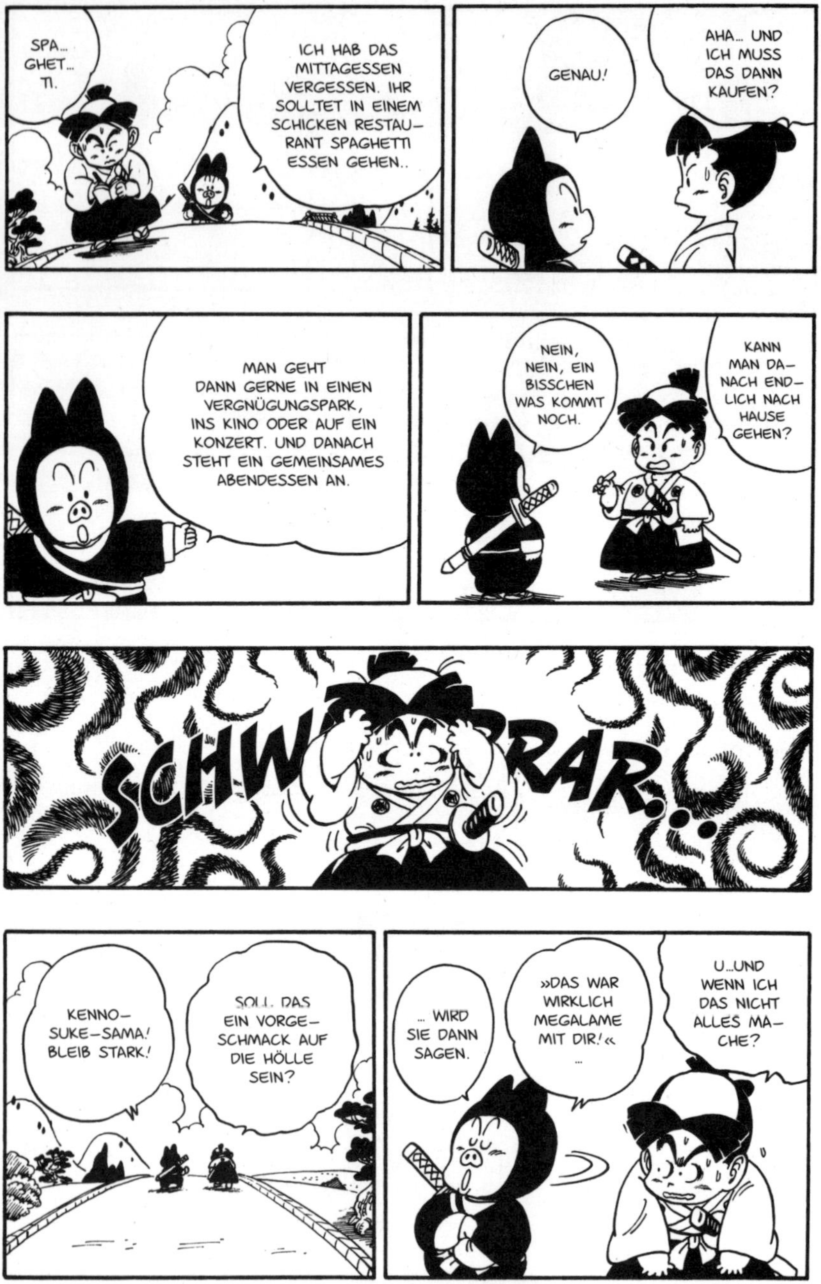
AHA... UND ICH MUSS DAS DANN KAUFEN?
GENAU!
ICH HAB DAS MITTAGESSEN VERGESSEN. IHR SOLLTET IN EINEM SCHICKEN RESTAU-RANT SPAGHETTI ESSEN GEHEN..
SPA... GHET... TI.
KANN MAN DA-NACH END-LICH NACH HAUSE GEHEN?
NEIN, NEIN, EIN BISSCHEN WAS KOMMT NOCH.
MAN GEHT DANN GERNE IN EINEN VERGNÜGUNGSPARK, INS KINO ODER AUF EIN KONZERT. UND DANACH STEHT EIN GEMEINSAMES ABENDESSEN AN.
SCHW... RAR...
U...UND WENN ICH DAS NICHT ALLES MA-CHE?
»DAS WAR WIRKLICH MEGALAME MIT DIR!« ...
... WIRD SIE DANN SAGEN.
SOLL DAS EIN VORGE-SCHMACK AUF DIE HÖLLE SEIN?
KENNO-SUKE-SAMA! BLEIB STARK!

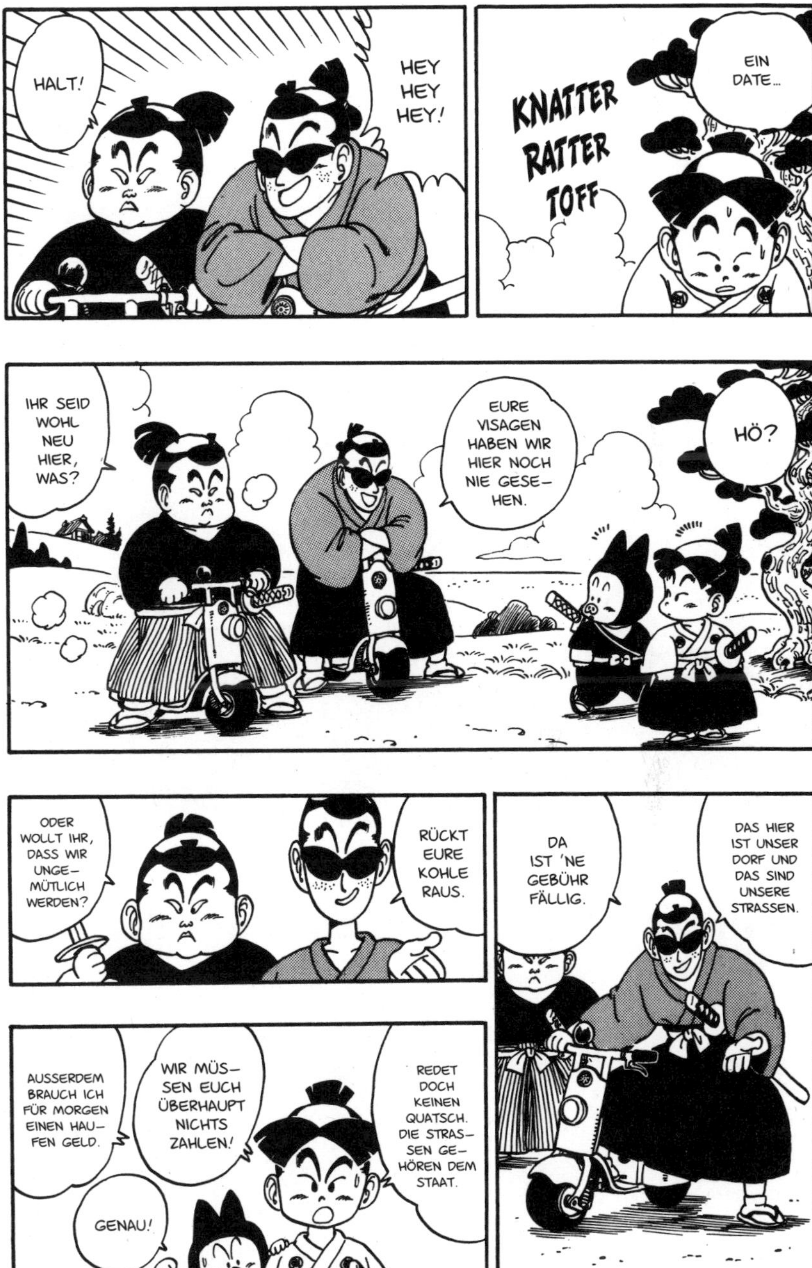

HALT!
HEY HEY HEY!
KNATTER RATTER TOFF
EIN DATE...
IHR SEID WOHL NEU HIER, WAS?
EURE VISAGEN HABEN WIR HIER NOCH NIE GESE- HEN.
HÖ?
DAS HIER IST UNSER DORF UND DAS SIND UNSERE STRASSEN.
DA IST 'NE GEBÜHR FÄLLIG.
RÜCKT EURE KOHLE RAUS.
ODER WOLLT IHR, DASS WIR UNGE- MÜTLICH WERDEN?
REDET DOCH KEINEN QUATSCH. DIE STRAS- SEN GE- HÖREN DEM STAAT.
WIR MÜS- SEN EUCH ÜBERHAUPT NICHTS ZAHLEN!
AUSSERDEM BRAUCH ICH FÜR MORGEN EINEN HAU- FEN GELD.
GENAU!

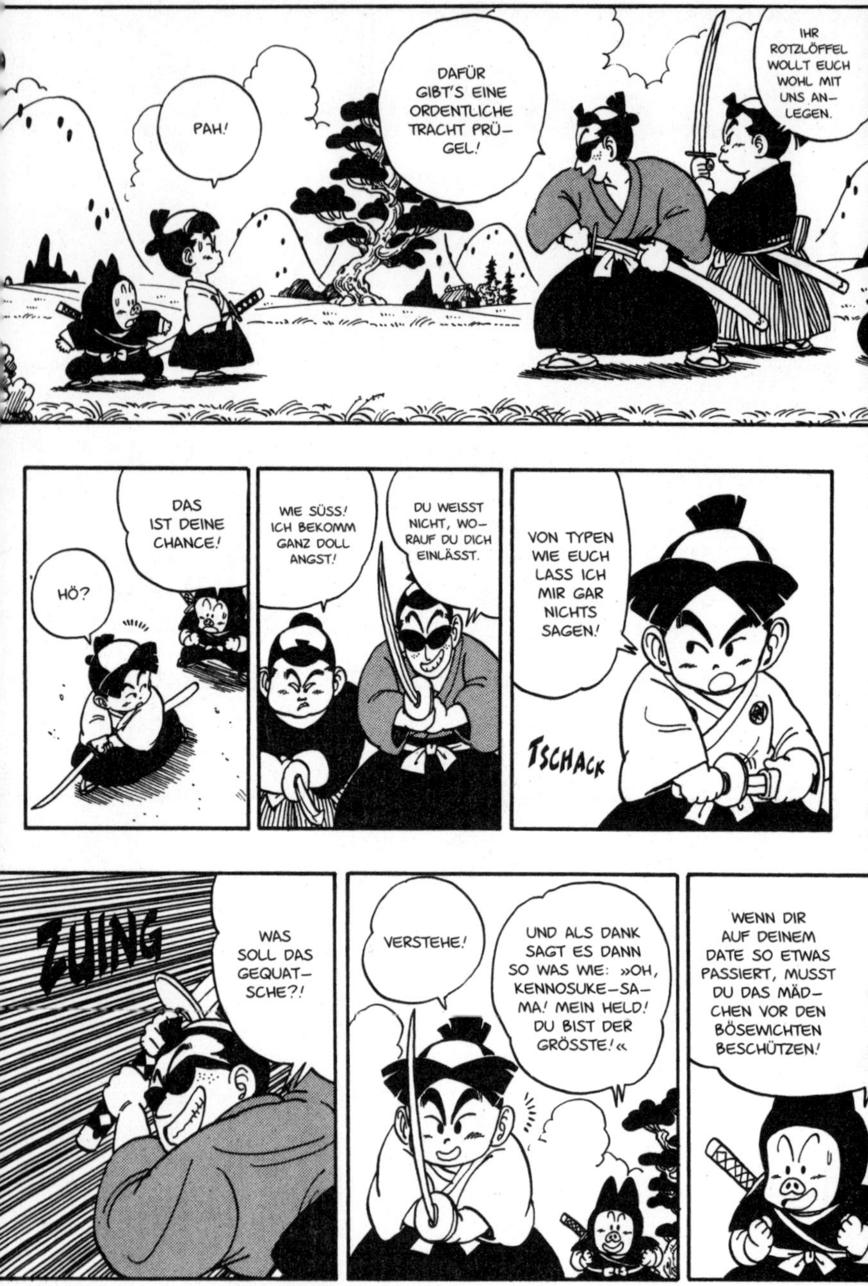
IHR ROTZLÖFFEL WOLLT EUCH WOHL MIT UNS AN-LEGEN.
DAFÜR GIBT'S EINE ORDENTLICHE TRACHT PRÜ-GEL!
PAH!
VON TYPEN WIE EUCH LASS ICH MIR GAR NICHTS SAGEN!
TSCHACK
DU WEISST NICHT, WO-RAUF DU DICH EINLÄSST.
WIE SÜSS! ICH BEKOMM GANZ DOLL ANGST!
DAS IST DEINE CHANCE!
HÖ?
WENN DIR AUF DEINEM DATE SO ETWAS PASSIERT, MUSST DU DAS MÄD-CHEN VOR DEN BÖSEWICHTEN BESCHÜTZEN!
UND ALS DANK SAGT ES DANN SO WAS WIE: »OH, KENNOSUKE-SA-MA! MEIN HELD! DU BIST DER GRÖSSTE!«
VERSTEHE!
WAS SOLL DAS GEQUAT-SCHE?!
ZUING

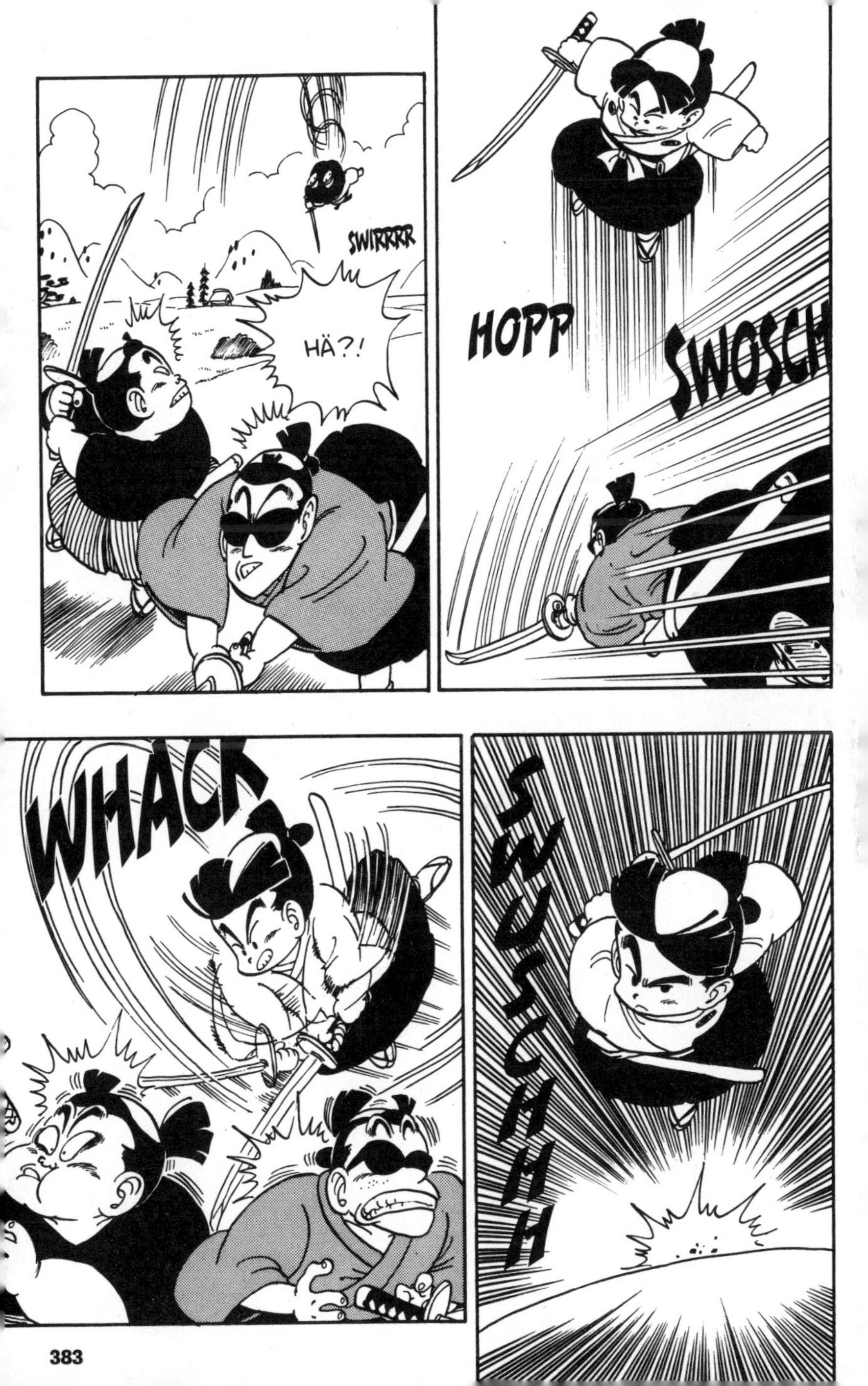
HOPP
SWOSCH
SWIRRRR
HÄ?!
SWUSCHHHH
WHACK

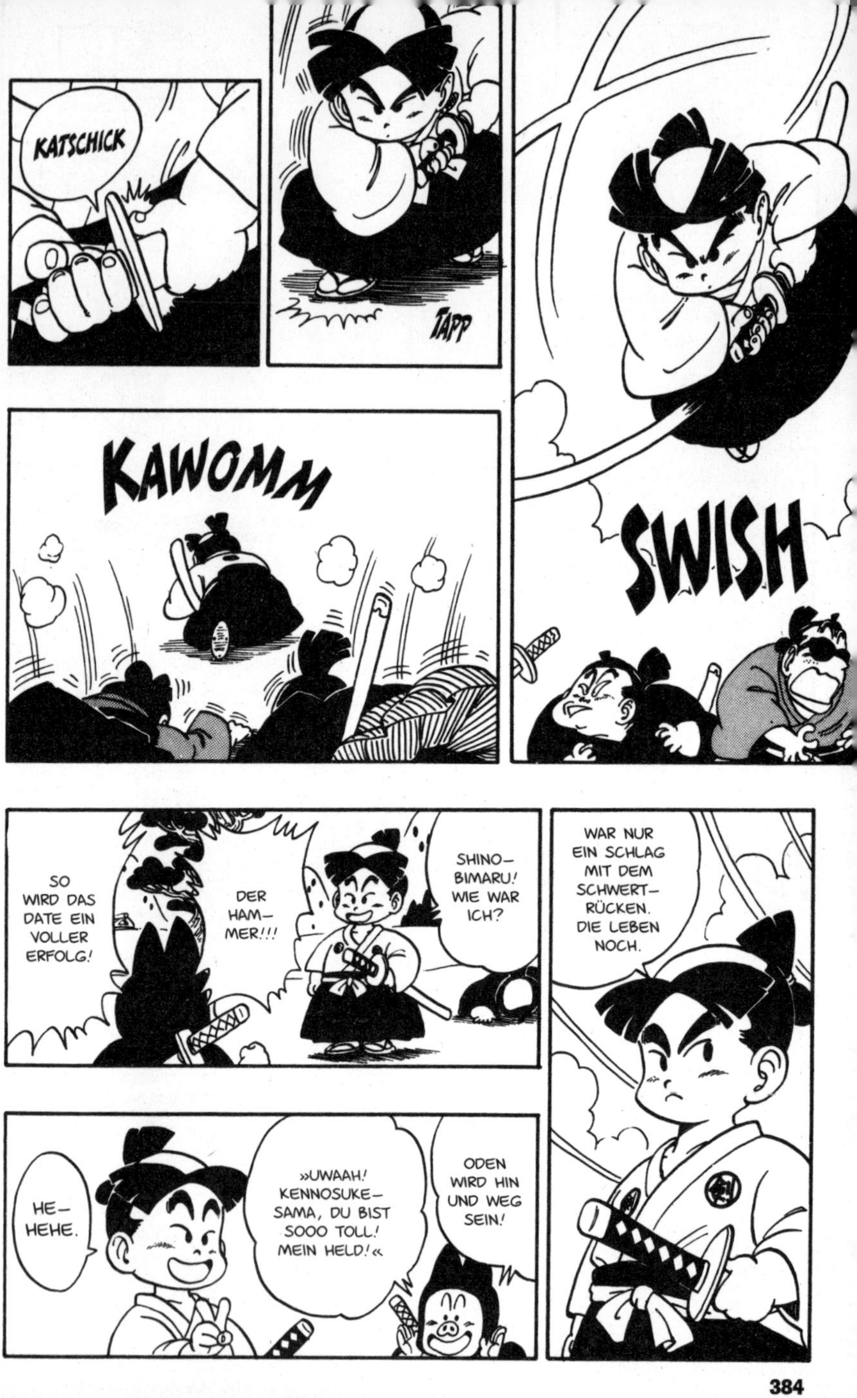
SWISH
TAPP
KATSCHICK
KAWOMM
WAR NUR EIN SCHLAG MIT DEM SCHWERT-RÜCKEN. DIE LEBEN NOCH.
SHINO-BIMARU! WIE WAR ICH?
DER HAM-MER!!!
SO WIRD DAS DATE EIN VOLLER ERFOLG!
ODEN WIRD HIN UND WEG SEIN!
»UWAAH! KENNOSUKE-SAMA, DU BIST SOOO TOLL! MEIN HELD!«
HE-HEHE.

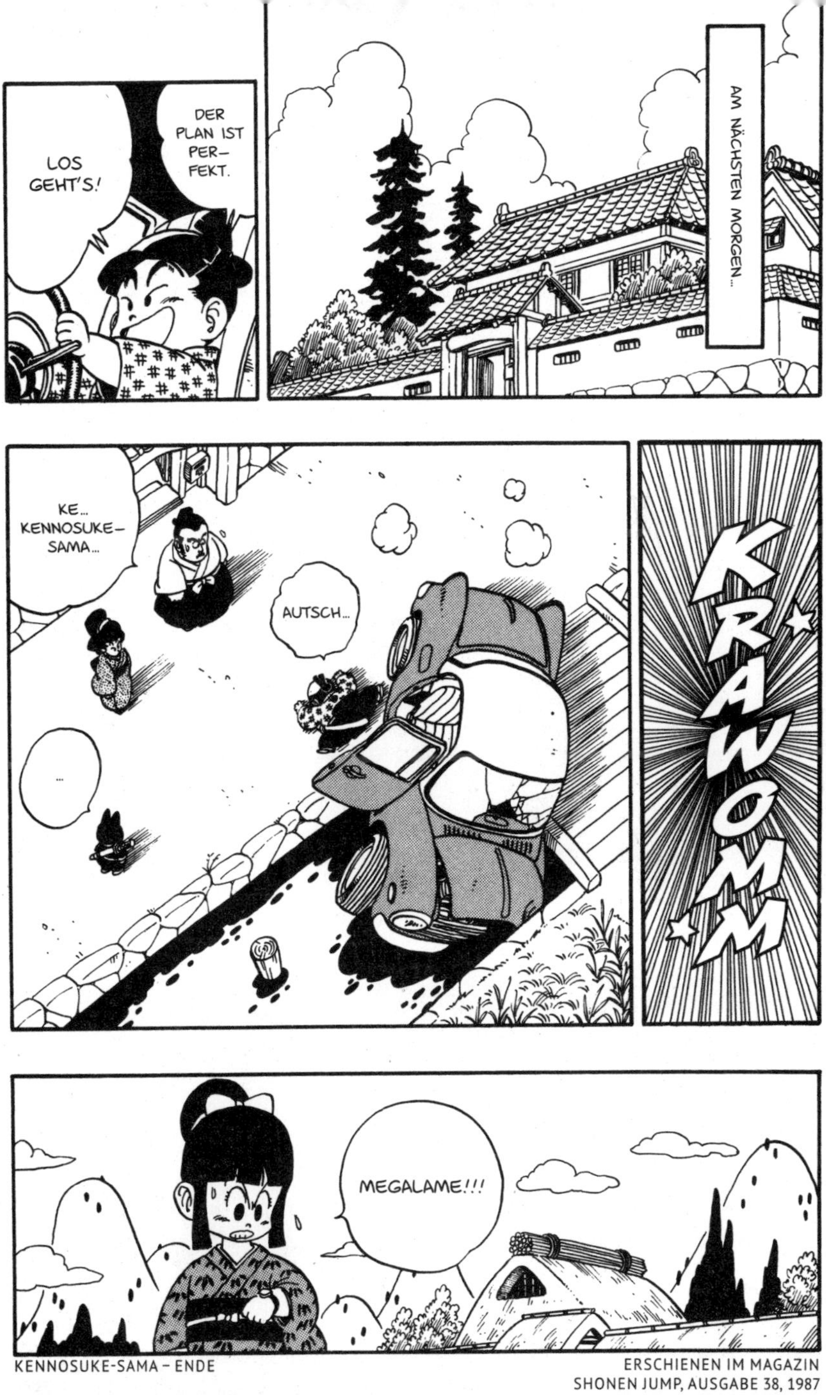

KENNOSUKE-SAMA – ENDE

ERSCHIENEN IM MAGAZIN
SHONEN JUMP, AUSGABE 38, 1987

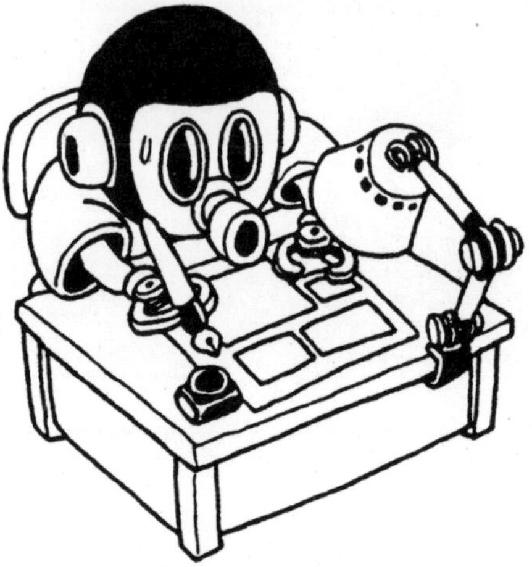

SO WURDE ICH MANGAKA

TEIL 6

ICH HÖRTE ALSO IN DER FIRMA AUF, OHNE EINEN PLAN ZU HABEN, WIE ES WEITERGEHEN SOLLTE. SCHWIERIG, VOR ALLEM WEIL MIR ZUM RUMHÄNGEN EINFACH DIE KOHLE FEHLTE. DOCH EINES TAGES LAS ICH IN EINEM MANGA-MAGAZIN, DAS IM CAFÉ RUMLAG, VON EINEM WETTBEWERB FÜR JUNGE TALENTE. ICH WAR FEUER UND FLAMME UND WOLLTE UNBEDINGT DIESEN PREIS GEWINNEN! SO MACHTE ICH MICH VOR SELBSTVERTRAUEN STROTZEND AN MEINEN ERSTEN MANGA – UND KAM NATÜRLICH NICHT MAL IN DIE NÄHE DES SIEGERTREPPCHENS. DICKKÖPFIG WIE ICH WAR (UND BIN), ZEICHNETE ICH DIREKT DEN NÄCHSTEN MANGA UND SCHICKTE IHN POSTWENDEND EIN. ABER AUCH DAS WURDE NICHTS. DOCH BALD BEKAM ICH EINEN ANRUF, UND EIN ENGEL VERKÜNDETE MIR: »DU BIST ZWAR NOCH NICHT BESONDERS GUT, ABER WENN DU GANZ VIEL ZEICHNEST, WIRD DAS SCHON. SCHICK UNS NOCH MEHR!« DAS WAR HERR TORISHIMA, MEIN ZUKÜNFTIGER REDAKTEUR. ALSO STRENGTE ICH MICH RICHTIG AN UND SCHICKTE IMMER WIEDER NEUE MANGA, BIS ENDLICH MEIN DEBÜT ERSCHIEN! DAFÜR WERDE ICH HERRN TORISHIMA AUF EWIG DANKBAR SEIN.

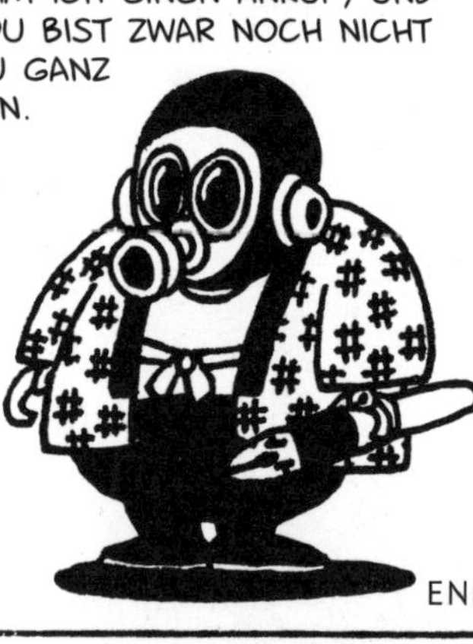

ENDE

DER BÜRGERMEISTER

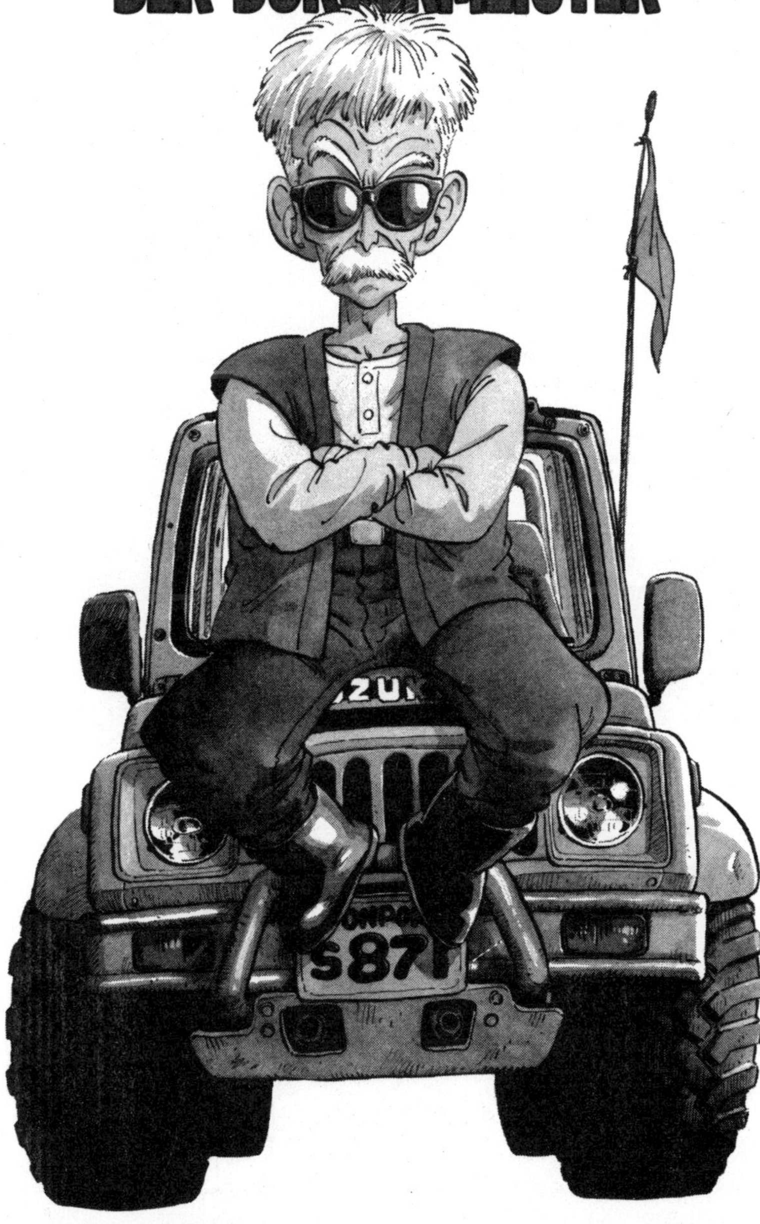

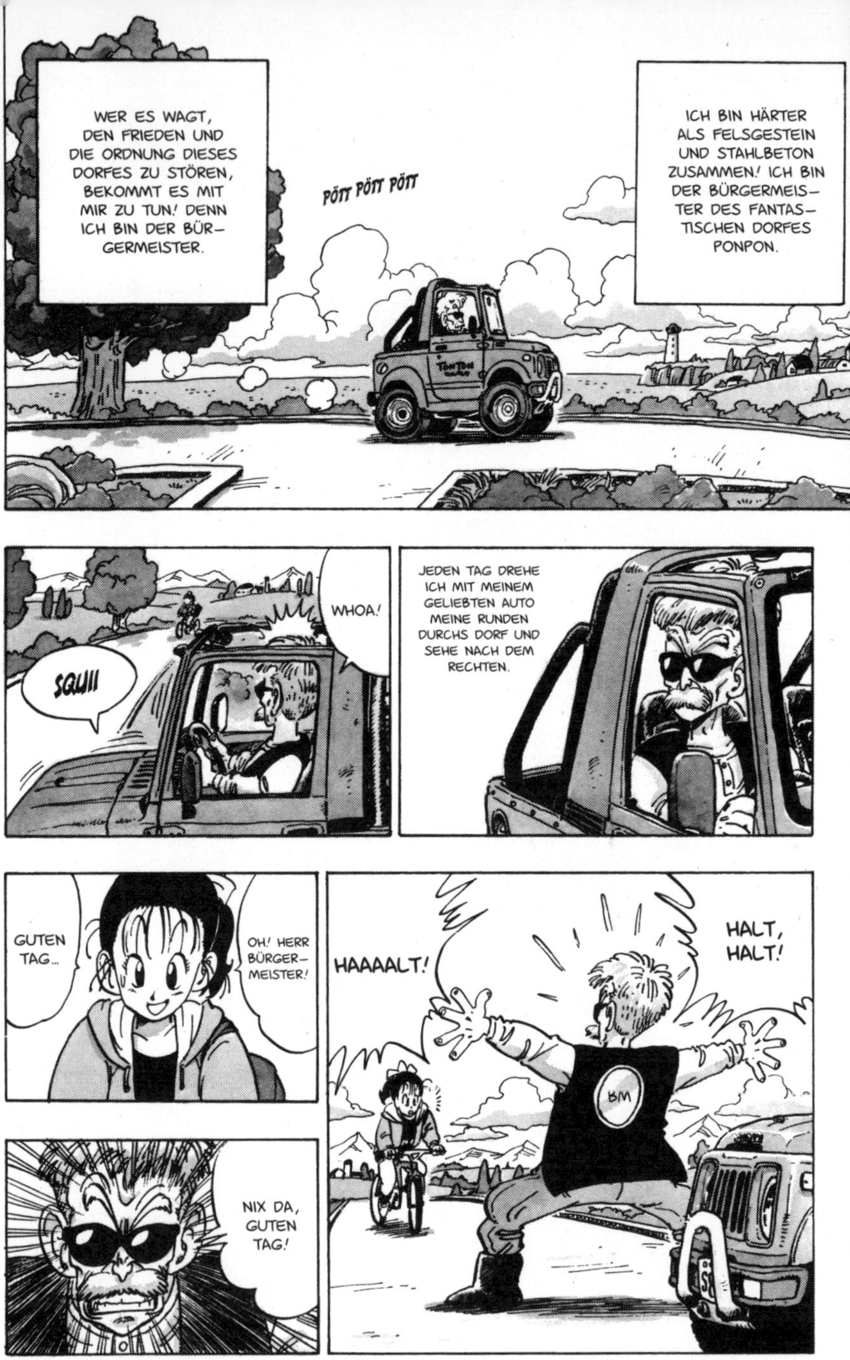

ICH BIN HÄRTER ALS FELSGESTEIN UND STAHLBETON ZUSAMMEN! ICH BIN DER BÜRGERMEISTER DES FANTASTISCHEN DORFES PONPON.
PÖTT PÖTT PÖTT
WER ES WAGT, DEN FRIEDEN UND DIE ORDNUNG DIESES DORFES ZU STÖREN, BEKOMMT ES MIT MIR ZU TUN! DENN ICH BIN DER BÜRGERMEISTER.
JEDEN TAG DREHE ICH MIT MEINEM GELIEBTEN AUTO MEINE RUNDEN DURCHS DORF UND SEHE NACH DEM RECHTEN.
WHOA!
SQUII
OH! HERR BÜRGERMEISTER!
GUTEN TAG...
HALT, HALT!
HAAAALT!
NIX DA, GUTEN TAG!

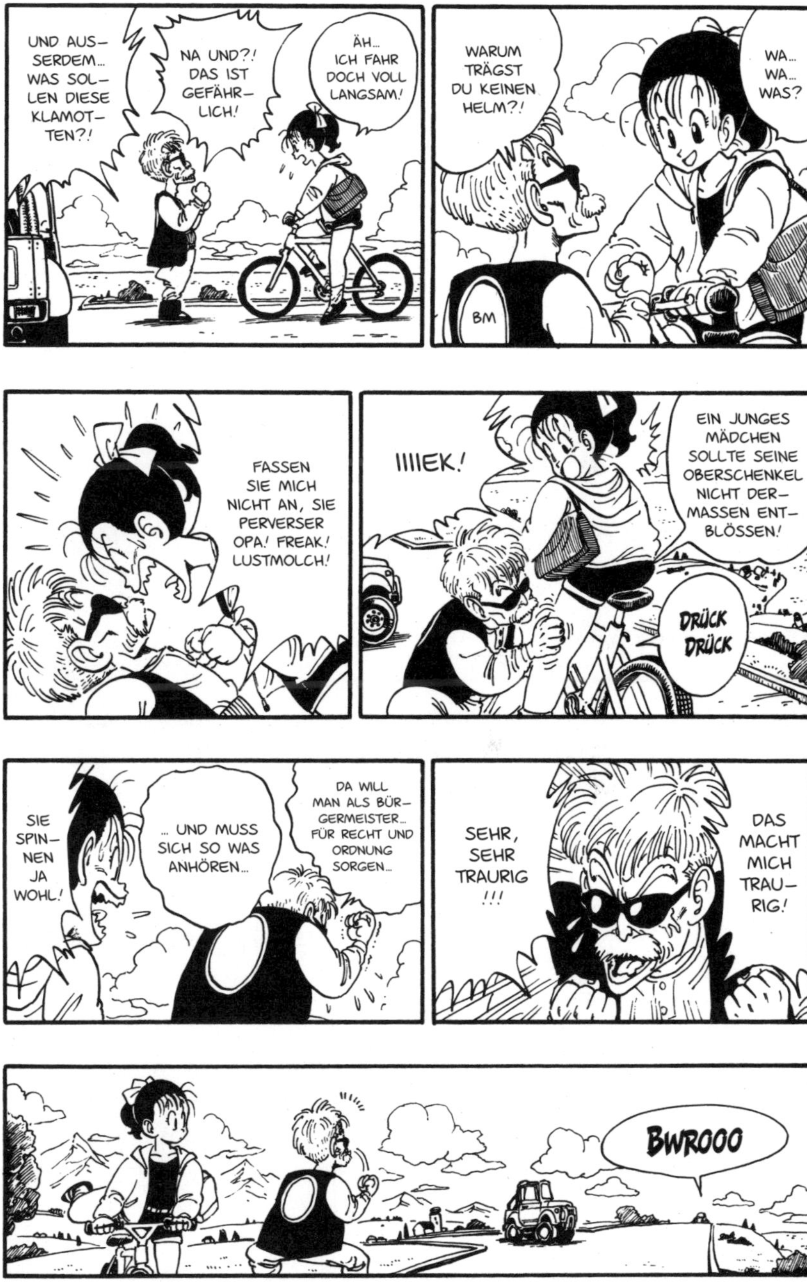
WARUM TRÄGST DU KEINEN HELM?!
WA... WA... WAS?
BM
ÄH... ICH FAHR DOCH VOLL LANGSAM!
NA UND?! DAS IST GEFÄHRLICH!
UND AUSSERDEM... WAS SOLLEN DIESE KLAMOTTEN?!
EIN JUNGES MÄDCHEN SOLLTE SEINE OBERSCHENKEL NICHT DERMASSEN ENTBLÖSSEN!
DRÜCK DRÜCK
IIIIEK!
FASSEN SIE MICH NICHT AN, SIE PERVERSER OPA! FREAK! LUSTMOLCH!
DAS MACHT MICH TRAURIG!
SEHR, SEHR TRAURIG!!!
DA WILL MAN ALS BÜRGERMEISTER... FÜR RECHT UND ORDNUNG SORGEN...
... UND MUSS SICH SO WAS ANHÖREN...
SIE SPINNEN JA WOHL!
BWROOO

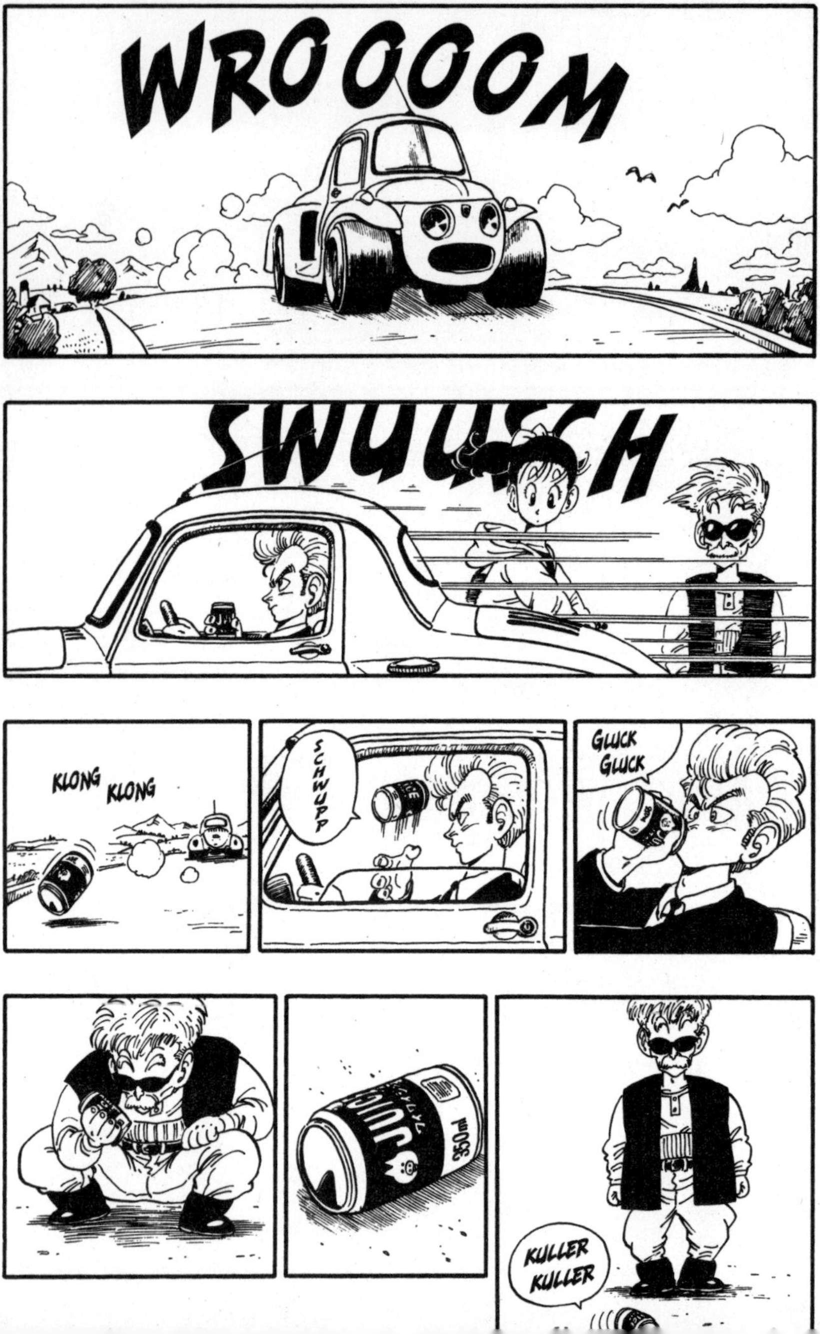
WROOOOM
SWUUSCH
KLONG KLONG
SCHWUPP
GLUCK GLUCK
JUICE
350ml
KULLER KULLER

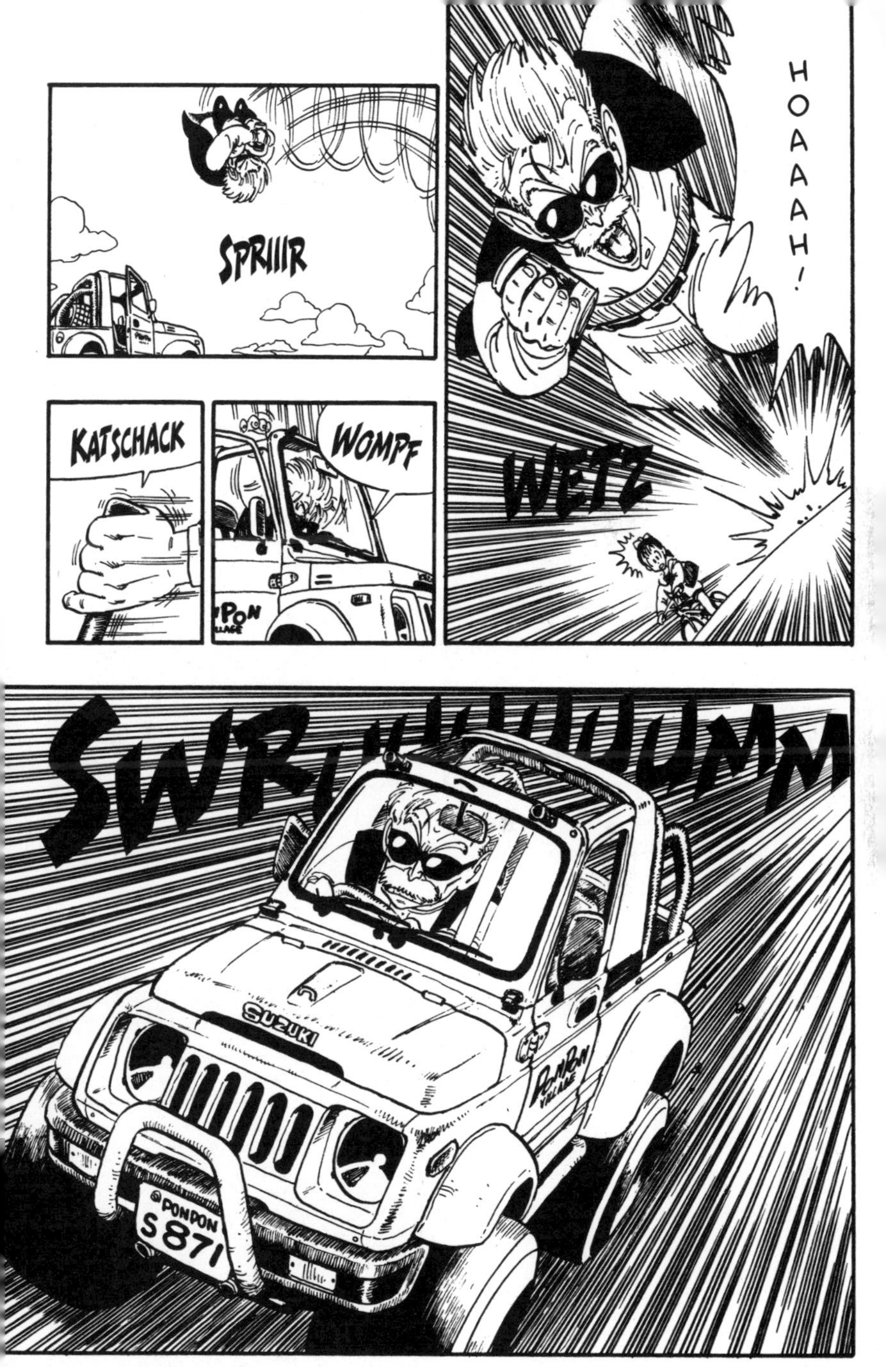
HOAAAAH!
WETZ
SPRIIIR
WOMPF
KATSCHACK
SUZUKI
PONPON
S 871

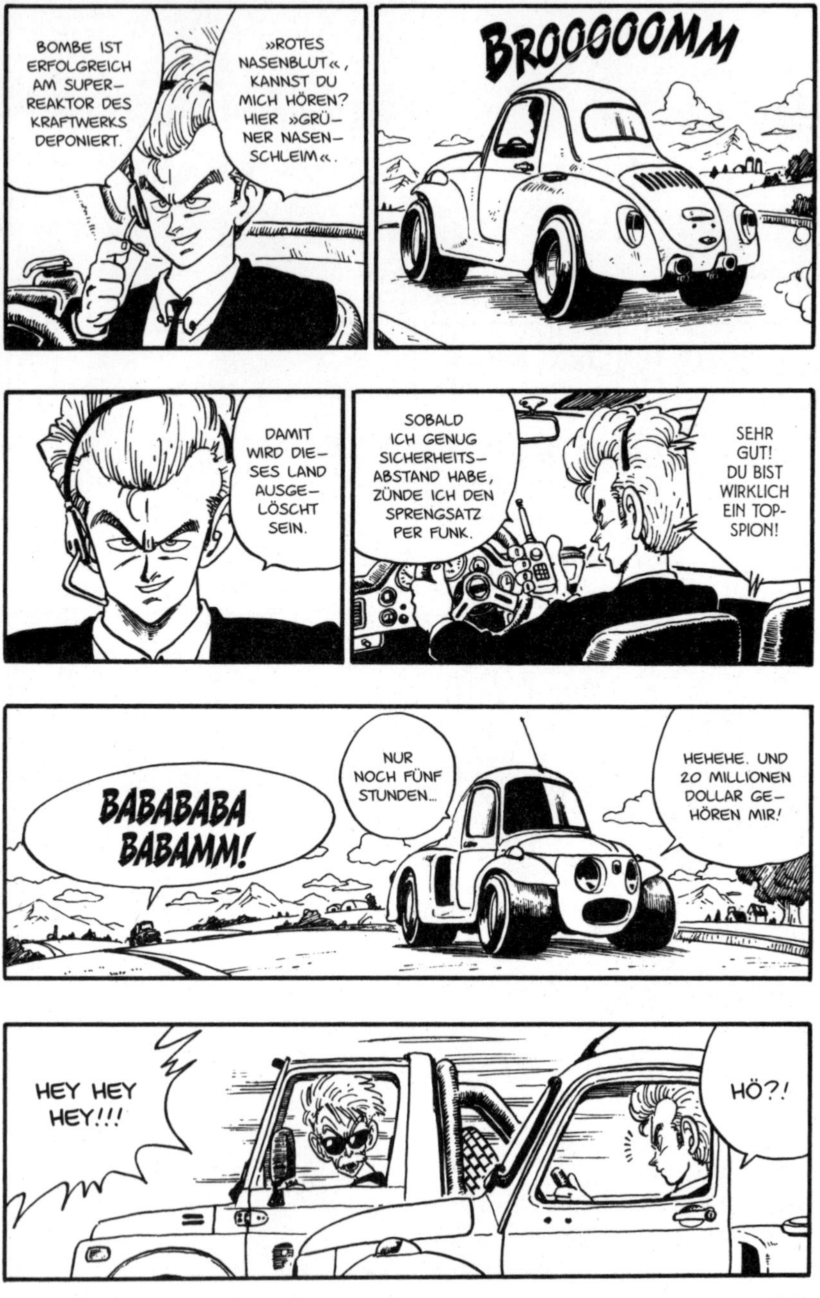
»ROTES NASENBLUT«, KANNST DU MICH HÖREN? HIER »GRÜNER NASENSCHLEIM«.
BOMBE IST ERFOLGREICH AM SUPERREAKTOR DES KRAFTWERKS DEPONIERT.
BROOOOOMM
DAMIT WIRD DIESES LAND AUSGELÖSCHT SEIN.
SEHR GUT! DU BIST WIRKLICH EIN TOPSPION!
SOBALD ICH GENUG SICHERHEITSABSTAND HABE, ZÜNDE ICH DEN SPRENGSATZ PER FUNK.
HEHEHE. UND 20 MILLIONEN DOLLAR GEHÖREN MIR!
NUR NOCH FÜNF STUNDEN…
BABABABA BABAMM!
HÖ?!
HEY HEY HEY!!!

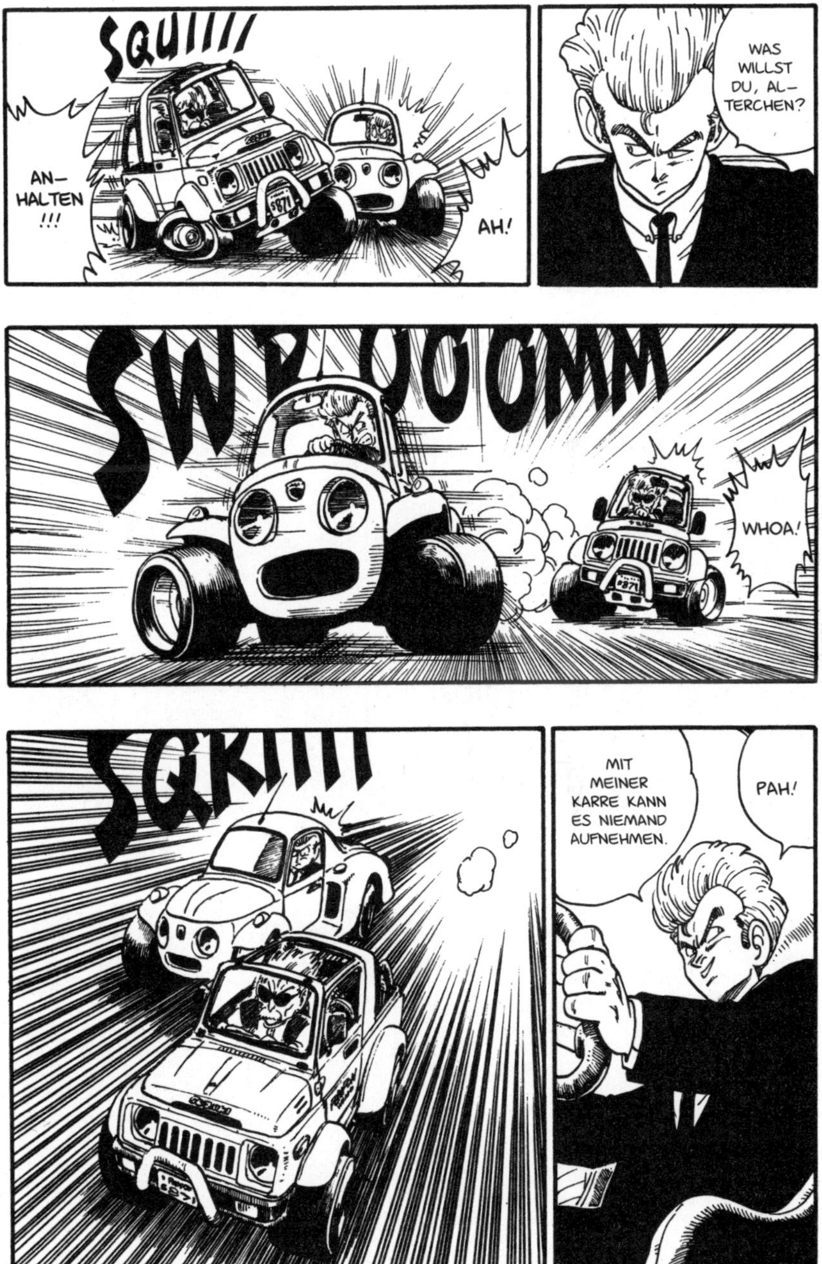
SQUIIII
AN-HALTEN !!!
AH!
WAS WILLST DU, AL-TERCHEN?
SWROOOMM
WHOA!
SQRIIII
PAH!
MIT MEINER KARRE KANN ES NIEMAND AUFNEHMEN.

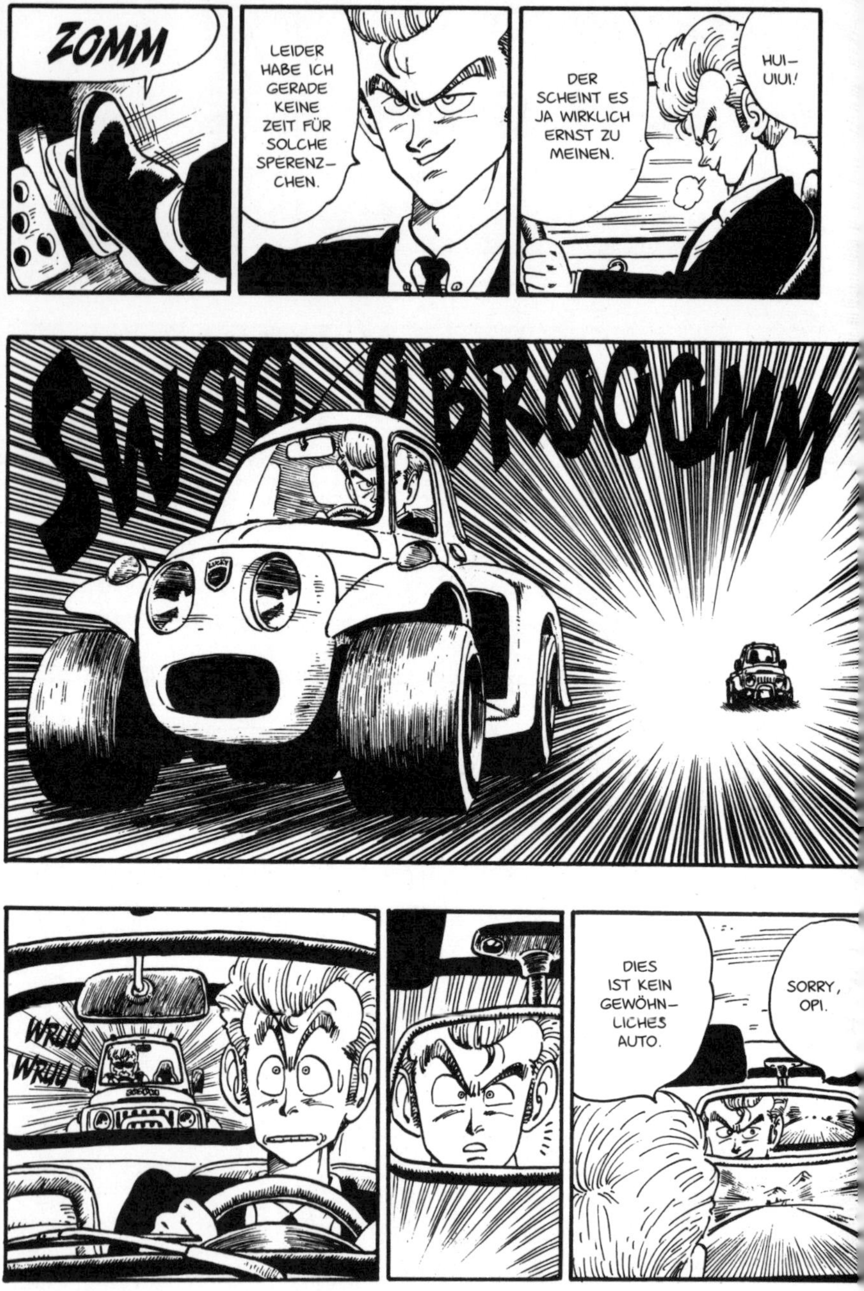
HUI-
UIUI!
DER SCHEINT ES JA WIRKLICH ERNST ZU MEINEN.
LEIDER HABE ICH GERADE KEINE ZEIT FÜR SOLCHE SPERENZ-
CHEN.
ZOMM
SORRY, OPI.
DIES IST KEIN GEWÖHN-
LICHES AUTO.
WRUU
WRUU

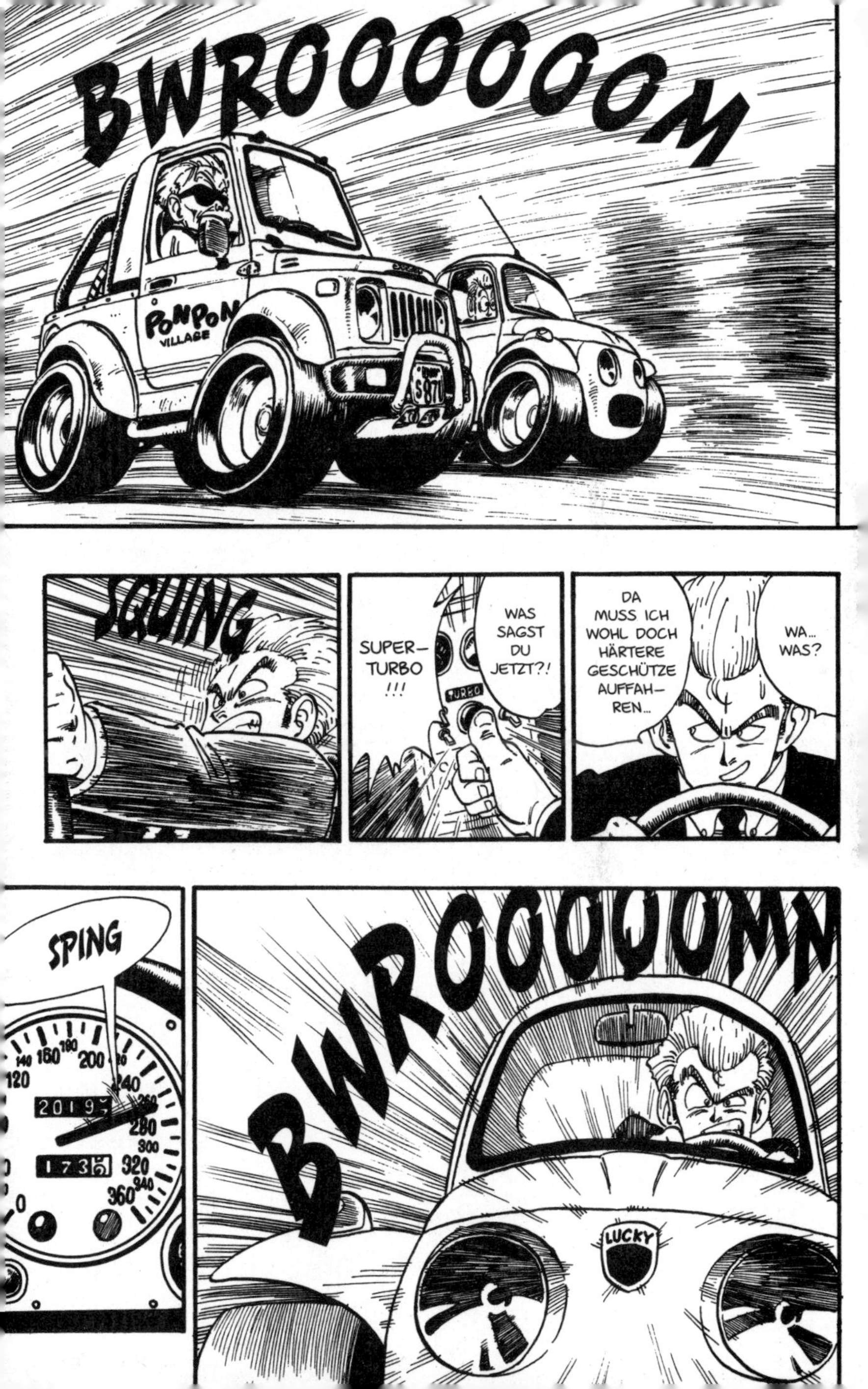
BWROOOOOOOM
PONPON VILLAGE
WA... WAS?
DA MUSS ICH WOHL DOCH HÄRTERE GESCHÜTZE AUFFAHREN...
WAS SAGST DU JETZT?!
SUPER-TURBO !!!
TURBO
SQUING
BWROOOOOMN
LUCKY
SPING

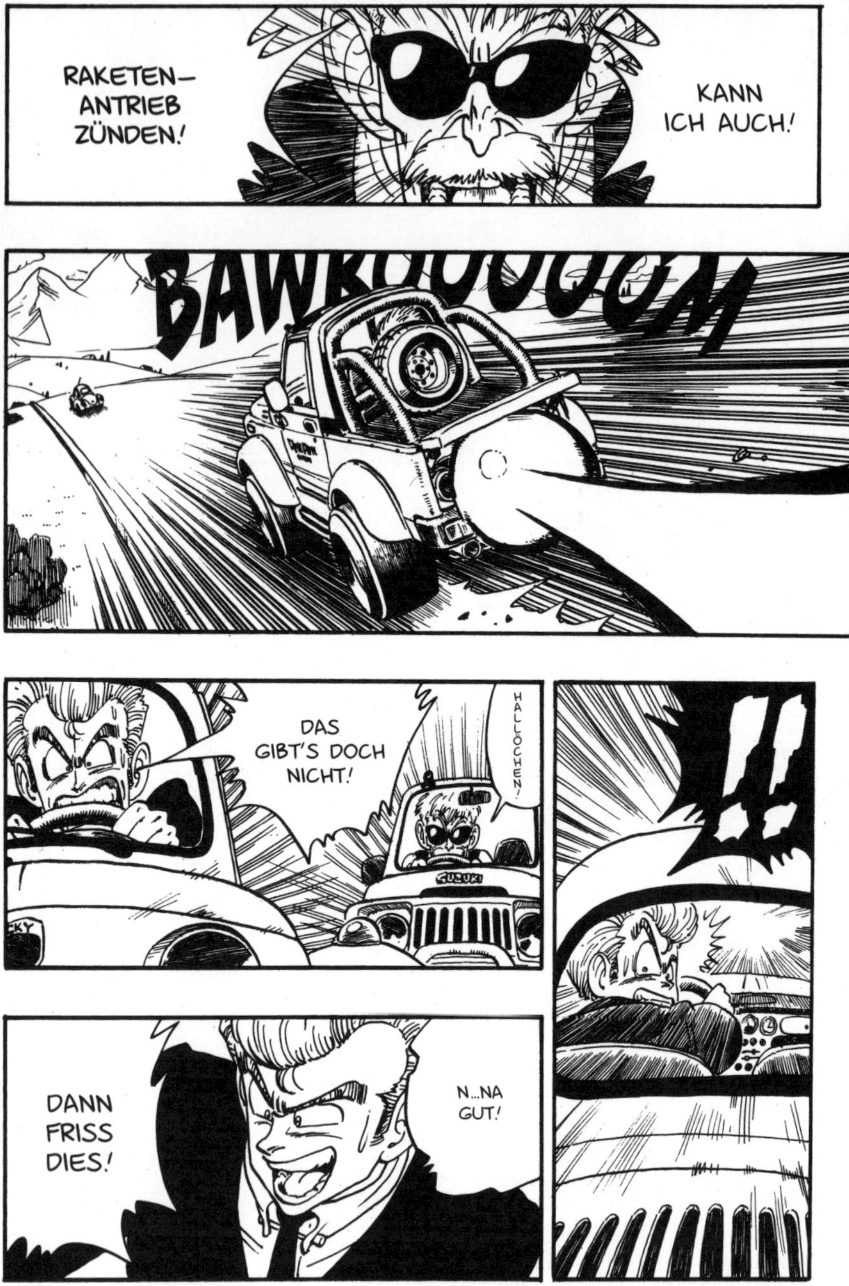
KANN ICH AUCH!
RAKETEN-ANTRIEB ZÜNDEN!
BAWBOOOOOM
HALLÖCHEN!
DAS GIBT'S DOCH NICHT!
SUZUKI
!!
N...NA GUT!
DANN FRISS DIES!

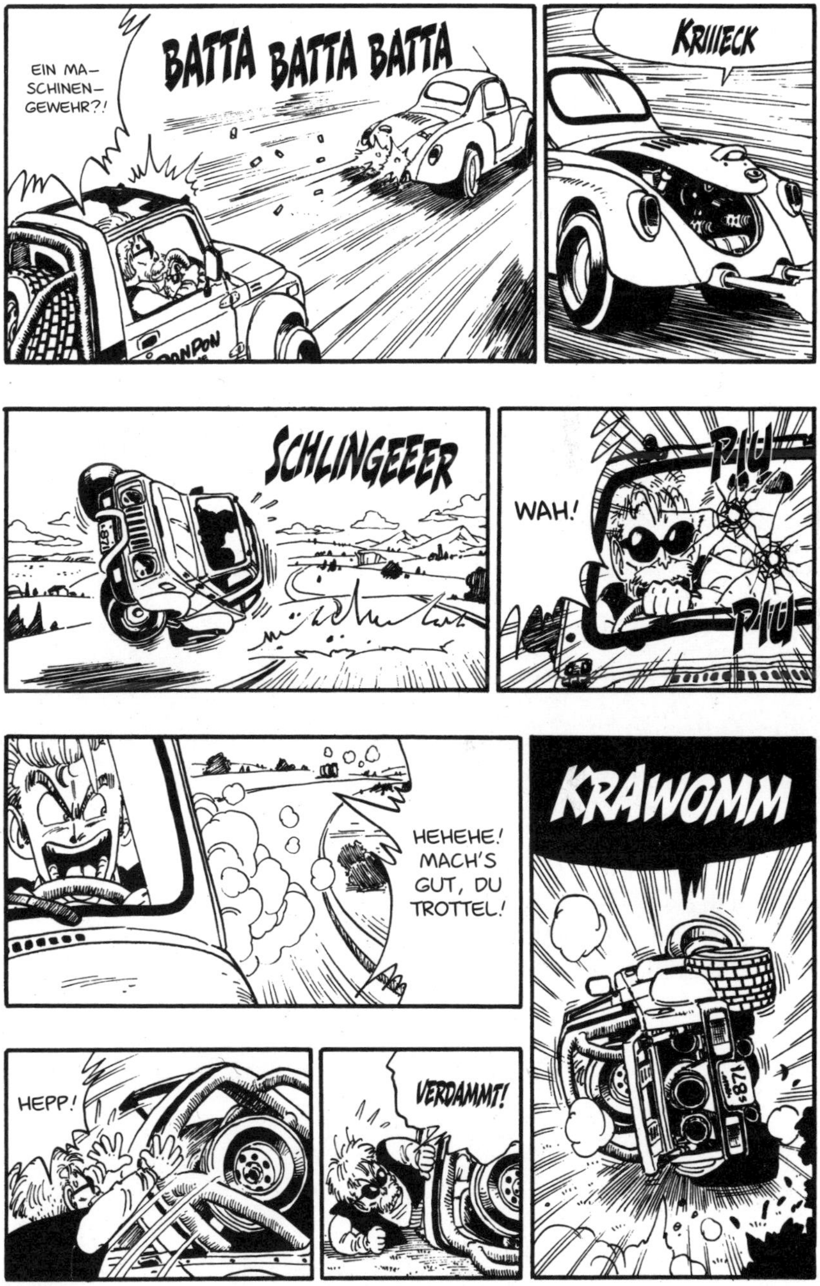
BATTA BATTA BATTA
EIN MA-SCHINEN-GEWEHR?!
KRIIIECK
SCHLINGEEER
PIU
WAH!
PIU
KRAWOMM
HEHEHE! MACH'S GUT, DU TROTTEL!
VERDAMMT!
HEPP!

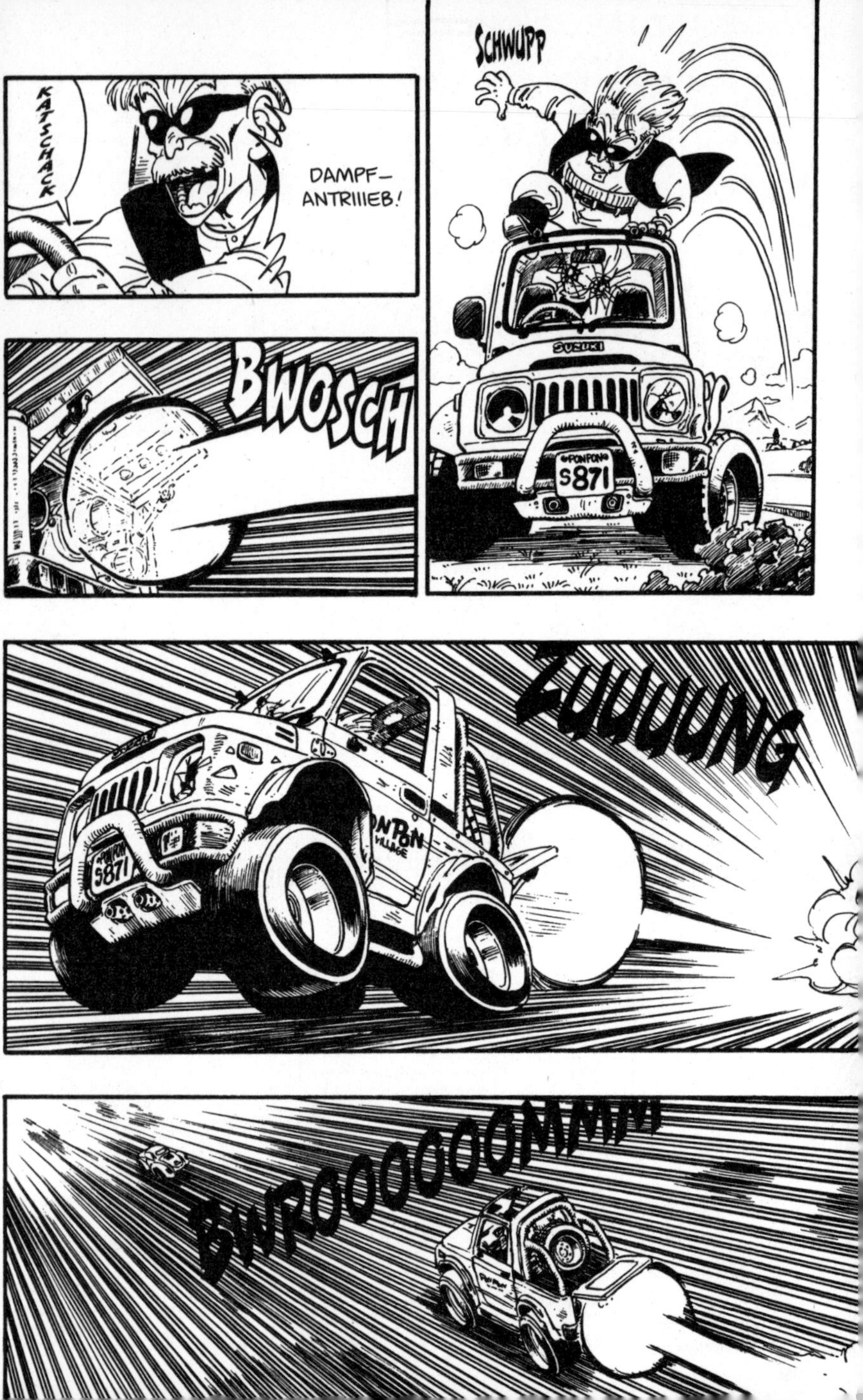
SCHWUPP
SUZUKI
PONPON
S871
KATSCHACK
DAMPF-
ANTRIIIEB!
BWOSCH
ZUUUUNG
PONPON
VILLAGE
S871
BWROOOOOOOMMM

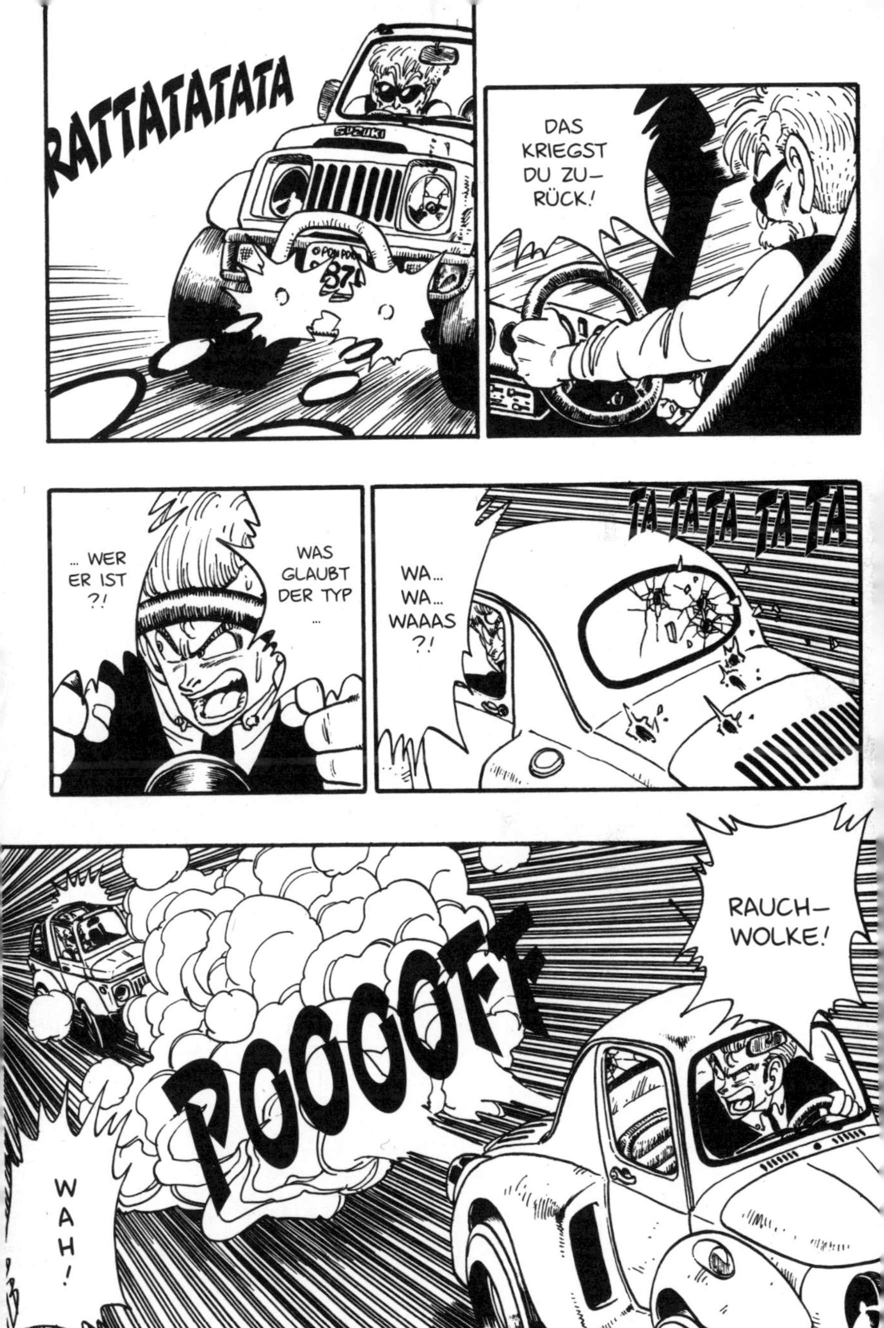
RATTATATATA
DAS KRIEGST DU ZU-RÜCK!
WAS GLAUBT DER TYP ...
... WER ER IST ?!
TA TATA TA TA
WA... WA... WAAAS ?!
RAUCH-WOLKE!
POOOOFF
WAH!

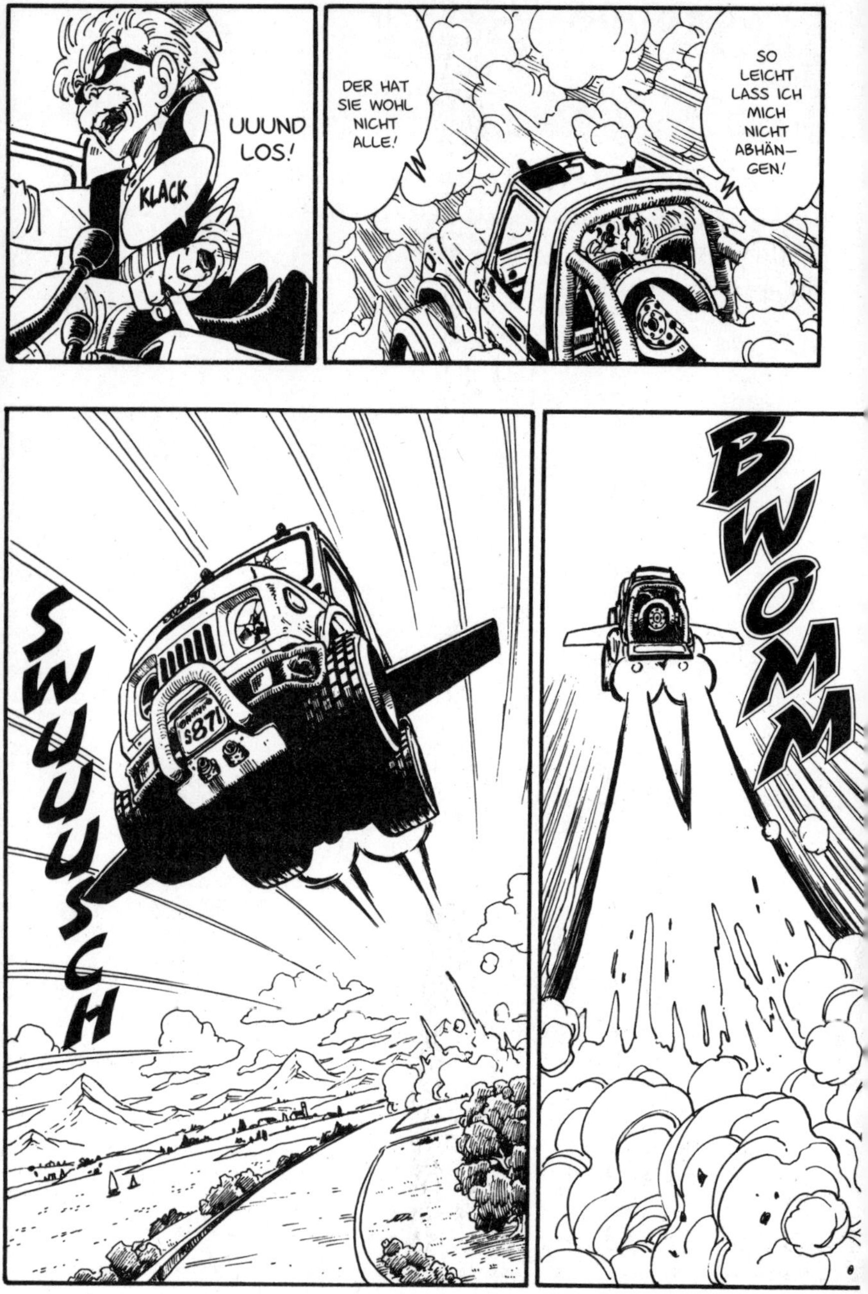
UUUND LOS!
KLACK
SO LEICHT LASS ICH MICH NICHT ABHÄN-GEN!
DER HAT SIE WOHL NICHT ALLE!
BWOMM
SWUUUSCH

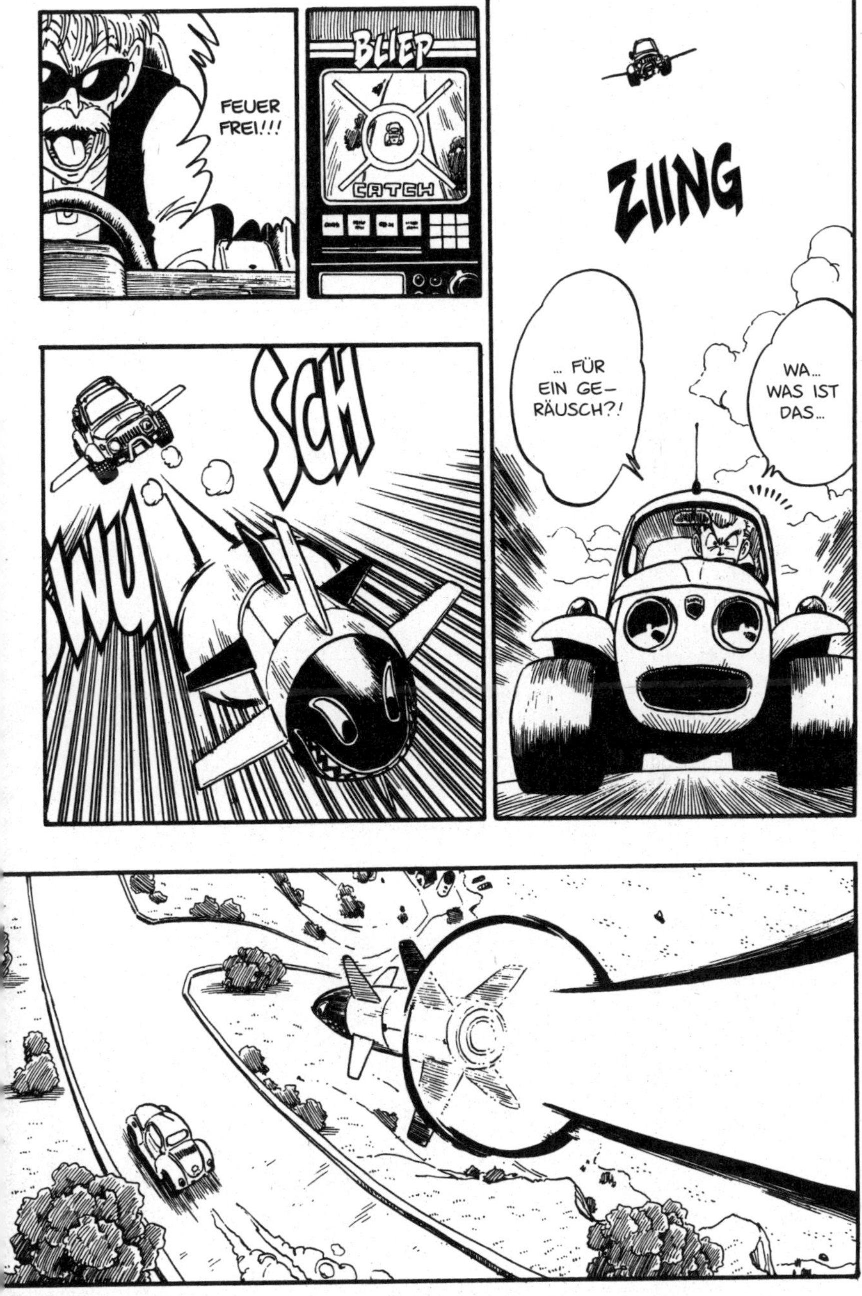
ZIING
WA... WAS IST DAS...
... FÜR EIN GE-RÄUSCH?!
BLIEP
CATCH
FEUER FREI!!!
SCH
WU

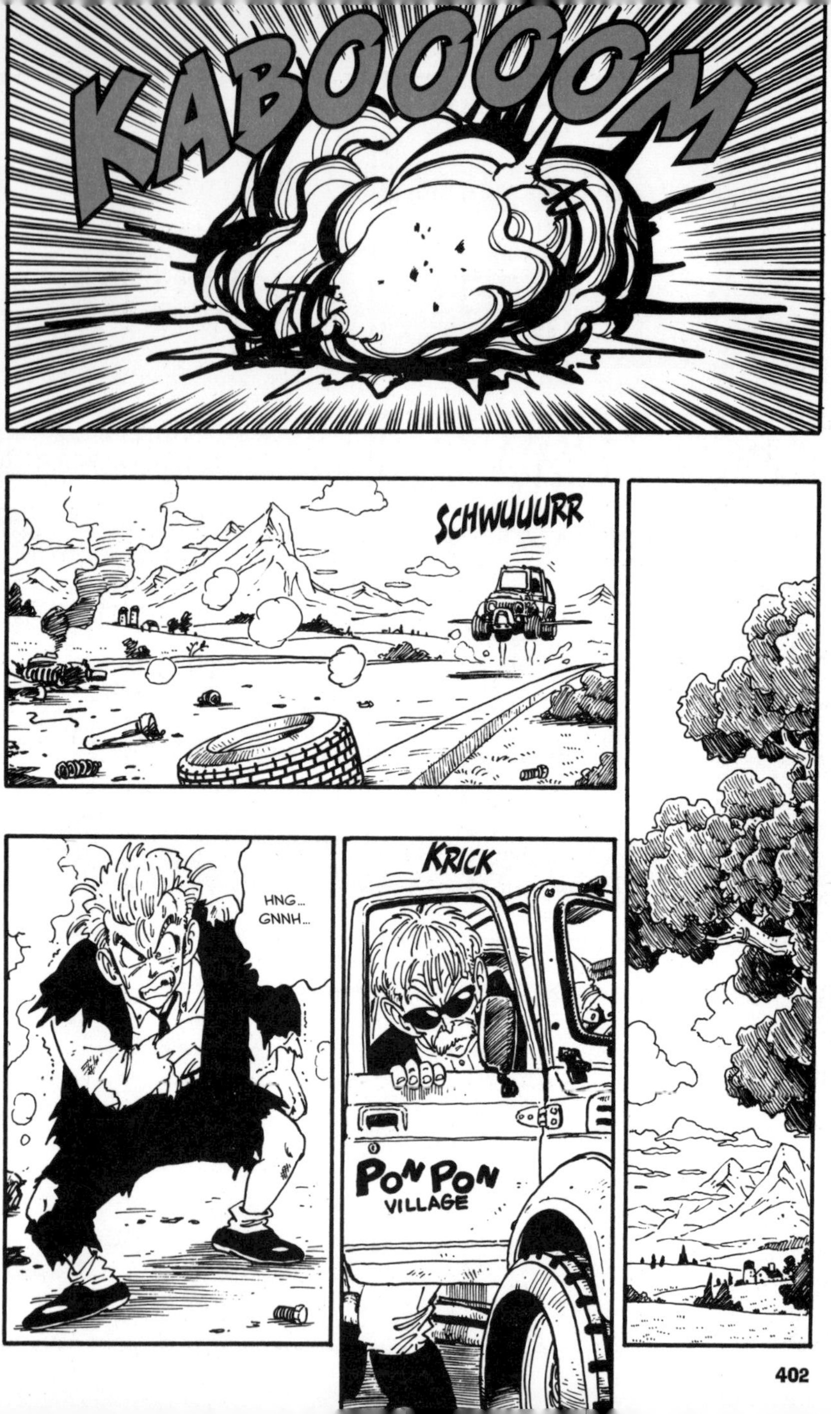
KABOOOOM
SCHWUUURR
HNG... GNNH...
KRICK
PON PON VILLAGE

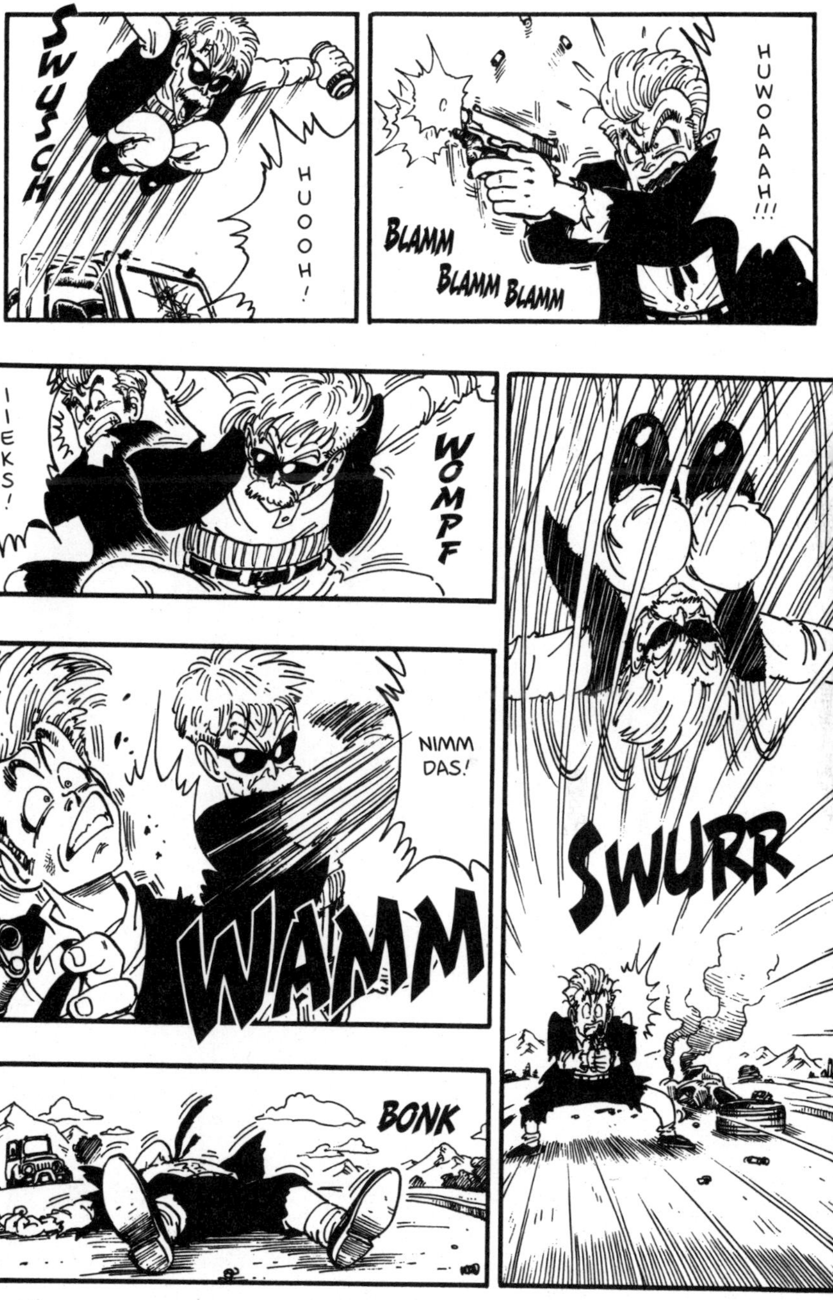
HUWOAAAH!!!
BLAMM
BLAMM BLAMM
SWUSCH
HUOOOH!
SWURR
WOMPF
IIEKS!
NIMM DAS!
WAMM
BONK

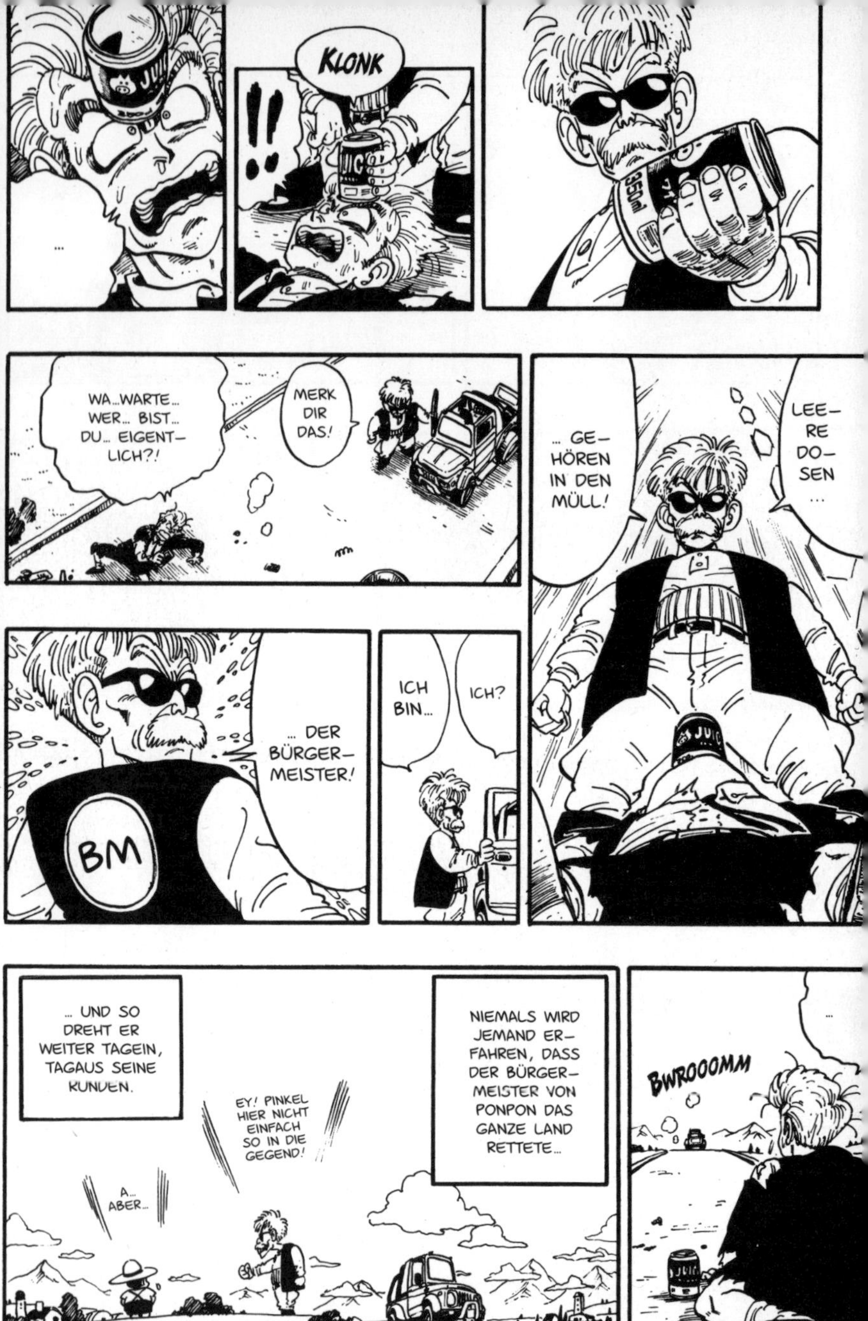

DER BÜRGERMEISTER – ENDE

ERSCHIENEN IM MAGAZIN SHONEN JUMP, AUSGABE 5, 1988

GO! GO! ACKMAN!

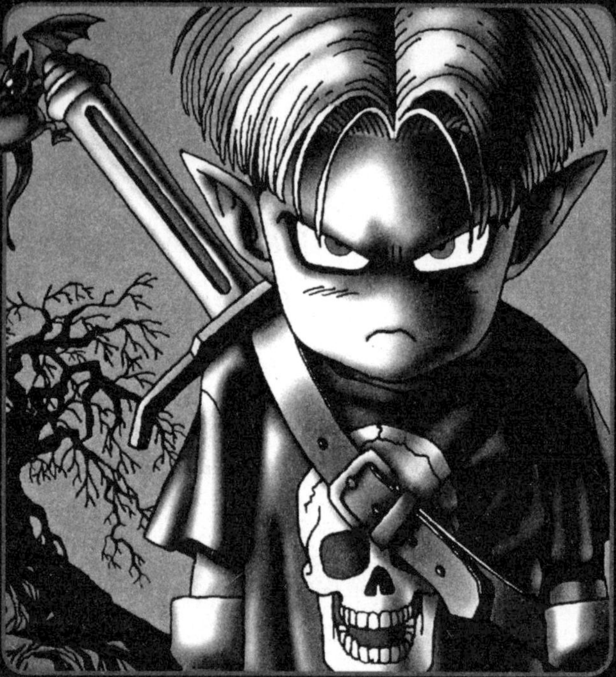

INHALT

MAMEJIRO.......................................407
KARAMARU – HEUTE IST EIN SCHÖNER TAG.....425
CASHMAN – DER KRIEGER DER SPARBÜCHSE ...445
DUB & PETER.................................519
GO! GO! ACKMAN!..............................556

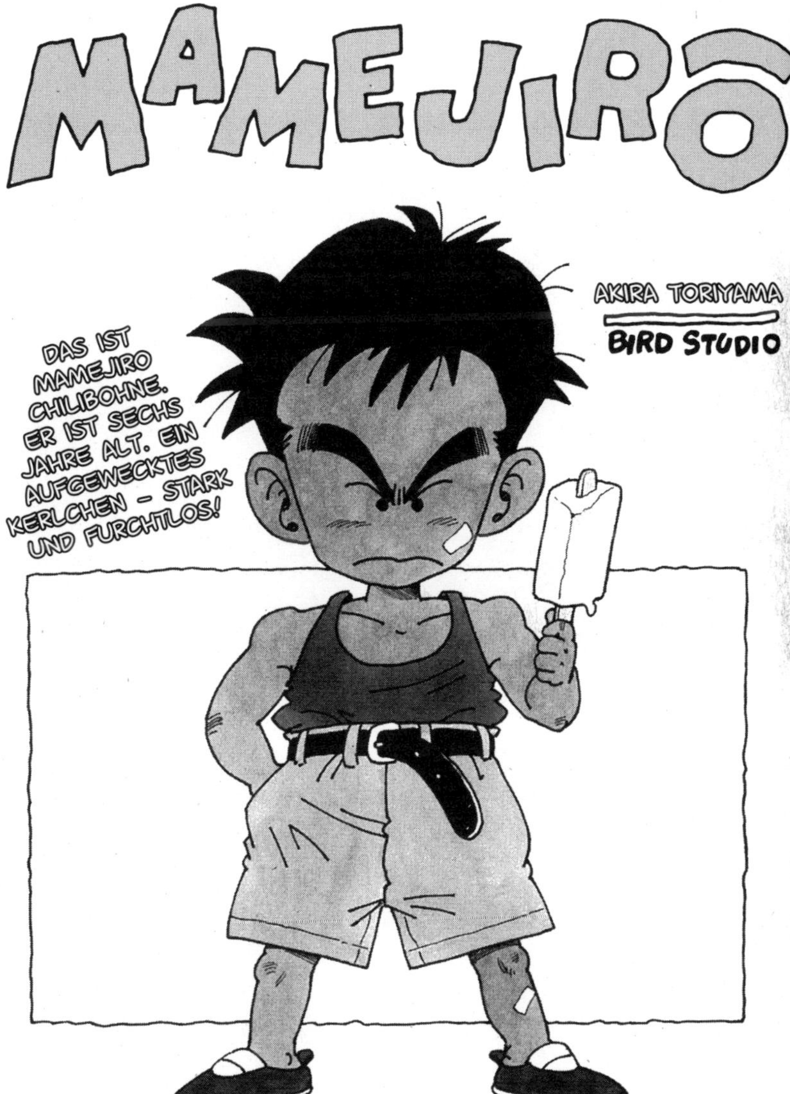
MAMEJIRŌ
AKIRA TORIYAMA
BIRD STUDIO
DAS IST MAMEJIRO CHILIBOHNE. ER IST SECHS JAHRE ALT. EIN AUFGEWECKTES KERLCHEN – STARK UND FURCHTLOS!

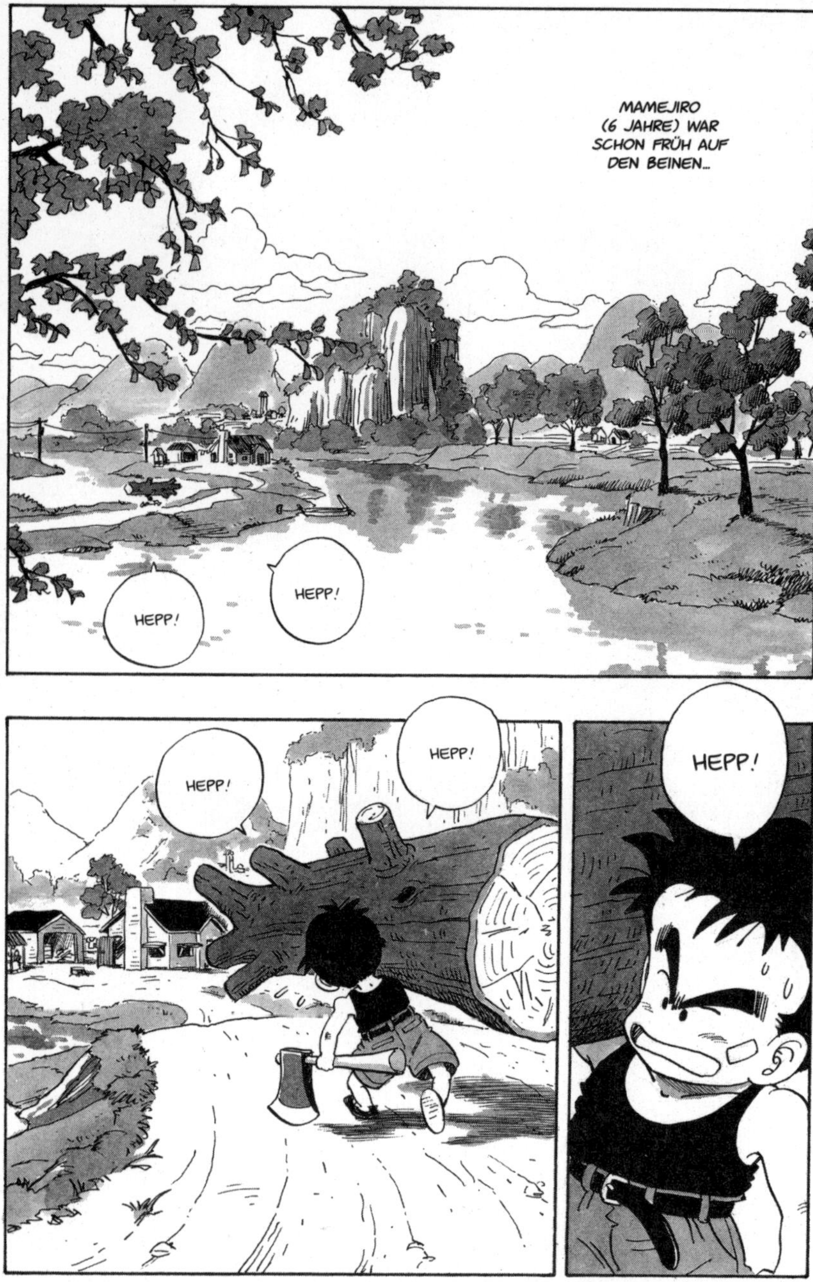
MAMEJIRO (6 JAHRE) WAR SCHON FRÜH AUF DEN BEINEN...
HEPP!
HEPP!
HEPP!
HEPP!
HEPP!

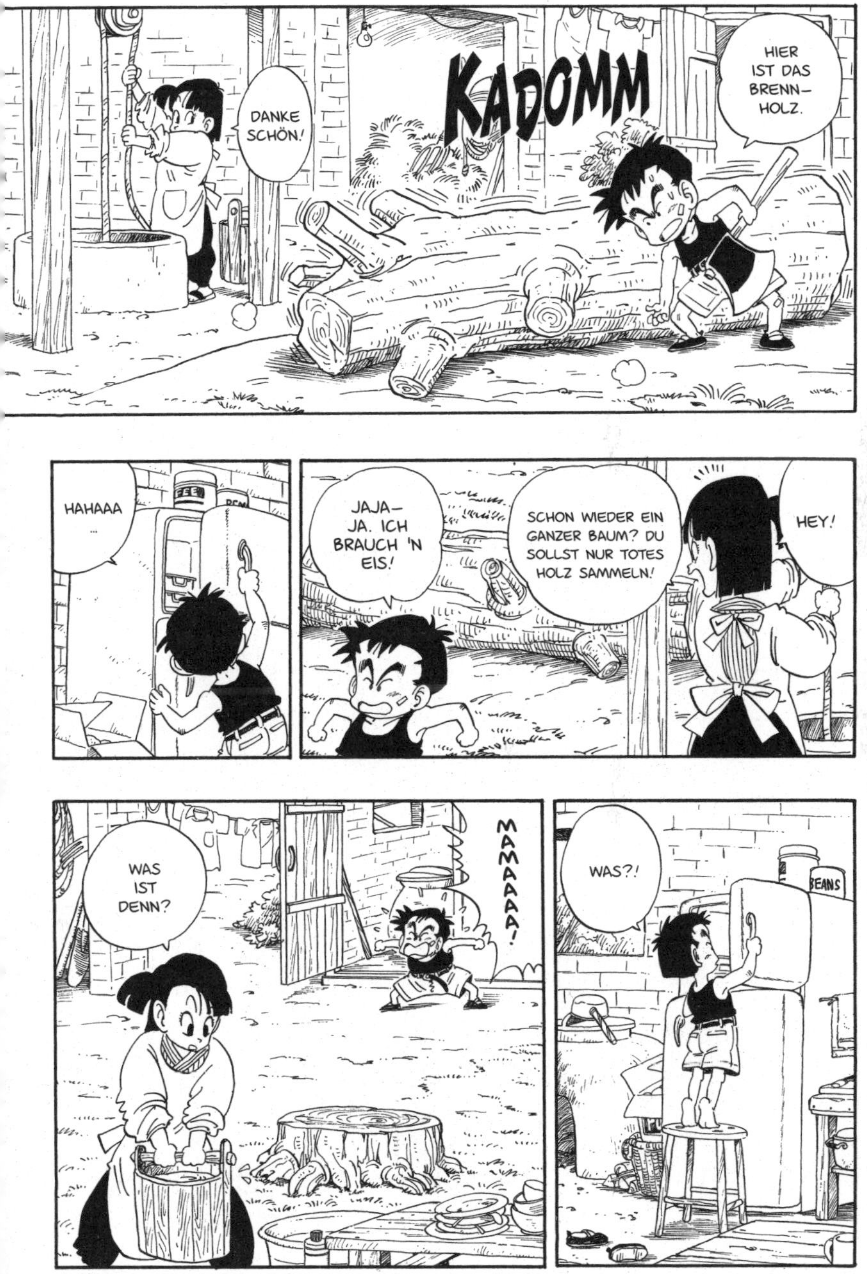
KADOMM
HIER IST DAS BRENNHOLZ.
DANKE SCHÖN!
HEY!
SCHON WIEDER EIN GANZER BAUM? DU SOLLST NUR TOTES HOLZ SAMMELN!
JAJA-JA. ICH BRAUCH 'N EIS!
HAHAAA ...
BEANS
WAS?!
MAMAAAA!
WAS IST DENN?

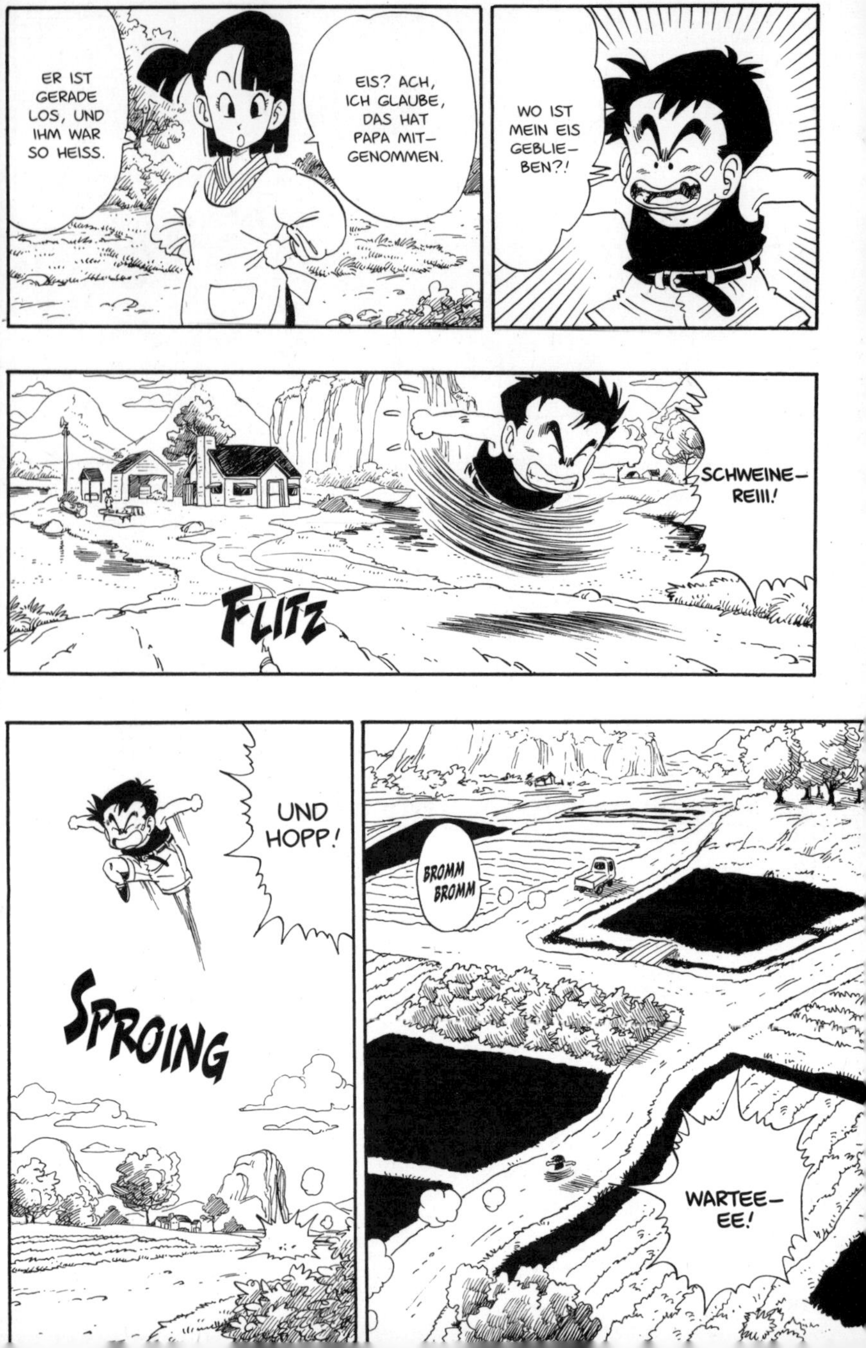
ER IST GERADE LOS, UND IHM WAR SO HEISS.
EIS? ACH, ICH GLAUBE, DAS HAT PAPA MIT-GENOMMEN.
WO IST MEIN EIS GEBLIE-BEN?!
SCHWEINE-REIII!
FLITZ
UND HOPP!
SPROING
BROMM BROMM
WARTEE-EE!

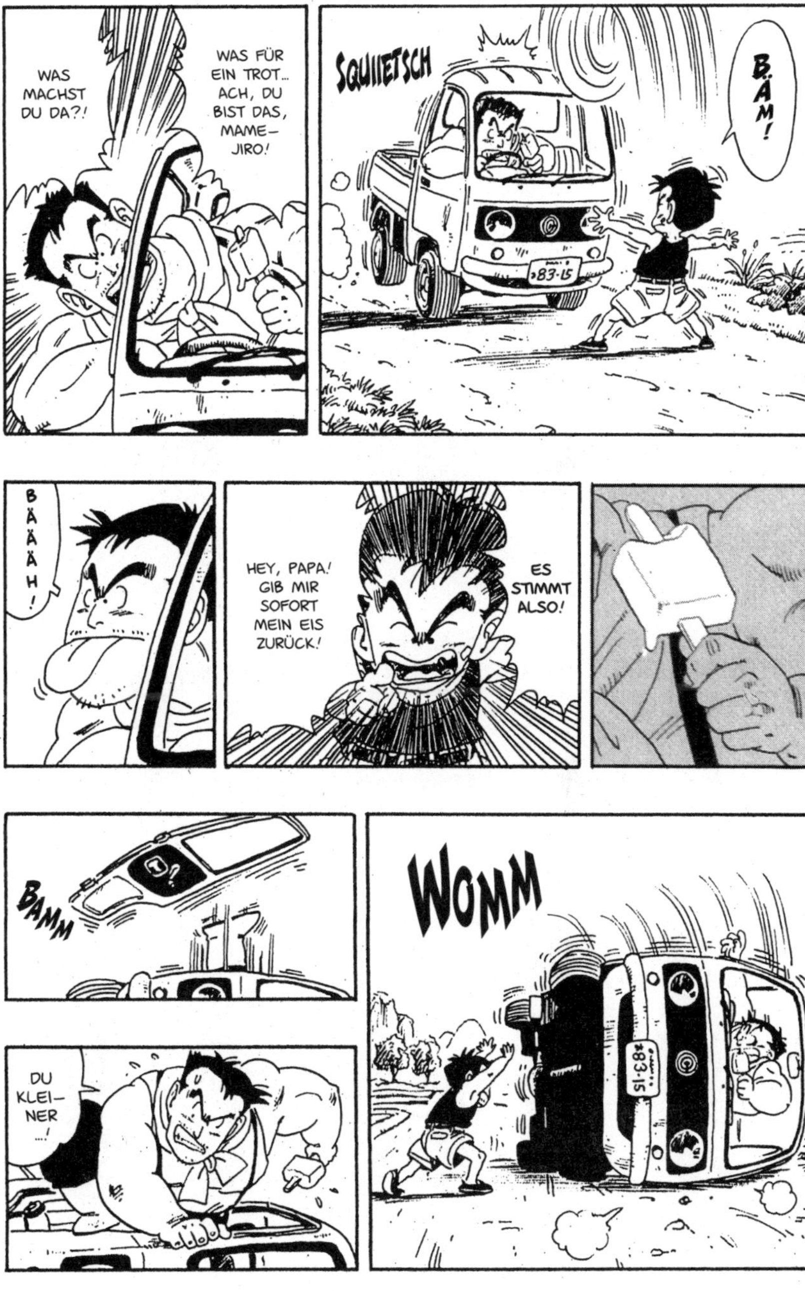
SQUIIETSCH
BÄM!
WAS FÜR EIN TROT... ACH, DU BIST DAS, MAME-JIRO!
WAS MACHST DU DA?!
ES STIMMT ALSO!
HEY, PAPA! GIB MIR SOFORT MEIN EIS ZURÜCK!
BÄÄÄH!
WOMM
BAMM
DU KLEINER ...!

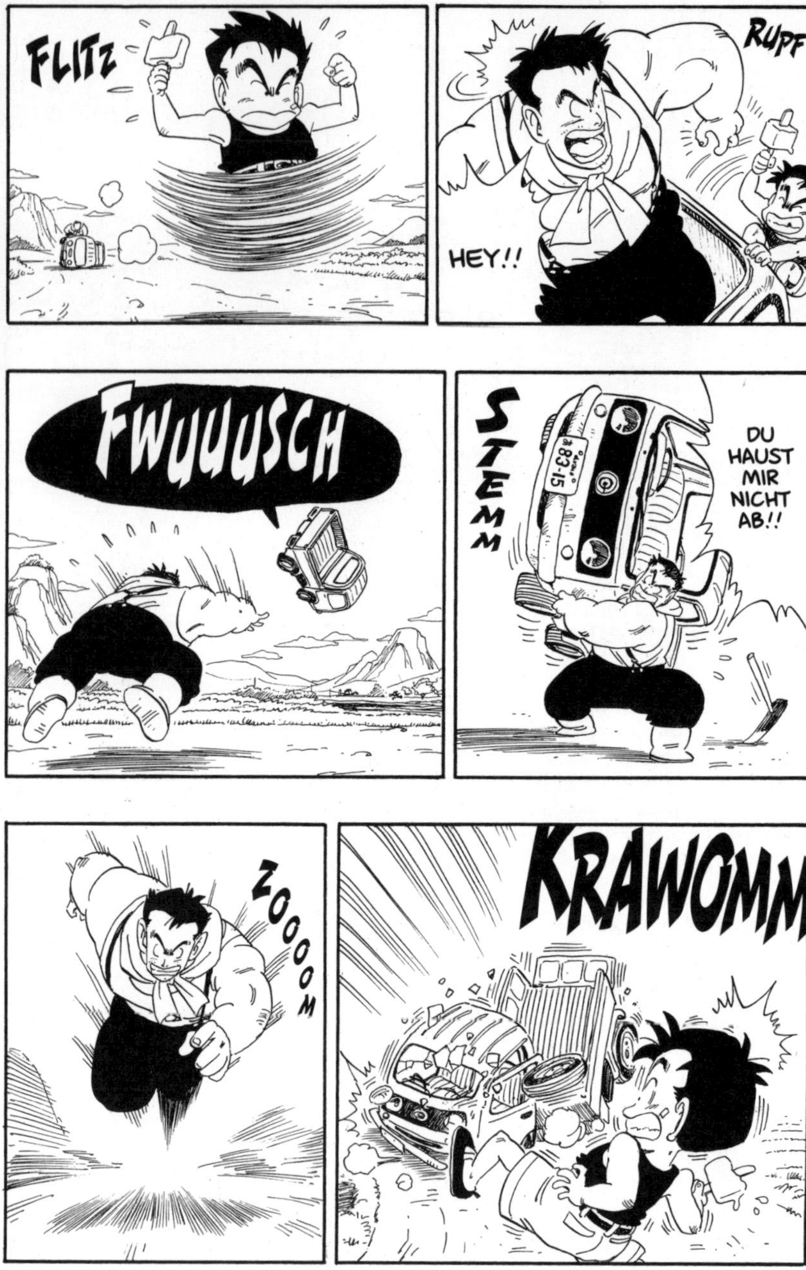
FLITZ
RUPF
HEY!!
FWUUUSCH
STEMM
DU HAUST MIR NICHT AB!!
ZOOOOM
KRAWOMM

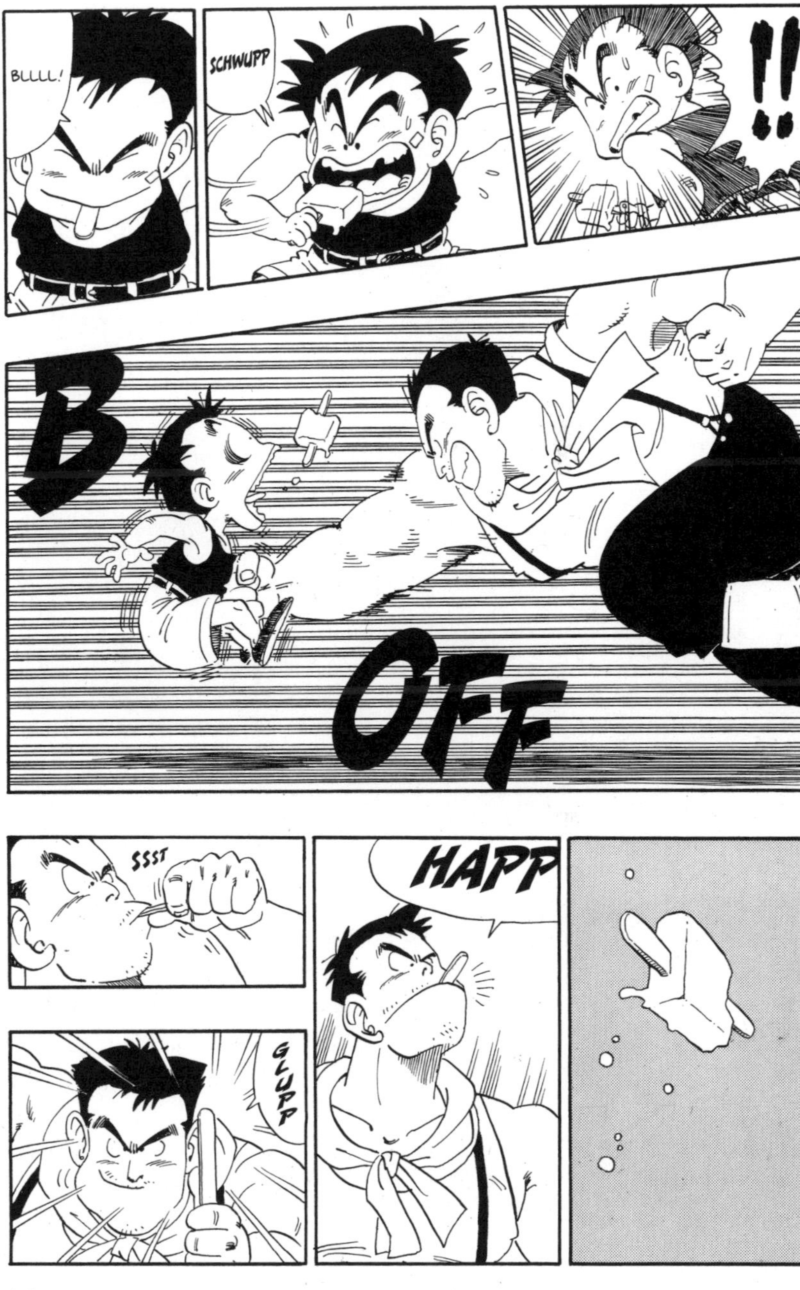
BLLLL!
SCHWUPP
!!
B
OFF
SSST
HAPP
GLUPP

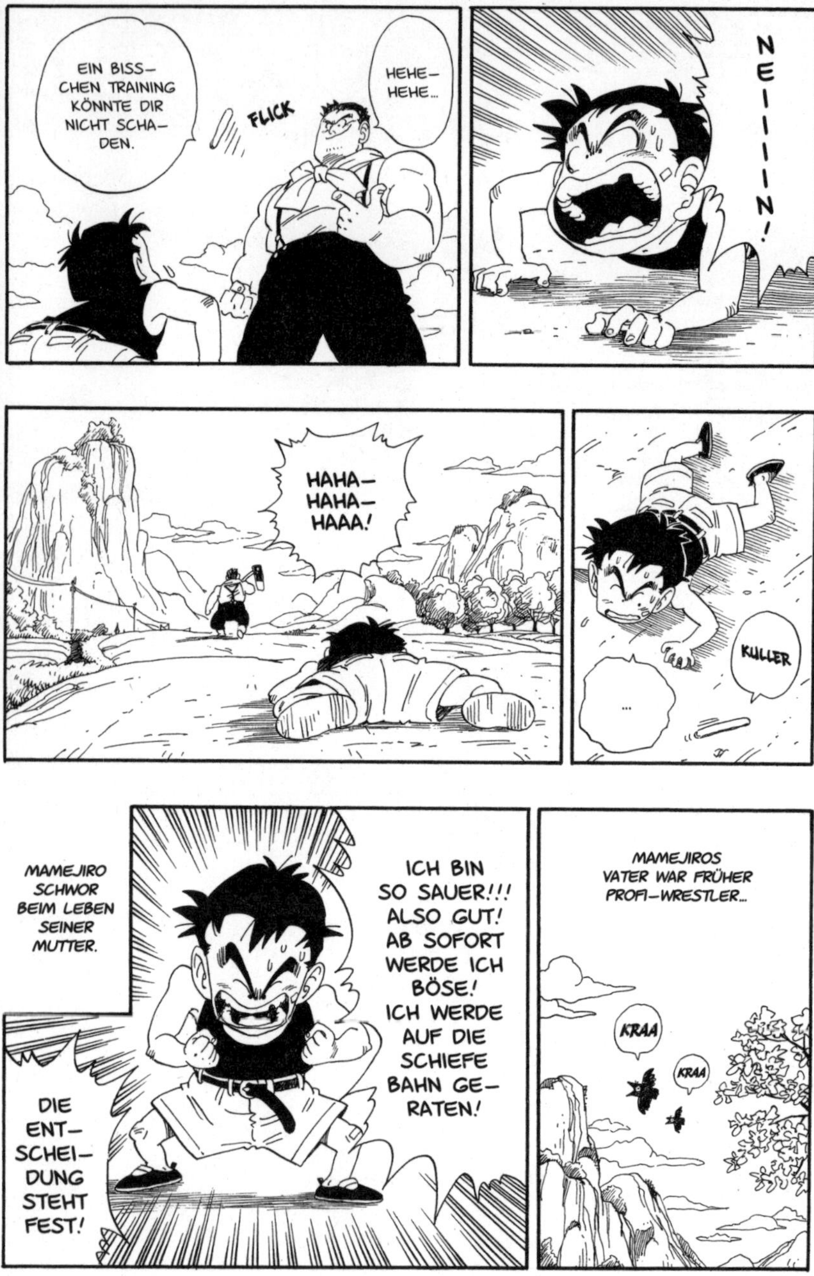
NEIIIIN!
HEHE-HEHE...
FLICK
EIN BISS-CHEN TRAINING KÖNNTE DIR NICHT SCHA-DEN.
KULLER
...
HAHA-HAHA-HAAA!
MAMEJIROS VATER WAR FRÜHER PROFI-WRESTLER...
KRAA
KRAA
ICH BIN SO SAUER!!! ALSO GUT! AB SOFORT WERDE ICH BÖSE! ICH WERDE AUF DIE SCHIEFE BAHN GE-RATEN!
MAMEJIRO SCHWOR BEIM LEBEN SEINER MUTTER.
DIE ENT-SCHEI-DUNG STEHT FEST!

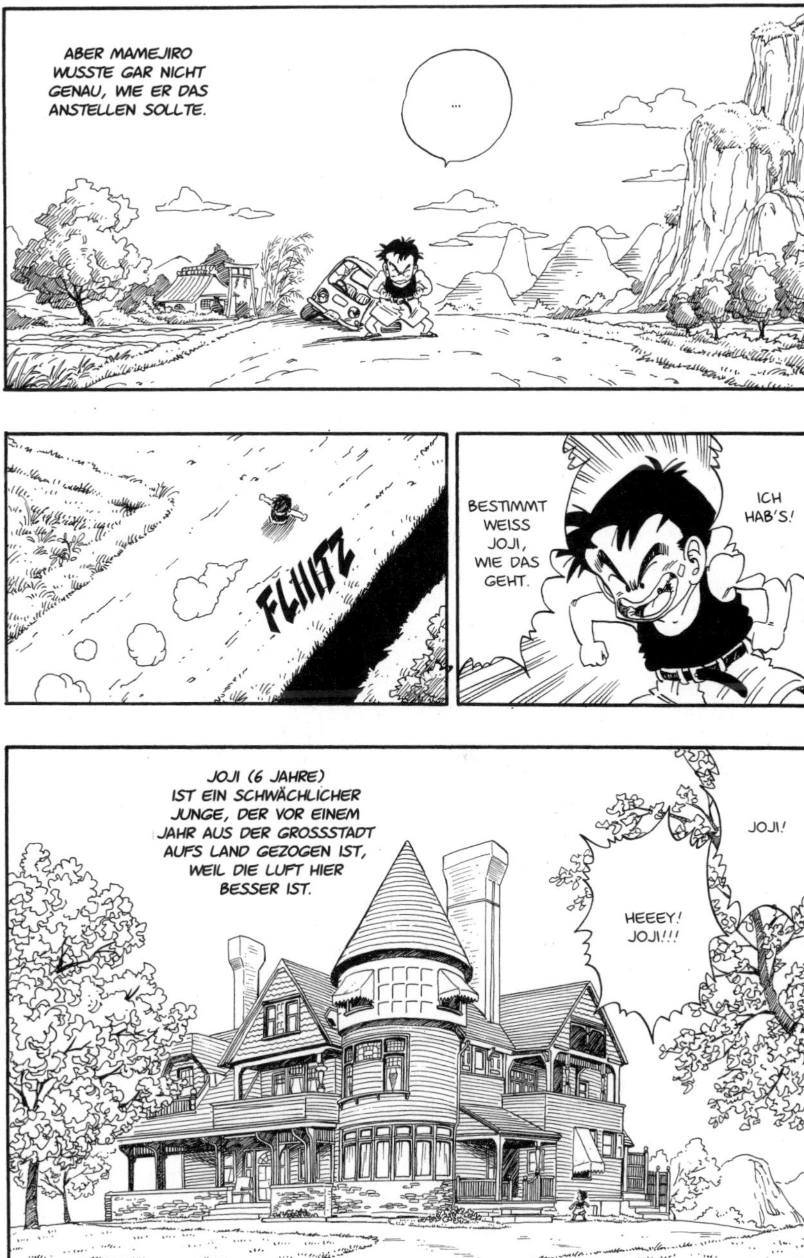
ABER MAMEJIRO WUSSTE GAR NICHT GENAU, WIE ER DAS ANSTELLEN SOLLTE.
...
ICH HAB'S!
BESTIMMT WEISS JOJI, WIE DAS GEHT.
FLHITZ
JOJI!
HEEEY! JOJI!!!
JOJI (6 JAHRE) IST EIN SCHWÄCHLICHER JUNGE, DER VOR EINEM JAHR AUS DER GROSSSTADT AUFS LAND GEZOGEN IST, WEIL DIE LUFT HIER BESSER IST.

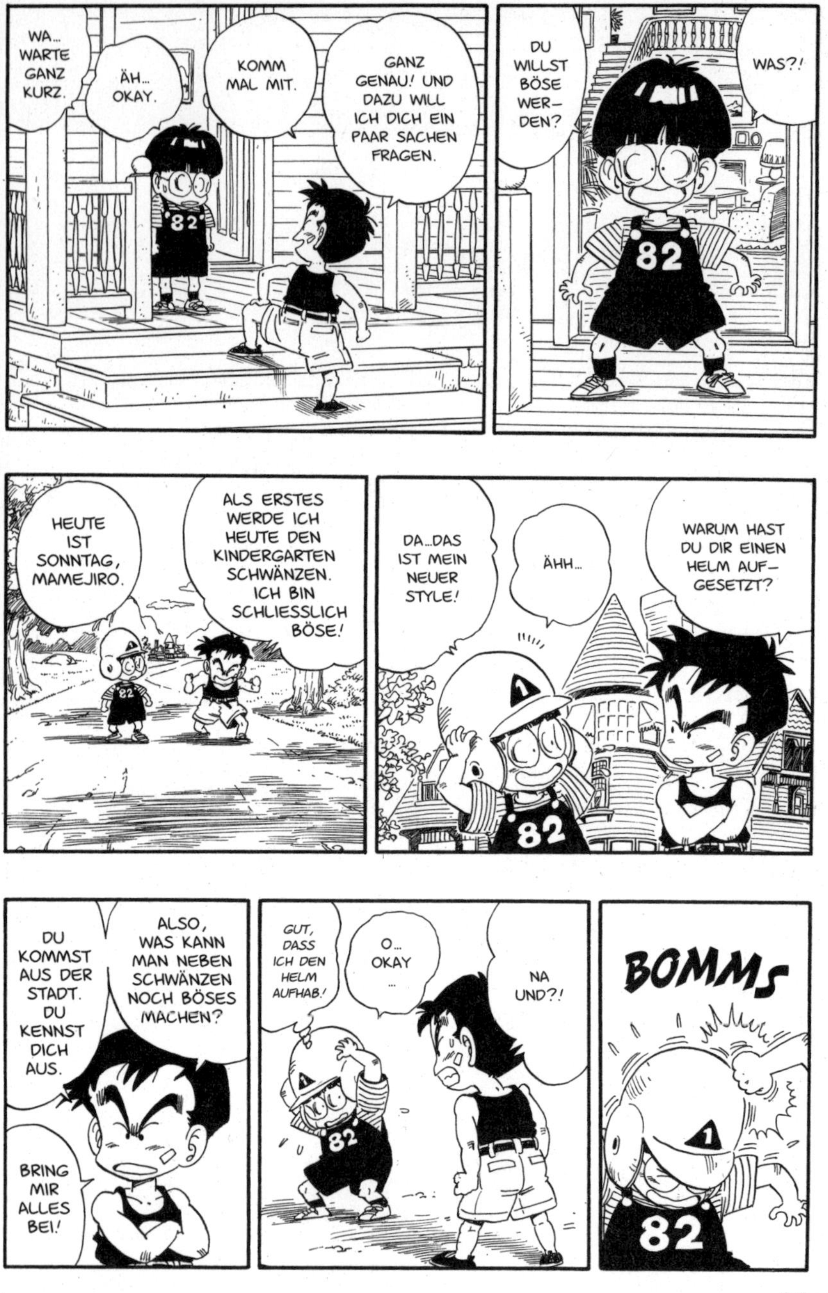
WAS?!
DU WILLST BÖSE WERDEN?
GANZ GENAU! UND DAZU WILL ICH DICH EIN PAAR SACHEN FRAGEN.
KOMM MAL MIT.
ÄH... OKAY.
WA... WARTE GANZ KURZ.
WARUM HAST DU DIR EINEN HELM AUFGESETZT?
ÄHH...
DA...DAS IST MEIN NEUER STYLE!
ALS ERSTES WERDE ICH HEUTE DEN KINDERGARTEN SCHWÄNZEN. ICH BIN SCHLIESSLICH BÖSE!
HEUTE IST SONNTAG, MAMEJIRO.
BOMMS
NA UND?!
O... OKAY ...
GUT, DASS ICH DEN HELM AUFHAB!
ALSO, WAS KANN MAN NEBEN SCHWÄNZEN NOCH BÖSES MACHEN?
DU KOMMST AUS DER STADT. DU KENNST DICH AUS.
BRING MIR ALLES BEI!

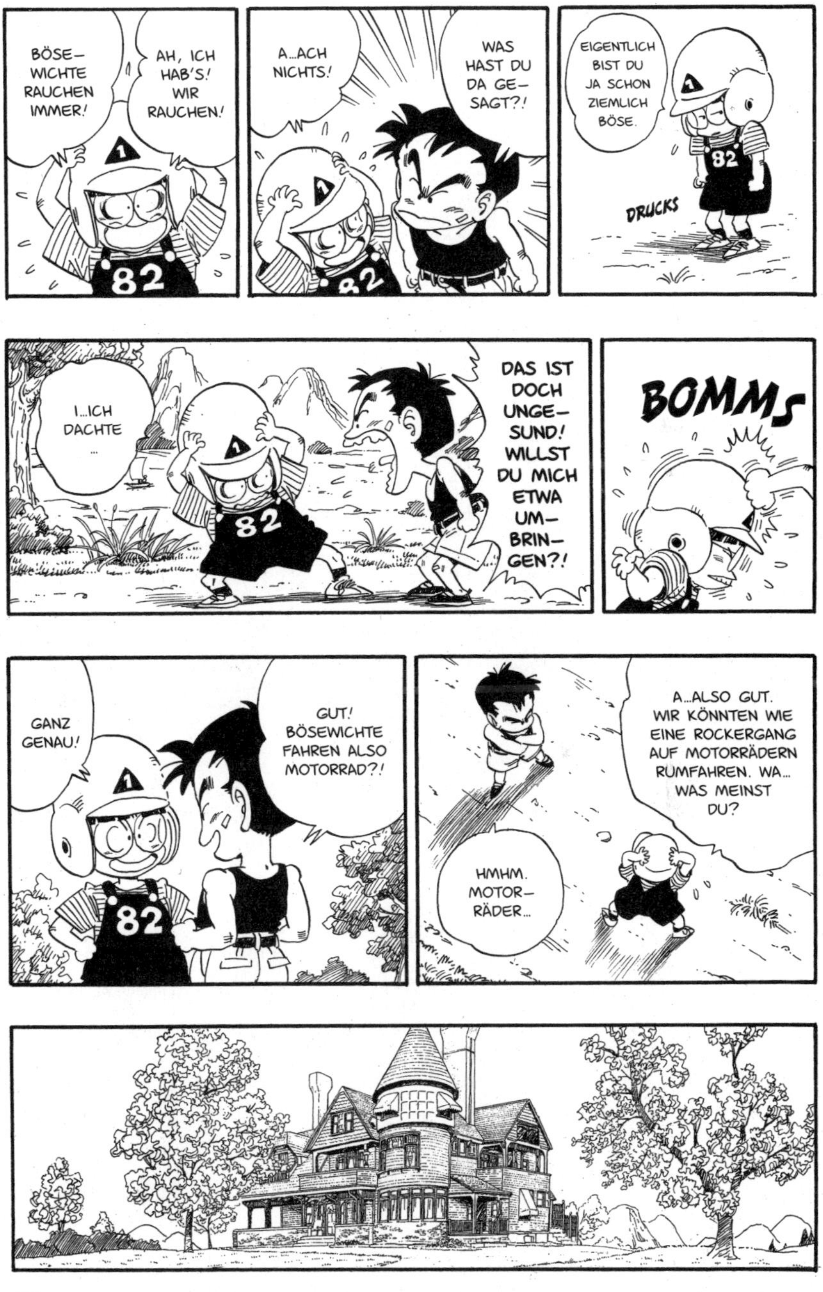
BÖSE-WICHTE RAUCHEN IMMER!
AH, ICH HAB'S! WIR RAUCHEN!
A...ACH NICHTS!
WAS HAST DU DA GE-SAGT?!
EIGENTLICH BIST DU JA SCHON ZIEMLICH BÖSE.
DRUCKS
I...ICH DACHTE ...
DAS IST DOCH UNGE-SUND! WILLST DU MICH ETWA UM-BRIN-GEN?!
BOMMS
GANZ GENAU!
GUT! BÖSEWICHTE FAHREN ALSO MOTORRAD?!
A...ALSO GUT. WIR KÖNNTEN WIE EINE ROCKERGANG AUF MOTORRÄDERN RUMFAHREN. WA... WAS MEINST DU?
HMHM. MOTOR-RÄDER...

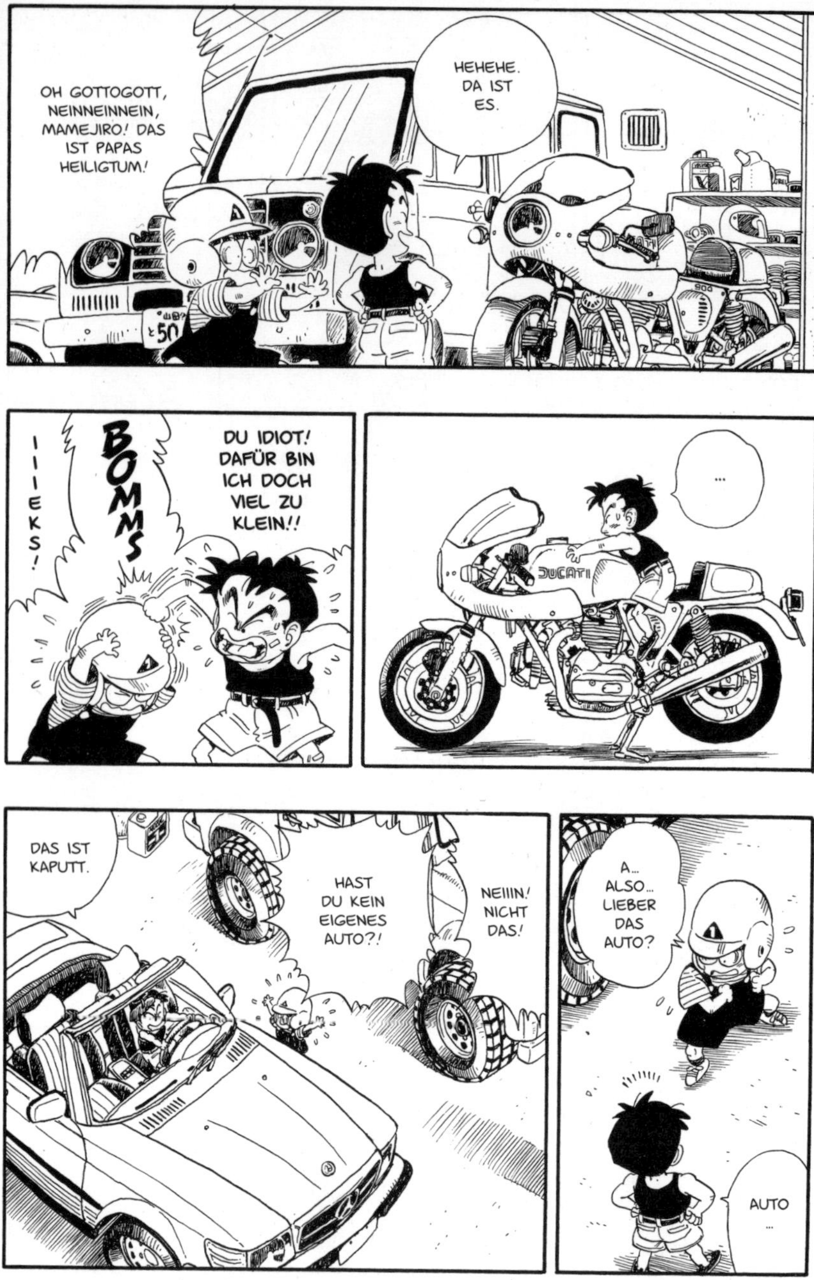
HEHEHE. DA IST ES.
OH GOTTOGOTT, NEINNEINNEIN, MAMEJIRO! DAS IST PAPAS HEILIGTUM!
...
DU IDIOT! DAFÜR BIN ICH DOCH VIEL ZU KLEIN!!
BOMMS
IIIEKS!
A... ALSO... LIEBER DAS AUTO?
AUTO ...
NEIIIN! NICHT DAS!
HAST DU KEIN EIGENES AUTO?!
DAS IST KAPUTT.

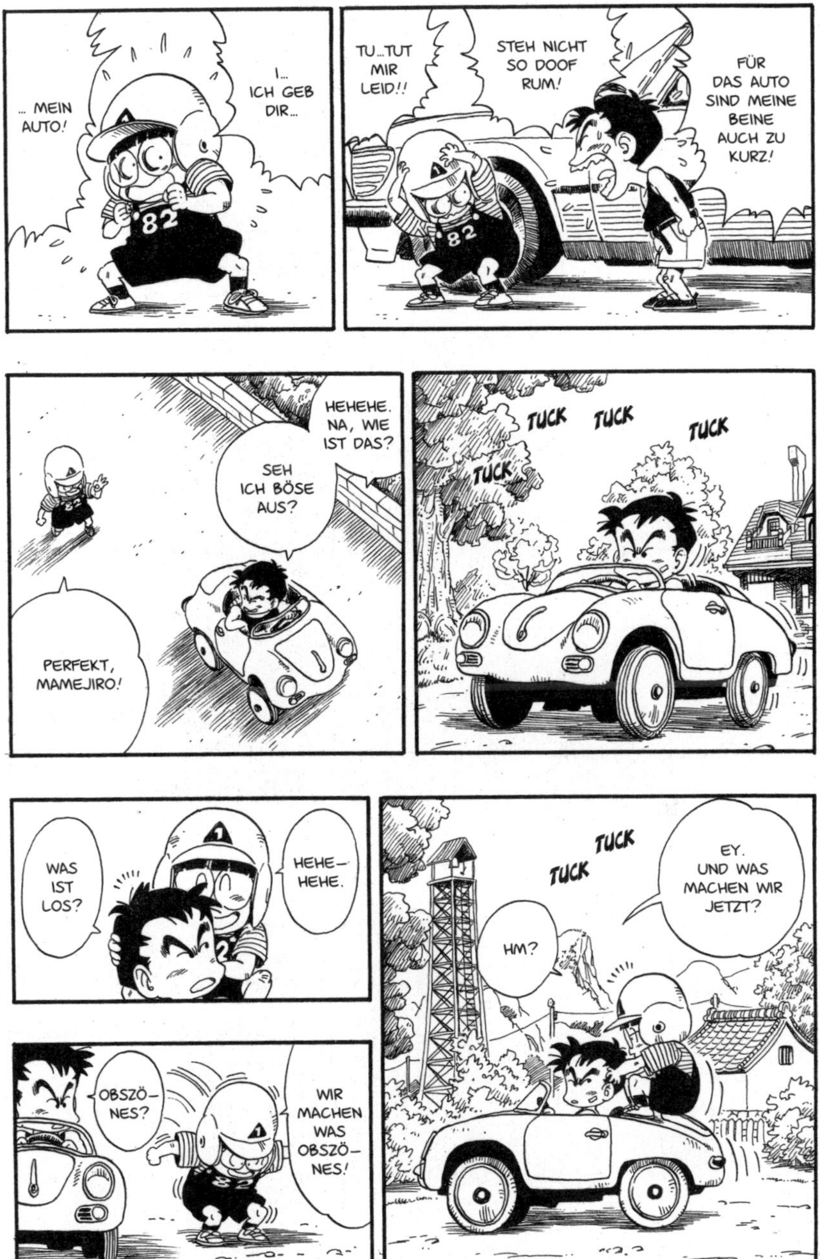
FÜR DAS AUTO SIND MEINE BEINE AUCH ZU KURZ!
STEH NICHT SO DOOF RUM!
TU...TUT MIR LEID!!
I... ICH GEB DIR...
... MEIN AUTO!
TUCK
TUCK
TUCK
TUCK
HEHEHE. NA, WIE IST DAS?
SEH ICH BÖSE AUS?
PERFEKT, MAMEJIRO!
TUCK
TUCK
EY. UND WAS MACHEN WIR JETZT?
HM?
HEHE-HEHE.
WAS IST LOS?
WIR MACHEN WAS OBSZÖ-NES!
OBSZÖ-NES?

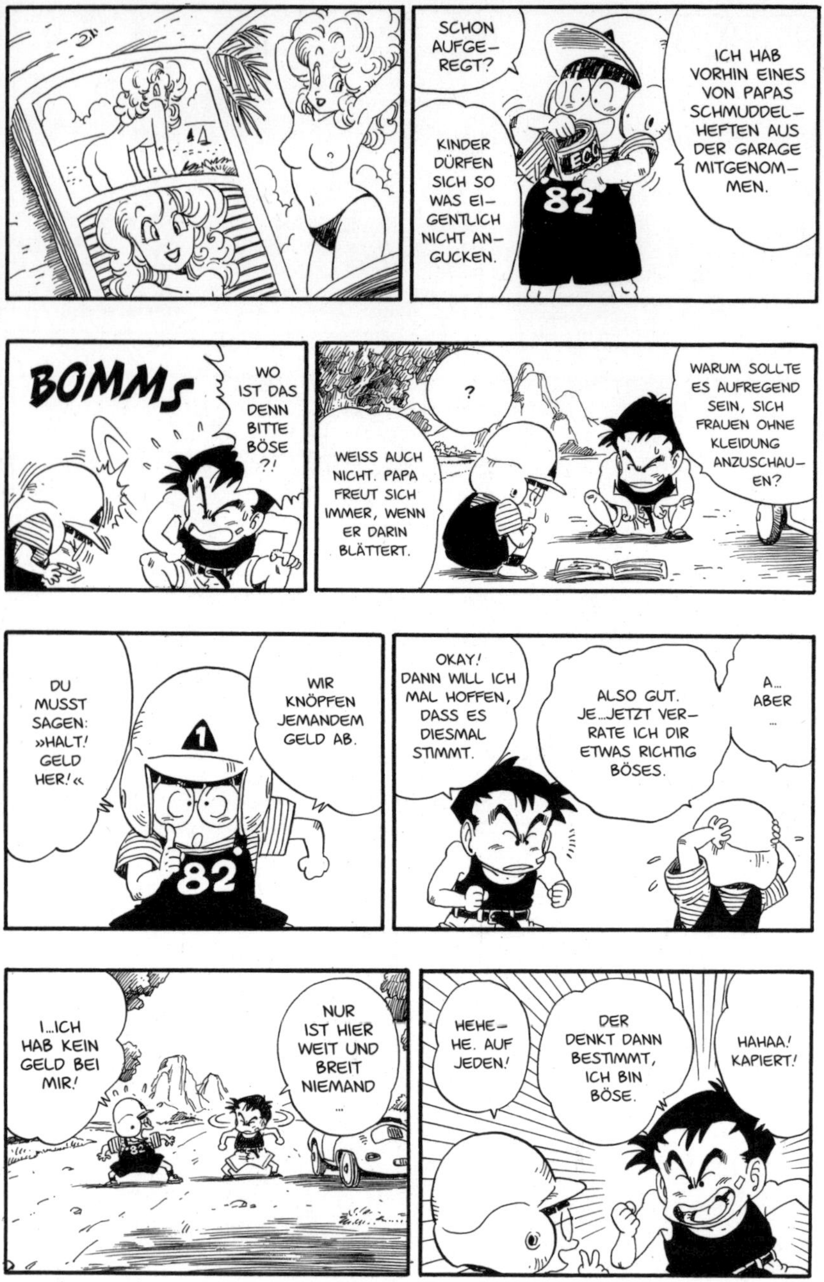
SCHON AUFGE-REGT?
ICH HAB VORHIN EINES VON PAPAS SCHMUDDEL-HEFTEN AUS DER GARAGE MITGENOM-MEN.
KINDER DÜRFEN SICH SO WAS EI-GENTLICH NICHT AN-GUCKEN.
BOMMS
WO IST DAS DENN BITTE BÖSE ?!
?
WARUM SOLLTE ES AUFREGEND SEIN, SICH FRAUEN OHNE KLEIDUNG ANZUSCHAU-EN?
WEISS AUCH NICHT. PAPA FREUT SICH IMMER, WENN ER DARIN BLÄTTERT.
DU MUSST SAGEN: »HALT! GELD HER!«
WIR KNÖPFEN JEMANDEM GELD AB.
OKAY! DANN WILL ICH MAL HOFFEN, DASS ES DIESMAL STIMMT.
ALSO GUT. JE...JETZT VER-RATE ICH DIR ETWAS RICHTIG BÖSES.
A... ABER ...
I...ICH HAB KEIN GELD BEI MIR!
NUR IST HIER WEIT UND BREIT NIEMAND ...
HEHE-HE. AUF JEDEN!
DER DENKT DANN BESTIMMT, ICH BIN BÖSE.
HAHAA! KAPIERT!

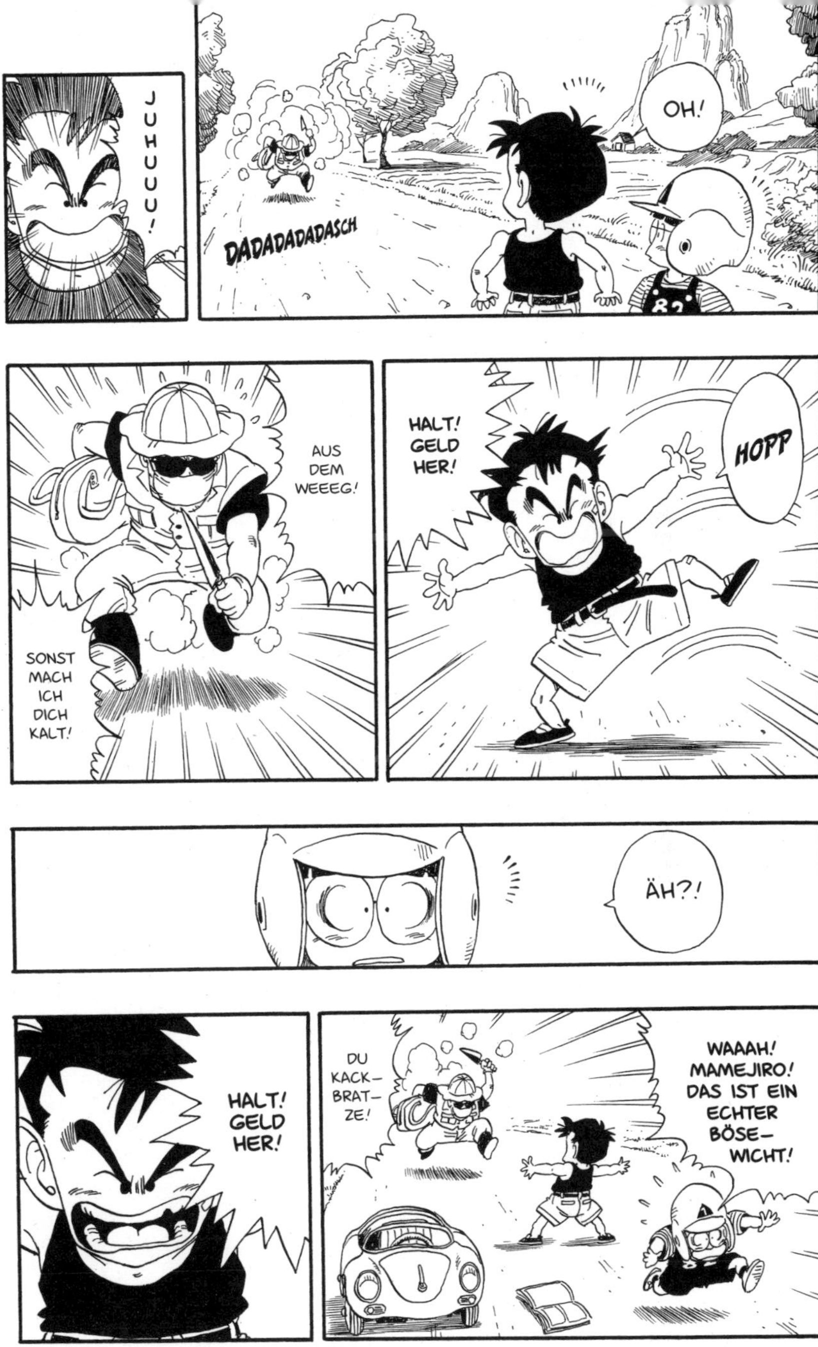
OH!
DADADADADASCH
JUHUUU!
AUS DEM WEEEG!
SONST MACH ICH DICH KALT!
HOPP
HALT! GELD HER!
ÄH?!
WAAAH! MAMEJIRO! DAS IST EIN ECHTER BÖSE-WICHT!
DU KACK-BRAT-ZE!
HALT! GELD HER!

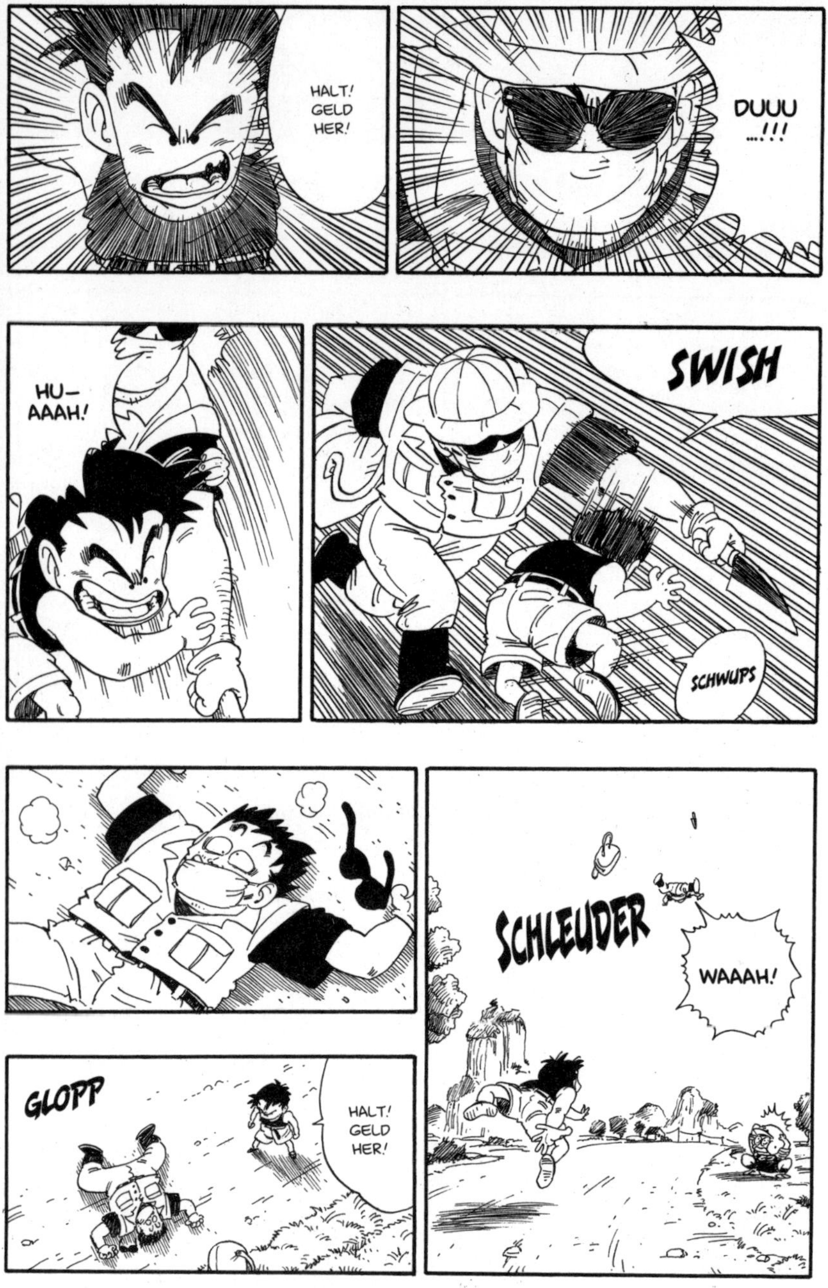
HALT! GELD HER!
DUUU ...!!!
HU- AAAH!
SWISH
SCHWUPS
SCHLEUDER
WAAAH!
GLOPP
HALT! GELD HER!

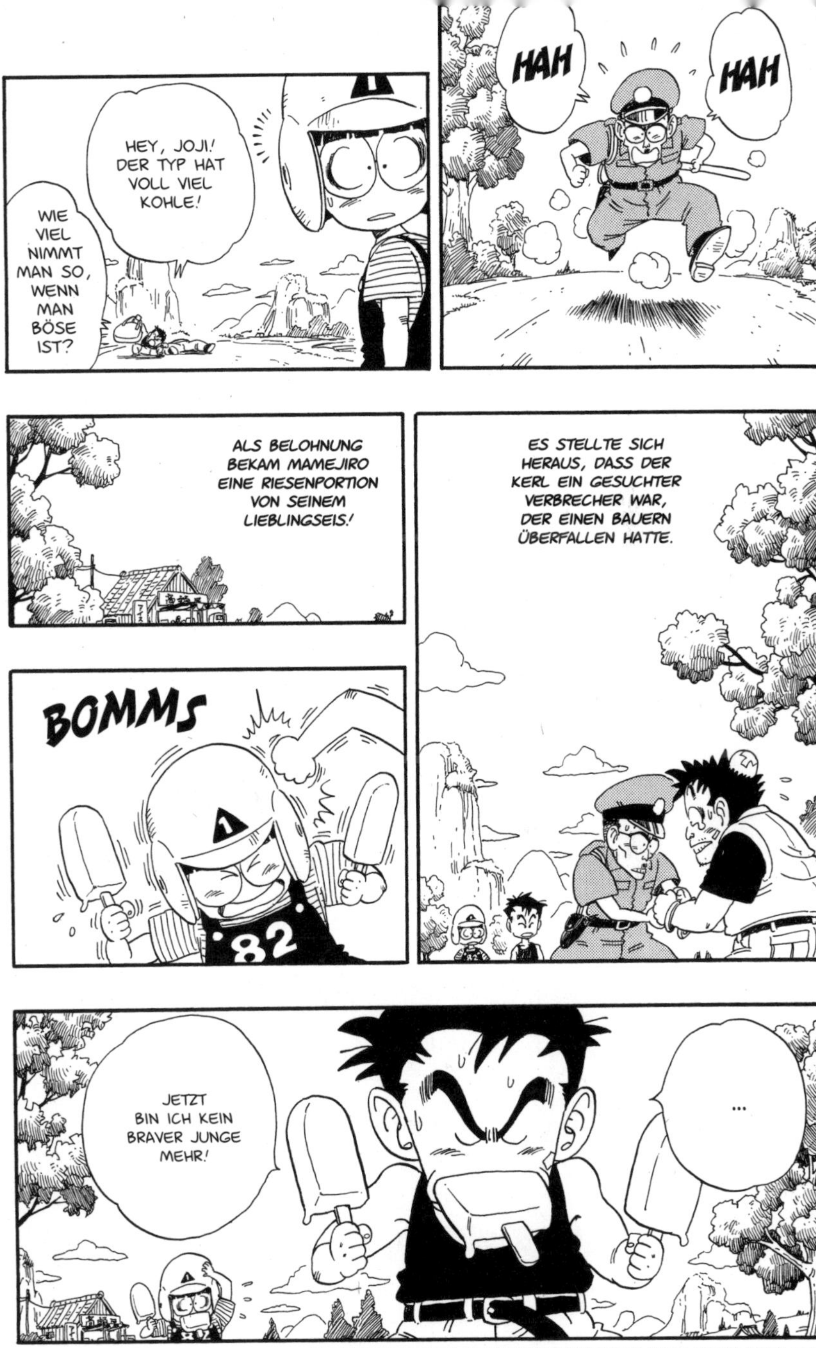

MAMEJIRO – ENDE

ERSCHIENEN IM MAGAZIN WEEKLY SHONEN JUMP, AUSGABE 38, 1988

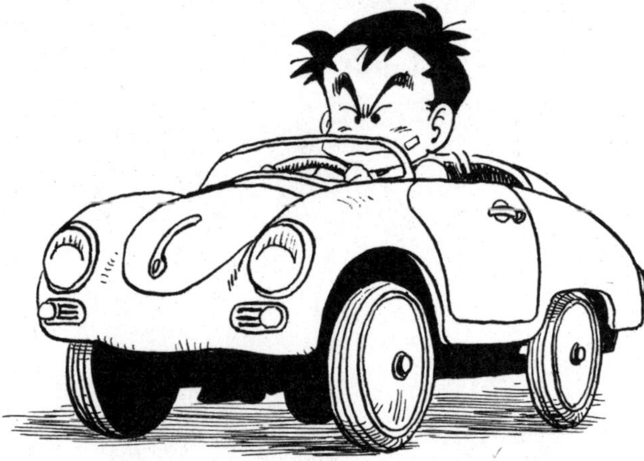

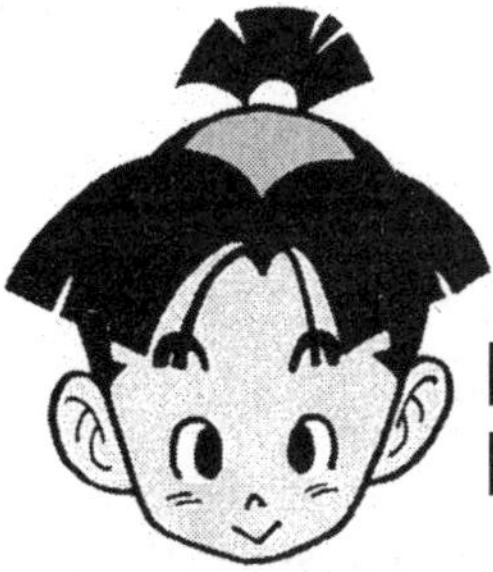

KARAMARU – HEUTE IST EIN SCHÖNER TAG

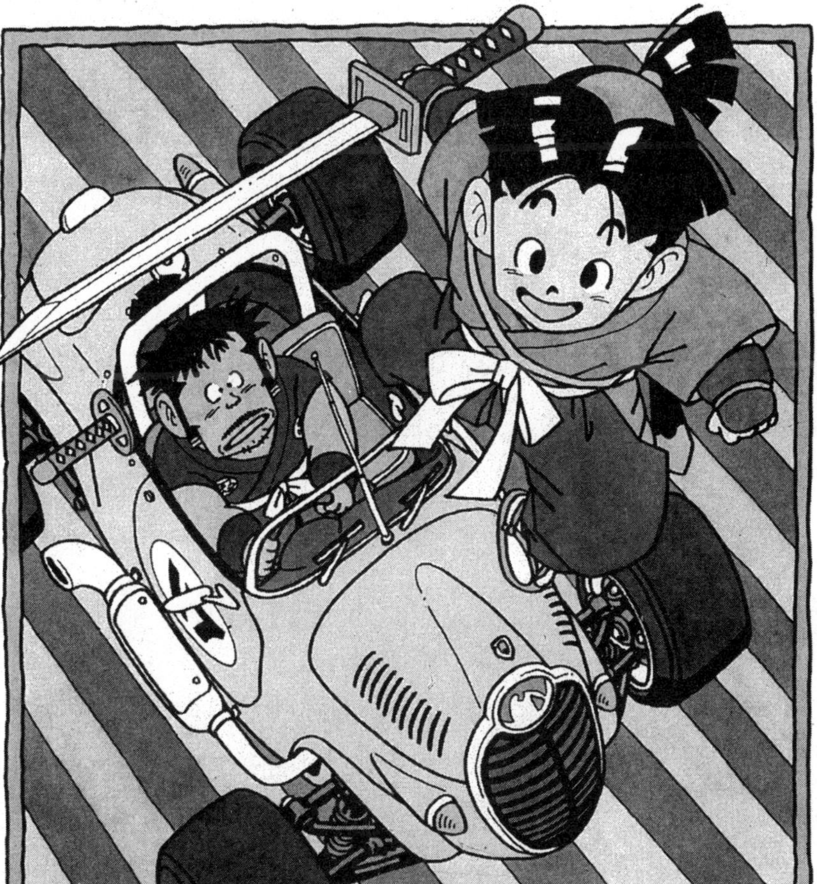

BIRD AKIRA TORIYAMA STUDIO

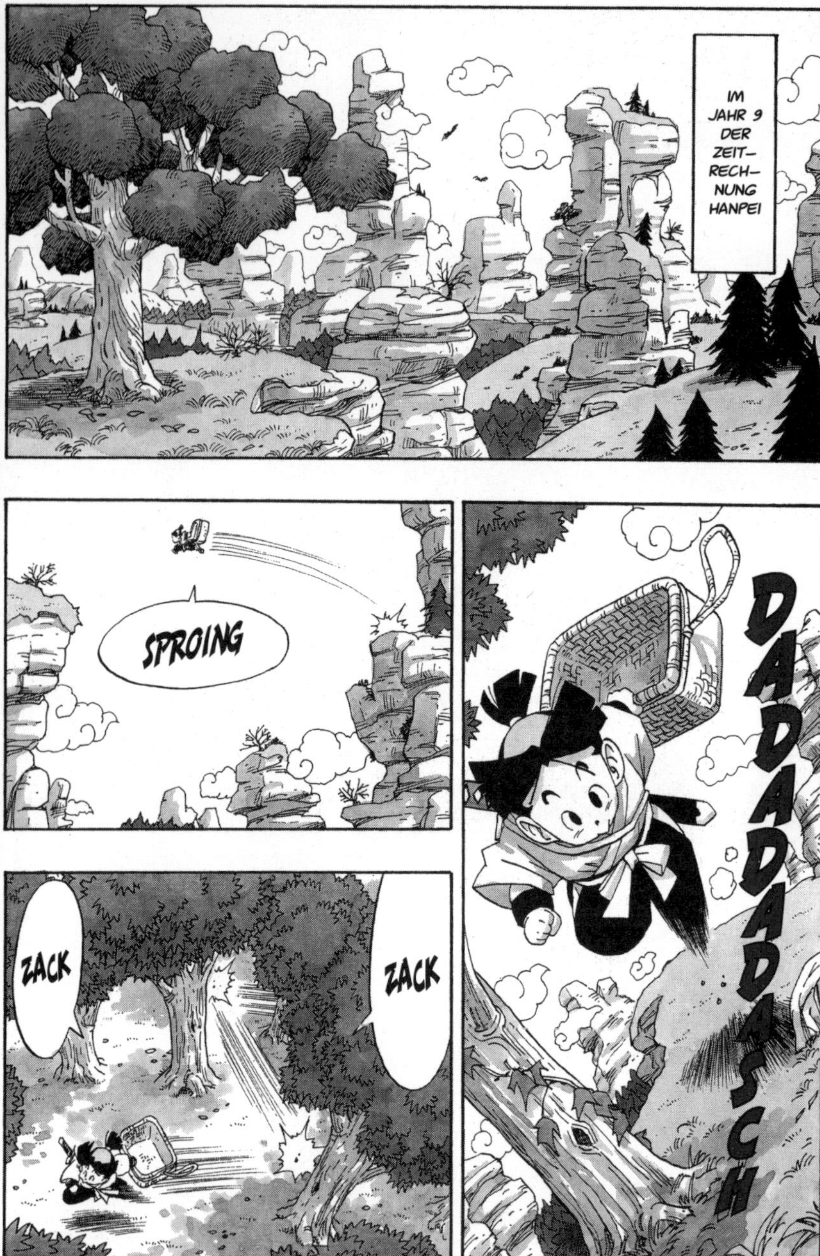
IM JAHR 9 DER ZEIT-RECH-NUNG HANPEI
DADADADASCH
SPROING
ZACK
ZACK

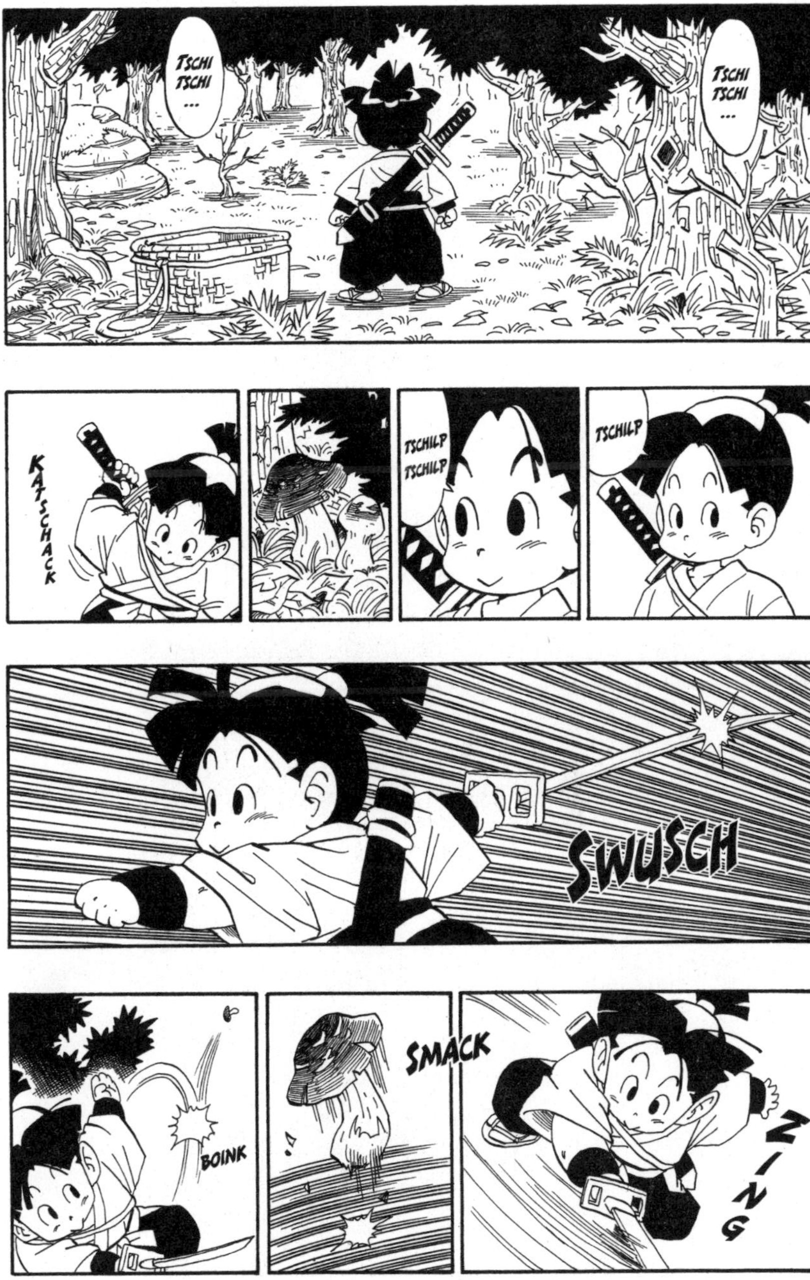
TSCHI
TSCHI
...
TSCHI
TSCHI
...
TSCHILP
TSCHILP
TSCHILP
KATSCHACK
SWUSCH
ZING
SMACK
BOINK

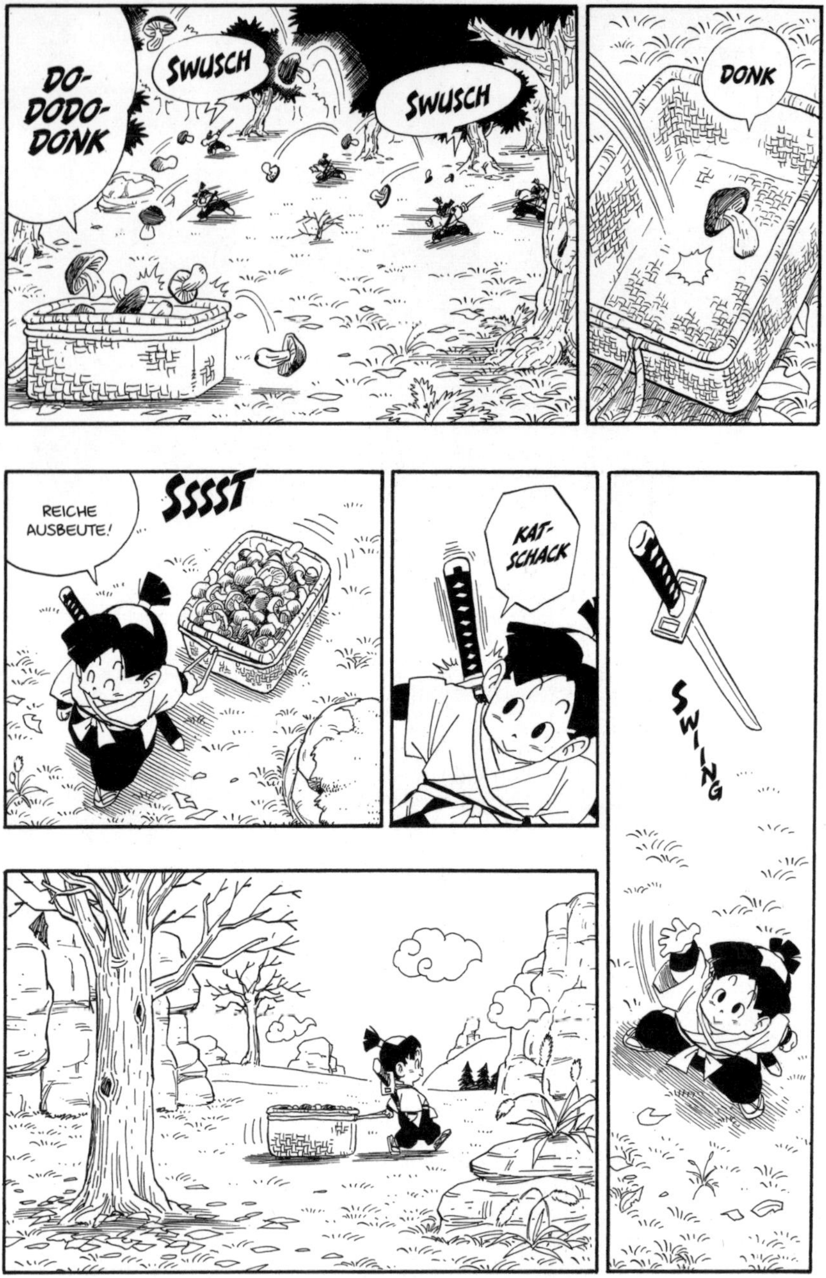
DO-
DODO-
DONK
SWUSCH
SWUSCH
DONK
REICHE AUSBEUTE!
SSSST
KAT-
SCHACK
SWING

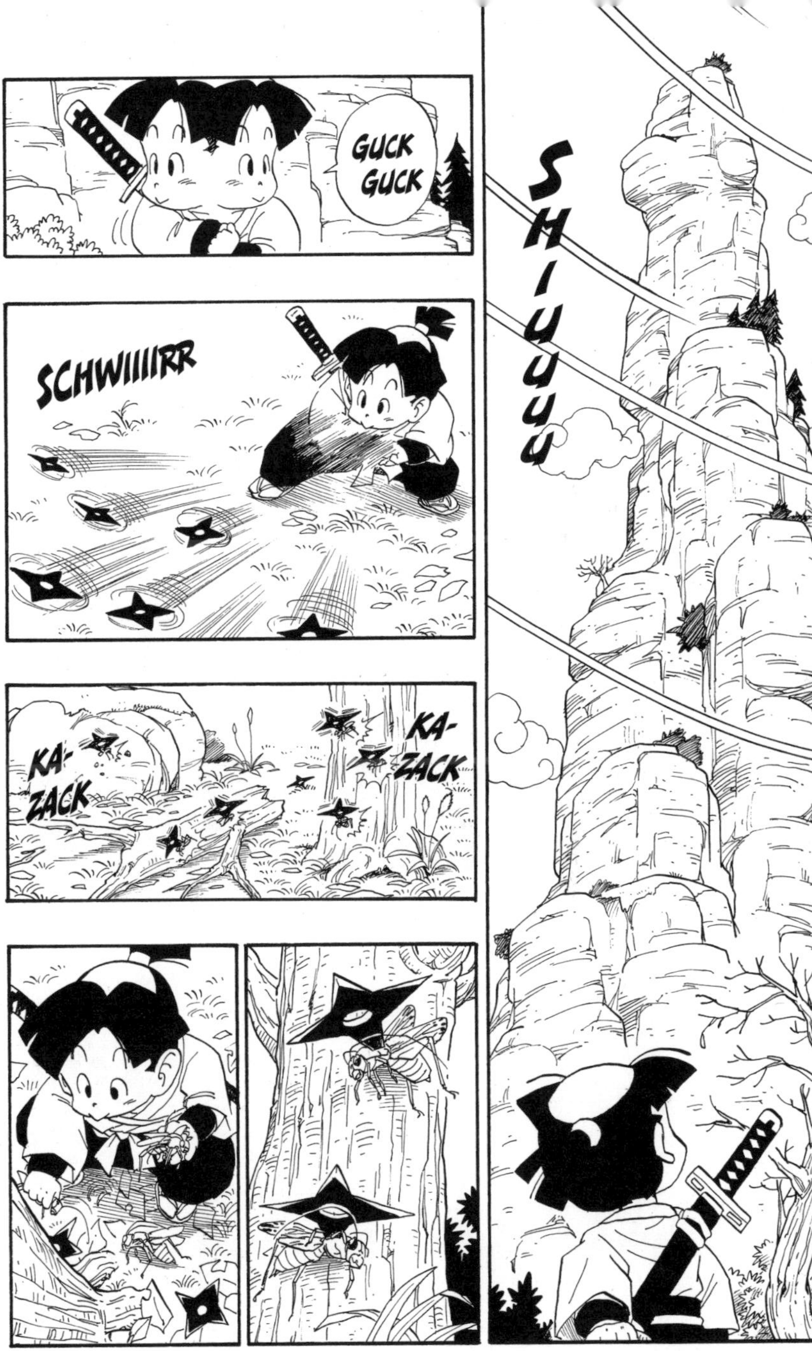
GUCK GUCK
SCHWIIIIRR
KA-ZACK
KA-ZACK
SHIUUUUU

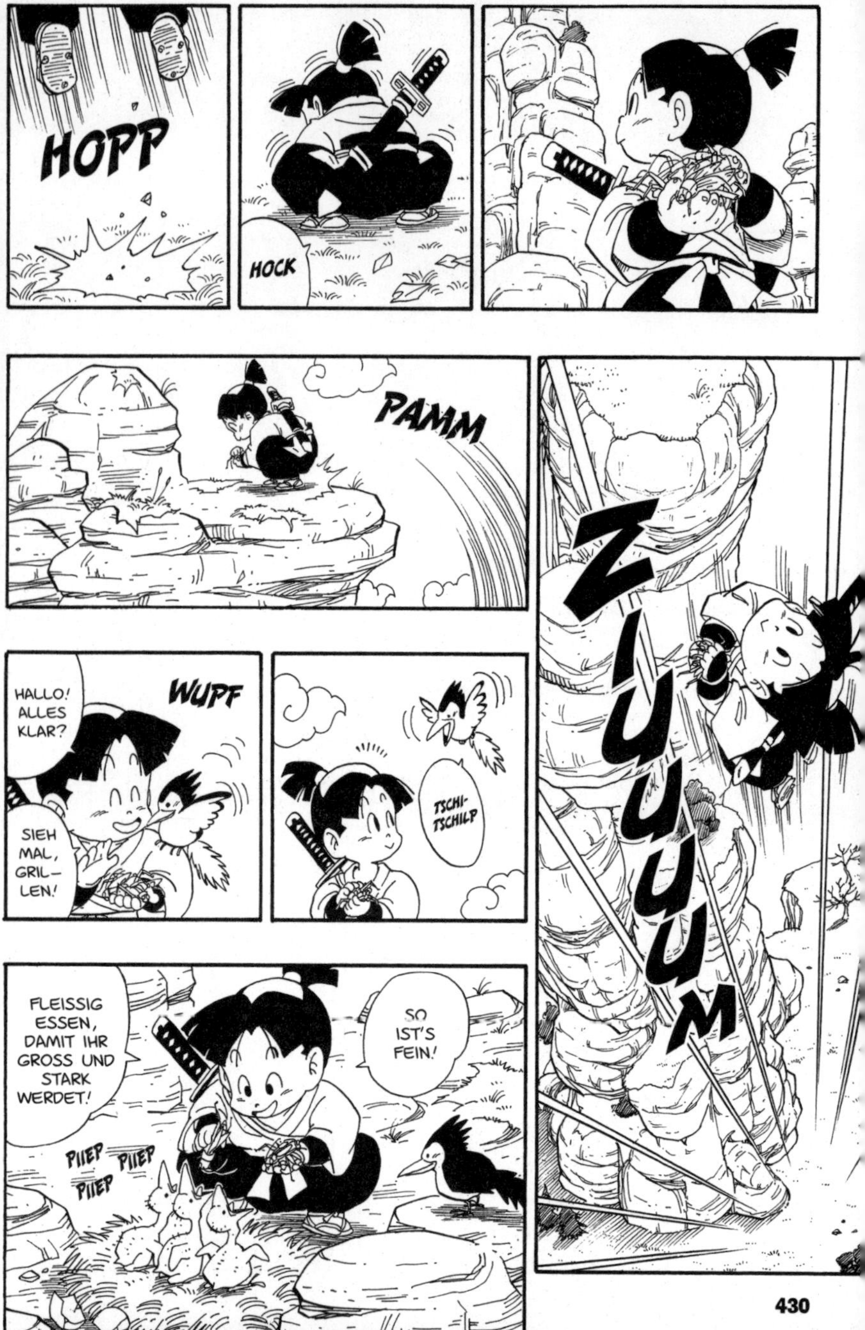

HOPP
HOCK
PAMM
ZUUUUUM
WUPF
HALLO! ALLES KLAR?
SIEH MAL, GRILLEN!
TSCHI-TSCHILP
SO IST'S FEIN!
FLEISSIG ESSEN, DAMIT IHR GROSS UND STARK WERDET!
PIIEP PIIEP PIIEP

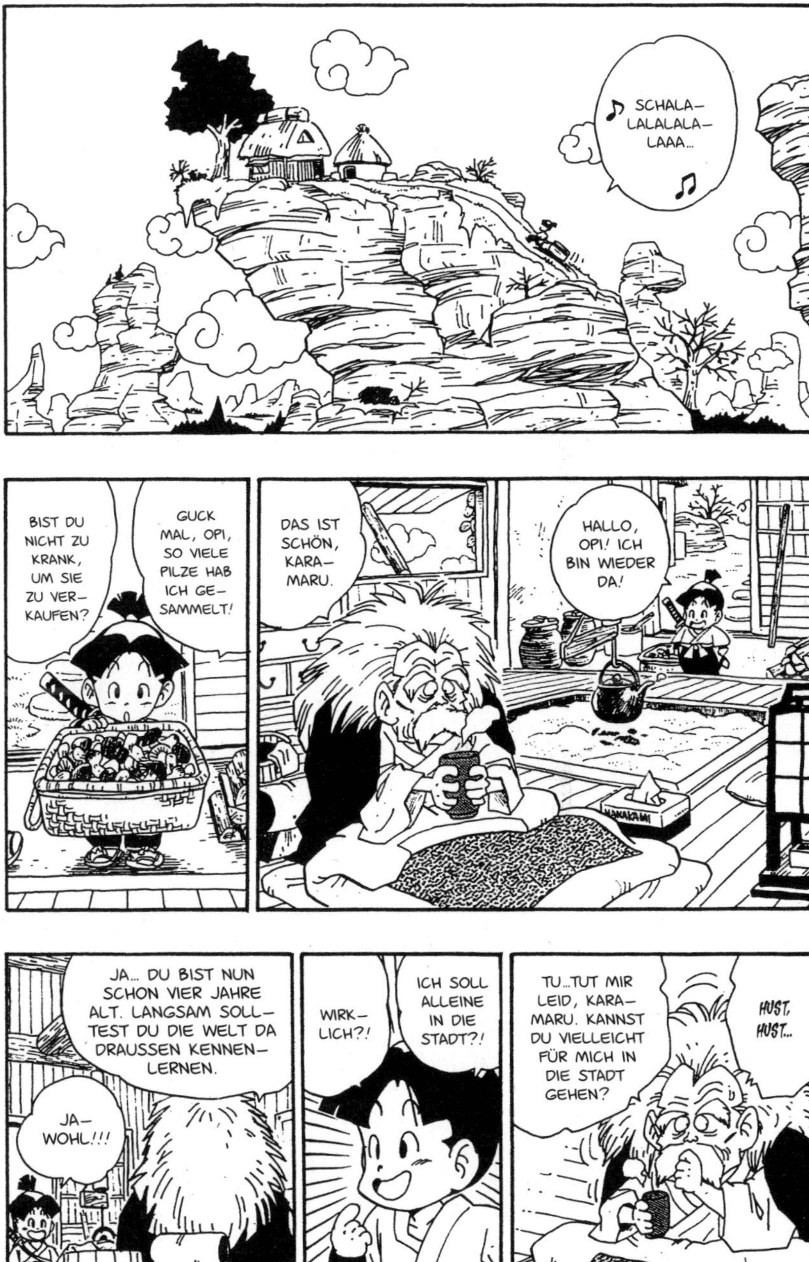
SCHALA-
LALALALA-
LAAA...
HALLO, OPI! ICH BIN WIEDER DA!
DAS IST SCHÖN, KARA-MARU.
GUCK MAL, OPI, SO VIELE PILZE HAB ICH GE-SAMMELT!
BIST DU NICHT ZU KRANK, UM SIE ZU VER-KAUFEN?
HUST, HUST...
TU...TUT MIR LEID, KARA-MARU. KANNST DU VIELLEICHT FÜR MICH IN DIE STADT GEHEN?
ICH SOLL ALLEINE IN DIE STADT?!
WIRK-LICH?!
JA... DU BIST NUN SCHON VIER JAHRE ALT. LANGSAM SOLL-TEST DU DIE WELT DA DRAUSSEN KENNEN-LERNEN.
JA-WOHL!!!

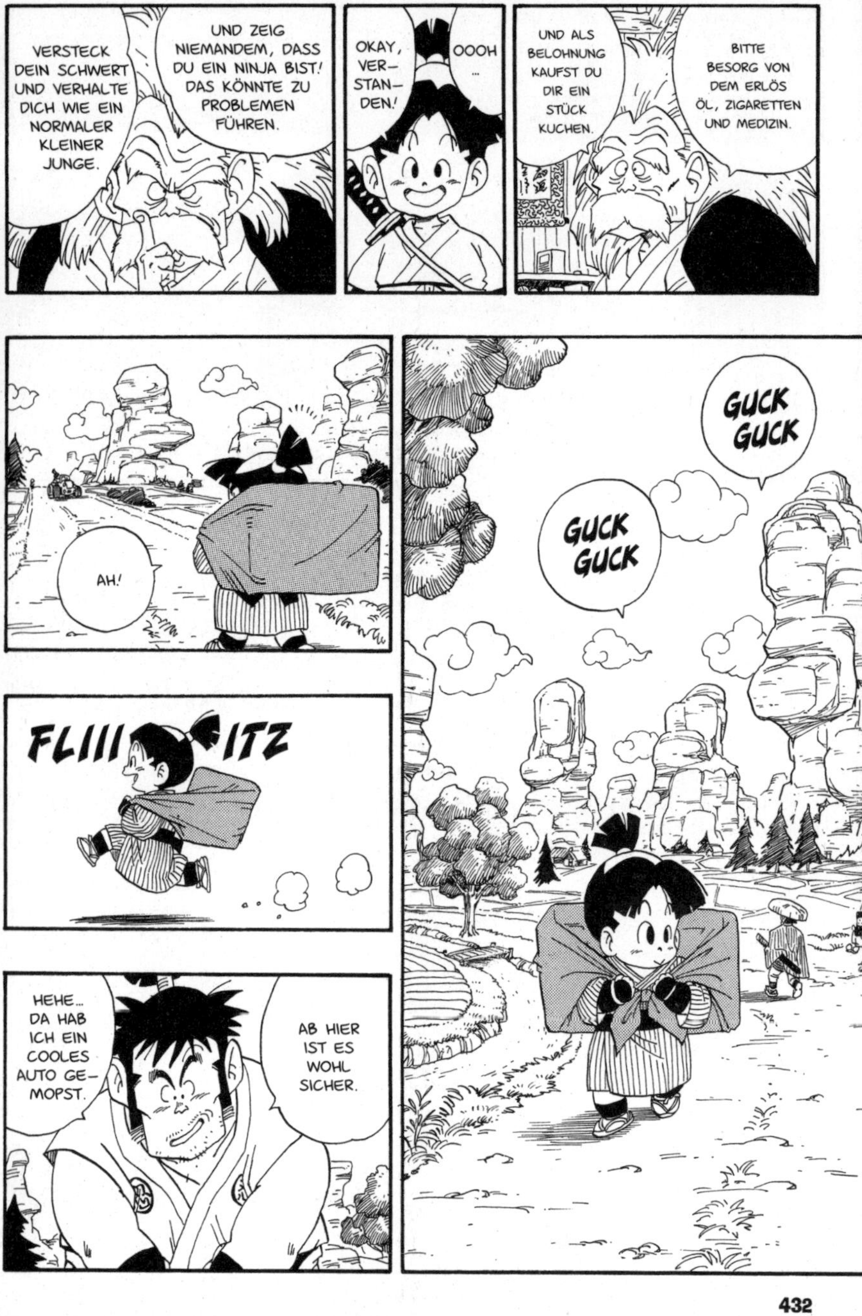
BITTE BESORG VON DEM ERLÖS ÖL, ZIGARETTEN UND MEDIZIN.
UND ALS BELOHNUNG KAUFST DU DIR EIN STÜCK KUCHEN.
OOOH ...
OKAY, VER-STAN-DEN!
UND ZEIG NIEMANDEM, DASS DU EIN NINJA BIST! DAS KÖNNTE ZU PROBLEMEN FÜHREN.
VERSTECK DEIN SCHWERT UND VERHALTE DICH WIE EIN NORMALER KLEINER JUNGE.
GUCK GUCK
GUCK GUCK
AH!
FLIII ITZ
AB HIER IST ES WOHL SICHER.
HEHE... DA HAB ICH EIN COOLES AUTO GE-MOPST.

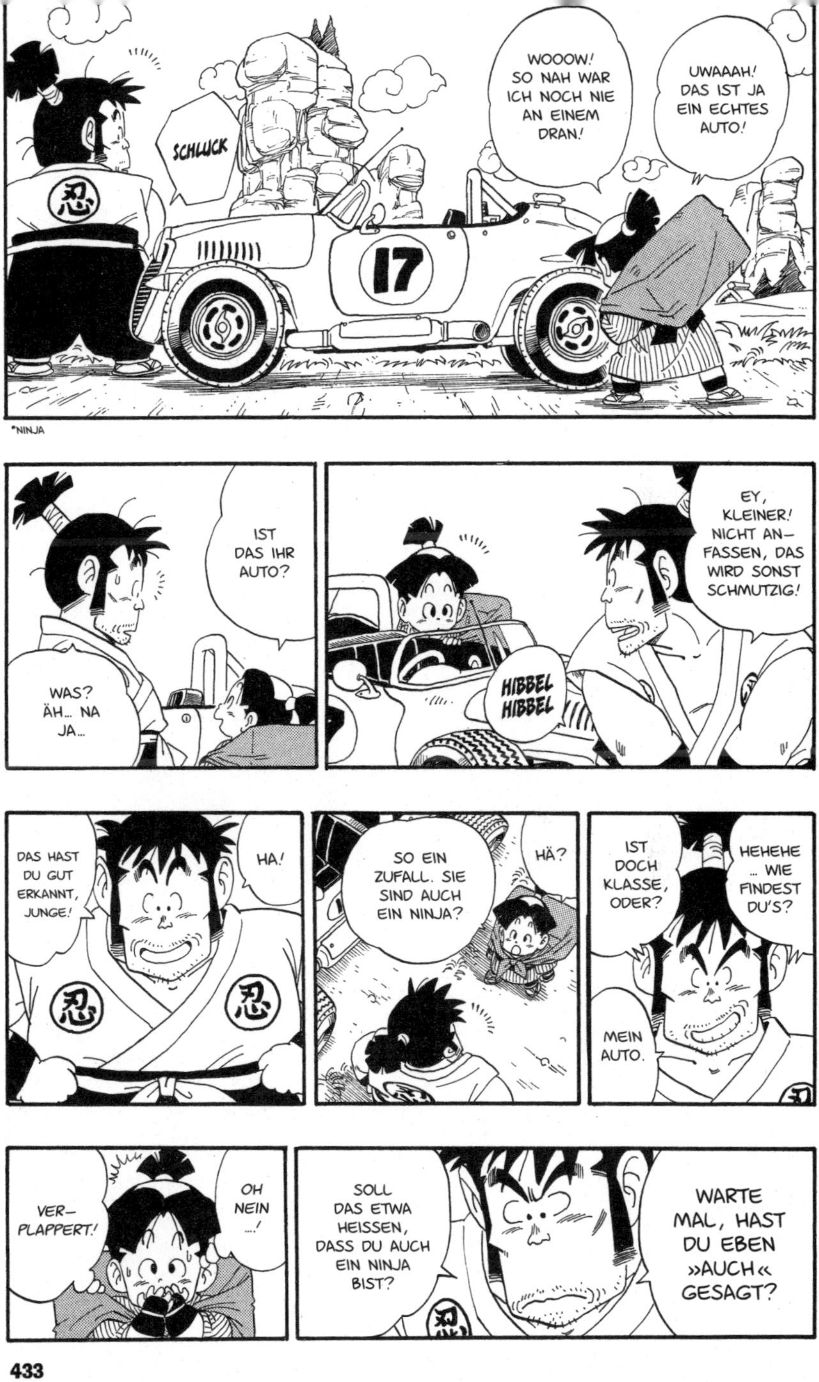
UWAAAH! DAS IST JA EIN ECHTES AUTO!
WOOOW! SO NAH WAR ICH NOCH NIE AN EINEM DRAN!
SCHLUCK
EY, KLEINER! NICHT AN-FASSEN, DAS WIRD SONST SCHMUTZIG!
HIBBEL HIBBEL
IST DAS IHR AUTO?
WAS? ÄH… NA JA…
HEHEHE … WIE FINDEST DU'S?
IST DOCH KLASSE, ODER?
MEIN AUTO.
HÄ?
SO EIN ZUFALL. SIE SIND AUCH EIN NINJA?
HA!
DAS HAST DU GUT ERKANNT, JUNGE!
WARTE MAL, HAST DU EBEN »AUCH« GESAGT?
SOLL DAS ETWA HEISSEN, DASS DU AUCH EIN NINJA BIST?
OH NEIN …!
VER-PLAPPERT!

*NINJA

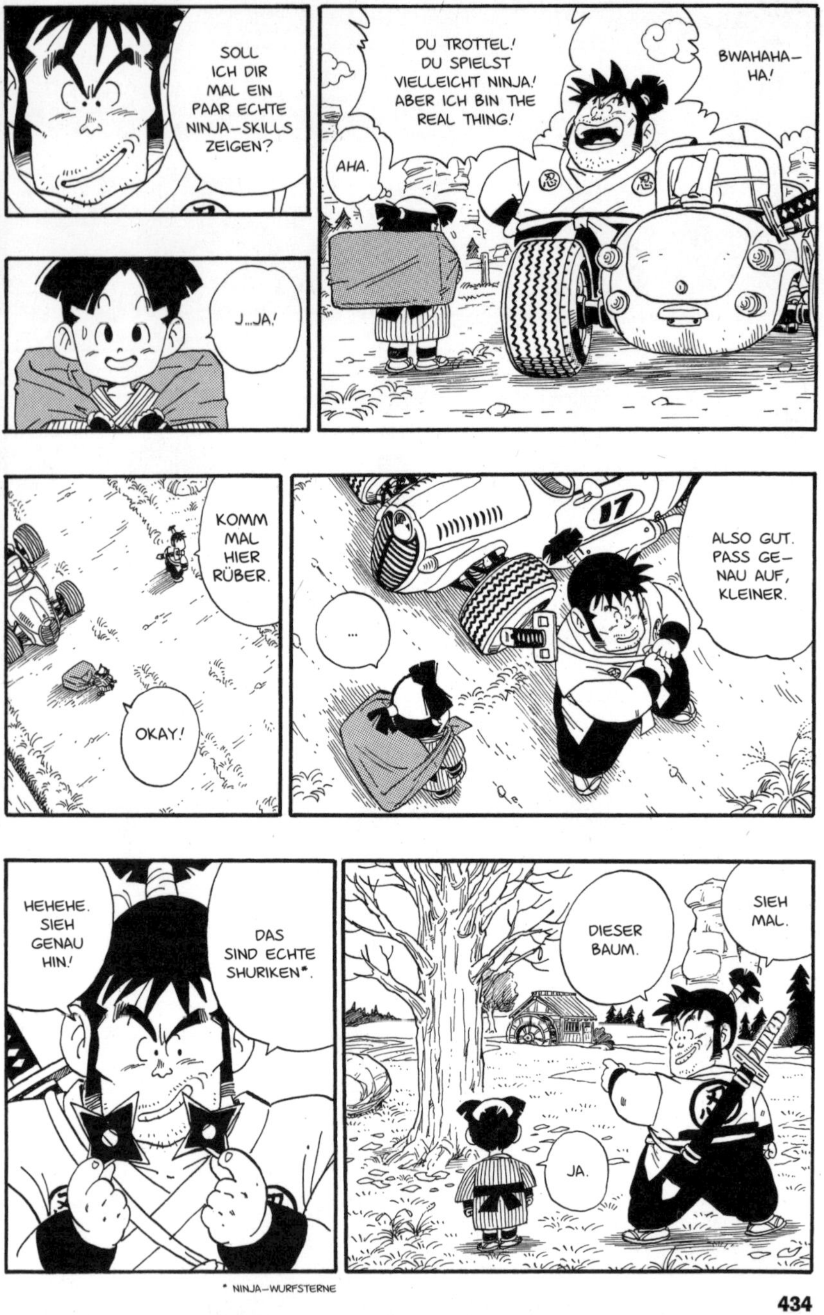

* NINJA-WURFSTERNE

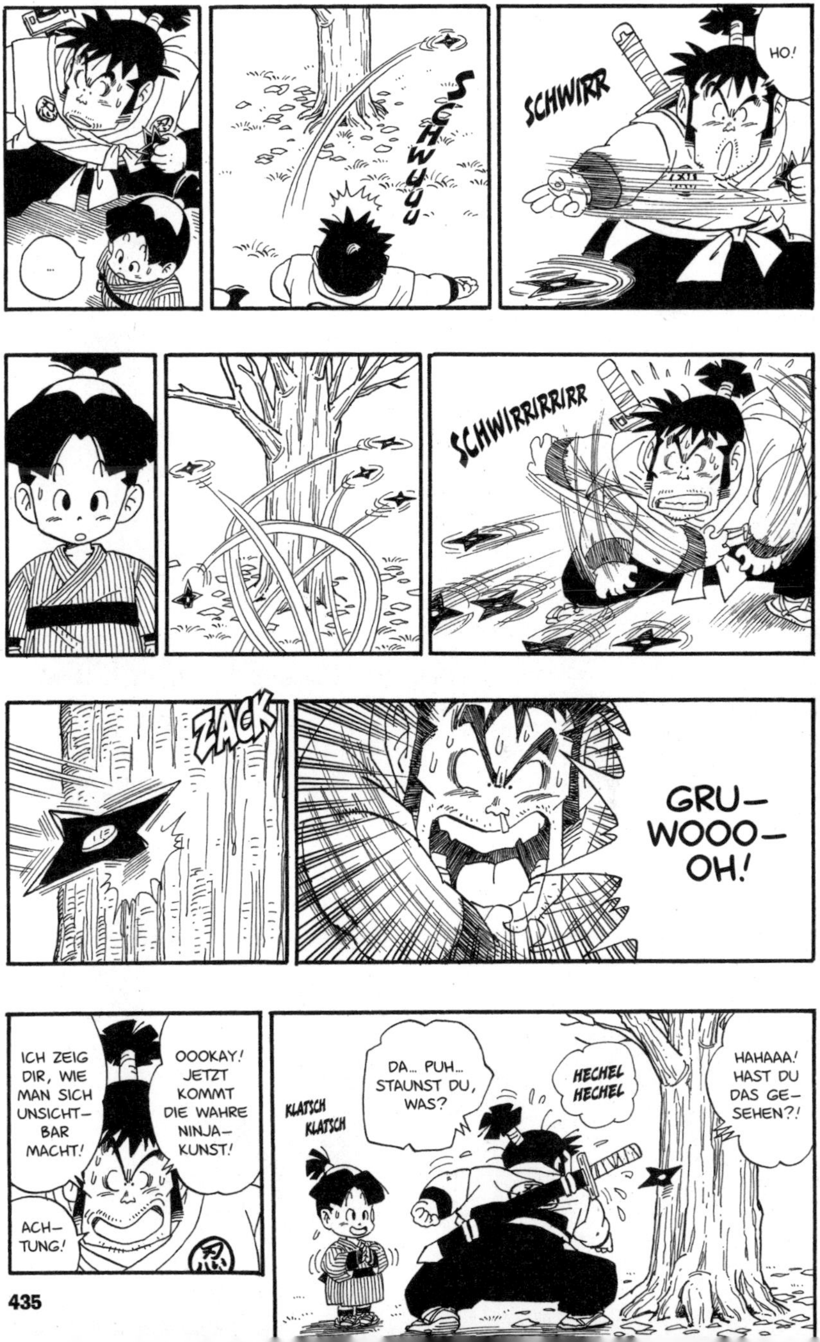
HO!
SCHWIRR
SCHWUUU
...
SCHWIRRIRRIRR
GRU-WOOO-OH!
ZACK
HAHAAA! HAST DU DAS GESEHEN?!
HECHEL HECHEL
DA... PUH... STAUNST DU, WAS?
KLATSCH KLATSCH
OOOKAY! JETZT KOMMT DIE WAHRE NINJAKUNST!
ICH ZEIG DIR, WIE MAN SICH UNSICHTBAR MACHT!
ACHTUNG!

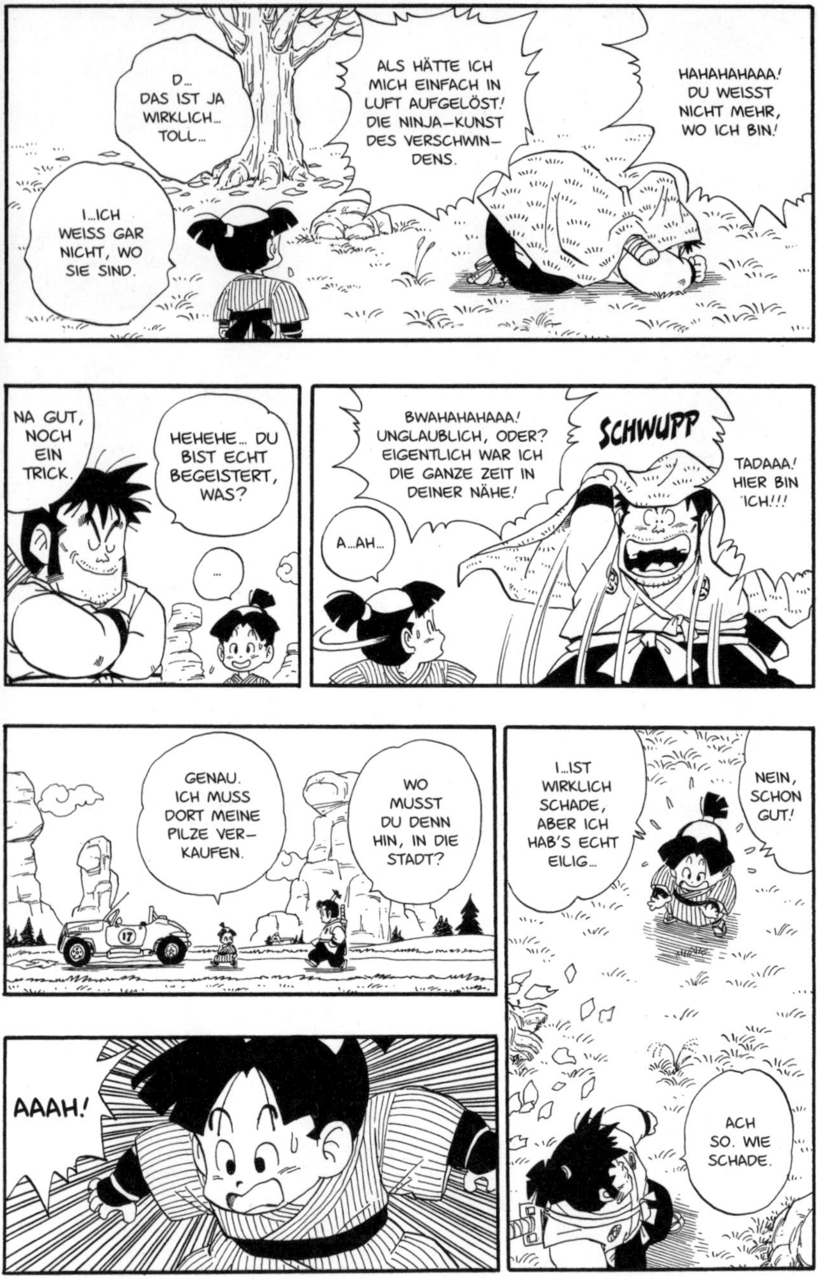
HAHAHAHAAA! DU WEISST NICHT MEHR, WO ICH BIN!
ALS HÄTTE ICH MICH EINFACH IN LUFT AUFGELÖST! DIE NINJA-KUNST DES VERSCHWIN-DENS.
D... DAS IST JA WIRKLICH... TOLL...
I...ICH WEISS GAR NICHT, WO SIE SIND.
TADAAA! HIER BIN ICH!!!
SCHWUPP
BWAHAHAHAAA! UNGLAUBLICH, ODER? EIGENTLICH WAR ICH DIE GANZE ZEIT IN DEINER NÄHE!
A...AH...
HEHEHE... DU BIST ECHT BEGEISTERT, WAS?
...
NA GUT, NOCH EIN TRICK.
NEIN, SCHON GUT!
I...IST WIRKLICH SCHADE, ABER ICH HAB'S ECHT EILIG...
ACH SO. WIE SCHADE.
WO MUSST DU DENN HIN, IN DIE STADT?
GENAU. ICH MUSS DORT MEINE PILZE VER-KAUFEN.
AAAH!

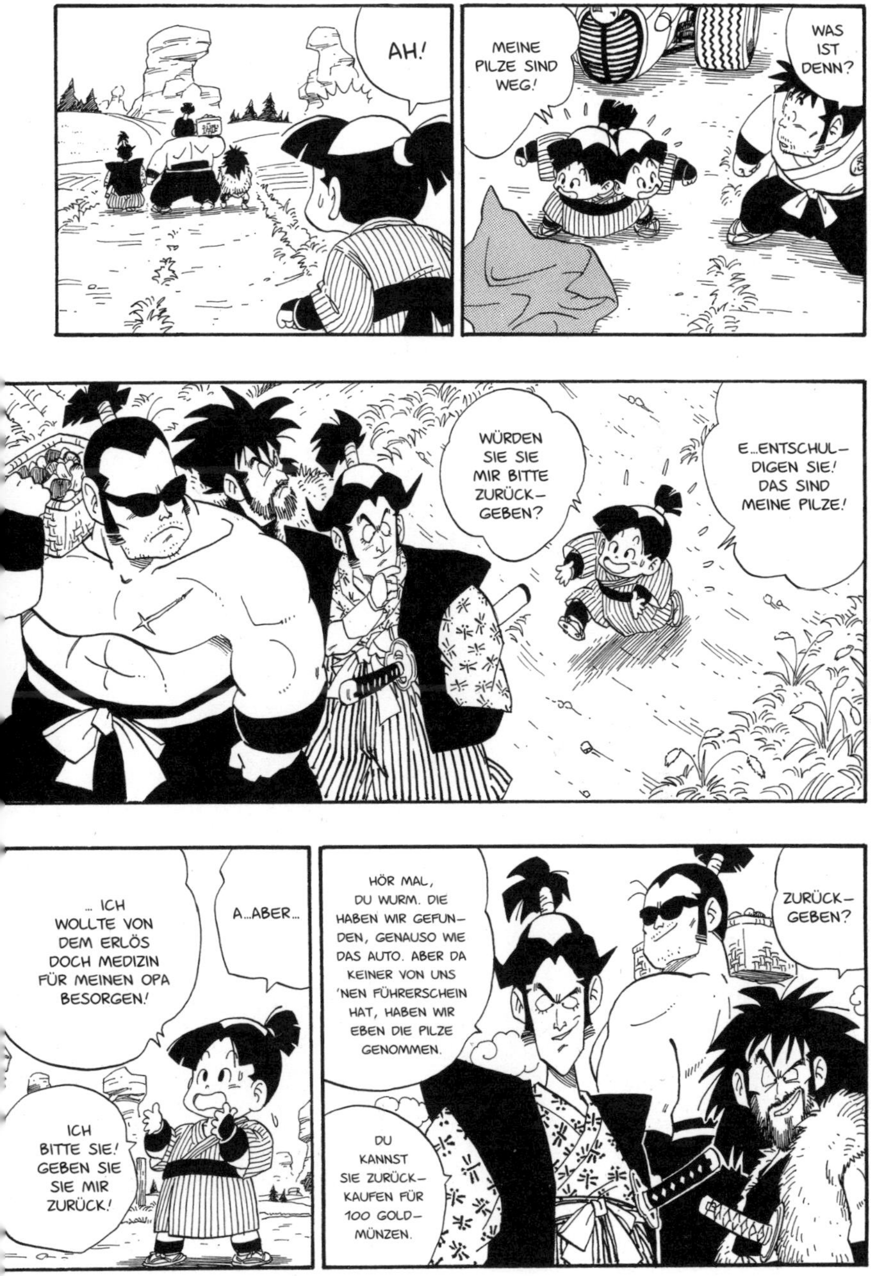
AH!
WAS IST DENN?
MEINE PILZE SIND WEG!
E...ENTSCHULDIGEN SIE! DAS SIND MEINE PILZE!
WÜRDEN SIE SIE MIR BITTE ZURÜCKGEBEN?
ZURÜCKGEBEN?
HÖR MAL, DU WURM. DIE HABEN WIR GEFUNDEN, GENAUSO WIE DAS AUTO. ABER DA KEINER VON UNS 'NEN FÜHRERSCHEIN HAT, HABEN WIR EBEN DIE PILZE GENOMMEN.
DU KANNST SIE ZURÜCKKAUFEN FÜR 100 GOLDMÜNZEN.
A...ABER...
... ICH WOLLTE VON DEM ERLÖS DOCH MEDIZIN FÜR MEINEN OPA BESORGEN!
ICH BITTE SIE! GEBEN SIE SIE MIR ZURÜCK!

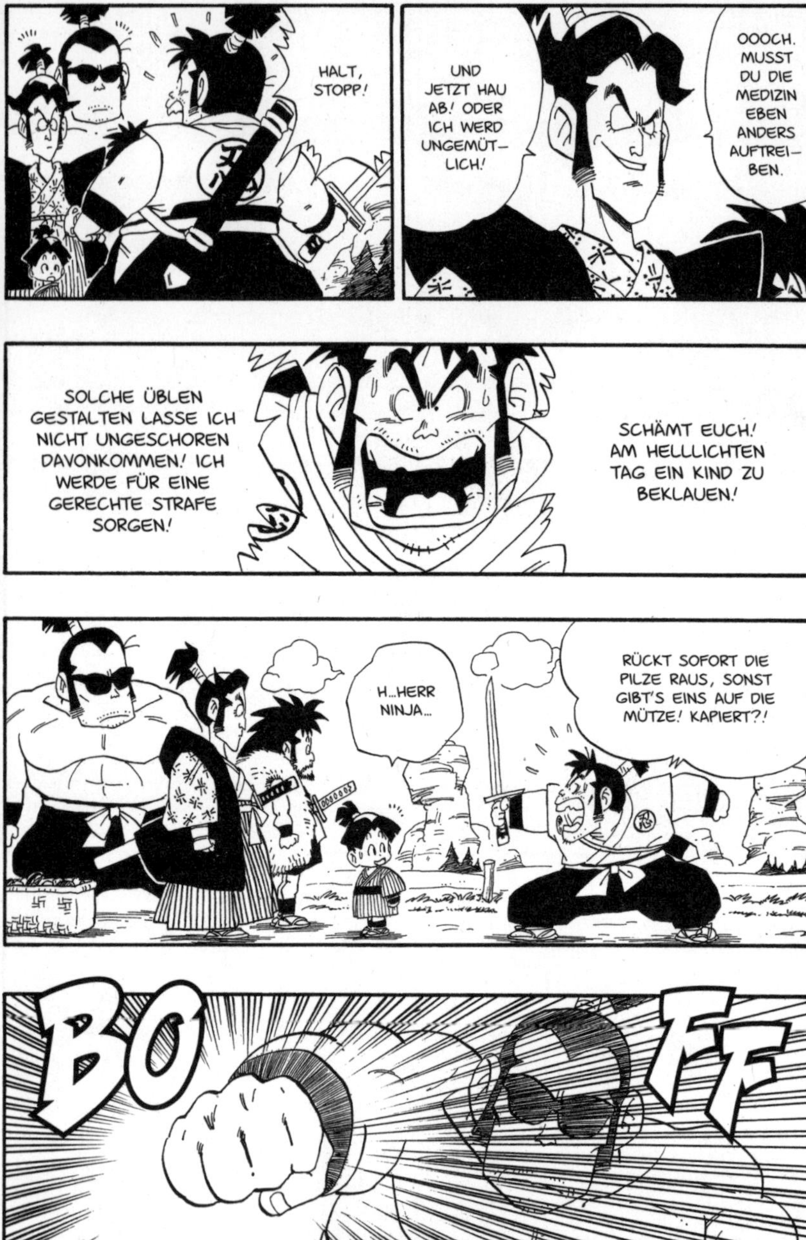
OOOCH. MUSST DU DIE MEDIZIN EBEN ANDERS AUFTREI-BEN.
UND JETZT HAU AB! ODER ICH WERD UNGEMÜT-LICH!
HALT, STOPP!
SCHÄMT EUCH! AM HELLLICHTEN TAG EIN KIND ZU BEKLAUEN!
SOLCHE ÜBLEN GESTALTEN LASSE ICH NICHT UNGESCHOREN DAVONKOMMEN! ICH WERDE FÜR EINE GERECHTE STRAFE SORGEN!
RÜCKT SOFORT DIE PILZE RAUS, SONST GIBT'S EINS AUF DIE MÜTZE! KAPIERT?!
H...HERR NINJA...
BOFF

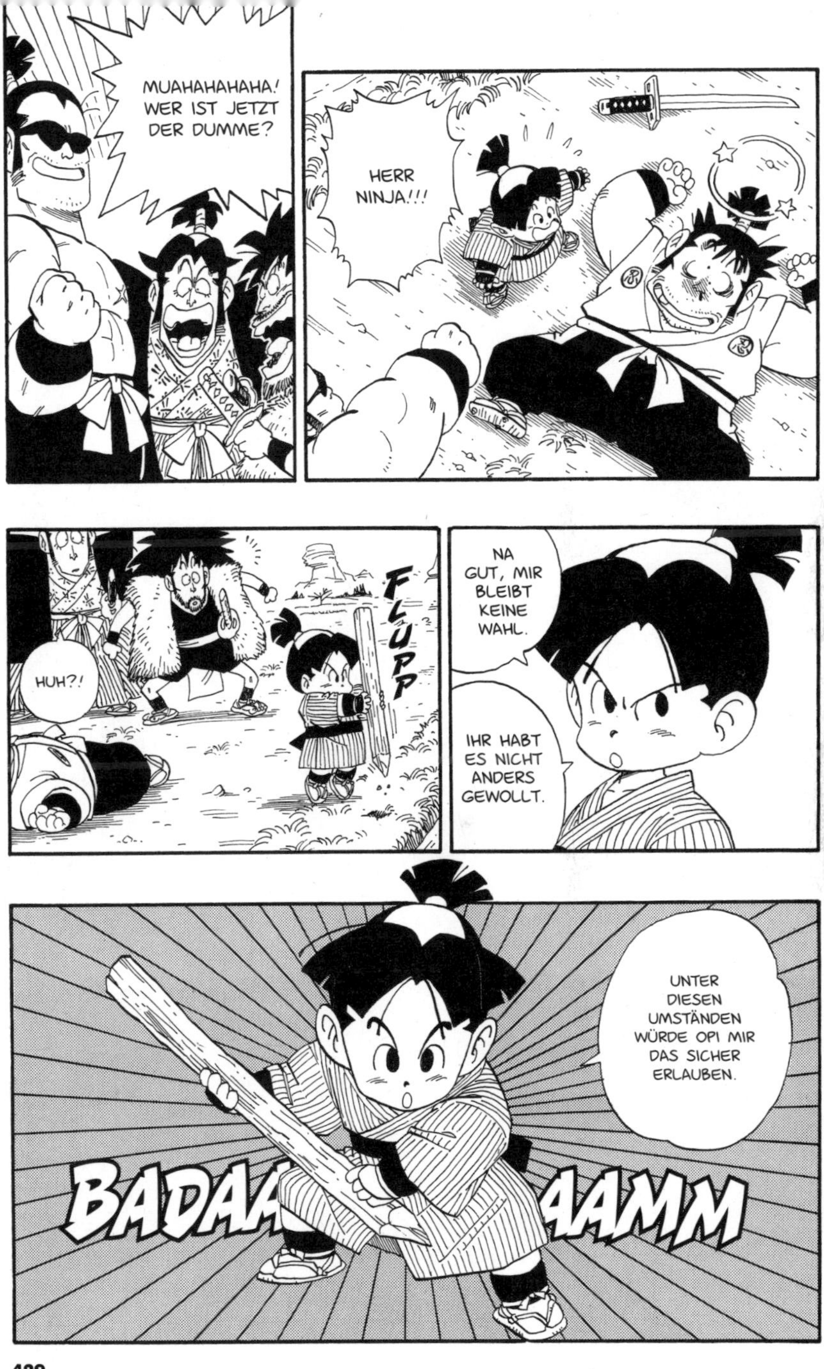
MUAHAHAHAHA! WER IST JETZT DER DUMME?
HERR NINJA!!!
HUH?!
FLUPP
NA GUT, MIR BLEIBT KEINE WAHL.
IHR HABT ES NICHT ANDERS GEWOLLT.
UNTER DIESEN UMSTÄNDEN WÜRDE OPI MIR DAS SICHER ERLAUBEN.
BADAA AAMM

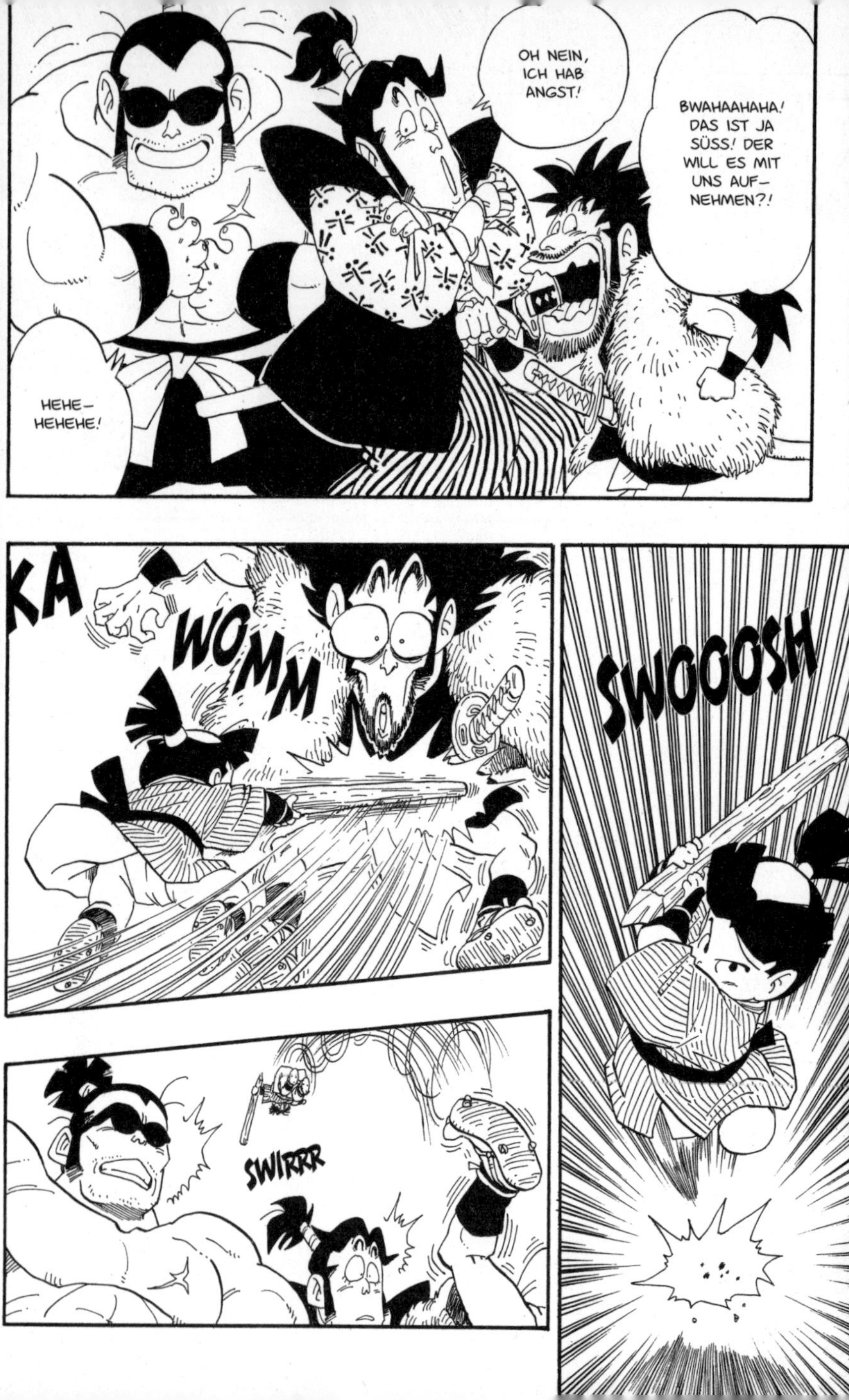
BWAHAAHAHA! DAS IST JA SÜSS! DER WILL ES MIT UNS AUF-NEHMEN?!
OH NEIN, ICH HAB ANGST!
HEHE-HEHEHE!
SWOOOSH
KA
WOMM
SWIRRR

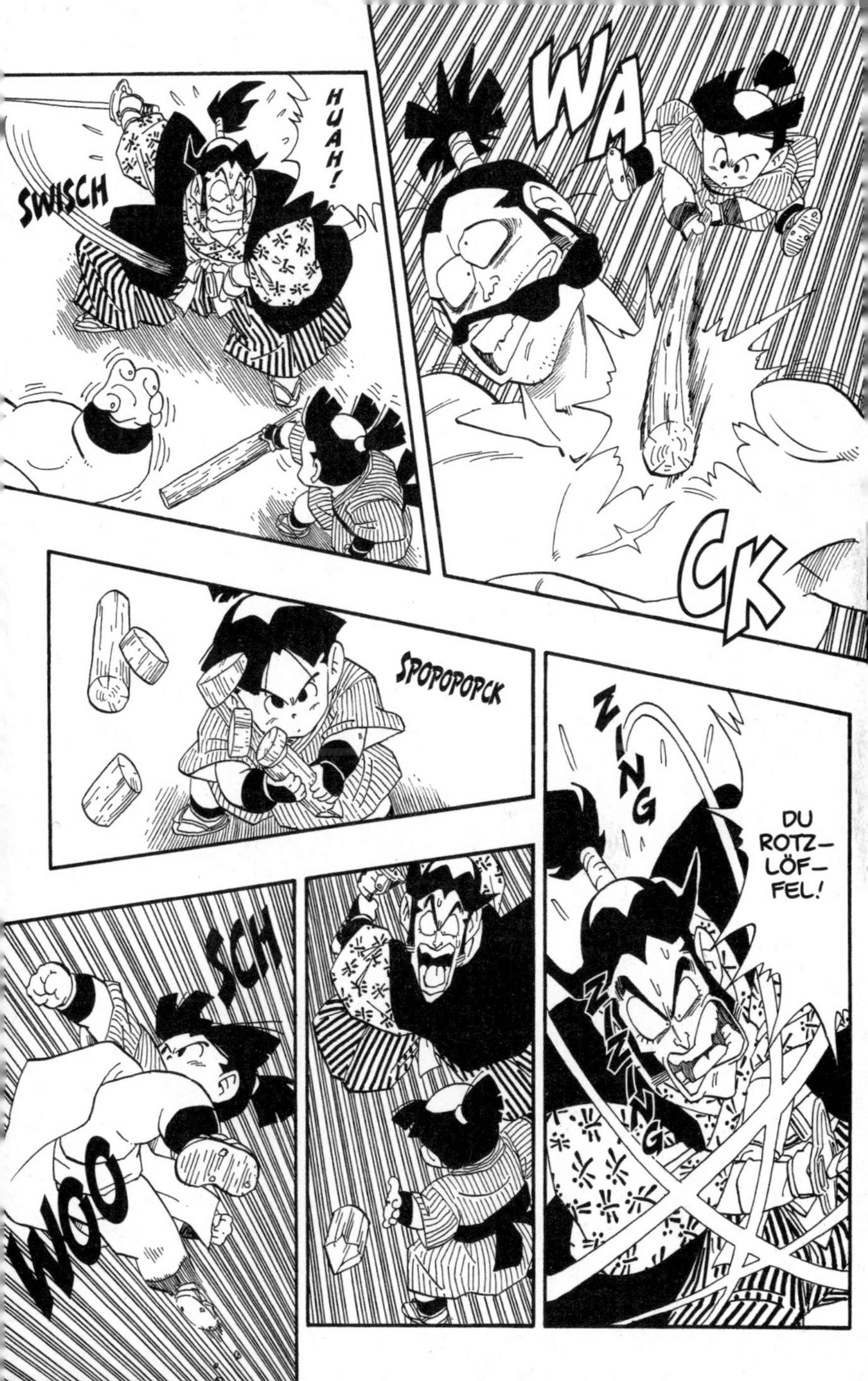

WA
CK
HUAH!
SWISCH
ZING
DU ROTZ-LÖF-FEL!
SPOPOPOPCK
SCH
WOO

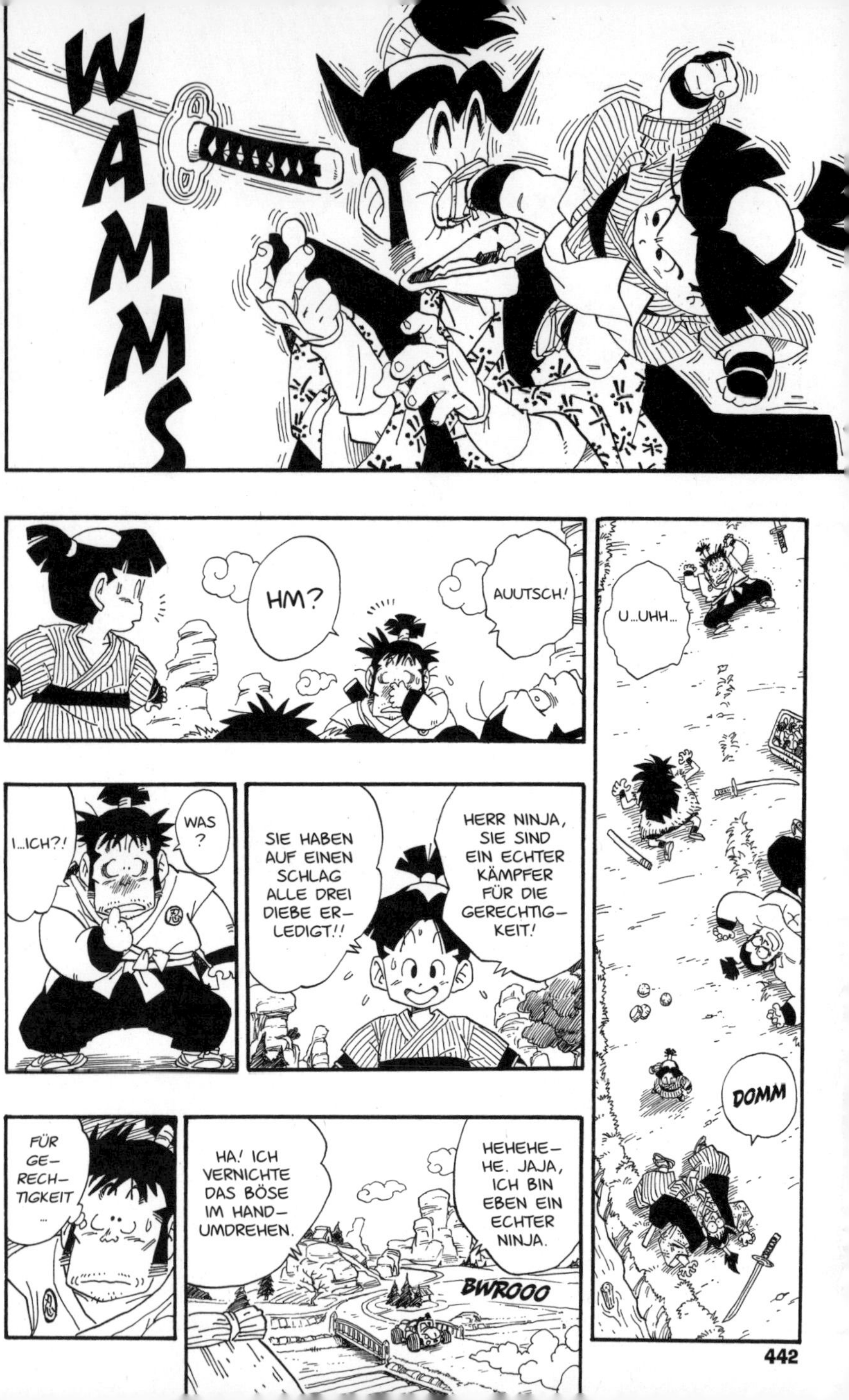
WAMMS
AUUTSCH!
HM?
U...UHH...
DOMM
HERR NINJA, SIE SIND EIN ECHTER KÄMPFER FÜR DIE GERECHTIG-KEIT!
SIE HABEN AUF EINEN SCHLAG ALLE DREI DIEBE ER-LEDIGT!!
WAS?
I...ICH?!
HEHEHE-HE. JAJA, ICH BIN EBEN EIN ECHTER NINJA.
HA! ICH VERNICHTE DAS BÖSE IM HAND-UMDREHEN.
BWROOO
FÜR GE-RECH-TIGKEIT ...

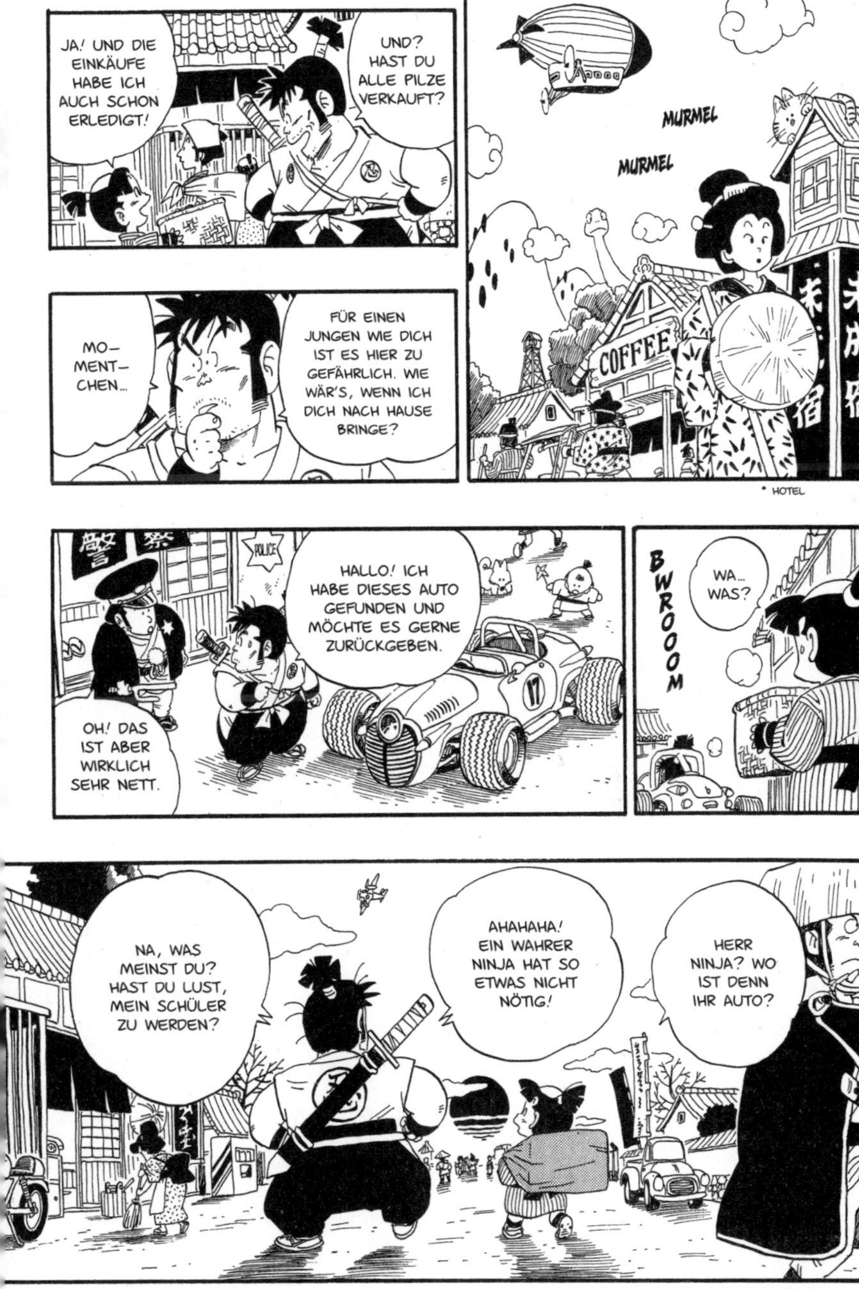

KARAMARU – HEUTE IST EIN SCHÖNER TAG – ENDE

ERSCHIENEN IM MAGAZIN WEEKLY SHONEN JUMP, AUSGABE 13, 1989

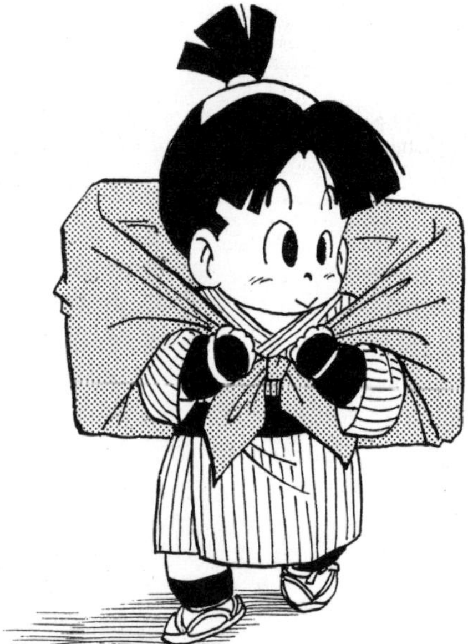

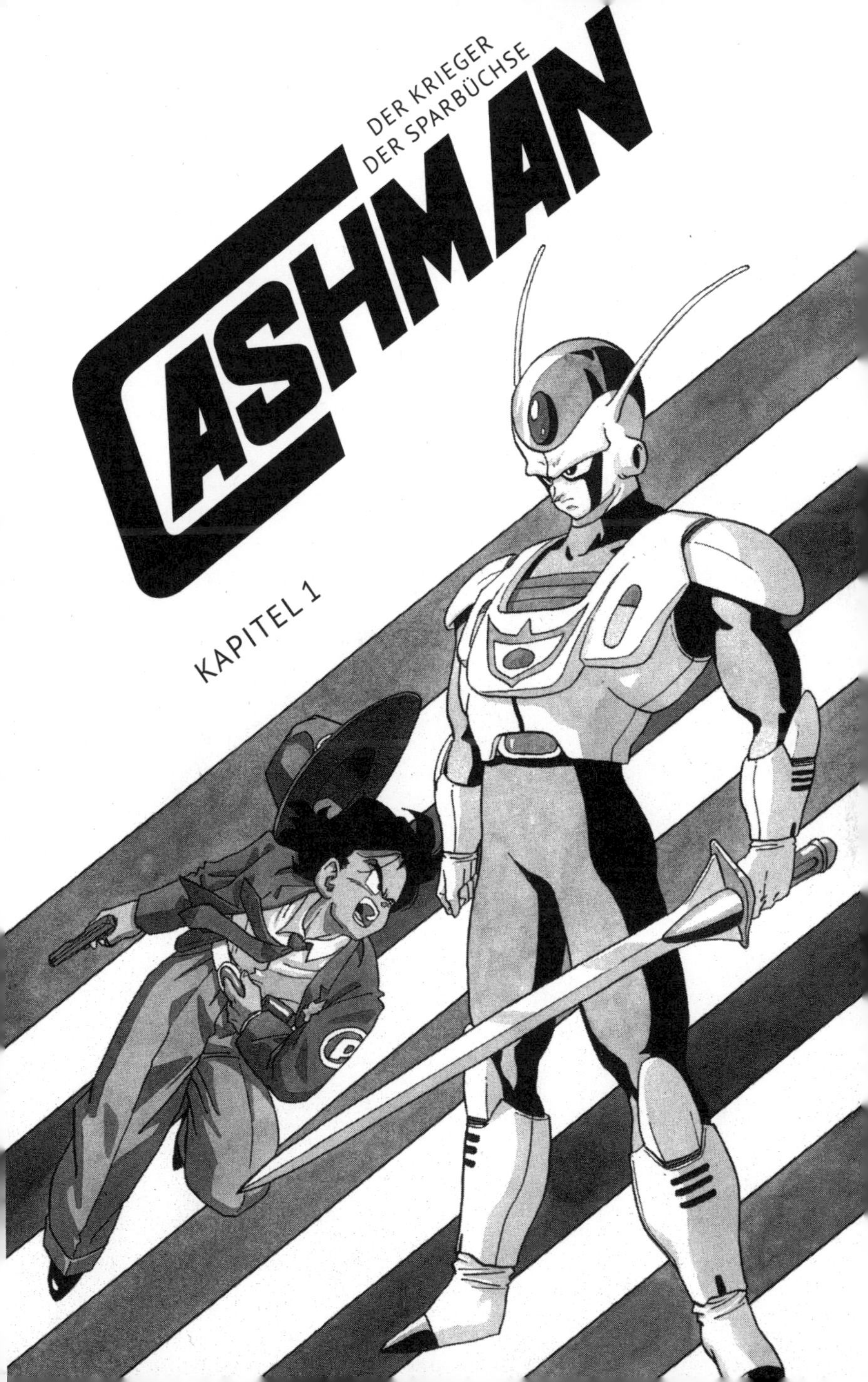

DER KRIEGER
DER SPARBÜCHSE
CASHMAN
KAPITEL 1

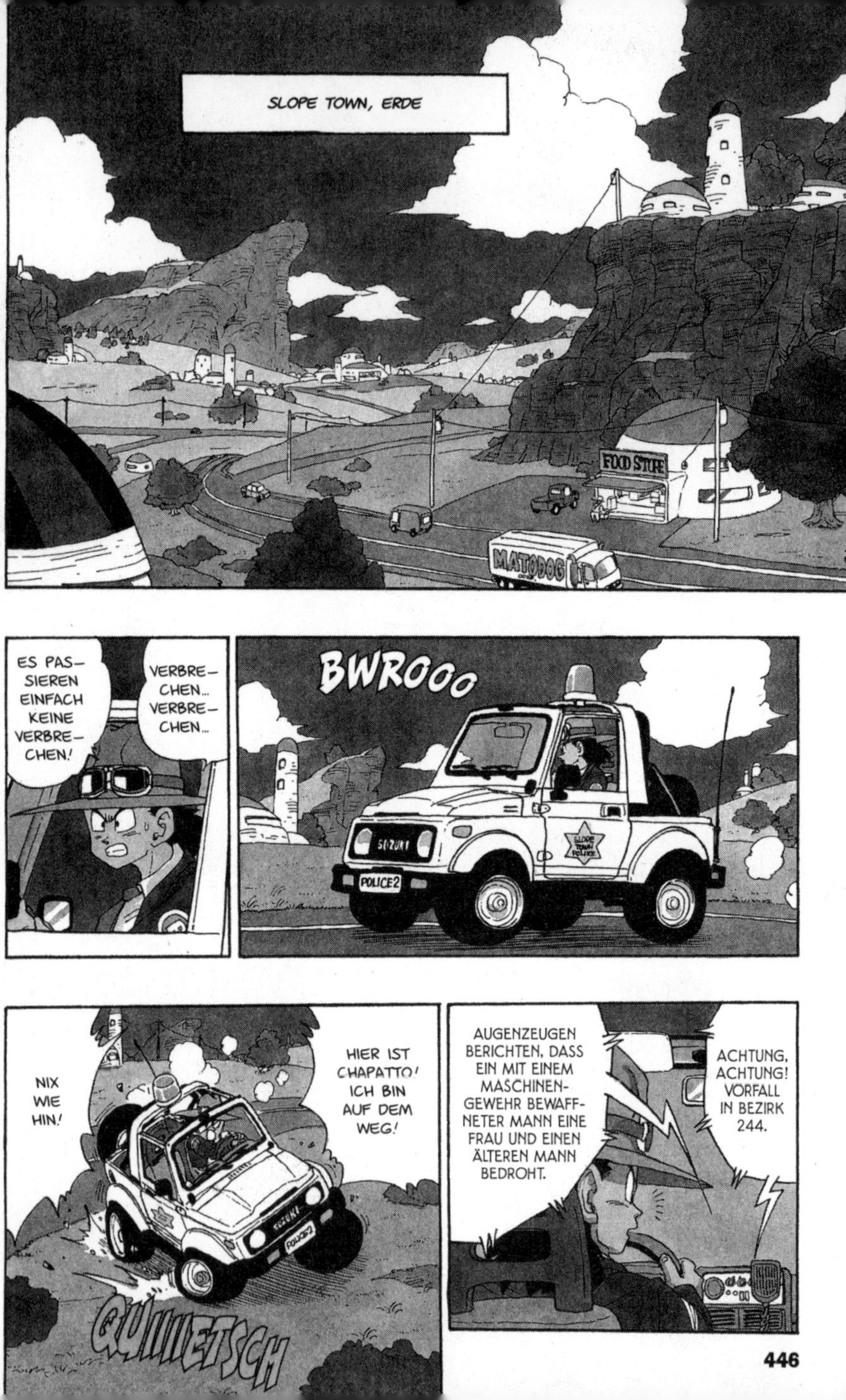
SLOPE TOWN, ERDE
FOOD STORE
MATODOG
BWROOO
SUZUKI
POLICE2
VERBRE-CHEN... VERBRE-CHEN...
ES PAS-SIEREN EINFACH KEINE VERBRE-CHEN!
ACHTUNG, ACHTUNG! VORFALL IN BEZIRK 244.
AUGENZEUGEN BERICHTEN, DASS EIN MIT EINEM MASCHINEN-GEWEHR BEWAFF-NETER MANN EINE FRAU UND EINEN ÄLTEREN MANN BEDROHT.
HIER IST CHAPATTO! ICH BIN AUF DEM WEG!
NIX WIE HIN!
QUIIIIETSCH

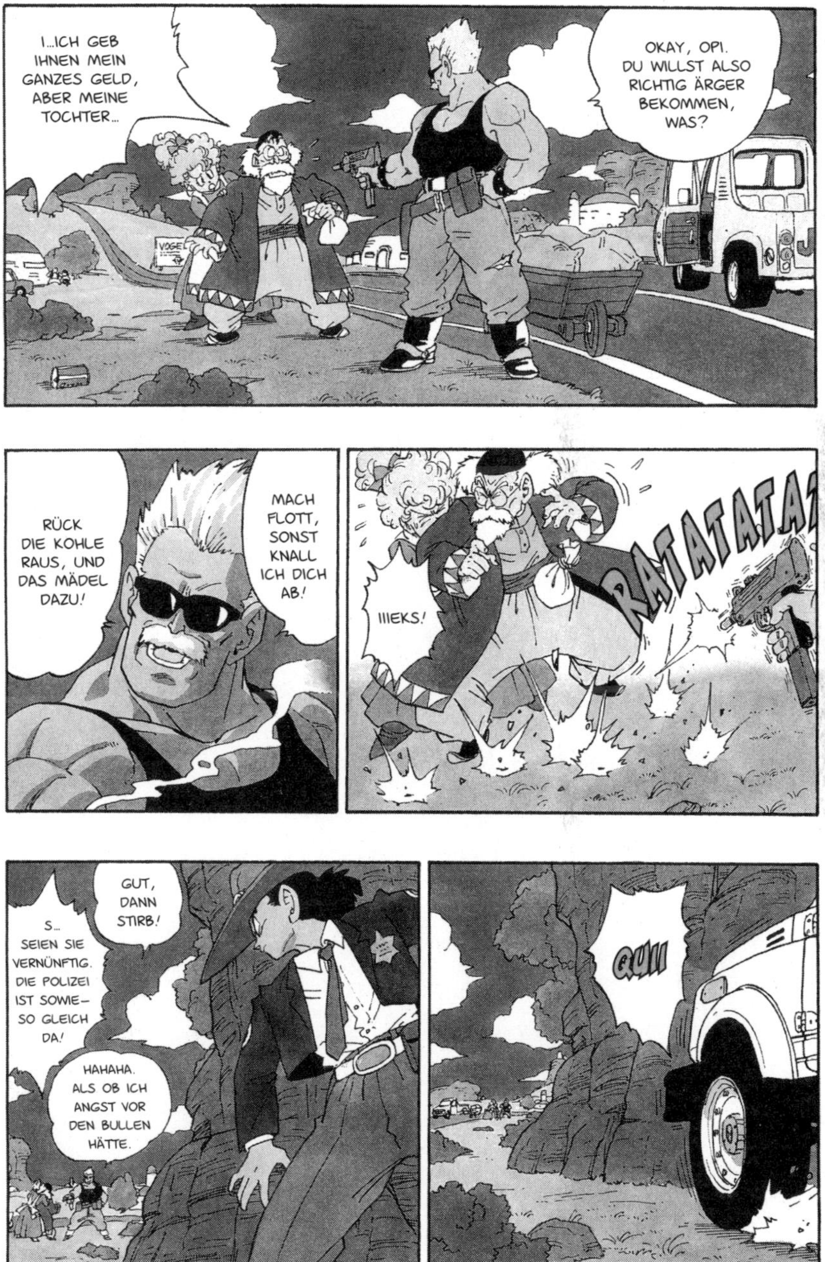
I...ICH GEB IHNEN MEIN GANZES GELD, ABER MEINE TOCHTER...
OKAY, OPI. DU WILLST ALSO RICHTIG ÄRGER BEKOMMEN, WAS?
VOGEL
RÜCK DIE KOHLE RAUS, UND DAS MÄDEL DAZU!
MACH FLOTT, SONST KNALL ICH DICH AB!
IIIEKS!
RATATATAT
GUT, DANN STIRB!
S... SEIEN SIE VERNÜNFTIG. DIE POLIZEI IST SOWIESO GLEICH DA!
HAHAHA. ALS OB ICH ANGST VOR DEN BULLEN HÄTTE.
QUIII

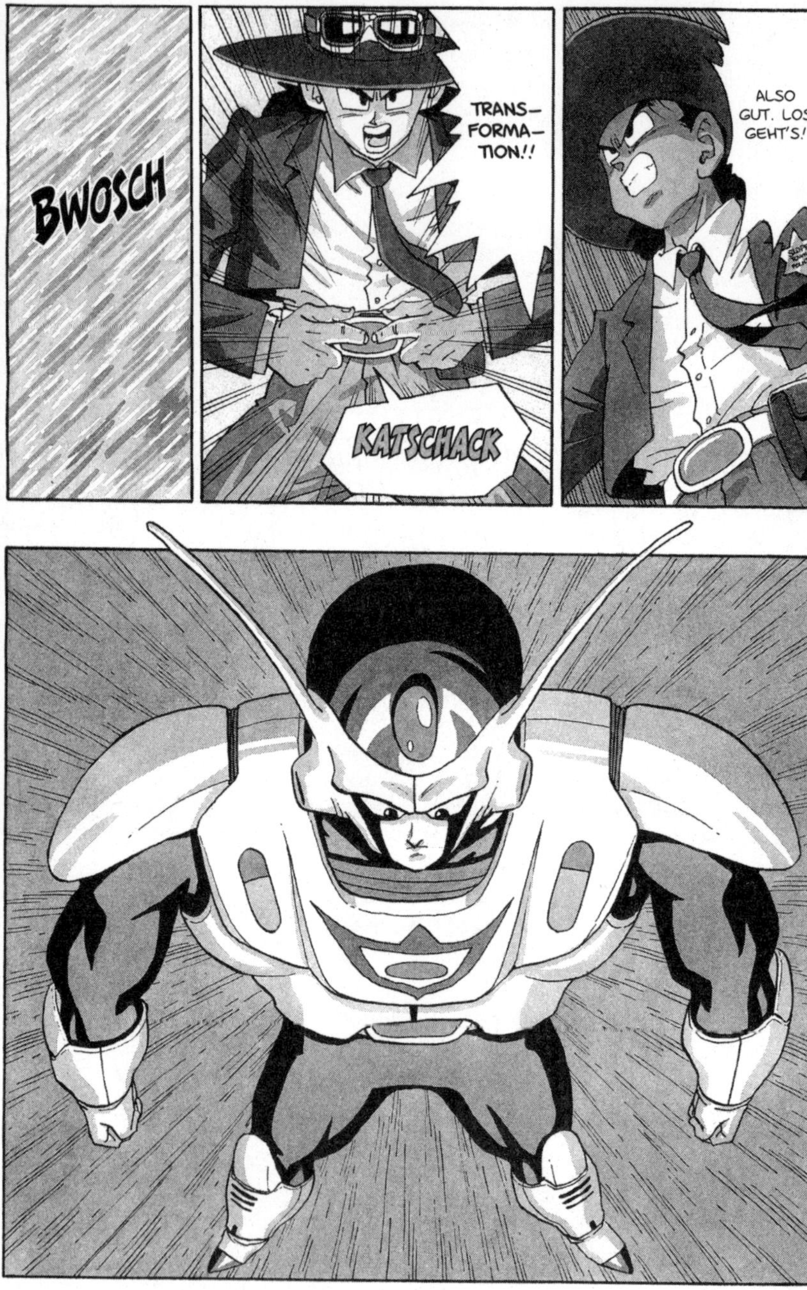
ALSO GUT. LOS GEHT'S!
TRANS-FORMATION!!
KATSCHACK
BWOSCH

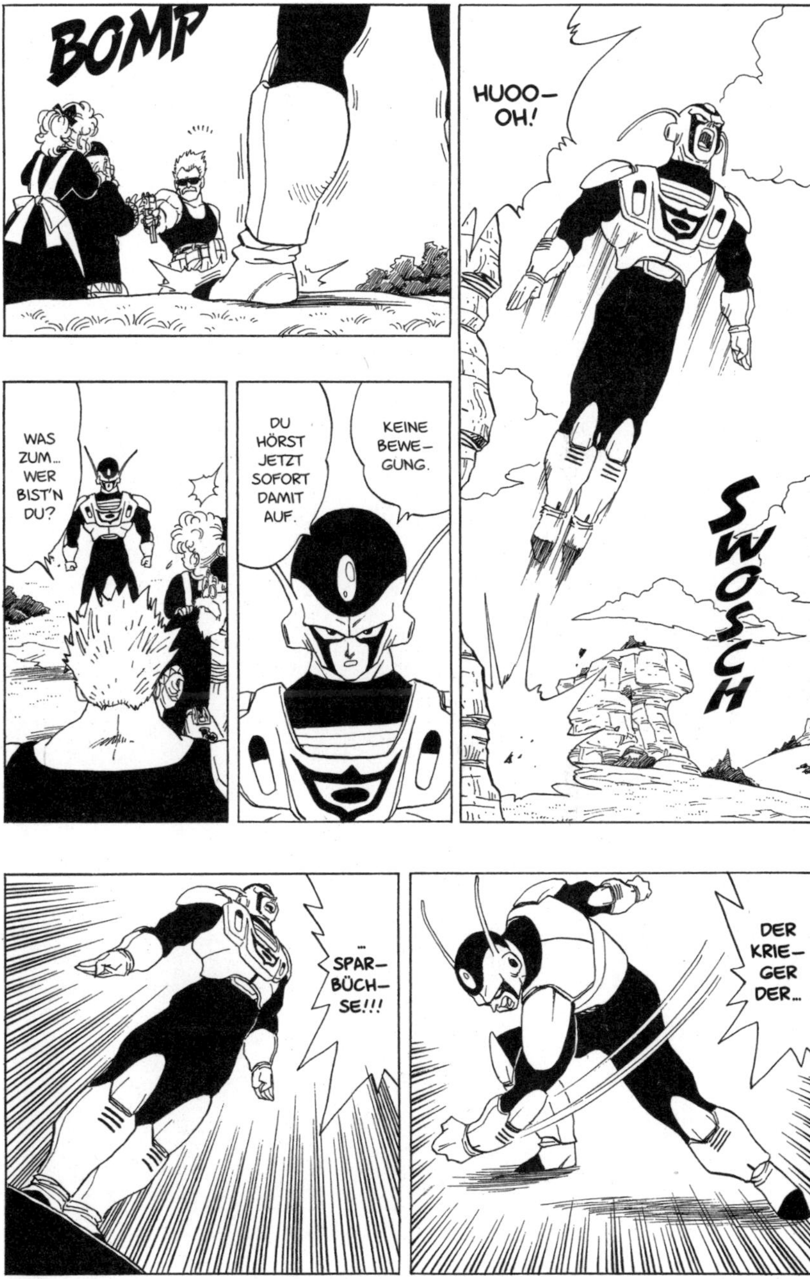
HUOO-
OH!
SWOSCH
BOMP
KEINE BEWEGUNG.
DU HÖRST JETZT SOFORT DAMIT AUF.
WAS ZUM... WER BIST'N DU?
DER KRIEGER DER...
...SPARBÜCHSE!!!

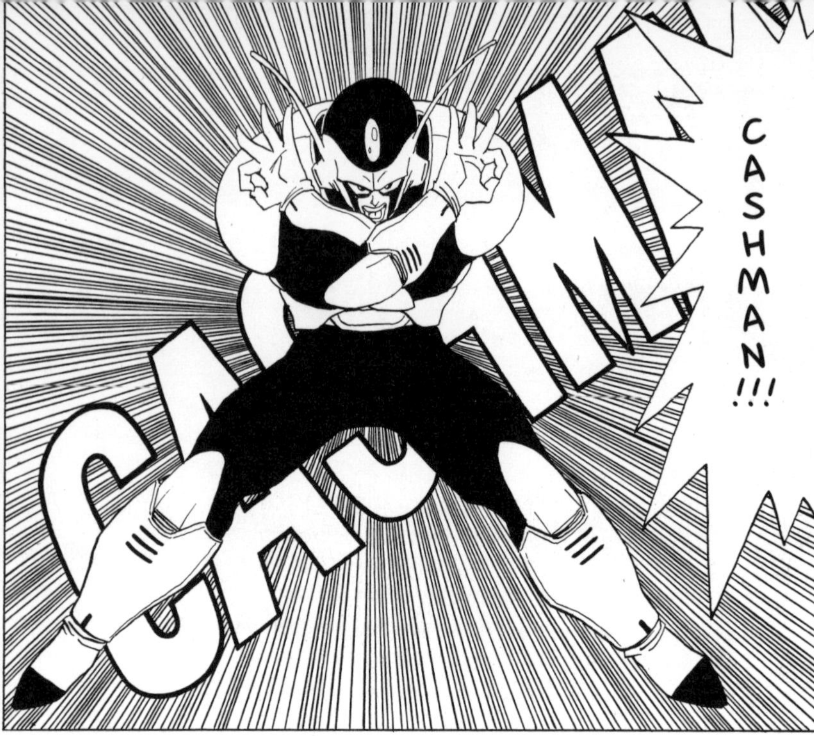

* 1000 YEN = CA. 8 EURO

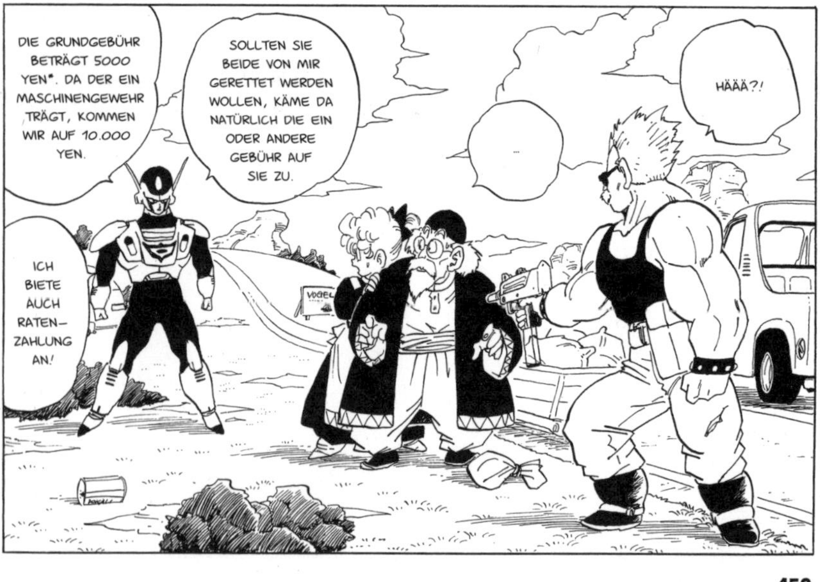

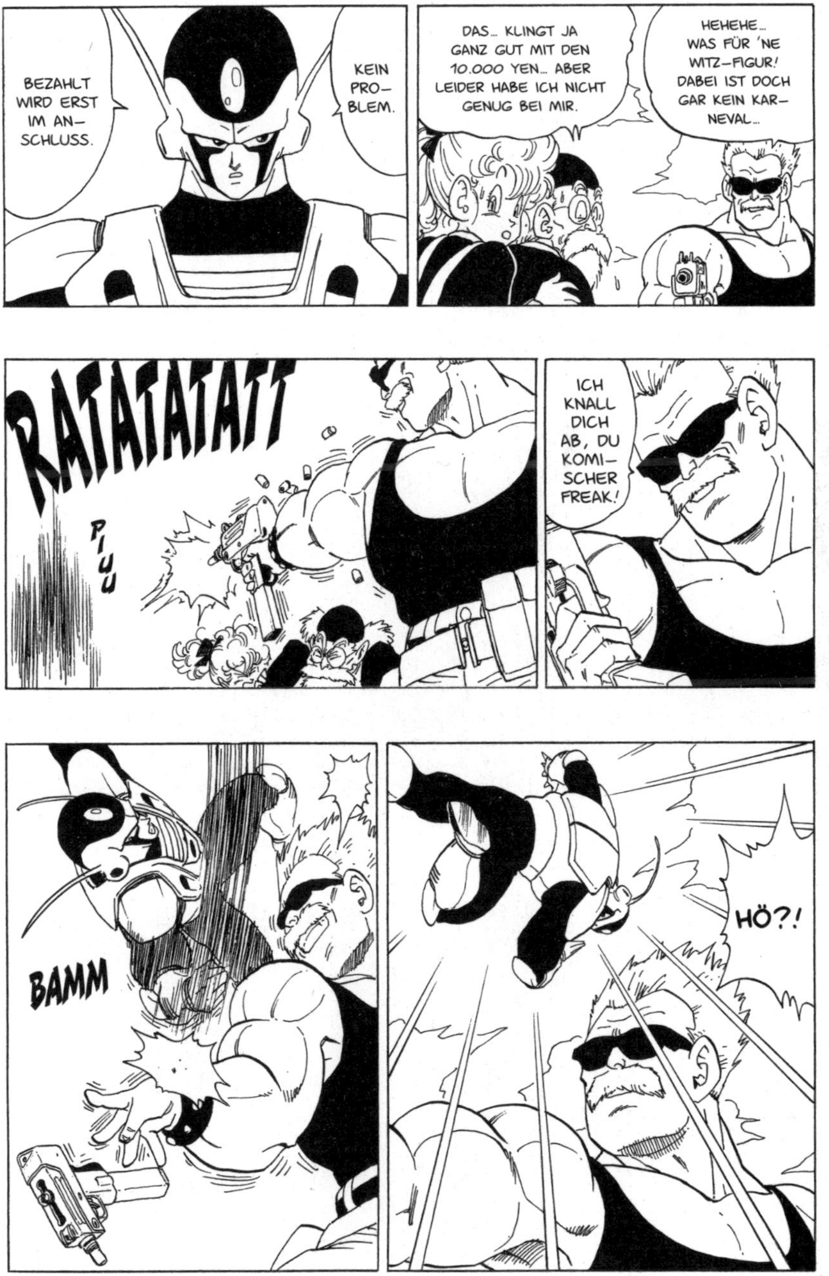
HEHEHE… WAS FÜR 'NE WITZ-FIGUR! DABEI IST DOCH GAR KEIN KAR-NEVAL…
DAS… KLINGT JA GANZ GUT MIT DEN 10.000 YEN… ABER LEIDER HABE ICH NICHT GENUG BEI MIR.
KEIN PRO-BLEM.
BEZAHLT WIRD ERST IM AN-SCHLUSS.
ICH KNALL DICH AB, DU KOMI-SCHER FREAK!
RATATATATT
PIUU
HÖ?!
BAMM

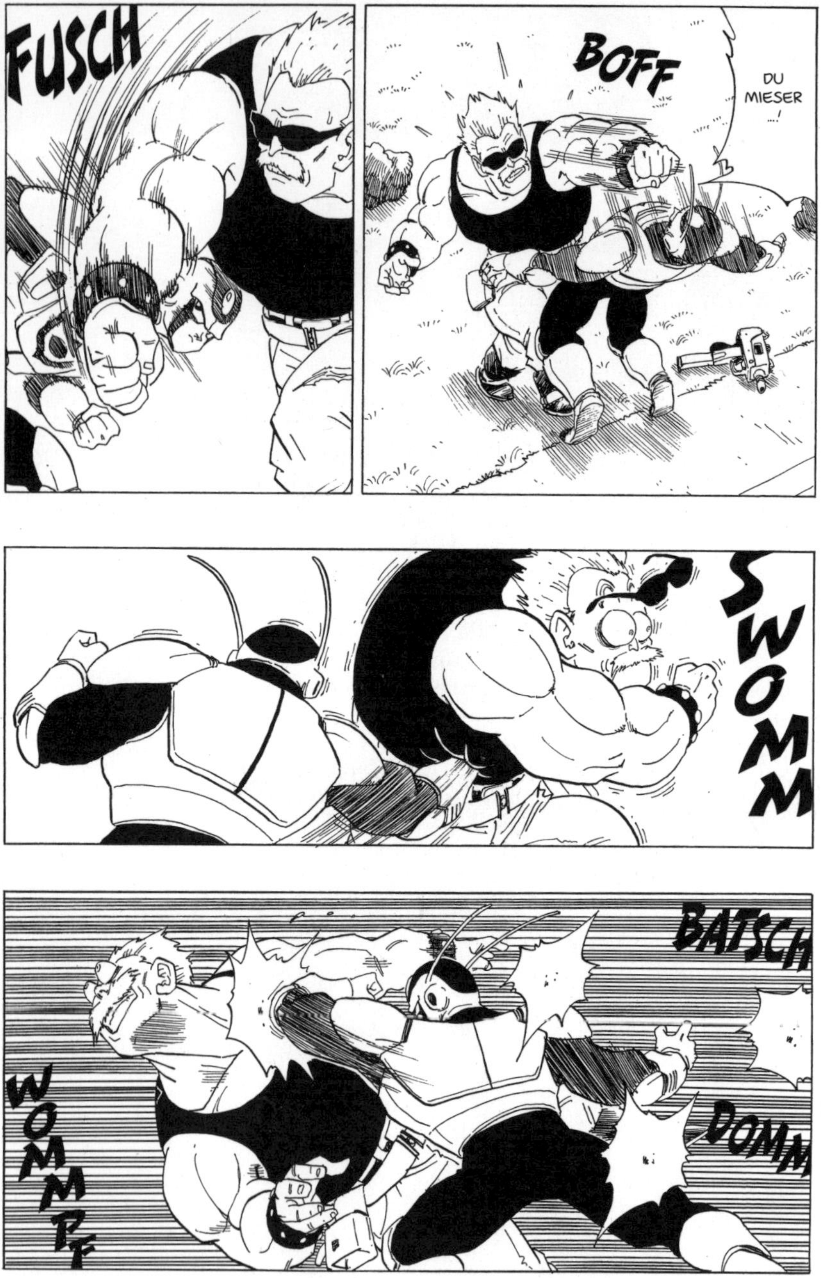
FUSCH
BOFF
DU MIESER ...!
SWOMM
BATSCH
WOMMPF
DOMM

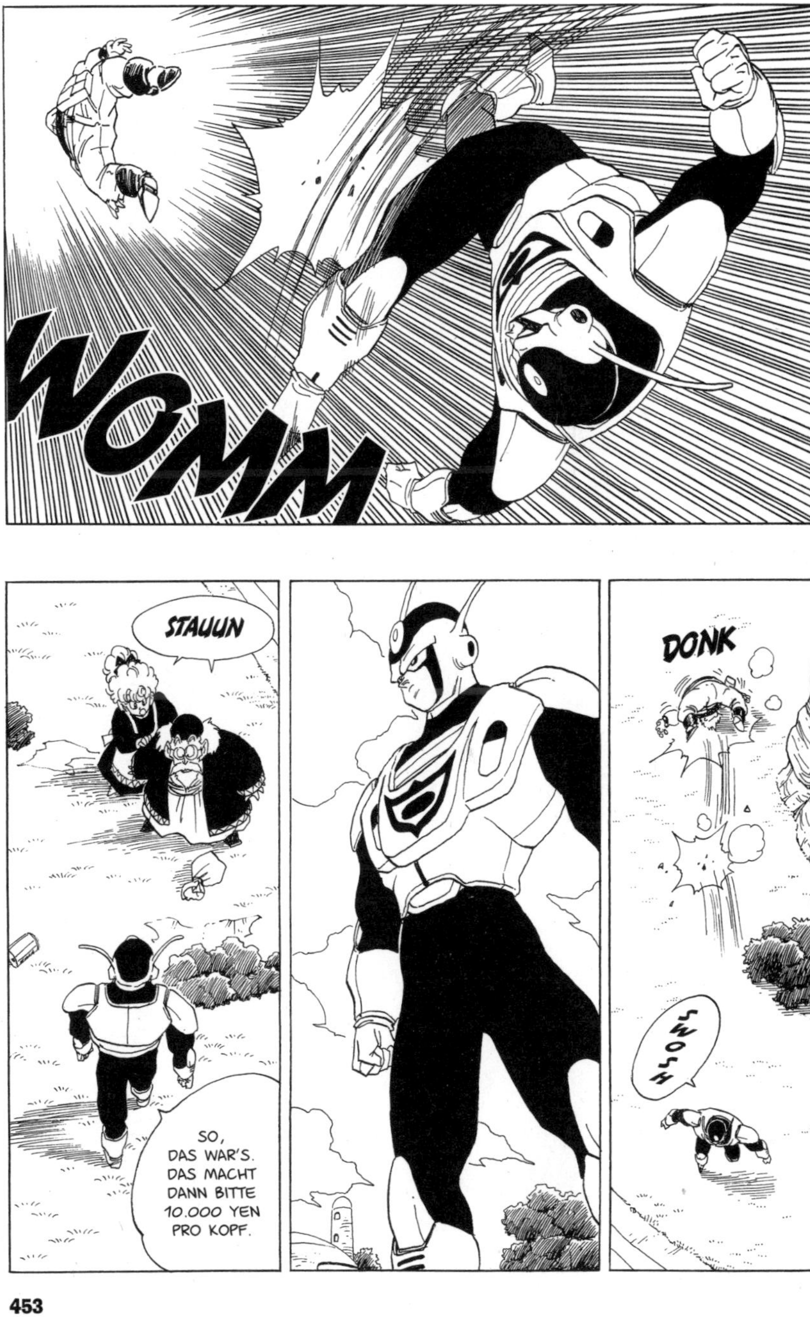
WOMM
DONK
SWOSH
STAUUN
SO, DAS WAR'S. DAS MACHT DANN BITTE 10.000 YEN PRO KOPF.

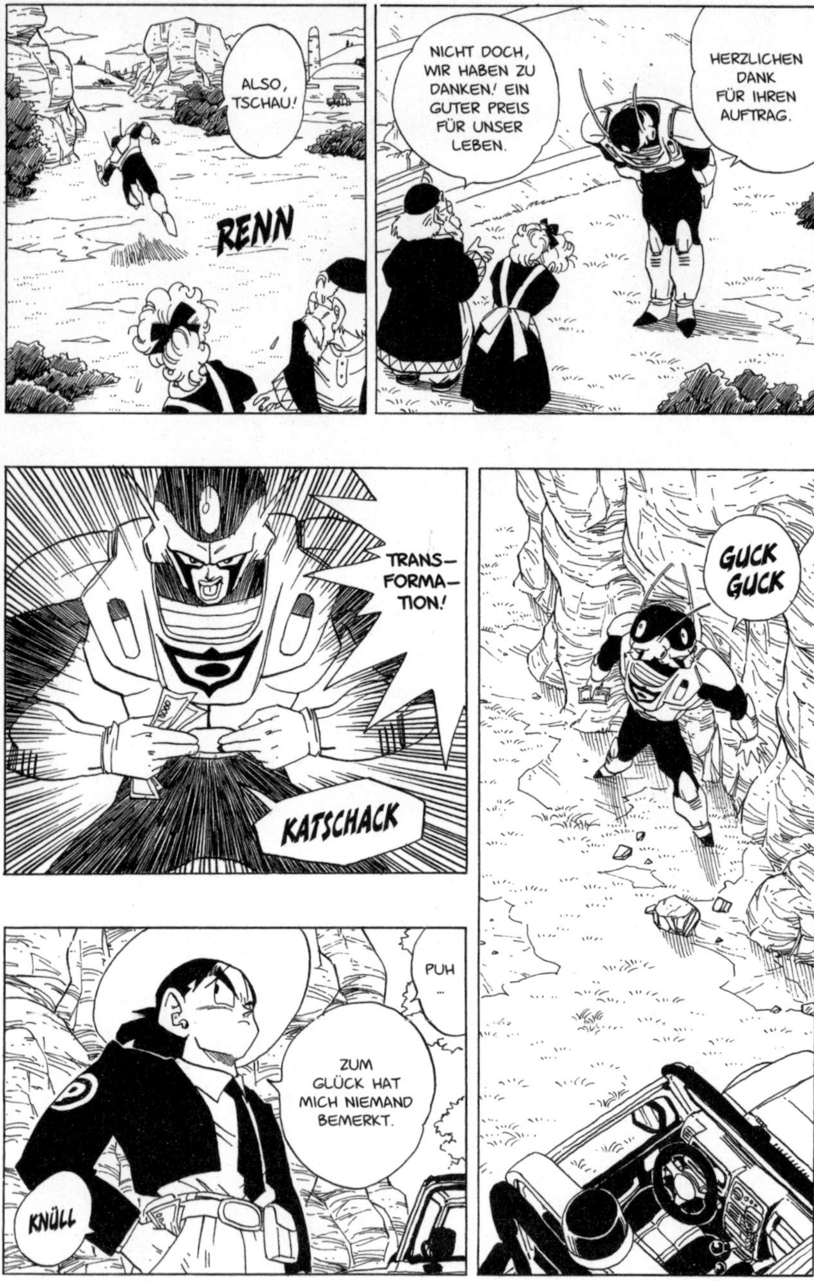
HERZLICHEN DANK FÜR IHREN AUFTRAG.
NICHT DOCH, WIR HABEN ZU DANKEN! EIN GUTER PREIS FÜR UNSER LEBEN.
ALSO, TSCHAU!
RENN
GUCK GUCK
TRANS-FORMA-TION!
KATSCHACK
PUH ...
ZUM GLÜCK HAT MICH NIEMAND BEMERKT.
KNÜLL

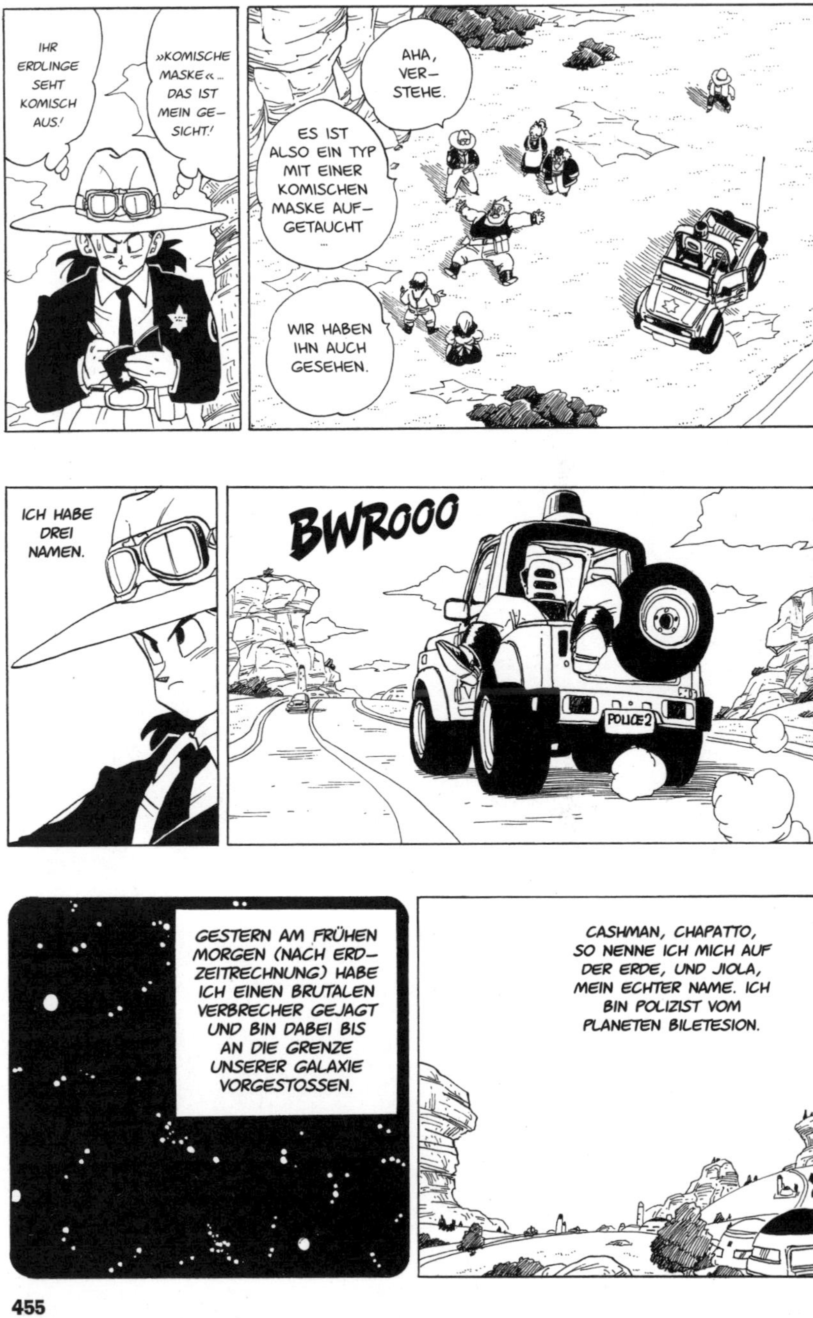
AHA, VER-STEHE.
ES IST ALSO EIN TYP MIT EINER KOMISCHEN MASKE AUF-GETAUCHT ...
WIR HABEN IHN AUCH GESEHEN.
»KOMISCHE MASKE« ... DAS IST MEIN GE-SICHT!
IHR ERDLINGE SEHT KOMISCH AUS!
BWROOO
POLICE 2
ICH HABE DREI NAMEN.
CASHMAN, CHAPATTO, SO NENNE ICH MICH AUF DER ERDE, UND JIOLA, MEIN ECHTER NAME. ICH BIN POLIZIST VOM PLANETEN BILETESION.
GESTERN AM FRÜHEN MORGEN (NACH ERD-ZEITRECHNUNG) HABE ICH EINEN BRUTALEN VERBRECHER GEJAGT UND BIN DABEI BIS AN DIE GRENZE UNSERER GALAXIE VORGESTOSSEN.

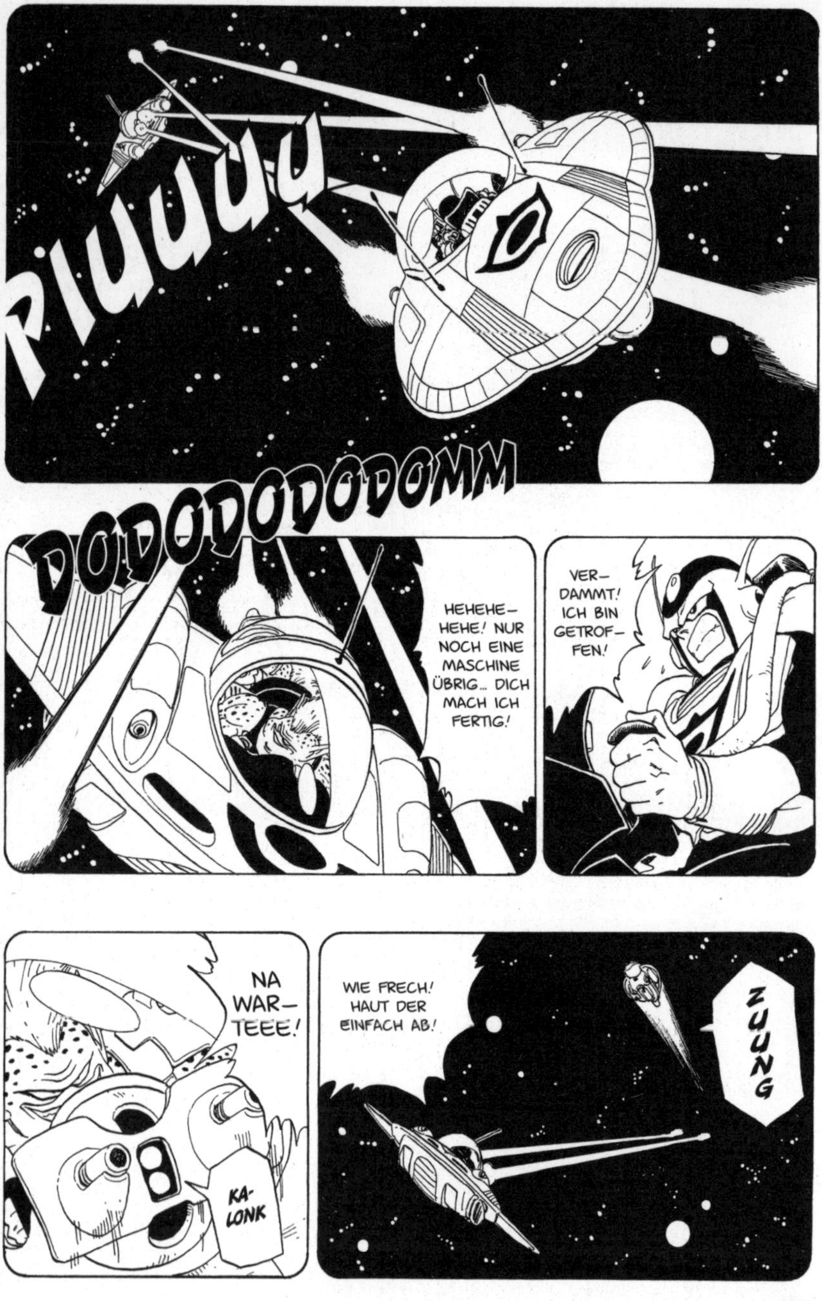
PIUUUUU
DODODODODOMM
HEHEHE-
HEHE! NUR
NOCH EINE
MASCHINE
ÜBRIG... DICH
MACH ICH
FERTIG!
VER-
DAMMT!
ICH BIN
GETROF-
FEN!
NA
WAR-
TEEE!
KA-
LONK
WIE FRECH!
HAUT DER
EINFACH AB!
ZUUNG

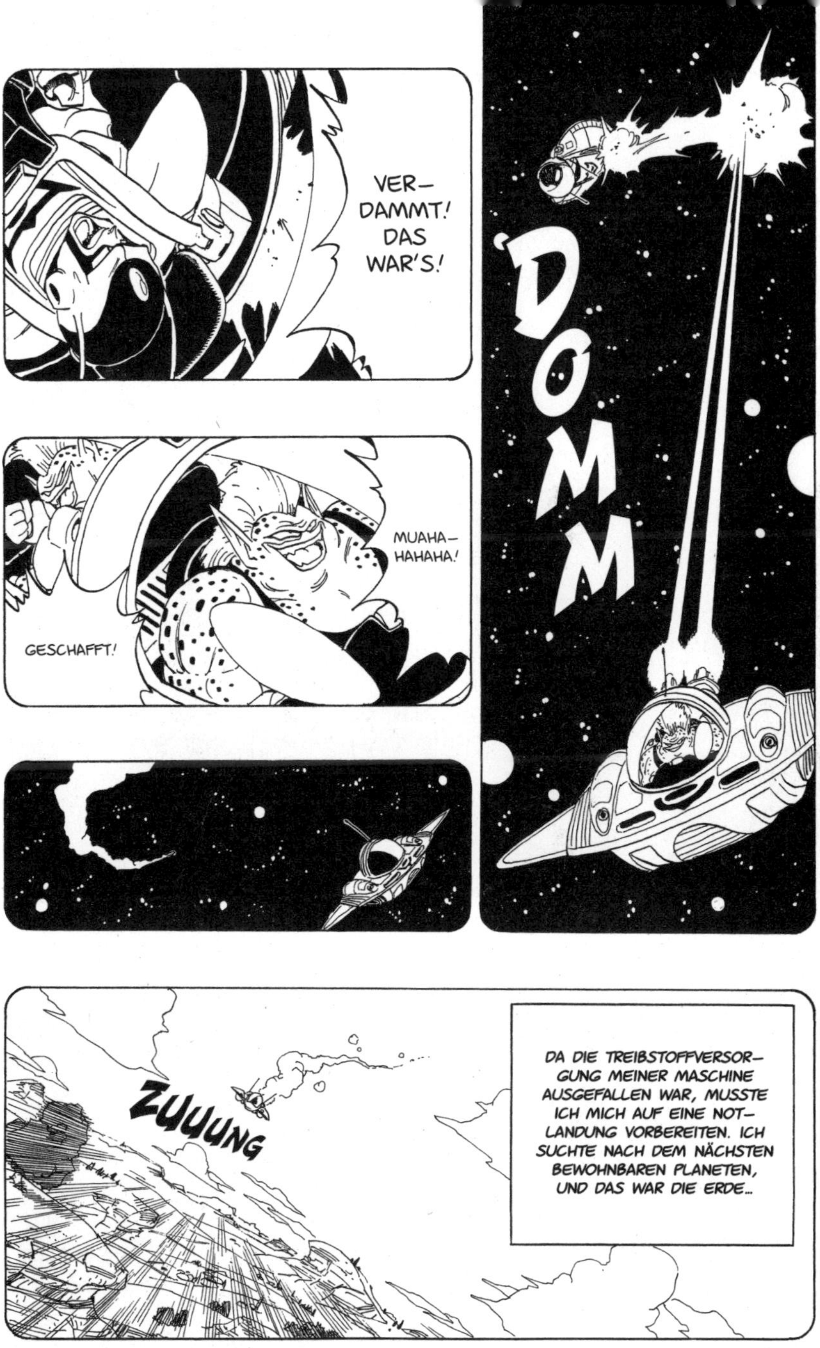

VER-
DAMMT! DAS WAR'S!
DOMM
MUAHA-
HAHAHA!
GESCHAFFT!
ZUUUNG
DA DIE TREIBSTOFFVERSORGUNG MEINER MASCHINE AUSGEFALLEN WAR, MUSSTE ICH MICH AUF EINE NOTLANDUNG VORBEREITEN. ICH SUCHTE NACH DEM NÄCHSTEN BEWOHNBAREN PLANETEN, UND DAS WAR DIE ERDE...

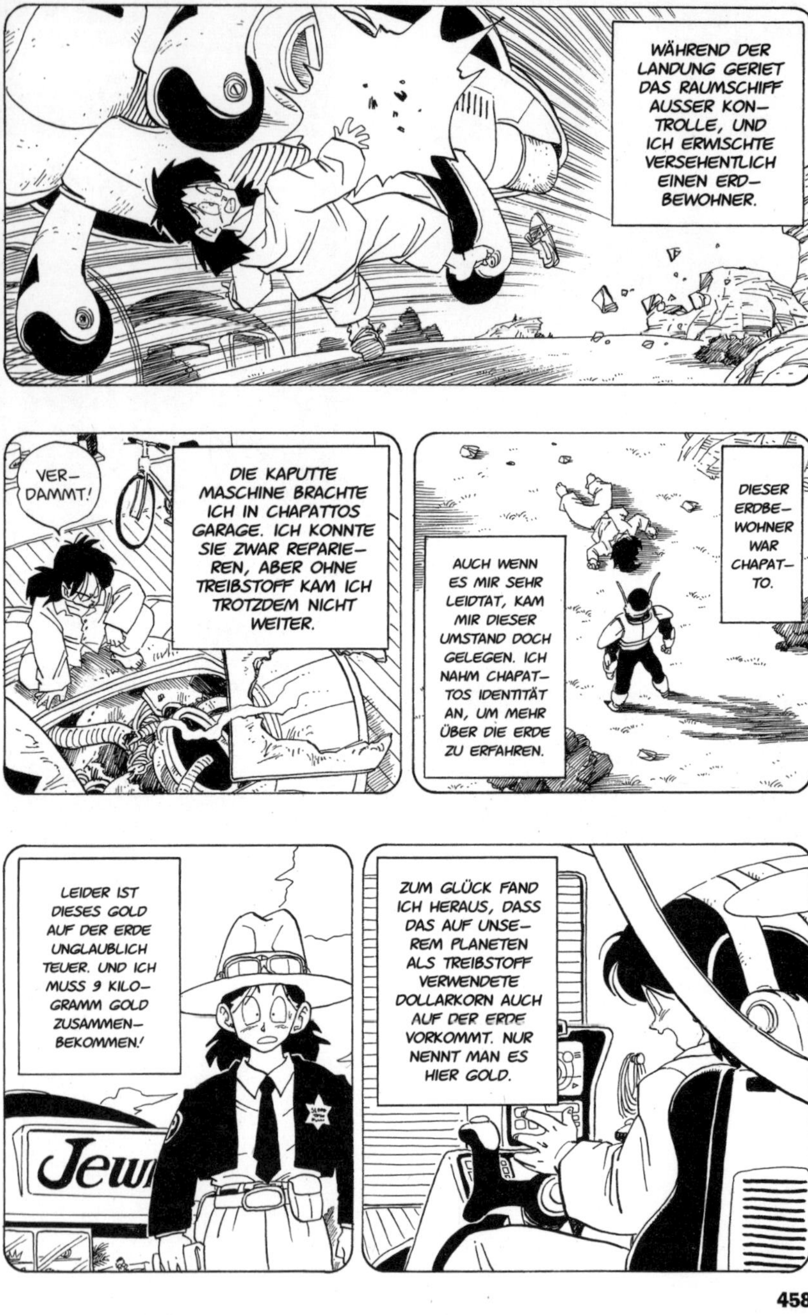
WÄHREND DER LANDUNG GERIET DAS RAUMSCHIFF AUSSER KONTROLLE, UND ICH ERWISCHTE VERSEHENTLICH EINEN ERDBEWOHNER.
DIESER ERDBEWOHNER WAR CHAPATTO.
AUCH WENN ES MIR SEHR LEIDTAT, KAM MIR DIESER UMSTAND DOCH GELEGEN. ICH NAHM CHAPATTOS IDENTITÄT AN, UM MEHR ÜBER DIE ERDE ZU ERFAHREN.
DIE KAPUTTE MASCHINE BRACHTE ICH IN CHAPATTOS GARAGE. ICH KONNTE SIE ZWAR REPARIEREN, ABER OHNE TREIBSTOFF KAM ICH TROTZDEM NICHT WEITER.
VERDAMMT!
ZUM GLÜCK FAND ICH HERAUS, DASS DAS AUF UNSEREM PLANETEN ALS TREIBSTOFF VERWENDETE DOLLARKORN AUCH AUF DER ERDE VORKOMMT. NUR NENNT MAN ES HIER GOLD.
LEIDER IST DIESES GOLD AUF DER ERDE UNGLAUBLICH TEUER. UND ICH MUSS 9 KILOGRAMM GOLD ZUSAMMENBEKOMMEN!

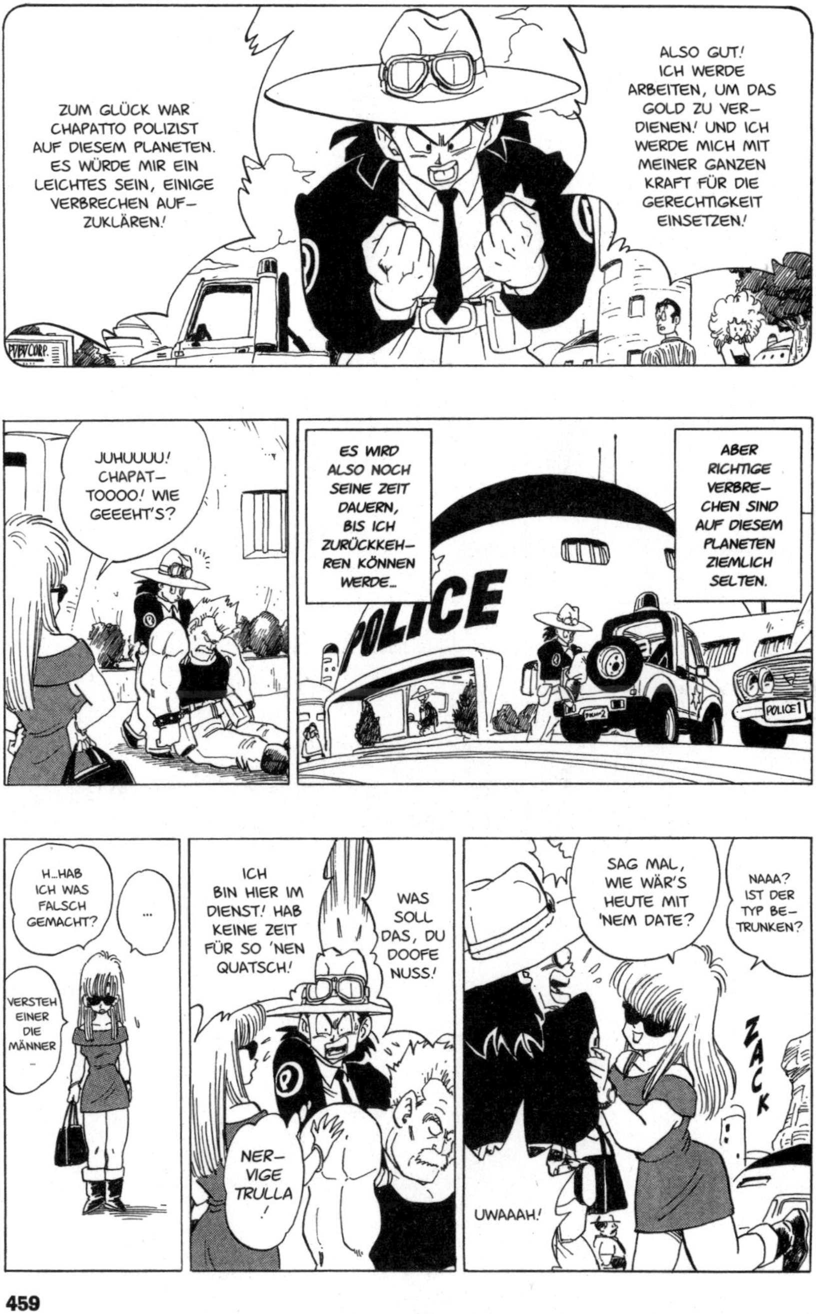
ZUM GLÜCK WAR CHAPATTO POLIZIST AUF DIESEM PLANETEN. ES WÜRDE MIR EIN LEICHTES SEIN, EINIGE VERBRECHEN AUFZUKLÄREN!
ALSO GUT! ICH WERDE ARBEITEN, UM DAS GOLD ZU VERDIENEN! UND ICH WERDE MICH MIT MEINER GANZEN KRAFT FÜR DIE GERECHTIGKEIT EINSETZEN!
ABER RICHTIGE VERBRECHEN SIND AUF DIESEM PLANETEN ZIEMLICH SELTEN.
ES WIRD ALSO NOCH SEINE ZEIT DAUERN, BIS ICH ZURÜCKKEHREN KÖNNEN WERDE...
POLICE
POLICE 1
JUHUUUU! CHAPATTOOOO! WIE GEEEHT'S?
NAAA? IST DER TYP BETRUNKEN?
SAG MAL, WIE WÄR'S HEUTE MIT 'NEM DATE?
ZACK
UWAAAH!
WAS SOLL DAS, DU DOOFE NUSS!
ICH BIN HIER IM DIENST! HAB KEINE ZEIT FÜR SO 'NEN QUATSCH!
NERVIGE TRULLA!
...
H...HAB ICH WAS FALSCH GEMACHT?
VERSTEH EINER DIE MÄNNER ...

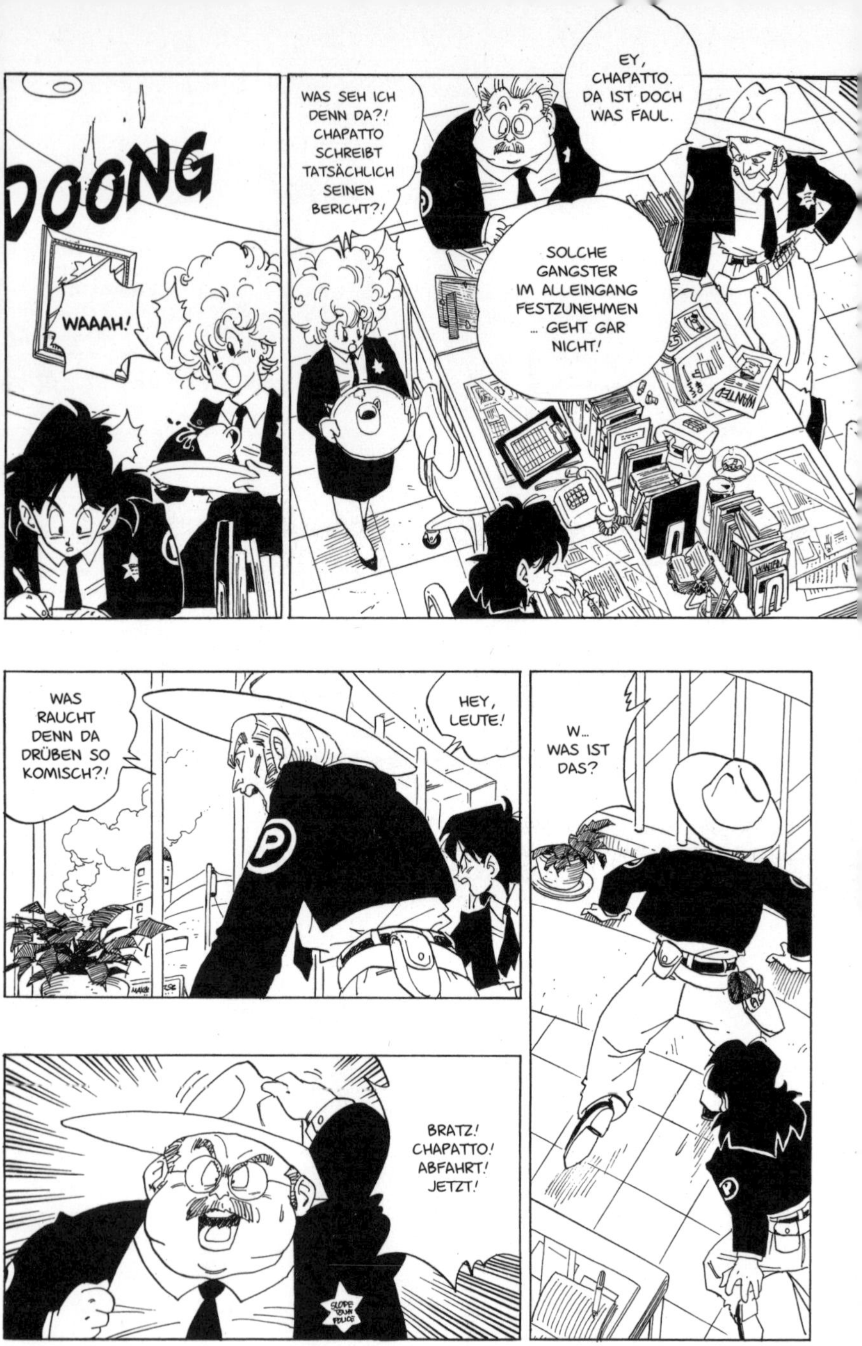
EY, CHAPATTO. DA IST DOCH WAS FAUL.
SOLCHE GANGSTER IM ALLEINGANG FESTZUNEHMEN ... GEHT GAR NICHT!
WAS SEH ICH DENN DA?! CHAPATTO SCHREIBT TATSÄCHLICH SEINEN BERICHT?!
DOONG
WAAAH!
W... WAS IST DAS?
HEY, LEUTE!
WAS RAUCHT DENN DA DRÜBEN SO KOMISCH?!
BRATZ! CHAPATTO! ABFAHRT! JETZT!

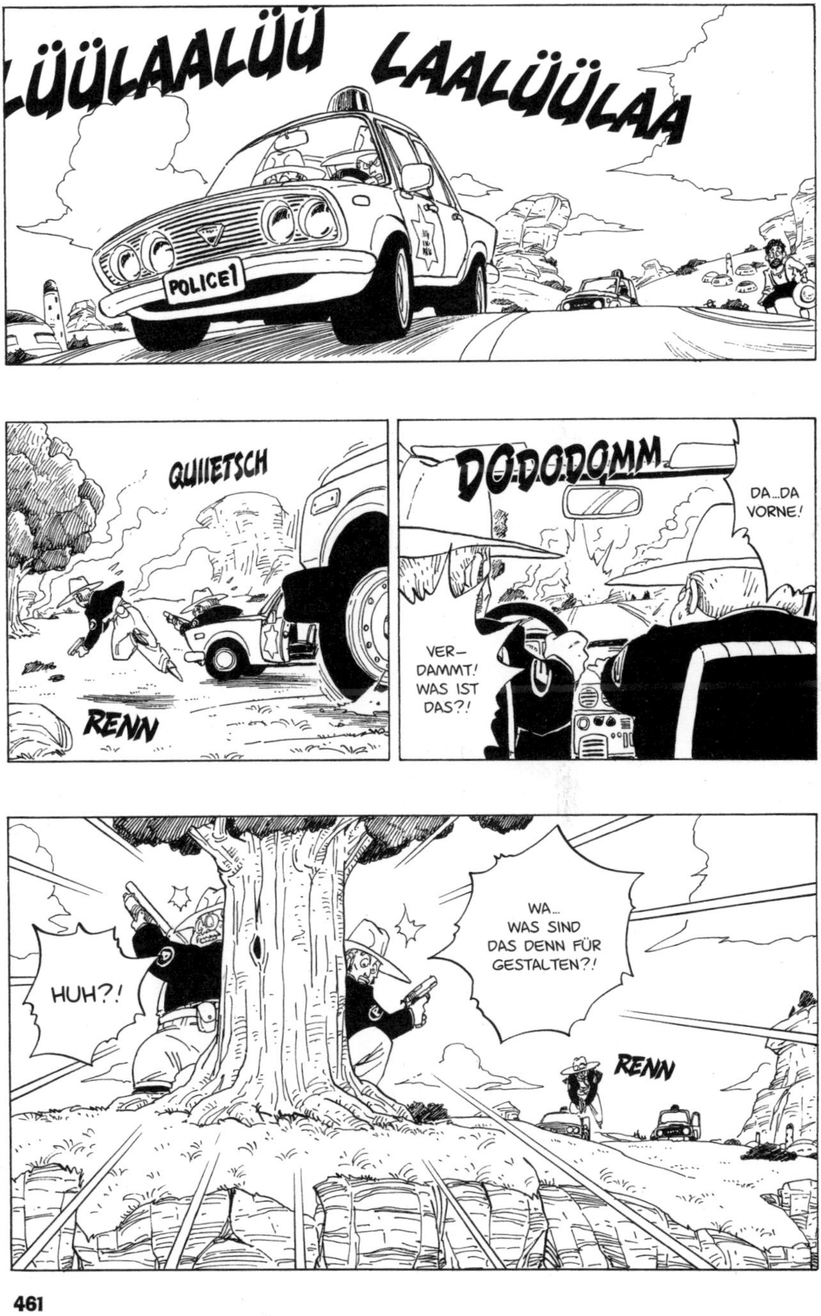
LÜÜLAALÜÜ
LAALÜÜLAA
POLICE1
QUIIETSCH
RENN
DODODOMM
DA...DA VORNE!
VER-DAMMT! WAS IST DAS?!
WA... WAS SIND DAS DENN FÜR GESTALTEN?!
HUH?!
RENN

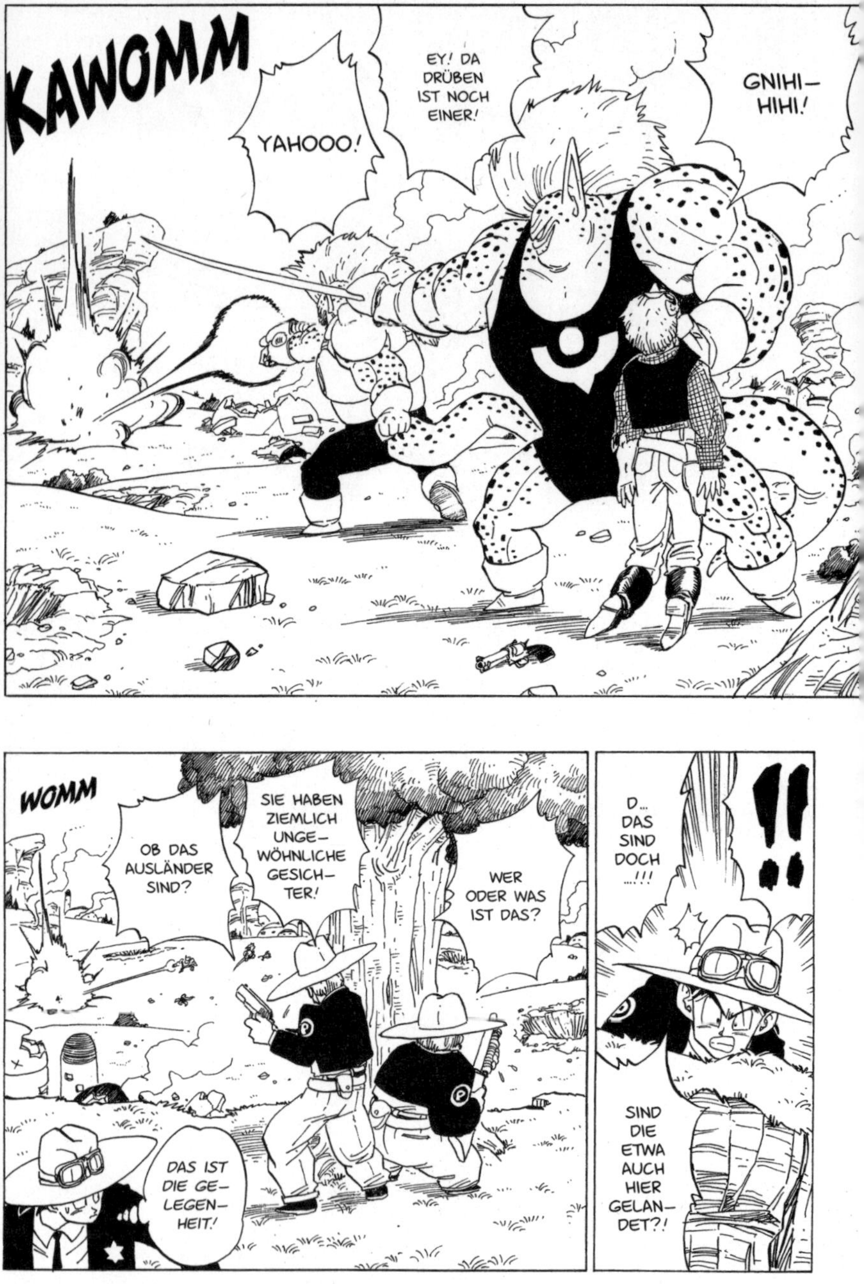
GNIHI-HIHI!
EY! DA DRÜBEN IST NOCH EINER!
YAHOOO!
KAWOMM
!!
D... DAS SIND DOCH ....!!!
SIND DIE ETWA AUCH HIER GELAN-DET?!
WER ODER WAS IST DAS?
SIE HABEN ZIEMLICH UNGE-WÖHNLICHE GESICH-TER!
OB DAS AUSLÄNDER SIND?
WOMM
DAS IST DIE GE-LEGEN-HEIT!

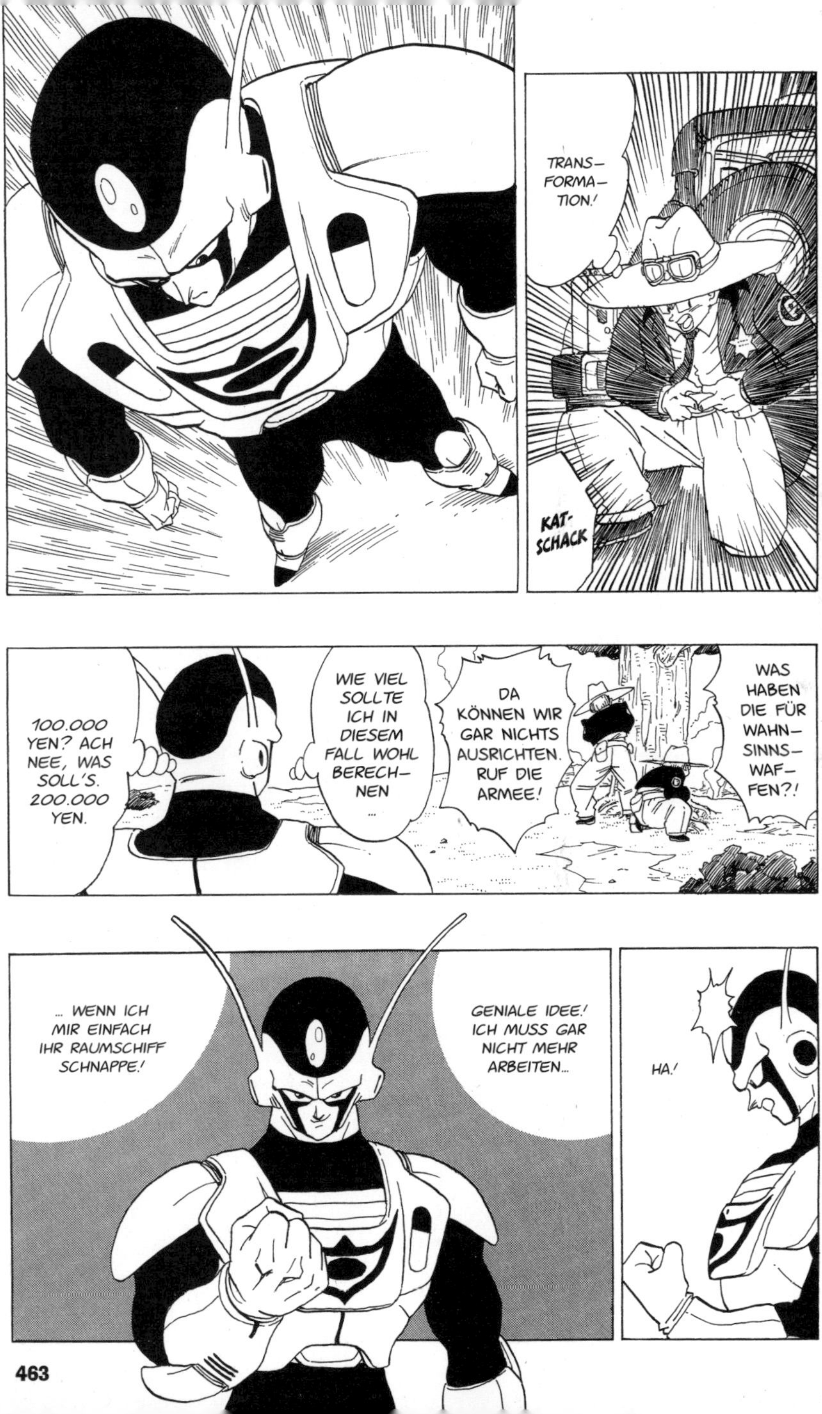
TRANS-FORMA-TION!
KAT-SCHACK
WAS HABEN DIE FÜR WAHN-SINNS-WAF-FEN?!
DA KÖNNEN WIR GAR NICHTS AUSRICHTEN. RUF DIE ARMEE!
WIE VIEL SOLLTE ICH IN DIESEM FALL WOHL BERECH-NEN ...
100.000 YEN? ACH NEE, WAS SOLL'S. 200.000 YEN.
HA!
GENIALE IDEE! ICH MUSS GAR NICHT MEHR ARBEITEN...
... WENN ICH MIR EINFACH IHR RAUMSCHIFF SCHNAPPE!

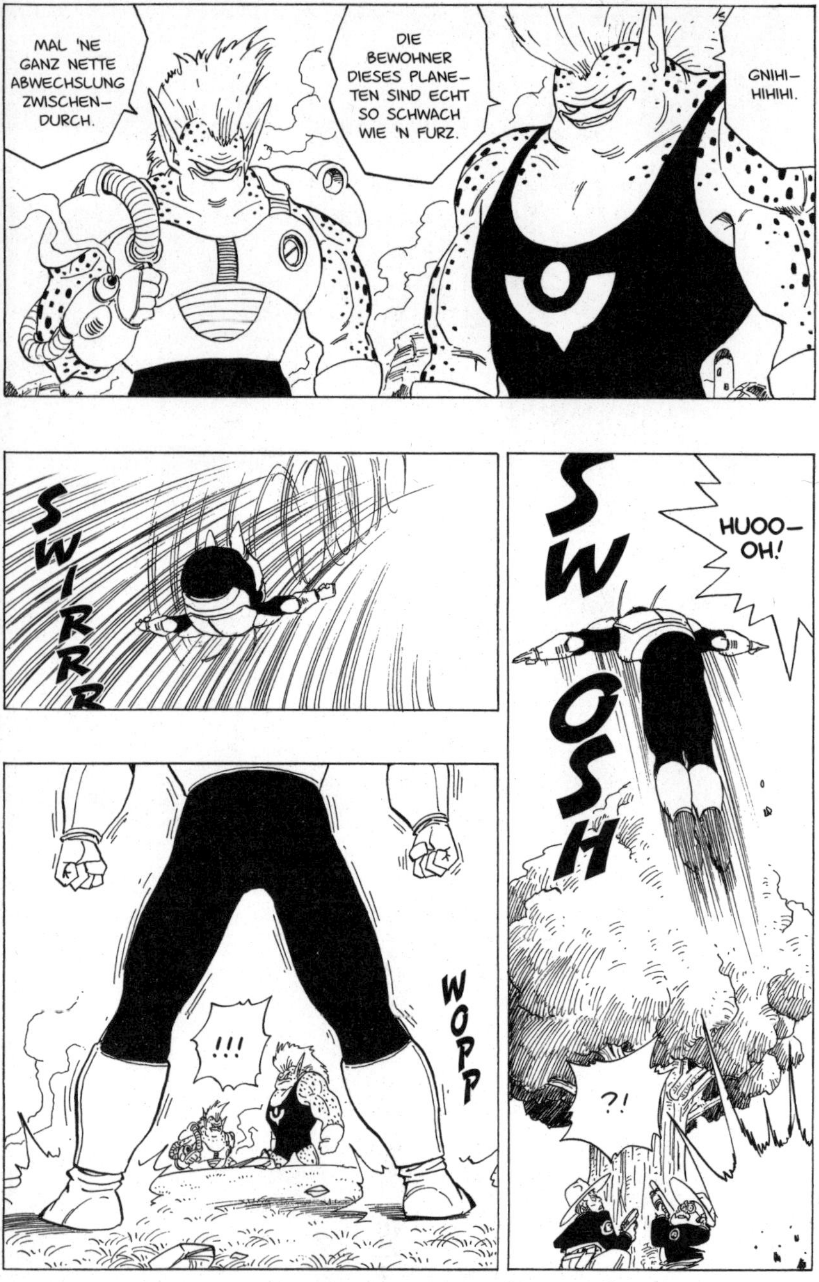
GNIHI-HIHIHI.
DIE BEWOHNER DIESES PLANETEN SIND ECHT SO SCHWACH WIE 'N FURZ.
MAL 'NE GANZ NETTE ABWECHSLUNG ZWISCHENDURCH.
HUOO-OH!
SWOOSH
SWIRRR
?!
WOPP
!!!

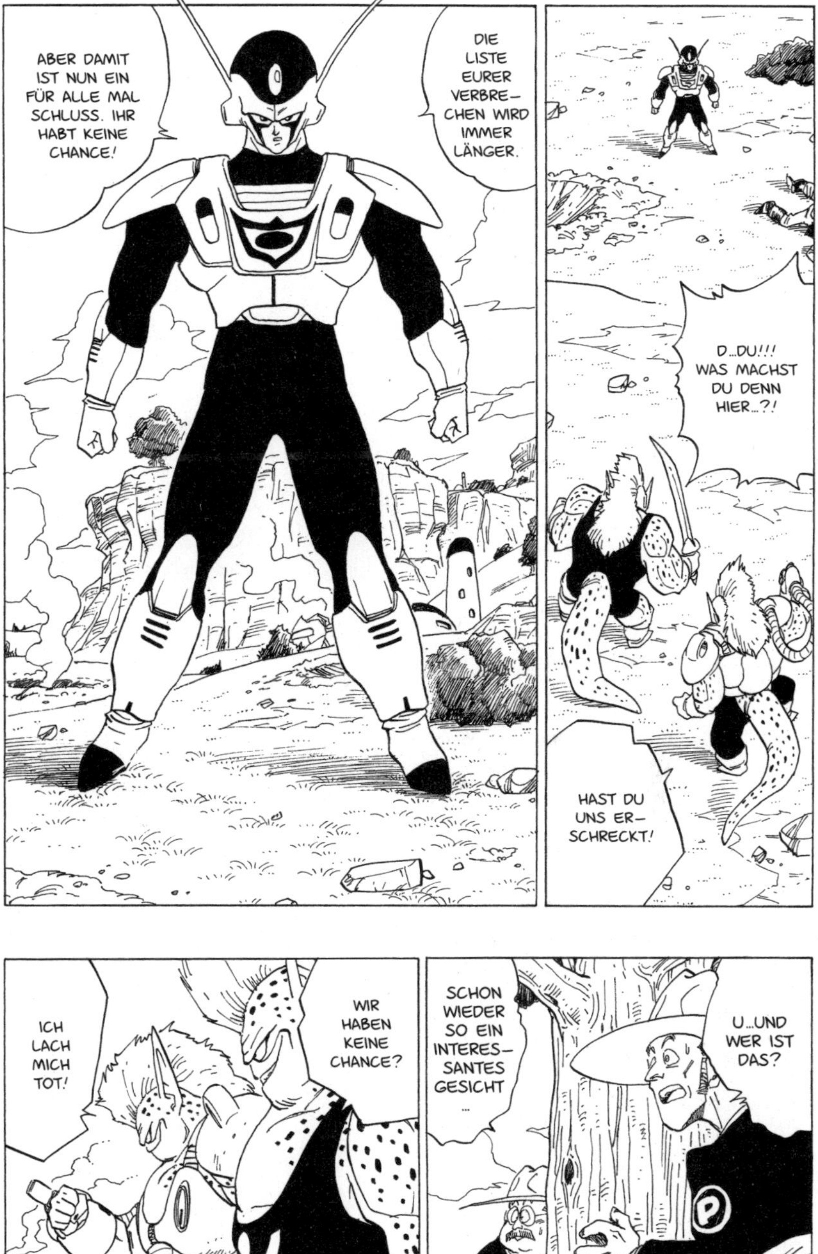
D...DU!!! WAS MACHST DU DENN HIER...?!
HAST DU UNS ER-SCHRECKT!
DIE LISTE EURER VERBRE-CHEN WIRD IMMER LÄNGER.
ABER DAMIT IST NUN EIN FÜR ALLE MAL SCHLUSS. IHR HABT KEINE CHANCE!
U...UND WER IST DAS?
SCHON WIEDER SO EIN INTERES-SANTES GESICHT ...
WIR HABEN KEINE CHANCE?
ICH LACH MICH TOT!

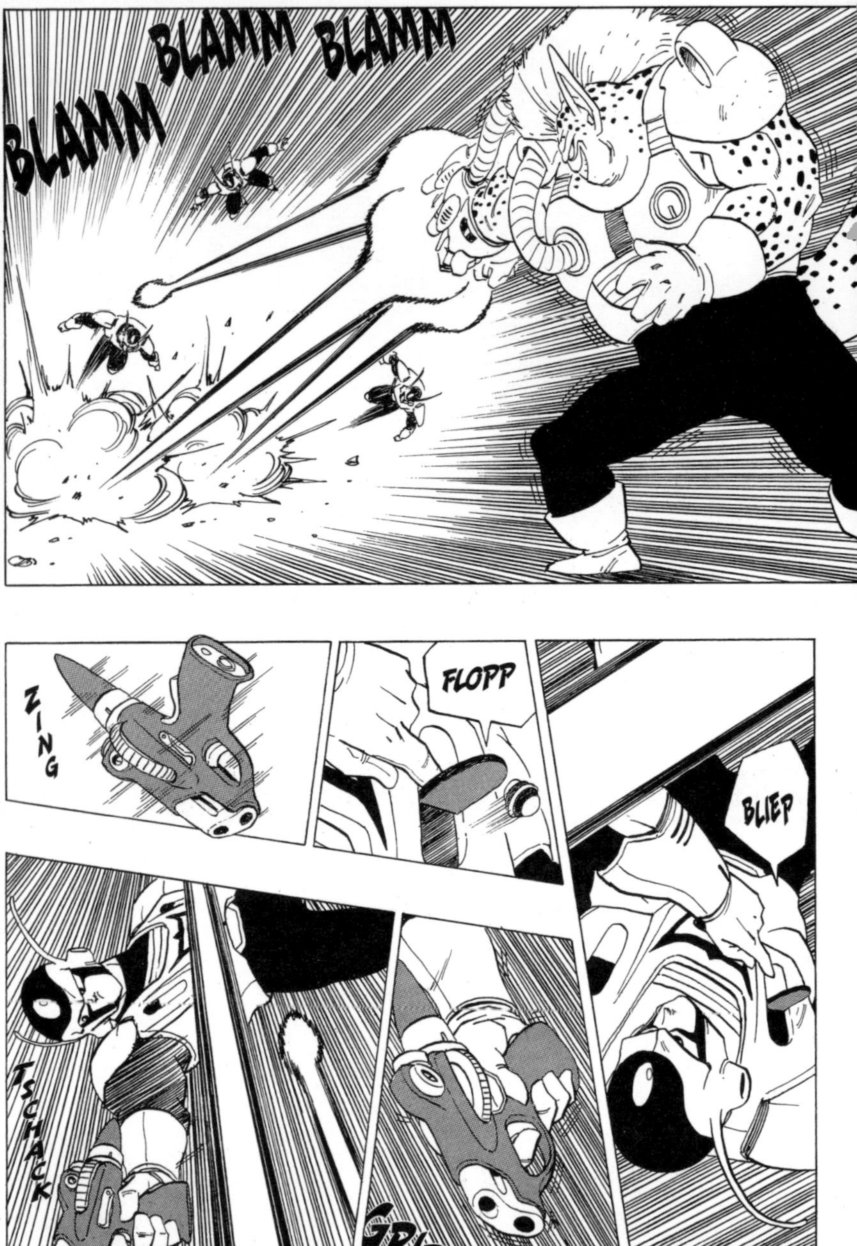
BLAMM BLAMM BLAMM
BLIEP
FLOPP
ZING
GRIP
TSCHACK

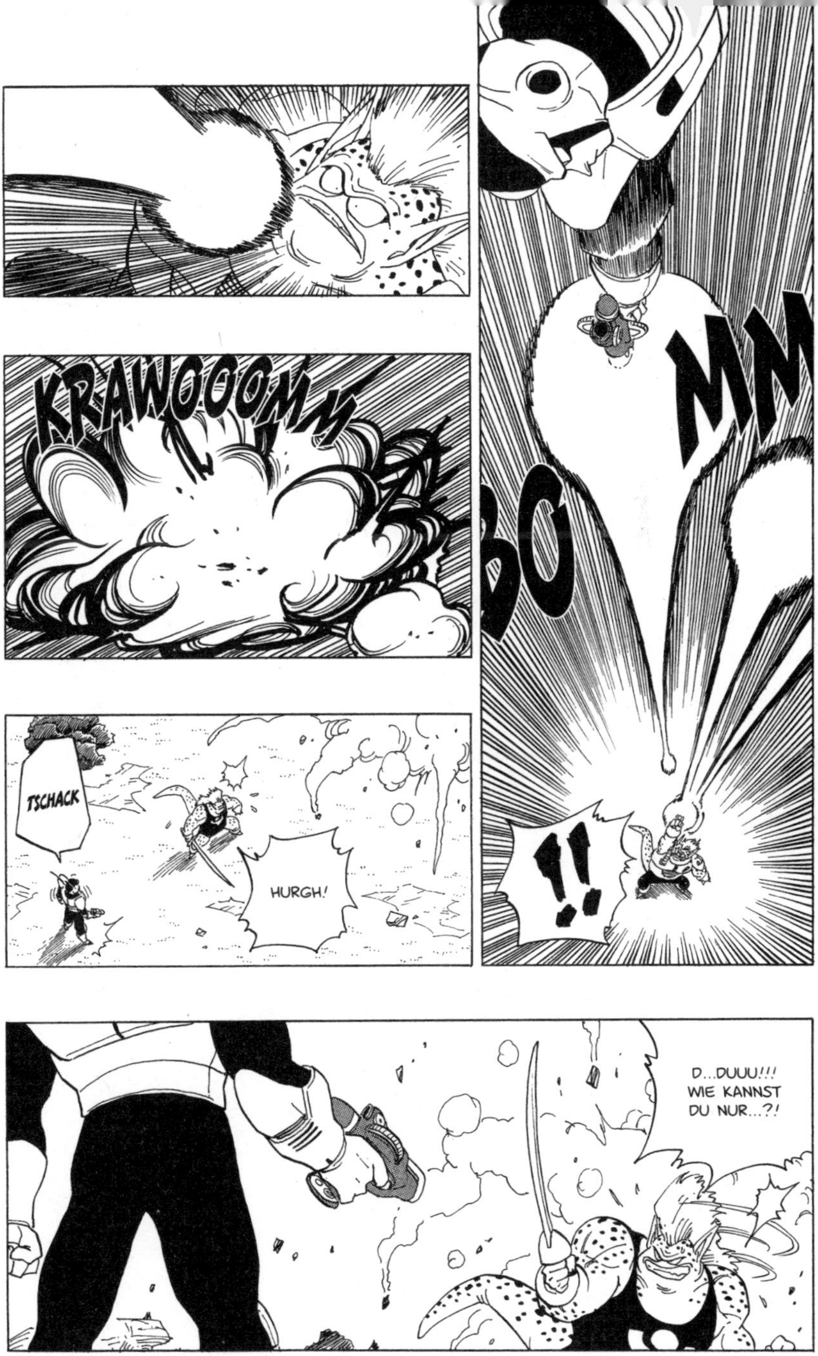
BOMM
!!
KRAWOOOMM
TSCHACK
HURGH!
D...DUUU!!!
WIE KANNST
DU NUR...?!

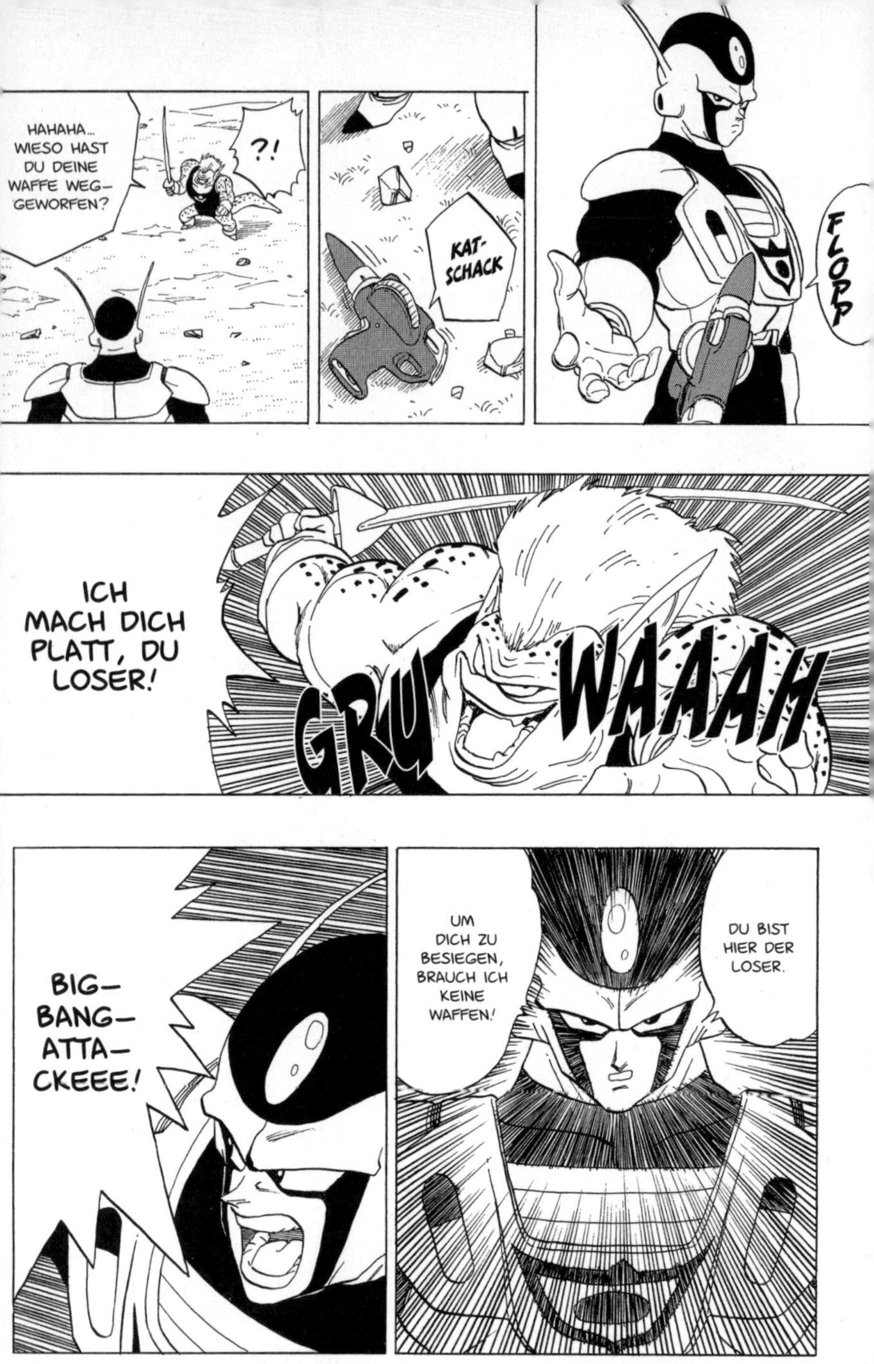
FLOPP
KAT-SCHACK
?!
HAHAHA... WIESO HAST DU DEINE WAFFE WEG-GEWORFEN?
ICH MACH DICH PLATT, DU LOSER!
GRU WAAAH
DU BIST HIER DER LOSER.
UM DICH ZU BESIEGEN, BRAUCH ICH KEINE WAFFEN!
BIG-BANG-ATTA-CKEEE!

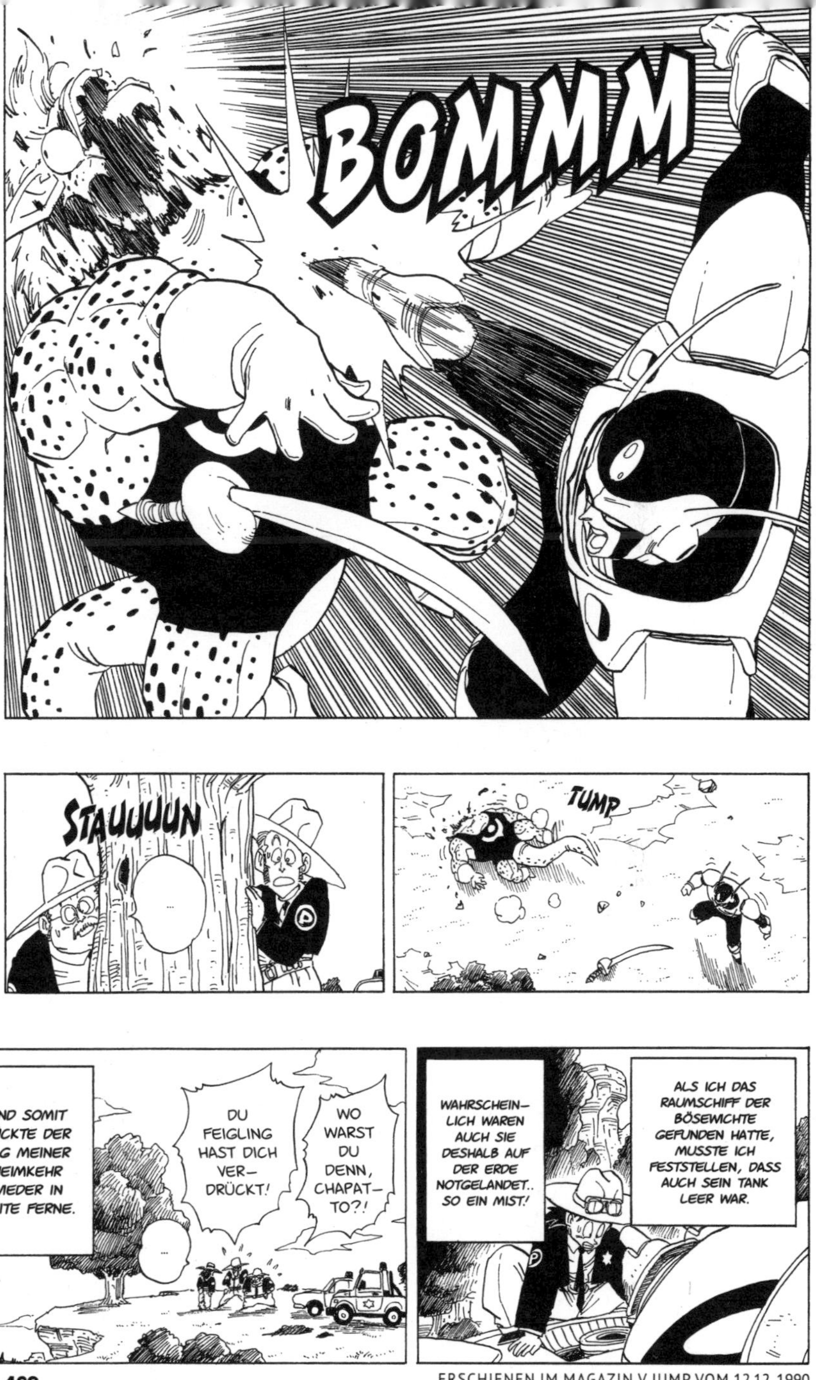

ERSCHIENEN IM MAGAZIN V JUMP VOM 12.12.1990

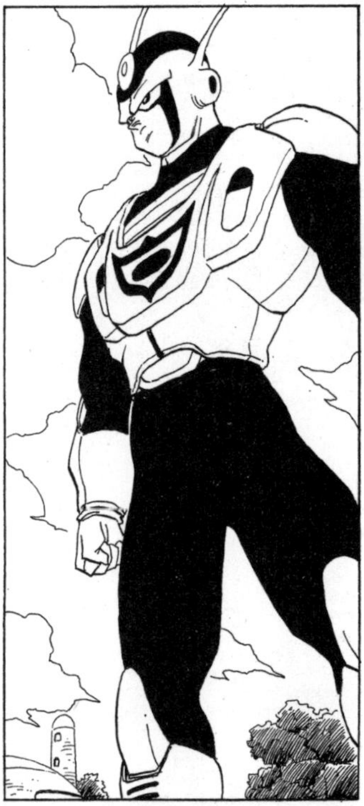

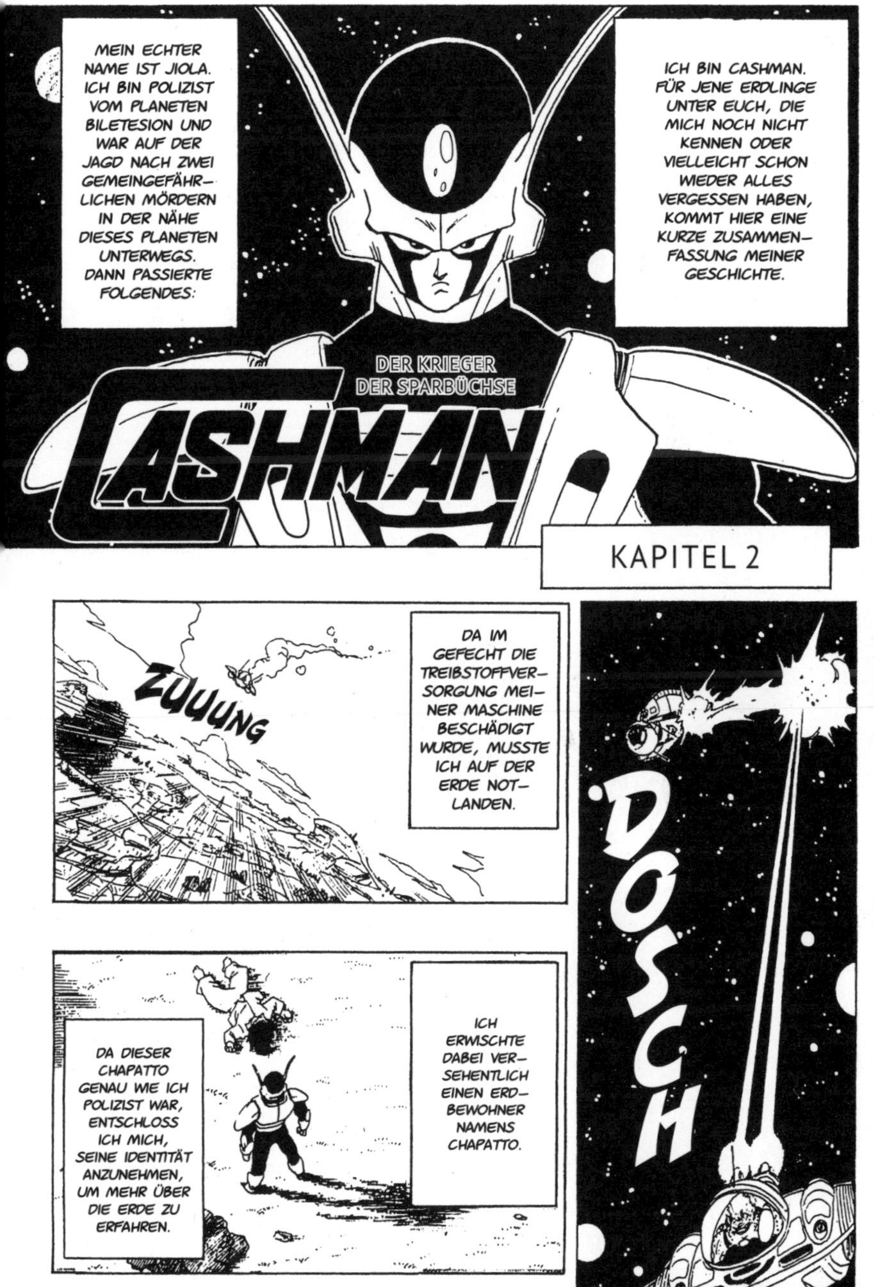
ICH BIN CASHMAN. FÜR JENE ERDLINGE UNTER EUCH, DIE MICH NOCH NICHT KENNEN ODER VIELLEICHT SCHON WIEDER ALLES VERGESSEN HABEN, KOMMT HIER EINE KURZE ZUSAMMEN-FASSUNG MEINER GESCHICHTE.
MEIN ECHTER NAME IST JIOLA. ICH BIN POLIZIST VOM PLANETEN BILETESION UND WAR AUF DER JAGD NACH ZWEI GEMEINGEFÄHR-LICHEN MÖRDERN IN DER NÄHE DIESES PLANETEN UNTERWEGS. DANN PASSIERTE FOLGENDES:
DER KRIEGER DER SPARBÜCHSE
CASHMAN
KAPITEL 2
DOSCH
DA IM GEFECHT DIE TREIBSTOFFVER-SORGUNG MEI-NER MASCHINE BESCHÄDIGT WURDE, MUSSTE ICH AUF DER ERDE NOT-LANDEN.
ZUUUUNG
ICH ERWISCHTE DABEI VER-SEHENTLICH EINEN ERD-BEWOHNER NAMENS CHAPATTO.
DA DIESER CHAPATTO GENAU WIE ICH POLIZIST WAR, ENTSCHLOSS ICH MICH, SEINE IDENTITÄT ANZUNEHMEN, UM MEHR ÜBER DIE ERDE ZU ERFAHREN.

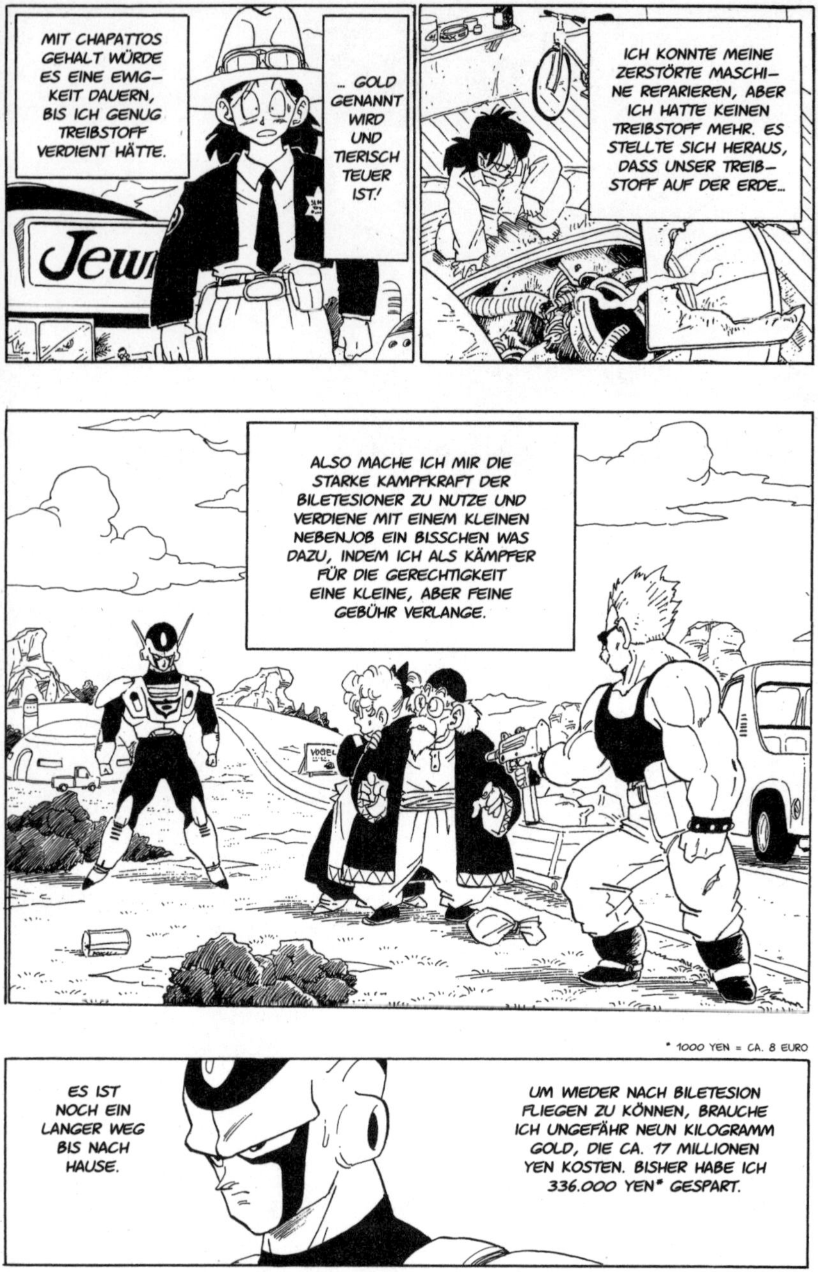

* 1000 YEN = CA. 8 EURO

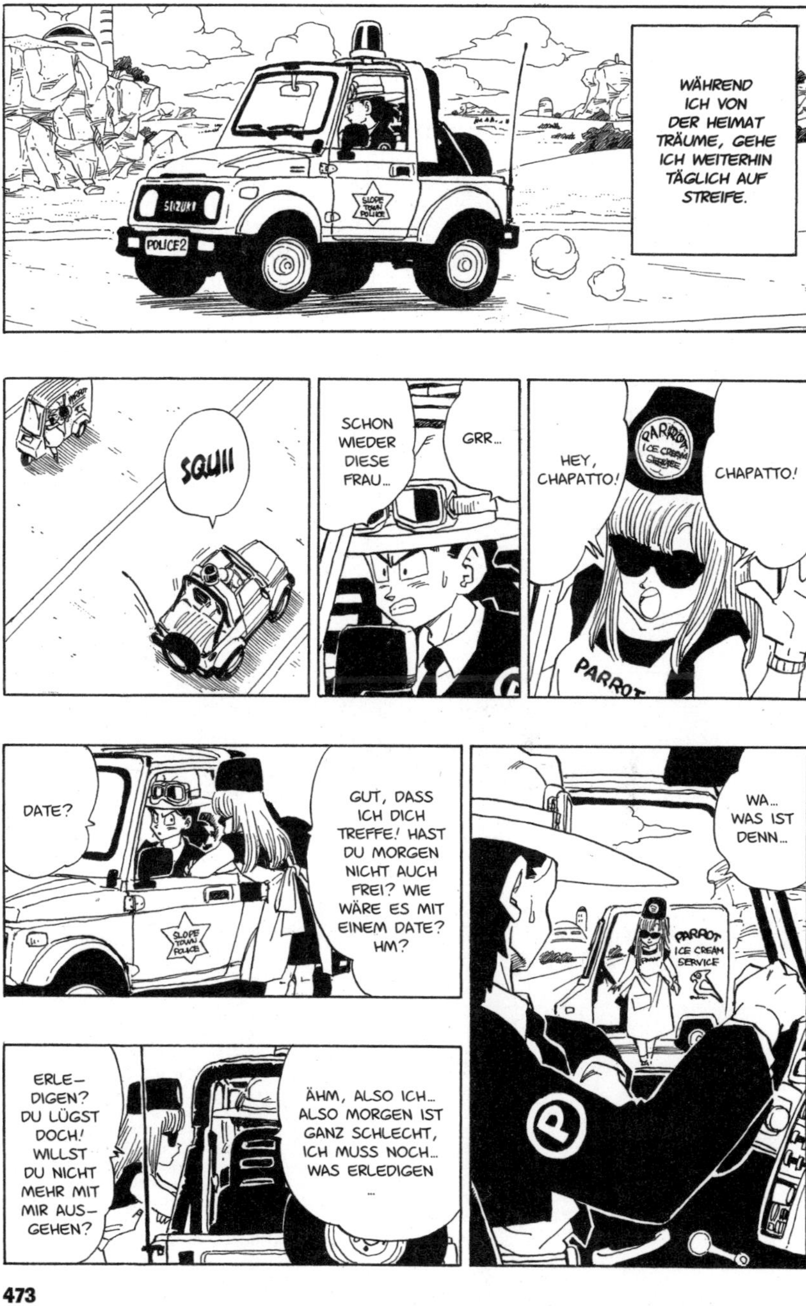
WÄHREND ICH VON DER HEIMAT TRÄUME, GEHE ICH WEITERHIN TÄGLICH AUF STREIFE.
SUZUKI
POLICE2
SLOPE TOWN POLICE
CHAPATTO!
HEY, CHAPATTO!
PARROT ICE CREAM SERVICE
PARROT
GRR...
SCHON WIEDER DIESE FRAU...
SQUIII
WA... WAS IST DENN...
PARROT ICE CREAM SERVICE
GUT, DASS ICH DICH TREFFE! HAST DU MORGEN NICHT AUCH FREI? WIE WÄRE ES MIT EINEM DATE? HM?
DATE?
SLOPE TOWN POLICE
ÄHM, ALSO ICH... ALSO MORGEN IST GANZ SCHLECHT, ICH MUSS NOCH... WAS ERLEDIGEN ...
ERLE- DIGEN? DU LÜGST DOCH! WILLST DU NICHT MEHR MIT MIR AUS- GEHEN?

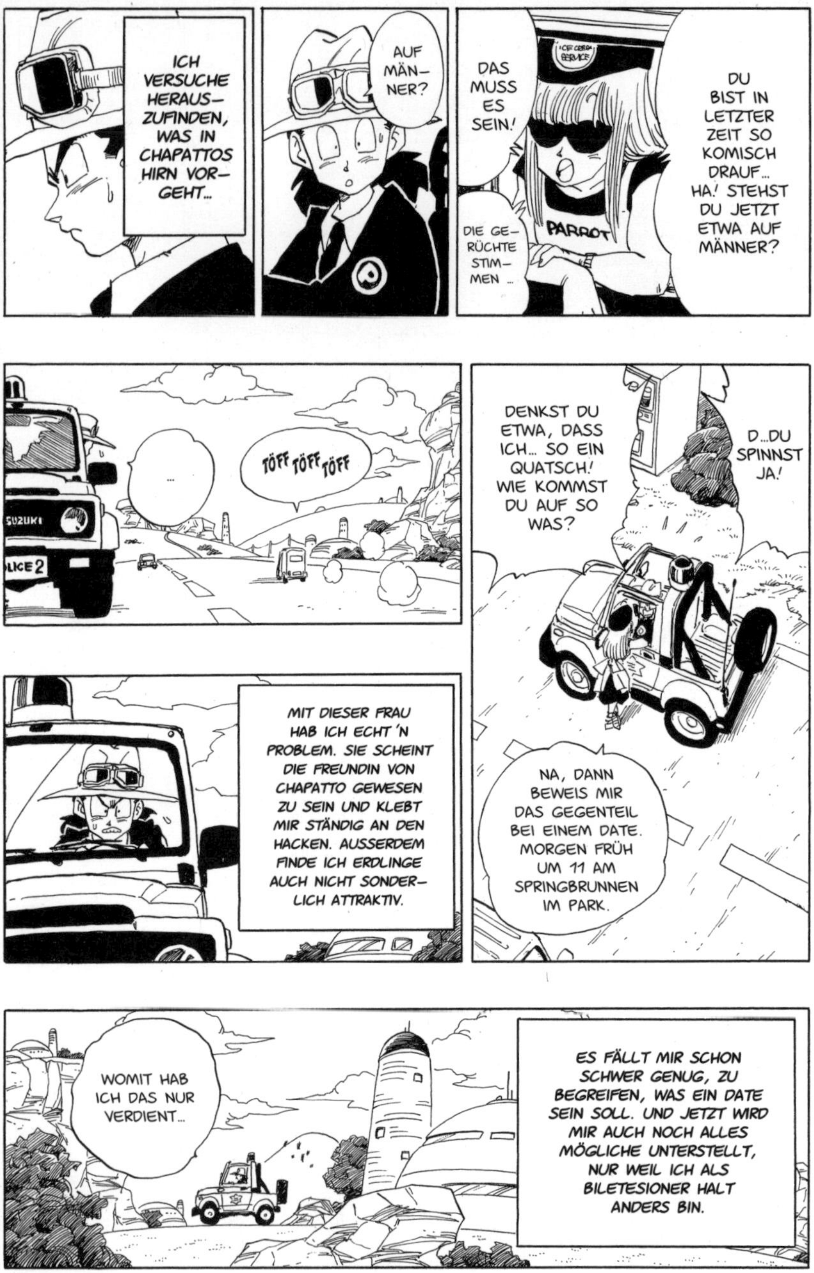

DU BIST IN LETZTER ZEIT SO KOMISCH DRAUF... HA! STEHST DU JETZT ETWA AUF MÄNNER?
DAS MUSS ES SEIN!
DIE GERÜCHTE STIMMEN ...
AUF MÄNNER?
ICH VERSUCHE HERAUSZUFINDEN, WAS IN CHAPATTOS HIRN VORGEHT...
D...DU SPINNST JA!
DENKST DU ETWA, DASS ICH... SO EIN QUATSCH! WIE KOMMST DU AUF SO WAS?
NA, DANN BEWEIS MIR DAS GEGENTEIL BEI EINEM DATE. MORGEN FRÜH UM 11 AM SPRINGBRUNNEN IM PARK.
TÖFF TÖFF TÖFF
...
MIT DIESER FRAU HAB ICH ECHT 'N PROBLEM. SIE SCHEINT DIE FREUNDIN VON CHAPATTO GEWESEN ZU SEIN UND KLEBT MIR STÄNDIG AN DEN HACKEN. AUSSERDEM FINDE ICH ERDLINGE AUCH NICHT SONDERLICH ATTRAKTIV.
ES FÄLLT MIR SCHON SCHWER GENUG, ZU BEGREIFEN, WAS EIN DATE SEIN SOLL. UND JETZT WIRD MIR AUCH NOCH ALLES MÖGLICHE UNTERSTELLT, NUR WEIL ICH ALS BILETESIONER HALT ANDERS BIN.
WOMIT HAB ICH DAS NUR VERDIENT...

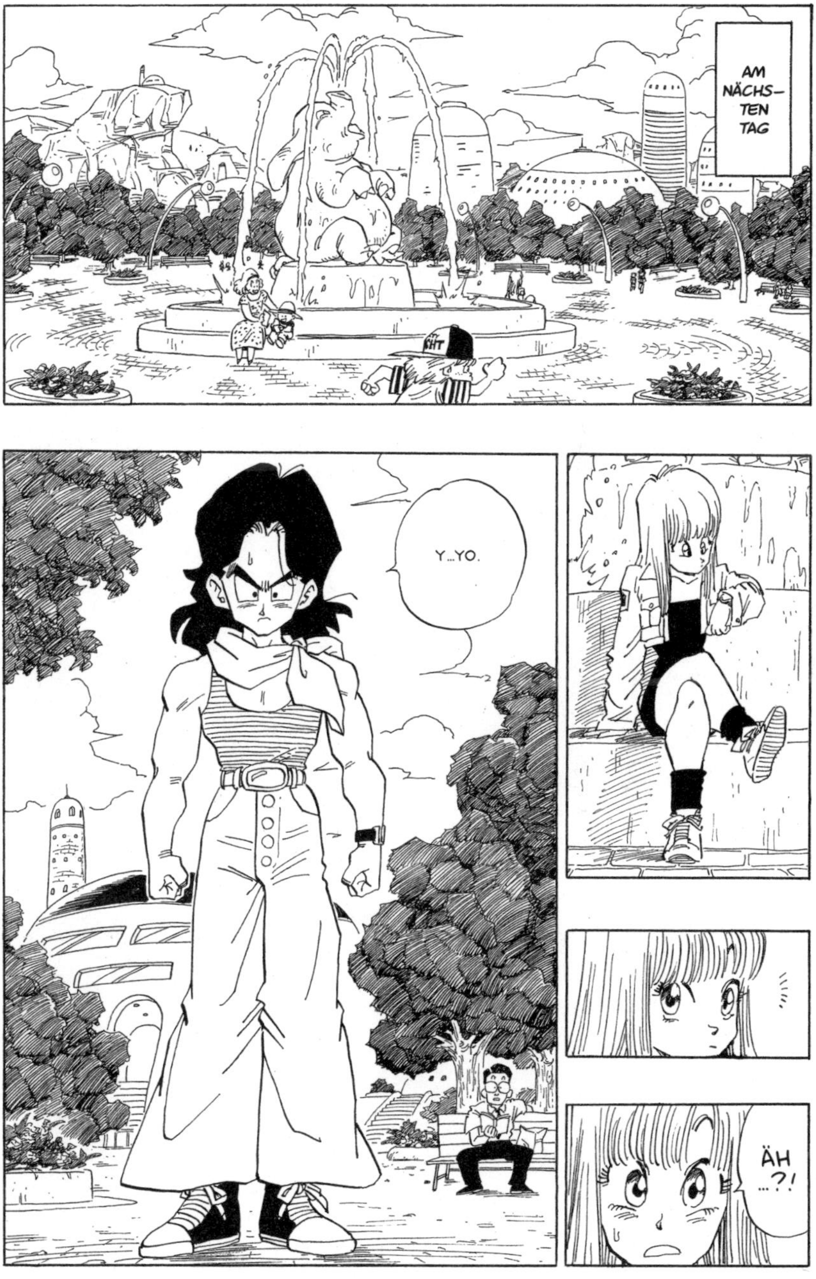
AM NÄCHSTEN TAG
Y…YO.
ÄH …?!

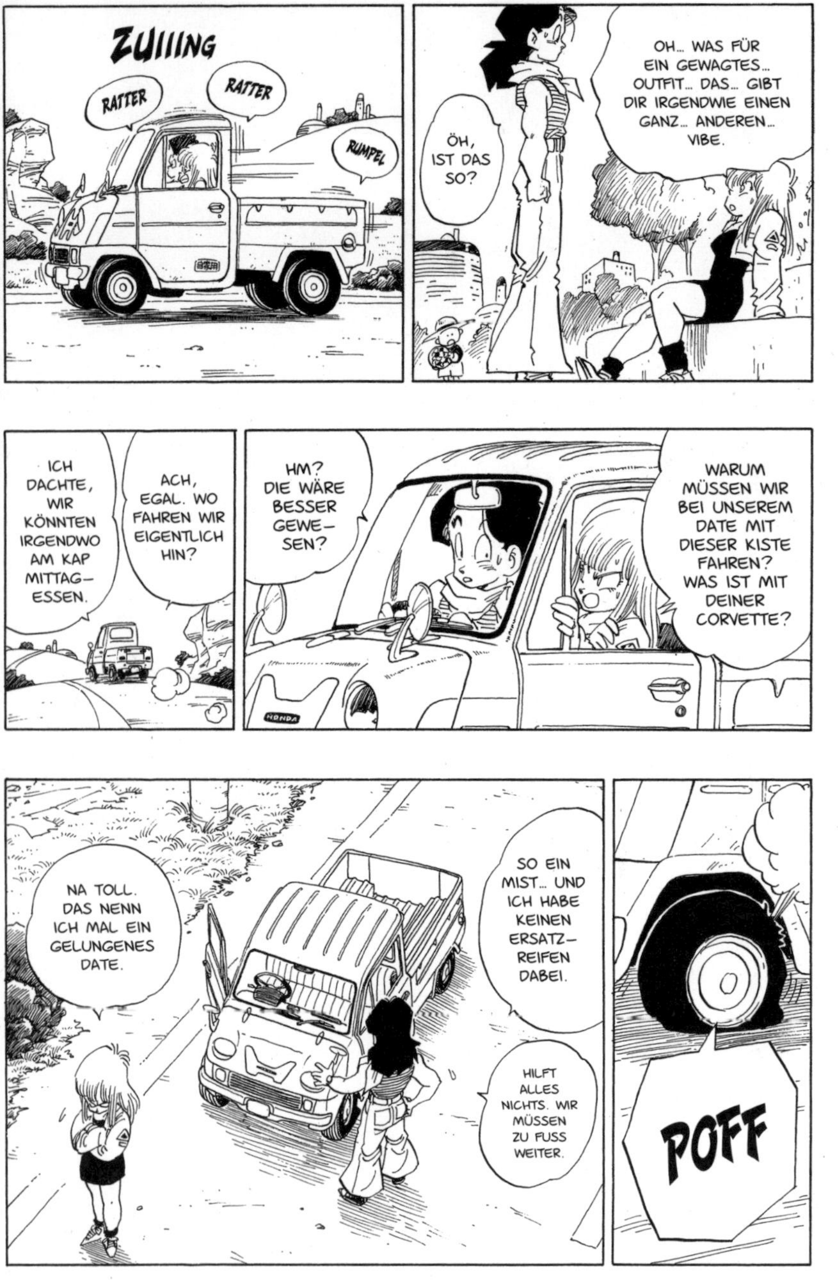
ZUIIING
RATTER
RATTER
RUMPEL
OH... WAS FÜR EIN GEWAGTES... OUTFIT... DAS... GIBT DIR IRGENDWIE EINEN GANZ... ANDEREN... VIBE.
ÖH, IST DAS SO?
WARUM MÜSSEN WIR BEI UNSEREM DATE MIT DIESER KISTE FAHREN? WAS IST MIT DEINER CORVETTE?
HM? DIE WÄRE BESSER GEWE-SEN?
ACH, EGAL. WO FAHREN WIR EIGENTLICH HIN?
ICH DACHTE, WIR KÖNNTEN IRGENDWO AM KAP MITTAG-ESSEN.
POFF
SO EIN MIST... UND ICH HABE KEINEN ERSATZ-REIFEN DABEI.
HILFT ALLES NICHTS. WIR MÜSSEN ZU FUSS WEITER.
NA TOLL. DAS NENN ICH MAL EIN GELUNGENES DATE.

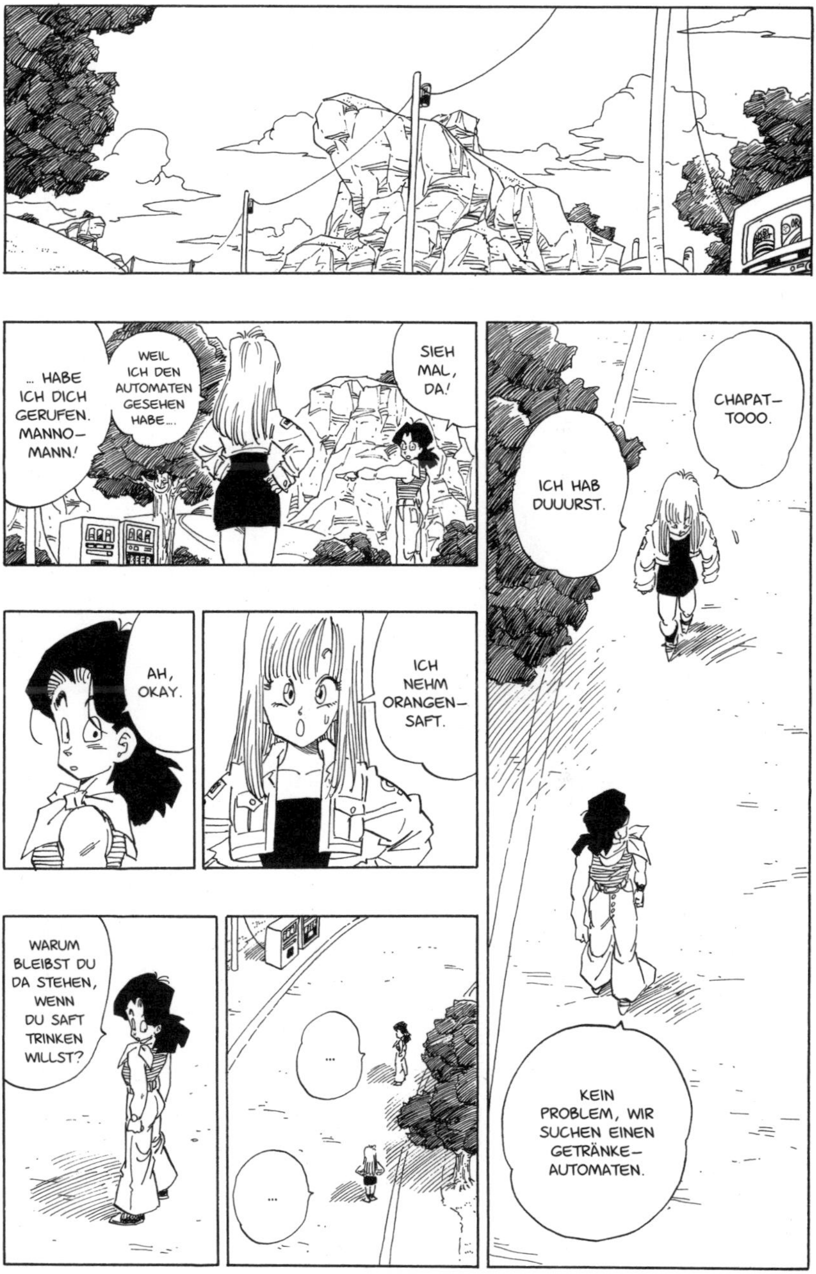

CHAPAT-TOOO.
ICH HAB DUUURST.
KEIN PROBLEM, WIR SUCHEN EINEN GETRÄNKE-AUTOMATEN.
SIEH MAL, DA!
WEIL ICH DEN AUTOMATEN GESEHEN HABE....
... HABE ICH DICH GERUFEN. MANNO-MANN!
BEER
ICH NEHM ORANGEN-SAFT.
AH, OKAY.
...
...
WARUM BLEIBST DU DA STEHEN, WENN DU SAFT TRINKEN WILLST?

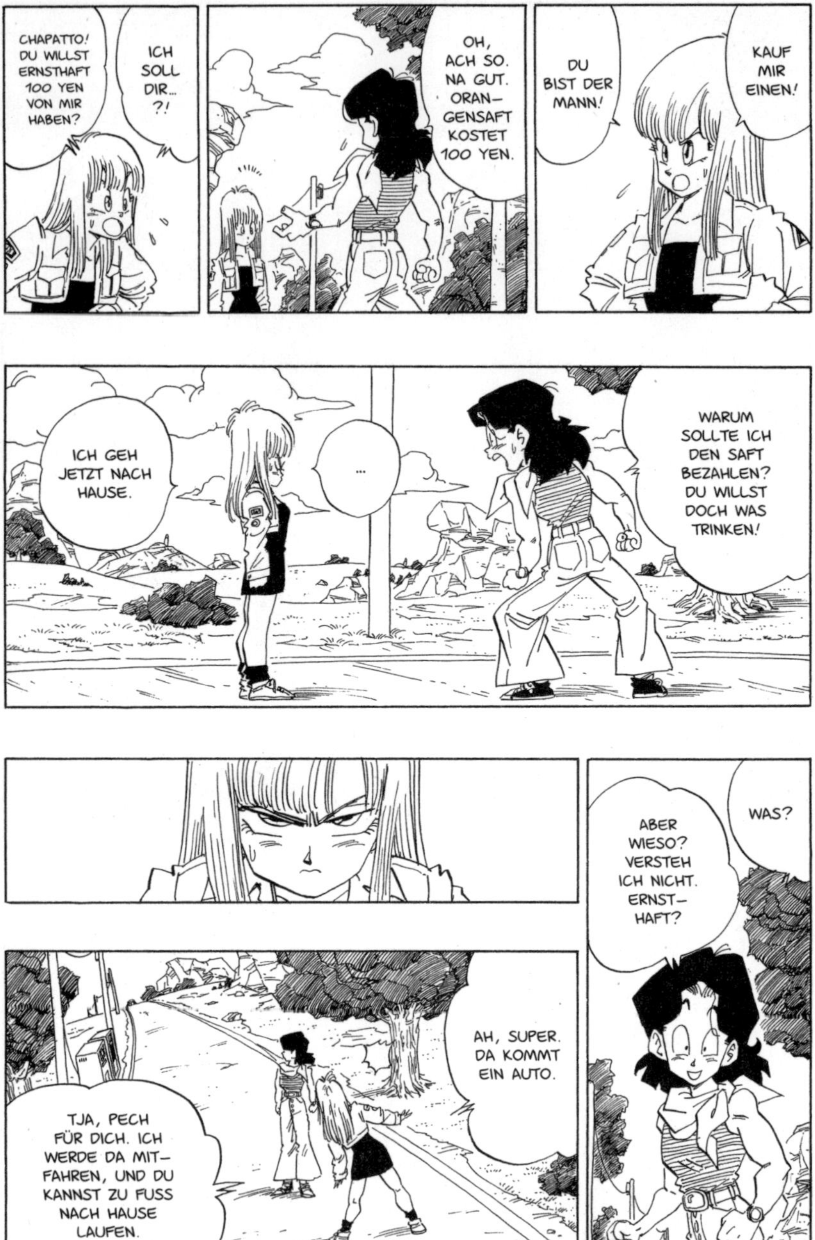
KAUF MIR EINEN!
DU BIST DER MANN!
OH, ACH SO. NA GUT. ORANGENSAFT KOSTET 100 YEN.
ICH SOLL DIR…?!
CHAPATTO! DU WILLST ERNSTHAFT 100 YEN VON MIR HABEN?
WARUM SOLLTE ICH DEN SAFT BEZAHLEN? DU WILLST DOCH WAS TRINKEN!
…
ICH GEH JETZT NACH HAUSE.
WAS?
ABER WIESO? VERSTEH ICH NICHT. ERNSTHAFT?
AH, SUPER. DA KOMMT EIN AUTO.
TJA, PECH FÜR DICH. ICH WERDE DA MITFAHREN, UND DU KANNST ZU FUSS NACH HAUSE LAUFEN.

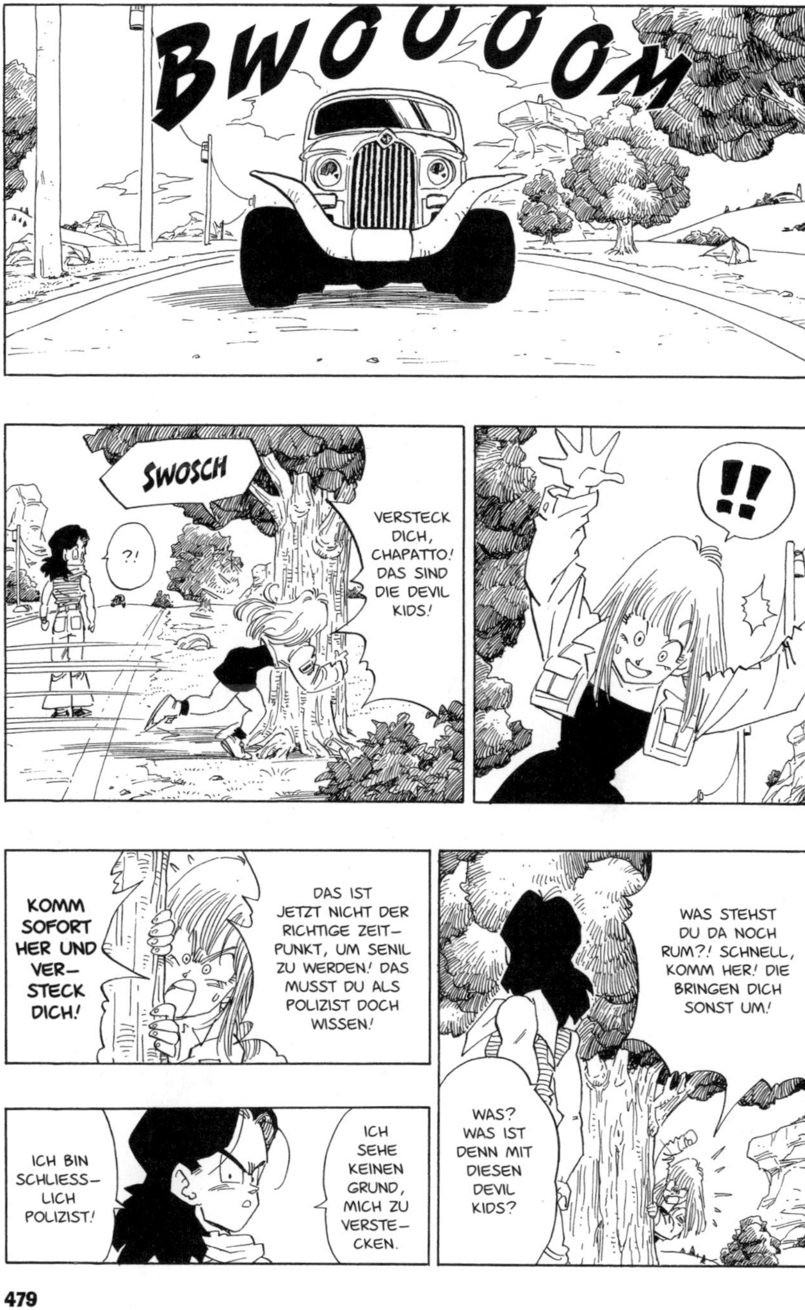
BWOOOOOM
!!
SWOSCH
VERSTECK DICH, CHAPATTO! DAS SIND DIE DEVIL KIDS!
?!
WAS STEHST DU DA NOCH RUM?! SCHNELL, KOMM HER! DIE BRINGEN DICH SONST UM!
WAS? WAS IST DENN MIT DIESEN DEVIL KIDS?
DAS IST JETZT NICHT DER RICHTIGE ZEIT-PUNKT, UM SENIL ZU WERDEN! DAS MUSST DU ALS POLIZIST DOCH WISSEN!
KOMM SOFORT HER UND VER-STECK DICH!
ICH SEHE KEINEN GRUND, MICH ZU VERSTE-CKEN.
ICH BIN SCHLIESS-LICH POLIZIST!

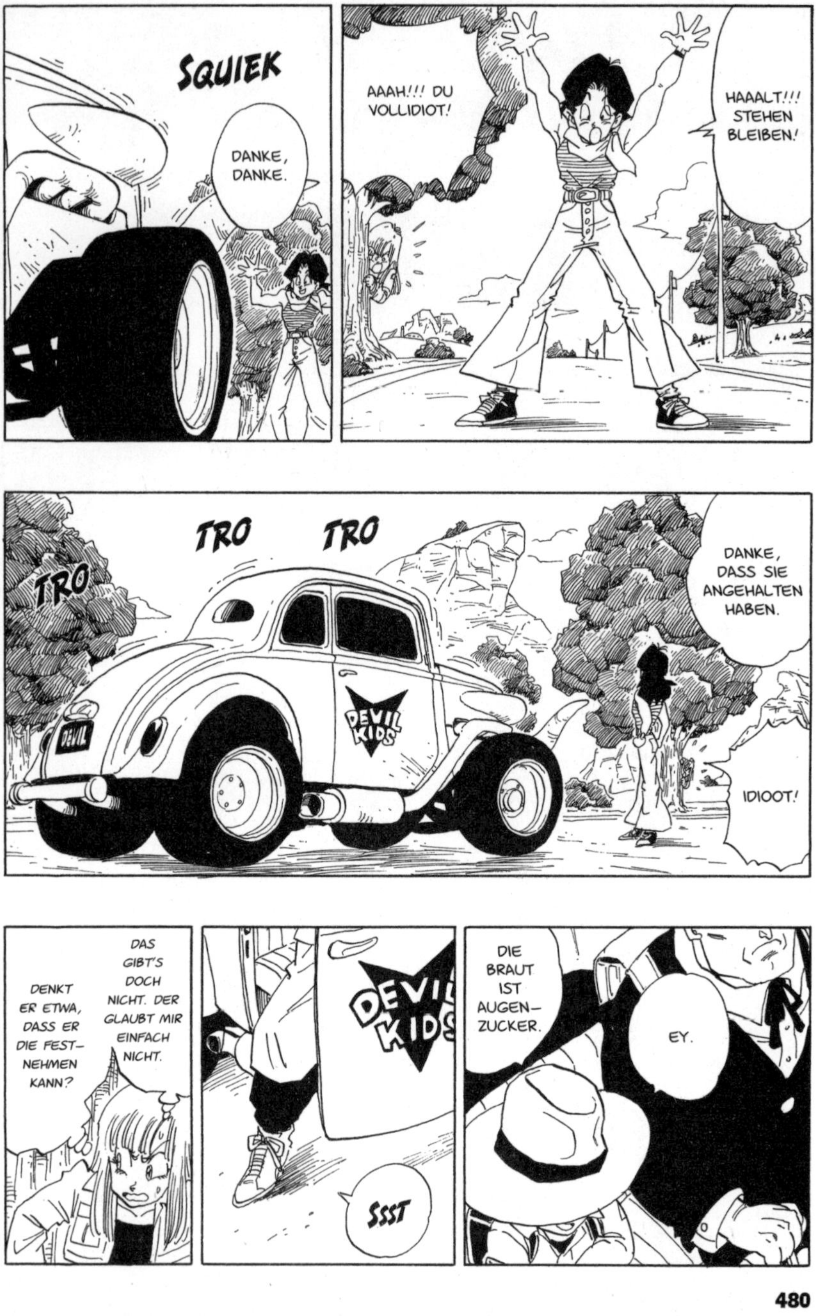
HAAALT!!! STEHEN BLEIBEN!
AAAH!!! DU VOLLIDIOT!
SQUIEK
DANKE, DANKE.
DANKE, DASS SIE ANGEHALTEN HABEN.
IDIOOT!
TRO
TRO
TRO
DIE BRAUT IST AUGEN-ZUCKER.
EY.
DEVIL KIDS
SSST
DAS GIBT'S DOCH NICHT. DER GLAUBT MIR EINFACH NICHT.
DENKT ER ETWA, DASS ER DIE FEST-NEHMEN KANN?

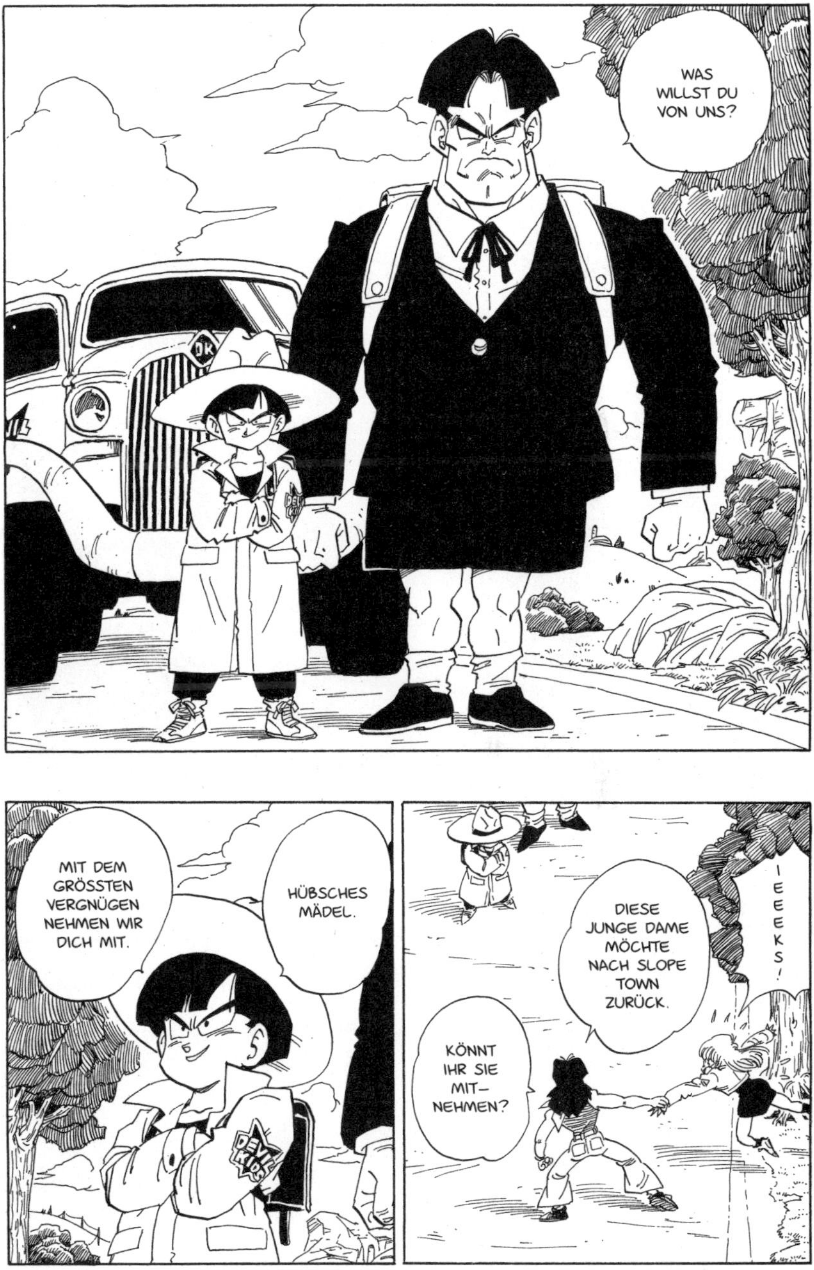
WAS WILLST DU VON UNS?
DIESE JUNGE DAME MÖCHTE NACH SLOPE TOWN ZURÜCK.
KÖNNT IHR SIE MIT-NEHMEN?
IEEEKS!
HÜBSCHES MÄDEL.
MIT DEM GRÖSSTEN VERGNÜGEN NEHMEN WIR DICH MIT.

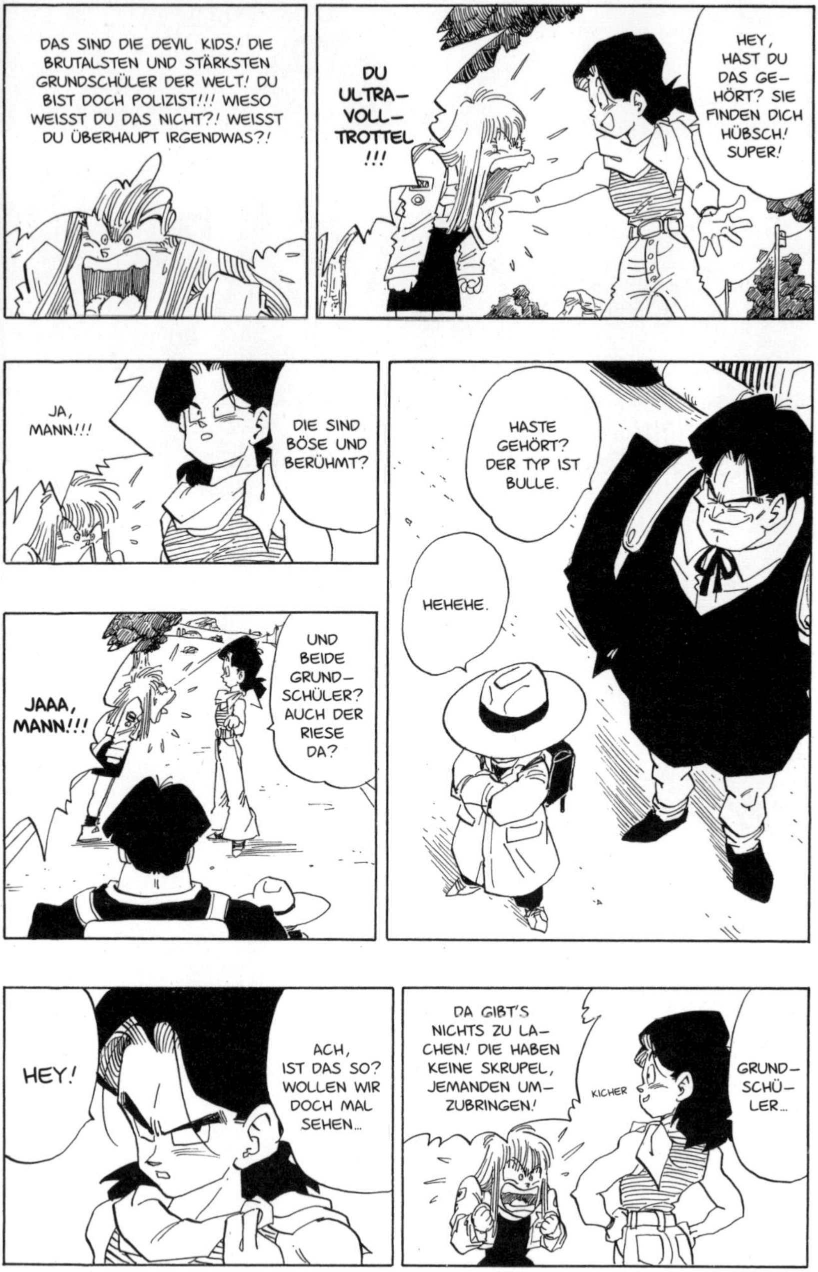
HEY, HAST DU DAS GE-HÖRT? SIE FINDEN DICH HÜBSCH! SUPER!
DU ULTRA-VOLL-TROTTEL!!!
DAS SIND DIE DEVIL KIDS! DIE BRUTALSTEN UND STÄRKSTEN GRUNDSCHÜLER DER WELT! DU BIST DOCH POLIZIST!!! WIESO WEISST DU DAS NICHT?! WEISST DU ÜBERHAUPT IRGENDWAS?!
HASTE GEHÖRT? DER TYP IST BULLE.
HEHEHE.
DIE SIND BÖSE UND BERÜHMT?
JA, MANN!!!
UND BEIDE GRUND-SCHÜLER? AUCH DER RIESE DA?
JAAA, MANN!!!
GRUND-SCHÜ-LER...
KICHER
DA GIBT'S NICHTS ZU LA-CHEN! DIE HABEN KEINE SKRUPEL, JEMANDEN UM-ZUBRINGEN!
ACH, IST DAS SO? WOLLEN WIR DOCH MAL SEHEN...
HEY!

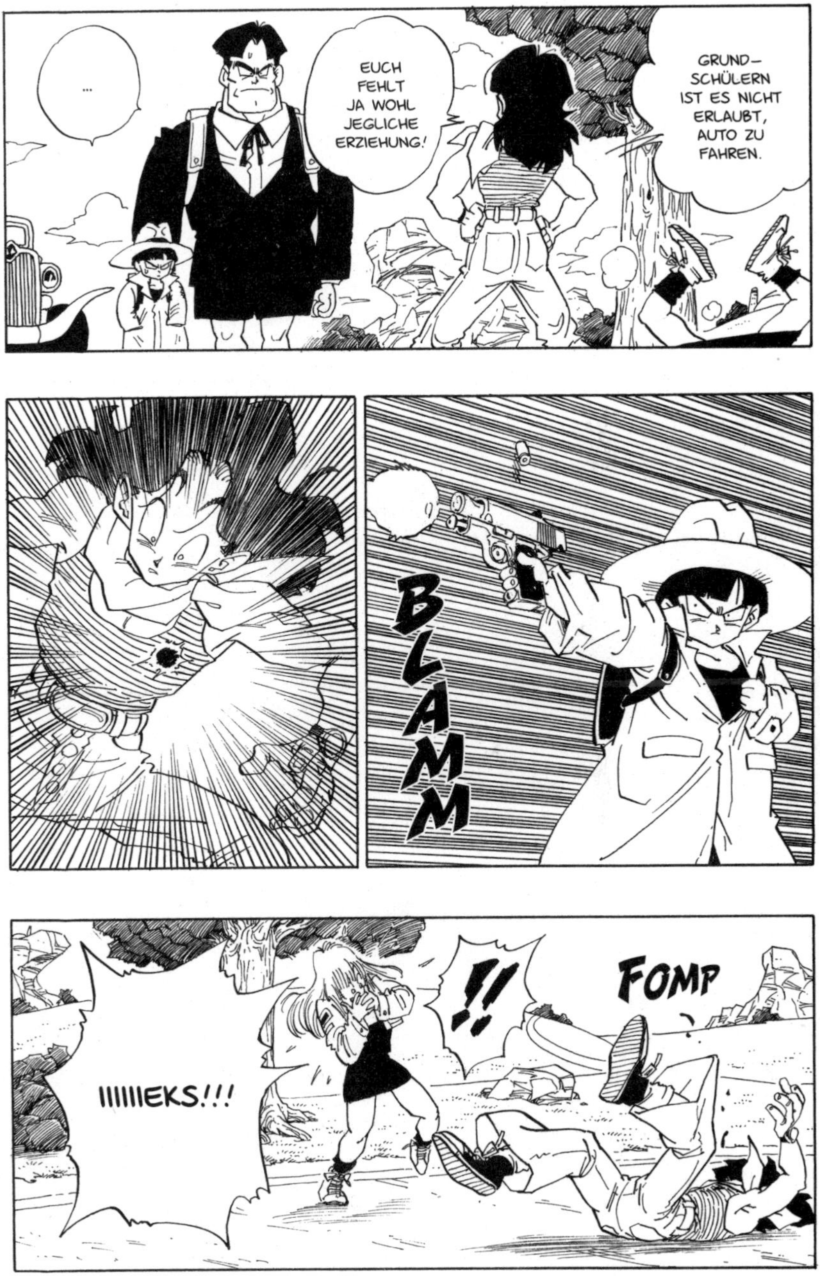
GRUND-SCHÜLERN IST ES NICHT ERLAUBT, AUTO ZU FAHREN.
EUCH FEHLT JA WOHL JEGLICHE ERZIEHUNG!
...
BLAMM
FOMP
!!
IIIIIIEKS!!!

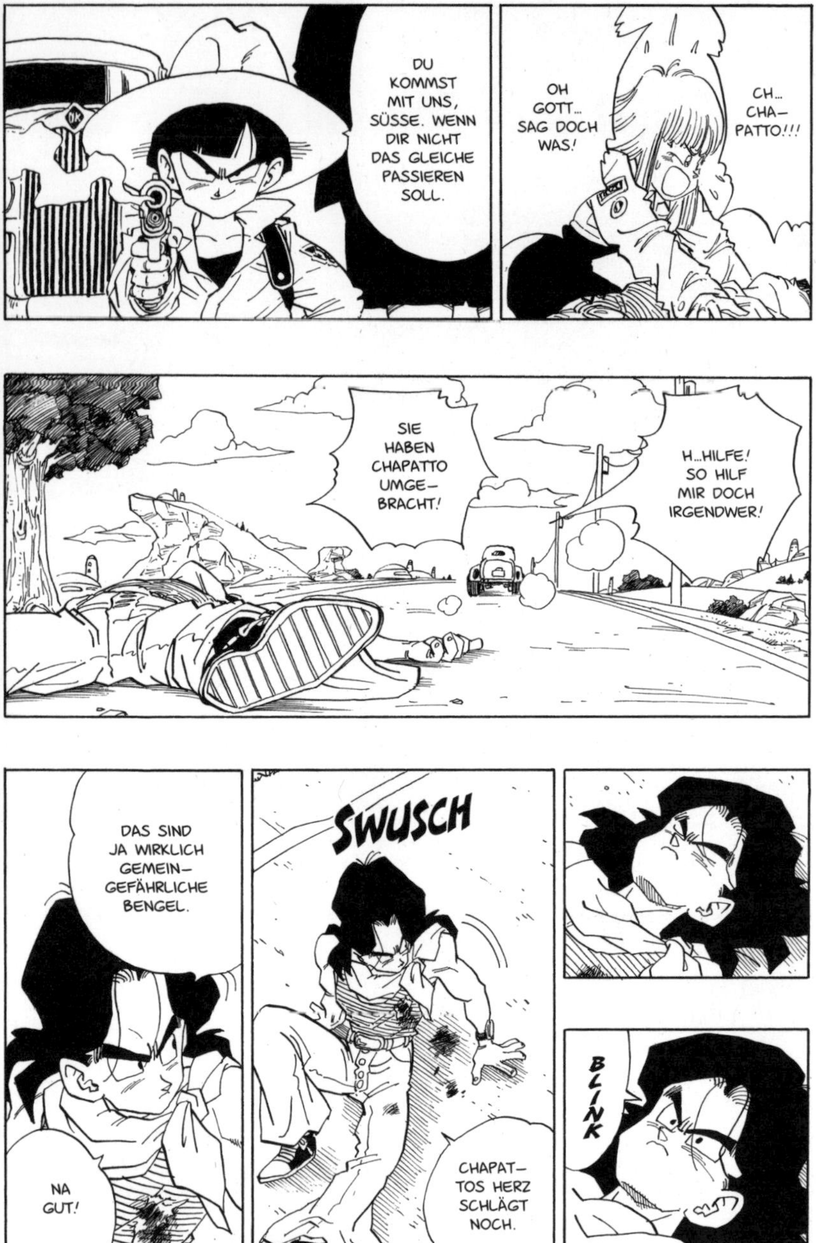
DU KOMMST MIT UNS, SÜSSE. WENN DIR NICHT DAS GLEICHE PASSIEREN SOLL.
OH GOTT... SAG DOCH WAS!
CH... CHA- PATTO!!!
SIE HABEN CHAPATTO UMGE- BRACHT!
H...HILFE! SO HILF MIR DOCH IRGENDWER!
DAS SIND JA WIRKLICH GEMEIN- GEFÄHRLICHE BENGEL.
NA GUT!
SWUSCH
CHAPAT- TOS HERZ SCHLÄGT NOCH.
BLINK

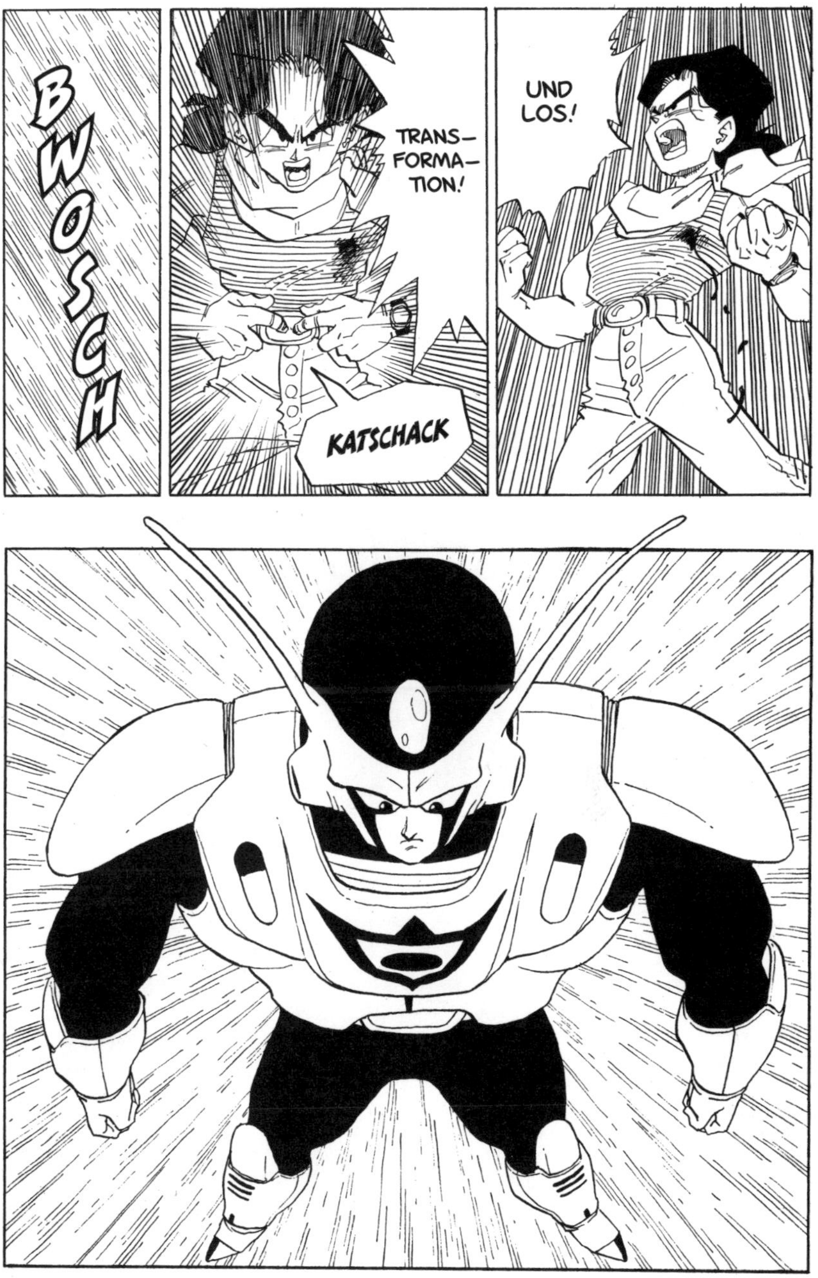
BWOSCH
TRANS-
FORMA-
TION!
KATSCHACK
UND
LOS!

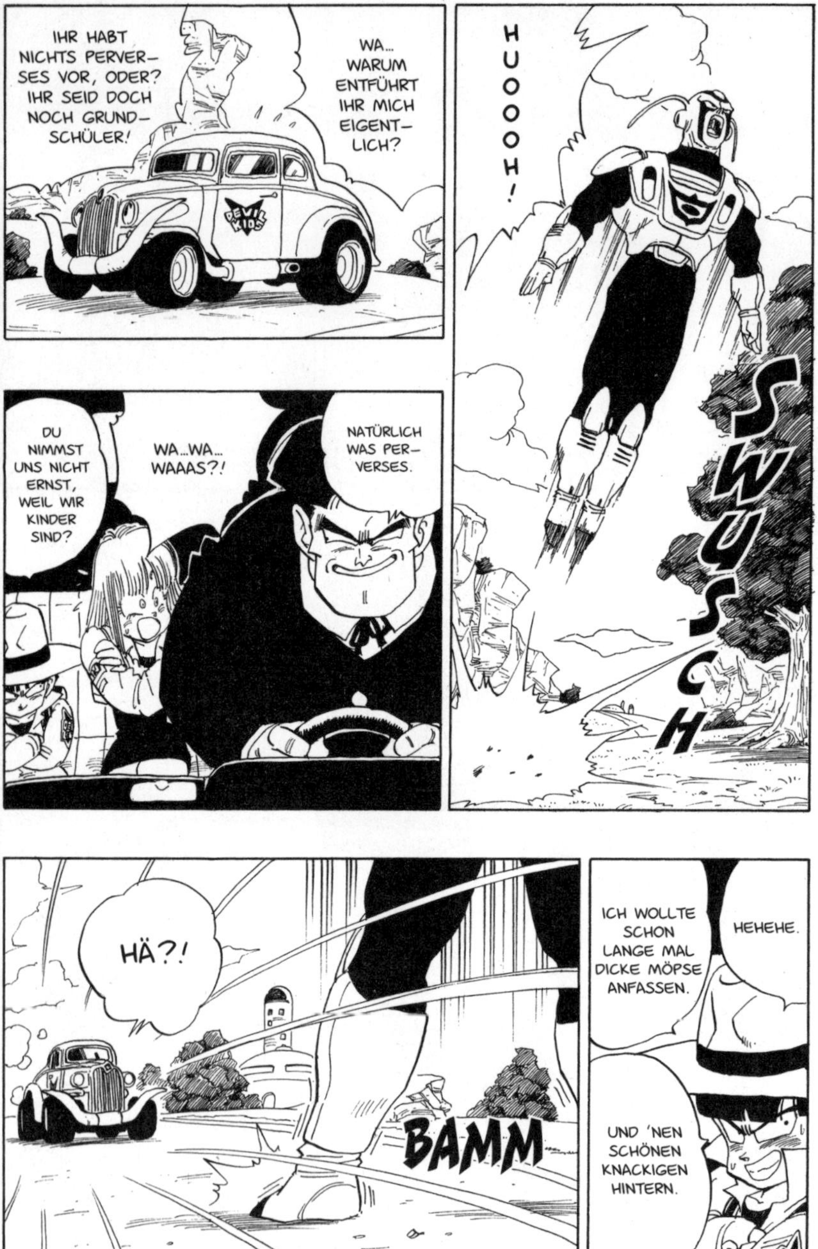
WA... WARUM ENTFÜHRT IHR MICH EIGENTLICH?
IHR HABT NICHTS PERVERSES VOR, ODER? IHR SEID DOCH NOCH GRUNDSCHÜLER!
DEVIL KIDS
HUOOOOH!
SWUSCH
NATÜRLICH WAS PERVERSES.
WA...WA... WAAAS?!
DU NIMMST UNS NICHT ERNST, WEIL WIR KINDER SIND?
HEHEHE.
ICH WOLLTE SCHON LANGE MAL DICKE MÖPSE ANFASSEN.
UND 'NEN SCHÖNEN KNACKIGEN HINTERN.
HÄ?!
BAMM

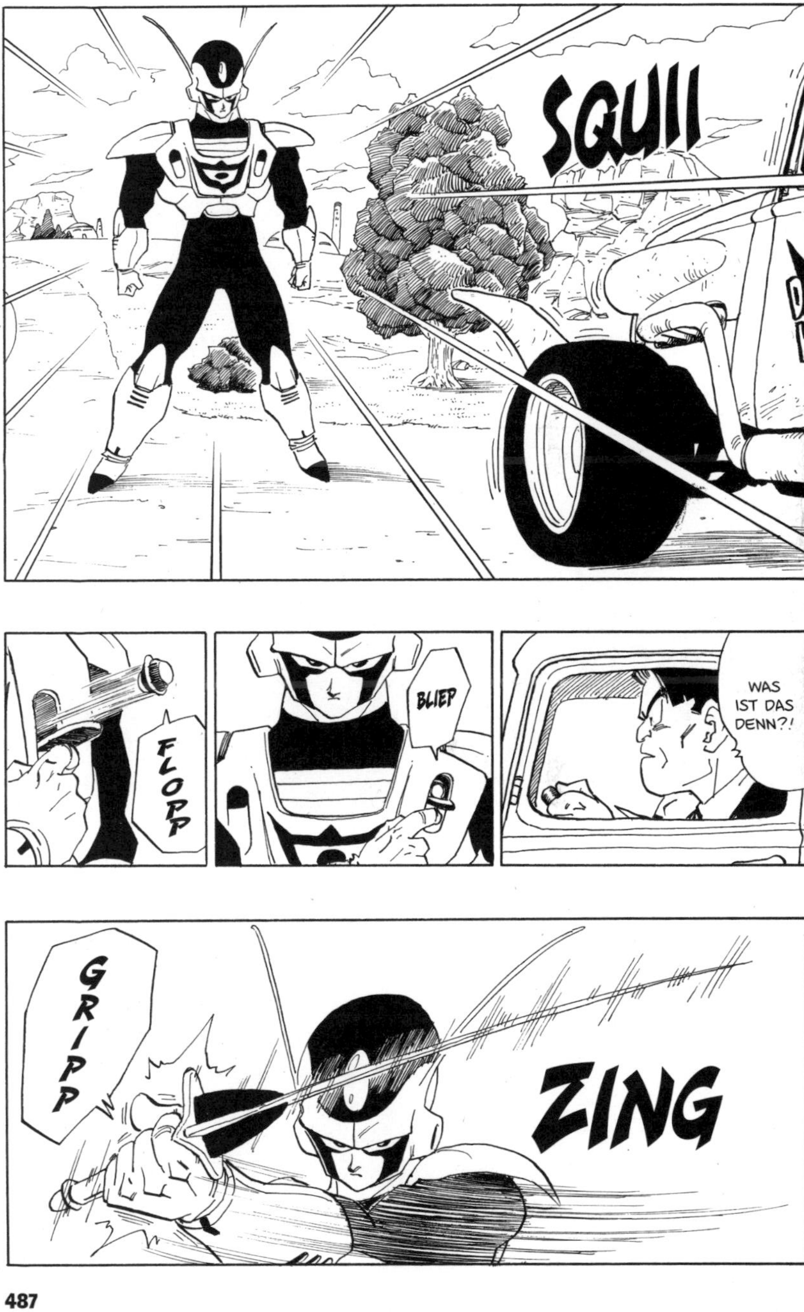
SQUII
WAS IST DAS DENN?!
BLIEP
FLOPP
ZING
GRIPP

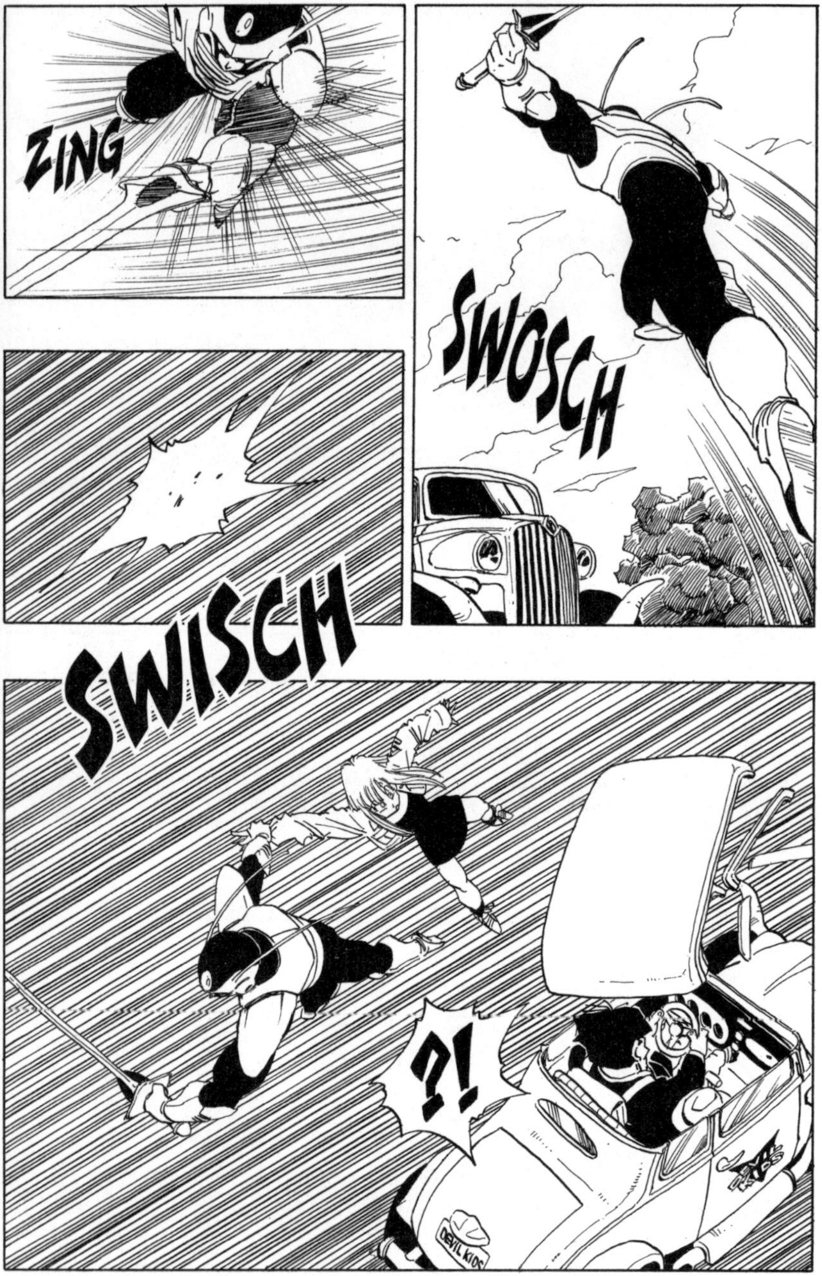
SWOSCH
ZING
SWISCH
?!
DEVIL KIDS

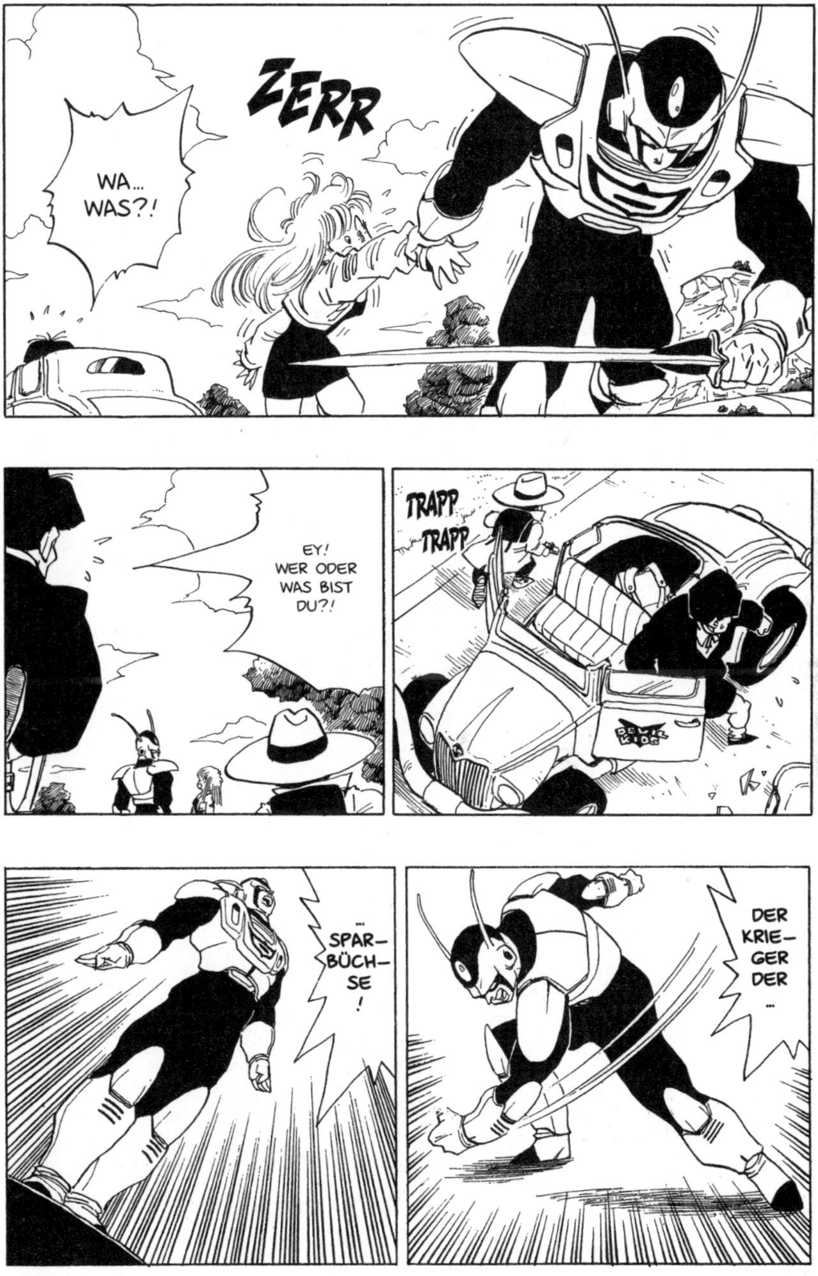
ZERR
WA... WAS?!
TRAPP TRAPP
EY! WER ODER WAS BIST DU?!
DER KRIE-GER DER ...
... SPAR-BÜCH-SE !

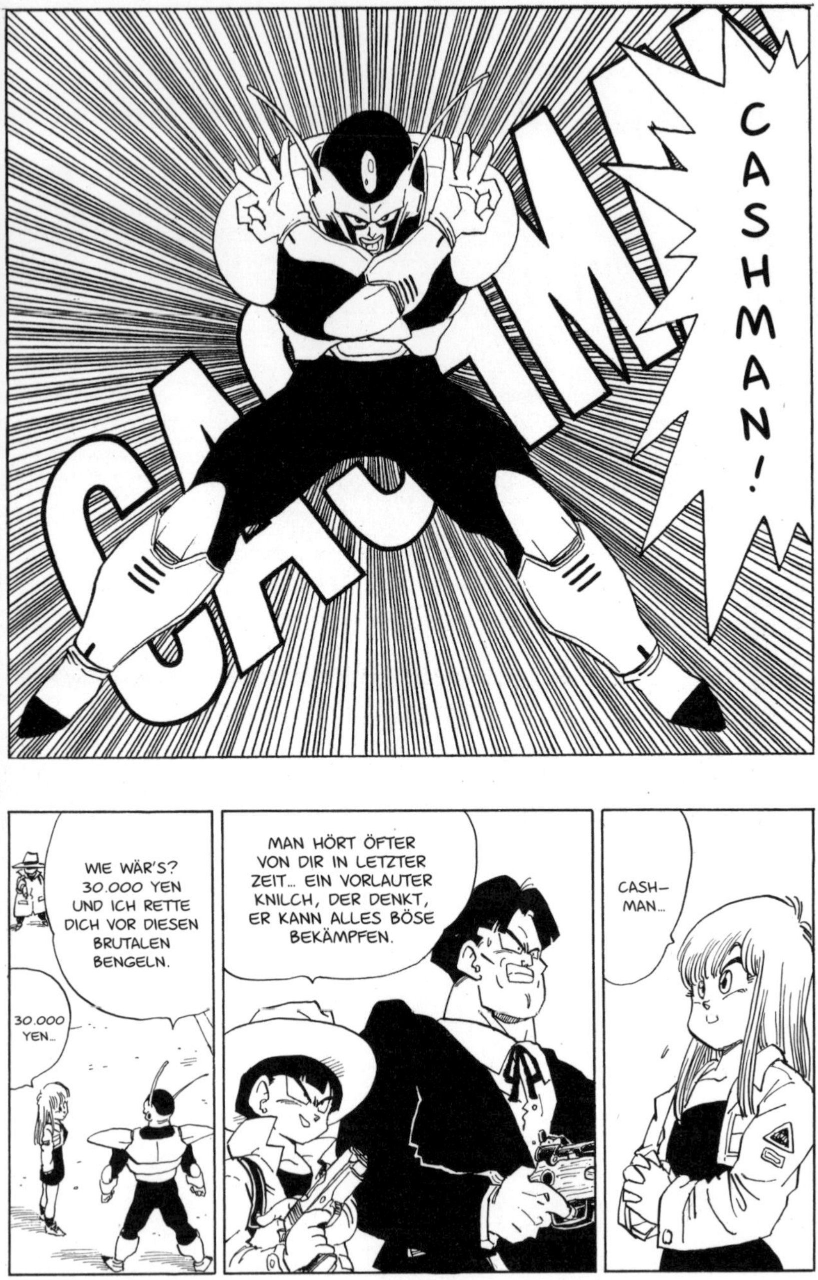
CASHMAN!
CASH-
MAN...
MAN HÖRT ÖFTER VON DIR IN LETZTER ZEIT... EIN VORLAUTER KNILCH, DER DENKT, ER KANN ALLES BÖSE BEKÄMPFEN.
WIE WÄR'S? 30.000 YEN UND ICH RETTE DICH VOR DIESEN BRUTALEN BENGELN.
30.000 YEN...

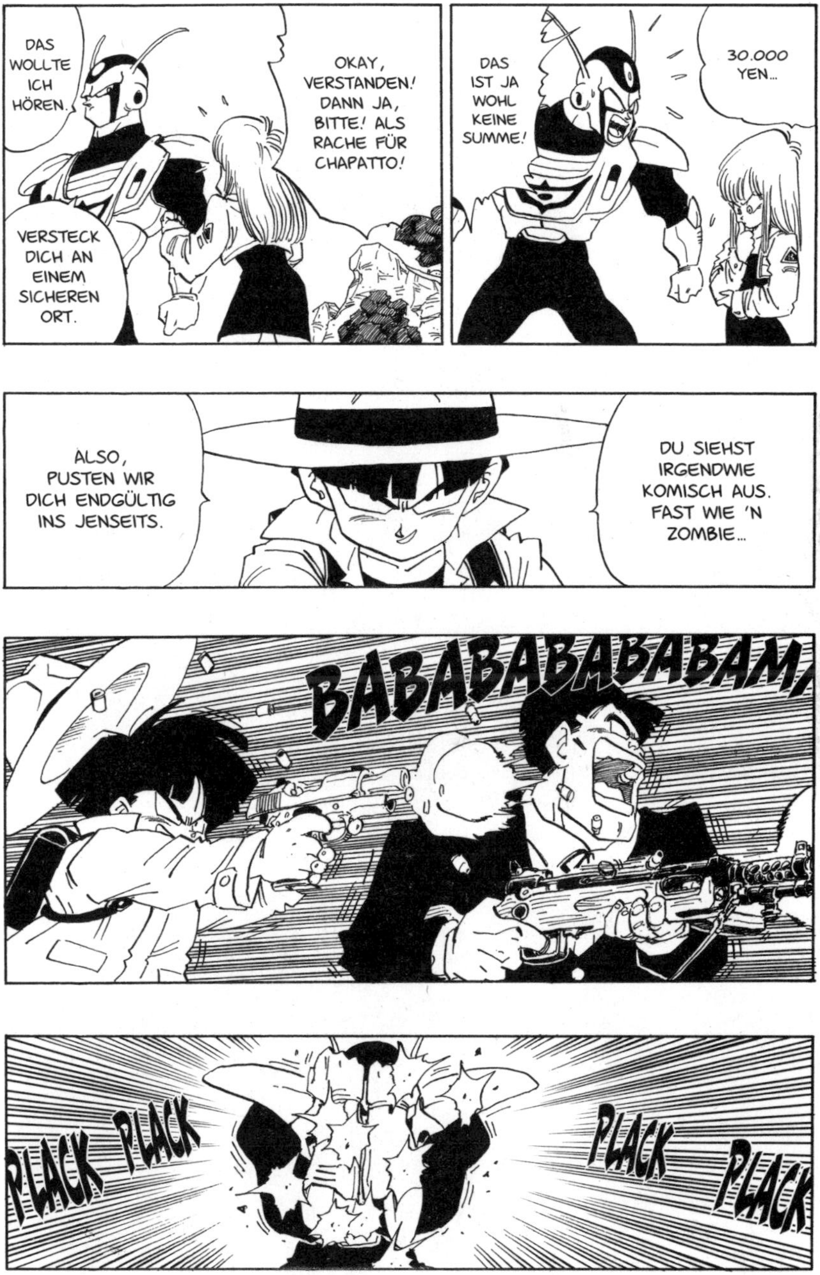

30.000 YEN...
DAS IST JA WOHL KEINE SUMME!
OKAY, VERSTANDEN! DANN JA, BITTE! ALS RACHE FÜR CHAPATTO!
DAS WOLLTE ICH HÖREN.
VERSTECK DICH AN EINEM SICHEREN ORT.
DU SIEHST IRGENDWIE KOMISCH AUS. FAST WIE 'N ZOMBIE...
ALSO, PUSTEN WIR DICH ENDGÜLTIG INS JENSEITS.
BABABABABABABAM
PLACK
PLACK
PLACK
PLACK

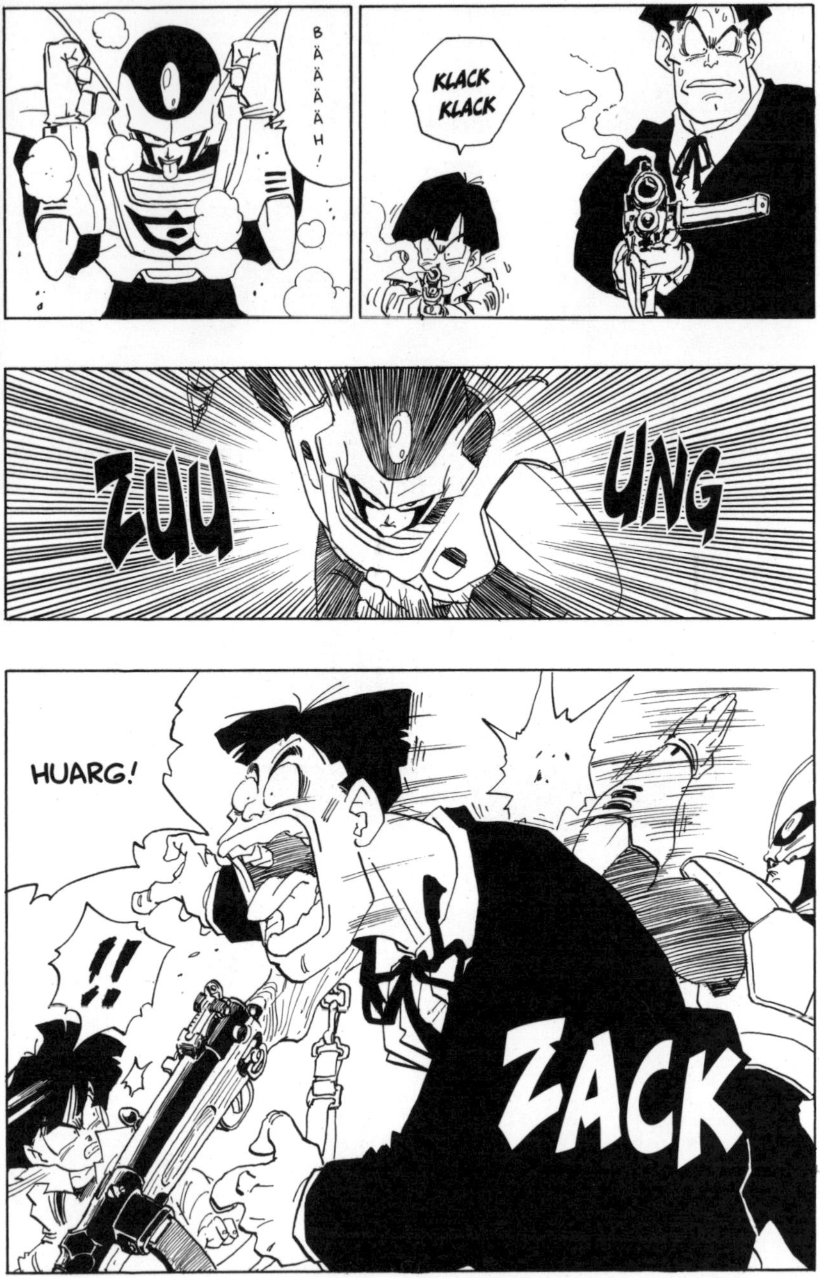
KLACK
KLACK
BÄÄÄH!
ZUU
UNG
HUARG!
!!
ZACK

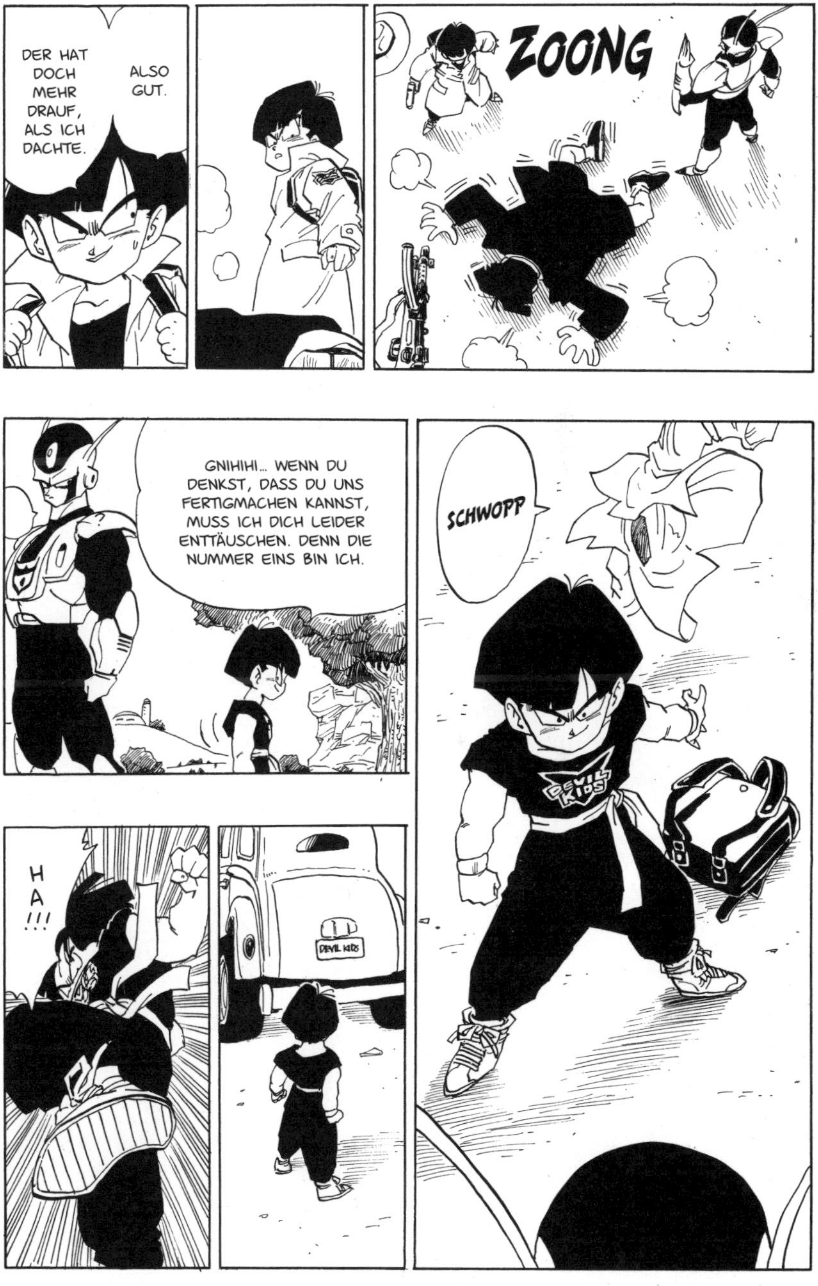
ZOONG
ALSO GUT.
DER HAT DOCH MEHR DRAUF, ALS ICH DACHTE.
SCHWOPP
GNIHIHI... WENN DU DENKST, DASS DU UNS FERTIGMACHEN KANNST, MUSS ICH DICH LEIDER ENTTÄUSCHEN. DENN DIE NUMMER EINS BIN ICH.
DEVIL KIDS
DEVIL KIDS
HA!!!

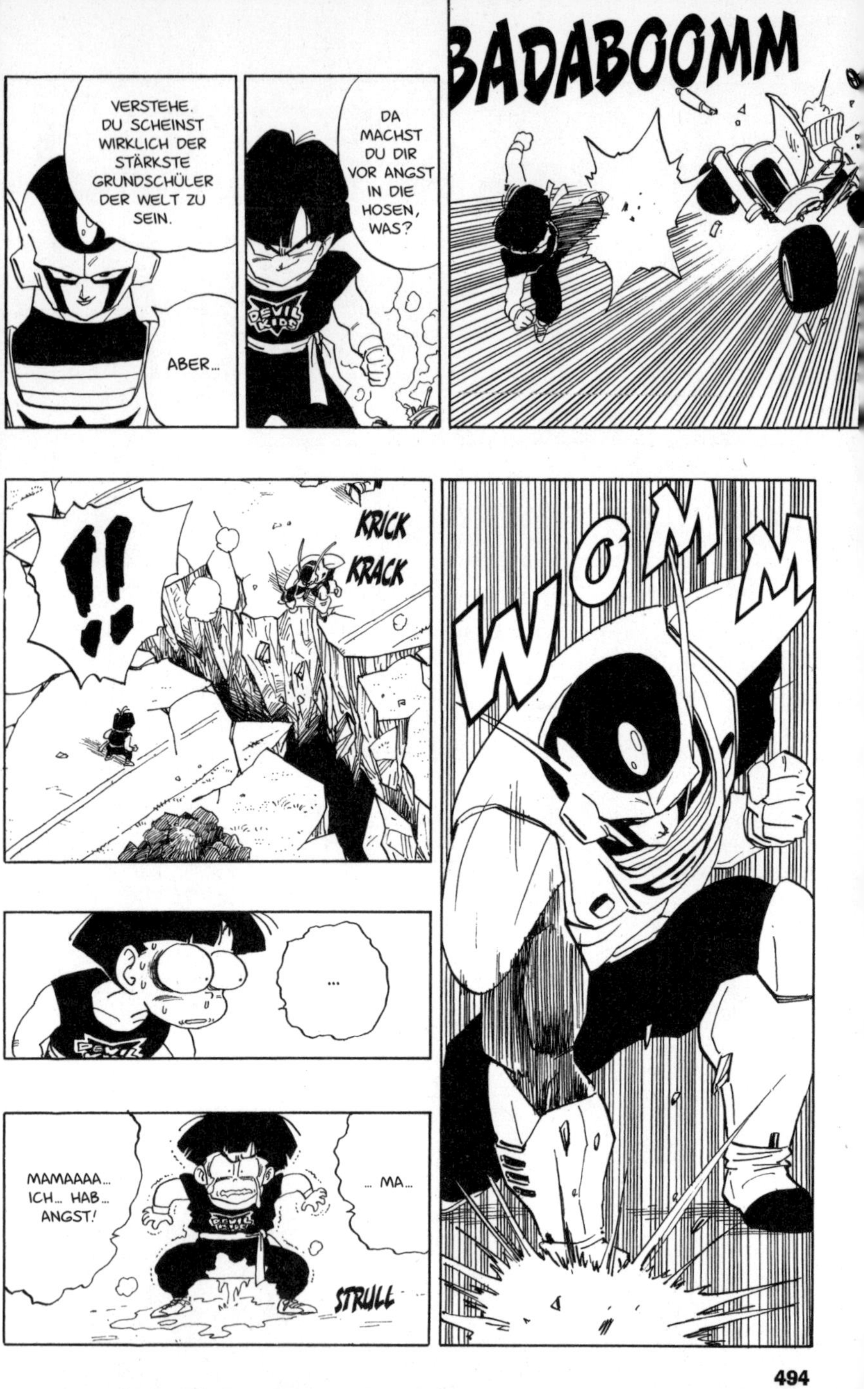
BADABOOMM
DA MACHST DU DIR VOR ANGST IN DIE HOSEN, WAS?
VERSTEHE. DU SCHEINST WIRKLICH DER STÄRKSTE GRUNDSCHÜLER DER WELT ZU SEIN.
ABER...
WOMM
KRICK KRACK
!!
...
... MA...
MAMAAAA... ICH... HAB... ANGST!
STRULL

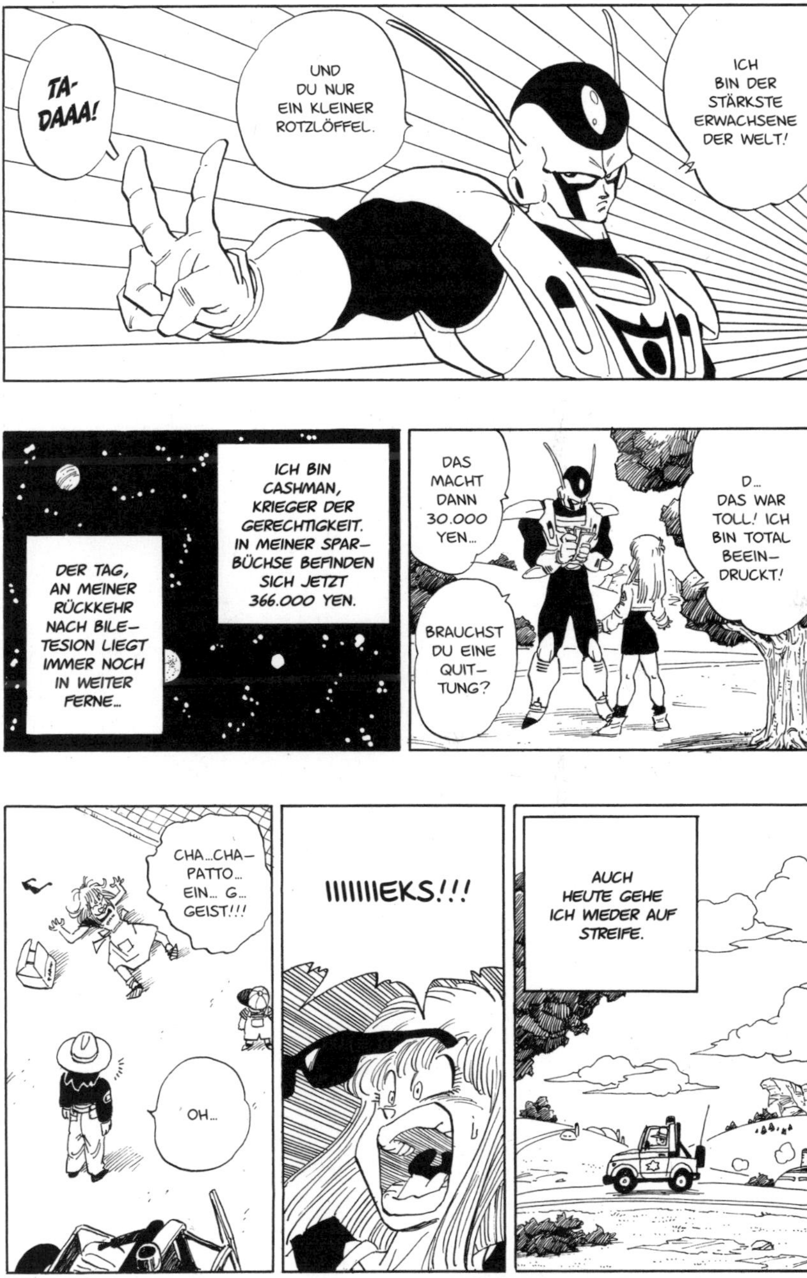

ERSCHIENEN IM MAGAZIN V JUMP VOM 26.6.1991

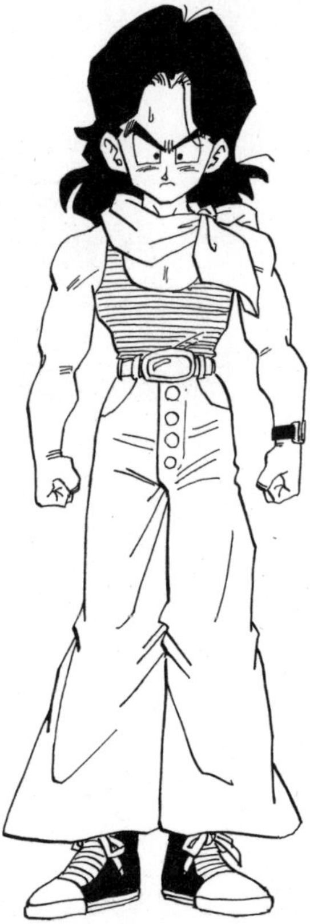

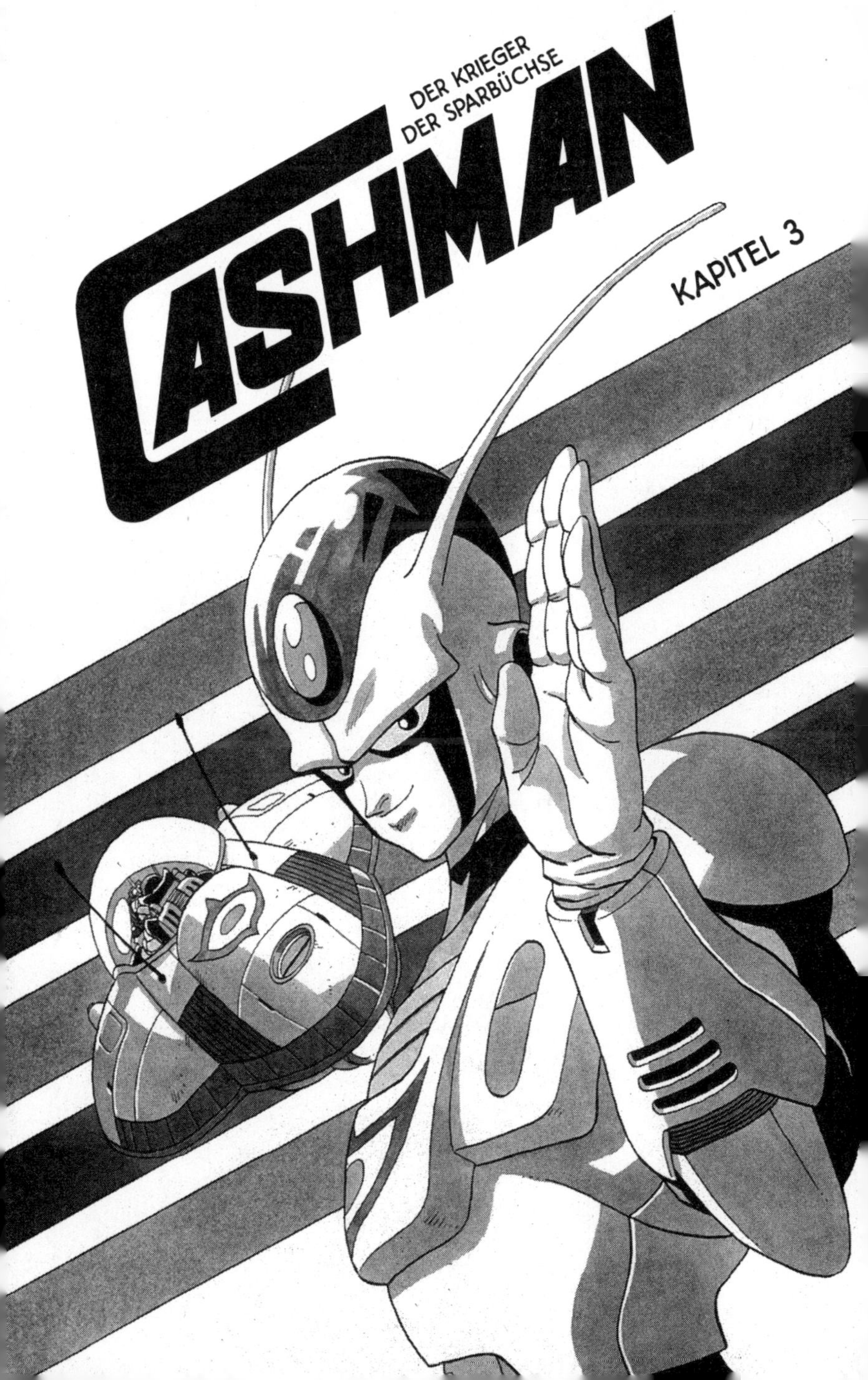
CASHMAN
DER KRIEGER
DER SPARBÜCHSE
KAPITEL 3

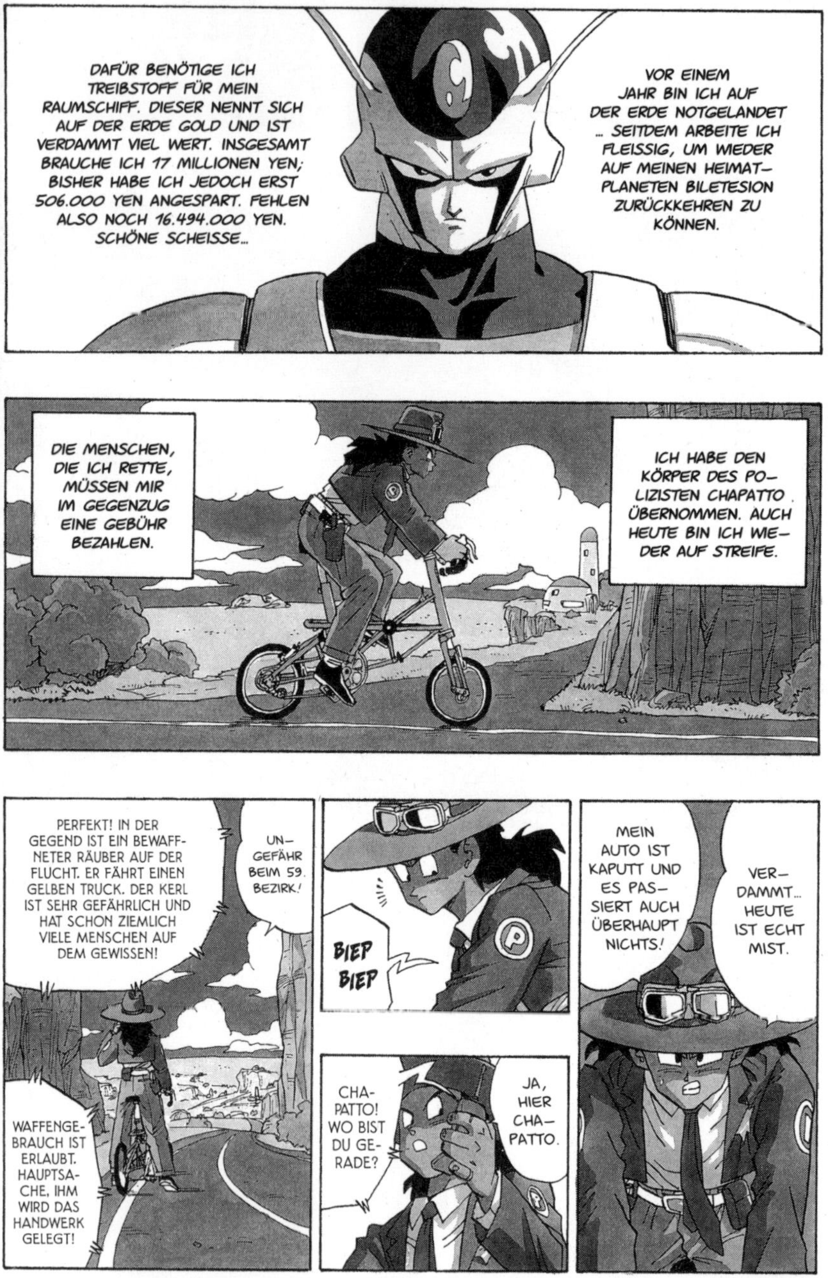
VOR EINEM JAHR BIN ICH AUF DER ERDE NOTGELANDET … SEITDEM ARBEITE ICH FLEISSIG, UM WIEDER AUF MEINEN HEIMAT-PLANETEN BILETESION ZURÜCKKEHREN ZU KÖNNEN.
DAFÜR BENÖTIGE ICH TREIBSTOFF FÜR MEIN RAUMSCHIFF. DIESER NENNT SICH AUF DER ERDE GOLD UND IST VERDAMMT VIEL WERT. INSGESAMT BRAUCHE ICH 17 MILLIONEN YEN; BISHER HABE ICH JEDOCH ERST 506.000 YEN ANGESPART. FEHLEN ALSO NOCH 16.494.000 YEN. SCHÖNE SCHEISSE…
ICH HABE DEN KÖRPER DES PO-LIZISTEN CHAPATTO ÜBERNOMMEN. AUCH HEUTE BIN ICH WIE-DER AUF STREIFE.
DIE MENSCHEN, DIE ICH RETTE, MÜSSEN MIR IM GEGENZUG EINE GEBÜHR BEZAHLEN.
VER-DAMMT… HEUTE IST ECHT MIST.
MEIN AUTO IST KAPUTT UND ES PAS-SIERT AUCH ÜBERHAUPT NICHTS!
BIEP BIEP
CHA-PATTO! WO BIST DU GE-RADE?
JA, HIER CHA-PATTO.
UN-GEFÄHR BEIM 59. BEZIRK!
PERFEKT! IN DER GEGEND IST EIN BEWAFF-NETER RÄUBER AUF DER FLUCHT. ER FÄHRT EINEN GELBEN TRUCK. DER KERL IST SEHR GEFÄHRLICH UND HAT SCHON ZIEMLICH VIELE MENSCHEN AUF DEM GEWISSEN!
WAFFENGE-BRAUCH IST ERLAUBT. HAUPTSA-CHE, IHM WIRD DAS HANDWERK GELEGT!

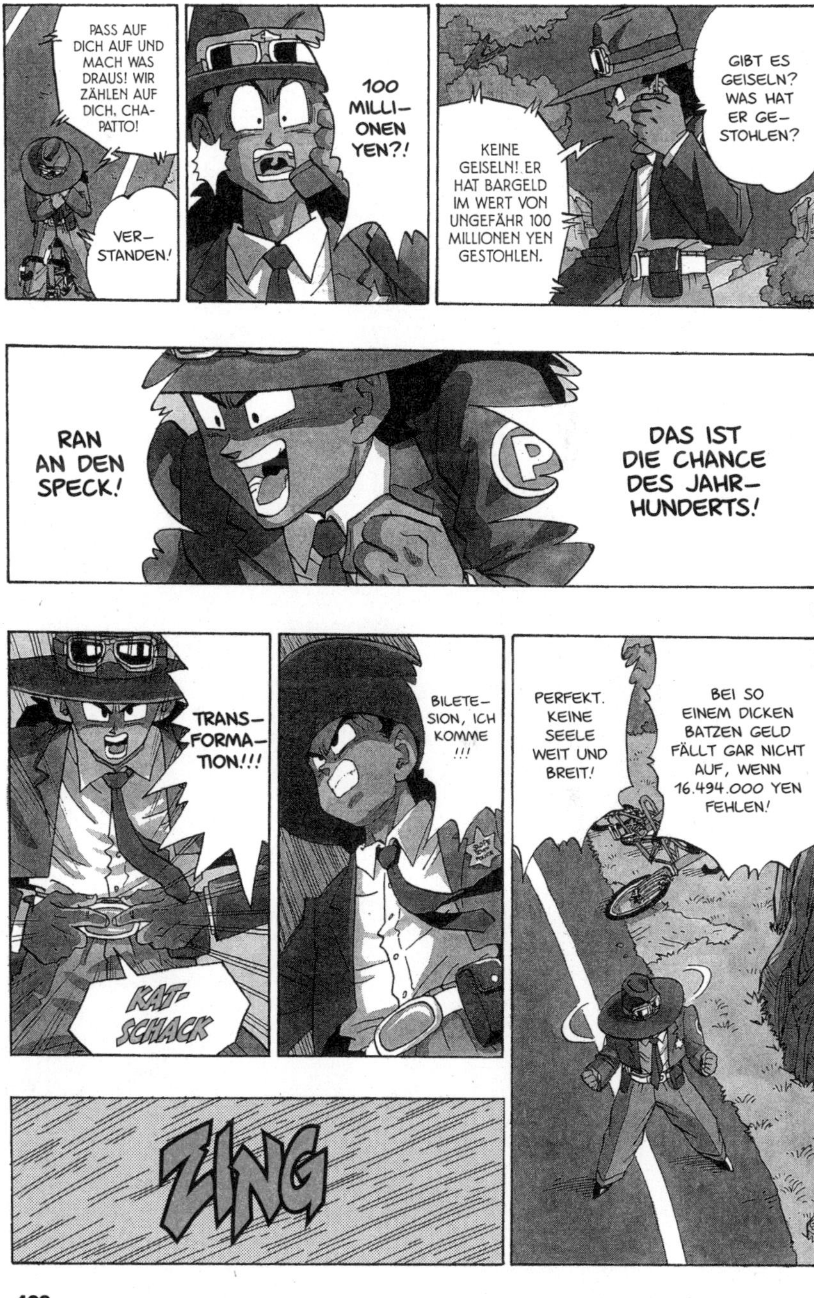
PASS AUF DICH AUF UND MACH WAS DRAUS! WIR ZÄHLEN AUF DICH, CHAPATTO!
VERSTANDEN!
100 MILLIONEN YEN?!
GIBT ES GEISELN? WAS HAT ER GESTOHLEN?
KEINE GEISELN! ER HAT BARGELD IM WERT VON UNGEFÄHR 100 MILLIONEN YEN GESTOHLEN.
RAN AN DEN SPECK!
DAS IST DIE CHANCE DES JAHRHUNDERTS!
TRANSFORMATION!!!
KAT-SCHACK
BILETESION, ICH KOMME!!!
ZING
PERFEKT. KEINE SEELE WEIT UND BREIT!
BEI SO EINEM DICKEN BATZEN GELD FÄLLT GAR NICHT AUF, WENN 16.494.000 YEN FEHLEN!

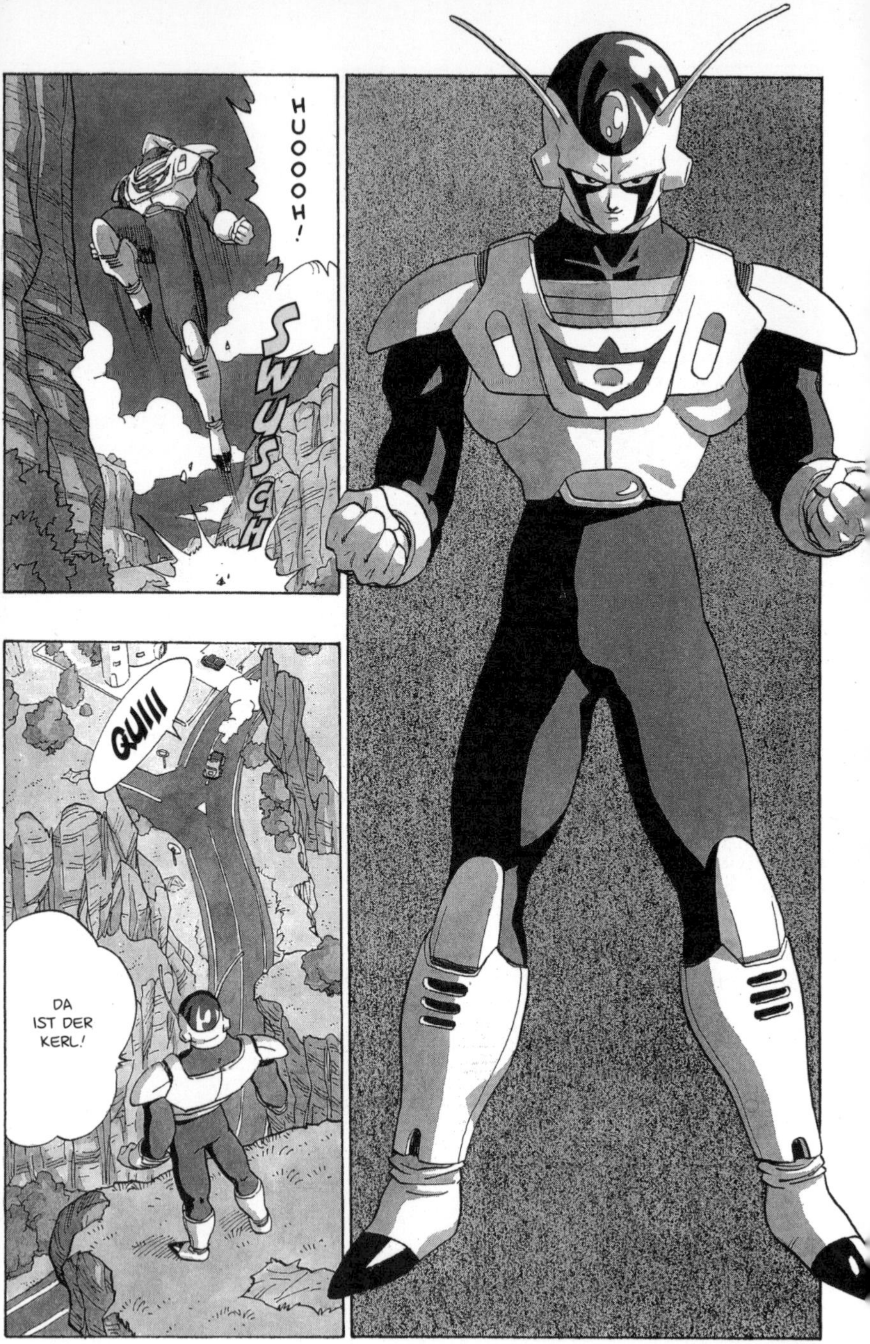
HUOOOOH!
SWUSCH
QUIII
DA IST DER KERL!

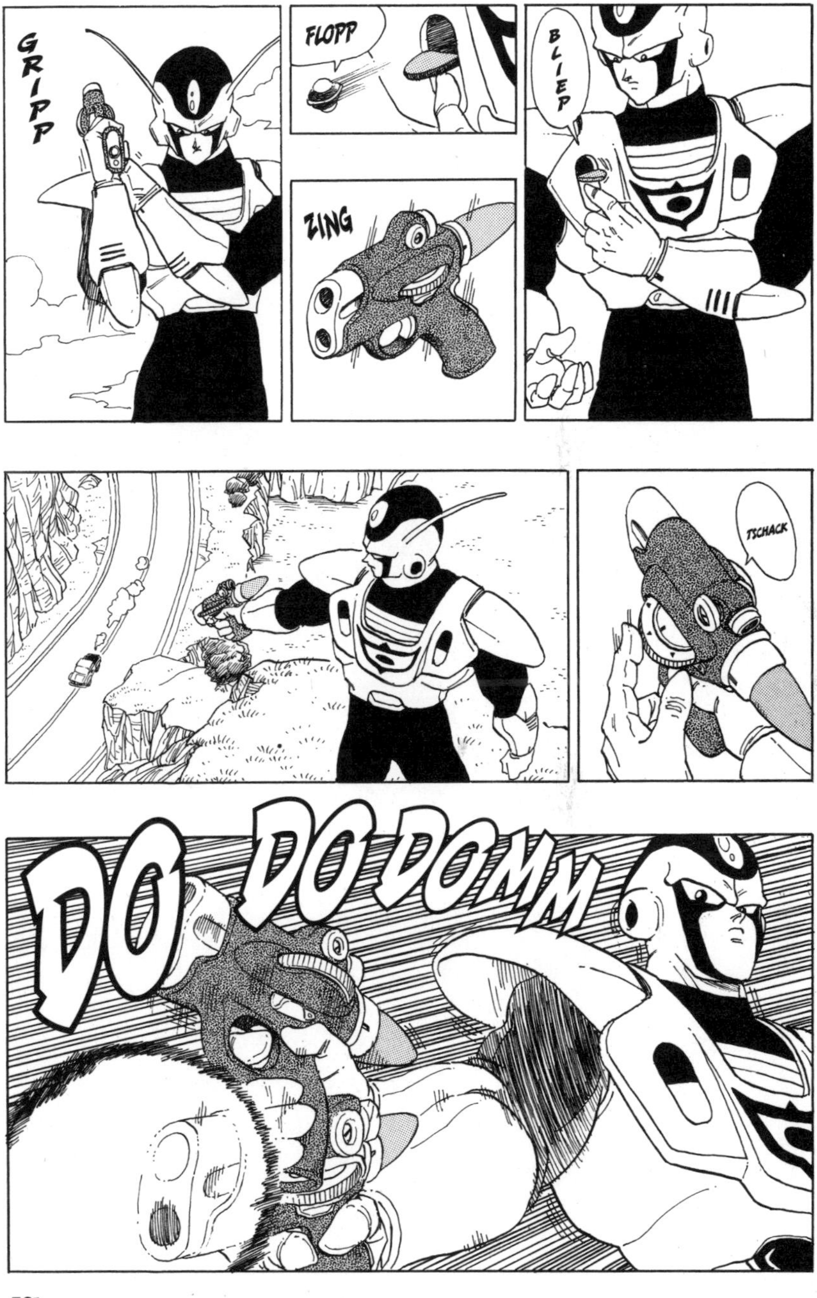

GRIPP
FLOPP
ZING
BLIEP
TSCHACK
DO DO DOMM

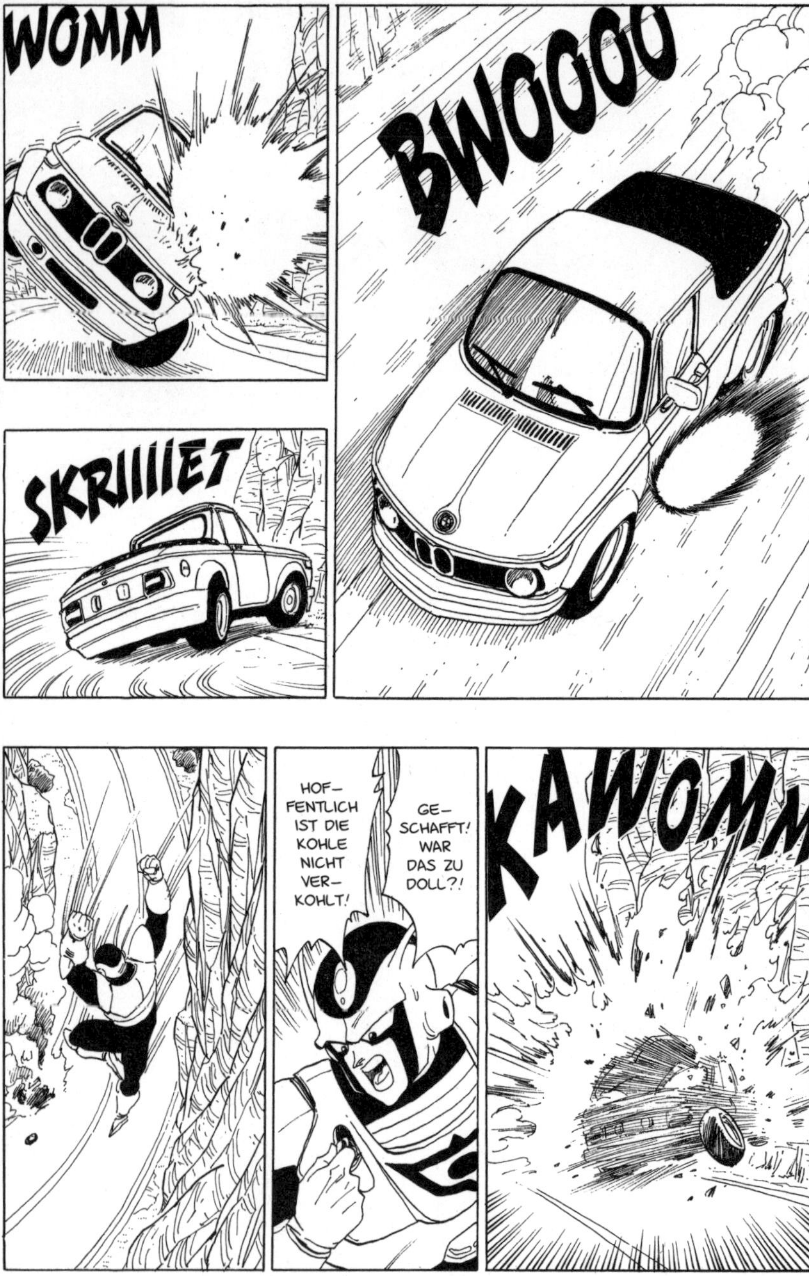
WOMM
BWOOOO
SKRIIIIET
HOF-
FENTLICH
IST DIE
KOHLE
NICHT
VER-
KOHLT!
GE-
SCHAFFT!
WAR
DAS ZU
DOLL?!
KAWOMM

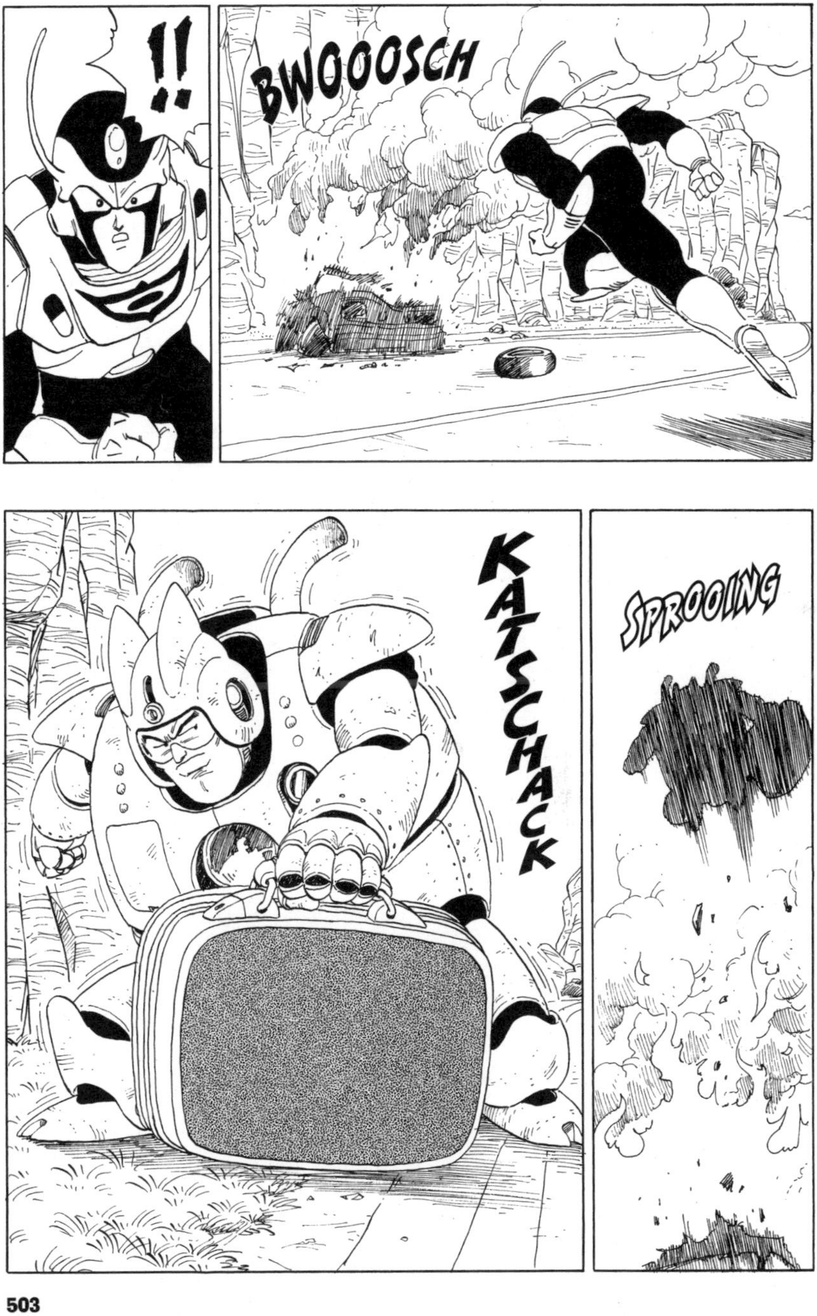
BWOOOSCH
!!
SPROOING
KATSCHACK

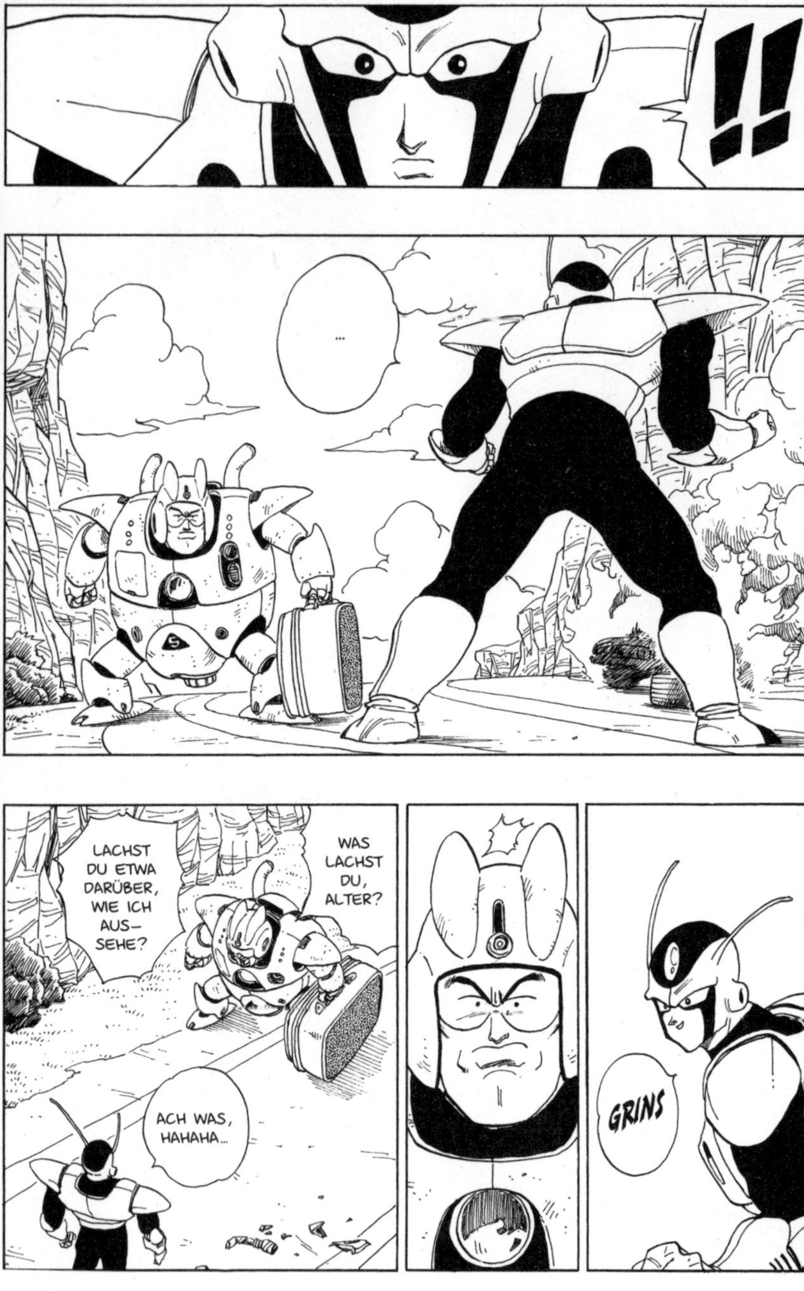
!!
...
GRINS
WAS LACHST DU, ALTER?
LACHST DU ETWA DARÜBER, WIE ICH AUS-SEHE?
ACH WAS, HAHAHA...

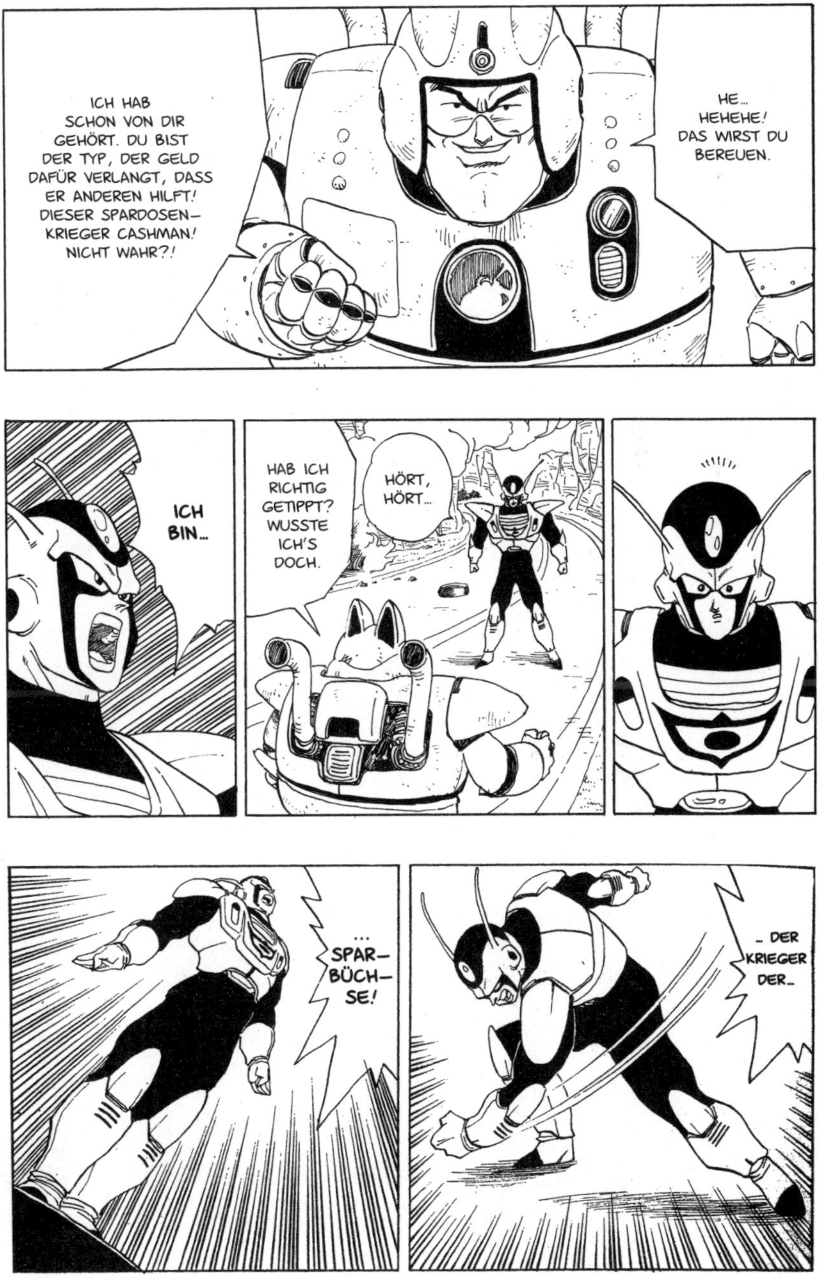
ICH HAB SCHON VON DIR GEHÖRT. DU BIST DER TYP, DER GELD DAFÜR VERLANGT, DASS ER ANDEREN HILFT! DIESER SPARDOSEN-KRIEGER CASHMAN! NICHT WAHR?!
HE... HEHEHE! DAS WIRST DU BEREUEN.
HÖRT, HÖRT...
HAB ICH RICHTIG GETIPPT? WUSSTE ICH'S DOCH.
ICH BIN...
... DER KRIEGER DER...
... SPAR-BÜCH-SE!

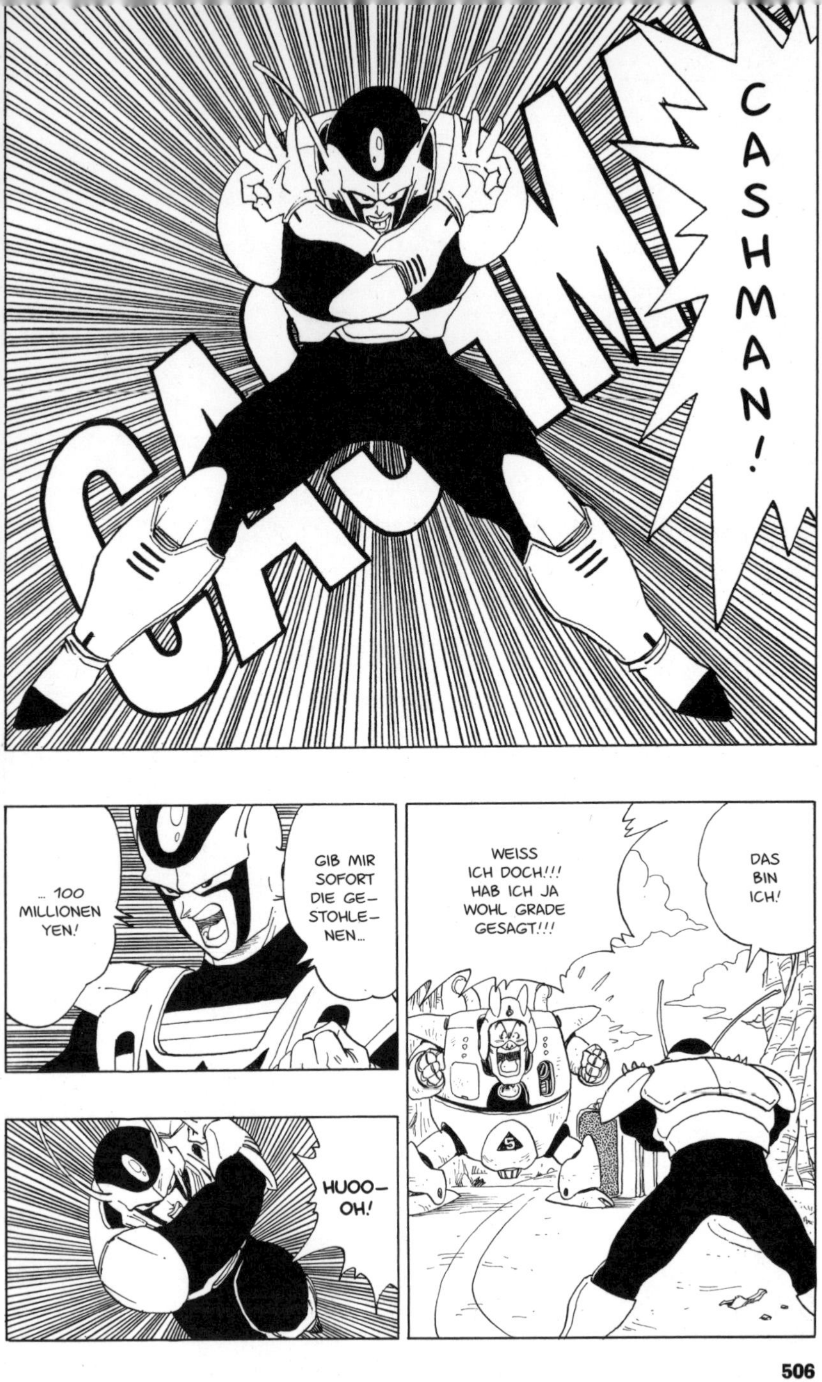
CASHMAN!
DAS BIN ICH!
WEISS ICH DOCH!!! HAB ICH JA WOHL GRADE GESAGT!!!
GIB MIR SOFORT DIE GE- STOHLE- NEN...
... 100 MILLIONEN YEN!
HUOO- OH!

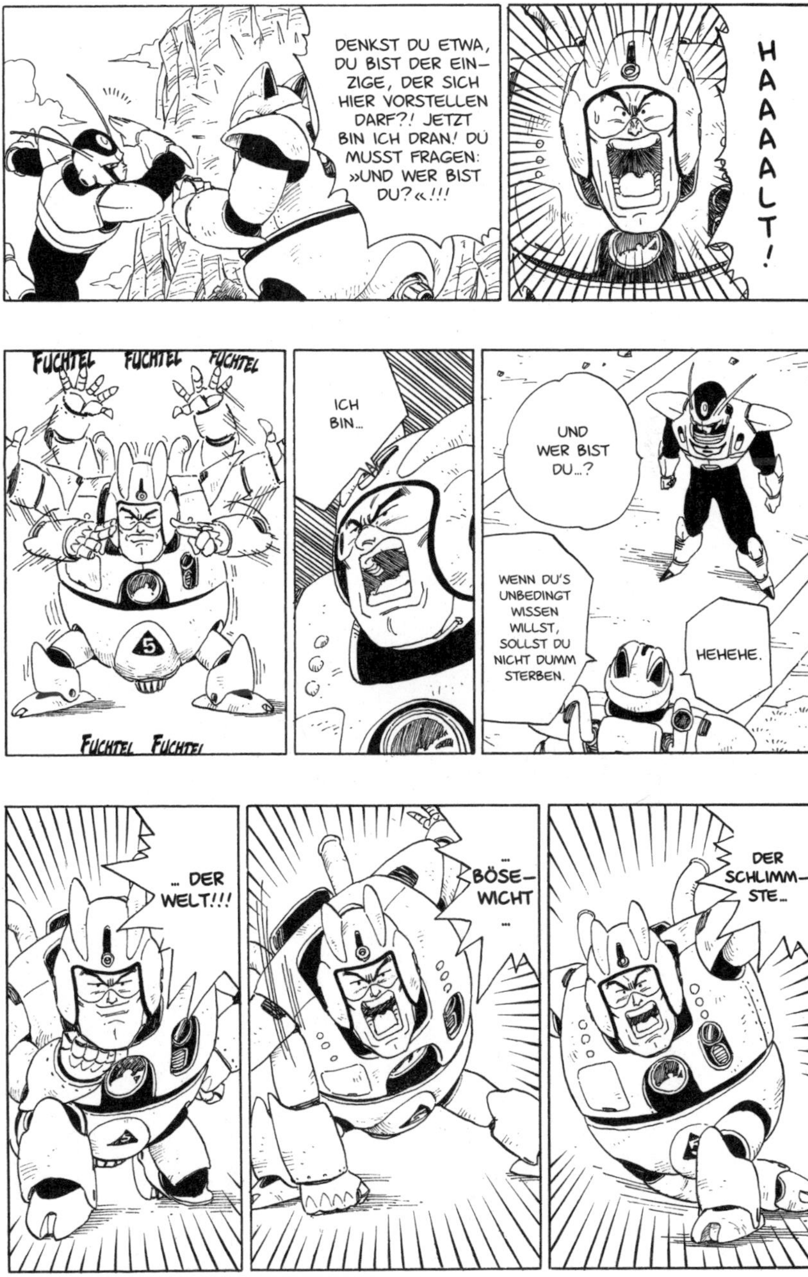
HAAAALT!
DENKST DU ETWA, DU BIST DER EINZIGE, DER SICH HIER VORSTELLEN DARF?! JETZT BIN ICH DRAN! DU MUSST FRAGEN: »UND WER BIST DU?«!!!
UND WER BIST DU...?
HEHEHE.
WENN DU'S UNBEDINGT WISSEN WILLST, SOLLST DU NICHT DUMM STERBEN.
ICH BIN...
FUCHTEL FUCHTEL FUCHTEL
FUCHTEL FUCHTEL
DER SCHLIMMSTE...
... BÖSEWICHT ...
... DER WELT!!!

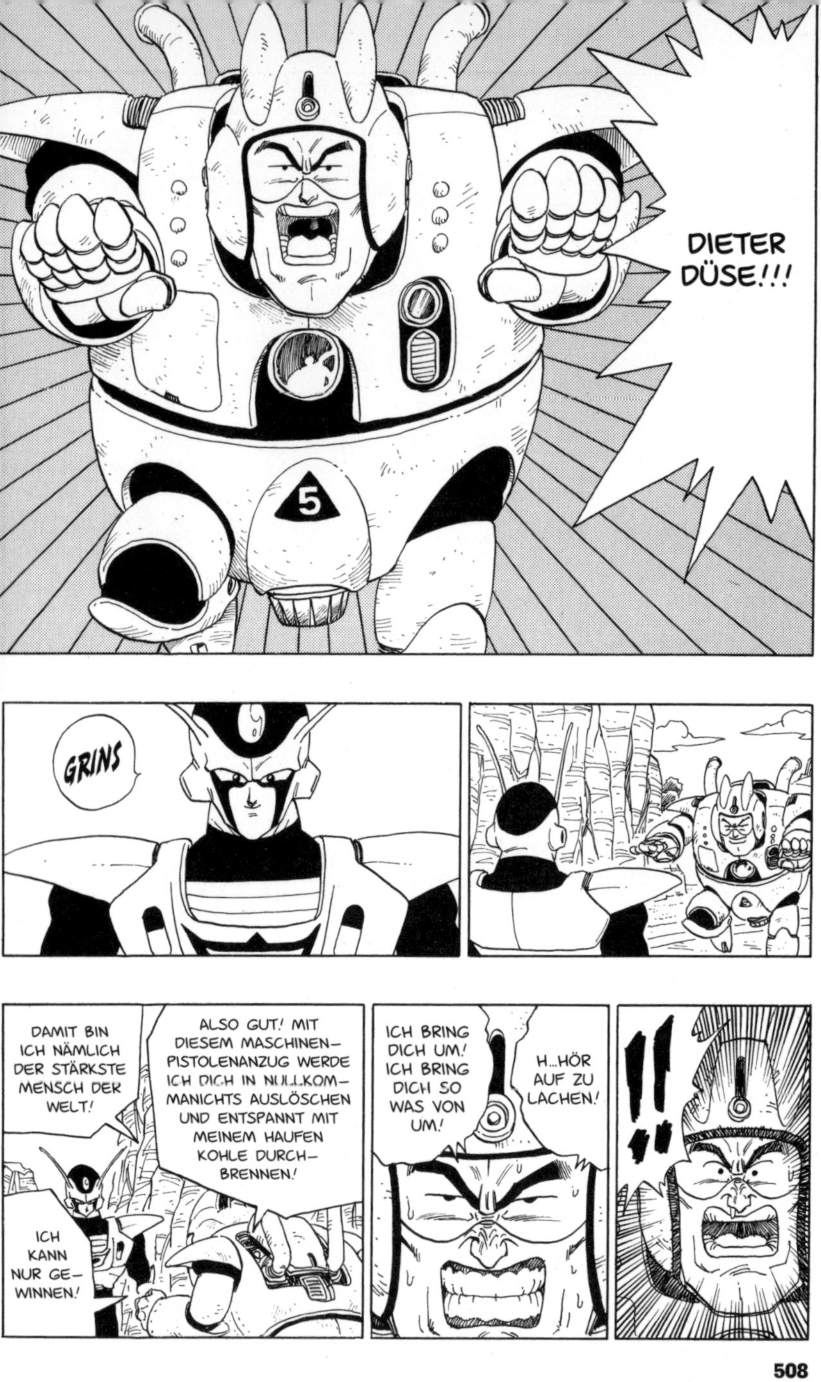
DIETER DÜSE!!!
GRINS
!!
H...HÖR AUF ZU LACHEN!
ICH BRING DICH UM! ICH BRING DICH SO WAS VON UM!
ALSO GUT! MIT DIESEM MASCHINEN-PISTOLENANZUG WERDE ICH DICH IN NULLKOMMANICHTS AUSLÖSCHEN UND ENTSPANNT MIT MEINEM HAUFEN KOHLE DURCHBRENNEN!
DAMIT BIN ICH NÄMLICH DER STÄRKSTE MENSCH DER WELT!
ICH KANN NUR GEWINNEN!

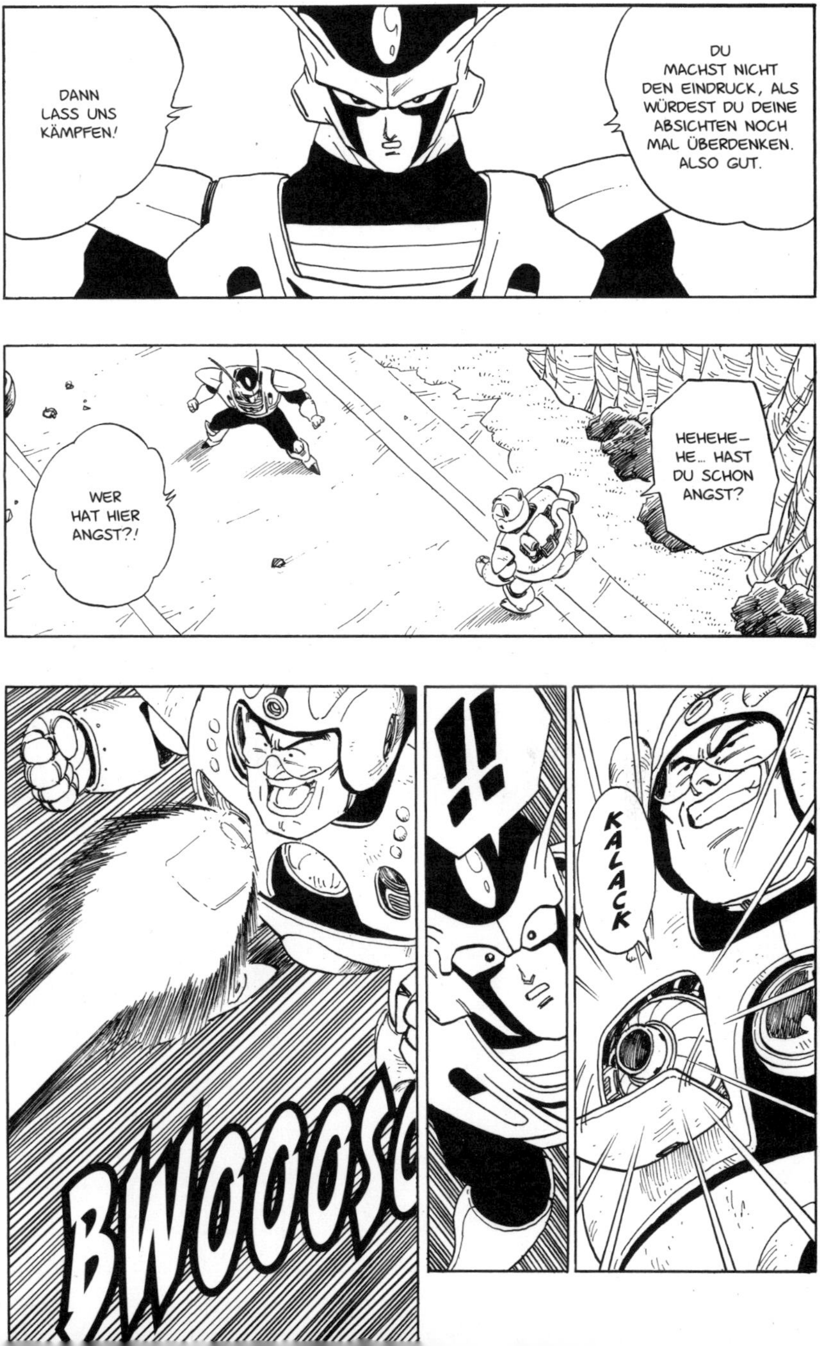
DU MACHST NICHT DEN EINDRUCK, ALS WÜRDEST DU DEINE ABSICHTEN NOCH MAL ÜBERDENKEN. ALSO GUT.
DANN LASS UNS KÄMPFEN!
HEHEHE-HE... HAST DU SCHON ANGST?
WER HAT HIER ANGST?!
KALACK
!!
BWOOOSC

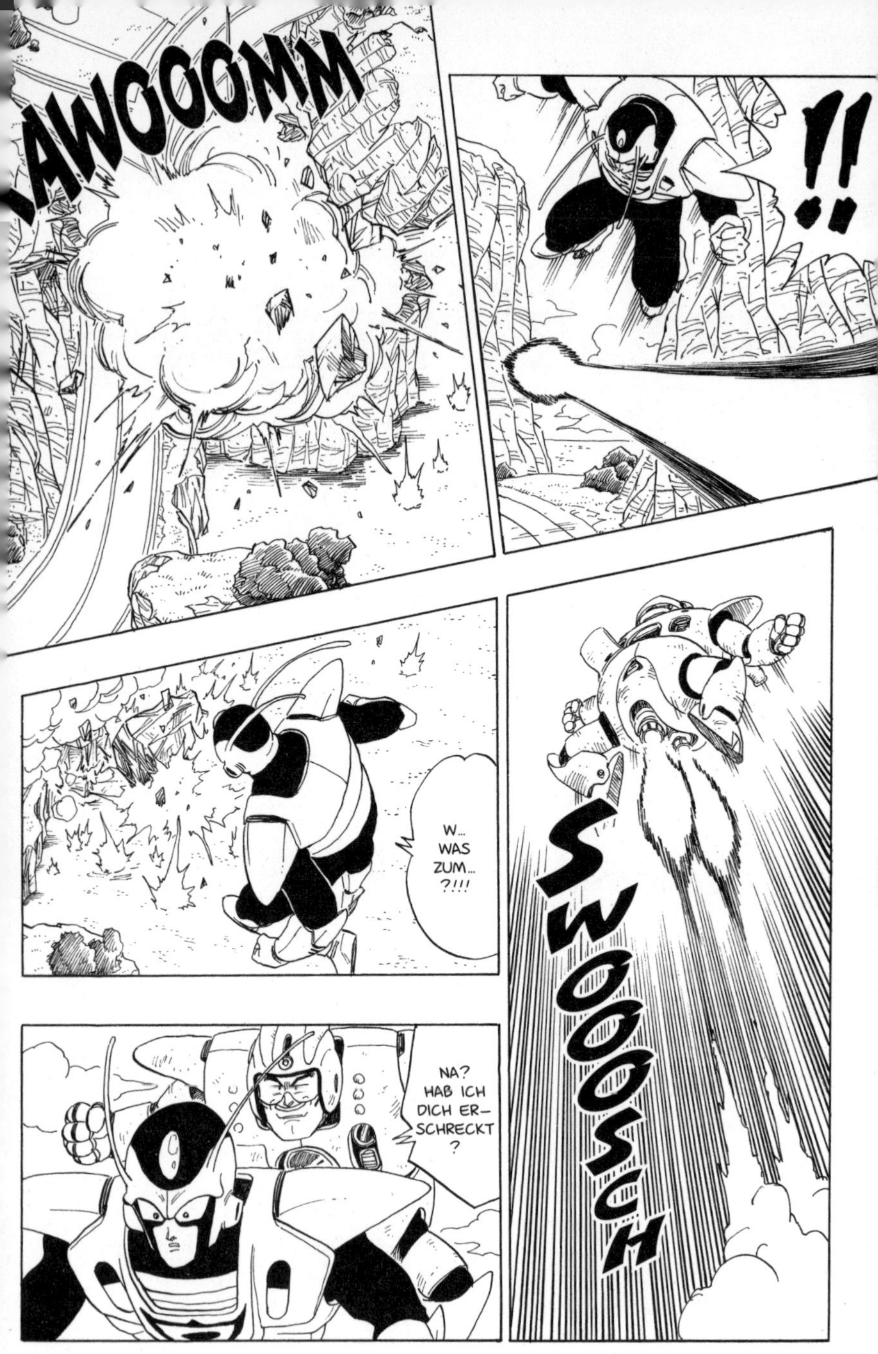

!!
AWOOOMM
SWOOOSCH
W...
WAS
ZUM...
?!!!
NA?
HAB ICH
DICH ER-
SCHRECKT
?

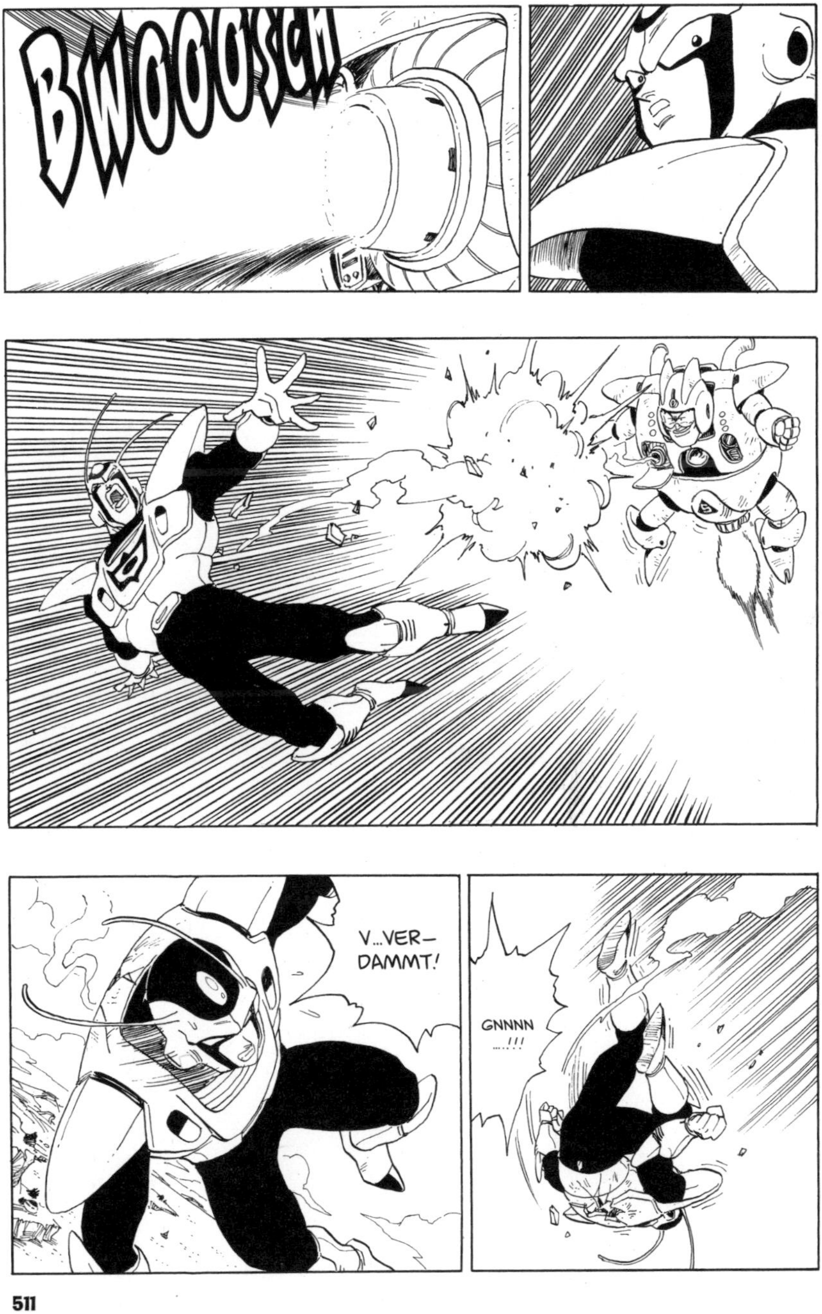
BWOOOSCH
V... VER-
DAMMT!
GNNNN
...!!!

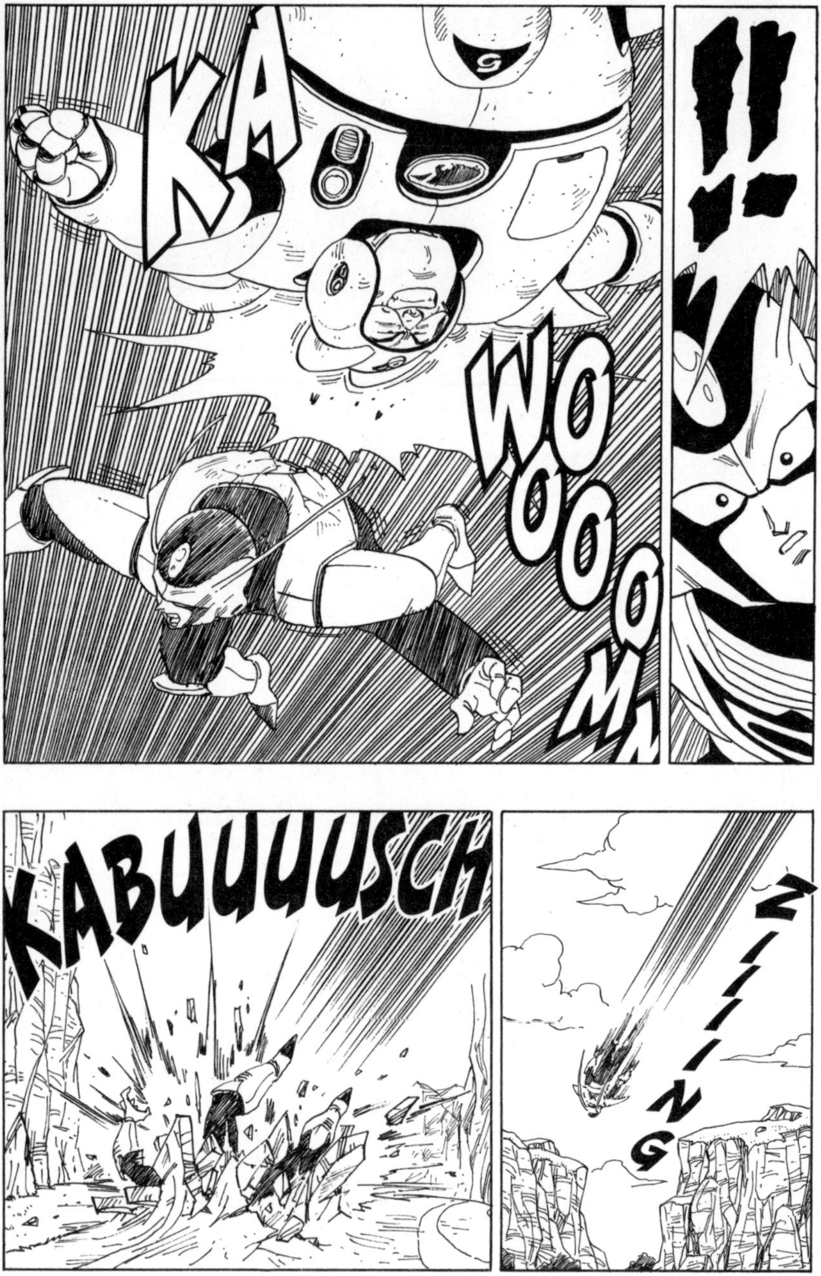
!!
KA
WOOOOOM
ZIIIING
KABUUUUSCH

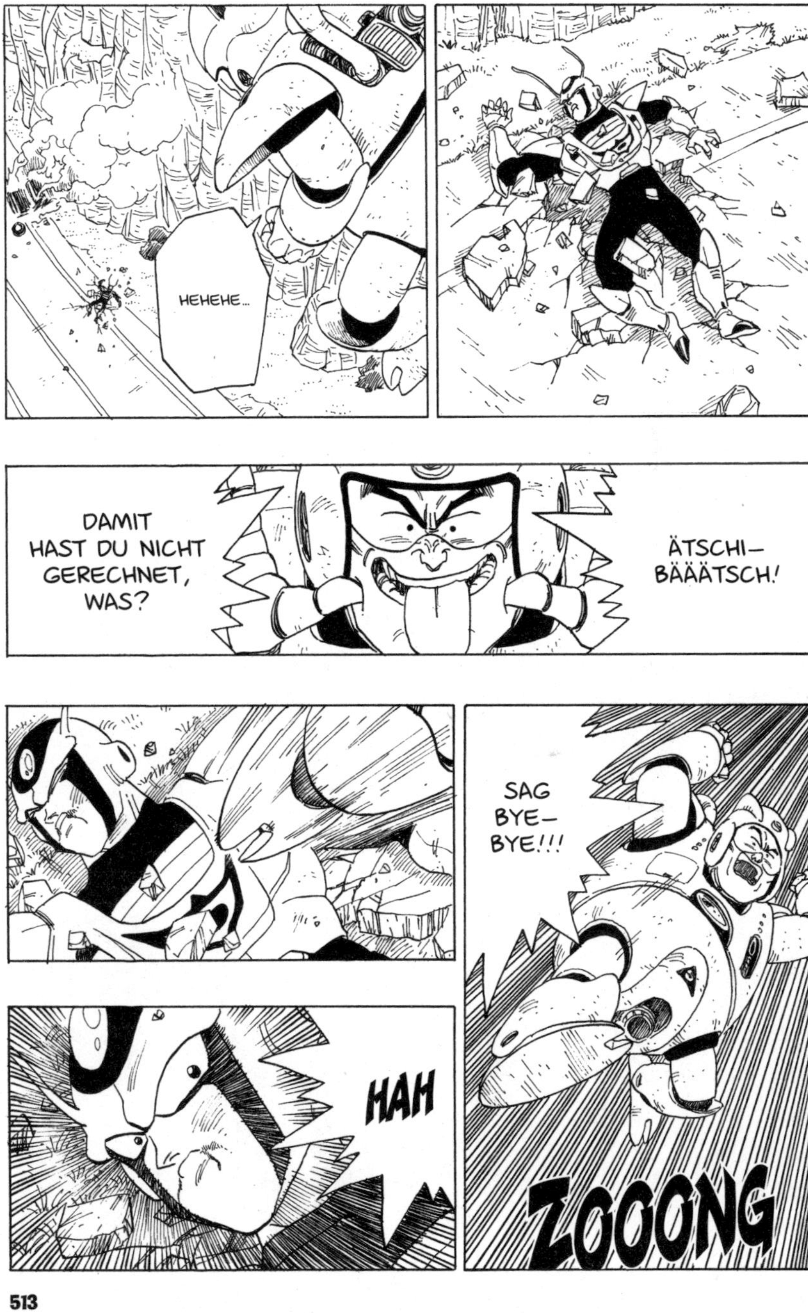
HEHEHE...
ÄTSCHI-BÄÄÄTSCH!
DAMIT HAST DU NICHT GERECHNET, WAS?
HAH
SAG BYE-BYE!!!
ZOOONG

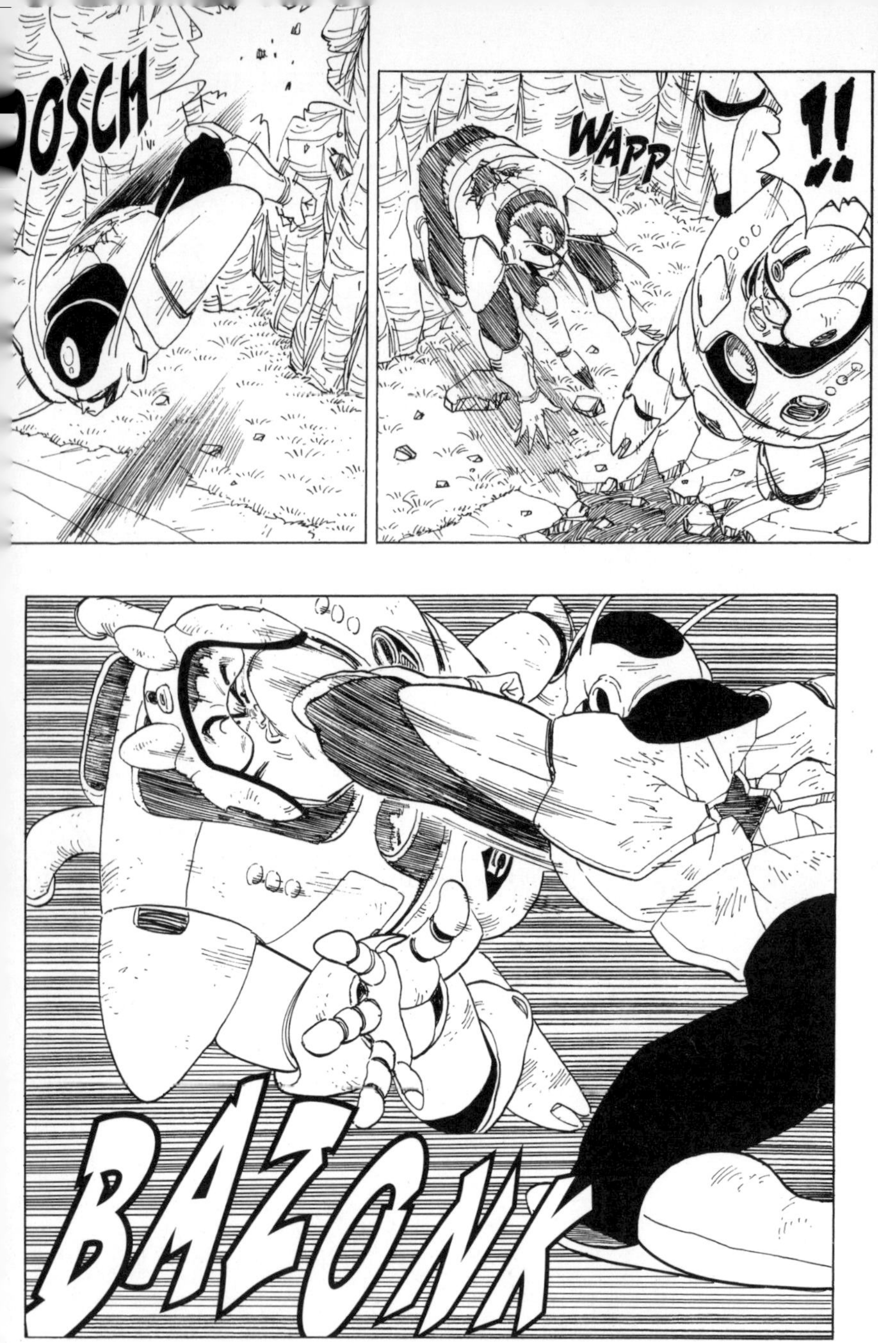
WAPP
!!
OSCH
BAZONK

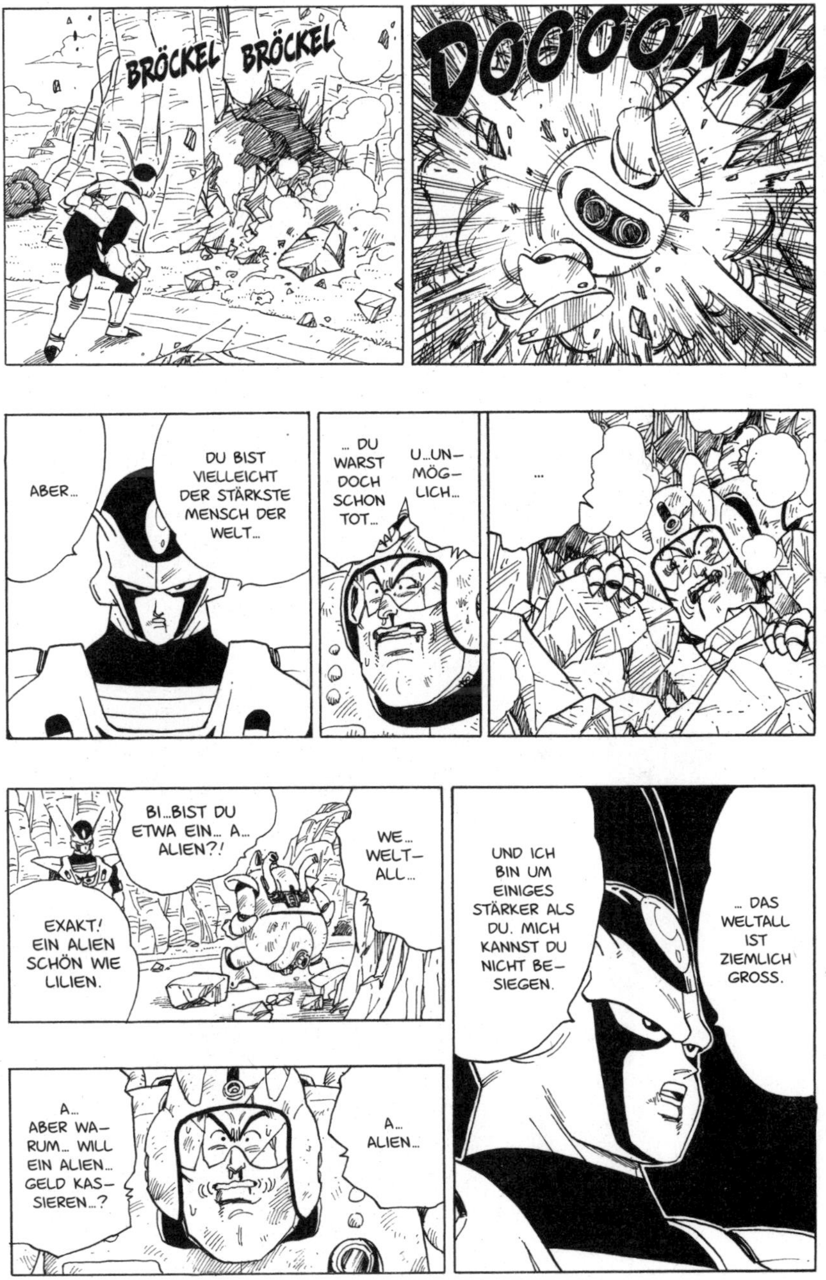
DOOOOMM
BRÖCKEL BRÖCKEL
...
U...UNMÖGLICH...
... DU WARST DOCH SCHON TOT...
DU BIST VIELLEICHT DER STÄRKSTE MENSCH DER WELT...
ABER...
... DAS WELTALL IST ZIEMLICH GROSS.
UND ICH BIN UM EINIGES STÄRKER ALS DU. MICH KANNST DU NICHT BESIEGEN.
WE... WELTALL...
BI...BIST DU ETWA EIN... A... ALIEN?!
EXAKT! EIN ALIEN SCHÖN WIE LILIEN.
A... ALIEN...
A... ABER WARUM... WILL EIN ALIEN... GELD KASSIEREN...?

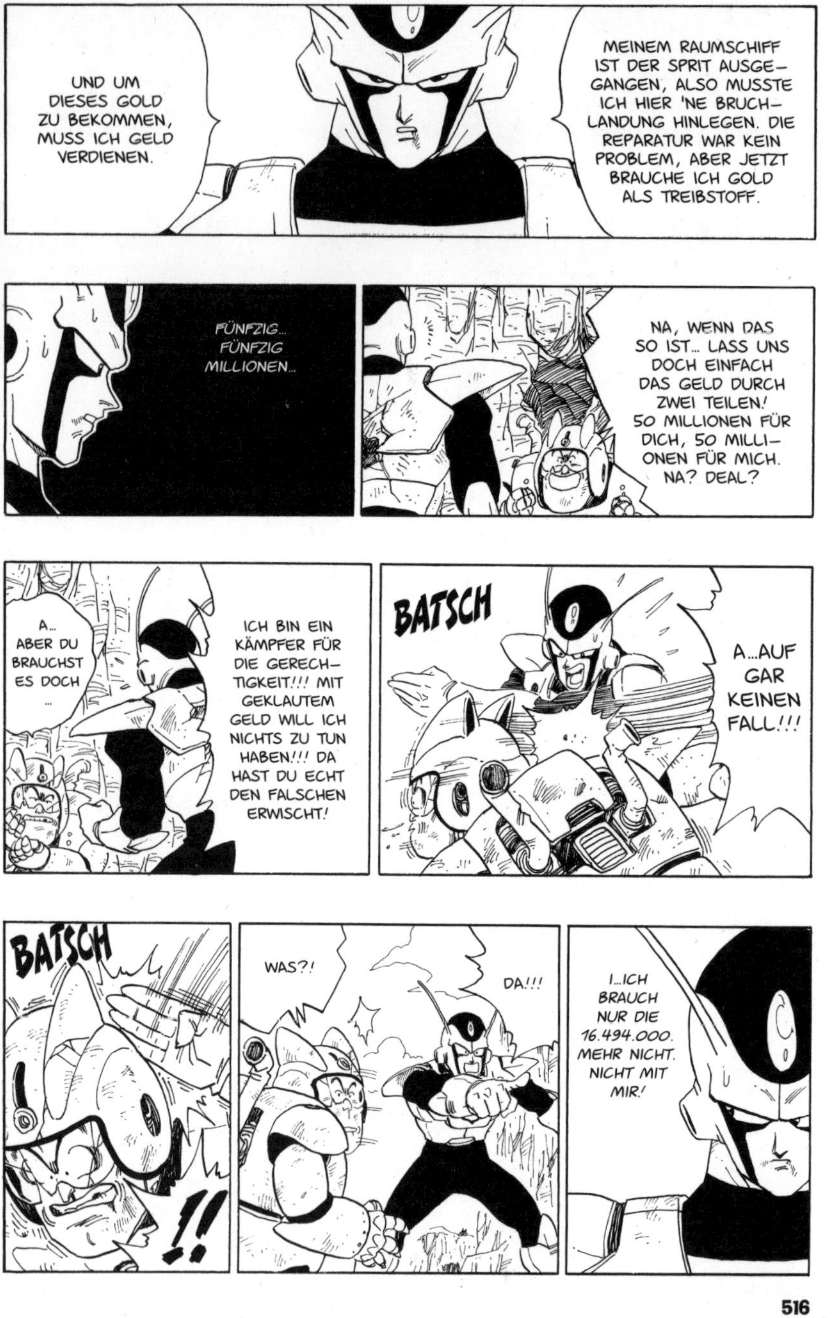
MEINEM RAUMSCHIFF IST DER SPRIT AUSGEGANGEN, ALSO MUSSTE ICH HIER 'NE BRUCHLANDUNG HINLEGEN. DIE REPARATUR WAR KEIN PROBLEM, ABER JETZT BRAUCHE ICH GOLD ALS TREIBSTOFF.
UND UM DIESES GOLD ZU BEKOMMEN, MUSS ICH GELD VERDIENEN.
NA, WENN DAS SO IST... LASS UNS DOCH EINFACH DAS GELD DURCH ZWEI TEILEN! 50 MILLIONEN FÜR DICH, 50 MILLIONEN FÜR MICH. NA? DEAL?
FÜNFZIG... FÜNFZIG MILLIONEN...
BATSCH
A...AUF GAR KEINEN FALL!!!
ICH BIN EIN KÄMPFER FÜR DIE GERECHTIGKEIT!!! MIT GEKLAUTEM GELD WILL ICH NICHTS ZU TUN HABEN!!! DA HAST DU ECHT DEN FALSCHEN ERWISCHT!
A... ABER DU BRAUCHST ES DOCH ...
I...ICH BRAUCH NUR DIE 16.494.000. MEHR NICHT. NICHT MIT MIR!
DA!!!
WAS?!
BATSCH

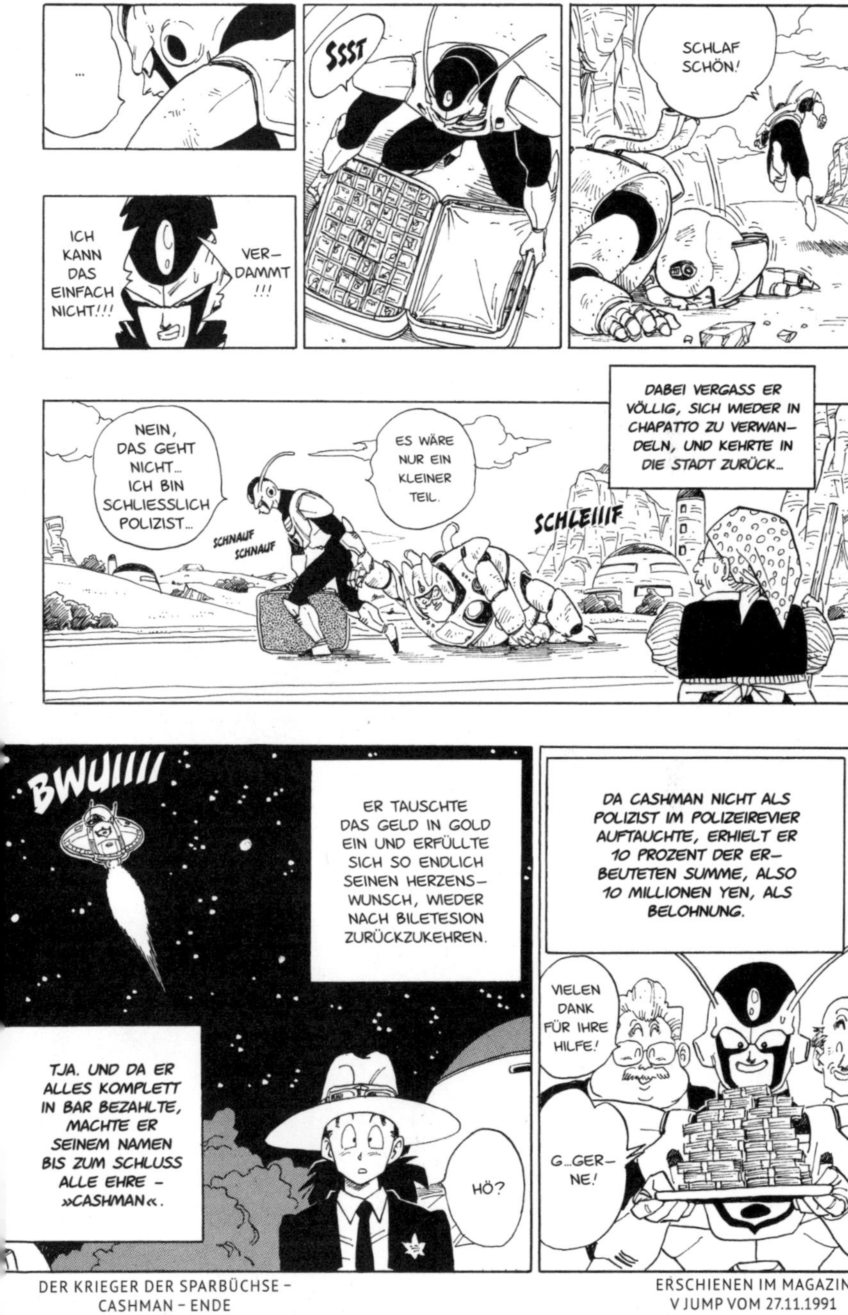

DER KRIEGER DER SPARBÜCHSE –
CASHMAN – ENDE

ERSCHIENEN IM MAGAZIN
V JUMP VOM 27.11.1991

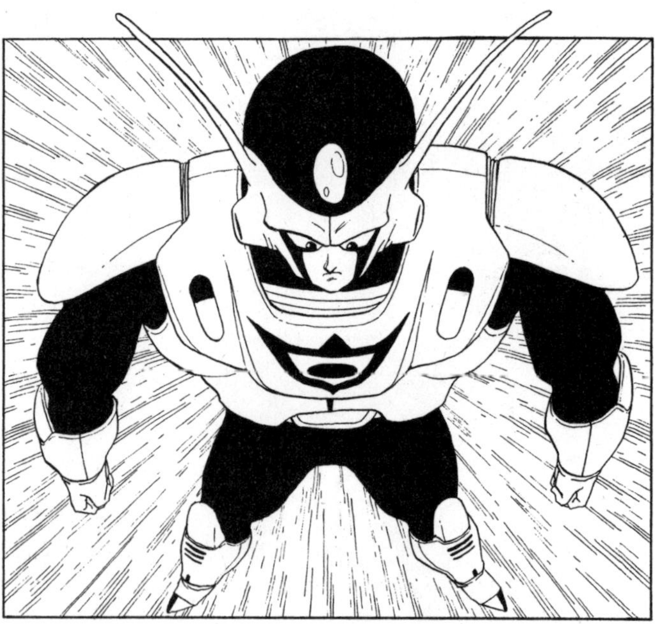

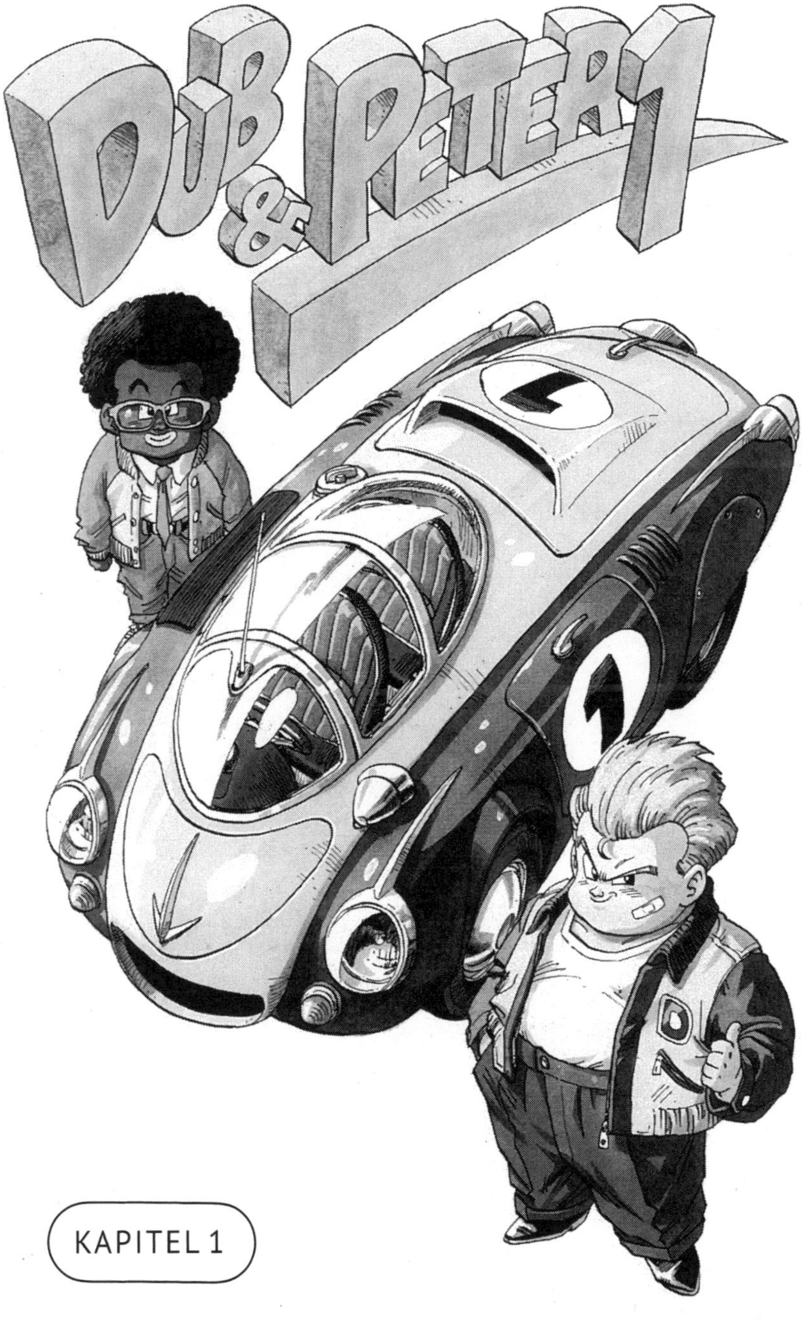

KAPITEL 1

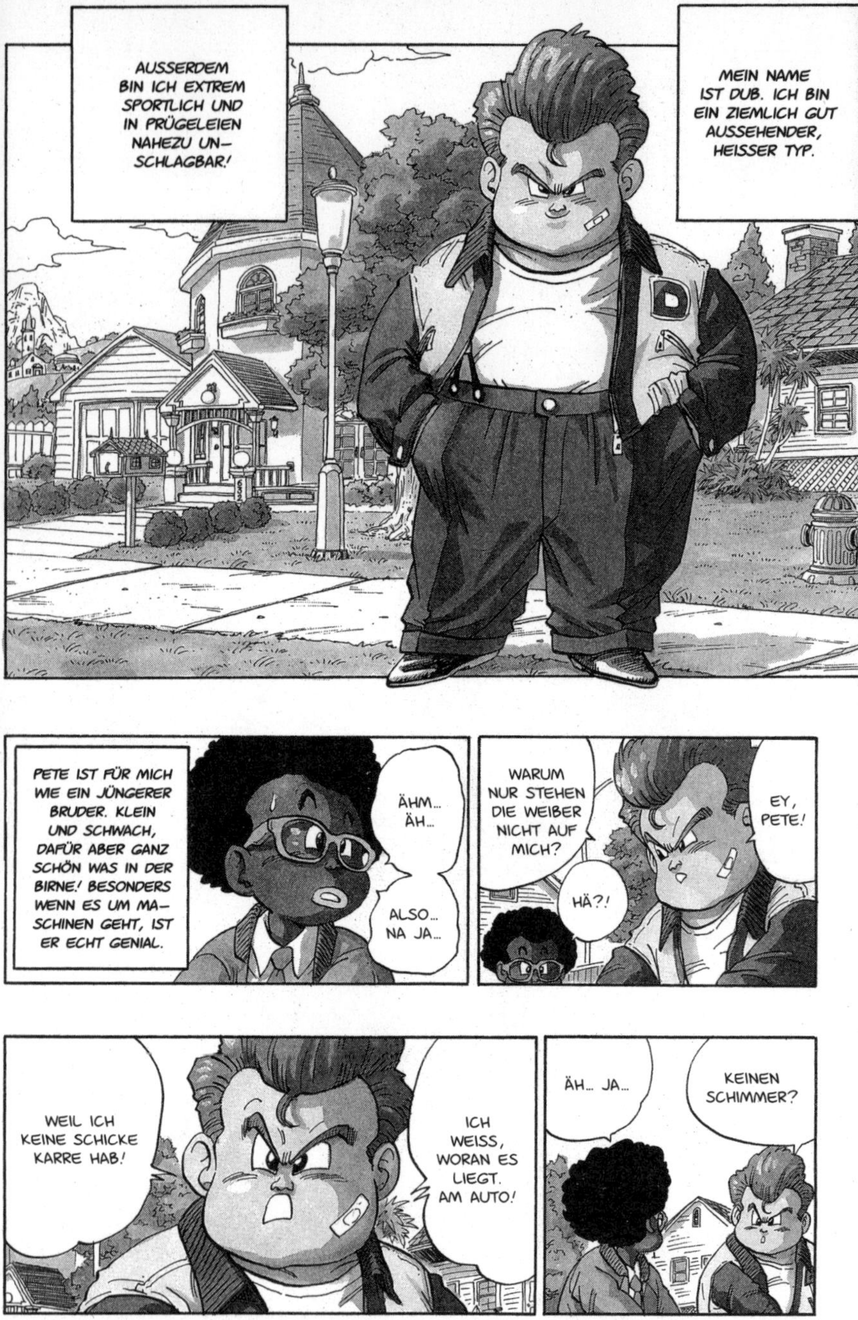
MEIN NAME IST DUB. ICH BIN EIN ZIEMLICH GUT AUSSEHENDER, HEISSER TYP.
AUSSERDEM BIN ICH EXTREM SPORTLICH UND IN PRÜGELEIEN NAHEZU UN-SCHLAGBAR!
EY, PETE!
HÄ?!
WARUM NUR STEHEN DIE WEIBER NICHT AUF MICH?
ÄHM... ÄH...
ALSO... NA JA...
PETE IST FÜR MICH WIE EIN JÜNGERER BRUDER. KLEIN UND SCHWACH, DAFÜR ABER GANZ SCHÖN WAS IN DER BIRNE! BESONDERS WENN ES UM MA-SCHINEN GEHT, IST ER ECHT GENIAL.
KEINEN SCHIMMER?
ÄH... JA...
ICH WEISS, WORAN ES LIEGT. AM AUTO!
WEIL ICH KEINE SCHICKE KARRE HAB!

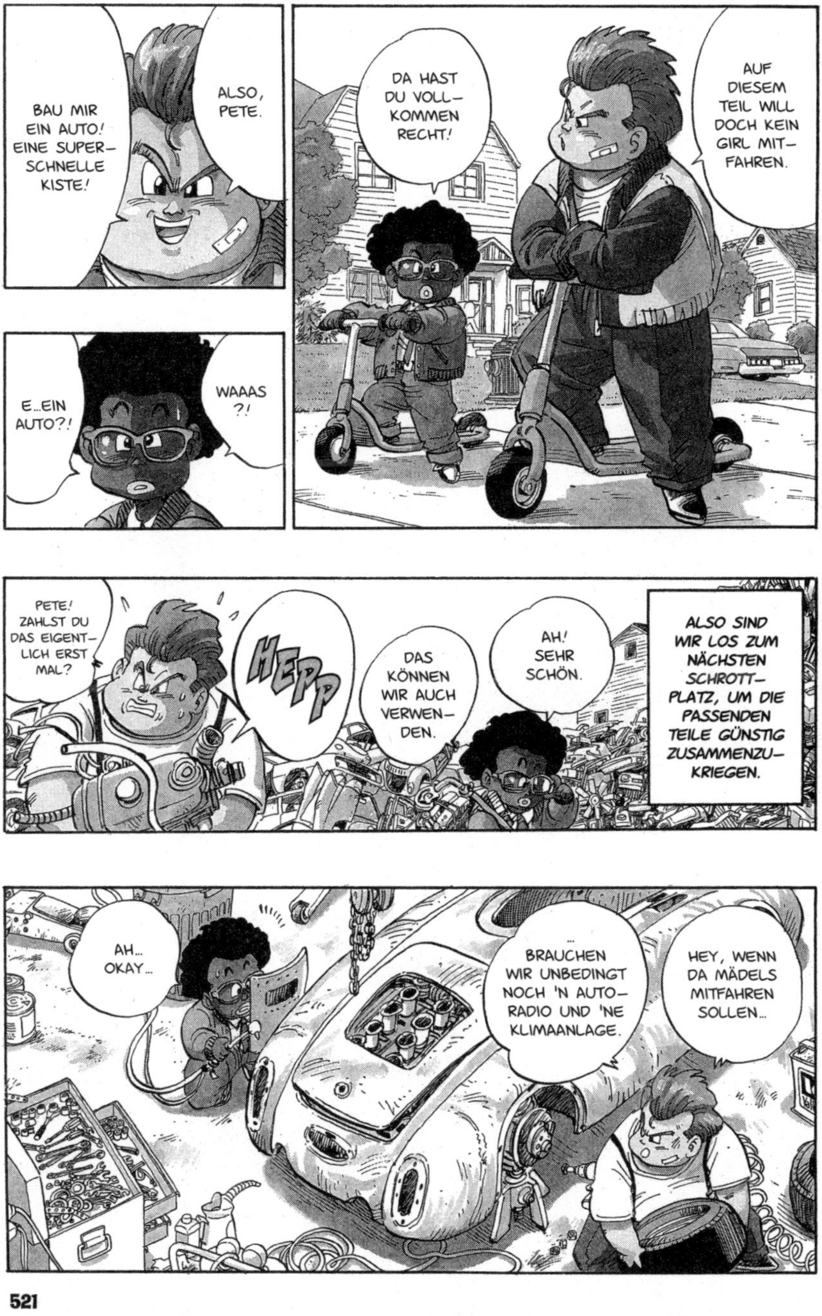
AUF DIESEM TEIL WILL DOCH KEIN GIRL MITFAHREN.
DA HAST DU VOLLKOMMEN RECHT!
ALSO, PETE.
BAU MIR EIN AUTO! EINE SUPERSCHNELLE KISTE!
WAAAS ?!
E...EIN AUTO?!
ALSO SIND WIR LOS ZUM NÄCHSTEN SCHROTTPLATZ, UM DIE PASSENDEN TEILE GÜNSTIG ZUSAMMENZUKRIEGEN.
AH! SEHR SCHÖN.
DAS KÖNNEN WIR AUCH VERWENDEN.
HEPP
PETE! ZAHLST DU DAS EIGENTLICH ERST MAL?
HEY, WENN DA MÄDELS MITFAHREN SOLLEN...
... BRAUCHEN WIR UNBEDINGT NOCH 'N AUTORADIO UND 'NE KLIMAANLAGE.
AH... OKAY...

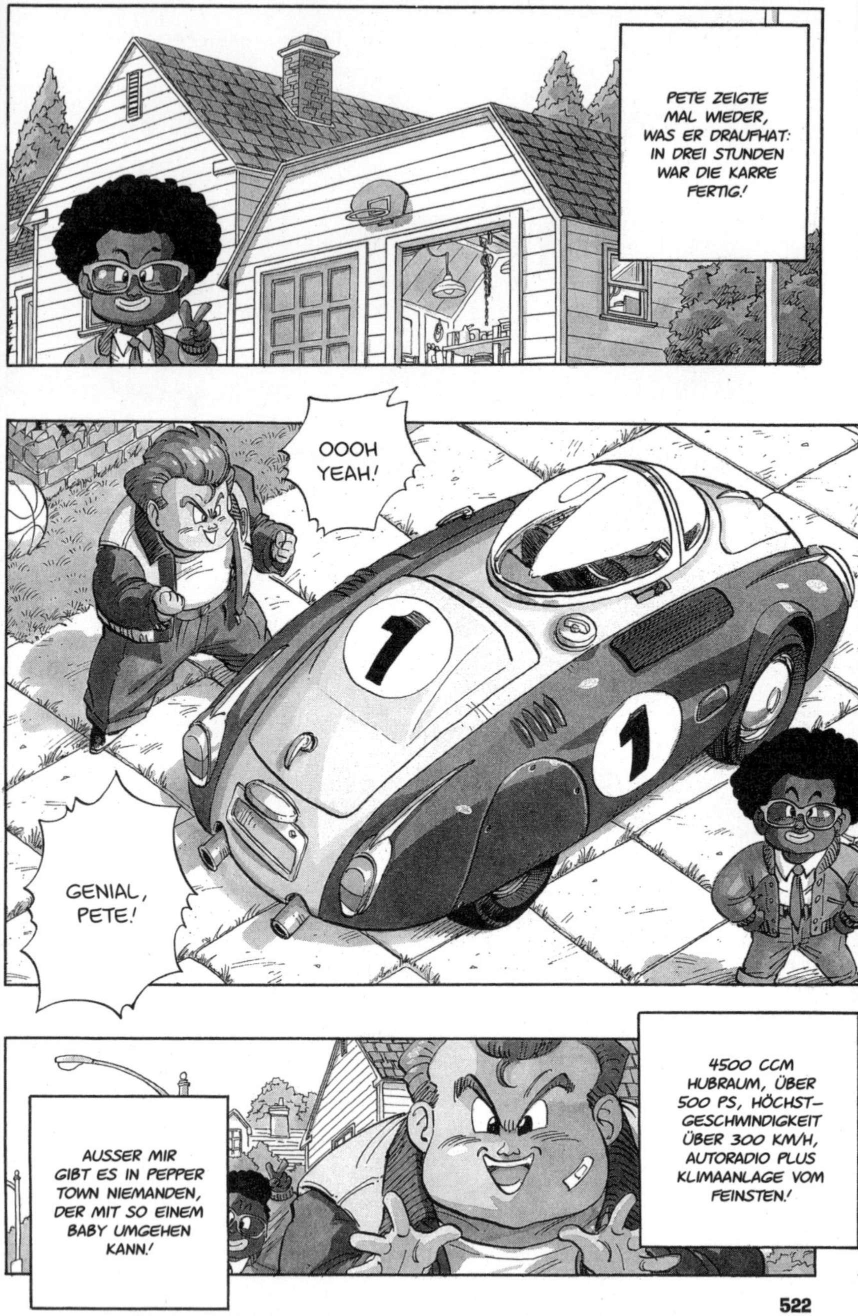
PETE ZEIGTE MAL WIEDER, WAS ER DRAUFHAT: IN DREI STUNDEN WAR DIE KARRE FERTIG!
OOOH YEAH!
GENIAL, PETE!
4500 CCM HUBRAUM, ÜBER 500 PS, HÖCHST-GESCHWINDIGKEIT ÜBER 300 KM/H, AUTORADIO PLUS KLIMAANLAGE VOM FEINSTEN!
AUSSER MIR GIBT ES IN PEPPER TOWN NIEMANDEN, DER MIT SO EINEM BABY UMGEHEN KANN!

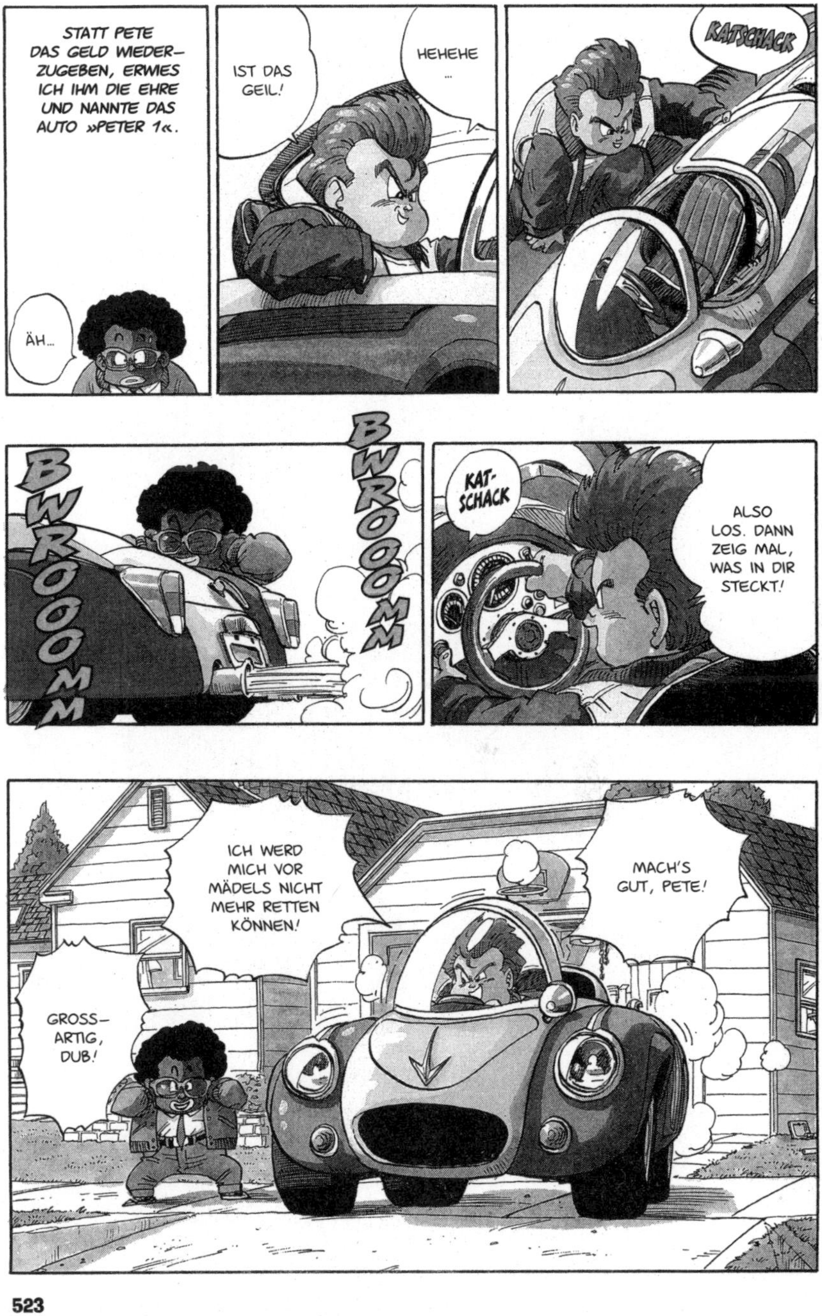
KATSCHACK
HEHEHE ...
IST DAS GEIL!
STATT PETE DAS GELD WIEDERZUGEBEN, ERWIES ICH IHM DIE EHRE UND NANNTE DAS AUTO »PETER 1«.
ÄH...
KAT-SCHACK
ALSO LOS. DANN ZEIG MAL, WAS IN DIR STECKT!
BWROOOMM
BWROOOOMM
MACH'S GUT, PETE!
ICH WERD MICH VOR MÄDELS NICHT MEHR RETTEN KÖNNEN!
GROSS-ARTIG, DUB!

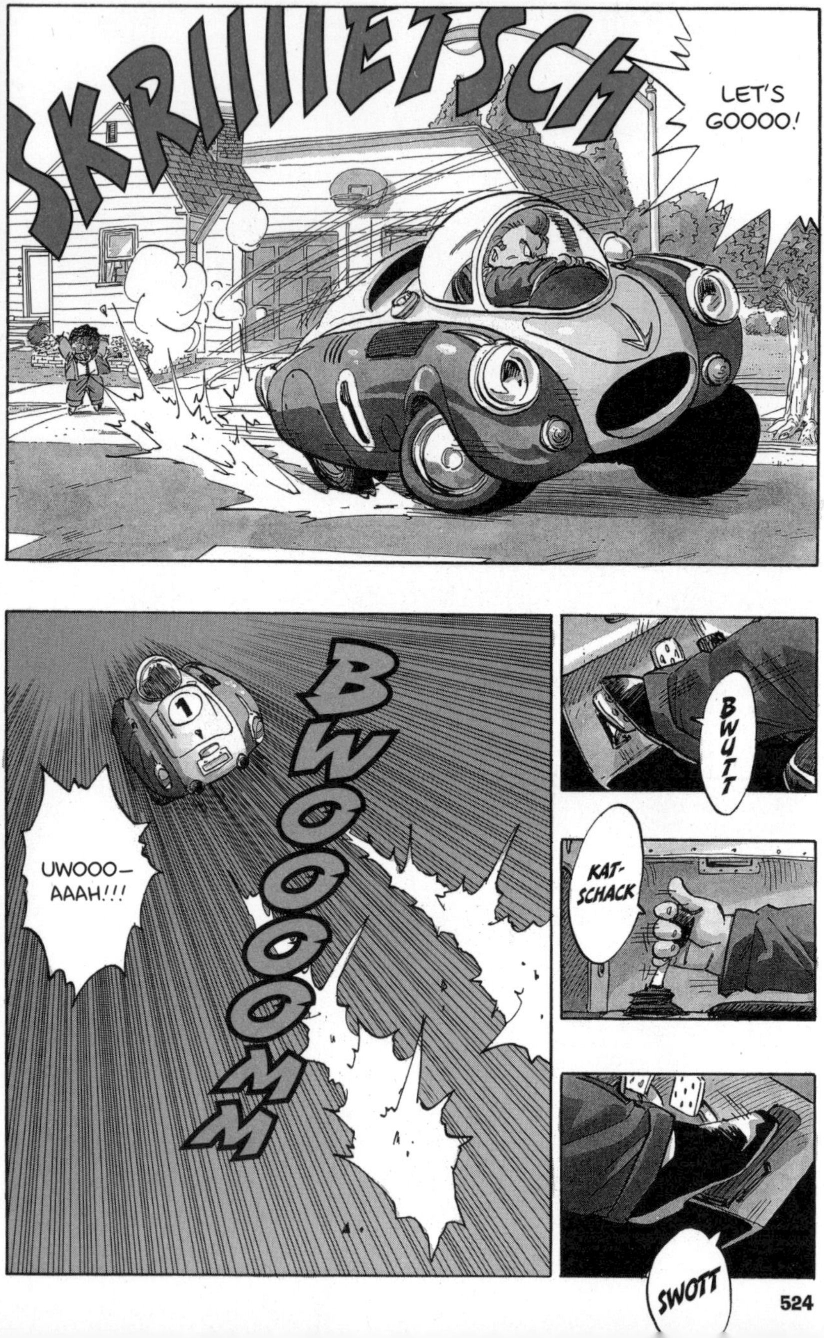
SKRIIIIETSCH
LET'S GOOOO!
BWOOOOOOMM
UWOOO–AAAH!!!
BWUTT
KAT-SCHACK
SWOTT

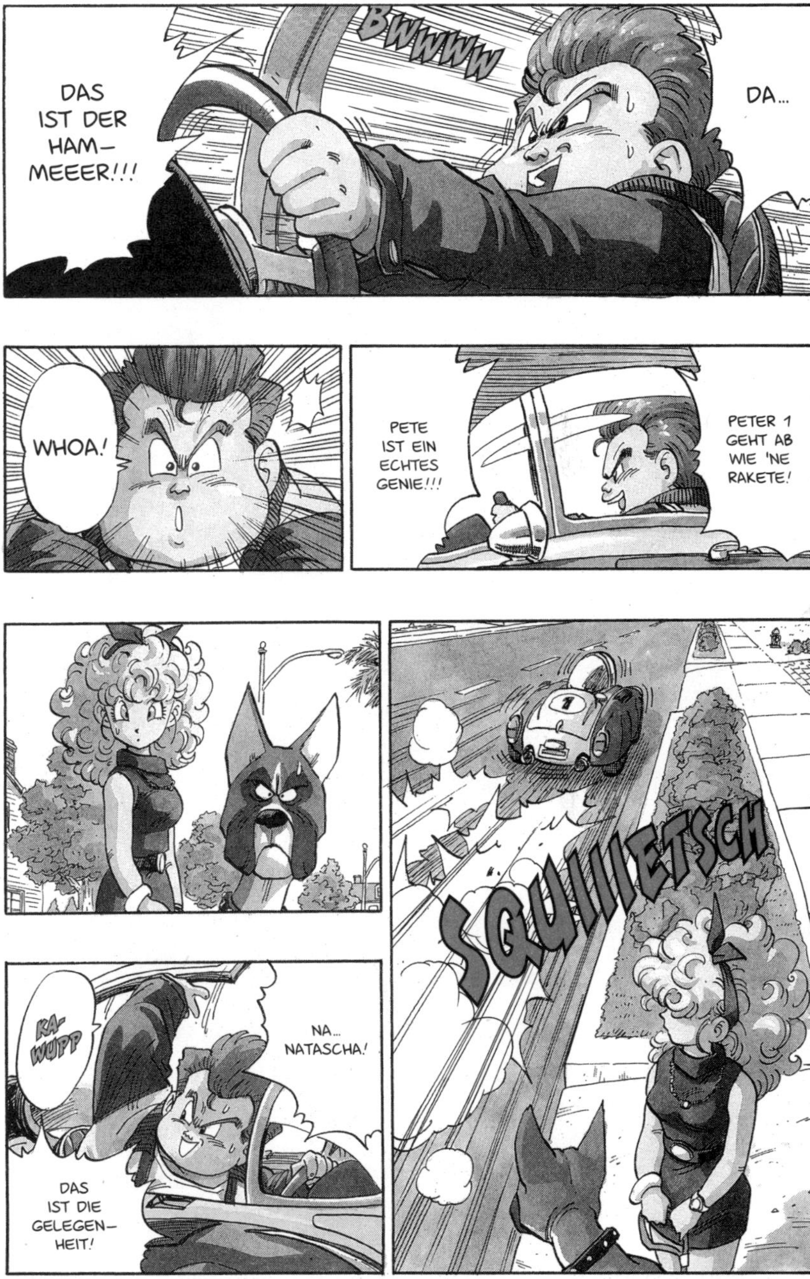
DA...
BWWWW
DAS IST DER HAM-MEEER!!!
PETER 1 GEHT AB WIE 'NE RAKETE!
PETE IST EIN ECHTES GENIE!!!
WHOA!
SQUIIIETSCH
NA... NATASCHA!
KA-WUPP
DAS IST DIE GELEGEN-HEIT!

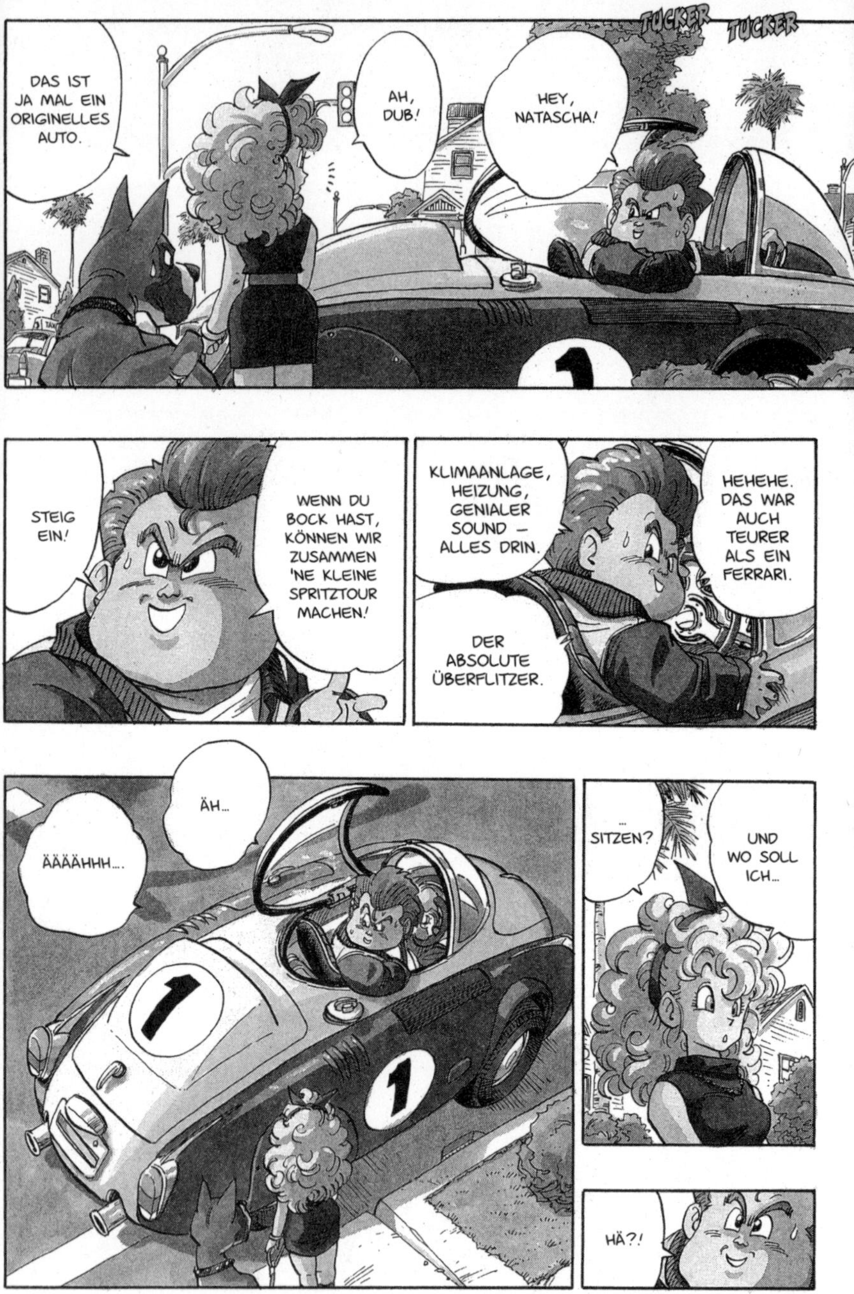
TUCKER
TUCKER
HEY, NATASCHA!
AH, DUB!
DAS IST JA MAL EIN ORIGINELLES AUTO.
HEHEHE. DAS WAR AUCH TEURER ALS EIN FERRARI.
KLIMAANLAGE, HEIZUNG, GENIALER SOUND – ALLES DRIN.
DER ABSOLUTE ÜBERFLITZER.
WENN DU BOCK HAST, KÖNNEN WIR ZUSAMMEN 'NE KLEINE SPRITZTOUR MACHEN!
STEIG EIN!
UND WO SOLL ICH...
... SITZEN?
HÄ?!
ÄH...
ÄÄÄÄHHH....

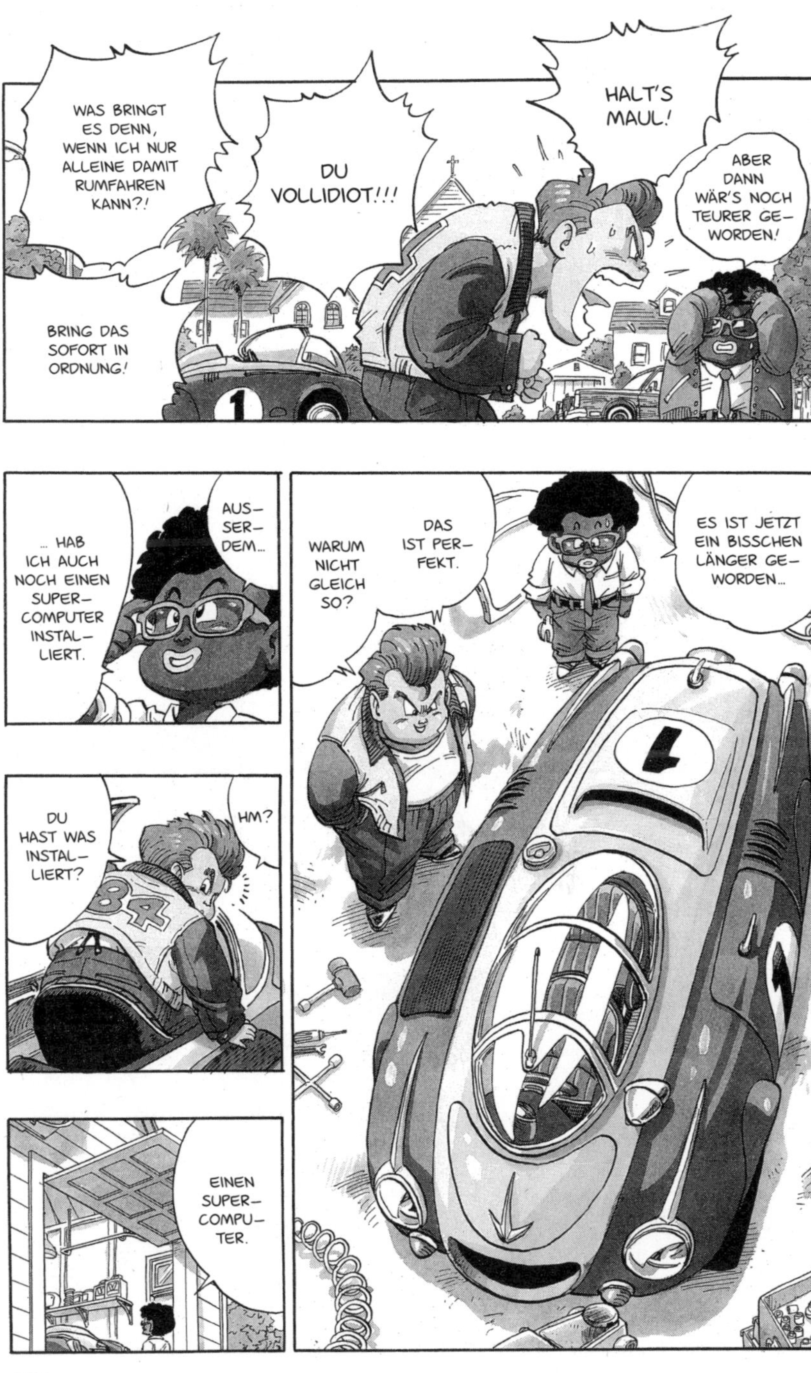
ABER DANN WÄR'S NOCH TEURER GE-WORDEN!
HALT'S MAUL!
DU VOLLIDIOT!!!
WAS BRINGT ES DENN, WENN ICH NUR ALLEINE DAMIT RUMFAHREN KANN?!
BRING DAS SOFORT IN ORDNUNG!
ES IST JETZT EIN BISSCHEN LÄNGER GE-WORDEN...
DAS IST PER-FEKT.
WARUM NICHT GLEICH SO?
AUS-SER-DEM...
... HAB ICH AUCH NOCH EINEN SUPER-COMPUTER INSTAL-LIERT.
HM?
DU HAST WAS INSTAL-LIERT?
EINEN SUPER-COMPU-TER.

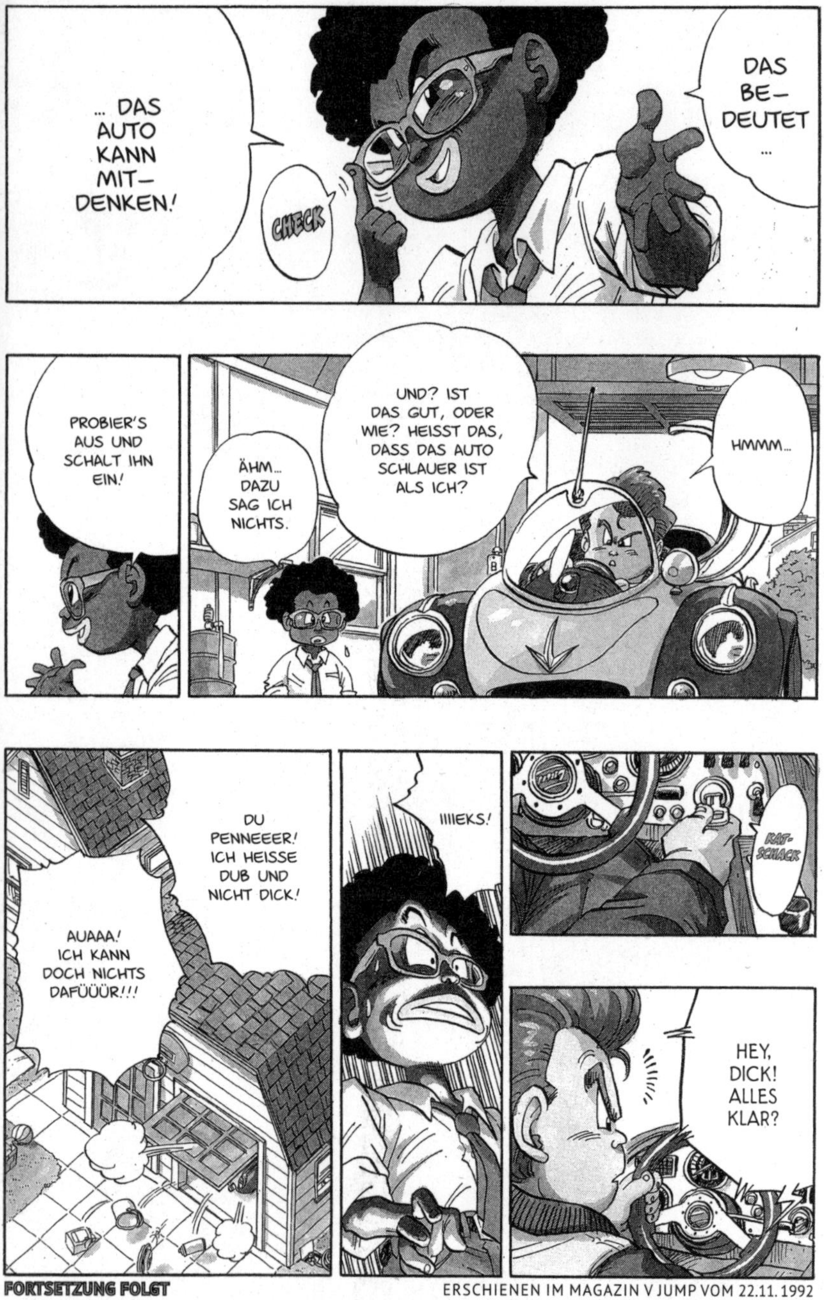

FORTSETZUNG FOLGT

ERSCHIENEN IM MAGAZIN V JUMP VOM 22.11.1992

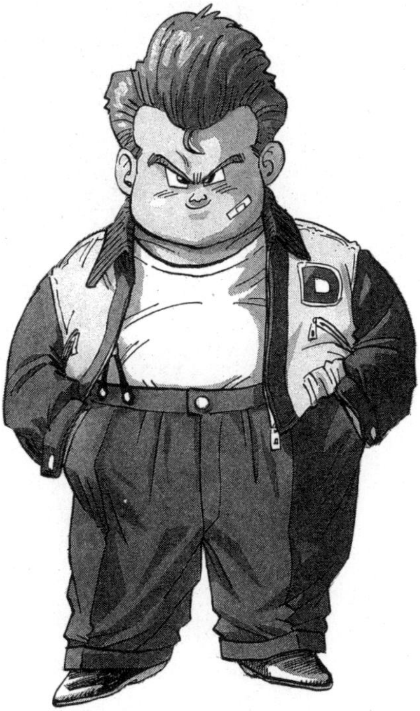

KAPITEL 2

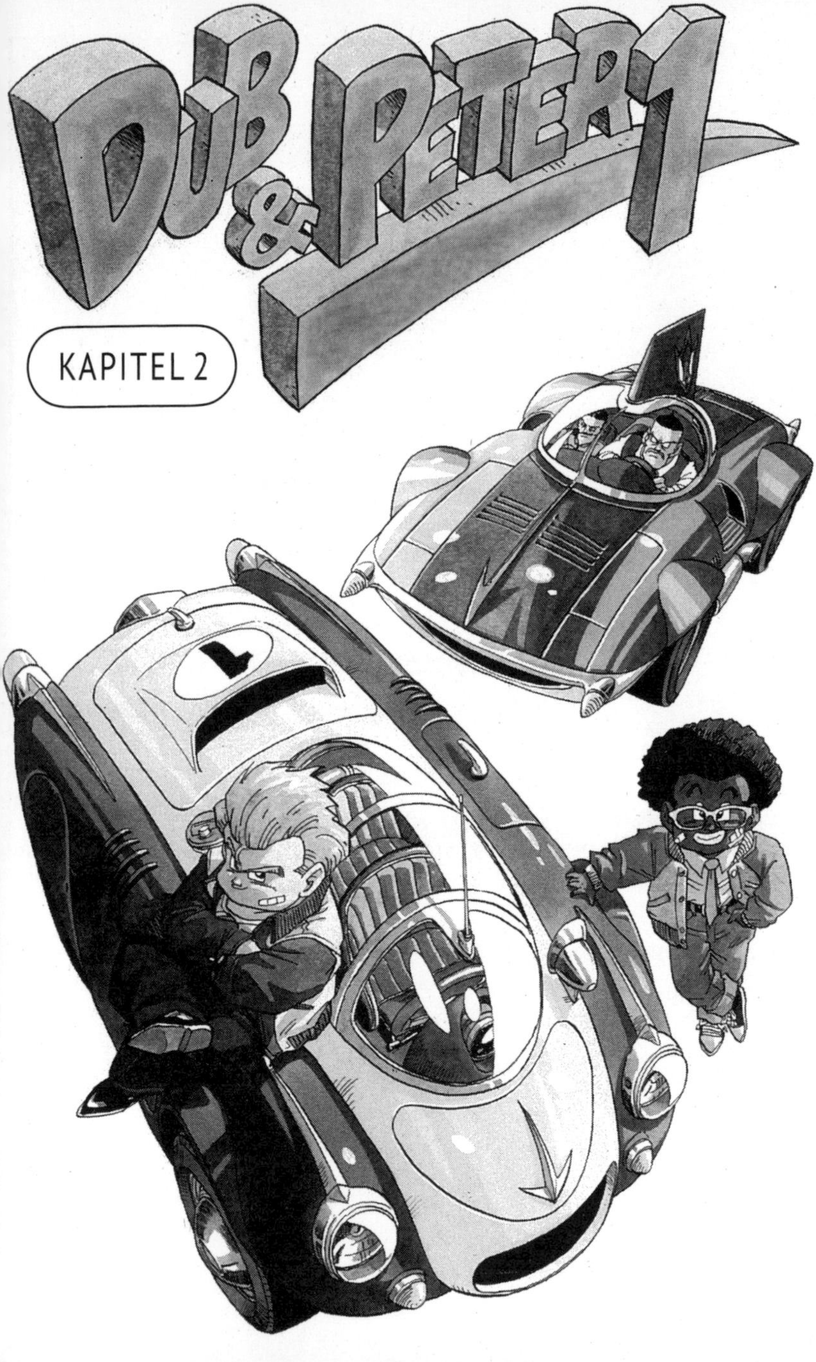

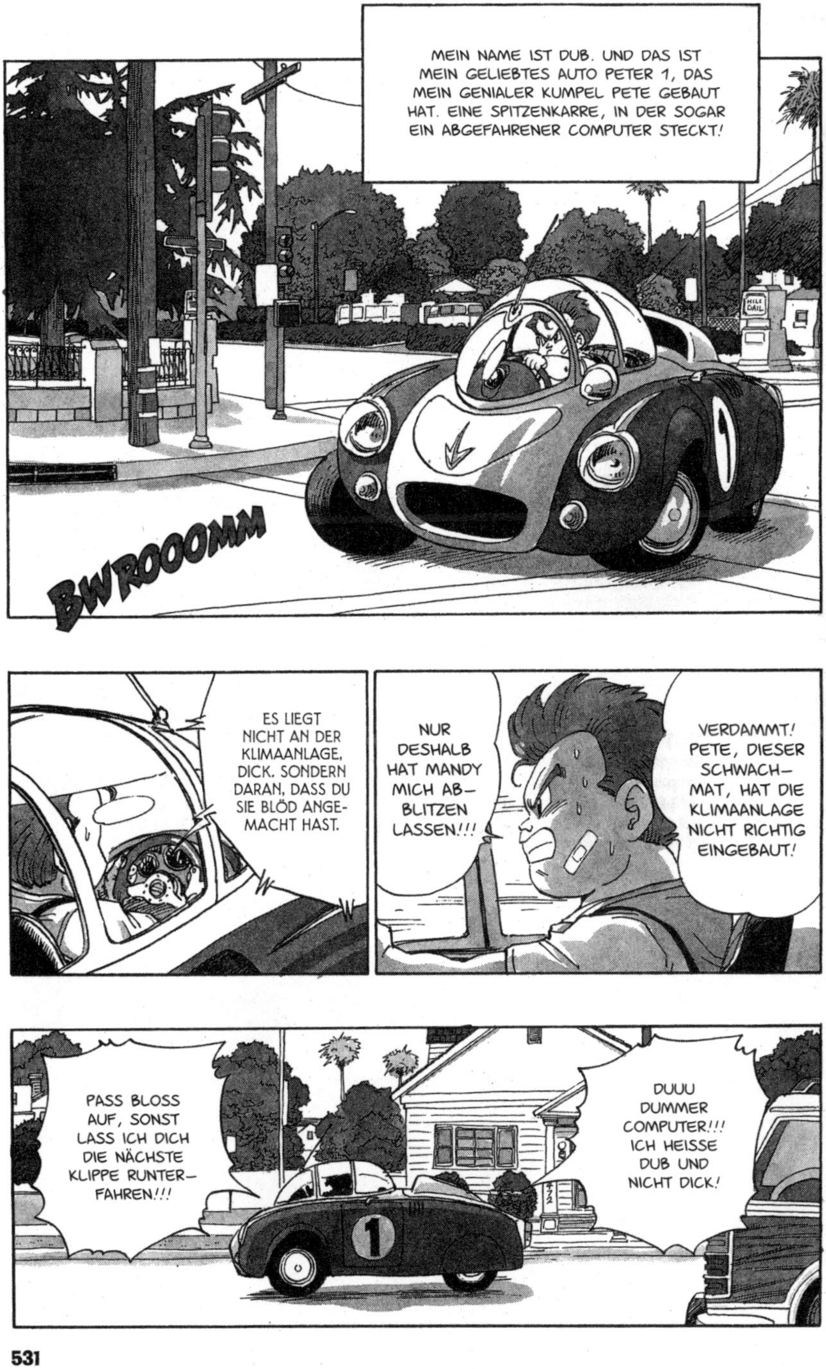
MEIN NAME IST DUB. UND DAS IST MEIN GELIEBTES AUTO PETER 1, DAS MEIN GENIALER KUMPEL PETE GEBAUT HAT. EINE SPITZENKARRE, IN DER SOGAR EIN ABGEFAHRENER COMPUTER STECKT!
BWROOOMM
ES LIEGT NICHT AN DER KLIMAANLAGE, DICK. SONDERN DARAN, DASS DU SIE BLÖD ANGEMACHT HAST.
NUR DESHALB HAT MANDY MICH ABBLITZEN LASSEN!!!
VERDAMMT! PETE, DIESER SCHWACHMAT, HAT DIE KLIMAANLAGE NICHT RICHTIG EINGEBAUT!
PASS BLOSS AUF, SONST LASS ICH DICH DIE NÄCHSTE KLIPPE RUNTERFAHREN!!!
DUUU DUMMER COMPUTER!!! ICH HEISSE DUB UND NICHT DICK!

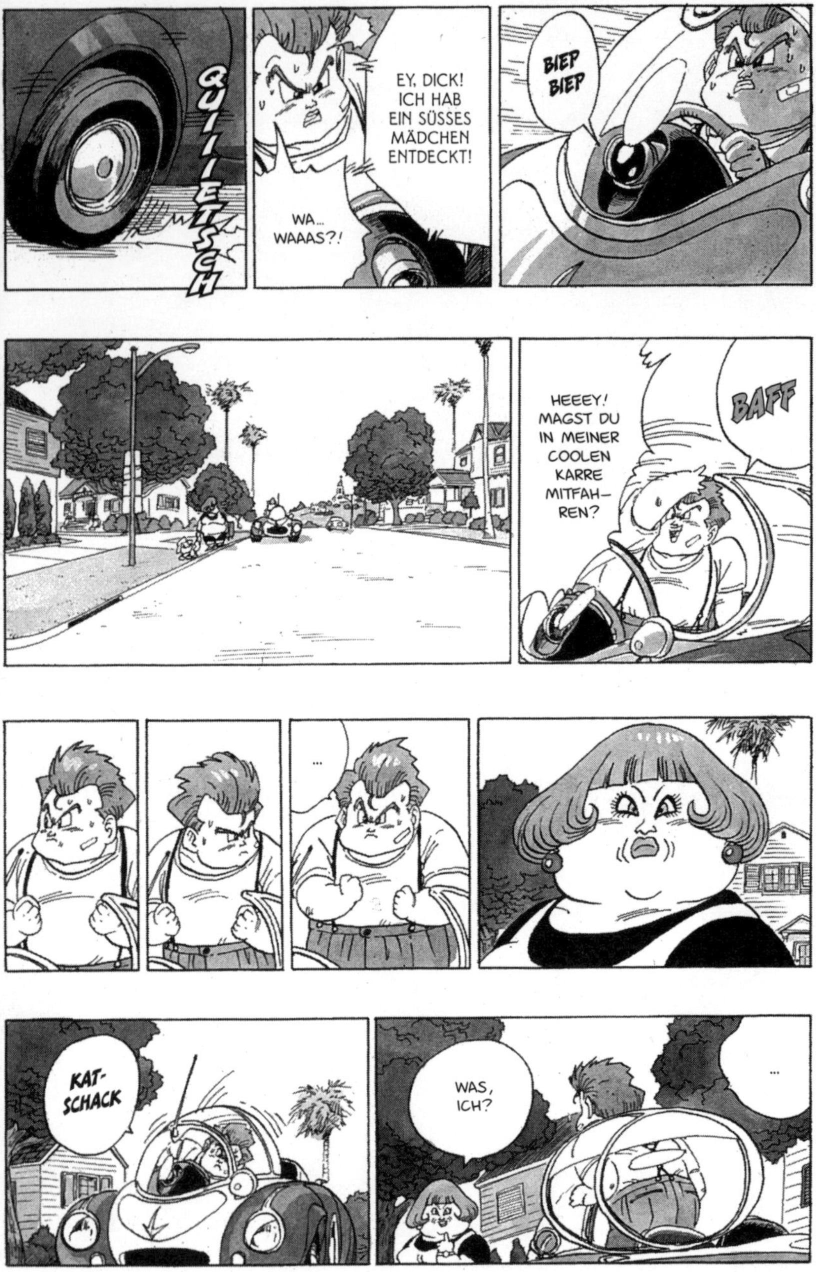
BIEP BIEP
EY, DICK! ICH HAB EIN SÜSSES MÄDCHEN ENTDECKT!
WA... WAAAS?!
QUIIIETSCH
BAFF
HEEEY! MAGST DU IN MEINER COOLEN KARRE MITFAH-REN?
...
...
WAS, ICH?
KAT-SCHACK

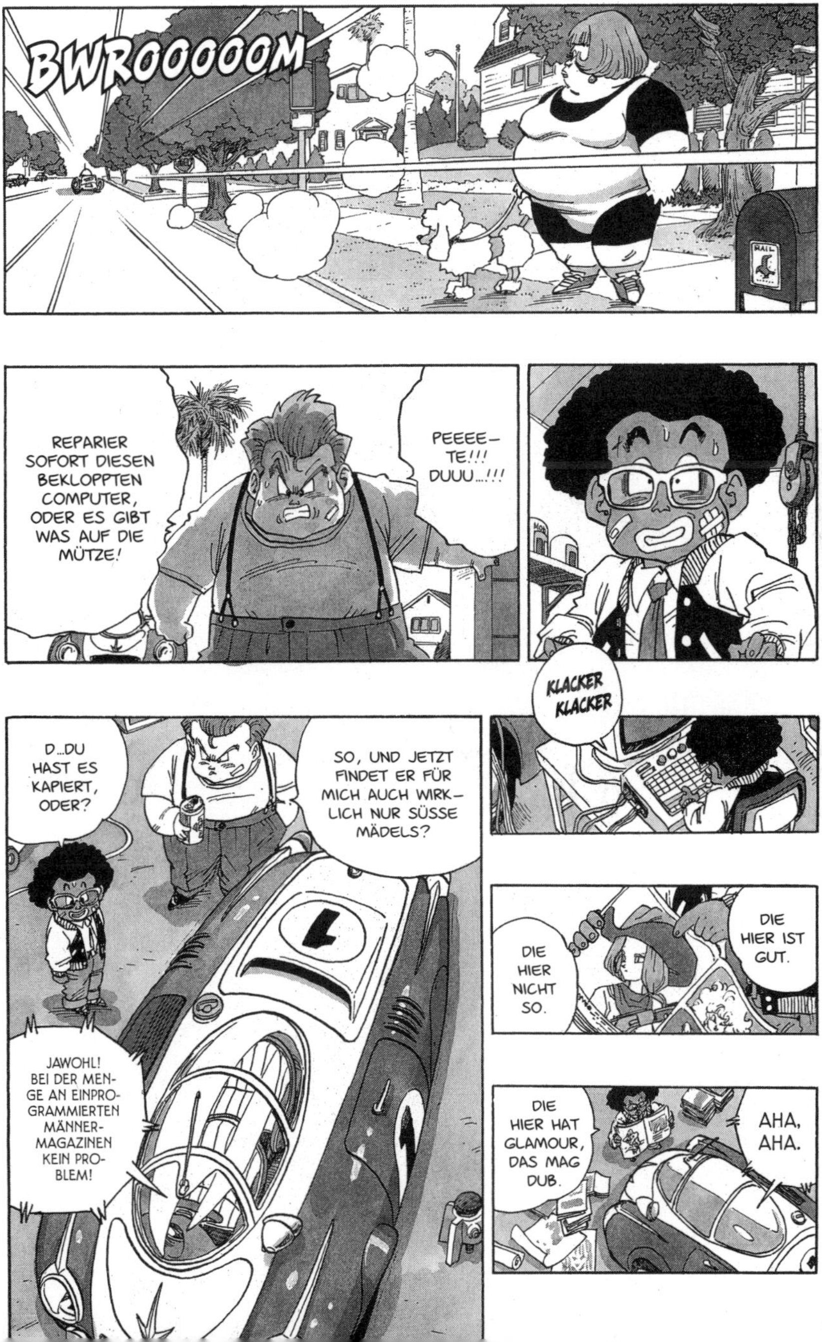
BWROOOOOM
REPARIER SOFORT DIESEN BEKLOPPTEN COMPUTER, ODER ES GIBT WAS AUF DIE MÜTZE!
PEEEE-TE!!! DUUU...!!!
KLACKER KLACKER
D...DU HAST ES KAPIERT, ODER?
SO, UND JETZT FINDET ER FÜR MICH AUCH WIRK-LICH NUR SÜSSE MÄDELS?
JAWOHL! BEI DER MEN-GE AN EINPRO-GRAMMIERTEN MÄNNER-MAGAZINEN KEIN PRO-BLEM!
DIE HIER NICHT SO.
DIE HIER IST GUT.
DIE HIER HAT GLAMOUR, DAS MAG DUB.
AHA, AHA.

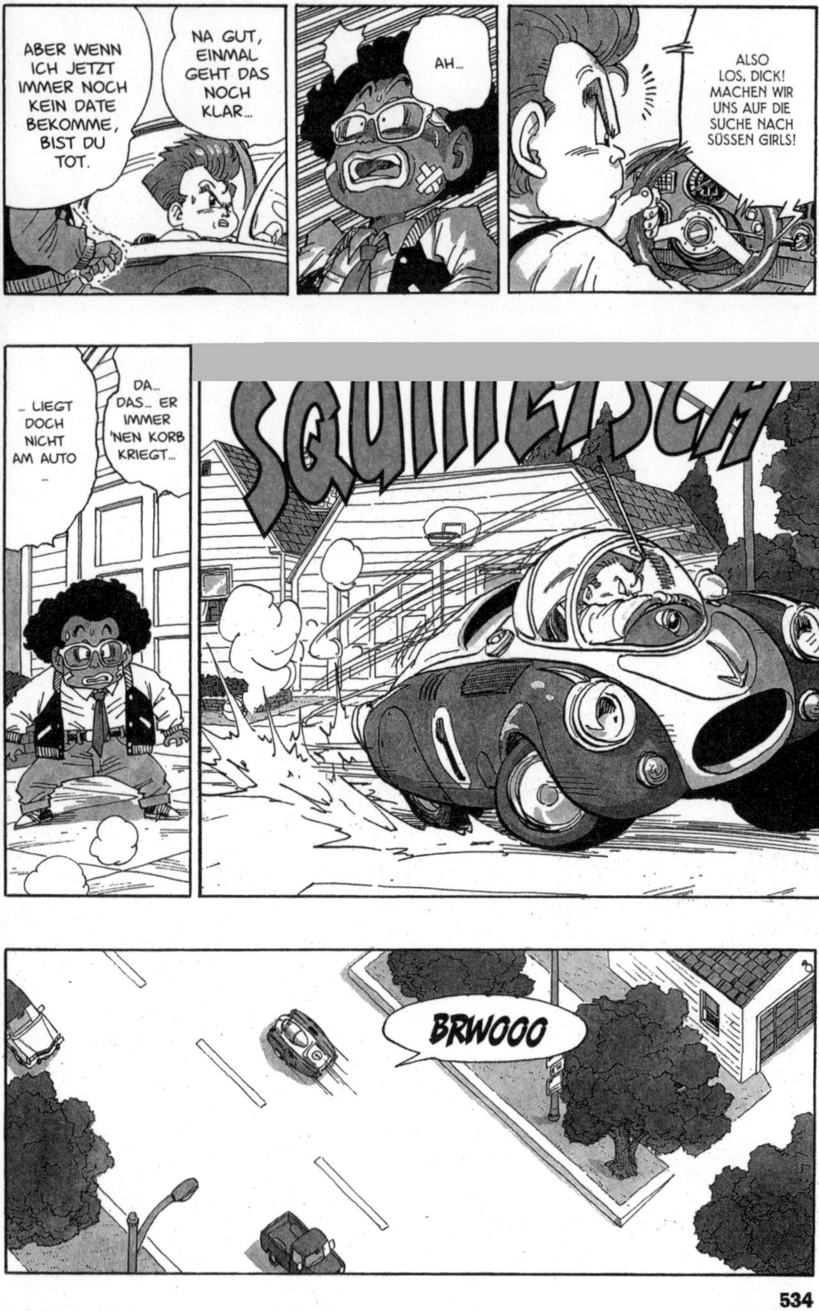
ABER WENN ICH JETZT IMMER NOCH KEIN DATE BEKOMME, BIST DU TOT.
NA GUT, EINMAL GEHT DAS NOCH KLAR...
AH...
ALSO LOS, DICK! MACHEN WIR UNS AUF DIE SUCHE NACH SÜSSEN GIRLS!
DA... DAS... ER IMMER 'NEN KORB KRIEGT...
... LIEGT DOCH NICHT AM AUTO ...
SQUIIIETSCH
BRWOOO

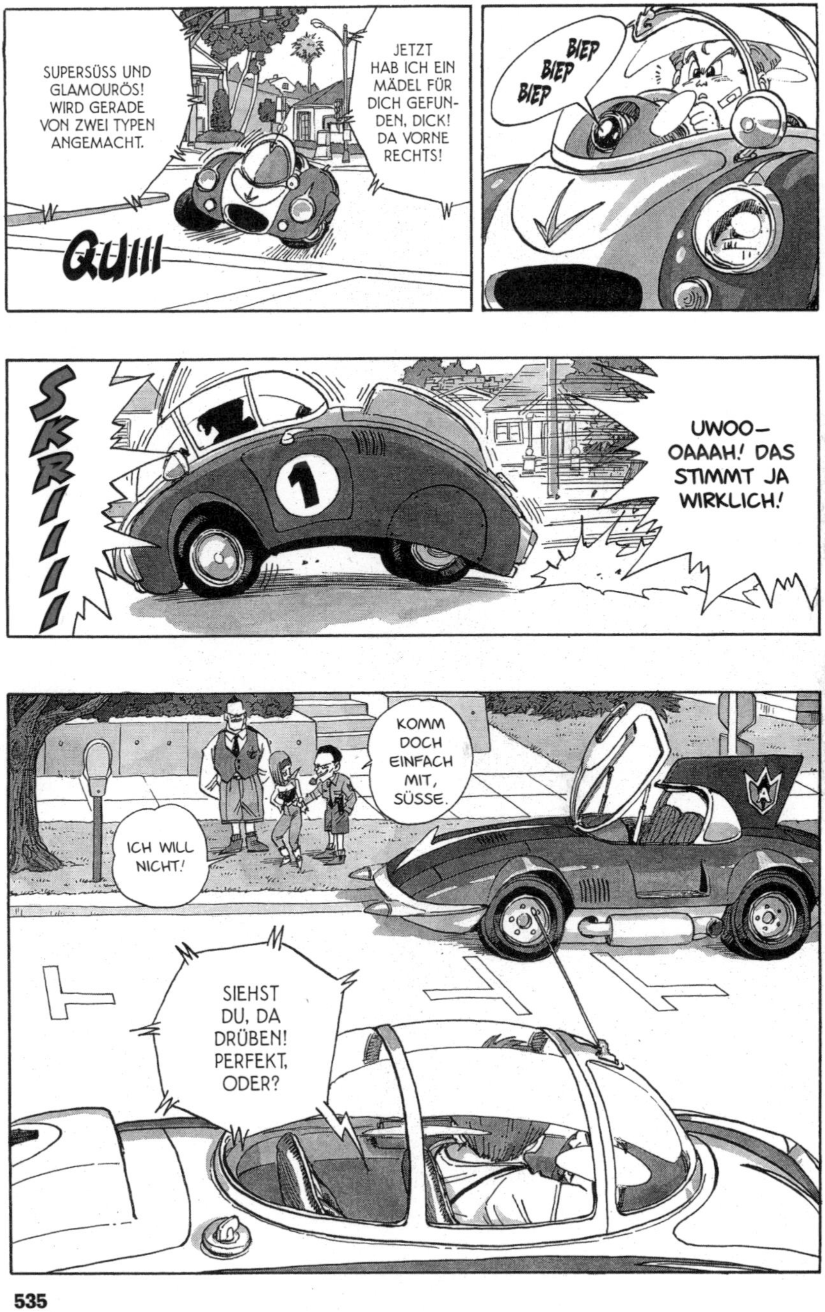
JETZT HAB ICH EIN MÄDEL FÜR DICH GEFUN-DEN, DICK! DA VORNE RECHTS!
SUPERSÜSS UND GLAMOURÖS! WIRD GERADE VON ZWEI TYPEN ANGEMACHT.
QUIII
BIEP BIEP BIEP
SKRIIIIII
UWOO-OAAAH! DAS STIMMT JA WIRKLICH!
KOMM DOCH EINFACH MIT, SÜSSE.
ICH WILL NICHT!
SIEHST DU, DA DRÜBEN! PERFEKT, ODER?

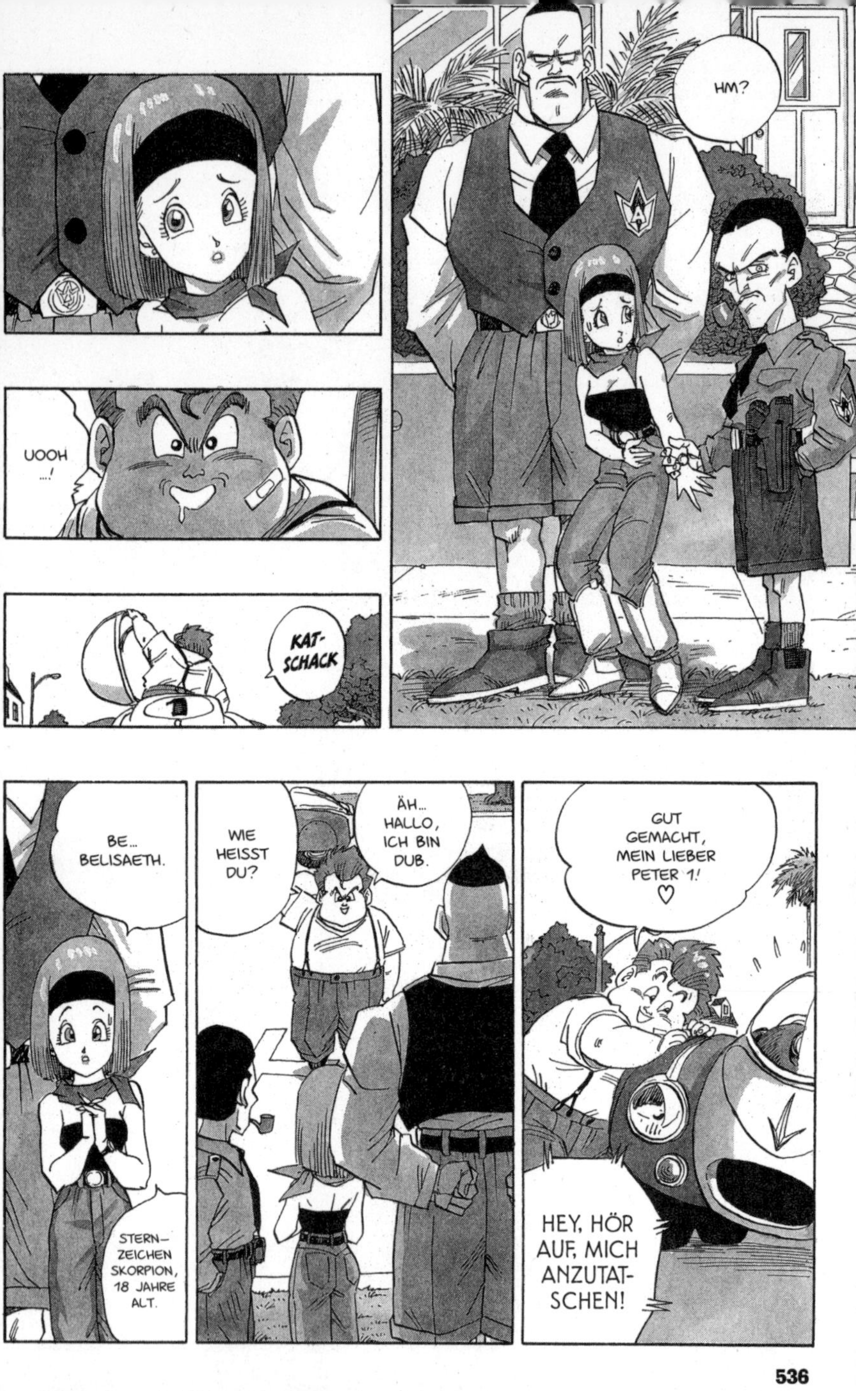
HM?
UOOH ...!
KAT-SCHACK
GUT GEMACHT, MEIN LIEBER PETER 1! ♡
HEY, HÖR AUF, MICH ANZUTAT-SCHEN!
ÄH... HALLO, ICH BIN DUB.
WIE HEISST DU?
BE... BELISAETH.
STERN-ZEICHEN SKORPION, 18 JAHRE ALT.

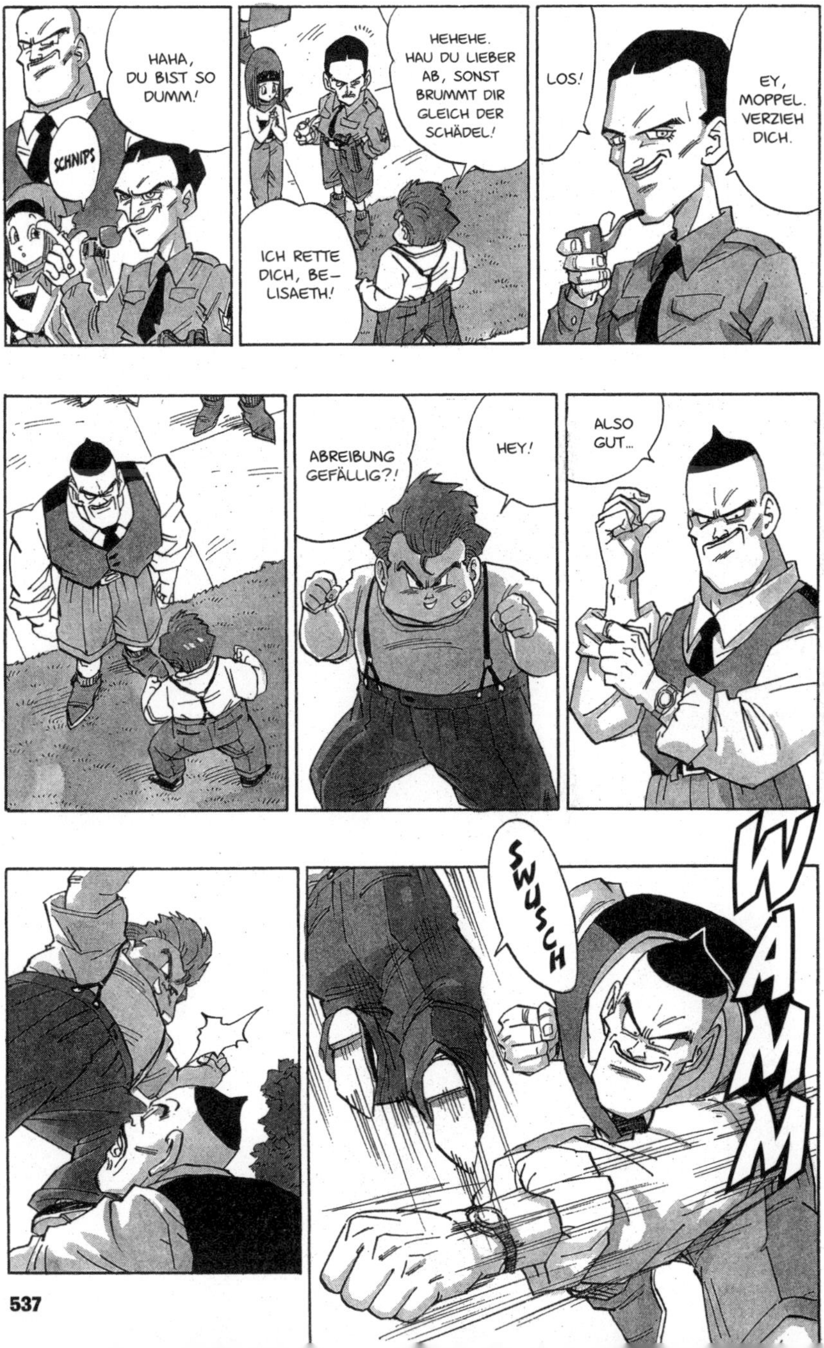
HAHA, DU BIST SO DUMM!
SCHNIPS
HEHEHE. HAU DU LIEBER AB, SONST BRUMMT DIR GLEICH DER SCHÄDEL!
ICH RETTE DICH, BE-LISAETH!
LOS!
EY, MOPPEL. VERZIEH DICH.
ABREIBUNG GEFÄLLIG?!
HEY!
ALSO GUT...
SWUSCH
WAMMM

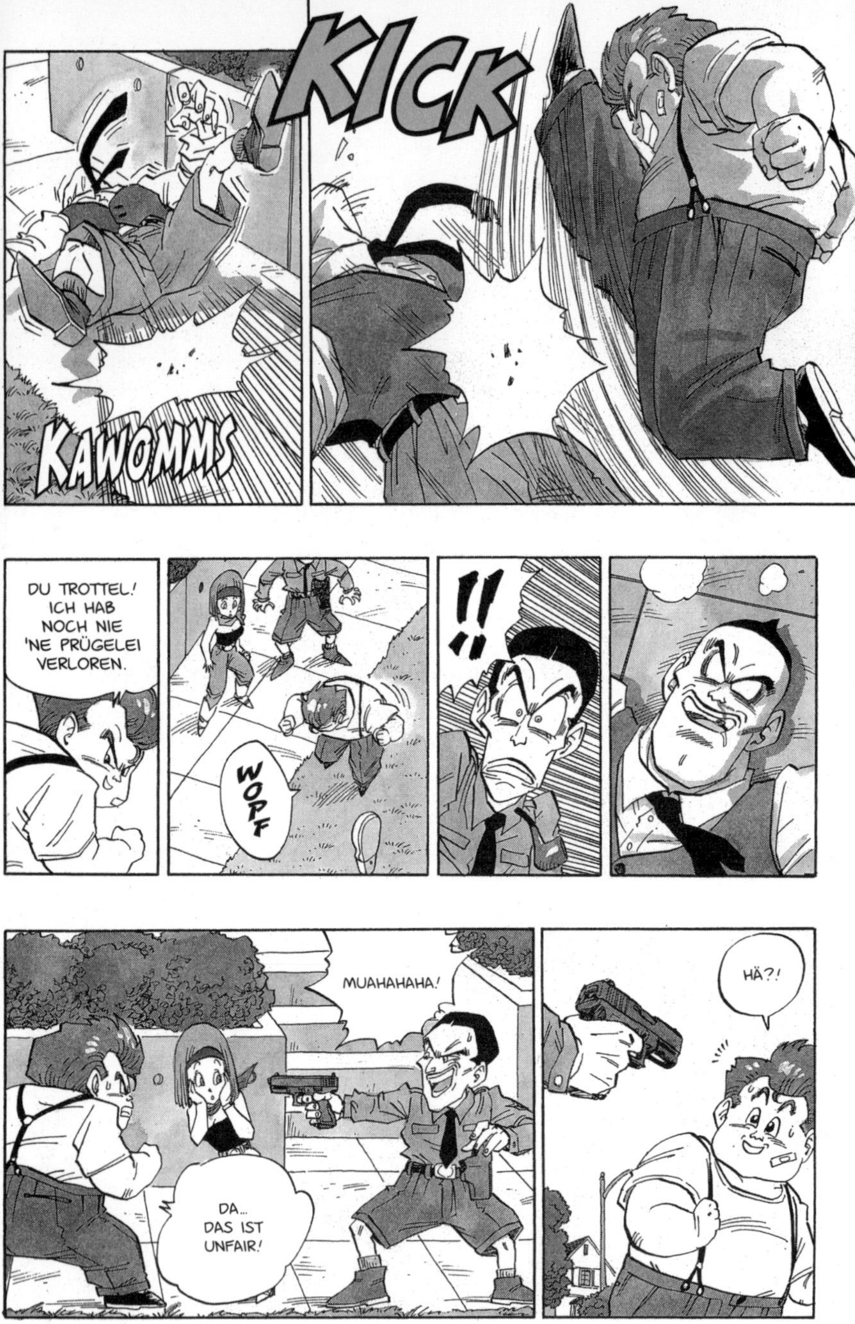

KICK
KAWOMMS
DU TROTTEL! ICH HAB NOCH NIE 'NE PRÜGELEI VERLOREN.
WOPF
!!
MUAHAHAHA!
DA… DAS IST UNFAIR!
HÄ?!

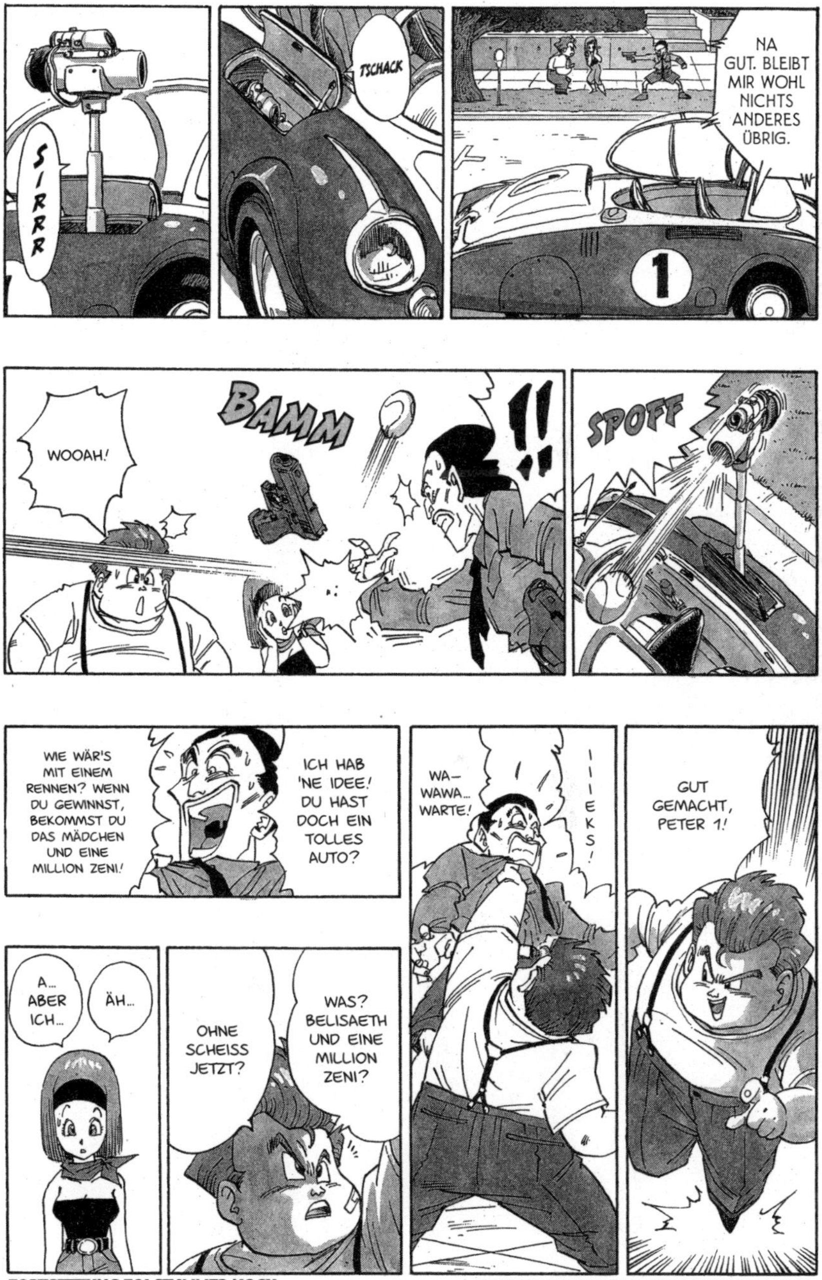

FORTSETZUNG FOLGT IMMER NOCH

ERSCHIENEN IM MAGAZIN V JUMP VOM 30.12.1992

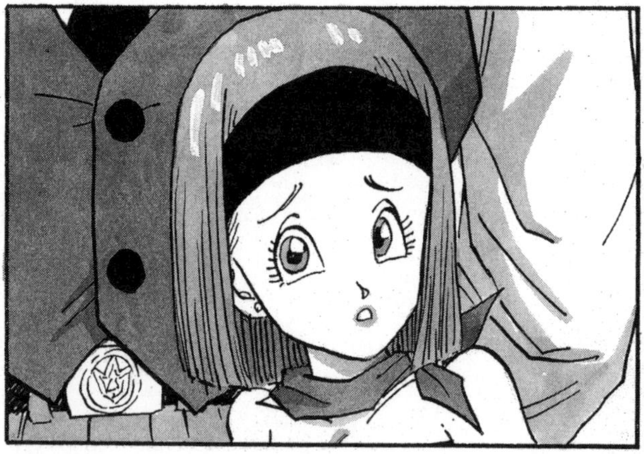

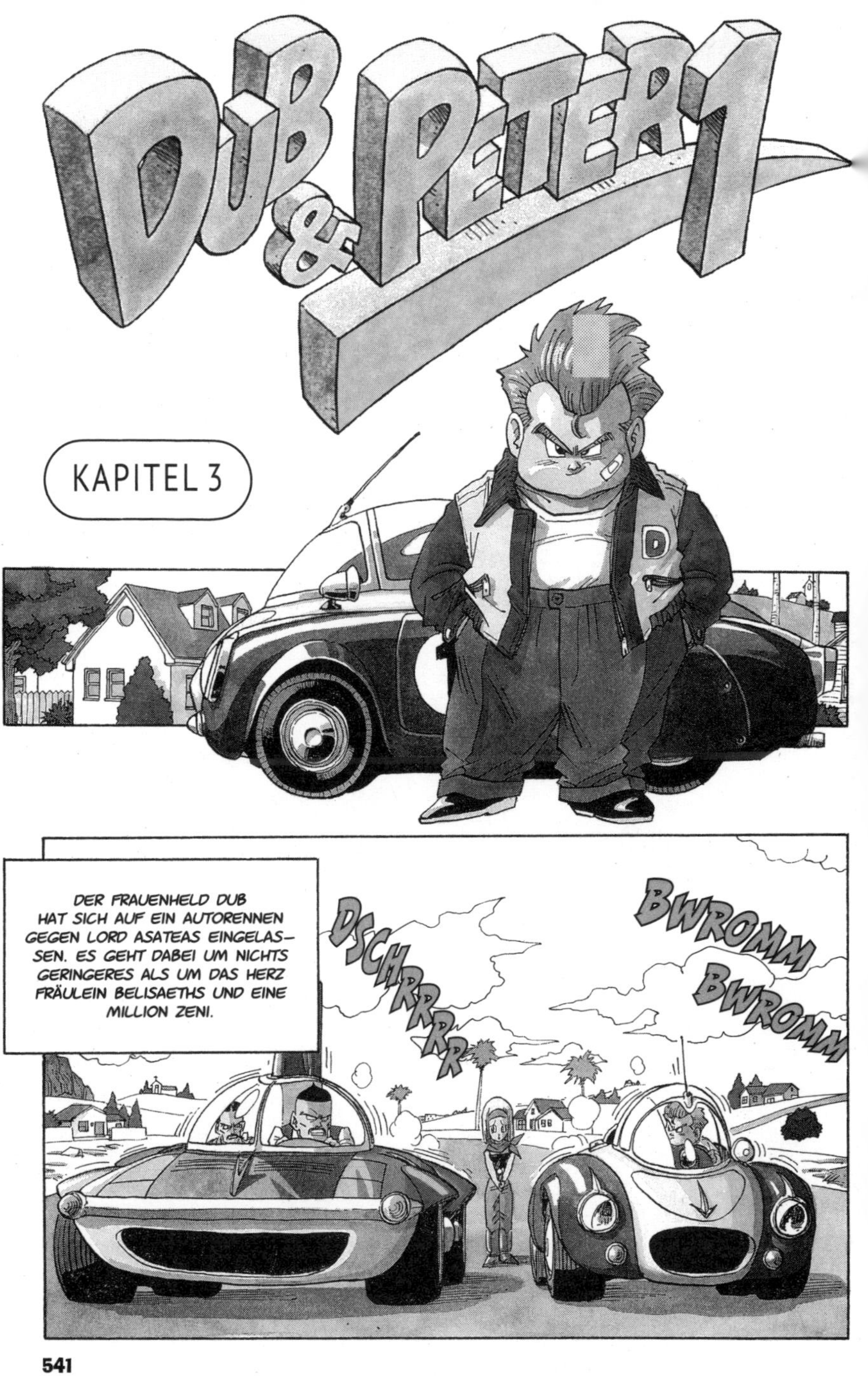
DUB & PETER 1
KAPITEL 3
DER FRAUENHELD DUB HAT SICH AUF EIN AUTORENNEN GEGEN LORD ASATEAS EINGELASSEN. ES GEHT DABEI UM NICHTS GERINGERES ALS UM DAS HERZ FRÄULEIN BELISAETHS UND EINE MILLION ZENI.
BWROMM BWROMM
DSCHRRRRR

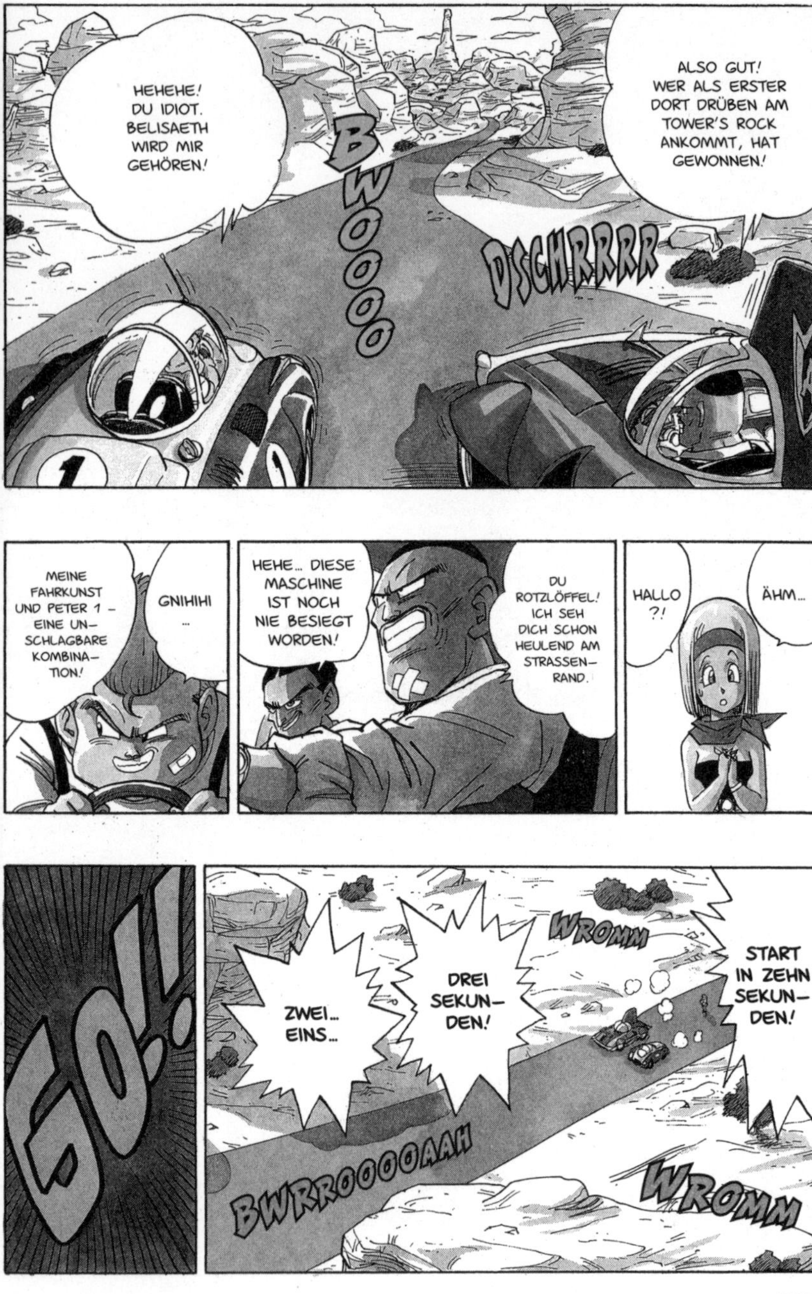
ALSO GUT! WER ALS ERSTER DORT DRÜBEN AM TOWER'S ROCK ANKOMMT, HAT GEWONNEN!
HEHEHE! DU IDIOT. BELISAETH WIRD MIR GEHÖREN!
DSCHRRRR
BWOOOOO
ÄHM...
HALLO ?!
DU ROTZLÖFFEL! ICH SEH DICH SCHON HEULEND AM STRASSEN-RAND.
HEHE... DIESE MASCHINE IST NOCH NIE BESIEGT WORDEN!
GNIHIHI ...
MEINE FAHRKUNST UND PETER 1 – EINE UN-SCHLAGBARE KOMBINA-TION!
START IN ZEHN SEKUN-DEN!
WROMM
DREI SEKUN-DEN!
ZWEI... EINS...
BWRROOOOAAH
WROMM
GO!!

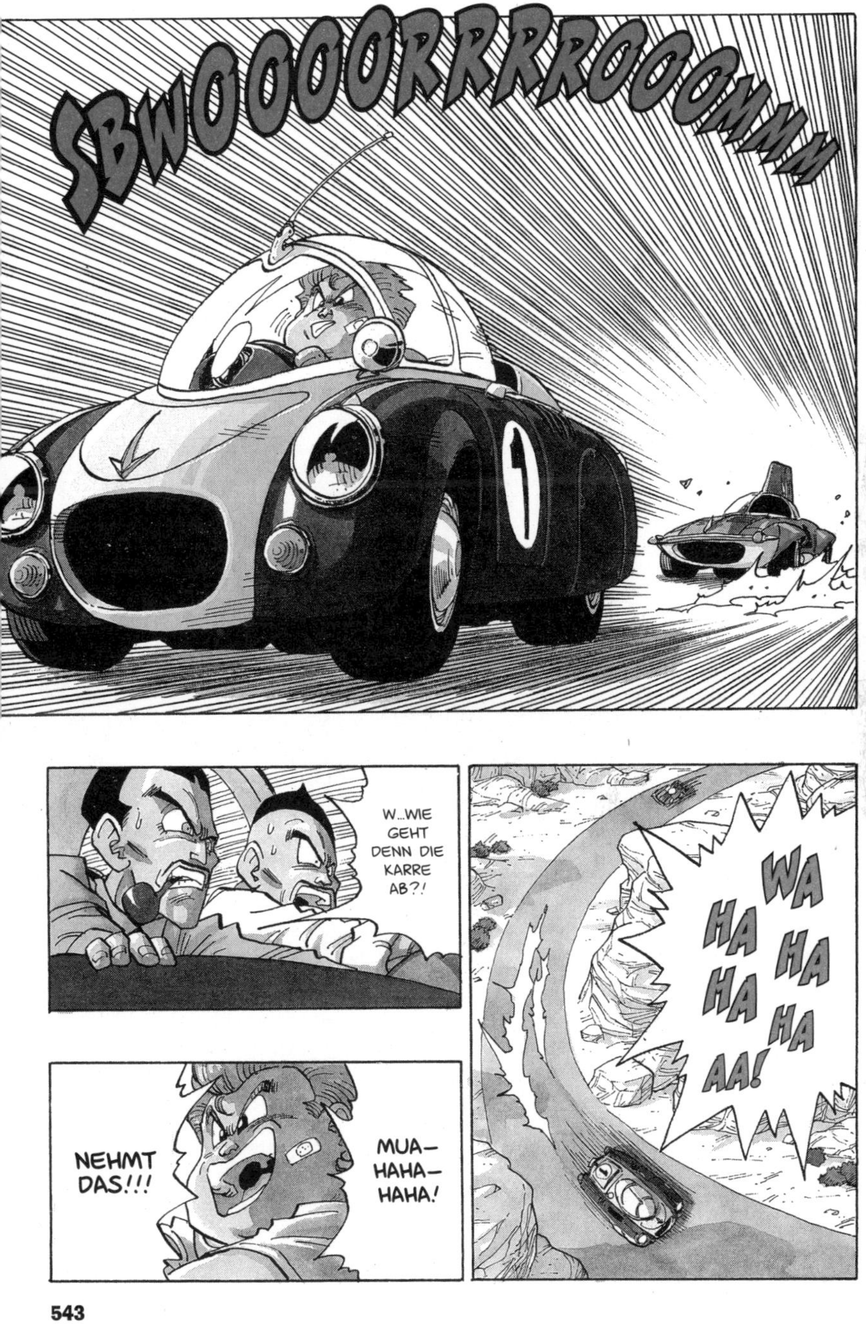
SBWOOOORRRRROOOMMM
W...WIE GEHT DENN DIE KARRE AB?!
NEHMT DAS!!!
MUA-HAHA-HAHA!
WAHAHAHAHAHAHAHAAA!

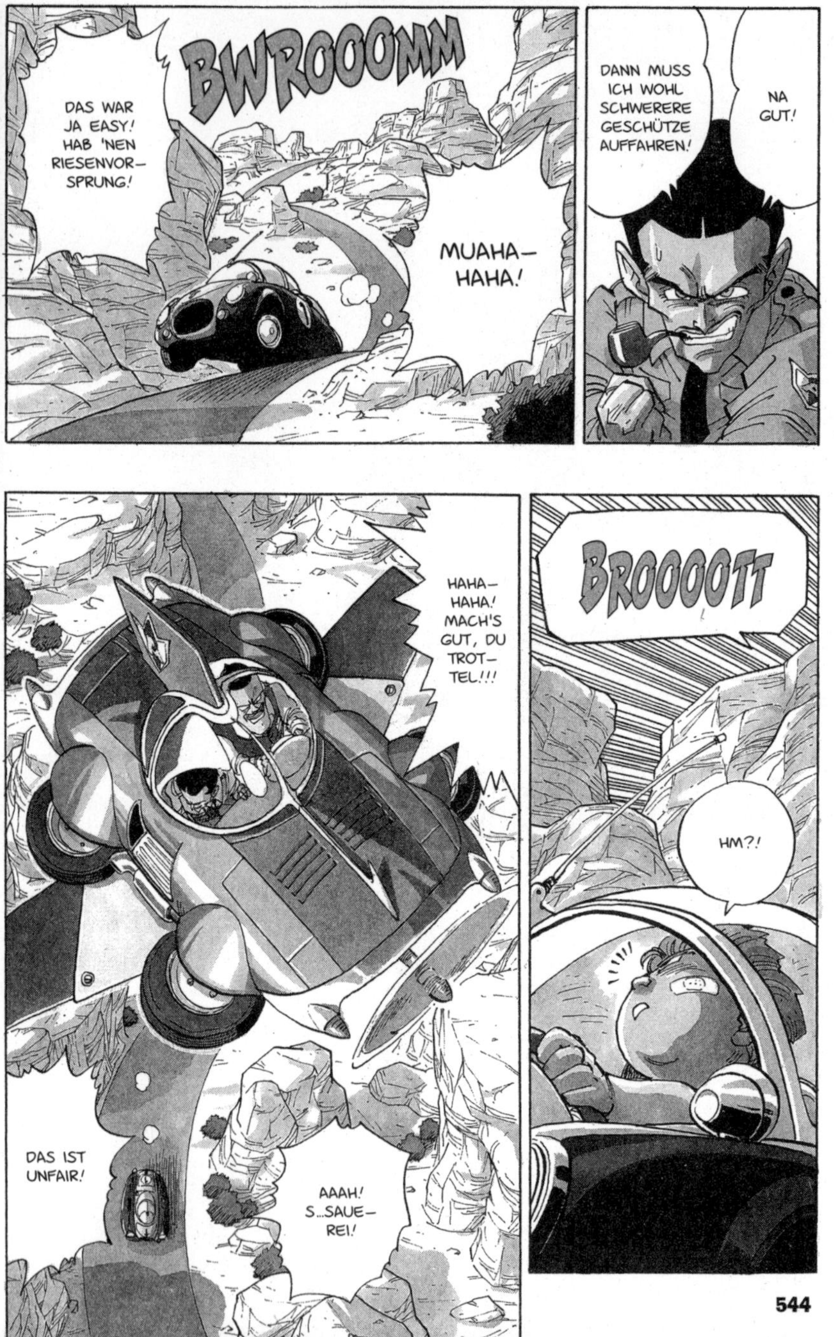
BWROOOMM
DAS WAR JA EASY! HAB 'NEN RIESENVOR-SPRUNG!
MUAHA-HAHA!
NA GUT!
DANN MUSS ICH WOHL SCHWERERE GESCHÜTZE AUFFAHREN!
BROOOOTT
HM?!
HAHA-HAHA! MACH'S GUT, DU TROT-TEL!!!
AAAH! S...SAUE-REI!
DAS IST UNFAIR!

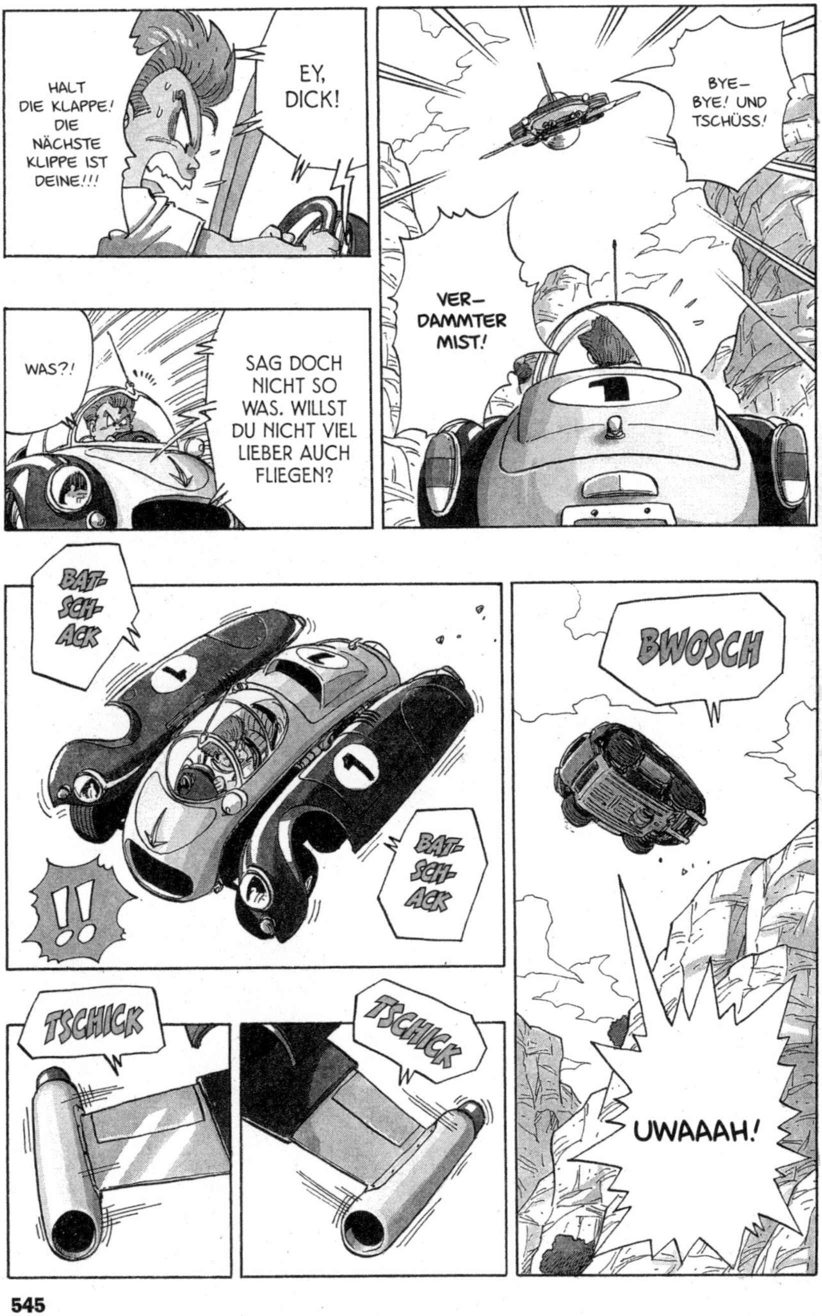

EY, DICK!
HALT DIE KLAPPE! DIE NÄCHSTE KLIPPE IST DEINE!!!
BYE-BYE! UND TSCHÜSS!
VER-DAMMTER MIST!
SAG DOCH NICHT SO WAS. WILLST DU NICHT VIEL LIEBER AUCH FLIEGEN?
WAS?!
BAT-SCH-ACK
BAT-SCH-ACK
!!
BWOSCH
UWAAAH!
TSCHICK
TSCHICK

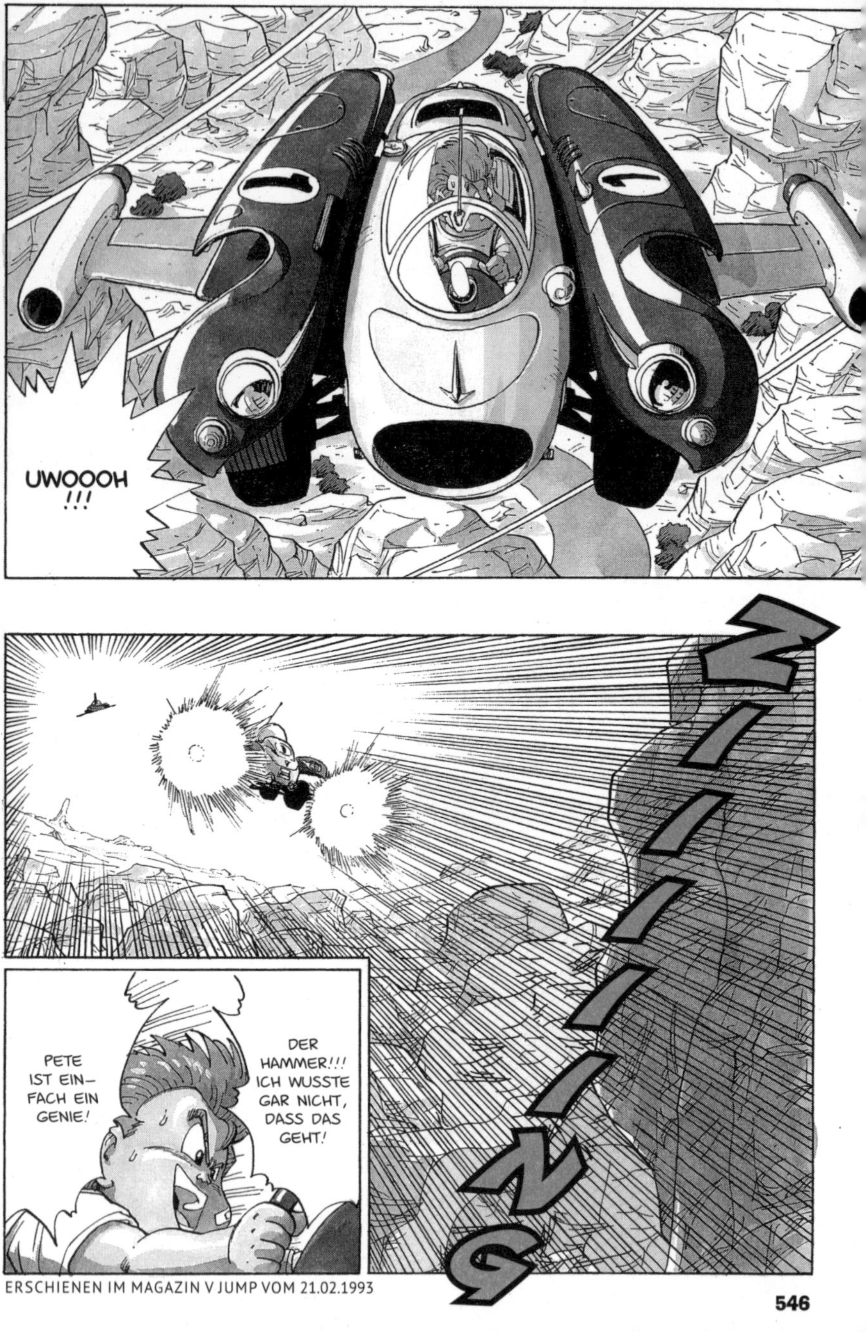

ERSCHIENEN IM MAGAZIN V JUMP VOM 21.02.1993

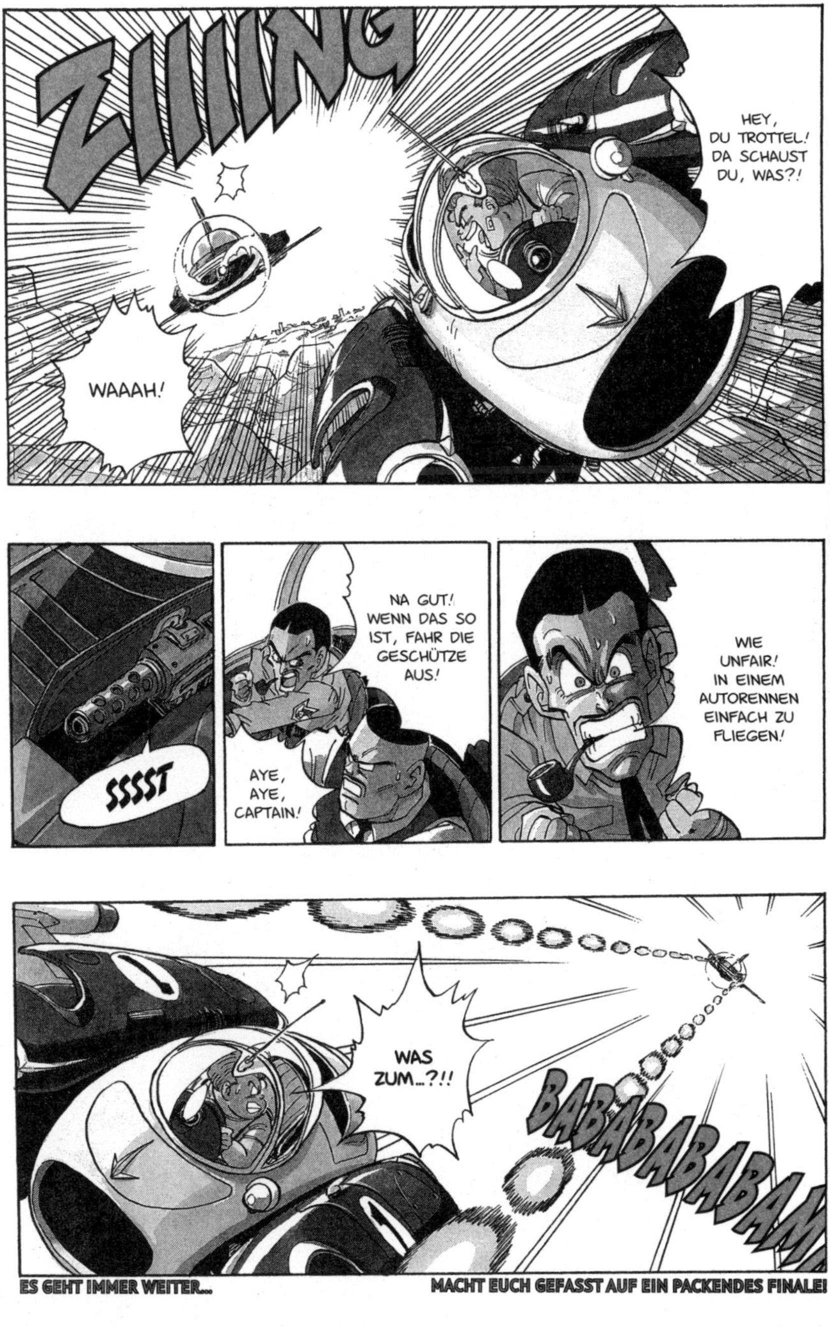

ES GEHT IMMER WEITER...

MACHT EUCH GEFASST AUF EIN PACKENDES FINALE!

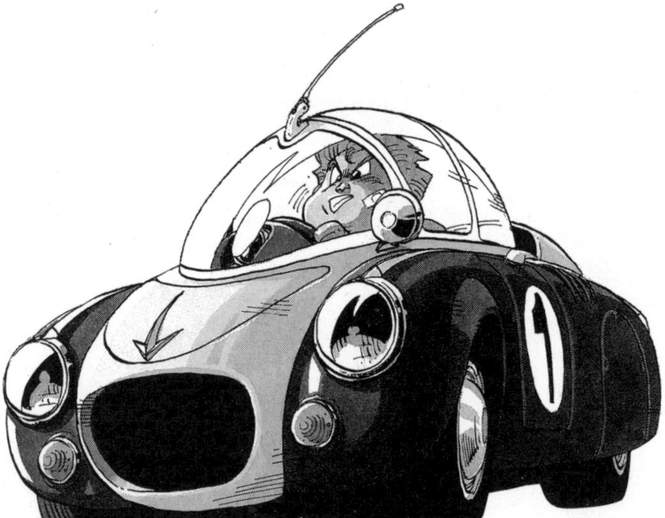

DUB & PETER 1

KAPITEL 4

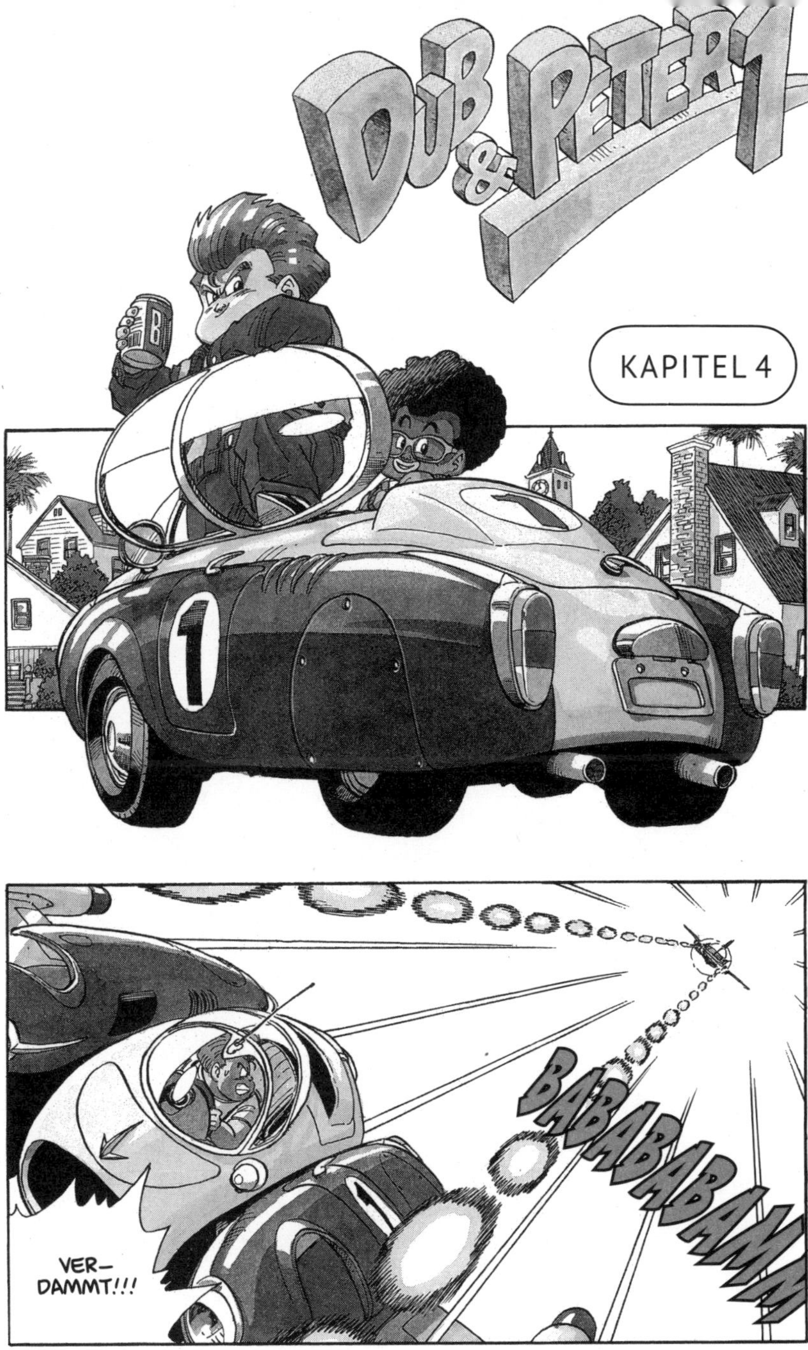

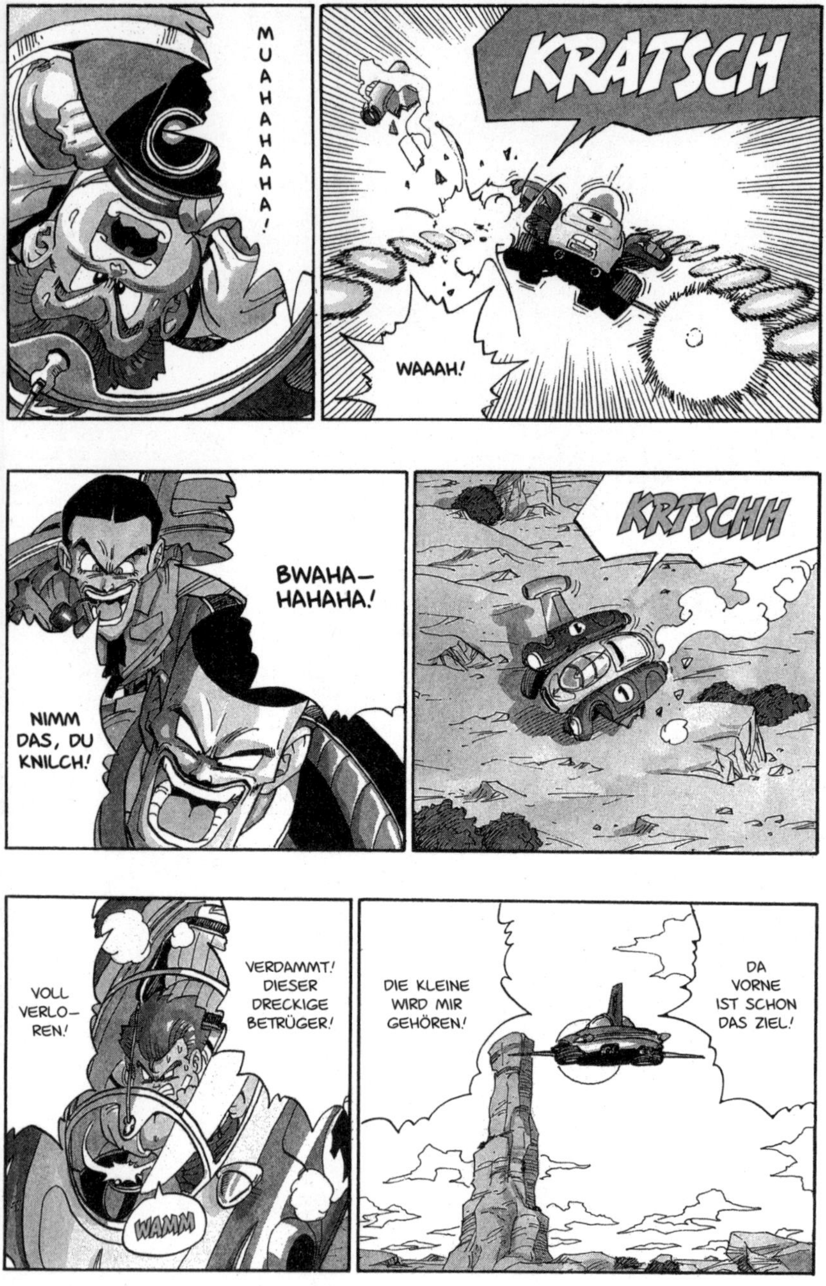

MUAHAHAHAHA!
KRATSCH
WAAAH!
BWAHA-
HAHAHA!
NIMM
DAS, DU
KNILCH!
KRTSCHH
VERDAMMT! DIESER DRECKIGE BETRÜGER!
VOLL VERLO-REN!
WAMM
DA VORNE IST SCHON DAS ZIEL!
DIE KLEINE WIRD MIR GEHÖREN!

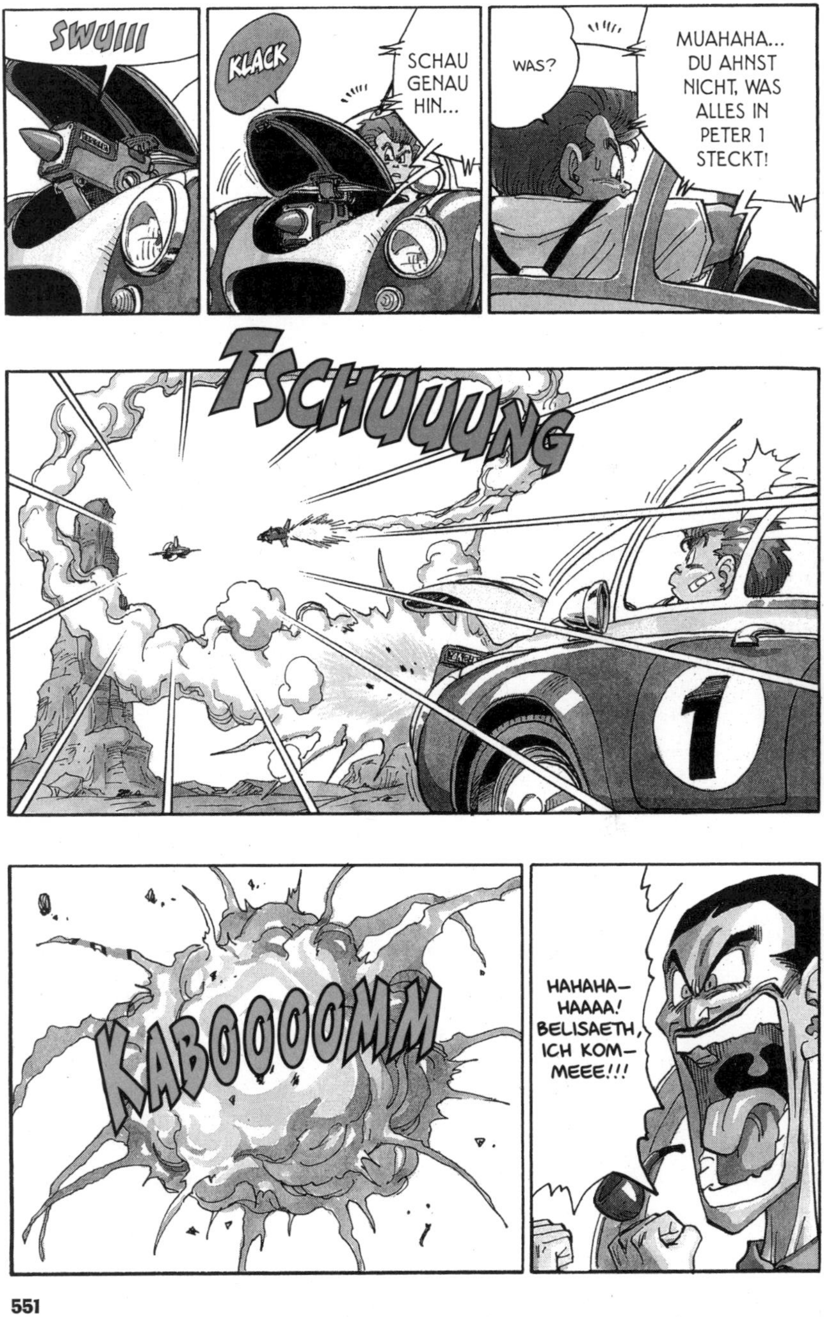

SWUIII
KLACK
SCHAU GENAU HIN...
WAS?
MUAHAHA... DU AHNST NICHT, WAS ALLES IN PETER 1 STECKT!
TSCHUUUUNG
1
KABOOOOMM
HAHAHA-HAAAA! BELISAETH, ICH KOM-MEEE!!!

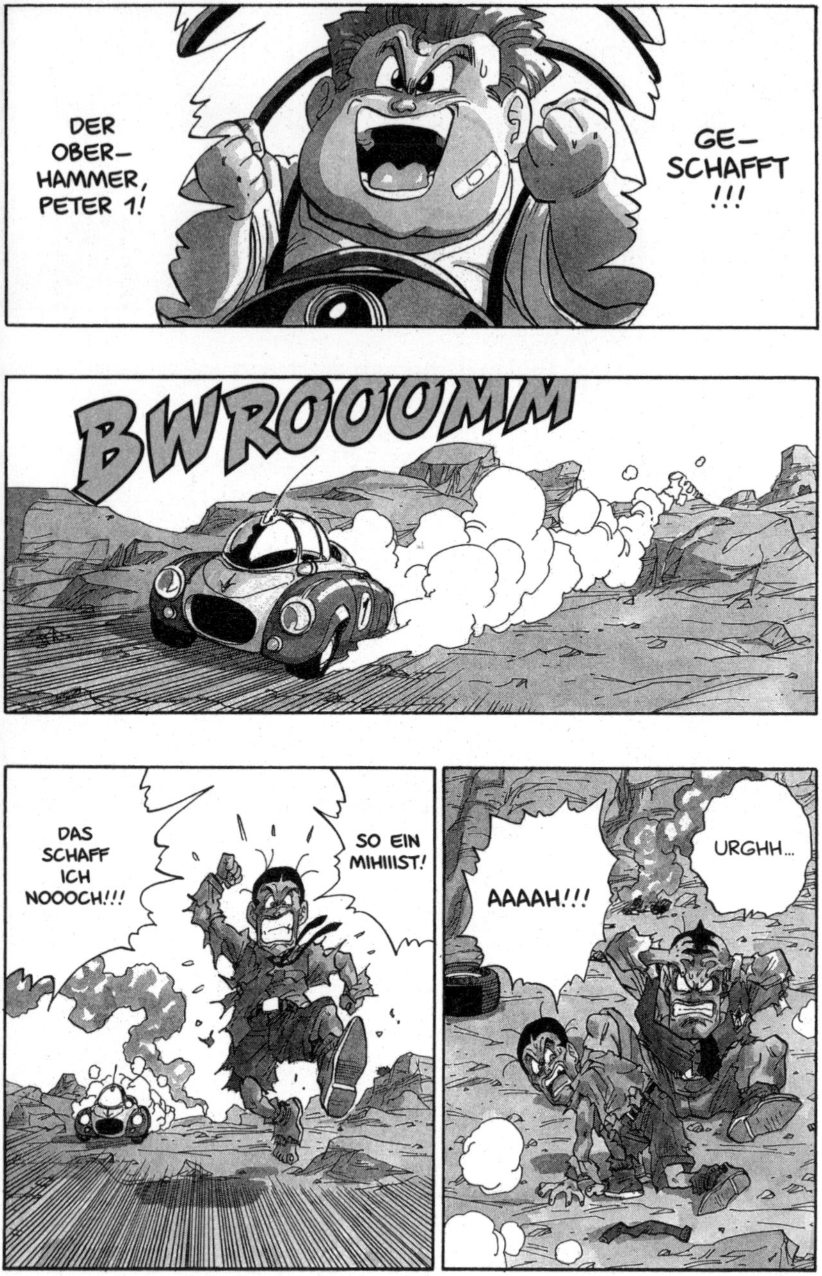
GE-
SCHAFFT
!!!
DER
OBER-
HAMMER,
PETER 1!
BWROOOMM
URGHH...
AAAAH!!!
SO EIN
MIHIIIST!
DAS
SCHAFF
ICH
NOOOCH!!!

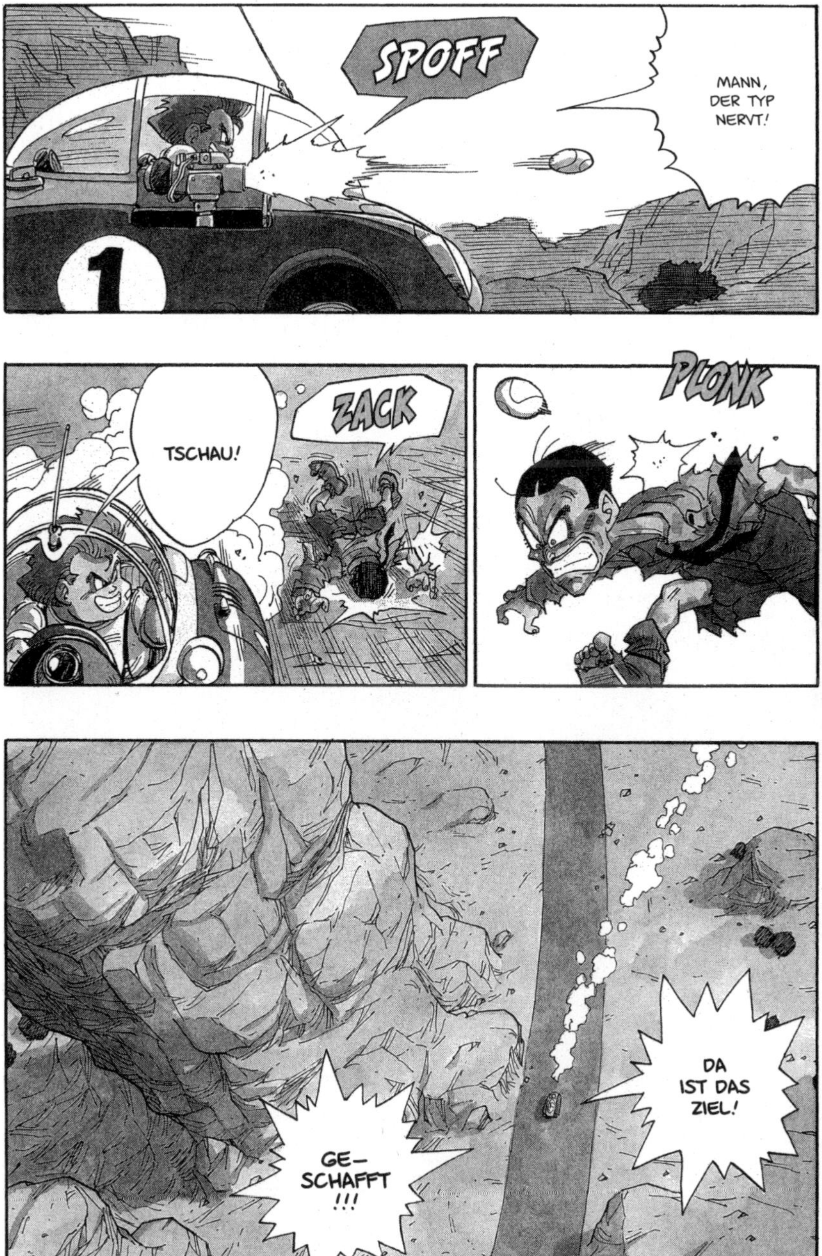
MANN, DER TYP NERVT!
SPOFF
PLONK
ZACK
TSCHAU!
DA IST DAS ZIEL!
GE-SCHAFFT!!!

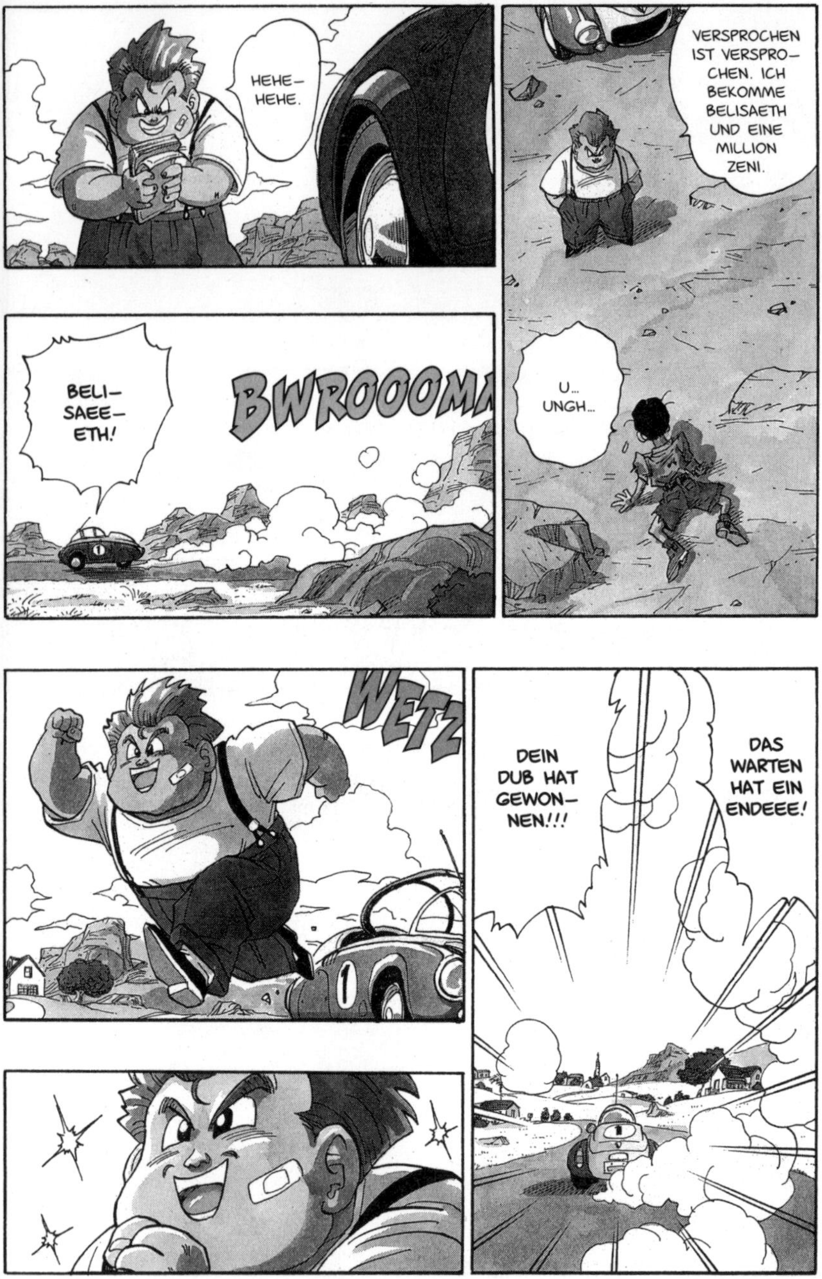
VERSPROCHEN IST VERSPROCHEN. ICH BEKOMME BELISAETH UND EINE MILLION ZENI.
U... UNGH...
HEHE-HEHE.
BELI-SAEE-ETH!
BWROOOM
DAS WARTEN HAT EIN ENDEEE!
DEIN DUB HAT GEWON-NEN!!!
WETZ

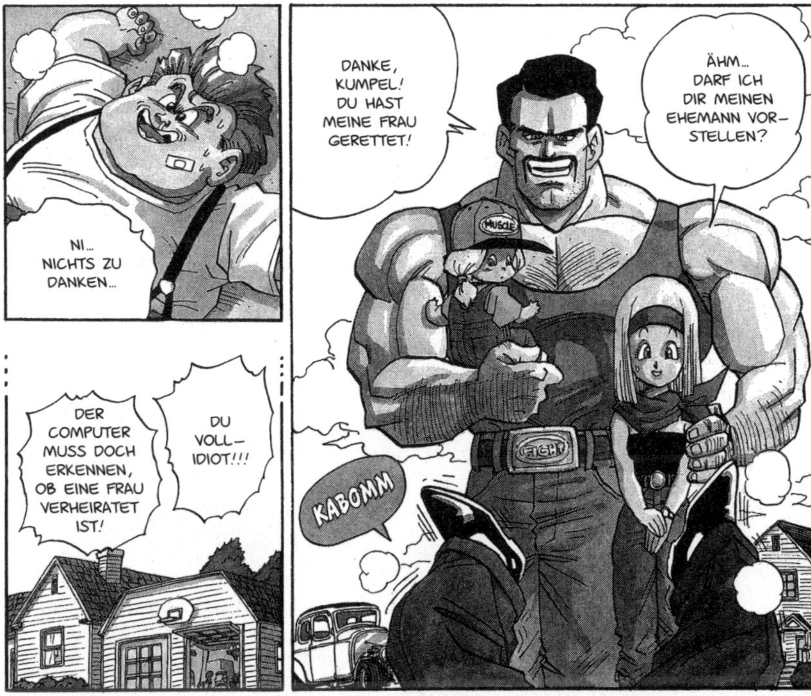

* BELIEBTE POPSÄNGERIN IN DEN 90ER-JAHREN

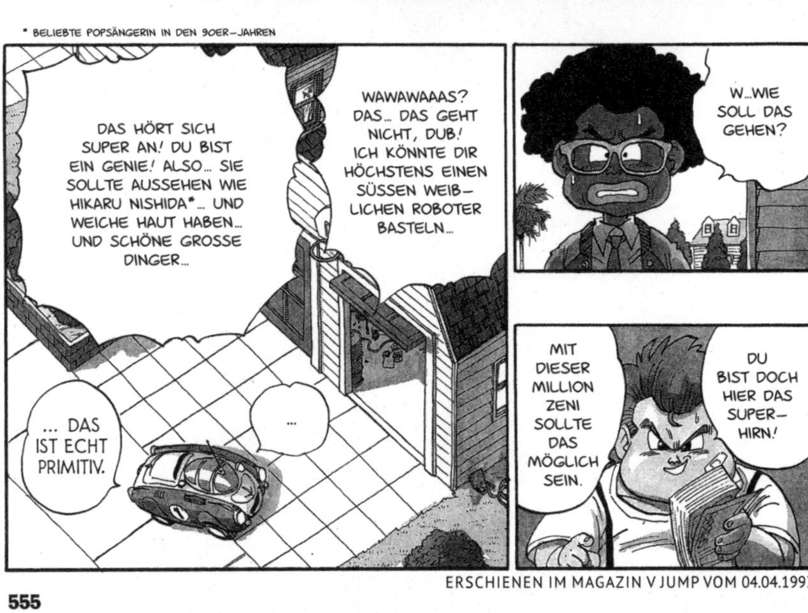

ERSCHIENEN IM MAGAZIN V JUMP VOM 04.04.1993

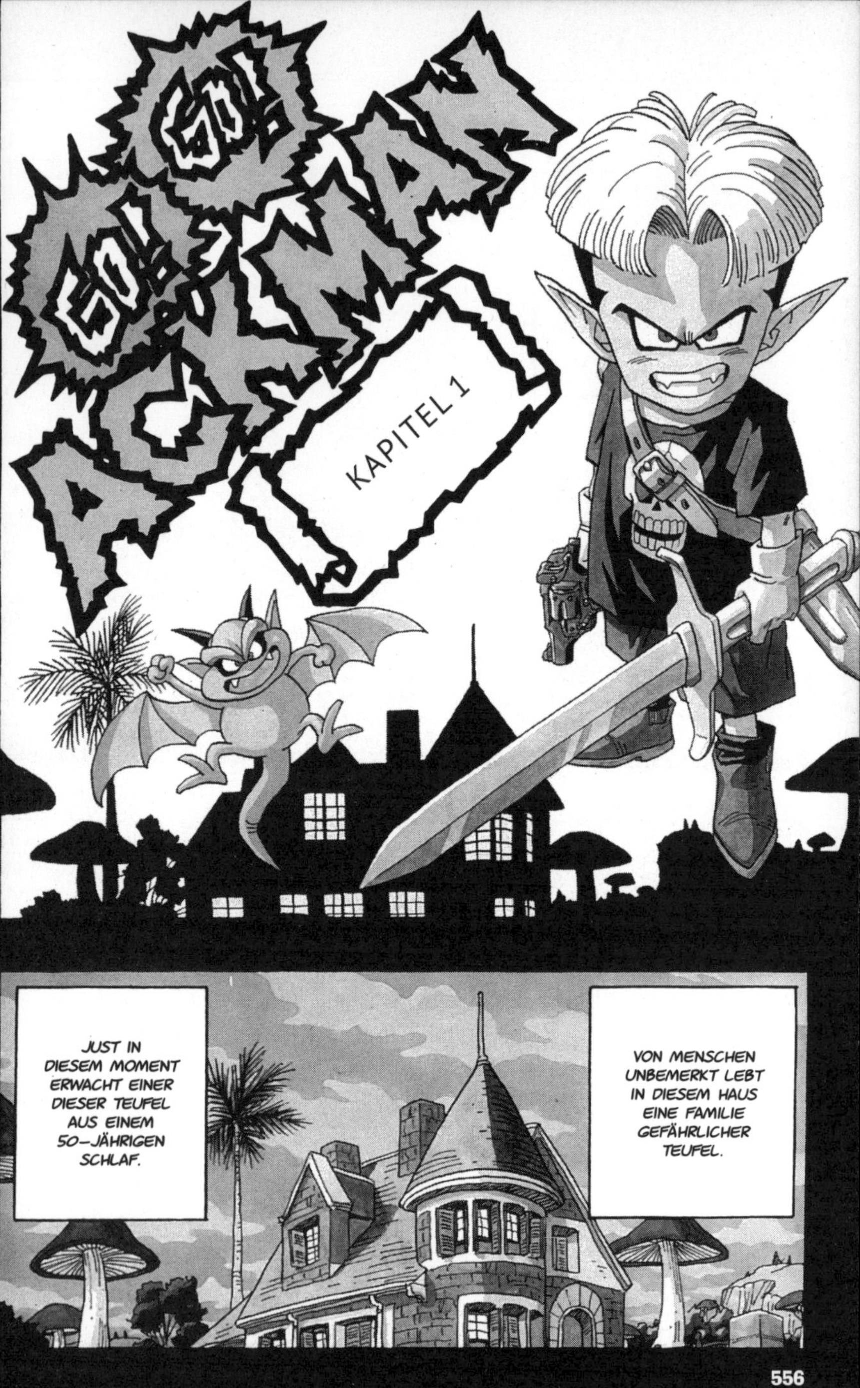
GO! GO! ACKMAN
KAPITEL 1
VON MENSCHEN UNBEMERKT LEBT IN DIESEM HAUS EINE FAMILIE GEFÄHRLICHER TEUFEL.
JUST IN DIESEM MOMENT ERWACHT EINER DIESER TEUFEL AUS EINEM 50-JÄHRIGEN SCHLAF.

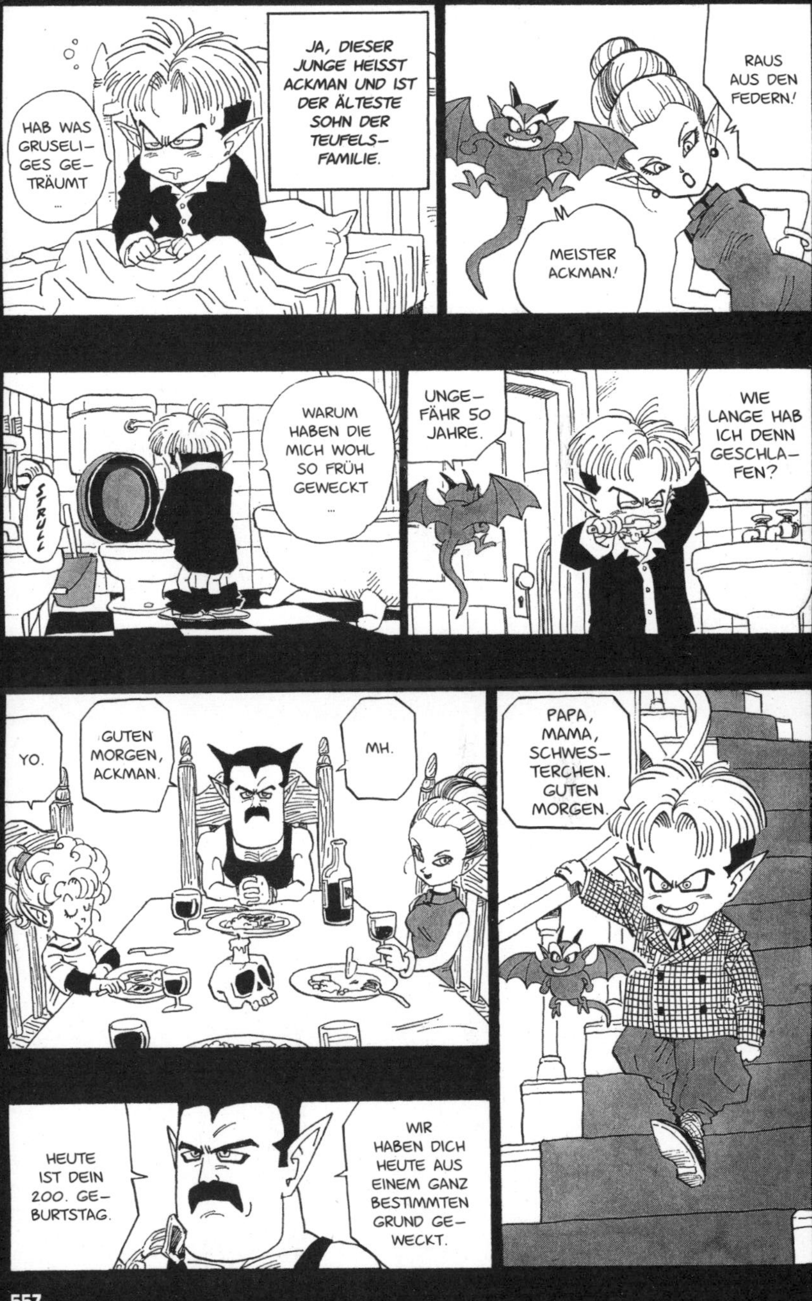
HAB WAS GRUSELIGES GETRÄUMT ...
JA, DIESER JUNGE HEISST ACKMAN UND IST DER ÄLTESTE SOHN DER TEUFELSFAMILIE.
MEISTER ACKMAN!
RAUS AUS DEN FEDERN!
STRULL
WARUM HABEN DIE MICH WOHL SO FRÜH GEWECKT ...
WIE LANGE HAB ICH DENN GESCHLAFEN?
UNGEFÄHR 50 JAHRE.
PAPA, MAMA, SCHWESTERCHEN. GUTEN MORGEN.
YO.
GUTEN MORGEN, ACKMAN.
MH.
HEUTE IST DEIN 200. GEBURTSTAG.
WIR HABEN DICH HEUTE AUS EINEM GANZ BESTIMMTEN GRUND GEWECKT.

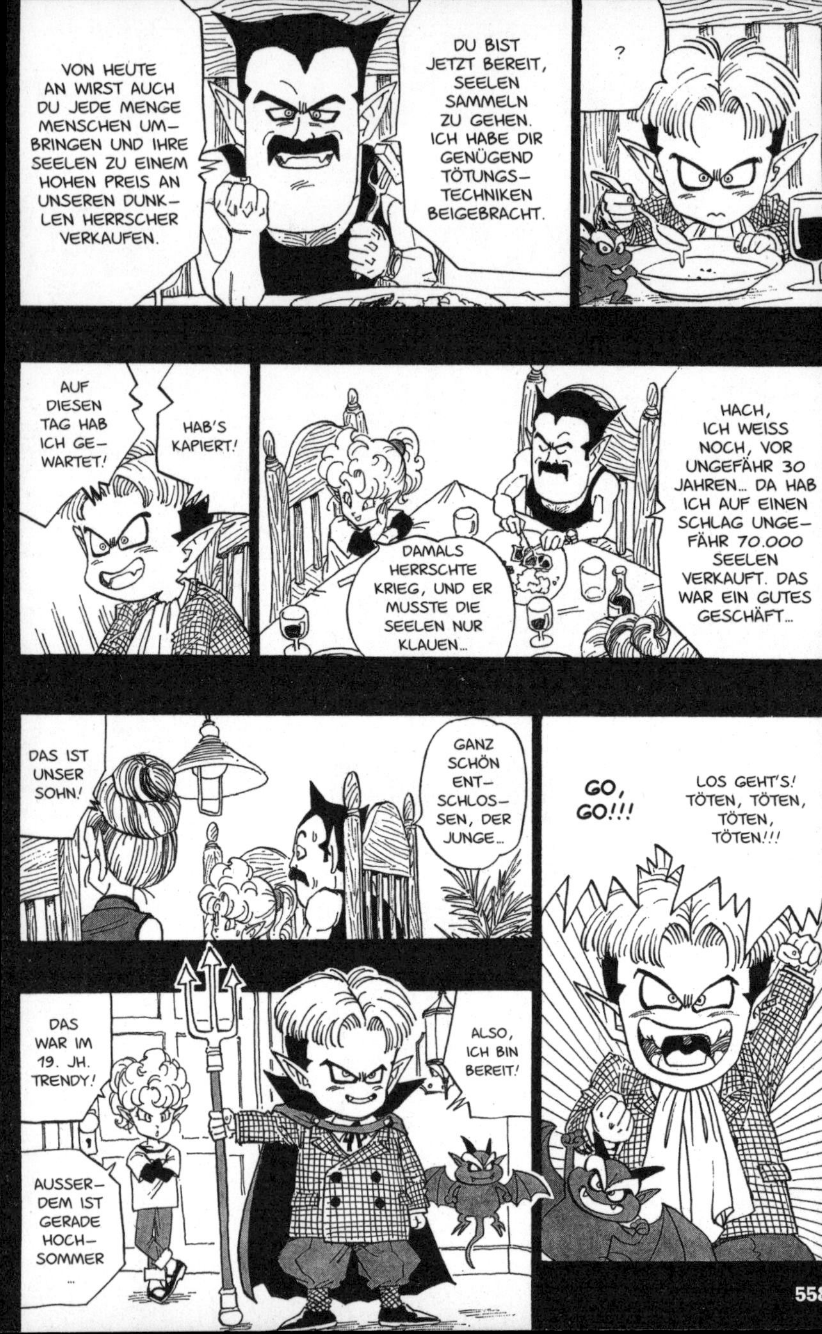
?
DU BIST JETZT BEREIT, SEELEN SAMMELN ZU GEHEN. ICH HABE DIR GENÜGEND TÖTUNGS-TECHNIKEN BEIGEBRACHT.
VON HEUTE AN WIRST AUCH DU JEDE MENGE MENSCHEN UM-BRINGEN UND IHRE SEELEN ZU EINEM HOHEN PREIS AN UNSEREN DUNK-LEN HERRSCHER VERKAUFEN.
HACH, ICH WEISS NOCH, VOR UNGEFÄHR 30 JAHREN... DA HAB ICH AUF EINEN SCHLAG UNGE-FÄHR 70.000 SEELEN VERKAUFT. DAS WAR EIN GUTES GESCHÄFT...
DAMALS HERRSCHTE KRIEG, UND ER MUSSTE DIE SEELEN NUR KLAUEN...
HAB'S KAPIERT!
AUF DIESEN TAG HAB ICH GE-WARTET!
LOS GEHT'S! TÖTEN, TÖTEN, TÖTEN, TÖTEN!!!
GO, GO!!!
GANZ SCHÖN ENT-SCHLOS-SEN, DER JUNGE...
DAS IST UNSER SOHN!
ALSO, ICH BIN BEREIT!
DAS WAR IM 19. JH. TRENDY!
AUSSER-DEM IST GERADE HOCH-SOMMER ...

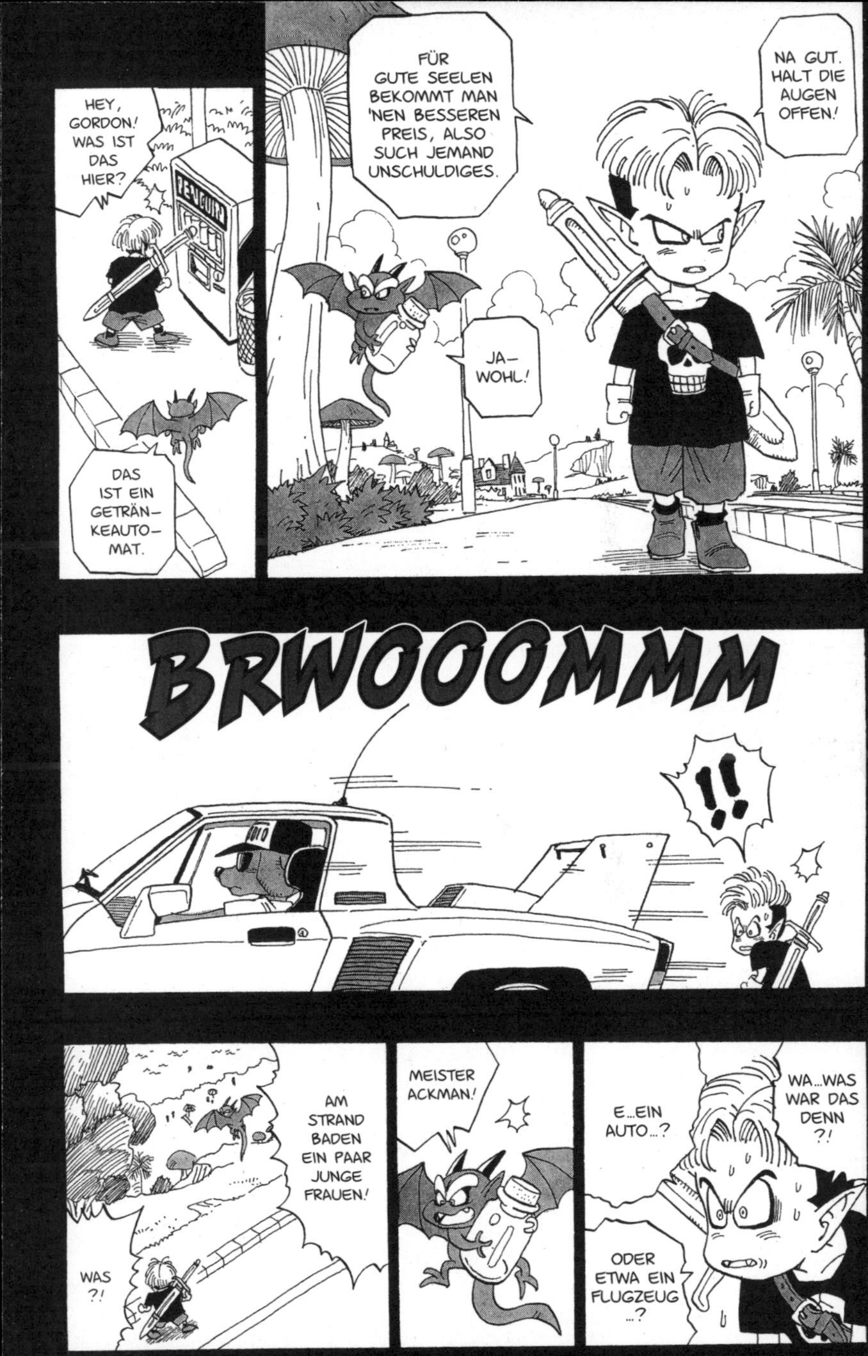
NA GUT. HALT DIE AUGEN OFFEN!
FÜR GUTE SEELEN BEKOMMT MAN 'NEN BESSEREN PREIS, ALSO SUCH JEMAND UNSCHULDIGES.
JA-WOHL!
HEY, GORDON! WAS IST DAS HIER?
DAS IST EIN GETRÄN-KEAUTO-MAT.
BRWOOOMMM
!!
WA...WAS WAR DAS DENN ?!
E...EIN AUTO...?
ODER ETWA EIN FLUGZEUG ...?
MEISTER ACKMAN!
AM STRAND BADEN EIN PAAR JUNGE FRAUEN!
WAS ?!

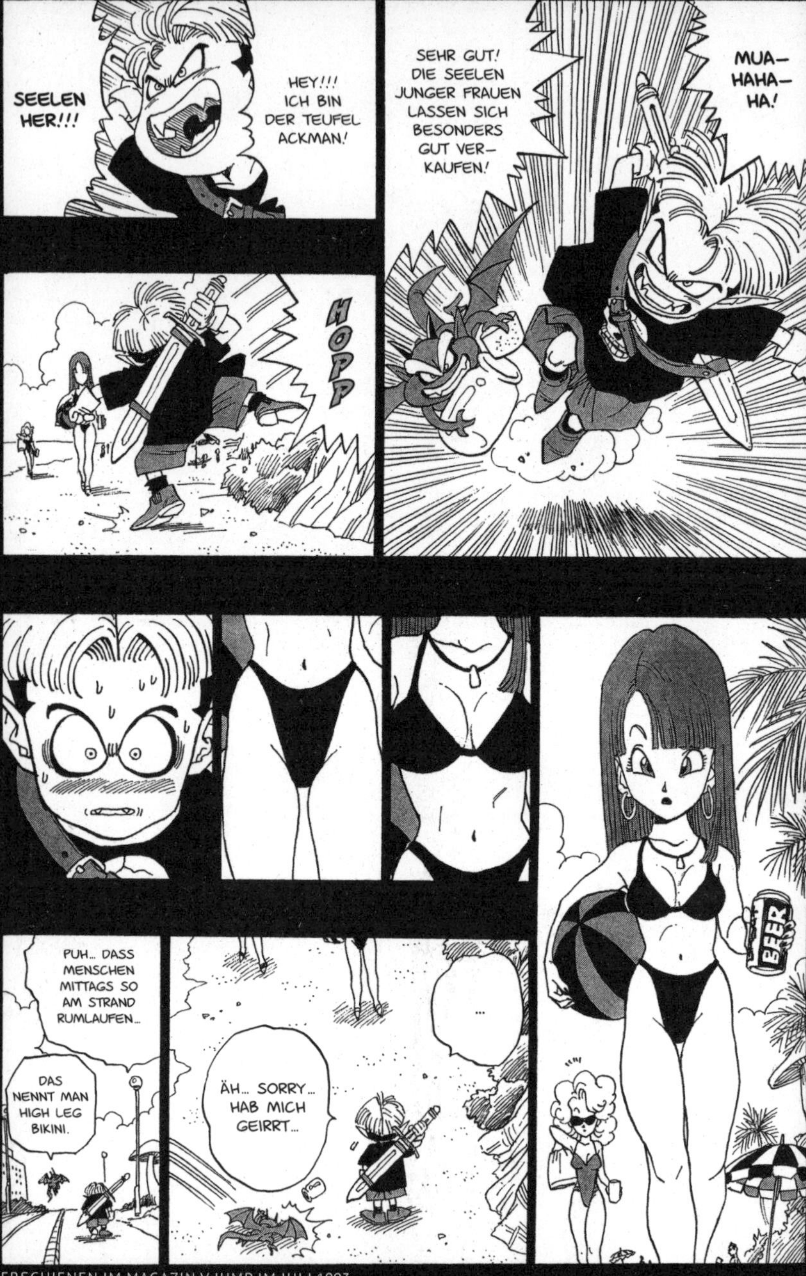
MUA-HAHA-HA!
SEHR GUT! DIE SEELEN JUNGER FRAUEN LASSEN SICH BESONDERS GUT VERKAUFEN!
HEY!!! ICH BIN DER TEUFEL ACKMAN!
SEELEN HER!!!
HOPP
BEER
...
ÄH... SORRY... HAB MICH GEIRRT...
PUH... DASS MENSCHEN MITTAGS SO AM STRAND RUMLAUFEN...
DAS NENNT MAN HIGH LEG BIKINI.

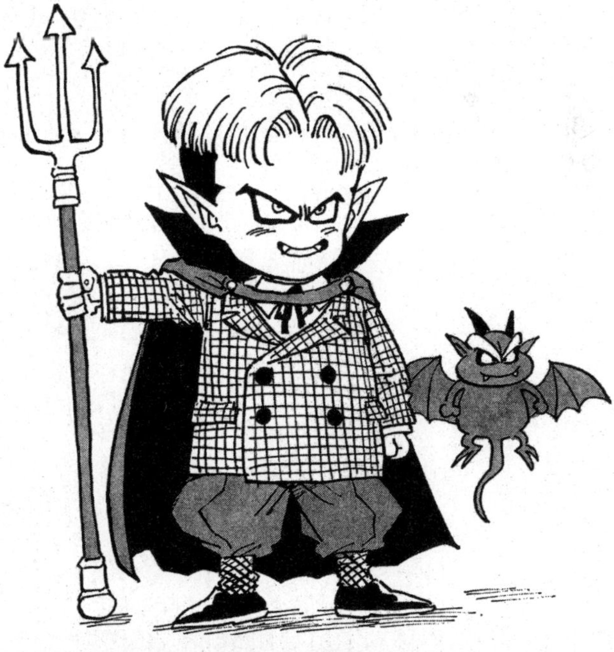

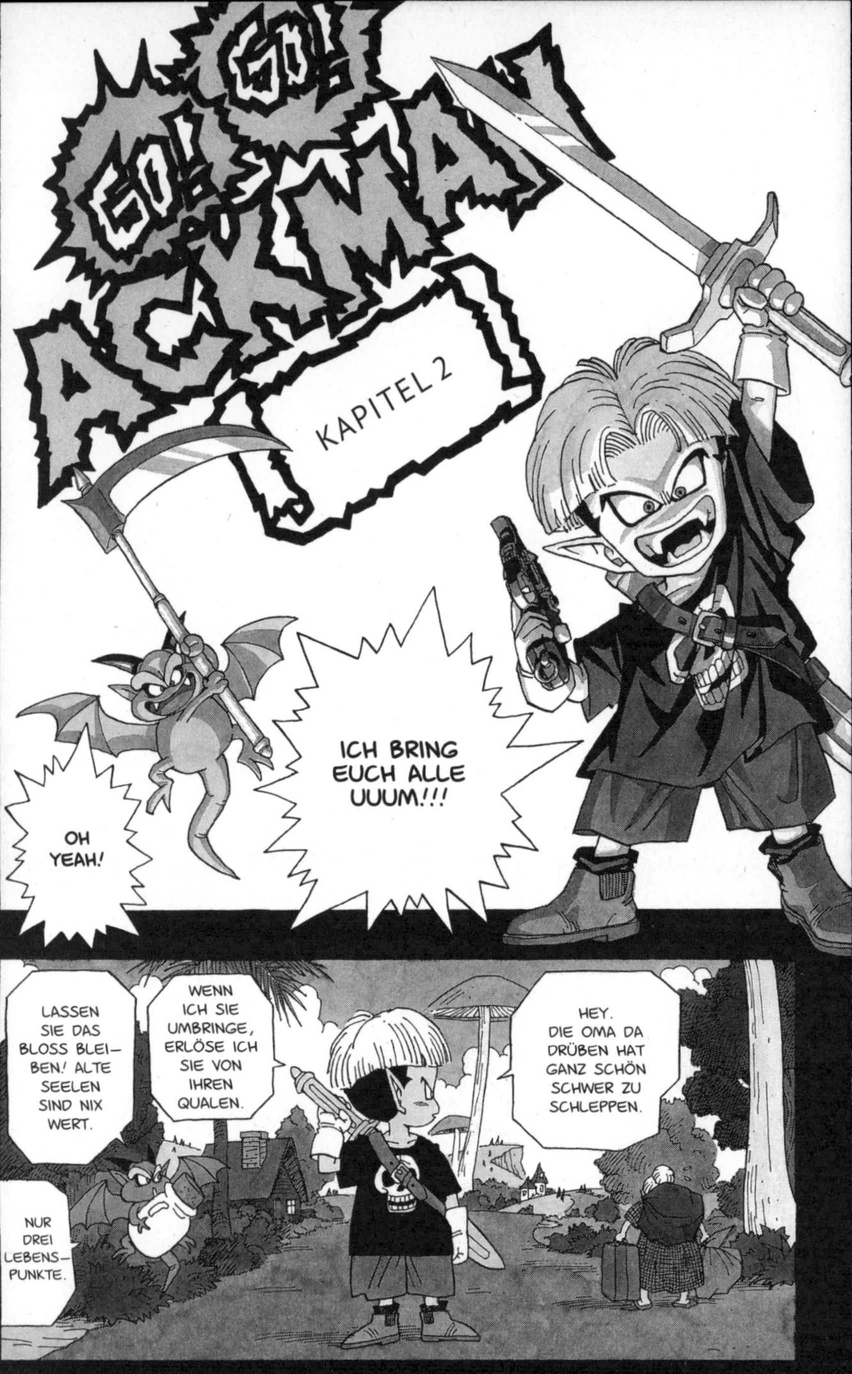
GO! GO! ACKMAN!
KAPITEL 2
ICH BRING EUCH ALLE UUUM!!!
OH YEAH!
HEY. DIE OMA DA DRÜBEN HAT GANZ SCHÖN SCHWER ZU SCHLEPPEN.
WENN ICH SIE UMBRINGE, ERLÖSE ICH SIE VON IHREN QUALEN.
LASSEN SIE DAS BLOSS BLEI-BEN! ALTE SEELEN SIND NIX WERT.
NUR DREI LEBENS-PUNKTE.

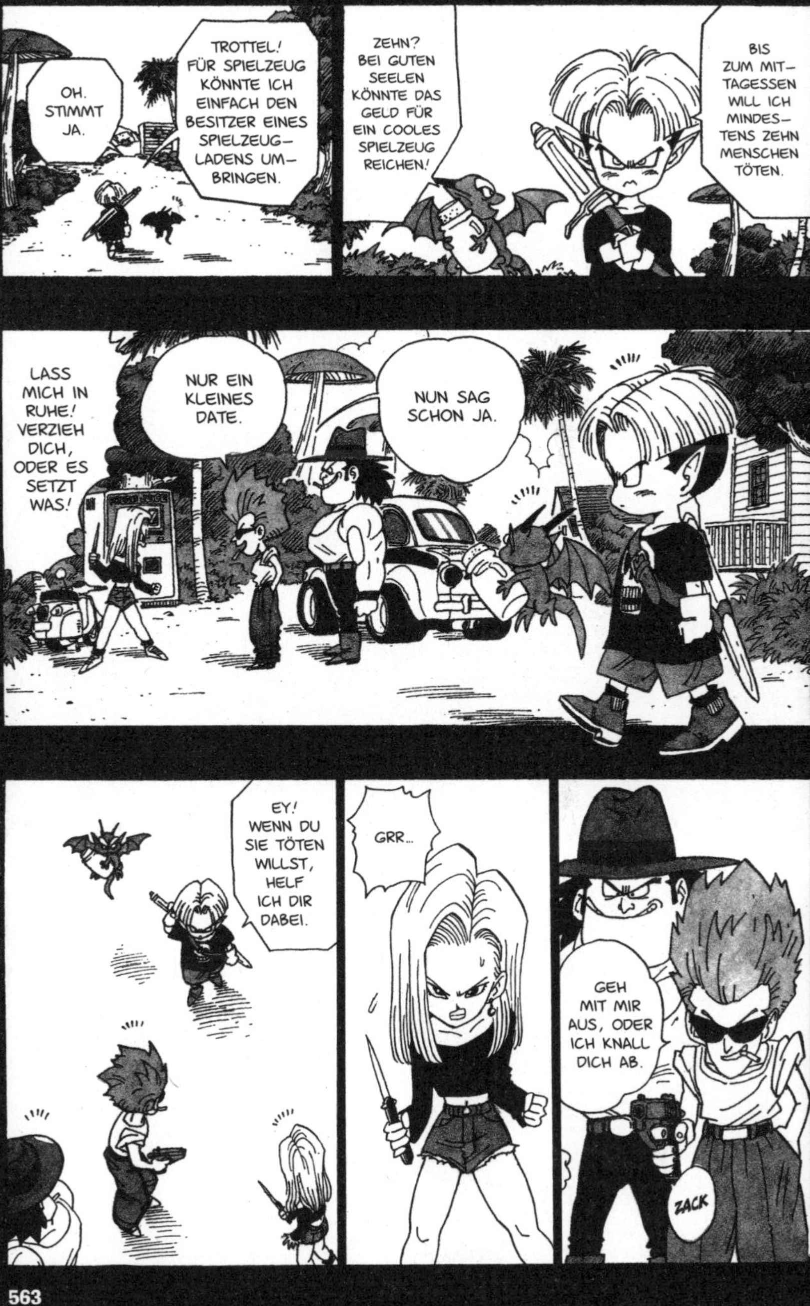
BIS ZUM MITTAGESSEN WILL ICH MINDESTENS ZEHN MENSCHEN TÖTEN.
ZEHN? BEI GUTEN SEELEN KÖNNTE DAS GELD FÜR EIN COOLES SPIELZEUG REICHEN!
TROTTEL! FÜR SPIELZEUG KÖNNTE ICH EINFACH DEN BESITZER EINES SPIELZEUGLADENS UMBRINGEN.
OH. STIMMT JA.
NUN SAG SCHON JA.
NUR EIN KLEINES DATE.
LASS MICH IN RUHE! VERZIEH DICH, ODER ES SETZT WAS!
GEH MIT MIR AUS, ODER ICH KNALL DICH AB.
ZACK
GRR...
EY! WENN DU SIE TÖTEN WILLST, HELF ICH DIR DABEI.

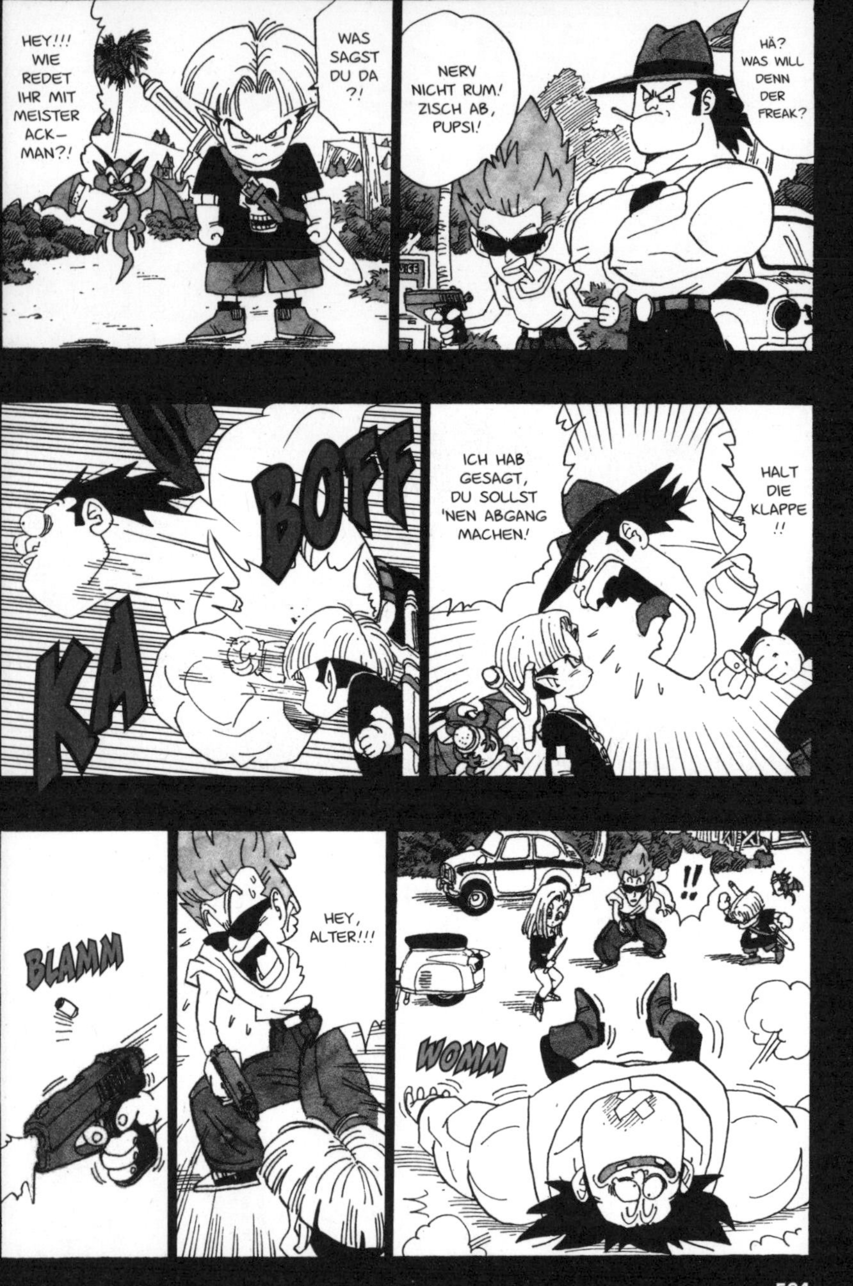
HÄ? WAS WILL DENN DER FREAK?
NERV NICHT RUM! ZISCH AB, PUPSI!
WAS SAGST DU DA ?!
HEY!!! WIE REDET IHR MIT MEISTER ACK-MAN?!
HALT DIE KLAPPE !!
ICH HAB GESAGT, DU SOLLST 'NEN ABGANG MACHEN!
BOFF
KA
!!
WOMM
HEY, ALTER!!!
BLAMM

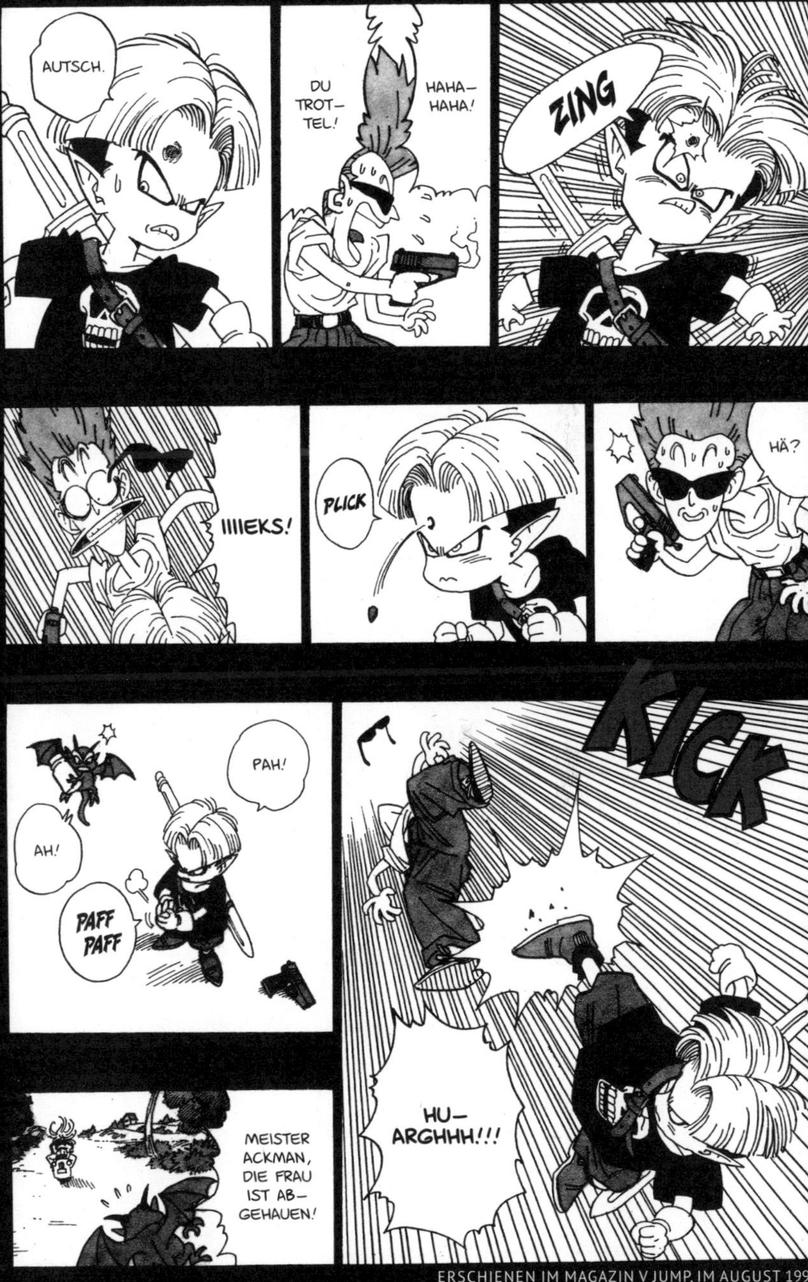

ERSCHIENEN IM MAGAZIN V JUMP, IM AUGUST 199

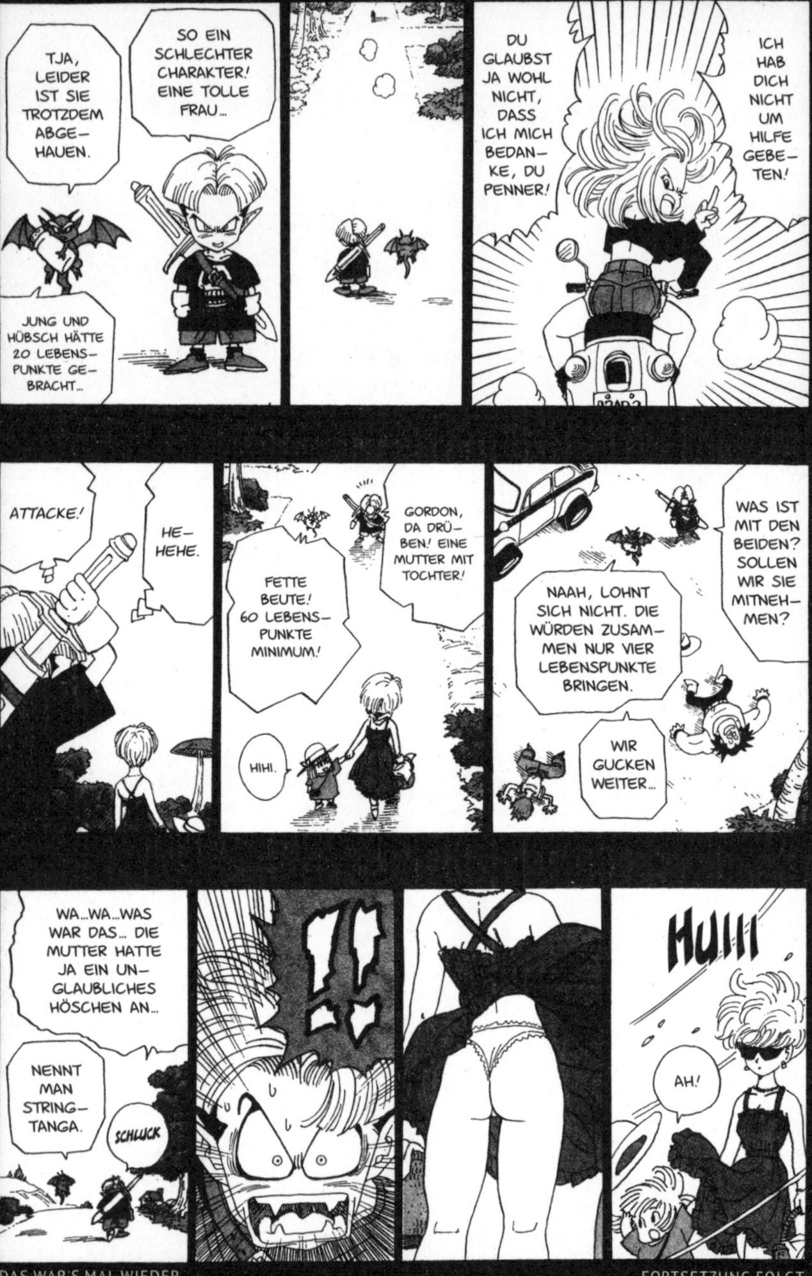

DAS WAR'S MAL WIEDER.

FORTSETZUNG FOLGT

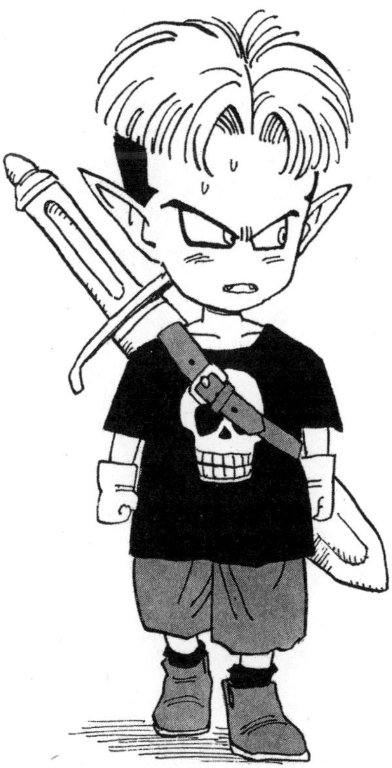

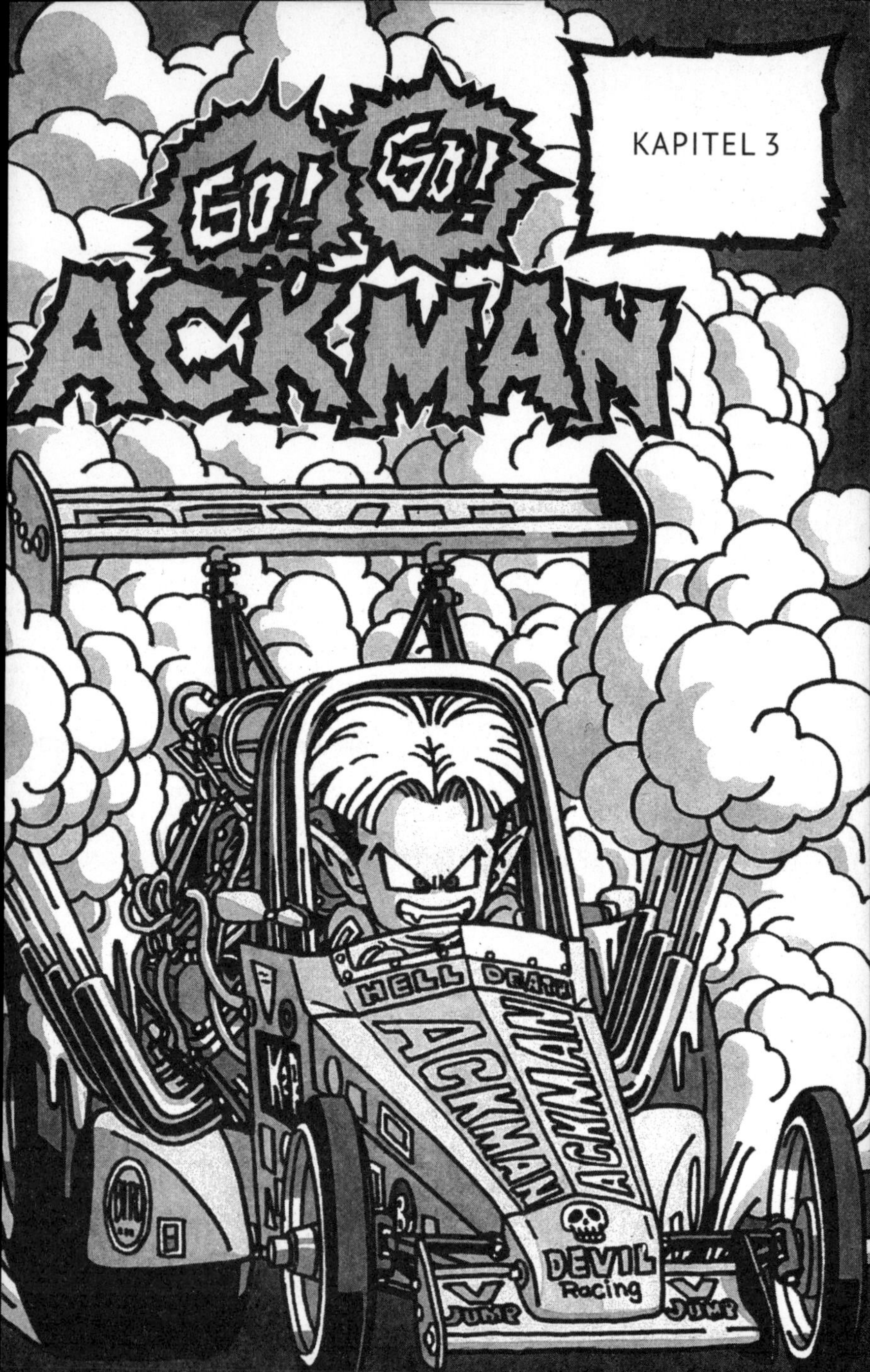
GO! GO! ACKMAN
KAPITEL 3
HELL
ACKMAN
ACKMAN
DEVIL
Racing

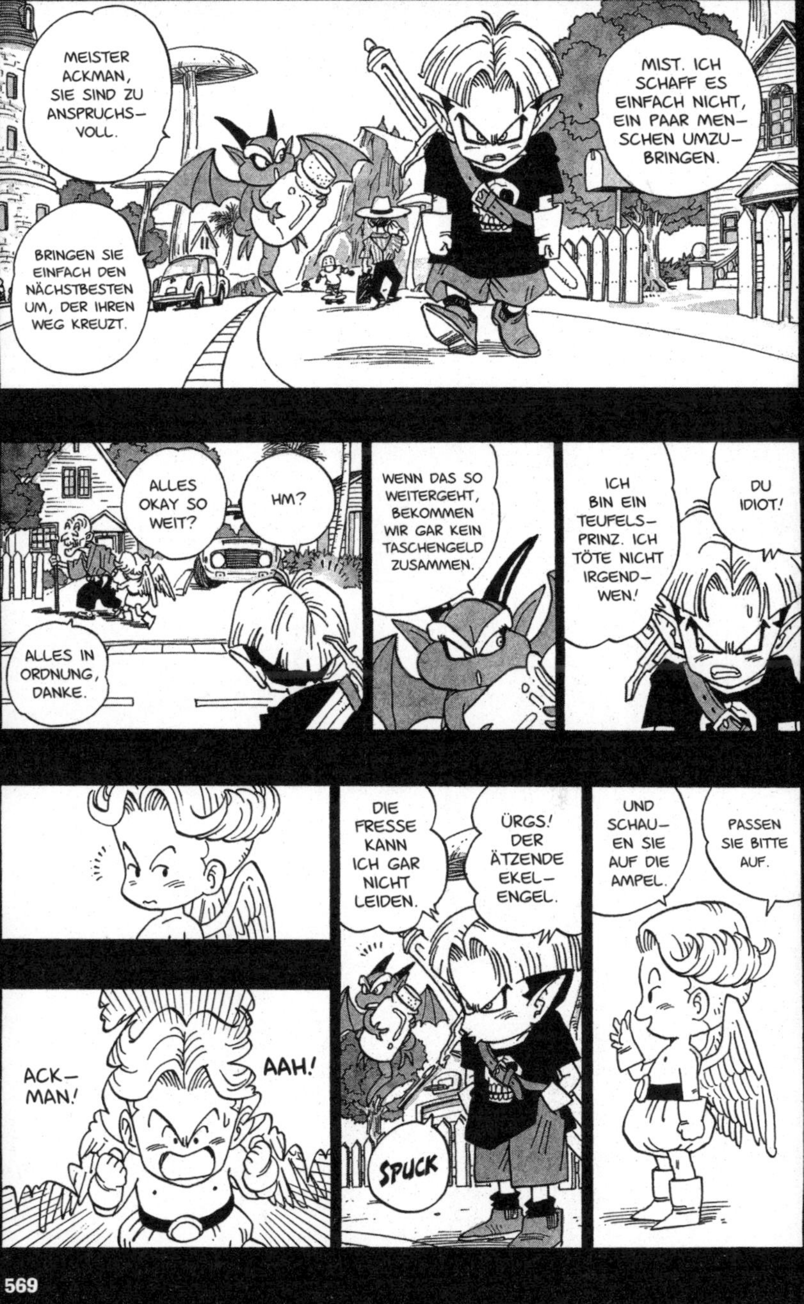
MIST. ICH SCHAFF ES EINFACH NICHT, EIN PAAR MENSCHEN UMZUBRINGEN.
MEISTER ACKMAN, SIE SIND ZU ANSPRUCHSVOLL.
BRINGEN SIE EINFACH DEN NÄCHSTBESTEN UM, DER IHREN WEG KREUZT.
HM?
ALLES OKAY SO WEIT?
ALLES IN ORDNUNG, DANKE.
WENN DAS SO WEITERGEHT, BEKOMMEN WIR GAR KEIN TASCHENGELD ZUSAMMEN.
DU IDIOT!
ICH BIN EIN TEUFELSPRINZ. ICH TÖTE NICHT IRGENDWEN!
PASSEN SIE BITTE AUF.
UND SCHAUEN SIE AUF DIE AMPEL.
ÜRGS! DER ÄTZENDE EKELENGEL.
DIE FRESSE KANN ICH GAR NICHT LEIDEN.
SPUCK
AAH!
ACKMAN!

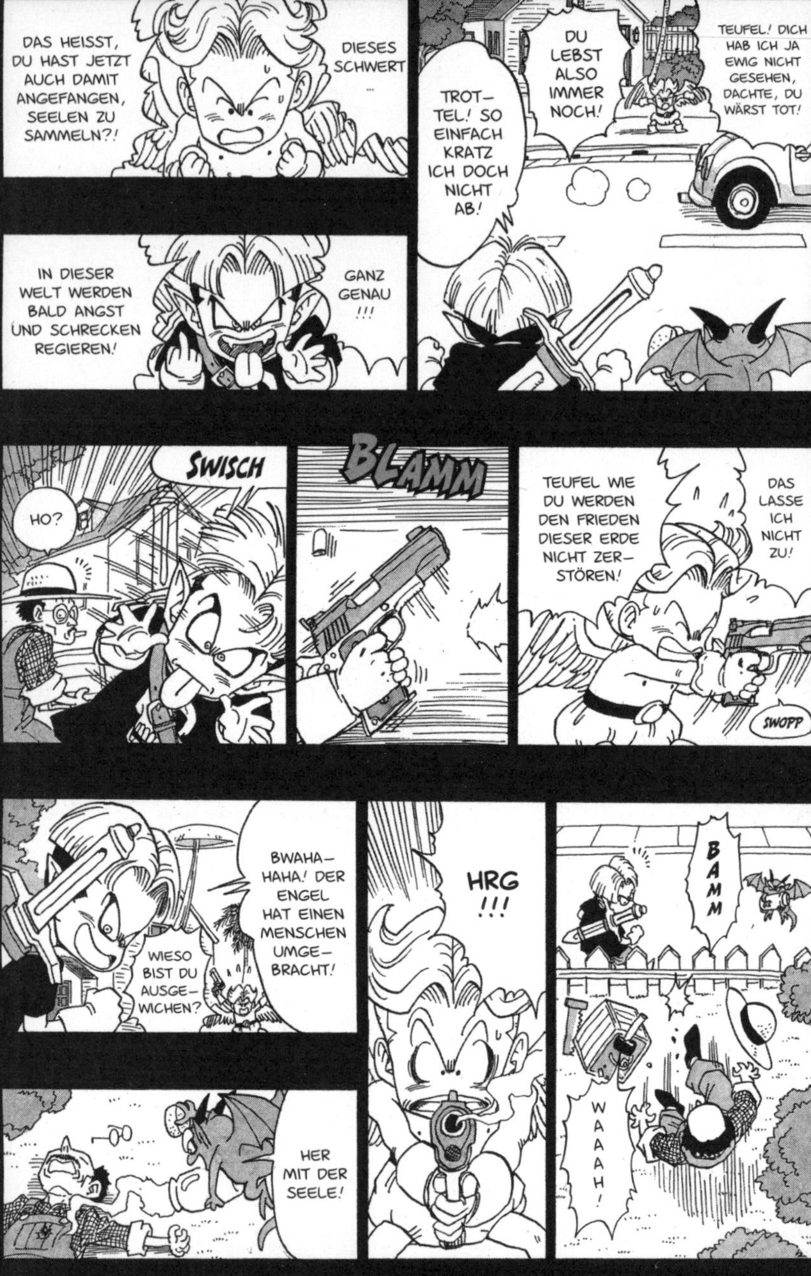

TEUFEL! DICH HAB ICH JA EWIG NICHT GESEHEN, DACHTE, DU WÄRST TOT!
DU LEBST ALSO IMMER NOCH!
TROT-TEL! SO EINFACH KRATZ ICH DOCH NICHT AB!
DIESES SCHWERT ...
DAS HEISST, DU HAST JETZT AUCH DAMIT ANGEFANGEN, SEELEN ZU SAMMELN?!
GANZ GENAU!!!
IN DIESER WELT WERDEN BALD ANGST UND SCHRECKEN REGIEREN!
DAS LASSE ICH NICHT ZU!
TEUFEL WIE DU WERDEN DEN FRIEDEN DIESER ERDE NICHT ZER-STÖREN!
SWOPP
BLAMM
SWISCH
HO?
BAMM
WAAAAH!
HRG!!!
BWAHA-HAHA! DER ENGEL HAT EINEN MENSCHEN UMGE-BRACHT!
WIESO BIST DU AUSGE-WICHEN?
HER MIT DER SEELE!

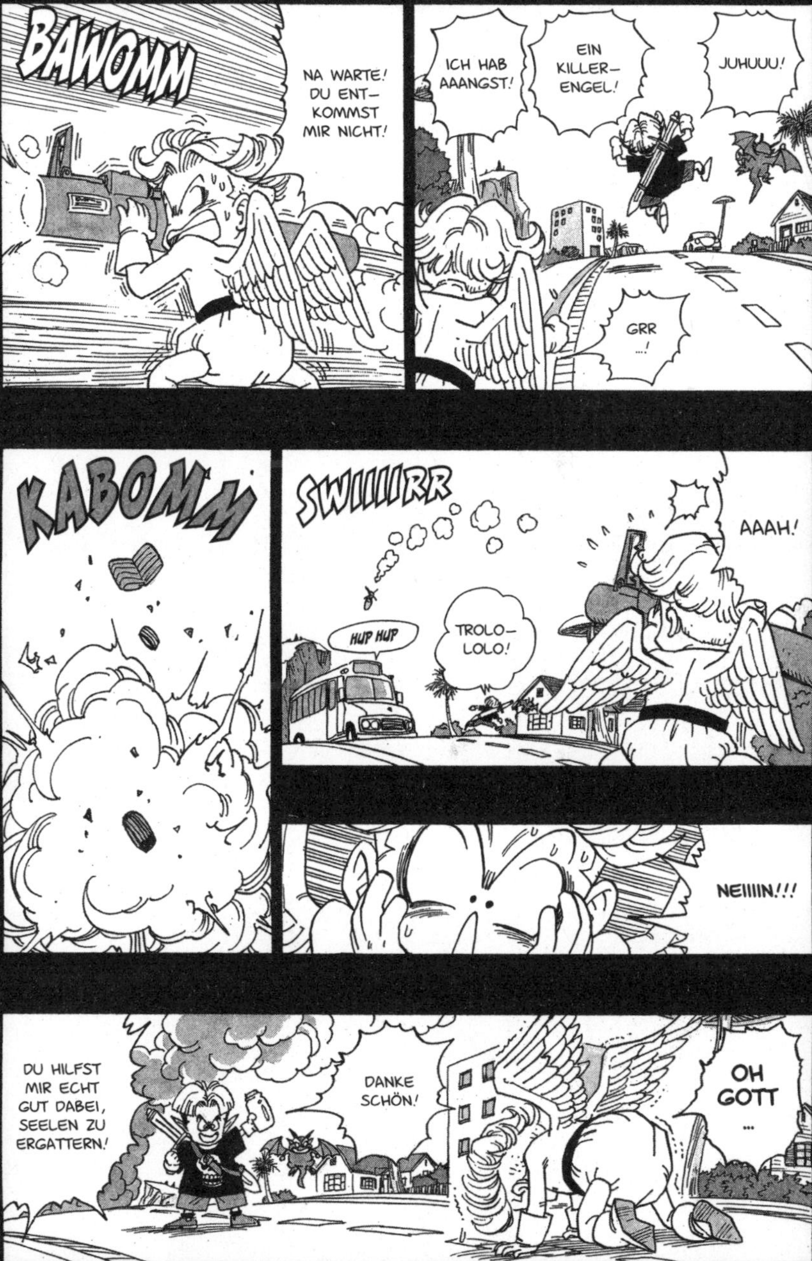
BAWOMM
NA WARTE! DU ENTKOMMST MIR NICHT!
JUHUUU!
EIN KILLER-ENGEL!
ICH HAB AAANGST!
GRR ...!
KABOMM
SWIIIIRR
AAAH!
HUP HUP
TROLOLOLO!
NEIIIIN!!!
OH GOTT ...
DANKE SCHÖN!
DU HILFST MIR ECHT GUT DABEI, SEELEN ZU ERGATTERN!

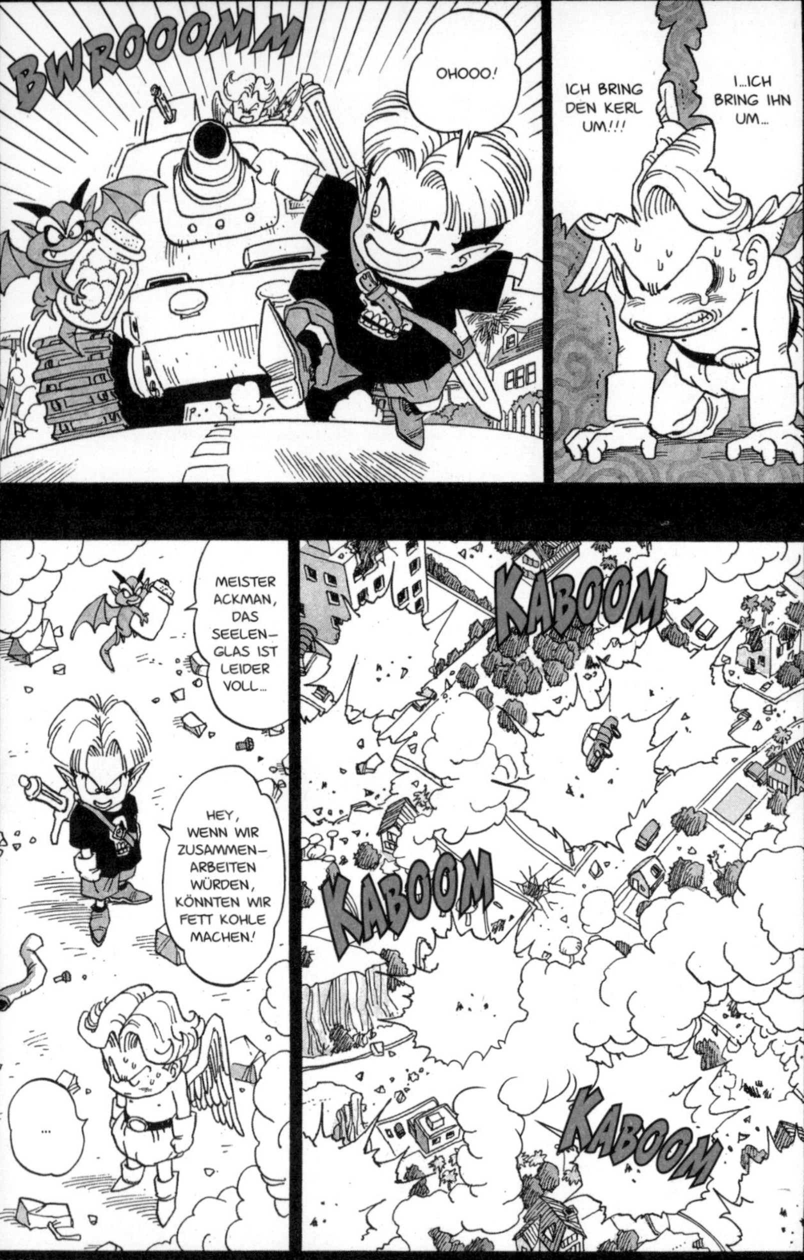

ERSCHIENEN IM MAGAZIN V JUMP VOM SEPTEMBER 1993

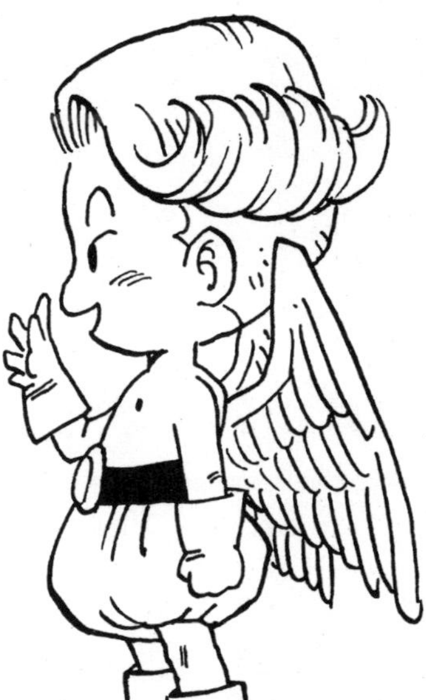

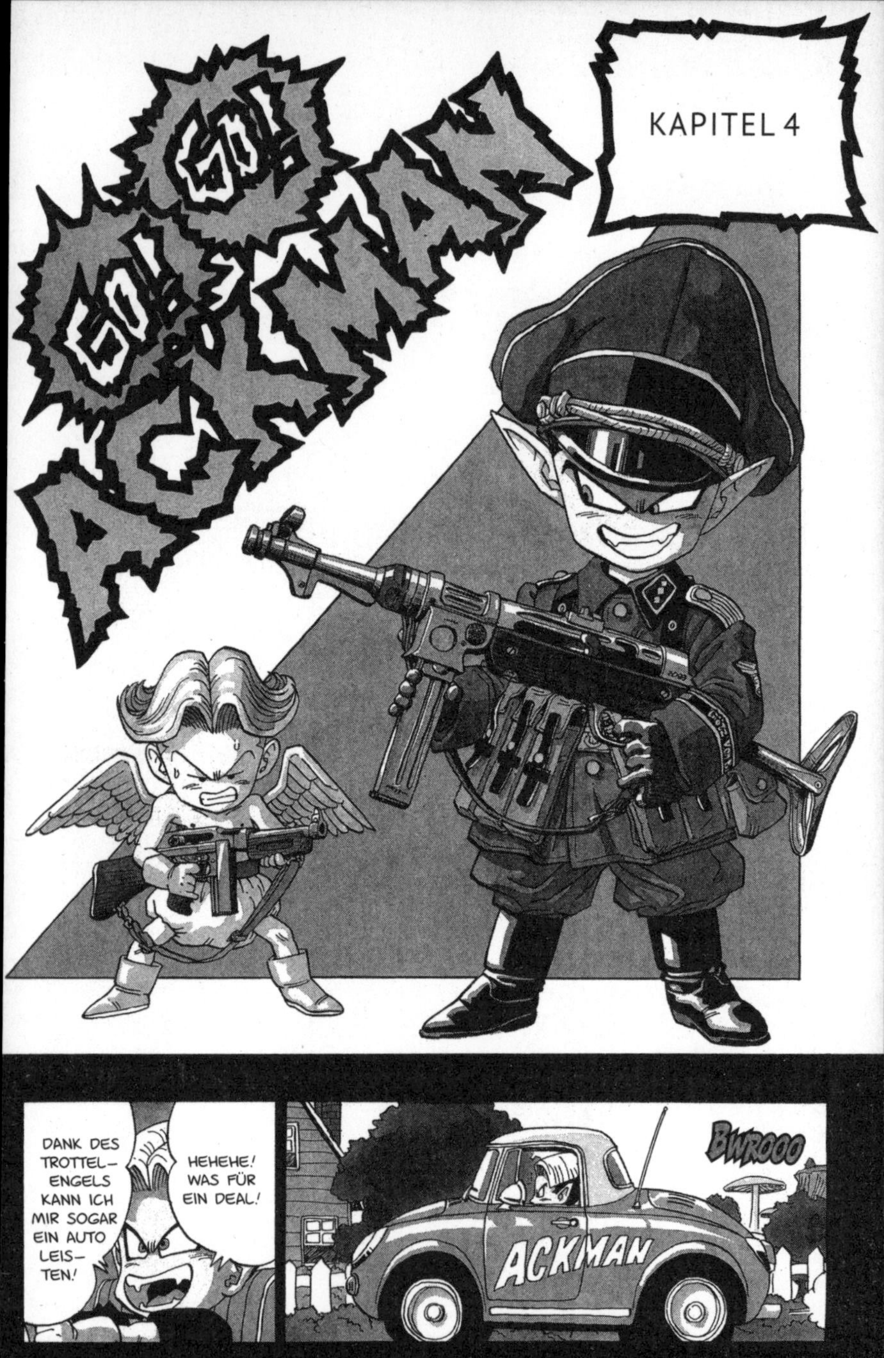
GO! GO! ACKMAN
KAPITEL 4
DANK DES TROTTEL-ENGELS KANN ICH MIR SOGAR EIN AUTO LEISTEN!
HEHEHE! WAS FÜR EIN DEAL!
BWROOO
ACKMAN

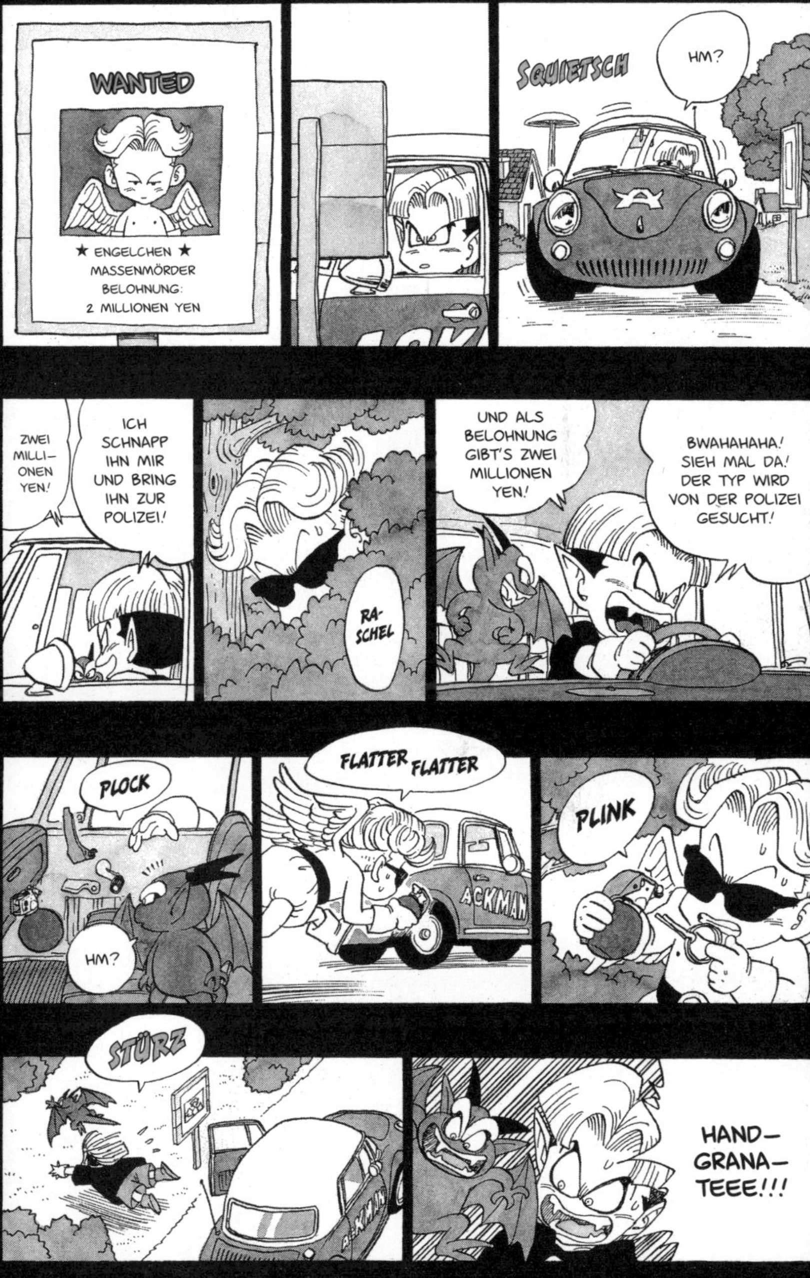

SQUIETSCH
HM?
WANTED
★ ENGELCHEN ★
MASSENMÖRDER
BELOHNUNG:
2 MILLIONEN YEN
BWAHAHAHA! SIEH MAL DA! DER TYP WIRD VON DER POLIZEI GESUCHT!
UND ALS BELOHNUNG GIBT'S ZWEI MILLIONEN YEN!
RA-SCHEL
ICH SCHNAPP IHN MIR UND BRING IHN ZUR POLIZEI!
ZWEI MILLI-ONEN YEN!
PLINK
FLATTER FLATTER
ACKMAN
PLOCK
HM?
HAND-GRANA-TEEE!!!
STÜRZ

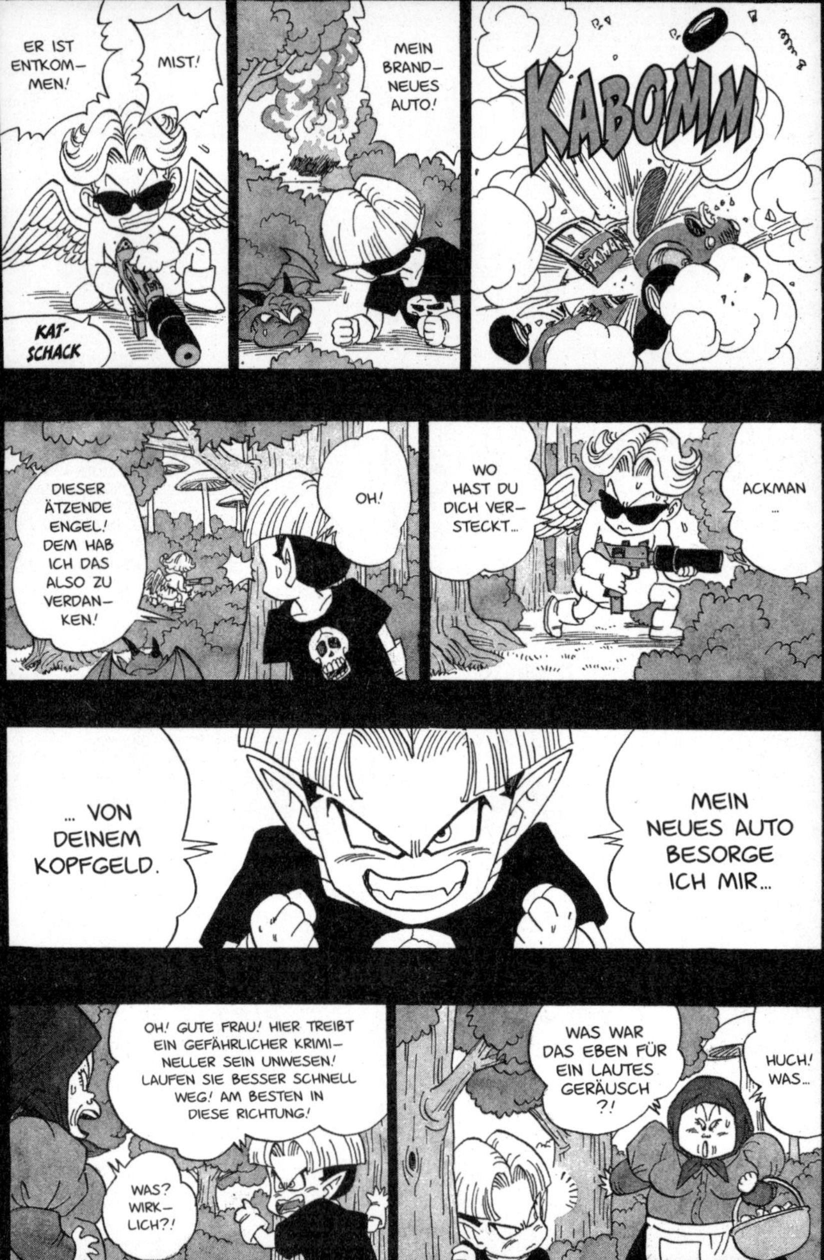
KABOMM
MEIN BRANDNEUES AUTO!
MIST!
ER IST ENTKOMMEN!
KATSCHACK
ACKMAN ...
WO HAST DU DICH VERSTECKT...
OH!
DIESER ÄTZENDE ENGEL! DEM HAB ICH DAS ALSO ZU VERDANKEN!
MEIN NEUES AUTO BESORGE ICH MIR...
... VON DEINEM KOPFGELD.
HUCH! WAS...
WAS WAR DAS EBEN FÜR EIN LAUTES GERÄUSCH?!
OH! GUTE FRAU! HIER TREIBT EIN GEFÄHRLICHER KRIMINELLER SEIN UNWESEN! LAUFEN SIE BESSER SCHNELL WEG! AM BESTEN IN DIESE RICHTUNG!
WAS? WIRKLICH?!

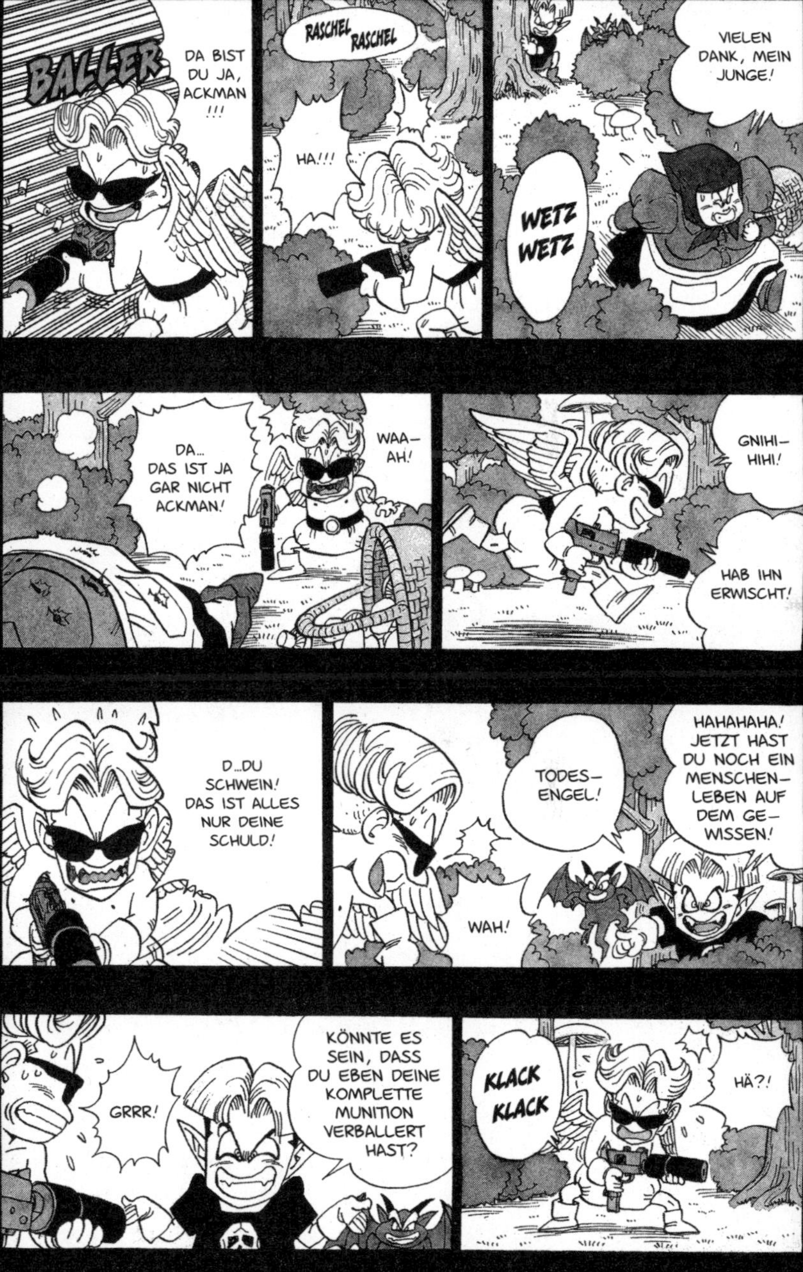
BALLER
DA BIST DU JA, ACKMAN !!!
RASCHEL RASCHEL
HA!!!
VIELEN DANK, MEIN JUNGE!
WETZ WETZ
WAA-AH!
DA... DAS IST JA GAR NICHT ACKMAN!
GNIHI-HIHI!
HAB IHN ERWISCHT!
D...DU SCHWEIN! DAS IST ALLES NUR DEINE SCHULD!
HAHAHAHA! JETZT HAST DU NOCH EIN MENSCHEN-LEBEN AUF DEM GE-WISSEN!
TODES-ENGEL!
WAH!
KÖNNTE ES SEIN, DASS DU EBEN DEINE KOMPLETTE MUNITION VERBALLERT HAST?
GRRR!
HÄ?!
KLACK KLACK

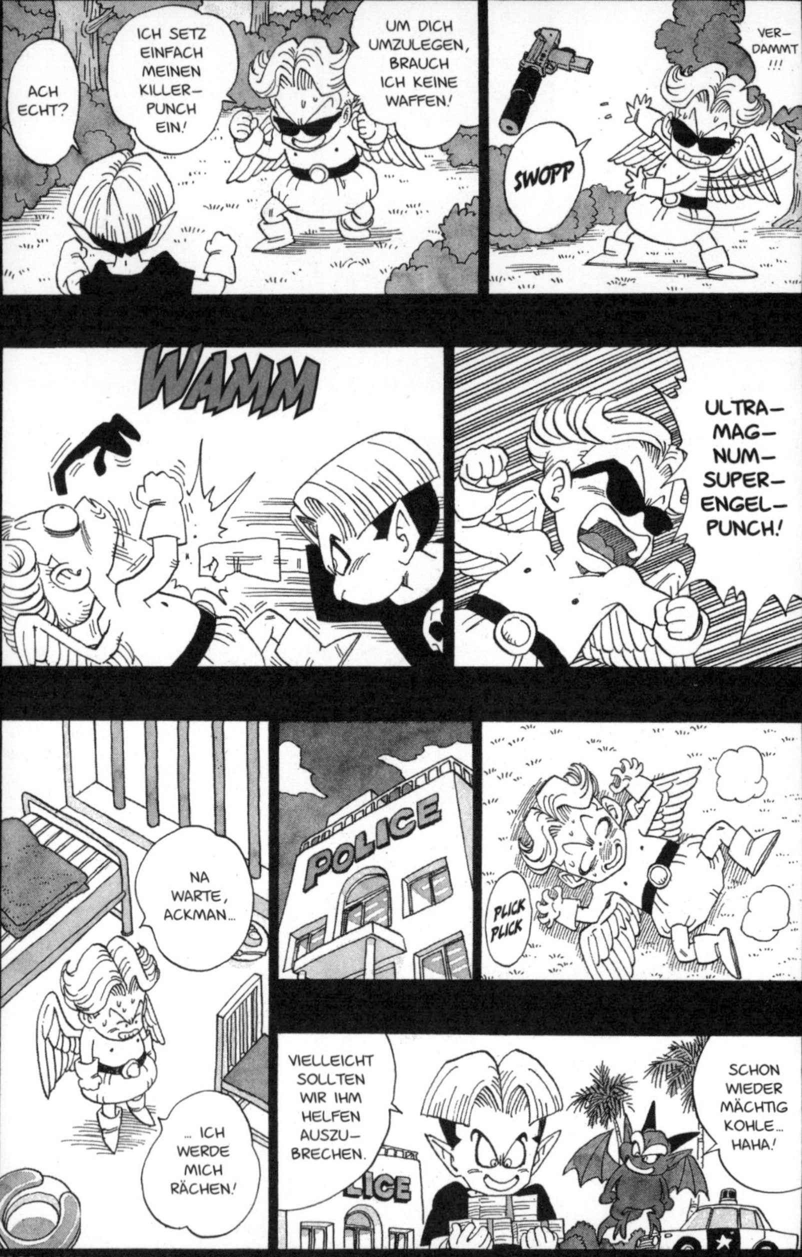

ERSCHIENEN IM MAGAZIN V JUMP VOM OKTOBER 1993

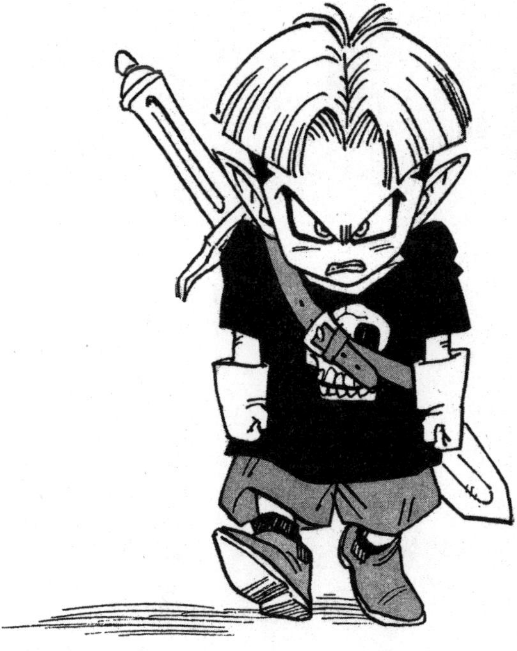

GO! GO! ACKMAN

KAPITEL 5

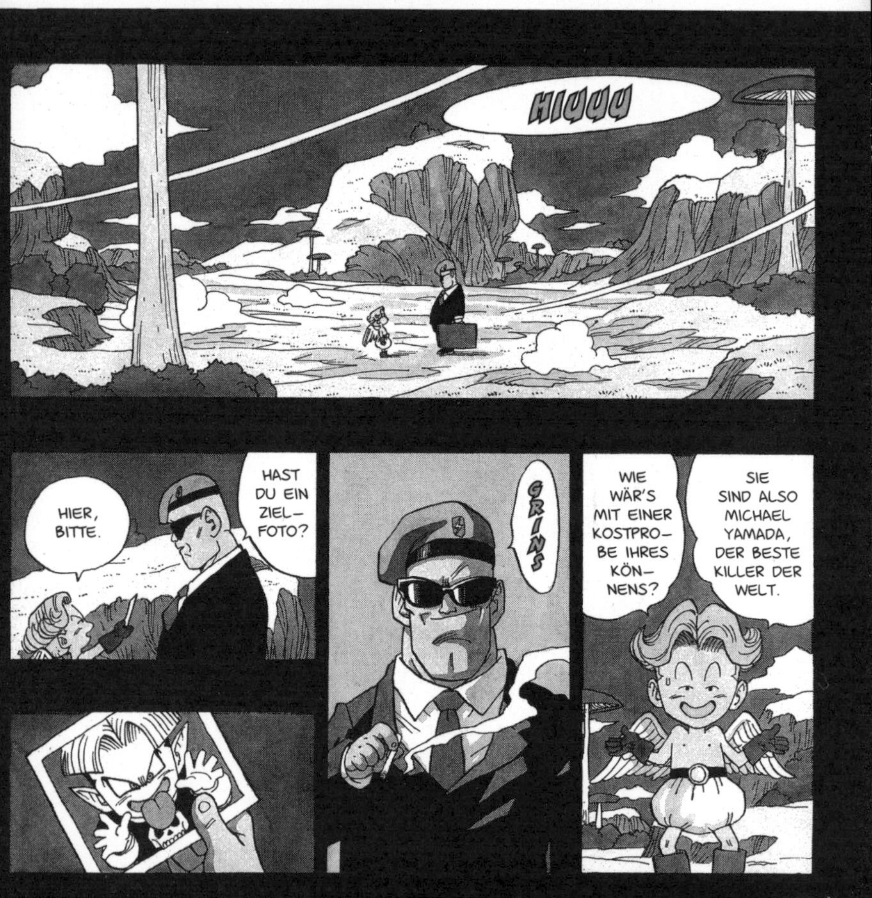

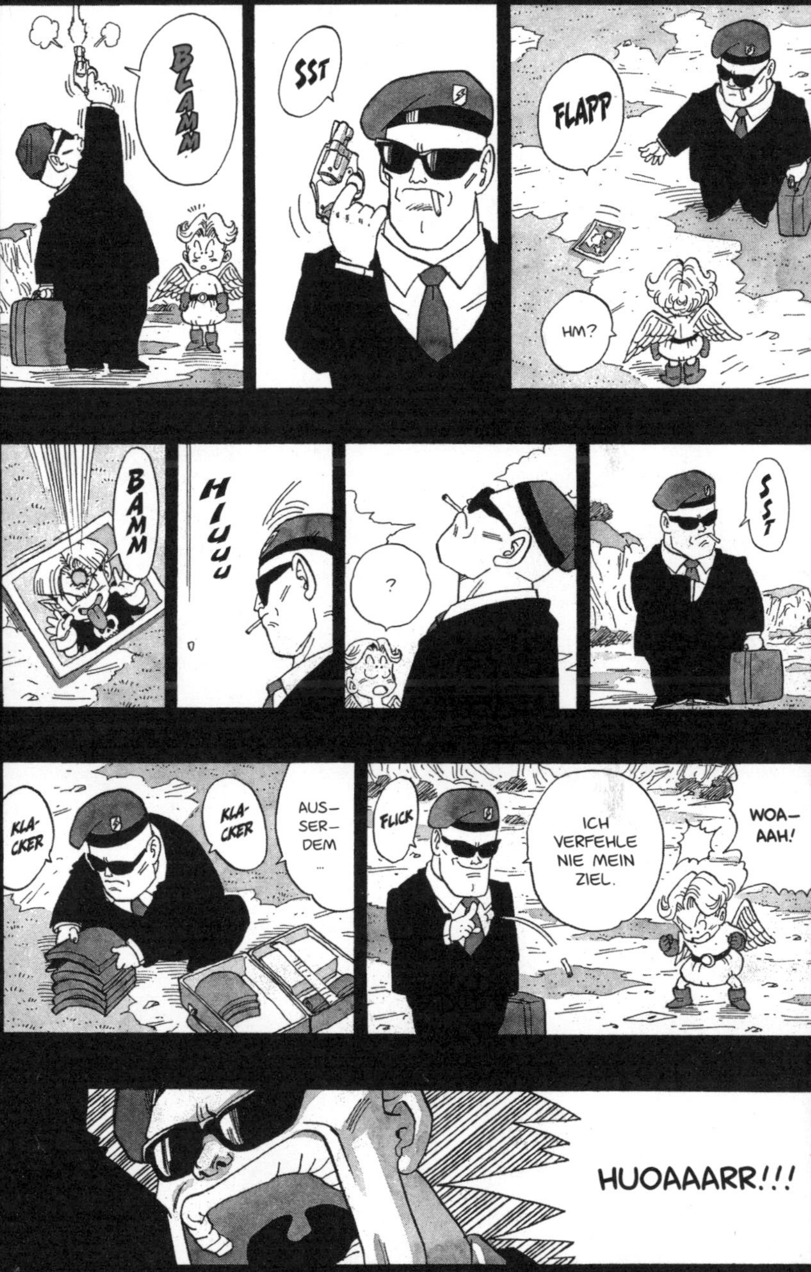

BLAMM
SST
FLAPP
HM?
BAMM
HIUUU
?
SST
KLA-CKER
KLA-CKER
AUS-SER-DEM ...
FLICK
ICH VERFEHLE NIE MEIN ZIEL.
WOA-AAH!
HUOAAARR!!!

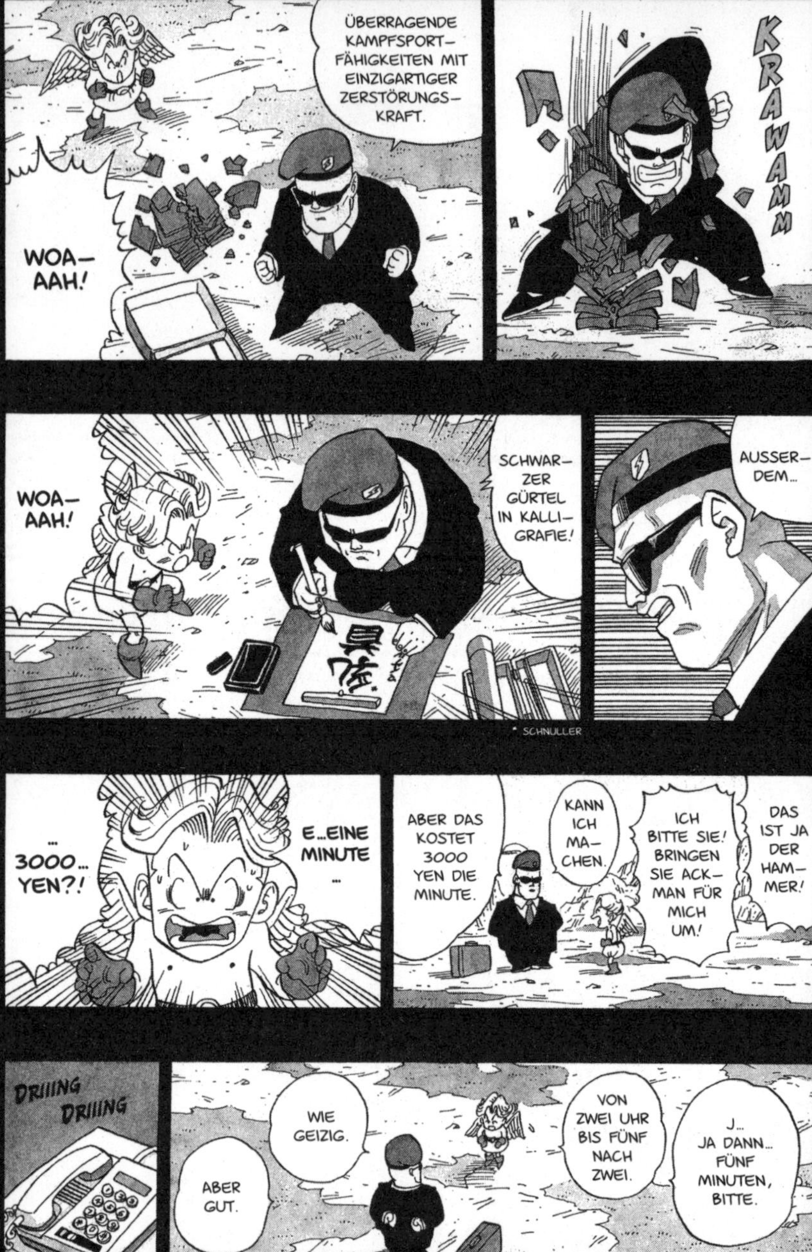
KRAWAMM
ÜBERRAGENDE KAMPFSPORT-FÄHIGKEITEN MIT EINZIGARTIGER ZERSTÖRUNGS-KRAFT.
WOA-AAH!
AUSSER-DEM…
SCHWAR-ZER GÜRTEL IN KALLI-GRAFIE!
WOA-AAH!
* SCHNULLER
DAS IST JA DER HAM-MER!
ICH BITTE SIE! BRINGEN SIE ACK-MAN FÜR MICH UM!
KANN ICH MA-CHEN.
ABER DAS KOSTET 3000 YEN DIE MINUTE.
E…EINE MINUTE …
… 3000… YEN?!
J… JA DANN… FÜNF MINUTEN, BITTE.
VON ZWEI UHR BIS FÜNF NACH ZWEI.
WIE GEIZIG.
ABER GUT.
DRIIING DRIIING

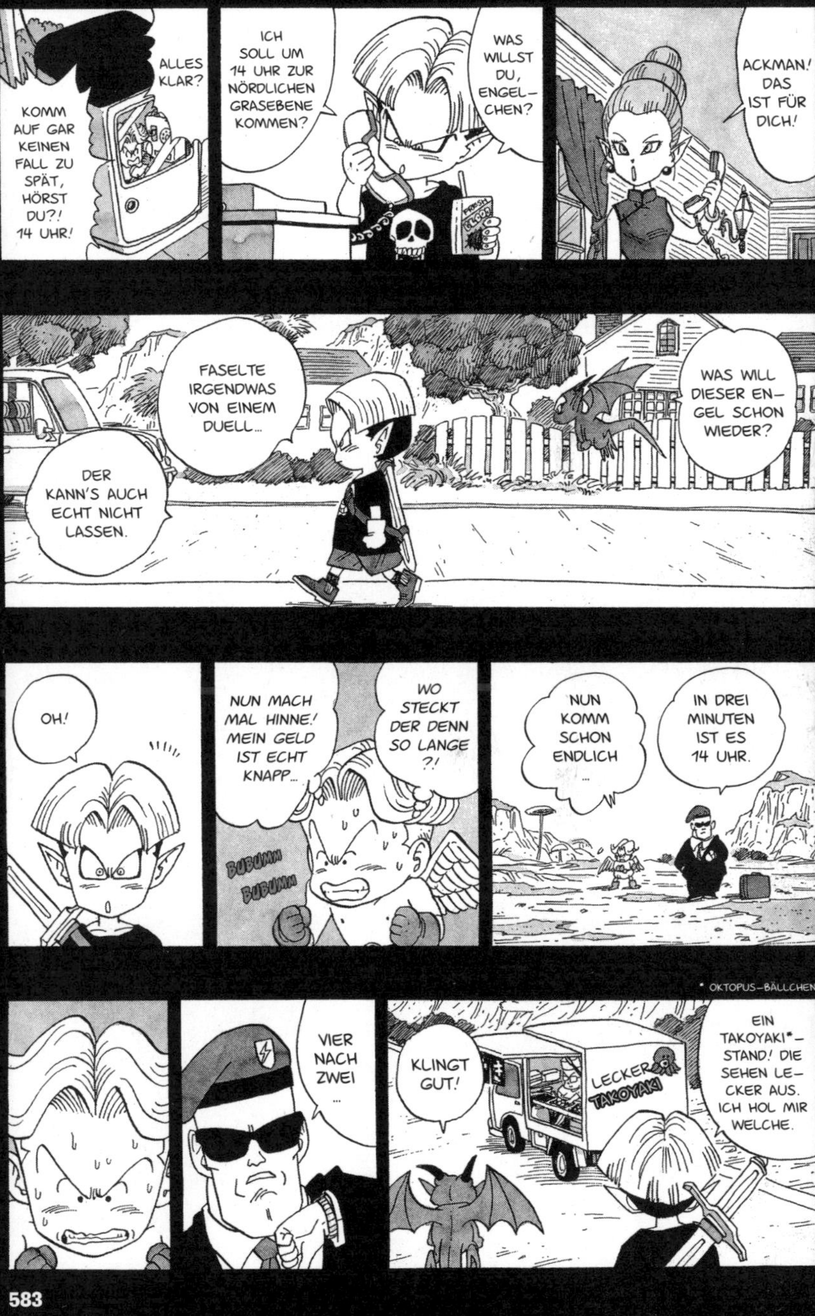

* OKTOPUS-BÄLLCHEN

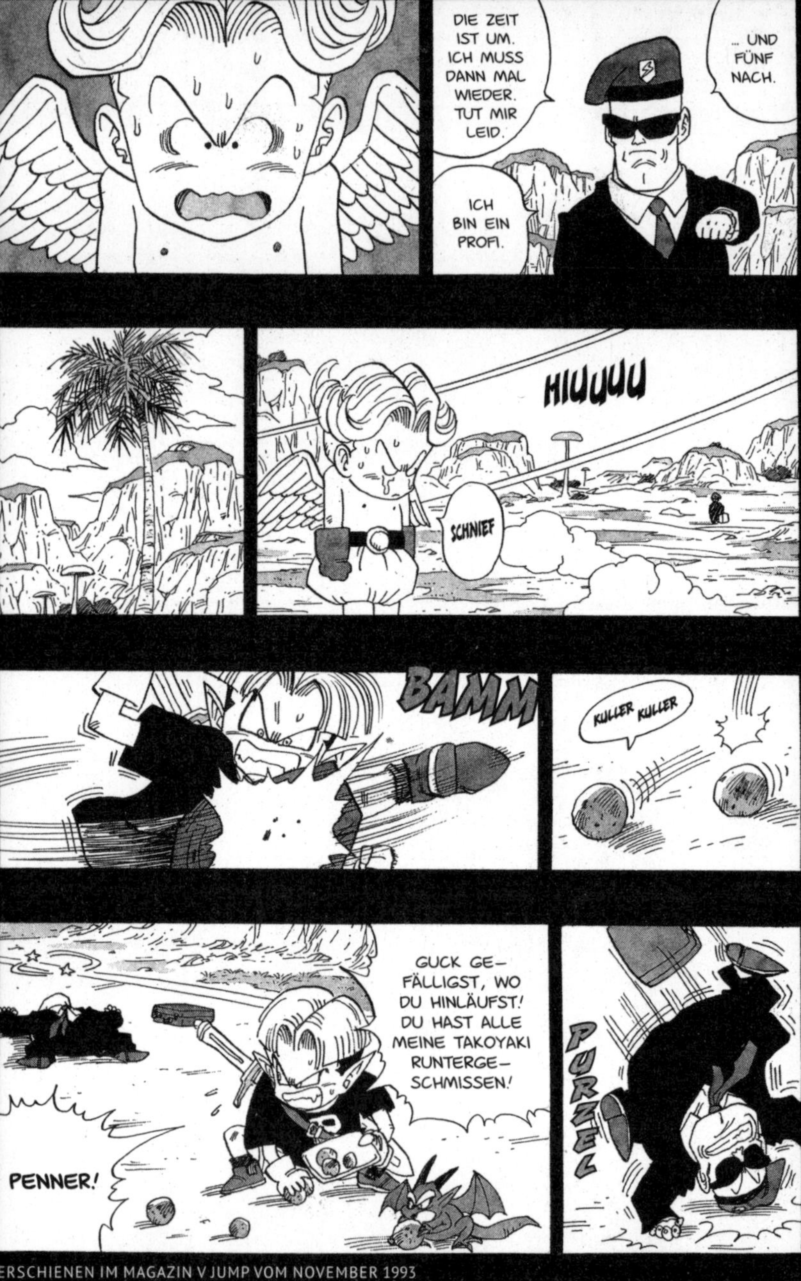

ERSCHIENEN IM MAGAZIN V JUMP VOM NOVEMBER 1993

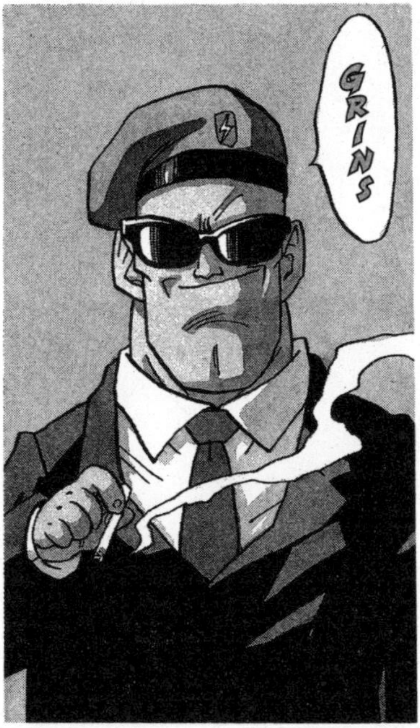
GRINS

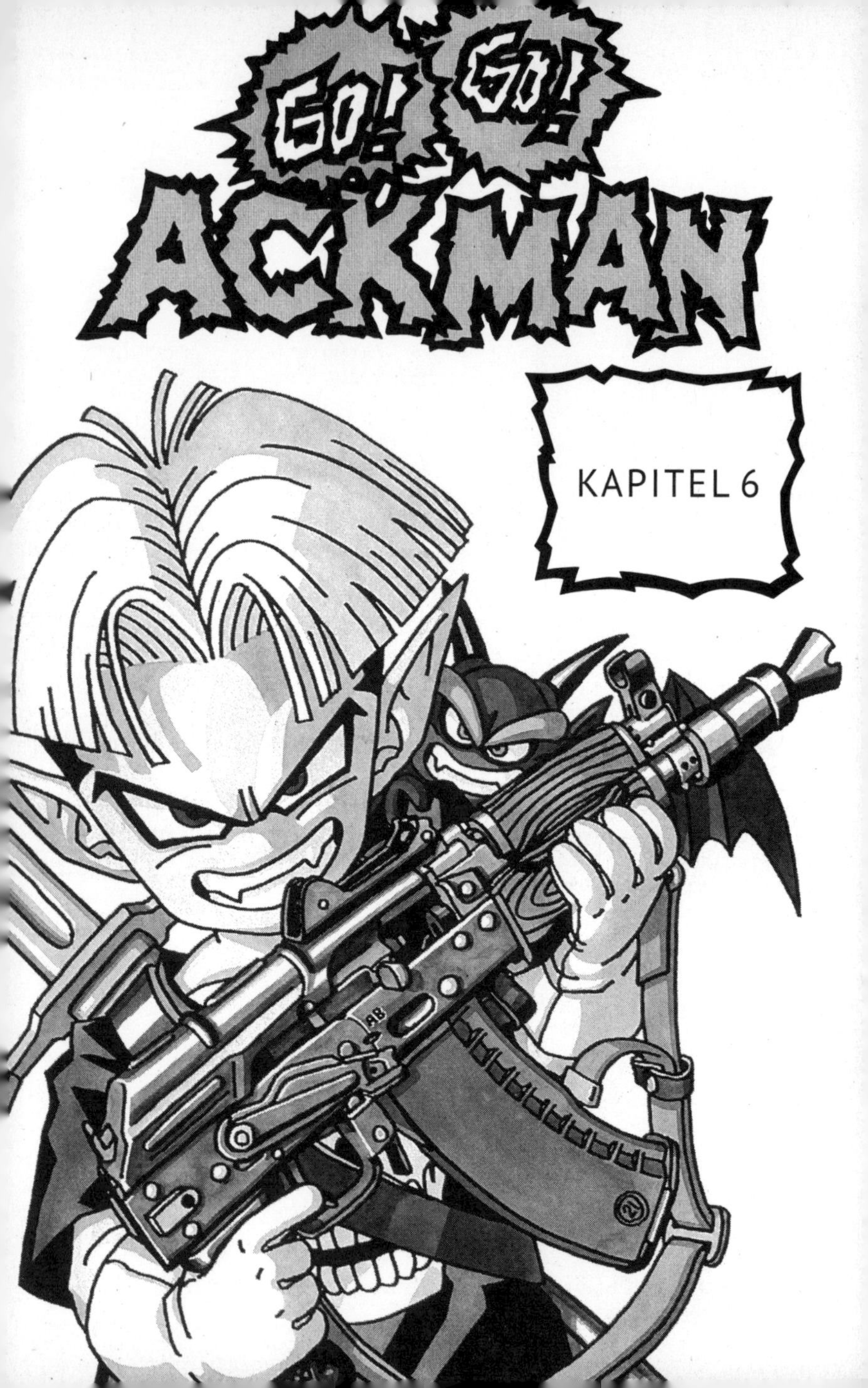
GO! GO!
ACKMAN
KAPITEL 6

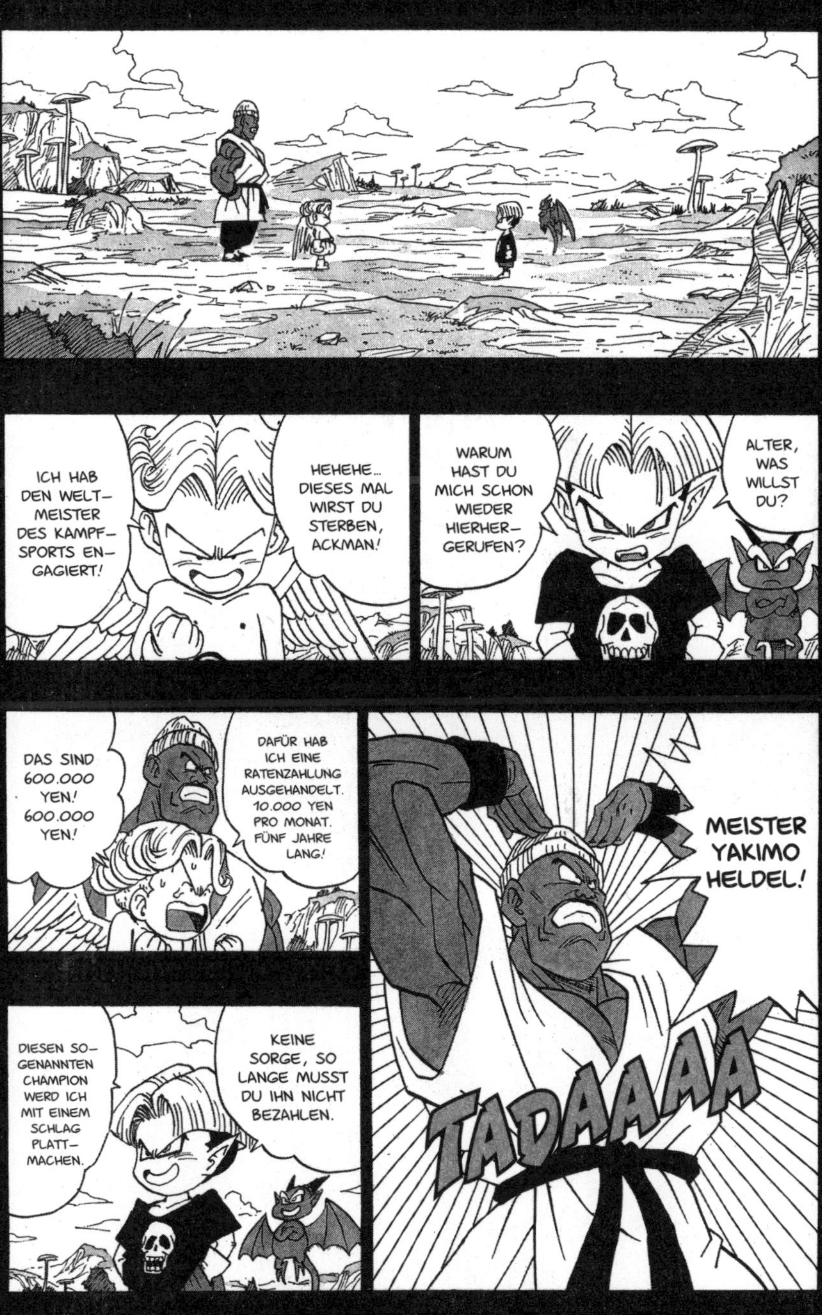
ALTER, WAS WILLST DU?
WARUM HAST DU MICH SCHON WIEDER HIERHERGERUFEN?
HEHEHE... DIESES MAL WIRST DU STERBEN, ACKMAN!
ICH HAB DEN WELTMEISTER DES KAMPFSPORTS ENGAGIERT!
MEISTER YAKIMO HELDEL!
TADAAAAA
DAS SIND 600.000 YEN! 600.000 YEN!
DAFÜR HAB ICH EINE RATENZAHLUNG AUSGEHANDELT. 10.000 YEN PRO MONAT. FÜNF JAHRE LANG!
DIESEN SOGENANNTEN CHAMPION WERD ICH MIT EINEM SCHLAG PLATTMACHEN.
KEINE SORGE, SO LANGE MUSST DU IHN NICHT BEZAHLEN.

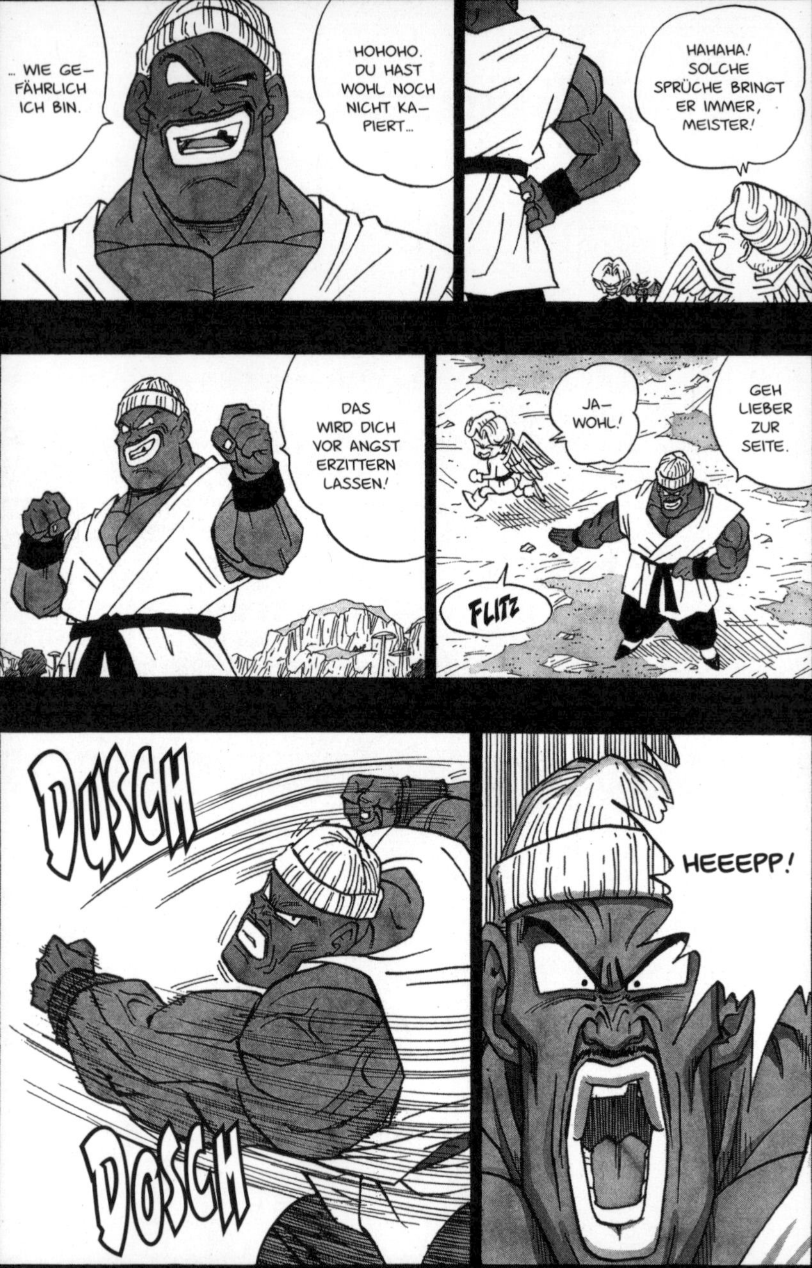

HAHAHA! SOLCHE SPRÜCHE BRINGT ER IMMER, MEISTER!
HOHOHO. DU HAST WOHL NOCH NICHT KAPIERT...
... WIE GEFÄHRLICH ICH BIN.
GEH LIEBER ZUR SEITE.
JAWOHL!
FLITZ
DAS WIRD DICH VOR ANGST ERZITTERN LASSEN!
HEEEPP!
DUSCH
DOSCH

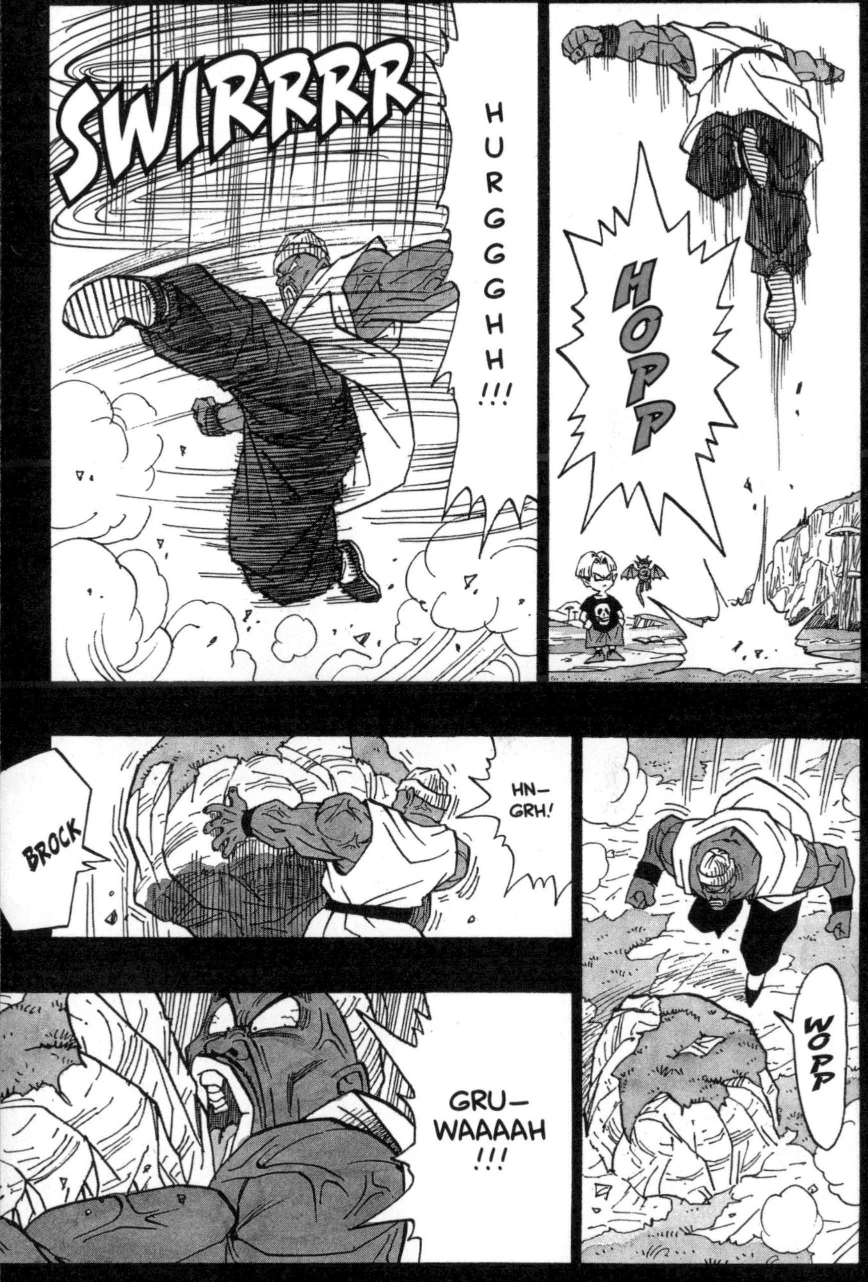
HOPP
SWIRRRR
HURGGGGHH!!!
HN-GRH!
BROCK
WOPP
GRU-WAAAAH!!!

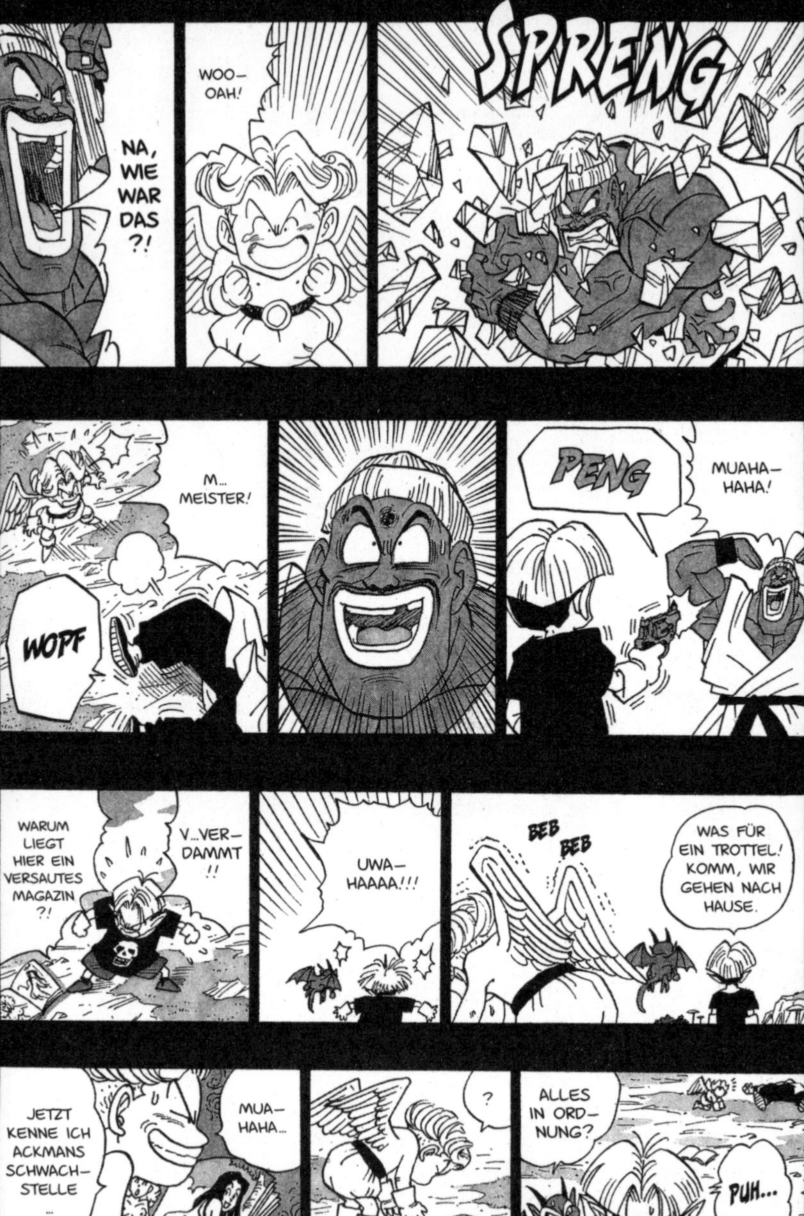

ERSCHIENEN IM MAGAZIN V JUMP VOM DEZEMBER 1993

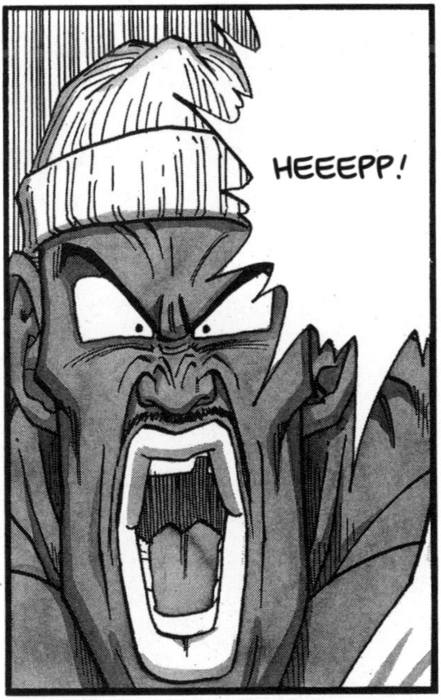
HEEEPP!

GO! GO! ACKMAN

KAPITEL 7

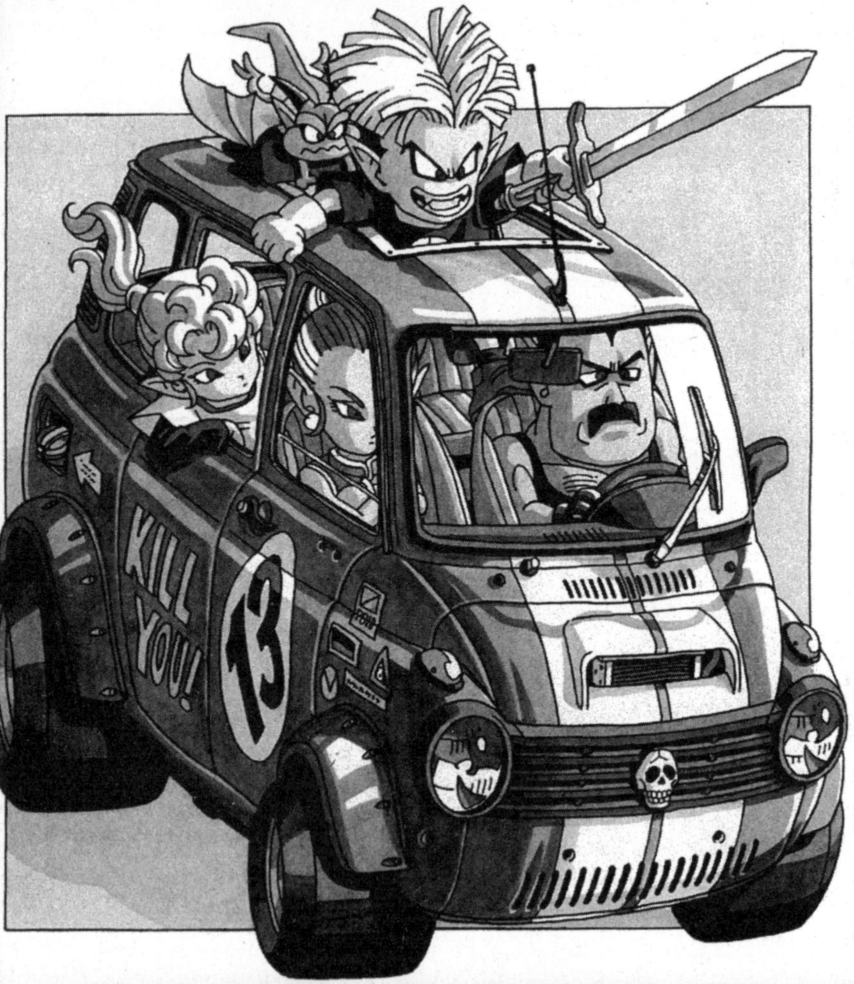

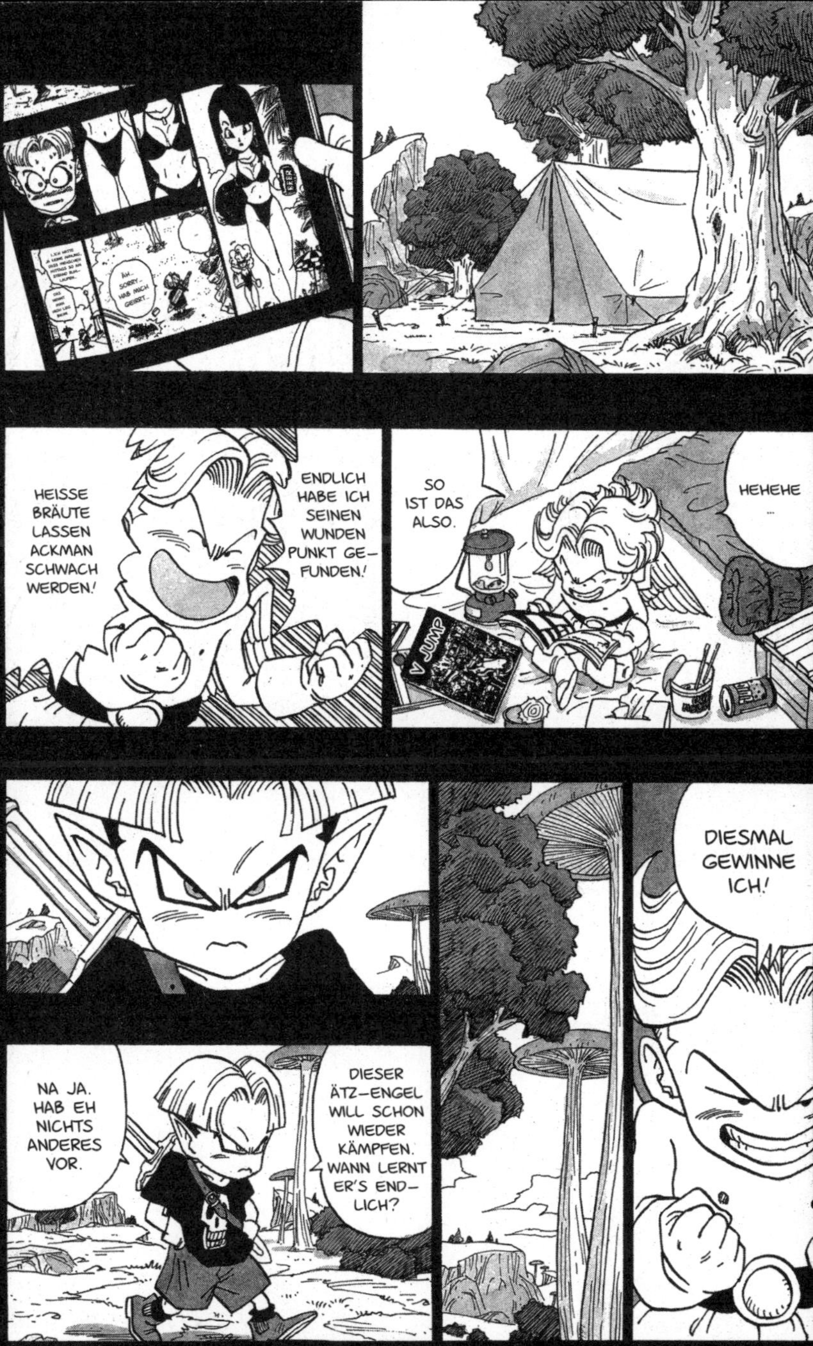
HEHEHE ...
SO IST DAS ALSO.
V JUMP
ENDLICH HABE ICH SEINEN WUNDEN PUNKT GE-FUNDEN!
HEISSE BRÄUTE LASSEN ACKMAN SCHWACH WERDEN!
DIESMAL GEWINNE ICH!
DIESER ÄTZ-ENGEL WILL SCHON WIEDER KÄMPFEN. WANN LERNT ER'S END-LICH?
NA JA. HAB EH NICHTS ANDERES VOR.

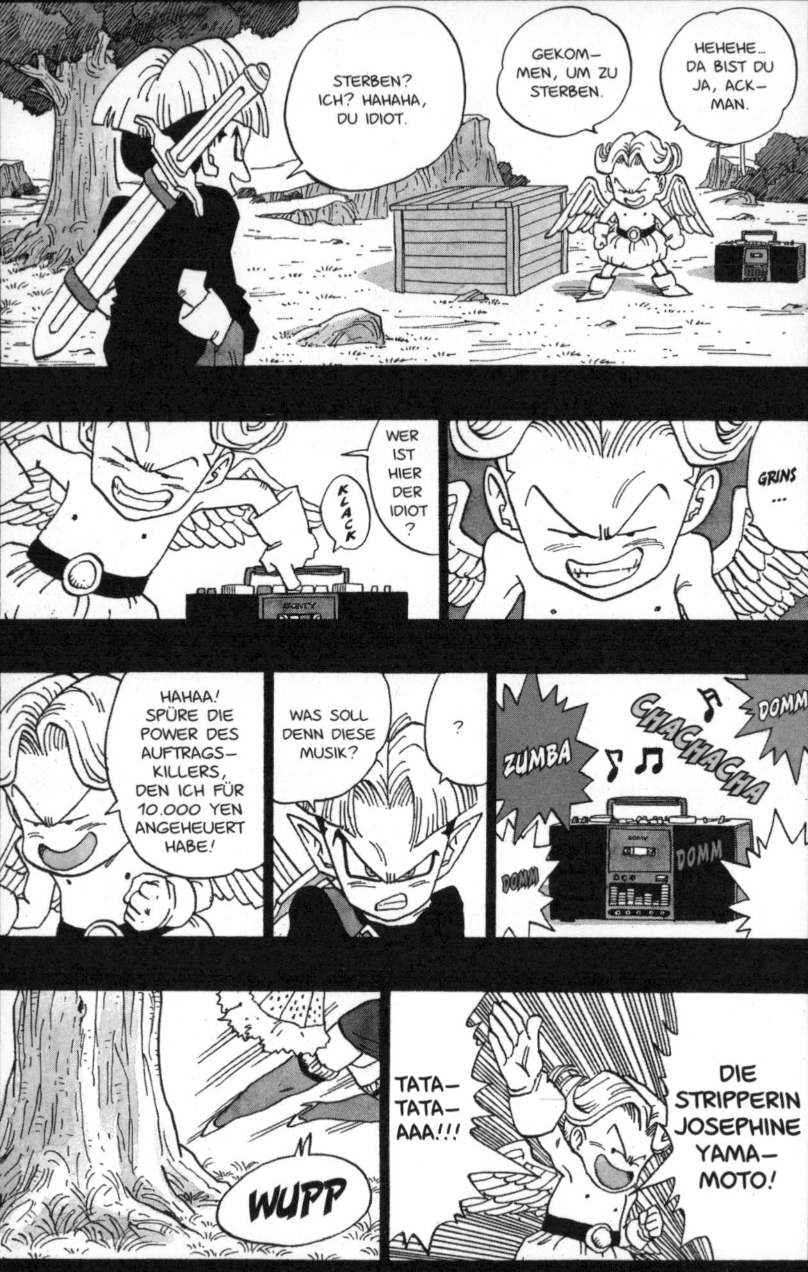
HEHEHE... DA BIST DU JA, ACK-MAN.
GEKOM-MEN, UM ZU STERBEN.
STERBEN? ICH? HAHAHA, DU IDIOT.
GRINS ...
WER IST HIER DER IDIOT?
KLACK
DOMM
CHACHACHA
ZUMBA
DOMM
DOMM
?
WAS SOLL DENN DIESE MUSIK?
HAHAA! SPÜRE DIE POWER DES AUFTRAGS-KILLERS, DEN ICH FÜR 10.000 YEN ANGEHEUERT HABE!
DIE STRIPPERIN JOSEPHINE YAMA-MOTO!
TATA-TATA-AAA!!!
WUPP

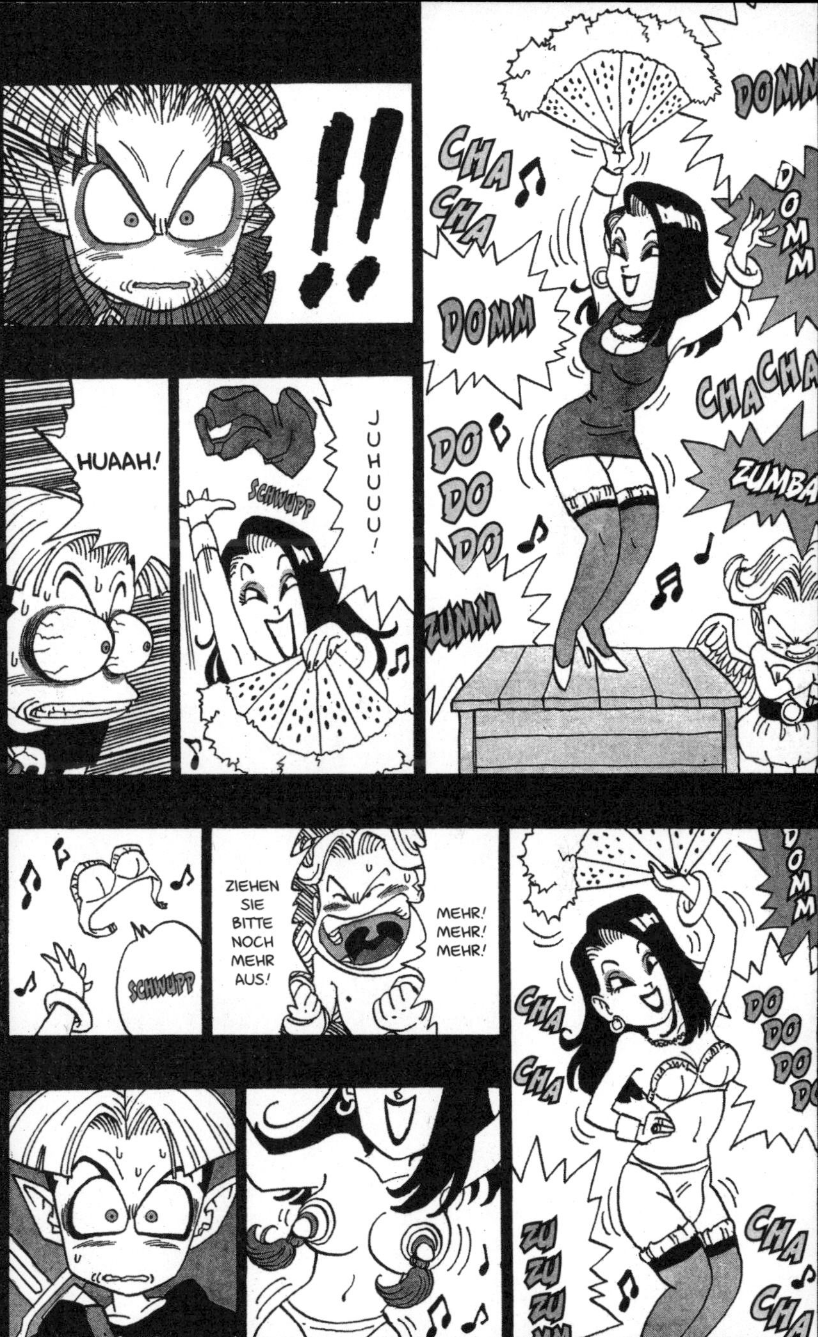

DOMM
CHA CHA
DOMM
DOMM
CHACHA
ZUMBA
DO DO DO DO
ZUMM
!!
JUHUUU!
SCHWUPP
HUAAH!
DOMM
CHA CHA
DO DO DO DO
ZU ZU ZUMM
CHA CHA
MEHR! MEHR! MEHR!
ZIEHEN SIE BITTE NOCH MEHR AUS!
SCHWUPP

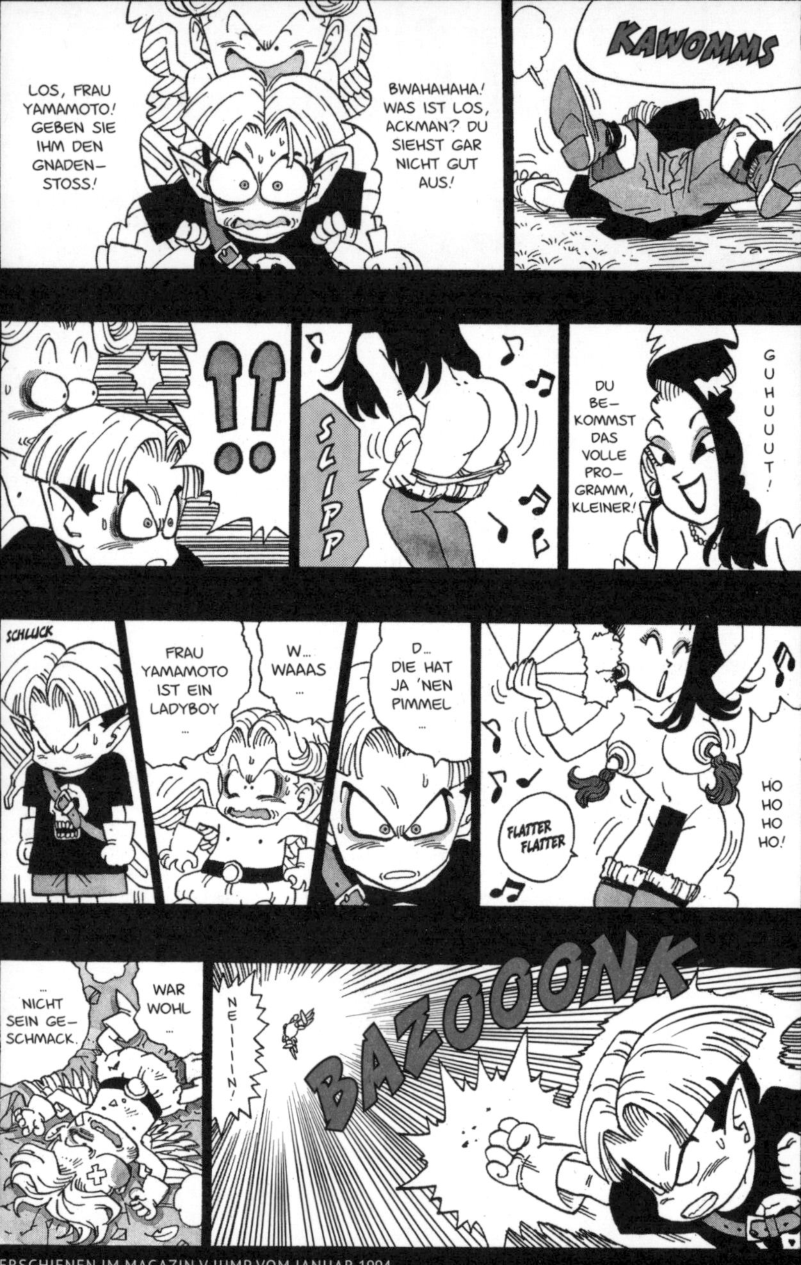

ERSCHIENEN IM MAGAZIN V JUMP VOM JANUAR 1994

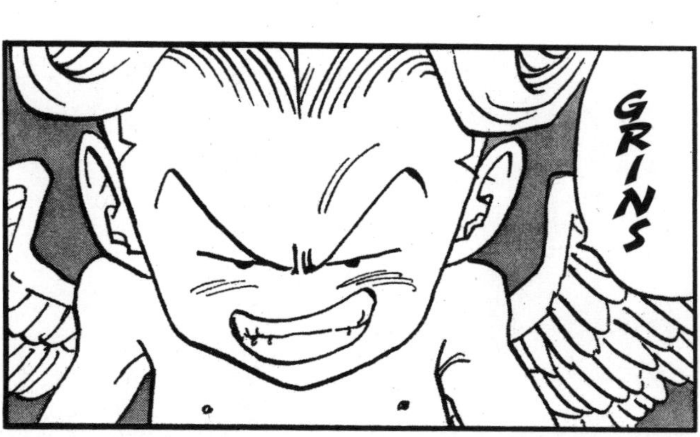
GRINS

GO! GO! ACKMAN

KAPITEL 8

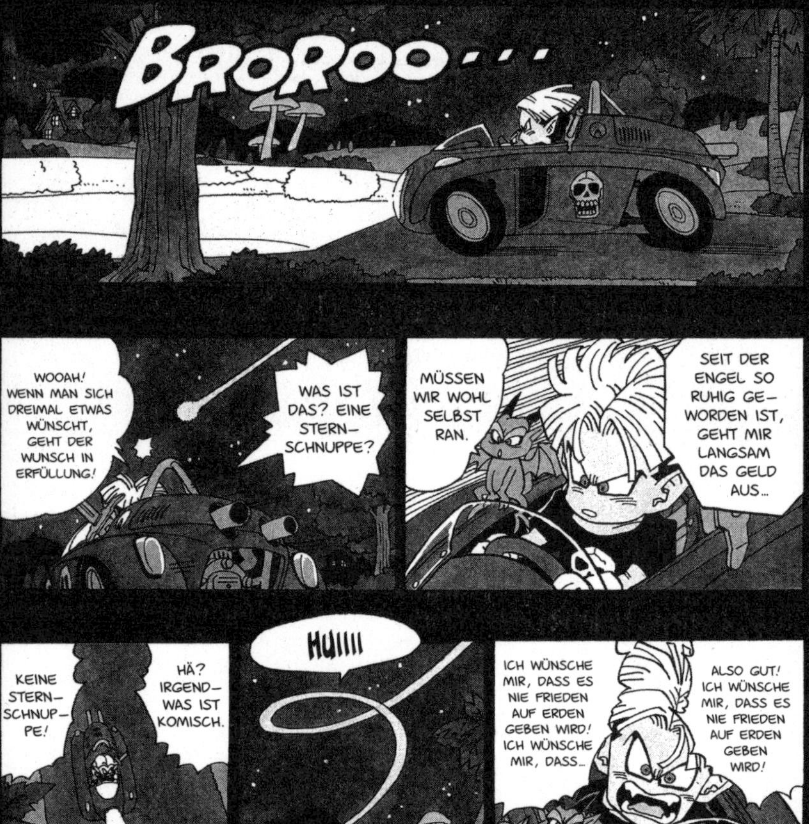

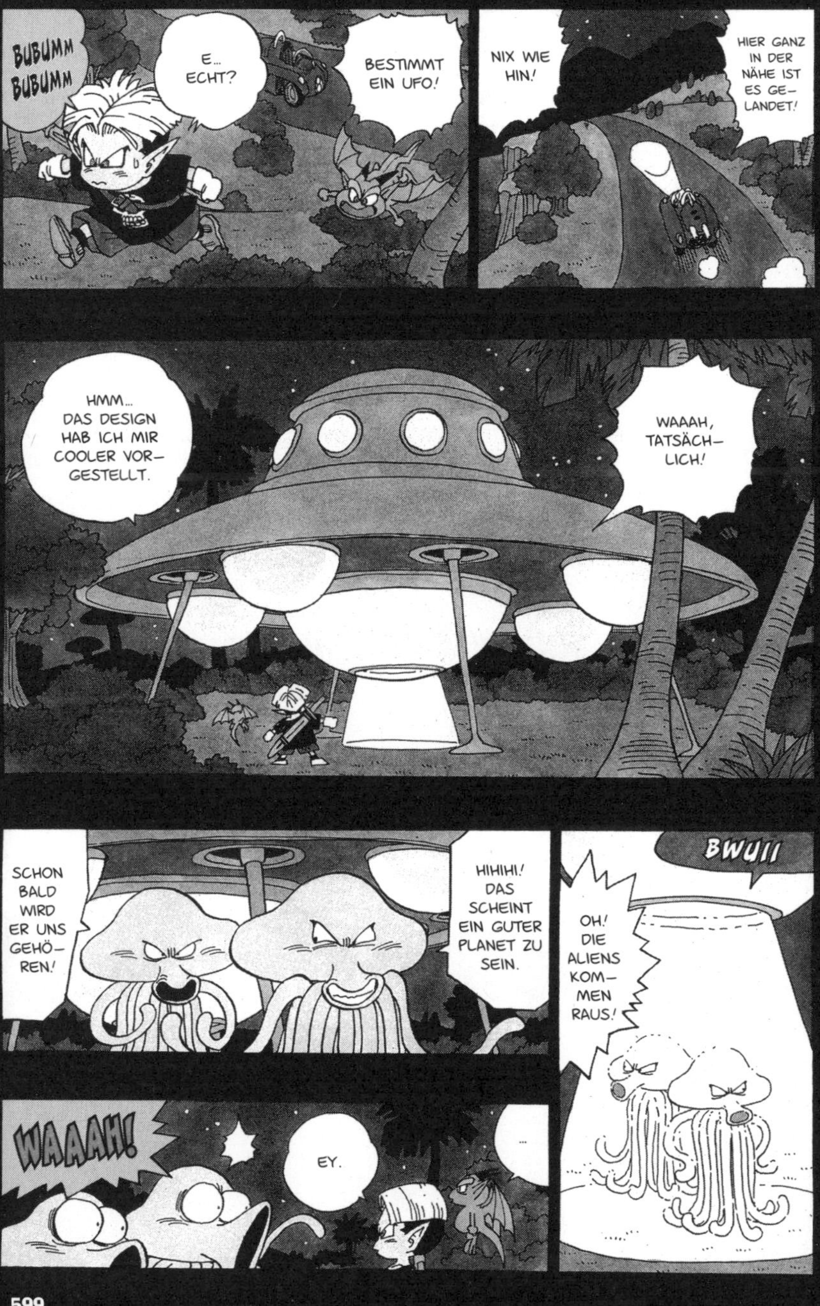
HIER GANZ IN DER NÄHE IST ES GELANDET!
NIX WIE HIN!
BESTIMMT EIN UFO!
E… ECHT?
BUBUMM BUBUMM
WAAAH, TATSÄCHLICH!
HMM… DAS DESIGN HAB ICH MIR COOLER VORGESTELLT.
BWUII
OH! DIE ALIENS KOMMEN RAUS!
HIHIHI! DAS SCHEINT EIN GUTER PLANET ZU SEIN.
SCHON BALD WIRD ER UNS GEHÖREN!
…
EY.
WAAAH!

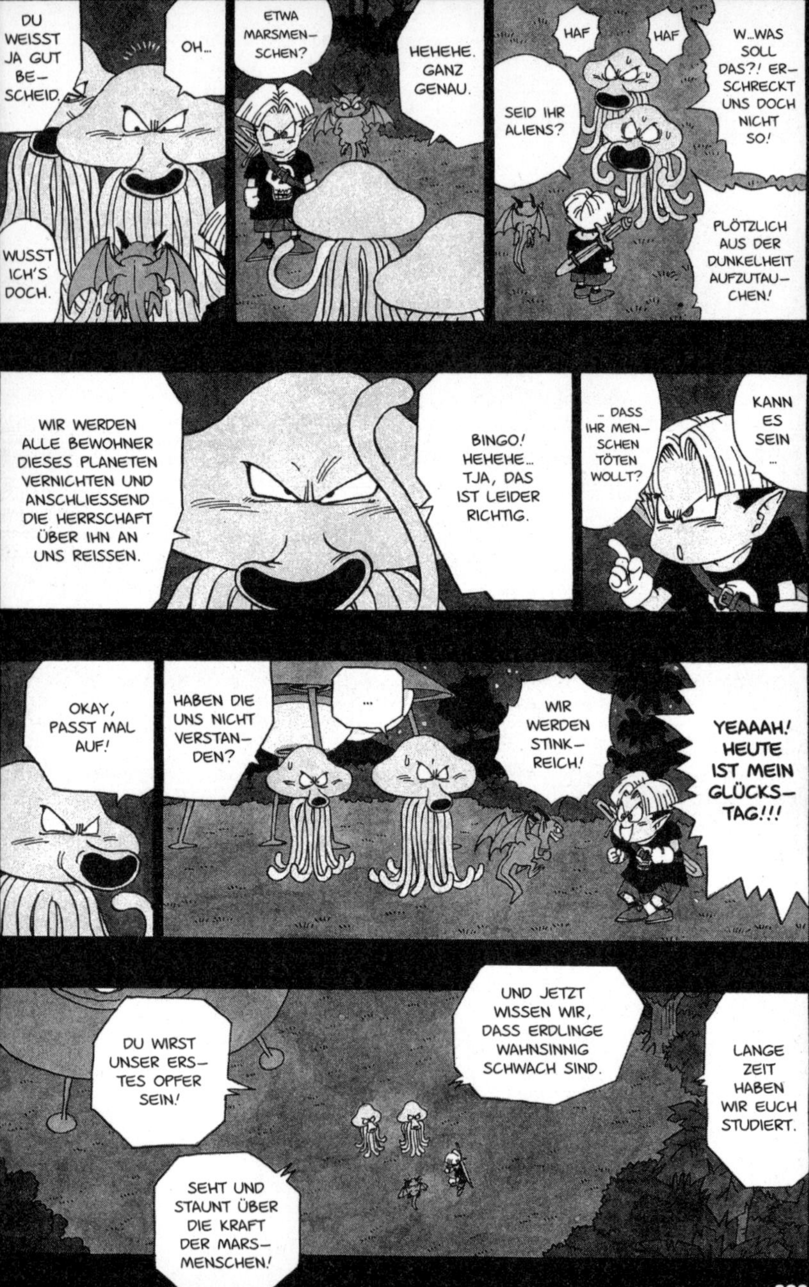

W...WAS SOLL DAS?! ERSCHRECKT UNS DOCH NICHT SO!
HAF
HAF
SEID IHR ALIENS?
PLÖTZLICH AUS DER DUNKELHEIT AUFZUTAUCHEN!
HEHEHE. GANZ GENAU.
ETWA MARSMENSCHEN?
OH...
DU WEISST JA GUT BESCHEID.
WUSST ICH'S DOCH.
KANN ES SEIN ...
... DASS IHR MENSCHEN TÖTEN WOLLT?
BINGO! HEHEHE... TJA, DAS IST LEIDER RICHTIG.
WIR WERDEN ALLE BEWOHNER DIESES PLANETEN VERNICHTEN UND ANSCHLIESSEND DIE HERRSCHAFT ÜBER IHN AN UNS REISSEN.
YEAAAH! HEUTE IST MEIN GLÜCKSTAG!!!
WIR WERDEN STINKREICH!
...
HABEN DIE UNS NICHT VERSTANDEN?
OKAY, PASST MAL AUF!
LANGE ZEIT HABEN WIR EUCH STUDIERT.
UND JETZT WISSEN WIR, DASS ERDLINGE WAHNSINNIG SCHWACH SIND.
DU WIRST UNSER ERSTES OPFER SEIN!
SEHT UND STAUNT ÜBER DIE KRAFT DER MARSMENSCHEN!

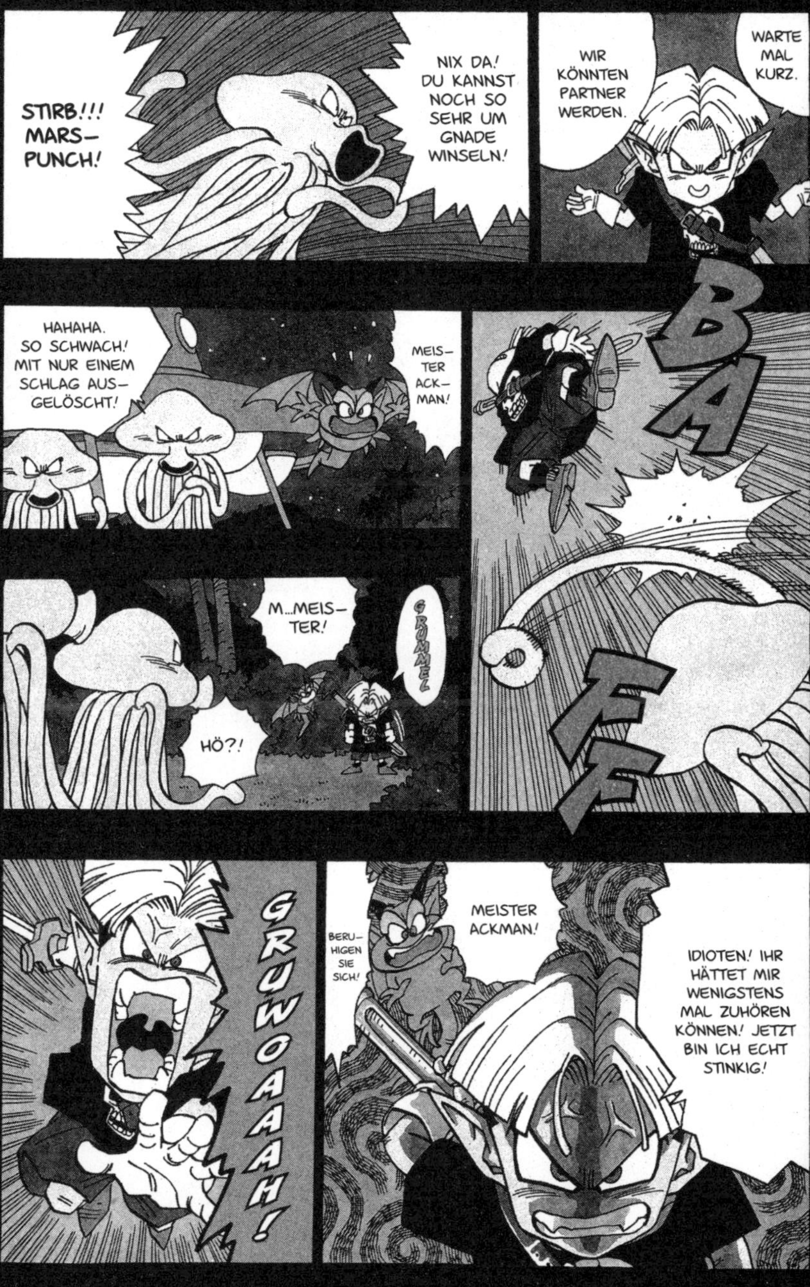
WARTE MAL KURZ.
WIR KÖNNTEN PARTNER WERDEN.
NIX DA! DU KANNST NOCH SO SEHR UM GNADE WINSELN!
STIRB!!! MARS-PUNCH!
BAFF
MEISTER ACKMAN!
HAHAHA. SO SCHWACH! MIT NUR EINEM SCHLAG AUSGELÖSCHT!
GRUMMEL
M...MEISTER!
HÖ?!
MEISTER ACKMAN!
BERUHIGEN SIE SICH!
IDIOTEN! IHR HÄTTET MIR WENIGSTENS MAL ZUHÖREN KÖNNEN! JETZT BIN ICH ECHT STINKIG!
GRUWOAAAAH!

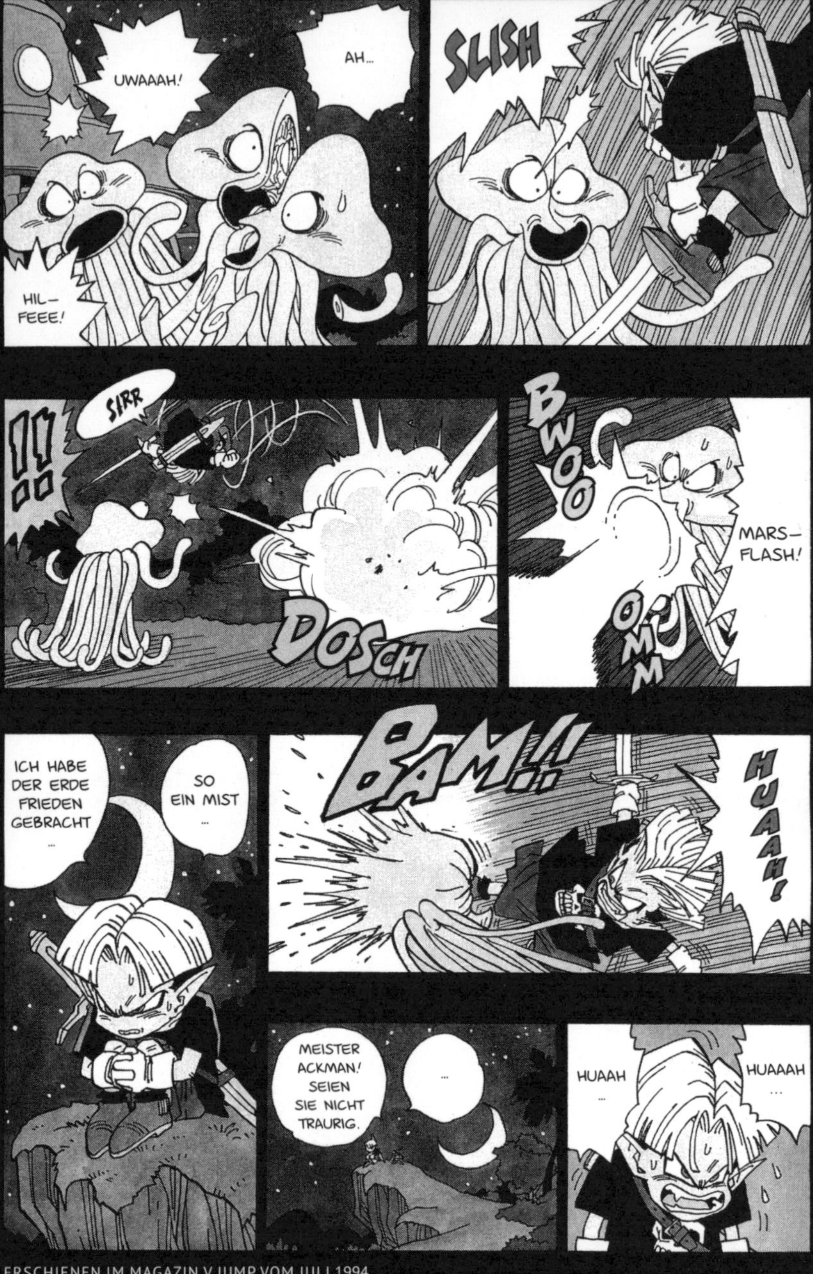

ERSCHIENEN IM MAGAZIN V JUMP VOM JULI 1994

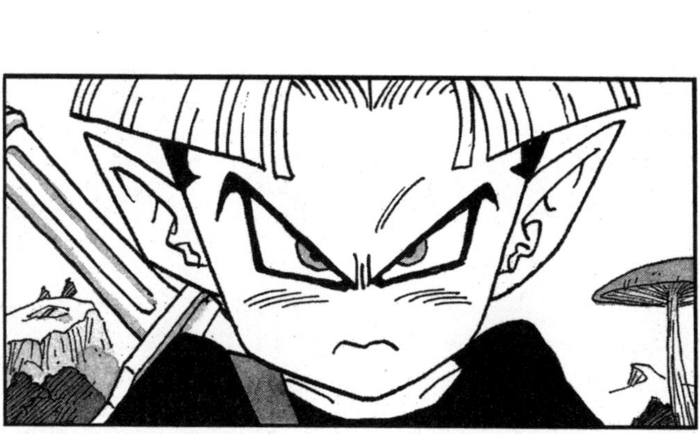

GO! GO! ACKMAN

KAPITEL 9

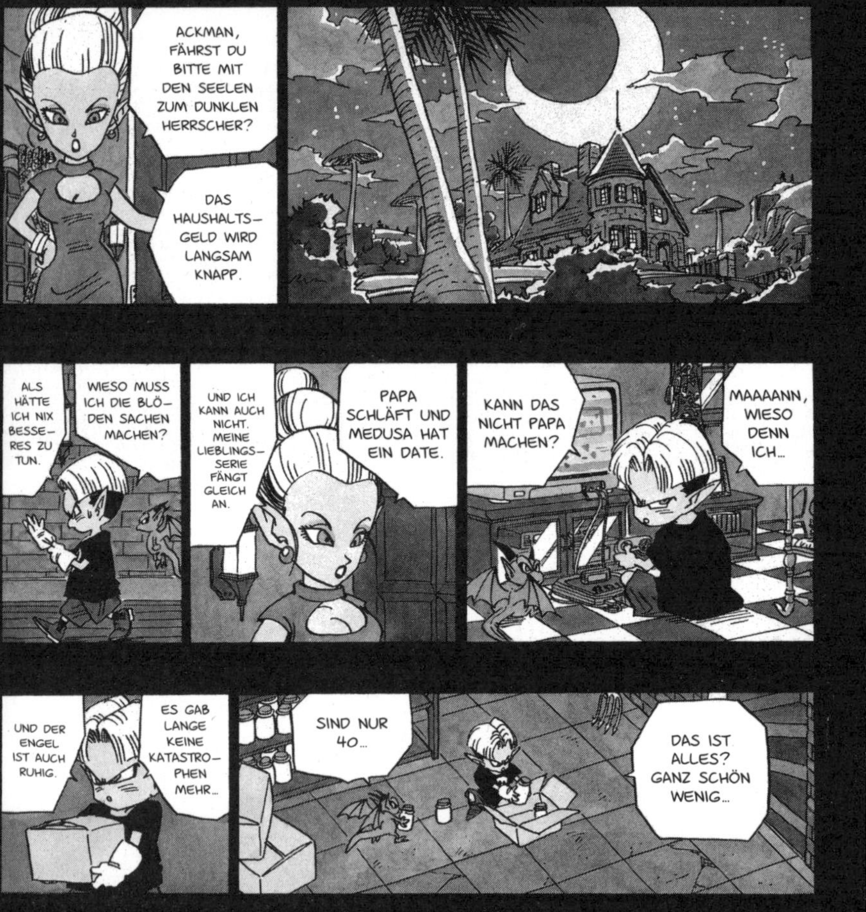

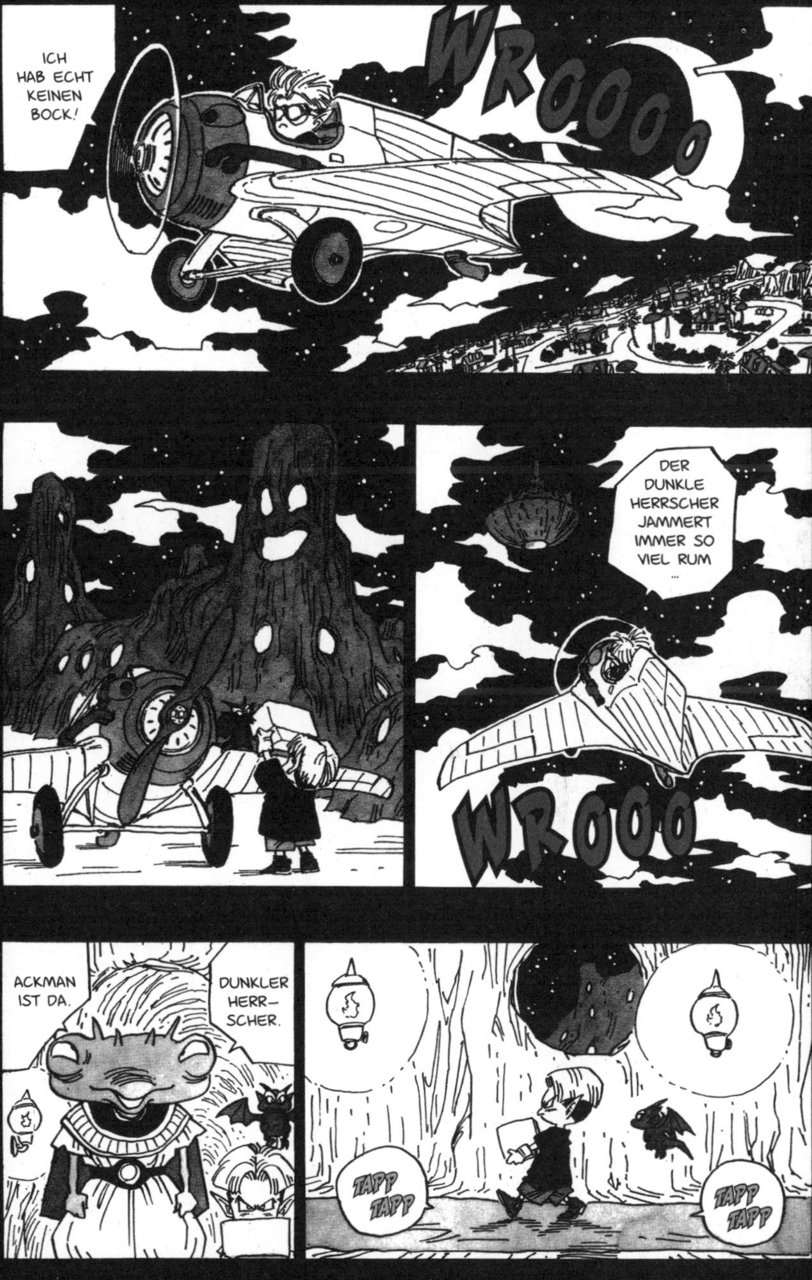
WROOOO
ICH HAB ECHT KEINEN BOCK!
DER DUNKLE HERRSCHER JAMMERT IMMER SO VIEL RUM ...
WROOO
TAPP TAPP
TAPP TAPP
DUNKLER HERR-SCHER.
ACKMAN IST DA.

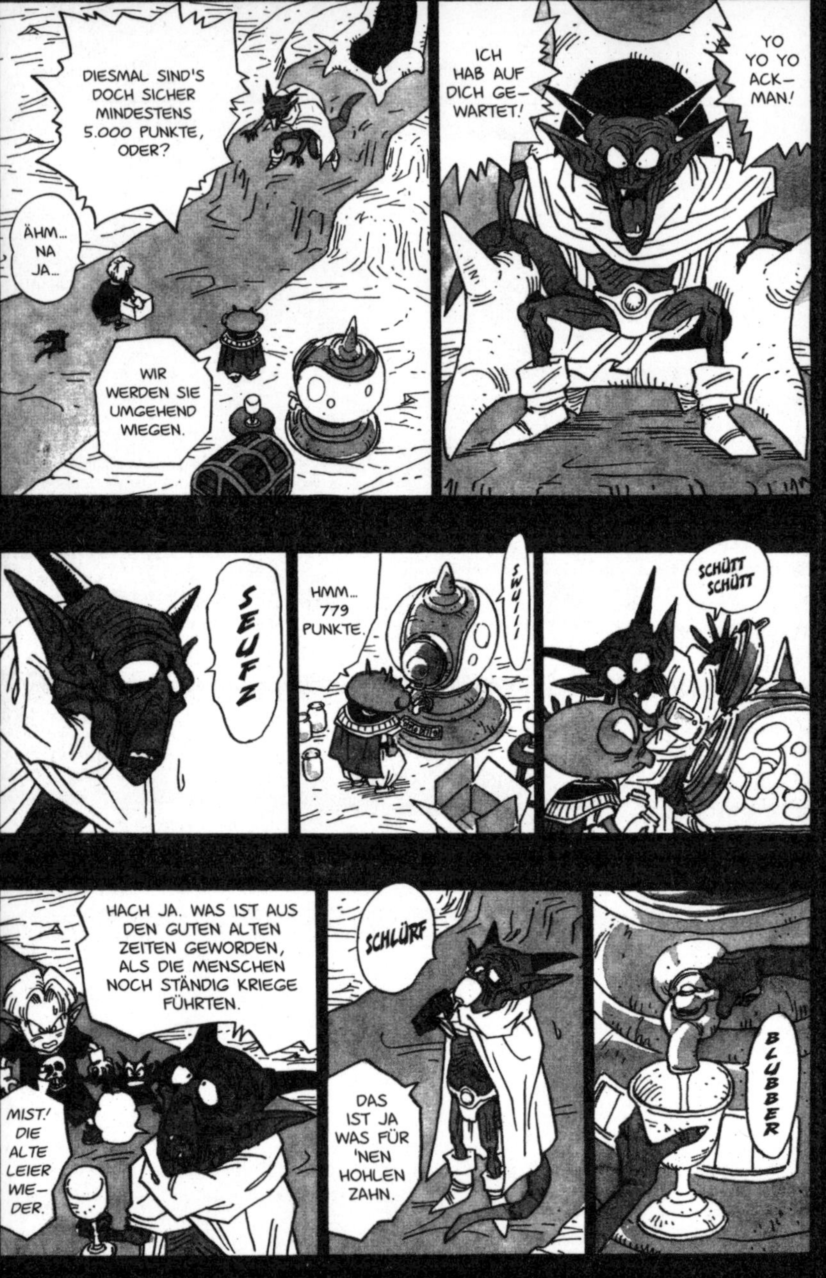
YO YO YO ACK-MAN!
ICH HAB AUF DICH GE-WARTET!
DIESMAL SIND'S DOCH SICHER MINDESTENS 5.000 PUNKTE, ODER?
ÄHM... NA JA...
WIR WERDEN SIE UMGEHEND WIEGEN.
SCHÜTT SCHÜTT
SWUIII
HMM... 779 PUNKTE.
SEUFZ
BLUBBER
SCHLÜRF
DAS IST JA WAS FÜR 'NEN HOHLEN ZAHN.
HACH JA. WAS IST AUS DEN GUTEN ALTEN ZEITEN GEWORDEN, ALS DIE MENSCHEN NOCH STÄNDIG KRIEGE FÜHRTEN.
MIST! DIE ALTE LEIER WIE-DER.

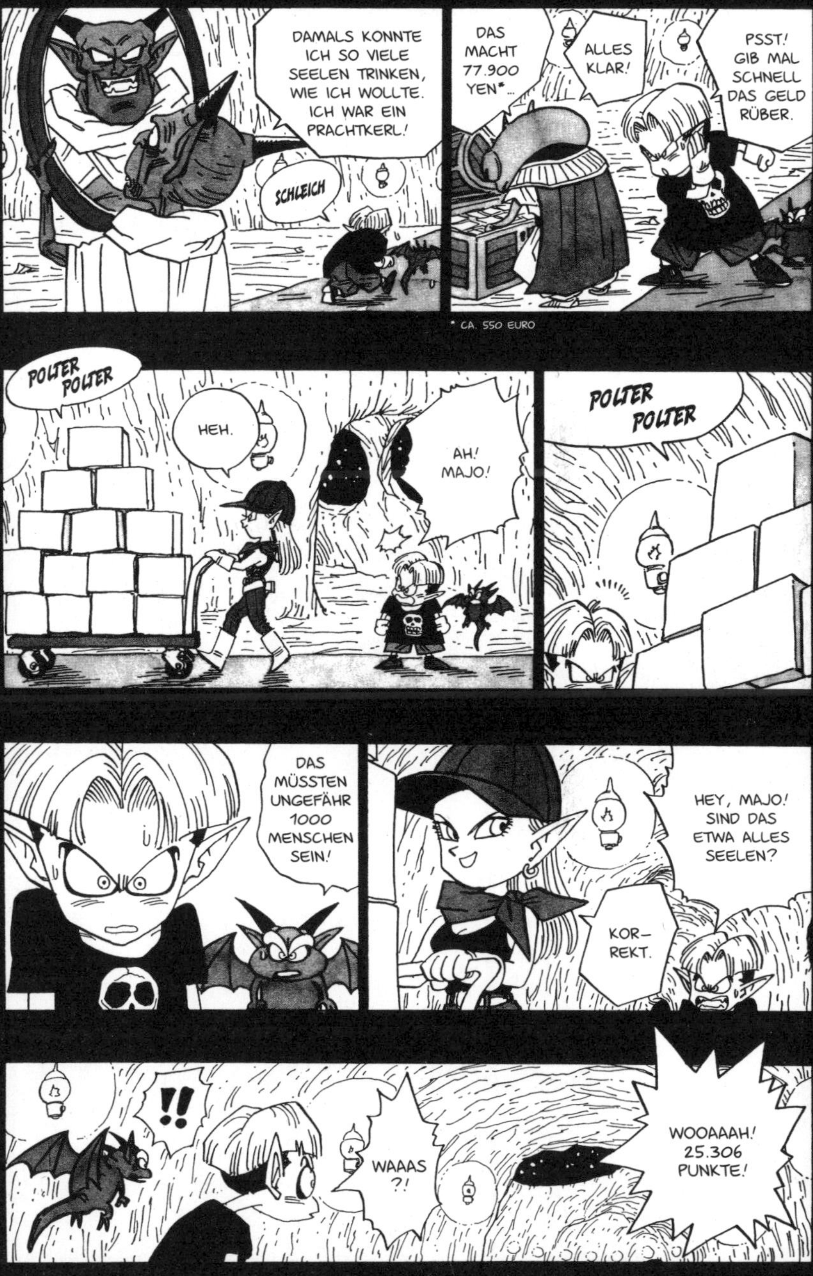
PSST! GIB MAL SCHNELL DAS GELD RÜBER.
ALLES KLAR!
DAS MACHT 77.900 YEN*...
DAMALS KONNTE ICH SO VIELE SEELEN TRINKEN, WIE ICH WOLLTE. ICH WAR EIN PRACHTKERL!
SCHLEICH
POLTER POLTER
AH! MAJO!
HEH.
POLTER POLTER
HEY, MAJO! SIND DAS ETWA ALLES SEELEN?
KOR-REKT.
DAS MÜSSTEN UNGEFÄHR 1000 MENSCHEN SEIN!
WOOAAAH! 25.306 PUNKTE!
WAAAS ?!
!!

* CA. 550 EURO

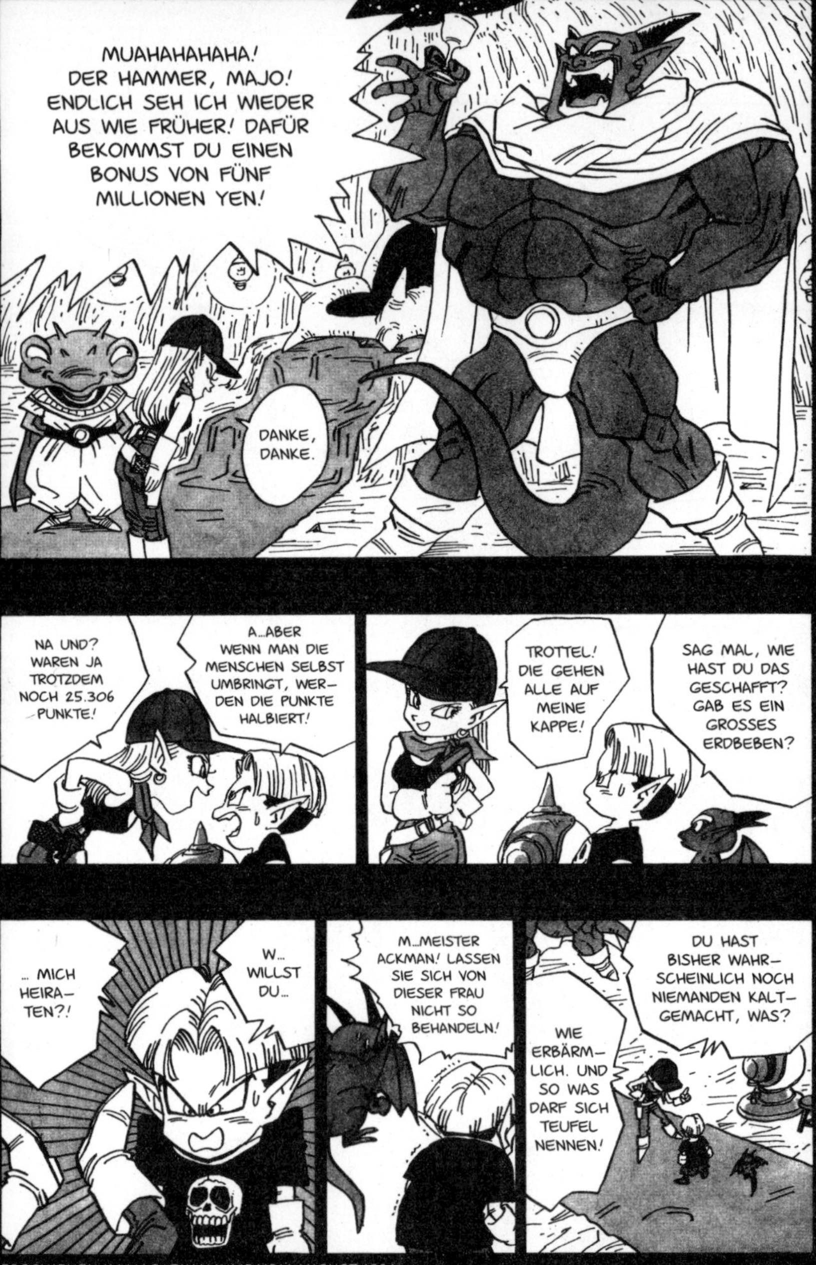

ERSCHIENEN IM MAGAZIN V JUMP VOM AUGUST 1994

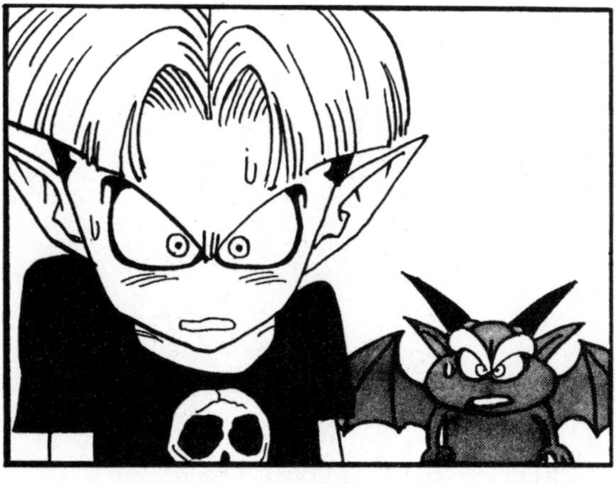

GO! GO! ACKMAN

KAPITEL 10

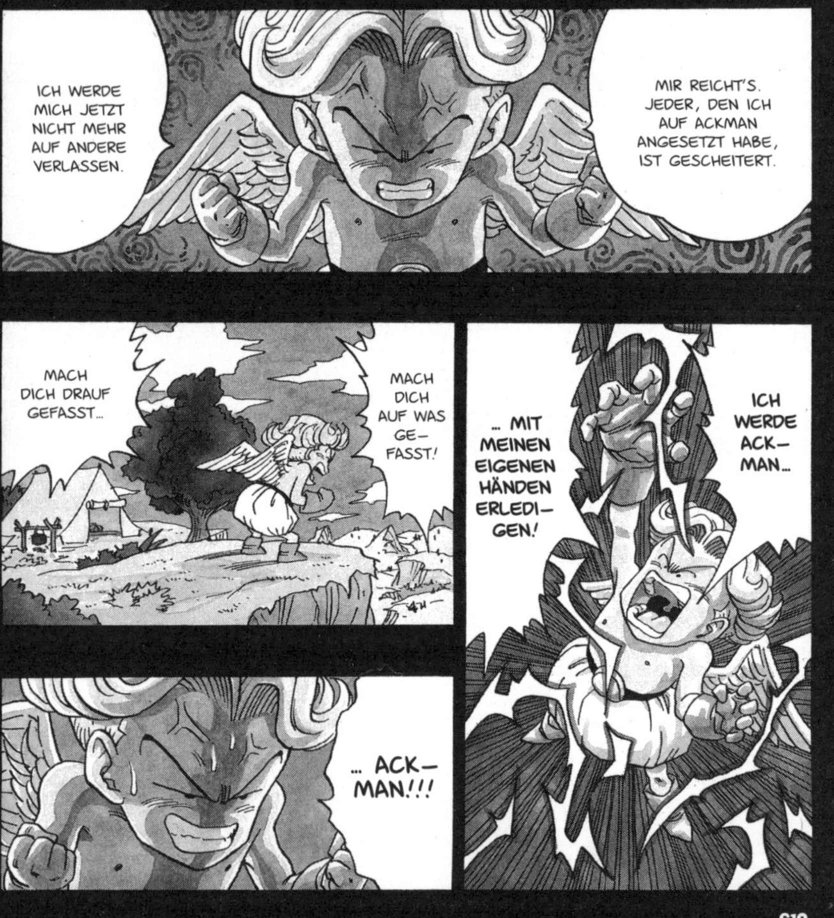

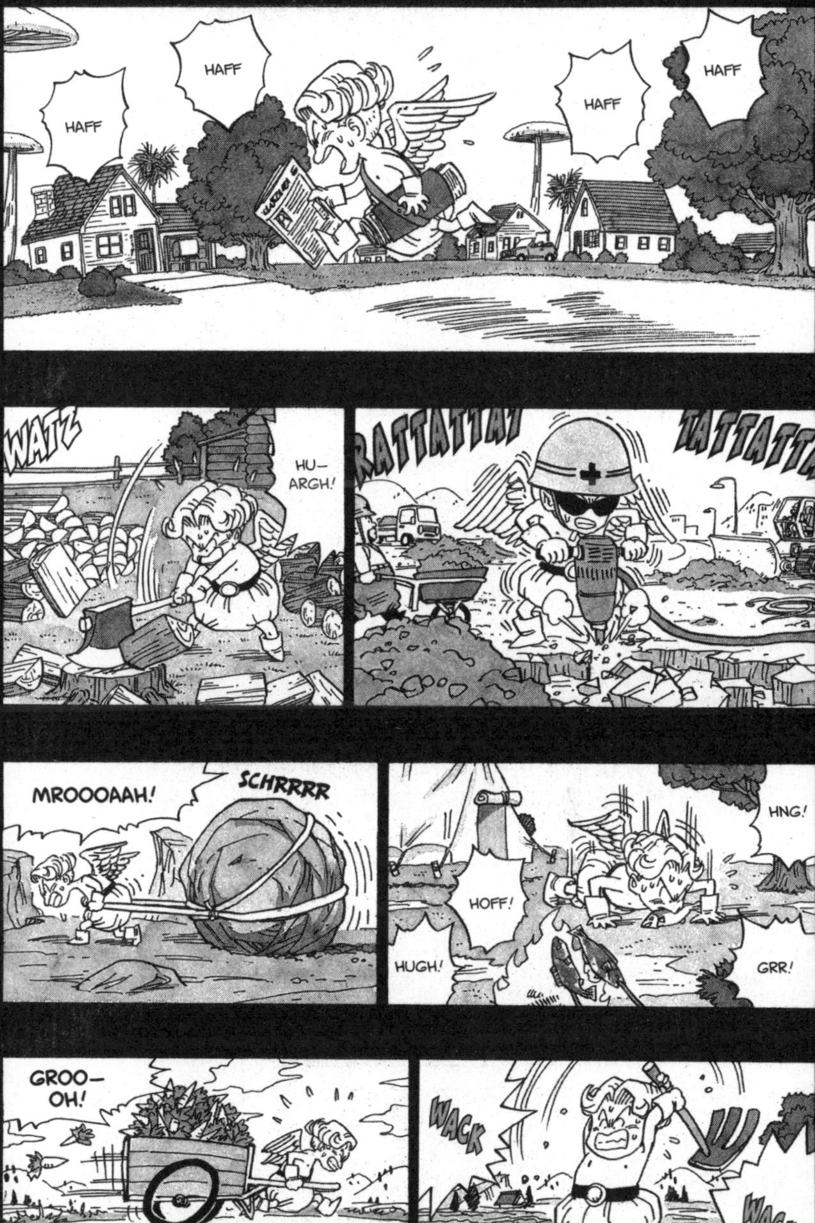

HAFF
HAFF
HAFF
HAFF
WATZ
HU–
ARGH!
RATTATTAT
TATTATTA
MROOOAAH!
SCHRRRR
HNG!
HOFF!
HUGH!
GRR!
GROO–
OH!
WACK
WACK

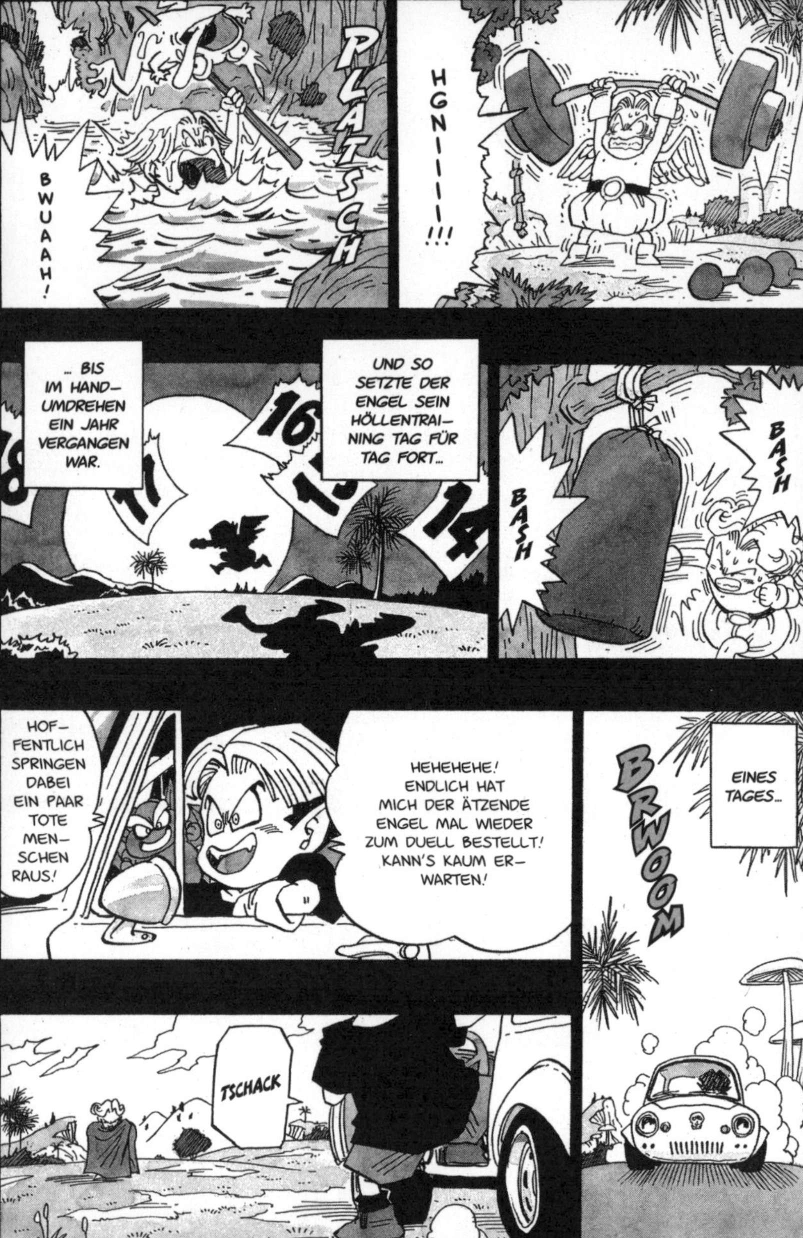
HGNIIII!!!
PLATSCH
BWUAAAH!
BASH
BASH
UND SO SETZTE DER ENGEL SEIN HÖLLENTRAINING TAG FÜR TAG FORT...
... BIS IM HANDUMDREHEN EIN JAHR VERGANGEN WAR.
EINES TAGES...
BRWOOOM
HEHEHEHE! ENDLICH HAT MICH DER ÄTZENDE ENGEL MAL WIEDER ZUM DUELL BESTELLT! KANN'S KAUM ERWARTEN!
HOFFENTLICH SPRINGEN DABEI EIN PAAR TOTE MENSCHEN RAUS!
TSCHACK

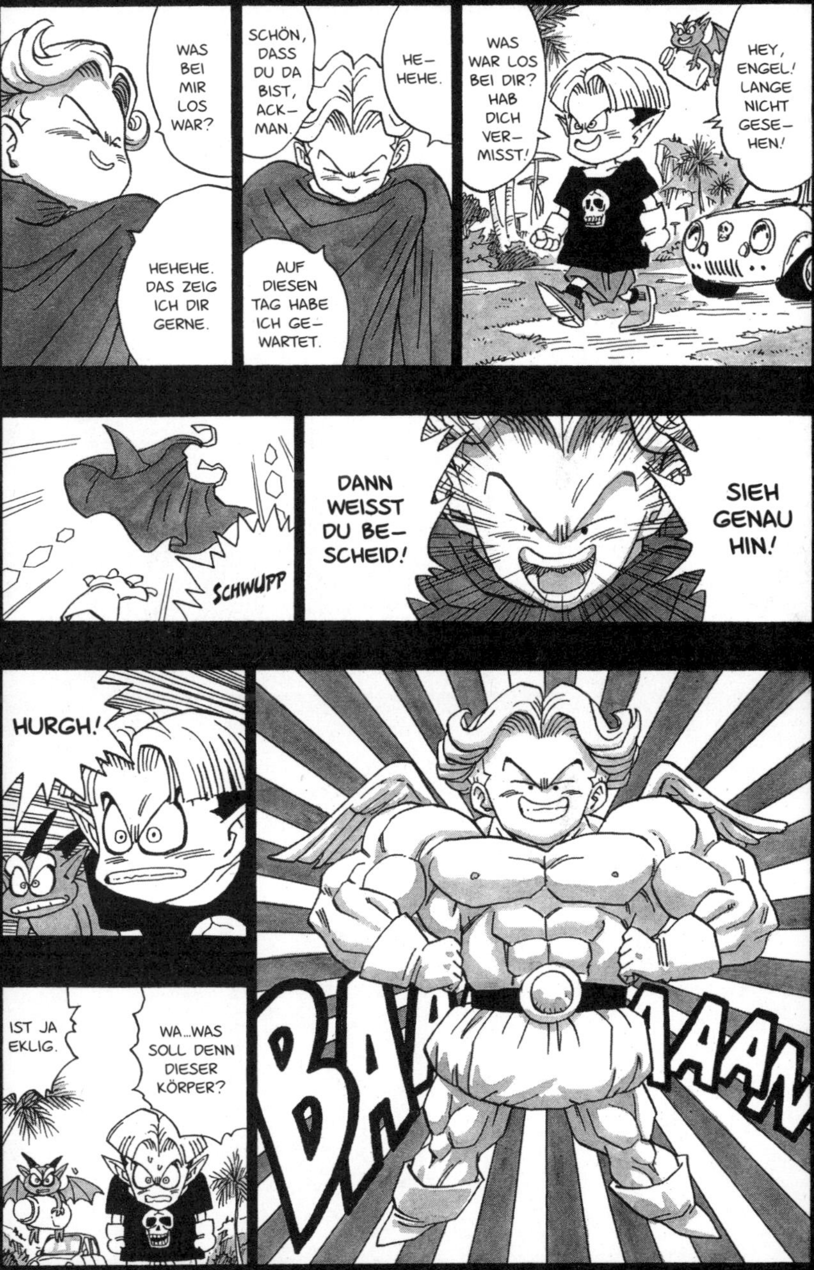
HEY, ENGEL! LANGE NICHT GESEHEN!
WAS WAR LOS BEI DIR? HAB DICH VERMISST!
HE-HEHE.
SCHÖN, DASS DU DA BIST, ACKMAN.
AUF DIESEN TAG HABE ICH GEWARTET.
WAS BEI MIR LOS WAR?
HEHEHE. DAS ZEIG ICH DIR GERNE.
SIEH GENAU HIN!
DANN WEISST DU BESCHEID!
SCHWUPP
HURGH!
WA...WAS SOLL DENN DIESER KÖRPER?
IST JA EKLIG.

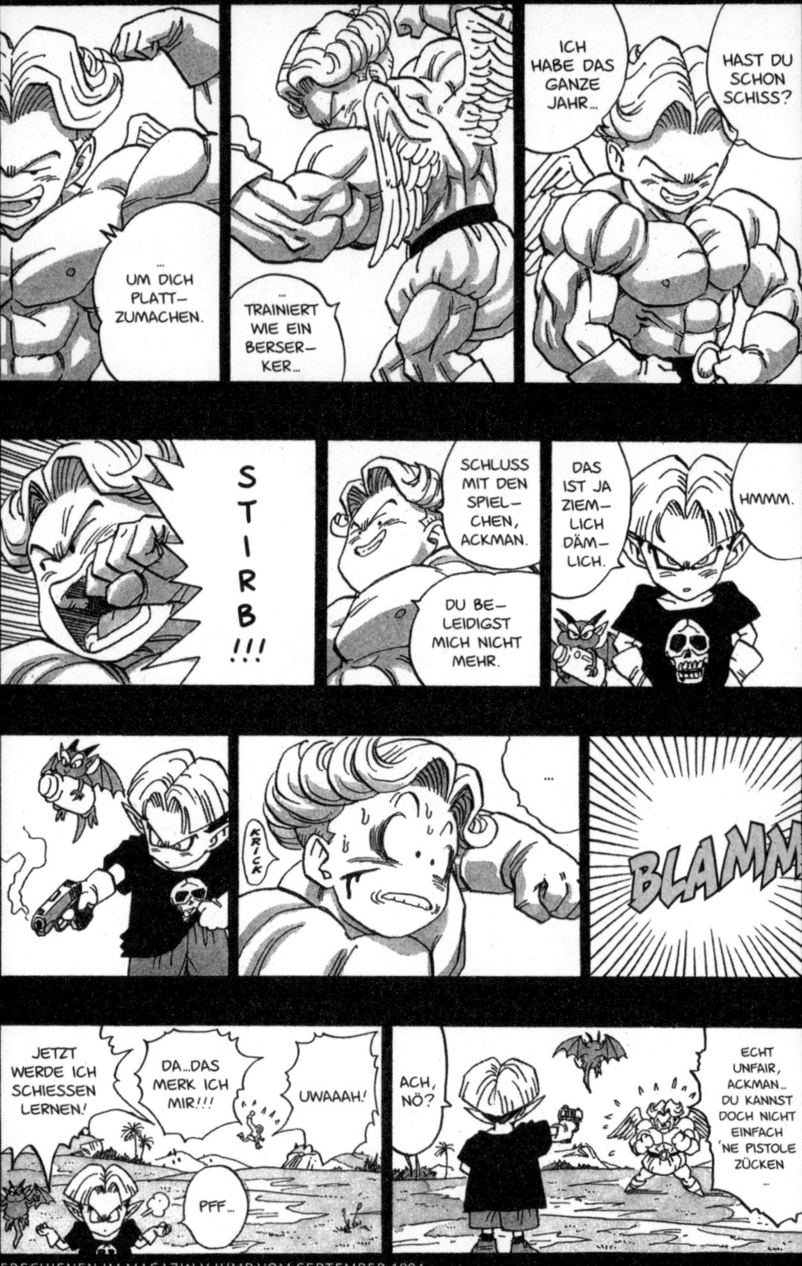

ERSCHIENEN IM MAGAZIN V JUMP VOM SEPTEMBER 1994

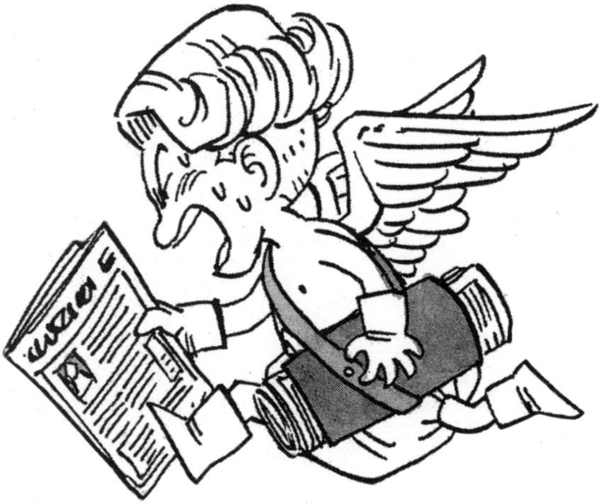

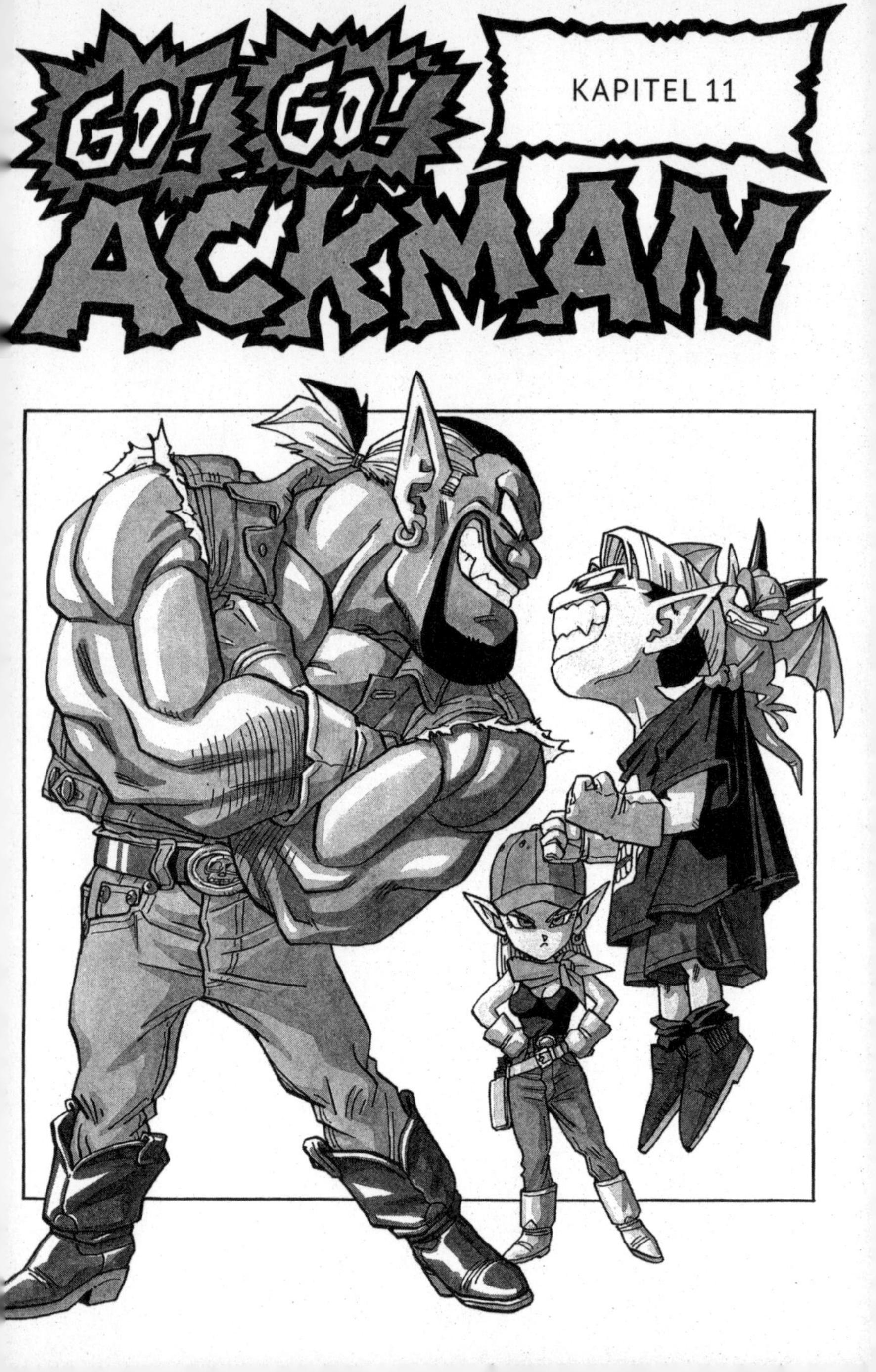
GO! GO! ACKMAN
KAPITEL 11

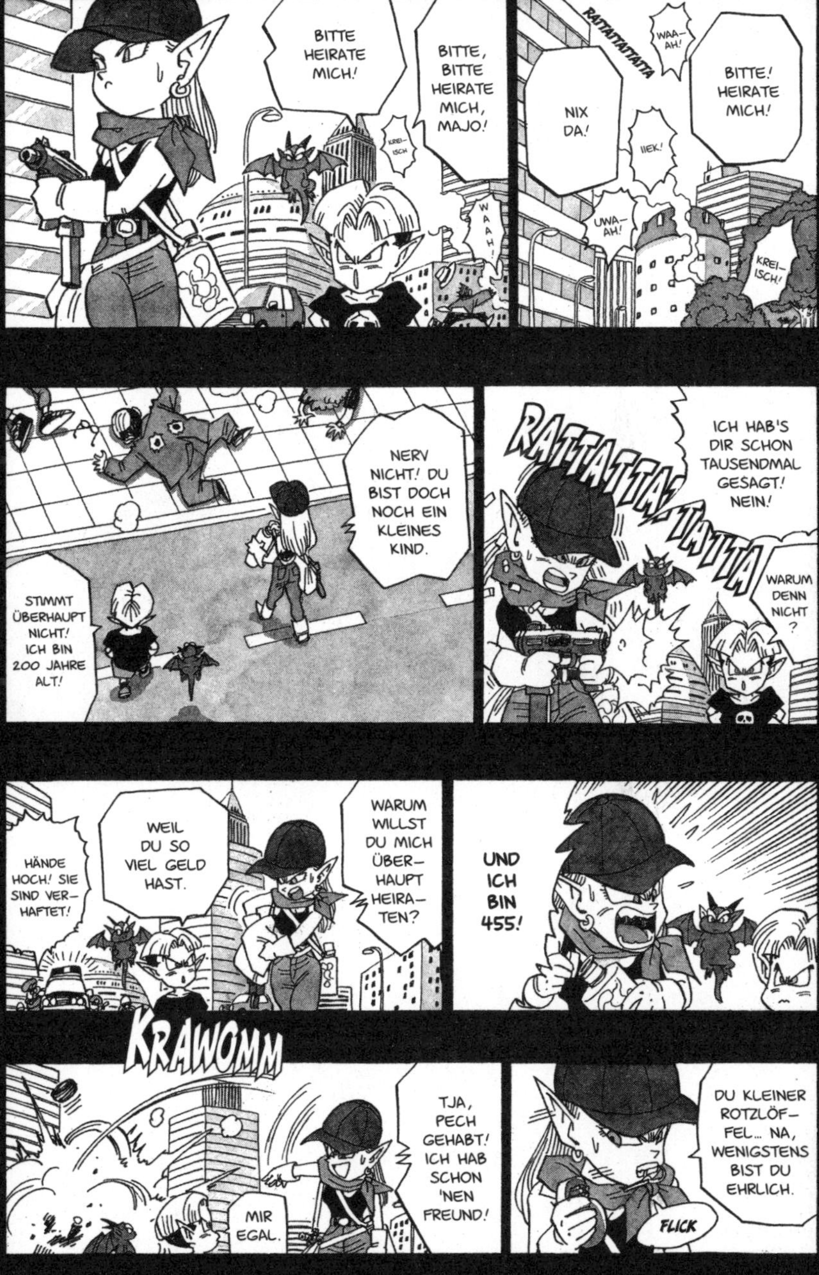

RATTATTATTATTATTA
WAA-AH!
BITTE! HEIRATE MICH!
NIX DA!
IIEK!
UWA-AH!
KREI-SCH!
BITTE, BITTE HEIRATE MICH, MAJO!
BITTE HEIRATE MICH!
KREI-SCH
WAAH!
ICH HAB'S DIR SCHON TAUSENDMAL GESAGT! NEIN!
RATTATTATTA TATTA
WARUM DENN NICHT?
NERV NICHT! DU BIST DOCH NOCH EIN KLEINES KIND.
STIMMT ÜBERHAUPT NICHT! ICH BIN 200 JAHRE ALT!
UND ICH BIN 455!
WARUM WILLST DU MICH ÜBER-HAUPT HEIRA-TEN?
WEIL DU SO VIEL GELD HAST.
HÄNDE HOCH! SIE SIND VER-HAFTET!
DU KLEINER ROTZLÖF-FEL... NA, WENIGSTENS BIST DU EHRLICH.
FLICK
KRAWOMM
TJA, PECH GEHABT! ICH HAB SCHON 'NEN FREUND!
MIR EGAL.

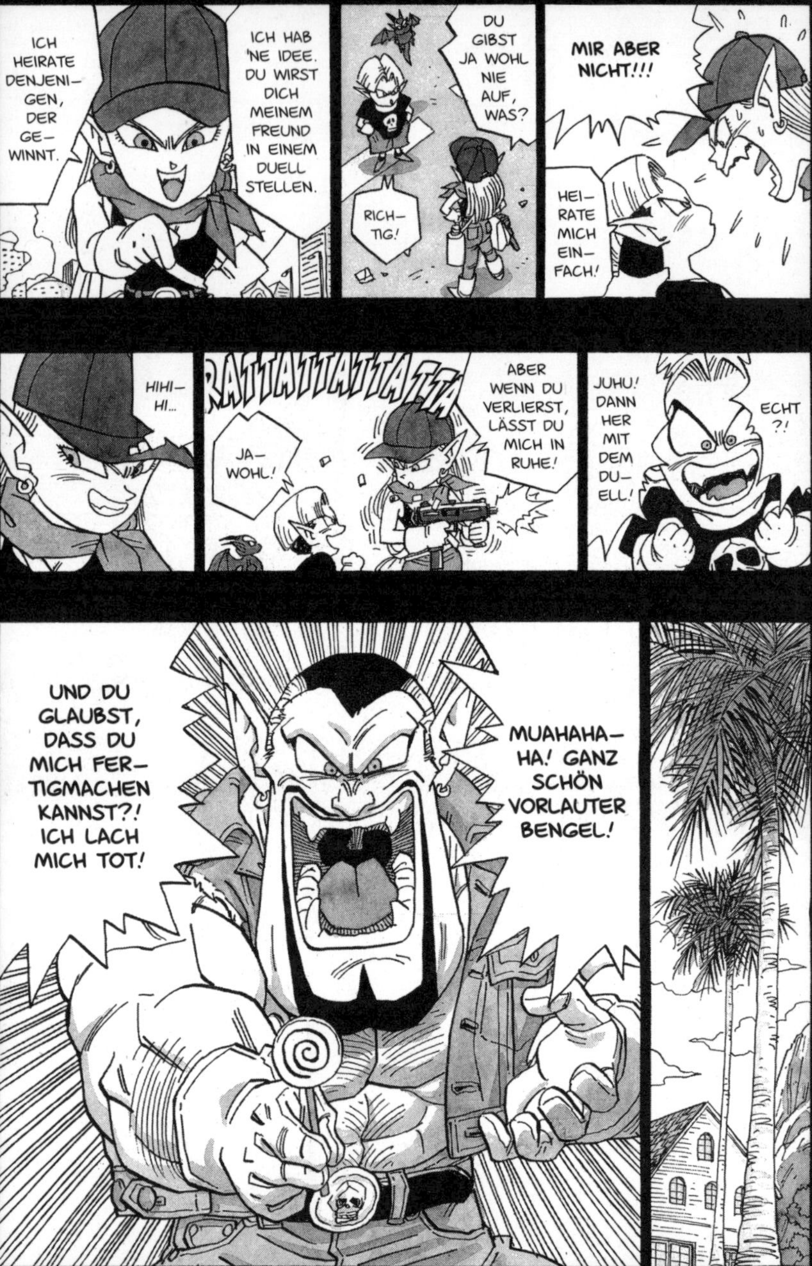
HEIRATE MICH EINFACH!
MIR ABER NICHT!!!
DU GIBST JA WOHL NIE AUF, WAS?
RICHTIG!
ICH HAB 'NE IDEE. DU WIRST DICH MEINEM FREUND IN EINEM DUELL STELLEN.
ICH HEIRATE DENJENIGEN, DER GEWINNT.
ECHT?!
JUHU! DANN HER MIT DEM DUELL!
ABER WENN DU VERLIERST, LÄSST DU MICH IN RUHE!
JAWOHL!
RATTATTATTATTA
HIHIHI...
MUAHAHAHA! GANZ SCHÖN VORLAUTER BENGEL!
UND DU GLAUBST, DASS DU MICH FERTIGMACHEN KANNST?! ICH LACH MICH TOT!

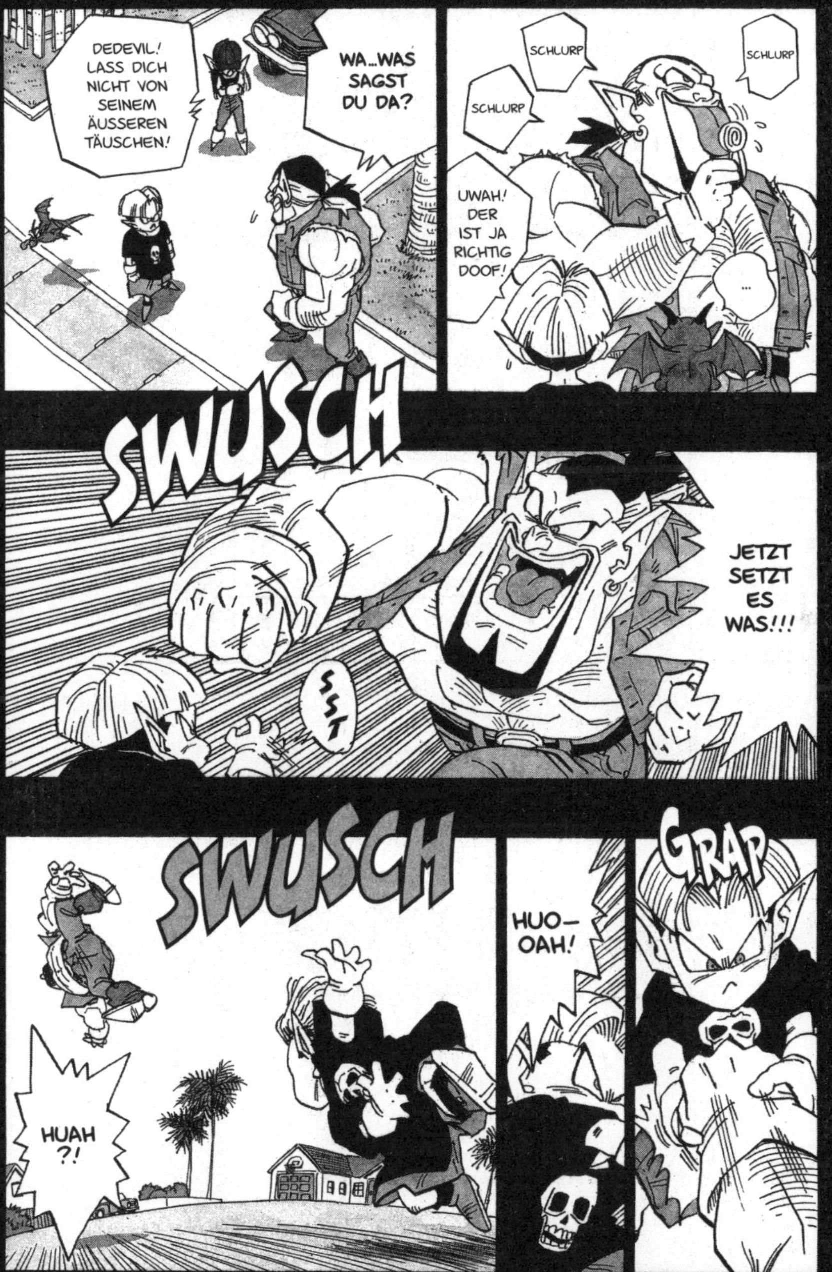
SCHLURP
SCHLURP
SCHLURP
UWAH! DER IST JA RICHTIG DOOF!
...
DEDEVIL! LASS DICH NICHT VON SEINEM ÄUSSEREN TÄUSCHEN!
WA...WAS SAGST DU DA?
SWUSCH
JETZT SETZT ES WAS!!!
SST
GRAP
HUO-OAH!
SWUSCH
HUAH ?!

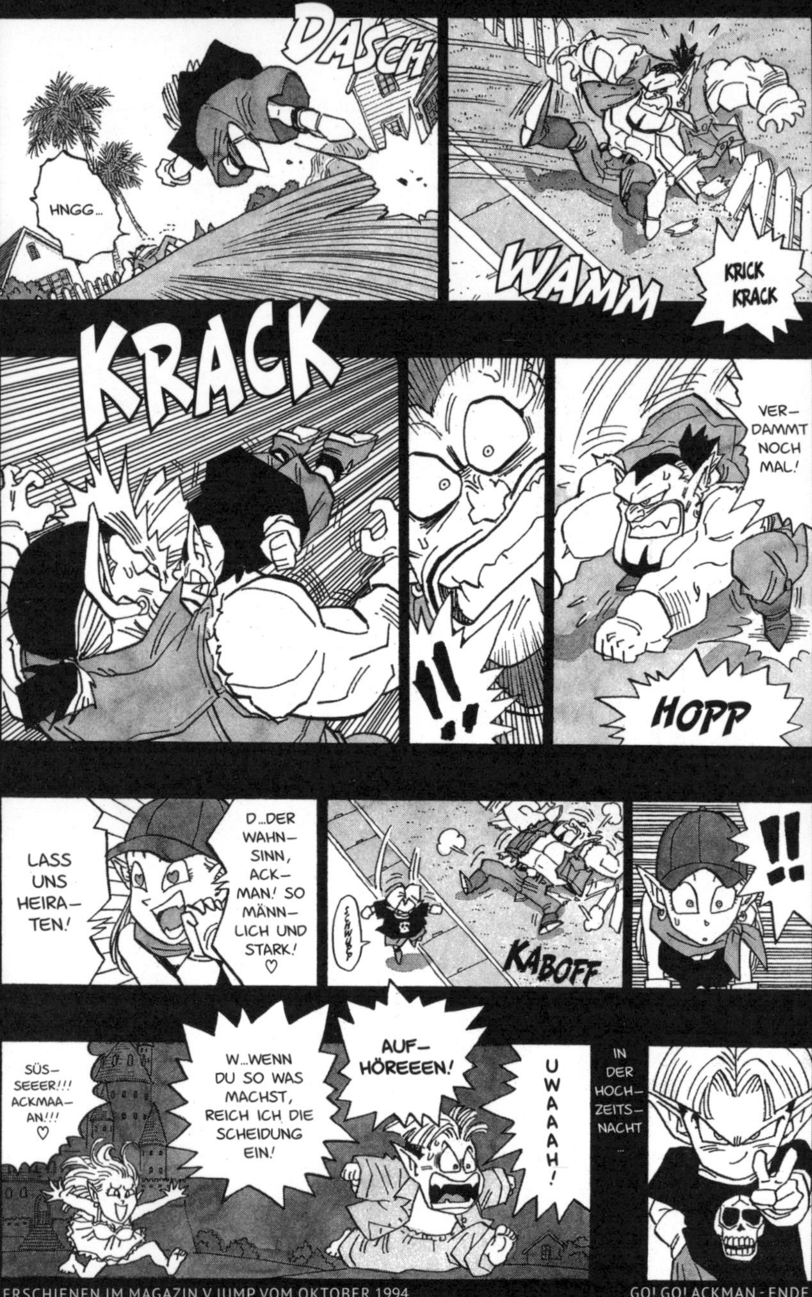
WAMM
KRICK KRACK
DASCH
HNGG...
VER-DAMMT NOCH MAL!
HOPP
!!
KRACK
!!
KABOFF
D...DER WAHN-SINN, ACK-MAN! SO MÄNN-LICH UND STARK! ♡
LASS UNS HEIRA-TEN!
IN DER HOCH-ZEITS-NACHT ...
UWAAAAH!
AUF-HÖREEEN!
W...WENN DU SO WAS MACHST, REICH ICH DIE SCHEIDUNG EIN!
SÜS-SEEER!!! ACKMAA-AN!!! ♡

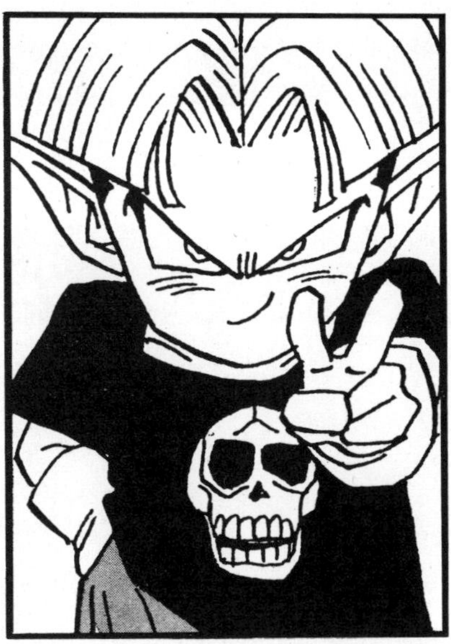

CARLSEN MANGA

Völckersstraße 14–20, 22765 Hamburg
Aus dem Japanischen von Cordelia Suzuki

First published in Japan in 1983 by SHUEISHA Inc., Tokyo.
German translation rights in Germany, Austria and German-speaking Switzerland arranged by SHUEISHA Inc. through VME PLB SAS, France.
Redaktion: Michael Peter
Textbearbeitung: Sabrina Rohde
Schrift: Dirk Rehm
Grafik: Sonnenfisch Production – Laura Bartels
Produktionsmanagement: Wiebke Düsedau

ISBN: 978-3-551-71486-2

HALT!

Dieser Comic beginnt nicht auf dieser Seite. TORIYAMA SHORTS sind japanische Comics. Da in Japan von »hinten« nach »vorn« gelesen wird und von rechts nach links, müsst Ihr auch diesen Comic auf der anderen Seite aufschlagen und von »hinten« nach »vorn« blättern.

Auch die Bilder und Sprechblasen werden von rechts oben nach links unten gelesen, so wie es die Grafik hier zeigt.

Viel Spaß mit den

TORIYAMA SHORTS

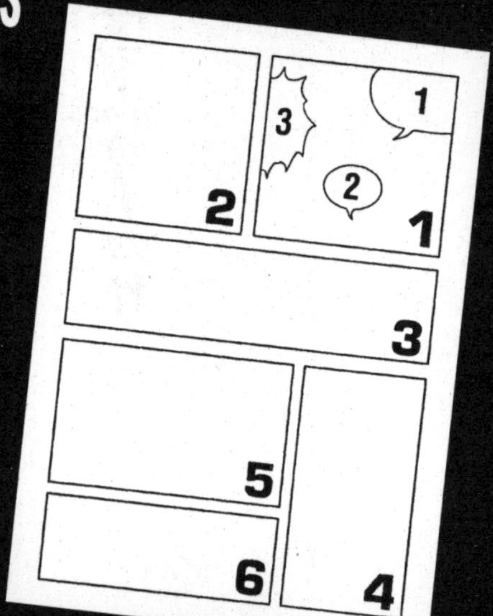